50年来，中国始终坚定维护国际知识产权多边体系，与世界知识产权组织合作不断拓展深化，取得丰硕成果。中国始终高度重视知识产权保护，深入实施知识产权强国建设，加强知识产权法治保障，完善知识产权管理体制，不断强化知识产权全链条保护，持续优化创新环境和营商环境。中国愿进一步深化同世界知识产权组织的友好合作，共同推动全球知识产权治理体系向着更加公正合理方向发展、更好增进人类福祉。

——节选自国家主席习近平2023年4月26日向中国与世界知识产权组织合作五十周年纪念暨宣传周主场活动所致的贺信

◆ 2023年12月15日,第五次全国法院知识产权审判工作会议在深圳召开,最高人民法院党组书记、院长张军出席并讲话。

供图:最高人民法院民三庭

◆ 2023年1月6日,全国知识产权局局长会议在北京召开。

供图:国家知识产权局办公室

◆ 2023年4月24日,国务院新闻办公室在北京举办2022年中国知识产权发展状况新闻发布会。国家知识产权局、国家版权局相关负责人出席发布会并答记者问。 供图:中央宣传部版权管理局

◆ 2023年11月9日,专利转化运用专项行动推进机制全体会议在北京召开。 供图:国家知识产权局办公室

◆ 2023年4月26日，最高人民检察院以"综合履行检察职能 加强知识产权法治保障"为主题召开新闻发布会。

供图：最高人民检察院知识产权检察办公室

◆ 2023年10月14日，第二十四届中国专利奖颁奖大会在大连举行。　　　　供图：国家知识产权局办公室

◆ 2023年4月1-2日,农业农村部与最高人民法院在三亚联合举办全国种业知识产权保护专题培训班。

供图:农业农村部科学技术司

◆ 2023年7月6日,中国与世界知识产权组织合作五十周年系列活动——世界知识产权组织主场活动在日内瓦举行。

供图:国家知识产权局办公室

CHINA INTELLECTUAL PROPERTY YEARBOOK

中国知识产权年鉴

2024

主办 | 国家知识产权局

图书在版编目(CIP)数据

中国知识产权年鉴.2024/国家知识产权局主办. -- 北京:知识产权出版社,
2024.12. -- ISBN 978-7-5130-9691-1

Ⅰ.D923.4-54

中国国家版本馆 CIP 数据核字第 2024XU0640 号

责任编辑：黄清明　林竹鸣　　　　　　责任校对：王　岩
封面设计：智兴设计室·索晓青　　　　　责任印制：刘译文

中国知识产权年鉴 2024

国家知识产权局　主办

出版发行：**知识产权出版社**有限责任公司	网　　址：http://www.ipph.cn
社　　址：北京市海淀区气象路50号院	邮　　编：100081
责编电话：010-82000860 转 8117	责编邮箱：hqm@cnipr.com
发行电话：010-82000860 转 8101/8102	发行传真：010-82000893/82005070/82000270
印　　刷：三河市国英印务有限公司	经　　销：新华书店、各大网上书店及相关专业书店
开　　本：787mm×1092mm　1/16	印　　张：41.75
版　　次：2024 年 12 月第 1 版	印　　次：2024 年 12 月第 1 次印刷
字　　数：1041 千字	定　　价：240.00 元

ISBN 978-7-5130-9691-1

出版权专有　侵权必究
如有印装质量问题，本社负责调换。

《中国知识产权年鉴 2024》编辑委员会名单

主　任：申长雨　国家知识产权局局长
副主任：胡文辉　国家知识产权局副局长

编　委：（按姓氏笔画排序）

于　毅　中国贸促会法律事务部
王志广　公安部知识产权犯罪侦查局
王培章　国家知识产权局知识产权运用促进司
甘小斌　工业和信息化部科技司
白剑锋　国家知识产权局知识产权发展研究中心
刘　超　知识产权出版社有限责任公司
刘太宗　最高人民检察院知识产权检察办公室
刘新民　知识产权出版社有限责任公司
孙　悦　中国版权协会
孙传范　农业农村部科学技术司
李　明　商务部条约法律司
杨　帆　国家知识产权局公共服务司
杨洪丰　国家市场监督管理总局价格监督检查和反不正当竞争局
张　鹏　国家知识产权局条法司
张志成　国家知识产权局人事司
陈　丹　国家知识产权局商标局
陈宗旺　海关总署综合业务司
郎贵梅　最高人民法院民三庭
赵　杰　中央宣传部版权管理局
赵志彬　国家知识产权强国建设工作部际联席会议办公室
赵建军　中华全国专利代理师协会
秦浩源　科学技术部七司

高胜华　国家知识产权局专利局复审和无效审理部
郭　雯　国家知识产权局知识产权保护司
龚玉梅　国家林业和草原局科技发展中心
盛　莉　国家知识产权局国际合作司
梁心新　国家知识产权局战略规划司
蒋　彤　国家知识产权局专利局审查业务管理部
谢小勇　中国知识产权研究会
衡付广　国家知识产权局办公室

年鉴编辑部名单

主　　　编：胡文辉
副　主　编：衡付广　刘　超　刘新民
执行副主编：潘　轶　杨钟超　黄清明
责　任　编　辑：黄清明　林竹鸣
特　约　编　辑：（按姓氏笔画排序）

马　欢　国家知识产权局专利局审查业务管理部
王运平　中央宣传部版权管理局
王雪颖　国家知识产权局办公室
申博文　科学技术部七司
朱丹丹　国家知识产权局战略规划司
刘　佳　国家知识产权局条法司
刘　涛　最高人民检察院知识产权检察办公室
刘培磊　农业农村部科学技术司
齐明媛　国家知识产权局知识产权保护司
孙嘉良　公安部知识产权犯罪侦查局
李　丹　海关总署综合业务司
杨朝敏　国家知识产权局专利局审查业务管理部
吴悠扬　国家知识产权局商标局
辛碧秋　商务部条约法律司
张　博　国家知识产权局知识产权发展研究中心
张国宁　国家市场监督管理总局价格监督检查和反不正当竞争局
陈　光　国家林业和草原局科技发展中心
陈君竹　国家知识产权局专利局人事教育部
陈泽宇　最高人民法院民三庭
武　伟　中国知识产权研究会

苑宝平　国家知识产权局公共服务司
林雪岩　国家知识产权局知识产权运用促进司
路剑锋　国家知识产权局专利局复审和无效审理部
蔡润博　工业和信息化部科技司
魏　庆　中国贸促会法律事务部
魏华迪　国家知识产权局国际合作司

编 辑 说 明

一、《中国知识产权年鉴》是反映我国知识产权领域工作基本状况的大型资料性工具书,2001年11月创刊,每年出版一卷,2024版反映的是2023年度我国知识产权工作的基本情况。

二、2024版内容由"要闻""重大战略部署""专文""概况""大事记""统计资料""评选、认定和保护""法律、法规、规章、司法解释及其他规范性文件""典型案例""学术成果""附录"11部分组成。

三、"要闻"栏目,刊登了中国政府网发布的2023年4月中国与世界知识产权组织合作五十周年纪念暨宣传周主场活动期间,国家主席习近平向宣传周主场活动致贺信、国务院总理李强会见世界知识产权组织总干事邓鸿森、国务院副总理丁薛祥宣读习近平主席贺信并致辞的报道。

四、"重大战略部署"栏目,收录了国务院办公厅关于印发《专利转化运用专项行动方案(2023—2025年)》的通知、《知识产权领域中央与地方财政事权和支出责任划分改革方案》的通知,国家知识产权局关于调整设立国家知识产权强国建设工作部际联席会议制度的通知。

五、"专文"栏目,记录了2023年度有关部门、单位负责同志涉及知识产权工作的重要讲话及署名文章。

六、"概况"栏目,全面记录了2023年度我国专利、商标、集成电路布图设计、地理标志及统筹协调涉外知识产权,版权,科技创新知识产权,农业植物新品种,工业和信息化领域知识产权,公安机关保护知识产权,商务知识产权,海关知识产权,反不正当竞争与保护商业秘密,林草植物新品种保护方面的工作情况,司法、检察机关保护知识产权的工作情况,贸促知识产权的工作情况,全国知识产权社团的工作情况,地方知识产权的工作情况。

七、"大事记"栏目,记录了2023年度我国专利、商标、集成电路布图设计、地理标志及统筹协调涉外知识产权,版权,农业植物新品种,公安,商务,林草植物新品种保护,知识产权司法、检察保护,以及贸促知识产权工作方面的重大事件。

八、"统计资料"栏目,收集了2023年度我国专利、商标、集成电路布图设计、地理标志、版权、农业植物新品种、林草植物新品种、海关知识产权保护和知识产权司法保护方面的重要统计数据。

九、"评选、认定和保护"栏目,收录了2023年新增地理标志商标名录,2023

年新认定地理标志保护产品名录。

十、"法律、法规、规章、司法解释及其他规范性文件"栏目，收录了2023年度公布和新修订的与知识产权有关的法规、规章、司法解释及其他规范性文件。

十一、"典型案例"栏目，收录了知识产权强国建设第二批典型案例，2023年度知识产权行政保护典型案例（专利行政保护典型案例，商标行政保护典型案例，地理标志、官方标志和特殊标志行政保护典型案例），专利复审无效十大案件，商标异议和评审典型案例，全国打击侵权盗版十大案件，农业植物新品种保护典型案例，公安机关打击侵权假冒犯罪典型案例，中国海关知识产权保护典型案例，反不正当竞争与保护商业秘密典型案例，中国法院10大知识产权案件，中国法院50件典型知识产权案例，人民法院种业知识产权司法保护典型案例（第三批），检察机关知识产权保护典型案例，检察机关依法惩治侵犯著作权犯罪典型案例。

十二、"学术成果"栏目，收录了国家知识产权局2023年度关于知识产权的主要学术研究成果。

十三、"附录"栏目，收录了与知识产权有关的主要政府网站简介。

目 录

要 闻

习近平向中国与世界知识产权组织合作五十周年纪念暨宣传周主场活动致贺信 …… (1)
李强会见世界知识产权组织总干事邓鸿森 ……………………………………………… (2)
中国与世界知识产权组织合作五十周年纪念暨宣传周主场活动在京举行
　丁薛祥宣读习近平主席贺信并致辞 …………………………………………………… (3)

重大战略部署

国务院办公厅关于印发《专利转化运用专项行动方案(2023—2025年)》的通知 ……… (4)
国务院办公厅关于印发《知识产权领域中央与地方财政事权和支出责任划分
　改革方案》的通知 ……………………………………………………………………… (7)
国家知识产权局关于调整设立国家知识产权强国建设工作部际联席会议制度的
　通知 ……………………………………………………………………………………… (10)

专 文

全面开启知识产权强国建设新征程 ……………………………………… 申长雨(12)
深入学习贯彻党的二十大精神　加快建设知识产权强国 ……………… 申长雨(16)
　——在2023年全国知识产权局局长会议上的工作报告(摘编)
在"全国法院知识产权宣传周"新闻发布会上的发布稿 ………………… 陶凯元(25)

概 况

全国知识产权工作 …………………………………………………………………… (29)
　专利、商标、集成电路布图设计、地理标志及统筹协调涉外知识产权工作 ……… (29)
　版权工作 ………………………………………………………………………………… (50)
　科技创新知识产权工作 ………………………………………………………………… (54)
　农业植物新品种工作 …………………………………………………………………… (55)
　工业和信息化领域知识产权工作 ……………………………………………………… (56)
　公安机关保护知识产权工作 …………………………………………………………… (57)

商务知识产权工作 ……………………………………………………………………… (58)
海关知识产权工作 ……………………………………………………………………… (60)
反不正当竞争与保护商业秘密工作 …………………………………………………… (62)
林草植物新品种保护工作 ……………………………………………………………… (65)
知识产权司法保护工作 ………………………………………………………………… (66)
检察机关保护知识产权工作 …………………………………………………………… (71)
贸促知识产权工作 ……………………………………………………………………… (74)
全国知识产权社团工作 ………………………………………………………………… (75)

地方知识产权工作 …………………………………………………………………… (90)

　　北京市(90)　　天津市(98)　　河北省(105)　　山西省(114)　　内蒙古自治区(121)
　　辽宁省(127)　　吉林省(134)　　黑龙江省(141)　　上海市(148)　　江苏省(156)　　浙江省(164)
　　安徽省(171)　　福建省(178)　　江西省(185)　　山东省(193)　　河南省(201)　　湖北省(208)
　　湖南省(216)　　广东省(222)　　广西壮族自治区(229)　　海南省(236)　　重庆市(245)
　　四川省(253)　　贵州省(260)　　云南省(266)　　西藏自治区(273)　　陕西省(279)　　甘肃省(287)
　　青海省(293)　　宁夏回族自治区(299)　　新疆维吾尔自治区(306)　　新疆生产建设兵团(313)
　　台湾地区(317)　　香港特别行政区(318)　　澳门特别行政区(320)

大 事 记

国家知识产权局 ………………………………………………………………………… (323)
国家版权局 ……………………………………………………………………………… (328)
农业农村部 ……………………………………………………………………………… (331)
公安部 …………………………………………………………………………………… (332)
商务部 …………………………………………………………………………………… (333)
国家林业和草原局 ……………………………………………………………………… (333)
最高人民法院 …………………………………………………………………………… (334)
最高人民检察院 ………………………………………………………………………… (335)
中国贸促会 ……………………………………………………………………………… (336)

统计资料

专利 ……………………………………………………………………………………… (338)
商标 ……………………………………………………………………………………… (408)
集成电路布图设计 ……………………………………………………………………… (418)
地理标志 ………………………………………………………………………………… (421)
版权 ……………………………………………………………………………………… (425)
农业植物新品种 ………………………………………………………………………… (429)
林草植物新品种 ………………………………………………………………………… (435)
海关知识产权保护 ……………………………………………………………………… (438)

知识产权司法保护……………………………………………………………(439)

评选、认定和保护

2023年新增地理标志商标名录…………………………………………………(441)
2023年新认定地理标志保护产品名录…………………………………………(452)

法律、法规、规章、司法解释及其他规范性文件

法律(无)
法规
　　中华人民共和国专利法实施细则………………………………………………(454)
规章
　　规范申请专利行为的规定(国家知识产权局令第77号)………………………(476)
　　专利审查指南(2023)(国家知识产权局令第78号)……………………………(478)
　　集体商标、证明商标注册和管理规定(国家知识产权局令第79号)…………(478)
　　地理标志产品保护办法(国家知识产权局令第80号)…………………………(481)
司法解释
　　最高人民法院关于修改《最高人民法院关于知识产权法庭若干问题的规定》的
　　　决定……………………………………………………………………………(486)
　　最高人民检察院关于印发《人民检察院办理知识产权案件工作指引》的通知…(488)
其他规范性文件
　　国家知识产权局关于施行修改后的专利法及其实施细则相关审查业务处理的
　　　过渡办法的公告(国家知识产权局公告第五五九号)………………………(494)
　　国家知识产权局关于印发《专利代理信用评价管理办法(试行)》的通知………(496)
　　国家知识产权局关于专利权期限补偿和专利开放许可相关行政复议事项的公告
　　　(国家知识产权局公告第五六〇号)…………………………………………(499)
　　国家版权局　中央军委装备发展部关于印发《军用计算机软件著作权登记
　　　工作暂行办法》的通知………………………………………………………(499)
　　农业农村部植物新品种保护办公室关于印发《农业植物新品种保护在线申请和
　　　审查工作规范(试行)》的通知………………………………………………(503)
　　农业农村部植物新品种保护办公室关于印发《农业植物新品种现场审查工作
　　　规范(试行)》的通知…………………………………………………………(504)
　　海关总署关于发布《中华人民共和国海关行政处罚裁量基准(三)》的公告……(505)

典型案例

知识产权强国建设第二批典型案例………………………………………………(509)
2023年度知识产权行政保护典型案例……………………………………………(515)

2023年度专利行政保护典型案例 …………………………………………………（515）
2023年度商标行政保护典型案例 …………………………………………………（522）
2023年度地理标志、官方标志和特殊标志行政保护典型案例 ……………………（529）
2023年度专利复审无效十大案件 …………………………………………………（535）
2023年度商标异议和评审典型案例 ………………………………………………（540）
2023年度全国打击侵权盗版十大案件 ……………………………………………（546）
2023年度农业植物新品种保护典型案例 …………………………………………（549）
2023年度公安机关打击侵权假冒犯罪典型案例 …………………………………（564）
2023年度中国海关知识产权保护典型案例 ………………………………………（567）
2023年度反不正当竞争与保护商业秘密典型案例 ………………………………（571）
2023年中国法院10大知识产权案件 ……………………………………………（572）
2023年中国法院50件典型知识产权案例 ………………………………………（579）
人民法院种业知识产权司法保护典型案例（第三批） ……………………………（582）
2023年度检察机关知识产权保护典型案例 ………………………………………（591）
检察机关依法惩治侵犯著作权犯罪典型案例 ……………………………………（607）

学术成果

国家知识产权局2023年度软科学研究成果 ………………………………………（617）
国家知识产权局学术委员会2023年度专利专项课题学术研究成果 ……………（627）

附　录

与知识产权有关的主要政府网站 …………………………………………………（641）

Contents

Highlights

Xi Jinping Sends Congratulatory Letter to China-WIPO 50th Anniversary
　of Cooperation and Flagship Events of National IP Publicity Week ········· (1)
Li Qiang Meets with WIPO Director General Daren Tang ················· (2)
China-WIPO 50th Anniversary of Cooperation and Flagship Events of National
　IP Publicity Week Held in Beijing
　Ding Xuexiang Reads President Xi Jinping's Congratulatory Letter and
　Delivers Speech ·· (3)

Major Strategic Deployment

Circular of the General Office of the State Council on Printing and Issuing
　the Special Action Plan for Transformation and Utilization of Patents
　(2023—2025) ·· (4)
Circular of the General Office of the State Council on Printing and Issuing
　the Program for the Reform of Dividing Fiscal Management Powers and
　Expenditure Responsibilities between Central and Local Governments in
　the Intellectual Property Rights Sector ································ (7)
Circular of the CNIPA on the Adjustment and the Establishment of the Inter-Ministerial Joint Conference System for Building an Intellectual Property Power ·· (10)

Special Articles

Comprehensively Starting a New Journey to Build an Intellectual Property
　Power ··· Shen Changyu (12)
Deeply Studying and Implementing the Spirit of the 20th National Congress
　of the Communist Party of China and Accelerating the Building of an
　Intellectual Property Power ····························· Shen Changyu (16)
　——The Report at the National IP Office Heads Conference in 2023 (Excerpt)
Press Conference Release for the "National Court IP Publicity
　Week" ·· Tao Kaiyuan (25)

Surveys

National Intellectual Property Work ······································ (29)

Patents, Trademarks, Layout-Designs of Integrated Circuits, Geographical Indications, and Overall Planning and Coordination of Foreign-related Intellectual Property Work ……………………………………… (29)
Copyright Work ……………………………………………………… (50)
Scientific and Technological Innovation Intellectual Property Work ………… (54)
New Varieties of Agricultural Plants Work ……………………………… (55)
Intellectual Property Work in the Field of Industry and Informatization ………… (56)
Public Security Organs Protection Work of Intellectual Property Rights ……… (57)
Commercial Intellectual Property Work ………………………………… (58)
Customs Intellectual Property Work ……………………………………… (60)
Anti-unfair Competition and Trade Secret Protection Work ……………… (62)
Protection Work of New Varieties of Forestry and Grassland Plants ……… (65)
Judicial Protection Work of Intellectual Property ……………………… (66)
Intellectual Property Protection Work of Procuratorial Organs …………… (71)
Promotion of Trade Intellectual Property Work …………………………… (74)
Work of National Intellectual Property Social Organizations ……………… (75)

Local Intellectual Property Work ………………………………………… (90)

Beijing Municipality(90)　Tianjin Municipality(98)　Hebei Province(105)
Shanxi Province(114)　Inner Mongolia Autonomous Region(121)　Liaoning Province(127)
Jilin Province(134)　Heilongjiang Province(141)　Shanghai Municipality(148)
Jiangsu Province(156)　Zhejiang Province(164)　Anhui Province(171)
Fujian Province(178)　Jiangxi Province(185)　Shandong Province(193)
Henan Province(201)　Hubei Province(208)　Hunan Province(216)
Guangdong Province(222)　Guangxi Zhuang Autonomous Region(229)
Hainan Province(236)　Chongqing Municipality(245)　Sichuan Province(253)
Guizhou Province(260)　Yunnan Province(266)　Tibet Autonomous Region(273)
Shaanxi Province(279)　Gansu Province(287)　Qinghai Province(293)
Ningxia Hui Autonomous Region(299)　Xinjiang Uygur Autonomous Region(306)
Xinjiang Production and Construction Corps(313)　Chinese Taiwan(317)
Hong Kong Special Administrative Region(318)
Macao Special Administrative Region(320)

Major Events and Activities

China National Intellectual Property Administration ……………………… (323)
National Copyright Administration of the PRC ………………………… (328)
Ministry of Agriculture and Rural Affairs of the PRC …………………… (331)
Ministry of Public Security of the PRC ………………………………… (332)
Ministry of Commerce of the PRC ……………………………………… (333)
National Forestry and Grassland Administration ………………………… (333)
The Supreme People's Court of the PRC ………………………………… (334)

The Supreme People's Procuratorate of the PRC ·· (335)
China Council for the Promotion of International Trade ································ (336)

Statistics

Patent ··· (338)
Trademark ·· (408)
Layout-Designs of Integrated Circuits ··· (418)
Geographical Indication ··· (421)
Copyright ·· (425)
New Varieties of Agricultural Plants ·· (429)
New Varieties of Forestry and Grassland Plants ··· (435)
Customs Protection of Intellectual Property ··· (438)
Judicial Protection of Intellectual Property ··· (439)

Selection, Recognition, and Protection

List of Newly Registered Geographical Indication Trademarks in 2023 ············· (441)
List of Newly Recognized Geographical Indication Protection Products in
  2023 ·· (452)

Laws, Regulations, Rules, Judicial Interpretations, and Other Normative Documents

Laws(N/A)
Regulations
  Rules for the Implementation of the Patent Law of the People's Republic
    of China ··· (454)
Rules
  Provisions on Regulating Patent Application Activities(Rules of the CNIPA
    No. 77) ··· (476)
  Guidelines for Patent Examination(2023)(Rules of the CNIPA No. 78) ········· (478)
  Provisions on the Registration and Management of Collective Marks and
    Certification Marks(Rules of the CNIPA No. 79) ······································ (478)
  Measures for the Protection of Geographical Indication Products(Rules
    of the CNIPA No. 80) ··· (481)
Judicial Interpretations
  Decision of the Supreme People's Court to Amend *the Provisions of the*
    Supreme People's Court on Several Issues Concerning the Intellectual
    Property Tribunal ··· (486)
  Circular of the Supreme People's Procuratorate on Printing and Issuing
    the Work Guidance on Handling Intellectual Property Rights Cases by
    People's Procuratorates ··· (488)

Other Normative Documents

    Announcement of the CNIPA on the Transitional Measures for the Handling of Relevant Examinations Concerning the Implementation of the Amended Patent Law and the Rules for Its Implementation (Announcement of the CNIPA No. 559) ………………………………………… (494)

    Circular of the CNIPA on Issuing *the Administrative Measures for Credit Evaluation of Patent Agents (for Trial Implementation)* ……………………… (496)

    Announcement of the CNIPA on Administrative Reconsideration Matters Regarding Patent Term Compensation and Patent Open Licensing (Announcement of the CNIPA No. 560) ……………………………………………… (499)

    Circular of the National Copyright Administration and the Equipment Development Department of the CPC Central Military Commission on Printing and Issuing *the Interim Measures for the Registration of Military Computer Software Copyrights* …………………………………………… (499)

    Circular of the Office for Protection of New Varieties of Plants of the Ministry of Agriculture and Rural Affairs on Printing and Issuing *the Work Rules for the Online Application and Examination for Protection of New Varieties of Agricultural Plants (for Trial Implementation)* ……………… (503)

    Circular of the Office for Protection of New Varieties of Plants of the Ministry of Agriculture and Rural Affairs on Printing and Issuing *the Working Rules for the On-site Examination of New Varieties of Agricultural Plants (for Trial Implementation)* ………………………………………… (504)

    Announcement of the General Administration of Customs on Issuing *the Discretional Benchmark of the Customs of the People's Republic of China for Administrative Penalties (Ⅲ)* …………………………………… (505)

Typical Cases

The Second Batch of Typical Cases of Building an Intellectual Property Power …… (509)

Typical Cases of Administrative Protection of Intellectual Property Rights in 2023 ……… (515)

    Typical Cases of Administrative Protection of Patents in 2023 ………………… (515)

    Typical Cases of Administrative Protection of Trademarks in 2023 …………… (522)

    Typical Cases of Administrative Protection of Geographical Indications, Official Signs, and Special Signs in 2023 ………………………………… (529)

Top 10 Cases of Patent Reexamination and Invalidation in 2023 ………………… (535)

Typical Cases of Trademark Opposition and Appraisal in 2023 …………………… (540)

Top 10 Cases of Combating Infringing and Piracy Nationwide in 2023 …………… (546)

Typical Cases of Protection of New Varieties of Agricultural Plants in 2023 ……… (549)

Typical Cases of Public Security Organs Combating Infringement and Counterfeiting Crimes in 2023 ……………………………………………… (564)

Typical Cases of IPR Protection by China Customs in 2023 ……………………… (567)

Typical Cases of Anti-unfair Competition and Trade Secret Protection in 2023 ...... (571)
Top 10 IPR Cases of Chinese Courts in 2023 .... (572)
50 Typical IPR Cases of Chinese Courts in 2023 .... (579)
Typical Cases of Judicial Protection for Seed Industry Intellectual Property
　Rights by People's Courts(The Third Batch) .... (582)
Typical Cases of IPR Protection by Procuratorial Organs in 2023 .... (591)
Typical Cases of Lawfully Punishing Copyright Infringement Crimes by
　Procuratorial Organs .... (607)

Academic Research Achievements

Achievements of Soft Science Research of the CNIPA in 2023 .... (617)
Academic Research Achievements on the Special Subject of Patents of Academic
　Committee of the CNIPA in 2023 .... (627)

Appendix

Major Official Websites Concerning Intellectual Property .... (641)

要 闻

习近平向中国与世界知识产权组织合作五十周年纪念暨宣传周主场活动致贺信

2023-04-26　来源：中国政府网

新华社北京4月26日电　4月26日，国家主席习近平向中国与世界知识产权组织合作五十周年纪念暨宣传周主场活动致贺信。

习近平指出，50年来，中国始终坚定维护国际知识产权多边体系，与世界知识产权组织合作不断拓展深化，取得丰硕成果。中国始终高度重视知识产权保护，深入实施知识产权强国建设，加强知识产权法治保障，完善知识产权管理体制，不断强化知识产权全链条保护，持续优化创新环境和营商环境。中国愿进一步深化同世界知识产权组织的友好合作，共同推动全球知识产权治理体系向着更加公正合理方向发展、更好增进人类福祉。

中国与世界知识产权组织合作五十周年纪念暨宣传周主场活动当日在北京举行，由全国知识产权宣传周活动组委会主办。这次活动的主题是"加强知识产权法治保障　有力支持全面创新"。

李强会见世界知识产权组织总干事邓鸿森

2023-04-27　来源：中国政府网

新华社北京4月27日电　国务院总理李强4月27日上午在中南海紫光阁会见世界知识产权组织总干事邓鸿森。

李强表示，今年是中国与世界知识产权组织合作五十周年。习近平主席日前专门向中国与世界知识产权组织合作五十周年纪念暨宣传周主场活动致贺信，充分体现了对知识产权工作的高度重视。希望以此为契机，推动双方合作再上新台阶。

李强指出，中国始终高度重视知识产权保护，制定实施国家知识产权战略，加快推进知识产权强国建设，特别是在建立健全相关法律制度、加强专门机构和队伍建设、增强全社会尊重和保护知识产权意识、依法处理重要侵权个案等方面取得了长足进步。中国是知识产权国际体系的积极建设者、重要贡献者和坚定维护者。

李强强调，知识产权制度是激励创新的催化剂、经济发展的加速器。随着人工智能、物联网等新技术和数字经济的发展，知识产权工作面临许多新的课题和挑战。我们愿与世界知识产权组织加强合作，共同应对，为打造有利于知识产权创造、保护、运用的良好生态积极贡献中国智慧、中国方案，让人类的知识、智慧更好造福全人类。中国将一如既往支持世界知识产权组织在多边体系和促进全球创新发展中发挥更大作用。

邓鸿森表示，过去50年，中国在知识产权方面取得历史性成就和进步，在全球创新指数中的排名上升至第11位。这根植于绵延5000多年的中华文明，也得益于中国政府对知识产权和创新的高度重视。中国制定的知识产权战略堪称典范。世界知识产权组织与中国在创新、技术、数字化等方面的合作非常广泛、深入，未来将进一步加强对华合作，推动世界创新发展和各国共同发展。

中国与世界知识产权组织合作五十周年纪念暨宣传周主场活动在京举行

丁薛祥宣读习近平主席贺信并致辞

2023-04-26　来源：中国政府网

新华社北京4月26日电 4月26日，中国与世界知识产权组织合作五十周年纪念暨宣传周主场活动在京举行。中共中央政治局常委、国务院副总理丁薛祥出席活动，宣读习近平主席贺信并致辞。

丁薛祥指出，习近平主席专门发来贺信，充分体现了对知识产权工作的高度重视。新时代十年，中国把知识产权保护工作摆在更加突出的位置，出台一系列重大政策、行动、规划，实行严格的知识产权保护制度，知识产权事业发展取得历史性成就，走出了一条中国特色知识产权发展之路。中国知识产权事业快速发展，有力促进了创新型国家建设，为高质量发展提供了重要支撑。

丁薛祥强调，中国将全面加强知识产权保护工作，加快建设知识产权强国，激发全社会创新活力，推动构建新发展格局，着力实现高质量发展。进一步加强知识产权制度建设，加快完善知识产权法律体系，健全知识产权权益分配机制，完善专利商标审查等政策，更好发挥对激励创新的保障作用。严格依法保护知识产权，完善行政保护体系，健全司法保护体系，强化知识产权全链条保护，营造公平竞争的市场环境。着力推动知识产权转移转化，培育和发展知识产权要素市场，激励知识产权创造和运用，支撑实体经济创新发展。持续优化知识产权公共服务，提高知识产权公共服务可及性和普惠性，促进创新成果更好惠及人民。深入宣传知识产权文化理念，提升社会公众知识产权文化意识，厚植创新发展的人文社会环境。

丁薛祥表示，中国愿与世界知识产权组织建立更加紧密的合作关系，携手推进国际知识产权合作，为人类的繁荣进步作出新贡献。他提出三点建议：一是共同完善知识产权全球治理，坚定维护以世界知识产权组织为核心的知识产权多边体系，推动全球知识产权治理体制向着更加公正合理方向发展。二是共同促进知识产权高效创造运用，坚持开放包容、平衡普惠的原则，推进知识产权国际交流合作，让创新成果更好造福人类。三是共同推动知识产权保护国际合作，依法严厉打击各类知识产权侵权行为，推动知识产权平等保护，在市场化法治化原则基础上开展技术交流合作。

世界知识产权组织总干事邓鸿森出席活动并致辞。

国务院办公厅关于印发《专利转化运用专项行动方案（2023—2025年）》的通知

国办发〔2023〕37号

各省、自治区、直辖市人民政府，国务院各部委、各直属机构：

《专利转化运用专项行动方案（2023—2025年）》已经国务院同意，现印发给你们，请认真贯彻执行。

国务院办公厅
2023年10月17日

（本文有删减）

专利转化运用专项行动方案（2023—2025年）

为贯彻落实《知识产权强国建设纲要（2021—2035年）》和《"十四五"国家知识产权保护和运用规划》，大力推动专利产业化，加快创新成果向现实生产力转化，开展专利转化运用专项行动，制定本方案。

一、总体要求

以习近平新时代中国特色社会主义思想为指导，全面贯彻落实党的二十大精神，聚焦大力推动专利产业化，做强做优实体经济，有效利用新型举国体制优势和超大规模市场优势，充分发挥知识产权制度供给和技术供给的双重作用，有效利用专利的权益纽带和信息链接功能，促进技术、资本、人才等资源要素高效配置和有机聚合，从提升专利质量和加强政策激励两方面发力，着力打通专利转化运用的关键堵点，优化市场服务，培育良好生态，激发各类主体创新活力和转化动力，切实将专利制度优势转化为创新发展的强大动能，助力实现高水平科技自立自强。

到2025年，推动一批高价值专利实现产业化。高校和科研机构专利产业化率明显提高，全国涉及专利的技术合同成交额达到8000亿元。一批主攻硬科技、掌握好专利的企业成长壮大，重点产业领域知识产权竞争优势加速形成，备案认定的专利密集型产品产值超万亿元。

二、大力推进专利产业化，加快专利价值实现

（一）梳理盘活高校和科研机构存量专利

建立市场导向的存量专利筛选评价、供需对接、推广应用、跟踪反馈机制，力争2025年底前实现高校和科研机构未转化有效专利全覆盖。由高校、科研机构组织筛选具有潜在市场价值的专利，依托全国知识产权运营服务平台体系一线上登记入库。有效运用大数据、人工智能等新技术，按产业细分领域向企业匹配推送，促成供需对接。基于企业对专利产业化前景评价、专利技术改进需求和产学研合作意愿的反馈情况，识别存量专利产业化潜力，分

层构建可转化的专利资源库。加强地方政府部门、产业园区、行业协会和全国知识产权运营服务平台体系等各方协同，根据存量专利分层情况，采取差异化推广措施。针对高价值存量专利，匹配政策、服务、资本等优质资源，推动实现快速转化。在盘活存量专利的同时，引导高校、科研机构在科研活动中精准对接市场需求，积极与企业联合攻关，形成更多符合产业需要的高价值专利。

（二）以专利产业化促进中小企业成长

开展专精特新中小企业"一月一链"投融资路演活动，帮助企业对接更多优质投资机构。推动专项支持的企业进入区域性股权市场，开展规范化培育和投后管理。支持开展企业上市知识产权专项服务，加强与证券交易所联动，有效降低上市过程中的知识产权风险。

（三）推进重点产业知识产权强链增效

以重点产业领域企业为主体，协同各类重大创新平台，培育和发现一批弥补共性技术短板、具有行业领先优势的高价值专利组合。围绕产业链供应链，建立关键核心专利技术产业化推进机制，推动扩大产业规模和效益，加快形成市场优势。支持建设产业知识产权运营中心，组建产业知识产权创新联合体，遵循市场规则，建设运营重点产业专利池。深入实施创新过程知识产权管理国际标准，出台标准与专利协同政策指引，推动创新主体提升国际标准制定能力。面向未来产业等前沿技术领域，鼓励探索专利开源等运用新模式。

（四）培育推广专利密集型产品

加快完善国家专利密集型产品备案认定平台，以高新技术企业、专精特新企业、科技型企业等为重点，全面开展专利产品备案，2025年底前实现全覆盖，作为衡量专利转化实施情况的基础依据。围绕专利在提升产品竞争力和附加值中的实际贡献，制定出台专利密集型产品认定国家标准，分产业领域开展统一认定。培育推广专利密集型产品，健全专利密集型产业增加值核算与发布机制，加强专利密集型产业培育监测评价。

三、打通转化关键堵点，激发运用内生动力

（五）强化高校、科研机构专利转化激励

探索高校和科研机构职务科技成果转化管理新模式，健全专利转化的尽职免责和容错机制，对专利等科技成果作价入股所形成国有股权的保值增值实施按年度、分类型、分阶段整体考核，不再单独进行个案考核。对达成并备案的专利开放许可，依法依规予以技术合同登记认定。推动高校、科研机构加快实施以产业化前景分析为核心的专利申请前评估制度。强化职务发明规范管理，建立单位、科研人员和技术转移机构等权利义务对等的知识产权收益分配机制。加强产学研合作协议知识产权条款审查，合理约定权利归属与收益分配。支持高校、科研机构通过多种途径筹资设立知识产权管理资金和运营基金。推动建立以质量为导向的专利代理等服务招标机制。

（六）强化提升专利质量促进专利产业化的政策导向

各地区、各有关部门在涉及专利的考核中，要突出专利质量和转化运用的导向，避免设置专利申请量约束性指标，不得将财政资助奖励政策与专利数量简单挂钩。在各级各类涉及专利指标的项目评审、机构评估、企业认定、人才评价、职称评定等工作中，要将专利的转化效益作为重要评价标准，不得直接将专利数量作为主要条件。出台中央企业高价值专利工作指引，引导企业提高专利质量效益。启动实施财政资助科研项目形成专利的声明制度，加强跟踪监测和评价反馈，对于授权超过5年没有实施且无正当理由的专利，国家可以无偿实施，也可以许可他人有偿实施或无偿实施，促进财政资助科研项目的高价值专利产出和实施。

（七）加强促进转化运用的知识产权保护工作

加强地方知识产权综合立法，一体推进专利保护和运用。加强知识产权保护体系建设。

四、培育知识产权要素市场，构建良好服务生态

（八）高标准建设知识产权市场体系

完善专利权转让登记机制，完善专利开放许可相关交易服务、信用监管、纠纷调解等配套措施。创新先进技术成果转化运用模式。优化全国知识产权运营服务平台体系，支持国家知识产权和科技成果产权交易机构链接区域和行业交易机构，在知识产权交易、金融、专利导航和专利密集型产品等方面强化平台功能，搭建数据底座，聚焦重点区域和产业支持建设若干知识产权运营中心，形成线上线下融合、规范有序、充满活力的知识产权运用网络。建立统一规范的知识产权交易制度，推动各类平台互联互通、开放共享，实现专利转化供需信息一点发布、全网通达。建立知识产权交易相关基础数据统计发布机制，健全知识产权评估体系，鼓励开发智能化评估工具。建立专利实施、转让、许可、质押、进出口等各类数据集成和监测机制。2024年底前，完成技术合同登记与专利转让、许可登记备案信息共享，扩大高校、科研机构专利实施许可备案覆盖面。

（九）推进多元化知识产权金融支持

加大知识产权融资信贷政策支持力度，稳步推广区域性股权市场运营管理风险补偿基金等机制安排，优化知识产权质物处置模式。开展银行知识产权质押融资内部评估试点，扩大银行业金融机构知识产权质押登记线上办理试点范围。完善全国知识产权质押信息平台，扩展数据共享范围。探索创业投资等多元资本投入机制，通过优先股、可转换债券等多种形式加大对企业专利产业化的资金支持，支持以"科技成果+认股权"方式入股企业。探索推进知识产权证券化，探索银行与投资机构合作的"贷款+外部直投"等业务模式。完善知识产权保险服务体系，探索推行涉及专利许可、转化、海外布局、海外维权等保险新产品。

（十）完善专利转化运用服务链条

引导树立以促进专利产业化为导向的服务理念，拓展专利代理机构服务领域，提供集成化专利转化运用解决方案。培育一批专业性强、信用良好的知识产权服务机构和专家型人才，参与服务各级各类科技计划项目，助力核心技术攻关和专利转化运用。加大知识产权标准化数据供给，鼓励开发好使管用的信息服务产品。面向区域重大战略、重点产业领域、国家科技重大项目、国家战略科技力量，深入开展专利转化运用服务精准对接活动。加快推进知识产权服务业集聚区优化升级，到2025年，高质量建设20个国家知识产权服务业集聚发展示范区。

（十一）畅通知识产权要素国际循环

发挥自由贸易试验区、自由贸易港的示范引领作用，推进高水平制度型开放，不断扩大知识产权贸易。加快国家知识产权服务出口基地建设。推出更多技术进出口便利化举措，引导银行为技术进出口企业提供优质外汇结算服务。鼓励海外专利权人、外商投资企业等按照自愿平等的市场化原则，转化实施专利技术。建立健全国际大科学计划知识产权相关规则，支持国际科技合作纵深发展。探索在共建"一带一路"国家、金砖国家等开展专利推广应用和普惠共享，鼓励国际绿色技术知识产权开放实施。

五、强化组织保障，营造良好环境

（十二）加强组织实施

坚持党对专利转化运用工作的全面领导。成立由国家知识产权局牵头的专利转化运用专项行动工作专班，落实党中央、国务院相关决策部署，研究重大政策、重点项目，协调解决难点问题，推进各项任务落实见效。各地区要加强组织领导，将专利转化运用工作纳入政府重要议事日程，落实好专项行动各项任务。2023年启动第一批专利产业化项目，逐年滚动扩大实施范围和成效。

（十三）强化绩效考核

各地区要针对专利产业化项目中产生的高价值专利和转化效益高的企业等，定期做好分类统计和总结上报。国家知识产权局要会同相关部门定期公布在专项行动中实现显著效益的高价值专利和企业。将专项行动绩效考核纳入国务院督查事项，对工作成效突出的单位和个人按国家有关规定给予表彰。

（十四）加大投入保障

落实好支持专利转化运用的相关税收优惠政策。各地区要加大专利转化运用投入保障，引导建立多元化投入机制，带动社会资本投向专利转化运用。

（十五）营造良好环境

实施知识产权公共服务普惠工程，健全便民利民知识产权公共服务体系，推动实现各类知识产权业务"一网通办"和"一站式"服务。加强宣传引导和经验总结，及时发布先进经验和典型案例，在全社会营造有利于专利转化运用的良好氛围。

国务院办公厅关于印发《知识产权领域中央与地方财政事权和支出责任划分改革方案》的通知

国办发〔2023〕48号

各省、自治区、直辖市人民政府，国务院各部委、各直属机构：

《知识产权领域中央与地方财政事权和支出责任划分改革方案》已经党中央、国务院同意，现印发给你们，请结合实际认真贯彻落实。

国务院办公厅
2023年12月26日
（此件公开发布）

知识产权领域中央与地方财政事权和支出责任划分改革方案

按照党中央、国务院有关决策部署，现就知识产权领域中央与地方财政事权和支出责任划分改革制定如下方案。

一、总体要求

以习近平新时代中国特色社会主义思想为指导，深入贯彻落实党的二十大精神，立足新发展阶段，完整、准确、全面贯彻新发展理念，加快构建新发展格局，着力推动高质量发展,坚定实施创新驱动发展战略,牢固树立保护知识产权就是保护创新的理念,健全充分发挥中央和地方两个积极性体制机制,厘清权责关系,适当加强中央在知识产权保护方面财政事权,减少并规范中央和地方共同财政事权,赋予地方更多自主权,优化政府间事权和财权划分,建立权责清晰、财力协调、区域均衡的中央和地方财政关系,形成稳定的各级政府事权、支出责任和财力相适应的制度,全面加强知识产权保护工作,健全新领域新业态知识产权保护制度,维护知识产权领域国家安全,加强知识产权法治保障,推动进一步提升知识产权创造、运用、保护、管理和服务水平,为实施创新驱动发展战略和知识产权强国战略、推动高质量发展提供有力支撑。

二、主要内容

(一)知识产权宏观管理

将制定实施国家知识产权战略、规划、政策,制定知识产权领域法律、行政法规、司法解释、部门规章等,构建数据知识产权保护规则,推动建立数据知识产权保护行业规范,知识产权强国建设监测评估,全国性知识产权统计调查分析发布,确认为中央财政事权,由中央承担支出责任。

将制定实施地方知识产权战略、规划、政策,制定知识产权领域地方性法规、地方政府规章等,地方性知识产权统计调查分析发布,确认为地方财政事权,由地方承担支出责任。

(二)知识产权授权确权

将专利、商标、地理标志、集成电路布图设计、植物新品种权等涉及的审查注册登记和复审无效,计算机软件著作权、外国作者或其他著作权人作品、港澳台作者或其他著作权人作品的登记,特殊标志、奥林匹克标志的登记备案,专利、商标审查协作体系和审查能力建设,确认为中央财政事权,由中央承担支出责任。

将国内作者或其他著作权人作品的登记,确认为中央与地方共同财政事权,由中央与地方分别承担支出责任。其中,国家著作权管理部门办理的登记,由中央承担支出责任;地方著作权管理部门办理的登记,由地方承担支出责任。

(三)知识产权运用促进

将全国性知识产权运营服务体系建设和知识产权交易规范指导,专利、商标、著作权质押登记,植物新品种权转让登记公告,专利许可备案和转让登记,商标许可备案和转让核准,专利、植物新品种权强制许可,专利开放许可声明审查和纠纷调解,出版境外音像制品合同登记,按产业领域加强专利导航,指导和规范全国性知识产权无形资产评估,全国知识产权服务业监管,专利代理机构执业许可和外国专利代理机构在中国境内设立常驻代表机构审批,专利代理师考试组织和资格认定,商标代理机构备案,重大专利商标代理监管案件查办,著作权集体管理组织及其分支机构的设立审批,著作权涉外机构、国(境)外著作权认证机关、外国和国际著作权组织在华设立代表机构审批,确认为中央财政事权,由中央承担支出责任。

将地方性知识产权转移转化促进和知识产权交易运营监督管理,地方性重大经济科技活动知识产权评议,出版外国图书合同登记、出版和复制境外电子出版物和计算机软件合同登记、复制境外音像制品委托合同登记,向国外申请植物新品种权登记,结合本地区产业发展开展专利导航,地方知识产权服务业监管,承办本行政区域内专利代理师资格考试考务工作,确认为地方财政事权,由地方承担支出责任。

将著作权许可和转让备案,确认为中央与地方共同财政事权,由中央与地方分别承担支出责任。其中,国家著作权管理部门办理的备案,由中央承担支出责任;地方著作权管理部门办理的备案,由地方承担支出责任。

(四)知识产权保护

将全国性知识产权保护体系建设,全国性涉外知识产权纠纷应对机制建设,全国性知识产权保护状况评价和绩效监督考核,全国性知识产权保护专项行动组织,在全国有重大影响或跨区域的知识产权重大违法案件组织查办和督查督办,知识产权海关保护,在全国有重大影响的专利侵权纠纷的行政裁决和行政调解,药品专利纠纷早期解决机制相关行政裁决,著作权集体管理组织收取使用费标准的行政裁决,在全国有重大影响的著作权纠纷的行政调解,集成电路布图设计专有权侵权纠纷的行政裁决和行政调解,外国投资者并购境内企业安全审查中涉及的知识产权对外转让审查,向国外转让植物新品种权审批,全国软件正版化工作组织推进,植物品种保护名录征集和发布,确认为中央财政事权,由中央承担支出责任。

将地方性知识产权保护体系建设,地方性涉外知识产权纠纷应对机制建设,地方知识产权保护状况评价和绩效监督考核,地方知识产权执法、快速协同保护、维权援助,未列入中央财政事权的知识产权侵权纠纷的行政裁决和行政调解,技术出口中涉及专利权、集成电路布图设计专有权、计算机软件著作权的对外转让审查,本地区软件正版化工作组织推进,确认为地方财政事权,由地方承担支出责任。

(五)知识产权公共服务

将全国性知识产权公共服务体系建设,全国性知识产权数据资源加工分析、统筹管理、共享开放,全国性知识产权信息的研究分析和传播利用,全国性知识产权信息化、智能化基础设施建设和网络安全防护,全国性知识产权风险预测预警,确认为中央财政事权,由中央承担支出责任。

将地方性知识产权公共服务体系建设,推动知识产权信息在地方的传播利用和融合应用,地方性知识产权信息化、智能化基础设施建设和网络安全防护,地方性知识产权风险预测预警,确认为地方财政事权,由地方承担支出责任。

(六)知识产权涉外工作

将知识产权涉外事宜统筹协调,国家层面知识产权合作交流,深化同共建"一带一路"国家和地区知识产权合作,涉外知识产权谈判,知识产权相关国际条约磋商、签署、履约及落实,与世界知识产权组织和其他相关国际组织的合作交流,研究推动数据知识产权保护国际规则制定,确认为中央财政事权,由中央承担支出责任。

将地方与外国地方政府和地方组织开展知识产权合作交流,确认为地方财政事权,由地方承担支出责任。

(七)知识产权领域其他事项

将知识产权人才队伍建设,知识产权宣传教育和普法,高等学校知识产权学科、学院、学位建设等事项,按照隶属关系分别确认为中央或地方财政事权,由同级财政承担支出责任。中央职能部门及所属机构承担的事项,确认为中央财政事权,由中央承担支出责任;地方职能部门及所属机构承担的事项,确认为地方财政事权,由地方承担支出责任。将知识产权涉港澳台事宜统筹协调,确认为中央财政事权,由中央承担支出责任;将地方与港澳台开展知识产权合作交流,确认为地方财政事权,由地方承担支出责任。

中央与新疆生产建设兵团财政事权和支出责任划分,参照中央与地方划分原则执行;财政支持政策原则上参照新疆维吾尔自治区有关政策执行，并适当考虑新疆生产建设兵团的特殊因素。知识产权领域其他未列事项，按照改革的总体要求和事项特点具体确定财政事权和支出责任。

三、配套措施

（一）加强组织领导

各地区各有关部门要深刻领悟"两个确立"的决定性意义，增强"四个意识"、坚定"四个自信"、做到"两个维护"，切实把思想和行动统一到党中央、国务院决策部署上来，加强组织领导，切实履行职责，密切协调配合，强化监管监督，确保改革工作落实到位。

（二）落实支出责任

各地区各有关部门要根据改革确定的财政事权和支出责任划分，合理安排预算，及时下达资金，切实落实支出责任。要落实全面实施预算绩效管理的要求，着力优化支出结构，提高知识产权领域财政资源配置效率和使用效益。

（三）推进省以下改革

各省级人民政府要参照本方案精神，结合省以下财政体制等实际，合理划分省以下知识产权领域财政事权和支出责任。要明确省级人民政府推进本行政区域内知识产权工作的职责，加强省级统筹，加大对行政区域内财力困难地区的资金支持力度。要将适宜由地方更高一级政府承担的知识产权领域支出责任上移，避免基层政府承担过多支出责任。

本方案自2024年1月1日起实施。

国家知识产权局关于调整设立国家知识产权强国建设工作部际联席会议制度的通知

国知发规字〔2023〕52号

中央宣传部、最高人民法院、最高人民检察院、外交部、国家发展改革委、教育部、科技部、工业和信息化部、公安部、司法部、财政部、人力资源社会保障部、生态环境部、农业农村部、商务部、文化和旅游部、国家卫生健康委、中国人民银行、国务院国资委、海关总署、市场监管总局、广电总局、国家统计局、中国科学院、国家国防科工局、国家林草局、中央军委装备发展部、中国贸促会：

为贯彻落实党中央、国务院决策部署，深入实施《知识产权强国建设纲要（2021—2035年）》，加强对知识产权强国建设工作的统筹协调，凝聚工作合力，经党中央、国务院批准，建立国家知识产权强国建设工作部际联席会议（以下简称联席会议）制度。

一、主要职责

以习近平新时代中国特色社会主义思想为指导，深入学习贯彻习近平总书记关于知识产权强国建设的重要指示精神，全面落实党中央、国务院决策部署，统筹协调全国知识产权强国建设工作，组织实施知识产权强国战略。加强对知识产权强国建设工作的宏观指导；研究加强知识产权强国建设的重大方针政策，制订知识产权强国建设年度推进计划；指导、督促、检查有关政策措施的落实，监测评估工作成效；协调解决知识产权强国建设中的重大问题；完成党中央、国务院交办的其他事项。

二、成员单位

联席会议由国家知识产权局、中央宣

传部、最高人民法院、最高人民检察院、外交部、国家发展改革委、教育部、科技部、工业和信息化部、公安部、司法部、财政部、人力资源社会保障部、生态环境部、农业农村部、商务部、文化和旅游部、国家卫生健康委、中国人民银行、国务院国资委、海关总署、市场监管总局、广电总局、国家统计局、中国科学院、国家国防科工局、国家林草局、中央军委装备发展部、中国贸促会等29个部门和单位组成，国家知识产权局为牵头单位。

联席会议由国家知识产权局主要负责同志和中央宣传部分管版权工作的负责同志担任召集人，各成员单位有关负责同志为联席会议成员。联席会议成员因工作变动需要调整的，由所在单位提出，联席会议确定。

联席会议办公室设在国家知识产权局，承担联席会议的日常工作。国家知识产权局分管负责同志担任办公室主任，国家知识产权局和中央宣传部各一名司局级同志担任办公室副主任。联席会议设联络员，由各成员单位有关司局负责同志担任。

三、工作规则

联席会议根据工作需要定期或不定期召开会议，原则上每年至少召开一次全体会议，会议由召集人主持。成员单位根据工作需要可以提出召开会议的建议。在联席会议召开之前，根据工作需要，联席会议办公室主任主持召开联络员会议，研究讨论联席会议议题和需提交联席会议议定的事项及其他有关事项。联席会议以纪要形式明确议定事项，由联席会议办公室印送各成员单位和有关方面。

四、工作要求

各成员单位要按照职责分工，深入研究知识产权强国建设工作中的重大问题，制订相关配套政策措施或提出政策措施建议；及时向联席会议办公室提出需联席会议讨论的议题，认真落实联席会议确定的工作任务和议定事项；互通信息，互相支持，密切配合，形成合力，充分发挥联席会议作用。联席会议办公室要及时向各成员单位通报有关情况。

附件
国家知识产权强国建设工作部际联席会议成员名单（略）

国家知识产权局
2023年12月20日

全面开启知识产权强国建设新征程*

国家知识产权局党组书记、局长　申长雨

习近平总书记在党的二十大报告中指出，完善科技创新体系，坚持创新在我国现代化建设全局中的核心地位。要求深化科技体制改革，加强知识产权法治保障，形成支持全面创新的基础制度。知识产权事业是党和国家事业的有机组成部分，在新时代作为国家发展战略性资源和国际竞争力核心要素的作用更加凸显。实施知识产权强国战略，必须坚持以习近平新时代中国特色社会主义思想为指导，全面贯彻党的二十大精神，为有力支撑社会主义现代化强国建设作出应有贡献。

一、新时代十年党领导知识产权事业取得历史性成就

党的十八大以来，在以习近平同志为核心的党中央坚强领导下，我国知识产权事业实现大发展、大跨越、大提升，推进一系列变革性实践，实现一系列突破性进展，形成一系列标志性成果，取得举世瞩目的历史性成就，成为党和国家新时代十年伟大变革的有机组成部分。

系统擘画了知识产权强国建设的宏伟蓝图。习近平总书记围绕知识产权工作作出一系列重要论述，特别是2020年11月30日，主持召开十九届中央政治局第二十五次集体学习，就全面加强知识产权保护工作发表重要讲话；部署制定《知识产权强国建设纲要（2021—2035年）》，绘就了我国知识产权事业发展的宏伟蓝图。知识产权"十三五""十四五"规划连续两次被列入国家专项规划。《深入实施国家知识产权战略行动计划（2014—2020年）》《国务院关于新形势下加快知识产权强国建设的若干意见》《关于强化知识产权保护的意见》等一系列重要文件接续出台，知识产权顶层设计全面加强。

与时俱进完善了知识产权管理体制与法律法规。按照2018年党和国家机构改革部署，重新组建了国家知识产权局，实现专利、商标、原产地地理标志、集成电路布图设计的集中统一管理。党的二十届二中全会审议通过的《党和国家机构改革方案》就完善知识产权管理体制作出重大优化调整，将国家知识产权局调整为国务院直属机构。知识产权写入《民法典》，确立了知识产权保护的重大法律原则。完成《专利法》《商标法》第四次修改，建立了国际上高标准的侵权惩罚性赔偿制度以及专利开放许可、药品专利权期限补偿等制度。

知识产权创造实现空前发展。截至2022年底，我国发明专利有效量达421.2万件，每万人口高价值发明专利拥有量达9.4件，PCT国际专利申请量连续4年位

---

* 本文原载于《学习时报》2023年4月26日第一版。

居全球第一;有效商标注册量达4267.2万件;累计批准地理标志产品2495个,核准地理标志作为集体商标、证明商标注册7076件;集成电路布图设计累计发证6.1万件,牢固确立了知识产权大国地位。发明专利平均审查周期由2012年的22.6个月压减至目前的16.5个月,高价值发明专利审查周期压减至13个月,商标注册平均审查周期从10个月压减至4个月,提前完成国务院确定的审查周期压减五年目标任务,为知识产权高质量发展提供了有力支撑。

知识产权有力服务了经济社会发展。知识产权保护社会满意度由2012年的63.69分提升至81.25分,整体步入良好阶段,有力营造了良好的营商环境和创新环境。全国专利密集型产业增加值达到14.3万亿元,占GDP比重达到12.4%。知识产权使用费进出口总额累计达2.57万亿元,年均增长12.6%。知识产权质押融资十年增长超10倍,迈上4000亿元台阶。全球最具价值品牌500强中,中国占84个,十年增长52个,总价值达1.6万亿美元。地理标志产品年直接产值超7000亿元。全国知识产权服务机构吸纳就业人员超过92.8万人,总营业收入达到2600亿元。

成功构建了知识产权国际合作新格局。推动世界知识产权组织成功设立了中国办事处和仲裁与调解上海中心,首个在中国签署的知识产权国际条约《视听表演北京条约》正式生效,成功加入《海牙协定》,参与完成《区域全面经济伙伴关系协定》(RCEP)、中欧地理标志保护与合作协定谈判,建立并持续推进"一带一路"知识产权合作机制,深度参与金砖国家、中国—东盟、中日韩等小多边合作,不断深化双边合作,中国的知识产权国际影响力大幅提升。世界知识产权组织发布的《2022年全球创新指数报告》显示,我国的排名上升至全球第11位,党的十八大以来连续十年稳步上升,位居中高收入经济体之首。

二、准确把握知识产权工作在社会主义现代化强国建设全局中的功能定位

党的二十大报告明确了全面建成社会主义现代化强国总的战略安排,即从2020年到2035年基本实现社会主义现代化,从2035年到本世纪中叶把我国建成富强民主文明和谐美丽的社会主义现代化强国。《知识产权强国建设纲要(2021—2035年)》明确提出,到2025年,知识产权强国建设取得明显成效;到2035年,中国特色、世界水平的知识产权强国基本建成,这与社会主义现代化强国建设进程高度契合。新时代新征程上加快推进知识产权强国建设,必须准确把握知识产权技术供给和制度供给的功能定位,主动融入社会主义现代化强国建设的全局,确保知识产权强国建设始终沿着党中央指引的方向稳健前行,为社会主义现代化强国建设提供有力支撑。

准确把握知识产权工作在支持全面创新中的重要作用。创新是引领发展的第一动力,保护知识产权就是保护创新。要一体推进知识产权领域科学立法、严格执法、公正司法、全民守法,全过程推进知识产权领域依法授权、依法获权、依法用权、依法维权,充分发挥知识产权制度激励创新的基本保障作用。特别是要聚焦破解"卡脖子"技术难题,加强关键核心技术专利审查支撑、有效保护、转化运用和综合服务,推进专利链与创新链产业链资金链人才链深度融合,激发全社会创新活力,加快实现高水平科技自立自强,赢得竞争、制胜未来。

准确把握知识产权工作在促进高水平对外开放中的重要作用。党的二十大报告强调,要推进高水平对外开放,营造市场化、法治化、国际化一流营商环境。我国知

识产权制度是伴随着改革开放建立和发展起来的,既是改革开放的产物,也为对外开放提供了有力支撑。一方面,知识产权保护是制度型开放的重要内容,是国际贸易的"标配"。另一方面,依法严格保护知识产权也是市场化、法治化、国际化一流营商环境的重要标志。要积极参与国际经贸知识产权相关谈判,推动完善知识产权国际规则和标准。坚持对国内外企业的知识产权一视同仁、同等保护,依法合理维护外国投资者权益,更大力度吸引全球资源要素汇集,更大规模利用外资,助力实现国内国际"双循环"。

准确把握知识产权工作在建设高标准市场体系中的重要作用。党的二十大报告强调,要完善产权保护、市场准入、公平竞争、社会信用等市场经济基础制度,优化营商环境。知识产权一头连着创新、一头连着市场,是科技成果向现实生产力转化的桥梁和纽带,也是构建统一开放、竞争有序的现代市场体系的重要内容。要把加强知识产权保护作为完善产权保护制度最重要的内容和提高中国经济竞争力最大的激励,依法平等保护各类经营主体的知识产权,坚决依法惩处知识产权侵权违法行为,让创新创造者劳有所得,让诚实守信者安心经营,让侵权违法者付出代价,助力营造公平竞争、健康有序的市场环境。

准确把握知识产权在维护国家安全中的重要作用。党的二十大报告强调,必须坚定不移贯彻总体国家安全观,把维护国家安全贯穿党和国家工作各方面全过程,确保国家安全和社会稳定。当前,世界百年未有之大变局加速演进,新一轮科技革命和产业变革深入发展,作为国家发展的战略性资源和国际竞争力的核心要素,知识产权对国家经济、科技、文化等各领域的安全将产生日益重要的影响。要不断完善维护国家安全的知识产权政策,加快建设知识产权涉外风险防控体系,依法管理涉及国家安全的知识产权对外转让行为,积极做好海外知识产权布局,更好助力我国企业"走出去"。

三、以党的二十大精神为指引加快建设知识产权强国

2023年是全面贯彻落实党的二十大精神的开局之年,也是实施知识产权强国建设纲要和"十四五"规划承上启下的重要一年。国家知识产权局将牢牢把握党对知识产权事业的全面领导,把学习宣传贯彻党的二十大精神作为首要政治任务抓紧抓实,深入开展学习贯彻习近平新时代中国特色社会主义思想主题教育,不折不扣落实习近平总书记关于加强知识产权工作的重要论述精神和党中央、国务院决策部署,深刻领悟"两个确立"的决定性意义,增强"四个意识"、坚定"四个自信"、做到"两个维护",以机构改革为新的起点,奋发有为从头越,奋力开启新征程,加快推进知识产权强国建设,努力开创知识产权事业发展新局面。

全面提升知识产权工作法治化水平,夯实知识产权法治基础。强化知识产权制度供给,全面提升知识产权工作法治化水平,更好发挥法治固根本、稳预期、利长远的基本保障作用。加快推进《专利法实施细则》、《商标法》及其实施条例、《集成电路布图设计保护条例》的修改完善,推进地理标志专门立法。完成《专利审查指南》适应性修改,积极推进实用新型制度改革,做好我国加入《海牙协定》后的审查管理,全面融入全球外观设计体系。加快建立大数据、人工智能、基因技术等新领域新业态知识产权保护规则,探索构建数据知识产权登记制度,服务经济创新发展。

全面加强对国家战略的支撑和协同,更好服务国家大局。有力服务国家关键核心技术攻关和产业链供应链安全稳定,深

入开展知识产权促进强链护链行动,使知识产权贯穿科技研发、技术转化和利益分配全链条,构建重点领域关键核心技术"专利池",推动更多中国专利成为国际标准必要专利,促进提升产业链供应链韧性和安全性。瞄准国家科技创新体系对知识产权的关键需求,完善关键核心技术领域专利政策,加强自主知识产权创造储备。更好支撑国家区域和行业发展战略实施,围绕国家区域战略部署,深入推进知识产权强国建设示范工作,"一省一策"共建知识产权强省,打造区域知识产权高地,促进东中西部地区知识产权工作协调发展,加强与国家行业战略的协同,助力产业转型升级、高质量发展。

全面强化知识产权保护,支撑国际一流营商环境建设。深入贯彻落实《关于强化知识产权保护的意见》及其推进计划,高标准建设国家知识产权保护示范区,进一步构建知识产权大保护工作格局。加强知识产权源头保护,建立以国家需求和用户满意为导向的知识产权审查管理体制机制,深化知识产权审查理念更新、技术革新、工作创新,持续提高审查质量和效率。从审查授权、行政执法、司法保护、仲裁调解、行业自律、公民诚信等环节,强化知识产权保护体系建设,推进全链条保护。健全行政保护与司法保护衔接机制,加强与最高人民法院、最高人民检察院、司法部、公安部、国家市场监督管理总局等部门的工作协同。加强商标、专利执法专业指导,出台相关标准和规范。推动制定技术出口知识产权对外转让政策,切实维护知识产权领域国家安全。

全面提高知识产权转移转化效益,服务现代化经济体系建设。完善知识产权转移转化体制机制,推进国有知识产权权益分配改革,完善知识产权市场化运营机制,着力抓好知识产权质押融资、专利转化专项行动、专利开放许可等工作,促进产业知识产权综合运用。完善专利导航工作机制,积极发挥专利导航在科技创新、区域发展、产业政策、政府投资等重大经济科技活动中的重要作用。提高创新主体知识产权管理效能,深入实施专利质量提升工程、商标品牌战略、地理标志运用促进工程,大力培育专利密集型产业,充分发挥知识产权转移转化对实体经济高质量发展的支撑作用。深入开展专利技术强农、商标品牌富农、地理标志兴农,助力乡村振兴。

全面优化知识产权服务,促进创新成果更好惠及人民。完善知识产权公共服务体系,推动知识产权公共服务标准化、规范化、便利化。加强知识产权信息化、智能化基础设施建设,加快建立全国一体化知识产权数字服务平台,深入推进"互联网+"政务服务,实现"零跑路"和"一网通办""一站式"服务。推动知识产权服务业高质量发展,持续加大对代理行业违法违规行为的打击力度,引导知识产权服务向专业化、国际化和高水平方向发展,促进知识产权服务业与区域产业融合发展、协调联动。

全面推进知识产权国际合作,服务高水平对外开放。以我国与世界知识产权组织合作五十周年为契机,加强高层外交,在更高水平上参与全球知识产权治理。积极推动完善知识产权国际规则体系,参与新领域新业态知识产权国际规则与标准制定。积极参与经贸相关的多双边知识产权谈判,对接国际高标准经贸规则。深化"一带一路"知识产权合作,建立中国与中亚国家知识产权合作机制,共同建设创新之路。深度参与小多边合作,扎实推进双边合作,拓展专利审查高速路,深化与各方交流。加强知识产权海外维权援助,切实维护我国企业海外利益。

深入学习贯彻党的二十大精神　加快建设知识产权强国*

——在2023年全国知识产权局局长会议上的工作报告（摘编）

（2023年1月6日）

国家知识产权局党组书记、局长　申长雨

一、2022年知识产权工作主要进展和新时代十年历史性成就

2022年是党和国家历史上极为重要的一年。一年来，在以习近平同志为核心的党中央坚强领导下，全国知识产权系统坚持以习近平新时代中国特色社会主义思想为指导，深入学习贯彻党的十九大、十九届历次全会精神和党的二十大精神，认真落实习近平总书记关于知识产权工作的重要指示论述和党中央、国务院决策部署，统筹国内国际两个大局，统筹疫情防控和各项业务工作，统筹发展和安全，坚持政治引领、服务大局，稳字当头、稳中求进，落实为要、质量优先，推动知识产权工作取得新的重要进展，知识产权强国建设迈出新的坚实步伐。重点开展了以下工作：

（一）坚决贯彻落实中央部署，认真践行"两个维护"

一是坚决贯彻落实习近平总书记重要指示精神。制定2022年贯彻落实习近平总书记在十九届中央政治局第二十五次集体学习时重要讲话精神131条措施，逐一建立工作台账，逐项抓好工作落实。

二是全力推进《知识产权强国建设纲要（2021—2035年）》（简称《纲要》）和《"十四五"国家知识产权保护和运用规划》（简称《规划》）实施。印发重点任务分工方案、地方工作要点和高质量发展年度工作指引，开展实施情况年度监测，发布一批典型案例，成立知识产权强国建设专家咨询委员会。全国31个省（区、市）和新疆生产建设兵团印发《纲要》配套文件，29个省（区、市）印发地方"十四五"知识产权规划。

三是做好中央检查考核和督查激励。完成中央2021年知识产权保护工作检查考核，推动将知识产权保护第三次纳入中央督检考计划，完成国务院对知识产权工作的首次督查激励评选。

四是助力稳住经济大盘。深入学习习近平经济思想，认真开展"学查改"专项工作。扎实做好疫情防控工作，积极助力疫情防控科研攻关。国家知识产权局出台四方面12项具体举措，帮助企业纾困发展，延缴专利年费15.6亿元，惠及116万专利权人。上海、江西、四川等18个省（区、市）出台知识产权稳经济政策。

（二）成功打赢审查提质增效攻坚战，有力推动知识产权高质量发展

一是严把审查授权关。克服疫情影响，保障审查进度，全年共授权发明专利79.8万件，注册商标617.7万件，圆满完成审查周期压减目标任务。

二是做好改革衔接。按照新修改的《专利法》，稳步推进相关改革，做好实用新型引入明显创造性审查的准备和我国加入《工业品外观设计国际注册海牙协定》（简

---

* 本文系国家知识产权局党组书记、局长申长雨2023年1月6日在2023年全国知识产权局局长会议上作的工作报告（摘编）。

称《海牙协定》）后外观设计审查工作的衔接。

三是持续严厉打击非正常申请。通报非正常专利申请，打击恶意商标注册，快速驳回"冰墩墩""拉伊卜"等恶意抢注商标3192件，对涉嫌恶意囤积的3522件商标进行转让限制，依职权宣告无效商标2629件，向地方转办涉嫌商标恶意注册申请和重大不良影响案件线索110条，持续释放从严信号，行业环境不断向好。

（三）加强知识产权全链条保护，优化创新环境和营商环境

一是不断完善法律法规。持续推进《专利法实施细则》和《专利审查指南》配套修改，完成《商标法》及其实施条例新一轮修改论证征求意见稿，推进《集体商标、证明商标注册和管理办法》修订，形成地理标志统一立法宗旨和框架，研究论证完善集成电路布图设计保护法规制度。探索构建数据知识产权保护规则，成立指导专家组，在8个地方开展试点。北京、江苏、浙江等地开展知识产权综合立法，广东发布全国首部地理标志保护地方法规。

二是强化知识产权行政保护。全年办理专利侵权纠纷行政案件5.8万件，同比增长16.8%；办理维权援助申请7.1万件，受理纠纷调解8.8万件。经国务院批准开展国家知识产权保护示范区建设。新建10家国家级知识产权保护中心和快速维权中心。印发《国家知识产权局知识产权信用管理规定》，首次通报25起严重违法失信案件。

三是加强知识产权协同保护。与最高人民检察院、国家医保局联合印发强化知识产权协同保护的政策文件。与市场监管总局共同牵头完成北京冬奥会、冬残奥会知识产权保护任务，签署知识产权执法保护工作备忘录。成功举办全国知识产权宣传周，各地组织开展活动近万项次。批准筹建29个国家地理标志产品保护示范区，覆盖15个中西部省份。长三角、华北五省市、东北地区、沿黄九省建立跨区域协同保护机制，上海支持全国首例药品领域重大专利侵权纠纷行政裁决案件办理，重庆推进"快调+速裁+精审"行政裁决，河南开展全省知识产权保护满意度调查，陕西开展"知识产权保护年"活动，海南在主要园区推广崖州湾科技城知识产权"五合一"综合管理改革经验做法。

（四）有力促进知识产权转化运用，支撑经济高质量发展

一是加强产业知识产权工作协同。开展知识产权强链护链行动，深度服务科技自立自强。会同工业和信息化部出台知识产权助力"专精特新"中小企业创新发展举措，联合教育部、科技部等开展"百校千项"高价值专利培育转化行动。面向重点产业布局建设104家国家级专利导航服务基地。

二是深入推进知识产权质押融资。全年专利商标质押融资额达4868.8亿元，连续三年保持40%以上增长。北京首创知识产权质押企业"白名单"双向推送机制，天津实现知识产权证券化首单突破，辽宁完善知识产权质押融资风险补偿基金管理办法，广西推出知识产权"桂惠贷"。"健全知识产权质押融资风险分担机制和质物处置机制"入选国务院首批在全国复制推广的营商环境创新试点改革举措。

三是提升地方和创新主体知识产权运用能力。"一省一策"高位推动知识产权强省建设，国家知识产权局分别与湖南、山西、吉林、新疆等地联合制定知识产权强省建设推进实施方案。深入开展知识产权强国建设试点示范，首批支持38个城市、48个区县、22个园区、482家企业开展示范创建工作。

四是大力促进知识产权转化。1—11月，我国知识产权使用费进出口总额达3445.6亿元，同比增长6.5%，其中，出口额同比增长14.4%，较进口增速高9.9个百分点。会同财政部深化实施专利转化专项计划，下达资金12亿元。在18个省份开展专利开放许可试点，推动1000余家高校、科研院所和大型企业开放2.1万件专利，精准匹配6.1万家中小企业。湖北上线专利转化运用平台，黑龙江、青海运用专利导航强化重点产业布局发展。

五是深入实施商标品牌战略和地理标志运用促进工程。推动布局建设3400余个商标品牌指导站，接续开展地理标志助力乡村振兴行动。安徽落实长三角一体化国家战略，推动共建地理标志展示推广中心。内蒙古、贵州、云南、西藏、甘肃、宁夏等地发挥地理标志特色产业优势，助力乡村振兴。

（五）持续优化服务强化监管，市场主体和创新主体获得感更强

一是深化"放管服"改革。认真落实国务院营商环境创新试点15项知识产权改革任务。优化完善中国营商环境评价知识产权指标。发布知识产权政务服务事项办事指南，编制知识产权电子证照标准。专利、商标证书实现电子化，公布公告实现"掌上查"，"好差评"制度更加健全。修订商标注册申请书，引入信用承诺。

二是完善公共服务体系。遴选23家高校国家知识产权信息服务中心，新备案68家国家知识产权信息公共服务网点，新增37家地市级综合性公共服务机构。广东、河北、福建等地率先实现地市级知识产权公共服务机构全覆盖，浙江实现跨领域、跨层级知识产权线上"一件事"办理，山东建设黄河流域知识产权大数据中心。

三是持续推进信息传播利用。新开放11种知识产权基础数据，基本实现"应开放尽开放"。向地方服务网点单位配置标准化数据种类增至53种，试点向26家市场主体提供知识产权标准化数据。成功举办首届全国专利检索分析大赛。

四是加强服务业监管和行业自律。出台《商标代理监督管理规定》，完善商标代理备案制度。与市场监管总局联合开展商标代理行业专项整治。优化专利代理审批服务，全面推行告知承诺执业许可审批制度。累计约谈代理机构7400家，责令整改4500家，作出罚款和警告680余件，吊销资质和停止代理业务19家。开展代理行业作风建设年活动，发布行业公约。联合16个部门制定加快推动知识产权服务业高质量发展的意见，会同商务部开展知识产权服务出口基地建设，组织各地开展"知识产权服务万里行"活动。成功推动新设知识产权硕士专业学位类别，支持地方制定知识产权专业技术人员评价标准。

（六）更好统筹国际合作和竞争，有力服务对外开放大局

一是积极参与知识产权全球治理。深度参与世界知识产权组织框架下的大数据、人工智能、基因技术、遗传资源等国际规则制定。完成我国加入《海牙协定》并于2022年5月5日生效，目前国内企业已通过海牙途径提交外观设计国际申请超千件。会同世界知识产权组织编制知识产权金融国家报告。

二是抓好知识产权协议落实。《区域全面经济伙伴关系协定》(RCEP)知识产权章节涉及国家知识产权局的85项义务已全部履行，在顺利实现244个中欧地理标志产品互认互保的基础上，完成第二批350个产品清单公示。

三是深化多双边合作。全年举办和参与多双边知识产权国际交流合作活动230次，"云签约"19份国际合作文件。成功主办第十四届金砖国家知识产权局局长会议，深度参与中美欧日韩五局合作，持续深化"一带一路"知识产权合作。支持社会团体开展非政府间的知识产权国际合作与交流。

四是加强海外维权援助。推进海外知识产权纠纷应对指导机制建设，指导企业海外维权，助力中国企业"走出去"。

2022年,全国知识产权系统按照党中央统一部署,以迎接党的二十大胜利召开为主题主线,持续抓好党的建设各项工作,深入学习习近平新时代中国特色社会主义思想,推进党史学习教育常态化长效化,深刻领悟"两个确立"的决定性意义,增强"四个意识"、坚定"四个自信"、做到"两个维护"。党的二十大召开后,在全系统迅速掀起学习宣传贯彻热潮,认真落实党的二十大对知识产权工作的新部署新要求,细化制定任务清单,抓好工作推进落实,确保党的二十大各项部署在知识产权系统落地生根、开花结果。

围绕贯彻落实习近平总书记重要指示批示和中央决策部署,驻市场监管总局纪检监察组主动贴近监督、跟进指导,推动全面从严治党向纵深发展,不断筑牢中央八项规定精神堤坝,驰而不息纠"四风"树新风,一体推进"三不腐",做了大量卓有成效的工作,发挥了至关重要的作用。

回顾党的十八大以来的十年,在以习近平同志为核心的党中央坚强领导下,我国知识产权事业实现大发展、大跨越、大提升,推进一系列变革性实践,实现一系列突破性进展,形成一系列标志性成果,取得举世瞩目的历史性成就,成为党和国家新时代十年伟大变革的有机组成部分。

新时代十年,系统擘画了知识产权强国建设的宏伟蓝图。习近平总书记亲自主持召开十九届中央政治局第二十五次集体学习,就全面加强知识产权保护发表重要讲话,亲自部署制定《知识产权强国建设纲要(2021—2035年)》,描绘了未来十五年我国知识产权事业发展的宏伟蓝图。知识产权"十三五""十四五"规划连续两次列入国家重点专项规划。《深入实施国家知识产权战略行动计划(2014—2020年)》《国务院关于新形势下加快知识产权强国建设的若干意见》《关于强化知识产权保护的意见》等一系列重要文件接续出台,知识产权顶层设计全面加强。

新时代十年,历史性重构了知识产权管理体制与运行机制。按照党和国家机构改革部署,重新组建国家知识产权局,实现专利、商标、原产地地理标志、集成电路布图设计的集中统一管理。建立国务院知识产权战略实施工作部际联席会议制度,地方知识产权战略实施工作机制不断完善,统筹协调能力不断增强。建成专利商标审查协作体系。知识产权纳入国家一系列重大行业和区域协调机制,全面融入经济社会发展大局。

新时代十年,推动知识产权创造实现空前发展。截至2022年底,我国发明专利有效量达421.2万件,每万人口高价值发明专利拥有量达9.4件;有效商标注册量达4267.2万件;累计批准地理标志产品2495个,核准地理标志作为集体商标、证明商标注册7076件;集成电路布图设计累计发证6.1万件,牢固确立了知识产权大国地位。发明专利平均审查周期由2012年的22.6个月压减至目前的16.5个月,高价值发明专利审查周期压减至13个月,商标注册平均审查周期从10个月压减至4个月,提前完成国务院确定的审查周期压减五年目标任务,为知识产权高质量创造提供了有力支撑。

新时代十年,与时俱进制定完善了知识产权法律法规。知识产权写入《民法典》,确立知识产权保护的重大法律原则。完成《专利法》《商标法》第四轮修改,建立国际上最高标准的惩罚性赔偿制度以及专利开放许可、药品专利权期限补偿等制度,明确规制非正常申请,跟进修改专利商标审查审理指南、侵权判断标准、代理监管规定等一系列规章制度。地方积极推进知识产权综合立法,既有效服务了所在地区的经济社会发展,又为国家层面的知识产权法律制度建设积累了宝贵经验。

新时代十年,知识产权有力支撑了经济社会高质量发展。知识产权保护社会满意度由2012年的63.69分提升至81.25分,整体步入良好阶段,有力营造了良好的营商环境和创新环境。专利导航全面融入重点产业创新发展机制,有效助力关键核心技术攻关。全国专利密集型产业增加值达到14.3万亿元,占GDP比重达到12.4%。知识产权使用费进出口总额累计达2.19万亿元,年均增长13.7%。知识产权质押融资十年增长超10倍,迈上4000亿元台阶。全球最具价值品牌500强中,中国占84个,十年增长52个,总价值达1.6万亿美元。地理标志专用标志使用市场主体超2.3万家,地理标志产品年直接产值超7000亿元。建成国家级知识产权保护中心62家和快速维权中心35家。建立起覆盖全国的知识产权公共服务网络和"一网通办""一窗通办"公共服务模式,知识产权公共服务机构实现省级全覆盖,国家级重要公共服务网点达到348家。全国知识产权服务机构突破8.4万家,吸纳就业人员超过92.8万人,总营业收入达到2600亿元。

新时代十年,成功构建了知识产权国际合作新格局。推动世界知识产权组织成功设立了中国办事处和仲裁调解上海中心,首个在中国签署的知识产权国际条约《视听表演北京条约》正式生效,成功加入《海牙协定》,参与完成RCEP、中欧地理标志保护与合作协定谈判,建立并持续推进"一带一路"知识产权合作机制,深度参与中美欧日韩、金砖国家、中国—东盟、中日韩、中非等小多边合作,不断深化双边合作,中国的知识产权国际影响力大幅提升。十年来,我国知识产权事业发展成就得到国际社会的高度评价。世界知识产权组织发布的《2022年全球创新指数报告》显示,我国的排名上升至全球第11位,党的十八大以来连续十年稳步上升,累计提升了24位。在全球排名前五位的科技集群中,我国独占2席;在上榜的100家科技集群中我国占到21个。在发明专利、外观设计、商标的数量,创意产品的出口占比等9个细分指标上名列全球第一,进步巨大。

同志们,十年发展成就斐然,各项成绩来之不易。这些成绩的取得,是党中央、国务院正确领导的结果,是市场监管总局党组和驻市场监管总局纪检监察组关心指导的结果,是各部门各地方大力支持的结果,是全系统干部职工团结奋斗的结果,值得倍加珍惜。

二、准确把握党的二十大对知识产权工作的新部署新要求

党的二十大明确提出,从现在起,我们党的中心任务就是团结带领全国各族人民全面建成社会主义现代化强国、实现第二个百年奋斗目标,以中国式现代化全面推进中华民族伟大复兴,为新时代新征程党和国家事业发展指明了前进方向。我们要把知识产权强国建设主动融入社会主义现代化强国建设的宏大场景,牢牢把握中国式现代化的战略目标,准确认识知识产权的功能定位,统筹推进《纲要》和《规划》实施,坚定不移走好中国特色知识产权发展之路,确保知识产权强国建设始终沿着党指引的方向前进,与社会主义现代化强国建设合拍共振,提供有力支撑。

(一)深刻认识中国式现代化对知识产权强国建设的根本要求

一是必须始终坚持党的全面领导。要坚持以习近平新时代中国特色社会主义思想为指导,深入学习贯彻习近平总书记关于知识产权工作的重要指示论述,深刻领悟"两个确立"的决定性意义,增强"四个意识"、坚定"四个自信"、做到"两个维护",把党中央、国务院对于知识产权工作的决策部署不折不扣落实到事业发展的全过程各方面,充分发挥党的全面领导这个最大优势。

二是必须始终坚持以人民为中心。要坚持人民至上,坚守社会主义本质特征和

共同富裕的发展方向,坚持公正合理保护知识产权,把握好权利人与社会公众之间的利益平衡,既通过严格保护知识产权激发全社会创新活力,为经济社会高质量发展提供源头活水,又通过权利的平衡保护,防范权利滥用和非法垄断,健全知识产权公共服务体系,促进创新成果更多惠及人民,实现公共利益和激励创新兼得,满足人民对美好生活的向往。

三是必须始终坚持高质量发展。高质量发展是全面建设社会主义现代化国家的首要任务,也是知识产权强国建设的"鲜明底色"。要坚定不移走高质量发展之路,把质量放在更加突出的位置,作为事业发展的生命线、主旋律、硬任务,追求理性的繁荣,培育更多高价值核心专利、知名商标品牌和优质地理标志产品,加快实现"两个转变",以知识产权高质量发展助力经济社会高质量发展。

四是必须始终坚持深化改革开放。改革开放是决定当代中国前途命运的关键一招。我国知识产权制度的建立既是改革开放的产物,又为改革开放提供了有力支撑,同时知识产权事业的发展也得益于改革开放的不断深入。要持续深化知识产权领域改革,不断完善知识产权制度规则,通过改革的手段破解发展的难题。要秉持开放包容、平衡普惠的原则,积极吸收借鉴世界各国知识产权有益经验,更加深入参与知识产权全球治理,推动全球知识产权治理体制向着更加公正合理的方向发展,努力营造有利于我国发展的国际环境。

(二)准确把握知识产权在中国式现代化建设全局中的功能定位

一是准确把握知识产权在支持全面创新中的重要作用。党的二十大报告强调,加强知识产权法治保障,形成支持全面创新的基础制度。创新是引领发展的第一动力,保护知识产权就是保护创新。要一体推进知识产权领域科学立法、严格执法、公正司法和全民守法,全过程推进知识产权领域依法授权、依法获权、依法用权、依法维权,充分发挥知识产权制度激励创新的基本保障作用,激发全社会创新活力,加快实现高水平科技自立自强,赢得竞争、制胜未来。

二是准确把握知识产权在建设高标准市场体系中的重要作用。党的二十大报告强调,完善产权保护、市场准入、公平竞争、社会信用等市场经济基础制度,优化营商环境。知识产权一头连着创新、一头连着市场,是建设高标准市场体系的重要内容。要把加强知识产权保护作为完善产权保护制度最重要的内容和提高中国经济竞争力最大的激励,依法平等保护各类市场主体的知识产权,坚决惩处知识产权侵权违法行为,破除地方保护主义,促进构建全国统一大市场,让创新创造者劳有所得,让诚实守信者安心经营,让侵权违法者付出代价,助力营造公平竞争、健康有序的市场环境。

三是准确把握知识产权在促进高水平对外开放中的重要作用。党的二十大报告强调,推进高水平对外开放,营造市场化、法治化、国际化一流营商环境。知识产权保护是塑造良好营商环境的重要方面,是制度型开放的重要支撑。依法严格保护知识产权是市场化、法治化、国际化一流营商环境的重要标志。要积极参与国际经贸规则知识产权谈判,推动完善知识产权国际规则和标准,坚持对国内外市场主体的知识产权一视同仁、同等保护,依法合理维护外国投资者权益,依托我国超大规模市场优势,更大力度吸引全球资源要素汇集,更大规模利用外资,助力国内国际"双循环"。

四是准确把握知识产权在维护国家安全中的重要作用。党的二十大报告强调,必须坚定不移贯彻总体国家安全观,把维护国家安全贯穿党和国家工作各方面全过程,统筹好发展和安全。知识产权保护事关国家安全。要不断完善维护国家安全的知识产权政策，加快建设知识产权涉外风险防控体系，积极做好海外知识产权布局，加强海外维权援助，切实维护我国企业海外合法权益。

（三）汇聚知识产权强国建设力量

一要锻造适应新时代事业发展需要的高素质干部队伍。政治路线确定以后，干部就是决定的因素。要把提高知识产权治理能力和治理水平作为新时代全系统干部队伍建设的重大任务，通过加强思想淬炼、政治历练、实践锻炼、专业训练，使全系统干部职工在政治站位上、格局视野上、业务能力上、精神面貌上、工作作风上都能够适应新时代知识产权事业发展的更高要求，肩负起知识产权强国建设的时代重任。要积极引导全系统干部职工努力学习新理论、钻研新业务、掌握新技能、适应新发展，进一步激发起干事创业的精气神，深入开展调查研究，主动抓好工作落实，提高政策执行力，推动事业更好更快发展。

二要大力发扬敢于斗争、善于斗争的精神。党的二十大报告指出，当前，世界百年未有之大变局加速演进，新一轮科技革命和产业变革深入发展，国际力量对比深刻调整，我国发展进入战略机遇和风险挑战并存、不确定难预料因素增多的时期，各种"黑天鹅""灰犀牛"事件随时可能发生。我们必须增强忧患意识，坚持底线思维，做到居安思危、未雨绸缪，全力战胜前进道路上的各种困难和挑战。知识产权是国际竞争力的核心要素，也是国际争端的焦点。我们要敢于同一切制约知识产权事业发展的困难矛盾作斗争，敢于破解难题，勇闯知识产权"无人区"。要同各种消极腐败行为作斗争，营造风清气正的政治环境，为知识产权强国建设提供坚强政治保证。要同对我国知识产权的抹黑、打压行为作斗争，有力驳斥无理指责，维护我国负责任大国、文明大国形象。要加强干部斗争精神和斗争本领养成，着力增强防风险、迎挑战、抗打压能力，依靠顽强斗争打开事业发展新天地。

三要坚持团结奋斗的时代要求。团结才能胜利，奋斗才会成功。新时代新征程，我们要坚持全心全意为人民服务的根本宗旨，坚决贯彻群众路线，尊重基层首创精神，着力解决人民群众在知识产权方面的"急难愁盼"问题，不断增强人民群众的获得感、幸福感、安全感，筑牢知识产权强国建设的群众基础。要充分发挥国务院知识产权战略实施工作部际联席会议和各地方知识产权战略实施工作统筹协调机制作用，统筹推进知识产权强国建设。要积极争取市场监管总局党组更多指导和各司局更多支持，自觉接受驻市场监管总局纪检监察组指导监督。要加强知识产权系统建设，强化局省市联动和部门间协同，凝心聚力共同推进知识产权强国建设。

三、全力做好 2023 年知识产权重点工作

2023 年是全面贯彻落实党的二十大精神的开局之年，也是实施《纲要》和《规划》承上启下的重要一年。知识产权工作的总体思路是：坚持以习近平新时代中国特色社会主义思想为指导，深入贯彻落实党的二十大精神，深入实施《纲要》和《规划》，全面提升知识产权创造质量、运用效益、保护效果、管理能力和服务水平，更大力度加强知识产权保护国际合作，扎实推动知识产权事业稳中求进高质量发展，以中国式现代化为指引加快建设中国特色、世界水平的知识产权强国，为全面建设社会主义现代化强国提供有力支撑。

（一）强化知识产权法治保障

完善保护和激励创新的知识产权法律制度。配合完成《专利法实施细则》修改。推进商标法及其实施条例修订。加快推动地理标志立法，修改完善地理标志条例草

案。完成《集体商标、证明商标注册和管理办法》修改。做好《商标代理监督管理规定》的贯彻实施。加快集成电路布图设计制度修订和数据知识产权保护制度构建，加快探索数据知识产权登记制度。支持地方开展知识产权立法。提高知识产权审查授权质量和效率。完成《专利审查指南》适应性修改，完善大数据、人工智能、基因技术等新领域新业态专利审查政策标准。做好我国加入《海牙协定》的业务衔接。在实用新型审查中正式引入明显创造性审查，加强审查质量保障和业务指导的统筹管理，强化内外部审查质量评价，提升审查工作智能化水平。更好规范专利、商标申请秩序。强化专利申请源头治理和商标恶意注册打击力度，制定特定领域的商标注册申请和使用系列指引，强化部门协同，实现央地贯通，前移打击关口，从严审核把关。

（二）深入落实国家战略部署

全面落实《纲要》和《规划》。制定《纲要》和《规划》年度推进计划，开展《纲要》实施情况年度监测和《规划》实施中期评估，推广知识产权强国建设第二批典型案例，加强指标数据的动态监测和发布工作。做好中央知识产权保护检查考核和国务院督查激励。制定知识产权高质量发展年度工作指引，配合做好国家高质量发展综合绩效评价工作。有力服务国家关键核心技术攻关和产业链供应链安全稳定。深入开展知识产权强链护链行动，促进提升产业链供应链韧性和安全性。系统推进国家专利导航综合服务平台、产业服务基地和支撑服务平台建设。强化知识产权公共服务和信息资源供给。更好支撑国家区域和行业发展战略实施。围绕国家区域战略部署，打造区域知识产权高地，加强与国家行业战略的协同。深入推进知识产权强国建设示范工作，"一省一策"共建知识产权强省，启动新一批知识产权强市建设。促进东中西部知识产权工作协调发展，鼓励各地因地制宜发展强项、打造特色。加强知识产权与质量管理、标准化、反垄断、药品监管等工作的协调配合。

（三）提高知识产权保护效能

加强保护工作体系建设。制定实施知识产权保护体系建设工程实施方案。高标准建设国家知识产权保护示范区，做好第二批示范区遴选工作。高水平建设知识产权快速协同保护体系，持续完善知识产权维权援助"全国一张网"，深入开展纠纷快速处理试点，优化重大专利侵权纠纷行政裁决工作流程，加强知识产权信用体系建设，实施商品交易市场知识产权保护规范国家标准。深化知识产权全链条保护。深入实施《关于强化知识产权保护的意见》推进计划，加强与最高人民法院、最高人民检察院、司法部、公安部、市场监管总局等部门的工作协同，促进行政、司法、仲裁、调解工作衔接；持续加强执法指导，出台相关标准、规范和工作指南，加强知识产权行政保护专业技术支撑。加强地理标志、官方标志、特殊标志、奥林匹克标志保护，稳步推进地理标志统一认定，组织实施地理标志保护工程，持续开展国家地理标志产品保护示范区建设。强化知识产权安全保障能力。加强海外知识产权纠纷应对指导机制建设，优化海外知识产权信息服务，切实维护知识产权领域国家安全。

（四）促进知识产权转化运用

提升创新主体知识产权综合运用能力。落实知识产权助力"专精特新"中小企业发展专项政策，深入推进知识产权优势示范企业培育。启动实施财政资助科研项目专利声明制度试点，开展新一轮国家知识产权试点示范高校建设。开展《创新管理—知识产权管理指南（ISO 56005）》国际标准实施试点，发布实施《企业知识产权合规管理体系要求》国家标准。完善中小微企业知识产权托管，打好知识产权质押融资等金融服务组合拳。完善知识产权市场化运营机制。推动专利开放许可制度全面落地，出台加强知识产权资产评估管理政策，推广《专利评估指引》国家标准，做好专利许可费率统计发布。深入实施专利转化专项计划，升级知识产权运营平台体系，建设新一批重点产业知识产权运营中心。促进产业高质量发展。大力培育和发展专利密集型产业，推进专利密集型产品备案认定工作。启动实施"千企百城"商标品牌价值提升行动，编制发布中国商标品牌发展指数报告。深入开展地理标志助力乡村振兴行动，推动实施"地理标志品牌+"专项计划，助推特色产业发展。以效益为导向做好中国专利奖评选工作。

（五）加强知识产权服务体系建设

深化"放管服"改革。认真落实国务院营商环境创新试点任务部署，积极配合做好世界银行全球营商环境评价相关工作。全面实行知识产权政务服务事项办事指南，推动更多事项"网上办""掌上查"。深入开展"减证便民"工作，编制知识产权证明事项清单，扩大电子证照共享应用和告知承诺实施范围。实施知识产权公共服务普惠工程。持续完善公共服务体系，健全分级分类管理机制。丰富公共服务产品供给，建设开放一批知识产权专题数据库。推动建立中西部地区公共服务帮扶机制。推进建设知识产权公共服务标准化城市。发挥专利商标审查协作中心知识产权公共服务职能作用。继续举办专利检索分析大赛，打造公共服务能力提升品牌活动。强化公共服务数字化支撑。加快建立全国一体化知识产权数字服务平台。优化知识产权数据资源和外观设计专利检索公共服务系统，升级公共服务网，拓展"一网通办"应用场景。完善知识产权数据资源目录，强化数据安全保障，建立常态化、清单式知识产权数据供给模式。加强专利权评价报告电商平台共享试点工作。持续加大知识产权代理行业监管和自律力度。深入开展专项整治行动，持续加大对代理行业违法违规行为的打击力度。健全代理行业监管长效机制，推进实施信用评价管理。做好中华全国专利代理师协会换届工作。持续开展行风建设活动。促进知识产权服务业健康发展。落实《关于加快推动知识产权服务业高质量发展的意见》，实施知识产权高质量服务市场主体培育行动，培育专业化、高端化、品牌化服务机构，加快知识产权服务业与实体经济融合发展。

（六）统筹推进知识产权国际合作与竞争

进一步提升在多边平台的影响力。办好与世界知识产权组织合作五十周年系列活动。积极推动外观设计法条约、知识产权与遗传资源相关法律文件的磋商和外交会议筹备。主动参与国际规则制修订。继续深度参与多边框架下专利、商标、工业品外观设计、地理标志等国际规则完善，开展新兴技术领域审查业务规则国际交流，推动落实中欧地理标志保护与合作协定，推动第二批产品互认互保。稳步推进新形势下的国际交往。根据疫情防控要求稳妥有序开展线下交流，加强"一带一路"知识产权合作，深度参与中美欧日韩、金砖国家、中国—东盟、中非等中小多边合作，深化与各方交流。支持行业协会、社会团体参与知识产权国际交往。

（七）加强知识产权基础建设

强化人才队伍建设。完善知识产权人才评价体系，指导有条件的地方建立知识产权高级职称评审委员会。积极开展知识产权专业学位建设，推动建立知识产权专业学位教育指导委员会，制定指导性培养方案。加强国际化人才培养，加大对基层知识产权行政管理人员的轮训。加大文化宣传力度。完善知识产权大宣传工作格局，建设全方位、多层次传播矩阵，广泛宣传、深入普及知识产权文化理念，增强全社会尊重和保护知识产权意识。办好世界知识产权日、全国知识产权宣传周等大型活动，打造宣传文化精品，提升传播力影响力。加强理论研究。围绕支持全面创新，加快推进知识产权新型智库建设，充分发挥专家咨询委员会、知识产权研究机构和战略研究基地作用，做好中国知识产权研究会换届工作，强化知识产权业务领域重大理论和实践问题研究，提升理论研究对科学决策和政策制定的支撑服务能力。

同志们，做好知识产权工作，需要我们不断提高政治站位，提升政治判断力、政治领悟力、政治执行力，大力推进政治机关建设，促进党建和业务深度融合。要从捍卫"两个确立"、践行"两个维护"的政治高度，更好落实习近平总书记重要指示精神和党中央、国务院决策部署，自觉在全局中思考、在大局下行动，以工作成效彰显政治效果。要坚持全面从严治党，以"永远在路上"的执着与坚定，深入落实中央八项规定及其实施细则精神，持之以恒纠"四风"树新风，积极建设有知识产权领域特点的廉洁文化。要加强意识形态管理，做好舆论引导，切实维护社会大局稳定。继续统筹做好疫情防控工作。

同志们，新时代呼唤新作为，新征程创造新业绩。让我们更加紧密团结在以习近平同志为核心的党中央周围，按照党的二十大绘就的宏伟蓝图，埋头苦干、奋勇前行，扎实推进知识产权强国建设，奋力谱写社会主义现代化强国建设的知识产权新篇章！

在"全国法院知识产权宣传周"新闻发布会上的发布稿*

（2023 年 4 月 20 日）

最高人民法院副院长　陶凯元

各位新闻界的朋友：

上午好！在第 23 个"世界知识产权日"来临之际，很高兴与大家见面。借此机会，向长期关心和支持人民法院工作的各位媒体朋友，表示感谢！

今天，最高人民法院发布《中国法院知识产权司法保护状况（2022 年）》（白皮书）、2022 年中国法院 10 大知识产权案件和 50 件典型知识产权案例。同时，还将陆续公开开庭审理一批案件，以多种形式展示中国知识产权司法保护的新进展。下面，我简要介绍 2022 年人民法院知识产权司法保护的总体情况。

2022 年，人民法院坚持以习近平新时代中国特色社会主义思想为指导，全面贯彻落实党的二十大精神，深入学习贯彻习近平法治思想，知识产权审判质效和司法公信力不断提升，专业化审判体系建设不断完善，服务党和国家大局成效愈发凸显。

一、立足审判职能，提升知识产权司法保护能力和水平

2022 年，人民法院牢固树立保护知识

---

* 本文系最高人民法院副院长陶凯元 2023 年 4 月 20 日在"全国法院知识产权宣传周"新闻发布会上的发布稿，发表时略有删节。

产权就是保护创新的理念，充分发挥知识产权审判激励科技创新和维护公平竞争的职能作用，持续加大对重点领域关键技术知识产权的司法保护力度，激发创新创造活力，助力品牌建设，维护公平竞争秩序，促进文化繁荣发展，知识产权司法保护力度不断加大，保护水平进一步提升。全国法院去年共新收一审、二审、申请再审及再审等各类知识产权案件52万余件。案件主要呈现以下特点：一是技术类案件持续上升，中西部等地知识产权保护需求强劲，知识产权司法服务高质量发展作用进一步凸显；二是互联网审判机制不断创新，智慧法院建设深入推进，司法便民利民机制持续健全；三是纠纷实质性化解持续加强，权益保障更加全面，人民群众司法获得感日益增强；四是审判重心有序下沉，法院管辖分工更加完善，知识产权案件审判质效稳步提升。

二、深化改革创新，健全知识产权司法保护机制

2022年，人民法院坚持以改革思维破解难题，以创新方式保护创新，健全知识产权诉讼制度，深化知识产权审判"三合一"改革，全面推进知识产权审判体系和审判能力现代化。

一是全面落实四级法院审级职能定位改革。最高人民法院制定司法解释，优化第一审知识产权民事、行政案件集中管辖规则，健全管辖科学的司法保护体制，合理定位四级法院审判职能，优化审判资源配置。目前，全国具有知识产权民事案件管辖权的基层法院已达558家，基层人民法院化解矛盾的重要功能得到进一步发挥。

二是持续健全知识产权专业化审判体系。最高人民法院不断完善国家层面知识产权案件上诉审理机制，优化申请再审案件办理流程，加强监督指导，确保法律适用正确统一。2022年，最高人民法院批复设立无锡、徐州、泉州知识产权法庭，以最高人民法院知识产权审判部门为牵引、4个知识产权法院为示范、27个地方知识产权法庭为重点、地方各级人民法院知识产权审判庭为支撑的专业化体系进一步完善。

三是深入推进"三合一"改革。最高人民法院加大指导力度，推进全国25个高级法院、236个中级法院和275个基层法院开展知识产权"三合一"审判机制改革；研究制定刑事司法解释，统一法律适用标准，会同最高人民检察院起草知识产权刑事司法解释稿并向社会公开征求意见。

四是探索完善知识产权诉讼制度。针对知识产权诉讼特点，推动知识产权诉讼特别程序法研究制定。开展知识产权恶意诉讼规制、惩罚性赔偿精准适用等专项调研，着力遏制权利滥用。持续完善多元化技术事实查明机制，加强"全国法院技术调查人才库"建设，有效缓解技术类案件事实查明难题。

三、心怀国之大者，保障创新驱动发展和科技强国建设

2022年，人民法院主动融入和服务国家战略，聚焦重点领域关键技术，持续加大对原始创新技术、种业种源等重点领域和新兴产业的知识产权司法保护力度，服务保障创新驱动发展和科技强国建设。

一是加强医药知识产权保护。出台中医药知识产权保护指导意见，全面加强中医药、中药技术秘密、传统医药类知识产权司法保护，促进中医药传承创新发展。审结全国首例药品专利链接诉讼案，不断完善药品专利链接案件审理机制，推动药品专利链接制度落地见效。

二是提升种业知识产权保护水平。最高人民法院与农业农村部等部门联合印发指导意见，打击假冒伪劣套牌侵权，营造种业振兴良好环境。支持设立"人民法院知识产权司法保护种质资源研究（海南）基地"，充实调研力量。依法审理"金粳818"水稻品种侵权案等种业知识产权案件，加大对假冒伪劣、套牌侵权等涉种业违法犯罪行为的打击力度，净化种业市场。

三是加强反垄断和反不正当竞争司法。出台反不正当竞争法司法解释，研究制定新的反垄断民事诉讼司法解释，发布人民法院反垄断和反不正当竞争典型案例，规范涉互联网平台市场竞争秩序。充分运用举证责任转移、排除举证妨碍、加大惩罚性赔偿适用力度等手段，切实减轻权利人举证负担，有效遏制侵权行为。

四是促进数字经济健康发展。妥善处理相关案件，强化对平台经营者合法数据权益保护，及时回应新领域新业态司法需求及社会关切，推动新兴产业健康发展。

四、加强协同保护，构建知识产权大保护工作格局

2022年，人民法院持续加强与行政机关协同配合，推动形成知识产权保护合力。充分发挥司法审查监督职能，加强司法审判与行政执法衔接协作，促进行政执法标准与司法裁判标准统一。

一是进一步加强与行政机关的协同配合。最高人民法院会同农业农村部、商务部、文旅部、国家市场监管总局、国家知识产权局等单位，推进业务交流、数据交换和信息共享。与国家知识产权局、最高人民检察院等部门联合印发《关于加强知识产权鉴定工作衔接的意见》，深化执法机关与司法机关在知识产权鉴定工作中的合作。与国家知识产权局联合印发《关于强化知识产权协同保护的意见》，健全知识产权行政保护与司法保护衔接的13项具体举措，为推动构建知识产权"严保护、大保护、快保护、同保护"工作格局提供制度保障。

二是积极推进多元纠纷化解机制建设。最高人民法院与国家版权局建立版权保护领域"总对总"在线诉调对接机制；地方法院与行政机关开展诉调对接及行政调解协议司法确认工作，全国30个地区实现知识产权调解组织全覆盖，有效化解知识产权纠纷。

三是推动构建区域知识产权保护机制。最高人民法院持续指导相关法院与行政机关共建跨地域跨部门协作机制，助推区域协同创新。北京知识产权法院与天津市三中院、雄安新区中院签署合作框架协议，深化知识产权多方面合作；湖南、湖北、江西高院推动"长江中游城市群"审判工作协作机制，指导相关中院和有关市场监管部门签订跨域知识产权保护协议，探索解决跨区域、规模化、群体性知识产权侵权新问题。

五、深化国际合作，扩大知识产权司法保护国际影响力

2022年，人民法院着力加强知识产权国际司法交流与合作，依法公正审理涉外知识产权案件，平等保护中外权利人，深入推进国际知识产权诉讼优选地建设，我国知识产权司法的国际影响力不断提升。

一是公平公正审理涉外知识产权案件，平等保护中外当事人合法权利，积极营造市场化法治化国际化营商环境；厦门思明法院与一带一路国际商事调解中心共同设立"海丝中央法务区知识产权专业调解室"，拓宽涉外知识产权纠纷调解途径。

二是深度参与世界知识产权组织框架下的全球知识产权治理，持续扩大中国知识产权司法保护国际影响力。2022年，最高人民法院持续参与世界知识产权组织（WIPO）等多双边交流合作，上海、福建、海南三地法院与WIPO仲裁与调解中心建立合作关系，为快速解决涉外知识产权争议提供便利。

2023年是全面贯彻落实党的二十大精神的开局之年。人民法院知识产权审判将继续坚持以习近平新时代中国特色社会主义思想为指导，准确把握新时代知识产权审判工作的总体要求，充分发挥知识产权审判职能作用，讲政治顾大局、促公正提效率，为全面建设社会主义现代化国家、全面推进中华民族伟大复兴贡献司法力量。

概况

全国知识产权工作

专利、商标、集成电路布图设计、地理标志及统筹协调涉外知识产权工作

一、知识产权强国建设

（一）知识产权强国建设纲要实施

1. 建立国家知识产权强国建设工作部际联席会议制度，强国建设统筹协调和部门协同不断增强

党中央、国务院批准建立国家知识产权强国建设工作部际联席会议（简称联席会议）制度，加强知识产权强国建设的宏观统筹。向党中央、国务院上报2022年知识产权强国建设工作情况报告。联合联席会议成员单位，赴地方开展《知识产权强国建设纲要（2021—2035年）》（简称《纲要》）、《"十四五"国家知识产权保护和运用规划》（简称《规划》）实施以及强国建设重大问题调研。指导、推动各地方强化知识产权工作统筹协调机制，知识产权工作统筹协调机制实现省级层面全覆盖。

2. 全面推进《纲要》《规划》实施，确保任务部署按步骤、分阶段、全覆盖落地落实

制定印发《2023年知识产权强国建设纲要和"十四五"规划实施推进计划》，部署139项年度重点任务。开展《纲要》和《规划》实施情况年度监测评估，逐条梳理《纲要》和《规划》部署任务落实情况，进行全面分析评价，编制形成监测评估报告，并将监测评估结果上报党中央、国务院。开展《纲要》实施情况督促检查，将《纲要》相关任务部署纳入2023年知识产权保护工作检查考核，以检查考核促任务落实。协调联席会议各成员单位，配合财政部高质量完成知识产权领域中央与地方财政事权和支出责任划分改革。国务院办公厅印发《知识产权领域中央与地方财政事权和支出责任划分改革方案》，进一步优化了知识产权中央和地方事权。

3. 强化知识产权强国战略研究和宣传，有效提升知识产权强国建设服务支撑能力

组织联席会议成员单位开展知识产权强国建设发展状况评价，编制发布《知识产权强国建设发展报告（2023年）》，全面展现知识产权强国建设取得的成效。充分发挥知识产权强国建设专家咨询委员会决策咨询作用，为推进知识产权强国建设提供指导和咨询。加强国家知识产权战略实施研究基地建设和管理，强化知识产权业务领域重大理论和实践问题研究，组织开展16项专项研究和7项应急性研究，编发知识产权战略实施研究《信息速递》37期。加强与部门和地方的知识产权强国建设信息交流，编发联席会议《工作动态》13期。加强国家知识

产权战略网、知识产权战略微信公众号建设，加大知识产权强国建设宣传力度。

（二）强国建设发展报告

建设中国特色、世界水平的知识产权强国，是以习近平同志为核心的党中央作出的重大战略部署。为全面展现知识产权强国建设取得的成效，客观评价知识产权强国建设发展状况，联席会议办公室会同有关部门编制形成了《知识产权强国建设发展报告（2023年）》（简称《报告》）。

《报告》显示，《纲要》和《规划》颁布实施以来，各地区、各部门坚持以习近平新时代中国特色社会主义思想为指导，认真落实党中央、国务院决策部署，深入实施《纲要》和《规划》，有力推进知识产权强国建设不断迈出坚实步伐，取得显著成效。我国知识产权制度进一步完善，保护力度不断加大，创造质量持续提升，运用效益日益凸显，公共服务便利化水平明显提高，人文社会环境进一步优化，国际合作和竞争深入推进，知识产权综合竞争力不断增强，《纲要》和《规划》提出的知识产权强国建设目标总体进展顺利。

（三）第二批典型案例

为深入贯彻落实《纲要》和《规划》，总结提炼各地区在推进知识产权强国建设中的经验做法，发挥典型示范引领作用，联席会议办公室开展知识产权强国建设第二批典型案例征集推广工作，公布了30件创新性强、成效较为突出、具备复制推广价值的案例，供各地区在推进知识产权强国建设工作中综合借鉴。典型案例集中展示了各地区在推进知识产权强国建设实践中形成的创新举措，涵盖专利、商标、版权、地理标志、植物新品种和商业秘密等各类知识产权，涉及知识产权创造、运用、保护、管理和服务等知识产权工作运行全链条，为加快推进知识产权强国建设发挥了示范引领作用。

二、知识产权法律事务

（一）法制建设

顺利完成《专利法实施细则》（简称《细则》）修改。本次细则修改内容主要涉及五个方面：一是完善专利申请制度，便利申请人和创新主体；二是完善专利审查制度，提高专利审查质量；三是加强专利行政保护，维护专利权人合法权益；四是加强专利公共服务，促进专利转化运用；五是新增外观设计国际申请特别规定专章，加强与《工业品外观设计国际注册海牙协定》（简称《海牙协定》）的衔接。修改后的《细则》进一步为激励创新、促进高质量发展提供有力的制度保障。

推动《商标法》修改列入十四届全国人大常委会立法规划和国务院2024年立法计划预备项目，形成9章97条的修订草案，并经过国家知识产权局局务会审议后报送国务院。同步推进《商标法实施条例》修改。为配套衔接《商标法》修改的重点举措，完善操作规范，形成《商标法实施条例》修订草案，并完成国家知识产权局局内意见征求。发布《集体商标、证明商标注册和管理规定》，强化对集体商标、证明商标注册人和使用人管理，明确含地名的集体商标、证明商标的注册要求，细化他人正当使用行为。

起草地理标志条例草案初稿，按照充分尊重历史、观照现实、参照国际的原则，实行地理标志商标保护和地理标志专门保护两种模式并行运作、相融互补、有机衔接，选择权交给申请人的地理标志专门立法的总体思路，不断凝聚共识。发布《地理标志产品保护办法》，切实解决实践中审查程序不完善、使用管理规定较少、侵权行为不明确等突出问题，坚持"急用先行"原则，优化审查认定程序，加强管理和保护。

推进其他法治政府建设重点任务。加强知识产权地方法制工作统筹谋划，支持指导地方开展知识产权立修法工作。做好规范性文件合法性审核和公平竞争审查。开展重大行政执法决定法制审核。

推进普法宣传工作。制定《专利法实施细则及专利审查指南宣传解读方案》，依托国务院政策例行吹风会、国家知识产权局政府网站、公益讲座等多种渠道，开展大范围宣传解读工作。组织全系统开展知识产权"八五"普法中期评估，向司法部推荐报送21个普法典型案例。

(二)审查政策与标准

为有力保障《专利法》及其实施细则落地生效，完成两部部门规章修改工作；完成《专利审查指南》修改，明确专利审查规则，提升专利审查质量和效率；完成《关于规范专利申请行为的若干规定》的修改工作，持续规范专利申请行为。制定《关于施行修改后的专利法及其实施细则相关审查业务处理的过渡办法》和《关于专利权期限补偿和专利开放许可相关行政复议事项的公告》等重要规范性文件。

发布关于实用新型专利保护客体判断、外观设计国际注册申请的两部专利指引，发布关于商标转让程序等六部商标指引，解决创新主体的实际关切，取得良好的社会反馈。

针对《集成电路布图设计保护条例》及其实施细则修改、数据知识产权保护制度重点问题开展研究论证；积极推进知识产权基础性法律制度研究论证，根据全国立法工作新形势，及时研究调整立法模式和方向。

(三)行政复议和行政诉讼

不断拓宽行政复议案件类型和领域，加强行政复议吸纳行政争议的能力。按照"应收尽收、应纠尽纠"的原则，引导涉及专利权期限补偿、专利开放许可、外观设计本国优先权审查等新类型行政行为的行政争议进入行政复议程序。2023年，共新收行政复议申请2836件。在绝大多数复议案件中，行政争议得到实质性化解，实现定分止争息诉。

2023年，行政相对人不服专利复审、无效宣告请求案件审理机构作出的行政决定而向人民法院提起行政诉讼的案件共2391件，不服商标评审机构作出的行政裁决而向人民法院提起行政诉讼的案件约2万件。

(四)涉外法治

研究评估并推进撤回我国对《专利合作条约》(PCT)细则援引加入和优先权恢复相关条款的保留。积极参加《全面与进步跨太平洋伙伴关系协定》(CPTPP)和《数字经济伙伴关系协定》(DEPA)知识产权条款研究和相关加入工作，在《商标法》等法律修改过程中统筹考虑CPTPP重点条款；深度参与世界知识产权组织(WIPO)框架下各类常设委员会工作组相关会议；围绕PCT制度开展重点调研，积极推动PCT国际规则主动提案工作；牵头和参与知识产权五局合作中人工智能等新领域、新技术相关议题的讨论；配合商务部，重点完成了对日、对欧等重要国家和地区的世界贸易组织(WTO)贸易政策审议工作；参加中国—秘鲁自贸协定升级知识产权章节谈判，推动谈判取得阶段性进展；对《中国—格鲁吉亚自由贸易协定》《中国—毛里求斯自由贸易协定》联合委员会会议议题研提意见；深入研究《马德里议定书》扩展适港相关法律问题和实施方案。

(五)数据知识产权制度构建

加强数据知识产权理论研究。按照"充分考虑数据安全、公共利益和个人隐私，充分把握数据的特有属性和产权制度的客观规律，充分尊重数据处理者的劳动和相关投入，充分发挥数据对数字产业数字化转型和经济高质量发展的支撑作用"的工作原则，开展数据知识产权理论研究，提出了数据知识产权保护对象、保护主体、确权方式、保护方式、权益内容、运用模式等6个方面的思路框架。

组织开展数据知识产权调研。为深入了解数据产业现状、把握数据特有属性、倾听产业界诉求与建议，国家知识产权局开展了数据知识产权"百企调研"工作，编制形成《数据知识产权"百企调研"工作调研报告》。

深化数据知识产权实践探索。在北京、上海、江苏、浙江、福建、山东、广东、深圳等8个省市开展数据知识产权试点工作，围绕数据知识产权制度构建、登记实践、权益保护、运用促进等方面开展实践探索。试点地方扎实推进立法探索，建立协同保护体系，出台登记管理办法，有序开展登记工作。截至2023年底，试点地方接收申请超过1.1万份，颁发数据知识产权登记证书超过5000张，数据知识产权交易金额超过1800万元，质押融资金额超过23亿元。2023年底，在前期试点工作的基础上，进一步扩大试点范围，增加天津、河北、山西、安徽、河南、湖北、湖南、贵州、陕西等9个省市开展试点工作。

三、知识产权创造

（一）专利

1. 专利申请

2023年我国发明专利申请量167.7万件，同比增长3.6%。其中，国内发明专利申请152.2万件，占总量的90.7%，同比增长3.9%；国外在华发明专利申请15.5万件，占总量的9.3%，同比增长0.5%。

国内发明专利申请中，职务申请150.6万件，占98.9%，同比增长6.8%。国内发明专利申请人中，企业所占比重达到74.3%，较上年提升4.6个百分点。

2023年，我国实用新型专利申请量为306.4万件，同比增长3.8%；我国外观设计专利申请量为82.0万件，同比增长3.2%。

2. 专利审查

坚持以国家需求和用户满意为导向，优化审查资源配置，加强各审查阶段周期过程管理，多措并举压减审查周期，提升审查效率。2023年，发明专利平均审查周期压减至16个月，实现年度周期目标。

创新审查模式。综合运用优先审查、集中审查、巡回审查、延迟审查等多种审查模式，满足多元化需求。响应创新主体日益增长的加快审查需求，加大优先和加快审查规模，2023年共予以优先审查三种专利申请13.8万件，其中发明专利申请13.7万件，同比增长60.4%；2023年共通过预审通道加快审查三种专利申请17.8万件，其中发明专利申请14.0万件，同比增长67.8%。

扎实落实局党组重点工作部署，严格依法审查，把好审查授权关，持续提高审查质量和审查效率。2023年，发明专利审查结案准确率达94.2%，专利审查质量用户满意度指数为86.3，连续14年保持在满意区间，质量底色更加彰显。

3. 专利授权

2023年，授权发明专利92.1万件，同比增长15.3%。其中国内发明专利授权81.9万件，占总量的89.0%。国内发明专利授权中，职务发明专利授权80.6万件，占98.4%，同比增长18.1%；非职务发明专利授权1.3万件，占1.6%，同比增长0.6%。

2023年，授权实用新型专利209.0万件，同比下降25.5%；授权外观设计专利63.8万件，同比下降11.5%。

4. 有效发明专利拥有量

截至2023年底，已授权并维持有效的发明专利拥有量为499.1万件，同比增长18.5%。其中，国内（不含港澳台）发明专利拥有量401.5万件，占总量的80.4%，同比增长22.4%；国外在华发明专利拥有量90.2万件，占总量的18.1%，同比增长4.8%。

5. PCT国际专利申请

2023年共受理PCT国际专利申请

7.4万件,同比下降0.9%。自1994年起累计受理国际专利申请66.8万件。2023年,共完成PCT国际专利检索报告6.9万件。

2023年收到进入中国国家阶段的国际专利申请10.6万件,同比增长0.2%,其中发明专利申请10.5件,实用新型专利申请0.1万件。

6. 海牙外观设计

2023年,中国申请人通过《海牙协定》提交外观设计国际注册申请1814件。2023年,共有1974件已公开外观设计国际申请指定中国。

7. 专利复审与无效

2023年全年受理复审请求10.6万件,同比增长1.0%,结案周期平均为19.7个月。对驳回发明专利申请决定不服的复审请求为9.9万件,占当年受理总量的93.4%。2023年全年复审请求结案6.5万件,同比增长4.3%。

2023年全年受理无效宣告请求8739件,同比增长23.2%。2023年全年无效宣告请求结案7656件,同比下降2.8%,无效宣告请求的结案周期平均为5.7个月。

自1985年以来,累计受理复审请求61.3万件。截至2023年底,复审请求累计结案44.8万件。累计受理无效宣告请求9.1万件。截至2023年底,无效宣告请求累计结案8.5万件。

当事人通过复审和无效宣告电子请求系统提交复审和无效请求的比率逐年上升。据统计,截至2023年底,全国复审电子请求率达到96.6%,无效宣告电子请求率达到约90%,为当事人提供了便利,有效缩短了立案周期。

截至2023年底,在广东、江苏、四川、山东、辽宁等10个省(市)建设了11个巡回审理庭。在北京、南京、浙江、浦东等地的知识产权保护中心建设了审理庭点对点远程审理系统;在北京、南京、浙江、浦东、淄博、天津等地的25家知识产权保护中心建设了基于互联网的远程审理系统,审理系统覆盖线下当面审理、互联网远程审理与保护中心远程审理等多种模式。

(二)商标

1. 商标申请

2023年,我国商标申请量为718.9万件,同比下降4.4%。其中,国内商标申请698.9万件,占总量的97.2%,同比下降4.3%;国外在华商标申请20.0万件,占总量的2.8%,同比下降5.8%。

2. 商标审查

2023年,完成商标注册审查719.6万件,同比增长2.0%。商标注册申请平均审查周期稳定在4个月,一般情形商标注册周期稳定在7个月。商标注册全流程质量管理进一步加强,审查审理质量进一步提升,商标审查抽检合格率达97.0%以上。

严格施行《商标注册申请快速审查办法(试行)》,2023年,对符合规定的19件商标予以快速审查,强化对涉及国家利益和社会公共利益的商标保护,有效服务重大区域发展战略和经济社会发展大局。

3. 商标注册

2023年,商标注册量为438.3万件,同比下降29.0%。其中,国内商标注册424.8万件,占总量的96.9%,同比下降29.2%;国外在华商标注册13.5万件,占总量的3.1%,同比下降23.2%。

2023年,我国商标注册审查签发量中初步审定占52.0%,部分驳回占14.4%,驳回占33.6%。

4. 有效注册商标量

截至2023年底,有效注册商标量为4614.6万件,同比增长8.1%。其中,国内有效注册商标4404.7万件,占总量的95.5%,同比增长8.4%;国外在华有效注册商标209.9万件,占总量的4.5%,同比增长3.4%。

5. 马德里商标国际注册申请

2023年,我国申请人通过马德里体系提交商标国际注册申请6196件(一件商标多个类别到多个国家申请),位列马德里联盟第三位。截至2023年底,我国马德里商标国际注册累计有效注册量达5.6万件,同比增长7.4%。马德里商标国际注册业务电子化办理运行稳定,2023年网上申请率达99.1%,较上年提升0.8%;国际异议电子发文正式上线。截至2023年底,中国申请人马德里商标国际注册申请的审查周期稳定在2个月。

2023年,我国申请人马德里商标国际注册申请量排在前十位的商品和服务类别为第9类(科学仪器、计算机、数字存储媒介等)、第7类(机器、机床、马达等)、第35类(广告、商业经营等)、第12类(运载工具等)、第11类(照明设备、微波炉、冰箱等)、第42类(科学技术服务等)、第25类(服装、鞋、帽等)、第3类(不含药物的化妆品和梳洗用制剂等)、第10类(外科、医疗用仪器及器械等)、第5类(药品等)。

2023年,马德里商标国际注册我国申请人指定缔约方排在前十位的是俄罗斯、马来西亚、泰国、美国、越南、印度尼西亚、新加坡、日本、韩国、欧盟。我国申请人马德里商标国际注册申请量排在前十位的省市分别为广东、浙江、江苏、上海、河北、山东、福建、北京、安徽、湖南。

2023年,收到外国申请人指定中国的马德里商标国际注册领土延伸申请5.2万件(类)。指定中国的马德里商标国际注册领土延伸申请审查周期稳定在4个月,国际转让、变更、续展审查周期稳定在1个月。

2023年,外国申请人指定中国的马德里商标国际注册申请量排在前五位的商品和服务类别为第9类(科学仪器、计算机、数字存储媒介等)、第42类(科学技术服务等)、第35类(广告、商业经营等)、第41类(教育、提供培训等)、第25类(服装、鞋、帽等)。

6. 商标异议

2023年,商标异议申请量为11.5万件,同比减少21.1%;完成异议申请形式审查审核11.9万件,异议申请形式审查审核周期保持在2个月左右。商标异议审查量为15.3万件,同比减少9.6%,异议申请平均审查周期为10个月。2023年,商标异议成立率(含部分成立)为60.4%。

商标异议决定书在中国商标网上全面公开,2023年全年公开决定书15.1万件。商标异议网上申请功能全面运行,截至2023年底,异议案件网上申请率达73.6%。

7. 商标评审

2023年,各类商标评审案件申请收文累计41.1万件,同比下降2.8%,其中驳回复审31.3万件,涉及双方当事人的复杂案件申请9.8万件。2023年,共完成商标评审案件审理37.3万件,其中审理驳回复审案件28.4万件,审理复杂案件8.9万件。

(三)地理标志

1. 地理标志产品

2023年,受理地理标志产品保护申请23个,批准地理标志产品13个,核准使用地理标志专用标志经营主体5842家。截至2023年底,累计批准地理标志产品2508个,核准使用地理标志专用标志经营主体2.6万家。

2. 以地理标志注册集体商标、证明商标

2023年,新核准地理标志作为集体商标、证明商标注册201件。截至2023年底,累计核准地理标志作为集体商标、证明商标注册7277件,其中国外注册229件。

以地理标志注册的集体商标、证明商标中,用于第31类(农产品、新鲜水果蔬菜等)商品的数量最多,共3706件,占比50.9%;其次分别是用于第29类(肉、鱼、蛋、奶等)产品和用于第30类(咖啡、茶、米、蜂蜜等)产品,分别为1310件和1232

件，占比分别为18.0%和16.9%。数据表明，地理标志主要涉及农产品及其初级加工品等，其与农业的关系最紧密。

以地理标志注册的集体商标、证明商标数量居于前五位的省域分别为：山东省（913件）、福建省（663件）、四川省（593件）、湖北省（532件）和江苏省（422件），该五省注册量占总量的42.9%。

截至2023年底，共核准注册外国申请人以地理标志注册的集体商标、证明商标229件，比上年底增长0.8%。排名前三位的国家为法国（155件）、意大利（34件）、美国（14件），三国注册量占外国在华注册总量的88.6%。

（四）集成电路布图设计

2023年，共收到集成电路布图设计登记申请1.3万件，同比下降13.2%；予以公告并发出证书1.1万件，同比增长24.3%。自2001年10月1日《集成电路布图设计保护条例》实施以来，共收到集成电路布图设计登记申请9.3万件，予以登记公告并发出证书7.2万件。

截至2023年底，累计受理27件集成电路布图设计撤销案，其中当年新增受理2件集成电路布图设计撤销案；累计审结23件。

四、知识产权运用

（一）专项推进专利转化

高规格推动印发行动方案。聚焦推动专利产业化，牵头起草《专利转化运用专项行动方案（2023—2025年）》，会同十九部门提出3方面12项重点措施。10月10日，李强总理主持召开国务院常务会议审议通过《专利转化运用专项行动方案（2023—2025年）》，并于10月17日以国务院办公厅名义印发。抓好专项行动动员部署。文件印发后，组织召开全系统动员部署会和21个部门组成的推进机制会议，在国务院新闻办公室举办专项行动政策例行吹风会，面向高校、科研机构、企业开展专题培训。牵头组建工作专班，制定印发推进工作方案和局内外细化工作举措，提出77项具体任务和307条细化措施，做到专项实施、专班推进、专人负责。有序推进重点任务落实。会同教育部、中国科学院等制定高校、科研机构专利盘活工作方案，与工业和信息化部、金融监管总局等共同研提支持中小企业专利产业化细化举措，联合科技部、财政部等推进财政资助科研项目形成专利的声明制度实施；会同中国银行开展"知惠行"专项活动，为新能源汽车领域专利产业化提供100亿元专项信贷额度。

（二）支撑主体创新发展

加强政策支持引导。开展强链护链行动，会同工业和信息化部印发《知识产权助力产业创新发展行动方案（2023—2027年）》。指导认定首批2383件专利密集型产品，年度总产值达7041亿元，支持浙江开展专利密集型产品培育和推广试点。推动提升管理能力。修订发布《企业知识产权合规管理体系要求》国家标准，与国家认监委联合印发标准换版有关工作要求公告，有序衔接标准换版升级。会同工业和信息化部组织"专精特新小巨人"企业和国家知识产权优势示范企业对标世界先进企业管理模式，试点实施《创新管理—知识产权管理指南（ISO 56005）》国际标准。强化示范标杆引领。确定新一批国家知识产权示范企业750家、优势企业2960家，加快打造知识产权强企建设第一方阵。完成第二十四届中国专利奖评选，39项金奖获奖项目新增销售收入超2600亿元，新增利润逾330亿元，引领示范作用凸显。

（三）优化运营服务体系

持续畅通转化运用渠道。围绕交易服务、金融服务、特色服务、支撑工具等功能特色认定12家功能性国家知识产权运营服务平台。对第二、第三、第四批29个知识产权运营服务体系建设重点城市开展绩效评价。2023年，全国专利转让、许可质押等运营活动次数达到60.9万次，同比增长16.7%。不断提升金融服务效能。推动知识产权质押融资规模实现快速增长、结构持续优化。2023年，全国专利商标质押融资金额达到8539.9亿元，同比增长75.4%，融资金额1000万元以下的普惠性专利商标质押贷款惠及企业约2.6万家。会同金融监管总局、国家发展改革委发布首批20个知识产权质押融资及保险典型案例。数据知识产权质押融资工作入选国家服务业扩大开放综合试点示范建设第二批最佳实践案例。与世界知识产权组织联合编写发布知识产权金融国家报告。加快开放许可制度落地。深化专利开放许可试点，开展开放许可试点体验评价跟踪调查。印发专利转让、许可合同模板及签订指引。会同中国人民银行、金融监管总局制定发布《专利评估指引》国家标准，支持建设银行开展内部评估试点工作。截至2023年底，3200所高校和科研院所、大型企业筛选公布开放许可专利超5.9万件，达成许可超1.7万件。

（四）服务促进产业发展

助力创新型经济发展。面向关键核心技术攻关有关部门，建立常态化知识产权需求对接机制，提供专利审查、专利导航等一揽子知识产权支持政策。支持建设16家半导体、卫星互联网等产业知识产权运营中心，服务支撑产业高价值专利的价值实现。进一步完善产业专利导航服务机制，上线运行国家专利导航综合服务平台，备案共享3000余件专利导航报告，评选发布首批30个专利导航优秀成果。助力品牌经济发展。组织开展"千企百城"商标品牌价值提升行动，首批确定1105件企业商标品牌、285件区域商标品牌和719个商标品牌指导站参加行动。连续4年组织编制发布中国商标品牌发展指数。在中国品牌日活动期间指导举办商标和地理标志品牌论坛。助力特色经济发展。深入开展地理标志助力乡村振兴行动，进一步加强地理标志运用促进重点联系指导，确定第二批地理标志运用促进重点联系指导名录，发布第二批地理标志助力乡村振兴典型案例，加速提升地理标志品牌影响力和产品附加值。做好展会和窗口服务。举办第十三届中国国际专利技术与产品交易会和第十八届中国（无锡）国际设计博览会，同期举行第二十四届中国专利奖颁奖大会，以"两奖"促"两展"。

（五）培育壮大服务业态

优化行业准入服务。改革优化专利代理师资格考试分数线划定方式，合理调整考试时间，完成2022年延考和2023年考试工作。修订《专利代理行政许可事项审查工作细则》，完善优化审批流程，全年批准设立专利代理机构829家。严格代理行业治理。深入开展"蓝天"专项整治行动，进一步严格规范知识产权代理行为。印发《专利代理信用评价管理办法（试行）》，加强专利代理信用管理工作。组织开展"强能力、提质量"知识产权代理行业行风建设年系列活动。强化商标代理监管。深入贯彻《商标代理监督管理规定》，组织完成商标代理机构重新备案工作，商标代理机构实现"瘦体健身"。建立健全商标代理机构及从业人员信用档案，加快制定商标代理信用评价管理办法，在5省开展工作试点。促进行业高质量发展。印发《2023年知识产权代理从业人员专业能力建设行动方案》，指导组织3.7万人参加"进阶式"培训。遴选确定10家国家知识产权服务业高质量集聚发展示范区和15家试验区。组织开展"知识产权服务万里行"活动，会同农业农村部开展服务农业科技创新主场活动。发布《2023年全国知识产权服务业统计调查报告》《全国知识产权代理行业发展状况（2022年）》。

（六）强省强市建设

加强省市统筹部署。连续5年制定印发实施推动知识产权高质量发展年度工作指引，细化落实全国知识产权局局长会议部署安排，强化省市分类指导，确保各项任务落地见效。深化知识产权强省共建。与河南、陕西、山东、上海、浙江、湖北、江苏等地人民政府共同印发知识产权强省建设方案或工作要点，与新疆、陕西、河南、浙江、上海、广东高规格召开共建强省（区、市）推进大会。与广东省人民政府联合印发《中新广州知识城深化知识产权运用和保护综合改革试验实施方案（2023—2027年）》，开启新一轮综合改革试验。强国建设试点示范扩围深化。新批复确定国家知识产权强市建设示范城市18个、强县建设示范县30个，不断夯实知识产权强国建设基础支撑。召开知识产权强国建设示范城市、示范县工作交流会，形成一批典型经验与案例。

五、知识产权保护

（一）《关于强化知识产权保护的意见》贯彻落实

贯彻落实习近平总书记在十九届中央政治局第二十五次集体学习时的重要讲话精神，组织制定2023年贯彻落实习近平总书记在十九届中央政治局第二十五次集体学习时重要讲话精神落实举措，细化81条具体举措。会同中央宣传部、市场监管总局对30个中央和国家机关有关部门、31个省（区、市）党委政府开展2023年知识产权保护工作检查考核，完成河北等8个省（区）2023年实地检查考核工作。会同最高人民法院等6部门共同推进国家知识产权保护示范区建设，遴选确定并批复同意首批10个城市（地区）开展建设，完成第二批15个城市（地区）遴选工作。

（二）保护体系建设

牵头制定知识产权保护体系建设工程实施方案，组织调研座谈10余次，针对27个部门单位开展两轮意见征求。该方案于10月底经局务会审议并原则通过。

推动快速协同保护机制建设。2023年新批建知识产权保护中心、知识产权快速维权中心共15家。截至2023年底，国家级知识产权保护中心达70家，知识产权快速维权中心达42家。举办第四届知识产权快速协同保护业务竞赛，全国共100家中心近350人参赛。依托知识产权保护中心、知识产权快速维权中心持续推进知识产权纠纷快速处理试点工作，大幅压缩纠纷办理周期；组织第一批试点地区进行业务交流，并遴选确定第二批地区。2023年，共受理保护维权案件12.1万余件，受理专利预审案件约24万件。

持续严厉打击非正常专利申请和恶意商标注册申请行为。严格规范专利申请行为，向地方通报4批次非正常专利申请。向地方转办涉嫌恶意商标注册和重大不良影响案件线索，协调地方核实并依法查处。

知识产权纠纷调解工作深入开展。2023年，累计推动643个调解组织和4851名调解员入驻人民法院调解平台，知识产权领域"总对总"在线诉调对接工作实现了省级全覆盖。通过人民法院调解平台受理知识产权案件近11.7万件，结案10万余件，成功调解8万余件，调解成功率近80.0%。会同最高人民法院首次评选发布10条知识产权纠纷多元调解典型经验做法和10个案例。知识产权领域3家人民调解委员会和6名调解员被评为全国模范调解委员会、模范调解员。

完善知识产权领域诚信体系建设。完

成第二批 7 省 12 市分级分类监管试点评审验收工作，总结评选 13 条试点经验发文通报。落实《国家知识产权局知识产权信用管理规定》，全年共通报 4 批 82 例严重违法失信主体信息，并做好相关信息公示工作。落实专利开放许可工作任务，建立专利开放许可工作中信用监管有关工作机制。推进信用信息共享平台平稳运行。

加强知识产权保护规范化市场建设和管理。贯彻落实《创建示范活动管理办法（试行）》，开展新一批知识产权保护规范化市场培育对象申报和遴选工作。开展国家级知识产权保护规范化市场续延审查、满意度评估和暗访等工作，53 家市场通过2023 年国家级知识产权保护规范化市场续延审查。稳步推进《商品交易市场知识产权保护规范》国家标准实施工作，在浙江省 3 家市场先行开展贯标试点工作。

加强知识产权对外转让工作。推进知识产权对外转让有关工作办法修订研究。研究制定技术出口中专利权、集成电路布图设计专有权对外转让行为管理有关政策文件，持续监测专利和集成电路布图设计对外转让情况。指导北京、浙江审查 2 例技术出口专利权对外转让案件，涉及专利权 9 项。

（三）行政保护专业指导

加强知识产权执法案件指导工作。推进构建国家、省、市、县（区）四级贯通的商标专利执法指导体系，贯彻落实《知识产权行政保护案件请示办理工作办法》，规范各地案件请示办理工作，全年各地共办理商标、专利等执法指导案件 0.3 万件。在国家知识产权局开放日活动中现场发布 2022 年度商标专利行政保护典型案例，发布第三批 3 件知识产权行政保护指导案例，体现严格知识产权保护导向，切实发挥指导地方执法保护积极作用。

加强专利侵权纠纷行政裁决工作。落实重大专利侵权纠纷行政裁决和药品专利纠纷早期解决机制行政裁决工作，审结第二批重大专利侵权纠纷行政裁决案件 10 件和药品专利侵权纠纷早期解决机制行政裁决案件 65 件。会同司法部制定印发《关于加强新时代专利侵权纠纷行政裁决工作的意见》。会同司法部组织召开全国专利侵权纠纷行政裁决工作部署推进会。联合司法部完成第二批专利侵权纠纷行政裁决规范化建设试点验收，组织开展第三批专利侵权纠纷行政裁决试点中期评估，组织举办全国行政裁决规范化建设试点工作推进交流活动。2023 年，全国知识产权系统共办理专利侵权纠纷行政案件 6.8 万件。

健全跨部门跨地区保护协作机制。联合最高人民法院、司法部印发强化知识产权协同保护的政策文件，与最高人民法院、最高人民检察院、公安部联合表扬 2022 年度全国知识产权保护工作成绩突出的集体 100 家和个人 200 名，加快构建知识产权行政保护与刑事司法有机衔接、优势互补的运行机制。指导北京、上海等 20 省市、华北 5 省市、长江中下游 3 省及省会城市、晋冀鲁豫 4 省 19 地市、武汉都市圈等加强跨区域行政保护协作，围绕国家重大战略、重点区域推动打造区域知识产权行政保护高地。

加大知识产权行政保护工作力度。印发《2023 年全国知识产权行政保护工作方案》，从 4 个方面部署 14 项主要任务，聚焦群众反映强烈、社会舆论关注、侵权假冒多发的重点领域和区域，继续加大对涉外知识产权、电商等重点领域、关键环节侵犯知识产权行为的打击和治理力度，重拳出击、整治到位、震慑到位。

推进知识产权侵权纠纷技术支撑体系建设。制定印发《知识产权行政保护技术调查官管理办法》，进一步加强技术调查官队伍建设与管理，规范技术调查官参与知识产权行政案件办理。制定印发《知识产权鉴定机构名录库管理办法》，确定知识产权鉴定机构名录库首批入选机构，开展第二批入库机构遴选工作，促进知识产权鉴定机构专业化、规范化发展。

加强执法保护队伍建设。建立专利侵权纠纷行政裁决案例库，面向行政裁决办案人员开放，供办案人员查阅、参照，提升办案规范和标准统一。举办知识产权行政保护能力提升培训班及专利侵权纠纷行政裁决培训班，推进专利保护精品课程、精品课件、精品视频等标准化培训体系建设。

（四）知识产权保护社会满意度调查

2023年，国家知识产权局面向全国31个省（区、市），组织开展2023年知识产权保护社会满意度调查，调查涵盖知识产权保护工作各个方面，包括法律政策、执法保护、机制建设、意识培养、保护效果等5项一级指标、11项二级指标和31项三级指标。调查结果显示，2023年全国知识产权保护社会满意度提升至82.04分（百分制），较2022年提高0.79分，较调查启动之初（2012年）提高了18.35分，得分再创新高。

（五）涉外知识产权纠纷应对

完善涉外知识产权风险防控体系，完善海外知识产权纠纷应对指导网络，海外布点取得新突破，会同中国贸促会法律事务部在德国、新加坡设立海外分中心并授牌。遴选第三批海外知识产权纠纷应对指导中心地方分中心21家，地方分中心达43家，地方服务网络覆盖全国27个省（区、市）。加强海外知识产权信息供给服务。保障海外知识产权信息服务平台有效运行，截至2023年底，智南针网编辑发布海外知识产权官费信息等各类信息300余条。编制发布泰国、澳大利亚、新西兰重点国家保护指南。修改完善跨境电商知识产权保护指南及重点国家海外商标维权指南（1—3期），进一步强化原创性成果供给。不断强化重点领域涉外风险防控机制建设。建立重点产业海外知识产权纠纷应对指导工作基地，并设立信息通信、生物医药产业工作基地。组织召开2023年度海外知识产权纠纷应对指导工作会议。

（六）地理标志保护

完善地理标志保护政策、制度和标准。稳步推进地理标志统一认定制度建设，有序推动已登记的农产品地理标志与地理标志产品有效衔接、平稳过渡。推进我国地理标志专门立法和部门规章制修订。严格地理标志产品保护申请认定规则和审查流程，出台《地理标志产品认定审查指南及相关工作指引（试行）》。深入实施《地理标志保护和运用"十四五"规划》，组织开展中期评估。推进2项地理标志保护基础通用类和产品类国家标准制定，9项地理标志保护产品国家标准制修订立项，推动发布《地理标志认定—产品分类与代码》国家标准。

加强地理标志行政保护。加大对各地地理标志保护的业务指导，督促山东、浙江等地省级知识产权局开展涉外地理标志产品在华保护相关问题处置。评选发布2022年地理标志、奥林匹克标志、特殊标志和官方标志行政保护典型案例。组织开展特殊标志和地理标志保护能力提升培训班，围绕亚运知识产权保护和地理标志等内容，对全国知识产权管理部门业务骨干100余人进行培训。研究制定地理标志保护工程实施方案。

深化地理标志保护试点示范建设。持续开展地理标志专用标志使用核准改革试点，在20个试点省份推进用标核准和注销工作。新批准筹建20个国家地理标志产品保护示范区，举办国家地理标志产品保护示范区建设能力提升培训班，搭建工作交流平台，推广保护和管理经验。加强地理标志专用标志使用管理,编制《地理标志保护发展报告(2022年度)》。

(七)官方标志、特殊标志和奥林匹克标志保护

核准"天舟六号飞行任务""'一带一路'国际合作高峰论坛标志"等10件特殊标志。实现成都大运会特殊标志使用人全备案。国家知识产权局会同中央网信办、公安部、海关总署、市场监管总局印发《关于开展杭州亚运会和亚残运会知识产权保护专项行动的通知》,于2023年8—10月联合开展杭州亚运会和亚残运会知识产权保护专项行动。批复浙江省知识产权局设立杭州亚运会、亚残运会特殊标志许可合同备案窗口。

六、知识产权公共服务

(一)知识产权领域优化营商环境

编制印发《知识产权领域营商环境改革发展报告(2018—2022)》,全面总结近年来知识产权领域优化营商环境改革成效,进一步提升社会公众的感知度和获得感。健全完善"好差评"制度,进一步畅通政企沟通渠道。持续深化告知承诺制改革,健全信用承诺机制。跟踪研究世界银行全球营商环境评估体系新增知识产权有关评估内容的新变化,组织2023年世界银行全球营商环境新评估体系知识产权工作专题培训班,加强对地方应对工作的指导,在更多层面争取支持、更大范围凝聚共识,充分发挥知识产权在营造市场化法治化国际化的一流营商环境中的积极作用。

(二)服务体系建设

统筹推进知识产权公共服务体系建设,基本形成以省级知识产权公共服务机构为节点,以技术与创新支持中心(TISC)、高校知识产权信息服务中心、国家知识产权信息公共服务网点为重要网点,覆盖全国、疏密有致,门类多样、多元参与,层级有序、主次分明的知识产权公共服务体系。发布《知识产权公共服务普惠工程实施方案(2023—2025年)》,明确7方面26项具体工作内容。进一步健全完善知识产权公共服务体系,2023年新遴选TISC机构50家,新增备案41家国家知识产权信息公共服务网点,累计备案197家。截至2023年底,全国知识产权信息公共服务重要网点数量增加至423家,较上一年度增加21.6%。加强地市级知识产权综合性公共服务机构建设,印发《地市级综合性知识产权公共服务机构工作指引》,全国地市级机构总数达162家,覆盖率增长至48.6%,较上一年度提升8.3个百分点。

(三)数字化建设

基本形成以国家知识产权公共服务网为枢纽,专利检索及分析系统、外观设计专利检索公共服务系统、重点产业专利信息服务平台、知识产权数据资源公共服务系统、欧盟商标查询系统等为主要载体的"1+N"组合。国家知识产权公共服务网2023年累计访问量505万次,日均访问量1.38万次,相比2022年增长20.0%。通过国务院客户端与国家政务服务平台微信小程序实现专利公布公告信息、商标公告信息、质押信息、代理机构信息、知识产权公共服务机构信息"掌上查",累计提供查询服务195万次。新建芯片、中医药等7个产业专利专题数据库,面向社会公众提供公益性产业信息服务。2023年6月,国家发展改革委批复市场监管信息化工程(国家知识产权局建设部分)初设方案和投资概算,国家知识产权保护信息平台立项工作顺利完成。在专利基础数据开放的基础上,推动商标、集成电路布图设计基础数据全面开放,新增开放4种地理标志数据,知识产权基础数据开放种类达到59种,基本实现"应开放尽开放"。知识产权数据下载带宽从200M增至2023年的800M，大幅提升数据下载体验。向地方知识产权管理部门、公共服务机构及具备数据加工利用能力的经营主体按需免费提供标准化数据增至53种。通过国务院全国一体化政务服务平台，向国家发展改革委、商务部等多个部委及北京、甘肃等16地共享知识产权数据，切实提升政务服务效能。持续推进电商平台专利权评价报告共享试点，2023年新增与11家电商平台签订共享协议，支持电商加强知识产权保护。依托国际交换数据开发了欧盟商标查询系统，向社会公众免费提供欧盟商标数据服务，支持中国品牌海外布局。

（四）宣传推广

举办形式多样的研讨交流活动。高度重视构建不同类型、不同行业的公共服务机构交流分享和经验借鉴的平台，实现各地区、各类型、各行业知识产权公共服务机构有机联动，汇聚知识产权公共服务的强大合力。2023年11月23日，与WIPO共同在深圳线下举办TISC国际会议，邀请来自亚洲12个国家或地区的代表参会。线上线下举办2023年度知识产权信息公共服务重要网点交流研讨活动，参与人次达1.45万。加强知识产权信息服务能力提升。遴选发布40个知识产权公共服务优秀案例，制作优秀案例宣传视频；组织开展3期全国知识产权信息服务优秀案例线上分享活动。连续两年举办技术与创新支持中心（TISC）专题培训班，推动进一步释放TISC服务效能。举办第二届全国知识产权公共服务机构专利检索分析大赛。通过搭建一线公共服务人员"比武练兵"平台，以赛促训，以赛促练，打造了知识产权公共服务和信息传播利用活动品牌，超4.3万人次线上观看决赛。加强知识产权公共服务宣传。在中国国际商标品牌节、中国知识产权年会等相关活动上设立分论坛及知识产权公共服务宣传站，编制《知识产权公共服务100问》，通过多渠道多方式加大知识产权公共服务政策宣传、公共服务体系介绍、信息公共服务产品推广。

（五）文献出版

1. 专利文献资源

全年共配置各类文献资源142种，其中专利资源7种，非专利资源135种，为专利审查、专利信息公共服务、宏观管理及相关研究等工作提供了基础保障；与28个国家（地区）或组织开展专利文献交换，向5个PCT国际检索与初审单位赠予中国专利文献。

截至2023年底，累计拥有540种专利文献资源（其中11种专利文献资源同时提供全文图像和全文文本），包括著录项目191种、全文图像167种、全文文本83种、专题数据18种、辅助检索72种、其他类20种。著录项目覆盖104个国家（地区）或组织，全文图像覆盖103个国家（地区）或组织，全文文本覆盖36个国家（地区）或组织。

2. 专利文献分类

大力推进专利文献分类管理和实施，全年分类量共计651.4万件，其中中国发明专利申请IPC及CPC分类量为177.3万件，中国实用新型专利申请IPC分类量为365.6万件。持续加强分类质量保障，发布《中国专利文献IPC再分类数据检测规则》，定期开展分类数据质量核查，分类质量总体保持稳定。

继续开展分类培训和宣传推广，全年共举办7期分类培训及研讨活动，涉及32个技术领域约2600人次；组织翻译出版IPC、CPC分类表及定义等资料共84.5万字。积极履行分类国际合作义务，向欧洲专利局（EPO）提供新公开中国发明专利文献CPC分类结果数据共计170.6万条。

3. 专利文献出版物

全年出版发明、实用新型和外观设计专利公报文献共541.8万件，其中发明公布176.9万件，发明授权公告92.1万件，实用新型授权公告209.0万件，外观设计授权公告63.8万件。

出版《国外知识产权资讯》90期，其中正刊79期、专刊11期，呈报国外重要信息和舆情信息35篇。出版《专利文献研究（2023）》，共包含42篇文章，共计约60万字。出版6期《专利文献研究》正刊，涉及基础研究、政策研究、审查服务、产业服务，共计约33万字；出版1期《专利分类研究》、2期《专利情报研究》增刊，包含IPC分类研究与运用、CPC分类研究与运用、分类综合研究与运用，共计约34万字。

4. 文献服务

知识产权文化展厅接待创新主体、知识产权机构、社会公众等54批次参观，累计超过1300人次。文献咨询服务累计处理来电咨询1033人次、网络咨询615条。"专利文献众享"微信公众号推送信息178条，阅读量为40.9万人次。国家知识产权局网站"文献服务"栏目发布专利信息资源动态信息25篇，面向公众介绍专利信息检索系统、服务平台及分类工具使用方法。

举办"商标法修改介绍""新领域新业态专利审查规则""实用新型审查""专利申请及查询服务系统""专利信息服务技术创新与产业发展"等16个专题63期公益讲座。讲座直播6.5万人次参与，讲座视频点播量达8.6万人次。

七、宣传、人才培养和学术活动

（一）知识产权宣传

1. 创新完成年度各项宣传工作任务

围绕"全面贯彻落实党的二十大精神""学习贯彻习近平新时代中国特色社会主义思想主题教育"扎实开展重大专项宣传，全方位展示在党领导下我国知识产权事业取得的发展成就。以"加强知识产权法治保障有力支持全面创新"为主题高规格举办2023年"全国知识产权宣传周"活动，习近平主席向中国与世界知识产权组织合作五十周年纪念暨宣传周主场活动（简称主场活动）致贺信，李强总理会见世界知识产权组织总干事邓鸿森，丁薛祥副总理出席主场活动宣读习近平主席贺信并讲话，在全国知识产权系统和社会各界产生深远影响。围绕国家知识产权保护示范区建设、中国—中亚知识产权合作论坛、中国（无锡）国际设计博览会、中国国际专利技术与产品交易会、中国知识产权年会等10余项重大活动以及专利转化运用专项行动、修改《专利法实施细则》等重点工作开展专题报道，进一步夯实知识产权大宣传格局。

2. 有效加大知识产权重要信息发布力度

信息发布工作取得新突破。2023年，进一步落实月度例行新闻发布会制度，全年举办新闻发布会13场。围绕国务院第四次专题学习、专利转化运用专项行动方案和修改《专利法实施细则》等重大主题在国务院新闻办公室举办政策吹风会、新闻发布会达6场次，创年度新高。知识产权新闻发布首次走向地方，联合长三角、京津冀地区分别举办，拓展了知识产权大宣传工作局面。邀请人民日报社、新华社、中央广播电视总台等10余家中央主流媒体记者深入地方典型企业进行重点采访，形成了全网阅读量过亿的现象级爆款报道。

与媒体机构合作实现新进展。与中央主流媒体合作联动全面深入，继续委托有关方面运营局海外推特账号，持续加强账号建设，粉丝数量稳定增长，超4.2万人，总访问量超1200万人次，位居开设境外账号的政府部门前列。央视《新闻联播》栏目播报知识产权领域重大活动11次，《人民日报》在头版刊登重大活动报道共6次，形成了权威媒体持续热议知识产权的生动局面。

与地方知识产权管理机构联动全面加强。"全国知识产权宣传周"启动仪式在辽宁、江苏、湖北、新疆和广州5个省（区、市）设立分会场，有效提升地方参与度。通过不断完善政务微信"地方专刊"和国家知识产权局网站"地方动态"栏目、向各地征集宣传短视频、举办新闻工作培训班和中小学知识产权教育师资培训班等方式，多措并举，有效加强央地联动。

3. 持续推进知识产权教育工作

中小学知识产权教育进一步普及。举办全国中小学知识产权教育培训班，围绕中小学知识产权教育创新动能主题开展培训，进一步促进队伍能力提升。依托远程教育平台，举办线上中小学知识产权教育师资培训班，累计培训教师1.5万人次。同时，哔哩哔哩网站公益科普账号策划发布了近40堂有趣有用的科普课程，舆论影响力不断提升。

（二）知识产权人才培养

1. 全国知识产权人才工作

深入推进《知识产权人才"十四五"规划》实施。组织召开全国知识产权系统人才工作会议，深入学习贯彻党的二十大精神和中央人才工作会议精神，落实2023年中共国家知识产权局党组扩大会议和全国知识产权局局长会议的工作部署。举办全国知识产权局局长高级研修班，深入学习领会习近平总书记关于知识产权工作的重要指示论述，以机构改革为新的起点，全面加强系统建设。制定印发《2023年落实〈知识产权人才"十四五"规划〉工作计划》，统筹谋划国家知识产权局内13个部门单位和31个地方局及新疆生产建设兵团知识产权局的相关工作，提出300余项具体举措，推动规划贯彻落实。

做好知识产权行政管理人员轮训工作。专门印发通知，要求在知识产权人才培训中抓好党中央、国务院关于知识产权工作决策部署的宣传学习和贯彻落实，并做好知识产权相关政策文件、业务文件的解读，强化培训工作政治引领。举办全面贯彻落实党的二十大精神和习近平总书记关于知识产权工作的重要指示论述精神知识产权行政管理人员轮训项目23期，培训3400余人次，持续提升行政管理人员专业能力水平。

积极推动知识产权专业学位建设。推动成立知识产权专业学位教育指导委员会（简称教指委），起草制定教指委章程、教指委秘书处工作办法等规章制度。成功推动厦门大学提前开展全国首批知识产权专业学位研究生招生工作，支持中国科学技术大学等具有自主审核权限高校向国务院学位委员会申报知识产权专业学位授权点。配合国务院学位委员会办公室开展《知识产权专业学位类别简介及其硕士学位基本要求》制定等专项工作。

统筹开展全国知识产权人才培训。将知识产权培训写入《全国干部教育培训规划（2023—2027年）》。制定印发《2023年全国知识产权人才能力提升培训计划》，围绕粤港澳大湾区发展建设、乡村振兴、"专精特新"中小企业等重要方面和芯片、中医药、数据等重要领域，举办各级各类培训班76期，培训超过8500人次。修订印发《全国知识产权培训工作管理办法（修订）》，进一步强化培训工作监督管理。

大力开展知识产权精品课程建设。围绕知识产权全链条保护、国家知识产权保护示范区建设、地理标志助力乡村振兴等主题，新录制上线23门精品课程。"十四五"以来开发精品课程数量已达98门，累计244.5个课时。截至2023年底，中国知识产权远程教育平台已形成远程教学平台总站、27个远程教学子平台及250余个分站的远程培训网络，平台整体课程数量累计超过800门，免费开放课程500余门，培训更加便捷可及。

加强知识产权智库建设。制定印发《国家知识产权专家咨询委员会2023年工作计划》，从强化知识产权法治保障等10个方面提出29条具体工作举措。组织专家咨询委员会赴辽宁就地方知识产权工作开展调研，与地方政府、有关高校、创新主体等进行座谈交流，提出专家咨询建议，推动知识产权服务支撑地方经济发展。成功推动设立博士后科研工作站，实现我国知识产权领域博士后科研工作站"零"的突破，进一步加强知识产权研究型高端人才培养。

持续做好知识产权职称工作。充分发挥知识产权职称考试专家库专家作用，选派专家配合人力资源和社会保障部完成2023年初、中、高级职称考试大纲和初、中级职称考试用书修订，参加考试命审题和阅卷等工作，保障全国知识产权职称考试各项工作顺利进行。开展知识产权职称专项调研，摸底全国各地知识产权职称评审改革情况，梳理地方知识产权职称制度改革需求，听取各创新主体和经营主体意见建议，指导各地因地制宜落实知识产权职称制度改革。加强知识产权职称政策宣传，赴广东、甘肃、广西等地开展宣讲、座谈，做好知识产权考试和评审工作政策解读，宣传职称改革推进情况，有效扩大知识产权职称影响力。

2. 局内人才培养工作

持续加强全局人才工作统筹。一是大力推进知识产权人才"十四五"规划实施。制订年度推进计划，抓好督促检查，推动各项任务落实。二是探索建立人才贡献度评价体系。贯彻落实习近平总书记在中央人才工作会议上的重要讲话精神，根据相关部署要求，开展人才贡献度专项研究。三是着力构建适应事业发展需要的人才队伍。完成548名骨干人才选拔、118名高层次人才结业考核、544名骨干人才年度考核工作。完成一至四级专利审查员资格评审792人，五至七级专利审查员资格评审122人。

扎实有序开展全局人才培训。一是组织开展中高端人才专题培训。以"强化知识产权法治保障"为主题分别举办领军人才、高层次人才、骨干人才集中培训班，累计培训700余人次，进一步提高了中高端人才的政治素养、大局意识、战略思维和业务水平。二是全面加强审查员培训统筹管理。建立新入职审查员履职宣誓长效机制，完善入职培训课程。完成2023年新入局人员集中培训班、2021年及2022年入局审查员后续提高培训班。深入开展同领域培训交流，建设领域性技术资料库，开展各类审查业务培训382期、培训8万余人次。建立完善多层级审查培训体系，建成包含507门课程的专利审查员课程体系。推进培训信息化系统建设和资源共享，开展线上考试160场，6000余人次参加；通过在线培训形式有效推进《专利法实施细则》和《专利审查指南》宣讲、中国专利智能审查和检索系统上线等重点培训项目实施；实现局级在线培训平台联动，共享中国知识产权远程教育平台、公益讲座优质课程资源。三是开展专利审查员专业技术培训。制定印发《专利局审查员专业技术培训工作管理办法》，进一步规范培训工作。全年累计派出48个实践团组、283名审查员赴实践基地开展培训，助力审查员切实提升技术理解能力。四是开展外语培训。着眼适应事业发展需要，积极探索调整培训思路，外语培训成效显著、服务局重点工作能力持续增强。全年举办各类外语培训班4期，累计培训约100人次。

大力提升人才培养工作效能。一是组织开展中高端人才建言献策系列活动。举办"学习贯彻二十大，人才奋进新征程"主题征文活动及中高端人才助力强国建设交流会，紧扣"以学促干"、用好"第一资源"，切实发挥中高端人才的引领作用，系列活动在理论学习、人才培养和促进发展上取得了良好效果。二是扎实有效开展课题研究。中高端人才发展研究平台共立项课题24项，聚焦知识产权领域重大理论和实践问题及局党组重点工作，研究主题涵盖知识产权创造、保护、运用、服务、国际合作与竞争、意识形态风险管控、综合保障、干部人才队伍建设及审查实务等方面，取得了一批具有较高实用性的研究成果，在强化人才培养和支撑局重点工作上取得双丰收。

加大对京外专利审查协作中心的指导支持。选派33名培训指导教师、21名带教导师赴京外中心工作。举办师资培训6期，分模块组织开展课程串讲，认证局级教师45名，培养局级后备教师180名、各领域骨干导师166名。

3. 涉外培训工作

根据需求调研结果，科学制订年度涉外教研工作计划，全年共开发了包括"知识产权公众意识提升""新兴技术领域审查规则介绍""国家知识产权局人才培养体系介绍""中医药领域系列课程"等在内的9门涉外培训课程（8门新开发，1门修订），全部开发课程均已应用于涉外培训交流中，有效地满足了外方多元化的培训需求及局内相关部门对外交流需要。完成2020年聘任的涉外教师的考核、续聘工作和2023年涉外教师增补工作，涉外教师队伍扩大至130人。举办涉外教师培训班，组织涉外教师参加EPA在线课程，在国家知识产权局培训综合管理系统（SIPOLeMS）中共享示范涉外培训课程，进一步提升涉外教师队伍的业务能力及英语教学能力。组织涉外教师为拉美地区知识产权培训班、海湾阿拉伯国家合作委员会（GCC）培训班、中国—东盟传统医药专利审查培训研讨班授课。

（三）知识产权学术活动

组织开展2023年度软科学研究，新设立29项软课题研究项目并完成中期评审，完成2022年度18项立项课题的结题评审，利用国家知识产权局学术委员会平台、《中国知识产权年鉴》和《知识产权工作动态》等共享课题研究成果。发布第十二届全国知识产权优秀调查研究报告暨优秀软课题研究成果征集活动获奖名单。继续组织开展知识产权领域重大理论和实践问题研究，提升知识产权政策研究工作对科学决策和政策制定的支撑作用。

聚焦专利审查提质增效和关键核心技术专利分析，组织开展2023年度专利专项研究项目，立题52项并全部完成结题验收。

国家知识产权局知识产权发展研究中心支撑完成《知识产权强国建设纲要（2021—2035年）》实时监测评估和《"十四五"国家知识产权保护和运用规划》中期评估工作。持续开展全国知识产权事业发展情况调查研究，发布《2023年全国知识产权服务业统计调查报告》《中国知识产权保险发展白皮书（2022）》等系列统计调查报告。组织开展2023年度地理标志重要政策落实情况年度监测及我国地理标志保护制度研究。组织召开国家知识产权局专利分析和预警工作2022年总结会暨2023年启动会，聚焦多个领域开展专利技术分析。与中国社会科学院知识产权中心、北京市法学会科技法学研究会联合举办首届数据产权与知识产权保护论坛。与海南省知识产权局、三亚市人民政府联合举办第二届崖州湾知识产权论坛暨知识产权智库论坛。

中国知识产权研究会积极建设知识产

权新型智库，围绕《知识产权强国建设纲要（2021—2035年）》《"十四五"国家知识产权保护和运用规划》《中共中央 国务院关于构建数据基础制度更好发挥数据要素作用的意见》等组织课题研究37项，形成研究报告93份，出版书籍2种。全年共举办学术研讨、交流等活动30余场。申报"知识产权安全风险治理体系建设研究"选题，首次获批国家社会科学基金项目资助。发布《下一代互联网关键技术专利分析》研究报告。成功举办主题为"知识产权与新发展格局"的中国知识产权学术年会。以"生成式人工智能的知识产权问题"为主题，组团赴韩国参加中日韩知识产权学术研讨会并与相关机构进行学术交流。

中国知识产权培训中心积极发挥国家级专业技术人员继续教育基地作用，承办6期专业技术人才知识更新工程高级研修项目，举办"专精特新"中小企业和"专精特新小巨人"企业知识产权专题培训班、知识产权专业学位建设研讨班、知识产权国际化人才培训班以及集成电路布图设计专题培训班等。在新疆设立中国知识产权培训中心实践基地。与世界知识产权组织学院恢复线下互访交流机制；向世界知识产权组织学院颁发中国知识产权培训中心知识产权培训卓越贡献荣誉证书；顺利举办世界知识产权组织远程教育中文培训项目高级辅导教师培训班；协助20余个远程教育分站开展世界知识产权组织远程教育中文课程运营。全年举办2期国际植物新品种保护联盟（UPOV）远程中文课培训班。加强与欧洲专利学院以及日本、韩国、新加坡等国政府知识产权培训机构的合作。成功举办中日知识产权培训机构领导会议。继续实施中韩企业互培项目，与韩国国际知识产权研修学院签署为期5年的知识产权教育培训全面合作谅解备忘录。

八、港澳台交流

（一）与香港特区、澳门特区交流

4月，申长雨局长在北京会见香港特区政府商务及经济发展局局长丘应桦。

6月，国家知识产权局专利局负责同志赴澳门特区参加内地与香港特区、澳门特区知识产权研讨会。

12月，卢鹏起副局长赴香港特区出席第13届亚洲知识产权营商论坛并致辞。

分别于1月1日和7月1日，正式启动面向香港特区和澳门特区申请人在内地发明专利优先审查申请试点项目。

首次派专利审查专家赴香港特区开展审查带教。为澳门特区企业和科研机构开展专项培训。

（二）与台湾地区交流

支持中华商标协会与海峡两岸商务协调会共同举办两岸商标研讨会。中华全国专利代理师协会与台湾工业总会共同线上举办第15届两岸专利论坛，促进两岸知识产权交流。

九、知识产权国际合作

（一）积极融入国家外交大局

习近平主席见证国家知识产权局与法国、伊朗知识产权主管机构签署知识产权合作文件，李强总理见证国家知识产权局与俄罗斯、新西兰和格鲁吉亚知识产权主管机构签署知识产权合作协议。

举办中国与世界知识产权组织（WIPO）合作五十周年系列纪念活动。4月26日，中国与WIPO合作五十周年纪念暨宣传周主场活动在北京举办，习近平主席专门向活动致贺信，李强总理会见来访的WIPO总干事，丁薛祥副总理出席活动、宣读习近平主席贺信并讲话。7月，WIPO第64届成员国大会期间，在日内瓦举办双方合作五十周年历史图片展、中国自主创新产品展示等活动，在多边舞台展现我国的文明大国、负责任大国形象。

《第一届中国—中亚知识产权局局长会议联合声明》、国家知识产权局将在2024年主办的第三届"一带一路"知识产权高级别会议，以及中国政府与世界知识产权组织续签关于加强"一带一路"知识产权合作协议及其延期补充协议等3项知识产权合作成果列入第三届"一带一路"国际合作高峰论坛成果清单。

（二）深度参与全球知识产权治理

1. 支持完善知识产权国际规则体系

7月，申长雨局长率团赴瑞士出席WIPO第64届成员国大会，呼吁各国继续共同推进联合国2030年可持续发展议程，共同维护以WIPO为核心的知识产权多边体系，共同完善WIPO全球知识产权服务体系和监督治理体系。会间，申长雨局长与相关国家和地区知识产权机构负责人举行了15场多双边会谈。

5月，卢鹏起副局长赴新加坡出席国际商标协会（INTA）年会，宣介我国知识产权领域改革成果和最新进展，并参加年会期间举办的中美欧日韩商标五局（TM5）合作相关会议。

10月，廖涛副局长赴土耳其出席国际保护知识产权协会（AIPPI）世界知识产权大会，分享我国知识产权法律制度最新发展。

参与WIPO框架下计划和预算委员会，发展与知识产权委员会，PCT，商标、工业品外观设计和地理标志法律常设委员会等机制性会议，推动外观设计法条约外交大会磋商。在北京举办知识产权、遗传资源、遗传资源相关传统知识跨地区交流会。

2. 继续深化与WIPO的双边合作

4月、7月和12月，申长雨局长与WIPO总干事邓鸿森分别举行3次会谈，就合作情况和共同关心的议题深入交换了意见，就继续加强合作形成共识。

9月，申长雨局长会见来华参加中国政府友谊奖颁奖的WIPO原总干事高锐。

与WIPO联合举办地理标志国际交流会、技术与创新支持中心（TISC）区域研讨会等活动。

（三）"一带一路"知识产权合作

7月，在新疆乌鲁木齐举办首届中国—中亚知识产权局局长系列会议，建立与中亚国家知识产权合作新平台。

9月，在广西南宁举办第14届中国—东盟知识产权局局长系列会议，通过双年度合作计划，持续深化合作关系。

12月，在线参加俄罗斯联邦知识产权局举办的第11届中蒙俄知识产权研讨会。

持续开展"一带一路"知识产权硕士学位项目，指导同济大学和中南财经政法大学录取15个共建国家的20名学员来华参加学习。举办面向东盟国家的地理标志和中医药保护培训班、面向拉美地区的知识产权培训班、GCC专利审查培训班，以及东盟菁英奖学金培训项目等活动。

与陕西联合举办第7届丝绸之路博览会"一带一路"共建国家（地区）知识产权合作论坛，支持四川、甘肃等省份举办"一带一路"主题知识产权交流活动。

（四）小多边知识产权合作

1. 中美欧日韩五局合作

6月，申长雨局长赴美国出席第16次中美欧日韩知识产权五局（IP5）合作局长系列会议，各方通过中美欧日韩知识产权五局合作联合声明，将"共同构建可持续的未来"纳入合作目标。

11月，李旼陆副局长出席在成都主办的IP5统计工作组会议，推动落实五局合作新愿景。

深入推进中美欧日韩商标五局、外观设计五局合作。参加中美欧日韩商标五局（TM5）、中美欧日韩外观设计五局（ID5）合作年度会议，通过《2023年中美欧日韩外观设计五局合作联合声明》和《2023年中美欧日韩商标五局合作联合声明》。

2. 金砖国家知识产权合作

5月，申长雨局长会见来访的俄罗斯联邦知识产权局局长尤里·祖博夫。

9月，申长雨局长会见来华出席第12届中国知识产权年会的埃塞俄比亚知识产权局局长乌尔都·耶莫索·巴拉基。

10月，申长雨局长在线出席第十五次金砖国家知识产权局局长会议，通过《金砖国家知识产权合作运行指南框架》和《金砖国家知识产权合作成果宣传工作计划》，拓展金砖国家在商标和外观设计领域的合作。

10月，申长雨局长会见来访的巴西工业产权局局长胡里奥·莫雷拉。

11月，申长雨局长会见来访的沙特知识产权局局长阿卜杜勒-阿齐兹·斯瓦勒姆。

11月，廖涛副局长访问阿联酋知识产权机构，商讨合作事宜，就知识产权保护等议题交换意见。

3. 中日韩知识产权合作

11月，申长雨局长赴韩国出席第30次中日知识产权局局长会、第29次中韩知识产权局局长会、第23次中日韩知识产权局局长会及第11次中日韩知识产权用户研讨会，并分别签署会议纪要，审议通过《中日韩知识产权合作十年愿景》。

与日本特许厅、韩国特许厅在专利审查、外观设计、自动化等领域开展20余个双边和三边合作项目。

（五）双边知识产权合作

1. 与欧洲专利局、欧盟知识产权局的合作

10月，胡文辉副局长赴西班牙访问欧盟知识产权局（EUIPO），磋商新的工作计划，深化商标审查和地理标志保护等领域合作。

12月，申长雨局长率团参加第17次中欧两局局长会议，签署双边合作年度工作计划和升级版数据交换协议。与欧洲专利局围绕审查业务、文献分类和信息化等领域开展全面合作。

2. 与欧洲国家的知识产权合作

4月，申长雨局长会见来访的法国农业和粮食主权部部长马克·费斯诺。

5月，卢鹏起副局长赴葡萄牙出席工业产权和地球未来思考国际会议，分享我国在运用知识产权促进可持续发展方面的成功经验与实践；访问西班牙、葡萄牙知识产权机构，就双方共同关心的问题交换意见。

7月，申长雨局长赴比利时访问欧盟农业和农村发展总司，深入探讨落实中欧地理标志协定；赴法国出席第34次中法知识产权混委会会议，与法国农业和粮食主权部以及法国国家原产地和质量管理局举行会谈。

9月，申长雨局长会见来访的丹麦专利商标局局长苏恩·斯泰普·索伦森和丹麦王国驻华大使马磊，续签专利审查高速路（PPH）合作协议。

9月，李眈陆副局长赴波兰出席关于下一代技术和战略的国际知识产权大会，访问波兰专利局及芬兰知识产权机构，就两局合作等议题进行探讨。

10月，胡文辉副局长赴瑞士参加第10次中瑞两局正式会谈，就商标、地理标志等方面的合作交换了意见。

10月，国家知识产权局专利局负责同志赴德国出席欧洲专利制度建立五十周年系列活动，赴荷兰访问欧洲专利局荷兰分局。

10月，廖涛副局长访问意大利知识产权机构，交流地理标志立法与保护等双方共同关心的议题，签署2024年工作计划。

11月，申长雨局长与来访的英国知识产权局局长亚当·威廉姆斯举行会谈，签署2024年工作计划。

举办第7届中英知识产权交流会,中瑞、中丹(麦)产业界圆桌会,在意大利举行面向公众的知识产权制度宣讲会,持续深化与欧洲各国的交流合作。

3. 与周边及亚洲国家的交流合作

7月,申长雨局长分别与来华出席首届中国—中亚知识产权局局长会议的吉尔吉斯斯坦国家知识产权与创新局局长拉哈特·克里姆巴耶娃、塔吉克斯坦经济发展和贸易部国家专利信息中心主任米尔佐·伊斯莫尔佐达、土库曼斯坦财政经济发展部国家知识产权局局长阿塔·安纳尼亚佐夫、乌兹别克斯坦司法部国家知识产权局局长埃塞姆拉特·坎亚佐夫和哈萨克斯坦司法部知识产权司司长肖尔潘·阿布德列耶娃举行双边会谈,就进一步加强合作达成共识。

9月,申长雨局长会见来访的新加坡知识产权局局长陈惠菁,并分别与来华出席第14届中国—东盟知识产权局局长会议的菲律宾知识产权局局长罗威尔·巴尔巴,老挝工商部副部长占苏·圣帕占,柬埔寨工业、科技和创新部国务秘书帕克萨里,以及柬埔寨商务部国务秘书欧克帕奇举行双边会谈,签署多份合作协议。

10月,廖涛副局长在出席 AIPPI 国际知识产权大会期间,与土耳其知识产权主管部门开展交流,商讨合作事宜。

11月,申长雨局长会见来访的巴林王国工商大臣阿卜杜拉·法赫罗,就双方继续加强交流合作交换意见,并签署系列合作文件。

4. 与北美、大洋洲国家的交流合作

2月,申长雨局长与美国专利商标局局长凯蒂·维达尔举行视频会谈。

6月,中美欧日韩知识产权五局合作局长系列会议期间,申长雨局长与美国专利商标局局长凯蒂·维达尔举行会谈。

派员赴美开展合作磋商和实务研讨,举行两局自动化和文献专家交流,就继续深化务实合作达成一致。

5. 与拉美、非洲国家的交流合作

9月,在面向非洲的地理标志国际交流会期间,申长雨局长分别会见埃塞俄比亚知识产权局局长乌尔都·耶莫索·巴拉基,以及非洲知识产权组织(OAPI)总干事德尼斯·卢克·博乌苏。卢鹏起副局长分别会见尼日利亚商标、专利及外观设计注册局局长沙飞·雅乌里·阿迪姆,津巴布韦公司与知识产权局局长威利·穆沙伊,科特迪瓦知识产权局局长科菲·保罗·阿桑德,以及非洲地区知识产权组织法律事务与国际合作司代理司长皮埃尔·克拉瓦·鲁尼格。

11月,卢鹏起副局长赴博茨瓦纳参加非洲地区工业产权组织(ARIPO)行政理事会年度会议,并访问南非、毛里求斯知识产权机构,就拓展与各方业务合作开展深入交流。

派员参加 OAPI 行政理事会会议,巩固友好合作关系。访问摩洛哥知识产权机构,深化双边合作交流。赴智利、乌拉圭开展双边合作及技术领域磋商探讨。

(六)政府间机制性对话和磋商

与国内相关部门加强配合,做好世界贸易组织框架下与贸易相关的知识产权工作,参加世界卫生组织"大流行条约"磋商谈判。

配合做好《区域全面经济伙伴关系协定》(RCEP)生效实施工作,以及《全面与进步跨太平洋伙伴关系协定》(CPTPP)和《数字经济伙伴关系协定》(DEPA)加入工作。

积极落实中美第一阶段经贸协议和中欧、中法地理标志合作协议。参与中秘、中毛(里求斯)自贸协定知识产权章节谈判,以及中格(鲁吉亚)、中韩自贸协定落实工作。

(七)各业务领域合作

1. 专利审查高速路合作

拓展和优化 PPH 合作网络,与法国、巴林签署 PPH 合作谅解备忘录,续展与 IP5、欧亚专利局,以及俄罗斯、捷克、丹麦、挪威、日本、智利和沙特的知识产权主管机构的PPH试点项目,PPH合作伙伴升至32个。

2. 专利审查业务交流

续展与欧洲专利局PCT国际检索单位试点项目。与日本、韩国、英国、芬兰等开展审查员交流,与日本特许厅共同完成并发布《中日人工智能专利审查案例对比研究报告》,深化与GCC专利局、沙特、柬埔寨、老挝等专利审查业务合作。

3. 地理标志、商标领域业务合作

推进中泰地理标志"3+3"试点项目落实,以及中欧地理标志协定第二批清单产品的异议协调和技术审查工作,开展法国地理标志产品产地核查。举办面向非洲国家的地理标志国际交流会。

4. 专利文献合作

参与WIPO框架下文献国际标准的制定和修订。6项IPC分类修订提案获审议通过。参与知识产权五局合作分类工作组会议,深化与欧洲专利局在文献资源、专利信息服务、分类领域的合作。举办首次中美文献业务专家交流会。

(八)讲好中国知识产权故事

1. 做好知识产权领域对外宣介

加强与驻华机构和知识产权专员沟通,局领导会见欧盟、丹麦、希腊驻华大使,组织18个国家和地区的24名知识产权官员走进阿里巴巴北京总部。

利用WIPO知识产权融资高层对话会、人工智能对话会等平台,介绍我国知识产权质押融资和新兴技术发展方面的经验。

将知识产权工作与促进生态文明建设结合,在中美欧日韩五局合作中,介绍知识产权促进绿色创新发展方面的举措和成就。

在地理标志国际交流会上,围绕通过地理标志产业促进经济发展与乡村振兴进行深入研讨。

继续与WIPO联合颁发中国专利金奖。推荐中国企业参加WIPO全球奖和欧洲发明人奖评选,2家中国企业获得WIPO全球奖,1家中国企业发明人获得欧洲发明人奖。

2. 响应外资企业知识产权诉求

申长雨局长主持召开外资企业知识产权工作座谈会,局领导会见特斯拉、高通、雀巢、NBC环球、博世、爱马仕、蒂森克虏伯等企业代表。接待中国欧盟商会、中国美国商会、日本贸易振兴机构、国际医药企业联盟协会等机构来访,协助推进解决合理知识产权诉求。

举办海牙体系巡回研讨会、PCT体系线上推介会、欧洲单一专利制度交流会、中欧商标领域最新发展交流会、中美知识产权实务交流会等活动,组织企业参加中美欧日韩、金砖国家、中日韩用户研讨会等机制下的产业界对话会,帮助了解海外知识产权最新发展。

供稿:国家知识产权局办公室

版权工作

2023年,版权工作以习近平新时代中国特色社会主义思想为指导,深入贯彻落实习近平文化思想和党中央决策部署,以推动版权事业高质量发展为着力点,坚持稳中求进、守正创新,为维护意识形态安全、增强文化自信自强、激发创新创造活力贡献版权力量。

一、完善版权法规制度,加快推进著作权法配套法规修订

1. 完善配套法律法规制度

着力推进版权法规和政策制度建设,

充分发挥立法在促进版权社会治理中的重要作用。形成了《著作权法实施条例(修订草案)》《著作权集体管理条例(修订草案)》等。国家版权局联合中央军委装备发展部印发《军用计算机软件著作权登记工作暂行办法》，加快推进《著作权行政处罚实施办法》《作品自愿登记试行办法》等规章和规范性文件的修改完善。

2. 加快民间文艺作品版权保护与促进相关立法进程

在对民间文学与艺术进行全面调研的基础上，举办民间文艺作品版权保护与促进试点工作交流活动，启动2023年民间文艺作品版权保护与促进试点工作，加快推进"民间文学艺术作品著作权保护暂行条例"的制定，为民间文艺作品版权保护国内立法和国际条约制定提供实践支撑和依据。

二、聚焦版权领域，切实为群众办实事解难题

1. 强化案件查办督办，守好宣传思想文化阵地

指导各地积极查办各类侵权盗版案件。全国各级版权执法部门共检查实体市场相关单位72万家(次)，查办侵权盗版案件4745件，移送司法机关231件，涉案金额26.64亿元。不断加大对重点案件的协调查办力度，与公安部、最高人民检察院等部门联合挂牌督办150起版权重点案件。

2. 开展"清朗·杭州亚运会和亚残运会网络环境整治"专项行动

针对第19届亚运会和第4届亚残运会等体育赛事节目开展专项版权保护行动，将相关赛事节目纳入国家版权局重点作品版权保护预警名单，着力打击社交、直播、短视频平台公众账号和体育赛事内容平台未经授权传播亚运会赛事节目、提供亚运会赛事节目盗播链接，侵犯亚运会吉祥物、会徽等美术作品行为。

3. 开展打击院线电影盗录传播专项工作

会同相关部门部署开展打击院线电影盗录传播专项工作，对11批共计109部院线电影重点作品进行版权保护预警，删除涉院线电影侵权盗版链接5.3万余条，关闭非法网站(APP)224个，有效遏制了院线电影盗录传播势头。

4. 开展"青少年版权保护季"行动

会同相关部门联合开展"青少年版权保护季"行动，重点整治广大权利人和家长反映强烈的危害青少年权益的侵权盗版问题，集中行动期间，各级版权执法部门出动执法人员25.9万人次，检查出版物市场、印刷企业及校园周边书店、报刊摊点、文具店、打字复印店等场所20万余家(次)，查办侵权盗版教材教辅、儿童图书重点案件1130件，为青少年健康成长营造良好版权环境。

5. 开展打击网络侵权盗版"剑网2023"专项行动

会同相关部门联合开展打击网络侵权盗版"剑网2023"专项行动，重点开展三方面集中整治：一是重点领域方面，以点播影院、文博文创、体育赛事为重点，严厉打击点播影院、私人影吧放映传播侵权盗版院线电影以及点播设备生产商未经授权复制并通过网络传播热播热映影视剧等违法行为。加大对博物馆、美术馆、图书馆等文博单位文化创意产品和亚运会赛事节目等的版权保护力度。二是重点作品方面，以网络视频、网络新闻、有声读物为重点，强化作品全链条版权保护，推动建立良好网络版权生态。集中整治社交、短视频、直播、知识问答等"自媒体"及各类新闻资讯聚合类网站(APP)未经授权转载新闻作品的违规传播行为。加强对知识分享、有声读物平台及各类智能终端的版权监管，着力整治未经授权通过网络传播他人文字、口述等作品的行为。三是重点平台方面，以电商平台、浏览器、搜索引擎为重点，强化网

站平台版权监管，压实网站平台主体责任。专项行动期间，查办涉网侵权盗版案件1513件，关闭侵权盗版网站2390个，删除侵权盗版链接244万余条。

6. 完善著作权登记机制

进一步完善著作权登记制度，理顺和完善著作权登记体系。指导中国版权保护中心实现计算机软件登记在线办理试运行。指导中国版权保护中心实现计算机软件著作权登记信息与国家税务总局共享。积极参与国家金融监管总局关于出台政策推进知识产权质押相关工作。积极妥善处理涉及著作权登记的信息公开、投诉和法院查封冻结、撤销登记等事务，并处理相关软件登记诉讼案件，切实保障权利人合法权益。2023年，全国著作权登记总量达892.39万件，同比增长40.46%。其中，作品著作权登记642.83万件，同比增长42.30%；计算机软件著作权登记249.52万件，同比增长35.95%，登记数量和增速均创5年来新高。

7. 推动《马拉喀什条约》落地实施

积极推动《马拉喀什条约》在中国有效实施，完成第一批无障碍格式版服务机构（含跨境交换机构）备案工作，推进《以无障碍方式向阅读障碍者提供作品暂行规定》有序执行，推动中国盲文出版社、中国盲文图书馆加入无障碍图书联合会全球图书服务，助力无障碍格式版跨境交换，为阅读障碍者更好地享受知识文化服务提供便利。

8. 持续高标准推进软件正版化工作

组织召开推进使用正版软件工作部际联席会议第十二次全体会议，加大重点行业和领域软件正版化工作推进力度，增加教育部、国家卫生健康委作为联席会议成员单位，负责统筹推进教育、卫生健康系统软件正版化工作。加强对各地区各部门软件正版化工作政策指导，推动各地区各部门落实软件正版化各项政策措施。对中央单位、中央企业、金融机构、民营企业以及省（区、市）的软件使用情况进行年度核查。

三、提升版权服务水平，推动版权产业高质量发展

1. 加强著作权集体管理组织监管

指导中国音乐著作权协会、中国音像著作权集体管理协会、中国文字著作权协会完成换届工作，指导协调中国摄影著作权协会和中国电影著作权协会加快换届。协调推进中国音乐著作权协会与中央广播电视总台、腾讯音乐、网易音乐和咪咕音乐等加强版权合作，指导中国音乐著作权协会、中国音像著作权集体管理协会等组织与有关国家或地区相应组织签署相互代表协议等集体管理组织与使用者授权事宜。指导中国音乐著作权协会开展成立三十周年纪念活动、中国音像著作权集体管理协会在第九届中国国际版权博览会期间举办第三届著作权集体管理论坛等，指导各集体管理协会响应民政部倡议开展行业协会服务高质量发展工作。

2. 进一步深化全国版权示范创建工作

开展全国版权示范单位评选工作，授予南通、潍坊、佛山、长沙、温州5个城市为全国版权示范城市。评选出全国版权示范园区（基地）18家、全国版权示范单位53家、全国版权示范单位（软件正版化）25家。指导沧州创建全国版权示范城市。指导各地开展本区域示范创建工作，以点带面，充分发挥版权示范典型在提升创新能力、推动经济发展等方面的重要作用。

3. 推动全国版权展会交易服务体系建设

成功举办第九届中国国际版权博览会，配套举办特色活动333场，展位数量、参展人数、展馆面积、展会规模、交易金额等均创历史新高。参与主办中国（深圳）国际文化产业博览交易会、中国景德镇国际

陶瓷博览会，指导山东省举办2023青岛数字文化应用发展大会。指导景德镇国家陶瓷版权交易中心、泰山国家图书版权交易中心建设。核心版权产业发展稳中向好，对我国经济结构优化升级和高质量发展发挥了重要的作用。指导中国新闻出版研究院完成《2022年中国版权产业经济贡献》调研报告，该报告显示，2022年中国版权产业的行业增加值为8.97万亿元，占国内生产总值（GDP）的比重为7.41%，版权产业逐步成为建设文化强国的重要力量。

4. 开展中国版权金奖评选

开展推动版权产业高质量发展政策文件起草工作，与世界知识产权组织合作开展2023年中国版权金奖评选工作，对在版权创造、推广运用、保护、管理等方面作出突出贡献的单位和个人等进行表彰，树立行业标杆典型，扩大优质版权影响力。

四、提高版权涉外能力，讲好中国版权故事

1. 深度参与全球版权治理

参加世界知识产权组织成员国大会及版权相关会议，推进《世界知识产权组织保护广播组织条约》《保护传统文化表现形式：条款草案》等谈判进程，完善版权相关国际规则。参与《全面与进步跨太平洋伙伴关系协定》等相关谈判工作，参与世界贸易组织对华第九次贸易政策审议及对其他经济体贸易政策审议工作。

2. 不断强化多双边国际合作

与世界知识产权组织更新签署双边合作谅解备忘录，参与举办中国与世界知识产权组织合作五十周年纪念活动，与世界知识产权组织举办2023国际版权论坛，配套举办2场分论坛，其中中非版权论坛是贯彻落实习近平主席提出的关于推动构建高水平中非命运共同体倡议的实际行动。深化与共建"一带一路"国家、建立对话机制国家的双边版权合作，举办中英、中法、中欧、中日、中韩版权政府间会谈、中欧版权研讨会，在增进政府间交流的同时，为业界拓宽国际版权交易渠道。指导中国版权协会等非政府组织在版权国际交流合作中积极发挥作用。

3. 着力提升版权国际话语权

以实施《马拉喀什条约》、推动民间文艺版权保护为突破口，利用国家版权局英文网站等传播渠道，对外通报国内动态，发出权威声音。参加博鳌亚洲论坛年会知识产权与数字经济论坛，举办第二届全民阅读大会阅读权益保障论坛，指导举办第九届尼山世界文明论坛"版权赋能：中华优秀传统文化创造性转化、创新性发展"平行论坛，邀请世界知识产权组织副总干事西尔维·福尔班参加国际版权论坛并调研，借助会议、会谈、会见等场合讲好中国版权故事。在多个场合开展"中国版权好故事"项目宣传，努力讲好中国版权故事。

五、扎实开展宣传培训，营造良好版权社会氛围

1. 依托版权重大活动，开展主题宣传

围绕"全国知识产权宣传周"，开展多角度、多层次、全方位版权宣传工作，组织各级版权部门开展版权宣传活动。参加国务院新闻办公室2022年中国知识产权发展状况新闻发布会。在国家版权局网站推出"2023版权宣传周"专栏，联动微博、微信公众号等媒体传播形式，构建覆盖完整的版权全媒体传播格局。举办第七届中国网络版权保护与发展大会，版权宣传取得良好效果。

2. 针对行业实际，有效开展版权培训

与文化和旅游部文化市场综合执法监督局在浙江温州联合举办文化市场综合执法重大案件办理暨版权执法监管培训班，全国400余名版权执法骨干参训，提升了相关人员执法监管工作认识和业务能力。继续与世界知识产权组织合作举办版权产业国际风险防控培训班，提升业界版权涉外风险管理和海外运营能力。举办版权社会服务培训班，就版权示范创建和著作权登记对相关人员进行系统培训，提升推动版权产业高质量发展的服务能力。

供稿：中央宣传部版权管理局

科技创新知识产权工作

一、强化知识产权战略研究和顶层设计

健全知识产权法律法规。2023年6—7月，科技部配合全国人大开展了关于《科学技术进步法》落实情况的实地执法检查，了解有关知识产权保护、权益分配等方面制度的贯彻落实情况，为促进更好落实促进知识产权保护、价值实现、权益分配等方面的法定要求提供支撑。开展科技创新知识产权保障机制研究。结合知识产权强国建设要求和我国科技创新知识产权工作现状，围绕健全科技创新知识产权工作机制、完善重大科技项目知识产权管理流程、建立科技计划项目知识产权目标评估制度等方面开展研究。

二、加强知识产权创造、运用等政策制度建设

深化赋予科研人员职务科技成果所有权或长期使用权改革。落实中央全面深化改革委员会部署，指导40家赋权试点单位加快试点进度，总结试点形成的"赋权+共同实施"等4种典型科技成果赋权和转化模式，推动赋权试点继续纵深推进。在试点期间，落实《科学技术进步法》要求，指导近20个省市开展本地区的赋权试点工作。完善科技成果评价机制。在明确科技成果五元价值指标等方面探索出一批经验做法。完善促进知识产权运用等相关制度。配合国家知识产权局制定财政资助科研项目形成知识产权的声明规则并推动实施。配合国家知识产权局制定高校和科研机构存量专利盘活工作方案。

三、持续推动知识产权转化运用工作

构建完善知识产权公共服务体系。支持中国技术交易所、上海技术交易所、深圳证券交易所等机构建设国家知识产权和科技成果产权交易机构，建设互联互通的技术交易市场。推动科技计划成果与企业和投资机构精准对接。国家科技计划管理信息系统已登记科技计划项目成果超过2万项。启动国家科技计划成果路演行动，推动科技成果项目与金融机构、企业对接，使成果落在企业转化并实现产业化。在信息技术、新能源、新材料等领域，围绕领域科技前沿和产业链供应链短板弱项，统筹优化布局研究任务，加快催生原始创新成果。

四、积极营造促进知识产权高质量发展的社会环境

大力弘扬新时代科学家精神。持续在《科技日报》开设"弘扬科学家精神"专栏，累计宣传108位科学家的模范事迹。会同中国科协等部门建设高水平科学家精神交流平台，打造共建共享的科学家精神素材库，分2批建成287家科学家精神教育基地。开展学风道德宣讲。会同中国科协开展全国科学道德和学风建设宣传教育，依托"中国科学家精神宣讲团"开展巡回宣讲，推动弘扬科学家精神走进校园、院所和基层。先后在重庆等地举办系好学术生涯"第一粒扣子"专项宣讲，示范带动高校院所在入学、入职等关键节点集中开展专题宣讲。厚植公平竞争文化氛围。结合全国科技活动周、全国科技工作者日、科技创新成就展、全国科普讲解大赛等重大活动开展专题宣传，倡导创新文化，加强对知识产权保护的科普和宣传。通过中国科研诚信网、微信微博官方账号推送弘扬科学家精神、恪守诚信的典型事迹，不断提升平台辐射带动作用。在全国科技活动周组织过程中注重知识产权保护。在2023年全国科技活动周期间，在相关展项征集过程中注重知识产权保护，禁止发生冒充、假冒、侵犯他人知识产权的展项展出，优先展出重大原创性科技创新项目。

五、深度参与全球知识产权治理

9月，科技部与世界知识产权组织更新签署了双方合作谅解备忘录，为下一步深化务实合作奠定了基础。同月，与世界知识产权组织共同在北京举办顶级科技集群高级别圆桌会，11月，双方在重庆举办了顶级科技集群座谈会，邀请政府、高校、科研机构和企业代表共同分享发展经验、机遇和挑战等。

供稿：科学技术部七司

农业植物新品种工作

一、推进制度建设

积极推动《植物新品种保护条例》修订。2023年，农业农村部会同国家林业和草原局、国家知识产权局，在向社会各界广泛征求意见基础上，充分研究吸纳各方面意见建议，形成植物新品种保护条例修订草案送审稿，已于8月按程序上报国务院，下一步积极配合司法部进行修改。同时持续推进植物新品种保护条例实施细则、植物新品种权复审规定、侵权案件审理规定等配套规章的修订，加快构建完善的种业知识产权保护体系，切实加大植物新品种保护力度。推进实质性派生品种（简称EDV）制度落地，指导国家水稻、小麦、玉米、大豆育种联合攻关组启动实施EDV制度试点，为下一步全面实施积累实践经验。在全国开展专题调研，收集EDV制度实施的相关意见和建议。发布《关于征集第12批农业植物品种保护名录的通知》，公开征集新一批保护名录，共收集推荐建议近300份，涉及植物属种193个。

二、提高审查效率

不断优化审查服务，3月，印发《农业植物新品种保护在线申请和审查工作规范（试行）》，推进品种权无纸化申请进程，由原来线上线下相结合的申请审查模式转变为全部线上申请审查，减轻申请人负担。创新审查机制，将受理审查时间缩短至3个工作日，并针对独创性、有特殊栽培要求的申请品种，印发《农业植物新品种现场审查工作规范（试行）》，开展现场审查新机制，提高审查效率，为农业新品种转化和运用保驾护航。2023年，受理品种权申请14 278件，同比增长27.5%，连续7年位居国际植物新品种保护联盟（UPOV）成员第一，申请总量达到76 914件；授予农业植物新品种权8385件，同比增长148.4%，授权总量达到31 486件。办理品种权质押备案登记108件，累计质押备案197件，拓展更多渠道支持企业创新。全年采集样品指纹12 475份，DNA指纹检测样品12 059份，共计24 534份，同比增长63%。

三、强化体系建设

组织召开海南自由贸易港农业植物新品种保护审查协助中心（简称审协中心）建设推进会，总结工作进展，研究加快推进审协中心制度、机制和人才队伍建设，并派出人员赴审协中心开展现场教学和指导，加强业务交流，推进审协中心建设。国家植物品种测试徐州中心建设项目可研报告通过专家评审，并按程序推进。

四、强化能力建设

组织审查《大白菜品种鉴定　SSR分

子标记法》《植物品种特异性、一致性和稳定性测试指南　连翘》等29项标准，以及《植物品种特异性、一致性和稳定性测试指南　兜兰属》等9项自筹经费指南，为DUS测试提供技术支撑。赴7个省份对54家单位的1061个自主测试品种开展DUS测试检查，全面摸底自主DUS测试情况，提高自主测试监管服务质量。组织制定加强品种标准样品管理工作方案，加快推进品种身份证管理。

五、加强维权指导和监管执法

持续组织开展种业监管执法年活动，多措并举推出打假护权"组合拳"。一是推进行政与司法保护衔接。落实农业农村部与最高人民法院关于加强种业知识产权保护的合作备忘录，与最高人民法院联合开展党团共建、专题培训、实地调研等活动。4月1日，在海南三亚举办全国种业知识产权保护专题培训班，10月13日，实地开展种业知识产权保护专题调研，有力推进种业行政管理、司法保护、监管执法深度合作，加快构建种业知识产权大保护格局。二是持续加强种业监管执法。聚焦种业知识产权保护，持续开展全国种业监管执法年活动，紧盯主要品种、关键区域、重点市场，严把基地关、企业关、市场关，严查无证生产、未审先推、假冒伪劣、套牌侵权等违法行为。全年各地各级种业监管部门累计抽检种子样品4万余个，查办涉种案件6078件，为种业创新发展营造良好环境。连续6年发布农业植物新品种保护十大典型案例，强化警示震慑。

六、开展宣传培训

在江苏省徐州市组织举行首次种业知识产权保护与运用推进行动，现场开展品种权转让、许可、质押签约仪式，新品种、新技术、新装备展示示范，强化种业知识产权创造、保护、运用。举办品种保护理论和测试技术类线上线下培训班8期，累积培训学员千余人，学员覆盖全国种业管理体系人员、种子企业、高校、科研院所。

七、深化国际合作与交流

推动中文作为UPOV工作语言，并商定远程教育中文高级课程研发方案。组织参加亚洲区域植物新品种保护合作线上研讨会等10余个，参加中以自贸区协定知识产权章节线上谈判会，接待UPOV副秘书长彼得·巴顿和国际无性繁殖园艺植物育种家协会来访，加强与其他国际组织和国家交流合作。向UPOV报送我国植物新品种保护名录和英文品种信息2335条。向东亚植物新品种保护论坛报送我国品种保护实施策略和国家报告等，大力宣传我国品种保护发展成就。

供稿：农业农村部科学技术司

工业和信息化领域知识产权工作

一、进一步完善产业知识产权工作体系

加快实施知识产权强国战略，强化知识产权创造、运用、保护、管理和服务。2023年5月，工业和信息化部会同有关部门联合印发《科技成果赋智中小企业专项行动（2023—2025年）》，推进知识产权等科技成果"常态化"汇聚，实施供需"精准化"对接，加速服务"体系化"布局。8月，工业和信息化部办公厅会同国家知识产权局办公室发布《知识产权助力产业创新发展行动方案（2023—2027年）》，在知识产权创造、运用、保护与服务方面部署了重点任务。2023年，支持33项知识产权推进计划项目，对制造业重点领域知识产权问题开展研究。

二、增强重点产业知识产权创造能力

发挥知识产权"导航"作用,在专利精准分析的基础上梳理关键核心技术"卡点",先后支持开展新一代信息技术、高端装备、新材料、生物医药等重点领域专利导航与布局研究,提升攻关的针对性和有效性。会同国家知识产权局发挥专利优先审查机制作用,畅通重点领域专利审查"绿色通道",提升高质量知识产权创造效率。

三、提升企业知识产权运用水平

向企业提供知识产权指导,开展"制造业知识产权大课堂""制造业知识产权国际化能力提升"培训等活动,2023年累计覆盖3000余人次。实施"科技成果赋智""质量标准品牌赋值""数字化赋能"中小企业专项行动,在广州、青岛、东莞、重庆、杭州、长春、无锡、武汉、成都等地举办10场科技成果赋智中小企业"深度行"活动,促进专利等成果落地转化,签署合作协议30余项,总金额超2亿元。组织遴选第五批120家产业技术基础公共服务平台,为企业提供知识产权、产业信息等公共服务,累计服务企业超130万家。

四、推进知识产权保护和国际合作交流

加强与有关国际组织和机构的合作,鼓励产业技术基础公共服务平台等加强国内外交流合作,营造良好的国际知识产权保护环境。5月,与世界知识产权组织首次签订了合作谅解备忘录,从产业科技创新、人工智能、中小企业知识产权服务等方面进一步深入合作。2023年,配合有关部门依法处置涉侵权假冒的违法违规网站(APP)146个。赴重点单位开展正版化督查,持续推动软件正版化检查扩围、下沉,进一步提升软件版权保护意识。

供稿:工业和信息化部科技司

公安机关保护知识产权工作

一、强化知识产权保护,服务高质量发展

2023年,公安部深入推进"昆仑2023"等专项行动,依法严打各类侵权假冒犯罪,全年共立案侦办侵犯知识产权和制售伪劣商品犯罪案件4万起,取得阶段性成效。

聚焦创新驱动。顺应新一轮科技革命和产业变革快速发展形势,聚焦关键核心技术、重点领域、新兴产业,加大对侵害科技创新成果的假冒专利、侵犯商业秘密等犯罪打击力度。指导江苏、浙江公安机关开展规范商业秘密案件受立案试点工作,着力破解商业秘密案件受立案难问题,以严格保护激发创新创造活力。聚焦文化繁荣。严打侵犯著作权犯罪,组织侦破北京"3·01"盗版教辅图书案、安徽滁州"11·23"盗版唱片案等重点案件,切实维护版权市场秩序。聚焦营商环境。坚持严格规范执法,依法平等保护国企民企、内资外资、大中小微等各类市场主体合法权益,严厉打击各类涉企知识产权犯罪。第五届民营经济法治建设峰会将"公安部部署开展'昆仑2023'专项行动"评为民营经济法治建设"十大护航行动"。

二、树立底线思维,筑牢安全发展屏障

聚焦食品安全。全面落实"四个最严"要求,严厉打击有毒有害、不符合安全标准等食品领域犯罪,组织侦办黑龙江杨某等制售病死牛肉案等食品领域重点案件,努力让人民群众吃得更放心。聚焦粮食安全。严厉打击制售假劣种子、农兽药、肥料等农资犯罪活动,组织山东、河南等地公安机关侦破张某某等人制售伪劣小麦种子案等一批重大案件。聚焦药品安全。集中侦破山西"6·15制售假儿童用药案"等一批

药品领域犯罪案件,切实维护人民群众生命健康。聚焦公共安全。严厉打击制售假冒伪劣消防器材、燃气设备、电气产品、建筑材料、汽车配件等犯罪,会同有关部门开展专项打击整治,切实化解风险隐患。

三、深化部门联动,构建大保护格局

融入大局促发展。推动将公安工作纳入知识产权强国建设等重大部署中同步谋划,协同商务部做好自由贸易试验区建设、世贸组织贸易政策审议等有关工作,不断深化知识产权治理体系改革和建设。部门联动谋合力。会同中央宣传部等联合开展"打击院线电影盗录传播""青少年版权保护季"等专项行动,联合督办一批重点案件。加强与国家知识产权局、国家药监局等部门在专业支撑、信息共享、通报表扬等方面的协作配合,制定出台《药品行政执法与刑事司法衔接工作办法》等规范性文件,形成优势互补联动模式。司法协同强法治。参与知识产权案件"三合一"机制改革专项调研,配合最高人民法院、最高人民检察院研究起草知识产权刑事司法解释,进一步完善入罪标准、法律适用。

四、广泛发动群众,推动社会共建共治

深入调研走访。组织全国公安机关持续开展"惠民利企"调研走访活动,广泛听取社会各界意见建议,畅通举报投诉途径,解决好群众和企业在知识产权保护方面的"急难愁盼"问题。加强警企协作。推广"知识产权警务联络官""知识产权保护驻企工作站"等措施经验,指导各地公安机关跨前一步、主动作为,完善警企协作机制,加强法治宣传教育,指导企业健全完善内部防范制度,做到早介入、早发现、早处置。开展法治宣传。围绕"全国知识产权宣传周""双11购物节"等重要节点开展集中宣传活动,公布公安机关打击犯罪战果成效,曝光典型案例,发布消费预警信息,推动形成警民携手打击犯罪合力。

五、强化专业建设,提升执法能力水平

开展专业培训。指导各地公安机关采取视频教学、大讲堂、培训班等多种形式,着力培养专业化、复合型知识产权刑事执法人才。强化实战练兵。组织开展全国公安机关食药侦民警大比武活动,对典型案例全面复盘、全方位剖析,总结提炼、推广一批具有指导意义、借鉴价值的技战法和大案攻坚经验,集中展示和检验近年来实战练兵工作战果。提升执法水平。印发食药环和知识产权领域犯罪办案指南,编发典型案例汇编,为基层执法提供精准指引,不断提高民警执法规范化水平。

供稿:公安部知识产权犯罪侦查局

商务知识产权工作

一、务实开展双边知识产权对话

2023年,商务部用好与经贸相关的双边知识产权合作磋商机制,与日本、俄罗斯、瑞士、欧盟等贸易伙伴召开双边知识产权工作组会议,就共同关心的知识产权议题开展交流,推动解决产业界关注。

1月17日,与日本特许厅共同主持召开中日知识产权工作组第九次会议,双方就知识产权战略、立法、执法和司法最新进展等议题进行深入交流,就关注的知识产权保护具体问题交换意见。

3月30日,组织欧盟驻华代表团、欧盟部分成员国驻华使馆及驻广州总领事馆官员参观广州海关,宣传我国海关知识产权保护成就;与欧盟委员会贸易总司举办中欧知识产权工作组第二十五次会议广州圆桌

会,与广东省知识产权管理部门等进行工作交流。

7月27日,与俄罗斯联邦知识产权局以视频方式共同主持召开中俄经贸分委会知识产权工作组第十四次会议,双方就知识产权立法、执法、司法最新进展以及高校知识产权成果转化等议题进行深入交流,就推动解决双方企业在贸易投资中的知识产权问题交换意见。

9月6—7日,与瑞士联邦知识产权局共同主持召开中瑞(士)经贸联委会知识产权工作组第十二次会议,双方就知识产权立法、执法及产业诉求等议题进行深入沟通交流。为推动解决产业界具体关注,双方还在会议期间举行产业圆桌会议。

11月14—15日,与欧盟委员会贸易总司共同主持召开中欧知识产权工作组第二十六次会议,就知识产权立法、执法、司法以及相关政策措施交换意见,并就生成式人工智能等议题进行广泛探讨和交流。为推动解决产业界具体关注,双方还在会议期间举行产业圆桌会议。

二、高质量实施《中欧地理标志保护与合作协定》

商务部作为《中欧地理标志保护与合作协定》实施牵头部门,从完善机制、落实互认、加强推广等多方面综合推进实施工作,不断丰富中欧地理标志保护合作内涵。

召开中欧地理标志联合委员会第二次会议。9月21日,与欧盟委员会农业与农村发展总司共同组织召开中欧地理标志联合委员会第二次会议,就协定落实情况、各自地理标志立法进展进行深入沟通交流,并对有关产业诉求、协定第二批地理标志技术审查等事项作出安排。

落实第二批地理标志互认。根据《中欧地理标志保护与合作协定》安排,第二批地理标志将在2025年3月前获得保护。商务部牵头研拟相关工作方案,积极协调有关部门,推动第二批地理标志公示后的异议处理及技术审查等工作,确保有关地理标志如期实现互认。

开展协定宣介活动。通过中欧地理标志协定论坛、中欧地理标志合作发展论坛等平台,宣传推广协定及相关地理标志产品。在中国保护知识产权网开设"中欧地理标志协定"专栏。

三、积极参与知识产权多边磋商

在世贸组织框架下,建设性参与与贸易有关的知识产权理事会关于新冠诊疗产品知识产权豁免等议题讨论,主动介绍我国新冠诊疗产品发展及为全球健康所作的贡献,取得良好效果。

在金砖国家框架下,推动知识产权合作机制开展民间文艺保护议题讨论,参与有关国际规则构建。

在亚太经合组织框架下,积极参与知识产权专家组议题磋商,与各成员加强交流,宣传我国知识产权保护做法和成效。

四、牵头自贸协定知识产权议题谈判和落实

诸边方面,持续深入研究《全面与进步跨太平洋伙伴关系协定》(CPTPP)知识产权章,对照CPTPP高标准知识产权规则,推进国内相关法律法规制修订等工作。会同有关部门,高质量实施《区域全面经济伙伴关系协定》,全面提升区域内知识产权整体保护水平。

双边方面,完成中国—尼加拉瓜、中国—塞尔维亚自贸协定知识产权章节谈判。牵头推进中国—秘鲁、中国—洪都拉斯等自贸协定(升级)知识产权章节谈判,取得积极进展。

五、加强知识产权海外维权援助机制建设

通过中国保护知识产权网,发布知识产权海外风险预警和维权信息。2023年,网站发布国内外知识产权动态信息约7500条,编辑发布《知识产权海外风险预警专刊》12期、《知识产权国际快讯(周刊)》48期以及英文版 IPR Focus 电子期刊24期,更新发布知识产权国别环境指南18篇,通过微信公众号推送国际新闻快讯150期。

通过商务部国别贸易投资环境信息网,发布《国别贸易投资环境信息(半月刊)》23期,为企业提供国外知识产权风险防范等信息。

通过中国贸易救济信息网,发布美国"337调查"案件预警和立案信息,指导企业提升涉美知识产权维权意识和应对能力。

供稿:商务部条约法律司

海关知识产权工作

2023年,全国海关在进出口环节实施知识产权保护措施6.7万次,实际扣留侵权嫌疑货物6.21万批、8288.94万件。以扣留批次统计,服装鞋帽、皮具箱包、电子电器等货物依然占据前三位,分别为3.9万批、1万批和0.5万批。以扣留数量统计,电子电器、运动器械、烟草制品等货物占据前三位,分别为2007.78万件、1314.21万件和1156万件。2023年海关总署受理知识产权海关保护备案申请21 203件,核准备案申请19 009件,其中新增国内权利人备案12 911件,备案申请受理总数已连续三年超2万件。

一、加强顶层设计,实施海关保护能力提升工程

全国海关落实知识产权强国建设有关要求和"十四五"海关发展规划,明确重点、统筹谋划、精准施策,加快实施知识产权海关保护能力提升工程。

1. 不断夯实执法规范化基础

发布《海关行政处罚裁量基准(三)》,2024年1月1日起在全国施行,知识产权海关保护行政处罚裁量规则、阶次和幅度得到进一步统一和严格规范。

2. 持续精准施策提高执法效能

全国海关连续第七年部署全面加强知识产权海关保护"龙腾行动",连续第四年部署寄递渠道知识产权保护"蓝网行动"和出口转运货物知识产权保护"净网行动",同时继续优化专项行动方案及目标任务,压紧压实工作责任。会同市场监管总局等多部门联合印发通知,开展2023网络市场监管促发展保安全专项行动。针对跨境电商商品品类杂、批次多、货源渠道广等特点给海关知识产权保护工作带来的挑战,下发工作通知,深化多方协作,推动企业自律,促进跨境电商业态规范健康持续发展。

二、重拳打击进出口侵权货物违法行为

全国海关以知识产权保护专项行动为主要抓手,聚焦重点领域、关键环节、重点渠道、高风险商品,全方位打击进出口侵权违法行为,取得明显成效。

1. 紧抓重点领域与关键环节专项治理

2023年,全国海关继续开展知识产权保护"龙腾行动",重拳打击进出口侵权违法活动。全国海关严厉打击侵权行为,护航企业创新发展。

2. 持续发力寄递渠道高风险商品管控

针对寄递渠道"化整为零""蚂蚁搬家"式进出境侵权违法行为高发态势,全国海关开展"蓝网行动2023",通过加强对寄递企业宣讲、规范申报管理、强化风险分析和信息共享,加大资源投入和执法力度,全面

提升综合治理效能。行动期间,全国海关在寄递渠道累计扣留侵权嫌疑货物5.84万批、703.88万件。

3. 立体式打击出口转运货物侵权行为

为有效打击出口转运侵权货物违法行为,形成区域联动保护网络,组织广东分署和部分直属海关开展出口转运货物知识产权保护"净网行动2023",从海运、空运、陆运渠道立体式打击输往香港、澳门或经由香港、澳门转运的侵权货物。

4. 深入聚焦新业态知识产权保护执法

为促进跨境电商产业健康有序发展,以"加强新领域、新业态知识产权保护"为主题开展调研,在跨境电商领域加强知识产权海关保护工作指导。

三、立足智护创新,稳步推进智慧知识产权建设

全国海关按照《智慧海关建设总体方案》要求,扎实开展智慧海关知识产权场景项目建设,推动知识产权海关保护工作数字化转型、智能化升级。

1. 组建业务专班,绘制智慧建设蓝图

组织业务骨干成立工作专班,结合信息系统互联互通专项调研等活动,梳理知识产权海关保护"备案—查发—确权—认定—处置"全链条业务环节中难点、堵点问题,按照智慧海关建设总体要求,制定《智慧知识产权场景应用方案》,拟定建设任务,为构建"智慧交互、智慧执法、智慧服务、智慧协同"的全新工作格局绘制蓝图。

2. 科学谋划路径,统筹推动项目施工

统筹推动《智慧知识产权场景应用方案》从设计图向施工图转化,科学谋划智慧知识产权项目的整体推进。完善侵权风险智能甄别模型,优化知识产权海关保护执法子系统互联互通,升级知识产权海关保护执法子系统案件办理功能,建设知识产权海关保护知识库,推动"云确权""预确权"等多个项目在部分海关先行先试。

3. 立足重点领域,早期收获彰显成效

将知识产权备案数据成功汇入海关大数据池,为全环节实现数据互联互通奠定基础。海关总署开发的商标智能识别应用已在全国海关范围内使用,该应用将知识产权数据资源集成于单兵查验设备端,通过"以图查图"、后台联网比对,智慧实现"秒查询、秒反馈",检索准确率达95%以上。

四、深化协同共治,织密知识产权全链条保护网络

全国海关切实落实知识产权强国战略部署要求,持续提升关际协作能力,增强关地共治合力,优化关企交流合作,系统推进知识产权全链条保护机制建设。

1. 关区间执法联动更加高效贯通

2023年,全国海关系统内开展执法协作371次,保护知识产权便利化程度进一步提升。京津冀、长三角、西部陆海新通道等区域海关常态化开展侵权线索共享、风险研判共商、违法信息互通的机制已基本形成。属地海关与口岸海关联合防范侵权"口岸漂移"更加高效有力。

2. 部门间综合治理更加顺畅有力

全国海关与市场监管、版权等地方行政执法部门开展执法协作370余次,向公安机关通报涉嫌知识产权犯罪线索377个、移送案件59起,配合各级法院调取、保全证据140余次,侵权违法共治效能进一步提升。

五、优化惠企服务,激发企业主体创新发展活力

全国海关全面提升惠企服务能力,便利维权渠道,促进创新纵深发展,最大限度释放全社会的创新创造潜能,提升创新型企业国际竞争力。

1. 强化政策引导,推动产业提档升级

聚焦企业实际需求,鼓励引导国内外权利人申请知识产权海关保护备案,致力提升企业知识产权维权能力。

2. 畅通联系渠道，精准服务企业创新

全国海关落实《海关优化营商环境16条》，完善惠企服务举措，多渠道畅通关企联系机制，针对性解决维权问题。全国海关主动调研收集企业诉求1580条，已实际解决1291条。

3. 协同风险预警，支持企业海外维权

全国海关密切关注国际知识产权保护最新动向，鼓励企业积极应对侵权纠纷，帮助企业解决海外维权诉求，助力企业拓展国际市场。

六、落实智关强国，强化国际合作促进共治共享

全国海关围绕服务新时代中国特色大国外交，深化知识产权执法国际合作交流，积极参与全球侵权假冒治理。

1. 更多维度推动国际执法合作积极有为

落实《中欧海关知识产权执法行动计划（2021—2024年）》，召开中俄海关知识产权保护工作组第十三次会议，与欧盟、俄罗斯、日本、韩国等国家和地区海关持续开展数据交换、案件信息共享、立法及执法实践交流等合作。

2. 更深层次参与侵权全球治理成果丰硕

巩固海关跨境执法合作机制，积极参与多边框架下知识产权国际合作。与加拿大使馆、中国香港海关、世界海关组织跟班作业学员进行座谈交流。参加中欧、中俄、中瑞（士）知识产权工作组会议，交流海关知识产权保护执法情况。加强与业界的沟通交流，与世界轴承协会、国际商标协会、中国外商投资企业协会优质品牌保护委员会等权利人组织会谈，回应业界关切问题。组织专家参与世界海关组织知识产权培训标准教材编写，选派业务骨干参加世界海关组织亚太地区知识产权保护专家认证研讨会并顺利通过预认证考核。参加世界海关组织第20次反假冒盗版工作组会议、第六届"保护知识产权 打击侵权假冒国际合作"虹桥国际经济论坛并作专题发言，为侵权假冒全球治理贡献中国智慧。

七、强化宣传教育，增强尊重保护知识产权意识

全国海关落实"谁执法谁普法"，运用各类平台，全方位宣传海关知识产权保护措施成效，创新培训模式，综合提升执法人员依法履职能力水平。

1. 多渠道宣传讲好海关保护故事

紧扣"全国知识产权宣传周""8·8海关法治宣传日"等重要时间节点开展宣传活动。海关总署在国务院新闻办公室新闻发布会上介绍全国海关通过强化知识产权保护，在打击侵权假冒、维护贸易秩序、便利企业维权、助力外贸稳增长等方面的措施成效。

2. 多层级培训提升全员执法水平

举办全国海关知识产权保护网络培训班，提升执法人员知识产权理论素养和案件办理、服务企业维权各方面综合业务能力，全国海关4200余人参训。全国海关建立起总署—直属—隶属海关多层级立体式培训模式，开展各类知识产权保护相关培训957场，累计培训5.58万人次。

供稿：海关总署综合业务司

反不正当竞争与保护商业秘密工作

一、积极推进《反不正当竞争法》第三次修订工作

按照立法工作安排，市场监管总局积极推动《反不正当竞争法》第三次修订工作，着力为公平竞争的市场环境提供坚实、有效的法治保障。在深入调查研究、广泛

征求意见、多轮研讨交流的基础上,起草形成修订草案征求意见稿。通过充分听取专家、企业、协会等各方意见,并向社会公开征求意见,对修订草案进一步修改完善。2023年3月,市场监管总局向国务院报送《反不正当竞争法(修订草案送审稿)》,并持续配合司法部进行修改完善。

二、加强反不正当竞争监管执法,着力规范市场竞争秩序

近年来,连续部署开展重点领域反不正当竞争专项执法行动,加强对仿冒混淆、侵犯商业秘密等侵犯知识产权不正当竞争行为的打击力度,维护公平竞争市场秩序。4月,下发《关于开展2023年反不正当竞争"守护"专项执法行动的通知》,在全国范围内部署开展反不正当竞争专项执法行动,严厉打击各类仿冒混淆行为,持续加强企业商业秘密保护,依法保护企业合法权益,为激发企业创新活力、营造公平竞争市场环境保驾护航。2023年,全国各级市场监管部门共查办各类不正当竞争案件12 496件。其中,查处侵犯商业秘密案件124件、仿冒混淆行为案件2009件。

三、加大商业秘密保护力度,护航企业创新发展

1. 部署开展第二批全国商业秘密保护创新试点工作

深入贯彻落实党中央关于加强商业秘密保护的决策部署,在2022年公布第一批20个试点地区基础上,2023年继续扩大创新试点的覆盖面和影响力,组织开展第二批试点的申报和评审工作,9月公布第二批15个试点地区名单。组织指导各试点地区,聚焦加强制度创新、完善工作机制、强化监管执法、健全服务体系、对标国际规则、营造社会氛围等主要任务,积极探索商业秘密保护新机制新路径,充分发挥辐射效应,以点带面推动全国商业秘密保护水平整体提升。

2. 组织开展首届"企业商业秘密保护能力提升服务月"活动

针对新形势下经营主体商业秘密保护的广泛需求,6月,在全国范围内组织开展首届"企业商业秘密保护能力提升服务月"(简称"服务月")活动。组织指导地方通过集中调研走访、开展普法宣传、加强行政指导、强化执法办案等方式,深入企业开展商业秘密保护帮扶,帮助企业提升商业秘密保护意识和能力,为企业解难题、办实事,取得明显成效,社会反响热烈。"服务月"期间,全国各地共召开企业商业秘密保护座谈会、行政指导会4655场次,参与企业共约2.6万家;开展各类能力提升培训活动2398场次,参与企业共约4.1万家,参训人员近10万人次。企业商业秘密保护主体意识进一步增强,自我保护能力得到有效提升。

3. 推动建立商业秘密保护服务网络

市场监管总局把商业秘密保护作为寓监管于服务的重要切入点,指导各地积极推动商业秘密保护关口从事后维权向事前预防转移。依托地方产业园区、科技园区、经济开发区等各类产业聚集区域,聚焦商业秘密保护需求迫切的知识密集型企业、创新型企业、老字号企业,加快推进服务站点建设,畅通政企沟通渠道,为企业创新发展提供有力支撑。截至2023年底,全国已建立商业秘密保护指导站、联系点等服务站点8634个,商业秘密保护服务网络初步建立。

4. 着力营造加强商业秘密保护的良好社会氛围

创新宣传方式,加强商业秘密文化引导,积极营造尊重商业秘密、遵守商业道德的良好社会氛围。5月,上线运行"商业秘密保护站"专项公众号,面向广大经营主体和社会公众广泛普及商业秘密保护知识,打造商业秘密保护的宣传窗口、信息枢纽和交流平台。持续更新商业秘密保护法规政策、热点资讯、典型案例、理论研究等相关信息,加强对地方经验和先进做法的宣传推广,2023年共编写推送公众号文章200余篇,为提升社会公众认知、普及商业秘密文化发挥了积极作用。

四、不断强化知识产权执法相关工作

1. 深入推进知识产权执法

将知识产权执法纳入2023年执法稽查工作要点,围绕贯彻落实《知识产权强国建设纲要(2021—2035年)》《"十四五"国家知识产权保护和运用规划》及其推进计划,加大重点领域、重点产品执法力度,严厉查处商标侵权、假冒专利等违法行为。将打击假冒知名品牌及"傍名人""搭便车"行为纳入民生领域案件查办"铁拳"行动,发挥系统集成效应,不断提高执法的时效性、系统性、专业性。2023年,全国市场监管部门共查办商标、专利等领域违法案件4.41万件,涉案金额8.39亿元,移送司法机关1376件。指导地方加强线上线下一体化执法和全链条执法。

2. 不断加强工作统筹协调

针对当前侵权假冒行为的新特点,印发《市场监管总局关于新时代加强知识产权执法的意见》,明确今后一段时期知识产权执法的主要目标、重点任务和保障措施,加强知识产权执法的法治保障,建立完善执法机制,依法平等保护各类经营主体的知识产权。为震慑侵权假冒违法行为,杜绝假冒伪劣商品再流通,9月,开展侵权假冒伪劣商品全国统一销毁行动。22个省(区、市)共销毁侵权假冒伪劣防疫物资、食品药品、服装鞋帽、烟酒、化妆品和盗版出版物等200余个品种、重量4734.2吨、货值达8.3亿元。

3. 推进协同联动机制建设

与国家知识产权局等部门联合开展杭州亚运会和亚残运会知识产权保护专项行动。各地市场监管部门聚焦重点场所、重点领域和重点商品开展执法集中行动,立案查处侵权案件105起,有力护航亚运盛会。在2022年与国家知识产权局联合开展商标代理行业专项整治行动基础上,进一步巩固工作成果,针对恶意申请商标注册线索,及时组织查处。将知识产权执法工作纳入"双打"和知识产权保护检查考核,开展2023年知识产权保护工作实地检查考核工作。

4. 积极开展宣传交流活动

4月26日,在国务院新闻办公室举行发布会,专题发布《中国打击侵权假冒工作年度报告(2022)》,向国内外展现工作措施与成效。"全国知识产权宣传周"活动期间,制作"加强知识产权法治保障 知识产权执法在行动"短视频,向社会公布一批2022年度知识产权执法典型案件,在中国经济网刊发《加强知识产权法治保障"数字+执法"三年行动启动》文章,并通过《中国市场监管报》宣传一批地方市场监管部门知识产权部门典型做法,营造了良好执法氛围。在《中国市场监管报》开设"加强知识产权法治保障 知识产权执法在行动"栏目,积极宣传各地工作亮点和典型案件。

5. 举办打击侵权假冒论坛

7月,在中国—东盟博览会项下举办打击侵权假冒合作发展论坛。9月,在中国国际服务贸易交易会上举办打击侵权假冒高峰论坛。11月,在中国国际进口贸易博览会上举办保护知识产权国际合作论坛。国际组织、驻华使(领)馆、执法司法机构、行业协会、专家学者、中外企业代表出席上述论坛,共同交流打击侵权假冒经验做法,提升知识产权保护全球共治水平。

供稿:国家市场监督管理总局
价格监督检查和反不正当竞争局

林草植物新品种保护工作

一、林草植物新品种保护法规与政策

持续推进《植物新品种保护条例》修订工作，已联合农业农村部正式按照程序报送国务院。组织开展林草植物新品种实质性派生品种制度研究，制定了枸杞、桂花、芦竹、樱桃4个品种实质性派生品种鉴定方法。发布《植物新品种保护名录（林草部分）（第九批）》，包括山姜属、罗布麻属和沉香属等20个属，自2024年2月1日起施行。

二、林草植物新品种审查和授权

持续提升林草植物新品种受理审查工作效率和服务水平。2023年，共受理国内外林草植物新品种权申请1906件，组织完成植物新品种实质审查948件，其中现场审查774件，田间测试174件，发布林草植物新品种授权公告3批共915件。截至2023年底，国家林业和草原局植物新品种保护办公室共受理国内外林草植物新品种申请10 742件，授予植物新品种权4970件。

三、林草植物新品种权行政执法

强化植物新品种权执法保护，指导全国开展打击侵犯、假冒林草植物新品种权工作，加大打击制售假劣林草种苗和侵犯植物新品种权行为工作力度，组织开展行政执法和专业技术培训，提高各级执法人员的业务水平和办案能力。完成2022年打击侵权假冒绩效考核。配合法院等司法部门做好有关侵权案件取证调查工作。

四、林草植物新品种测试体系建设

加强林草植物新品种测试体系顶层设计和布局研究，编制完成《林草植物新品种测试体系建设总体构想》。优化创新测试方式，依托昆明测试站开展社会化委托测试试点。加强测试平台建设，完成太平测试站、南昌测试站测试能力评估，新增樟属等4个属种测试，总体测试服务能力稳步提升。2023年对657个蔷薇属、杜鹃花属、绣球属、芍药属、山茶属申请品种开展田间测试工作，完成了174个品种的田间种植测试。

2023年以林业行业标准发布檵木属、落羽杉属、栎属和木姜子属等17项植物新品种测试指南和《植物新品种近似品种筛选指南》。截至2023年底，累计开展了165项林草植物新品种测试指南的编制工作，已完成了落羽杉属、栎属、金露梅、珍珠梅属、榆属和崖柏属等92项测试指南标准的制定，分别以国家标准或行业标准发布，其中国家标准13项、林草行业标准79项，有效提高了植物新品种的授权质量和审查测试能力。

五、实施林业和草原知识产权转化运用项目

组织实施"重瓣紫薇植物新品种'云裳'转化运用""金银花植物新品种'丰蕾'转化运用"和"一种提高大花红景天成苗率的育种方法专利转化运用"等8项林草专利和授权植物新品种转化运用项目。组织专家对43项林草知识产权转化运用项目进行了现场查定和验收。2011—2022年共组织实施117项林草知识产权转化运用项目，其中97项通过了验收。

为进一步探索优良植物新品种转化运用模式，充分发挥典型引领、榜样示范作用，在全国20余个省（区、市）开展植物新品种惠农工作调研，组织优良林草植物新品种典型案例评选，从征集的近70个案例中评选出典型案例13个,不断提升林草植物新品种的转化运用水平。

六、林草植物新品种宣传培训

组织开展2023年全国林业和草原知识产权宣传周系列活动,出版《2022中国林业和草原知识产权年度报告》,制作大型系列主题公益访谈节目《新闻2+1》,重磅推出知识产权宣传周特别节目"加强知识产权保护运用　加快知识产权强国建设",在国际植物新品种保护联盟(UPOV)社交媒体平台发布4个中国优良林草植物新品种,在WIPO平台发布4位中国新品种保护优秀女性事迹。2023年在国家林业和草原局政府网、国家知识产权局网、中国林业知识产权网、中国林业信息网、林业专业知识服务系统、中国林业植物新品种保护网等主要网站登载或转载有关林草知识产权方面的报道80多篇,在《中国绿色时报》《中国花卉报》《中国知识产权报》上发表有关林草知识产权的重点报道40篇。

七、国际履约和合作交流

积极派员参加UPOV 2023年度系列会议、第16届东亚植物新品种保护论坛会议、中欧知识产权工作组第二十六次会议、联合国粮农组织(FAO)森林遗传资源政府间技术工作组第七次会议。开展中欧植物新品种DUS测试技术培训。积极履行《国际植物新品种保护公约》,提交《第二次中国林木遗传资源国家报告》。

启动银杏属国际植物新品种测试指南编制,同时推进枸杞属、木兰属国际植物新品种测试指南编制。截至2023年底,我国共承担了山茶属、牡丹、丁香属、核桃属、木兰属、枸杞属和银杏属7项UPOV国际测试指南标准的制定,已完成山茶属、牡丹、丁香属、核桃属4项UPOV国际测试指南制定,并由UPOV发布实施。

供稿:国家林业和草原局科技发展中心

知识产权司法保护工作

2023年,人民法院坚持以习近平新时代中国特色社会主义思想为指导,深入贯彻习近平法治思想,聚焦"公正与效率"工作主题,依法发挥审判职能作用,切实严格保护知识产权,全年新收各类知识产权案件544 126件,审结544 112件,在激励创新创造、维护公平竞争、促进文化繁荣等方面发挥了重要作用,有效促进知识产权转化运用,有力支撑和服务中国式现代化。

一、加强科技创新保护,支撑科技强国建设

人民法院充分发挥知识产权审判对科技创新的激励和保障作用,充分发挥发明专利等技术类案件集中管辖和审理的优势,总结提炼科技创新司法保护规则,统一技术类案件裁判尺度,强化对创新成果保护的规则引领和价值导向,激发自主创新的信心和活力,有力服务高水平科技自立自强,助力我国经济高质量发展。

1. 推动技术类案件审判质效提升

人民法院积极完善司法解释,切实加强案例指导,推动技术类案件审判质效不断提升。最高人民法院修改《关于知识产权法庭若干问题的规定》,根据审判实际情况,调整技术类知识产权案件管辖布局,促进技术类案件审判资源进一步优化。下发《关于健全完善技术类知识产权和垄断案件审判质效通报反馈机制的意见(试行)》,切实强化对下监督指导。不断完善多元化技术事实查明机制,719名技术调查专家

纳入"全国法院技术调查人才库",实现机械、电学、化学、光电、通信、生物医药等主要技术领域全覆盖,全国范围共建共享、按需调派,有效缓解技术类案件事实查明难题。发布第39批指导性案例8件,其中5件涉及侵害专利、集成电路布图设计及技术秘密,有效指导审判实践。发布人民法院种业知识产权司法保护典型案例(第三批)15件,总结司法实践经验,指导种业知识产权纠纷处理,提升种业知识产权司法保护水平,推动健全种质资源保护和利用体系。

2. 加大技术创新成果保护力度

人民法院贯彻严格保护的司法理念,依法加强对专利授权确权行政行为合法性审查,提升专利授权确权质量。积极运用诉讼保全、惩罚性赔偿等救济手段,显著提高侵权代价和违法成本,让"真创新"受到"真保护","高质量"受到"严保护",妥善审理涉及5G通信、量子技术、人工智能、生物医药、高端装备制造、种业种源等高新技术领域知识产权案件,加强关键领域、核心技术、新兴产业知识产权司法保护,有力服务保障技术创新和产业升级。最高人民法院审理"蜜胺"发明专利及技术秘密侵权案,依法判令侵权方赔偿2.18亿元,执行中促成全面和解,侵权方获得使用许可,权利人最终获赔6.58亿元,刷新国内知识产权案件纪录,该案入选"新时代推动法治进程2023年度十大案件"。审结"橡胶防老剂"技术秘密侵权案,判赔2.02亿元,创技术秘密侵权判赔新高。稳妥化解两家科技"独角兽"企业系列侵权互诉案,促成10余起专利纠纷达成一揽子和解,使创新主体轻装上阵,集中精力进行科研攻关。2023年,人民法院新收专利民事一审案件44 711件,同比上升14.73%。安徽高院提级审理一起涉植物新品种权益纠纷案,促成一次性解决15个杂交水稻新品种纠纷,并就案外2个植物新品种达成合作共识,有力促进种业振兴。河南高院提出14项具体措施,服务和保障"中原农谷"建设,加大对具有自主知识产权的重大农业科技成果和植物新品种的保护力度。北京知识产权法院审结集成电路、标准必要专利等高新技术知识产权案件140件,同比增长35.2%。杭州、宁波、温州知识产权法庭集中优势审判资源,跨区域审结技术类案件2000件,积极服务区域科技创新水平提升。

二、规范商标注册使用,服务品牌强国建设

人民法院加强与行政执法机关协同配合,不断健全完善商标司法保护的制度、机制和裁判规则,支持鼓励商标实际使用,依法制止权利滥用行为,有力维护商标注册秩序,保护市场主体诚信经营,推动筑牢商标保护和品牌经济发展的法治基础。

1. 维护商标注册秩序

人民法院不断提高商标授权确权行政案件审理质量,坚决打击不以使用为目的的商标恶意注册行为,促进商标申请注册秩序正常化和规范化。2023年,人民法院审结商标行政一审案件20 090件。最高人民法院审结"洋河"商标撤销复审行政纠纷案,明确不应因《类似商品和服务区分表》项目变更,而限缩此前商标注册人的权利范围或作出对注册人不利的解释,贯彻《商标法》鼓励商标实际使用的立法精神。审结"任诚意"商标权无效宣告请求行政纠纷案,厘清老字号传承发展关系,认定以公司经营者前人姓名注册的商标合法有效。北京高院与国家知识产权局加强商标行政案件沟通协调,完善诉源治理工作举措,6—12月商标驳回复审行政纠纷一审案件月平均收案量较1—5月下降23%。共同探索商标恶意注册行为人信息共享机制,精准识别处置恶意囤积商标行为,推动规范商标注册秩序。

2. 依法保护诚信经营

准确适用《商标法》,依法加强驰名商

标、传统品牌和老字号司法保护,呵护更多有国际影响力的"中国制造"品牌;加大对侵犯商标类犯罪的刑事打击力度,严厉惩治商标攀附、仿冒搭车,遏制侵犯地理标志权利行为。合理平衡界定商标权权利边界与保护范围,实现保护范围和强度与显著性相适应,维护公共利益和市场秩序。2023年,人民法院新收商标民事一审案件131 429件,同比上升16.85%。新收侵犯注册商标类刑事一审案件6634件,审结6357件,同比上升33.45%和24.67%。最高人民法院审结"新百伦"商标侵权和不正当竞争纠纷案,在被诉侵权人构成举证妨碍情形下,全面、客观审核在案证据,判决赔偿权利人经济损失及合理开支3004万元。审结"盼盼"商标侵权及不正当竞争纠纷案,对明知他人注册商标知名度和影响力,仍然大量使用近似商标进行恶意攀附的,适用4倍惩罚性赔偿,全案判决赔偿1亿元经济损失及合理开支65万元。审结"金银花"商标侵权案,明确注册商标中含有本商品主要原料名称,注册商标专用权人无权禁止他人正当使用,充分保护正当、诚信经营。福建、广西、四川、云南、甘肃、宁夏等地法院立足本地区位优势,建立地理标志司法保护工作机制,助力地方特色品牌发展壮大。

三、促进作品传播利用,助推文化强国建设

人民法院充分发挥著作权案件审判对于优秀文化的引领和导向功能,大力弘扬社会主义核心价值观,加强人工智能技术司法保护研究,持续提升传统文化和传统知识等领域的著作权保护水平,促进文化产业健康发展。

1. 探索新类型著作权案件裁判规则

最高人民法院发布8件人民法院电影知识产权保护典型案例,涉及盗录传播院线电影,保护作品完整权、改编权、信息网络传播权、著作权合理使用等多方面内容,有效指导各级人民法院依法审理涉电影著作权保护案件,激发电影产业创新创造活力。审结酒店提供影视作品点播服务著作权侵权案,明确信息网络传播权侵权界限,为酒店、民宿经营者合法提供观影服务作出规则指引。审结涉"开源软件"著作权侵权案,依法保护开源软件二次开发者的权利,平衡软件开源社区建设和软件开发者利益保护之间的关系。审结"自助创建网站"侵害计算机软件著作权系列纠纷案,合理确定判赔标准,引导权利人溯源维权。北京知识产权法院开展网络著作权司法保护规则研究,就推荐算法运用下的平台责任问题形成调研报告,探索涉推荐算法平台版权责任案件的裁判思路优化与规则完善。北京互联网法院审结一起"AI文生图"著作权案,探索人工智能生成物著作权保护路径。

2. 保护文化传承创新发展

2023年,人民法院审结著作权民事一审案件246 013件。人民法院立足司法审判职能,加大对著作权人和相关权利人的保护,依法引领新兴技术规范运用,促进中华优秀传统文化创造性转化、创新性发展,服务保障文学、艺术和科学作品的繁荣发展。上海高院加强涉无障碍作品著作权侵权纠纷案件审判指导,保障阅读障碍者以无障碍方式获取作品,平衡保护著作权人、阅读障碍者的合法权益。江西高院联合有关单位举办专题研讨会,持续加大对景德镇陶瓷文化传承与创新的司法保护,优化陶瓷产业营商环境。新疆高院向自治区广播电视局发出司法建议,推动加强节目内容著作权权属审查,从源头上减少矛盾纠纷,取得良好效果。辽宁沈阳中院与省版权局加强司法协助、信息交流、诉调对接,推动构建知识产权协同保护治理模式。湖北襄阳中院审理侵犯听书作品著作权案,该案获评2022年度全国打击侵权盗版十大案件。山东枣庄中院加强图书盗版案件调研，推动行政执法部门开展打击盗版专项整治行动。

四、维护公平竞争秩序，激发创新创造活力

人民法院通过严格公正司法，充分保护经营者、消费者合法权益，积极营造诚实守信的市场环境，持续探索完善数据保护规则，规范引导互联网健康发展，以优质高效司法审判促进公平竞争的全国统一大市场的建设和运行。

1. 规范市场竞争行为

加快推进反垄断民事诉讼司法解释制定，做好与反垄断法规政策衔接，健全完善反垄断案件裁判规则，细化明确垄断行为判断标准。调研反不正当竞争司法解释适用情况，加强对混淆、虚假宣传、侵害技术秘密、网络不正当竞争案件的审判指导。持续加强反垄断和反不正当竞争审判，依法规范和引导资本健康发展。在2023年中国公平竞争政策宣传周期间，发布10件人民法院反垄断和反不正当竞争典型案例，回应民生关切，强化规则指引，推进公正高效审理垄断及不正当竞争案件，依法惩治损害竞争行为。2023年，人民法院审结垄断、不正当竞争民事一审案件10 336件。最高人民法院审结涉"枸地氯雷他定"原料药滥用市场支配地位纠纷案，妥善处理专利权保护与反垄断的关系，兼顾鼓励创新与保护竞争。审结"商砼联营"反垄断行政处罚案，细化"固定或者变更商品价格""分割销售市场"等横向垄断协议的认定标准，依法监督和支持反垄断行政执法部门的行政执法，维护市场公平竞争。审结"新骨瓷"虚假宣传不正当竞争案，明确行业协会作为适格原告的资格条件，厘清在特定商品名称前冠以"新"字进行宣传构成不正当竞争的考量因素，有效引导行业经营者进行良性竞争。

2. 加强数据创新权益保护

坚持从有利于创新、有利于公平竞争、有利于消费者长远利益角度，用足用好法律规则，加强新技术、新领域、新业态知识产权司法保护，积极回应新质生产力市场化司法保护新需求。探索健全完善数据知识产权保护规则，合理划分数据权益权属及使用行为边界，维护用户数据权益和隐私权，促进数字经济与实体经济深度融合，服务保障数字经济创新发展。最高人民法院组织开展"加强数据产权保护，推动数字经济高质量发展"课题调研，推动数据权益案件裁判规则不断完善。北京高院推出司法服务保障数字经济发展22项举措，为打造数字经济发展"北京样板"提供有力支持。江苏高院与省知识产权局强化数据知识产权协同保护，联合省发展改革委、司法厅推动完善数据知识产权登记管理制度，促进数据产业规范发展。北京知识产权法院审结"刷宝APP"不正当竞争纠纷案，探索明确非独创性数据集合的法律性质，依法有力保护平台经营者收集、存储、加工、传输数据形成的合法权益。广东高院审结数据不正当竞争纠纷案，充分考虑数据要素市场价值，判决赔偿2000万元。

五、深化审判理念变革，引领保护效能提升

最高人民法院召开第五次全国法院知识产权审判工作会议，全面总结知识产权审判工作情况，系统谋划新时代新发展阶段知识产权审判工作。会议着重强调，要深化知识产权审判理念变革，引领、促进知识产权审判工作高质量发展。

1. 深化审判体制机制改革

人民法院持续加强知识产权审判体制机制建设，全面促进知识产权案件审理专门化、管辖集中化、程序集约化、人员专业化。最高人民法院组织开展"关于构建公正高效的知识产权司法保护体制"课题调研，以构建公正高效的知识产权司法保护体制为目标，以破解制约科技创新的体制性难题为导向，从推动相关制度建设、增强审判能力等方面，明确促进知识产权审判工作水平提高的具体举措，加快推进知识产权诉讼特别程序法列入立法规划。开展"关于深化国家层面知识产权案件上诉审理机制改革及人财物保障问题研究"课题调研，持续深化国家层面知识产权案件上诉审理机制改革。山西高院加强和规范知识产权案件指定管辖、提级管辖机制，切实排除地方保护，确保知识产权案件公正高效审理。重庆两江新区（自贸区）法院创新知识产权小额诉讼审判模式入选知识产权强国建设第二批典型案例。深入推进知识产权民事、行政和刑事案件"三合一"审判机制改革，全国已有25个高级人民法院、242个中级人民法院和287个基层人民法院有序开展知识产权民事、行政和刑事案件集中管辖。天津、内蒙古、黑龙江、江苏、浙江、安徽、江西、河南、海南、新疆、陕西、青海等地法院实现辖区内知识产权案件"三合一"审判机制全覆盖，有效提升知识产权司法保护整体效能。

2. 能动参与知识产权治理

人民法院坚持"请进来"与"走出去"相结合，依法能动履职，积极参与构建知识产权大保护工作格局，推动实现案结事了政通人和、双赢多赢共赢。最高人民法院针对涉电影知识产权纠纷特点和成因，发布《关于加强知识产权保护 服务推动电影产业高质量发展的司法建议书》，推动在2023年金鸡百花电影节首次举办知识产权保护论坛，并由相关行业组织发布保护知识产权的倡议，有效促进涉电影知识产权纠纷的源头治理，推动电影产业高质量发展。江苏法院全年提出司法建议25份，无锡中院在审理多起计算机软件著作权侵权案件中发现共性问题，向行业协会及时发出司法建议，开展座谈、授课，提升企业知识产权保护能力。

最高人民法院会同中央有关单位完善协同配合机制，推进业务交流、数据交换和信息共享。与国家知识产权局联合印发《关于强化知识产权协同保护的意见》，健全常态化交流会商机制。与农业农村部联合举办全国种业知识产权保护培训班。积极参与配合《民事诉讼法》《反不正当竞争法》《商标法》等法律修改工作，对《专利法实施细则》《著作权集体管理条例》《植物新品种保护条例》等有关法规文件提出意见。浙江高院与省市场监管局推动建立失信联合惩戒机制，加强跨市域专利案件司法行政协作。河北高院与省农业农村厅等部门就种业、中医药知识产权协同保护开展专题座谈。海南高院与省知识产权局等8家单位携手推进全省知识产权领域信用体系建设。长春知识产权法庭与市场监管等部门加强协作，创建知识产权维权援助示范站，服务相关园区企业500余家。黑龙江齐齐哈尔中院与齐齐哈尔海关等单位联合建设一站式海外知识产权维权援助平台。内蒙古呼和浩特中院与自治区知识产权保护中心成立知识产权诉源治理工作站、知识产权保护联络点，形成知识产权保护合力。各级人民法院还积极做好线索移送工作，及时向知识产权行政执法机关及公安机关移送案件审理中发现的违法犯罪线索，有力推动知识产权协同保护。

深化落实"总对总"在线诉调对接工作机制，全国范围内实现知识产权调解组织全覆盖，入驻调解组织、调解员数量持续增长，人民法院委派诉前调解纠纷9万余件，调解成功率超过80%，有效满足人民群众多层次、多样化司法需求。西藏高院与自治区市场监管局推动知识产权纠纷行政调解协议司法确认程序健全完善。湖南法院建立著作权纠纷"专业审判+专业定价+行业调解"联合解纷工作机制。贵州贵阳中院与市知识产权保护中心设立知识产权诉讼服务中心，成功调解多起知识产权纠纷。

积极落实"谁执法谁普法"，深化司法公开，扩大知识产权司法保护影响力。最高人民法院在"全国知识产权宣传周"期间组织系列活动，全面展示人民法院知识产权司法保护成果。天津高院编印法律风险防范手册，提升企业知识产权维权意识和维权能力。新疆生产建设兵团法院深入社区和企业，提高群众尊重知识产权意识，了解企业品牌建设状况和维权需求。成都知识产权法庭在大运会开幕当日参与主题直播，讲解知识产权知识，取得热烈反响。各地法院严格落实裁判文书公开，精心组织典型案例发布，增强全社会尊重和保护知识产权意识。

六、坚持依法平等保护，积极开展国际交流

人民法院坚持统筹协调理念，妥善审理与国际经贸活动有关的重大知识产权纠纷，依法平等保护中外当事人及各类市场主体合法权益，积极参与知识产权领域国际合作，为全球知识产权治理贡献中国司法智慧。

2023年，全国法院新收一审涉外案件7883件。最高人民法院审结涉"西门子"侵害商标权及不正当竞争纠纷案，综合考虑"西门子"字号及商标知名度，侵权行为的性质、情节等因素，判令被告赔偿1亿元经济损失及相关合理开支，依法保护德国西门子公司的合法权益，传递出中国法院加大知识产权保护力度、平等保护中外当事人的鲜明态度。审结涉"运动机构"发明专利侵权案，适用惩罚性赔偿，判令赔偿外方权利人1200万余元，彰显我国加强知识产权保护的负责任大国形象。通过公正高效审理涉外知识产权案件，中国日益成为值得信赖的国际知识产权诉讼优选地。

人民法院积极参与世界知识产权组织框架下的全球知识产权治理，推动全球知识产权治理体制向着更加公正合理方向发展。2023年，最高人民法院同世界知识产权组织签署加强交流与合作谅解备忘录，参与世界知识产权组织《法官专利案件管理国际指南》"中国专章"的编写，入选2023年中国法治国际传播十大典型案例。指导上海、福建、海南、广东四地法院与世界知识产权组织仲裁与调解中心建立合作关系、签订交流合作协议、开展诉调对接。加强与"一带一路"共建国家和地区知识产权司法协助和务实合作。举办中欧知识产权司法论坛，派员参加世界知识产权组织"2023年知识产权法官论坛"、国际商标协会2023年年会、国际保护知识产权协会版权论坛等国际会议，向国际社会展现我国开放包容、平等公正的良好形象，为全球知识产权治理贡献中国司法智慧。

供稿：最高人民法院民三庭

检察机关保护知识产权工作

一、深入推进综合履职，不断提升知识产权检察办案质效

1. 狠抓案件办理，持续做优知识产权刑事检察工作

依法加大惩治侵犯知识产权犯罪力度，发挥侦查监督与协作配合机制作用，坚持以证据为中心，用好补充侦查职能，提高案件办理质量。围绕商业秘密、数字版权、网络购物等重点领域，以及直播电商、文化创意、二手翻新等新兴领域，有力打击链条化、网络化、规模化侵权犯罪，促进新技术新业态新产业健康发展。2023年，全国检察机关共

受理审查起诉侵犯知识产权犯罪12 122件、30 684人,同比分别上升42.8%和52%;开展监督立案1155件,同比上升2.2倍;纠正漏捕212人,纠正漏诉1714人,同比分别上升78.2%和1.1倍;对不起诉案件提出检察意见2336人,占不起诉人数的55.9%,知识产权行刑双向衔接工作有力推进。

2. 强化检察监督,提升民事行政公益诉讼检察工作质效

加大民事行政监督力度,聚焦具有引领价值的典型案件提出抗诉,提升再审检察建议质量,发挥对类案的指导作用。2023年,最高人民检察院知识产权检察办公室直接办理了一批案件,部分提出监督意见。例如,抗诉的"妈咪鸡蛋仔"商标授权确权行政纠纷案,最高人民法院指令再审,北京市高级人民法院再审改判。加强知识产权综合司法保护,全国检察机关共办理知识产权民事、行政、公益诉讼检察案件3381件。其中,民事检察案件2293件,同比上升2.1倍,提出抗诉和再审检察建议726件,同比增长8.1倍。

3. 积极开展惩治知识产权恶意诉讼专项工作

加强调研督导,重点关注虚假诉讼问题,加强犯罪线索移送,刑事追诉与民事监督一体推进,指导北京、浙江、湖南等地检察机关办理了一批恶意诉讼监督案件。截至2023年底,全国检察机关在专项监督工作中,通过提出抗诉和制发再审检察建议监督法院再审6144件,移送涉嫌犯罪线索153件。如最高人民检察院挂牌督办的某文化公司音乐电视著作权系列虚假诉讼案,涉及民事诉讼5800余件。最高人民检察院指导广东、山东、陕西等9省市检察机关依法启动民事监督程序,将涉嫌犯罪线索移送公安机关立案侦查,批捕5名犯罪嫌疑人。积极参与对恶意注册、囤积商标、滥用诉权等突出问题的共同惩治,促进社会治理。最高人民检察院走访国家知识产权局商标局,建立常态化沟通协作机制。国家知识产权局根据最高人民检察院移送线索,已将129件涉奥林匹克标志和英烈姓名的商标宣告无效。

二、全面履行职能,服务保障经济社会高质量发展

1. 突出工作重点,服务保障国家发展重大战略实施

围绕高水平科技自立自强,强化信息技术、人工智能、生物医药、种业安全、新能源等重点领域知识产权司法保护,严厉打击侵犯关键核心技术犯罪。2023年,全国检察机关共受理审查起诉侵犯商业秘密犯罪400余人,同比增加近一倍。指导上海、江苏、浙江等地检察机关办理了一批重大有影响的侵犯商业秘密案件,有力维护了企业合法权益,守护企业创新动能。江苏检察机关办理的胡某侵犯商业秘密案,被害单位为生物医药领域高科技龙头企业,涉案技术价值9亿元。检察机关通过自行补充侦查,准确认定胡某以不正当手段获取技术秘密的事实和合理许可使用费数额。最终胡某被依法判处有期徒刑4年,并处罚金。深入贯彻习近平文化思想,依法惩治侵犯著作权等文化领域知识产权犯罪,发布6件典型案例。全国检察机关共受理审查起诉侵犯著作权类犯罪2748人,同比增长1.4倍。

2. 强化涉企知识产权保护,守护创新主体合法权益

依法严厉惩治侵犯企业知识产权犯罪行为,加强反垄断、反不正当竞争检察监督,强化商标、专利授权确权领域检察监督,维护公平竞争的市场经济秩序。江苏检察机关办理的许某俊等26人假冒注册商标、销售假冒注册商标的商品案,被告人制造、销售假冒"ROLEX"(劳力士)品牌手表,非法经营数额达3.32亿余元。检察机关完善证据体系,对上下游26名被告人实

现全链条打击,其中主犯被判处有期徒刑6年,并处罚金5000万元。浙江检察机关办理的天长市新某有限公司与湛江市苏某有限公司、海口市椰某有限公司等不正当竞争民事纠纷抗诉案,通过办案明确,以商标及相关元素为核心进行设计的商品包装、装潢,如果商标因有不良影响而被宣告无效,则相关的商品包装、装潢也不具有获得法律保护的正当性基础,不应作为有一定影响的包装、装潢受到《反不正当竞争法》的保护。依法提出抗诉后获法院再审支持,判决撤销一、二审判决,驳回原告全部诉讼请求。

3. 以数字检察助推法律监督提质增效

深化数字检察战略,指导各地检察机关加强类案监督模型设计研发,强化对知识产权检察业务数据的深度挖掘、智能分析、系统利用,提升法律监督效能。2023年,浙江检察机关通过大数据分析,发掘出一批在"中国布艺名镇"许村镇通过抢注花型著作权实施虚假诉讼的线索,对33个虚假诉讼民事案件提出抗诉或者再审检察建议,法院全部再审改判,并将涉嫌犯罪线索移送公安机关立案侦查,推动刑事立案19人。北京检察机关创建惩治恶意诉讼法律监督模型,就77件类案向法院提出再审检察建议,法院全部采纳并启动再审。江苏检察机关运用专利恶意诉讼监督模型,发现某公司就无效专利起诉多名被告侵权,向法院发出再审检察建议2件,同时向外省检察机关移送类案线索21件。

三、聚焦专业化建设,夯实知识产权检察工作基础

1. 完善顶层制度设计

制发《人民检察院办理知识产权案件工作指引》,提出40余条检察举措,对知识产权检察案件范围,知识产权刑事、民事、行政和公益诉讼办案要求等分别作出规定,为办案履职提供具体指引,有效推动工作开展。强化对下指导,推动各地因地制宜设立知识产权检察部门或者专业化办案组织,整合"四大检察"职能,优化专业人才力量,不断提升专业化水平。截至2023年底,全国各省级院均已设立知识产权检察部门,部分办案数量较多的市级院和基层院也设立专门的知识产权检察办公室或办案组。增设综合履职适用率业务指标,要求各地积极落实"一案四查"机制,推动知识产权检察职能深度融合。

2. 强化对下业务指导

最高人民检察院实行综合履职以来,首次以"知识产权检察综合保护"为主题,发布第四十八批指导性案例,涵盖刑事、民事、行政检察职能,对司法实践中的一些疑难问题有针对性提出指导意见。落实一体履职,指导北京、上海、江苏等地检察机关办理了一批涉商业秘密、商标行政纠纷等疑难案件。注重发挥典型案例宣传引导作用,发布2批16件典型案例。单独或会同国家检察官学院,组织多期综合履职专题培训班。会同国家知识产权局,围绕商标保护、专利侵权纠纷行政裁决等主题开展同堂培训,共同提升业务能力。建立全国知识产权检察人才库制度,首批90人入选,打造复合型人才团队和人才梯队。

3. 持续加强协同保护

贯彻落实与国家知识产权局的协同保护意见,加强在信息共享、业务支撑、人才培养等方面的深度协作。共同开展"4·26世界知识产权日"系列宣传活动,组织召开新闻发布会。会同相关部门联合表扬2022年度知识产权保护工作成绩突出集体和个人,检察系统25个集体、50名个人受到表扬。联合开展知识产权保护示范区评选工作,协同参与示范区建设,北京、上海、广东等地检察机关积极参与数据知识产权保护试点。就全国知识产权鉴定机构首批名录库研提意见,共同完善知识产权

鉴定体系。会同中央宣传部版权管理局等部门挂牌督办3批150件重大侵权盗版案件。配合市场监管总局开展第二批全国商业秘密保护创新试点地区评选，加强对商业秘密的协同保护。

4. 积极参与国际交流合作

加强涉外法治研究，坚持依法平等保护理念，积极开展知识产权国际交流与务实合作，阐明我国有关知识产权保护的立场，介绍我国知识产权检察保护工作进展和成果，增强国际社会对我国知识产权司法保护的了解和信任。积极参与"IP Key中国"合作计划，邀请欧盟知识产权检察官代表团等访华交流，联合召开专题研讨会，互学互鉴、凝聚共识。多次派员参加"中国国际进口博览会—虹桥国际经济论坛""中欧知识产权刑事保护论坛""中国—东盟打击侵权假冒合作发展论坛"等国际会议，向国际社会充分展示中国在知识产权司法保护方面的努力和成效。

供稿：最高人民检察院
知识产权检察办公室

贸促知识产权工作

一、开展知识产权多双边工作

1. 服务知识产权对外谈判

开展美国"特别301调查"应对工作，广泛联系企业，积极组织知识产权领域专家学者撰写书面评论意见并于2023年初向美国贸易代表办公室（USTR）递交，展现我国在知识产权保护方面作出的努力及知识产权立法、司法、执法方面的进展和显著成效。积极参加中瑞（士）、中俄、中欧等双边知识产权工作组会议，广泛征集企业在"走出去"过程中所面临的的问题，推进涉外知识产权沟通机制的完善，协助各方解决国内外权利人面临的问题。

2. 推进知识产权国际合作交流

积极发挥WIPO长期观察员的身份作用，派员参加第64届WIPO成员国大会及WIPO框架下相关国际会议，积极发声表达中国观点，参与相关规则制定。副会长于健龙率团出席2023年国际保护知识产权协会（AIPPI）世界知识产权大会，并与秘书处进行工作会谈，推动双方交流合作。成功举办全球工商法治大会、第五届国际工商知识产权论坛等品牌论坛活动，为中外工商界知识产权加强对话、增进互信、促进合作搭建交流平台。加大对国际商会（ICC）、AIPPI、国际许可贸易工作者协会（LES）等知识产权非政府国际组织的工作力度，积极参加相关会议、参与国际规则制定，并推荐专家人才。

二、不断强化知识产权研究

1. 参与知识产权立法修法，研究意见建议

针对《商标法（修订草案）》《反不正当竞争法（修订草案）》等知识产权领域重要法律法规，广泛征求企业意见和建议，组织业内专家学者集中研讨，向政府有关部门反馈相关立法修法建议。

2. 开展全球知识产权保护指数研究

2023年，持续通过各国知识产权相关官方网站和权威媒体、相关国际组织网站、国内外知识产权数据库等渠道，搜集重点评估国家知识产权保护政策环境、措施动向和重大知识产权保护事件等信息，并建立完善信息发布机制，通过中国贸促会每月例行新闻发布会定期发布《全球知识产权保护指数月度观察报告》，为企业和社会公众提供知识产权信息服务。

三、积极参与知识产权机制建设

1. 打造知识产权多元纠纷解决平台

中国贸促会大力推进知识产权仲裁调解工作，做大做强中国贸促会调解中心知识产权专业委员会平台，共聘请30名中外知名专家，兼具国际性和专业性。不断加大知识产权调解培训力度，组织举办多起中国贸促会商事调解员培训班，2023年共培训193位调解员，积极宣传调解在知识产权纠纷解决中的重要作用，引导调解员进一步提升知识产权调解工作能力。积极发挥中国国际经济贸易仲裁委员会知识产权仲裁中心功能作用，2023年4月，正式发布国内首部聚焦国际知识产权仲裁的研究报告《中国国际知识产权仲裁年度报告（2022）》，促进知识产权宣传和法治建设，提升我国在国际知识产权仲裁领域的公信力和影响力。

2. 加强海外知识产权纠纷应对指导

继续推进建立国家海外知识产权纠纷应对指导中心海外分中心机制，依托中国贸促会驻德国代表处和驻新加坡代表处建设海外分中心试点，印发《中国贸促会关于做好国家海外知识产权纠纷应对指导中心海外分中心试点工作的通知》，完善海外纠纷应对服务网络。与相关部委、地方政府合作，开展共建"一带一路"国家和RCEP国家知识产权制度梳理、搜集典型案例，编写相关国家知识产权保护指南和报告，帮助出海企业了解重点国别知识产权制度的最新进展和诉讼特点及趋势，更好地应对海外知识产权纠纷。

四、持续提升知识产权公共服务水平

1. 优化海外知识产权信息供给服务

2023年，持续优化海外知识产权信息供给服务，根据国家和行业企业需求，不断拓展服务内容，加大服务力度。多渠道提供知识产权风险预警和海外维权信息服务，举办"企业海外维权知识产权保护""中国企业'走出去'专利和商标侵权风险防范及应对策略""海外知识产权纠纷应对能力提升"等讲座培训活动，发布海外知识产权动态，包括向上海浦东新区企业提供海外知识产权资讯信息及维权援助，为海南省部分重点企业提供海外知识产权预警报告等。

2. 努力提升展会知识产权服务能力水平

中国贸促会不断创新工作模式，不断探索优化为我国企业在展会上提供全链条知识产权服务，提升我国中小企业知识产权保护意识和应对纠纷能力。积极为中国国际供应链促进博览会（简称链博会）、中国进出口商品交易会（简称广交会）等大型展会提供知识产权法律服务，在展会期间设立知识产权服务站，为参展企业提供知识产权服务。2023年，在首届链博会期间协助参展企业在链博会现场提交发明专利和商标注册申请，实现了参展企业首次在大型展会现场提交知识产权申请并得到受理。

供稿：中国贸促会法律事务部

全国知识产权社团工作

中国知识产权研究会

一、坚定不移加强党对社团工作的全面领导

扎实开展学习贯彻习近平新时代中国特色社会主义思想主题教育，探索建立具有学术共同体特征、符合知识产权工作特点、与研究会事业发展相融相促的党建工作新模式。"党建强会""大调研"等品牌活动办出了实效，党建引领作用进一步增强。

二、全面提升《知识产权》杂志影响力

《知识产权》杂志全年出版正刊12期、增刊1期。正刊共刊发文章72篇,其中,围绕"深入学习宣传贯彻党的二十大精神"组织专题10组,刊发文章24篇;围绕知识产权领域焦点热点难点问题刊发主题文章48篇。组织召开2023年度编委会全体会议,审议通过调整编委会成员有关事项,全面谋划杂志发展。杂志连续获评中国人文社会科学AMI核心期刊、中文社会科学引文索引(CSSCI)来源期刊、中国中文法律类核心期刊。创办主题沙龙,分别以"人工智能等新技术革命与知识产权法治保障""与新技术相适应的知识产权规则体系建设"为主题举办2期活动。

三、充分发挥知识产权新型高端智库作用

支撑服务知识产权中心工作,组织开展项目和课题研究22项。发布《5G领域产业链布局指数报告》《推动创新链人才链深度融合 促进制造业重点产业链优化升级》等研究报告。其中,1篇研究报告获中央参政议政成果奖励一等奖,1篇专报被中国科协《科技工作者建议》采纳,1篇分析报告被数十家核心媒体相继转载报道。举办"地理标志助力乡村振兴""全球标准必要专利许可态势与政策分析"等学术研讨交流活动30余场。组织召开中国知识产权学术年会(2023),线上线下近千人参会。开展知识产权民间外交,赴韩国参加中日韩知识产权国际学术研讨会,续签中日韩三方合作议定书。

四、持续加强海外知识产权纠纷应对指导

开发完成海外知识产权纠纷监测系统,为"走出去"企业主动应对海外知识产权纠纷提供及时有效的信息预警和法律服务。推动设立第三批21家海外知识产权纠纷应对指导地方分中心、2家产业工作基地。派出专家百余人次参与30余场国际展会,现场提供知识产权指导服务。全年为13家企业提供海外纠纷应对指导服务,帮助企业避免或挽回损失超15亿元。

五、积极推动知识产权高端人才培养

协助组织开展全国知识产权职称考试大纲和教材第3次修订工作,累计修订、增补近5.2万字。协助完成考试命题初审、终审及阅卷等工作。组织专家开展全国知识产权专业人员职称评价标准制定工作。围绕职称评审政策、评审需求、评审途径、考试内容等开展实地调研。配合组织召开2022年度高级专业技术职务任职资格评审会,配合完成2023年度高级专业技术职务任职资格的申报和审核工作。建设知识产权领域首个国家级博士后科研工作站。

六、有效推进社会团体组织建设

完成研究会理事会换届工作,召开研究会第八次全国代表大会,选举产生新一届理事会。加强研究会秘书处机构建设。全面强化分支机构统筹管理,完善制度,强化考核。启动地理标志专业委员会等3家分支机构成立及网络知识产权专业委员会等4家分支机构换届工作。组织召开2023年全国知识产权研究会工作交流会,促进构建全国研究会协同发展新格局。

七、持续发挥宣传矩阵作用

充分发挥社团的政治引领作用,利用平台优势,向广大知识产权工作者宣传阐释党的创新理论。研究会官方微信公众号始终旗帜鲜明坚持正确的政治方向、舆论导向、价值取向,全年共发布各类信息240条,累计阅读量达24.9万次。《知识产权》杂志微信公众号关注人数达4.46万人,同比增长21%,全年发布理论文章、活动报道等111篇,阅读总量达37.5万次,授权其他公众号转载文章63篇、175次。

八、不断增强社团服务能力

全年共面向会员举办知识产权实务培训班等10余期,累计培训万余人次。举办"知识产权强国建设"公益大讲堂、"2022年度十大知识产权案件解析"等活动,受众近20万人次。构建数字化会员管理系统,积极拓展各种奖项以及项目的申报渠道。完成知识产权鉴定委托70件,完成鉴定咨询项目27项,出具鉴定意见书106份,参与鉴定的四川金象赛瑞涉"蜜胺"发明专利及技术秘密侵权案入选"新时代推动法治进程2023年度十大案件"。完成知识产权评估项目13项。推动立项知识产权相关团体标准10项,发布《标准必要专利认定方法》等团体标准3项。

供稿:中国知识产权研究会

中国专利保护协会

一、着力推进数字化平台建设,赋能行业高质量发展

不断更新完善国家专利密集型产品备案认定试点平台,发挥试点平台的技术支撑和数据底座作用。根据《企业专利密集型产品评价方法》团体标准,开展了2023年度专利密集型产品认定工作,认定首批专利密集型产品2383件。上线运营国家专利导航综合服务平台。作为专利导航数字基础服务设施、全国专利导航工作体系的主要载体,导航平台通过专利导航成果共享、专利导航产品及工具的系统集成,加快提升专利导航服务水平、优化专利导航服务供给。依托导航平台,协助国家知识产权局完成2021—2023年度导航工程绩效评价工作,初步构建完成规范、开放、高效的专利导航服务体系和产业化促进体系。

二、着力拓展多元化知识产权保护服务,深度参与大保护体系建设

持续开展知识产权纠纷人民调解委员会(简称调委会)工作,2023年调委会调解结案数3694件,调解成功案件2556件,调解成功率达到69%。开展海外知识产权重点联系单位培育工作。2023年主动采集23家重点联系单位海外知识产权反馈信息153条,报送国家知识产权局并提出建议。出具专利侵权判定咨询意见128份,涉及侵权链接528条,为电商平台的侵权判定提供专家咨询意见。

三、着力深化国际交流合作,有效支撑中国产业和企业提升国际话语权

组织我国产业界代表参加中美欧日韩五局局长会、产业界咨询组及全球案卷工作组会议(IP5 GDTF/ICG)等,代表中国产业界发表意见。与日本知识产权协会、日本汽车工程协会等国际行业组织深入交流,探讨知识产权如何促进企业创新发展。遴选绿色技术优秀案例,与世界知识产权组织绿色技术平台(WIPO GREEN)开展交流讨论,促进绿色技术的国际化交流。组团参加日内瓦国际发明展,助力我国企业技术国际化交流,为企业和发明人"走出去"发展搭建平台。

四、着力加强行业人才培养,发挥协会智力支撑平台功能

一是以宣传国家政策和企业关注热点问题为导向,主办或者协办各类公益性培训,培训人数1000余人。二是研究编制《技术信息存证服务指南》《企业专利布局与管理指南》两项协会团体标准,在企业中引起高度关注与积极反响。

供稿:中国专利保护协会

中华全国专利代理师协会

一、科学谋划顶层设计,努力推动行业高质量发展

中华全国专利代理师协会(简称协会)

以习近平新时代中国特色社会主义思想为指导,全面贯彻落实党的二十大和二十届二中全会精神,深入学习贯彻习近平总书记关于知识产权工作的重要论述和重要指示精神,紧紧围绕国家知识产权局党组工作部署,根据《知识产权强国建设纲要（2021—2035年）》（简称《纲要》）、《"十四五"国家知识产权保护和运用规划》（简称《规划》）和协会《推进专利代理行业高质量发展行动计划（2022—2035年）》,落实《民政部办公厅关于开展全国性行业协会商会服务高质量发展专项行动的通知》,制定《中华全国专利代理师协会关于开展服务高质量发展专项行动实施方案》,明确"十个一批"工作任务,并圆满完成阶段性工作。

二、不断强化行业自律,规范专利代理行业秩序

加强制度建设。制定代理机构、代理师禁止行为清单,业务推广宣传规则;修订《专利代理服务指南》,编制代理业务合同示范文本和签订指引。创新自律手段,采取分层的自律管理措施和纪律处分方式,畅通投诉渠道,并积极配合行政部门对不规范代理行为实施联动监管,全年立案28起、查处11起案件,针对代理非正常申请、不正当竞争等违规行为,加大惩戒与警示曝光力度。人均代理量过高问题治理取得成效。2023年,共对186家代理量异常机构采取自律措施。行风建设得到社会进一步认可。举办"强能力提质量"行风建设年活动;在全行业开展《知识产权服务公约》上墙;开展典型发明专利撰写案例推荐、评审活动,评出机械、电学、化学3个领域共60篇典型案例;行业社会满意度达到81.5分。举办管理经验交流培训班,推动中小机构提升内部管理能力。加强会员年度考核和实习备案等会员管理工作。

三、加强行业人才培养,助力专业化人才队伍建设

完善人才培养体系。参与国家知识产权局重点工作,制定并贯彻落实《2023年知识产权代理从业人员专业能力建设行动方案》;作为牵头单位,研究并建立《基于专业能力进阶的代理从业人员培训体系》,课题获评优秀;开展专利代理行业人才分级分类评价体系软课题研究;梳理现有课程体系,围绕法律素养、转移转化等热点主题持续开发培训课程,搭建了以网培平台和公益讲座为主的普惠培训,以领域热点、难点交流培训为主的提升培训,以诉讼代理人特训班、管理人才培训班、国际化人才培训班为主的高端培训等多层次、分类别的能力进阶培训体系;更新师资库,优化师资队伍结构,湖北等5省师资实现了零的突破,技术领域实现全覆盖。搭建"审代"交流平台。举办全领域审查与代理交流培训,促进审查员与代理师的深度交流。提升高端人才能力。修订《协会诉讼代理管理办法》,制定《兼职技术调查官、技术调查官助理候选人推荐工作管理办法》,开展诉讼代理人、兼职技术调查官助理推荐管理工作;召开法官与诉讼代理人交流座谈会,首次举办诉讼代理人法律素养提升培训班;举办中日外观设计制度研讨培训班、两岸专利论坛,协助组织中欧、中日、PCT、欧洲单一专利制度等知识产权研讨会15次,全年培养国际化高端人才超3000人次。

四、积极搭建平台桥梁,努力提升会员服务质量

多措并举解决行业招聘难题。多渠道为机构发布招聘信息,组织7期专场招聘会。加强行业信息化建设。充分发挥桥梁纽带作用,积极助力国家知识产权局专利业务办理系统智能化升级平稳上线运行。搭建学术交流平台。聚焦《专利法实施细则》和高质量发展等热点、难点问题,开展第八届知识产权论坛征文活动；做好《专利代理》杂志常态化征文活动的策划和专题专栏设置。积极穿针引线，助力南京市知识产权局引进优质机构入驻南京市、助力优质机构对接优质资源相关工作。

五、深化对外交流合作，持续提升行业国际影响

利用国际交流平台，充分发挥非政府组织作用。在国家知识产权局国际合作司的指导下，助力国家知识产权局推动国际规则制定，在世界知识产权组织（WIPO）大会上进行一般性发言，呼吁马德里体系和海牙体系引入中文，首次联合中国贸促会、中国专利保护协会提交《关于确保WIPO全球知识产权服务体系数据安全的立场文件》；强化国际非政府组织间交流的意识形态管理，妥善处理国际知识产权律师联合会（FICPI）官方网站中涉及中国港澳台称呼问题；派员参加国际会议11次，在国际会议中发言5人次，积极宣传我国知识产权发展新成就。搭建双边交流平台，促进涉外业务合作交流。组团赴德国业务交流；接待WIPO北京代表处、香港知识产权总署、波兰专利代理人协会等组织来访；助力国家知识产权局双边、小多边交流9次，选派行业人员赴国外参会或发言3次。充分发挥行业人才优势，支撑对外交流合作大局。受国家知识产权局各部门单位委托，开展《利雅得外观设计法条约》及细则文本的研究、对《专利法》新增制度的救济程序的调研论证研究、中国申请人对欧洲专利局（EPO）加快审查程序的需求调研及海外专利服务机构库建设工作；协助国家知识产权局审查业务管理部开展专利审查质量用户满意度调查工作和专利审查高速路（PPH）项目；推荐专家参加国际商事争端预防与解决组织委员会专家遴选。

六、强化行业宣传引导，坚持高质量发展舆论导向

不断加强意识形态工作，强化国际合作等事项政治把关作用，发挥协会网站、微信公众号、《专利代理》杂志的宣传阵地作用。协会官网全年访问量突破700万次，公众号全年发布文章491篇，阅读量达35万余次，关注人数超3.3万人，《专利代理》杂志每期发行量达7700册。做好《专利代理》专题宣传策划。依次设置"深入宣传贯彻习近平新时代中国特色社会主义思想""专利代理行业的发展历程和十年成就""以党的二十大精神为指引　加强知识产权法治保障""围绕《纲要》和《规划》实施营造高质量发展氛围"等专题，聚焦党和国家重点决策部署和重大热点问题，做好重大主题宣传。结合"全国知识产权宣传周"主题，开展3期"行业大咖说发展"主题访谈活动并进行广泛宣传。

七、深化贯标认证工作，拓展多元化市场化业务

所属企业中规公司高质量做好知识产权管理体系认证和易派客关联方知识创新能力评价。推荐的1件审核案例获评中国认证认可协会"2023年良好认证审核案例"。参与起草制定《知名商标品牌评价规范》（团体标准）并成为首批确定的两家评价机构之一。积极推动《创新管理—知识产权管理指南（ISO 56005）》分级评价。编制《地理标志日历2024》，助力我国地理标志产品保护与发展。推出审核风采视频展示栏目、企业风采栏目和创业创新故事栏目。

供稿：中华全国专利代理师协会

中华商标协会

一、探索新办法，加强商标代理行业自律建设

配合"蓝天"专项整治行动，加强行风

建设。在国家知识产权局知识产权运用促进司的指导下,与中华全国专利代理师协会在北京联合举办"强能力 提质量"知识产权代理行业行风建设年活动启动仪式,中华商标协会(简称协会)向12家商标代理机构颁发了"商标代理品质服务证明商标使用许可证书"。受国家知识产权局委托开展"商标代理行业行风建设年及进一步完善从业行为规范等社会支撑机制""商标代理监管工作规程"等项目的研究。

加强人才建设,建立"商标人才库"。举办2023商标人才年会、中国商标人才发展论坛,全年开展2次商标人才库商标代理职业能力评价及入库申报,共2700余名商标代理人加入。

完善行业评价,发布《中国商标600强》。为进一步加强商标代理行业评价体系建设,协会与专业数据机构合作,对已在国家知识产权局商标局备案的商标代理机构进行评价,600家商标代理机构分别被评为商标代理服务能力5A、4A和3A机构,引导代理机构以优质服务为竞争手段,营造良好的行业发展环境。

组织培训考试,发布典型案例。2023年10月,在北京和重庆两地同时举办2023年商标代理人业务水平培训考试;组织2021—2022商标代理典型案例评选活动,为引导商标代理行业良性发展树立标杆。

二、开拓新路径,深入推动会员商标品牌发展

聚焦突出问题开展实地调研。协会班子成员分别带队走访调研小米科技有限责任公司、三七互娱网络科技集团股份有限公司、安徽省商标协会等50余家会员单位和地方商标协会,围绕企业商标品牌培育、商标代理机构服务能力提升等主题,倾听会员需求,征求意见建议,不断改进和提升会员服务。

针对行业发展新要求开展商标培训。协会积极探索培训合作新模式,多次采取线上+线下培训相结合的方式,围绕"评审案件中止情形规范""同日申请和商标转让程序的指引"等新发布的规章及时开班,扩大了培训影响力。全年举办9期面向会员的商标法律实务免费培训班,共计5000余人参训,惠及800余家企业、商标服务机构和律所。

围绕会员企业海外维权提供服务。协会商标海外维权工作委员会编制覆盖23个海外重点国家地区的商标维权指南;发布《中华商标协会会员企业2022年度国际商标监测预警报告》,帮助会员企业及时掌握侵权线索,防范商标风险;接受国家知识产权局委托,维护海外商标服务机构库,并对入库机构进行管理。

三、注入新动力,推动商标品牌建设工程实施

发布商标品牌发展指数,为各级政府制定政策提供参考。在国家知识产权局知识产权运用促进司的指导下,协会连续4年编制发布"中国商标品牌发展指数(TBDI)";服务地方商标品牌建设,第二次发布《广东区域商标品牌发展指数》报告。

成立商标研究专题组,开展商标品牌领域法律问题研究。成立38个商标研究专题组,聚焦驰名商标、地理标志、非传统商标、商标法程序优化等商标法律难点、热点问题,开展深入研究。

成立知名商标品牌工作委员会,开展知名商标品牌评价工作。依据《知名商标品牌评价规范》(T/CNTA 002—2022)团体标准,协会制定《知名商标品牌评价细则》《知名商标品牌评价工作管理办法》,成立中华商标协会知名商标品牌工作委员会,开展知名商标品牌评价工作。组织多场知名商标品牌培训宣讲活动,企业代表300余人参加;先后进行两批次知名商标品牌评价结果发布,23件商标品牌通过

AAA 级知名商标品牌评价。

承接相关部门项目,开展商标品牌理论研究。协会承接市场监管总局"知识产权'白名单'系统内容完善和宣传"项目,承接国家知识产权局"商标法及实施条例修改调研论证""制定商标注册申请与使用系列指引"等项目,提交《关于禁止商标重复注册的调研报告》等 10 余份报告,为主管机关制修订政策法规等提供参考。

发挥各专委会职能,开展前沿问题交流研讨。协会互联网商标品牌专业委员会举办"互联网环境下的商标品牌保护""互联网企业商标品牌保护实务"研讨会、"汽车企业商标问题"座谈会,研讨交流商标保护经验和困境;数字化工作委员会举办"类 ChatGPT 垂直工具研讨沙龙";品牌影响力专业委员会发布《2023 中国家居品牌影响力指数》等系列报告。

四、赋能新发展,成功举办中国国际商标品牌节

2023 年 6 月,由中华商标协会、广东省知识产权局和东莞市人民政府共同主办的第十三届中国国际商标品牌节(简称商标品牌节)在东莞成功举办。本届商标品牌节以"商标赋能新发展 品牌引领双循环"为主题,举办了第 17 届中国商标年会、2023 中华品牌商标博览会等系列主题活动。

积极打造国际化线下交流平台。响应党中央关于加强我国知识产权保护工作的号召,搭建国内外商标品牌理论实务交流平台,共有 4000 余名代表参会参展,其中包括来自世界知识产权组织、8 个国家和地区的 70 余名境外嘉宾。新华社、中央广播电视总台、人民网等 30 余家国内知名媒体参与报道。

关注热点焦点,全面提升年会专业性和实效性。紧紧围绕国家大政方针,关注商标品牌及知识产权焦点热点问题,内容不仅涵盖了商标注册、运用、保护、管理、服务全链条,还关注了互联网域名、人工智能、元宇宙等新兴领域的商标注册与保护问题,为不同行业、不同领域的人士搭建了商标理论与实务交流研讨的平台。

荟萃各地精品,充分展示我国商标品牌建设成就。2023 中华品牌商标博览会聚集了来自全国 31 个省(区、市)的知名品牌企业、优质服务机构、地理标志企业的众多优质产品,充分展示我国近年来的商标品牌建设成就。"川货全国行""广西品牌助力乡村振兴成果展""粤港澳大湾区展区"等主题展,多角度、多层次展示全国各地商标品牌建设成果;桑植、崇礼展区展示了在国家知识产权局帮扶下,发挥知识产权独特优势,运用商标品牌力量推动乡村振兴的丰硕成果。

开展立体化宣传,扩大社会参与度和影响力。上线中国国际商标品牌节专网,及时更新发布商标品牌节参会信息。微信朋友圈广告推送覆盖 150 万人次;新华社客户端相关新闻浏览量近 38 万人次,央视 CCTV-1 和 CCTV-13《朝闻天下》播出商标品牌节新闻,中央广播电视总台央视新闻、央视网、央视频等新媒体平台同步投放,图片直播浏览量超过 15 万人次,受到与会代表、参展企业代表以及线上观众的广泛关注。

五、深入新领域,打造跨界合作平台

配合行政机关、司法机关开展人才培养与知识产权纠纷调解工作。与中国知识产权培训中心共同举办"商标人才培养"培训班,来自全国 21 个省(区、市)近 70 位政府机关代表参加。在北京知识产权法院的支持下,设立中华商标协会"法护创新"普法驿站,共同举办"商标案件诉前调解和立案实务"专题培训班,协助开展商标行政诉讼案件诉前调解工作;承担北京市知识产权保护中心"2023 知识产权纠纷多元调解及机制建设"项目。

搭建商标业务主管部门与企业、代理

机构的桥梁纽带。在国家知识产权局到协会调研之际,积极反映会员需求;召开提升评审工作质效座谈会、完善评审审签制度调研座谈会、异议审查提质增效座谈会,就国家知识产权局商标局关心的如何提升评审工作质效、探索评审审理机制改革等问题,面对面征求会员意见,进一步推进创新主体与主管部门间的双向交流、双向互动。

探索与地方局、友好协会等的合作机制,形成推进行业发展的合力。在四川省商标协会支持下召开 2023 全国商标协会联席会议;与淮安市市场监管局共同举办"地理标志培育与保护"专题培训,与上海市商标品牌协会共同成立中华商标协会化妆品产业专业委员会,与中国纺织品商业协会共同起草《高品质桑蚕丝被团体标准》;与安徽省商标协会共同举办"商标与在先权利保护"培训班,加强全国各省市商标协会交流合作,助力各地商标品牌事业高质量发展。

六、适应新常态,搭建商标品牌宣传交流平台

加强栏目合作,坚持高质量办刊。《中华商标》杂志继续承接国家知识产权局"商标执法与保护""商标案例精读""审查之窗"等栏目,承接广州商标审查协作中心粤港澳青年商标品牌交流实践基地项目宣传工作;继续与北京市高级人民法院、北京知识产权法院合作专栏,分享最新司法判例实践。

紧扣时事,关注焦点话题。在《商标法》颁布 40 周年之际,刊载文章回顾和展望我国商标法制建设 40 年光辉历程;在"全国知识产权宣传周"期间,围绕"女性与知识产权"主题,邀请知识产权领域优秀女性代表撰稿 13 篇,展现知识产权的女性力量。协会和"中华商标"微信公众号订阅总数达 13.5 万人。

举办"中华商标协会全国高校商标热点问题"系列活动。举办第三届中华商标协会全国高校知识产权(商标)热点问题辩论赛,全国 30 所高校的队伍报名参赛;举办中华商标协会全国高校商标热点问题征文比赛,共收到征文 139 篇;系列活动搭建了知识产权法学学习和实践的交流平台,促进了高校知识产权人才培养。

七、开拓新视野,打造国际交流合作平台

与知识产权国际组织保持密切交流。协会以世界知识产权组织观察员身份出席世界知识产权组织第 64 届成员国大会并作一般性发言,参加商标国际注册马德里体系法律发展工作组第 21 届会议、中国与世界知识产权组织合作五十周年纪念活动等,配合支持中国代表团;与世界知识产权组织中国办事处共同主办"商标海外维权与马德里国际注册高级研修班""马德里国际商标体系赋能民营经济高质量发展研讨会"等。与国外知识产权民间组织保持密切沟通。与国际商标协会(INTA)续签合作备忘录,组团赴新加坡参加第 145 届 INTA 年会,并举办"CTA 论坛";与 INTA 中国代表处共同举办"非传统商标:形状商标的保护"研讨会;与日本贸易振兴机构(JETRO)、大韩贸易投资振兴公社(KOTRA)主办研讨会,努力为国内外企业搭建商标品牌合作的平台。积极参加国家知识产权局相关外事活动。率团参加"中美欧日韩商标五局(TM5)合作年度会议"并邀请会员代表发言;组织会员代表积极参加"2023 年中日韩商标用户研讨会""中美知识产权实务线上研讨会"等,分享国内外商标法律案件的经验,增进彼此相互了解。持续推动两岸商标领域合作与交流。与台湾海峡两岸商务协调会共同举办"2023 海峡两岸商标业务交流会",在北京共同举办"2023 海峡两岸商标研讨会",协会高级顾问卢鹏起出席开幕式并致辞。通过交流研讨打造海峡两岸商标品牌交流的重要平台和促进商标品牌保护的重要窗口。

供稿:中华商标协会

中国版权协会

一、围绕党和国家版权工作大局，积极开展各项工作

2023年，为更好地满足会员需求，经报主管部门批准，中国版权协会在宁夏银川和北京成功举办2期线下会员培训班，培训人员近500人次，取得了良好的效果。

由国家版权局主管、中国版权协会主办的版权专业期刊《版权理论与实务》创办3年来，刊发了一批在理论高度、学术水平和应用领域方面达到较高水平的精品文章，杂志文章被《新华文摘》全文转载4篇、论点摘编1篇，得到了版权业界普遍好评。2023年，杂志订阅量超过2000份。

中国版权链版权服务平台于2021年正式上线，通过不断加大技术和研发投入，先后完成中国版权链产品的10个版本的迭代和中国版权链版权创意服务平台的全面升级。已建立起集版权确权、版权保护和版权交易为一体涵盖版权全生命周期的综合性版权服务体系。中国版权链版权服务平台与中央广播电视总台、腾讯、百度、腾讯音乐、快手、哔哩哔哩、新浪微博、小红书、知乎、NBA、日本文化产品海外流通促进机构、韩国著作权委员会等数十家国内外权利人或权利人组织进行合作，为其提供一站式版权服务。完成央视春晚、元宵晚会、央视3·15晚会、央视"六一"晚会、世界大学生运动会、亚运会、NBA等多个国内外重大项目的版权保护工作，发现并处理侵权链接210万余条，整体下线率100%，取得了良好的维权效果。

关注版权热点难点问题，陆续举办"体育赛事网络版权发展和保护讨论会""区块链+版权示范应用论坛""2023网络文学版权保护研讨会""2023视频行业版权保护研讨会""新动能 新趋势 新共识——剧本娱乐行业版权保护与发展大会"等主题论坛活动。

2023年中国版权年会主论坛暨远集坊文化论坛于11月9—12日在广东珠海召开，多位版权界领导和知名人士，以及中国版权协会会员代表，著作权人、权利人组织及版权产业界的代表，版权教学科研、法律事务、新闻媒体代表等共300余人出席。

受国家版权局委托，中国版权协会持续开展新技术在版权领域的应用研究，并组织编写研究报告。2023年，报告以区块链技术与版权工作相结合为重点研究方向，通过充分利用区块链技术去中心化、不可篡改、可追溯和智能合约化等独特的技术优势，有效应对因数字技术发展带来的版权确权和维权困难、侵权行为多发等问题。

为了应对人工智能生成物给版权领域带来的挑战和问题，受中央宣传部版权管理局委托，中国版权协会迅速组织了学术界、司法界、产业界的知名专家学者，及人工智能相关重点企业等共同对国内外人工智能应用发展现状及趋势开展调研，将调研结果进行收集整理，并形成了分析意见报告报送中央宣传部版权管理局。

2023年，中国版权协会正式成立版权纠纷调解中心，并加入北京市法院多元化调解机制。协会作为第三方机构进入司法调解体系中，充分发挥在版权方面的专业能力，拓展工作领域，解决会员发生的版权纠纷，保障会员的合法权益。同时，积极支持、配合司法机关和版权行政管理机关开展调解工作，化解版权矛盾，减少纠纷，净化版权环境。

积极拓展版权多边双边交流合作领域，服务对外版权工作大局。2023年3月，协会副理事长兼秘书长等3人出席了在世界知识产权组织总部日内瓦举办的版权及相关权常设委员会第43届会议。

2023年，中国版权协会进一步加强与日本内容产品海外流通促进机构（CODA）的交流合作，积极搭建中日版权界交流平台，共同举办了"2023中日著作权保护研讨会""首届中日IP衍生品授权交易研讨会"等活动；4月26日，中国版权协会与CODA在北京正式签署战略合作协议。12月，应CODA邀请，中国版权协会组织会员代表团赴日本进行访问，与日本著作权相关政府部门、行业协会、版权产业界代表开展了深入交流，取得了很好的效果。

为有效宣传版权知识，分享版权资讯，促进全社会提升尊重知识、保护版权的意识，同时为更好地向广大会员单位提供服务，2023年，中国版权协会官网全新改版上线；中国版权协会微信公众号开辟会员风采专栏和社会热点分享两大板块，并积极探索新技术与版权工作结合模式，在Web3.0时代背景下，基于游戏加速引擎，构建了版权交易和消费新场景的元宇宙展厅产品。

11月23—25日，中国版权协会牵头组织各二级委员会、协会骨干会员单位，共同参展第九届中国国际版权博览会。在第九届中国国际版权博览会上，由中央宣传部版权管理局指导，中国版权协会主办了国家"区块链+版权"特色领域创新应用试点成果展，并主办了"第二届软件正版化创新发展论坛"和"技术赋能版权可持续发展论坛暨'区块链+版权'创新应用试点研讨会"等活动。

根据产业发展需求和会员单位需求，协会共设立了4个二级委员会：艺术品版权工作委员会、软件工作委员会、网络游戏版权工作委员会、文字版权工作委员会。这4个二级委员会在协会理事会的领导下，发挥各自专长和优势，结合自身特点和联系领域，积极开展专项工作。

二、继续举办"远集坊"论坛相关活动，强化协会文化品牌形象

2023年，共举办远集坊文化论坛7期，并举办了"2023远集坊：数字时代版权高峰论坛""2023远集坊：构建书香社会——阅读高峰论坛""一枝一叶总关情——远集坊书法邀请展"等特别活动，得到了各主流媒体和新媒体的大力支持，在腾讯、爱奇艺、抖音、快手等多家新媒体平台进行同步直播，每期活动在线观看人数稳定在80万人次以上。

三、配合中央宣传部版权管理局，积极推进各项版权工作

受中央宣传部版权管理局委托，中国版权协会协助国家版权局完成对天津、山西、吉林、福建、湖南、广西、重庆、云南、甘肃、青海等10个省（区、市）部分省级政府机关及省国资委监管企业，和部分中央国家机关、中央企业、银行及金融机构的软件正版化现场核查工作。

邀请全国司法、立法、行政、学术、行业知名专家对"2022年中国版权十件大事"进行评选，评选结果在各大媒体上进行宣传，扩大版权工作影响，提升全社会版权意识。

为有效打击网络侵权盗版行为，维护网络版权秩序，构建网络侵权盗版共治格局，经中央宣传部版权管理局批准，中国版权协会建立了境外侵权盗版网站常态化处置机制，通过向会员单位征集相关信息，经审核汇总后，报送主管部门对相关网站进行封堵。2023年，共处置境外非法侵权网站1600余个。

供稿：中国版权协会

中国音乐著作权协会

一、会员发展

2023年，中国音乐著作权协会（简称音著协）发展新会员785人（家），其中曲作者587

人、词作者151人、继承人23人、其他2人、出版公司22家,会员总数达到12 864人。

在新发展的会员中,较有影响力的会员有:北京好乐无荒文化有限公司、北京酷音天籁音乐有限公司、广州索氧音乐文化传播有限公司、广东一窝蜂文化科技有限公司、沈阳星巢骁盛文化传媒有限公司、都智文、雨宗林、十三狼、李仁赫、廖建中、陈卫东、金旭庚、尹约、张靓、刘兆伦、陈禹、洪川、隋晓峰、苑飞雪、祁峰、廖羽、萨吉、胡继沿等。

二、音乐作品版权信息管理

音著协应用"音乐著作权大集成服务系统(Integrated System of Music Copyright, iSMC)"对音乐作品版权信息进行数字化管理。iSMC由音著协开发,并于2021年8月正式上线运行,是音乐作品信息数据和著作权服务一体化的集大成平台。该系统依托于音著协覆盖全球范围的音乐作品著作权信息管理大数据系统(Documentation Innovation Visionary Art, DIVA)和横贯各主要行业的音乐使用监测大数据系统,为音乐著作权人、音乐使用者等产业主体提供高效便捷的著作权服务,一站式解决作者入会、作品登记、权利查询、许可管理、使用费分配等问题。在促进音乐产业繁荣的同时,该系统还为维护国家和社会的文化安全贡献力量。音著协著作权管理范围已覆盖全球300万余名词曲著作权人、超过1800万首音乐作品。

三、音乐作品使用许可

2023年,音著协许可收入金额约为4.27亿元,同比增长约2.4%。截至2023年底,音著协历年许可收入总额达38.75亿元。

1. 表演权许可

2023年,音著协表演权许可收入(不含卡拉OK部分)首次突破1亿元,达1.13亿元。许可涉及酒店、餐饮、商场、超市、酒吧、专卖店、健身、展馆、主题公园、航空、候车室、航站楼、音乐喷泉、办公大楼等众多行业的10万余家门店,以及数千场演出。其中,现场表演类许可收入金额达3737万元。卡拉OK表演权许可收入1.25亿余元。

2. 广播权许可

2023年,音著协广播权许可收入达2808万元,部分电视台、电台因为协议续签问题导致延期付款而暂未计算。当年新签约电视台6家,广播电台8家,截至2023年底,已同音著协达成许可付酬协议的电视台62家,广播电台85家,共计147家。

3. 复制权许可

2023年,音著协复制权许可收入约2909万元,较上年同比增长约20%。

4. 新媒体许可

2023年,音著协新媒体业务许可收入约1.16亿元。在此方面,音著协始终坚持"音乐著作权主渠道合作模式",对数字音乐版权市场进行有效梳理,并逐步拓展网络直播和网络视频的音乐许可业务。

5. 海外许可收入

除了以上4项权利许可收入之外,音著协2023年收到海外同类组织转来的许可收入约1526万元。

四、音乐作品许可使用费分配

2023年音著协共完成4期13次分配,涉及许可收入金额约5.41亿元(税前),扣除增值税6%后约为5.1亿元,管理费比例约占16.6%。

五、诉讼维权

2023年,音著协共启动维权诉讼程序125件。采取以上维权行动后,经谈判、和解、调解或者判决,音著协为音乐著作权人索赔和追回的著作权使用费249万余元,待执行款23万余元,共计272万余元。

六、国际事务

2023年,在国际作者和作曲者协会联合会(CISAC)的国际版权保护体系下,音著协已与80余家海外同类组织签订著作权相互代表协议。

七、信息公开及宣传

2023年,音著协继续通过网站、微信公众号、理事工作简报、会讯、年报等形式,向会员、使用者、政府、社会公众通报具体工作,主动做到公开、透明。其中,音著协官方微信公众号关注总数达1.8万余人,发布资讯70余条,内容涉及会员入会、许可合作、分配公示、法律维权、会员作品展示、版权课堂、版权资讯等多方面内容。

供稿:中国音乐著作权协会

中国发明协会

一、坚持党建引领,以主题教育为契机,凝心铸魂,坚决捍卫"两个确立",自觉做到"两个维护"

按照党中央部署和中央社会工作部安排,认真组织开展学习贯彻习近平新时代中国特色社会主义思想主题教育(简称主题教育),强化理论学习。中国发明协会(简称协会)组织全体党员、入党积极分子和全体员工集中学习17次,学习了《习近平著作选读》第1卷、第2卷30多篇重要文章,还通读研学党的二十大报告、党章,学习研读《习近平新时代中国特色社会主义思想专题摘编》等学习书目。组织协会全体党员和员工在毛泽东手书馆,与首都各界代表100余人一起参加纪念毛泽东同志诞辰130周年座谈会。邀请中国工程院院士马玉山就企业创新与高质量发展专题讲党课。中央主题教育第16指导组领导听取协会负责同志主题教育工作汇报,对协会主题教育和党建工作给予充分肯定。中央社会工作部第三巡回督导组多次到协会调研指导,充分肯定协会主题教育工作成效。

二、成功举办第17届中国发明家论坛暨发明创业奖颁奖典礼

2023年4月25日,第17届中国发明家论坛暨发明创业奖颁奖典礼在北京中国科技会堂成功举办,来自全国科技界、发明界、企业界、投资界代表300余人参加了大会有关活动。

11位各学科领域杰出人才当选为中国发明协会第六批会士,会上举行了颁发会士证书仪式。

2022年,815个发明创新项目参评"发明创业奖·成果奖",其中251个项目获奖,117个获一等奖,134个获二等奖。989项发明成果参评"发明创业奖·创新奖",其中301项发明成果获奖,147项获一等奖,154项获二等奖。在此次论坛上举行了颁奖典礼。

论坛期间,还举行了八届三次党委会、八届五次、六次常务理事会、监事会、八届三次理事会员代表大会,新会员代表座谈会,全国发明协会会长秘书长工作会等会议。

三、发明创新交流活动持续向好,首次应邀担任德国展主宾国,外事活动成绩斐然

交流合作工作全面恢复,全年共组织泰国、科威特、瑞士、法国、俄罗斯、土耳其、罗马尼亚、波兰、韩国、新加坡、印度尼西亚、塞尔维亚、克罗地亚、摩尔多瓦、德国、中国澳门、中国香港等19个展团参加境外和港澳国际发明展览会。其中,土耳其、瑞士日内瓦、德国纽伦堡、中国澳门、中国香港国际发明展恢复线下组展。

2023年,中国成为第75届德国纽伦堡国际发明展主宾国,中国发明协会首次成

为官方独家合作伙伴,贺振福副理事长带队,共遴选80个各领域优秀发明项目参展,60人参展,获得46金、17银、12铜、3个专项奖,金牌总数和获奖比例、获金奖比例创历史新高。

中国科协党组成员、国际合作部(港澳台办公室)部长(主任)罗晖亲自到协会调研世界发明创新联合会(WIIF)筹建工作进展。出席博鳌亚洲论坛,出席在郑州举办的世界知识产权科技女性菁英论坛,应邀访问香港并出席系列活动,应邀出席第11届澳门国际创新发明展,调研了北京理工大学珠海校区,在深圳出席国际水协会资源回收大会活动。出席世界知识产权组织中国办事处在北京举办的绿色可持续发展圆桌会议,出席在郑州举办的全球发明大会中国区全国总决赛并为获奖代表颁奖。出访土耳其。

四、会员质量稳步提高,会员服务内涵不断丰富

2023年新增入会369人(家),其中硕士研究生以上学历占47%;单位会员新增25个。

共推选5名两院院士人选,推荐2人参加中国科学院院士候选人评选;推荐3人参加中国工程院院士候选人评选。提名第三届全国创新争先奖4名。提名2人为第十九届中国青年女科学家奖个人奖候选人,提名1人为第八届未来女科学家计划候选人。4位青年人才入选协会"青托"候选人。推荐2023年度国家科学技术奖6个项目人选。

525人进入第13届发明创业奖人物奖评审环节,154位同志获人物奖,15位同志获"当代发明家"荣誉称号。

8月21—23日,受国家知识产权局委托,在北京主办"企业发明创新与知识产权管理及非职务发明培训班",知名专家为来自全国100余位学员授课。7月27—31日,经人力资源社会保障部批准,在江苏省南通市举办"新产品研发高级专业人才能力提升"高级研修班,70余名学员参加,邀请知名院士、专家授课。

供稿:中国发明协会

国际保护知识产权协会(AIPPI)中国分会

一、举办AIPPI中国分会青年知识产权研讨会

2023年3月17—18日,2023年AIPPI中国分会青年知识产权研讨会在张家口崇礼区举办,参会人数达110余位。最高人民法院和国家知识产权局受邀各派2位法官和2位专家莅临指导并发表演讲。研讨会共设立11个分论坛,分为9个英文论坛和2个日语论坛,39位演讲人受邀作主题演讲,内容涵盖专利、版权、商标等知识产权领域中的热点问题。

二、AIPPI中国分会举办"有关元宇宙场景下商标使用问题"研讨会

3月30日,AIPPI中国分会"有关元宇宙场景下商标使用问题"研讨会在北京举办。7位专家、法官、学者、律师分别以"元宇宙场景中商标注册与使用等相关问题"为主题发表演讲,并围绕"从技术角度看元宇宙场景下商标使用的问题""尼斯分类表中涉及元宇宙相关商品及服务的问题""元宇宙环境下的商标维权问题讨论"3项议题展开深入研讨。

三、参加中国国际消费品博览会知识产权保护研讨会

4月12日,中国国际消费品博览会知识产权保护研讨会(简称研讨会)在海口举办。研讨会由中国国际投资促进会、海南国际仲裁院共同主办,AIPPI作为支持机构参与举办。AIPPI 会长奥山尚一应邀发表视频致辞。AIPPI 中国分会秘书长和 AIPPI 中国分会知识产权商业化委员会主席应邀作主题发言并简要介绍了协会的情况和近期活动。

四、AIPPI 中国分会与武汉市贸促会签署合作备忘录

5月23日，金砖国家知识产权论坛（BIPF）在武汉举办，来自巴西、俄罗斯、印度、中国和南非的金砖五国知识产权专家及工商界、知识产权界的200余人参会。论坛开幕式上，AIPPI 中国分会副会长代表 AIPPI 中国分会与武汉市贸促会签署合作备忘录。

五、举办 AIPPI 中国分会人工智能合规与知识产权保护论坛

5月25日，AIPPI 中国分会人工智能合规与知识产权保护论坛在杭州举办。论坛由 AIPPI 中国分会、杭州贸促会、杭州高新区（滨江）管委会及高新区政府主办。AIPPI 会员、杭州市数字经济企业、人工智能企业、互联网企业、物联网企业、知识产权服务机构、相关协会组织、院校及科研机构等相关负责人参加论坛。

论坛以"聚焦人工智能合规，保护知识产权"为主题，分为主题演讲与成果发布两个环节，聚焦人工智能领域最新热点，以多种形式全方位展现人工智能知识产权保护发展现状与未来趋势。AIPPI 中国分会副会长龙传红和 AIPPI 会长奥山尚一分别受邀在开幕式致辞。

六、承办"知识产权仲裁与调解最新发展"沙龙

6月18日，在东莞举办的第13届中国国际商标品牌节上，AIPPI 中国分会与澳门凯旋集团共同承办"知识产权仲裁与调解最新发展"沙龙，AIPPI 中国分会秘书长、AIPPI 秘书长、广东省市场监管局负责人、中华商标协会负责人、AIPPI 中国分会 ADR 专业委员会负责人等共百余位嘉宾出席论坛。

七、AIPPI 会长一行在北京拜访知识产权相关部门

6月29—30日，AIPPI 中国分会协助安排并陪同 AIPPI 会长奥山尚一、秘书长、秘书局主任及总报告人助理一行拜访最高人民法院、国家知识产权局及中国贸促会。

八、举办 2023 年 AIPPI 中日韩三国分会交流会

6月30日至7月2日，2023年 AIPPI 中日韩三国分会交流会在青岛举办。会议吸引了百余位来自中国、日本和韩国的知识产权专家、学者、执业者和企业界的代表们参加。AIPPI 会长奥山尚一、秘书长、秘书局主任及总报告人助理参加会议。来自 AIPPI 中国分会、日本分会、韩国分会的9位嘉宾分别围绕中日韩三国知识产权法律和实践的最新发展、人工智能相关发明专利的审查和确权实践、商标使用的证明3个议题发表精彩演讲，与参会人进行深入交流。

九、参加 2023 年中国国际服务贸易交易会

9月4日，2023年中国国际服务贸易交易会知识产权服务业发展国际论坛在国家会议中心举办。应主办方邀请，AIPPI 中国分会秘书长作为 AIPPI 代表参加论坛并以国际知识产权保护的新趋势为题与参会嘉宾做了分享，向大家重点介绍了2022年 AIPPI 专题决议和2023年及2024年 AIPPI 的专题研究题目。

十、参加第二届中外地理标志产品博览会

9月19—21日,第二届中外地理标志产品博览会在泸州举办。AIPPI中国分会秘书长应邀参加于9月20日举办的地理标志法律与知识产权论坛并作主旨演讲,向来宾介绍AIPPI,以及AIPPI在知识产权国际公约、法律和实践国际协调方面,特别是地理标志保护方面所做的工作。

十一、参加2023年AIPPI伊斯坦布尔世界知识产权大会

10月22—25日,2023年AIPPI世界知识产权大会在土耳其伊斯坦布尔举办,来自世界各国和地区的2000余名会员参加大会。其中中国分会参会总人数达200余人,位列第二。

大会期间举办了2次执委会和多场专题讨论会,中国分会副会长作为代理会长与土耳其分会会长共同主持会长理事会;中国分会秘书长参加了各国分会秘书长/司库会议、通讯委员会会议、AIPPI青年委员会会议;另外中国分会指定了10位会员作为中国分会的代表与代理会长一同参加了两次执委会。执委会通过了以下专题报告和常设委员会报告的决议:

(1)Q284　等同原则
(2)Q285　商标使用的证明
(3)Q286　著作权集体管理组织
(4)Q287　在线市场对在线侵犯工业产权的责任

中国分会4个专题报告的报告人或报告人代表及部分会员在伦敦参加了专题报告决议的修改讨论和投票;中国分会的指定代表参加了执委会并就协会相关工作投票,经执委会代表投票,中国分会副会长成功连任AIPPI提名委员会委员。

十二、举办2023AIPPI中国分会版权热点论坛

12月9日,2023年度AIPPI中国分会版权热点论坛在北京举办。论坛以主题演讲和圆桌访谈方式举行,20余位来自司法界、学术界、行业等领域的法官、学者、专家、律师代表围绕著作权领域的热点、难点问题进行深入探讨、交流,并与现场参会嘉宾进行互动。论坛还发布了2023年度AIPPI中国分会版权十大热点案件。

十三、召开AIPPI中国分会40周年纪念座谈会暨2023AIPPI中国分会会员代表大会及理事会

12月20日,AIPPI中国分会在北京召开AIPPI中国分会40周年纪念座谈会暨2023AIPPI中国分会会员代表大会及理事会,近100位会员和会员代表参会。中国贸促会副会长于健龙,国家知识产权局原局长、AIPPI中国分会会长田力普,国家知识产权局条法司负责人,最高人民法院知识产权法庭负责人,最高人民法院司法行政装备管理局负责人,AIPPI原会长出席座谈会并致辞。座谈会由AIPPI中国分会副会长主持。座谈会结束后举行了AIPPI中国分会40周年纪念册发布仪式。

供稿:国际保护知识产权协会中国分会

地方知识产权工作

北 京 市

知识产权工作

2023年,北京市统筹推进知识产权创造、运用、保护、管理、服务各项工作,推动知识产权强国示范城市建设取得新进展。截至2023年底,北京市有效发明专利拥有量574 323件,每万人口高价值发明专利拥有量136.95件,稳居全国第一;商标注册量23.6万件,商标有效注册量总计307.9万件。在第二十四届中国专利奖评选中,北京地区152项专利获奖,金奖、银奖数量连续三年居全国首位。世界知识产权组织发布的《2023年全球创新指数报告》中,北京位居全球科技集群排名第四。

一、以首都发展为引领,统筹推进各项重点任务

召开北京市知识产权办公会议工作会,协调落实知识产权强国示范城市建设纲要和"十四五"规划年度工作任务,完成"十四五"规划中期评估和《北京市知识产权保护条例》实施评估。

深入推进"两区"知识产权工作,深化落实全环节改革行动方案,协调相关部门研究提出6项创新政策。出台《北京市数据知识产权登记管理办法(试行)》,联合发布《北京市企业数据知识产权工作指引(试行)》,推进登记证书在司法审判中的运用。发放数据知识产权登记证书50件,并完成首笔质押融资,在2023年试点工作总结验收中获优秀等次。北京首家外国专利代理机构在华常驻代表机构落户北京市经济技术开发区。"专利侵权纠纷'先行裁驳、另行请求'裁决模式"向全国复制推广。联合十七部门出台《关于加快推动知识产权服务业高质量发展的实施方案》。北京中关村科技园区获评首批国家知识产权服务业高质量集聚发展示范区。

一体化推进优化营商环境6.0和营商环境创新试点等系列改革,推动落实22项改革任务,完成京津冀营商环境建设15项任务。对世界银行新评估体系进行学习研究,形成《世行营商新评估知识产权领域研究报告》和《知识产权指标考评点分析表》。以北京市优化营商宣传推广月为契机,组织多场发布会、宣讲会,上线优化营商"微视频天天讲",在北京市人民政府官方网站刊发《北京市持续推出优化营商环境"北京做法"》,为世行营商新评估提供坚实保障》,深度宣传改革成果,营造良好创新环境和营商环境。

举办京津冀知识产权协同发展合作大会,开展专题会商,召开京津冀高校知识产权运用联盟大会,设立京津冀(雄安)知识产权保护分中心、10家京津冀联动服务工作站,组织服务京津冀系列活动、主题培训等30余场次。发布《京津冀海外知识产权纠纷协同应对指引(试行)》,与津冀两地共享海外纠纷线索。建立京津冀技术调查官共享机制,共同推荐首批35名技术调查官入库,提高专利侵权纠纷行政裁决质量效率。

二、以质量效益为导向,积极促进创新转化与服务

联合印发《关于促进北京市知识产权质押融资服务高质量发展的实施方案》,出台促进质押融资十项措施。推动专利开放许可,累计发布开放许可专利4228件。深入实施专利转化专项,支持205家中小微企业获取并实施专利和开展专利质押融资工作。完善知识产权优势单位培育体系,建立专利申请精准管理机制,新认定知识产权优势单位150家、试点单位794家。建设光伏产业知识产权运营中心,举办知识产权运营专题培训,推动知识产权运营基金和股权投资,指导朝阳区做好运营城市验收等工作。推动成立我国首个量子计算产业知识产权联盟,并发布专利池。开展创新管理知识产权国际标准实施试点。圆满完成第七届北京市发明专利奖评选工作,评选出36项获奖专利。开展"千企百城"商标品牌价值提升行动。

落实市级"服务包"平台任务,对接9家企业服务事项14项,办结率和满意率均为100%。加强海外知识产权布局,2023年PCT国际专利申请受理量全国排名第二。完善重点区域公共服务工作站布局,新建15家工作站,工作站总量达到100家,实现"三城一区"主平台工作站全覆盖。发布《知识产权公共服务规范》团体标准,建立拟上市企业知识产权公共服务机制。优化海外维权服务体系,北京市海外知识产权公共服务信息库新增数字经济领域,数据量突破10万件,发布海外维权指南5册。充分发挥专利预审和专利申请优先审查的快速通道作用,通过预审申请平均授权周期远低于全国发明专利平均审查周期。举办高校知识产权大赛,"知识产权信息公共服务助企纾困"入选全国优秀案例。深入开展知识产权保险试点工作,完成海外险首单出险理赔,相关做法入选全国首批知识产权质押融资及保险典型案例。完善接诉即办工作流程,推动央地协作机制落地,发布高频事项办事指南。

三、以依法行政为抓手,全面加强知识产权保护与管理

印发《关于专利侵权纠纷行政裁决工作若干问题的规定》,聘请技术调查官77人,开展实务培训,下放专利侵权纠纷行政裁决权。做好中国国际服务贸易交易会等重大展会知识产权保护工作,加强对商标案件的指导,形成市区联动办案机制,严厉打击商标恶意注册行为,转办涉嫌重大不良影响商标线索。加强地理标志培育、保护和促进工作,平谷大桃、昌平草莓入选全国第二批地理标志助力乡村振兴典型案例。联合平谷区举办"知识产权保护与农业创新发展论坛",推动农业中关村建设。深入推进知识产权纠纷多元调解工作,调解成功率超70%。高标准建设保护中心分中心,新设立顺义、通州分中心,怀柔科学城分中心揭牌运行。指导各区培育、运用、保护好地理标志资源,顺义区"牛栏山二锅头"入选2023年国家地理标志产品保护示范区筹建名单。开展知识产权代理行业"蓝天"专项整治行动和专利代理委托监管工作,做好非正常专利申请代理机构的约谈整改指导工作。

四、以开放共享为主题,不断扩大交流合作与宣传

高质量落实日内瓦世界知识产权组织成员国大会期间举办的中国与世界知识产权组织合作五十周年系列活动任务,推进北京市与世界知识产权组织新一轮合作,促成清华大学与世界知识产权组织在京联合培养知识产权与创新政策硕士项目。在中关村论坛、服贸会、全球数字经济大会等重大活动上举办知识产权论坛。举办知识产权国际化能力提升培训班,高标准做好出访交流和外事接待等工作。推进首都知识产权

国际交流合作基地、"一带一路"首都知识产权发展联盟建设,新获批3家世界知识产权组织技术与创新支持中心(TISC)建设单位,2个绿色技术对接项目入选WIPO GREEN 2022年度报告典型案例。加大宣传力度,结合"全国知识产权宣传周",发布《2022年北京市知识产权保护状况》和行政保护十大案例,举办各类宣传活动125场。

供稿:北京市知识产权局

版权工作

一、版权保护行政司法协同治理机制运行良好

2023年,北京市版权局组织召开行政司法协同治理工作会议3次,印发《2023年版权保护行政司法协同治理机制任务清单》,明确推动专项行动、执法协作、社会监督共治等23项重点任务。调整新增4家协同治理工作成员单位,就推动高频涉诉企业调解、建立非法网站快速投诉查处渠道等9个问题达成共识。建立著作权案件线索通报会议机制,为构建全链条版权新型执法模式提供制度保障。开通社会投诉热线,供社会各界提供侵权线索,提高版权案件办理效率。

二、持续推进版权产业发展,推动社会服务

1. 可信版权链建设取得显著成果

可信版权链自2021年1月入选国家"区块链+版权"创新应用试点以来,已在全国建立由行业超级节点、城市节点和业务节点组成的可信版权链节点网络66个,示范项目超过200个,上链数字版权证书超过400万份。在2023北京文化论坛上,北京市版权局与中国公共关系协会文化大数据产业委员会就可信版权链与国家文化大数据运营中心签署了协议,建立了战略合作伙伴关系。

2. 全市版权示范体系建设有力推进

深入发挥版权示范创建引领作用,举行正版示范体系建设暨"正版正源"进园区企业启动仪式,印发《关于开展2023年度"北京市版权保护示范单位、示范园区(基地)"评选工作的通知》。评选出版权资源丰富、版权保护制度完善,在行业内拥有较大影响力的市级版权保护示范单位12家,示范园区(基地)7家,推荐6家单位、3家园区(基地)参评全国示范。修订完成《北京市版权工作站管理办法》,实现版权工作站在市级版权保护示范单位、示范园区(基地)全覆盖。

3. 坚持拓展服务载体,持续优化版权环境

推动在市版权保护中心设立北京文化创意版权服务机构,深化版权登记服务,利用区块链技术手段增强版权管理和服务能力,为文化创意企业版权交易、调解、诉讼等提供有力的证据支持和公共服务支撑。截至2023年底,已实现将在北京发生创作、传播、版权交易等"著作权行为"的作品纳入登记受理范围。2023年,北京地区作品自愿登记数量为1 101 072件,同比增加5.14%。

三、聚焦全链条保护,版权保护专项行动成效明显

重点部署"剑网2023"专项行动,与市公安局等联合印发《"剑网2023"专项行动的通知》,聚焦重点领域、瞄准新兴领域,督促各单位、各平台落实主体责任,推动建立良好网络版权生态;全面落实"清朗·杭州亚运会和亚残运会网络环境整治"专项行动有关要求,强化网络平台版权审核和内控机制,要求在网站显著位置设置举报入口,取得较好效果;持续开展院线电影重点作品版权保护专项行动,向主要网络服务商发出重点作品版权保护预警函,委托第三方服务机构对68部院线电影重点作品加大网络版权监测力度;有力推进"青少年

版权保护季"专项行动工作,会同网信、网安和文化执法等有关部门,查办手机直播软件"电视家"APP侵犯青少年节目版权案等典型案例,为青少年健康成长保驾护航。

四、聚力增强软件信息安全工作合力

1. 加强工作部署,发挥制度优势

全面系统总结。严格按照《2022年度软件正版化工作考核标准》对各单位逐项进行量化打分,总结2022年工作成效,研究下一步重点工作和发力方向,充分发挥考核工作的引领督促作用。

及时动员部署。印发《2023年北京市软件正版化工作方案》,首次将市属高校、区属中小学纳入年度考核范畴。强化联席会议成员单位之间的协调配合,组织召开2023年北京市软件正版化工作动员部署会,在全市范围设183个会场,共计725人参会。

2. 加强宣传培训,提升管理效能

多措并举开展培训。牵头组织北京市软件正版化工作培训班,全市267家党政机关,企事业单位共367人参加此次培训。通过此次培训,增强从业人员做好软件正版化工作的主动性和自觉性,营造使用正版、保护创新的浓厚氛围。

实地走访排忧解难。组织第三方服务机构有效开展咨询服务与全面督查,重点对2023年开启考核工作的市属高校、区属中小学进行专题研究,为全面铺开软件正版化工作夯实基础。会同市工商联在华夏文广集团公司召开座谈会,启动民营企业软件正版化试点工作,印发《正版软件管理工作指南》。

3. 加强督查核查,压实主体责任

不断完善系统配置。集中力量对北京市软件正版化检查服务系统进行不断优化,逐步形成"远程检查、即时自查"的工作模式,提升软件正版化服务管理效率。

实地开展重点督查。分类制定《北京市2023年软件正版化工作考核标准》,组织若干考核组通过远程普查和现场检查相结合的方式,对6家市级党政机关进行重点抽查,对32家区级机关、152家市属国企、84家市区卫生健康系统单位、32家区属国有企业、33家市教委直属单位和市属高校等339家单位进行全面考核,确保全市软件正版化各项工作举措落到实处。

五、出版业国际传播能力建设持续提升

持续加强出版业国际传播能力建设,紧紧抓住内容、渠道、翻译等出版"走出去"关键环节,聚焦重点企业、重点项目、重点平台,突出数字出版新兴业态,版权输出、实物出口、翻译、交流推介、渠道建设等业务与项目积极推进。2023年,共有13个项目获得奖励扶持,涵盖优秀出版物成果和优秀出版物翻译等类别。

六、大力推动版权宣传工作,积极举办各类活动

1. 版权系列宣传活动亮点频出

"全国知识产权宣传周"期间,会同世界知识产权组织中国办事处联合主办"传统与创新的对话——让版权焕发北京古都文化活力"主题宣传活动,创新举办"版权点亮生活之美——首都版权之夜"活动。活动期间,《光明日报》《中国日报》等各大媒体发稿共计89篇,近2万人现场参与,106.1万人次线上同时观看,其中快手平台浏览量超过956.6万人次,点赞量超过46.6万,单条播放量最高达到459.9万。举办"点亮阅读障碍者心灵之光——《马拉喀什条约》在京落地实施暨迎新春版权宣传活动",激发版权助力文化普惠的力量,受到社会广泛关注。

2. 高质量举办2023年服贸会首都版权展

以"版权赋能中华优秀传统文化发展"为主题,从多方面呈现全市版权产业蓬勃发展的盛况。中国国际服务贸易交易会期间，举办"知识产权争议解决与高质量发展"和"版权赋能中华优秀传统文化发展"论坛，深入探讨高效解决知识产权争议新路径。精选国内外知名 IP 衍生品进行展示，满足广大人民群众日益增长的精神文化需求。此次展览观众总计达 4 万余人次，达成 50 余个合作意向。《人民日报》《光明日报》、新华网等中央媒体和《中国新闻出版广电报》等行业媒体广泛报道，北京广播电视台开辟专栏播发 5 分钟专题报道，反映首都版权展盛况。

3. 第九届中国国际版权博览会首都版权展区精彩呈现

以"版权助力传统文化创新"为主题，推介和促进优质版权项目最新成果的交流合作与转化。在国家"区块链+版权"创新试点展区举办可信数字版权生态成果展，并在展区主舞台举办"微笑彩虹·2023 关爱特殊群体"特别行动。

七、工作亮点突出，获得版权领域多项荣誉奖项

2023 年，北京市在国家版权局主办、指导的各项荣誉评选活动中成绩亮眼，电影《长津湖》获评中国版权金奖·作品奖，北京知识产权法院审判监督庭、北京市公安局通州分局环境食品药品和旅游安全保卫支队 2 家单位获评中国版权金奖·保护奖，开心麻花获评 2022 年度十大著作权人荣誉等，社会反响热烈，为激励创新营造了良好氛围。

供稿：北京市版权局

司法工作

一、充分发挥审判职能，服务保障发展大局

1. 优质高效完成审判任务

2023 年，除知识产权刑事案件外，北京三级法院共受理各类知识产权案件 59 986 件，同比下降 17.58%，其中知识产权民事案件共 30 837 件，占比 51.4%；知识产权行政案件共 29 149 件，占比 48.6%。共审结各类知识产权案件 67 458 件，同比下降 9.5%，其中审结知识产权民事案件 36 933 件、知识产权行政案件 30 525 件。

先后审结了一批在全国范围内具有典型意义的重大、疑难、复杂知识产权案件。一审审结北京京东世纪贸易有限公司等与阿里巴巴集团控股有限公司等滥用市场支配地位纠纷案，该案是首例涉电商平台因"二选一"限定交易行为而作出的民事损害赔偿判决案件，该案在反垄断纠纷中对竞争损害效果的认定、损害赔偿的制度机理、竞争损害与实际损失之间的逻辑关系、经济学报告的分析思路以及民事责任承担方式的判断等法律适用问题上具有指导意义。审结涉杨丽萍《月光》舞蹈作品著作权系列纠纷申诉审查案件，确定了服装、妆容、道具等元素可以与舞蹈动作、姿势、表达一起作为舞蹈作品的独创性表达内容，获得著作权法的保护，本案确立的裁判规则对加强舞蹈作品的知识产权保护作出了有益探索。

2. 精准服务创新发展大局

发布《北京市高级人民法院为加快建设全球数字经济标杆城市提供司法保障工作规划（2023—2025）》，提出司法服务保障数字经济发展的 22 项措施。深度参与中国国际服务贸易交易会、2023 中关村论坛"全球知识产权保护与创新论坛"等，努力开创知识产权强国示范城市建设新局面。

3. 加大惩罚性赔偿适用力度

指导全市法院严格执行《最高人民法院关于审理侵害知识产权民事案件适用惩罚性赔偿的解释》，落实《北京市高级人民法院关于侵害知识产权民事案件适用惩罚性赔偿审理指南》，通过组织全市法院培训、召开跨层级法官会议等形式，加强全市法院对适用惩罚性赔偿的法定要件、计算方式的理解与适用。

二、坚持协同保护,构建知识产权大保护工作格局

1. 推动京津冀知识产权司法保护协同发展

北京高院与河北、天津两地高院会签《加强知识产权司法保护协作框架协议》《关于加强司法协作为京津冀打造中国式现代化建设先行区示范区提供服务保障的框架协议》,建立知识产权大保护同频共振、司法宣传区域联动等工作机制,为京津冀区域创新驱动发展和产业协作迈上新台阶提供有力司法保障。

2. 加强知识产权司法保护和行政保护协同

与国家知识产权局协同开展商标行政案件行政前端诉源治理工作并形成会议纪要,通过22项举措进一步深化商标行政案件诉源治理,做深做实新时代"枫桥经验";与国家知识产权局召开座谈会,共同探索行政司法机关之间商标恶意注册行为人信息共享机制。

3. 多措并举推动知识产权纠纷源头化解

北京知识产权法院优化"撤回重评"和商标行政争议诉前化解机制,2023年共依申请办理诉权预登记案件648件,共有983件商标案件以诉前撤回起诉材料的方式结案。北京互联网法院依托与北京市版权局、首都版权协会共同搭建的"e版权"诉非"云联"机制,全年共调解成功1764件,调解成功率58.26%。

三、加强调查研究,发挥知识产权司法引领作用

1. 总结专业化审判三十年经验,开创知识产权审判工作新局面

组织编写《北京法院知识产权专业化审判三十年白皮书(1993—2023)》(中英文版),系统总结三十年来北京法院知识产权专业化审判发展的经验与成效。召开北京法院知识产权专业化审判调研座谈会,会议要求全市法院总结知识产权专业化审判三十年经验做法,立足首都定位,做深做实为大局服务、为人民司法,不断开创北京法院知识产权审判工作新局面。

2. 加强调研督导,发挥典型案例示范作用

统筹规划全市"全国知识产权宣传周"活动,发布"2022年度北京法院知识产权司法保护十大案例"及"北京法院2022年度商标授权确权司法保护十大案例"。2件案件入选2022年中国法院10大知识产权案件,3件案件入选2022年中国法院50件典型知识产权案例,2篇入选最高人民法院发布的电影知识产权保护典型案例(共8篇)。组织开展关于完善数字经济下新类型不正当竞争案件审理机制的调研,针对数字经济下新类型不正当竞争案件的审理机制提出改进思路。北京互联网法院针对涉网著作权案件特定主体之间同类型批量案件较多的特点,出台《关于在涉网类型化、批量化案件中实施示范诉讼机制的规定(试行)》,用示范诉讼确定规则、指导审判;开通示范性诉讼案件绿色通道,全流程加大调解力度,全年开展示范诉讼218件,减少批量案件立案量1700件左右。

3. 开展司法宣传,积极发出知识产权司法保护强音

与北京市知识产权局共同承办2023全球数字经济大会"知识产权与数字经济发展"论坛,依托国际交流合作平台展现首都知识产权审判现代化水平。深度参与2023年中国国际服务贸易交易会,选派法官团队全程驻会,做好司法服务保障工作。北京知识产权法院与WIPO中国办事处、北京市知识产权局和北京市版权局共同主办"知识产权争议解决与高质量发展论坛",靶向服务北京国际科技创新中心"三城一区"主平台建设,助力推动首都高质量发展。

四、深化改革创新,推动首都知识产权审判工作现代化

1. 完善巡回审判布局,健全知识产权司法保护体系

在已设立6家知识产权巡回审判庭的基础上,指导北京知识产权法院和北京互联网法院设立"中关村科学城知识产权巡回审判庭""数据权益巡回审判庭",实现了在北京科技创新主平台知识产权巡回审判全覆盖;通过全市三级法院共享共用,开展巡回审判、普法宣传、调查研究、培训授课120余次,持续推进常态化巡回审判工作机制。

2. 优化审判流程管理,进一步提升司法效率

总结繁简分流工作经验,商标行政案件快审机制运行一年多来成效显著;着力解决涉外知识产权案件审理周期长问题,在调研基础上形成《涉外知识产权案件审理流程规范(征求意见稿)》。北京知识产权法院积极探索知识产权案件电子卷宗全流程随案同步生成及深度应用改革,对外发布《商标驳回案件电子诉讼材料提交指引》。

3. 创新人才培养模式,锻造过硬知识产权专业化审判队伍

在2023年12月召开的第五次全国知识产权工作会议上,北京高院民事审判三庭等8个集体和8名个人获评先进集体和先进个人。着力拓宽知识产权法官的国际化视野,选派2名法官参加在新加坡举行的国际商标协会2023年年会,与INTA各委员会进行交流座谈并作专题发言;选派2名法官参加在香港举行的第十三届亚洲知识产权营商论坛并开展知识产权交流。北京知识产权法院审判监督庭获评中国版权金奖·保护奖,是全国获奖单位中唯一一家审判机构。

供稿:北京市高级人民法院
知识产权审判庭

检察工作

一、强化政治引领,以知识产权检察工作现代化服务首都现代化建设

北京市检察机关以党的政治建设为统领,将知识产权检察工作置于知识产权强国建设战略大局中去考虑和谋划。与北京市知识产权局共同制定《强化知识产权协同保护工作指引》,为创新驱动知识产权高质量发展提供更加有力的检察保障。主动服务北京全球数字经济标杆城市建设,与北京市知识产权局等部门联合制定《北京市数据知识产权登记管理办法(试行)》《北京市企业数据知识产权工作指引(试行)》,促进数据要素高效流通,助推新质生产力加快发展,主动服务北京国际科技创新中心建设。建立技术调查官库,聘请机械化工、电子信息、生物医药等领域43名技术调查官,2023年共有11名技术调查官参与7起案件办理,进一步提升知识产权检察专业化履职水平。对接"三城一区"主平台建设需求,海淀区检察院、顺义区检察院等与中关村科学城、中德国际合作产业园等重点科技园区建立检察联络机制,为园区企业提供"一站式"法律服务,主动服务北京全国文化中心建设。市检察院知识产权检察办公室经报请最高人民检察院移送线索,相关单位高度重视并开展专项排查,最终一批涉英烈等领域的恶意抢注商标被宣告无效。市检察院制定《加强老字号知识产权保护工作指引(试行)》,参与北京卫视《向前一步》节目拍摄。市检察院第四分院、西城区检察院等主动与老字号企业联络对接,推动办理侵犯老字号权益案件44件。主动服务国际交往中心建设。市检察院首次参加中关村论坛做主题发言,联合市检察院第四分院、海淀区检察院在中国国际服务贸易交易会设立检察服务工作站,开展政策法规咨询、处理侵权纠纷投诉、知识产权普法宣传等工作。

二、强化知识产权检察综合履职，实现最优司法保护效果

市检察院制定实施《北京市检察机关全面提升知识产权民事、行政诉讼监督案件办理质效的意见（试行）》，提升知识产权检察综合履职能力。聚合知识产权、金融、网络、涉外检察等专业力量，落实"一案多查"工作要求，不断提升知识产权综合履职质效。2023年，全市检察机关办理审查批准逮捕案件205件、审查起诉案件151件、民事诉讼监督案件471件、行政诉讼监督案件126件，数量显著提升。积极推进知识产权刑事附带民事诉讼，一体实现刑事责任追究和民事责任承担，减少权利人诉讼负累。深入开展知识产权领域双向行刑衔接，建议行政执法机关移送案件114人，同比增长1.5倍，作出不起诉决定后反向移送主管机关行政处罚14人，助力构建一体追责体系。"蒙娜丽莎"商标行政纠纷案入选最高人民检察院第48批指导性案例，2起商标行政纠纷案入选最高人民检察院发布的检察机关知识产权保护典型案例。1个集体、3名个人获评全国知识产权保护工作成绩突出集体和个人；2个集体、7名个人获评国家版权局查处重大侵权盗版案件有功单位和个人。

三、深入贯彻数字检察战略，助力构建知识产权全链条保护体系

北京市检察机关高度重视大数据赋能知识产权检察，完善多源数据集成的知识产权检察监督模型体系，加大知识产权保护力度。市检察院依托首都检察版"接诉即办"工作机制，建用"销假销劣类投诉涉刑线索未移送大数据法律监督模型"，推动刑事立案31件，查处行政违法案件54件，打掉"售假窝点"85个。通州区检察院办理的郭某某等6人假冒注册商标案，通过案件数据与12345平台市民投诉等数据的碰撞比对，识别并移送下游销假商户线索11件，移送有关部门作出行政处罚。市检察院第四分院建立知识产权恶意诉讼大数据法律监督模型，结合开展依法惩治恶意诉讼专项行动，有效遏制恶意抢注、恶意诉讼等行为，该模型获评全国检察机关大数据法律监督模型竞赛一等奖。

四、全面推进京津冀知识产权检察协同发展，形成区域保护合力

北京市检察机关贯彻落实《京津冀检察机关关于加强知识产权保护 强化网络综合治理 维护金融安全跨区域协作的工作意见》，办理涉京津冀知识产权刑事犯罪78件，加大对跨区域、链条化犯罪的打击力度。如东城区检察院办理的王某某、沈某某销售假冒注册商标的商品案，检察机关通过对资金证据、电子数据的精细化审查，追根溯源打击上游售假犯罪，有效震慑了跨区域销假黑产链条。

五、加强知识产权检察宣传，打造良好法治化营商环境

市检察院开展"加强知识产权法治保障，有力支持全面创新"宣传周活动，发布北京市检察机关《知识产权检察白皮书（2022年）》和典型案例。积极开展知识产权领域普法宣传，围绕网络著作权、服务商标等前沿热点，通过线上普法产品和线下座谈授课等方式，提升社会公众的知识产权保护意识。参加中关村论坛、农业保护知识产权论坛等并进行主旨演讲，向全球发出知识产权保护的"北京检察声音"，营造尊重知识产权、重视创新发展的社会氛围，打造良好法治化营商环境，为首都经济社会高质量发展贡献检察力量。

供稿：北京市人民检察院
知识产权检察办公室

天津市

知识产权工作

一、知识产权工作概述

2023年,天津市有效发明专利总量6.38万件,同比增长24.6%;每万人口高价值发明专利拥有量18.9件,同比增长31.3%;全市申请商标注册6.64万件,核准注册3.97万件,商标有效注册量42.8万件。滨海新区入选全国首批知识产权保护示范区建设城市。2023年3月,国家知识产权局会同中央宣传部、市场监管总局对各省市党委政府知识产权保护工作进行考核反馈,天津市2022年考核优秀。

二、知识产权运用

深入推进专利转化专项计划,支持专利转化专项资金项目157项,布局建设高校知识产权运营中心11所。组织实施"校企紧握手"专场活动12次,筛选高校首批可转化成果485项向企业推介。专利产业化配套服务体系不断完善,19家市级产业知识产权运营中心投入建设,12条重点产业链实现专利导航试点全覆盖。知识产权金融成效突出。2023年,全市专利商标质押融资总额达44.3亿元,同比增长31.0%。知识产权证券化取得新突破。成功发行"2023年度天银—东丽知识产权第一期资产支持票据",注册金额5亿元,第一期发行4500万元。截至2023年底,天津市已成功发行3单知识产权证券化产品,整体储架20亿元。知识产权交易更加活跃,推动天津大学、南开大学等高校院所在市知识产权交易平台完成专利项目挂牌1701项,成交121宗,成交额1278万元。完成开放许可专利试点234件,匹配推送后惠及的中小微企业120家,达成开放许可总数19个。政策环境进一步优化,天津市知识产权局、天津市金融工作局联合印发《关于备案天津市专利转化专项计划知识产权金融奖补项目的通知》,鼓励金融机构拓展金融业务。知识产权质押融资担保业务稳步扩大,截至2023年底,市担保公司知识产权质押融资担保业务在保余额超3亿元。滨海新区、东丽区设立知识产权质押融资风险补偿资金池,规模分别达到5000万元和2000万元。

三、知识产权保护

专利行政保护能力明显提升。持续推进专利行政裁决规范化建设,天津市知识产权局与天津市司法局联合出台天津市加强专利行政裁决的实施方案,指导各区加强专利行政裁决工作。2023年开展4批打击非正常专利申请整治行动,天津市非正常专利申请撤回率在全国始终保持领先水平。强化知识产权保护规范化市场体系建设,培育6家市级知识产权保护规范化市场。专利侵权纠纷行政调解协议进行司法确认案件入选国家知识产权局2022年度专利行政保护典型案例。发布2022年度知识产权行政保护十大典型案件,有力震慑知识产权侵权假冒违法行为。商标专用权执法保护持续加强。全市查办各类商标侵权案件507件,罚没款699.9万元,移送司法机关24件。2023年6月,天津市知识产权局、天津市市场监管委联合开展"老字号企业商标和驰名商标执法保护专项行动",全市共出动执法人员3076人次,检查各类经营主体2244家。12月,再次联合开展"2024年元旦春节期间老字号企业商标驰名商标保护暨打击侵权假冒专项行动",进一步巩固老字号品牌保护成果。"大保护"工作体系不断深化。天津市知识产权局、天津市市场监管委联合发布《2023年知识产权行政保护工作实施方案》，明确12项年度重点工作任务，推动部门联合、市区协同。天津市知识产权局与天津市工商联签订《天津市协同推进服务民营经济发展工作的实施意见》，持续做好全市民营经济知识产权服务。天津市知识产权保护中心和天津市滨海新区知识产权保护中心持续加大维权援助力度，全年共受理知识产权维权援助案件934起，提出维权援助咨询意见226件，为24家涉及海外知识产权纠纷企业发送《海外知识产权纠纷应对提示函》。知识产权纠纷调解职能切实发挥，两个保护中心快速调解各类知识产权纠纷案件600余件。专利预审服务拓展优化，两个保护中心新增专利预审分类领域11个，总分类领域达到223个。数据知识产权保护取得新进展。2023年天津市入选国家第二批数据知识产权地方试点。天津市知识产权局、天津市人民检察院等六部门联合出台《天津市数据知识产权保护登记办法(试行)》，推动数据存证保护工作。建设基于互联网大数据技术的"津证云"存证平台，为36家企业发放登记证书。

四、专利管理与服务

围绕天津市重点产业链全面推行专利导航，全年重点支持集成电路、航空航天等5条产业链专利导航，通过导航服务促进产业创新，助力创新主体核心技术实现突破。已实现全市12条产业链专利导航全覆盖。组织60家企业开展2023年高质量知识产权创造试点工作。完成2023年国家知识产权示范企业、优势企业培育，5家企业成为新一批国家知识产权示范企业，75家企业成为新一批国家知识产权优势企业。国家知识产权局专利局天津代办处全年为1.1万家企事业单位办理专利费用减缴备案，办理专利优先审查1200件，收缴专利费用9.2万笔。天津市知识产权保护中心和天津市滨海新区知识产权保护中心备案服务主体达3922家，全年受理专利预审案件6610件，预审合格4342件。完善知识产权服务体系，新认定21家区级知识产权公共服务站。组建8支企业知识产权服务队，全面推动企业知识产权创造、运用、保护、管理和服务。8支服务队共派出服务人员1069人次，深入427家单位，协调解决578个问题。持续推动完善知识产权信息公共服务体系建设，推荐天津市滨海新区知识产权保护中心申报第二期TISC（技术与创新支持中心）机构，天津图书馆获批国家知识产权信息公共服务备案网点。国家知识产权局专利局专利审查协作天津中心入驻天开高教科创园。组织全市高校参加10期知识产权培训班，涉及专利撰写、专利预审、外观设计、知识产权维权等内容。举办2023年天津市知识产权创新创业发明与设计大赛，共评选出60个优秀专利项目向社会推介。

五、商标管理与服务

深入推进商标品牌工作，在河西、河北、津南等6个区设立商标品牌工作指导站29家，实现全市16个区商标品牌工作指导站全覆盖。国家知识产权局确定天津市18个企业商标品牌、1个区域商标品牌、7个商标品牌指导站列入首批"千企百城"商标品牌价值提升行动名单。"擦亮小站稻金字招牌、推动乡村振兴发展"被国家知识产权局纳入第二批地理标志助力乡村振兴典型案例。"七里海河蟹"被国家知识产权局纳入第二批地理标志运用促进重点联系指导名录。积极推进商标品牌战略实施，打造津门"名片"。天津市"海河工匠"中文、英文商标注册成功，"鲁班工坊"商标在英国注册成功。培育了一批特色鲜明、竞争力强、价值高的天津商标品牌。

六、知识产权宣传培训

精心组织知识产权宣传，在全市范围内广泛开展"全国知识产权宣传周"活动，召开天津市知识产权新闻发布会，向社会发布2022年天津市知识产权发展状况白皮书和2022年天津市知识产权保护状况白皮书。协助国家知识产权局组织知识产权新闻发布地方行活动。12月12—15日，协助国家知识产权局组织中央电视台、《光明日报》、《中国青年报》等11家国家级主流媒体对天津市知识产权助力京津冀营商环境一体化进行采访，中央电视台新闻频道以"国家级知识产权保护中心和快速维权中心提供知识产权保护'一站式'综合服务"为题，对天津市知识产权局加强京津冀知识产权保护、助力金桥焊材有限公司维权及"走出去"企业维权进行了报道。加强知识产权培训。2023年5月24—26日，在中国知识产权培训中心举办"天津市知识产权局2023年知识产权专题培训班"，相关企业代表、市知识产权战略领导小组成员单位相关负责同志、各区知识产权局分管领导和知识产权科负责同志共计70人参训。全年共举办专利预审业务培训、知识产权与创新大讲堂等培训活动150余场次，参训企业2400余家，培训人员4500余人次。

供稿：天津市知识产权局

版权工作

一、求稳求实做好版权社会服务工作

1. 积极做好全市作品著作权免费登记工作

2023年，天津市共计办理作品登记102 522件，其中文字作品类1975件、视听作品类9493件、图片美术类91 054件。

2. 评选市级版权示范单位，设立版权服务工作站和版权示范园区

2023年，确定麒麟软件有限公司等5家企业为天津市版权示范单位；增设南开大学光电学院等3家单位为天津市版权服务工作站；博雅创智（天津）科技有限公司、天津教育出版社有限公司2家企业获评2022年度全国版权示范单位荣誉称号。

二、创新创造做好版权产业发展服务工作

1. 组织做好第九届中国国际版权博览会参展参会筹备工作

天津版权展团展会期间共计展出展品589件，举办路演活动6场，现场展品交易47件次，现场销售金额2793元，达成深度战略合作意向7个，达成战略合作金额约500万元，累计发布宣传报道7条次，涉及中央媒体平台《朝闻天下》《中国新闻出版广电报》以及省级媒体四川经济广播、四川交通广播等，宣传覆盖人次约1300万人次。

2. 开展优秀民间文艺版权作品全国展览，讲好天津版权故事

2023年9月1日至10月15日，为进一步做好天津民间文艺版权保护与促进工作，推动非遗文化宣传进校园，天津市版权局联合泥人张世家开展了天津民间文艺泥塑作品展系列活动，首站走进天津大学。10月18日，天津民间文艺泥塑作品展•"泥人张世家"作品全国巡回展第二站在同济大学开幕。

三、从严从快做好各项版权保护专项工作

1. 开展"剑网2023""清朗•杭州亚运会和亚残运会网络环境整治"专项行动

公布举报电话，联合开展检查，深挖案件源头，查办大案要案，组织召开版权企业座谈会，对侵权盗版犯罪分子形成强力震慑。

2. 开展院线电影版权保护专项工作

建立沟通联络机制，对发现涉版权违法违规行为及时通报处理。加强监测监管，及

时公布2023年度重点作品版权保护预警名单，要求各大网络服务商加大版权监测监管力度。多次开展执法检查和网络在线巡查，检查影院等场所，巡查网站和自媒体。

3. 开展"青少年版权保护季"行动

在南开大学、天津外国语大学、天津益中学校开展青少年版权保护宣讲活动。组织开展出版物市场暗访检查，紧盯校园周边重点点位，集中清查中小学校园周边销售非法出版物易发、多发的重点部位。

4. 推动卫生健康系统等重点行业开展软件正版化工作

推动市卫生健康系统开展软件正版化工作培训，推动行业各部门使用正版软件。组织市级政府机关开展软件正版化工作自检自查和委托第三方机构现场检查计算机工作。

5. 加强日常监管，查处大案要案

2023年，将天津"3·13"重大仓储发行盗版图书案、天津市西青区牛某某销售侵权出版物案、天津"2·1"侵犯著作权案3起案件申报列为全国重点案件予以督办。

四、用心用情做好版权宣传工作

1. 整合媒体资源做好新闻报道

天津市版权宣传工作得到了中央和市级媒体的广泛宣传报道。2023年"全国知识产权宣传周"期间，天津市版权宣传活动中央媒体共计刊发3个报道，《中国新闻出版广电报》刊发2个专刊报道，其中《马拉喀什条约》生效一周年专刊专栏，天津市积极主动开展宣传，成效明显；中国新闻网刊发的天津市版权宣传周活动浏览量达7.8万次。

2. 选树推广版权企业典型案例

2023年，天津凯发电气有限公司获评2022年度十大著作权人，麒麟软件有限公司获评2022年中国版权金奖·推广运用奖。积极做好获奖企业的宣传推广工作，组织召开麒麟软件获2022年中国版权金奖的新闻媒体见面会。天津市委宣传部副部长带队，中央驻天津媒体、天津市主流媒体共计20余人，赴麒麟软件有限公司开展调研座谈和宣传推广。针对企业诉求和需要，天津市版权局积极做好版权政策解读、国际国内版权奖项申报指导和宣传服务工作。

3. 组织开展无障碍阅读活动发布暨签约仪式

4月26日，天津市版权局、市版权交易中心、市盲人协会及喜马拉雅等单位共同发布的天津市版权交易系统上线，发布阅读障碍人士有声阅读培训公益计划，并举行天津市版权交易系统首部作品转化签约仪式。

五、做深做实版权产业调研培训工作

1. 组织开展"走出去"版权调研学习实践活动

4月，组织开展赴世界知识产权组织中国办事处调研学习活动。接待上海市版权局来天津就作品登记工作和基层版权管理工作开展交流座谈，并就进一步加深天津与上海版权产业发展交流合作达成共识；5月，组织天津市法院系统、市文化和旅游局、市文化市场行政执法总队、市娱乐协会、中国音像著作权集体管理协会及相关企业代表就天津市卡拉OK版权许可使用费等版权保护相关问题座谈研讨，并取得一定的实际效果。

2. 组织开展"请进来"版权专题培训

5月29—30日，组织开展著作权管理工作暨涉外版权风险防控培训班，参训对象包括全市16个区区委宣传部分管领导，以及版权相关人员共计97人。培训班邀请来自中央宣传部版权管理局、中国版权协会、世界知识产权组织中国办事处等相关单位的版权专家，分别围绕重点工作领域进行多角度版权专业培训。

供稿：天津市版权局

司法工作

一、忠诚履职，服务天津高质量发展大局

1. 加大知识产权司法保护力度

高效完成审判任务。2023年，天津法院新收各类知识产权案件7856件，同比下降39%，其中民事案件7800件，刑事案件47件，行政案件9件。审结各类知识产权案件8272件，同比下降36%，其中民事案件8203件，刑事案件60件，行政案件9件。

严厉打击刑事犯罪。聚焦食品、烟酒等与人民群众身心健康密切相关的知识产权领域，针对图书出版、工程机械、大型设备等重点行业，加大刑事打击力度，同时推进企业合规工作在司法领域的适用。

持续规范行政执法。积极履行司法审查职能，加强与行政机关的沟通配合。天津高院组织召开法院与知识产权局交流座谈会，与天津市知识产权局及六个区的市场监管局、文旅局进行交流座谈，推动行政执法与司法保护有效衔接。

2. 坚持知识产权审判精品战略

加大对核心技术、战略性新兴产业、关键领域的重点保护。审结涉普利司通、博世、字节跳动、快手APP、公牛电器、汇源果汁等国内外知名商标和具有较大社会影响力的知识产权民事案件。审结的"民歌玛依拉"著作权侵权纠纷案、"卡地亚"商标侵权及不正当竞争纠纷案入选2022年中国法院50件典型知识产权案例，"夸克浏览器案"获评2022年度中国网络文学版权保护十大典型案例。滨海新区法院、河西区法院对盗播北京冬奥会、卡塔尔世界杯赛事节目的侵权行为及时进行诉前行为保全，案件入选2022年中国十大体育法律事件。

依法适用惩罚性赔偿机制。全面落实知识产权惩罚性赔偿制度。天津高院审结的某侵害经营秘密纠纷案，依法保护了权利人在PET芯层、HP专用涂层、镭射材料等领域高科技产品的经营秘密，对以侵权为业、获利巨大的不正当竞争者依法适用惩罚性赔偿，判赔金额达1540万元，严厉制裁了恶意侵害知识产权行为。筛选多批典型案例并向社会公开发布，推动知识产权惩罚性赔偿制度深入人心。

以案件审理带动社会治理。天津高院召开天津法院涉信息网络传播权案件工作会议，就管辖标准和判赔尺度等问题提出具体审理思路，同时强化诉源治理，积极践行"办理一案、治理一片"的能动司法理念。和平区法院向武清区市场监督管理局、武清区文化和旅游局、某知名电商平台发出多份司法建议，教育引导企业和个体工商户知晓销售侵害著作权和商标权产品的法律后果，同时严厉打击侵权行为，加强对刷单行为的后台识别和监管，知识产权纠纷诉源治理工作取得显著成效，相关事例受到《人民法院报》、天津电视台天津新闻频道的广泛报道。

3. 支持天津知识产权法庭专业化建设

全面提升技术类知识产权案件审判水平。天津知识产权法庭技术类知识产权案件集中管辖优势进一步得到发挥。全年共收案1038件，其中技术类案件160件，刑事案件2件，行政案件5件。参加中国种子大会暨南繁硅谷论坛并学习交流；受邀入驻天津国际种业博览会，开展专业咨询、指导、释法，深度参与种业知识产权保护。

精准对接航天航空、高新技术等前沿技术领域。实现重点产业、重点园区的司法服务保障全覆盖。走访调研天津爱思达航天公司、中国空间技术研究院天津基地、特变电工公司等企业，了解企业知识产权司法保护需求；与天津滨海新区高新技术产业开发区开展联合调研，就数字经济、航天航空等尖端科技开展前沿性、先导性与协同性的知识产权服务。

加强外部联动与多方合作。与北京知识产权法院、雄安新区中院协同举办第一

届知识产权司法保护研讨会，共议数字经济知识产权保护前沿问题；探索打造巡回审判模式，解决技术类案件集中管辖与当事人便利化诉讼的矛盾。

二、改革创新，持续完善知识产权审判机制

1. 全面深化"三合一"审判机制改革

天津高院深入推进知识产权"三合一"审判机制改革，发布《天津市高级人民法院 天津市人民检察院 天津市公安局〈关于调整第一审知识产权刑事案件管辖的通知〉》，对天津知识产权刑事案件管辖布局进行调整，对知识产权刑事案件提级管辖情形予以明确，有效提升知识产权司法保护整体效能。

2. 保障新业态新产业守正创新

出台《天津市高级人民法院关于服务保障平台经济健康发展的措施》，完成《关于加强版权领域网络平台治理的调研——以短视频纠纷中平台责任的承担为视角》重点调研课题，为营造有序开放的网络平台生态提供有力司法服务和保障。召开"助推种业振兴行动 强化种业司法保护"座谈会，与市农委联合发布《关于涉种业市场主体知识产权保护指导手册（一）》，为种业创新提供法律保障。《关于天津市种业知识产权司法保护的调研》获天津市政法系统优秀调研成果二等奖。组织法官赴"同仁堂"等三家老字号企业开展中医药商业标识司法保护与品牌建设座谈会，提升中医药知识产权司法保护和服务水平。

3. 加强京津冀知识产权司法联动

与北京高院、河北高院在雄安新区会签《加强知识产权司法保护协作框架协议》，全面汇聚京津冀知识产权保护合力，将司法服务职能延伸至三地科创主体聚集区，加大对"卡脖子"关键核心技术、重点领域、新兴产业的知识产权司法保护。参加京津冀三地知识产权法官会议，就ICP备案等知识产权前沿问题进行业务交流。

三、多措并举，全面强化知识产权司法保护能力

1. 大力提升技术调查官专业素质

不断完善以技术调查官为中心的技术事实查明体系，积极拓展技术调查官选聘渠道。天津知识产权法庭聘请技术调查官15人，为多领域、多类型案件技术事实查明提供更多专业选择，组织技术调查官培训，细化技术调查官使用流程，提升技术调查官专业性、中立性、客观性与科学性。

2. 加强知识产权审判队伍建设

举办"天津法院知识产权审判业务培训会"，邀请专家学者授课培训，提升知识产权审判队伍综合能力素质；组织参加市市场监管委组织的反垄断执法培训，共同提升天津反垄断领域执法和司法水平。天津市三中院接收雄安新区中院法官助理交流学习，以专业化人才队伍建设促进京津冀区域知识产权司法保护水平提升。

3. 统筹开展知识产权法治宣传

召开新闻发布会，发布《天津法院知识产权司法保护白皮书（2022年）》《天津法院知识产权保护典型案例（2022年）》《天津法院产权保护典型案例》，发挥典型案例的法治宣传作用。编印《案说——企业法律风险防范66例》手册，帮助民营企业提升知识产权维权意识和维权能力。天津市二中院召开反不正当竞争司法工作情况新闻发布会，通报近年来不正当竞争案件审理情况及工作成效，发布典型案例，相关情况被《法治日报》报道，两起典型案例由天津电视台采访并在天津新闻频道播出。滨海新区法院发布《涉外及进出口贸易知识产权典型案例》，着眼于天津打造世界级港口城市规划，切实维护"引进来"与"走出去"企业的知识产权合法权益。

供稿：天津市高级人民法院
知识产权审判庭

检察工作

一、提高办案质效,不断推进知识产权检察工作现代化

2023年,天津市检察机关共批准逮捕侵犯知识产权犯罪12件15人,提起公诉45件94人,办理民事生效裁判监督案件24件,办理公益诉讼案件11件。

一是坚持案件指导一体化,三级联动办理重大复杂案件。办理最高人民检察院交办的某公司系列虚假诉讼案件、中央宣传部版权管理局等六部门联合挂牌督办的侵犯著作权案件等重大复杂案件。在一起侵犯商业秘密案件中,组织专题研讨会,邀请鉴定人员、侦查人员及全市检察机关知识产权业务骨干共同参与,以案促训。

二是持续推进依法惩治恶意诉讼专项工作。与天津市高级人民法院召开会商会,就共同防范虚假诉讼开展交流。天津市检察院第二分院与天津市第二中级人民法院会签《关于防范和打击知识产权恶意诉讼的意见》,和平区、西青区、津南区检察院分别就恶意诉讼问题与法院建立信息共享、案件研判、线索通报机制。

三是不断优化办案辅助机制。制定《天津市检察机关聘请技术调查官辅助办理知识产权案件的工作办法(试行)》,与国家知识产权局专利局专利审查协作天津中心座谈交流,在具体案件中商请选派技术调查官参与案件审查。组织研发"网络侵犯著作权犯罪补侦与监督"等模型,通过大数据等信息技术赋能检察监督。

二、服务保障创新驱动发展,助力知识产权保护高地城市建设

一是加强科技创新检察服务。开展知识产权科技创新调研,梳理领军、瞪羚、雏鹰、"专精特新"等企业名录,分级分类制定司法服务措施。制定《天津市检察机关知识产权法律风险防范提示手册》,面向科技创新主体发放、宣讲,帮助其提高风险防控意识及防控能力。

二是服务保障民营经济健康发展。制定《涉民企知识产权检察保护工作方案》,开通"服务民营企业绿色通道"。天津市检察院第二分院举办企业家法治会客厅访谈活动,邀请专家学者、企业家等围绕公司结构治理等内容进行交流。西青区检察院组织民营企业商标保护与维权座谈会,邀请"果仁张""至美斋"等老字号企业,开展商标保护和维权援助业务培训。

三是创新开展种业知识产权检察保护。联合市农业农村委等六部门共同出台《关于强化种业知识产权协同保护的意见》,建立联络会商、信息共享、联合查办、案件移送及业务咨询等工作机制。印发《充分发挥检察职能加强种业知识产权保护的意见》,举办"加强种业知识产权保护座谈会",零距离听取种业科研院校和民营企业意见建议。

四是着力加强著作权检察保护。与天津市"扫黄打非办"等单位会签《关于进一步加强"扫黄打非"领域行政执法与刑事司法有效衔接的意见(试行)》。与天津市公安局环食药总队、天津市文化市场行政执法总队召开侵犯著作权案件办理专题座谈会,就有效拓展案件线索来源、顺畅行刑反向移送机制、新类型新领域案件办理等深入探讨。

五是创新展会知识产权保护机制。制定《天津检察机关展会知识产权保护工作暂行办法》,选派检察官进驻世界智能大会智能科技展、中国国际种业博览会、中国北方国际自行车电动车展览会等展会,会同天津市高级人民法院、市知识产权保护中心、市仲裁委等单位在展会设立知识产权法律服务站点,开展知识产权普法宣传、展位巡查、维权法律咨询等服务。

三、深化跨地区、跨部门协作，构建知识产权大保护格局

一是主动服务京津冀协同发展。与北京市、河北省检察机关加强办案协作，就多起案件开展线索移送等。共同举办"加强京津冀中医药知识产权司法保护检察实务课堂"。宝坻区检察院建立"京津中关村科技城检察服务站"，滨海新区检察院与河北省检察机关共同签署《关于加强知识产权检察工作协作配合的意见》。

二是加强大保护格局建设。与天津市律师协会举办座谈会，签署《关于依法加强知识产权保护的合作备忘录》，设立收集维权信息与转交监督线索专门通道。与天津市知识产权保护中心签署《关于加强知识产权协同保护的意见》，积极探索特邀检察官助理、听证员等参与检察办案等创新举措。持续加强检校互助，北辰区检察院与河北工业大学能源与环境工程学院签署《知识产权合作框架协议》。

三是成立检法联合保护办公室。滨海新区检察院与区法院共同成立"知识产权联合保护办公室"，提升高新技术产业密集区域、科技创新示范区域的司法保护能力，为滨海新区建设国家知识产权保护示范区提供有力法治保障，该工作入选2023民营企业产权司法保护协同创新百佳实践名单。

四、强化统筹推动、法治宣传、人才培养，为工作开展提供有力保障

一是着力加强顶层设计。制定《天津知识产权检察工作高质量发展三年规划（2023—2025年）》，提出构建现代化知识产权检察工作体系、规范高效的知识产权检察综合履职机制体系、服务保障科技创新的制度体系、全领域知识产权保护体系以及知识产权诉前保护与多元保护体系。

二是加大宣传营造良好氛围。召开知识产权检察工作新闻发布会，发布《2022年度天津知识产权检察工作白皮书》及典型案例。面向创新主体、青少年、社会公众等不同群体，通过发布典型案例、出台规范性文件、召开专题座谈会、制作法治宣传作品等多种形式，线上线下深度融合，营造齐心参与、共同保护的良好氛围。

三是精心组织开展教育培训。举办全市检察机关知识产权专题讲座，邀请中国科学院大学教授专题授课。联合北京市、河北省检察机关共同举办联合培训活动，同时邀请西藏自治区、青海省检察机关线上参加，围绕优化科技创新法治环境、侵犯商标类犯罪问题解析、著作权刑事案件审查要点等主题开展授课。

四是加强办案机构和团队建设。2023年，全市4名检察官入选全国首批知识产权检察人才库；1个集体和2名个人被评为全国知识产权保护工作先进集体、先进个人；3个集体和6名个人被国家版权局评为查处侵权盗版有功集体、有功个人。

供稿：天津市人民检察院
知识产权检察办公室

河北省

知识产权工作

一、夯实知识产权工作基础

河北省委、省政府高度重视。河北省委书记在全省优化营商环境企业家座谈会上明确提出，要落实严格的知识产权保护制度，加强地方立法。省长出席全省知识产权保护和发展会议，安排部署知识产权保护重点工作。河北省政府组织召开专题会议，就加强知识产权强省建设和知识产

权保护工作进行部署调度。省领导专门就知识产权保护工作到河北省知识产权局进行调研并提出明确要求。

知识产权战略加快实施。制定《知识产权强省建设纲要和"十四五"知识产权保护和运用规划2023年度推进计划》，编报全省2023年度知识产权战略实施工作要点，统筹推进各项工作落实。

知识产权法规制度体系不断健全。完成《河北省知识产权保护和促进条例》的起草、修订、审议等工作，该条例于2023年11月1日正式施行，填补了河北省知识产权保护地方综合立法的空白，为知识产权保护工作开展提供有力法治保障。

二、加大知识产权保护力度

聚焦重点任务，提升保护水平。印发年度知识产权行政保护工作方案，落实专利侵权行政裁决案件繁简分流制度，持续加大商标执法力度。全省共立案专利侵权纠纷案件2652件，同比增长12.18%；查处商标侵权案件1527件，罚没款2629.38万元。积极推进"涞水麻核桃""晋州鸭梨"国家地理标志保护产品示范区建设，"唐山骨质瓷"成功入选2023年国家地理标志产品保护示范区遴选建设名单。在国家对各省（区、市）党委、政府知识产权保护检查考核中，连续3年获得优秀；在国家知识产权行政保护绩效考核中，连续4年排名靠前，石家庄市在全国157个城市的知识产权行政保护绩效考核中位列第四。

瞄准重点环节，彰显保护成效。加强海外知识产权保护，获批设立海外知识产权纠纷应对指导中心河北分中心，石家庄、唐山等海外知识产权保护风险预警平台发布海外知识产权资讯、风险预警信息500余条，发送海外纠纷风险提示函86件次，受理涉外知识产权调解案件7件。加强展会知识产权保护，38个省内展会全部设立专门维权工作站，办理展会知识产权案件12件，现场处理29件。将多家电商平台和企业纳入重点关注电子商务经营者名录，处理电商领域专利侵权纠纷案件779件。

创新方法手段，完善工作机制。深化快速协同保护机制，省知识产权保护中心和中国霸州（家具）知识产权快速维权中心共接收预审案件6213件，预审合格3412件，专利审查周期平均缩短80%以上。联合开展京津冀知识产权执法"亮剑"专项行动，建立由首批35名技术调查官组成的京津冀专利侵权纠纷共享技术调查官库。推进知识产权行政保护与司法保护有效衔接，办理知识产权人民调解案件3047件、办结2501件，向公安机关移送刑事案件31件。扎实推进知识产权领域信用体系建设，对12起知识产权领域严重违法行为进行"列严"并依法依规实施联合惩戒。积极推进知识产权保护智慧监管，唐山市建成知识产权证据管理中心，为138起专利侵权案件提供1056条次存证取证服务。张家口与北京、天津签订《跨区域知识产权工作合作协议》，加大横向互联、合作共享。

三、增强知识产权创造能力

知识产权保护客体持续壮大。2023年，全省共授权专利91 976件，其中发明专利授权量14 211件，同比增长18.21%。截至2023年底，全省有效发明专利拥有量64 618件，同比增长24.39%，高于全国平均水平；万人发明专利拥有量8.71件，较上年同期增加1.74件，同比增长24.96%。全省有效注册商标总量137.45万件，同比增长10.39%；新增国家地理标志产品（商标）22件，累计达到388件；地理标志专用标志用标企业总量达到638家。

品牌培育工作获得突破。"临西轴承"集体商标成功注册，375家轴承企业成为该商标的会员单位；"河北净菜"图形商标获正式批复，"故城龙凤贡面""黄骅梭子蟹"等 2 个产品获批实施国家地理标志产品保护，服务了区域经济发展。

知识产权强国试点有序推进。成功获批第二批全国数据知识产权工作试点。秦皇岛、唐山迁安市、邢台宁晋县成功入选国家知识产权强国试点市、县。唐山市政府与省知识产权局建立共建知识产权强市合作会商机制，签署合作会商议定书。

四、提升知识产权运用转化效率

效益指标大幅提升。全面实施专利转化计划，全年实现专利转化许可 2.8 万次，同比增长 70.4%；累计公开专利开放许可技术 819 项、达成开放许可 153 项。开展知识产权金融创新行动，全年知识产权质押融资 1015 项，质押登记金额 145 亿元，同比分别增长 156.96% 和 108.81%。开展首届河北省专利奖评选表彰，激发企业创新活力。全省新增知识产权管理体系贯标认证企业 394 家、国家知识产权优势企业 112 家、示范企业 20 家。河北省企业获评第二十四届中国专利奖 12 项，连续 4 年获得金奖。新增商标品牌指导站 83 家，累计达 429 家，同比增长 24%。培育地理标志商标品牌运用促进工程 95 项，带动 33.2 万农户增收 18.2 亿元。

试点示范稳步推进。全省首家国家级知识产权创新运营中心落户雄安新区，"大厂肥牛""深州蜜桃" 2 件地理标志入选 2023 年度国家知识产权局地理标志运用促进重点联系指导名录。"晋州鸭梨"入选国家知识产权局第二批地理标志助力乡村振兴典型案例。会同金融监管局，申报知识产权质押登记线上办理试点。国网电力邯郸供电分公司等 18 家企业、山庄老酒等 105 家企业，分别被确定为河北省新一批知识产权示范企业、优势企业培育单位。

京津冀三地联动发展。配合国家知识产权局筹办"知识产权助力京津冀优化创新环境和营商环境"新闻发布会。三地知识产权局签署深入推进京津冀专利转化合作协议，建立京津冀专利转化运用长效联动、专利供需信息互通等 5 项机制，促进京津专利技术在河北转化 1139 次。会同河北省贸促会筹办 2023 中国国际地理标志品牌合作大会，组织京津冀 26 家企业参加 2023 京津冀产销对接大会，擦亮了地理标志"金字招牌"。

五、提高知识产权供给水平

优化知识产权公共服务能力。以"便民、普惠、共享"为导向，将河北省知识产权公共服务平台升级为 8 大板块，286 个模块。2023 年新增国家知识产权信息公共服务网点 1 个。在国家知识产权局组织的第二届全国知识产权公共服务机构专利检索分析大赛中，获优秀组织奖，2 名同志分别获得三等奖和优秀奖。在唐山、沧州设立代办处工作站，打通知识产权服务"最后一公里"。

推进知识产权服务业高质量发展。印发《关于加快推动知识产权服务业高质量发展若干措施》，组织全省知识产权服务品牌培育机构深入交流，赴北京市开展对标学习。2023 年全省新增知识产权服务品牌机构 8 家、品牌培育机构 20 家。开展知识产权信息进企业促创新"百千万"服务普惠活动，共服务对接企业 3661 家，建立知识产权服务联络站 451 个，为企业建设知识产权专题数据库 446 个，培训人员 16 971 人次，有力服务优势企业转型升级。

加强知识产权代理行业监管。全国商标代理信用评价管理试点成功获批。开展知识产权代理行业"蓝天"专项整治行动，对涉及非正常专利申请数量较大的 10 家代理机构负责人及 51 名专利代理师进行警示教育。办结专利代理业务案件 9 起，罚没 39 万余元；办结商标代理案件 3 起，罚没 1.5 万元。督导存在问题的 41 家知识产权代理机构全部整改到位，核查涉嫌无资质专利代理线索93条，有效促进了服务业发展环境健康有序。

六、优化知识产权人文环境

大力开展"全国知识产权宣传周"活动。召开"河北省加快推进知识产权强省建设情况"新闻发布会，举办知识产权专题讲座、广场咨询等活动，广泛普及知识产权文化。保定举办电力装备产业知识产权保护与运营峰会，助力电力装备产业发展。廊坊举办"通武廊"知识产权助力乡村振兴成果展，有效提升"三地"品牌影响力。

持续强化知识产权人才培养力度。组织举办河北省第十四届大学生工业设计创新大赛。持续推进中小学知识产权教育试点示范学校培育工作，2023年共评定全省知识产权教育试点学校15所、示范学校10所。河北省知识产权远程教育子平台连续4年获评优秀。

供稿：河北省知识产权局

版权工作

一、引领产业发展，完善服务体系

1. 版权创优工作成果丰硕

沧州市获批创建全国版权示范城市。2023年8月，国家版权局正式批复同意沧州市创建全国版权示范城市。创建工作坚持省市联动，在顶层设计、版权登记、执法监管、软件正版化、示范创建、教育培训、版权宣传等方面取得显著成效。

全国版权示范单位、示范园区榜上有名。中信戴卡股份有限公司、乐海乐器有限公司获评全国版权示范单位，张家口银行股份有限公司、河北出版传媒集团方圆电子音像出版社有限责任公司获评全国版权示范单位（软件正版化），磁州窑文化产业创业园获评全国版权示范园区（基地）。充分发挥版权示范单位（园区）示范引领作用，带动版权工作高质量发展。

河北省作品获评中国版权金奖。河北人民出版社出版的《让群众过上好日子——习近平正定足迹》，获评2022年"中国版权金奖·作品奖"。

2. 版权调解机制作用凸显

4月，河北省版权保护中心人民调解委员会（简称调解委员会）陆续与石家庄2家知识产权法院开展合作并签署《建立著作权调解与司法保护衔接机制的合作框架协议》，建立著作权纠纷调解协议司法对接机制。2023年，调解委员会共受理1004起著作权纠纷案件诉前调解委托，开展调解321起，成功调解113起，调解成功率35.20%，为当事人节约司法资源和诉讼成本达800万元。

3. 公共服务体系进一步完善

"河北省版权服务平台"三期正式上线，实现作品从注册、登记、比对、审核、发证全流程线上服务，实现了著作权人对登记作品的自我管理，企业对职务作品的员工及合同管理，省级对各服务站的人员、审核过程的后台考核管理，以及对登记数据和统计信息管理，建立起省市县联动的作品登记工作机制和版权公共服务体系，实现了"版权服务+版权管理"能力，达到了"只让数据跑路、不让群众跑腿"的目标。"可溯源登记保护机制"获评河北大数据创新应用"优秀解决方案"。2023年，完成作品登记31.7万件，同比增长141.55%。建立"河北省优质版权资源库"，第一批认定28家企业的274件作品和31位个人的83件作品（共计357件作品）为河北省首批优质版权作品，并入选"河北省优质版权资源库"。开展无障碍格式版服务机构备案，在国家版权局公布的44家无障碍格式版服务机构备案结果第一批名单中，河北省占39家。

二、加强执法监管，强化版权保护

1. 版权执法监管有力有效

与有关部门联合开展"剑网2023"专项

行动。联合河北省委网信办、省公安厅、省通信管理局开展打击网络侵权盗版"剑网2023"专项行动，各地版权管理、公安、网信、通信管理部门建立健全打击网络侵权盗版综合治理体系，制定工作方案，明确任务和责任分工，推进跨部门、跨领域、跨区域执法联动。

组织开展"青少年版权保护季"行动。各地版权管理部门主动加强与新闻出版、"扫黄打非"、公安、教育、文化和旅游部门的密切配合、协调联动，形成工作合力，提升执法监管水平，确保将青少年版权保护工作落到实处。

组织开展"清朗·杭州亚运会和亚残运会网络环境整治"专项行动。各地版权管理部门协同网信部门，按照职责深入开展专项整治工作。2023年，共计查办版权案件163件，其中行政部门自行立案97件、行政部门移送公安机关10件、公安机关自行立案56件。保定"5·13"涉嫌侵犯教辅图书著作权案被列为中央宣传部版权管理局等六部门联合挂牌督办案件。

2. 软件正版化工作不断深化

印发《河北省2023年推进使用正版软件工作计划》，组织第三方公司技术人员对全省226家单位软件正版化工作进行督促检查，范围覆盖省、市、县级机关和所属事业单位，以及部分高校、医院、国有企业、银行和全国版权示范单位。分别与河北省卫健委和省教育厅联合印发《河北省卫生健康系统2023年软件正版化工作方案》《河北省教育系统2023年推进使用正版软件工作计划》，着力推进医疗、教育等重点行业软件正版化工作。

3. 努力推动快保护机制建设

加强对展会等领域的著作权保护工作的指导和管理，及时处理著作权纠纷。制定《展会版权纠纷快速处理工作机制》，明确规定在展会期间设立版权投诉服务站，现场派驻版权行政管理、执法部门人员和人民调解员，负责受理投诉、调解纠纷。

三、广泛深入宣传，加强教育培训

1. 开展广泛深入宣传

组织开展"全国知识产权宣传周"版权宣传活动，向全省手机用户推送版权保护公益短信1.6亿条，制作并向社会发放版权服务宣传册8000册，全面介绍了版权相关知识。组织省内主流媒体，就"关注版权价值，实现创新发展"开展河北省优质版权企业媒体采风活动。宣传周期间，省级媒体共发布稿件980多篇，阅读量2900多万人次。采取购买服务的方式，投入近7万元拍摄制作3个公益宣传片，投入近26万元开展以"版权护航发展 创新成就未来"为主题的版权社会宣传工作，均取得良好的社会效果。11月，组织省内50余家企事业单位参加第九届中国国际版权博览会，展出20余个品类、300余件作品，集中展示近年来河北版权价值突出的精品图书、影视作品，具有鲜明河北特色和时代精神的艺术作品、民间工艺、文创产品；突出展示具有较高转化价值的版权产品；以视频形式宣传推介版权示范城市、单位、园区创建成果；组织开展图书版权输出输入签约仪式；开展民间文艺现场展示活动。同时，聚焦数字赋能和前沿技术应用，着重展示推介河北省建设的版权服务平台、数字版权区块链平台两个支撑版权保护和产业发展的技术平台。

2. 加大教育培训力度

9月中旬，举办全省版权业务培训班，邀请中央宣传部版权管理局领导、版权领域专家为各市（含定州、辛集市）党委宣传部和雄安新区宣传网信局分管领导和版权业务骨干，以及省直宣传文化系统各单位、省属国有文化企业版权工作负责人进行授课，培训人员50余人。先后为唐山市国有企业、全省医疗卫生单位、部分电商企业、省农信联社，以及邯郸、石家庄、承德、唐山等市市县党政机关相关人员进行软件正版化工作业务培训10次，参训人员3800余人。省版权保护中心为全省各市共举办培训班16次，培训人员1400余人，实现全省各市版权业务专题培训全覆盖。

供稿：河北省版权局

司法工作

一、充分发挥审判职能作用，大力提升案件质效

2023年，河北法院新收一审知识产权民事案件13 067件（同比增长5.26%），审结12 706件（同比下降9.40%）；新收二审知识产权民事案件917件（同比增长43.73%），审结860件（同比增长44.54%）。2023年，河北高院民三庭和河北省2名干警被国家知识产权局、最高人民法院等四部门评为全国知识产权保护工作成绩突出集体和个人。河北法院9个集体和5名干警被河北省知识产权保护联席会议评为知识产权保护优秀集体和个人。河北高院民三庭、石家庄铁路运输法院和5名干警被最高人民法院评选为人民法院知识产权审判工作先进集体和个人。河北高院审理的阿婆餐饮侵害商标权纠纷案获评2022年中国法院50件典型知识产权案例；河北高院（2021）冀知民终394号知识产权判决获评第五届全国法院"百篇优秀裁判文书"。1件知识产权刑事案例被最高人民法院《刑事审判参考》刊登为第1537号指导案例；1件知识产权管辖权异议案件，最高人民法院支持了河北高院的移送意见，并将该案公布为指导性案例223号。

2023年，河北法院新收一审知识产权刑事案件313件，审结268件。河北法院严厉打击知识产权侵权行为，持续对危害食品药品安全犯罪、医用防护物资、种子套牌以及互联网领域侵权假冒犯罪保持高压态势，编发《河北刑事审判指导与参考——危害食药安全犯罪专辑》，向河北省公安厅、河北省市场监管局提出食品安全源头治理司法建议。深入开展打击侵权假冒、农资打假等专项行动，强化惩治知识产权恶意诉讼工作，知识产权领域法治环境不断优化。

二、坚持问题导向，不断深化知识产权审判领域改革创新

立足全省知识产权审判实际，着力破解知识产权审判难题，积极探索审判体制机制创新，推进知识产权审判体系和审判能力现代化。

审判体系进一步健全。经2022年赋予雄安中院技术类知识产权案件管辖权以及赋予14家基层法院知识产权案件管辖权后，管辖布局进一步优化。全省现共有27家涉及知识产权审判职能的法院，全部建立了专业审判庭或专门审判团队，并在自贸试验区、特色产业园区、重点企业设立了巡回审判站、法官工作室等。

"繁简分流"改革进一步推进。持续推广知识产权类型化案件快审机制，在2022年制定《关于适用小额诉讼程序审理知识产权民事案件若干问题的工作指引》的基础上，2023年进一步加大适用力度，河北基层法院知识产权民事案件小额诉讼适用率已达37.43%，审理周期降至1个月左右。

"三合一"审判机制改革进一步深化。在河北中院层面实现知识产权案件"三合一"审理的基础上，雄安新区、保定市、邢台市、唐山市公检法机关分别会签了关于知识产权刑事案件集中管辖的文件，在市级层面按照"一案一指定"的方式推进改革工作。

多元化技术事实查明机制进一步完善。河北法院共有技术调查官39人，2023年技术调查官参与审理知识产权技术类案件12件。就知识产权案件中可信时间戳及区块链证据审查相关问题，印发对下指

导文件，规范相关证据内容审查及效力认定。

对下指导进一步做细。赴雄安、唐山、邢台等8个地市实地调研，编发3期《知识产权审判参考》，1篇调研报告被最高人民法院《知识产权审判动态》刊发。组织河北法院知识产权业务骨干参加最高人民法院、北京法院业务培训，邀请最高人民法院业务专家对河北法院开展专题讲座。

三、坚持部门联动，积极构建知识产权大保护格局

不断完善工作机制，做好横向工作衔接，形成知识产权保护整体合力。

夯实机制强体系。2023年，河北各地中院实现行政司法衔接全覆盖。石家庄、雄安、邢台等地中院分别出台司法确认工作具体实施办法。河北法院2023年审结知识产权纠纷行政调解司法确认案件21件。河北高院与河北省市场监管局联合举办2023年度河北省知识产权司法行政保护联席会，联合下发《关于落实强化知识产权协同保护意见》；就种业、中医药知识产权协同保护分别与河北省农业农村厅、河北省中医药管理局开展专题座谈，推动建立协同配合机制。

多元解纷绘新篇。不断加强与行政部门、行业协会、民调组织等调解平台的对接，完善知识产权纠纷多元化解机制。现"冀时调"平台已入驻知识产权调解机构13家、调解员254名。各中基层法院普遍联合相关部门制定了多元化解工作文件。河北省沧州市新华区法院成立知识产权保护中心驻院调解站，打造"知识产权顾问+"专业化诉源治理模式。秦皇岛中院联合多家行政、司法部门建立知识产权多元化纠纷解决机制。唐山中院、邢台中院分别与河北省知识产权保护中心签订合作框架协议。石家庄中院邀请河北省知识产权保护中心、石家庄市知识产权纠纷调解中心、石家庄市诉调对接人民调解委员会、石家庄仲裁委员会调解中心入驻。邢台开发区法院与邢台市知识产权调解委员会开展合作。石家庄铁路运输法院与石家庄仲裁委建立诉讼与仲裁衔接机制。

区域协同开新局。牵头与京津高院会签协作框架协议，形成知识产权审判质效提升、司法资源信息共享、会商联动等九大协作机制；与京津高院共同召开知识产权法官会议、3次组织线上线下联合培训，实现对下指导文件资源共享。雄安新区建立京津冀知识产权司法协作机制，入选河北省2022年"十大法治成果"。雄安中院"三协同"构建京津冀知识产权"三维"保护体系经验做法。京津冀三地法院联合举办"第一届知识产权司法保护研讨会"。

四、坚持能动司法，助力营造一流法治化营商环境

河北法院坚持发挥审判职能，紧扣推动高质量发展要求，不断提升优化法治化营商环境保障能力。

营造区域营商新环境。河北高院印发《关于扎实推进法治化营商环境建设的实施意见》《侵犯商业秘密民事纠纷案件诉讼指引》等文件，积极延伸知产审判职能作用，服务区域营商环境建设。

跑出护航企业新速度。精准指导，多种形式服务企业。河北高院会同石家庄中院、石家庄高新区法院到石家庄以岭药业、石药、石家庄四药等企业走访，就加强知识产权保护进行座谈交流。指导地方法院针对廊坊家具、保定纺织箱包、邢台电动车等特色产业园区开展精准普法、典型案例推送等活动，从源头减少案件数量。

讲述知识产权保护新故事。围绕宣传展示本省法院知识产权司法保护成效，线上线下同步开展宣传活动。2023年以来，河北高院在中央、省级主流媒体宣传河北法院知识产权司法保护相关报道30余篇。河

北电视台《新闻联播》《看法》等栏目专题播出知识产权司法保护节目。"全国知识产权宣传周"期间，在雄安新区召开新闻发布会，向社会通报2022年河北法院知识产权司法保护状况，公布10件典型案例，并召开创新型企业座谈会。全省法院广泛开展知识产权保护进企业、进单位、进社区、进学校、进网络等宣传活动，多次向各地市场监管局等部门以及部分企业开展专题授课，邀请河北省政协委员法律宣讲团赴自贸试验区片区就跨境电商贸易中知识产权保护法律风险防范问题进行宣讲。

供稿：河北省高级人民法院
知识产权审判庭

检察工作

一、深化推进知识产权检察综合履职

河北检察机关严格落实《人民检察院办理知识产权案件工作指引》，注重在人员专业化、职能综合化等方面扎实推进知识产权检察综合履职。一方面，择优选拔知识产权检察专业人才，组建36人的河北知识产权检察专家人才库，充分发挥专家人才示范引领作用，推进知识产权检察综合履职；另一方面，健全完善知识产权检察综合履职机制，在办案中开展"一案四查""一案四评估"，同步审查是否涉刑事追诉、民事追责、行政违法、公益诉讼线索等情形，实现最优保护效果。

二、依法打击侵犯知识产权犯罪

2023年，河北检察机关受理审查逮捕涉嫌侵犯知识产权犯罪案件452件712人，受理审查起诉案件521件1171人。充分发挥提前介入侦查、备案内审等机制作用，对每一起侵犯知识产权犯罪案件，检察机关均提前介入，统筹用好自行侦查和退回补充侦查，提升案件办理质效。充分发挥立案监督和侦查活动监督职能作用。2023年，全省检察机关依法监督公安机关立案52件52人，监督撤案4件4人，纠正移送起诉遗漏罪行6人，纠正遗漏同案犯276人。全面提升量刑建议精准化水平，着力提高抗诉精准度。省检察院指导秦皇岛市检察院会同法院印发《秦皇岛市知识产权刑事案件量刑指导意见》，在市级行政区内实现量刑建议的规范化和精准化。落实抗前沟通机制，健全规范撤回抗诉程序，建立下级院列席上级院检察委员会制度，通过上下联动，准确把握抗诉条件，确保精准抗诉。2023年，向审判机关书面提出纠正违法5件次，依法提出抗诉6件。

三、深入开展惩治知识产权恶意诉讼专项监督工作

强化对知识产权权利滥用、虚假诉讼行为的监督，最高人民检察院督办的某公司系列虚假诉讼案，河北省检察院知识产权检察办公室、石家庄市检察院知识产权检察办公室迅速排查梳理线索，依法进行审查并启动监督程序，对涉及本省的全部33起案件依法提出再审检察建议。保定市高新区检察院在工作中发现，法院正在审理的某公司诉张某某商标侵权一案中，某公司不以使用为目的申请注册并囤积大量商标，涉嫌恶意抢注商标，且已被北京某法院列为失信被执行人，遂向高新区法院提出意见，高新区法院依法驳回了该公司的诉讼请求，有效阻却了知识产权恶意诉讼行为。

四、着力推进知识产权全方位综合性保护

依法履行公益诉讼检察职能，2023年，河北检察机关立案知识产权领域公益诉讼案件43件，其中民事公益诉讼案件9件，行政公益诉讼案件34件，有力维护了国家利益和社会公共利益。联合省文旅厅、公安厅开展了文化市场领域知识产权

保护专项执法活动,严惩文化市场领域侵犯知识产权违法犯罪,持续优化营商环境,维护公平竞争的市场秩序。积极与相关单位和部门开展常态化沟通与协作,通过召开联席会议、座谈会、签订协议等形式,构建"司法+行政"知识产权大保护模式。充分发挥"两法衔接"信息共享平台作用,依法对录入平台的1654件知识产权行政处罚案件进行全面审查,对其中155件案件是否涉嫌刑事犯罪、是否存在以罚代刑等情形进行备案审查。同时,做好不起诉案件反向移送行政处罚工作,有效避免"不刑不罚"。

五、依法延伸履职促进社会治理

深刻把握新时代检察机关职能定位,对于知识产权检察监督履职过程中发现的社会治理问题,深入调查研究,依法制发检察建议,助推知识产权相关行业健康发展。邢台市信都区检察院办理的李某某等人假冒注册商标、销售假冒注册商标的商品案,针对该案暴露出的监管漏洞及时制发检察建议。市场监管部门收到检察建议后高度重视,迅即在全市范围内组织开展涉医疗美容服务专项整治工作,对90余家医疗美容机构进行全面检查,有效促进了当地医美行业规范有序发展。该案成功入选2023年全国检察机关依法惩治医疗美容领域违法犯罪典型案例。

六、大力提升知识产权检察办案队伍业务素能

河北检察机关主动适应知识产权案件专业化要求,一方面,通过同堂培训、专家授课等方式,统一知识产权执法办案尺度,提升执法办案水平;另一方面,充分发挥从相关行政部门、高校等单位聘请的特邀检察官助理作用,借助"外脑"提升知识产权检察队伍业务素能,高质效办理知识产权案件。2023年3月,河北省检察院联合北京、天津检察机关组织开展"京津冀强化知识产权司法保护同堂培训",全省知识产权检察业务部门、公安、法院、监委共176人线下同堂培训,北京、天津知识产权检察人员视频参训,取得良好的培训效果。1个集体和1名个人分别获国家知识产权局、最高人民检察院等四部门联合表扬的知识产权保护工作成绩突出集体和个人。河北省知识产权保护联席会议办公室对河北检察机关6个知识产权保护优秀集体和12名优秀个人进行通报表彰。

七、聚力营造尊重和保护知识产权的浓厚氛围

河北省检察院指导全省检察机关通过门户网站、12309等检察平台常态化开展河北老字号、老品牌、地理标志等专项保护活动,充分利用"世界知识产权日""全国知识产权宣传周"等重要时间节点,积极组织开展形式多样、人民群众喜闻乐见的知识产权保护普法宣传。省检察院、石家庄市检察院、鹿泉区检察院联合走访老字号企业,与石家庄洛杉奇食品公司、国药乐仁堂医药公司等老字号企业代表座谈,倾听企业法治需求和对知识产权检察工作的意见建议,送法入企,积极构建亲清检企关系。雄安新区检察分院与雄安新区综合执法局、雄安新区中级法院联合在工业设计创新成果展上设立知识产权"一站式"服务工作站,为河北国际工业设计周提供知识产权保护现场咨询、知识产权纠纷调解和知识产权维权援助服务。

供稿:河北省人民检察院
知识产权检察办公室

山西省

知识产权工作

一、知识产权创造

2023年,山西省发明专利授权量6557件,较上年增长30.5%。截至2023年底,全省有效发明专利拥有量29010件,较上年增长24.9%;高价值发明专利有效量8889件,较上年增长27.0%,每万人口高价值发明专利拥有量2.55件。全省有效注册商标量381029件,较上年增长11.2%,全省地理标志商标累计112件,地理标志保护产品27件。9项专利获第二十四届中国专利奖优秀奖。举办第四届山西省专利奖评选,45项专利获奖。联合举办首届中部六省(鄂皖赣豫湘晋)高价值专利大赛和中部四省(鄂晋皖赣)地理标志助力高质量发展大会暨品牌培育创新大赛,"大同黄花"获地理标志大赛金奖,大同大学等4家单位获高价值专利大赛一等奖。

二、知识产权保护

1. 知识产权行政执法取得新进展

专利侵权纠纷行政裁决规范化试点建设取得新成效。实现地级市专利侵权纠纷行政裁决试点市建设全覆盖,制定印发专利侵权纠纷行政裁决相关制度规定,统一全省专利行政裁决文书格式、标准和程序。首次与司法机关开展知识产权保护同堂培训。举办全省专利侵权纠纷行政裁决、全省知识产权保护(电商和地理标志)等培训班。2023年全省共办理专利侵权纠纷裁决和调解案件160件,省知识产权局首次办理2件重大裁决案件,太原市知识产权局2起被诉专利行政裁决案件分别在最高人民法院和山西高院胜诉。开展"四季守护 铁拳出击"、知识产权执法"百日行动"以及打击侵权假冒等重点执法工作,2023年共查处知识产权行政处罚案件911起,罚没款1291.35万元。

2. 知识产权协作保护形成新合力

召开沿黄九省(区)知识产权协作保护暨地理标志产业发展大会,举办"沿黄九省(区)知识产权协作保护工作和地理标志保护交流"等3个论坛。联合公、检、法、海关等部门,召开"山西省知识产权保护工作"政府新闻发布会。省知识产权局与山西高院联合印发《关于强化知识产权协同保护的实施意见》,与省医保局联合印发《关于加强医药集中采购领域知识产权保护的实施意见》。

3. 涉外知识产权保护实现新突破

国家海外知识产权纠纷应对指导中心山西分中心获批成立,省知识产权局与省商务厅等六部门共同建立山西省涉外知识产权指导中心,发布《山西企业涉美知识产权诉讼调查报告》。设立山西省知识产权保护中心海外知识产权协同保护德国工作站、巴西工作站、美国犹他工作站。举办"涉外企业知识产权风险防范与纠纷应对讲座""涉外商事调解业务培训班",为企业"走出去"提供纠纷应对指导服务。

三、知识产权运用

1. 试点示范取得新突破

运城市和大同市云州区分别获批国家知识产权局知识产权强市和强县(地理标志)建设试点。获批国家知识产权示范企业4家、优势企业71家,截至2023年底,共有示范企业10家,优势企业115家。出台《山西省创新管理知识产权国际标准实施试点工作方案》,组织优势示范企业参加创新管理国际标准实施试点工作,首批参与企业24家。

2. 专利转化项目创新高

促进企业和高校院所之间的技术创新和成果转化，开展2023年专利转化计划，确定覆盖现代农业、信息技术应用创新、新材料、现代生物医药和大健康、现代装备制造、新能源和节能环保等产业领域的135个项目。

3. 质押融资取得新成效

联合省财政厅等七部门印发《促进山西省知识产权质押融资服务高质量发展实施方案》，与中国银行股份有限公司山西省分行联合印发《关于开展知识产权金融服务助力重点产业链、特色专业镇"知惠行"专项活动的通知》，与省农行、晋商银行、中国人财保险山西分公司等3家金融机构签署知识产权质押融资战略合作协议。知识产权金融服务平台正式运行，全省知识产权质押贷款达13.12亿元。

4. 专利导航实现零突破

围绕山西重点产业链和特色专业镇开展专利导航，特钢材料等10个重点产业链专利导航项目和法兰产业链1个专业镇专利导航项目完成项目中期评估。

5. 地理标志运用取得新成绩

印发《关于实施地理标志保护和运用促进工程 助力特色专业镇发展和乡村振兴的行动方案》，开展全省地理标志运用促进项目申报工作，与沿黄九省（区）签署地理标志产业发展战略合作协议。"隰县玉露香梨"入选国家知识产权局地理标志运用促进重点联系指导名录，并签订全省首单地理标志被侵权损失保险。省知识产权保护中心译制"地理标志——让世界更了解山西"系列栏目，省人民政府官网跟进转载发布。"山西省大同市做强黄花产业，做优品牌经济"入选知识产权强国建设第二批典型案例。

四、知识产权服务

1. 知识产权信息公共服务体系不断完善

山西知识产权公共服务平台建设项目正式立项并启动实施。制定出台《山西省加快推进知识产权公共服务体系建设的实施意见》《省级知识产权信息公共服务网点建设管理办法》。山西同方知网数字出版技术有限公司被确定为技术与创新支持中心，山西工学院被备案为国家知识产权信息公共服务网点。大同、忻州、晋中、长治、晋城市开展地市级综合性知识产权公共服务机构建设。"综合施策、系统发力——'知识产权信息+'助力专精特新企业高质量发展"入选国家知识产权局2023年度第一批知识产权信息服务优秀案例。

2. 知识产权服务能力持续提升

联合省发展改革委等十五部门印发《关于推动知识产权服务业高质量发展的实施意见》。在晋城光机电产业研究院（院士工作站）设立知识产权服务站。省知识产权保护中心牵头开展"走基层，惠万家"系列活动，走遍全省11个地市及综改区，服务创新主体7000余家（次），其做法入选国家知识产权局2023年"知识产权服务万里行"活动优秀案例。

五、知识产权人文环境

与省委组织部联合举办全省市县政府领导知识产权强省建设专题培训班，与省人社厅联合举办全省知识产权专业技术人才能力提升高级研修班。开展"知识产权入园惠企"活动，全年累计举办各类政策宣讲40余场，惠及创新主体200余家。建成覆盖高校、企业、科研院所、管理部门的知识产权专家库。联合省直有关部门开展知识产权"六联六进"宣传服务活动。编发《山西省领导干部知识产权学习读本》，省、市、县三级党校将其列为学员学习书目。联合省教育厅、团省委举办首届山西省大学生知识产权演讲比赛，开展"讲好山西知识产权故事"专题采访活动。认定5所学校为第二批山西省中小学知识产权教育示范学校。国家知识产权局专利局太原代办处获"国家知识产权局青年文明号"荣誉称号。

供稿：山西省知识产权局

版权工作

一、强化服务能力建设，做好版权公共服务工作

1. 加强作品登记，预防侵权

充分发挥作品版权登记在预防纠纷、厘清权属等方面的有效作用，努力推动加强作品版权登记工作。2023年，山西省完成版权贸易合同备案16件，山西省版权保护中心完成作品登记508件。积极与省行政审批局沟通，推动建设山西省版权网络服务平台，破除版权公共服务短板，提升版权公共服务能力。

2. 开展民间文艺版权保护

推动晋城市做好民间文艺版权保护与促进试点工作。与晋城市共同制定《山西省晋城市民间文艺版权保护与促进试点工作方案》，高标准、高质量、高效益开展晋城市民间文艺版权保护与促进试点工作。指导晋城市落实工作方案，力争形成符合晋城实际、富有山西特色、在全国范围内有示范推广价值的民间文艺版权保护与促进工作经验。

3. 加强版权示范创建工作

积极落实习近平总书记考察调研山西重要指示精神，下发《关于开展2023年山西省版权示范创建评选工作的通知》，组织开展省级版权示范单位、示范园区（基地）申报工作。2023年，共成功创建省级版权示范单位、示范园区（基地）16个，山西日报传媒集团、山西经济出版社、山西焦煤集团获评2022年度全国版权示范单位。

二、加强版权保护工作，维护版权市场秩序

1. 高位推动，全面提升版权执法工作

切实落实"最严格知识产权保护"的总体要求，对各市在版权执法方面提出提升思想认识、加强部门协同、厘清执法界限、做好证据认定、落实工作责任、健全执法保障、强化执法监督、加强宣传培训8项重点任务，下大力气、下定决心解决版权执法方面存在的突出难题，多措并举全面加强版权执法监管工作。2023年，山西省版权案件查办工作取得了突破性进展，全省共重点查办各类侵权盗版案件53件，同比增长140%；重点查办网络侵犯著作权案件10件，包括国家版权局等五部门重点督办案件1件。

2. 聚焦难点，开展院线电影版权保护专项工作

联合山西省公安厅、省电影局等部门，于春节期间组织开展院线电影版权保护工作，进一步畅通协作机制、强化组织部署。积极与中央宣传部电影技术质量检测所沟通，请求协助搜集案源线索，畅通线索移转渠道。

3. 突出重点，做好青少年版权保护工作

全面加强青少年版权保护工作，严厉整治教材教辅、少儿图书等领域的侵权盗版问题，联合开展"青少年版权保护季"行动。组织各市对各类出版物市场、印刷企业、物流市场开展检查，对电商平台、社交平台、知识分享平台等各类网络平台开展巡查，畅通投诉举报渠道，提高网络监测能力，发现侵权盗版问题，深入开展整顿治理，强化案件线索核查，把案件查办情况作为检验行动开展情况的重要依据。

4. 持之以恒，组织打击网络侵权盗版行动

下发《关于开展山西省打击网络侵权盗版"剑网2023"专项行动的通知》，狠抓网络环境下的打击侵权盗版工作，联合公安、网信、通信管理等部门成立工作专项领导小组，严厉打击网络侵权盗版行为。以体育赛事、点播影院、文博文创为重点，强化专业领域版权专项整治；以网络视频、网络新闻、有声读物为重点，强化作品全链条版权保护；以电商平台、浏览器、搜索引擎为

重点,强化网站平台版权监管。以查办案件为重要抓手,不断加大网络版权执法监管力度,规范网络传播版权秩序。

5. 完善长效工作机制,认真开展软件正版化工作

始终坚持紧跟国家部署、狠抓机制建设、注重使用管理的工作原则,聚焦责任落实、采购安装、建章立制、自查整改、检查督查等重点环节,继续组织开展政府机关和企业使用正版软件工作。

完善长效机制,落实工作责任。强化对软件正版化工作的领导,推动各市、各部门进一步完善软件正版化工作机制,持续增强工作合力。

聚焦重点行业,持续深入推进。巩固政府机关软件正版化工作成果,继续推进省属国有企业软件正版化工作,加强推动金融机构软件正版化工作,逐步推动民营企业软件正版化工作,推动教育、医疗、能源、交通等重点行业软件正版化工作。

规范软件采购,注重使用管理。建立健全正版软件台账,签订使用正版软件责任书,加强软件资产管理。

加强监督检查,提升工作质量。开展软件正版化工作年度核查,指导各市和省属国有企业、金融机构做好软件正版化工作核查。

拓展宣传方式,营造良好氛围。大力宣传版权法律法规和软件正版化工作成果,共同营造软件正版化工作的良好社会氛围。

2023年,推进使用正版软件工作部际联席会议督查组对山西省6家政府机关和10家省属国有企业软件使用情况进行现场核查,操作系统软件的正版率为100%,办公软件的正版率为99.91%,杀毒软件的正版率为100%,工业软件的正版率为100%。

三、重视版权宣传教育,推动版权意识深入人心

以"加强版权法治保障 有力支持全面创新"为主题,围绕版权创造、运用、保护、管理、服务各个环节,在全省范围内组织开展版权宣传进企业、进校园、进机关、进媒体、进商圈、进街区、进景区"七进"活动,努力营造"尊重版权、崇尚知识、诚信守法"的良好舆论氛围。

山西省版权局发布版权宣传主题海报2个;太原市制作主题海报6个,宣传视频2个;大同市制作宣传海报1个。共同组织高校学生、行政司法工作人员、社会公众旁听郝某某侵犯著作权案公开庭审,以案说法,加强典型案件的警示震慑作用。各市在各级主流媒体播放宣传公益视频,在各类网站宣传版权知识。太原市、大同市、长治市举办"全国知识产权宣传周"版权宣传活动启动仪式;太原市多家媒体推出《2023年太原市知识产权宣传周版权宣传活动启动》《知识产权促发展 打造创新强引擎》等宣传报道,在主要街道、机关单位、公交车辆播放版权宣传视频、悬挂版权宣传横幅,在社区、商圈、影院、书店、高铁站、版权服务大厅发放版权宣传资料、讲解版权知识,在省城形成了阶段性版权宣传舆论高峰。晋城市结合民间文艺版权保护工作,充分利用小喇叭及临街电子屏深入基层宣传版权相关知识。朔州市、阳泉市、长治市、晋城市、临汾市、运城市利用酒店、公园、广场、社区、机关、商户、出租车电子屏滚动播放宣传标语。各市在重点部位开展版权现场宣传活动,现场发放资料8万余份,解答各类咨询2200余次。

2023年,全省组织政府机关软件正版化工作培训94次,参训单位达2338家次,参训人数达38 019人次。全省各级举办企业软件正版化工作培训277次,参训人数达49 491人次。委托中南大学举办全省版权工作培训班,组织省直机关和省属企业80余人参训。

大力开展著作权法律咨询和纠纷调解服务,在节约行政和司法资源的同时,有效实现了定分止争，保护了重点作品权利。

供稿：山西省版权局

司法工作

一、坚持以人民为中心，着力提高审判质效，满足社会公众对公平正义的朴素期待

2023年，山西法院坚持知识产权侵权损害赔偿的市场价值导向，建立以尊重知识产权、鼓励创新运用为导向，以实现知识产权市场价值为指引的侵权损害司法认定机制。依法审理"沁州黄""诚意祥""汾酒"等涉及传统特色产业产品的商标侵权案，综合考虑历史因素和现实情况，满足社会公众对公平正义期待的同时，促进社会经济健康发展，受到最高人民法院的肯定。

二、创新知识产权审判工作，推动各项机制实质化运行

1. 出台《关于加强知识产权审判工作的通知》，制定有效措施，切实提高一审案件服判息诉率和审限内结案率两项关键性指标

搭建知识产权案件数据分析模块，对知识产权案件审理情况进行统计，扎实开展审判运行态势分析。现该分析模块已经搭建完毕，并每月对数据进行统计分析，查找不足，分析原因，督促改进。要求山西法院将法定审限内结案率和一审案件服判息诉率作为知识产权审判工作成效极其重要的考核指标单独进行考核，要确保100%案件在审限内审结，如果第一次延长审限后确需再次延长审限的，必须层报山西高院知识产权审判庭审批。要求山西各中基层法院显著提高一审案件服判息诉率。加大调解、释法说理力度，多调少判，争取案件一次性解决了、一次性解决好。要求山西法院上下之间加强沟通协调力度，在知识产权案件审理中，统一审判思维和裁判理念，同类型案件做到裁判尺度保持一致。将山西省知识产权案件审理情况进行排名，通过明传、微信群发等方式向各法院党组书记、院长通报。通过上述途径，山西省的一审案件服判息诉率和审限内结案率两项关键性指标得到有效提升。全年一审案件服判息诉率94.4%，审限内结案率100%。

2. 出台《关于加强和规范全省知识产权案件指定跨区域管辖、提级管辖机制的通知》

为排除地方保护，优化山西省营商环境，服务和保障全省高质量转型发展，公正高效审理知识产权案件，平等保护涉案当事人，实现政治效果、社会效果、法律效果的有机统一，山西高院出台了《关于加强和规范全省知识产权案件指定跨区域管辖、提级管辖机制的通知》。

3. 推动《山西省高级人民法院关于技术调查官参与知识产权诉讼活动若干问题的规定》实质化运行

太原中院审理的山西世纪新龙腾科技有限公司与柳林县翔宇资源回收有限公司侵害发明专利权纠纷一案，需要技术调查官为查明案件技术事实提供咨询、调查意见。为此，山西高院组织太原中院和山西省知识产权保护中心进行协商，根据该规定聘请一名技术调查官参与案件审理，收到良好成效。

4. 开展专项培训，提升审判能力

为切实解决知识产权审判实务中遇到的疑难问题，有效提升知识产权审判工作质效，为山西省实现高质量发展提供优质高效的司法服务与保障，2023年6月5—8日，山西高院举办全省法院知识产权审判工作培训班。山西高院党组成员、副院长出席开班仪式并提出明确具体工作要求。山西省各级法院从事知识产权审判工作的相关负责人和业务骨干共81人参训。培训期间，组织召开了全省法院知识产权审判工作座谈会，参会学员分享了工作中的经验感受，提出了案件办理过程中遇到的疑点、难点，并对全省法院知识产权审判工

作提出了针对性的意见和建议。

三、强化知识产权全方面保护，增强社会保护意识，构建知识产权社会大保护格局

1. 持续发布《知识产权司法保护白皮书》，公布《知识产权审判年度典型案例》

王某诉郭某某著作权权属、侵权纠纷案明确了在红色文化资源保护案件中，要结合历史条件与政策背景，注重弘扬红色文化、传承红色基因。山西诚意合食品销售有限公司诉闻喜县任诚意煮饼食品开发有限公司侵害商标权纠纷案尊重历史因素和现实经营状况，从有利于促进社会经济和谐健康发展等角度，综合考量判断，作出符合社会公众朴素的公平正义期待，以及合法、合情、合理的裁判。通过典型案例，以案释法，有效彰显了司法主导的作用和司法保护的力度，提升了全社会保护知识产权的意识和能力。

2. 主动宣传知识产权知识，厚植保护氛围

4月23日，山西高院参加"知识产权进园区暨走基层、惠万家"活动。会上，山西高院针对企业知识产权风险作主旨发言，并带领山西综改区法院开展企业问诊活动。"全国知识产权宣传周"期间，山西高院组织全省中基层法院通过知识产权案件公开庭审活动，深入辖区内科技园区、高新企业进行调研，主动为企业创新发展提供司法意见，发布典型案例，编制宣传手册、宣传板报等资料向公众发放、宣讲等多种形式，举办专项活动67场，广泛宣传知识产权司法保护知识、提供司法保护服务。

3. 编写《企业知识产权保护手册》，解答企业关切的知识产权问题

山西高院编制《企业知识产权保护手册》向企业发送，该手册是针对企业关注度高、咨询较多的涉及知识产权事项专门编写的便民手册，可以更好地帮助企业解答具体问题，使企业知晓在遇到问题时如何处理。

供稿：山西省高级人民法院
知识产权审判庭

检察工作

一、坚持高质效办案，织密知识产权检察保护网

2023年，山西检察机关共受理审查逮捕侵犯知识产权犯罪案件164件264人，同比分别上升54.7%、50.9%；受理审查起诉侵犯知识产权犯罪案件213件452人，同比分别上升23.1%、39.5%。侵犯商标类犯罪人数占比较大，占侵犯知识产权犯罪的91.7%。起诉侵犯商业秘密罪9人，上升趋势明显。为进一步提升知识产权综合履职案件办理质效，出台《山西省检察机关知识产权检察高质效综合履职办案工作规范（试行）》，要求全省检察机关在办理涉知识产权案件中，牢固树立综合履职理念，开展"一案四查"，同步审查是否存在刑事犯罪、民事侵权、行政违法和公益诉讼线索，准确把握民事侵权、行政违法与刑事犯罪的界限、刑事打击与民事保护的关系、保护私权与维护公益的关系。2023年，办理知识产权民事、行政、公益诉讼检察案件36件，多点发力构建知识产权检察多元化监督格局。全省检察机关办理知识产权综合履职案件61件，综合履职率35.9%。

二、持续开拓创新，优化知识产权检察工作体制机制

加强队伍建设，提升知识产权检察专业化能力。山西省三级检察院均挂牌成立"知识产权检察办公室"，组建知识产权轮案组132个，遴选34名知识产权业务骨干，建立知识产权检察专业人才库，进一步优化知识产权检察专业团队人员配置。同时，运用特邀检察官助理、技术调查官提升

办案质效，邀请技术调查官参与办理商业秘密案件3次。

构建精准监督机制，全面提升监督效能。根据省检察院、省高级人民法院、省公安厅、省知识产权局会签的《关于联合开展依法惩治知识产权恶意诉讼工作会议纪要》，全省检察机关明确对批量维权、权利滥用、虚假诉讼等案件的审查要求和注意事项，完善数字监督规则。忻州市检察机关开展涉知识产权民事一审生效裁判案件专项监督活动，集中调取同级法院涉知识产权一审生效裁判案件69件，组建专门团队，集中阅卷审查，专人逐案汇报，集体讨论研究，发现其中23件案件判决确认构成侵权但未对侵权产品作出处理、4件案件存在审判活动违法、2件案件审判所依据的关键性证据《公证书》存在重要文字错误，针对上述问题有效开展了知识产权民事监督。

健全横向协作机制，形成协同保护合力。与省知识产权局联合印发《知识产权保护协作配合机制》，太原市检察院牵头与公安、市场监管部门联合出台《关于加强知识产权保护协调联动的若干意见》，为全市检察机关、公安机关和市场监管部门发挥集成优势、共建知识产权综合保护平台创造了条件。

建立检企衔接机制，高质效服务市场主体。太原市检察机关对接企业实际诉求，10个基层检察院依据地域特点，打造了杏花岭区检察院启航法律服务站、尖草坪区检察院"检联企"服务站、万柏林区检察院楼宇经济检察服务工作站、晋源区检察院晋阳湖数字经济产业园检察工作室等"一院一品"检察品牌。

三、强化综合保护，助力三晋特色产业高质量发展

围绕山西省重点"专业镇"建设与特色品牌保护，全力打造知识产权检察保护中心。成立"汾酒""清徐老陈醋""大同黄花""定襄法兰"等省、市、县三级知识产权检察保护中心21个。依托知识产权检察保护中心对企业开展"点对点"宣传198次，受理企业移送线索7件。长治检察机关依托上党中药材知识产权检察保护中心，联合行政部门、企业建立协同保护机制，推出15项综合保护措施，在商标注册、地理标志保护等方面提出具体建议，助力40家药材企业健康发展。

以高质效检察履职守护三晋地理标志、非物质文化遗产"乡韵乡愁"。省检察院研究指导"沁州黄小米"地理标志保护工作，从种植、生产、销售等环节推动社会治理，完善"沁州黄小米"产业链，培育好"沁州黄小米"地方特色名片。大同市云州区检察院针对大同黄花地理标志及相关注册商标案件线索发现困难的实际情况，从专业领域抽调11名特邀检察官助理，建立大同黄花知识产权检察办案组，全面摸排各大电商平台50余家大同黄花销售商户，重点摸排非大同地域经营者销售产品的来源产地、使用标识主体等情况，梳理疑似侵权线索4条，后针对疑难问题，举行公开听证2次，分析论证会2次，形成调研报告，与市场监管局、农业农村局磋商，督促依法履职，以理论实践的双融双促提升大同黄花地理标志的专业化保护力度。

四、加强检察宣传，营造尊重知识产权的浓厚氛围

创新宣传形式，强化知识产权检察保护宣传效果。全省检察机关成功举办"尊重知识、检护创新"主题宣传月活动；省检察院举办检察开放日活动，组织"剧本杀"侵犯著作权案件庭审观摩，引起社会广泛关注。全省检察机关积极开展线上宣传，制作"检察故事汇"微视频8部，播放量达1万余次。

发布典型案例，提高知识产权保护意识。山西省检察院发布"检察机关保护知识产权支持创新发展典型案例"5件,包括侵犯商业秘密、侵犯商标权和知识产权行政监督案件,体现了检察机关在加强网络侵权治理协同协作,堵塞物流监管漏洞等方面的积极成效。太原市迎泽区检察院办理的郝某某侵犯著作权案入选最高人民检察院检察机关依法惩治侵犯著作权犯罪典型案例。

发挥引领效应,优秀经验做法获全国推广。2023年,省检察院建立"优化法治化营商环境专刊",刊登知识产权检察保护经验材料4篇。太原市检察院对2020年以来全市检察机关受理的侵犯汾酒知识产权刑事案件进行了深入调研分析,从司法保护、创新机制、协同打击、社会治理等方面提出具体对策建议,调研报告被最高人民检察院知识产权检察专刊采用。太原市检察院、山西综改区检察院开展的知识产权保护专项行动入选全国工商联关于民营企业产权司法保护协同创新百佳实践案例。

供稿:山西省人民检察院
知识产权检察办公室

内蒙古自治区

知识产权工作

一、高位推动知识产权强区建设

内蒙古自治区党委、政府相继召开专题会议,部署推进知识产权重点工作。自治区十四届人大常委会第六次会议表决通过《内蒙古自治区专利促进与保护条例》,从专利促进、专利保护、专利服务与管理等6个方面明确52条具体规定,并于2023年12月1日起施行。自治区政府出台《内蒙古自治区专利奖评奖办法》,自治区市场监管局印发《内蒙古自治区专利奖评奖办法实施细则》,评选自治区首届专利奖。包头市被确定为国家知识产权强市建设试点城市,鄂托克旗、突泉县被确定为国家知识产权强县建设试点县。

二、企业创新活力不断增强

2023年,全区授权发明专利3387件,同比增长64.98%。全区累计专利授权量15.62万件,其中,有效发明专利拥有量1.23万件,万人有效发明专利拥有量5.11件;全区累计有效商标注册量36.9万件,其中驰名商标84件。获第二十四届中国专利银奖1项,优秀奖3项,创历史最好水平。5家企业被认定为国家知识产权示范企业,12家企业被认定为国家知识产权优势企业,全区创新主体创新能力和核心竞争力持续提升。

三、知识产权营商环境持续优化

专利审查效率大幅提升,发明专利、实用新型专利、外观设计专利平均审查周期分别较普通渠道缩短89%、88%、96%。全区6个商标业务窗口、1个专利代办处全部实现"一网通办""一站式"服务。推进知识产权质押融资提质扩面,与中国银行内蒙古分行等4大银行签署战略合作协议,组建知识产权质押融资团队,建立政银合作金融支持机制,全年办理知识产权质押融资项目177个,质押融资总额达48.21亿元,同比增长72.18%。

四、知识产权运用效益明显提升

获批建设国家级乳业、草产业知识产权运营中心,建成全国首个乳业知识产权一站式服务平台和专利与技术需求交易平台,为乳业市场主体申请专利580件、商标1600件。建成物联网产业、硅产业、装备制造产业、精细化工产业、农牧业产业和农牧业机械等5家自治区产业知识产权运营中心。培育国家专利导航服务基地2家，在生物材料、稀土及风能等重点领域实施专利导航项目10个。建成自治区高价值专利培育中心4家，委托5家高校、科研院所开展专利转移转化工作。

五、知识产权保护更加有力

内蒙古自治区被确定为第二批国家知识产权纠纷快速处理试点地区，积极建设第三批国家专利侵权纠纷行政裁决规范化建设试点，自治区知识产权保护中心获批设立海外知识产权纠纷应对指导中心内蒙古分中心，培育12家维权援助分中心（工作站）。全区共查处商标侵权案件377件、假冒专利案件40件；办理电商案件287件；办理知识产权纠纷行政调解案件578件，其中完成行政调解司法确认案件24件，较2022年增加16件，增长200%。确定呼和浩特市、包头市、通辽市、赤峰市4个盟市为首批自治区级专利侵权纠纷行政裁决规范化建设试点，办理专利侵权纠纷案件44件。收到国家知识产权局转送的4批3758件非正常专利申请，核查撤回非正常专利申请3150件。确定4家市场为国家知识产权保护规范化市场培育对象。召开2023年华北五省市区知识产权行政保护协作大会，并签订《华北五省市区知识产权保护与发展框架协议》。

六、地理标志培育保护运用工作迈上新台阶

积极筹建"五原向日葵"国家地理标志产品保护示范区，"西旗羊肉"入选国家知识产权局2023年国家地理标志产品保护示范区筹建名单，国家知识产权局受理"阿尔山矿泉水"地理标志保护产品申请。推动布局建设商标品牌指导站和地理标志工作站10个，"锡林郭勒羊肉""赛罕亚麻籽油"入选第二批地理标志运用促进重点联系指导名录，实施地理标志运用促进工程项目22个。截至2023年底，全区共有地理标志集体商标、证明商标183件，地理标志保护产品41件。

七、知识产权公共服务基础不断夯实

建成内蒙古知识产权公共服务（保护）平台、内蒙古自治区知识产权保护中心服务平台、北方知识产权大数据平台和呼和浩特市知识产权服务平台。建立3家自治区高校知识产权信息服务中心，委托59家知识产权服务机构、律师事务所服务经营主体1.2万家。内蒙古大学"落地基础服务 突出专项服务"案例被确定为2023年度第二批知识产权信息服务优秀案例，"内蒙古自治区知识产权局协同推进中小学知识产权教育"成功入选知识产权强国建设第二批典型案例。

八、知识产权保护"两项考核"扎实推进

牵头完成国家对自治区党委、政府的2023年知识产权保护工作检查考核，内蒙古自治区继续保持"良好"等级。牵头完成对各盟市委、政府2023年知识产权保护工作检查考核，并将考核情况通报各盟市委、政府，以考核促落实，以考核促提升，全面推进知识产权工作提质增效。

供稿：内蒙古自治区知识产权局

版权工作

一、高站位推动中央和自治区决策部署落实

内蒙古自治区版权局全面学习贯彻党的二十大精神，印发全区版权工作要点，将版权保护工作纳入自治区宣传思想文化工作重点任务清单统筹推进，完善全方位建设"模范自治区"版权工作落实举措。全力推进自治区《知识产权强国建设纲要（2021—2035年）》和《版权工作"十四五"规划》版权工作任务实施,将版权保护工作纳入自治区盟市厅局领导班子实绩考核。发挥自治区推进使用正版软件工作联席会议机制作用,强化协调联动,推动重点行业领域使用正版软件工作,对自治区盟市两级直属党政机关软件正版化工作进行全覆盖检查,正版率达99.93%。

二、高标准提升版权社会服务效能

加强覆盖全面、服务规范、免费高效的版权公共服务供给。深化版权互联网服务,版权登记实现全流程网办,版权登记证书实现电子化领取,版权登记信息实现"掌"上查询。持续推动"两优"专项行动落地见效,对版权作品登记流程进行再优化,减环节、减事项,办理时限从30天缩短至20天。作品内容极大丰富,著作权登记总量大幅增长,2023年,登记版权作品9645件,较上年同期增长51%。2023年,全区3家单位获评全国版权示范单位、示范单位(软件正版化),内蒙古蒙牛乳业(集团)股份有限公司获评2023年度十大著作权人。

三、全链条提升版权治理水平

筑牢意识形态安全屏障,加强版权依法治理、系统治理,坚持专项治理和日常监管相结合、行政处罚和刑事打击相衔接、多部门协调配合、多行业交流合作。加强事前预防,发布版权作品预警;强化事中监督,对各盟市重点案件进行督办;落实事后监管,督促盟市开展案件信息公开工作,构建起科学规范、运行有效的全链条版权治理体系,在保障文化意识形态安全、营造风清气正的网络环境方面发挥版权监管应有作用。2023年,连续开展打击侵权盗版专项整治工作,各级版权执法部门查处侵权盗版案件20起,查办网络侵权盗版案件4起;开展"青少年版权保护季"行动,查处涉教材教辅案件9起;探索服务型执法模式,运用行政调解解决著作权纠纷4起。查处刑事案件4起,收缴各类侵权盗版制品38万余件,罚没金额1700万余元。

四、全方位开展版权社会宣传

打造著作权主题公园,建设版权社会宣传阵地,开展"4·26世界知识产权日"版权主题宣传活动,搭建第九届中国国际版权博览会内蒙古展厅,全方位展示内蒙古自治区版权保护成果;制作版权保护宣传产品在自治区全媒体矩阵和全区875块社会宣传大屏进行常态化宣传,通过新闻报道、典型案例示范、普法宣传等形式,营造"尊重原创、保护创新"的舆论氛围,版权保护理念更加深入人心,社会各界版权保护意识显著增强。2023年10月,呼和浩特市入选民间文艺版权保护与促进试点地区,参与全国版权治理的深度和广度不断拓展。成功举办民间文艺版权保护与促进试点工作交流活动,在活动中交流内蒙古民间文艺版权保护实践成果经验。试点案例获评自治区优秀改革创新案例,相关经验被中央宣传部通讯刊发。

聚焦办好"两件大事",围绕版权创造、运用、保护、管理和服务全链条,不断提升版权治理体系和治理能力现代化水平。严厉打击各种侵权盗版行为,促进文化领域创新、创造,推动版权产业高质量发展。以版权为媒,加强区内外版权合作交流,弘扬北疆文化,不断满足人民群众对高质量文化生活的需要,为知识产权强区战略高质量实施、全方位建设模范自治区提供更加有力的支撑。

供稿:内蒙古自治区版权局

司法工作

一、充分发挥知识产权司法保护主导作用,为创新驱动发展提供司法助力

1. 严格保护知识产权

2023年,内蒙古高院知识产权审判庭

旧存案件82件、新收549件，审结584件，结案率92.55%。通过高效、公正的审判，有效打击侵权，保护权利人的合法权益，为创新驱动发展提供有力的司法保障。

准确适用惩罚性赔偿制度。呼伦贝尔中院制定《关于建立知识产权侵权惩罚性赔偿机制的实施意见》，规定关于知识产权惩罚性赔偿制度操作规则，细化故意和情节严重的具体情形，明确惩罚性赔偿基数的确立原则和具体依据，为司法实践适用惩罚性赔偿提供有效指引。

加大对侵权行为的惩戒力度。内蒙古高院2023年审结的上诉人某调料批发行、王某因与被上诉人尚某、某木炭厂商标权权属、侵权纠纷一案，在侵权人王某已被追究刑事责任的情况下，对商标权人在民事案件中提出的停止侵权、赔偿损失等诉讼请求予以支持，充分彰显了人民法院严格保护知识产权、严厉打击侵犯知识产权犯罪的决心。

2. 构建知识产权保护大格局

建立知识产权审判协作配合机制。呼和浩特、包头、鄂尔多斯、乌兰察布四地中院共同签署《"呼包鄂乌"跨区域知识产权司法保护协作框架协议》，以协同保护、服务大局为原则，建立知识产权审判协作配合、信息共享、同频共振、疑难问题研讨、宣传融通、人才交流培养以及轮流承办"知识产权保护论坛"7项协作模式，共同携手打造内蒙古地区知识产权保护高端论坛品牌，实现区域经济协同发展。

加强与知识产权主管部门沟通协调，健全行政与司法协同保护。内蒙古高院派法官参加"全国知识产权宣传周"活动启动仪式、内蒙古"版权保护助推民间文艺传承发展"宣传展示活动。呼和浩特中院成立"知识产权诉源治理工作站""知识产权保护联络点"，与内蒙古自治区知识产权保护中心签署《知识产权协同保护合作备忘录》；包头中院与市委宣传部、市市场监管局共同签署《加强包头市知识产权行政执法与司法审判衔接合作框架协议》；赤峰中院与市检察院会同市公安局、市市场监管局，就开展好知识产权行政与司法保护启动会签协作机制文件；巴彦淖尔中院与市人民检察院、市公安局联合印发《关于加强知识产权刑事司法协作配合工作的意见》，与市市场监管局联合印发《知识产权司法保护与行政执法衔接工作机制》。

不断完善多元化纠纷解决机制，将非诉讼纠纷解决机制挺在前面。锡林郭勒中院与盟市场监督管理局、盟律师协会召开知识产权纠纷多元化解座谈交流暨诉调对接工作推进会议，签署《锡林郭勒盟知识产权纠纷多元化解合作协议》；科尔沁区法院与8家通辽市辖旗县区市场监管局签署《加强知识产权保护合作协议》《知识产权纠纷行政调解协议司法确认备忘录》；巴彦淖尔中院印发《关于建立知识产权纠纷在线诉调对接机制》《关于进一步完善诉调对接机制的实施意见》《关于知识产权案件行政调解司法确认制度的实施办法》，为当事人提供便捷、高效的纠纷化解途径。

加强知识产权保护法治宣传教育，营造保护知识产权的社会氛围。一方面，坚持不断深化审判公开实践，通过公开开庭审理案件，提升知识产权审判的公开度和透明度；另一方面，精心筹划"全国知识产权宣传周"活动，如内蒙古高院、包头中院分别召开2022年知识产权司法保护状况暨典型案件发布会，对本地区2022年度知识产权司法保护状况、典型案件进行了通报，全面展示司法保护知识产权工作成果。大力开展知识产权进企业活动。如内蒙古高院联合鄂尔多斯两级法院，深入鄂尔多斯集团开展座谈交流；呼和浩特中院、包头中院、巴彦淖尔中院分别深入蒙牛圣牧高科乳品有限公司、包钢集团、内蒙古河套酒业集团有限公司等企业进行普法宣传，不断强化企业知识产权保护意识与能力。

3. 维护公平竞争的法治环境

坚决贯彻反不正当竞争法立法精神，不断强化公平竞争司法导向，依法规制虚假宣传、诋毁商誉等不正当竞争行为。如内蒙古高院2023年审结的三快在线公司与拉扎斯公司不正当竞争纠纷案，严厉惩处了拉扎斯公司及其分公司通过损害竞争对手"美团"外卖平台商业信誉的方式提升其经营的"饿了么"外卖平台竞争优势的不正当竞争行为。

二、构建和谐劳资关系，护航企业健康发展

提高审判质效，兼顾公正与效率。截至2023年底，全区法院共受理劳动争议类案件8502件，审结7108件，结案率83.6%。在劳动争议类案件的审判过程中，始终坚持平等保护、双向规制的原则，既注重保护劳动者的合法权利，又尊重企业的自主管理权。2023年内蒙古高院审结的劳动争议案件中，61件存在法律适用或事实认定问题的案件裁定进入再审程序，其中，劳动者申请再审的51件，企业申请再审的10件。同时，全区法院通过多种方式提高审判效率，保证维权的时效性。如巴彦淖尔中院印发《关于进一步加强农民工工资案件立案审判执行工作的意见》，公布全市法院农民工维权热线，建立了农民工工资诉讼"绿色通道"，对农民工工资诉讼案件优先办理、优先调解，保障农民工及时实现权益。

多方发力，多元化解。巴彦淖尔中院积极推广被自治区总工会誉为"乌拉特经验"的维护职工权益诉调对接机制，并在审理劳动争议类案件中积极运用和推广。锡林郭勒盟中院在审理某水泥公司的群体性纠纷案件中，多次与企业所在地旗委、法院沟通协调，最终使该109起涉诉涉访案件圆满审结，最大限度实现案件办理"三个效果"的有机统一。

三、坚持平等保护，以法治保障"一带一路"高质量发展

2023年，内蒙古法院共受涉外案件133件，审结98件，结案率为73.7%。在涉外案件的审判工作中，全区法院始终坚持平等保护中外当事人的合法权利。如内蒙古高院审结的贝加尔公司诉满洲里某公司、刘某国际货物买卖合同纠纷一案，对蒙古国当事人贝加尔公司的合理诉求予以支持。另外，呼伦贝尔中院针对辖区口岸众多、涉外案件频发的情况，制定《关于推进涉外知识产权民事、行政、刑事审判"三合一"工作的实施意见》，为提升涉外知识产权审判工作提供有力遵循，规范涉外知识产权审判"三合一"工作。

四、持续推进司法能力提升，加强审判能力现代化建设

在工作中不断强化对下指导、统一全区知识产权案件裁判思路。内蒙古高院深入包头、鄂尔多斯两地、两级法院调研知识产权审判工作并召开培训座谈会，围绕知识产权审判实务中常见的法律问题、知识产权司法保护政策变化等内容进行了专题培训和交流探讨，对依法妥善审理知识产权案件，切实发挥知识产权审判在激励创新创造、维护公平竞争秩序等方面的重要作用均具有积极意义。

供稿：内蒙古自治区高级人民法院
知识产权审判庭

检察工作

一、办案数量实现新突破

2023年，内蒙古检察机关共办理侵犯知识产权犯罪案件176件377人，同比分别增长137.8%、225%；办理知识产权民事生效裁判监督案件11件，同比增长266.7%；办理知识产权公益诉讼案件49件，同比增长145%，知识产权检察保护力度不断加大。在办案过程中，全区检察机关充分发

挥知识产权综合履职职能，落实知识产权刑事、民事、行政、公益诉讼检察"四检合一"办案模式，对案件进行"一案四查"，实现知识产权检察一体保护。

二、专业化建设取得新进展

截至2023年底，全区三级检察机关共设立知识产权检察办案机构99个，12个分市院、86个（约占75%）基层院设立知识产权检察办公室或专业化办案组，其中自治区检察院及呼和浩特市、包头市、赤峰市、鄂尔多斯市检察院设立独立运行的知识产权检察办公室。落实自治区院党组"三全式"（全员全年全科）培训、"三真式"（真案真庭真人）实训要求，通过委托培训、外派培训、现场观摩等方式，实现线下、线上培训10次，全区450余名专兼职知识产权检察人员全员参训，组建由23名同志组成的首批全区知识产权检察人才库。协调自治区知识产权局共同建立知识产权技术调查官制度，为高质效办理知识产权案件提供技术支撑。

三、高质效办案追求新标准

联合挂牌督办。2023年，自治区检察院与自治区公安厅对13件重大疑难复杂侵犯知识产权案件进行联合挂牌督办，其中联合挂牌督办的全区首例侵犯商业秘密案，效果良好，被《检察日报》以"'小巨人'企业核心技术被偷走了"为题报道。该案开庭时，自治区检察院组织全区12个盟、市分院15名业务骨干进行观摩，并会同公安机关办案人员共同交流办案经验，提升办案人员新类型案件办理能力。

强化精准监督。鄂尔多斯市检察院办理的叶某敏假冒注册商标案入选最高人民检察院典型案例；自治区检察院办理某商标侵权案围绕两省高院之间"同案不同判"情形，将涉及78件民事裁判结果监督线索向最高人民检察院知识产权检察办公室报告，最高人民检察院采纳自治区检察院意见，将涉案线索移交相关省份办理。

四、专项监督行动拓展新局面

部署开展知识产权检察护航"内蒙古品牌"专项监督行动，重点加强对中国驰名商标、国家地理标志证明（集体）商标、中华（内蒙古）老字号等的司法保护。该行动被自治区知识产权局作为2023年度全区知识产权保护加分项上报国家知识产权局。2023年，共受理侵犯商标类犯罪案件135件，同比上升135%；指导地方检察机关围绕"阿尔巴斯羊""华莱士香瓜""锡林郭勒羊""卓资熏鸡"等地理标志产品开展公益诉讼检察工作，保护"老字号""蒙字标"，效果显著。

五、综合司法保护形成新格局

推动全区三级检察机关在120家高科技园区、知识产权优势企业挂牌"知识产权检察保护联系点"，提供"一对一"检察服务，全年各级检察机关共为企业提供现场咨询、法治宣讲300余次，保障企业创新发展。自治区检察院在蒙牛、伊利、蒙草、鄂尔多斯、包头稀土研究院等11个全国知名企业挂牌联系点。自治区检察院联合内蒙古大学、中南财经政法大学举办首届"新时代知识产权检察实务论坛"，会签检校合作协议，共同建立"知识产权检察理论研究基地"和"知识产权教学实践基地"。

六、知识产权法治宣传实现新起点

丰富知识产权检察宣传内容、形式，通过开展新闻发布会、设检察开放日、发布白皮书与典型案例等形式，不断扩大知识产权检察影响力。"全国知识产权宣传周"期间，共组织各类活动350余次，450余名检察人员参加，发放宣传单册1.8万余份，相关情况被中央电视台《法治在线》节目、《检察日报》、各级检察院官方微信宣传报道150余次。

供稿：内蒙古自治区人民检察院
知识产权检察办公室

辽宁省

知识产权工作

一、专利

2023年,辽宁省三种专利授权67 632件(其中,发明专利、实用新型专利、外观设计专利分别授权13 069件、49 755件、4808件)。截至2023年底,全省三种专利有效量351 973件,同比增长16.1%(其中,发明专利、实用新型专利、外观设计专利有效量分别为75 548件、254 458件、21 967件,同比增长18.0%、15.7%、14.8%)。万人发明专利拥有量达18件,比上年末增加2.86件。每万人口高价值发明专利拥有量7.05件,同比增长26.1%。全省三种专利授权中,职务发明创造授权61 462件,其中,工矿企业、大专院校、科研单位、机关团体分别授权49 964件、8063件、2175件、1260件,非职务发明创造授权6170件。全省专利转让(许可)8034件,专利受让(被许可)10 380件。专利商标质押项目总数670件,同比增长60.3%;质押金额52.6亿元,同比增长41.6%。

在全国率先以省政府办公厅名义出台《辽宁省推进专利转化运用工作实施方案(2023—2025年)》,提出20项实施举措,加快创新成果向现实生产力转化。制定《高价值专利价值评估规范》《新材料产业专利导航工作技术规程》地方标准。20个项目获评第二十四届中国专利奖,取得中国专利金奖和中国外观设计金奖"双丰收",省知识产权局获优秀组织奖。成功举办第十三届中国国际专利技术与产品交易会,以"知识产权引领产业数字化转型"为主题,吸引优质创新资源和项目集聚,推进国内外专利技术与产品交流合作。出台《辽宁省专利导航服务基地建设管理办法(试行)》,认定省级专利导航服务基地11个。围绕全省22个重点产业集群开展专利导航分析,累计开展专利导航项目150余个。

二、商标

2023年,新增商标注册申请11.1万件,注册6.44万件,有效注册商标总量68.37万件,同比增长8.2%。40个商标品牌、2个区域商标品牌、23个商标品牌指导站入选国家知识产权局"千企百城"商标品牌价值提升行动名单。众盟牌鸡蛋、望果石牌新农寒富苹果获第三十届杨凌农高会后稷特别奖,十月稻田牌大米获后稷奖。

三、地理标志

2023年,全省地理标志保护产品总量90个,"北镇葡萄"成功获批地理标志保护产品,实现了机构改革以来地理标志保护产品数量增长的零突破;地理标志证明商标总量130件;使用地理标志专用标志的市场主体599家。省市场监管局、省知识产权局联合印发《关于加强地理标志产品地方标准研制工作的指导意见》,全年发布地理标志保护产品地方标准46项。

2023年10月25日,由辽宁省知识产权局和盘锦市人民政府共同主办的2023年辽宁省地理标志直播推介活动在盘锦市启动,直播推介活动以"培育地标品牌 助力乡村振兴"为主题,充分挖掘辽宁省地理标志产品背后的文化故事,推动文化保护和传承。

四、其他工作

加强知识产权保护。出台《深入实施〈关于强化知识产权保护的实施意见〉推进计划（2023—2025年）》，提出6方面90项工作措施，统筹推进知识产权"严、大、快、同"保护新格局。强化商标、专利和地理标志行政保护，部署开展知识产权执法保护专项行动，全省市场监管系统共查处知识产权案件618件，罚没1369.96万余元，移送司法案件9件。开展辽宁省杭州亚运会和亚残运会知识产权保护专项行动，组织专项检查492次，出动执法人员1822人次，排查案件线索6条。全省知识产权管理部门处理专利纠纷行政裁决案件61件，调解专利纠纷案件4件。组织开展4批次非正常专利申请核查整改工作，各批次非正常专利申请撤回率均排名全国前列。布局建设辽宁省、沈阳市、大连市3家国家级知识产权保护中心，开展快速预审、快速维权、产业布局分析等知识产权综合服务。2023年，知识产权保护中心共受理专利预审请求2272件、预审合格1426件、授权1017件，协助知识产权行政执法（行政裁决）案件421件，开展专利分析导航项目19个。根据《国家知识产权局关于2022年各省（区、市）知识产权保护工作检查考核情况的通报》，辽宁省获优秀等次。

提升知识产权公共服务水平。出台《关于加快推动知识产权服务业高质量发展的实施意见》，推进知识产权服务业提质增效。布局建设2个专利代办工作站，进一步扩大"一窗通办"范围。大连高新区获批国家知识产权服务业高质量集聚发展试验区。出台《辽宁省知识产权信息公共服务体系建设指导意见》《辽宁省知识产权信息公共服务网点认定管理办法》，认定9家省级知识产权信息公共服务备案网点，2家机构获批国家级备案网点。辽宁省知识产权保护中心获批第四批技术与创新支持中心（TISC）承办机构。

加强知识产权人才队伍建设。整合辽宁省知识产权专家库，对248名专家实行动态统一管理。修订《辽宁省经济系列知识产权专业职称评审标准》，开展2023年知识产权职称评审，评选高级知识产权师3人，正高级知识产权师4人。举办全省推进知识产权强省建设专题培训班，培训各相关部门领导干部120人。围绕行政执法、纠纷调解、维权协作等业务举办各类培训班31期，参训学员3500余人次。面向科技型企业、知识产权优势示范企业和基层知识产权管理人员开展知识产权公共服务培训57次，培训8800余人次。

做好知识产权宣传普及。省知识产权局官网设立辽宁省全面振兴新突破三年行动专栏，全年发布政务信息431条，发布政务新媒体信息82条，制作并在"学习强国"平台发布"大连海参""铁岭榛子"等地理标志产品短视频7条。辽宁广播电视台播发知识产权保护相关报道20篇。北斗融媒发布知识产权相关宣传报道25篇，总浏览量45.5万次。东北新闻网发布知识产权保护相关报道75篇，总点击量40.5万次。成功举办"全国知识产权宣传周"辽宁地区活动，成为国家知识产权局启动仪式五大分会场之一，《人民日报》《光明日报》、东北新闻网等多家主流媒体对辽宁宣传周活动情况进行宣传报道，各类媒体刊载宣传信息共270余篇次。

加强知识产权国际交流合作。编制《海外知识产权纠纷案例指导》《企业知识产权涉外风险防控与预警指引》《海外商标抢注维权指引手册》等实务手册，发布"海外知识产权与预警信息"31期，举办海外知识产权保护相关公益培训7期，进一步提升海外知识产权保护能力和水平。省知识产权局、省商务厅、省贸促会共同签署《加强海外知识产权保护合作备忘录》。沈阳市知识产权保护中心获批建设海外知识产权纠纷应对指导地方分中心，为2家企业提供海外知识产权纠纷应对指导服务。

供稿：辽宁省知识产权局

版权工作

一、高站位谋划版权服务、高标准推进版权产业发展

1. 大力提升版权服务水平

2023年，辽宁省完成版权自愿登记50130件，同比增长56.7%，实现作品版权登记数量和版权登记质量连续三年"双提升"，获中央宣传部版权管理局发文表扬。精心组织实施辽宁版权保护提升计划，启动辽宁省数字化版权管理服务系统，授牌运行全省首批7家版权服务工作站，推广运用辽宁版权宣传主题形象"版宝"，举行辽宁省版权保护提升计划启动仪式等。

2. 深入开展版权示范创建工作

认真组织开展全国版权示范创建评选工作，深入挖掘版权资源，完善培育、选树、管理工作机制，积极组织推荐申报。推荐沈阳故宫博物院、沈阳双杰网络科技集团有限公司、大连博涛文化科技股份有限公司、辽联（辽宁）信息技术股份有限公司4家单位参评2023年度全国版权示范单位；推荐中一东北国际医院有限公司、鞍山市水务集团有限公司2家单位参评2023年度全国版权示范单位（软件正版化）。不断发挥版权示范单位（园区）的带动和辐射作用，实现数量、质量"双提升"。

3. 积极组织参加国际展会

指导北方国家版权交易中心不断丰富版权交易品类，拓展国内外版权运营业务。2023年，北方国家版权交易中心实现版权项目签约总金额5300万元，线下版权交易授权67项，总收入658.49万元，线上版权交易平台全年累计挂牌64项，挂牌金额134.7万元。成功组织辽宁省展团参加第二十九届北京国际图书博览会、第九届中国国际版权博览会，辽宁省展团参展规模、参展品类、项目品质、活动数量、签约金额均创新高。辽宁省版权局获评第九届中国国际版权博览会优秀组织奖。

二、高水平实施版权执法监管

1. 深入开展院线电影版权保护专项工作

从持续开展预警保护、不断加强巡查监测、重点查办大案要案、切实巩固联防联控机制、扩大宣传教育引导5个方面组织开展院线电影版权保护专项工作。全年发布重点作品版权保护预警名单14批，查办院线电影盗录传播案件10起。其中，丹东"1·30"涉嫌侵犯影视作品著作权案、锦州"决谋"侵犯著作权案2起案件被国家版权局列为全国挂牌督办案件。

2. 深入开展"剑网2023"专项行动

畅通投诉举报渠道，加强案件线索研判和跟踪核查，查处违法行为，保持严打高压态势，全年侦破涉网络侵权盗版案件41起，采取刑事强制措施56人，移送起诉15人，涉案金额5100万余元。依法依规查处涉版权类违法违规网站（APP）42个，关闭封堵侵权假冒网站（账号）19个。

3. 精心组织开展"青少年版权保护季"行动

加大巡查整治力度，重点围绕教材教辅、工具书、少儿图书、网络游戏等领域侵权盗版乱象，部署开展全省青少年版权保护工作，为广大青少年营造绿色、文明、健康的成长环境和社会氛围。专项行动期间，全省各级版权执法部门出动执法人员1.4万人次，检查出版物市场、印刷企业及校园周边书店、报刊摊点、文具店、打字复印店等场所8100余家（次），查处侵权盗版教材教辅和儿童图书违法行为103起，立案侦办16起。

4. 注重案件查办质量

持续强化版权执法监管，以组织开展全省院线电影版权保护专项工作、"青少年版权保护季"行动、"剑网2023"专项行动、"清朗·杭州亚运会和亚残运会网络环境整治"行动等为抓手，不断加大查处侵犯著作权行政案件执法力度。2023年共查处侵

权盗版案件85起，涉案金额1.2亿元，其中丹东"1·30"涉嫌侵犯影视作品著作权案等4起典型案件被国家版权局列为全国挂牌督办案件，辽宁沈阳"2·24"制售侵权盗版传统文化电子书案获评2022年度全国打击侵权盗版十大案件，这是辽宁省首次获得该项荣誉。

5. 高强度推进软件正版化工作

统筹推进全省软件正版化工作，持续强化督导检查。持续在源头监管、资产管理、督促核查、产业扶持、示范创建、宣传引导等方面下气力开展工作。强化督查考核，组织开展覆盖全省的软件正版化督导检查，实地抽查核验党政机关、国企、医疗、教育、金融、交通、能源、民企等特定行业和重点领域共63家单位、5300余台计算机的软件管理使用情况，全省软件正版化率稳中有升，各行业软件正版化意识普遍增强。

三、高层次抓好版权宣传和队伍建设

1. 创新开展版权科普宣传

充分利用辽宁版权宣传主题形象"版宝"等多种载体渠道，创新开展版权保护宣传工作。成功举办第二届辽宁省版权保护宣传海报设计大赛。大赛共收到来自全国投稿560份，评选出获奖作品36件，优秀作品在辽宁省第十二届全民读书节启动仪式现场进行展示，在北方图书城、全省各地新华书店、各级图书馆等公共场所展出。其中，作品《为版权撑把伞》被国家版权局选中，"全国知识产权宣传周"期间，在中央宣传部机关办公区展出。

2. 举办推进使用正版软件业务、版权执法监管业务培训班

各市版权局、省直各有关单位版权工作负责同志约210人参加线下培训，520名编辑岗位人员参加线上培训。邀请中央宣传部版权管理局领导及专家学者授课，解读版权政策法规及工作要求，不断夯实软件正版化工作基础，推进版权行业高水平治理。

供稿：辽宁省版权局

司法工作

2023年，辽宁法院受理知识产权案件12 817件，其中新收11 442件，审结11 300件，新收同比下降5.31%，审结同比下降2.33%。辽宁高院民三庭受理知识产权案件202件，其中新收181件，审结182件，审限内结案率95.05%。

一、积极服务创新驱动发展

辽宁法院加大对关键核心技术、重点领域等知识产权保护力度，依法审结亚某公司与圣某公司侵害发明专利权纠纷案、晶某公司与葛某发明专利权权属纠纷案、木某生态公司与某果业合作社植物新品种权纠纷案等有影响力的知识产权案件。公正审理星某公司与中某公司技术合同纠纷案，对科研人员已尽勤勉义务但因技术路线选择失误的法律后果慎重处理，营造鼓励创新、宽容过错的良好社会环境。妥善审理丰某公司与东某集团计算机软件开发合同纠纷等一批涉数字产业链发展等新业态新模式案件，助力数字辽宁建设。坚决落实侵权惩罚性赔偿制度，在意大利金某公司与悦某公司侵害商标权纠纷等案件中，依法判决国内企业对享有知识产权的外国企业承担知识产权惩罚性赔偿责任，充分体现"严格保护"知识产权的司法原则，树立司法保护创新驱动发展的公信力。主动对接涉高端装备制造、新材料、信息技术等高新技术的独角兽和瞪羚企业170余家，提供常态化法律服务，精准提供知识产权司法服务。

二、指导沈阳知识产权法庭建设

设立巡回审判点。开展调研，梳理各市知识产权保护、宣传、司法协作的现状。

为推进知识产权诉源治理，方便人民群众诉讼，于2023年4月21日设立沈阳知识产权法庭丹东巡回审判点。

深化助企服务。创建"3+3"重点企业服务机制，对接辽宁省内的国家知识产权示范企业、独角兽、瞪羚重点企业27家，精准对接供给侧和需求侧个性化需求，建立企业对接服务档案，实现"一企一档""一企一策"，选派业务骨干为企业提供"一对一""问诊式"司法服务160余次。

提升"司法区块链+"等信息化技术运用能力。与辽宁省版权局、辽宁省知识产权保护中心构建知识产权协同保护治理模式，会签《关于加强审判机关与版权行政管理机关信息共享、司法协作的备忘录》《关于加强知识产权保护的合作协议》，建立司法协助、信息交流、诉调对接等工作机制，特别是与辽宁省版权局搭建信息共享平台，利用区块链技术实现数据互认和信息共享。出台《证据保全工作细则》，实现运用司法区块链平台开展证据保全制度化。"司法区块链+"知识产权保护机制入选2022年度全省法院9件创新成果。联合信息化部门形成的"区块链+知识产权作品核验应用"入选《法治蓝皮书·中国法院信息化发展报告》创新案例。

落实严保护工作理念。例如，陈某诉杨森公司侵害发明专利权纠纷案单笔判赔额300万元，芬迪公司诉友前公司等侵害商标权纠纷案单笔判赔200万元，另外还有多起案件判赔额在100万元以上，有效解决了知识产权赔偿数额低的问题。

完善技术查明机制。制定实施了《技术调查官选任和管理办法》《技术调查官参与知识产权案件诉讼活动的办法》，结合辖区高端装备制造、涉及"卡脖子"技术攻关等关键领域的知识产权司法保护需求，实行"法官+技术调查官"参与案件审理及办理证据保全机制，建立沈阳法院技术专家人才库，构建"技术调查官+技术咨询专家"的专业化技术事实查明模式，提升技术事实查明质效。大连中院于2023年9月1日首次引入1名技术调查官参与证据保全，并于12月28日面向社会公开选聘兼职技术调查官，加强案件审理的技术支撑。

形成快保护工作格局。通过实施案件繁简分流，法庭审理的知识产权案件平均审理周期缩短至131.97天，同比下降0.47%。沈阳知识产权法庭获评全国"知识产权保护工作成绩突出集体"。

三、推动知识产权多元解纷机制建设

切实落实辽宁高院与辽宁省知识产权局联合印发的《关于建立知识产权纠纷在线诉调对接机制的通知》，进一步完善有机衔接、协调联动、高效便捷的知识产权纠纷在线诉调对接工作机制。2023年，辽宁新增4个知识产权调解组织，33名调解员入驻人民法院调解平台，累计入驻知识产权调解组织13个，知识产权调解员130名，受理知识产权纠纷诉前调解案件726件，调解成功544件，调解成功率达74.93%。深入落实辽宁高院与辽宁省知识产权局联合印发的《关于开展知识产权纠纷行政调解协议司法确认工作的办法》，积极开展知识产权纠纷行政调解司法确认工作，沈阳和大连地区法院共对12份行政调解协议进行了司法确认。

四、积极开展"全国知识产权宣传周"活动

召开知识产权新闻发布会，发布中英双语2022年辽宁法院知识产权司法保护白皮书，以及涉专利权、著作权、商标权和不正当竞争纠纷等10件典型案例。沈阳知识产权法庭"沈抚"商标许可案，入选2022年中国法院50件典型知识产权案例。举办第一届辽宁数字经济法治论坛，促进辽宁数字化发展环境优化。沈阳两级法院主办辽宁省第六届大学生知识产权模拟法

庭竞赛，进一步深化法律职业共同体合作交流模式。沈阳知识产权法庭召开新闻发布会，首次向社会公开发布技术类知识产权司法保护白皮书（2018—2022）。大连中院主办"辽宁省知识产权保护研讨会""软件行业知识产权保护研讨会"，有效提升大连地区市场主体知识产权维权意识和能力。

五、共建知识产权大保护工作格局

4月，联合省知识产权局出台《关于强化知识产权协同保护的实施意见》，召开知识产权与司法保护工作协调会，并于6月会签《辽宁省专利侵权纠纷行政裁决办案程序指南》。9月，辽宁高院法官就"商标权的司法保护"为全省知识产权行政执法培训班授课。10月，辽宁高院与辽宁省知识产权局联合评选行政执法典型案例；联合辽宁省知识产权局、辽宁省检察院和辽宁省公安厅对2022年度知识产权保护工作成绩突出集体和个人进行通报表扬，法院系统表扬25个工作成绩突出集体、50名工作成绩突出个人。

六、加强专业化审判能力建设，将业务调研、课题攻关融入业务培训

7月，组织完成《迈向数字司法：区块链技术在知识产权司法保护中的应用》的调研课题报告，助力提升知识产权审判工作现代化水平。同月，举办全省法院知识产权审判业务培训班，邀请最高人民法院资深专业法官及其他审判经验丰富的基层法官就知识产权热点难点问题和审判方法进行授课，努力提升辽宁法官的专业能力。

七、加大业务条线指导力度

落实大数据分析研判机制，加强院庭长阅核、四类案件监管和审限管理，把牢程序关、证据关、事实认定关和法律适用关。辽宁高院坚持能改不发的原则，共改判知识产权案件15件、发回重审5件，改判率8.24%、发回率2.75%。落实发改案件随案评查机制，分析改发原因，通过个案指导下级法院审判工作。建立全省三级法院专项沟通联络机制，并通过法答网及时答疑。先后与沈阳、丹东、大连、营口等地中院开展审判质效面对面评议会，通报知识产权审判质效，分析业务条线问题，帮助解决困难，提高条线审判质效。经过大力清理，截至2023年底，全省一年以上三年以下的长期未结知识产权案件余2件。

供稿：辽宁省高级人民法院
知识产权审判庭

检察工作

一、因地制宜探索机制，推进知识产权检察综合履职

一是建立知识产权检察综合履职专业化队伍。辽宁省检察院设立知识产权检察办公室，统一履行知识产权"四大检察"职能。沈阳、大连、鞍山、锦州市检察院相继成立知识产权检察办公室，统筹指导本地知识产权检察工作。二是持续推进知识产权刑事案件办案流程优化。大连、营口市检察院分别出台规范文件明确知识产权刑事案件办案流程，为全省其他地区开展此项工作积累经验。2023年上半年，丹东、锦州、辽阳、铁岭、朝阳等地分别通过与当地法院、公安机关就辖区内知识产权一审刑事案件办案流程达成共识并会签文件，推动知识产权刑事案件高质效办理。三是持续深化知识产权检察综合履职工作。辽宁检察机关坚持做好侵犯知识产权刑事案件权利人诉讼权利义务告知工作，告知率保持100%，充分保障权利人的知情权和诉讼参与权。一体解决刑事责任追究与民事追责、公共利益保护等问题，2023年共办结知识产权检察综合履职案件50件，综合运用各类法律监督方式，强化知识产权司法保护，更好维护权利人合法权益。

二、刑事检察持续发力，保持打击犯罪高压态势

2023年，辽宁省检察机关批准逮捕侵犯知识产权犯罪案件37件46人，提起公诉110件254人。辽宁省检察院建立知识产权刑事案件台账，对全省知识产权刑事案件进行全流程监控。加强立案监督和侦查活动监督，监督公安机关立案6件7人；监督公安机关撤案3件3人；向公安机关提出书面纠正违法通知书7件。对重大疑难案件及时提前介入，就法律适用、证据标准等提出意见。用好退回补充侦查、自行侦查，完善证据链条，提升办案质量。沈阳市高新区检察院办理的湖北双某鼓风机股份有限公司、茹某鹏等三人侵犯商业秘密案入选全国检察机关知识产权保护典型案例，有力保护了高科技企业的创新力、竞争力；最高人民检察院知识产权检察办公室、公安部食品药品犯罪侦查局等五部门联合挂牌督办的韩某某等6人侵犯著作权案件中，锦州市检察机关依托大数据对涉案嫌疑人、企业实施取证调查，会同公安机关追缴涉案盗版"剧本杀"1000余部，有效破解跨省市取证难题。

三、民事检察深挖线索，加强监督精准性

2023年，辽宁检察机关办理14件涉及知识产权民事执行监督案件，所提出检察建议均获法院采纳。兴城市检察院采用"支持起诉+公开听证+社会治理检察建议+建立机制"相结合的工作模式，助力优化当地泳装行业法治化营商环境。依法惩治知识产权恶意诉讼，积极宣传，创新方法，广泛收集监督线索。抚顺市东洲区检察院排查发现江西瑞昌市某百货店诉抚顺48家商户侵害作品信息网络传播权案涉嫌恶意诉讼，并主动调查核实，全面筛查相关案件，检法协同履职监督，积极参与社会治理，助推构建知识产权协同保护体系。

四、行政检察突出重点，保障知识产权保护充分履职

一是积极探索行政违法行为监督形式。统筹履行"两法衔接"和行政违法行为监督，推动知识产权反向衔接工作深入开展。根据最高人民检察院《关于推进行刑双向衔接和行政违法行为监督 构建检察监督与行政执法衔接制度的意见》，辽宁省检察院落实完善反向衔接机制文件，着力解决伪造注册商标罪等知识产权领域不起诉案件"不刑不罚"问题，指导全省检察机关协同履职知识产权反向衔接工作。

二是推动建立沟通协调机制。精准回应浑南区沈阳知识产权服务聚集区知识产权保护需求，设立"检察蓝护航创业者"一体化服务平台，以服务促进监督线索排查。与同级法院开展沟通、座谈，了解知识产权行政案件情况，加强对商标恶意注册等线索的审查。

五、公益诉讼检察有序拓展，着力提升公益诉讼保护效果

2023年，辽宁检察机关共立案办理知识产权公益诉讼案件11件，其中民事公益诉讼6件、行政公益诉讼5件。一是依法履职，积极开展知识产权公益诉讼案件线索排查工作。沈阳市两级检察院积极与农业农村部门协作配合，组织开"两品一标"（绿色食品认证产品、有机农产品、国家地理标志农产品）农产品专项调研，为开展"两品一标"农产品保护专项工作做好前期准备。

二是加强国家地理标志产品保护，推动规范市场秩序。针对"丹东草莓"农产品地理标志被部分电商冒用滥用的情况，丹东检察机关以行政公益诉讼和检察建议的方式督促有关部门提升农产品地理标志、商标保护能力，在全地区范围加强"丹东草莓"农产品地理标志保护，推动规范市场秩序。桓仁县检察院结合"桓仁大米""桓仁冰酒"地理标志产品保护办案经验，运用大数据分析技术，建立快速筛查监督线索模块，形成地理

标志产品保护数字监督模型，精准高效发现冒用、滥用地理标志专用标志案件线索，以数据赋能提升类案监督质效。

三是加强种业知识产权公益保护，维护国家粮食安全。彰武县检察院在履职中发现，辖区内有经营者销售伪造品牌厂家假种子情况。彰武县检察院立案调查后，向彰武县市场监督管理局发送检察建议，建议其依法履职，加强监管和履职力度，利用宣传和引导等方式，提高经营者和购买者保护知识产权的意识。

六、加强普法宣传，助力营造知识产权保护氛围

全省检察机关积极开展"全国知识产权宣传周"活动，以举办主题论坛、召开理论研讨会、开设线上课堂、开展检企座谈、走进社区普法等形式进行普法宣传。辽宁省检察院在沈阳、大连举办3场理论研讨会、主题论坛，介绍近年来辽宁检察机关在知识产权司法保护方面的履职情况和工作成绩。沈阳、大连等地检察机关召开新闻发布会，通报近年来各地知识产权检察工作情况，发布典型案例等。其他地区检察机关也积极开展多种形式的知识产权普法宣传，如开设空中课堂，讲解法律知识；借助线上平台，发布原创视频、漫画、案例等普法作品；公开案件庭审，通过以案释法，积极回应社会关注；走进社区企业，与人民群众面对面开展普法宣传。

供稿：辽宁省人民检察院
知识产权检察办公室

吉 林 省

知识产权工作

一、专利

2023年，吉林省有效发明专利拥有量33 118件，同比增长25.4%。推荐参评第二十四届中国专利奖的项目获银奖1项、优秀奖5项。将习近平总书记关于知识产权工作重要指示论述汇编成册，列入省委理论学习中心组学习参考内容。省政府召开3次常务会议专题学习《专利转化运用专项行动方案（2023—2025年）》和国务院第四次专题学习会议精神，听取知识产权强省建设有关情况。2次召开省知识产权工作领导小组会议，专题学习习近平主席致中国与世界知识产权组织合作五十周年纪念暨宣传周主场活动贺信及李强总理在会见世界知识产权组织总干事邓鸿森时的讲话精神，统筹推进重点工作落实。开展知识产权强国建设工作督查考核。持续将知识产权保护工作列入省对市（州）政府绩效管理考评体系和对省管市（州）领导班子年度考核内容。《吉林省知识产权保护和促进条例（草案）》通过省人大常委会第一次审议。各地坚决贯彻省委、省政府决策部署，把知识产权工作摆在更加重要位置。各市（州）均建立了知识产权议事协调机制，长春市由市政府主要领导担任知识产权工作领导小组组长，高位推进知识产权工作。吉林市、四平市分别将知识产权工作纳入市政府重点工作目标责任制和市政府重点工作任务清单。辽源市将知识产权相关工作任务纳入市政府百项重点任务攻坚行动计划。

2023年，出台《吉林省深入贯彻落实〈关于强化知识产权保护的意见〉推进计划》，提出6方面59项工作措施，统筹推进知识产权"严、大、快、同"保护新格局。长春市成功获批国家知识产权保护示范区建设城市。在全省范围内组织开展"蓝天""雷霆""铁拳"等专项行动，全省知识产权行政执法、行政裁决案件共办理289件。开展侵权假冒伪劣商品集中统一销毁行动，集中销毁侵权假冒商品25吨，货值265万元。知识产权领域以信用为基础的分级分类试点建设顺利通过国家知识产权局验收。顺利完成专利侵权纠纷行政裁决规范化建设和知识产权纠纷快速处理试点建设中期评估。全省11个知识产权纠纷人民调解委员会入驻人民法院调解平台，全年受理知识产权纠纷调解案件553件，调解成功151件。在汽博会、农博会、东北亚博览会等展会期间，设立展会知识产权工作站，开展风险排查、咨询服务等500余次。吉林省、长春市2个国家级知识产权保护中心有效运行。持续压缩专利授权周期，截至2023年底，已有1316家省内创新主体通过注册审核，982家完成备案，接收专利申请预审案件4356件，2604件预审合格进入国家知识产权局快速审查通道，1814件已获得授权，通过省保护中心预审的专利申请比常规授权时间平均缩短90%以上。

2023年，持续打造长春国家知识产权强市建设示范城市，成立6000万元资金规模的知识产权运营基金，建成现代化农业、新材料、光电信息、数字经济等4个产业知识产权运营中心。举办汽车创新大赛，探索汽车产业创新成果转化运用新模式。长春理工大学知识产权学院挂牌成立。会同三部门联合印发《吉林省知识产权质押融资补助实施细则》，2023年全省专利商标质押融资额58.59亿元，同比增长63.9%，居全国第16位，较上年提升2位。长春、吉林、通化、四平、辽源、白山等6个市开展质押融资联合贴息试点工作，强化政策集成放大效应，带动市级投入541万元支持69户创新型企业。

2023年，长春市获批首批国家知识产权公共服务标准化建设城市，长春新区获批国家知识产权服务业高质量集聚发展试验区。新认定6家地市级综合性知识产权公共服务机构、新增1家世界知识产权组织技术与创新支持中心以及1家国家网点，知识产权公共服务网点初步形成立体化布局。与省直14个部门联合推动本省知识产权服务业高质量发展，持续开展"蓝天"专项整治行动，对10家专利代理机构进行"双随机、一公开"抽查检查。组建吉林省汽车、生物医药知识产权产业联盟，整合利用资源，引导和促进产业创新发展。组建吉林省知识产权服务行业自律联盟，组织省内41家专利代理机构签订自律倡议书。承办全国2023年专利代理师资格考试工作，对本省145名报名考生进行线上考前培训，考试通过45人，通过率31%，高于全国平均水平。

二、商标

2023年，全年新增有效注册商标34 026件，总数达到390 347件，同比增长9.5%，每万户经营主体平均拥有有效注册商标1087件。新增设商标业务受理窗口1家，新设立商标品牌指导站22家，商标专项服务指导实现县级区域全覆盖。组织参加第十三届中国国际商标品牌节，一汽红旗等9个品牌获金奖。22个企业商标品牌、1个区域商标品牌、17个商标品牌指导站入选国家知识产权局"千企百城"商标品牌价值提升行动。承办2023年第二期全国商标业务受理窗口商标业务培训班，培训各省学员123名。组织211家商标代理机构进行重新备案。

三、地理标志

2023年，新注册地理标志商标4件，总数达到114件。获批双阳梅花鹿国家地理标志产品保护示范区。入选国家第二批地理标志助力乡村振兴典型案例3项，国家地理标志运用促进重点联系指导名录2件。延边州与中国品牌建设促进会合力打造"国际人参品牌中心"，人参品牌建设工作迈上新台阶。蛟河市"打造地理标志名片　助推经济发展"入选2023年全国"知识产权服务万里行"活动优秀案例。

供稿：吉林省知识产权局

版权工作

一、乡村版权服务工作拓宽视野思路，重视跨域交流

为抢抓乡村振兴机遇，用新理念、新思路、新方法指导、推动地方版权服务工作，积极提升农村版权服务工作的能力水平。2023年3月，吉林省版权局组织带领全省农村版权服务试点地区之一的白城市相关负责同志，赴山东省潍坊市进行考察学习。考察团选取山东全影网络科技股份有限公司等15个城市和乡村参观点进行考察学习，获得了版权产业与文化产业和现代农业融合发展的崭新思路。白城市与潍坊市签订版权交流合作框架协议。洮北、洮南、大安、通榆、镇赉分别与高密市签订版权交流合作框架协议。

11月3日，吉林省版权局在大安市召开全省农村版权保护经验交流会。全省19个农村版权服务工作站的40余名代表参加了会议。会议组织进行了版权服务示范点参观和现场发言及经验分享，学习交流了全省农村开展版权宣传和服务工作以及版权成果转化的经验做法。会议明确了全省加强和改进版权保护工作的思路，对深入推动全省农村版权保护工作提出具体要求。

二、版权宣传工作强化典型示范，重视激励引领

培育全省版权保护示范单位和示范园区（基地）一直是吉林省版权社会服务工作的重点。截至2023年，全省各级版权管理部门累计创建全国版权示范园区（基地）2个，全国版权示范单位5个，全省版权示范园区（基地）2个，全省版权示范单位33个。

为充分发挥典型示范作用，引领全省版权保护工作深入展开，吉林省版权局积极开展各类版权宣传服务活动。一是选树典型，开展媒体宣传。选取中国吉林网和吉林文明网平台对吉林省农村版权服务工作站的工作经验进行连续宣传报道。二是将征集到的全省优秀版权作品集结成宣传片，进行公开发布。三是开展青少年版权教育活动。选取长春市明德小学作为版权保护教育试点学校，积极开展版权教育进校园活动。4月24日，吉林省版权局在明德小学组织召开"全省版权保护示范单位"授牌仪式。明德小学少先队员代表向全省小学生发出《版权保护倡议书》。四是全省各级版权管理部门制作版权宣传海报和版权保护宣传片，进行广泛发布和展示。五是全面完成作品登记工作任务。全年累计开展各类作品著作权登记3939件。

三、版权执法工作完善监管体系，重视夯实基础

持续开展侵权盗版专项整治，不断加强网络版权监管，加大重大案件督查督办力度，积极开展版权执法协作，健全和完善版权执法监管体系。2023年，吉林省有2起案件被国家版权局列为挂牌督办案件。

执法工作中，吉林省版权局主要做了以下工作：一是抓好资源整合，形成执法合力。二是采取积极举措，提高各类侵权案件查办力度。定期向案件办理数量落后的市、县发出督办意见，要求相关部门积极推动版权执法监管工作，加大案件查处力度。3月，召开版权执法工作座谈会，全面分析版权执法工作现存问题，明确提出新时期执法工作要求。三是提升执法人员素质，夯实执法基础。分层次开展执法人员培训，规范执法队伍建设。

四、软件正版化工作健全长效机制,重视落实推动

作为省推进使用正版软件工作联席会议的牵头部门,吉林省版权局积极发挥组织协调和业务指导作用,与各成员单位密切配合,加强督导检查,狠抓整改落实,建立长效工作机制,全面推动软件正版化工作。

1. 加强组织协调,分层次落实工作任务

6月,组织召开省推进使用正版软件工作联席会议。会议讨论通过联席会议总召集人、召集人及联席会议成员调整方案、《2023年吉林省推进使用正版软件工作计划》。会议对2023年全省软件正版化工作进行部署,全面指导各级党政机关、企事业单位及重点行业推动软件正版化工作进程。

2. 加强督促检查,完善工作机制

聘用第三方机构对43家省级政府机关、22家省国资委监管企业、3家银行机构、3家保险机构、3家证券期货行业机构、3家民营企业、5家医院、5所学校,以及白山市5家省直机关和2家国资委监管企业使用正版软件情况进行核查。核查小组累计检查计算机2500余台,对存在问题的单位提出明确的整改要求。

3. 加强宣传培训,提高软件正版化工作水平

省推进使用正版软件工作联席会议办公室高度重视宣传培训工作,制定切实可行的宣传培训计划,通过举办专题培训,创新和强化软件正版化宣传手段,不断扩大软件正版化社会工作影响和工作范围,进一步提高各级政府机关及企事业单位对软件正版化工作的认识和业务能力,增强使用正版软件的积极性和主动性。在"4·26世界知识产权日""3·15国际消费者权益日"等重要节点对使用正版软件相关知识进行重点宣传,为软件正版化工作的开展营造良好的社会氛围。

五、推动版权交易工作,重视成果转化

为掌握发展主动权,发挥版权要素的战略作用,积极开展形式多样的宣传教育活动,鼓励全省民间文艺创作团体和个人充分认识版权作为民间艺术作品价值承载与传递关键要素的作用,创造机会,引领和推动具备条件的民间文艺作品实现商业化变现、品牌化运营、产业化融合。

2023年11月23日,组织展团参加第九届中国国际版权博览会,全面展示吉林省立足版权转化、积极开展文化赋能的工作成果。展会期间,吉林展馆以鲜明的文化特色、精彩的版权故事,吸引了众多参观交流者驻足流连。长春、白城、吉林、松原、延边展出了带有鲜明地域文化特色的版权产品,充分展示了吉林省的传统文化特色和版权保护成果。据统计,吉林展团22家参展单位共携带1447个品类展品参展。展会期间,吉林代表团组织各种活动16场,展品交易数额达492 720元;现场签约158个,签约金额3 753 200元;达成战略合作意向17个,合作金额2 150 300元。

供稿:吉林省版权局

司法工作

一、案件数量增速下降,审判质效不断提升

2023年,吉林法院坚持公正高效审理各类知识产权案件,新收一审、二审、申请再审等各类知识产权案件2543件,审结2636件(含旧存,下同),同比分别下降55%和52%。

1. 各类案件数量

吉林省各级人民法院新收知识产权民事案件2448件,审结2526件,同比分别下降50.40%和53.79%。其中,新收著作权案件1216件,同比下降65.96%;商标案件768件,同比下降9.96%;专利案件255件,同比上升29.59%;技术合同案件54

件,同比上升17.39%；竞争类案件30件,同比下降31.82%；植物新品种案件10件,同比上升66.67%；其他知识产权民事案件115件,同比下降51.48%。

新收侵犯知识产权刑事案件115件,审结110件,同比上升139.58%和155.81%。其中,新收侵犯注册商标类刑事案件106件,较上年增加59件；侵犯著作权类刑事案件9件,较上年增加8件。在审结的侵犯知识产权刑事案件中,假冒注册商标类刑事案件48件；销售假冒注册商标的商品类刑事案件49件；非法制造、销售非法制造的注册商标标识类刑事案件5件；侵犯著作权类刑事案件8件。

2. 全年案件特点

案件数量大幅下降。坚持"抓前端、治未病"理念,深入推进诉源治理工作,坚持和发展新时代"枫桥经验",抓实诉调对接、多元化解,与吉林省市场监管厅联合知识产权保护处、吉林省知识产权保护中心召开工作会议,推动知识产权纠纷实现诉前化解。

民事案件调撤率较高。坚持能动司法理念,发挥司法调解职能,贯彻调解优先理念,全省法院知识产权民事一审案件调解撤诉率超过70%,高于全省同期民事案件水平,取得了良好的法律效果和社会效果。

技术类案件数量上升。随着新技术新业态的蓬勃发展,新类型案件不断增加。2023年,专利案件、技术合同案件、植物新品种案件数量占比有所增加,技术事实认定和法律适用难度加大,给人民法院在新技术领域的法律适用带来挑战。

刑事保护力度加大。坚持罪刑法定和严格保护原则,依法惩治侵犯注册商标类、侵犯著作权类等犯罪,保护权利人和消费者的合法权益,维护良好市场秩序。2023年,吉林法院新收、审结侵犯知识产权犯罪案件数量明显增长,刑罚的震慑和预防功能得到有效发挥。

二、加强公平竞争保护,推动形成保护合力

服务社会经济发展。依法审理竞争类案件,严厉打击垄断和不正当竞争行为,维护统一公平诚信的市场竞争法治秩序。开展全省不正当竞争纠纷和垄断纠纷案件审理情况及原因分析调研,形成调研成果助推《吉林省反不正当竞争条例》修订工作的进程。

服务创新驱动发展。召开"以高质量知识产权法治保障助力新时代东北全面振兴"研讨会,来自吉林省、辽宁省、黑龙江省和内蒙古自治区"三省一区"的呼和浩特、包头、沈阳、大连、哈尔滨、齐齐哈尔6家管辖发明等技术类知识产权和垄断案件的中级人民法院共同签署《推动东北知识产权司法高质量发展合作框架协议》,建立"三省一区"知识产权司法协同保护机制,推动构建跨部门、跨区域的知识产权协同保护格局。加大对"吉林智造"关键核心技术司法保护力度,妥善审理涉及汽车制造、光电信息、生物医药等本省特色优势产业的技术类案件。

三、深化审判领域改革,打造解纷"优选地"

完善多元化技术查明机制。实行"专家证人+技术鉴定+专家咨询+技术陪审员+技术调查官"五位一体查明机制,长春知识产权法庭在2020年首批聘任31名技术调查官基础上,2023年7月组织聘任了第二批46名技术调查官,扩充植物新品种、生物医药等空缺专业领域。并在碳纤维氧化炉专利、菱形灯具和幕墙专利以及AutoForm模具设计软件、Altair（澳汰尔）汽车设计软件等12起侵权案件中,探索适用"法官+法警+技术调查官"的证据保全模式,提升保全的及时性和有效性。

构建知识产权大保护格局。吉林法院与吉林省市场监管厅联合知识产权保护处、吉林省知识产权保护中心持续深入落实《关于建立知识产权纠纷在线诉调对接机制的意见》。长春知识产权法庭与长春市市场监管局、北科建·长春北湖科技园三方签署《知识产权协同促进与保护合作框架协议》，创建北湖科技园知识产权维权援助示范站，服务园区企业500余家，化解纠纷12件；先后与长春市版权局、文旅局签订《关于建立健全著作权保护协作机制的意见》，与延边知识产权局签订《加强知识产权协同保护合作备忘录》并设立延边巡回审判点，与长春理工大学知识产权学院签订《合作共建框架协议》。延边州中院与延边州市场监管局、珲春中院、珲春市场监管局签订《关于加强知识产权保护合作备忘录》并召开座谈会，建立知识产权司法、行政协同保护制度，深化司法机关与知识产权管理部门在知识产权保护工作中的合作。

强化科技赋能提质增效。推进科技创新深度融合应用，助力审判执行工作效率提速、质量提级，智能移动办案入选2023全国政法智能化建设创新案例。长春知识产权法庭依托智慧法院系统，为当事人提供便捷高效的全流程线上服务，让当事人足不出户即可在线完成立案、出庭、调解等工作。在长春知识产权法庭审理的"李维斯"商标等侵权案件中，积极运用AR技术展示、比对证据，创新采用原告线上、被告线下开庭的方式进行庭审，有效降低权利人的维权成本。

延伸司法服务效能。积极开展知识产权宣传周活动，吉林高院召开新闻发布会，发布吉林省知识产权司法保护状况白皮书以及典型案例。长春中院召开"加强知识产权法治保障"新闻发布会，发布长春法院知识产权审判十大典型案例（2020—2022年）。全省各级法院积极开展普法进学校、进社区、进企业、进商圈，知识产权专题培训，公开庭审，与重点企业进行座谈，发布微信公众号、抖音视频等普法宣传活动，全方位、多角度展现吉林法院知识产权司法保护成果，加强知识产权保护宣传和教育引导，着力提高公众对知识产权保护重要性的认识，增强全社会尊重和保护知识产权的意识，推动知识产权领域诚信体系建设。

四、加强审判队伍建设，提高司法服务能力

2023年，吉林法院坚持政治统领、党建引领，把严的基调贯穿始终，一体融合推进政治素质、业务素质、职业道德素质建设，扎实开展主题教育，推动"学思想、强党性、重实践、建新功"取得实效。"精品工程"取得成果，1件案例入选2022年中国法院50件典型知识产权案例，1篇知识产权裁判文书入选全国法院"百篇优秀裁判文书"，《知识产权纠纷案件中惩罚性赔偿数额的确定路径探析》调研文章在《中国审判》刊发。

供稿：吉林省高级人民法院
知识产权审判庭

检察工作

一、聚焦关键领域，严厉打击侵犯知识产权犯罪

2023年，吉林检察机关受理审查逮捕侵犯知识产权犯罪案件78件205人，受理审查起诉163件796人。高质效办理督办案件，办理了最高人民检察院等部门联合挂牌督办的罗某某等12人假冒注册商标案。在案件办理过程中，三级检察机关多次会商研判案件办理情况，严把案件事实证据，确保案件质量。公主岭市检察院以办案为契机，与公主岭市公安局、市场监管局、农业农村局签订了《关于农资知识产权保护和打击制售假冒伪劣农资行政执法与刑事司法衔接工作办法》，对涉嫌侵犯农资知识产权、制售假冒伪劣农资等案件的线索移送、协作配合和信息

共享等方面予以明确规定。磐石市检察院办理的张某某生产、销售伪劣化肥,假冒注册商标案入选最高人民检察院发布的检察机关依法惩治制售伪劣农资犯罪典型案例。

二、持续加强知识产权公益诉讼检察监督

2023年,吉林检察机关充分发挥公益诉讼职能,服务质量强省战略,聚焦假冒伪劣产品损害社会公益问题,重点办理食品药品安全领域公益诉讼案件,针对药品生产质量、流通各环节,特别是通过网络平台销售假药劣药以及违规销售激素、麻醉、精神药品等突出问题加大办案力度。如辽源市检察院发挥公益诉讼职能作用,督促整治规范当地保健食品行业专项活动得到市人大常委会的高度肯定;四平市检察机关聚焦保健食品安全问题,充分发挥民事公益诉讼职能作用,对卢某某违法销售有毒、有害保健食品一案提起民事公益诉讼,请求判令被告卢某某一次性支付销售有毒、有害食品价款10倍的惩罚性赔偿金20万余元,并在吉林省省级新闻媒体上向社会公众赔礼道歉,坚决守护保健食品安全。

三、完善知识产权检察综合保护工作机制,强化知识产权保护

吉林省检察院知识产权检察办公室赴吉林市、通化市等地开展调研,探索建立检察机关知识产权综合保护联系机制。为持续服务保障吉林省种业振兴行动,落实省委省政府全面实施"千亿斤粮食"产能建设工程的战略部署,经省农业农村厅推荐,经过严格筛选、走访调研等程序,初步选定在包括吉林省鸿翔农业集团鸿翔种业有限公司(简称鸿翔种业公司)、吉林省宏泽现代农业公司等吉林省7家育、繁、推一体化种业企业在内的12家享有知名品牌、种业研发能力突出、具有核心自主知识产权的优势种业创新企业建立知识产权综合保护联系机制,并起草了《关于建立吉林省检察机关知识产权综合保护联系工作机制的意见(试行)》。为进一步强化知识产权保护,吉林省检察院知识产权检察办公室、长春市检察院知识产权检察办公室及公主岭市检察院知识产权检察办公室三级联动,走进农业产业化重点龙头企业鸿翔种业公司及吉林长春国家农业高新技术产业示范区,了解优势种业企业经营发展、拥有自主知识产权及知识产权、商业秘密保护等相关情况,与公主岭市农业农村局相关同志以及鸿翔种业公司、吉林省宏泽现代农业公司、吉林吉农高新技术发展股份有限公司等三家育、繁、推一体化优势种业企业代表就种业知识产权保护执法、司法及维权中的痛点难点问题开展座谈。会同省知识产权保护中心签署《知识产权保护合作备忘录》,就强化知识产权保护信息沟通和快速联动,协同化解各类知识产权纠纷等作出明确规定。

四、加强知识产权检察队伍专业化建设

结合绩效考评工作,科学设置知识产权考核项目,促进知识产权检察工作提升。开展知识产权线下专题培训和系统网络培训,以实务性和前沿性为方向,通过"检答网"等平台加强学习成果资源共享。突出专业化导向,从司法办案一线业务骨干中选拔具备综合履职能力的办案人才,形成知识产权检察专业化人才梯队。1名检察官获评全国知识产权保护成绩突出先进个人,1名检察官入选全国检察人才库。1个市级检察院入选全国知识产权保护工作成绩先进集体。

五、服务创新产业,建设吉林省检察机关知识产权检察综合保护中心

2023年,在长春智慧法务区设立吉林省检察院知识产权检察综合保护中心,作

为省、市、区三级检察机关对知识产权综合保护一体履职、综合履职实质化运作平台。长春市检察院以第二批国家知识产权保护示范区建设城市为依托,着力将知识产权检察综合保护中心打造成检察办案平台、理论研究基地和法律服务窗口,对接长春知识产权法庭,履行对知识产权等诉讼活动的法律监督职责。

供稿:吉林省人民检察院
知识产权检察办公室

黑龙江省

知识产权工作

一、党中央、国务院重大决策部署有效落实

认真落实《知识产权强国建设纲要(2021—2035年)》和"十四五"规划部署,全力推进全省强省纲要和规划实施。印发《2023年知识产权强省建设纲要和规划实施情况工作要点》,组织开展《黑龙江省"十四五"知识产权保护和运用规划》实施情况中期评估工作,并在全国知识产权规划工作会议上作典型交流发言。

加快推进知识产权综合性地方法规制定,组织开展立法调研,《黑龙江省知识产权保护和促进条例》被确认为2024年正式立法项目。

贯彻落实国务院办公厅《专利转化运用专项行动方案(2023—2025年)》,牵头建立全省专利转化运用专项行动推进机制,印发《落实〈专利转化运用专项行动方案(2023—2025年)〉任务分工及推进措施》,积极推动专利转化运用专项任务落地落实。

二、知识产权创造质量稳步提升

1. 出台激励创新政策,激发创新创造活力

制定印发《黑龙江省高价值发明专利培育专项行动方案(2023—2025年)》《黑龙江省关于支持高价值发明专利培育的若干政策措施》,省委组织部将有效发明专利指标纳入市(地)考核目标,高位推动培育高价值发明专利。

2. 推进知识产权强国建设试点示范工作

与哈尔滨、牡丹江市政府建立局市会商共建机制,"一市一案"打造区域知识产权高地。伊春市获批国家知识产权强市建设试点城市,哈尔滨市平房区、牡丹江市东宁市获批国家知识产权强县建设试点县。

3. 加强知识产权优势企业培育

127家企业进入省知识产权优势企业培育库,新增34家国家知识产权优势示范企业、92家省知识产权优势企业,全省知识产权优势企业数量累计达到705家。

4. 助推高校提升知识产权综合能力

支持高校、院所实施12项专利事业发展项目,建立健全科研项目知识产权全流程管理体系。举办黑龙江省第七届"知识产权杯"高校发明创新竞赛,共征集46所省内高校1157件参赛作品,186件获奖作品进入科技成果转化公共服务平台。

5. 开展年度企业奖补政策兑现工作

联合省财政厅兑现知识产权促进高质量发展企业奖补资金1388.46万元,奖补企业123家。截至2023年底,黑龙江省有效发明专利拥有量为46144件,同比增长17.55%。每万人口高价值发明专利拥有量达5.13件,同比增长27.93%,提前超额完成"十四五"目标任务。

三、知识产权保护力度持续加大

协同推进知识产权保护工作。牵头推

进全省《关于强化知识产权保护促进高质量发展的实施意见》贯彻落实,全省3个集体、5名个人作为知识产权保护工作成绩突出集体和个人受到国家知识产权局、最高人民法院、最高人民检察院、公安部联合通报表扬。行政保护能力不断提升。2023年全省共办理专利侵权纠纷案件918件,同比增长496.10%。全省市场监管部门2023年共查办知识产权违法案件1292件,罚没款414.67万元。加强重点领域知识产权保护机制建设。组织开展"五常大米"地理标志专用标志使用"双随机、一公开"专项抽查检查,结合市场主体知识产权领域信用评级,按不同比例抽取237家"五常大米"地理标志专用标志使用企业进行检查。进一步强化地理标志产品管理。"五常大米""方正大米""饶河东北黑蜂"国家地理标志产品保护示范区筹建工作顺利推进。"龙江小米"地理标志产品认定申请通过国家知识产权局技术审查。2023年共核准130户企业地理标志专用标志使用申请,全省专用标志使用企业达到942家。涉外知识产权纠纷应对基础不断夯实。国家海外知识产权纠纷应对指导黑龙江分中心获批运行,并依托黑龙江分中心设立黑河工作站和黑龙江省海外知识产权保护(俄罗斯)服务工作站。知识产权营商环境持续优化。制定印发《提升营商环境评价知识产权创造、保护和运用指标工作指引》,坚持"一市一策",推进优化营商环境知识产权指标全面优化。

四、知识产权运用效益持续提升

知识产权运营体系进一步完善。新建省海洋工程产业和现代农业产业知识产权运营中心,形成"1个省级知识产权运营促进中心+3个重点产业知识产权运营中心+市(地)知识产权运营机构"全覆盖的工作体系。2023年全省专利转让许可9280次,8项发明专利以开放许可方式落地转化。专利产品备案企业累计294家、备案专利产品826项,产品上年度销售额449.80亿元,产品年度出口额45.11亿元。推进知识产权质押融资工作,全年专利商标质押融资登记金额53.66亿元,同比增长74.67%。大力开展专利导航工作。建设国家级、省级专利导航基地15家,在国家专利导航综合服务平台备案导航成果31项,开展专利导航项目成果发布8次。"黑龙江省中医药产业专利导航"获评国家知识产权局专利导航优秀成果。标准化创新试点工作取得新成效。成立黑龙江省知识产权技术标准委员会,6项地方标准获批立项。"基于专利和标准数据分析创新技术导航标准化试点"列入2023年度黑龙江省社会管理和公共服务综合标准化试点15个试点项目之一。推进地理标志助力乡村振兴和商标品牌建设。组织开展"讲述地标故事·助力乡村振兴"宣传活动,在相关媒体发布地理标志宣传作品10期。7个企业商标、1个区域商标、3家商标品牌指导站入选国家知识产权局首批参加"千企百城"商标品牌价值提升行动名单。"海伦大豆"地理标志入选全国地理标志助力乡村振兴典型案例。

五、知识产权公共服务持续优化

积极推进实施知识产权公共服务普惠工程,在全国率先制定《黑龙江省知识产权公共服务普惠工程推进计划(2023—2025年)》,服务龙江经济高质量发展。知识产权公共服务网络初步形成。知识产权公共服务节点形成1个省级节点+13个市(地)级节点全覆盖的工作布局。黑龙江省技术市场协会获批成为全省第五家国家知识产权信息公共服务备案网点。建立服务网点、业务窗口、维权援助工作站、商标品牌指导站等其他服务主体160余个,知识产权公共服务网络已覆盖全省。推动知识产权服务业发展。牵头制定印发《关于加快推动知识产权服务业高质量发展的意见（试行）》，深入开展知识产权代理行业"蓝天"专项整治行动和"知识产权服务万里行"活动。助力全省创新主体知识产权快速获权。快速预审主体备案875家，代理机构注册510家。共受理专利预审申请案件1460件，经过预审合格进入快速审查通道的共1008件，已获得授权726件。争取到国家知识产权局支持，增加全省专利申请优先审查指标，获批优先审查专利申请2908件，为全省创新主体知识产权快速获权提供了有力支撑。

供稿：黑龙江省知识产权局

版权工作

一、提升服务能力，助力版权产业高质量发展

1. 作品自愿登记主动服务

设立首批版权服务站11家，将版权登记的业务范围和服务触角延伸至基层，为版权示范单位、创意设计企业、非遗传承人等重点权利人、重点企业开通作品登记绿色通道，2023年，作品登记数量较上年增长12%。

2. 版权示范创建以点带面

组织开展版权示范园区、示范单位培育创建工作，同江市国林赫哲沙陶文化推广有限公司获评全国版权示范单位，黑龙江依玛哈赫哲传承文化有限公司等3家单位获评省级版权示范单位，深圳（哈尔滨）产业园投资开发有限公司等4家单位获评省级版权示范园区（基地），牡丹江海东青文化传播发展有限公司等6家单位被纳入版权示范种子库进行培育创建，充分发挥版权示范单位以点带面作用，形成良好的版权示范效应。

3. 加强民间文艺版权保护

黑龙江省以佳木斯市入选全国民间文艺版权保护与促进试点为契机，依托资源优势、区位优势、民族优势等，加强民间文艺版权保护。佳木斯市举办首届中俄区域民间文艺版权交流与发展论坛和中俄民间文艺版权成果展暨创意设计产业展，展示民间文艺版权保护工作成果，促进中华优秀传统文化创造性转化和创新性发展。

4. 广泛推广优秀版权作品

组织省内版权企业参加北京国际图书博览会、中国国际版权博览会，国林赫哲沙陶文化推广有限公司、七彩莲花文化艺术发展有限公司等版权企业与北京、四川、重庆等省市企业实现签约16项，成交金额近3000万元，拓展黑龙江省版权贸易渠道，推进黑龙江精品版权"走出去"。承办由国家版权局与欧盟知识产权局IP Key中国项目联合主办的中欧数字环境下版权保护研讨会，会议就中欧版权立法最新进展、国际版权热点问题、版权保护与网络平台等议题进行充分交流与沟通。

二、加强全面保护，构建版权创新优良生态

1. 开展版权专项行动

针对群众反映强烈、社会舆论关注、侵权盗版多发的重点领域、重点行业、重要时间节点，组织开展院线电影版权保护专项工作、"青少年版权保护季"行动、打击网络侵权盗版"剑网2023"专项行动等，严厉打击各类侵权盗版行为。2023年，黑龙江省共出动执法人员9859人次，检查经营单位7125家次，规范版权使用传播秩序。

2. 加强行刑衔接配合

深入落实黑龙江版权局等十部门联合印发的《关于在打击侵犯著作权违法犯罪工作中进一步加强衔接配合的通知》，共同做好侵犯著作权违法犯罪活动信息通报、打击策略会商、案件移送与接收、著作权保护宣传与交流等工作。召开版权案件线索移送协调会，黑龙江省公安厅、省文旅厅等部门现场移交侵权案件线索。加大大案要案督办力度，联合黑龙江省公安厅、省文旅

厅、省检察院对哈尔滨、牡丹江、佳木斯3起案件进行省级联合挂牌督办。哈尔滨"11·2"侵犯图书著作权案被国家版权局等5部门挂牌督办。

3. 深入推进软件正版化

充分发挥联席会议制度优势,召开黑龙江省推进使用正版软件工作联席会议联络员会议暨重要行业软件正版化工作推进会。凝聚各方工作合力,共同促进软件正版化工作向纵深发展。黑龙江省国有资产监督管理委员会牵头全面推进出资企业软件正版化工作,创新推广"集中谈判、公开价格、自愿采购"联合采购模式,节约采购成本。黑龙江省教育厅跟踪监督各高校软件正版化推进情况,加强对高校工作指导。黑龙江省卫生健康委员会聚焦医疗卫生行业软件正版化长效机制建设,加强日常监督管理。黑龙江省工商联利用领导班子成员到商会、企业走访时机,宣传软件正版化有关政策和要求。加强督促检查,黑龙江省推进使用正版软件工作联席会议办公室组织成员单位,在各单位自查自纠的基础上,聘用第三方机构对93家单位软件使用情况进行软件正版化实地检查,汇总梳理检查情况,形成检查通报。

三、打造创新品牌,拓展版权宣传深度广度

1. 多地联动营造氛围

在极光新闻、学习强国黑龙江平台、龙头新闻等媒体发布自主设计公益海报4张和宣传短片1个。通过三大电信运营商发送"打击侵权盗版,保护创新发展"宣传短信,覆盖全省用户,营造浓厚版权宣传氛围。

2. 创新宣传打造亮点

开展"我的青春有版权"文化创意设计大赛,评选出各类奖项30个,完成版权成果转化3个,社会实践对接7个,有效促进版权作品价值转化,推动黑龙江省创意设计产业发展。组织"版权播种计划"活动,在多家小学开展10余场"绿色正版,阅享书香"版权保护进校园系列活动,邀请版权领域专家开展版权知识讲座,让孩子们从"一本书的诞生""正版图书的意义""阅读的意义"等内容分享中了解版权知识,树立保护版权意识。

3. 权威发布正向引导

联合举办黑龙江知识产权保护状况新闻发布会,宣传黑龙江省2022年版权保护工作取得的成效和2023年版权重点工作,树立黑龙江省在版权保护方面的良好形象。发布2022年度黑龙江省打击侵权盗版典型案件,集中展示黑龙江在版权相关领域重拳出击、集中整治的成果。邀请专家学者开展版权公益讲座,通过龙江讲坛宣传普及著作权法律法规等相关知识,提高公众版权保护意识。

4. 专题培训赋能增效

组织召开全省版权业务培训班、全省软件正版化培训等4期,线上线下培训各市(地)版权人员3500余人次,有效提高了版权工作人员政治素养和业务能力,夯实了版权工作基础。

供稿:黑龙江省版权局

司法工作

一、聚焦执法办案,公正高效审理各类知识产权案件

2023年,黑龙江法院秉持"保护知识产权就是保护创新"的理念,贯彻"司法主导、严格保护、分类施策、比例协调"的基本政策,妥善审理各类知识产权案件。

2023年,全省共受理各类知识产权一审案件3112件,审结案件3044件,结案率为97.81%。与上年同期相比,受理案件数量增加664件,同比增长27.12%;结案数量增加517件,同比增长20.46%。其中,民事案件一审收案3033件,共审结2974件,结案率98.05%。刑事案件一审收案68件,审结60件,结案率为88.23%。行政案件一审收案11件,审结10件,结案率为90.91%。

在新收的民事一审案件中,商标权纠纷726件,著作权纠纷1501件,专利权纠纷219件,不正当竞争纠纷46件,植物新品种权纠纷17件,知识产权权属等其他纠纷524件。与上年同期相比,著作权纠纷增幅较大。在新收刑事一审案件中,销售假冒注册商标的商品罪32件,假冒注册商标罪19件,侵犯著作权罪12件,非法制造、销售非法制造的注册商标标识罪5件。

在审结的2974件民事一审案件中,以撤诉方式结案2083件,撤诉率为70.04%;以调解方式结案212件,调解率为7.12%;总体调撤率为77.16%。

二、深化理念变革,引领知识产权审判工作高质量发展

积极能动司法。落实新时代"枫桥经验"纪念大会和全国调解工作会议精神,积极推动构建"四化四解四到位"诉源治理新格局。下发《关于建立知识产权纠纷在线诉调对接机制的通知》,指导各级法院实现知识产权民事纠纷诉调对接工作"全覆盖"。全省各级法院共调解案件212件,制发司法建议7份。佳木斯中院搭建"新枫佳和"线上调解平台、大庆中院开展知识产权纠纷调解专题培训会、铁锋区法院设立知识产权司法保护中心铁锋工作站、向阳区法院设立知识产权诉前调解工作室,部分法院与同级市场监管局、司法局共建诉调对接工作机制,努力提升诉前调解成功率。

坚持严格保护。严厉打击知识产权侵权及违法犯罪行为,加大惩罚性赔偿适用力度。加强农业、种业知识产权领域重点保护,积极参与农资打假专项治理,妥善审理涉植物新品种案件,严厉打击种子假冒伪劣、套牌侵权等违法行为。与公安机关联合开展制售假冒品牌产品集中销毁行动,有力震慑相关违法犯罪行为。审理的一起涉农机知识产权刑事案件获评第三届中国外商投资企业协会优质品牌保护工作委员会年度知识产权保护十佳案例。重点打击虚假宣传、仿冒、侵犯商业秘密等不正当竞争行为,审理的涉哈尔滨秋林公司不正当竞争纠纷案,入选2022年中国法院50件典型知识产权案例。

加强特色领域重点保护。立足农业大省、产粮大省实际,筑牢粮食安全压舱石。加强对"五常大米"等国家地理标志产品的专项保护,进一步发挥"国家地理标志产品司法保护工作室"作用,"五常大米案"入选最高人民法院2023年全国"两会"工作报告。积极落实与省市场监管局联合印发的《关于加强五常大米品牌保护和市场监管的指导意见》,保护五常大米"金字招牌"的品牌信誉。积极响应党中央关于中医药振兴发展的重大决策部署,加强"寒地龙药"知识产权保护,指导齐齐哈尔中院与齐齐哈尔市场监管局签署《协同保护中医药知识产权框架协议》,打通中医药知识产权保护"最后一公里"。

三、锚定公正与效率,不断完善司法保护机制

巩固知识产权审判"三合一"改革成效。黑龙江高院汇总各中院知识产权审判"三合一"工作中遇到的重点、难点问题,向最高人民法院报送《关于知识产权审判"三合一"工作情况的报告》,提出合理化意见建议,争取工作支持,促进提升综合质效。与省公安厅、省检察院组成联合调研组赴齐齐哈尔开展调研,着力解决知识产权刑事案件集中管辖运行及工作衔接中的困难和问题;制发《黑龙江省高级人民法院关于继续实行知识产权刑事案件集中管辖的通知》,推进知识产权民事、刑事、行政审判实质融合,满足知识产权领域审判专业化需求。七台河中院与七台河市检察院、七台河市公安局联合印发《关于办理知识产权刑事案件若干程序问题的规定(实行)》,向阳区法院与同级检察院会签《知识产权刑事案件主要证据收集指引》,构建知识产权刑事案例检索库,提升知识产权刑事案件审理专业化水平。

深入推进知识产权要素式审判。吸收转化上一年度关于知识产权案件繁简分流的调研成果,以"专、精、快、好"审理案件为目标,探索要素式快审机制。制发《黑龙江省高级人民法院关于推进知识产权要素式审判的实施意见(试行)》,指导基层法院适用简易程序在审理涉小商品类侵害商标权纠纷、涉KTV著作权侵权纠纷、涉图片类著作权侵权纠纷案件过程中,可以适用要素式审判方式。

扎实提升知识产权专业审判能力。制发《黑龙江省高级人民法院民事审判第三庭年度报告(2022)》,定期开展全省知识产权审判业务培训班,邀请最高人民法院法官及全省审判专家进行专题授课,切实增强全省知识产权领域新类型纠纷化解能力。构建多元技术查明机制,向全省14家中院下发《关于共享知识产权专家库的通知》,与省知识产权局共同建立黑龙江省专利纠纷案件技术调查官名录,共同印发《关于进一步加强知识产权鉴定工作的通知》,为法官准确认定案件事实提供坚强智力支持。依法审查当事人利用公证、电子数据平台等第三方保全方式收集、固定的证据,提高对可信时间戳、区块链等新类型证据的认证能力。深化数字成果推广应用,与阿里云、饿了么、美团、淘宝、拼多多等平台和黑龙江省通信管理局建立司法协助机制,充分减轻当事人的举证负担。

四、加强协同联动,构建知识产权大保护格局

加强三级法院的上下联动。在第23个世界知识产权日前夕,以"司法守护创新龙江"为主题,组织全省三级法院开展"访企纾困""街头宣传""以案释法""融媒体宣传"等形式多样的知识产权宣传周系列活动。累计召开新闻发布会13场、举办司法讲座23场、街头普法34次、发布知识产权司法保护状况及典型案例40余件、发布线上普法推文53篇、走访企业60余家、发送公益短信1000万余条。

加强与司法、行政部门的左右协同。与省知识产权局等5家单位联合印发《杭州亚运会和亚残运会知识产权保护专项行动实施方案》,与省委宣传部等5家单位联合对2022年度全省工作成绩突出的集体及个人予以通报表扬。各级法院纷纷与同级版权部门、检察机关、公安机关、司法局、市场监管局等部门协同合作:齐齐哈尔中院与齐齐哈尔海关等3家单位会签《齐齐哈尔市海外知识产权纠纷应对机制框架协议》,构建一站式海外知识产权维权援助平台;佳木斯中院与佳木斯仲裁委员会联合下发《关于建立诉讼与仲裁衔接工作机制的指导意见》,建立健全诉讼与仲裁对接工作机制。

加强与法学研究机构的良性互动。连续12年与省法学会知识产权法学研究会、黑龙江大学知识产权研究中心联合举办知识产权司法保护论坛,邀请高校学者、企业家代表等积极参与。与东北林业大学、黑河学院共建知识产权"审学研基地",实现知识产权学术领域资源共享、人才领域沟通交流,推动法学教育研究和司法审判水平双向提升。

供稿:黑龙江省高级人民法院
知识产权审判庭

检察工作

一、立足检察职能,全面提升知识产权保护质效

强化组织领导,推动知识产权检察工作创新发展。贯彻落实最高人民检察院《关于全面加强新时代知识产权检察工作的意见》，结合黑龙江省知识产权保护实际，协同黑龙江省知识产权局等部门研究起草《〈关于强化知识产权保护促进高质量发展的实施意见〉（2022—2025）推进计划表》，确保知识产权保护各项工作任务有效落实。召开知识产权检察工作专题会议，制发《2023年全省知识产权检察工作要点》，并将知识产权检察工作质效纳入年度"以上看下"目标考评项目，推动全省检察机关深入开展知识产权检察各项工作。

以办案为中心，依法严厉打击侵犯知识产权犯罪。2023年，全省检察机关共受理审查逮捕侵犯知识产权犯罪案件77件147人，受理审查起诉99件286人。对最高人民检察院挂牌督办的3件涉嫌侵犯图书著作权案，与黑龙江省版权局、公安厅等单位联合制发《关于转发国家五部委挂牌督办案件的通知》，指定专人负责督办案件，重点跟踪指导办理，强化介入引导侦查，确保案件督办质效。

加强重点领域法律监督，助推经济社会高质量发展。开展惩治知识产权恶意诉讼专项监督，组建领导小组，制定实施方案，将涉企民事虚假诉讼纳入常态化监督，依法惩治权利滥用等扰乱市场秩序行为。加强驰名商标和农产品地理标志保护，与省市场监管局、农业农村厅联合印发《关于加强五常大米品牌保护和市场监管的指导意见》，维护品牌信誉和消费者权益，促进五常大米产业高质量发展。讷河市等地检察机关联合农业农村局、市场监管局等建立地理标志保护联系点，为企业发展提供精准高效的地理标志保护服务。

二、健全制度机制，促进工作全面协调充分发展

建立专门机构，深化知识产权检察综合履职。省检察院抽调刑事、民事、行政、公益诉讼检察人员成立知识产权检察办公室，建立涉知识产权案件审查备案机制，充分发挥检察一体优势，提升法律监督整体效能。伊春市等地检察机关根据实际，以组建知识产权检察办公室、设立办案组或指定专人负责等形式同步开展综合履职工作。

加强协作配合，构建全链条保护体系。与省知识产权局等单位联合印发《关于进一步加强知识产权鉴定工作的通知》，不断深化行政、司法机关在鉴定工作中的协作配合。大庆市等地检察机关联合公安机关等单位制发《侵犯知识产权刑事案件协作办法（试行）》《涉知识产权刑事案件主要证据收集指引（试行）》，推动统一证据标准，规范细化办案程序。双鸭山等地检察机关与市场监管局、版权局等行政机关建立涉知识产权行刑双向衔接机制，健全联席会议、线索移送、情况通报等工作制度，实现行政处罚和刑事打击双向闭环。

探索跨区域检察协作，凝聚跨区域司法保护合力。齐齐哈尔市检察院组织辖区内15家基层检察院共同签订《关于建立鹤城知识产权检察保护联盟 推动跨区域检察协作的意见》，建立区域知识产权保护检察联盟，在案件办理、综合履职等方面探索跨区域检察协作配合，相关工作被正义网等媒体转发。

三、依法全面履职，多元解决纠纷矛盾深化社会治理

延伸办案职能，积极制发检察建议。哈尔滨市道里区检察院"融知"工作组开展"食药环知"专项监督行动，"四大检察"联合制发检察建议书，督促建议落实情况，相关经验被《检察日报》报道。

加强检企对接，回应司法需求。省检察院组织召开知识产权司法保护工作座谈会，邀请企业家、律师代表参加，推进企业风险防范、合法经营；黑河市等地检察机关主动适应自贸区先行先试新需求，对接自贸区重点企业，量身定制"检察保障"，助推区域经济发展；大庆市等地检察机关在科技企业集中的高新区设立检察服务站，推动企业知识产权纠纷多元解决及诉调对接。

加强宣传引导，营造良好氛围。组织开展"全国知识产权宣传周"活动，增强全社会尊重和保护知识产权的意识。省检察院联合哈尔滨市等地检察机关走进工业园区开展"检察蓝"护航知识产权活动，助力企业家提升知识产权维权意识；绥化市等地检察机关利用"两微一端"平台科普知识产权法律法规和基本知识，以"互联网+"强化知识产权宣传效果。伊春市等地检察机关与市场监管局等单位在商超、社区等场所开展联合执法行动。七台河市等地检察机关结合法治进校园活动到当地学校开展知识产权宣讲培训，培育知识产权保护新生力量。

四、完善专业化建设，夯实知识产权检察履职基础

开展知识产权业务培训。举办全省知识产权实务技能专题培训，针对知识产权案件定性难、取证难、数额认定难等司法实践问题，邀请法院、行政执法及高校等单位专家授课，全面提升检察人员办案素能。

健全人才培养激励机制。与省知识产权局、公安厅、市场监管局等联合对2022年度全省32个知识产权保护工作成绩突出集体及87名知识产权保护工作成绩突出个人予以通报表扬，全省检察机关共有5个部门被评为成绩突出集体，15名同志被评为成绩突出个人，切实发挥了人才评价正向激励作用。

注重借助外脑，组建专业办案团队。省检察院知识产权检察办公室及哈尔滨市道里区检察院等聘请专业人员为技术调查官、特邀检察官助理，在知识产权相关技术认定、政策法规等方面获得专业支持。大庆市高新技术开发区检察院利用东北石油大学国家级知识产权信息中心资源优势，在东北石油大学建立知识产权保护中心、知识产权协同保护基地、知识产权理论研究基地，促进知识产权法学研究、人才培养与司法实践深度融合。牡丹江市东安区检察院与高校院所开展"检校合作"，建立理论与实践研究基地，实现双方互派授课等检学研共建，为知识产权办案提供稳固智力支撑。

供稿：黑龙江省人民检察院
知识产权检察办公室

上 海 市

知识产权工作

2023年，上海连续第四年在全国知识产权保护检查考核中获得优秀。上海在世界知识产权组织（WIPO）发布的《2023年全球创新指数报告》"最佳科技集群"（与苏州合并一个集群）中排名第五位，较上年提升一位。上海全域打造综合性公共服务窗口、知识产权服务业引才育才、纠纷多元调解、质押融资等多项工作入选全国典型经验或获得通报表扬。

一、知识产权强市建设扎实推进

召开上海市政府与国家知识产权局共建高水平改革开放知识产权强市推进大会和全市知识产权保护大会，印发部市共建知识产权强市2023—2025年工作要点。市政府专题传达学习习近平主席致中国与世界知识产权组织合作五十周年纪念暨宣传周主场活动贺信精神等。将知识产权先行先试任务纳入上海自贸试验区高水平制度型开放总体方案和加快"五个中心"建设、浦东综合改革试点等重要文件。完成市知识产权"十四五"规划实施情况中期评估。上海知识产权公共服务和商业秘密保护工作案例入选知识产权强国建设第二批典型案例。牵头印发《关于进一步加强本市中小企业知识产权工作的指导意见》《上海市知识产权对外转让审查实施细则》《上海市地理标志专用标志使用核准管理办法》《关于加强本市医药采购领域知识产权保护的实施意见》《关于加强本市知识产权鉴定工作的暂行实施办法》等。深化数据知识产权试点工作。第六届中国国际进口博览会"首展证明"工作获国务院和市委主要领导批示肯定。

二、知识产权保护效能稳步提升

上海市政府与国家知识产权局共同在上海召开上海市知识产权保护大会，高起点部署推进浦东新区国家知识产权保护示范区建设工作。在徐汇、虹口、闵行、嘉定、崇明等区建设首批市级保护示范区。配合国家知识产权局在上海举办全国系统知识产权保护工作会议。上海市知识产权保护中心正式运行。设立知识产权鉴定专业委员会。2023年全年全市共立案受理专利纠纷行政案件2576件，结案2569件；立案查处专利、商标、地理标志等违法案件1428件，结案1293件，罚没款1240万元，移送违法案件(线索)91件。19件案件完成知识产权纠纷行政调解司法确认。3件案例分别入选国家知识产权局年度知识产权行政保护、商标行政保护典型案例。认定首批10家上海市知识产权保护规范化市场。举办2023年"一带一路"知识产权保护论坛，组建海外纠纷应对指导专家库，在马德里、慕尼黑新设企业海外知识产权服务站。

三、知识产权转化运用提质增效

圆满完成专利转化专项计划，紫光展锐(上海)科技有限公司获批建设国家级集成电路产业知识产权运营中心。会同市委金融办、市经信委、市卫健委等实施一批知识产权金融创新中心、先导产业运营促进中心、医疗卫生系统运营中心建设项目。会同市财政局、市地方金融监管局等印发《上海市知识产权质押贷款风险"前补偿"试点工作方案》《上海中小微企业政策性融资担保基金知识产权质押融资担保业务专项方案》，2个案例入选国家首批知识产权质押融资和保险案例。2023年，全市专利商标质押融资登记项目千余笔共227.6亿元，同比增长87%；保险投保860笔，保额2.6亿元。新培育国家知识产权优势示范企业147家。配合国家知识产权局主办2023年中国品牌发展国际论坛——商标和地理标志品牌论坛。徐汇、松江、静安、杨浦等4区分别入选国家知识产权强市建设试点示范城区。"松江大米"入选国家知识产权局第二批地理标志运用促进重点联系指导名录。

2023年，全市专利授权量15.91万件，其中发明专利授权量4.43万件，同比增长20.51%；PCT国际专利申请量为6185件，同比增长10.62%；有效发明专利24.14万件，同比增长19.53%；每万人口高价值发明专利拥有量达50.2件，较上年增加9.3件。全年商标申请量36.95万件，同比下降8.33%；商标注册量23.58万件，同比下降32.77%；有效注册商标量达261.35万件，同比增长7.66%。全市共有地理标志商标18件，地理标志产品8件，农产品地理标志16件。上海西井科技股份有限公司获第二届WIPO全球奖(上海也是连续两年有企业获此殊荣的中国城市)。在第二十四届中国专利奖评选中获四金三银。

四、知识产权服务供给不断强化

做好世界银行全球营商环境新评估体系对标改革和迎评工作，实现综合性知识产权公共服务窗口全域入驻全市16个区政务服务中心，新设国家知识产权局上海临港新片区业务受理窗口。3家机构备案为国家知识产权信息公共服务网点，2家机构入选

WIPO 技术与创新支持中心（TISC）筹建机构。在市知识产权信息服务平台上线六大重点产业等专利数据库。漕河泾开发区升级建设首批国家知识产权服务业高质量集聚发展示范区。本市首家外国专利代理机构常驻代表机构落户浦东。3 件案例入选全国知识产权服务业发展典型案例。加强知识产权代理领域监管，发布《专利代理机构信用综合评价指南》地方标准，组织开展知识产权代理行业"蓝天"专项整治行动和"双随机、一公开"监管工作，持续深化专利代理行业委托监管，高标准完成非正常专利申请核查工作。3 件案例入选全国 15 个知识产权服务业发展（政府部门工作）典型案例。全市专利代理机构总数达 340 家、专利代理师 2217 人，分别同比增长 15.25% 和 11.07%。

五、知识产权发展环境不断优化

配合国家知识产权局圆满完成于日内瓦举办的中国与世界知识产权组织合作五十周年纪念展及国礼准备等任务。高规格举办以"加强知识产权法治保障，支持数字经济创新发展"为主题的第二十届上海知识产权国际论坛。上海市政府与世界知识产权组织在上海签订新一轮谅解备忘录。市领导带队出席世界知识产权组织成员国大会，先后访问世界知识产权组织总部、欧盟知识产权局总部等。出台《关于加快建设上海高水平知识产权人才高地的实施意见（2023—2025 年）》。指导修订高级知识产权师评审标准，25 人获评高级职称。在全市范围内组织开展以"加强知识产权法治保障　有力支持全面创新"为主题的知识产权宣传周活动，发布年度知识产权白皮书、知识产权保护十大典型案例和改革创新工作十大典型案例等。通过市政府新闻发布会、市政协专题通报会、市政府参事室学习会等宣传通报知识产权工作情况。

供稿：上海市知识产权局

版权工作

一、聚焦高质量发展，激发版权赋能增效

1. 上海版权产业为城市高质量发展注入强劲动力

2023 年，上海版权产业全年产业增加值 4294.04 亿元，占上海市地区生产总值的 9.84%。版权产业在促进上海市经济发展的同时，吸纳了更多的从业人员，保持了对外贸易的正向增长。上海市版权局推荐的《当好改革开放的排头兵——习近平上海足迹》《人世间》获评 2022 年"中国版权金奖·作品奖"，上海市版权局版权管理处获评 2022 年"中国版权金奖·管理奖"。上海图虫网络科技有限公司等 4 家单位获评"2022 年度版权示范单位和示范园区（基地）。上海阅文信息技术有限公司等 4 家单位获评 2022 年度十大著作权人。

2. 智慧化政务服务水平不断提升

引导著作权人有针对性地开展作品登记，2023 年上海市作品登记总量达 412 660 件，同比增长 8%，全年共有 2845 个权利主体进行了作品登记，其中法人登记主体 1294 个，个人 1551 个。完善相关工作制度与规则，提高作品登记工作的权威性和规范性。不断优化境外图书出版合同登记线上办理流程，打通数据壁垒，开发著作权合同登记章的电子签章功能，提升审批效率，境外图书出版合同登记实现行政审批全程无纸化线上办理。

3. 充分发挥版权工作站在创新驱动发展中的积极作用

不断扩大版权工作站服务覆盖面，提升版权创造、保护、运用、服务水平，有效推动版权产业发展，充分发挥上海版权工作站在创新驱动发展、营造国际一流营商环境中的积极作用。持续开展年度版权服务优质项目推荐活动，嘉定区版权服务进园区、进社区、进校园等 5 个项目入选。

4. 以版权为载体积极推动传统文化创造性转化和创新性发展

指导中华传统服饰版权综合服务平台——上海汉服版权中心举办第二届"汉服创意与汉服版权"高峰论坛，亮相2023世界设计之都大会、第二十届中国国际数码互动娱乐展览会、第九届中国国际版权博览会等重要展会，开展"中国高校原创时尚汉服设计群英会"首届原创赛事，探索以版权激励优秀传统文化创新性表达之路。

二、强化版权全链条保护，守好版权领域意识形态阵地

1. 突出长效机制，实现版权保护综合治理

坚持多部门协调长效机制，主动联合上海市"扫黄打非"办公室、市公安局、市检察院、市通信管理局、市委网信办、市文旅局执法总队等单位和部门，积极做好案件协调、版权认证等工作，充分发挥版权综合治理领导机制作用，有效推进案件集中查处。

2. 把网络版权保护作为执法监督主战场，部署实施"剑网2023"专项行动

以查办大案要案为重要抓手，深入开展体育赛事、点播影院、网络视频、网络新闻、电商平台等重点领域网络版权专项整治。落实企业主体责任，组织上海主要互联网企业开展自查自纠。

3. 突出专项整治，推动形成良好版权生态

联合相关部门成立亚运会版权保护工作小组，加强亚运会版权保护跨区域联合执法，建立版权保护快速响应联动执法机制，加大案件查处力度。持续开展"青少年版权保护季"行动，组织公安、文化执法等相关部门对学校周边环境进行整治。

4. 聚焦重点，有效开展网络版权主动监测

以国家版权局公布的重点影视剧作品名单为监测重点，加大线索搜集力度，及时向执法部门移送侵权线索，有效净化上海地区网络版权环境。

5. 持续推进软件正版化工作

深入推进上海市政府机关软件正版化督查和考核工作。会同市国资委、市卫健委就本市国有企业及医疗等重点行业和领域的软件正版化工作联合发文，开展国有企业及医疗行业的软件正版化工作，取得良好成效。

三、以版权为纽带传播中国声音、讲好中国故事

支持优秀传统文化、重大社科和科技成果、优秀文学作品出版项目版权"走出去"，实施上海翻译出版促进计划，积极推动优秀作品从"走出去"到"走进去"。组织上海出版界亮相第二十九届北京国际图书博览会，达成版权贸易项目200余项。组团参展第九届中国国际版权博览会，搭建版权应用转化平台，围绕中华文化传承、创新与交流展示上海版权成果。

四、加强队伍建设和宣传工作，提升全社会版权意识

1. 立足工作实际，扎实做好培训

加强队伍专业培训，提升队伍执法能力。组织市网络版权综合治理领导小组成员单位、市区两级文旅执法单位、各区版权工作主管部门有关版权工作的业务培训，有效提升执法监管部门工作实效。组织互联网企业版权案例培训，推动其履行主体责任。开展政府机关、企事业单位软件正版化工作责任人培训，会同行业主管部门加大对重要行业和重点领域软件正版化工作的培训力度。

2. 版权宣传活动亮点纷呈

发布版权主题系列宣传海报，动员社会公众积极支持参与"尊重版权 共享繁荣"主题活动。组织"全国知识产权宣传周"上海版权宣传系列活动，发布2022年度上海版权服务优质、优秀项目，集中展示

版权工作成效。以遍及全市16个区的版权工作站为依托，广泛开展宣传活动，扩大覆盖面和影响力。发布2022年度十大版权典型案例，聚焦重点前沿领域和具有指导意义的新型案件，集中展示上海在打击盗版侵权、强化版权治理方面取得的最新成果，提高社会公众的版权保护意识。

供稿：上海市版权局

司法工作

一、抓好执法办案第一要务，确保案件审判工作良性运转

2023年，上海法院共受理各类知识产权案件66 120件，审结59 026件，同比分别上升56.87%和38.03%。其中，受理一审知识产权案件64 620件，审结57 923件，同比分别上升57.46%和38.38%。受理一审知识产权民事案件63 767件，审结57 105件，同比分别上升57.83%和38.58%，受理一审知识产权刑事案件843件，审结812件，同比分别上升33.39%和25.50%；受理一审知识产权行政案件10件，审结6件，同比分别上升150%和50%。一审著作权纠纷、商标权纠纷、不正当竞争案件、垄断纠纷数量呈上升趋势；专利权纠纷、特许经营合同纠纷案件数量基本持平。一审服判息诉率为95.72%，审限内结案率99.26%，与上年同期基本持平。

二、深入推进精品案例建设，案例工作成果丰硕

上海知识产权法院、浦东新区法院审理的特威茶餐饮管理（上海）有限公司与上海市浦东新区知识产权局、上海市浦东新区人民政府行政处罚及行政复议纠纷案入选2022年中国法院10大知识产权案件。上海知识产权法院审理的北京金山安全软件有限公司与上海触宝信息技术有限公司、上海触乐信息技术有限公司侵害外观设计专利权纠纷案，上海知识产权法院、杨浦法院审理的烙克赛克公司（ROXTEC AB）与上海怡博船务有限公司侵害商标权纠纷案，浦东新区法院审理的纪某民等四人侵犯商业秘密罪案共3件案例入选2022年中国法院50件典型知识产权案例。浦东新区法院审理的"代练帮APP"不正当竞争纠纷案入选2023年人民法院反垄断和反不正当竞争典型案例。上海市三中院审理的梁某平侵犯著作权罪案入选人民法院电影知识产权保护典型案例。上海高院作出的李某某侵犯著作权上诉案、浦东新区法院作出的上海某餐饮（集团）有限公司等与上海某食品股份有限公司等侵害商标权及不正当竞争纠纷案裁判文书入选第五届全国法院"百篇优秀裁判文书"。

三、充分发挥司法职能，服务保障浦东引领区建设

为进一步贯彻落实《中共中央　国务院关于支持浦东新区高水平改革开放　打造社会主义现代化建设引领区的意见》，推动《上海市浦东新区建立高水平知识产权保护制度若干规定》（简称《知识产权保护规定》）落实落地，浦东新区法院与上海市法学会知识产权法研究会联合举办第五届自贸区知识产权司法保护浦东论坛，邀请学术界、实务界、产业界专家就司法服务保障自贸区与引领区"双区"建设发展相关议题进行深入研讨。浦东新区法院积极构建知识产权审判专家支持机制，积极落实更大力度惩罚性赔偿制度，对18件案件适用了惩罚性赔偿，赔偿金额比《知识产权保护规定》实施前增长80%，平均每案判赔金额146万余元，最高判赔金额995万余元，最高判赔倍数达5倍。

四、服务保障进博会，推动长三角知识产权协同保护

上海法院组建"3+3+3跨域全链条联合

服务保障进博会团队",通过在场馆内派驻"知识产权保护与商事纠纷处理中心"专窗并与专业商事调解组织建立合作关系等方式,推进纠纷溯源治理。为推动长三角知识产权司法协同保护,青浦、吴江、嘉善三地法院举行长三角示范区法院司法一体化工作年会,联合签署《长三角生态绿色一体化发展示范区法院关于构建知识产权保护一体化的协作方案》,该三地法院、检察院和市场监管局还同时签署了《关于建立长三角生态绿色一体化发展示范区知识产权领域严重违法失信黑名单的意见》。松江区法院与松江区市场监管局联合发布了《关于强化知识产权协同保护的实施意见》,为生物医药、人工智能、新一代信息技术、新能源新材料应用、节能环保等一批G60科创走廊关键领域和重点行业保驾护航。

五、开展系列活动,优化法治化营商环境

在"全国知识产权宣传周"期间,全市法院开展了一系列知识产权服务保障宣传活动,取得良好效果。召开2023年上海法院知识产权司法保护新闻发布会,发布《2022年上海法院知识产权审判白皮书》、《上海知识产权法院知识产权司法保护状况(2022年)》、2022年上海法院知识产权司法保护十大案件、2022年上海法院加强知识产权保护力度典型案件;上海市三中院与上海市检察院第三分院联合发布侵犯知识产权犯罪十大典型案例。

六、践行能动司法,创新司法为民务实举措

上海高院知识产权审判庭就知识产权案件审理周期较长的问题展开专项调研,分析案件审理周期偏长的原因,并提出下一步工作的具体举措。为推动无障碍环境的建设,充分保障残疾人文化权利等各项民事权益,与市残联联合举办"推动无障碍环境建设 加强残疾人民事权益保护"座谈会,发布《关于切实保障阅读障碍者文化权利的倡议书》和《上海市高级人民法院关于做好涉无障碍作品著作权纠纷案件审判工作 切实保障阅读障碍者文化权利的通知》,并邀请人大代表、政协委员、文创领域企业代表等进行交流发言。

七、健全完善知识产权案件多元协作机制,推进诉源治理

上海高院召开全市法院知识产权纠纷化解多元协作推进会,推进知识产权民事纠纷诉调对接工作。宝山区法院围绕版权纠纷诉源治理,运用"法院+行政管理部门+行业协会"知识产权纠纷调解模式,成功化解了小权利人与59家KTV经营者侵害作品放映权纠纷案62件。浦东新区法院搭建"示范判决治理模式",通过示范性判决推动调解进程,并创新反向示范判决机制。徐汇区法院成立互联网纠纷调解委员会徐汇工作室,运用司法建议督促平台畅通投诉渠道,推动平台切实强化监管,实现平台自治。

八、持续推进知识产权国际合作,加强涉外知识产权保护

最高人民法院民三庭会同上海高院知识产权审判庭一行走访了世界知识产权组织仲裁与调解上海中心,推动了法院系统与世界知识产权组织仲裁与调解上海中心在多元化纠纷解决方面的合作进一步深化。自上海高院与世界知识产权组织仲裁与调解中心签订《加强知识产权领域替代性争议解决交流与合作谅解备忘录》以来,上海法院共委托世界知识产权组织仲裁和调解上海中心调解案件71件,结案70件,调解成功24件,成功率34.29%。所涉案由包括侵害商标权、实用新型、发明专利权和计算机软件著作权纠纷。案件涉及包括美国、瑞士、法国、芬兰、比利时等13个国家的当事人。

九、强化知识产权保护院校合作，夯实审判队伍基础

上海高院举办知识产权条线审判实务培训，邀请高校教授等专家学者就知识产权审判实务中的若干问题进行专题授课；进一步深化推进与上海交大、同济大学、华东政法大学等高校的法律助理项目，编撰《法律实习生工作手册》，建立法律助理规范管理机制，创新"3+2"培养模式，并搭建转化平台，努力实现法学教育与法律职业有机衔接；自2023年起编撰《知识产权审判文丛》，目前第一辑已经编撰完成并出版。

十、推进司法改革创新，数字赋能审判工作现代化

上海高院知识产权审判庭开展了"商标侵权案件刑事犯罪线索甄别预警"应用场景的申报工作，该应用场景现已通过嵌入论证会，进入嵌入测试阶段。2023年，全市法院知识产权条线申报应用场景共计149个，其中专班已审核87个，完成数字建模36个，推广应用5个，已嵌入办案系统29个。法院干警对嵌入审判系统的场景的反馈多为"有帮助"。

供稿：上海市高级人民法院
知识产权审判庭

检察工作

一、深入贯彻党的二十大精神，准确把握知识产权强国部署中的检察定位

坚持引领性定位。办理全国首例规避技术措施侵犯著作权案、雅思考试试题商业秘密案，全市首例为境外刺探、非法提供商业秘密案等一批有影响的新型疑难案件，牵头研究"全面推进新时代知识产权检察高质量发展"课题，构建全新知识产权专业履职理论框架体系，不断提升上海知识产权检察在全国的创新性和引领性。

坚持国际化视野。紧密跟踪RCEP、CPTPP等知识产权国际规则变化，立足涉外案件办理，参与国际规则体系建设。联合同济大学开设WIPO国际硕士项目实务课程，围绕商业秘密保护举办第二届知识产权发展论坛，派遣检察官参加多个国际知识产权论坛研讨。

构建大保护格局。组织上海三级检察机关以"守沪创新 真知卓检"为主题，同步开展"全国知识产权宣传周"活动，通过集中公诉、举办研讨论坛、召开新闻发布会、设立主题开放日等方式，更大范围凝聚知识产权保护合力。

二、坚持为大局服务，依法保障国家重大战略实施

聚焦中心工作，出台并落实有针对性的检察方案。出台《上海市检察机关全面加强科技创新中心建设服务保障工作的意见》，推动上海科技创新策源能力以及创新链与产业链、价值链高效耦合，强化高端制造、智能制造、互联网产业等重要领域知识产权保护。

探索构建匹配创新链、产业链的检察保障系统集成。组织各级检察机关根据上海各区域分别承载的功能和战略任务，构建与之相匹配的服务保障举措。在东虹桥、湾谷科技园区、长三角G60科创走廊等地设立知识产权检察保护中心或服务基地，围绕商业秘密、机制建设等焦点问题，提供专项法律服务，全市三级检察院累计设立知识产权服务站点22个。

加强战略和功能承载地的知识产权保护协作。聚焦国家战略前沿领域知识产权保护需求，联合虹桥国际中央商务区管理委员会、青浦区政府举办第二届虹桥检察论坛。与上海虹桥国际中央商务区管理委员会、上海市市场监管局会签《服务保障进博会知识产权保护合作协议》，与苏浙皖检察机关会签《数字经济知识产权保护框架

协议》。在临港新片区、张江科学城等知识产权检察服务站点与涉及关键领域核心技术的重点企业开展深度对接，收集涉及商业秘密、著作权等侵权犯罪线索。

三、充分发挥法律监督职能，强化知识产权全链条综合司法保护

持续有效惩治侵犯知识产权犯罪。2023年，全市检察机关受理审查逮捕侵犯知识产权犯罪案件425件738人，受理审查起诉944件2072人。探索商业秘密刑事案件提级管辖机制，强化对关键领域、核心技术的商业秘密保护，引导公安机关立案侦查涉及人工智能、高端制造业等技术信息侵权犯罪，全面提升案件侦办、起诉质效。关注数字领域、高科技领域版权保护，办理犯罪数额达11亿元的侵犯著作权案、车载U盘侵犯音乐著作权系列案等标杆性案例，受到社会公众广泛关注。

着力提升知识产权民事行政监督影响力。依托恶意诉讼专项监督工作，通过各类渠道排摸研判案件线索，组建三级检察院专班，围绕最高人民检察院下发的两批次恶意诉讼案件线索开展调查核实工作，研判监督可能性和方式。加强检企合作，邀请阿里巴巴等平台头部企业，共同研判挖掘批量投诉、批量诉讼的监督线索。联合公安机关、知识产权局针对不同知识产权环节、领域开展社会治理。建立民事支持起诉协作配合工作机制，提升相关民事诉讼审理的质效。

依托类案探索融合协同履职。在办理假冒"绿色食品"证明商标系列案中，上海市检察院第三分院和徐汇、奉贤等区检察院探索"上下一体、内外协同"融合履职模式，协同涉案单位所在地检察机关、行政执法部门、行业协会深化社会治理，出台农产品企业知识产权保护指引以及部分区域农产品知识产权保护协同治理的工作意见，实现行业知识产权保护的整体效果。浦东新区检察院联合公安、中国音乐著作权协会开展互联网音乐版权专项治理活动，以立案监督实现批量刑事案件的集中公诉，通过"公诉现场"庭审直播的方式以案释法。

严格把握知识产权公益诉讼案件质量。稳步开展知识产权领域公益诉讼，围绕在办刑事案件中产品质量、食品安全、人身安全问题，挖掘损害社会公共利益的线索，开展调查核实和诉前磋商，确保社会公众的合法权益。三级检察院一体强化对公益诉讼的可诉性论证把关，凸显对于不特定公众的消费者权益以及生命健康权的保障。构建完善纵向联动和横向协作的知识产权公益诉讼保护新模式。

四、锚定知识产权发展形势任务，深入贯彻落实综合履职改革举措

出台上海全面实施知识产权检察综合履职工作方案。落实《人民检察院办理知识产权案件工作指引》，立足本市实际，通过实施方案完善知识产权检察制度设计，在加强机构专业化、推动协同保护、完善辅助办案机制、融入数字检察等方面，层层系统推进知识产权检察工作规范化、科学化。积极构建"检察官+技术调查官/特邀检察官助理"办案制度。与江苏省无锡、南京、南通等地检察院会签加强长三角地区知识产权保护检察协作的意见，探索跨区域建立知识产权检察综合履职协作机制，推进毗邻地区企业知识产权一体式司法保护。

夯实与知识产权相关部门的协同保护。根据最高人民检察院与国家知识产权局会签协同意见要求，上海市检察院与市知识产权局在加强业务协助、重大案件共同挂牌督办、深化国际交流合作等方面拓展深度和广度，共同出台加强上海市知识产权鉴定工作的实施办法。全市各级检察机关同步深化与法院、公安机关、知识产权局、市场监管局、农委等相关部门的协作，加强对区域企业知识产权被侵权案件线索研判及查办联动，强化知识产权行刑衔接与司法、行政协同保护合作协议，构建统一的知识产权保护平台。发布企业知识产权法律保护指引手册、2023年商业秘密法律规范，参与市场监管局商业秘密保护指南的编撰工作。

供稿：上海市人民检察院
知识产权检察办公室

江 苏 省

知识产权工作

一、知识产权强省建设

江苏省委、省政府印发《关于高标准推进知识产权强省建设的若干政策措施》，开展首届江苏专利奖评选表彰，将知识产权工作纳入省级督查检查考核计划和督查激励。联合国家知识产权局印发局省合作2023—2025年工作要点，开展"十四五"知识产权规划实施中期评估，局省合作经验被国家知识产权局专刊印发。《江苏省地理标志条例》列入省人大常委会2023—2027年立法规划。全省万人发明专利拥有量突破60件，连续8年保持全国省区第一。新增知识产权强国建设试点示范区域、示范企业数量居全国第一。

二、知识产权创造

2023年，全省商标申请量438 666件，同比降低8.66%；全省商标注册量283 440件，同比降低28.90%。截至2023年底，全省有效注册商标量2 910 731件，比上年同期增长225 686件，增幅12.00%。

全省专利授权量447 006件，同比降低20.20%。其中，发明专利授权量107 899件，同比增长20.90%，占全省专利授权总量的24.14%；实用新型专利授权量302 132件，同比降低29.27%，占全省专利授权总量的67.59%；外观设计专利授权量36 975件，同比降低15.43%，占全省专利授权总量的8.27%。全省有效发明专利拥有量529 185件。万人发明专利拥有量62.15件，连续8年保持全国省区第一；每万人口高价值发明专利拥有量23.24件。全省PCT专利申请量6547件，同比下降6.28%。全省新增地理标志商标12件，地理标志商标注册总量422件，有效地理标志产品为92件。全省农业植物新品种权累计申请量731件，授权量279件。全省集成电路布图设计登记量11 865件。

三、知识产权保护

南京市、苏州市获批建设首批国家知识产权保护示范区，南通市入选第二批国家知识产权保护示范区。新遴选南通市、宜兴市、苏州工业园区建设省级知识产权保护示范区。推动"1+13+N"知识产权快速协同保护体系提质增效，新获批连云港国家保护中心，宜兴、常熟、海安知识产权快维中心，新增维权援助机构34个，累计获批国家级保护中心9家、快速维权中心6家，专利预审覆盖全省16个先进制造业集群，累计服务备案企业3.9万家，全年1.9万件专利获得快速审批授权。推进海外维权援助体系建设，获批建设生物医药产业海外知识产权纠纷应对指导工作基地，常州保护中心获批建设海外知识产权纠纷应对指导地方分中心，全省海外知识产权纠纷应对指导地方分中心达4家。成功申报国家发展改革委、科技部全面创新改革工作中"数据知识产权分级分类保护机制""涉外知识产权风险监测预警与防控机制"揭榜任务。印发《江苏省涉外知识产权风险监测预警与防控机制建设实施方案》。

推进数据知识产权地方试点，顺利通过2023年数据知识产权地方试点总结验收。制定印发《江苏省数据知识产权登记审核工作规范》《江苏省数据知识产权登记管理办法（试行）》，开发上线江苏省数据知识产权登记平台，登录用户超25 000个，受理数据登记申请290余件，发放数据知识产权登记证书170余份；全省数据知识产权质押融资额达2.5亿元。

四、知识产权运用

聚焦江苏省"1650"产业体系，新建省高价值专利培育中心16个，累计达115个，带动市县培育项目628个，布局专利导航服务基地国家级7个、省级10个、市级33个，全面覆盖江苏先进制造业集群。培育知识产权强企，新增知识产权贯标备案企业4391家。推动备案专利产品3458件。建立"苏知贷"省级质押融资风险补偿机制，开展"科技金融深化年""知惠行"等专项行动，开展银企对接近百场，质押融资金额突破800亿元，惠及企业5000余家。持续推进《江苏省专利转化专项计划实施方案（2021—2023年）》落实，围绕集成电路等重点产业，支持5家产业园区建设知识产权产业运营中心；累计发布1649件专利开放许可信息，2148项专利技术达成开放许可，许可金额达1900万余元。

五、企业知识产权

新增71家国家知识产权示范企业，总数达272家。持续开展"知识产权助力产业强链"产才对接行动。遴选南京新型电力（智能电网）等8个产业集群作为新一批产才对接对象，匹配8支专家团队开展精准对接服务。举办现场对接活动4场，开展"一对一"对接服务60余次。遴选10家企业承担省商标品牌培育与保护（工业品牌）项目，引导企业完善商标品牌建设机制，提升品牌影响力。遴选推荐97个企业品牌、44个区域品牌、96家知识产权工作站（商标品牌指导站）入选国家"千企百城"行动名单。建立全省地理标志资源库、基础库和重点培育库。"如皋火腿"获批为国家地理标志保护产品，获批筹建洞庭（山）碧螺春茶国家地理标志产品保护示范区和雨花茶国家地理标志产品保护示范区。

六、知识产权服务

推动知识产权"一件事"服务向市县延伸，实现60个公共服务事项"线上一网办，线下一窗办"。全省知识产权业务受理量同比增长30.7%，专利优先审查同比增长101.5%。推动知识产权服务业集聚区提档升级，已建成国家级集聚区4家、省级集聚区9家。新建知识产权工作站（商标品牌指导站）173家，总数达317家，常态化联系服务企业9000余家。印发《江苏省知识产权工作站（商标品牌指导站）建设和管理办法（试行）》。获批建设技术与创新支持中心（TISC）3家、国家知识产权信息公共服务网点3家，国家级重要网点达30家；新认定省级知识产权公共服务网点26家，省级网点累计达90家。承办第二届全国知识产权公共服务机构专利检索分析大赛。全省打击专利、商标代理行业违法违规行为案件立案52件，结案41件，罚没款合计224万余元，公示533家机构和2520个执业代理师的最新信用评价结果。开展非正常专利代理行为整治，对国家知识产权局通报的4批次涉及专利代理机构的非正常申请进行集中处理，对100余家机构和5名代理师进行约谈指导。

七、知识产权宣传和人才培养

召开2023年长三角知识产权新闻发布会，三省一市知识产权局共同签署《长三角地区专利代理行业高质量发展一体化合作备忘录》。举办"全国知识产权宣传周"江苏分会场活动。打造知识产权"青年说"

"青年行"宣传品牌。在省级以上媒体刊发江苏知识产权相关报道500余篇(条),30篇稿件获国家知识产权局政务微信采用。将知识产权纳入全省领导干部专题培训计划,举办首期全省领导干部知识产权网上专题培训。组织第三届全省知识产权系统全员学法活动和首届全省系统法律知识竞赛。江苏省知识产权远程教育平台被中国知识产权培训中心评为优秀子平台。新增2家江苏省知识产权培训基地,培训基地实现设区市全覆盖。线上线下培训企业高管、执业代理师等各类人员3.4万人次。

八、知识产权国际交流合作

举办第五届紫金知识产权国际峰会和第十八届中国(无锡)国际设计博览会。与世界知识产权组织中国办事处、美中贸易全国委员会等进行务实交流。积极支持中以常州创新园等中外合作园区、平台的知识产权工作。国家海外知识产权纠纷应对指导中心江苏分中心在2022年度海外知识产权纠纷应对指导地方分中心考核中获优秀等次。

供稿:江苏省知识产权局

版权工作

一、积极推动版权产业发展和社会服务工作

1. 积极参加第九届中国国际版权博览会

组织32家版权企业参展,展出南京文学之都IP文创、云锦、苏州丝绸、刺绣、桃花坞木刻、昆曲文创、扬州漆器、玉雕、剪纸、木偶、雕版印刷、无锡紫砂、泥人、锡绣、常州留青竹刻、梳篦、南通家纺、红木木雕、连云港水晶、泰州木船船模等优秀版权作品千余种,集中展示江苏民间文艺版权保护与促进工作成效。

2. 指导扬州市开展并顺利完成全国民间文艺版权保护与促进试点工作

中央宣传部办公厅2022年底将扬州市列为全国8个民间文艺版权保护与促进试点地区之一。2023年江苏省版权局与扬州市积极探索版权赋能民间文艺繁荣发展新路径。一是在扬州范围内形成了更加重视民间文艺版权保护和中华优秀传统文化传承发展的浓厚氛围。二是基本摸清了扬州民间文艺版权保护现状,就如何通过版权工作助力民间文艺作品的搜集、整理、传承、利用、弘扬和发展,探索出了新路径、新办法。

3. 为民间文艺版权保护立法提出建议性研究成果

制定并发布实施《扬州市民间文艺版权保护指南》,起草《民间文学艺术作品著作权保护办法(扬州试点建议稿)》,形成阶段性制度成果。向中央宣传部版权管理局提交《扬州市全国民间文艺版权保护与促进试点调研报告》,并在第九届中国国际版权博览会上展示和宣传试点成果。

4. 持续推动优秀版权作品产业转化

江苏省委宣传部、省版权局、省文化和旅游厅、省文物局联合开展第三届优秀版权作品产业转化重点培育项目遴选推荐。活动共收到申报项目123个,27个项目入选重点培育项目,涉及投资2.94亿元,销售收入13.9亿元,产出是投入的4.73倍。

5. 有力推进版权示范创建

持续开展全国版权示范城市、示范单位、示范园区(基地)的创建工作,印发《关于做好2023年度版权示范城市、示范单位和示范园区(基地)创建管理有关工作的通知》,大力推广版权保护促进产业发展"南通经验""吴江模式"。新增全国版权示范城市1个、全国版权示范单位3家、全国版权示范园区1个。组织对12个设区市的32家单位和3个园区进行实地验收,授予南京图益创意科技有限公司等26家单位

(园区、基地)江苏省版权示范单位、示范园区(基地)称号。

6. 发布2021年度版权产业经济贡献率调查报告

连续10年开展版权产业经济贡献率调查。2021年,江苏省版权产业增加值1.01万亿元,占全省地区生产总值的8.67%,同比提升4%,对全省地区生产总值的经济贡献率达9.04%。江苏国家版权贸易基地全年实现贸易总额17.07亿元。

7. 着力提升公共服务水平

2023年,全省新建13家基层版权工作站,调整关闭2家,总数为214家,专兼职工作人员400余人。下沉设区市如无锡、常州、泰州、苏州等地进行专项业务培训工作,举办全省作品登记培训班,全省约500人参训。全年共接收用户注册申请16 809个,通过15 195个,其中个人用户11 711个,单位用户3484个。现累计注册用户达110 813个。收到作品登记申请材料463 709件,登记通过331 814件,通过率为71.56%。为满足权利人维权、交易等需求,接受查档申请115批次,涉及作品491件。江苏版权纠纷调解中心对版权调解的案件申请、材料审查和案件沟通等流程进行优化,实现实时案件统计、进度查询等功能。全年共接收权利人投诉有效案件1396起,成功调解261起,其中,促成合作241起,合作金额125.7万元;达成和解20起,和解标的23.7万元。

二、持续深入开展版权保护工作

1. 依法加强版权执法监管

全年共查办侵权盗版案件635起,其中行政案件249起,刑事案件99起,调解案件287起。南京阿拉丁私人影院涉嫌侵犯视听作品著作权案、无锡"6·14"涉嫌侵犯视听作品著作权案、泰州"10·14"侵犯动漫作品著作权案、仪征"10·27"侵犯玩具著作权案等14起案件被列为国家版权局等五部门挂牌督办案件,镇江"8·30"涉嫌侵犯高校教材著作权案被列为国家版权局等六部门挂牌督办案件。江苏扬州"2·10"侵犯北京冬奥会吉祥物著作权案入选2022年度全国打击侵权盗版十大案件。

2. 持续开展专项行动

根据国家版权局等多部门关于院线电影版权保护专项工作、"青少年版权保护季"行动、"剑网2023"专项行动、"清朗·杭州亚运会和亚残运会网络环境整治"专项行动的工作要求,江苏省版权局分别会同有关部门联合印发《关于开展院线电影版权保护专项工作的通知》《关于开展全省"青少年版权保护季"行动的通知》《江苏省版权局等关于开展江苏省打击网络侵权盗版"剑网2023"专项行动的通知》,系统内下发《关于开展杭州亚运会和亚残运会版权保护工作的通知》。连续6年开展江苏省打击网络侵权盗版集中办案周行动,江苏省版权局、省公安厅、省文旅厅、省通信管理局相关部门负责人以及全省120余名执法骨干对前期摸排的78个案件线索开展分析研判、远程勘验、制定查办方案等集中会办工作,取得练兵、办案双成效。积极与江苏省高级人民法院、省人民检察院、省公安厅、省网信办、省"扫黄打非"办公室、省通信管理局等相关部门协调配合,在案件信息共享、督查督办、技术支持等方面共同推进网络空间版权环境治理。

3. 巩固扩大软件正版化工作成果

召开省推进使用正版软件工作领导小组(简称省领导小组)会议,审议通过《2023年江苏省推进使用正版软件工作计划》,研究部署2023年重点工作任务,培训软件正版化工作相关业务。增补江苏省教育厅、省卫健委为领导小组成员,统筹教育、医疗行业软件正版化工作。会同江苏省机关事务管理局、财政厅开展省级机关国有资产管理绩效评价工作,对27家省级机关软件正版化工作进行现场考评,抽查电脑816台。江苏省领导小组办公室组织对徐州、常州、南通市市级机关、国有企业、重点行业领域共24家单位的软件正版化工作进行调研、检查，核查电脑1724台。协助江苏省卫健委组织对32家省属医疗卫生机构进行正版化工作摸底性核查。江苏省苏豪控股集团有限公司、江苏省联合征信有限公司获评2022年度全国版权示范单位（软件正版化）。

三、不断创新版权宣传方式

全面开展版权宣传活动，营造强大宣传声势。在扬州市广陵区举办2023江苏省暨扬州市版权宣传周现场活动，发布《2021年度江苏省版权产业经济贡献调研报告》、2022年度江苏省打击侵权盗版十大典型案件和《扬州市民间文艺版权保护指南》，并向2023年江苏省版权示范单位和2022年度江苏省打击侵权盗版十大典型案件办案单位授牌。多措并举提升宣传效果。在全省各地电视台、网络、户外大屏等平台投播了版权保护视频公益广告，在全省收听率较高的电台播放音频公益广告，在有线电视播放开机画面公益广告，在公交地铁站点、公共阅报栏、学校、社区等公共场所投放版权保护公益海报。各地版权主管部门统筹线上线下各类宣传阵地，举办各类版权广场宣传、专业论坛、知识讲座等活动，普及版权知识，提升宣传效果。版权宣传周活动期间，省级版权宣传活动线上累计点击量超千万次。各地开展"百堂苏版课"培训活动，全年共开展培训73场，3637家单位的9365人次参训。

供稿：江苏省版权局

司法工作

一、以履行审判职能更优质彰显公正高效主题

2023年，江苏法院共审理各类知识产权案件38 998件，同比增长5.34%，其中民事案件38 207件，刑事案件751件，行政案件40件；审结33 855件，同比增长4.11%，其中民事案件33 209件，刑事案件620件，行政案件26件。共新收各类知识产权一审、二审、申请再审案件34 384件，同比增长14.06%。从审判效果来看，案件审理数、审结数较2022年分别增长5.34%和4.11%，服判息诉率、改判发回重审率、上诉率均处于低位。从案件类型来看，除特许经营合同纠纷数量持续下降外，其他各类案件均呈增长态势。从审级分布来看，案件进一步下沉基层法院。从高判赔额案件来看，知识产权司法保护力度不断加大。

二、以精准服务大局更高水平推动高质量发展

持续推进最严格司法保护。发布《关于深化最严格知识产权司法保护 服务保障在科技创新上取得新突破行动方案》及解读。依法积极适用惩罚性赔偿，全省法院在89件案件中适用惩罚性赔偿确定赔偿数额。在涉西门子公司商标侵权及不正当竞争纠纷案中，全额支持权利人1亿元损失及16万余元合理维权费用的赔偿请求，该案获评2023年人民法院十大反垄断和反不正当竞争典型案例。

服务高水平自立自强。依法审理涉生物医药、新材料、5G等战略性新兴产业知识产权案件，加强对涉知名科学家、重大科研项目知识产权案件审理的监督指导。苏州中院在涉航空先进材料领域技术秘密侵权及专利权属系列纠纷案中，一揽子解决技术成果归属和技术秘密侵权责任确定问题。

服务高水平对外开放。完成《江苏法院涉外技术类案件和垄断案件审判工作报告》，维护知识产权领域国家安全。江苏高院二审审结涉德国知名家居企业"德禄"商标侵权案，该案入选最高人民法院2022年中国法院50件典型知识产权案例。

服务高水平数字正义。妥善审理涉互联网、大数据等垄断、不正当竞争案件，推动数字经济规范健康发展。江苏高院与江苏省知识产权局签署《强化数据知识产权协同保护合作备忘录》，制定《江苏省数据知识产权登记管理办法（试行）》。

服务保障乡村振兴战略。南京中院发布第二批植物新品种保护典型案例，推进种业振兴。南京法院植物新品种司法保护状况被《法治蓝皮书·中国地方法治发展报告No.8（2022）》收录，《中国知识产权报》头版专题报道。

三、以规制市场行为更大力度维护法治化营商环境

推进诚信体系建设。完成2022年度全省法院重点调研课题"关于健全信用管理机制推进诚信江苏建设研究"，形成的调研报告被评为优秀课题报告。

制止市场仿冒混淆。严厉打击恶意仿冒商标标识等侵害商标权及不正当竞争行为，在涉"盼盼"防盗门商标侵权案中，依法适用4倍惩罚性赔偿，判决其赔偿1亿元。

强化商业秘密保护。审结涉圣奥化学科技有限公司技术秘密被侵权案，判决侵权人赔偿2.0154亿元，创下全国法院对侵害商业秘密行为判赔金额的最高纪录。联合省检察院、公安厅在全国率先发布《办理侵犯商业秘密刑事案件的指引》。

服务企业合规改革。常态化走访高新技术企业开展调研，了解知识产权保护诉求。宿迁中院开展知识产权司法保护高质量发展系列活动，着力打造"法护酒都"品牌，指导沭阳法院对其辖区内图书市场实施诚信经营"红黑榜"制度。

四、以延伸审判职能更深程度融入社会治理

加强法治宣传。发布《江苏法院知识产权司法保护状况》《江苏法院知识产权案件年度报告》及十大典型案例。公开直播腾讯游戏代练案件庭审并走进电视演播室解读司法裁判思路，9家省级以上媒体对该案进行全程网络直播，引发3000余万网民关注。数十家省级媒体发布60余篇江苏知识产权司法保护工作正面宣传报道，《人民日报》《人民法院报》《法治日报》等国家级媒体刊发专题报道。

大兴调研之风。组织开展关于知识产权司法工作现代化专题调研；完成人民法院知识产权重大理论与实践课题"网络著作权司法保护规则研究"的调研报告；开展"计算机软件案件知识产权法律问题研究"专题调研，调研成果获最高人民法院"推动长三角一体化发展司法理论与实践"一等奖，并在《人民司法》上刊登。

弘扬传统文化。以"中华优秀传统文化与知识产权事业融合发展"为主题，组织举办江苏省法学会知识产权法学研究会2023年年会。苏州中院审结涉知名昆曲角色杜丽娘艺术形象侵权纠纷，在国内首次探索并确定对公共空间表演中动态表演形象以美术作品进行保护的合理性。

提出司法建议。2023年，全省法院共提出25份司法建议，其中3份被评为全省法院2023年度优秀司法建议。泰州市中院在案件审理中发现ICP备案管理漏洞，向江苏省通信管理局发出关于加强ICP备案管理的司法建议，被《法治日报》专题报道。

五、以完善体制机制更富成效发挥保护效能

优化司法审判体制机制。经批准设立苏州互联网法庭，集中管辖苏州市一审特定类型互联网案件。发布《知识产权民事案件适用小额诉讼程序工作指引（试行）》，全省法院共在2883件案件中适用小额诉讼；制定下发《关于规范知识产权案件提级管辖和加强重大案件监督管理指导工作的通知》，建立重大案件提级管理及监督管理指导工作机

制,全省法院提级管辖审理案件726件。

完善多元解纷机制。全省法院通过司法确认行政调解知识产权纠纷共63件。盐城市中院探索知识产权多元化解"盐城模式",成功调解131件案件,被国家知识产权局办公室、最高人民法院办公厅评选为首批知识产权纠纷多元调解经验做法和案例。

探索技术查明机制。全省法院技术调查官参与案件审理691件,提高了知识产权审判效率。南京中院完善专家证人、技术咨询、技术鉴定、技术调查官参与的技术事实查明体系,其技术事实查明调研成果,分获"第三届全国技术调查官制度研讨会"一等奖、三等奖。

深化司法协作机制。出台《关于强化知识产权司法保护推进长三角国际一流营商环境建设的意见》,扎实推进长三角区域司法保护协作。南京中院出台《南京都市圈法院关于知识产权纠纷案件跨域立案服务工作规则》等,促进都市圈内法院之间的司法协作。

六、以锻造过硬队伍更高标准推进高质量司法实践

实施精品战略。江苏法院12件案例入选最高人民法院公报案例、2022年中国法院10大知识产权案件、中国法院50件典型知识产权案例等典型案例,4篇裁判文书获得全国法院"百篇优秀裁判文书"、全国法院技术类知识产权和垄断案件优秀裁判文书等。

组织培训研讨。组织开展全省条线培训;开展全省发改案件专项评查和审判运行态势分析研究;组织开展第二届江苏法官知识产权"智峰论坛"。

加强监督指导。坚持二审案件"一案一表"制度,对未发改案件中反映出来的问题随案记录留存,并及时向一审法院反馈。开展侵害信息网络传播权、互联网不正当竞争等相关案件专项评查,形成《涉作品信息网络传播权纠纷和网络不正当竞争案件评查报告》。下发《关于建立知识产权审判工作基层联系点制度的通知》,建立省法院知识产权法官基层联系点制度。

供稿:江苏省高级人民法院
知识产权审判庭

检察工作

一、聚焦重点领域,严厉打击破坏科技创新类违法犯罪

江苏检察机关在保持对传统商标类犯罪打击的同时,有针对性地加大对技术类尤其是涉及国家重大战略需求、关键核心技术、重点产业链和原始创新成果等犯罪的打击力度,让"真创新"受到"真保护","高质量"受到"严保护"。2023年,全省受理审查逮捕侵犯知识产权犯罪151件234人,受理审查起诉655件1860人,保护领域逐步拓宽至软件芯片、信息技术、智能制造、生物医药等高科技行业,成效明显。南京市雨花台区检察院办理许某等人侵犯著作权案中,通过集中履职,既打击侵犯企业软件著作权犯罪,又在办案中探索软件著作权类案取证规范,有效防止二次泄密,为受害企业提供了全方位司法保护,该案入选最高人民检察院指导性案例。苏州工业园区检察院办理的胡某某侵犯商业秘密案为侵权生物医药企业知识产权案件,涉案技术合理许可使用费高达9亿余元,系当时省内同类最大案值案件。

二、加强民事、行政检察监督,有效惩治恶意诉讼

为进一步推进知识产权检察融合履职,全面提升知识产权民事、行政诉讼监督案件办理质效,江苏省检察院充分发挥一体履职优势,统筹推进全省知识产权民事、行政检察工作。全省受理民事检察监督案件43件,行政检察监督案件2件。在案件办理过程中注重发现"批量维权""虚假诉讼"等滥用知识产权排除市场竞争行为的案件线索。江苏省检察院指导无锡市检察院办理的某公司恶意诉讼案，是一起利用对方当事人"转板上市"的重要节点提起侵犯专利权的恶意诉讼检察监督案件，该案检察机关通过调查形成76份证据材料，确定某公司明知其权利基础存在问题而故意提起诉讼的恶意，向法院制发提示函并移送已提取的恶意诉讼证据材料，成功维护了高新技术企业合法权益，后被诉公司成功上市。通州湾示范区检察院对"智创戟"知识产权恶意诉讼法律监督模型功能进行优化，并获得工作网准入许可，现已全功能部署到工作网运行。该模型已对接南通市大数据管理局与南通市检察院的数据端口，订阅南通两级法院的知识产权生效裁判文书进行法律监督分析。

三、稳步探索公益诉讼，拓展知识产权保护新路径

江苏检察机关依托公益诉讼法定领域积极稳妥拓展知识产权领域公益保护，全年受理公益诉讼线索31件，立案30件，其中民事公益诉讼9件，行政公益诉讼21件。在对涉食品、药品、未成年人保护等领域开展知识产权公益保护的同时，结合地方特色，着重加强国家地理标志产品相关生态环境和资源保护，加强老字号、非物质文化遗产、民间文艺知识产权保护，帮助相关企业提高知识产权保护意识。无锡市惠山区检察院会同多部门重点打造独具惠山区域特色知识产权保护体系，利用惠企慧控平台和涉企法律风险防控基地，从刑事、民事、公益诉讼等多手段入手，加强地理标志产品和集体商标权保护，维护水蜜桃行业的合法权益。苏州市虎丘区检察院聚焦以"镇湖刺绣"为代表的非物质文化遗产和地理标志在保护和传承中的问题，梳理传统文化可能涉及的商标权、著作权、专利权、地理标志等不同知识产权类型受到侵害的具体表现，统筹运用多种检察职能，通过行政公益诉讼检察建议、社会治理检察建议、司法与行政执法衔接、普法宣传等多种方式，积极构建符合传统文化领域知识产权案件特点的综合履职模式，依法保护非物质文化遗产。

四、推动协同保护，构建知识产权大保护格局

江苏检察机关不断强化内外部配合，形成知识产权协同保护合力。江苏省检察院与江苏省高级人民法院、江苏省公安厅共同研究制定《办理侵犯商业秘密刑事案件的指引》，通过提炼办案规则、联合出台规范，为激励创新、加强商业秘密刑事保护提供有力支撑。苏浙皖检察机关签署数字经济知识产权保护框架协议，构建长江三角洲区域数字经济时代知识产权"严保护、大保护、快保护、同保护"的工作格局。苏州、无锡等市检察院与市市场监管局、公安局、文化广电和旅游局、新闻出版局等部门，共同出台《关于强化知识产权协同保护工作的实施办法》，健全信息共享、线索移送、人才培育、普法宣传等方面的协作配合机制，凝聚知识产权多方保护力量。徐州市鼓楼区检察院联合区法院制定《关于开展惩治知识产权恶意诉讼工作协助配合的意见》，打击知识产权恶意诉讼，维护正常经济社会秩序。

五、强化队伍建设，提升知识产权综合保护能力

根据知识产权检察综合履职的工作特点，江苏检察机关加强专业化建设和人员配备。目前，省、市两级检察院均已组建知识产权专业化办案团队，市级院层面已经实现了知识产权综合履职全覆盖，基层检察院也在不断统筹内外部资源，提升知识产权综合履职能力。根据涉专利、商业秘密等案件以技术类型为主的特点，全省检察机关对内深挖潜力,鼓励具备理工类专业背景的检察人员加入知识产权检察办案组织,对外寻求"外脑"支持,借助专家智库资源,提升知识产权检察综合保护能力。江苏省检察院组织全省检察机关知识产权检察人才库成员参与业务调研、理论研究,同时,江苏省检察院挂牌督办侵犯商业秘密、软件著作权等类型的重大、疑难、复杂案件,确保知识产权办案工作"上下统一、横向协作、内部整合、总体统筹",指导下级院办理疑难复杂案件。南京铁路运输检察院组建了一支由3名入额院领导、6名员额检察官、6名检察官助理、16名特邀检察官助理和技术调查官组成的集刑事、民事、行政、公益诉讼"四大检察"职能为一体的知识产权专业化办案团队。南通通州湾示范区检察院与苏州大学王健法学院、苏州大学苏州知识产权研究院签署战略合作框架协议,成立"知识产权检察保护理论与实务研究基地",并共同发布《商标类犯罪案件证据审查指引》。

供稿:江苏省人民检察院
知识产权检察办公室

浙 江 省

知识产权工作

一、高规格体系建设迈出新步伐

浙江省委、省政府连续三年高规格召开知识产权大会,知识产权工作作为重要内容纳入省委省政府三个"一号工程",列入"十项重大工程"等中心工作,全面施行浙江省首部知识产权地方综合法规《浙江省知识产权保护和促进条例》,出台《浙江省知识产权技术调查官管理办法(试行)》《浙江省专利公开实施办法》《浙江省知识产权领域信用分级分类监管办法(试行)》《浙江省数据知识产权登记办法(试行)》等系列配套规范性文件,落地推进18项具有全国创新性制度安排。浙江省政府与国家知识产权局联合制定《2023—2025年共建知识产权强省工作要点》,启动实施新一阶段省部共建任务。浙江省知识产权强省建设工作联席会议成员增加到29个,知识产权议事协调机构实现90个县(市、区)全覆盖,推动知识产权工作格局更加清晰,制度体系更加完善。高质量完成第一届涵盖全门类的省政府知识产权奖评选,有效激发创新活力。加强跨省域知识产权保护协同联动,与北京市等12省市签署《京津冀沪苏鲁粤渝川鄂浙皖关于成立十二省市知识产权行政保护联盟优化全国创新创业统一大市场合作备忘录》,与上海、江苏、安徽联合签署《长三角地区知识产权更高质量一体化发展框架协议书2.0》,共同举办首届长三角地区大学生知识产权知识竞赛。高标准完成G60科创走廊、杭州都市圈、杭甬双城经济圈等区域知识产权协作项目,促进区域知识产权协调发展。

二、高水平深化改革闯出新路子

深化数据知识产权改革,加快构建数据知识产权保护运用全链条体系。出台全国首个经省人大备案的数据知识产权登记办法规范性文件,上线数据知识产权登记平台,率先在全国构建集存证公证、登记服务、流通交易、收益分配和权益维护于一体的保护路径,数据知识产权交易、质押、保险、证券化等价值实现路径率先全面破冰。2023年,全省共受理数据知识产权登记申请9229件,登记发证5004件,涵盖省内所有90个县(市、区)、20个数字经济核心产业、800余家市场主体,保护数据权益2.9亿条,实现交易运用金额21.6亿元。以最高分获得国家试点年度考核优秀，全国数据知识产权地方试点工作现场推进会在浙江召开，相关做法先后获评知识产权强国建设典型案例、国家服务业扩大开放综合试点示范建设最佳实践案例，揭榜挂帅国家发展改革委、科技部全面创新改革试点。

三、高质量创新创造取得新进展

实施高价值专利培育工程，新增授权专利38.24万件，其中新增发明专利6.5万件，同比增长5.7%；数字经济、生物医药和新材料三大科创高地有效发明专利拥有量达20万件，同比增长44.9%；高价值发明专利拥有量突破12万件，同比增长20.3%；每万人口高价值发明专利拥有量18.31件，同比增长18.1%；PCT国际专利年申请量4364件，同比增长1.1%。商标品牌实力持续增强。商标申请量61.6万件，其中新增注册商标39.5万件；商标累计有效注册量达447.1万件，同比增长7.5%；商标申请量、注册量、有效注册量连续6年均居全国各省(市、区)第二位。作品自愿登记量稳步发展。作品自愿登记量46 579件，近五年平均增长率17%，图书《中国历代绘画大系》、图书《干在实处　勇立潮头——习近平浙江足迹》、宁波海关综合业务处等3件作品(单位)获得中国版权金奖，数量居全国第一。其他门类知识产权齐头并进。新增地理标志31件，累计拥有地理标志579件，全省11个地理标志农产品品牌入选中国地理标志农产品品牌声誉百强榜，新增"绍兴酒""惠明茶"国家地理标志产品保护示范区2个，总量8个，数量全国最多；新登记集成电路布图设计791件、发证650件；认定、登记农作物新品种141个；植物新品种权申请量169件，授权量78件；通过国家级和省级审(认)定林木良种47件，转让新品种权9件；发现特异、优良单株1.4万余株，登记种质资源1.6万份。新增自主知识产权海关保护备案3782项、涉及权利人1196个，累计有效备案18 954项、涉及权利人3904个。

四、高效益转化运用再上新台阶

持续探索专利开放许可试点和公开实施改革，累计69家高校院所和企业的9344件专利参与"一对多"开放许可和公开实施，专利技术在企业落地实施5184件次，位居全国前列。率先启动全国唯一的专利密集型产品培育和推广全国试点工作，杭州萧山建立浙江专利密集型产品培育和推广中心，在第二届全球数字贸易博览会上首次开设全国专利密集型产品展览专区，418件被认定为首批专利密集型产品，数量全国最多；中国科学院宁波材料技术与工程研究所获批建设磁性材料领域首个国家级知识产权运营中心；在湖州安吉落地全国首个绿色知识产权推广中心。专利权、商标权质押融资金额3028.07亿元，同比增长80.1%，质押登记项目10 456笔，同比增长41.6%，均居全国首位，其中质押金额1000万元以下的普惠性贷款共4215笔，惠及企业3994家，同比增长14.77%，惠企数量居全国第一。全省专利许可转化数量11.45万件，同比增长21.8%，数量居全国第三，其中专利许可3万余次，居全国第一。

五、高标准维权保护展现新担当

温州、绍兴入选创建第二批国家知识产权保护示范区，全省累计4家，数量居全国第一。实施行政裁决"简案快办"，办案周期压减50%，纠纷调解成功率达47.2%。全省共办理专利侵权纠纷行政案件1.8万件、查处商标违法案件4045件、查处侵犯商业秘密案件37件；全年共新收知识产权民事一审案件26 122件、刑事一审案件775件，正常审限内结案率达98.05%，知识产权案件判决赔偿额超过100万元的案件共155件，同比上升53.47%。全力推动知识产权协同保护，全国率先落地行政司法知识产权信用联合惩戒机制，出台首个行政司法联合共享的知识产权技术调查官制度，创新开发"法护知产"协同保护应用，嘉兴、台州、温州获批新建国家级知识产权保护中心，台州黄岩获批建设国家级知识产权快速维权中心，保护中心、快维中心合计总数17家，居全国首位。加强杭州亚运会知识产权保护，交出护航亚运高分答卷。建成6个国家海外纠纷应对指导中心地方分中心，指导重大涉外知识产权纠纷117件，指导率100%。

六、高品质发展生态打开新局面

大力发展知识产权服务业，新增国家知识产权服务业高质量集聚发展示范区1家、省级知识产权服务业集聚区3家，累计22家。迭代优化"浙江知识产权在线"应用，建设品牌指导服务站407个，新增国家级知识产权信息公共服务网点1家、省级知识产权信息公共服务网点14家、省级商业秘密保护基地149家，新申报技术与创新支持中心（TISC）3家，形成立体式知识产权公共服务网络。实施知识产权人才集聚计划，设立6家知识产权学院，"四化四融"知识产权人才培养模式获评国家级教学成果奖，连续14年举办知识产权高层次人才培训班，建立知识产权经济师独立评价体系，开设高级职称评聘"直通车"。首次举办全球数字贸易博览会数字经济知识产权国际治理论坛。

供稿：浙江省知识产权局

版权工作

一、聚焦便民惠企，着力优化版权服务体系

1. 版权服务水平不断提升

持续延伸版权服务触角，新增设立杭州市版权服务工作站，指导嘉兴针对平湖版权产业集聚区的需要，设立平湖服装城版权服务工作站。做好作品自愿登记工作，坚持在登记审查过程中严格把握作品独创性特征。2023年，浙江省作品自愿登记量达46 579件。

2. 版权示范创建成果丰硕

温州市成功获评全国版权示范城市，成为浙江第2个、全国第18个版权示范城市，并成为2023年全国民间文艺版权保护与促进工作试点地区。奥光动漫股份有限公司等5家单位获评2022年度全国版权示范单位、示范单位（软件正版化）、示范园区（基地）。评选2022年度省级版权示范单位、示范园区22家。及时形成《浙江省版权精品创作和示范城市创建走在全国前列》要情专报省委省政府主要领导。

3. 版权领域评奖亮点纷呈

图书《中国历代绘画大系》、图书《干在实处 勇立潮头——习近平浙江足迹》、宁波海关综合业务处获评2022年中国版权金奖，浙江省所获奖项数量位居全国第一。积极开展首届浙江省知识产权奖版权类评奖工作，按照文学、艺术、计算机软件、特殊领域作品分别制定评定标准和评价细则，评选产生版权奖34项，奖金总额370万元，其中图书《中国历代绘画大系》、杭州亚运会吉祥物等4个项目获评一等奖。

二、聚焦护航发展，全面提升版权保护质效

1. 突出抓好亚运版权保护

主动争取国家版权局支持同意，会同上海、江苏、安徽、福建、江西、山东等杭州周边五省一市版权主管部门，建立亚运会版权保护快速响应联动执法机制，构建形成层次递进、衔接有序的亚运版权保护共治格局。联合浙江省委网信办、杭州亚组委开展"清朗·杭州亚运会和亚残运会网络环境整治"专项行动，及时处理涉亚运侵权盗版等违法信息举报。专项行动期间，清理未经许可销售亚运吉祥物及挂件等5475

件,查办涉亚运侵权盗版案件11起。

2. 积极开展专项执法行动

联合浙江省网信办、省公安厅、省通信管理局开展打击网络侵权盗版"剑网2023"专项行动,删除侵权盗版链接20 037条,关闭侵权盗版网站或APP 57个,查办网络侵权盗版案件58起。开展院线电影版权保护工作,加大对影院、私人影吧等的巡查力度,在全国版权执法监管座谈会上就金华"1·25"盗录春节档院线电影案作经验交流。联合浙江省公安厅、省教育厅、省文化和旅游厅开展"青少年版权保护季"行动,查办涉青少年侵权盗版案件23起,其中杭州"3·14"涉嫌侵犯教辅图书和网课著作权案入选全国"青少年版权保护季"专项行动第一批典型案例。

3. 全力查办版权大案要案

加强对文化执法部门的指导,强化与公安等部门的联动,突出关键时间节点,聚焦易发多发领域,深化案件线索核查,加大执法监管力度,全链条打击侵权盗版违法犯罪。全年共出动执法人员18 172人次,检查单位8017家次,查办侵权盗版案件325起,其中25起案件获全国挂牌督办,数量位居全国第一。

4. 稳步推进使用正版软件

制定印发《2023年浙江省推进使用正版软件工作计划》,明确软件采购、实地督查、年度考核等25项年度重点任务。积极推进新一轮省级预算单位正版办公软件集中采购工作。组织对绍兴、金华开展软件正版化实地督查,涉及单位94家、计算机1.9万余台。完成软件正版化年度考核评议工作。

三、聚焦氛围营造,持续加强版权宣传教育

1. 开展"4·26"版权宣传活动

以"强化版权法治保障,助力创新深化改革攻坚开放提升"为主题,组织开展"全国知识产权宣传周"版权系列宣传活动。联合中国版权保护中心、中国版权协会举办2022年度十大著作权人发布会,浙江中胤时尚股份有限公司、绍兴市柯桥区知识产权保护中心等4家单位及个人获奖。举办浙江省第十一届"知识产权杯"创意设计大赛,评选出获奖作品210件,2家单位获优秀组织奖,版权创作和保护氛围更加浓厚。

2. 组织开展版权业务培训

主动争取中央宣传部版权管理局同意,由浙江省承办的全国版权执法监管培训班在温州举行,来自全国各地的版权、文化执法、公安等近300名业务骨干参加。举办全省版权执法监管和软件正版化工作培训班,邀请中央宣传部版权管理局、杭州亚组委、高校等的专家学者进行专题辅导,努力提升全省版权执法监管水平和推进使用正版软件工作能力。

3. 搭建平台展示版权成果

组织温州市参加第十九届中国(深圳)国际文化产业博览交易会"版权赋能城市高质量发展"主题展区,80余个项目达成合作意向,现场签约10个,总金额216万余元,在参展的7个全国版权示范城市中位居第一。组织全省出版社参加第二十九届北京国际图书博览会,集中展示浙江出版"走出去"最新成果。组织30余家单位900余件作品参展第九届中国国际版权博览会,设置"中国历代绘画大系"项目、出版版权、影视动漫、文创工美4大展示区,版权交易、现场签约金额超460万元。

供稿:浙江省版权局

司法工作

一、全面加强审判质量建设,做司法为民的示范者

1. 做实"公正与效率",狠抓提质增效

浙江法院全年共新收知识产权民事一审案件26 122件,同比下降1.77%,审结

27 134 件,同比增长 2.89%。民事收案数量增幅趋缓,诉源治理效果持续显现。全年新收涉知识产权刑事一审案件 775 件,同比增长 51.37%,审结 653 件,同比增长 36.33%,刑罚惩治和预防知识产权犯罪行为的功能日益凸显。知识产权案件结案率 87.54%,正常审限内结案率 98.05%。平均一审审理周期为 77.37 天,同比缩短 2.62 天。

2. 做实精品工程,发挥裁判示范作用

积极开展法答网咨询答疑、人民法院案例库建设工作,组织全省法院将 110 件知识产权典型案例编辑入库。全国首例涉"NFT 数字藏品"著作权侵权案入选 2022 年中国法院 10 大知识产权案件、新时代推动法治进程 2023 年度十大案件;QQ 自动抢红包软件不正当竞争案、非法抓取使用抖音直播数据案、涉"扬麦 25"植物新品种侵权案等 3 件案件入选中国法院 50 件典型知识产权案例。另有 3 件案件入选中国外商投资企业协会优质品牌保护委员会"知识产权保护十佳案例",5 件案件判决书获评第五届全国法院"百篇优秀裁判文书",6 件案件获评全国法院"百场优秀庭审"。

3. 做实严格保护,用好惩罚性赔偿罚则

加大对关键核心技术和知名品牌的保护力度,加重对假冒盗版和重复侵权、恶意侵权、以侵权为业行为人的打击力度。全年全省知识产权案件判决赔偿总额 13.01 亿元,平均判赔额 18.90 万元,其中判赔额超过 100 万元的案件共 155 件,同比上升 53.47%。全省依法适用惩罚性赔偿案件共 23 件,总金额 5.6 亿元。浙江高院依职权提级管辖施耐德电气(中国)有限公司与镇江施耐德电器有限公司等侵害商标权及不正当竞争纠纷案,依法支持了权利人有关惩罚性赔偿的诉请,判赔 1.06 亿元,以严格公正司法树立了鲜明导向。

二、服务创新驱动发展战略,做服务大局的示范者

1. 做实创新提质,服务保障"一号发展工程"

出台《关于打造"知识产权司法保护示范地"服务保障数字经济创新提质"一号发展工程"的实施意见》,发布涉数字经济知识产权司法保护十大典型案例。完成"商业数据权益知识产权保护研究",获评 2023 年度人民法院知识产权审判重大研究优秀课题;完成全省重点调研课题"知识产权视角下的算法治理",促进算法运用向善发展。杭州互联网法院参加第二届全球数字贸易博览会数据要素治理与市场化论坛,发布数据权益司法保护十大典型案例。

2. 做实服务大局,为亚运会保驾护航

与杭州亚组委建立常态化沟通协作机制,多次开展专题调研,助力杭州成功举办高水平、国际化的体育盛会。萧山区法院审理的涉杭州亚组委特殊标识侵权案入选 2022 年第 19 届亚运会组委会知识产权保护十大典型案例、最高人民法院涉体育纠纷民事典型案例,并成功调解一起涉亚运会柔道馆著作权侵权案。"涉亚运纠纷化解"项目入选浙江省委政法委数字法治"一本账 S3"、政法智能化建设智慧法院创新案例。亚运村共享法庭工作经验被《法治日报》《中国审判》等多家媒体报道推介。

3. 做实能动司法,促进社会治理

浙江法院积极挖掘知识产权审理个案、类案中存在的问题,深挖司法建议的积极效能,全年共向相关单位发送司法建议 50 余件,并做好司法建议成果转化和宣传阐释工作。积极探索平台治理新机制,以司法建议、白皮书等形式预警平台侵权风险,针对网络平台共发送知识产权类司法建议 7 件,其中浙江高院关于淘宝平台治理的司法建议获评全省法院优秀司法建议。

三、优化知识产权司法保护机制,做审判体系现代化的示范者

1. 健全知识产权专门化审判体系

高质量推进知识产权法庭建设。杭州、宁波、温州知识产权法庭全年新收知识产权民事一审案件共5278件,审结5397件。与浙江省市场监管局等部门共建全省知识产权技术调查官名录库及数字化应用,现已录入技术调查官68名。

2. 完善"三合一"审判机制

召开全省第四次知识产权刑事司法保护联席会,总结近年来知识产权刑事司法保护工作并研讨疑难问题。在全国率先试行知识产权刑事附带民事诉讼工作,2023年全省法院共审结刑事附带民事诉讼案件30件。

3. 强化源头预防、化解纠纷

强化配置专业调解力量,做大做强"中国(杭州)知识产权·国际商事调解云平台""义乌商贸纠纷诉调对接云平台"等专业化在线多元解纷平台。2023年杭州云平台调解完结6775件知识产权案件,调解成功率38.38%,涉案金额14.8亿元;义乌平台调解成功率在45%以上。开展知识产权批量维权案件诉源治理专项行动,起草知识产权批量维权案件诉源治理工作指引;建立全省批量维权案件信息共享机制。

4. 持续推进智能化建设

湖州中院试点研发的"协同保护"子应用于2023年4月实现全省推广,先后获评全国智慧法院创新案例、知识产权强国建设典型案例。各协作单位通过该应用共发起信息协查1295次。柯桥法院试点研发的"版权AI智审"子应用逐渐从全省走向全国。嘉兴中院试点研发的"云上物证室"子应用实现物证的数字化存储与规范化管理。

四、完善知识产权全链条保护,做协同保护的示范者

1. 做实统筹协调,健全知识产权协同机制

与浙江省市场监管局共同发布《关于强化知识产权协同保护的实施意见》,就建立失信联合惩戒机制、完善纠纷多元化解机制、加强跨市域专利案件司法行政协作、推进"法护知产"数字化改革等安排达成共识;联合制定《关于建立知识产权领域失信联合惩戒机制的纪要》;与浙江省科技厅联合下发《关于共同支持高校院所科技成果转化的若干措施》,明确科研人员合法权益保障和科创成果司法保护问题;与浙江省版权协会进行座谈,借助作品登记库数据建设"版权AI智审"数字化应用。

2. 做实基层治理,推进"知识产权+共享法庭"建设

全省已建成知识产权特设共享法庭65家,形成了广泛覆盖的运行体系。共指导调解25 837次,成功化解纠纷12 909件,开展线上立案、在线诉讼、协助执行4000余次,组织普法宣传314场,惠及近百万人,组织调解培训184场,提供法律咨询2000余人次,参与基层治理近百次。

3. 做实宣传交流,高水平服务对外开放

利用"全国知识产权宣传周"宣传平台,及时总结和展示全省法院知识产权司法保护的成果经验。积极参与最高人民法院及有关行政机关、研究单位举办的各类知识产权理论和实务研讨会、论坛等,发出知识产权司法保护的"浙江声音"。连续三年开展"我是院长,现在开庭"活动,并将2023年主题聚焦于知识产权刑事案件。加强国际交流合作,浙江高院、杭州互联网法院、宁波中院、温州中院接待美国专利商标局驻上海知识产权官、美国驻上海总领事馆领事,就知识产权司法保护议题进行专项会谈。与国际商标协会举办"网络直播知识产权保护"研讨会。杭州中院接待AIPPI(国际保护知识产权协会)奥山尚一会长一行交流参观访问,介绍杭州知识产权司法保护情况。

供稿:浙江省高级人民法院
知识产权审判庭

检察工作

一、深化知识产权综合履职,"四大检察"协同发力

2023年,浙江检察机关持续强化办案质效,加大知识产权检察综合保护力度,共受理审查逮捕侵犯知识产权犯罪282件470人,受理审查起诉1204件3417人;办理知识产权民事行政检察案件137件,办理知识产权公益诉讼案件143件。

刑民协同,助力权利人及时获得民事救济。检察机关在办理知识产权刑事案件中,全面落实诉讼权利人权利义务告知制度,保障权利人实质性参与诉讼。在依法打击犯罪的同时,充分开展释法说理工作,促成诉前调解。对于无法调解的,则通过推动刑事附带民事诉讼,帮助权利人在刑事程序中一并获得民事赔偿,极大降低维权成本。如新昌县检察院在办理一批假冒"中财"管道配件案中,全链条打击犯罪并帮助被侵权企业挽回损失380万余元。该案入选全国检察机关依法惩治制售假冒伪劣商品犯罪典型案例。

刑行协同,形成知识产权闭环保护。经浙江省检察院建议,2023年开始实施的《浙江省知识产权保护和促进条例》中规定了行政机关在将犯罪线索移送公安机关时同步抄送检察机关的制度,助力检察机关更有效发挥法律监督作用。同时,浙江省检察院加强指导,强化反向衔接,要求自不起诉决定作出之日起三日内提出是否需要对被不起诉人给予行政处罚的意见,做到无一遗漏。其中,天台县检察院反向移送行政机关进行行政处罚的一起销售假冒注册商标的商品案获评2023浙江省"双打护企"百日执法行动典型案例。

深挖线索,积极开展公益诉讼。浙江省检察院高度重视从履职中发现公益诉讼线索,保护社会公共利益,要求各级检察机关在办理知识产权案件中审查有无食品药品等领域危害社会公共利益的行为,依法提起公益诉讼。瑞安市检察院在办理一起销售假冒注册商标的婴幼儿商品案中,查明涉案奶瓶含有国家禁止添加的成分,提起刑事附带民事公益诉讼,要求行为人承担惩罚性赔偿责任,加大惩戒力度,切实维护消费者合法权益和保护未成年人身体健康。

二、开展专项行动,强化重难点领域检察履职

护航亚运知识产权。浙江省检察院严抓案件质效,对涉亚运知识产权案件实行报备管理制度,逐案进行指导。强化外部协调,与杭州亚组委建立涉亚运知识产权案件办理协作机制。推动社会治理,针对在刑事案件中发现的问题,指导承办检察院向电商平台经营者、行业协会制发检察建议,推动开展专项整改,相关工作成效获《检察日报》《法治日报》等广泛报道。

加强商业秘密保护。2023年,全省检察机关以侵犯商业秘密罪起诉21人,同比上升110%。浙江省检察院建立商业秘密案件报备制度,对重大疑难案件第一时间派员指导,主动推动有关部门形成共识。与浙江省市场监管局等十部门联合建立技术调查官库,进行跨系统跨地区调用,有效破解专业技术壁垒。积极参与社会治理,对于在办案中发现的行业性问题,通过制发检察建议等形式,督促有关部门加强风险监管,引导企业建立防范机制,推动协同保护。宁波市鄞州区检察院在办理一起侵犯商业秘密案件中,针对外贸类民营企业商业秘密被侵犯后维权难的现实困境,推动建立各部门协调联动的一体化保护格局,该案入选全国检察机关知识产权保护典型案例。

深化恶意诉讼监督。积极贯彻落实最高人民检察院的专项部署,严厉打击知识产权领域假借"维权"之名非法牟利,破坏公平竞争市场环境的违法行为。以诈骗

罪、伪造公章罪等罪名推动刑事立案20人，提出民事再审检察建议、抗诉47件，推动法院改判41件，成效显著。嘉兴检察机关发掘出一批在"中国布艺名镇"许村镇通过抢注花型著作权后虚假诉讼敛财的涉嫌犯罪事实，将线索移送公安机关立案侦查，追究幕后操控者的刑事责任，协同法院审理相关民事案件，有效维护了市场经营秩序。

三、坚持多措并举，扩大知识产权检察影响力

注重建章立制，加大协同保护力度。浙江省检察院与浙江省版权局签订合作备忘录，建立净化版权长效合作机制，对骗取版权登记等行为协同开展治理。经浙江省检察院发函建议，浙江省版权主管部门已依法撤销55件作品登记。与上海、江苏、安徽检察机关会签《沪苏浙皖检察机关数字经济知识产权保护框架协议》，构建长三角地区数字经济时代知识产权"严保护、大保护、快保护、同保护"工作格局。

加强研讨交流，积极破解工作难题。省检察院与省高级人民法院、省公安厅联合召开刑事司法保护联席会议，并特邀省市场监管局参加，推动解决案件办理相关实体和程序问题。各地检察机关也开展了系列专项研讨活动，乐清市检察院举办"二手翻新"电器知识产权保护司法实务沙龙，义乌市检察院召开商业秘密保护领域刑民交叉问题研讨会，为解决执法司法难题提供思路方案。

加强对外宣传，营造知识产权保护氛围。积极开展"全国知识产权宣传周"系列活动，省检察院和部分市、县检察院联动召开新闻发布会，通报了全省检察机关深化知识产权综合履职、加强商业秘密司法保护工作情况，发布知识产权检察白皮书和加强商业秘密司法保护典型案例。举行"以高质效检察履职保障民营经济高质量发展"主题新闻发布会，将知识产权保护作为重要内容，并发布相关典型案例。

供稿：浙江省人民检察院
知识产权检察办公室

安徽省

知识产权工作

一、创新型知识产权强省建设

安徽省将建设安徽省知识产权保护中心、争创国家知识产权保护示范区等纳入省委常委会2023年工作要点、省政府2023年重点工作和省政府季度重点工作，按期调度推进。省委、省政府常务会议专题研究聚力打造"科大硅谷"知识产权保护样板区的若干措施。两次召开省知识产权强省建设联席会议，部署推进知识产权重点工作任务，印发《安徽省知识产权强省建设纲要和"十四五"规划实施2023年度推进计划》，高质量完成《安徽省"十四五"知识产权发展规划》中期评估工作。印发《安徽省深入实施〈关于强化知识产权保护的意见〉〈关于强化知识产权保护若干举措〉推进计划》，提出108条落实举措。《安徽省知识产权保护和促进条例》《安徽省专利条例（修改）》列入省人大立法项目。将知识产权工作纳入省政府绩效考核指标体系和全省营商环境评价体系，压紧压实各级党委政府知识产权工作属地责任。

二、知识产权创造

2023年，共授权专利14.26万件，其中发明专利3.05万件，同比增长16.6%；实用新型专利9.91万件，外观设计专利1.30万件。全省PCT国际专利申请1901件。截至2023年底，全省共拥有高价值发明专利5.36万件，同比增长33.2%，占有效发明专利的比重为31.0%，较上年度增加3.2个百分点；每万人口高价值发明专利拥有量8.75件，同比增长33.0%。2023年，全省申请商标25.08万件，注册商标15.18万件。新增地理标志商标9件、地理标志保护产品1件，总数分别达到225件、86件。

三、知识产权运用

获批建设国家知识产权示范城市3个、试点城市3个，示范县（区）9个、试点县（区）13个，示范园区1个、试点园区4个，成为引领带动全省知识产权高质量发展的旗帜标杆。实施专利转化专项计划，建设产业知识产权运营中心17个，支持19所高校、科研机构提升知识产权运营能力。全年出让专利20 849次，其中出让沪苏浙2933次。全省专利、商标权质押融资334.09亿元，同比增长78.43%。

30项专利获第二十四届中国专利奖，其中金奖1项、银奖3项、优秀奖26项，数量居全国第七位。安徽省市场监管局（安徽省知识产权局）获优秀组织奖，获奖情况获省委书记批示。第十届安徽省专利奖评选专利金奖23项。

商标品牌指导站实现县乡全覆盖，服务252家企业获评商标品牌示范企业。深入实施地理标志运用促进工程，地理标志专用标志使用企业、农户1951家，实现经济效益近700亿元。

四、知识产权保护

不断完善协同保护机制，印发《关于强化知识产权协同保护的实施意见》《关于深化商标、地理标志、老字号知识产权协同保护的意见》《关于进一步加强涉外知识产权风险防控工作的实施意见》《关于加强医药集中采购领域知识产权保护的通知》《安徽省加强新时代专利侵权纠纷行政裁决工作实施方案》等政策文件，共同推动知识产权保护制度体系不断健全。

安徽省知识产权保护中心建成运行，合肥市知识产权保护中心开展知识产权纠纷快速处理试点。建成知识产权纠纷人民调解组织143个、维权援助机构246个、保护工作站45个、海外知识产权纠纷应对指导机构17个。推动16个市仲裁委、82家公证机构办理涉及知识产权保护公证6357件。112家调解组织710名调解员入驻人民法院调解平台，调解诉前案件4874件，349件调解协议获司法确认。聘任首批安徽省知识产权保护技术调查官50名，技术调查官参与调解179次。推动安徽知识产权保护社会满意度连续7年稳步提升。

组织开展专利、商标、地理标志、官方标志、特殊标志、奥林匹克标志等知识产权执法专项行动，查处知识产权案件3600件，总案值4189.34万元。处理知识产权纠纷5250件，办理专利侵权行政裁决案件354件，办理电商平台案件2154件。

五、知识产权管理

发布全国首个《知识产权专员工作指南》地方标准，编印《知识产权专员服务企业优秀案例》，全省知识产权专员达1.3万余人。制定《安徽省高级知识产权师资格评审标准条件》，开展知识产权高级专业技术职称评审，5人获评高级知识产权师。中国科学技术大学在全国率先推动知识产权硕士专业学位建设。安徽全年通过知识产权贯标认证企业1071家。完成全国专利代理师资格考试合肥考点考务工作，全省新增专利代理师570人，知识产权强省建设队伍更加壮大。深入实施"蓝天"专项整治行动，严厉打击非正常专利申请和商标恶意注册，查处不以使用为目的的商标恶意注册7件，核查非正常专利申请30 652件，专利申请质量不断提升，非正常专利申请呈明显下降趋势。

六、知识产权服务

印发《安徽省知识产权公共服务普惠工程实施方案（2023—2025年）》，建成知识产权信息公共服务省级节点2家、地市级节点15家。安徽大学、安徽省科学技术情报研究所、合肥市知识产权保护中心获批技术与创新支持中心（TISC），亳州学院被认定为国家级知识产权信息公共服务网点，新认定省级知识产权信息公共服务网点35家。亳州、池州获批设立商标业务受理窗口，实现全省16个省辖市全覆盖。设立全国首家省级层面"拟上市企业知识产权服务工作站"。

国家知识产权局专利局合肥代办处新增集成电路布图设计受理业务，开通专利登记簿副本制作、专利权质押登记全流程服务。全年办件量66.2万余件，全省专利电子申请率99.88%，位居全国第二位。合肥市知识产权保护中心接受专利快速审查申请案件4308件，获得授权3158件，平均授权周期43个工作日，较普通程序缩减85%以上。

印发《加快推动安徽知识产权服务业高质量发展工作举措的通知》，制定《安徽省专利代理执业自律规范（试行）》，推动知识产权服务业赋能产业升级。全省新增专利代理机构54家，重新备案商标代理机构1023家。评选出10家"2023年度安徽省优秀专利代理机构"、13家"2023年度安徽省优秀商标代理机构"及25名"2023年度安徽省优秀商标代理人"。

七、知识产权宣传

获评中国知识产权报社2023年度全国最佳通联站，全年《中国知识产权报》刊发涉安徽报道241篇。"全国知识产权宣传周"期间，发布《2022年安徽省知识产权发展与保护状况白皮书》、安徽省2022年度知识产权行政保护十大典型案例，举办2023年"加强春茶地理标志保护·护航茶产业高质量发展"宣传周启动仪式。组织举办安徽知识产权工作首次新闻发布会，春节后第一个工作日在《安徽日报》发布"2022年安徽省专利百强榜"。2023年，全省举办党委、政府领导干部知识产权保护专题培训班24次，参与学员1900余人次，知识产权宣传氛围愈加浓厚。

八、知识产权合作

安徽省政府主办以"知识产权赋能制造业高质量发展"为主题的2023世界制造业大会知识产权保护和运用论坛，发布《安徽高端装备制造业专利现状分析报告》，共同探讨知识产权营造优良营商环境、支持制造业全面创新发展的方法和路径。牵头组织美国知识产权官员到安徽访问交流，向东盟、非盟国家介绍本省地理标志保护工作，加强国际交流合作。主办长三角知识产权快速协同保护研讨会。与沪苏浙共同签署《长三角地区专利代理行业高质量发展一体化合作备忘录》。沪苏浙皖4家知识产权保护中心、知识产权事业发展中心共同签署《海外知识产权纠纷应对指导合作框架协议》。与十二省市共同签署《京津冀沪苏鲁粤渝川鄂浙皖关于成立十二省市知识产权行政保护联盟优化全国创新创业统一大市场合作备忘录》。组织参加中部六省首届高价值发明专利大赛，获一等奖8项，居中部六省首位；参加中部四省（鄂晋皖赣）地理标志品牌培育创新大赛，获5个金奖、6个银奖、12个优秀奖。

供稿：安徽省知识产权局

版权工作

一、版权治理体系不断完善

健全制度机制。出台加快推动安徽知识产权服务业高质量发展等政策措施，完善版权纠纷调解、版权执法监管等协作机制，促进版权行政保护与司法保护相衔接。

强化技防体系建设。引入区块链等技术，建设安徽版权在线数字服务平台，优化提升版权存证确权、授权交易、监测维权服务水平，累计服务用户 3.48 万户，实现区块链存证 42.47 万件。安徽省文化产权交易所获评国家"区块链+版权"创新应用良好试点单位。

探索版权治理新路径。指导黄山市推进全国民间文艺版权保护与促进试点，探索民间文艺领域版权工作业态、模式、机制，推动徽州雕刻等特色文化资源保护传承和转化运用。

二、版权社会服务日益优化

便利作品登记。采取升级服务系统、规范登记流程、开展宣讲培训、设立版权服务站等方式，推动作品登记便民惠民、提质增效。2023 年，登记作品 34.01 万件，同比增长 28.2%，发布精选登记作品及版权重点保护名单 4 期 31 件。

注重示范引领。培育认定省级版权示范单位 34 家，组织版权骨干企业参加第九届中国国际版权博览会、第七届中国网络版权保护与发展大会等活动。评选公布安徽省首届十大著作权人。科大讯飞获评 2022 年度十大软件著作权人。

强化社会共治。指导安徽省版权保护协会换届选举，发布版权保护倡议书、召开版权保护和运用研讨会，汇聚社会各界力量构建版权保护群防共治格局。安徽日报报业集团"安徽媒资版权云"平台上线运营。安徽广播电视台版权运营管理经验做法获国家版权局官网宣传推介。

三、版权保护力度持续加大

加强重点领域专项整治。2023 年组织开展院线电影版权保护专项工作、"青少年版权保护季"行动、"剑网 2023"专项行动等。全省版权部门出动执法人员 11.16 万人次，检查单位 4.73 万家次，发布重点作品版权保护预警名单 14 批 114 件，查办侵权盗版案件 355 件。

提升案件查办质量。评选公布安徽省打击侵权盗版典型案件，组织版权执法人员参加业务培训、座谈交流、集中办案周等活动。15 起案件获国家版权局等联合挂牌督办，1 起案件入选全国"剑网 2022"专项行动十大案件，1 起案件入选全国"青少年版权保护季"专项行动第一批典型案例。

扎实推进软件正版化。召开省软件正版化工作联席会议全体会议，印发《2023 年安徽省软件正版化工作实施方案》，组织开展软件使用情况专项核查，持续巩固党政机关、省属企业、中小金融机构软件正版化成果，加快推进市县国有企业、县级以上公立医院、教育系统及民营企业软件正版化。

四、版权保护氛围更加浓厚

强化专业培训。连续 2 年举办全省版权创新发展培训班，连续 3 年联合安徽省公安厅举办全省版权执法监管培训班，会同省教育厅举办全省教育系统软件正版化培训班，指导各市版权部门举办版权业务培训活动 50 期，党政机关、企事业单位等相关负责同志近 4000 人次参加。

加强普法宣传。组织开展"全国知识产权宣传周"版权宣传活动，制作发布徽风皖韵系列版权宣传海报、音视频，联合省有关单位发布知识产权保护工作情况及典型案例，推出《严格版权保护，点亮创新之光》主题宣传片，在《安徽画报》刊发"安徽版权"专版 8 期，在安徽版权网发稿 450 篇，总浏览量近千万次。《中国新闻出版广电报》、国家版权局官网等宣传报道安徽版权工作成效做法共 30 余次。

供稿：安徽省版权局

司法工作

一、立足执法办案，致力矛盾纠纷实质性化解

2023 年，安徽法院共新收知识产权

案件16 380件,其中,知识产权民事案件15 717件,知识产权刑事案件643件,知识产权行政案件20件。审结知识产权案件14 889件,其中,知识产权民事案件14 306件,知识产权刑事案件571件,知识产权行政案件12件。

全省法院知识产权民事案件一审息诉服判率95.16%,较上年同期上升8.2个百分点;知识产权刑事案件一审息诉服判率87.12%,较上年提升7.69个百分点。知识产权行政案件一审息诉服判率80%,较上年下降20个百分点。

1. 定分止争能动司法

牢固树立案结事了、政通人和的司法理念,做实做细释法说理工作,努力推进纠纷实质性化解。提级审理"中国种业知识产权第一案"安徽荃银高科种业股份有限公司与袁隆平农业高科技股份有限公司合同、侵权纠纷两起一审案件,组织双方十余轮磋商促成和解,双方一次性解决15个杂交水稻新品种纠纷,并就案外2个植物新品种达成战略合作共识。

2. 深耕善作保护创新

牢固树立"保护知识产权就是保护创新"工作理念,充分发挥审判职能作用,树立创新导向、权利导向、效率导向、诚信导向。审理安徽合淝大排档餐饮管理有限公司等与南京大惠企业发展有限公司侵害商标权及不正当竞争纠纷案件,依法维护知名品牌"大牌档"商标权利,引导诚信经营、公平竞争。审理德农种业股份公司与安徽华展种业有限公司等侵害植物新品种权纠纷案,该案入选2022年度中国法院50件典型知识产权案例。

3. 服务发展彰显担当

立足审判职能助力营商环境优化,办好个案纾困解难,专题研究回应需求,指标牵引树立导向。安徽高院针对审判实践中"荣事达"商标长期争议问题,形成《关于加强"荣事达"品牌知识产权保护的专项报告》,规范市场秩序,保护消费者权益。履行创建一流营商环境工作领导小组办公室成员职责,按季度完成各市为企优环境分析评议,修订优化各市营商环境考核知识产权创造保护和运用领域考核指标。接待美国驻上海总领事馆领事、美国专利商标局知识产权官王珠丽(Juli Schwartz)女士一行来访,双方就中美知识产权司法保护工作进行交流探讨。

二、条线整体发力,深化知识产权专业化审判

1. 深化"三合一"审判改革成效

完善与知识产权审判"三合一"机制相适应的案件管辖制度和协调机制。与安徽省检察院、省公安厅联合会签《知识产权刑事案件证据指引》,促进证据标准统一。会同安徽省市场监管局建立全省共享知识产权技术调查人才库,联合下发《关于共同聘任首批安徽省知识产权保护技术调查官的通知》,共同聘任首批安徽省知识产权保护技术调查官50名,发挥专业技术支撑作用。

2. 规范自由裁量尺度

加强审判实践热点难点问题研究,安徽高院集结近年来全省法院知识产权优秀调研成果和典型案例,出版《知识产权实务热点与判解研究》。常态化发布知识产权司法保护典型案例、知识产权案件年度报告,通过裁判明确划定知识产权权利边界,为市场主体的创新行为和竞争行为提供明确清晰的规则指引。完成与华东政法大学知识产权学院商业秘密保护专题调研,形成调研报告并实现成果转化。开展知识产权侵权案件惩罚性赔偿适用、知识产权权利人批量维权专题调研,发布会议纪要,明确裁判思路、规范自由裁量。

3. 做好知识产权案件管辖下沉后条线业务指导工作

举办全省法院知识产权审判业务培训班,进一步夯实能力基础。开展全省法院

知识产权优秀文书、庭审、调研报告"三优"评选活动，邀请专家、教授组成评审团队，评选出精品裁判文书、精品庭审及优秀调研报告各10篇，予以通报表扬，发挥精品业务成果示范引领作用。芜湖中院制定《强化知识产权保护若干措施》，全面推进知识产权民事案件裁判文书繁简分流机制建设。

三、发力多元共治，强化知识产权全链条保护

以审判工作为依托，开展交流协作、拓展服务途径，畅通知识产权"大保护"工作链、服务链，努力营造激励创新的浓厚氛围。

1. 深化行业联动，推进社会治理

与安徽省市场监管局联合出台《关于强化知识产权协同保护的实施意见》，优化协作机制，强化协作力度。与安徽省市场监管局等14家单位共同发布《关于聚力打造"科大硅谷"知识产权保护样板区的若干措施》，助力"科大硅谷"建设，打造知识产权保护样板。建言献策安徽省司法厅《公平竞争审查条例（草案送审稿）》等，为法治环境优化贡献司法智慧。

2. 加强省际联动，融入区域治理

举办第八届皖江知识产权司法保护研讨会暨南京都市圈知识产权司法保护联盟芜湖论坛，以"知识产权证据制度研究"为主题，邀请高校学者、长三角地区法院代表、南京都市圈知识产权司法保护联盟法院代表、律师代表、企业代表等共话知识产权保护，研讨会综述被最高人民法院《知识产权审判动态》刊用。参加长三角G60科创走廊九城市法院深化司法协作服务保障科创生态建设会议，支持合肥、芜湖、宣城法院与沪苏浙九城市法院共同签署长三角G60科创走廊《深化司法协作　服务保障科创生态建设框架协议》，协同推进区域科技和产业创新。举办商业秘密企业管理及司法保护难点研讨会，回应商业秘密保护司法需求。

3. 发力源头预防，浓厚法治氛围

在"全国知识产权宣传周"期间，与公安机关、检察机关、市场监管局、版权局、海关等五部门联合发布安徽知识产权保护情况及典型案例；整合全省法院知识产权宣传资源，共同营造"知产宣传'零距离'，保护创新'准发力'"线上线下宣传声势。走访合肥金星智控科技股份有限公司等企业，支持企业加强知识产权保护能力建设。多次赴台企一线走访调研，为台企排忧解难。

四、融铸党建品牌，锻造团结奋进高质量队伍

1. 主题教育引领，夯实理论武装

灵活运用"线上+线下""书本+实地"模式开展学习研讨、调研考察，引导支部党员在组织生活中汲取理论素养，加快树牢新时代能动司法理念，自觉运用习近平新时代中国特色社会主义思想蕴含的立场观点方法指导实践、解决问题、推动工作，积极开展"党建引领+知识产权保护"工作。例如，铜陵中院依托党建品牌"铜知聚力"，与当地市场监管局通过新闻发布会、公开庭审、集中宣判、企业走访、模拟法庭等形式开展联动共建，积极发挥司法保护、行政保护叠加效应。

2. 提升能力水平，筑基司法品牌

压紧压实审判人员司法责任，立行立改查摆出的"审判理念尚未跟进转变"问题，引导干警从"结案了事"到"案结事了"转变。突出"案件比""案访比"等效果指标管案管人，推动全面准确落实司法责任制。开展法官讲坛"每月一讲"，及时更新知识储备、提升审判能力。派员参加最高人民法院知识产权审判"三合一"座谈会、江苏省法学会知识产权法学研究会年会、浙江高院"三知论坛"等，开展业界交流，拓展审判视野。

供稿：安徽省高级人民法院
知识产权审判庭

检察工作

一、提高思想认识，推动知识产权融合履职

持续加强机构专业化建设。安徽检察机关进一步整合检察职能，已成立43个知识产权检察办公室或办案组，统一履行办案及跨区域协作等职能，极大提升了知识产权检察工作专业化水平。合肥市检察院推动在合肥市知识产权保护中心设立人民检察院知识产权工作室；芜湖市检察院和芜湖市知识产权局探索建立了中国（安徽）自由贸易试验区芜湖片区知识产权保护中心；马鞍山市花山区检察院成立知识产权办案中心，与市场监管局互聘知识产权专家，构建大保护格局。

深入推进综合履职，加强知识产权综合保护。拓展民事行政检察案件案源，畅通当事人依法申请民事、行政检察监督渠道，加强涉知识产权民行监督案件办理。办理知识产权行政监督案件7件、民事监督案件25件。稳步探索知识产权公益诉讼，办理知识产权公益诉讼案件56件，提起民事公益诉讼4件，为各类市场主体创新发展营造良好法治环境。"怀远石榴"国家地理标志品牌价值为11.55亿元，其核心产区位于禹会区和怀远县。为破解跨区域治理难题，在蚌埠市检察院的指导下，禹会区检察院、怀远县检察院依托公益诉讼一体化办案机制，开展地理标志保护专项行动。

二、发挥检察职能，打击犯罪与保障权益并重

坚持办案重心前移。对知识产权案件加大提前介入引导侦查力度，确保全链条打击上下游犯罪，全省检察机关知识产权犯罪案件提前介入案件数同比上升78.57%。如在办理假冒注册商标案中，公安机关从销售环节发现犯罪线索后，检察机关主动提前介入，经充分研判，就上下游打击范围、证据收集等多个方面提出侦查建议，有效防止其他环节嫌疑人隐匿、销毁证据，为案件办理打下坚实基础。

加大侵犯知识产权犯罪打击力度。对六部门联合挂牌督办案件安排专人负责，积极参与案件会商，确保案件办理的"三个效果"。全省检察机关起诉知识产权犯罪583件1530人，同比上升188.1%。其中，起诉侵犯商标权犯罪1347人，同比上升183%；起诉侵犯著作权犯罪124人，同比上升396%；起诉侵犯商业秘密犯罪7人，同比上升600%。

发挥诉讼监督作用。检察机关不仅对制作环节的犯罪团伙予以严厉打击，也对提供原材料的犯罪团伙以及销售商依法追诉，共监督纠正漏捕13人，纠正漏诉149人。通过综合运用立案监督和侦查活动监督等手段，及时监督纠正侵犯知识产权犯罪中有案不立、有罪不究等现象，共监督公安机关撤案52件，监督立案43件，纠正公安机关侦查活动违法119件次。

三、加强协作保护，提升检察保护创新质效

深化执法司法协作。充分运用好"两法衔接"平台，主动通过调查走访、查阅案件卷宗等形式摸排侵犯知识产权犯罪案件线索，督促行政执法机关及时移送公安机关办理。全省检察机关共建议行政机关移送涉知识产权犯罪案件169件，行政机关已移送165件，公安机关已立案154件，同比上升266.7%。

加强部门联动。认真落实"府检联动"工作机制，整合知识产权行政和司法资源，安徽省检察院与十四部门共同出台《关于聚力打造"科大硅谷"知识产权保护样板区的若干措施》，建设知识产权保护样板区，推动高水平科技自立自强；联合安徽省高级人民法院、省公安厅出台《知识产权刑事案件证据指引》，统一全省办理知识产权刑

事案件证据标准,进一步提高知识产权刑事案件办理质量。

落实沪苏浙皖检察办案协作机制。紧紧围绕推动国家"长三角"区域发展战略实施,探索推进跨行政区划知识产权检察机制建设,建立长三角G60科创走廊知识产权检察保护中心,积极参与长三角区域一体化检察协作,应邀参加上海虹桥检察论坛并作交流发言,沪苏浙皖检察机关签订《数字经济知识产权保护框架协议》,护航长三角区域一体化高质量发展。

四、参与综合治理,主动服务社会经济发展大局

深入开展社会治理。注重从"治罪"向"治理"延伸,助力从源头减少侵犯知识产权犯罪行为的发生。各地检察机关针对办案中发现的行业领域存在的问题,主动向有关单位发出检察建议22份,促进有关单位增强知识产权保护意识,完善知识产权保护制度,预防和减少侵犯知识产权行为,督促经营者合法经营。

开展知识产权恶意诉讼专项监督。深入梳理涉及知识产权的虚假诉讼、敲诈勒索等刑事案件,排查专项监督范围案件线索,依法惩治知识产权恶意诉讼,切实保护广大人民群众和中小微企业合法权益。安徽省检察院成立专案组,对最高人民检察院交办的恶意诉讼案件线索进行专案专办,对全部7件调解、判决案件向合肥市高新区法院制发再审检察建议,并被全部采纳。

常态化开展检企共商。坚持"走出去"和"请进来"相结合,安徽省检察院开展企业家与检察官面对面座谈,邀请19名企业家走进检察机关,面对面交流知识产权保护。带领三级检察机关干警走进科大国创等公司进行调研,掌握企业知识产权状况,了解企业知识产权保护需求,共商知识产权保护举措。

加强知识产权宣传。开展"全国知识产权宣传周"系列活动,参加安徽省知识产权保护工作新闻发布会,并发布知识产权检察保护十大典型案例,多角度介绍检察保护工作职能与实效。通过以案释法和制作微电影、微动漫、微视频等多种方式进行宣传,推动形成服务保障创新发展的司法环境和社会氛围。

供稿:安徽省人民检察院
知识产权检察办公室

福 建 省

知识产权工作

一、高站位推动

2023年12月5日,福建省组织召开全省知识产权保护和发展大会,省长、国家知识产权局副局长出席并讲话。深入贯彻落实《知识产权强国建设纲要(2021—2035年)》《"十四五"国家知识产权保护和运用规划》,结合福建省情,组织制定纲要实施意见、"十四五"规划、年度推进计划及行政保护工作方案,扎实推进福建省知识产权重要政策、重点工作落地见效;积极推动将《福建省知识产权保护与促进条例》列入省政府、省人大立法项目。配合省人大常委会开展《专利法》《福建省专利促进与保护条例》"一法一例"执法检查,有力推动专利"一法一例"全面贯彻实施。"福建省德化县加强版权保护,护航陶瓷产业发展""厦门海关多维'画像',精准打击进出口侵权违法行为"2篇案例入选知识产权强国建设第二批典型案例。福建省在2023年度知识产权保护工作检查考核中再次获评优秀等次。

二、高质量创造

提升专利创造质量。2023年,福建省专利授权120 264件,其中发明专利授权17 858件,同比增长10.15%,实用新型专利72 127件,外观设计专利30 279件。截至2023年底,全省有效发明专利拥有量90 927件,同比增长21.13%,其中高价值发明专利3.43万件。2023年全年专利电子申请率99.819%,居全国第五位。全面开展"全国知识产权宣传周"系列活动,在福建省政府新闻办公室、"知创福建"知识产权公共服务平台等举办6场知识产权发布会、启动仪式等活动。

强化企业主体地位。积极推进知识产权强国试点示范建设,入选国家知识产权优势示范企业183家,培育福建省知识产权优势企业195家,入选国家知识产权强市建设试点示范城市2个,国家知识产权强县建设试点示范县7个,福州高新区入选国家知识产权服务业高质量集聚发展试验区。

三、高标准保护

严保护。全省全面推广县(市、区)局"业务股室+执法大队+市场监管所"的专利综合执法办案模式,提升基层专利案件查办效率。2023年专利侵权纠纷案件立案与办结数量均实现两位数增长,2023年全省专利侵权纠纷案件立案2875件,同比增长11.09%;办结2872件,同比增长11.53%。

大保护。与多方签订合作协议,包括与福建高院建立知识产权纠纷诉调对接机制,与省司法厅在全省设立知识产权调解委员会,与省公安厅构建行政保护与刑事司法衔接机制。积极推动福州市国家知识产权保护示范区建设。

快保护。持续推动三级知识产权快速协同保护体系建设,厦门市获批筹建国家级知识产权保护中心,德化县申报建设国家级快维中心。5个中心专利预审服务受理量9330件,专利预审合格量7963件,专利授权量6089件。

同保护。扎实推进数据知识产权工作地方试点,聚焦中小企业数字化转型,全省已受理各类数据知识产权登记申请1261件,审查通过并核准登记1023件,2023年通过验收并获得优秀等次。武夷山国家地理标志产品保护示范区成为国家知识产权局组织验收的第一家综合类示范区。

四、高效益运用

把握转化重点。联合福建省工业和信息化厅推广ISO 56005国际标准,首批参与试点企业160家,全省完成专利密集型产品备案5712项。

做大转化载体。稳步推进专利开放许可试点,举办专利开放许可供需对接会并进行项目路演和推介,共有88家高校院所参与,征集开放许可专利794件、实现交易369件(次),全省专利转让许可12 185次,同比增长8.5%。支持厦门大学等5家高校院所建设知识产权运营中心。依托省农科院举办农业科技成果(专利)竞价会,成交总金额1320万元。联合中国银行福建省分行开展"知惠行"专项活动,推出5亿元专项授信额度,全省知识产权质押登记金额100.7亿元,同比增长12%。

聚焦重点产业强化专利导航。组织完成风能、中成药制剂、光伏、Mini/MicroLED等4个产业专利导航分析,召开专利转化专项计划实施成果暨风电产业专利导航成果发布会。获第二十四届中国专利奖15项,宁德时代吴凯及其团队获欧洲发明人奖;省政府颁布2023年福建省专利奖44项。

五、高水平服务

提升知识产权公共服务水平。2023年共备案国家知识产权信息公共服务网点

1家,遴选福建省知识产权公共服务网点7家。提升商标地标服务发展水平。全省累计有效商标注册量246万余件、地理标志商标654件。持续推进地理标志专用标志使用核准改革试点,累计获批使用地理标志专用标志数3037件,居试点省份第一位。持续推进商标品牌建设。43件企业商标品牌、14件区域商标品牌、25家商标品牌指导站入选国家知识产权局公布的首批参加"千企百城"商标品牌价值提升行动名单。6个商标品牌建设案例被国家知识产权局评为全国商标品牌建设优秀案例。商标受理窗口累计受理注册申请3552件,其他变更、续展等后续申请7135件,总计办件10 687件,全省已建成135个各具特色的商标品牌指导站。延续开展地理标志保护产品专用标志使用核准改革试点,核准23批次1000家企业使用地理标志专用标志,累计获批使用地理标志专用标志数3037件,居试点省份第一位。加大对地理标志产业发展的金融支持力度,2023年,全省银行业机构向地理标志产业投放贷款余额470.54亿元,比年初增长26.30%,支持地理标志产业超过400个。上线运行全省地理标志智慧监管平台,提升地理标志监管效能。

六、高效能合作

强化海外交流合作。加强知识产权海外维权服务与指导,成立福建省海外知识产权纠纷应对指导中心,并获批国家级地方分中心。建立海外知识产权维权专家库,设立印度尼西亚、马来西亚海外服务联系点。指导富兰光学、瑞芯微电子等创新主体积极应对美国"337调查"和美国专利侵权纠纷,助力福建企业"走出去"。厦门市知识产权局成立海外维权专家库,设立海外维权援助资金,开通海外纠纷应对指导申请通道,编制海外维权援助指南,建设厦门海外维权援助"一书一库一办法一专栏"。泉州市知识产权局联合市商务局、市司法局、市贸促会发布《关于加强企业海外知识产权维权援助机制建设的意见》,发布第一批泉州市海外维权协助机构名单,为"出海"企业提供菜单式服务。

强化闽台交流合作。依托海西专利受理服务中心受理台湾申请人业务,积极促进闽台知识产权交流;福州考点作为台湾地区居民参加大陆专利代理师资格考试的主要考点之一,累计服务参考台湾地区居民1697人次;连续5年支持厦门大学举办闽台知识产权圆桌会议,打造海峡两岸知识产权沟通交流知名品牌。

供稿:福建省知识产权局

版权工作

一、强化服务保障,推动产业健康发展

制定《作品登记审查标准(征求意见稿)》,有效提升工作效率,切实保护著作权人的权益;探索建立版权登记工作服务站,指导著作权人提升创作水平。作品自愿登记数量高速增长,2023年全省共登记作品71.06万件,同比增长148.6%。加强非物质文化遗产的转化利用,指导福州、莆田开展民间文艺版权保护试点工作。组织福建省企业参加第九届中国国际版权博览会,交流展示福建省版权事业产业发展成果;开展福建省版权示范园区(基地)、示范企业评选工作,共有21家单位和4个园区获得福建省版权局授予的示范称号,2家企业和1个园区获得国家版权局授予的示范称号,大力培育福建省版权优质企业,不断提升企业版权核心竞争力。

申报"区块链+版权"试点工作接受国家版权局终期评估并获通过,"闽山闽水物华——习近平福建足迹"获评中国版权金奖·作品奖,3家企业(园区)获评全国版权示范园区(基地)、示范单位,"德化县加强版权保护,护航陶瓷产业发展"案例入选知识产权强国建设第二批典型案例。

二、强化版权监管，规范版权市场秩序

1. 动员各方力量，推动版权社会共治

建立版权执法工作协作机制，指导各地文化市场综合执法部门开展版权行政执法，持续加强版权法律法规、行政执法、软件正版化、版权产业发展与保护等多课题多维度版权培训，提升基层版权工作能力。积极协调配合福建省发改委、省商务厅等有关部门，形成以版权服务提升营商环境的产业发展意识，激励各地市广泛宣传推进作品自愿登记服务，激发全社会创新创作活力；指导莆田市文化娱乐协会与中国音像著作权集体管理协会开展合作，有效解决卡拉OK版权纠纷问题，有效助力文化产业发展。

2. 开展专项整治，规范各类主体版权秩序

开展2023年院线电影版权保护专项工作、"青少年版权保护季"行动、"剑网2023"行动、"清朗·杭州亚运会和亚残运会网络环境整治"专项行动。专项行动期间，全省共办理各类版权执法案件64起，其中涉网络案件30起，涉案金额264.81万元。查处涉院线电影著作权案件4起，协调拼多多等商业平台，为福建省出版单位权利人删除各类违规购书链接2600余条，下架违规图书155种。三明市"5·10"侵犯著作权案、宁德市"Leviki的小日记"侵犯著作权案被列为国家版权局等5部门督办案件。福州市"刘某某微信小程序侵权案"入选全国"剑网2022"专项行动十大案件。各项行动的开展，有力保护了各类版权作品权利人的合法权益，维护了版权市场秩序，促进了版权产业健康发展。

3. 发挥联席会议优势，扎实推动软件正版化工作

省推进使用正版软件工作厅际联席会议办公室委托第三方审计机构对省、市、县三级共计232家机关、企事业单位开展软件正版化核查（共308家次），压实各单位软件正版化工作职责，提高工作自觉性、主动性，坚持推进福建省软件正版化工作取得新成效。

三、强化版权宣传，提高社会版权意识

依托"4·26世界知识产权日"、《中华人民共和国著作权法》（简称《著作权法》）实施纪念日等重要节点，组织全省各级版权管理部门、相关行业协会、企事业单位开展版权宣传活动。全省各地版权管理部门发动辖区内党报党刊、电视台、新闻网及各新闻出版管理部门的官方微信公众号等，通过滚动播放宣传视频、海报，开设专题专栏等方式普及与《著作权法》相关的法律法规，多渠道、多形式服务不同群体，各类媒体宣传报道版权相关工作近百篇。组织开展版权宣传进企业、进校园、进园区、进单位、进网络等活动，开展青少年版权保护宣传，共吸引约12万人次中小学生参与活动，在全社会营造尊重创作、保护版权的良好氛围。

供稿：福建省版权局

司法工作

一、以严格司法保护为"纲"，强化服务大局职能，在更高水平上实施"创新驱动发展"战略

1. 强化技术创新保护，助力科技自立自强

加大原始创新、关键核心技术、新兴产业、农业科技成果、重点领域保护力度，强化科研人员、科创成果司法保护，推动福建经济产业创新发展，一审审结专利等技术类案件2663件。全面梳理全省新能源行业纠纷案件审理情况，形成《福建法院涉新能源行业知识产权司法保护情况的报告》，为加强新能源行业司法保护指明方向。

2. 厘清权利保护边界，助推品牌强省建设

推动品牌强省战略深入实施，加强驰名商标、传统品牌、老字号司法保护，助推

打造具有国际竞争力品牌，一审审结商标权纠纷9590件。泉州泉港区法院发出涉非遗知产保护司法建议"三联单"，依法规制滥用涉非遗商标行为。南平中院出台《南平法院服务保障"三茶"融合发展十二条举措》，依法支持、引导涉茶市场主体争创知名商标、注册地理标志商标。

3. 立足传统守正创新，促进文化繁荣发展

加强福建传统文化知识产权保护，妥善审理涉福建红色文化资源、历史建筑、非物质文化遗产等知识产权纠纷，一审审结著作权纠纷6865件。泉州法院围绕"泉州：宋元中国的世界海洋贸易中心"世界遗产项目等，出台《关于为泉州文化遗产保护提供精准司法服务和保障的实施意见》《关于加强泉州世界遗产司法保护的实施意见》，设立"泉州市文旅产业及世遗保护司法示范基地"。

4. 合理平衡私权公益，维护市场公平竞争

准确把握私权保护与公益保护、促进创新与公平竞争关系，一审审结反不正当竞争及反垄断案件310件。在干霸公司诉华赢公司等不正当竞争纠纷案中，对将他人在先使用且具有一定影响的标识恶意抢注商标、剽窃他人作品进行著作权登记并提交海关备案的行为，认定构成不正当竞争予以否定评价，及时规制恶意抢注行为并弥补权利人遭受的经济损失。

5. 加强商业秘密保护，严格守护技术创新

加强对商业秘密，特别是涉及国家安全和利益的"大国重器"核心技术秘密的司法保护力度，严惩窃取、泄露国家科技秘密行为。与福建省市场监管局、省检察院、省公安厅、省司法厅联合出台《福建省商业秘密保护协作机制》，共同遏制商业秘密侵权行为。

6. 严厉打击刑事犯罪，守护生命财产安全

加大对链条式、产业化、职业化及食药品等涉及基本民生的重点行业、重点领域知识产权犯罪惩治力度。加强数字化背景下知识产权犯罪刑事裁判规则研究。泉州中院与泉州市公安局、泉州市检察院联合签署《关于就两高一部〈关于办理侵犯知识产权刑事案件适用法律若干问题的意见〉第一条第一款规定统一认识的通知》，针对互联网知识产权犯罪形成打击合力。

二、以整体质效提升为"常"，深化为民司法理念，在更大范围内满足"高质高效司法"期待

1. 注重源头化解工作，做实诉源治理举措

针对个案、类案发生原因总结治理举措，大力推动"枫桥经验"在知识产权诉源治理工作中的有效吸收、借鉴、发挥。莆田市城厢区法院联合市贸促会、发展改革委、文娱协会等部门促成音集协与全市91家大中型卡拉OK经营者达成和解。

2. 重视源头治理工作，发挥司法建议作用

厦门中院妥善处理一"专精特新"企业百起维权案件，针对上百件案件中被告分散、电商集群注册地址不明等送达难题，主动向市场监管部门发送司法建议，促成加强集群市场主体和托管机构监督管理。

3. 用好用足证据规则，努力化解举证难题

充分发挥行为保全、财产保全、证据保全制度效能，用足证据提交、证明妨碍、司法鉴定等制度。漳州中院建立"政府主管+开放使用"的"公捷在线取证平台"，向全市600余家企业开放账号，通过区块链技术切实解决维权取证难问题。

4. 持续优化审判模式，全力缩短审理周期

依法规制管辖异议滥用，妥善处理知识产权行政确权、行政诉讼与民事诉讼关系。龙岩中院加强大数据、人工智能、区块

链等前沿技术深度运用,"岩法云诉通服务平台"获评全国政法智能化建设智慧法院创新案例。

5. 权利价值市场导向,赔偿金额罚过相当

厦门中院出台《关于侵害知识产权民事案件适用惩罚性赔偿的工作指引》,细化惩罚性赔偿适用条件、举证责任、计算基数、赔偿倍数等裁判标准,并在5起案件中判决被诉侵权人承担惩罚性赔偿责任,判赔额总计712.035万元。

三、以深化改革创新为"要",激发司法保护动能,在更深层次里契合"新时代新征程"要求

1. 深化协同保护机制,提升整体保护合力

优化地域协作,推进闽东北、闽西南协同发展区知识产权司法保护一体化。与省知识产权局合力打造升级"知创中国"线上平台,持续推动全省三级知识产权协同保护中心实质化运转。全省建有司法协同中心9个、司法保护站30个。

2. 深化"三合一"机制,协调统一审理标准

强化知识产权纠纷专门审理、集中管辖、集约审判工作机制,进一步提升"三合一"保护合力。泉州中院与泉州市检察院联合签署《关于建立涉文化遗产刑事案件司法协作机制的意见(试行)》,指定鲤城区法院、鲤城区检察院集中受理涉文化遗产、涉文物资源刑事案件,实现涉世界遗产案件集约化审理。

3. 健全多元解纷机制,多管齐下成效显著

持续推进知识产权纠纷多元化解工作,健全知识产权多元化纠纷解决机制。探索依当事人申请的知识产权纠纷行政调解协议司法确认制度。厦门中院依托协同中心,联合多方开展诉前诉中调解,审结案件159件,调撤105件,调撤率66%。

4. 融入国际纠纷治理,提升涉外解纷能力

福建高院与世界知识产权组织仲裁与调解中心签署《加强知识产权领域替代性争议解决交流与合作协议》,出台《关于与世界知识产权组织仲裁与调解上海中心诉调对接的工作办法》,召开与世界知识产权组织仲裁与调解上海中心诉调对接工作推进会,开启国际知识产权纠纷解决合作新模式。

四、以夯实能力素养为"本",延伸司法保护职能,在更实举措中筑牢"人才队伍工程"基石

1. 锤炼坚定政治品格,提升专业能力水平

以支部开展达标创星活动为引领,推进支部党建同知识产权司法保护深度融合。通过"线上+线下""走出去+请进来"等方式,充分运用"法答网""闽法问道""人民法院大讲坛"等平台提升专业能力。

2. 深化调查研究工作,促进成果转化应用

大力弘扬"四下基层"优良作风,顺利完成福建高院党组"新时代知识产权司法保护首善之区建设研究"等4项重点课题调研,出台《福建省高级人民法院关于进一步加强知识产权司法保护的意见》。

3. 强化司法保护公开,奏响知产保护音符

福建高院副院长应邀在厦门"金鸡电影论坛·知识产权保护论坛"上发言,为促进文娱事业健康发展建言献策。举办知识产权司法保护情况新闻发布会,通报2022年度福建法院知识产权司法保护工作情况,发布2022年福建法院知识产权司法保护十大案例和反不正当竞争司法保护典型案例。全省法院广泛开展"全国知识产权宣传周"、法治宣传"六进"活动。

供稿:福建省高级人民法院
知识产权审判庭

检察工作

一、聚焦"大保护",着力服务经济社会高质量发展

主动融入知识产权强省建设,全年共起诉侵犯知识产权犯罪899人,办理民事、行政、公益诉讼案件55件,同比上升104%。

高度重视科技创新成果保护。福建省检察院联合福建省市场监管局等出台商业秘密保护协作机制,厦门检察机关办理的"悦某公司等窃取呋喃酮生产工艺"一案,采取"合理许可使用费"计算损失数额,获评最高人民检察院2022年度知识产权检察十大案事例。

加强农业科技成果保护。会同福建省农业农村厅开展保护种业知识产权专项行动,坚决维护国家种源安全。厦门市思明区检察院在办理龚某销售假冒胡萝卜种子一案中,借助福建农林大学国家级科学实验室,通过DNA基因测序准确认定农作物品种差异,精准指控犯罪。

积极助力品牌强省建设。协同推进"昆仑""剑网""龙腾"等专项行动,起诉侵犯商标权犯罪693人,占侵犯知识产权犯罪案件77%,福建鞋服、陶瓷、茶叶等相关企业商标得到有效保护。

加强文化知识产权保护。福建省检察院对三明"5·11"、宁德"5·12"等利用网络爬虫技术剽窃影视作品案件进行挂牌督办,推进依法快速查处,其中三明柯某某侵犯著作权案入选检察机关惩治侵犯著作权犯罪典型案例。

平等保护中外权利人合法权益。全省检察机关切实履行国际条约义务,严格落实区域全面经济伙伴关系协定(RCEP),积极融入海丝中央法务区建设,起诉多起涉外知识产权犯罪案件。

二、聚焦"严保护",不断优化知识产权检察综合履职

坚持以改革思维破解难题,深入推进知识产权刑事、民事、行政、公益诉讼"四大检察"综合履职。

持续做优知识产权刑事检察。聚焦有案不立、遗漏罪行等问题,监督侦查机关立案侵犯知识产权犯罪案件27件,追捕追诉119人,同比上升108%。聚焦知识产权维权"周期长""成本高"等问题,着力提升办案质效,知识产权刑事案件认罪认罚适用率达87%。聚焦审判活动监督,厦门检察机关对一起被判无罪案件,精准提出抗诉,二审改判有罪,进一步明确"商标使用行为"司法认定标准。

持续做强知识产权民事行政检察。针对恶意诉讼等阻碍创新行为,部署开展惩治知识产权恶意诉讼专项监督活动,排查相关线索4761件,通过制发检察建议等方式规范商标注册和使用行为,全年共办理知识产权民事行政监督案件37件。积极探索知识产权刑事附带民事诉讼,会同福建省高级人民法院召开研讨会,推动形成共识,全省提起知识产权刑事附带民事诉讼案件11件。

稳步探索知识产权领域公益诉讼。依托食品药品、非遗保护等领域,积极挖掘知识产权公益诉讼线索。福州检察机关提起全省首例妨害药品管理公益诉讼;石狮市检察院在办理一起假冒注射用肉毒素案件中,提起刑事附带民事公益诉讼,被告人被判处支付10倍惩罚性赔偿金。

三、聚焦"快保护",建立健全知识产权检察工作机制

不断完善知识产权保护机制。福建省检察院出台助推新时代民营经济强省战略18条举措,服务高水平创新型省份建设。宁德检察机关聚焦当地科技创新产业,探

索跨区域协作机制,有效凝聚保护合力。晋江市检察院依托中国晋江知识产权快速维权中心,成立知识产权检察保护工作站,升级快速维权机制,跑出线上维权加速度。

积极探索数字赋能。落实数字检察战略,泉州市检察院研发"知识产权保护法律监督平台",强化数据汇集、整合和应用,构建大数据监督模型,筛查恶意诉讼线索105条,制发社会治理类检察建议2份。

完善辅助办案机制。完善技术调查官等机制,全省聘请14名知识产权相关专业人员担任特邀检察官助理,为检察办案提供专业支撑。强化与科研院校合作,在办理吴某某销售假冒注册商标一案中,检察机关借助食品药品研究院力量,通过气象色谱等方法准确认定犯罪。

四、聚焦"同保护",协同推进知识产权保护提质增效

强化知识产权保护协作配合。认真落实《福建省贯彻知识产权强国建设纲要和"十四五"规划实施推进计划(2022—2023年)》,深化知识产权保护横向协作。积极联合省公安厅创新知识产权检警协同保护举措,在全省台湾农民创业园(简称台创园)、工业园、鞋服行业、新兴制造业等重点行业领域设立"创新福建·检警联动示范岗"13个,打造"诉求表达窗口、检警协作平台、行刑衔接渠道、探索创新基地、司法服务中心"五位一体综合性司法保护岗,"面对面"解决企业知识产权司法保护需求。厦门市思明区检察院聚焦海丝中央法务区、自由贸易试验区、国家自主创新示范区等多区叠加区位优势,联合厦门市知识产权发展保护中心、6家市场监管部门设立全省首个"知识产权协同保护中心",会签框架协议,形成跨区域、跨部门、跨层级知识产权协同保护联动机制。

实质化运行侦查监督与协作配合机制。省检察院联合省公安厅在全省台创园、工业园、行业协会等设立"创新福建·检警联动示范岗"13个,强化检警协作和司法服务,"面对面"解决企业知识产权司法保护需求。

加强法治宣传教育。依托"全国知识产权宣传周"活动,全省检察机关广泛开展线上宣传与线下普法。与省公安厅联合举办"携手司法保护 共促创新福建"知识产权宣传活动,通报2022年度知识产权检察工作,发布典型案例。福建省检察院、福州市检察院、鼓楼区检察院以真实案例为蓝本,联合推出《第一动力》知识产权检察形象宣传片,被中央政法委网站转发推广,获全国检察机关"三微"展播十佳作品。

供稿:福建省人民检察院
知识产权检察办公室

江西省

知识产权工作

一、持续推进专利创造增量提质

2023年,江西省新增专利授权60 120件,其中发明专利授权10 375件,同比增长19.9%;截至2023年底,每万人口发明专利拥有量9.13件,同比增长31.7%。

2023年申请注册商标16.2万件,注册商标9.4万件。截至2023年底,有效商标注册量86.1万件,同比增长10%。中国驰名商标168件,地理标志商标133件,马德里国际注册商标328件。2023年办理商标质押70件,质押金额6.8亿元,同比增长162%。

开展"讲好商标品牌故事"展示活动。让商标持有人或者商标合法使用人自己拍摄短视频来介绍商标品牌，依托互联网平台集中展示，最终评选出"老百姓最喜爱的商标品牌"10件。

开展"千企百城"商标品牌价值提升行动。根据国家知识产权局《"千企百城"商标品牌价值提升行动方案（2023—2025年）》，江西省推荐企业商标品牌32件，区域商标品牌22件，商标品牌指导站25家参与。

开展高价值专利培育工作。确定"全场景多用途商用皮卡关键技术高价值专利培育"等16个项目为江西省高价值专利培育项目并组织实施。

二、统筹推进知识产权战略实施

推动知识产权强省建设落实落地。印发《江西省知识产权强省建设行动推进计划（2023—2024年）》，着力形成横向协作、纵向联动的知识产权强省建设工作格局。

推动知识产权地方性法规修订。《江西省专利促进条例》被列入2023年省人大、省政府立法工作计划中的重点调研项目、十四届省人大常委会立法规划。

出台服务业高质量发展政策，发挥企业知识产权工作主体地位。印发《关于加快推动知识产权服务业高质量发展的若干措施》。制定出台《关于进一步推进省出资监管企业知识产权工作高质量发展的指导意见》。

加快知识产权信息公共服务与产业发展融合，加强专利调查统计分析工作。推动设立"江西省稀土产业知识产权数据服务中心"。江西列入首批全国专利调查试点省份。完成江西省知识产权服务业统计调查报告和全国专利调查（江西）抽样调查和分析工作，建立常态化专利密集型产业增加值核算机制。编制《2022江西省创新主体专利创新指数报告》，开展数字经济核心产业和绿色经济产业专利统计分析。

三、强化知识产权转化运用

深入实施专利转化专项。联合江西省教育厅等部门举办江西省第四届高校科技成果对接会。印发《江西省专利开放许可工作方案》。获批国家知识产权局、财政部第三批专利转化专项计划支持省份。联合江西省财政厅制定印发《江西省实施专利转化专项计划工作方案》。

探索开展知识产权金融创新，拓宽企业融资渠道。推动知识产权质押融资"入园惠企"专项行动。联合江西省人民政府金融办出台《关于做好知识产权证券化工作拓宽企业融资渠道的通知》。

发挥专利奖对关键核心技术领域发明创造的激励作用。完成第五届江西省专利奖评选表彰，设立"江西省专利奖""江西专利转化运用奖"等20个授奖项目。

开展专利导航和专利密集型产品备案。依托国家专利密集型产品备案认定试点平台和国家导航备案平台开展备案工作。

四、加强行业监管，完善服务体系

打击非正常专利申请，提升专利申请质量。2023年开展4批次非正常专利申请核查工作。

强化专利代理行业监管培育。完成全国专利代理师资格考试南昌考点工作。深入开展知识产权代理行业"蓝天"专项整治行动。开展全省知识产权代理行业"双随机、一公开"检查。办理江西省首例专利代理行政执法案件。

完善知识产权服务体系建设。完成2023年省级知识产权信息公共服务网点评审认定，新批准8家江西省知识产权信息公共服务网点，实现全省设区市省级以上知识产权信息公共服务网点全覆盖。

五、知识产权全链条保护持续发力

健全知识产权行政保护体系。印发《江西省2023年知识产权行政保护工作方案》《关于开展2023年度全省商标专项执法行动的通知》，持续开展知识产权行政执法专项行动。2023年江西省开展知识产权行政执法，共处理专利案件3231件，查办商标违法案件607件。发布江西省商标、专利行政保护年度十大典型案例。侵犯"景德镇"证明商标专用权案、"陶瓷花器（奇异）"外观设计专利侵权纠纷案分别入选国家知识产权局2023年度地理标志、官方标志和特殊标志行政保护典型案例、2023年度专利行政保护典型案例。

推进知识产权保护平台建设。景德镇市获国家知识产权局批复开展国家级知识产权保护中心建设。南昌知识产权保护中心获批成立国家海外知识产权纠纷应对指导中心地方分中心。赣州知识产权保护中心建设通过国家知识产权局验收。景德镇、赣州入选全国知识产权纠纷快速处理试点地区。确定江西省第一批10家省级知识产权保护规范化培育市场名单。

构建知识产权协同保护格局。江西省知识产权工作部门联席会议全面部署江西省知识产权保护相关工作，知识产权职能单位加强合作与交流。与江西高院、省版权局联合印发《开展知识产权纠纷行政调解协议司法确认的工作指南（试行）的通知》。加强长江中游三省知识产权执法协作，共同组织开展长江中游三省及省会城市知识产权行政执法典型案例评析交流活动。

推进地理标志产品保护及运用。江西省赣南茶油、清江枳壳入选国家知识产权局第二批地理标志运用促进重点联系指导名录。赣南茶油、庐山云雾茶和广昌白莲入选国家知识产权局第二批地理标志助力乡村振兴典型案例。2023年中欧地理标志保护产品互认7件。

六、推进知识产权试点示范建设、知识产权宣传和人才培养

江西九江市、抚州市入选国家知识产权强市建设试点城市，南昌县入选国家知识产权强县建设示范县，贵溪市、珠山区、崇仁县、芦溪县、龙南市入选国家知识产权强县建设试点县。新增20家国家级知识产权示范企业、114家国家级知识产权优势企业。

大力宣传营造保护氛围。积极开展知识产权法律法规宣传活动，以"全国知识产权宣传周"为契机，联合知识产权相关部门举行知识产权宣传周活动启动仪式，召开知识产权宣传周活动新闻发布会。

壮大知识产权人才队伍。印发《江西省"十四五"知识产权人才发展规划》，着力发展知识产权人才队伍。组建"江西省知识产权专业高级职称评审委员会专家库"，开展江西省知识产权专业高级职称评审。江西省知识产权行政保护部门选任技术调查官共116人，其中参与办案92人次，办理案件53件。与江西高院共同选任省本级首批17名兼职技术调查官，实现全省法院与知识产权主管部门共享技术专家资源。

强化知识产权业务培训。2023年3月，江西知识产权远程教育平台江西分站正式开通。举办知识产权保护标准宣传贯彻工作培训，开展《商品交易市场知识产权保护规范》《电子商务平台知识产权保护管理》宣传贯彻工作；举办全省知识产权保护能力提升培训班、全省知识产权保护海外维权培训班、知识产权运用能力提升培训班、商标品牌创建能力提升培训班和全省商标品牌创建经验交流会各一期。

供稿：江西省知识产权局

版权工作

一、探索版权产业发展，优化社会服务水平

景德镇国家陶瓷版权交易中心是全国第一家面向特定行业的国家级版权交易中心。2023年，景德镇国家陶瓷版权交易中心以景德镇国家陶瓷文化传承创新试验区建设为统领,在先行先试的探索中明确"一个中心、三大平台"战略定位以及"4+2"业务框架,探索开展公司化、市场化、实体化运作,建设发展提质增效。

2023年6月,婺源县华龙木雕有限公司、江西美术出版社有限公司获评全国版权示范单位,九江恒盛科技园获评全国版权示范园区(基地)。至此,江西省共有1个全国版权示范城市、15家全国版权示范单位、3家全国版权示范园区(基地)。

6月7—11日,在第十九届深圳文博会期间参加国家版权局主题展,展陈"版权赋能 瓷上中国"版权成果展,呈现出版权推动陶瓷文化创造性转化、创新性发展带来的生机与魅力。

6月15—18日,江西省版权局各出版单位参展第二十九届北京国际图书博览会,精心遴选各类外宣精品出版物1000余种,筹划开展多场线下活动以及线上直播,推动江西精品出版物实现版权"走出去"。

11月23—25日,组织景德镇、抚州10余家优秀版权企业携600余件版权精品参展第九届中国国际版权博览会,展示赣鄱文化,讲好江西版权故事。

二、加大版权执法力度,推进使用正版软件

2023年,江西共办结版权案件321起,同比增长141%;其中网络版权案件189起,同比增长170%。江西宜春袁某销售侵权盗版教材教辅图书案入选2022年度全国打击侵权盗版十大案件,江西吉安"6·26"涉嫌侵犯教辅图书著作权案入选全国"青少年版权保护季"专项行动第一批典型案例。江西省版权局在中央宣传部版权管理局组织召开的国家版权保护专项行动推进大会上作工作经验交流发言。

2023年,多项版权执法专项行动相继开展,打击侵权盗版力度持续加强。1月,在春节档电影上映前部署2023年度院线电影版权保护工作;2月(包括春节在内),各设区市执法队对电影院开展巡查,维护院线电影版权秩序。8月,江西省版权局联合省新闻出版局、省"扫黄打非"办公室、省公安厅、省教育厅、省文旅厅等单位部署开展"青少年版权保护季"行动。9月,联合公安、网信、通信管理等部门开展江西"剑网2023"专项行动,其间,成立由版权、公安等部门组成的省级版权案件专案指导组,针对大案要案、疑案难案进行执法指导和法律论证,实现全省办案"一盘棋"。9月,配合浙江省版权局建立第十九届亚运会和第四届亚残运会版权保护快速响应联动执法机制,加大网络巡查力度,保持打击盗版高压态势。

6月,制定并下发《2023年江西省推进使用正版软件工作计划》,对全省2023年软件正版化工作进行部署。9—10月,对省直党政机关开展软件正版化全覆盖核查,对设区市软件正版化工作开展情况进行抽查。12月,根据国家版权局工作要求,将江西省使用正版软件工作领导小组调整为江西省推进使用正版软件工作联席会议,成员单位增补江西省卫生健康委员会,进一步完善工作机制。

三、立足文化传承发展,促进版权国际交流

10月,在2023年中国景德镇国际陶瓷博览会期间,创新性举办2023景德镇文化创新发展论坛,中央宣传部分管领导,江西省委常委、宣传部部长出席活动并致辞,世界知识产权组织、文化和旅游部、国家文物局相关司局负责同志出席并讲话。论坛围绕"传统文化保护""文化创新发展""全球文化共同繁荣"等重大文化课题深入交流探讨。

10月,举办"版权助推城市高质量发展"平行分论坛,中央宣传部版权管理局、江西省委宣传部（江西省版权局）、景德镇市有关领导出席并致辞，世界知识产权组织相关司局负责同志出席。论坛上，专家学者分别进行主旨演讲，探讨健全版权产业保护体系，助推城市高质量发展。

四、开展版权社会宣传，加强专业队伍培训

"全国知识产权宣传周"期间，江西省版权局在全省部署开展"4·26世界知识产权日"版权社会宣传活动。立足江西特色版权文化，开展"江西省版权保护月"宣传活动，持续营造良好的版权社会氛围。各知识产权联席会议单位部门联合开展宣传周活动启动仪式、新闻发布会、专场知识竞赛等宣传活动。选定2022年度江西省打击侵权盗版十大案件，通过省级主流媒体向社会发布，推进版权执法警钟长鸣。

江西省版权局、省残联、江西日报社共同开展江西省残疾人文创作品版权保护公益活动，运用"江西版权云"平台为残疾人文创作品提供版权服务，积极探索残疾人文化权益版权保护"江西模式"。

7月25—27日，举办2023年度全省版权执法监管和软件正版化工作培训班。省直有关单位、各设区市、省直管县（市）版权局相关同志等160余人参训。培训班邀请中央宣传部版权管理局有关同志现场授课，进一步加强版权业务指导。

五、开展特色亮点工作，激发创新创造活力

1. 推进抚州民间文艺版权保护与促进试点工作

2023年，抚州市以实施民间文艺版权引领、创造、保护、促进"四项工程"为引领，激活民间文艺版权价值，打造出民间文艺版权保护与促进的抚州范式。8月25日，国家版权局举办全国民间文艺版权保护与促进试点工作交流活动，抚州市在座谈会上作典型交流发言。10月19—20日，中央宣传部调研组一行到抚州现场调研民间文艺版权保护与促进试点工作，对抚州试点工作给予肯定。

2. 开展第三届江西省版权输出奖评选表彰

江西省版权输出奖是全国唯一以省政府名义表彰的版权输出类奖项，每三年开展一次。2023年，第三届江西省版权输出奖开展评选，对15个优秀项目予以表彰，激励江西更多更好的原创优秀版权作品"走出去"。

3. 景德镇市版权局获评中国版权金奖

4月，景德镇市版权局获评2022年中国版权金奖·管理奖，是江西省第四个中国版权金奖，也是第一个管理奖。

供稿：江西省版权局

司法工作

一、强化政治引领，不断增强工作使命感责任感

着力提高政治站位。准确把握知识产权司法保护工作在党和国家大局中的政治定位，深入贯彻习近平总书记关于知识产权保护工作的重要讲话指示精神，切实增强政治自觉、思想自觉和行动自觉，不断提高政治判断力、政治领悟力和政治执行力。扎实开展主题教育活动，着重将学习成果转化为推动工作的思路和举措。江西高院分管院领导以"集中管辖背景下如何提升知识产权司法公正与效率"为题开展调研，调研报告在最高人民法院民三庭《知识产权审判动态》2023年第7期刊载。

有效落实主体责任。积极参与制定出台《关于以高质量司法护航全省高质量发展的意见》，提出知识产权审判工作专门举措。将知识产权司法保护工作纳入全省法院高质量发展考核指标体系，明确非集中管辖基层法院知识产权审判职能，层层传导压力、夯实责任，推动工作实现高质量发展。

二、坚持服务大局，精准把握工作切入点结合点

加强重点产业知识产权司法保护，助力江西打造现代化产业体系。审理侵犯计算机软件著作权、侵犯网络信息传播权案件718件，稳妥处理长短视频著作权纠纷、网络游戏著作权纠纷。审理涉电子商务平台知识产权纠纷442件，加大对线上侵权假冒行为打击力度。审理涉现代家具知识产权案件216件，涉医药知识产权案件92件及其他涉电子信息、新能源、食品、纺织服装知识产权纠纷案件，加大重点产业知识产权司法保护。审理技术合同案件70件，依法保护中小创新型科技企业知识产权。

强化陶瓷知识产权司法保护，助力擦亮"千年瓷都"名片。依法审理陶瓷知识产权案件41件，利用"二方连续纹饰"传统元素创作陶瓷作品案入选2022年中国法院知识产权保护典型案例。联合举办"赣知·2023陶瓷知识产权司法保护专题研讨"，签订知识产权保护专项协议，提升陶瓷知识产权保护司法水平。

依法保护民营企业品牌利益和市场形象，营造法治化营商环境。审理商标权纠纷案件3164件，持续严厉打击商标攀附、仿冒、"搭车"行为，有效保护小米、OPPO、TCL及江西仁和、济民可信等民营企业品牌利益和市场形象。审理不正当竞争和垄断纠纷案件92件，依法惩治侵犯袁隆平农业高科技股份有限公司、广州亿航智能技术有限公司竞争利益行为。审理特许经营合同纠纷案件132件、涉电子商务纠纷案件471件，强化新商业模式、商业方法知识产权司法保护。

三、坚持公正司法，严格高效保护知识产权

案件数量大幅增长。2023年，全省法院新收各类知识产权民事案件6680件，较上年同期增长58.9%。其中新收一审民事案件6311件，同比增长64.6%。

知识产权民事审判质效总体较好。审结一审知识产权民事案件5673件，一审服判息诉率为94%，法定期限内结案率为99.8%，平均审理周期27.7天。审结二审知识产权民事案件292件，其中改判25件、发回重审6件，改发率为10.6%；调撤105件，二审调撤率为36.0%。

知识产权刑事、行政审判发展平稳。新收各类知识产权刑事案件158件，知识产权一审刑事案件较上年同期增长80.8%，刑事打击力度加大。新收各类知识产权行政案件9件，占全部知识产权案件数量的0.13%。

落实严保护工作导向成效显现。明确严保护裁判规则，书面通报第二批严保护典型案例，全省法院适用惩罚性赔偿作出判决23件。开展全省法院知识产权案件质效检查，查纠严保护落实不到位问题。制定知识产权民事审判疑难问题解答，就商标侵权纠纷和KTV经营者侵权明确判赔标准。

四、坚持改革创新，推动各项创新机制落地运行

强化知识产权纠纷多元化解。完善多元调解格局，景德镇中院建立"省律师协会知识产权纠纷调解中心"及"省贸促会知识产权一站式解纷景德镇工作室"。强化诉前化解，全省法院知识产权纠纷诉前调解登记数量3494件，成功调解1358件。加强诉中协调调解，一审民事调解撤诉4015件，调撤率为70.8%，较上年同期上升12.8个百分点。与江西省市场监管局、版权局共同出台工作指南，落实知识产权纠纷行政调解协议司法确认工作,全省已作出行政调解司法确认裁定52份。

建立健全知识产权案件跨区域审理机制。探索完善特定类型案件指定管辖机制,下发工作提示,明确全省第一审陶瓷技术类知识产权案件依法由景德镇知识产权法庭管辖。积极发挥法院案件指定管辖机制作用,江西高院指定异地中院管辖知识产权民事案件2件。继续实行重大案件提级管辖,共提级管辖案件33件。

推进知识产权简案快审。适用简易程序审理案件4082件,占比62.9%。适用小额诉讼程序审理案件314件,较上年同期27件大幅增长。将"知识产权类案件简案快办"纳入"江西省复制推广自由贸易试验区第七批改革试点经验工作实施方案",着力推广要素审判,上饶市广信区法院运用要素审判审理知识产权案件111件,取得较好成效。

完善技术事实多元查明机制。全省法院现有42名技术调查官,22名技术咨询专家,实现全省法院与专利行政主管部门共享技术专家资源,已有55人次技术调查官(咨询专家)在33件案件中提供意见。

推进工作方式方法创新。构建专门化的知识产权司法公共服务平台,宜黄县法院上线知识产权司法保护微信小程序"知卫",完成在线咨询调解服务36次。探索面向市场主体开展知识产权领域信用评价工作,景德镇中院与该市市场监管局联合出台《景德镇市知识产权守信激励和失信惩戒对象名单(红黑名单)工作机制》,发布第一批红黑名单。强化司法便民,全省法院新设5个知识产权巡回审判点和2个司法服务点。

五、加强案例及宣传等工作,着力营造良好社会氛围

案例工作取得新成效。1件案例入选最高人民法院2022年中国法院知识产权保护典型案例。江西高院发布2022年度江西省知识产权十大典型案例,南昌中院、景德镇中院、萍乡中院等共发布43个典型案例。

法治宣传方式与效果实现新拓展。全省法院共计召开新闻发布会6场,江西高院发布2022年度江西省知识产权司法保护状况。以"赣知行·服务企业创新"为主题,全省法院开展"全国知识产权宣传周"系列活动,走访394家企业、32个社区、20所学校,组织开展198次交流。

知识产权纠纷诉源治理取得新进展。南昌市、宜春市、赣州市中院分别向赣州市南康区家具协会、樟树市政府、南康区政府发出司法建议,推动中医药、南康家具产业领域知识产权司法保护工作的开展。

六、加强专业建设,不断提升知识产权司法能力

先后举办全省法院知识产权审判业务培训班及"双打"审判业务专题视频培训班;开展"赣知·新叶沙龙"2期,组织全省法院青年干警积极参与知识产权审判业务研讨;派员参加中南财经政法大学南湖论坛、贵州高院白酒知识产权司法保护论坛、中欧知识产权刑事保护论坛、江西省数据法学会2023年年会等活动,加强与知识产权法学界、法律界的交流,持续增强专业能力。开展专项调研,《知识产权侵权案件中合法来源抗辩的司法认定》在第五届全省民商事案件统一裁判尺度研讨会上获奖。

供稿:江西省高级人民法院
知识产权审判庭

检察工作

一、强化责任担当,切实增强做好知识产权保护工作的行动自觉

加强研究部署。江西省检察院党组专题研究部署知识产权检察工作,加强知识产权保护工作统筹协调。持续抓好《关于强化知识产权保护的意见》和《江西省强化知识产权保护工作的实施意见》，以及最高人民检察院《关于全面加强新时代知识产权检察工作的意见》和江西省若干措施的贯彻落实。研究制定全省检察机关2023年度知识产权检察工作要点，将知识产权保护工作纳入江西省检察机关"打造一流法治化营商环境优化提升年"活动的重要内容，实行台账管理。

聚焦服务党和国家中心任务。积极服务长江中游城市群建设，与湖北省检察院、湖南省检察院联合召开以"加强知识产权司法保护，推动长江中游城市群知识产权协同保护体系建设"为主题的鄂湘赣三省检察机关服务长江中游城市群建设第五次工作联席会，联合签署《关于加强长江中游城市群知识产权司法保护协作的意见》，推动长江中游城市群知识产权协同保护体系建设。积极服务保障数字经济健康发展，江西省检察院研究制定《关于加强新时代检察机关网络法治工作的若干措施》，发挥知识产权检察职能作用，明确依法保障数字产业创新发展的具体举措。服务景德镇国家陶瓷文化传承创新试验区建设，景德镇市检察院建立全国首家陶瓷文化遗产和知识产权检察保护中心，出台《关于加强陶瓷文化遗产和知识产权保护服务国家试验区建设的实施意见》，综合运用"四大检察"职能，全面提升陶瓷文化保护质效。联合文物管理和保护部门在御窑厂遗址、湖田窑遗址、景德镇国际陶瓷博览交易中心等地设立陶瓷文化遗产和知识产权检察保护联系点，强化陶瓷文化保护合力。开展"陶瓷历史文化遗存保护"公益诉讼专项监督，立案文物保护领域公益诉讼案件14件，推动解决陶瓷历史文化遗存的毁损、保护不当、文物盗掘等问题。

加强专门机构和人才建设。江西省检察院及116个市县检察院成立知识产权检察办公室或专门办案组并实体化运行，一体融合履行知识产权刑事、民事、行政、公益诉讼检察职能，提升履职能力和水平。组建江西省检察机关知识产权检察人才库，将10名获得省级以上业务荣誉、业务研究和办案能力突出的业务骨干纳入人才库管理，发挥引领带动作用。积极探索专业技术人员辅助办案制度，赣州等地检察机关共聘请10名知识产权主管部门专业人才或学者兼任检察官助理。景德镇市检察院聘请17名专家学者担任陶瓷知识产权检察技术咨询专家。举办江西检察机关经济犯罪（知识产权）检察业务培训班，着力提升队伍检察履职水平。

二、强化综合履职，着力提升知识产权综合保护质效

建立健全知识产权检察综合履职机制。印发《关于加强和规范知识产权检察职能集中统一履行工作通知》《关于加强知识产权检察综合履职工作的通知》等文件，建立完善"一案四查"办案机制，同步审查是否涉行政违法、刑事追诉、民事追责、公益诉讼等情形，强化知识产权检察综合履职。

依法惩治侵犯知识产权犯罪。2023年，江西检察机关围绕日用物品、生命健康、医疗器械等民生领域以及电子信息、文化等重点产业，聚焦数字经济等新业态新领域，依法严惩各类侵犯知识产权犯罪，批准逮捕侵犯知识产权犯罪案件142件209人，起诉187件391人。宜春、上饶等地检察机关办理假冒品牌耳机、网络侵犯著作权等案件，有力保障产业发展。加强提前介入，对102件案件介入侦查，引导取证。加强刑事立案、侦查活动监督，监督公安机关立案32件32人，监督撤案13件14人，纠正漏捕、漏诉58人，对侦查活动违法情形及时提出纠正意见。加强刑事审判活动监督。加强重大案件督办指导，对中央宣传部版权管理局等部门联合挂牌督办等重大、疑难、复杂案件实行台账管理。

积极、稳妥办理知识产权民事、行政诉讼监督和公益诉讼检察案件。着力拓展线索来源渠道，加强知识产权民事、行政诉讼监督，依托食品安全等公益诉讼法定领域，探索涉知识产权领域公益诉讼，江西检察机关共办理民事、行政诉讼监督和公益诉讼检察案件115件，办案力度持续加大。南昌、鹰潭等地检察机关针对销售假冒注册商标的白酒涉嫌损害众多不特定消费者权益的情形，提起刑事附带民事公益诉讼，诉请被告承担无害化处理费用、公开赔礼道歉等民事责任，获法院支持，维护社会公益。

三、强化协同保护，积极参与知识产权领域治理

加强协作配合。持续抓好江西省检察院与江西省市场监管局《关于强化知识产权协同保护工作的实施意见》等部门协作机制落实，加强与南昌市知识产权保护中心、景德镇陶瓷协作协会等联系沟通，提升保护合力。2023年，行政执法机关共对检察机关作出不起诉决定移送的72件案件反馈行政处罚结果。

深化知识产权检察保护联系点建设。截至2023年底，共在知识产权保护中心、行业协会、有关企业等设立28个知识产权检察保护联系点，宜春市检察院出台《宜春市检察机关知识产权检察保护联系点工作办法》，引导企业依法维权，受到企业点赞，切实为企业知识产权保护提供有力保障，助力优化法治化营商环境。

加大知识产权保护宣传力度。"全国知识产权宣传周"期间，江西省检察机关共召开新闻发布会4场，发布典型案例10件，走进企业、社会等开展实地宣传109场，在各类媒体平台上发表宣传文章110篇，较好地营造了鼓励创新和保护知识产权的浓厚氛围。

供稿：江西省人民检察院
知识产权检察办公室

山 东 省

知识产权工作

2023年，山东省发明专利拥有量23.9万件，同比增长26.5%，每万人口高价值发明专利拥有量8.57件，同比增长31.7%；有效注册商标264.3万件，地理标志商标869件，居全国首位。连续2年在知识产权保护工作检查考核中获得优秀等次，知识产权强国建设试点示范项目总数居全国前列。

一、知识产权战略

知识产权工作纳入对各市高质量发展综合绩效考核和督查检查考核体系，颁布实施《山东省专利纠纷行政裁决和行政调解办法》，高价值专利培育等7项工作纳入省委、省政府"稳中向好、进中提质"政策清单，知识产权强省建设纲要及"十四五"规划配套政策体系持续完善。

国家知识产权局支持山东以"共建绿色低碳高质量发展知识产权强省"为主题开展新一轮局省合作会商，联合印发《共建绿色低碳高质量发展知识产权强省实施方案》及工作要点，制定共建重点任务14项、年度配套举措27条。

二、知识产权创造

坚持企业创新主体地位。开展"助企攀登"专利审查员"齐鲁行"行动、"专利赋能"专精特新中小企业创新发展行动，办理专利优先审查2086件、质押登记2674件，惠及企业3047家。实施产业类、企业类专利导航项目30项。

强化知识产权政策激励。安排专项奖补资金1亿元，分档支持高价值专利培育工作。山东省直六部门联合印发《山东省数据知识产权登记管理规则（试行）》。出台加快推动知识产权服务业高质量发展18条举措。

源头提升专利申请质量。安排3批3.5万件非正常专利申请线索核查整改工作，非正常专利申请主动撤回率高于全国平均水平6个百分点。

三、知识产权保护

健全完善保护体系。建设国家级保护中心8家、快速维权中心3家、维权中心13家和海外知识产权纠纷应对指导中心地方分中心3家，省市县知识产权纠纷人民调解组织159家。加强知识产权行政执法与司法保护的协同联动，完善省市县三级联动知识产权行政执法体系。

加大执法办案力度。开展知识产权保护示范创建，实施全省商品交易市场、绿色低碳技术领域、医药集中领域及跨境电商知识产权保护专项行动，办理专利纠纷案件2753件，同比增长15.96%，其中裁决类案件749件。办理人民调解案件2737件，办案数量和质量均显著提升。"三位一体"纠纷调解工作模式典型案例被国家知识产权局、最高人民法院推广。专利侵权纠纷行政裁决工作经验，连续2年被国家多部门联合推广。

加强重点领域关键环节知识产权保护。部署全省绿色低碳技术领域知识产权保护工作，开展展会知识产权保护治理效能提升专项行动，组织外贸企业知识产权保护调查，制定电商平台知识产权保护规则，确定10家省级知识产权保护规范化电商平台。遴选确定第二批省级专利侵权纠纷行政裁决技术调查官65人。公共服务机构海外布点21个，办理海外纠纷应对指导案件40余个，获批国家知识产权海外纠纷应对指导中心地方分中心1家。曹县知识产权快速维权中心、青岛西海岸新区知识产权快速维权中心实地验收通过并正式运行。

四、知识产权运用

畅通专利供需对接渠道。举办供需对接、技术路演活动15场，促成高校院所6个"专利包"转化，实现知识产权运营167件、总金额1.2亿元。搭建新旧动能转化专利数据库，吸纳国内外最新专利技术入库5.4万件，向171家企业推送专利技术1.1万件。举办4届新旧动能转换高价值专利培育大赛，评选高价值专利获奖项目218项，前3届获奖项目累计实施率超98%，融资规模达90亿元。

创新转化运用方式。搭建专利开放许可信息发布平台，登记专利开放许可声明2700余项，匹配推送中小企业2546家，达成"一对多"专利开放许可632项，其中免费许可327项。实施质押融资贴息、保险、风险补偿政策"组合拳"，质押融资登记项目及金额均居全国前列。

完善市场化、多元化知识产权运营服务体系。建设山东知识产权运营中心及一批产业运营中心，依托山东金融资产交易中心建设全省性知识产权交易平台，发布2批次394项知识产权运营交易成果，运营金额超过1.6亿元。

深化数据知识产权试点。搭建数据知识产权登记平台，在全国率先实施"登记平台初审、知识产权保护中心复审颁证""形式审查+实质审查"模式。获批立项《数据知识产权确权服务指南》省级地方标准。2023年颁发数据知识产权登记证书71张，山东省数据知识产权试点工作顺利通过验收。

五、知识产权服务

健全知识产权公共服务体系。实施知

识产权公共服务普惠工程,建设黄河流域知识产权大数据中心、国家高校知识产权信息中心7家、世界知识产权组织技术与创新支持中心(TISC)6家,备案省级知识产权公共服务网点14家,市级知识产权综合服务机构13家。

提升知识产权公共服务能力。开展知识产权领域深化营商环境创新提升行动。省知识产权综合服务窗口实现专利、商标、国防专利、集成电路布图设计登记等业务"一窗受理、一站服务"。在枣庄、威海、聊城、日照4市设立国家知识产权局商标业务受理窗口,设区市全部实现知识产权业务本地办理。推进"千企百城"商标品牌价值提升行动,辐射企业3000余家。冠县灵芝、烟台苹果等入选国家知识产权局第二批地理标志助力乡村振兴典型案例。胶州大白菜、潍县萝卜、乐陵金丝小枣入选国家知识产权局第二批地理标志运用促进重点联系指导名录。

推动知识产权服务业高质量发展。提出加快推动知识产权服务业高质量发展的20条工作举措。济南市历城区获评国家知识产权服务业高质量集聚发展试验区。加强专利、商标代理机构行风建设和信用评价,推进知识产权服务业"双随机一公开"监管。

六、知识产权组织保障

推动知识产权强国建设试点示范项目多点面布局。新增国家知识产权强国建设试点示范城市3个、试点示范县12个,建成知识产权强国建设试点示范市7个、试点示范县33个、试点示范园区9个,培育发展知识产权优势示范企业909家。

推进知识产权人才工作。成立知识产权服务人才工作领导小组,出台知识产权服务高端创新人才8项政策,建设技术调查官、知识产权鉴定专家名录库,探索实施知识产权高级职称评审制度。47个专利项目获第二十四届中国专利奖,数量居全国第五位。

扩大知识产权领域交流合作。承办第十二届中国知识产权年会和地理标志国际交流会,组织山东省18位专家、企业代表在年会主论坛及主题论坛上演讲,举办黄河流域"9+3"知识产权高质量发展联盟年会,展会规模、参会人数创新高。

供稿:山东省知识产权局

版权工作

一、健全版权服务体系,推动版权产业高质量发展

1. 强化数字赋能,让版权服务更加便捷

持续优化山东省版权保护与服务平台,升级硬件扩容配置,加强数据安全防控,大力提升作品审核效率和安全运营能力。版权服务体系不断完善,作品登记数量大幅提升。2023年,山东省共增设版权工作站27家,著作权作品登记数量达87万件,同比增长243.5%,实现与爱山东APP端口对接。

2. 推进示范创建,让版权资源更加集聚

充分了解、挖掘、培育本地区优势产业,积极发挥示范单位的引领和辐射作用,引导版权示范创建工作向纵深发展。做好潍坊市版权示范城市创建工作,顺利通过验收,获评全国版权示范城市。截至2023年,山东省已创建3个全国版权示范城市,48个全国版权示范单位。全省积极发力省级示范创建培育工作,已创建424个省级版权示范单位、园区(基地)。

3. 强化市场导向,让版权价值充分彰显

加强对交易中心和贸易基地促进指导工作,其中,青岛国家版权交易中心利用版权IP运营,促成IP交易额1000万余元;青岛文化产权交易中心搭建音乐版权交易服务平台,已促成超过3900首音乐作品转让和授权使用,成交金额累计超过2850万

元;泰山国家图书版权交易中心已签约入驻91家出版印刷企业;台儿庄国家版权贸易基地创新开展版权"进景区"行动,打造"鲁字号"非遗传承版权保护工程。

二、构建版权全链条保护体系,营造版权良好生态

1. 加大专项行动整治力度

扎实开展院线电影版权保护专项工作、"青少年版权保护季"行动、"清朗·杭州亚运会和亚残运会网络环境整治"专项行动、"剑网2023"专项行动等,共查处网络侵权盗版案件622起,刑事移交31起,涉案金额7640万余元,出动执法人员90 537余人次,检查单位44 276家次,捣毁窝点11个。山东青岛"2·6"涉嫌侵犯院线电影著作权案等21起案件获中央宣传部版权管理局等6部门联合督办。

2. 深化软件正版化工作

健全山东省软件正版化工作联席会议制度,开展软件正版化工作"回头看",进一步巩固党政机关软件正版化工作成果,强化省、市、县三级党政机关和国有企业软件正版化核查工作,全省共组织软件正版化核查17次,核查各级党政机关部门168个,企业144家,检查电脑4万余台。

三、强化版权国际交流,加快版权"走出去"步伐

1. 做好民间文艺版权保护与促进试点工作

持续推进潍坊民间文艺版权保护与促进试点建设,建立民间文艺版权工作站,开通作品登记绿色通道,设计研发民间文艺版权数据库平台,支持山东省艺术版权交易中心、中国画都书画版权登记交易平台等开展线上交易,促进民间文艺版权产品交易转化,探索出一条"协同保护、融合发展、立体传播"的民间文艺版权保护与发展途径。组织开展2023年民间文艺版权保护与促进试点评选工作,菏泽市成功获批2023民间文艺版权保护与促进试点地区。

2. 积极组织搭建国际交流平台

组织参加国际版权论坛及国际版权博览会等国际活动。组织40余家企业、6000余件展品参加第九届中国国际版权博览会,现场交易额74.16万元,18个项目成功签约,签约额2057万元,达成60余个意向订单合作,订单额3985万元。在第九届尼山世界文明论坛期间,成功举办"版权赋能:中华优秀传统文化创造性转化、创新性发展"平行论坛,为版权赋能推进中华优秀传统文化创造性转化、创新性发展积蓄力量。

四、加强版权宣传培训,提高版权社会影响力

1. 提高版权专业化培训水平

积极参加国家版权局组织的国际风险防控培训班、版权执法、社会服务等培训班。组织全省版权执法和软件正版化培训班,全面提升版权从业人员专业化水平和综合业务能力。举办全省版权工作高质量发展推进会,总结成绩、交流经验,大力提升各市主管部门负责同志和版权工作人员的政治素养和专业化水平。

2. 做好版权宣传文章

开展"版权强国 山东力量"主题宣传活动,面向社会征集版权主题作品,促进全社会尊重版权作品、提升版权保护意识。在"学习强国"平台推出版权宣传报道,传播推广济宁市示范创建、潍坊市执法等优秀经验。3—5月,全省集中开展版权系列宣传活动,围绕版权知识、相关政策、社会热点等群众关心关切的内容开展版权宣传"七进"活动,借助媒体力量,通过刊发综述、播发新闻、专题访谈、媒体直播等方式,持续做好版权宣传,扩大版权影响力。

供稿:山东省版权局

司法工作

一、抓实公正与效率，提升知识产权司法保护水平

1. 打造精品案审判

2023年，山东法院受理各类知识产权案件33 978件，审结33 662件，同比分别增长41.7%、37.1%。2件案例入选2022年中国法院50件典型知识产权案例；2件案例入选"人民法院种业知识产权司法保护典型案例"；2件案例获评全国法院系统2023年度优秀案例分析；1篇裁判文书获评2022年人民法院技术类知识产权和垄断案件优秀裁判文书。

2. 积极适用惩罚性赔偿

山东法院知识产权民事案件适用惩罚性赔偿的裁判指引实施以来，全省法院依法适用惩罚性赔偿审理知识产权案件27件，判赔金额达1.3亿元。山东高院召开新闻发布会通报全省法院落实惩罚性赔偿制度概况及典型案例5件。《知识产权惩罚性赔偿制度研究》中标2023年度人民法院知识产权审判重大研究课题，调研报告被最高人民法院评定为"优秀"。

3. 加大事实查明力度

建立健全技术事实查明机制，择优选聘技术专家组建全省法院技术调查人才库，实现全省法院技术专家的共用共享。青岛知识产权法庭邀请跨域地区技术调查官参与典型技术类案件审理，有效提升跨域区域知识产权保护水平。

二、聚焦服务大局，护航经济社会高质量发展

1. 突出农业科技成果保护

出台加强农业领域知识产权司法保护、保障农业强省建设和粮食安全的16条意见，是全国首个省级层面关于保障国家粮食安全的知识产权审判领域专门司法文件，《法治日报》等30余家主流媒体专题报道。与山东省农业农村厅签署种业知识产权保护协作框架协议，全链条构建农业领域大保护格局。发布《山东法院种业知识产权司法保护典型案例》6件。审结涉植物新品种案件82件。青岛知识产权法庭依法审结"伟科609"玉米植物新品种侵权案，对假冒伪劣、套牌侵权重拳出击，该案入选第三批人民法院种业知识产权司法保护典型案例。

2. 促进中医药传承创新

着眼中药资源大省区位优势，助力"齐鲁道地药材"品牌发展壮大。山东高院深入烟台、滨州、菏泽等地走访调研，形成《加强中医药知识产权司法保护 推动中医药事业产业高质量发展》调研报告，着力推进中医药传统知识保护与现代知识产权制度有效衔接。

3. 助力数字经济发展

审结"大数据杀熟""短视频侵权""平台虚拟权益"等涉数字经济案件7815件。与山东省市场监管局、大数据局等单位研究制定《山东省数据知识产权登记管理规则》，规范数据知识产权登记行为。在国家知识产权局数据知识产权调研座谈会、山东省政府数据知识产权试点工作新闻发布会上，介绍全省法院开展数字经济领域司法保护工作情况。

4. 服务高水平对外开放

始终秉持平等保护原则，依法审结涉外知识产权案件435件。加强知识产权国际交流，参加知识产权司法保护国际研讨会。在第十二届中国知识产权年会"以知识产权法治 谋创新未来"论坛上，作《加强知识产权司法保护 保障创新驱动发展》主题发言，介绍以高质量知识产权审判护航经济社会高质量发展的山东实践。

三、优化体制机制，提升审判质效

1. 深化知识产权"三合一"改革

目前，山东高院和全省8个中院、15个基层法院均已实现"三合一"改革，审结各

类知识产权刑事案件420件。济宁中院总结工作经验,形成《知识产权"三合一"审判机制的探索》调研报告,被《民主与法制》《法治参考》等媒体专题报道。

2. 加强济南、青岛知识产权法庭建设

加强济南、青岛知识产权法庭专业能力建设,加大对关键领域和核心技术知识产权司法保护。审结技术类知识产权案件1931件,同比增长105.2%,多起案件入选全国法院知识产权司法保护典型案例。济南市中院知识产权法庭联合济南市农业农村局研究制定《关于加强种业知识产权司法保护服务和保障北方种业之都建设的意见》,为种业创新发展贡献司法智慧。

3. 发挥司法建议诉源治理作用

坚持"抓前端、治未病"理念,及时提出确有必要、确实可行的司法建议。山东高院聚焦科技、农业、文化等领域,研究制定知识产权领域风险和对策意见,省农业农村厅、省文旅厅、省市场监管局结合风险分析,研究制定解决对策,完善全省知识产权保护效能。枣庄中院针对批量图书盗版问题,及时向行政部门提出司法建议,推动开展打击盗版专项整治行动。

4. 促进裁判标准统一

针对批量诉讼案件,及时明确裁判标准,指导类案审理,确保类案同判,着力促成纠纷实质化解,注重典型案例指导作用。发布十大知识产权案件、惩罚性赔偿适用、种业知识产权等典型案件案例21件,高标准积极参与人民法院案例库建设,抓实抓好法答网平台运行工作。

四、坚持府院协作、内外协同,打通知识产权保护全链条

1. 深化府院联动机制建设

与省科技厅、省农业农村厅、省市场监管局常态化履行多领域协作协议,强化知识产权的全链条保护。青岛中院与市检察院、市市场监管局、自贸区管委等六单位签订《加强知识产权保护协作会商框架协议》,拓展交流平台,凝聚知识产权保护合力。

2. 完善多元解纷机制建设

深入开展"行政调解+司法确认"工作,有效发挥行政机关以调解方式化解纠纷的优势,全省法院办理知识产权行政调解司法确认案件146件。济南市天桥区法院与山东省知识产权事业发展中心调解办理的"某母婴产品商标权案例"入选《2021—2022年知识产权纠纷多元调解典型经验做法、案例》,经验做法被最高人民法院、国家知识产权局推广。

3. 加强知识产权保护法治宣传教育

坚持"谁执法谁普法",连续22年开展"全国知识产权宣传周"活动。山东高院发布知识产权司法保护状况白皮书,制作《奋进中的山东知识产权审判》专题宣传片,促进增强全社会尊重和保护知识产权的意识,讲好山东知识产权故事。深入开展知识产权保护"进企业、进单位、进社区、进学校"活动,建立知识产权司法保护工作联系点制度,及时回应企业创新发展需求。

五、加强队伍建设,提升知识产权审判能力水平

1. 加强政治素质建设

始终把党的政治建设摆在首位,自觉用党的创新理论统领知识产权审判工作,切实增强"四个意识"、坚定"四个自信"、做到"两个维护"。坚持党的绝对领导,严格落实重大事项请示报告制度,牢牢把握知识产权审判工作的正确政治方向。坚持"从政治上看,从法治上办",筑牢服务大局意识,坚决捍卫国家安全和社会稳定,实现政治效果、社会效果、法律效果的有机统一。

2. 自觉接受人大监督

向省人大常委会专项报告全省法院知识产权审判工作情况,根据审议意见改进工作。加强与代表委员沟通联络,针对代表委员提出的"加大对侵权行为惩治力度""解决知识产权案件取证难问题""加大对知识产权保护宣传"等意见建议,研究制定举措,及时作出答复。

3. 加强业务素质建设

定期发布知识产权案件态势分析、改发分析、《审判参考》刊物,及时梳理易错法律适用问题,提出改进工作举措。通过"线上+线下"多种方式开展知识产权审判实务培训,靶向加强对下业务指导,参培人员300余人次。

供稿:山东省高级人民法院
知识产权审判庭

检察工作

一、服务科技自立自强,保障经济社会高质量发展

服务保障科技创新。山东检察机关依法履行法定职责,围绕信息技术、智能制造、生物医药、新能源等高新技术领域,加大惩治力度。2023年,山东检察机关办理涉服务科技创新案件占全部知识产权案件42.7%。省检察院制发《侵犯商业秘密犯罪案件证据审查指引》,与省公安厅联合挂牌督办侵犯商业秘密犯罪案件15件,提出加强商业秘密保护检察建议22份,保护企业自主研发成果,助力企业创新发展。加大对工业、制造业等领域商标保护力度,持续加大对假冒农机,假冒减速器、轴承等动力配件以及假冒电子器件、翻新电子产品等侵犯商标权类犯罪案件的办理力度,2023年,审查起诉32件99人;深挖相关案件犯罪产业链,依法追诉漏犯12人。

优化法治化营商环境。2023年,全省共办理涉企业知识产权犯罪案件749件,同比增长38.4%。探索打造"治罪+治理"新模式,如通过裁判文书网筛选相类似案件,开展假冒侵权类案分析,帮助企业建立所属产品的全国真伪样本数据库。某非晶合金薄带生产企业商业秘密被侵犯,检察机关通过提前介入,引导公安机关从涉案技术是否属于商业秘密、是否具有同一性等方面固定证据,依法追诉幕后主犯,并追加单位犯罪,为民营企业挽回损失1900万余元。加强对涉外知识产权保护,注重国内国外知识产权平等保护,对于国外知名企业反映的制假问题,检察机关通过提前介入和立案监督等措施,积极推动公安机关打源头、端窝点、断链条。

服务知识产权强省建设。省检察院积极参与编制《山东省知识产权强省建设纲要(2021—2035年)》,并提出检察机关服务落实的9条具体措施,参与起草《山东省2023—2025年知识产权保护推进计划》等13份全省指导性文件。加强地理标志保护,积极探索地理标志领域公益诉讼,就"东阿阿胶""乳山牡蛎""莒南驴肉"等地理标志产品开展行政公益诉讼8件,分别向行政机关提出打击侵权假冒、规范商标使用、开展产品质量抽检等16项诉前检察建议,推动地理标志产品规范运营。加强涉农领域知识产权保护,聚焦乡村振兴中的知识产权保护,办理假农药、假种子、假冒农产品案件11件,同时针对特色农业和农产品质量安全、农产品品牌创建等方面开展知识产权法律服务,助推产业发展。

二、开展法律监督,不断增强人民群众获得感

开展犯罪打击和诉讼监督,回应民生诉求。聚焦人民群众反映强烈的食品、健康产品、安全防护产品等领域侵权假冒行为,强化犯罪打击力度。检察机关充分发挥侦查监督与协作配合机制作用,通过补充侦查、自行侦查、完善证据链条,加强对知识产权上下游犯罪的一体打击。2023年,全省知识产权案件监督立案数上升178.6%,自行补充侦查案件数上升155.6%,书面纠正侦查活动违法案件数上升147%。依法办理民生领域知识产权犯罪案件,深挖案件背后的产业链,民生领域立案监督和侦查活动监督案件增长13.2%;联合公安、市场监督等部门开展"昆仑行动",共办理民生领域知识产权犯罪案件485件1620人,同比增长34.5%、64%。

开展民事检察和公益诉讼,维护合法权益。2023年,知识产权民事判决、裁定、调解书监督案件同比上升147.1%;针对侵害当事人、案外人实体权利,企业反映强烈的民事执行案件,检察机关积极开展法律监督,共办理民事执行违法监督案件44件,监督违法类型不断扩展,为权利人挽回执行款155万余元。有序拓展知识产权公益诉讼,依托食品药品安全、农产品质量安全、安全生产等与群众息息相关的法定领域,办理涉知识产权公益诉讼案件113件,同比增长43%,积极构筑知识产权公益保护检察屏障。

开展恶意诉讼专项监督,维护市场秩序。针对当前滥用知识产权恶意提起诉讼干预他人正常生产经营,谋取不正当利益的行为,山东省检察院依托裁判文书网和大数据法律监督平台,开展数据建模和类案检索,筛查发现7家公司可疑线索5160条,对其中的67起案件开展重点监督,对16家企业和8名个人开展证据调查,对其中1批案件移送公安机关启动刑事立案,并提前介入引导侦查。办理全省首批知识产权恶意诉讼案件,发出再审检察建议18件,向法院提出抗诉2件。

三、开展综合履职,提高知识产权司法保护水平

深化知识产权检察综合履职。2023年,山东检察机关共办理知识产权综合履职案件293件。山东省检察院制定了《知识产权案件一体化办案指导意见》,指导全省检察机关对310起案件开展"一案四查",在办案中同步发现刑事犯罪、民事侵权、行政违法、公益损害线索63条,并开展法律监督和相关案件办理。对知识产权权利人实行诉讼权利同步告知、实体权利一体保护,综合运用认罪认罚、诉前和解等措施,加强释法说理和调解工作,共促成侵权人积极赔偿权利人经济损失4635万元。

利用大数据开展知识产权法律监督。山东检察机关推进数字赋能,从"小切口"入手深入挖掘异常监督点,建立了知识产权涉罚金刑审判数据监督模型等10个大数据法律监督模型,全省55个市县院已完成模型建设,共收集数据9万余条,数据碰撞形成线索181条,落地成案44件。检察机关在知识产权群众投诉线索监督模型的基础上,通过数据比对,发现有利用网络平台低价售卖假冒"天梭手表"的行为,将案件线索整理后移送公安机关立案侦查,查明非法销售金额126万余元。

加强知识产权综合保护。山东检察机关主动加强与公安、市场监管、版权、文化等部门联系,组织开展"知识产权保护齐鲁行"专项活动,联合相关行政部门和行业协会,对当地知名企业进行重点保护。对办案中发现的侵权假冒多发、市场监管不到位、行业监督缺失等问题,各地检察机关分别向批发市场、网络服务商、市场监管部门、行业协会等制发社会治理类检察建议20条。开展普法宣传,全省共开展宣讲活动280余次,开展座谈交流160余次,征求知识产权保护类诉求和线索350余条,及时解决企业在知识产权保护中的困惑和诉求。

供稿:山东省人民检察院
知识产权检察办公室

河南省

知识产权工作

2023年,河南省专利授权量109 957件,其中发明专利授权量17 531件,同比增长20.3%;有效发明专利拥有量83 127件,较上年同期增长23.8%,万人有效发明专利拥有量8.42件;PCT国际专利申请量为347件。全年商标注册申请量335 137件,同比增长19.2%,有效注册商标总量191.6万件。全省共拥有地理标志保护产品116个,地理标志商标107件,驰名商标279件。全省查处商标违法案件1747起,受理专利侵权纠纷案件1896起,同比分别增长60%和31.6%。入选数据知识产权地方试点省。全省知识产权质押融资额62.34亿元,同比增长50.2%。郑州、洛阳在知识产权运营服务体系建设方面推进顺利。

一、知识产权顶层设计

国家知识产权局与河南省委、省政府联合印发《共建高质量现代化知识产权强省实施方案》及工作要点,召开共建高质量现代化知识产权强省推进大会,申长雨局长、省委书记分别作重要讲话;制定出台《河南省知识产权强省建设纲要(2021—2035年)》年度推进计划;省政府常务会议审议通过了《河南省地理标志高质量发展行动计划(2023—2025年)》并正式印发实施。指导全省18个省辖市建立政府层面的知识产权工作统筹协调机制,推动将知识产权保护工作纳入对各省辖市党委政府绩效考核、营商环境评价体系;成立知识产权强省建设工作专班,编制任务责任清单,强化动态管理和日常督导。

二、知识产权高质量创造

启动第四届河南省专利奖评选工作,公开征集申报推荐项目295项,经形式审查、第三方评价、专家评审、社会公示等环节,评选出获奖项目49项。处理非正常专利申请4批次,非正常专利申请撤回率83.3%;打击恶意囤积商标行为,上报线索1.3万条,驳回恶意注册申请4029件。出台《关于开展"千企百城"商标品牌价值提升行动的通知》,实施商标品牌战略;与省工信厅联合组织开展了创新管理知识产权国际标准实施试点。做好创新主体知识产权工作,实施高价值专利培育计划、商标和地理标志品牌提升行动,河南新增高价值专利培育中心15家,总数达到37家;组织申报并获批国家优势示范企业147家,新认定省级知识产权强企293家,国家优势示范企业累计达到320家,省级知识产权强企累计达到921家;组织企业新申报和完成专利产品备案1700余件。

三、知识产权严格保护

《河南省专利促进和保护条例》立法工作进入司法审查程序。部署开展知识产权保护专项行动,加大行政执法力度,严厉打击、有效遏制知识产权侵权违法行为。会同省司法厅印发《关于加强知识产权仲裁工作的通知》,联合省商务厅等四部门建立知识产权涉外风险防控体系机制建设。健全知识产权纠纷调解工作机制,各类知识产权纠纷调解组织参与调解纠纷6656件,调解成功3892件,调解成功率58.5%,同比增长近7个百分点。指导企业处理海外商标抢注、海外知识产权侵权诉讼等案件33起,同比增长两倍。遴选确定10家重点市场和特色市场作为本省首批省级知识产权保护规范化市场培育对象。洛阳知识产权保护中心、漯河经开区(食品)知识产权快速维权中心通过国家验收,正式启动运行。禹州(钧瓷)知识产权快速维权中心完成建设任务,指导郑州市成功获批第二批国家知识产权保护示范区建设城市。新乡长垣国际医疗器械交易中心入选国家级知识产权保护规范化市场培育对象名录;鹤壁与濮阳、菏泽、长治、邯郸签署《豫鲁晋冀四省五市跨地区知识产权合作联盟协议》,建立跨省间知识产权合作机制;"灵宝苹果"成功获批国家地理标志产品保护示范区。

四、知识产权高价值运用

推进专利转化专项计划,加快项目实施和预算执行进度,做好跟踪问效。组织征集高校院所、企业开放许可声明信息,建立专利供需项目数据库,实施线上线下宣传对接,分级分类组织高价值专利专场宣介和精准匹配。22家高校知识产权运营管理中心累计建立校企合作企业超1400家,向中小微企业许可转让专利854件,惠及企业450家。联合国家金融监管总局河南监管局出台《关于深入推进河南省知识产权质押融资工作的通知》,推动设立质押融资风险补偿资金。知识产权保险奖补和海外保险奖补工作有序推进,全年累计提供127万元保费补贴,惠及31家企业,涉及知识产权保险保障金额4290万元。做好省重点产业知识产权运营基金运行指导,基金累计完成项目股权投资9个,涉及金额1.95亿元。完善运营平台建设,国家知识产权运营(郑州)交易服务试点平台累计实现专利产品交易额60.2亿元,挂牌专利开放许可10 327件,全年累计为省内外1100余家企业提供了知识产权质押融资服务;支持建设新能源汽车零部件产业知识产权运营中心、生物农业产业知识产权运营中心,支持新建中医药产业知识产权运营中心。

五、知识产权管理服务体系建设

2023年,河南省新增1个示范城市(洛阳)、1个试点城市(新乡)、3个试点县区(新郑、长葛、罗山),累计达到13个。实施知识产权公共服务能力提升工程,2023年新认定12家省级知识产权信息公共服务网点,年度新增1家国家知识产权局公共服务网点和1家技术与创新中心(TISC)建设机构,全省各类知识产权信息公共服务网点达到83个,同比增长88.4%,实现省辖市全覆盖。拥有国家级专利导航服务基地5家,新认定省级专利导航服务基地8家,省级基地累计达到15家,向国家知识产权局备案专利导航成果140余项,导航重点产业销售额超千亿元,为本省产业高质量发展提供有力支撑。

充分发挥河南省知识产权局门户网站、微信公众号优势的同时,以《河南日报》《大河报》《河南科技》等为平台,拓宽宣传渠道。围绕"加强知识产权法治保障,有力支持全面创新",开展全省"全国知识产权宣传周"启动仪式、知识产权强省建设成果展等。软科学研究工作进展顺利,完成2023年度软课题结题,申报立项2024年度软科学研究38项,其中重点项目8项。组织"豫知行—2023"全省知识产权巡讲,深入15个省辖市(县、区)开展巡讲45场,培训人员近5000人次。指导郑州商标审查协作中心建立商标品牌服务工作站(点)20余个,为本省"黄河鲲鹏""河南红""唐宫夜宴"等重要产业项目以及区域品牌运营提供优质服务。强化知识产权学院建设,全省第7家知识产权学院商丘师范学院知识产权学院揭牌成立,积极推进各知识产权学院的知识产权学科、专业学位建设和专业硕士学位申报工作,推动形成层次完整的知识产权人才培养体系。

供稿:河南省知识产权局

版权工作

一、优化服务，繁荣版权产业

1. 版权服务提质增效

深入开展版权服务进基层活动，为3000余名群众面对面提供法律咨询、纠纷调解、作品登记等服务。创新版权社会服务方式，改进加强作品登记，2023年4月，上线运行"河南省版权登记平台"（简称平台），实现作品登记"网上办""便民办"。截至2023年底，平台受理作品登记26 624件，审核通过16 288件。

2. 版权产业繁荣发展

制定完善《河南省作品著作权登记管理办法》等5项制度，提高版权行业工作规范化制度化水平，着力解决制约行业发展难题。

首次组织开展河南省版权产业的经济贡献调研，以调研成果转化促进版权产业发展。

推动优秀版权作品转化运用，河南广播电视台充分开发中国节日系列节目的IP资源，着力培育"唐宫文创"品牌，打造文创产品400余款。河南广播电视台获评2022年中国版权金奖和2022年度十大作品著作权人，双双实现河南省在该奖项上的"零"突破。

3. 示范创建稳步推进

积极建立以省级版权示范为基础、国家级版权示范为引领的梯度培育工作体系，持续深化2023年度河南省版权示范创建活动。

积极培育申报国家版权示范，中原出版传媒投资控股集团有限公司、淮阳县邵波文化艺术工作室获评全国版权示范单位，中关村e谷（南阳）软件创业基地获全国版权示范园区（基地）。

南阳市入选2023年民间文艺版权保护与促进试点，推动优秀传统文化创造性转化、创新性发展，为民间文艺版权保护与促进贡献河南智慧、创造"南阳经验"。

二、加强监管，推进版权全链条保护

1. 突出集中打击

严格版权执法监管，聚焦重点领域、重要节点、重点人群，开展习近平著作选读重大主题出版物版权保护专项工作、院线电影版权保护专项工作、"青少年版权保护季"行动、"剑网2023"专项行动、"清朗·杭州亚运会和亚残运会网络环境整治"专项行动等5项集中行动，实施重点作品预警，集中打击主题出版物、电影、短视频、教材教辅、网络文学等群众反映强烈的侵权盗版行为，严肃查办一批典型案件，国家版权局等六部门联合挂牌的青少年版权保护案件中河南有6起。2023年河南共查处各类侵权盗版案件134起，捣毁窝点42个，删除侵权盗版链接486个，关闭侵权盗版网站/APP 50个，有力营造了版权保护环境。

2. 强化"两法"衔接

持续加强版权和文旅、公安、检察院、法院等部门的协作配合，推动信息共享、案情通报、案件移送。联合河南省文化和旅游厅进一步规范细化行政裁量权基准，推动行政执法标准与司法裁判标准统一，形成有机衔接、优势互补的运行机制。健全完善跨区域、跨部门版权保护协作机制，进一步完善河南省版权局、省公安厅、省人民检察院等部门间联合挂牌督办、督导检查等机制。

3. 深化使用正版软件

召开河南省2023年推进使用正版软件工作联席（扩大）会议，学习传达全国会议精神，研究部署河南年度重点工作任务。优化考核标准，树立重实效导向，持续巩固政府机关、国有企业软件正版化成果。聘请第三方技术员组成联合核查组，赴部分省直单位、国有企业、民营企业以及教育、医疗等重点行业集中开展核查，并就核查中发现的问题提出整改意见、推动立查立改。

三、深化交流，讲好河南版权故事

坚持"走出去"和"引进来"相结合，强化版权输出，促进出口和进口协调发展，助力讲好中国故事、传播好中国声音。

组织河南省 52 家版权单位、107 件版权精品、8 项现场展演互动活动、5 个路演项目参展第九届中国国际版权博览会。以"行走河南·读懂中国"为主线，围绕"版权赋能文博新生""版权驱动非遗传承""版权服务乡村振兴""版权护航文化出海"四个板块，挖掘中原文化、黄河文化的历史文脉和深厚底蕴，打造"沉浸式""探究式""体验式"文化秀场，法国、老挝、马拉维等地的外宾纷纷驻足咨询，与江苏、广东等省份参展厂商就 53 个项目达成合作意向。

组织 13 家出版单位、精选 800 余种图书参展第二十九届北京国际图书博览会。"中华文脉——从中原到中国"丛书等 90 种图书达成版权输出意向，"中国汉学研究史论丛书"等 37 种图书现场签订版权输出协议。

推动版权双向交流。2023 年，河南出版物输出版权共 239 项，引进版权共 201 项。其中，借助马来西亚吉隆坡、德国法兰克福、印尼雅加达、土耳其伊斯坦布尔等国际书展平台，达成版权输出协议 178 项，71 种图书被海外翻译出版。《伊朗细密画中的中国元素》《念书的孩子》等 11 种图书入选经典中国国际出版工程、丝路书香出版工程、中华学术外译项目等国家级"走出去"项目。

四、开展宣传培训，营造版权保护氛围

深入开展宣传、教育培训工作，营造尊重版权、激励创新的良好氛围。

开展主题宣传。以"4·26 世界知识产权日"为契机，利用融媒体广泛开展宣传，联合河南广播电视台推出高端访谈，制作版权海报在全省公共场所 LED 屏滚动播放，制作"豫'见'版权，豫'建'未来"宣传片，两天点击量超 5000 万人次。中央宣传部（国家版权局）对包括河南在内的 4 个省（市）版权海报进行展示，国家版权局官网对河南创作的视频进行刊播。

强化典型宣传。紧扣打击侵权盗版集中行动、打击侵权盗版重大案件等，开设专题专栏，创新宣传方法，提升宣传效果，着力构建常态化、立体化和精准化的版权宣传格局，大力营造版权保护良好氛围。深入挖掘打击侵权盗版典型案例的经验做法和先进单位、先进个人的典型事迹，积极发挥典型示范带动作用，引领带动河南各级版权执法部门不断提升办案能力水平。南阳某文化传媒公司网络传播短视频案入选"剑网 2022"专项行动十大案件。

深化教育培训。联合河南省教育厅、省卫健委、省国资委开展为期三天的软件正版化观摩培训活动，分行业、分领域专项开展学习交流活动。举办河南省版权执法监管暨软件正版化工作培训，邀请专家就政策理论、工作实务等进行专题授课，200 余人参训。

供稿：河南省版权局

司法工作

一、充分发挥审判职能，切实担负保障创新职责使命

2023 年，河南法院共受理各类知识产权案件 25 851 件（新收 25 304 件，旧存 547 件），同比增长 26.05%。其中一审 23 780 件，二审 1132 件；河南高院、中级法院、基层法院分别受理 370 件、4526 件、20 955 件。共审结各类知识产权案件 24 872 件，结案率 96.21%，河南高院、中级法院、基层法院分别审结 342 件、4115 件、20 415 件。

案件数量上升势头明显。2023 年，全省法院受理案件总数 25 851 件，比 2022 年度的 20 509 件增加 5342 件，增幅 26.05%。商标权、著作权纠纷占比较大。新收的 24 557 件

知识产权民事案件中,著作权纠纷11 144件、商标权纠纷8674件,分别占比45.38％、35.32％。技术类案件增长较快,新业态、新领域案件不断出现。新收专利、植物新品种等技术性较强的案件分别有2412件、147件,分别比2022年增长39.7％、24.6％。服判息诉率高,审理周期短。共受理知识产权二审案件1132件,上诉率为4.84％,民事知识产权案件的平均审理周期为29.08天,二审平均审理周期为33.12天,审判质效进一步提高。司法裁判影响力显著提升。涌现出了一大批知识产权司法保护的典型案例,中交大建(西安)乔良科技有限公司与浙江中隧桥波形钢腹板有限公司、周某不正当竞争纠纷案入选2022年中国法院50件典型知识产权案例;"郑麦113"植物新品种侵权纠纷等4起案件入选第三批全国法院种业知识产权司法保护典型案例等。

二、坚持严格保护理念,助推经济创新驱动发展

1. 提高刑事审判威慑作用,严惩侵犯知识产权犯罪

2023年,全省法院新收知识产权刑事案件731件,其中一审案件537件,二审案件82件,再审审查案件25件,再审案件1件,其他案件86件。部署开展打击侵犯知识产权犯罪专项治理;印发《2022年河南法院打击侵权假冒刑事犯罪典型案例情况的通报》,从全省法院2022年度办结的知识产权刑事案件和制售假冒伪劣商品刑事案件中评选出典型案例予以通报。

2. 加大知识产权民事审判保护力度,全面维护权利人合法权益

在知识产权纠纷案件侵权赔偿数额的确定上,坚持以市场作为知识产权价值的最佳参照系,使侵权赔偿数额与知识产权的市场价值相契合。对于反复侵权、恶意侵权,以侵权为业等行为,适用惩罚性赔偿。2023年审结的知识产权民事一审案件中共6件适用惩罚性赔偿,惩罚性赔偿数额1265.64万元。商丘中院发布《关于知识产权重复侵权、故意侵权企业名录向社会公布的实施方案》,加大侵权损害惩治力度。

3. 加强对具体行政行为的司法审查,依法监督知识产权行政执法

2023年,受理知识产权行政案件21件,审结17件。充分发挥知识产权司法保护的体制机制优势,妥善处理司法保护和行政保护之间的关系。与知识产权行政部门加强协作,在依法支持知识产权行政执法行为的同时,强化对知识产权行政执法行为的规范和监督。

三、健全司法保护机制,不断提升创新保障能力

1. 健全知产案件多元解纷机制

完善知识产权纠纷化解机制,建立行政调解协议司法确认相关工作机制,2023年办理司法确认案57件。信阳法院在百余起调解案件中创新引入知识产权事先约定赔偿机制,有效预防重复侵权。商丘中院诉前委派至商丘市华豫非公经济发展服务中心调解的一起知识产权案件,入选全国百佳商会调解典型案例。

2. 能动化解批量维权案件

探索"示范诉讼+调解"路径,选取具有共同事实和法律争议焦点的代表性案件先行审理、先行裁判,发挥示范案件的指引作用。濮阳法院审理的广州宝洁有限公司、恒安集团知识产权商标侵权近百余件批量案件均通过一案示范性判决结案,带动其待诉案件成功化解于诉前。

3. 巡回法庭"多点开花"

借助巡回法庭的优势,定期开展巡回办案,积极推进溯源治理,重视加强司法调研,广泛开展法治宣传,努力实现一个巡回、多重效应。2023年4月,新乡中院在中国(新乡)知识产权保护中心设立知识产

巡回审判法庭。12月,漯河法院巡回审判点在漯河(国家级)知识产权快速维权中心正式揭牌成立。

4. 加强保全措施运用

积极适用证据保全措施及律师调查令,破解取证难题。对适合向双方当事人公开的,及时通知双方当事人现场勘察、技术比对,第一时间固定证据并听取双方意见。对当事人因客观原因不能自行调取的证据,由法院向案件律师发放调查令进行证据保全。郑州中院发出各类调查令40余份,有效减轻了权利人取证难度,增强了法院认定事实的准确度。

5. 善借"外力"技术调查官

2023年,郑州中院邀请技术调查官、技术专家参与案件并出具调查意见书,进行案件论证30余件次,为知识产权审判提供强大"智库"支持。河南高院与省知识产权局、省检察院、省公安厅共同会商,拟共同推进建立河南省知识产权技术调查官制度,完善公正、高效、权威的专业技术事实查明机制。

四、服务地方特色经济,持续优化创新营商环境

1. 打造种业创新高地

依法加强植物新品种保护,共有10件案例入选最高人民法院发布的三批种业知识产权司法保护典型案例。印发《关于服务和保障"中原农谷"建设的意见》,提出14项具体措施,加大对具有自主知识产权的重大农业科技成果和植物新品种的保护力度。新乡两级法院入驻中原农谷,聚焦重点项目、重点企业和重点领域,积极探索构建专业化、精细化、特色化的知识产权巡回审判机制。

2. 促进中医药传承创新发展

组织开展河南省中医药知识产权司法保护系列活动。5月中旬,在南阳和新乡分别举办了中医药知识产权司法保护豫南、豫北片区座谈会,从7月起陆续发布中医药知识产权司法保护典型案例,回应本省中医药知识产权司法保护社会需求。

3. 加强知识产权司法保护宣传

开展庭审观摩活动,邀请人大代表、政协委员、行业代表以及在校学生走进法院,对社会关注度高、影响力大的知识产权典型案件开展庭审视频直播。在"4·26世界知识产权日"前夕召开新闻发布会,发布2022年河南法院知识产权司法保护状况白皮书和十件典型案例。举办河南省法学会知识产权法学研究会2023年学术年会暨第六届"中岳论坛",进一步提升全省法院知识产权司法保护水平。

五、加强能力作风建设,着力打造过硬知识产权审判队伍

河南法院始终坚持以党建带队建促审判,充分发挥党建引领保障作用,提高队伍履职能力,努力锻造一支政治坚定、顾全大局、精通法律、熟悉技术、具有国际视野的知识产权审判队伍。树立学习标杆,学习典型案例办理经验,不断提升业务能力和水平,彰显办案的三个效果统一。完成中国法学会审判理论研究会2023年度知识产权审判重大研究课题"知识产权侵权纠纷案件地域管辖治理研究"的结项工作,不断扩大理论研究成果的辐射力和影响力,更好地服务知识产权审判现代化。始终将推进党风廉政建设和反腐败斗争作为纯洁队伍、公正司法的重要抓手,认真开展警示教育、英模教育,严格落实防止干预司法"三个规定"等铁规禁令,确保队伍忠诚干净担当。

供稿:河南省高级人民法院
知识产权审判庭

检察工作

一、强化部署,全力推进知识产权检察综合履职,加强知识产权全方位保护

在全省推广知识产权刑事、民事、行

政、公益诉讼检察综合履职。制定《全省检察机关知识产权工作要点》，将提升综合履职能力水平作为重要内容，为各地工作提供指引，确保最高人民检察院工作部署落地落实。发布《河南省人民检察院关于知识产权综合履职适用率指标应用的提示》，要求全省认真学习、贯彻落实最高人民检察院关于知识产权综合履职率的要求。通过行刑反向衔接、制发检察建议、提起刑事附带民事公益诉讼等方式，稳步推进综合履职工作。

二、持续加大办案力度，以高质效办案助推知识产权检察综合履职

全省检察机关持续保持对侵犯商标权、专利权、著作权、商业秘密等知识产权犯罪的高压态势，强化知识产权综合司法保护。2023年全省检察机关共受理侵犯知识产权审查逮捕案件566件1086人，同比分别增长124.6%、82.5%；受理侵犯知识产权审查起诉案件773件1785人，同比分别增长75.7%、69.8%。监督公安机关立案52件，纠正漏捕25人，纠正移送起诉遗漏同案犯141人。向法院提出抗诉10件，法院改判6件。共受理知识产权民事生效裁判监督案件30件，同比增长130.7%；受理知识产权民事审判活动违法监督6件，受理民事执行活动监督13件。受理行政执行活动监督4件。立案知识产权民事公益诉讼3件、行政公益诉讼4件。办理知识产权综合履职案件53件，其中权利人提起刑事附带民事诉讼6件，不诉后反向移送行政处罚42件，民事支持起诉1件，公益诉讼诉前审查4件。

三、立足职能，坚持以办案为中心，不断提升知识产权司法保护质效

强化案件跟踪指导。建立全省重点案件台账，对于重大、复杂、有影响的知识产权案件实行台账化管理。筛选12件案件，与省公安厅食药环总队联合挂牌督办。筛选6起侵犯著作权案件，与省"扫黄打非"工作小组办公室、省版权局、省公安厅食药环总队联合挂牌督办。高度关注中央宣传部、最高人民检察院等六部门联合挂牌督办的6件涉河南案件的办理情况，实时跟踪指导，及时研讨疑难复杂问题，确保案件高质效办理。

注重培育典型案例。筛选全省知识产权案例，在"全国知识产权宣传周"期间印发7件全省检察机关知识产权司法保护典型案例，发挥典型案例示范引领作用，进一步彰显全省检察机关司法保护成效。

组织庭审观摩评议。组织安阳、鹤壁、濮阳、新乡四地市知识产权检察业务骨干对一起非法制造、销售非法制造的注册商标标识罪案件进行跟庭观摩评议，邀请知识产权法学专家、人大代表、政协委员、市场监管局和公安局食药环侦支队办案人员等30余人参加，进一步提升出庭履职能力。

四、强化协作形成工作合力，共同推动构建大保护格局

各级检察机关与知识产权行政管理、法院、公安等部门加强工作沟通，不断探索创新协同保护手段，以务实有力的举措推进深度协作。安阳市检察院与市知识产权局、红旗渠经济技术开发区管理委员会会签《关于建立知识产权保护联络机制的实施意见（试行）》，建立知识产权保护联络机制，以有效融合发挥各项检察职能，加强区域重点企业知识产权综合司法保护，更好服务区域创新驱动发展。省检察院济源分院与市场监督管理局等6家单位会签《济源产城融合示范区重点商标保护名录管理办法（试行）》，构建知识产权全链条大保护工作格局。信阳市浉河区检察院制定《"山水浉河·检茶行动"实施方案（2022—2025）》，联合区市场监管局等五部门会签《关于护航信阳毛尖国家地理标志产品保护示范区建设工作协

作的意见》，围绕助力信阳毛尖国家地理标志产品保护示范区的建设，健全行政执法与刑事司法、公益诉讼检察相衔接的工作机制，切实形成执法司法合力，助力信阳毛尖品牌建设以及茶产业实现更高质量发展。

五、政治引领，提升业务素能，强化人才队伍建设

以党建带队建，突出政治引领。在"全国知识产权宣传周"期间，联合参训的全省检察业务骨干共同开展"贯彻落实党的二十大精神　加强知识产权法治保障"主题党日活动。重温入党誓词，知识产权检察办案一线的检察官代表进行经验交流，进一步激发团队凝聚力和战斗力，进一步提升履职责任感和使命感。建立全省知识产权检察人才库，强化业务指导。遴选11名知识产权业务专家成立打击侵犯知识产权犯罪专业研究指导组，集中开展重大疑难复杂案件办理、类案指导、相关问题会商和研判、联合调研等工作。组织全省经济金融犯罪检察业务培训班，邀请知识产权业务专家授课，提升知识产权办案水平。

供稿：河南省人民检察院
知识产权检察办公室

湖 北 省

知识产权工作

一、高质量推进知识产权强省建设

全面贯彻落实习近平总书记的重要指示论述精神，积极推动知识产权相关工作纳入科技强省建设、建设全国统一大市场、打造全国营商环境新高地三年行动计划，湖北省集成电路产业、光电子产业等突破性发展产业三年行动方案，以及湖北省数字经济促进办法、品牌湖北建设行动纲要等重要文件，知识产权在全省重大改革举措、重要政策、重点工程中的作用不断凸显。举办"加强知识产权法治保障　有力支持全面创新"的"全国知识产权宣传周"湖北分会场活动。

做好知识产权保护检查考核和省政府督查激励。完成省委知识产权保护工作检查考核，推动将知识产权保护第三次纳入省委督检考计划。扎实开展知识产权强省建设示范城市、县域、园区评定工作。

助力稳经济促增长。出台知识产权助力稳经济促增长的八项措施，进一步推进知识产权政策实施提速增效。聚焦数字经济和绿色经济等产业，扎实开展"知海领航"专利导航成果发布活动。

二、强化知识产权高质量创造

政策引导驱动。深化湖北省委省政府《关于加快建设全国构建新发展格局先行区的实施意见》和《湖北省流域综合治理和统筹发展规划纲要》。依托产业链龙头企业、知名高校院所，布局建设18家省级"高价值专利培育中心"。牵头举办首届中部六省高价值专利大赛。

优化服务推动。国家知识产权局专利局武汉专利代办处为战略性新兴产业等领域办理专利申请绿色通道5100余次，平均授权周期压减60%以上。武汉知识产权保护中心优化预审服务，备案企业达到2088家。

强化治理促动。组织开展湖北省专利代理机构等级评定和质量抽查工作，完成第二届"知楚杯"专利实务技能大赛决赛，举办7期光谷知识产权沙龙服务机构研讨交流活动。开展"蓝天"专项整治行动，严厉打击不以保护创新为目的的非正常专利申请行为。

三、强化知识产权保护

汇聚强大势能。在强化法治保障方面,《湖北省知识产权促进与保护条例》列入2024年湖北省第十四届人大常委会立法规划第一类立法项目。组织长江中游三省及省会城市知识产权行政执法典型案例评析交流活动,深化与法院、检察院、公安等部门的知识产权保护工作协同,全面加强行政保护和司法保护的有机衔接。在强化舆论引导方面,会同省法院、省检察院、省公安厅、省市场监管局、省版权局共举办湖北省知识产权保护状况新闻发布会,发布《湖北省知识产权保护状况》白皮书,向社会公布全省知识产权保护十大典型案例。

提升保护效能。持续开展知识产权行政执法专项行动,组织开展县级知识产权保护行政执法能力建设交流活动,湖北自贸区武汉片区挂牌成立全国首家知识产权行政裁决所。知识产权纠纷多元调解工作入选国家知识产权局、最高人民法院知识产权纠纷多元调解典型经验做法和案例。全省知识产权信用分级分类监管机制获评第五届"新华信用杯"全国优秀案例。

强化平台功能。有序推进湖北省知识产权保护中心建设。会同省法院、省公安厅以高新园区、科创性企业为重点,联合共建首批20家省级知识产权保护工作站,全省各级建设知识产权保护工作站400余家。在全国率先推进基层市场监管所"融站入所",全省基层监管所挂牌知识产权工作站1070个。

激发创新动能。强化企业海外知识产权护航,围绕全省重点产业举办知识产权创新与海外知识产权保护专场活动,加强国家海外知识产权纠纷应对指导中心湖北分中心、武汉分中心建设,建立湖北省重点出口企业海外知识产权保护分析报告1+N制度,支持112家重点创新型出海企业开展海外知识产权战略布局,指导企业积极应对涉外知识产权纠纷。

四、推进知识产权转化运用

畅通运营网。获批建设中国光电子产业知识产权运营中心,支持建设6家省级重点产业知识产权运营中心;培育新增31家国家知识产权示范企业,105家优势企业。

打通中梗阻。持续推动武汉理工大学、湖北工业大学等高校院所开展专利分级分类管理和赋权改革,推动专利开放许可试点和专利产品备案。依托"知慧桥"湖北专利运用公共服务平台,发布开放许可专利1500余件。

架通转化桥。分片区组织11场次专利技术供需对接活动,全年专利转让许可28 928次。

接通金融渠。联合中国人民银行湖北省分行等七部门出台《关于进一步加强知识产权质押融资工作的指导意见》,深入开展知识产权质押融资入园惠企行动。

五、强化商标地标品牌建设

优化服务助力商标品牌培育工作。发布《湖北省商标品牌发展报告》,编制各市州商标品牌发展指数,推进商标与地理标志研究院建设,举办首届全省商标和地理标志高质量发展论坛。

地理标志助力乡村振兴工作。发起成立长江流域地理标志产业发展联盟,举办中部四省(鄂晋皖赣)地理标志品牌培育创新大赛,并牵头召开长江流域地理标志产业高质量发展大会。建成湖北地理标志运营中心,为全省地理标志提供知识产权智库、品牌升级和营销传播服务。深化地理标志专用标志使用核准改革试点任务,全年新增299家地理标志专用标志合法使用人。获批筹建潜江龙虾国家地理标志产品示范区。3件地理标志入选国家知识产权局新一批地理标志运用促进重点联系指导名录，4个地理标志产业发展项目入选全国第二批地理标志助力乡村振兴典型案例。

严格品牌监管工作。印发《湖北省优势商标名录（第3批）》，发布全省知识产权（商标）行政保护十大典型案例，1件案例入选国家知识产权局2022年度商标行政保护典型案例。

强化品牌宣传推广。举办"我喜爱的湖北品牌"电视大赛。联合湖北卫视打造《品牌湖北》访谈类节目。

六、优化知识产权服务供给

完善公共服务体系。新增1家TISC筹建机构，2家国家知识产权信息公共服务网点，上线湖北省知识产权综合服务平台，整合重塑国家知识产权局和省知识产权局政务服务、公共服务事项103项，推动实现知识产权政务服务"一网通办"，知识产权保护"一网联办"全省推广。

打造政务服务品牌。建设"知好办"服务窗口，围绕"全程好办"规范了11项服务举措，省知识产权局政务窗口获"全国先进代办处"，同时获评"第六届国家知识产权局青年文明号集体"。

强化人才培养培训。组织知识产权专业高级职称评审，初步建立起知识产权人才专业水平和职业能力评价制度和评价体系；开展"百县万企"知识产权大培训，被评为国家知识产权服务万里行优秀案例；成功申报创建国家知识产权人才培养实践基地。强化知识产权学历教育，成功推动6所高校设立知识产权本科专业，建成3个知识产权学院，会同省教育厅、省人社厅、团省委共同举办"知识产权青年说"大学生知识产权知识竞赛，推动东风汽车与湖北汽车工业学院成立湖北省汽车产业知识产权研究院，不断提升大学生知识产权意识和能力。

供稿：湖北省知识产权局

版权工作

一、创新推进版权社会服务工作

1. 不断加强和改进版权工作机制

依托湖北省版权保护协会等组织，创新版权工作机制。加强版权调研工作，与湖北省公安厅、省高级人民法院、省人民检察院共同发布《湖北省版权保护现状、问题和对策》，提出改进版权工作机制的意见、建议。

成立版权纠纷调解委员会，与武汉市洪山区、江岸区、东湖高新区等5家法院签订合作协议，发挥社会组织作用开展版权纠纷调解工作，调解版权纠纷案件115件。

启动版权经济贡献率调查。委托中国新闻出版研究院开展版权经济贡献率调查，这是湖北省首次开展此类调查，对于摸清版权产业底数、提高全社会对版权的认知度、制定版权经济政策具有重要意义。

2. 加强版权服务平台建设

支持华中版权综合服务平台建设，继2022年发出首例版权贷后，已向70余单位发出版权贷。湖北数字版权服务平台完成首部电影上链存证工作。武汉大学"中国知链"项目筹备工作稳步推进。组织版权单位参加第九届中国国际版权博览会，湖北省委宣传部副部长亲临指导工作。

3. 组织参加全国各项评选工作

组织2023年度十大著作权人推荐申报工作，武汉博润通文化科技股份有限公司入选全国2022年度十大著作权人。组织推荐全国版权示范单位（园区），2家单位入选。

二、大力推进软件正版化工作

1. 不断优化完善软件正版化联席会议制度

2023年6月下旬，组织召开省软件正版化工作推进会，会议传达学习了推进使用正版软件工作部际联席会议第十二次全体会议精神，研究审议了全省软件正版化工作计划和核查通知，安排部署了2023年全年重点工作，湖北省委宣传部副部长主持会议并讲话。

2. 加强软件正版化工作指导培训

7月，在武汉举办2023年湖北省软件正版化工作培训班，省级政府机关、省国资委出资企业、金融行业、教育和卫生健康行业、省工商联联系重点龙头民营企业、各市州版权局版权管理处（科）、部分市州政府机关和市州国资委监管企业软件正版化工作责任人165人参训。同时，加大点对点指导力度，根据有关单位要求，派员进行现场指导培训，帮助建立健全管理制度、软件资产管理台账等工作制度。

3. 创新工作方式方法，强化督查核查

根据软件正版化工作年度计划和督查考核方案，7月底启动2023年软件正版化督查工作，采取聘用第三方机构核查与联合督查组督查相结合的方式进行，先后对10家省级政府部门，12家省级国企，12家金融机构，5家民营重点龙头企业，12家教育和卫健行业单位，武汉、襄阳、鄂州、咸宁、恩施等5个市州软件正版化工作情况进行专项核查督查，累计检查单位133家次、计算机23 346台次。

三、强化版权宣传品牌建设工作

1. 开展版权周系列宣传活动

紧抓"全国知识产权宣传周"重要节点，组织全省版权行政管理部门开展版权宣传系列活动；举办第十二届"法理争鸣"高校版权辩论赛，邀请全国30所知名高校参赛。

2. 积极打造版权品牌

举办第二届"版权产业创新与知识产权保护东湖论坛"，邀请省内外公安、检察、法院、研究机构、企业、文化执法和行政管理等部门专家参与论坛活动并发表主题演讲，人民网、中新网、新华网、央视网、《中国新闻出版广电报》等近20家权威媒体对论坛成果予以报道；开展第二届"我是版权守护者"公益短视频展演活动，专题累计播放9000万余次。

3. 开展版权宣传"进校园、进企业、进社区"活动

湖北省版权局、省版权保护中心联合咸宁市委宣传部、荆门市委宣传部深入湖北科技学院、荆楚理工学院等单位，开展现场宣讲和交流座谈，指导有关单位进一步加强版权管理运营，赋能创新发展。

四、深入推进版权行政执法工作

1. 认真开展电影版权保护专项工作

突出春节档院线电影版权保护这个重要时间节点，组织全省各级版权行政执法部门对全省开业经营的485家电影院、120家点播影院（影吧）及其他经营场所进行全覆盖检查，严防盗录盗播等违法犯罪行为发生，确保春节电影市场总体平稳有序。

2. 扎实开展"青少年版权保护季"行动

及时下发通知，协调省"扫黄打非"工作小组办公室、省公安厅、省教育厅、省文化和旅游厅等相关职能部门在全省范围内开展专项行动，严厉整治教材教辅、工具书、少儿图书领域侵权盗版乱象，依法保护青少年身心健康和合法权益。

3. 组织开展打击网络侵权盗版"剑网2023"专项行动

联合省公安厅、省网信办和省通信管理局下发专项行动通知，在全省范围内部署开展集中行动，要求各地突出重点领域版权专项整治、强化作品全链条保护、压实网站平台主体责任。

4. 强化版权行政执法队伍建设

举办全省版权行政执法监管工作培训班，线上线下累计400余人参训。2023年，全省共办理侵权盗版案件149件，办案数量较上年增长125%。

供稿：湖北省版权局

司法工作

一、提质增效优化环境，助力湖北高质量发展

1. 案件数量高位运行

2023年，湖北法院共受理各类知识产权案件18 967件（旧存2745件，新收16 222件），其中知识产权民事一审案件16 438件，民事二审案件2191件，结案16 509件，结案率达88.62％。共受理知识产权刑事一审案件174件，刑事二审案件37件，结案201件，结案率95.26％。新收知识产权行政一审案件8件，结案8件，结案率100％。

2. 审判质效不断提升

2023年，全省知识产权案件改判、发回重审率始终保持较低水平，知识产权案件得到公正处理。同时，全省法院坚持引导知识产权法官树立精品意识，着力打造知识产权精品案件。

3. 激发科技创新动能

依法保护科技创新成果，围绕生物医药、人工智能、汽车制造、"光芯屏端网"等武汉优势产业，加大对高端芯片、集成电路等核心技术领域成果保护力度，带动技术产业升级。尊重在先技术研发人的合法权益，在陈某等诉东风旋压公司"水泵皮带轮"专利侵权案中，依法保护在先研发权利人的合法权益。准确区分职务和非职务发明成果，在东莞远程自动化公司与陈某等"导轨模组"系列专利权权属争议中，禁止离职员工将职务发明成果申报为归个人所有的专利。

4. 助力品牌经济发展

审结"五粮液""OPPO""宝岛"等知名品牌商标侵权案件1925件。加大对公众健康领域商标侵权案件的惩处力度，对假冒茅台等酒水饮料和假冒周黑鸭等食品调料案件，依法从重判处赔偿。坚决制止恶意抢注、囤积商标等扰乱商标注册使用秩序行为，维护老字号品牌信誉。对涉"樟树港辣椒"地理标识案件，加大司法保护力度，保障区域特色经济发展。

5. 维护公平竞争环境

合理划定技术创新与不正当竞争界限，在涉"微信""抖音"群控案件中认定不当获取他人软件用户数据、干扰他人软件正常运行的行为构成不正当竞争。平衡保护企业商业秘密权益和劳动者自主就业权，对利用原单位商业秘密牟利的员工，依法判令其承担侵权责任，切实防范商业风险。

二、理念先行规则引领，打造知识产权司法保护高地

1. 推进裁判标准统一

2023年1月，精选34件案件编辑发布《湖北省高级人民法院知识产权案件裁判指引（一）》。4月，发布《湖北法院知识产权司法保护十大典型案例》。8月，举办全省知识产权审判业务培训班，提升全省知识产权专业审判能力。11月，组织评选全省法院年度系列"十大保障创新开放发展案例"。每年针对知识产权案件发回重审及改判情况进行调研分析，建立与条线法院审判工作情况定期通报机制，充分凝聚共识。

2. 严格保护重遏制

对非法窃取企业核心技术秘密的犯罪嫌疑人判处刑事处罚，保护了长飞光纤、豪迈电力等重点科技企业的核心技术秘密。对重复侵权、毁坏或者隐匿侵权证据、拒不履行保全裁定等行为的，加大判赔惩治力度。在侵害"嘧啶胺"技术秘密案件中，对以商业间谍手段窃取他人核心技术秘密并拒不如实提供财务账簿的侵权人，按侵权获利三倍计算判决赔偿权利人经济损失1043万元。

3. 完善证据规则解难题

健全证据规则，创新证据调查方式，充分运用现场勘查、证据保全等措施，破解知

识产权维权难题，武汉中院全年外出执行证据保全、现场勘验43件次。在侵害CAD系列软件侵权案件中，依法判决拒不配合证据保全工作的侵权人承担侵权责任，合计赔偿权利人经济损失290万余元。积极落实诉前禁令制度，及时制止知识产权侵权行为，避免权利人损失难以弥补。

4. 开展基层法院知识产权大调研

知识产权案件管辖调整后，全省22家基层法院取得知识产权案件管辖权。围绕基层法院知识产权司法保护能力和机制建设，湖北高院组成三个调研组分赴各基层法院展开调研，直面问题，交换意见，提升知识产权保护效能。

5. "三合一"审判机制改革稳步推进

襄阳中院联合下发《关于对全市涉知识产权一审刑事案件实行集中管辖及捕诉一体办理的通知》，促进辖区内侦、控、审各程序有效衔接，形成规范化量刑机制，提高知识产权司法保护整体水平，该工作经验入选湖北自贸试验区第八批制度创新成果。

三、能动司法推动共建，激发国家中心城市创新动能

1. 协同联动构建大保护格局

3月，与湖北省知识产权局召开党组联席会议，推动知识产权协同保护，研究组织实施知识产权纠纷行政调解协议司法确认工作，联合出台《关于加强知识产权司法保护与行政保护衔接合作的若干意见》《关于开展知识产权纠纷行政调解协议司法确认工作的实施办法（试行）》。湖北已设立近300个知识产权保护站，87个知识产权行政+司法联合保护工作站，充分发挥行政快捷解纷、司法提供规则指引的作用。

2. 构建多元解纷大格局

武汉中院发布《武汉市加强知识产权纠纷多元化调解工作的意见》，为当事人提供更多纠纷解决方式。强化与司法局等单位的协同协作，共同推进知识产权案件一站式多元解纷，为当事人提供更多解纷便利。会同武汉市市场监管局出台《关于知识产权纠纷行政调解协议司法确认的工作指引》，就有关行政调解确认案件的管辖、办理流程等作出明确规定。

3. 积极提出司法建议

宜昌中院针对在审理侵犯商标权、外观设计专利权等知识产权案件的工作中，发现宜昌市试行"集群注册"改革后存在难以监管等问题，于10月向宜昌市市场监管局发送《关于规范集群注册市场主体管理的司法建议》，建议加强审查集群注册申请登记材料的真实性、合法性，加强对集群注册代办方的日常监督管理，并对《宜昌市企业集群注册登记管理暂行办法》进行修改或调整。

4. 讲好荆楚大地的知产法治故事

湖北法院审理的"京山桥米案""周六福商标侵权案""学生状告母校老师剽窃其学位论文申报专利案""培训试题抄袭案""米芝莲赔偿米其林1000万元商标侵权及不正当竞争案"，分别被《人民日报》、新华社等宣传报道。《能动司法理念下小额商标诉讼审理的反思与重构——以追溯侵权商品来源为重点》一文，获全国法院第三十五届学术讨论会二等奖。《山东某教育有限公司诉宜昌甲职业培训学校、宜昌乙职业培训学校侵害作品复制权、发行权纠纷案——试题类作品"独创性"的判断方法》一文，收录于最高人民法院《年度案例50佳（法官系列）》。湖北法院积极邀请人大代表、政协委员、社会公众旁听庭审，借助微信公众号、抖音等新媒体平台开展普法宣传；采取抖音直播方式举办首届法润江岸·知识产权保护论坛，知识产权法官做客湖北电视台和《长江日报》"周二之约"直播间，云端解答知识产权法律问题。

供稿：湖北省高级人民法院
知识产权审判庭

检察工作

一、坚持以办案为中心，持续提升知识产权检察保护质效

2023年，湖北检察机关共批捕侵犯知识产权刑事犯罪269人、起诉389人，同比分别上升70.3％、62.8％；办结知识产权民事、行政和公益诉讼案件52件，同比上升420％；开展综合履职77件。

办精知识产权刑事案件。充分发挥检察机关法律监督职能，及时提前介入，引导公安机关调取和固定证据，完善证据体系。武汉市江岸区检察院办理的吕某某侵犯长某光纤光缆股份有限公司商业秘密案，检察机关建议侦查机关围绕电子证据收集、商业秘密鉴定等内容精准取证，夯实案件查办基础。黄石市西塞山区检察院办理的浙江某科技有限公司、刘某某等八人侵犯著作权案，检察机关派员协同公安机关扣押设备、跟进调取版权证明材料、参与侦查实验全过程，最终确定侵权影片达2200余部，有效破解以网络为载体侵犯著作权的认定难题。

办好知识产权民事、行政、公益诉讼案件。省检察院办结的2件知识产权民事生效裁判监督案件分别涉及侵害商标权纠纷和著作权纠纷，承办人耐心细致释法说理，努力化解矛盾。随州市检察院依法向法院提起3件知识产权领域民事公益诉讼，所提诉讼请求全部获得法院支持。麻城市检察院、宣恩县检察院分别就当地地理标志滥用现象向麻城市、宣恩县市场监管局发出检察建议，麻城市检察院又以农产品地理标志保护为切口，向麻城市委、市政府报送麻城市特色农产品知识产权司法保护工作调研报告，获当地主要领导的高度评价和充分肯定。

办实知识产权类案监督，深化社会治理。湖北检察机关积极履职，做好知识产权类案监督，通过制发检察建议等方式督促行政执法机关依法履行监管职责。宜昌市三峡坝区检察院对500余件知识产权民事纠纷案件和20余件知识产权刑事案件进行逐案分析，对问题较突出的7个县市区市场监管局制发社会治理检察建议，市场监督管理局收到检察建议后迅速开展专项检查。

二、全面依法履职，推进知识产权检察综合履职走深走实

制定出台综合履职工作指引。省检察院制发《关于知识产权检察综合履职的工作指引》，针对当前知识产权检察综合履职的主要问题和目标，从工作职责、工作机制、司法办案、协同保护和工作保障几方面提出意见，获最高人民检察院《检察工作简报》（第19期）采用。

有效发挥考核"指挥棒"作用。2023年检察机关案件质量主要评价指标新设置知识产权综合履职适用率，引导办案人员将单一办案理念转向融合办案理念，湖北省检察机关开展综合履职案件77件。

积极参加优化营商环境先行区创建试点工作。湖北省各地检察机关结合当地特点，发挥基层首创精神，积极探索检察机关服务保护地方特色农副产品的工作路径。孝昌县检察院制定知识产权四大检察办案流程图，利川市检察院发布服务茶叶产业高质量发展的12条措施，蕲春县检察院组建蕲艾地标产品知识产权检察保护办案团队。

积极开展知识产权恶意诉讼专项监督工作，全省检察机关通过查阅判决书、调阅批量维权案卷等方式，共摸排涉知识产权恶意诉讼线索35件，多次与法院、公安机关、鉴定机构就办案细节进行沟通，并专门就该批案件向最高人民检察院汇报，积极争取指导。

三、强化交流与协作，着力推动构建知识产权大保护格局

加强跨区域沟通协作。省检察院参加鄂湘赣三省检察机关服务长江中游城市群建设联席会议，联合签署《关于加强长江中游城市群知识产权司法保护协作的意见》。恩施市检察院与重庆市黔江区检察院共同建立知识产权检察协作机制，整合知识产权司法和行政资源，服务保障两地知识产权工作健康发展。

加强跨部门沟通协作。主动加强与法院、公安、知识产权行政执法机关等部门的沟通协作，建立完善工作机制，形成知识产权保护合力。鄂州市检察院与市公安局制定《知识产权刑事案件"双报制"协作办法》，就线索移送、案件研判、信息共享等达成共识，凝聚知识产权保护合力。

加强检校合作。省检察院与中南财经政法大学联合成立"知识产权检察理论与实践基地"，十堰市张湾区检察院与湖北汽车工业学院成立十堰"知识产权检察理论与实务研究基地"，充分利用本省科教资源丰富的优势，促进科教融合，推动人才共育。

四、延伸检察职能，为创新主体提供"全方位"精准服务

全省各级检察机关积极创新服务方式，搭建多元服务平台，为创新主体提供"高质量、零距离、全方位"法律服务。武汉市两级检察院联合工商联共同组织辖区高新技术企业召开商业秘密保护专题座谈会，提出完善治理的建议。宜昌市三峡坝区检察院以检察服务联合站为依托，精准对接园区企业，上门问需问计，助力企业健康发展。鄂州市检察院完成知识产权检察保护小程序的开发与设计，对线上发现的知识产权恶意诉讼线索及时向相关部门移送。

五、全面提升素能，着力提高知识产权检察队伍履职水平

加强队伍专业化建设。省检察院组织开展全省经济犯罪检察业务培训并召开全省知识产权试点基层院座谈会，邀请中南财经政法大学教授和绍兴市柯桥区检察院检察官就知识产权检察保护理论及实务问题进行专题授课。

积极借助外脑。省检察院充分运用特邀检察官助理制度，聘请相关专业人士作为特邀检察官助理，积极借助"外脑"提升专业素能。同时，在办案中探索技术调查官，邀请专业人士就技术问题提供专业意见。

加强调研指导。省检察院知识产权检察办公室积极开展知识产权检察工作调研指导，形成关于加强知识产权综合司法保护的调研报告，总结2021年以来全省知识产权检察改革经验，分析问题，提出对策，2篇知识产权研究成果被《检察日报》刊载。

六、加强宣传，营造全社会共同保护知识产权的良好氛围

采取召开新闻发布会、开展知识产权检察主题宣传活动等形式进行知识产权法治宣传，积极营造全社会共同保护知识产权的良好氛围。湖北检察机关举行知识产权检察保护工作新闻发布会，发布湖北检察机关知识产权检察保护工作情况，介绍10件典型案例，回答记者关注的问题。参加第二届"版权产业创新及知识产权保护东湖论坛"，就"侵犯著作权案件中广告联盟平台法律责任探析"作主题发言。

供稿：湖北省人民检察院
知识产权检察办公室

湖 南 省

知识产权工作

一、创造水平有新提升

湖南省实施知识产权质量提升工程,促进创造、申请、代理、审查、保护和运用全链条各环节的质量提升。从数量上看,全省新增授权专利74 940件,全省有效发明专利拥有量超过10万件,达105 327件,同比增长20.88%;万人发明专利拥有量15.95件,同比增长21.2%;商标有效注册量突破110万件,达1 139 951件,同比增长8.76%;PCT国际专利申请受理量573件;中国驰名商标410件;新增地理标志商标10件,地理标志总数达到332件。从质量上看,在第二十四届中国专利奖评选中,获发明专利金奖2项、发明专利银奖2项、优秀奖18项;组织评选出年度湖南专利奖特别奖1项、一等奖8项、二等奖12项、三等奖30项。常德茶油、洪江雪峰乌骨鸡2个产品获批国家地理标志保护产品。从代理上看,持续开展知识产权代理行业"蓝天"专项整治行动,积极开展专利代理信用评价管理试点工作,改善知识产权代理行业秩序,加强行业自律,推动代理机构向标准化、规范化、优质化、专业化方向发展,全省非正常专利申请率同比下降44.60%。

二、保护工作有新突破

支撑体系逐步完善。围绕省重点产业布局,承接中央下放专利预审等权限,三个国家级保护中心相互联动,成立全国首个知识产权保护中心一体化联盟。株洲、常德、湘西建立公益一类的市级保护支撑机构。

执法力度不断加大。聚焦侵权假冒多发领域,强化监管、重拳打击,组织开展知识产权执法6023次,查处案件1511件,专利侵权纠纷裁决类案件立案1801件,结案1494件,平均办理周期压缩一半时间。发布全省知识产权十大事件、执法典型案例。2件案例入选知识产权强国建设第二批典型案例,1件案例入选国家知识产权局2022年度专利行政保护典型案例。

专项整治成效显著。率先开展知识产权保护与综合执法联合专项整治,监测各类广告2000万条次,发现涉嫌违法线索1200余条次;排查经营主体、场所1.06万户,发放宣传册1.25万份,查办知识产权领域虚假违法广告案件253件。

风险防控积极有为。支持77家省级重点保护企业开展专利布局与预警分析,对重点商标全球监测,发布针对性风险预警信息25条。积极应对安塞乐米塔尔集团在华投资知识产权侵权,以及美国康宁对本省东旭、邵虹等基板玻璃产业企业的打压行为,有效维护了企业合法权益。

三、赋能经济有新作为

大力推进专利转移转化。2023年全省专利转让18 062次,许可8184次;开放许可专利2609件,达成许可486次。争取中央财政专利转化奖补资金1亿元。建成15个高校中心,通过转让、许可、作价入股实现转化金额近10亿元。举办高校专利转化对接会,发布拟转化专利2597件。《人民日报》《中国知识产权报》等主流媒体专题报道本省高校专利转化工作。长沙、衡阳、株洲、湘潭、邵阳、常德、益阳、湘西等地举办专利转化对接会,促成数百个项目落地。

持续加强知识产权投融资。重点产业知识产权运营基金总规模达5.5亿元,实现企业投资4.25亿元。设立知识产权质押融资风险补偿金6500万元,纳入补偿范围35.8亿元,惠及300余户科技型中小微企业,助力经营主体发展,知识产权质押融资金额达77.3亿元。长沙、株洲、湘潭、常德、益阳等地质押金额超过5亿元。全省首单知识产权证券化产品、运营基金投资的股票分别在深交所挂牌上市,实现零的突破。

狠抓知识产权密集型产业培育。全省专利密集型产业增加值达5679.57亿元,同比增长14.8%,高出全国平均增速4.8个百分点,高出湖南地区生产总值增速8.3个百分点。

开展地理标志富农兴农行动。全省授权使用企业总数达2030家,使用率由2022年的不足50%提升到72%,地理标志年产值超千亿元。

四、服务实效有新高度

公共服务能力持续增强。立足园区、辐射市州,累计投入2400万余元,建成50个综合服务分中心,征集企业联络员11 700名、建档企业8518家。开展"百企优培""维权导航进企业"等专项行动,组织各类业务培训360余次,参训人员19 437人次。协助省委组织部、省人社厅、科技厅等部门开展知识产权信息审查,涉及专利576件,商标16件,软件著作权22件,论著147篇。受理专利申请3.44万件,办理质押登记466笔、许可备案725笔,推荐优先审查2798件。全省15个商标受理窗口共受理商标注册申请9813件,受理后续业务申请6111件。

信息服务水平不断提升。建成省知识产权综合服务信息平台和重点产业专利专题数据库28个,建立提升技术与创新支持中心4个,集成专利数据近1.3亿条、商标地标数据1.65亿条,访问量100万余次。湖南省知识产权专家库管理系统正式上线,约400名专家入库。

重点专项服务成效明显。围绕轨道交通、基板玻璃等12大重点产业开展知识产权强链护链,建立4个专利导航服务基地,创建专利导航产业创新发展工作机制,指导产业链企业做好关键核心技术国内国际布局,形成专利导航分析报告12个、预警分析报告8个,其中《株洲市轨道交通装备产业导航》分析报告获得国家知识产权局专利导航优秀成果。

供稿:湖南省知识产权局

版权工作

一、示范创建实现新突破

湖南省版权局准确把握版权强国建设新任务、新要求,引导越来越多的单位树立"以创建促管理,以示范促发展"理念,强化工作措施,积极开展版权示范创建培育工作。2023年,湖南省湘绣研究所、湖南天河文链科技有限公司获评2022年度全国版权示范单位,长沙中电软件园获评2022年度全国版权示范园区(基地);全省获此类荣誉的单位已达15家。长沙市获评全国版权示范城市,湖南美术出版社、中联重科股份有限公司分别获评2023年度十大著作权人(文字综合类)、十大著作权人(软件类),张家界市入选中央宣传部民间文艺版权保护与促进试点地区,填补了湖南省在相关领域的空白。长沙市版权局获评2022年中国版权金奖·管理奖。

二、版权公共服务受到好评

2023年,举办版权执法培训班、软件正版化知识讲座、市州版权行政管理人员座谈会,深入长沙、株洲、永州、常德、益阳、怀化等市调研,了解基层诉求。修订《湖南省版权基层工作站管理办法》,印发《湖南省版权示范创建管理办法》,联合湖南省高级人民法院等单位发布《关于深入开展版权纠纷诉调对接工作的意见》,进一步理顺了工作机制。组织开发湖南版权公共服务平台，指导长沙市举办2023马栏山版权保护与创新论坛，支持常德市设立基层版权工作站；支持湖南大学出版社与中国版权杂志社签订战略合作协议，完成湖南省政府"湘易办"软件著作权登记，完成境外出版物在湘出版、印刷版权备案400余件次；全省著作权登记首次突破20万件，达到241 359件，同比增长74%，进一步提升了服务能力和服务水平。

在第十九届中国（深圳）国际文化产业博览交易会上，长沙市以新晋全国版权示范城市名义，设立了100平方米的版权专属展区。湖南版权展示的互动感、科技感、沉浸感成为文博会一大亮点。在第九届中国国际版权博览会上，湖南和长沙版权推出260平方米的精品展区，参展产品达到486类，展台"靓点"纷呈，湖南广电、中广天择、潇影集团等的视频版权，中南传媒、湖南日报、天舟文化等的数字版权，三一重工、中联重科、铁建重工等的工业版权百花齐放，湘绣、湘瓷、浏阳烟花等特色版权产品惊艳全场，实现了版权交易和战略合作双丰收。

三、版权公益宣传引起关注

2023年，在"4·23世界图书与版权日""4·26世界知识产权日"等重要节点，在红网开辟"文化强省，版权护航"专栏，组织全省各级版权管理部门和中南传媒、芒果TV等主要版权单位撰写专题文章33篇，组织制作一批公益海报，在专栏集中刊发。《中国新闻出版广电报》刊发湖南版权专题报道2篇，《湖南日报》刊发整版文章，《长沙晚报》刊发头版头条，推介湖南版权工作。湘江沿岸主题灯光秀集中展示湖南版权事业和版权产业发展成就，产生了广泛影响。

四、营商环境得到优化

2023年，进一步筑牢意识形态安全、文化安全主阵地意识，指导全省各级版权部门加大行政执法力度，有效开展打击网络侵权盗版"剑网2023"专项行动、院线电影版权保护专项工作、"青少年版权保护季"行动、"清朗·杭州亚运会和亚残运会网络环境整治"专项行动等执法行动，版权执法工作扎实推进。

2023年，全省共查办侵权盗版案件218起，其中刑事案件65起，涉案金额超2.43亿元。衡阳市查处的"4·12"销售盗版教材案入选"青少年版权保护季"行动第一批典型案例，湖南长沙童梦文化股份公司特教软件被侵犯著作权案入选2022年度全国打击侵权盗版十大案件。

中南出版传媒集团近年来共对外译介图书、电子出版物、动画、音像等内容版权2100余种，覆盖全球95个国家和地区、44种语言，输出数量在全国出版集团中位列前茅。芒果TV国际APP下载用户1.5亿，覆盖全球195个国家和地区。湘绣研究所巨幅双面绣《天下洞庭》陈列于人民大会堂湖南厅。中科云谷开发的"云谷工业互联网平台"已运用到全国各大城市和海外部分城市。中广天择开发的一站式服务平台"中国V链"运用区块链与大数据算法，为数字版权的生产、交易、保护全流程赋能，助力数字经济健康发展，入选中央网络安全和信息化委员会办公室2023年区块链创新应用优秀案例。网红餐厅"文和友"和奶茶品牌"茶颜悦色"，用创造赋能消费，推出系列特色周边版权产品超1000件/年。长沙版权产业连续5年增长10%以上。

供稿：湖南省版权局

司法工作

2023年，湖南法院审理各类知识产权案件1.3万件，涵盖生物医药、高端装备制造、人工智能、种源种业、影视制作等多个领域，为服务创新驱动发展、推进品牌强省建设、促进文化繁荣提供了有力司法服务和保障。4个知识产权案例获评全国性典型案例,2篇知识产权裁判文书获评全国法院"百篇优秀裁判文书",1个知识产权报告获省委常委批示肯定,1个知识产权调研报告获两位副省长批示,5名个人获评全国先进个人,4个集体获评全国先进集体,助力知识产权工作在党中央、国务院年度国家知识产权保护工作考核中获优秀等次。

一、严格司法,精准护航高质量发展

2023年,全省法院新收知识产权一审民事案件13 538件,结案12 765件,结案率94.29%,法定审限内结案率99.85%。审理猴某数字科技有限公司、长某新贸易有限公司诉长某新科技股份公司商标侵权案,作出全省知识产权恶意诉讼领域第一份司法惩罚决定书,对恶意诉讼侵害他人商誉、扰乱市场秩序的行为,坚决纠治、追责,向市场发出强烈信号加以规范,引导市场主体采信诉讼、诚信经营。贯彻"审理+治理"纠纷处理理念,在腾讯与抖音涉长短视频著作权纠纷中,将企业末端处理和前端治理有机结合,助力两大视频企业达成产业合作协议,护航视频文化产业良性健康发展。腾讯公司送来"重拳出击护知产 公平公正促发展"锦旗表示感谢。

二、多措并举,着力破解知识产权司法保护难题

践行"如我在诉"意识,采取小额速裁程序、简案线上询问和线上开庭、设立快审速裁中心等机制和方式,知识产权案件平均审理周期较2022年缩短8天。落实落细惩罚性赔偿制度,印发《关于知识产权侵权案件惩罚性赔偿适用问题的解答》和知识产权惩罚性赔偿典型案例,对故意和情节严重的认定、基数的计算、倍数的确定等18个问题进行答疑指导,确保辖区内法律适用的统一和裁判结果的协调。在6个案件中适用惩罚性赔偿,打击恶意侵权行为,以严格公正司法树立鲜明导向。

三、多点布局,全方位服务重点区域领域创新发展

立足马栏山视频文创园、国家文化产业园等高新产业园区,设立开福区人民法院马栏山人民法庭、天心区人民法院创谷人民法庭等知识产权专门法庭,打造具有地域和产业特色的专业化审判机构,并配套设立知识产权保护工作站,探索"专门法庭+园区+工作站"知识产权保护新模式,助力营造一流营商环境。

四、拓展渠道,深化知识产权纠纷诉源治理

开展知识产权保护多元共治深化年专项行动,形成对接23个知识产权调解组织、313名调解员的知识产权调解体系,共计在线诉前调解知识产权案件13 633件,调解成功5235件,大量案件通过非诉方式高效化解。聚焦产业集群、专业市场等区域,因地制宜设立知识产权纠纷调解室、司法保护工作站、联络站等专门解纷机构,满足创新主体多元解纷需求。探索建立跨区域知识产权司法保护合作机制,指导衡阳中院与长沙中院签署司法协作协议,统筹长沙、衡阳两地法院多元调解力量,优化资源配置。

五、协同联动,构建知识产权大保护格局

联合省发展改革委、省文旅厅、省版权局出台《关于深入开展版权纠纷诉调对接工作的意见》,建立涉版权产业纠纷"专业审判+专业定价+行业调解"联合解纷工作机制,充分发挥专业定价机构价格认定优势,为版权纠纷司法定价的合理性和正当性提供专业支撑,通过法院示范性判决、行

政示范性处罚等方式,推动版权、价格类调解组织发布类型化纠纷调解标准,最终引导作品使用人以许可代替侵权,有效解决权利人与使用者之间就海量作品使用许可存在的争议和问题,从根本上化解纠纷,促进整个版权产业良性健康发展。2023 年,全省法院涉版权纠纷案件受理量同比下降 60.42%,纠纷前端治理成效明显。该项工作获评 2023 年度湖南法院优化法治化营商环境典型事例。联合省检察院、省公安厅印发《关于深入推进知识产权刑事协同保护机制建设的意见(试行)》,就知识产权刑事案件集中管辖、商业秘密刑事保护、专业化建设、程序衔接等事项开展全方位合作,全面加强本省知识产权刑事协同保护水平。

六、精准调研,以成果转化助推特色产业高质量发展

坚持调查研究与知识产权保护紧密结合,聚焦先进制造业、种业、地理标志、数字文娱等重点产业开展调研,以司法建议、调研报告、信息简报等形式,把调研成果转化为工作思路、工作部署,《种业知识产权保护情况报告》助推"长沙种业知识产权保护研究基地"落地,促进种业产业健康发展。报送的涉先进制造业知识产权保护、国企技术流失等专题报告受到省委主要领导批示肯定。

供稿:湖南省高级人民法院
知识产权审判庭

检察工作

一、切实加大知识产权案件办理力度

2023 年,湖南检察机关共审结侵犯知识产权刑事犯罪审查逮捕案件 309 件 542 人,审查起诉案件 471 件 1181 人。全省开展各类刑事诉讼监督 338 件(人)次,办理民事诉讼监督案件 290 件,行政诉讼监督案件 6 件,公益诉讼案件 30 件。

确保案件办理质效。省检察院组织对不捕、不诉、生效裁决的侵犯知识产权刑事犯罪案件进行交叉评查,逐月对"诉判不一"的知识产权刑事犯罪案件进行审查,进一步加强知识产权量刑和抗诉工作指导。

加大对互联网、智能制造等战略性新兴产业司法保护力度。长沙市检察院、长沙县检察院依法办理了某某科技公司被侵犯商业秘密案等典型案件,为长沙全球研发中心城市建设保驾护航,办案经验获最高人民检察院肯定推介。最高人民检察院、公安部、中央宣传部、全国扫黄打非办联合督办的湖南岳阳"9·30"涉嫌侵犯网络游戏著作权案,被侵权人为知名民营企业,涉案金额达上亿元,承办检察机关除依法打击网络游戏领域侵犯著作权犯罪外,还对网络犯罪产业链的重要环节非法"第四方支付"平台进行打击,对维护经济金融安全意义重大,具有示范意义。

全力做好追赃挽损工作。在办理"9·30"涉嫌侵犯网络游戏著作权案中,岳阳市检察机关循线摸排交办的 1 案 3 人犯罪线索,深挖彻查其他从事类似游戏"私服"业务、侵犯他人著作权的犯罪团伙 5 件 12 人,并追捕追诉为上游犯罪提供支付结算服务犯罪嫌疑人 2 人,为企业挽回经济损失 800 万余元。益阳市赫山区检察院办理的一系列生产、销售假冒槟榔及槟榔包装袋案件,在检察机关的有力监督下,共计退赃 140 万余元,成功追诉到案 4 人。

大力推进惩治知识产权恶意诉讼专项工作。全省检察机关共立案 126 件。长沙市检察院与市中级法院就构建涉知识产权恶意诉讼常态化联络机制、信息共享机制等方面达成共识,签署《关于加强惩治涉知识产权恶意诉讼工作合作备忘录》。

持续深化综合履职。深入落实"一案四查"办案要求,综合运用刑事、民事、行政、公益诉讼检察职能,推动各项检察职能的协调互补、联动发力，2023年共办理知识产权综合履职案件113件。

二、积极融入知识产权保护工作大格局

推动建立知识产权协同保护机制。省检察院与省高级法院、省公安厅联合会签《关于深入推进知识产权刑事协同保护机制建设的意见》，就立案标准、案件管辖、联合办案、线索移送、证据标准等达成共识，进一步强化知识产权全链条保护。长沙市检察院会同市知识产权局等六部门签署《关于建立和强化知识产权协同保护的意见》，进一步提升区域一体化执法司法水平。湘潭市检察院在市知识产权保护中心成立知识产权综合保护中心，该综合保护中心为湖南省首个检察机关知识产权综合保护中心。湘潭市检察院还与市知识产权保护中心会签《关于知识产权协同保护工作的合作协议》，建立知识产权综合保护常态化协作机制。株洲市检察院与市工商联持续推进的知识产权司法保护专项行动获评2023年度全国工商联百佳实践案例。

加强行政执法与刑事司法衔接工作。2023年开展行刑衔接75件，充分发挥"两法衔接"平台和机制作用，不断强化法律监督职责。全力推进"两法衔接"平台建设和规范应用，保证及时、准确、完整地做好"两法衔接"信息平台的数据录入工作，形成行政执法与刑事司法衔接信息平台数据共享，凝聚打击假冒伪劣产品和侵犯知识产权犯罪的工作合力。

三、努力提升知识产权检察队伍专业化水平

积极推进知识产权检察队伍专业化建设，省检察院指导全省14个市州检察院以及与知识产权民事行政案件审判管辖相对应的基层检察院均建立知识产权检察办公室或者办案团队。将知识产权人才库建设与"检察官联系薄弱基层院""导师带新人""检察业务培训指导'轻骑队'"等专项工作结合起来，点对点指导培养下级检察院知识产权办案团队和人员。省检察院聘请知识产权局专业人员兼任特邀检察官助理，长沙、岳阳、株洲等地成立知识产权专家咨询委员会，聘请20余名知识产权领域理论和实务专家提供相关咨询和办案支持。把握主题教育重要契机，围绕"着力提升知识产权综合履职能力水平"课题，由省检察院领导带队到9个市州23个单位开展走访调研，发现、收集问题37个，向湖南省委和最高人民检察院报送专题调研报告。长沙市天心区检察院"守创者"知识产权办案团队于2023年7月获评全国知识产权保护工作成绩突出集体。长沙县检察院强化知识产权综合履职，服务保障创新经济发展获评全省第二批基层检察院建设典型事例。

四、努力营造知识产权保护良好氛围

湖南检察机关利用"3·15国际消费者权益日""4·26世界知识产权日"等特定时间节点，以多种方式积极开展宣传活动。省检察院召开新闻发布会，向社会通报知识产权检察工作情况，并与长沙市检察院、岳麓区检察院深入长沙中电软件园开展普法宣传，为园区企业提供"家门口的法律服务"。各级检察机关通过发放宣传手册与现场讲解、接受咨询等方式，进社区、进单位、进企业开展活动，向群众宣讲知识产权检察工作有关知识，共计发放宣传资料2万余份，接受咨询300余次，现场讲解50余次，普及群众5万余人，持续加强著作权法、专利法、商标法、反不正当竞争法等法律法规宣传教育，营造尊重和保护知识产权的良好环境。

供稿：湖南省人民检察院
知识产权检察办公室

广东省

知识产权工作

2023年,广东高标准推进知识产权强省建设,持续构建知识产权全链条生态,各项工作取得新成效。在2023年国家知识产权保护工作检查考核中位列前茅,连续4年获优秀等次。全省专利授权量、累计PCT国际专利申请量、发明专利有效量、有效商标注册量、每万人口高价值发明专利拥有量等主要指标均居全国第一。

一、知识产权顶层设计更加完善

加强统筹谋划。会同国家知识产权局召开共建国际一流湾区知识产权强省推进大会和建设国家知识产权保护示范区动员部署会议。召开中新广州知识城综合改革工作会议,省委、省政府与国家知识产权局联合印发《中新广州知识城深化知识产权运用和保护综合改革试验实施方案(2023—2027年)》,推动构建国际一流的知识产权生态示范系统。

强化法治保障。正式实施《广东省地理标志条例》《广东省版权条例》,制定印发《广东省知识产权保护条例(释义)》《广东省地理标志条例(释义)》,组织出版《〈广东省版权条例〉导读与释义》,推动知识产权地方性法规落地见效。制定印发《广东省市场监督管理局知识产权行政保护技术调查官管理办法》《商标专利执法指导政策文件及案例汇编》等政策文件,为统筹推进知识产权的各项工作提供法律依据和制度保障。

加强典型示范。广州、深圳入选首批国家知识产权保护示范区建设城市、首批知识产权公共服务标准化城市建设试点。珠海、东莞等4个城市和广州番禺区等11县区获批开展新一轮国家知识产权强国建设试点示范。与广州、深圳等10个市共建综合型知识产权强市,与河源、梅州、湛江市共建特色型知识产权强市。

二、知识产权保护更加有力

健全知识产权协同保护体系。充分发挥省知识产权战略实施工作联席会议机制作用,推动落实《关于强化广东知识产权协同保护的备忘录》相关工作。15家单位联合签署《关于对侵犯知识产权严重失信行为加强信用监管工作的合作备忘录》。持续深化知识产权"三合一"改革,省法院、省检察院、省公安厅建立知识产权刑事司法保护联席会议制度。出台省级知识产权维权援助地方标准,建设集纠纷调解、仲裁在线、公证在线等九大功能于一体的"广东省知识产权维权援助公共服务平台"。全省累计建成13家国家级知识产权保护中心或快速维权中心、16家省维权援助分中心,全年共受理专利快速预审请求4.78万件,快速维权相关案件1.16万件。在广州举办省市知识产权行政保护协作活动,成立省市知识产权行政保护联盟。

构建海外知识产权保护工作格局。加强海外知识产权纠纷应对指导,广州市知识产权保护中心获批国家海外知识产权纠纷应对指导地方分中心。依托国家海外知识产权纠纷应对指导中心广东、深圳、佛山分中心,为企业提供海外知识产权纠纷应对服务超500件,减少市场损失超2亿美元。开展知识产权保护公益服务机构海外布点,在俄罗斯、德国、美国建设海外知识产权保护服务工作站,收集提供252条海外知识产权信息资讯,提供公益咨询服务上百次。实施知识产权海外侵权责任保险推广工程,2023年以来,累计为企业提供知识产权海外侵权责任险143单2.26亿元。

三、知识产权创造储备更加丰富

九部门联合印发《运用专利导航决策机制支撑"制造业当家"的实施方案》,发布全国首个《数字化时代专利导航工作指南》地方标准,新建高价值专利培育布局中心80家,累计455家。全省拥有国家优势示范企业总数达1243家,首批开展创新管理知识产权标准实施试点企业865家。2023年,全省专利授权量70.27万件,其中,发明专利授权量14.31万件,同比增长24.38%;PCT国际专利申请量2.37万件,占全国总量的34.42%;商标注册量79.05万件,均居全国首位;新增注册地理标志商标18件。第二十四届中国专利奖评选中,广东获奖项目共282项,其中金奖8项,获奖总量居全国首位。截至2023年底,全省每万人口高价值发明专利拥有量25.11件,居全国首位,全省每万户市场主体拥有商标4671件,全省平均每2.14个市场主体拥有1件有效商标。

四、知识产权转化运用效益更加凸显

实施知识产权质押融资"倍增计划",全省专利和商标质押金额2306.71亿元,同比增长137.75%,居全国第2位;惠及企业4577家,同比增长70.72%。全省新发行20单知识产权证券化产品,规模逾43亿元,深圳落地全国首个深港跨境"N+1"知识产权证券化项目,韶关推进全国欠发达地区首支知识产权证券化项目储架,有效推动知识产权加速"变现"。全省累计建设20个战略性产业集群和23个重点园区协同运营中心,集成打造支撑重点产业、重点园区发展的知识产权全链条协同运营生态体系。印发实施《广东省发展地理标志产业实施方案》,深入实施地理标志运用促进工程,累计建设6个国家地理标志产品保护示范区,870家地标产品生产企业获批使用地标专用标志,10个地理标志入选中欧地理标志互认互保名单。成功举办首届"地理标志产品广货手信节",促成线下展销直接交易额达1126万元。

五、知识产权服务更加优质

出台《广东省知识产权公共服务普惠工程实施计划(2023—2025年)》,全省布局建设地市级综合性知识产权公共服务机构20家,3家机构成功通过国家知识产权局技术与创新支持中心(TISC)候选初评,累计建设6家技术与创新支持中心(TISC)、6家高校知识产权信息服务中心、10家国家知识产权信息公共服务网点。获批新增建设汕头、湛江、潮州3个商标业务受理窗口,总数达17个。正式上线运行粤港澳知识产权大数据综合服务平台,集成15类知识产权大数据资源、88个专题数据库,收录全球专利数据1.66亿条,商标数据9400万条。完善欧盟商标查询系统建设,累计加工入库欧盟商标数据234万件。"粤商通"APP累计提供移动端专利和商标检索超40万次。广州开发区、深圳市福田区成功获批知识产权服务业高质量集聚发展示范区,广州市越秀区获批知识产权服务业高质量集聚发展试验区。4家外国专利代理机构获批在广州开发区设立常驻代表机构。

六、粤港澳大湾区知识产权创新合作更加深入

与澳门特别行政区政府经济及科技发展局签署《粤澳知识产权合作协议(2023—2025年)》,联合香港知识产权署在内地设置17个"香港特别行政区知识产权问询点",在港设立"内地知识产权业务咨询邮箱"。联合港澳成功举办"第五届粤港澳大湾区知识产权交易博览会暨国际地理标志产品交易博览会",实现知识产权交易43.7亿元;"第五届粤港澳大湾区高价值专利培

育布局大赛"推动转移转化及投融资意向金额20.6亿元;"首届粤港澳大湾区(广东)高价值商标品牌培育大赛"助力数十万家中小企业提升商标品牌运营能力;第三届"粤港澳大湾区知识产权人才发展大会"促成数百名粤港澳三地高校毕业生大湾区就业。创新设立粤东西北知识产权创新创业大赛,形成3个融资项目和4个落地转化项目,项目投融资超10亿元;联合举办第十三届中国国际商标品牌节,大单签约交易额超3300万元。首次在香港举办亚洲知识产权营商论坛"粤港澳大湾区分论坛",成功举办粤港知识产权与中小企业发展(惠州)研讨会。国家知识产权局专利局广州代办处、深圳代办处开展香港、澳门申请人在内地发明专利优先审查试点,实现1个工作日内完成数据采集、推荐、审核等流程并报送国家知识产权局。

供稿:广东省知识产权局

版权工作

一、版权法规制度逐步完善

《广东省版权条例》(简称《条例》)于2022年9月经广东省人大常委会审议通过,2023年1月1日起施行。《条例》围绕版权"创造、运用、保护、管理、服务"5个关键词谋篇布局,着力打通版权工作全链条,形成权界清晰、分工合理、责权一致、运转高效的体制机制,是全国第一部以版权命名的地方性法规,也是全国第一部以促进版权产业发展为主要立法目的的地方性法规。《条例》共6章40条,具有政治站位高、设计维度多、保障力度大、立法速度快等特点。国家版权局在指导意见中评价:"《条例》很好地涵盖了版权创造、运用、保护、管理和服务,每一主题项下均有具体措施和工作要求,体现出广东省先行先试、勇立潮头的雄心和紧扣难点、解决问题的务实精神。"

二、版权社会服务提质增效

提升办理作品版权登记、涉外合同登记、出版和复制境外电子出版物和计算机软件合同登记质效。2023年全省共完成一般作品登记54 963件;计算机软件著作权登记27.45万件,占全国总量的11%,位居全国第一。积极探索数字作品版权登记服务创新,推动完善数字作品版权登记机制,促进数字作品版权价值有序释放和合理转化。在中国(深圳)国际文化产业博览交易会、中国国际影视动漫版权保护和贸易博览会、南国书香节等展会上均设立版权服务工作站,开展版权服务与宣传工作,2023年共为2046件参展作品提供免费作品登记服务,发放版权宣传资料1.3万余份,回复相关业务咨询1500余次。

三、版权产业发展稳步推进

2022年,广东省版权产业的行业增加值为11 504.47亿元,占全省地区生产总值的8.91%;就业人数为594.95万人,占全省就业人数的8.62%;商品进出口额为1380.33亿美元,占全省进出口总额的11.07%。鼓励省内优秀版权企业积极参加中国(深圳)国际文化产业博览交易会、中国国际影视动漫版权保护和贸易博览会、南国书香节等重大展会,推动版权资源的转化运用。在第九届中国国际版权博览会上以"创新创造开新篇,版权强国走前列"为主题精心打造成都版博会广东展馆,突出岭南风情、科技赋能、互动体验特色,全面、立体、生动讲述广东版权故事,全方位展示全省60家单位(个人)223件展品,广东省版权局获优秀组织奖。

四、版权行政执法不断加强

2023年,不断强化版权保护专项行动整治工作,会同省直相关部门开展院线电影版权保护专项行动、"青少年版权保护季"行动、"剑网2023"专项行动和"清朗·杭州亚运会和亚残运会网络环境整治"专项行动。不断创新版权执法监管手段，加强网络版权重点监管，持续开展网络侵权盗版在线监测工作。不断提升集中办案工作实效，建立网络侵权案件集中办案机制，以集中分析研讨的形式，集中全省版权行政执法、刑事司法骨干力量，对广东省内较为典型的具体案件进行分析研判，突破一批大案要案。2023年，全省版权行政执法监管机构共出动执法人员23 254人次，检查单位28 456家次，立案查处侵权盗版案件286宗。累计巡查网站3758家，查办院线电影盗录案件2宗；查办"青少年版权保护季"案件26宗，其中广东广州"4·10"涉嫌侵犯教辅图书著作权案、广东惠州杨某某等涉嫌销售盗版教辅图书案入选国家"青少年版权保护季"专项行动第一批典型案例。

五、软件正版化工作持续开展

2023年，对深圳市、江门市市直机关和部分2023年推进企业使用正版软件工作重点单位开展全覆盖检查，累计检查党政机关130家、计算机23 988台，检查企业64家、检查计算机13 207台，有力提升了广东省党政机关和企业软件正版化工作水平。召开省推进使用正版软件工作联席会议，印发《广东省2023年推进使用正版软件工作要点》。举办2023年广东省政府机关软件正版化工作培训班和2023年广东省企业软件正版化工作培训班。精心指导省级政府机关和省国资委监管企业软件正版化工作，在推进使用正版软件工作部际联席会议对广东省16家省级政府机关和省国资委监管企业使用正版软件核查中取得优异成绩。

六、版权示范创建工作卓有成效

组织开展2023年全国版权示范创建申报评选工作，广东咏声动漫股份有限公司、佛山市顺德区东帝兴贸易有限公司、羊城创意产业园（广东省）、金蝶软件（中国）有限公司（软件正版化）4家单位、园区（基地）获评2022年度全国版权示范单位、园区（基地）。指导佛山市版权局积极推进全国版权示范城市创建工作，并于5月被国家版权局授予全国版权示范城市称号。全省已创建全国版权示范城市3个（广州、东莞、佛山），全国版权示范单位、园区（基地）25个，获得中国版权金奖7项。

七、版权宣传工作有声有色

以"加强版权法治保障　有力支持全面创新"为主题开展2023年广东省"全国知识产权宣传周"版权宣传活动。以"加强版权法治保障，激发创新创造活力"为主题举办第五届广东省大学生版权知识演讲大赛。制作《广东省版权条例》宣传片和《拍"版"说法》微课堂视频，组织编写《〈广东省版权条例〉导读与释义》，在全社会营造尊重创造和保护版权的良好氛围。

供稿：广东省版权局

司法工作

一、公正高效审理各类知识产权案件

2023年，全省法院新收各类知识产权案件9.1万件，同比减少22.3%；审结各类知识产权案件9.5万件，同比减少21.5%。其中，审结知识产权民事案件9.3万件。调撤5.3万件，调撤率55.8%，同比上升8.8%。马某等侵犯注册商标罪案、饶某诉大百姓公司著作权侵权案等4案入选2022年中国法院10大知识产权案件和50件典型案例知识产权。2023年，广东法院3案入选最高人民法院指导性案例。广东法院审结的"《我的世界》VS《迷你世界》"不正当竞争纠纷案入选全省法院十大案件，并获评2022年中国十大最具研究价值知识产权案件、2022年全国十大版权热点案件、2023年全国法院"百优文书"等。腾讯公司诉畅游云端公司等侵害著作权及不正当竞争纠纷案案例分析获评全国法院系统 2022 年度优秀案例分析二等奖。4 案获评全国法院系统 2023 年度优秀案例分析。

二、服务保障经济社会高质量发展

1. 提"高"站位,谋划服务大局工作思路

2 月上旬,组织召开"加强知识产权司法保护,护航广东高质量发展"座谈会,邀请全国知名专家学者、科研机构、科技企业、党政机关代表会商,问需于企业、问计于专家,谋划下一阶段知识产权审判工作重点方向。在《人民法院报·理论周刊》和省委机关刊《南方》杂志发表署名文章,传递出以高质量知识产权审判护航经济社会高质量发展的司法信号。

2. 纵"深"推进粤港澳大湾区融合发展

与香港城市大学法学院联合开展最高人民法院专项委托课题调研,形成《关于推动粤港澳大湾区商业标识知识产权司法保护规则衔接与机制对接的调研报告》,为构建接轨港澳、对标国际的更高水平知识产权保护规则提供有效可行建议。广州南沙法院、深圳前海法院、横琴法院签署《关于构建知识产权司法保护协作机制的框架协议》,进一步强化知识产权跨域司法协同保护,"N+4+2"粤港澳司法规则入选广东自贸试验区最佳制度创新案例。横琴法院举办"粤港澳大湾区驰名商标司法保护"学术论坛,与横琴粤澳深度合作区商事服务局等单位、企业共同探讨为粤港澳大湾区驰名商标提供全方位司法保护举措。

3. 向"前"探索数字经济知识产权保护

制定发布《关于强化数据要素知识产权司法保护服务数字经济高质量发展的意见》,该意见是全国首例涉数据司法政策性文件,有助于指导全省法院加强涉数据知识产权案件审判。

4. 往"后"延伸司法职能融入社会综合治理

对于案件审理中反映出的行业监管漏洞、社会治理薄弱环节向行政机关、互联网平台等发出司法建议 4 份,促进有关单位加强管理、堵塞漏洞、改进工作。

5. 对"外"开放营造国际化司法保护形象

为构建与国际接轨的知识产权诉调对接机制,打造广东知识产权审判国际化形象,与世界知识产权组织(WIPO)仲裁与调解中心签订《加强知识产权领域替代性争议解决交流与合作协议》。与 WIPO 仲裁与调解中心、清华大学联合举办知识产权司法保护国际研讨会,高标准搭建知识产权司法保护交流平台。

三、高标准打造法治化营商环境

1. 提升严惩侵权整体效能

与省检察院、省公安厅建立知识产权刑事司法保护联席会议制度,有助于形成严厉打击知识产权犯罪的强大合力。深圳"新领域新业态知识产权保护"创新举措被国家发展改革委等七部门向全国推广。不断加大侵权判赔力度,广东法院落实落细惩罚性赔偿制度,全省共有 62 件知识产权案件适用惩罚性赔偿严惩侵权,全年最高判赔数额达 3.17 亿元。

2. 依法严格保护合法权益

在陈某玲滥诉反赔案中,从原告的权利基础,行使诉讼权利的目的、对象和方式等方面分析论证,认定原告提起的著作权侵权之诉构成滥用诉权,改判支持被告要求原告承担律师费、公证费、差旅费的反诉请求,彰显促进诚信诉讼的司法导向。在佛山旺溢公司与中山天弘公司侵害实用新型专利权纠纷案中,明确"犯意诱发型"取证的排除条件,规范权利滥用行为,推动诚信诉讼体系建设。在新格公司诉优宾公司、寻梦公司侵害外观设计专利权纠纷案中,对寻梦公司长期以来在平台投诉规则之外增加投诉条件、制造投诉障碍,拒绝履行平台经营者"通知—删除"义务的做法作出否定评价,明确了电子商务平台知识产权保护的义务范围,保障了平台消费者权益。

3. 强化知识产权法治宣传

围绕"4·26世界知识产权日"做好系列宣传活动,连续第14年发布《广东法院知识产权司法保护状况》白皮书,评选发布2022年度全省法院知识产权十大案件。就一起涉国家非物质文化遗产"香云纱"虚假宣传纠纷案公开宣判,彰显法院坚持保护、传承、弘扬并重的原则。以巡回法庭、服务工作站等形式派驻法官入驻广交会、中国国际影视动漫版权保护和贸易博览会等重大会事现场,向参展企业、参观人员现场提供法律咨询、诉讼指引、纠纷调解等上门普法服务。配合录制多期"湾区睇法""南粤睇法"普法节目,倡导社会各界尊崇创新、保护创造、公平竞争,营造诚信经营、高质量发展的法治化营商环境。制作《护航创新发展的广东司法力量》专题宣传视频和图册,在与WIPO签约仪式、知识产权司法保护国际研讨会、全国法院知识产权审判工作会议期间播放,充分展现5年来广东法院知识产权司法保护工作成效。

四、构建知识产权大保护格局

1. 落细落实协同保护举措

牵头与省发展改革委等15家省直机关联合签署合作备忘录,在全国范围内率先建立对侵犯知识产权严重失信行为的信用监管、惩戒机制。潮安法院与西湖法院签约跨省名茶保护司法协作协议,创新地理标志产品凤凰单枞茶协同保护模式。

2. 加强诉讼前端多元化解

广东法院构建更加开放共享、多元共治的诉讼前端纠纷解决机制,发挥特邀调解、行业调解、律师调解相结合的优势,构建司法调解、人民调解、行政调解"三位一体"调解格局。

3. 凝聚诉讼源头治理合力

2023年,广东法院调撤率达58.51%,同比上升12.19%,创近5年来新高。深圳中院建立知识产权批量诉讼案件监控预警机制,指派知识产权专业法官和专业调解员对重点当事人深入前端调解。黄埔法院搭建全国首个知识产权诉中调解平台,允许港澳居民担任人民陪审员参与案件审理机制;珠海中院在珠海市知识产权保护中心开通诉讼服务绿色通道,配合已设立的诉调对接工作室及巡回法庭,完善知识产权申请、审批、维权、多元化解纠纷一站式服务。

五、锻造高素质知识产权审判队伍

坚持以党建带队建促审判,加强政治建设,增强审判队伍服务大局意识和能力。承办第五次全国法院知识产权审判工作会议,最高人民法院院长张军出席会议并作讲话。举办全省知识产权审判业务培训班,邀请中国政法大学、华东政法大学知名教授讲授课程。为促进全省知识产权刑事司法标准协调统一,与省检察院、省公安厅首次联合举办"广东公检法知识产权刑事司法保护联合培训班",提升了参训学员相关实务操作业务水平。2023年,广东法院共有9个集体、10名个人获评最高人民法院表彰的知识产权审判工作先进集体和个人,数量居全国首位。广东高院知识产权审判庭获评最高人民法院、最高人民检察院、公安部、国家知识产权局四部门联合表彰的全国知识产权保护工作成绩突出集体。

供稿:广东省高级人民法院
知识产权审判庭

检察工作

一、强化知识产权检察综合履职,持续加大司法保护力度

严厉打击依法惩治侵权假冒犯罪。2023年,广东检察机关共派员提前介入312件,共受理审查逮捕侵犯知识产权犯罪1902件3175人,受理审查起诉1782件3589人。

在检察机关作出不起诉决定后,提出检察意见移送行政机关追究行政责任35件。

强化知识产权刑事诉讼全过程监督。建议行政执法机关移送案件12件13人,公安机关已立案8件9人;共监督公安机关立案77件92人,同比增加3.06倍;监督公安机关撤案9件11人。对侦查活动存在的违法行为进行监督,依法提出书面纠正违法通知书235件;对审判活动过程中存在的违法行为,提出书面纠正1件。启动审判监督程序,依法提出抗诉1件。

加强知识产权民事诉讼精准监督。广东检察机关共受理知识产权民事生效裁判、调解书监督案件577件,向法院发送再审检察建议498件、抗诉3件,法院全部采纳再审检察建议。受理民事审判违法监督案件13件,提出检察建议7件;受理民事执行活动监督案件21件,提出检察建议14件。

加大知识产权行政诉讼监督力度、稳步探索知识产权领域公益诉讼。广东检察机关共开展行政非诉执行监督5件;受理公益诉讼线索39件,立案30件,其中民事公益诉讼案件5件,行政公益诉讼案件25件。

二、完善工作机制,构建全链条知识产权检察保护新格局

强化检察机关与相关职能部门的协同保护机制建设。省检察院与省高级法院、省公安厅建立知识产权刑事司法保护联席会议制度,通过联席会议总结、交流知识产权刑事司法保护工作情况、分析研究执法办案中的重大、疑难、复杂问题等职能,强化协同保护;与省市场监管局等十五家单位联合签署《关于对侵犯知识产权严重失信行为加强信用监管工作的合作备忘录》,利用社会信用管理手段有效惩治侵犯知识产权严重失信行为,让失信者受到约束和惩戒,让诚信者发光、安心创造、专心创新。

健全协同联络工作机制,提升办案质效。深圳市检察院与市公安局联合印发《深圳市知识产权违法犯罪侦查监督与协作配合联络办公室工作办法(试行)》,设立知识产权违法犯罪侦查监督与协作配合联络办公室,着力聚焦涉新业态、新领域、关键核心技术侵犯知识产权案件办理,全面加强协作配合,共同提升知识产权保护工作质效。珠海市检察院与市公安局建立检侦办理知识产权刑事案件"双报备双同步"机制,当事人在向公安机关报案的同时向检察机关报备,检察机关对公安机关的立案和侦查活动同步开展法律监督,共同引导当事人依法维权、共同做好信访维稳等工作。

建立健全民营企业知识产权服务保障机制。佛山检察机关通过在产业园区(南海区千灯湖金融创投小镇)、企业(美的集团)设立知识产权保护联系点的方式,促进法治服务精准化、常态化、高效化开展。东莞第一市区检察院、第二市区检察院分别在高新技术产业集群区松山湖高新技术产业园区和滨海湾新区设立检察联络站,搭建司法服务绿色通道,以"小"窗口推动"大"保护,为企业创新发展保驾护航。清远检察机关在清远辖区三家高新企业设立"清远知识产权检察企业联系点",为企业提供"点对点"检察服务。

三、多措并举,打造知识产权检察综合保护广东品牌

利用数字化和信息化手段实现侵犯知识产权行为精准治理,有效提升工作效率。清远市检察院充分利用大数据,建立大数据监督模型,研发"KTV被诉侵犯著作权批量恶意诉讼法律监督模型",通过大数据法律监督模型发现祺峰公司恶意诉讼系列案件5000余件,依法开展法律监督。珠海市检察机关通过办案规则提炼、数字模型构建、信息数据碰撞分析、筛选案件线索进行办理,构建及推广应用两个模型,一个是市场主体高级人员从业禁止监管行政违法行为监督模型,推送监督线索 67 条,成案 15 件;一个是违法公民代理类案监督模型,推送监督线索 4 条,成案 4 件。

着力提升知识产权检察履职能力。通过强化业务培训、建立辅助办案机制、制定规范性证据指引等多种形式不断夯实和提升履职能力。在强化业务培训方面,省检察院在 2023 年 11 月举办全省检察机关知识产权综合履职专题业务同堂培训,邀请省公安厅、省市场监管局派员参加同堂培训。全省各级检察机关积极运用知识产权类特邀检察官助理,帮助解决专业技术难题,协助办案,有效提升办案质效。在制定规范性证据指引方面,深圳市检察院 2023 年 1 月制定出台《深圳市检察机关侵犯知识产权犯罪案件公诉工作证据审查指引(试行)》,对知识产权案件公诉工作证据审查进行明确规范;广州市检察院与市公安局联合印发《广州市侵犯知识产权犯罪案件证据指引》,细化各类知识产权犯罪案件证据体系、证据种类及证据标准,为侦查取证及审查起诉提供有效指引。

供稿:广东省人民检察院
知识产权检察办公室

广西壮族自治区

知识产权工作

一、专利申请及授权概况

2023 年,广西全区拥有发明专利 37 994 件,同比增长 17.81%;其中,维持年限 10 年以上(含 10 年)的有效发明专利拥有量 5890 件,占全区有效发明专利总量的 15.50%。专利授权量 34 111 件,同比下降 23.67%;其中发明专利 6716 件,同比增长 22.76%。PCT 专利申请 987 件;其中,2023 年 PCT 专利申请共 125 件,同比下降 23.31%。专利申请优先审查推荐 515 件。每万人口高价值发明专利拥有量 2.44 件,同比增长 33%,高于全国平均增速 7.5 个百分点。

二、商标工作概况

2023 年,累计有效商标注册量 51.1 万件,同比增长 10.75%。其中驰名商标 36 件,马德里商标注册 286 件。新增陆川猪等 11 件地理标志证明商标,累计获核准以地理标志作为证明商标注册 108 件。累计获准保护的国家地理标志产品 93 个。地理标志用标企业 811 家,产业产值 1983.12 亿元,带动就业 529.68 万人。广西全区 15 个商标业务受理窗口办理全部申请 13 041 件,同比增长 10.12%,商标专用权质押融资 50 件,质权登记金额 4.268 亿元,质权金额同比增长 35.05%。广西全区累计建设商标品牌指导站 89 个。2023 年 9 个广西品牌入围世界品牌实验室中国品牌价值排行榜年度 500 强,品牌总价值 2106.5 亿元。14 个地理标志品牌入围中国品牌百强榜,数量跃居全国第 2。横县茉莉花茶、阳朔金桔成功入围国家知识产权局第二批地理标志运用促进重点联系指导名录,获批筹建融安金桔国家地理标志产品保护示范区。

三、知识产权保护概况

2023 年,广西知识产权行政保护政策法规体系进一步完善。《广西壮族自治区知识产权保护和促进条例(草案)》通过自治区人民政府审议并提请自治区人大常委会审议,自治区出台《关于技术调查官参与专利侵权纠纷行政裁决办案的工作规则》。专利商标行政保护案卷评查连续两年获国家知识产权局通报表扬。知识产权纠纷调解员、维权援助工作人员、海外知识产权保护专家、技术调查官数量同比分别增长8.9%、15.3%、7.2%、46.2%,全区受理专利纠纷案件41件、结案29件,同比分别增长42.9%、20.8%,发明专利或实用新型专利侵权纠纷行政裁决案件技术调查官参与率达100%。入驻"人民法院调解平台"的调解组织同比增长25%,累计成功调解知识产权纠纷案件1166起,调解成功率达85.4%。构建"1+1+N"多元知识产权纠纷诉前调解新模式入选全国知识产权保护检查考核典型经验。构建"总中心+分中心+工作站+观察企业"四级海外知识产权风险防控工作体系,发布指引、标准等研究成果51项,向外向型企业反馈知识产权风险点243个,解决涉及海外知识产权保护问题84个,"广西壮族自治区完善海外知识产权风险防控体系"入选知识产权强国建设第二批典型案例。南宁获批建设国家级知识产权保护中心,广西国家级保护平台建设实现"零突破"。通过知识产权保护公益行、知识产权保护直通车、国际会展风险预警,以培训班、咨询会、"一对一"等形式,服务1166家企业,出具知识产权风险排查报告82份,帮助企业解决知识产权问题550余个,为区内产业创新助力。

四、知识产权创造、运用概况

完成第二十四届中国专利奖推荐参评工作,广西共有8项专利获第二十三届中国专利奖;会同自治区财政厅开展《广西壮族自治区知识产权奖励办法》修订工作;全区办理专利优先审查推荐项目500个。推动将"知识产权质押贷"列为"桂惠贷"特色信贷产品;联合评选发布广西知识产权质押融资十大典型案例;与9家金融机构签订战略合作协议,政策惠及企业2500余家,专利质押融资金额达42.96亿元,同比增长544.08%,增速居全国第1位;"广西壮族自治区创设'桂惠贷—知识产权质押贷',设立区市联动的知识产权质押融资模式"成功入选全国首批知识产权质押融资及保险典型案例。新增国家知识产权示范优势企业112家,认定自治区知识产权优势企业及优势企业培育单位208家。

五、知识产权公共服务概况

加强知识产权服务机构建设。广西知识产权协会入选国家知识产权公共服务网点。新增高价值专利示范中心21家。推进知识产权信息公共服务机构在地级市全覆盖,编制广西知识产权公共服务事项清单,明晰服务主体、服务内容和服务方式。组织开展"知识产权服务万里行""知识产权信息公共服务机构在行动"等活动。深化知识产权政务服务"一网通办"。通过推进"互联网+政务服务",对专利业务实行"网上办、掌上办、邮寄办"。开通邮件预审,对于专利申请优先审查,推出微信扫二维码了解窗口各项业务办理流程功能,办事群众只需用手机"扫一扫""点一点""转一转",即可快速查询、办理事项。

六、知识产权顶层设计情况

2023年,自治区党委、政府将知识产权作为新时代壮美广西建设的基础性工作和推动广西经济高质量发展的重要内容抓紧抓实,推动将"加快建设特色型知识产权强区"列入自治区党委常委会2023年工作要点,"加快建设中国—东盟/RCEP国际知识产权总部基地,强化知识产权全链条保护"等列入2023年政府工作报告重点部署安排,"深化广西知识产权运行机制改革"纳入2023年自治区党委深改委重点改革任务。同时,推动将知识产权开放合作上升到国家层面强力推动,"深化面向东盟和RCEP国家的国际知识产权交流合作"列入国务院支持新时代壮美广西建设重要文件年度工作要点,"中国—东盟/RCEP国际知识产权总部基地"纳入重点项目推进实施。

七、知识产权强区建设情况

2023年,广西北海市获国家知识产权强国建设试点城市,广西南宁市西乡塘区、广西梧州市藤县、广西贺州市八步区、平果市入选国家知识产权强国建设试点城市,广西南宁高新区入选知识国家知识产权服务业高质量发展集聚区。

八、知识产权人才队伍

扎实开展第九批广西"十百千"知识产权人才遴选工作,遴选广西知识产权领军人才、中青年专家、实用人才共1693人。组织远程教育平台组织培训班13期,累计培训2678人次。有力提升全社会知识产权意识,举办2023年广西市场监管系统知识产权战略实施工作业务培训班和商标业务培训班,共180人参训,有效提高了基层知识产权工作水平。

九、知识产权经费投入情况

经自治区人民政府同意,会同财政厅于2023年4月3日出台《广西壮族自治区知识产权专项经费管理办法》。完成自治区23类2096项奖励事项的审核、公示和经费下达等相关工作,支持和奖励332家单位及个人通过知识产权转化运用推动创新发展。

供稿:广西壮族自治区知识产权局

版权工作

一、强化平台功能、用好工作抓手,版权登记工作及版权示范创建取得新突破

发挥广西版权网上登记系统这一平台的服务功能,广泛动员文学、艺术、科学领域内各种类型的作品进行版权登记。2023年,共办理作品登记5415件,作品登记增长率超过50%。

履行行政审批职能,办理出版外国图书合同登记备案事项,2023年,共完成合同登记备案334件。

以广西壮族自治区(简称自治区)版权示范创建为工作抓手,广泛动员自治区各企事业单位参与创建。自治区版权示范创建活动从2022年正式启动,2023年进行评选和验收,共有16家单位获自治区版权示范单位称号,1家单位获自治区版权示范园区(基地)称号。

二、认真组织查处版权案件,积极维护版权市场秩序

一是指导查处3起自治区督办案件。会同自治区公安厅、文化和旅游厅等5家区直单位成立案件督办工作领导小组,将南宁市"4·21"侵犯著作权案、河池市"7·5"侵犯著作权案、崇左市"4·1"侵犯著作权案列为自治区挂牌督办案件,组织开展查处工作。3起案件均已取得重要阶段性成果,顺利进入法院审理阶段。二是组织开展"青少年版权保护季"行动、"剑网2023"专项行动等版权执法行动。三是组织开展院线电影版权保护专项工作。四是组织开展侵犯音乐版权案件查处工作。指导督促各地版权主管部门、文化市场综合执法部门加大对文化市场、高速公路服务区、商业综合体音乐U盘和CD销售摊点的巡查力度。五是协调各相关部门共同治理KTV等经营场所音乐版权纠纷诉讼问题,推动建立多元化版权纠纷调解机制,理顺版权市场秩序。协调中国音像著作权集体管理协会与第一届全国学生(青年)运动会组委会就有关体育赛事播放音乐作品版权费问题达成共识,与广西三品王餐饮有限公司就播放背景音乐版权费用问题达成协议。

三、加大版权宣传力度,持续推动面向东盟国家的版权贸易

利用"全国知识产权宣传周"、"4·26世界知识产权日"、全民阅读活动等节点,多形式开展版权宣传。广西版权保护协会联

合广西美术家协会举办第二届版权公益海报设计大赛,在"学习强国"广西学习平台开设"版权知识轻课堂"50期,浏览量超过150万次,点赞量超过4.5万次。

发挥中国—东盟版权贸易服务平台的作用,持续推动版权贸易。截至2023年12月,该平台已与国内外145家版权机构达成合作,上线3000种版权产品,353种图书产品签订了版权贸易协议,其中版权输出187种。

以自治区著作权管理条例立法前期调研为抓手,积极推动版权制度创新。2023年,继续组织专家团队对立法前期调研报告进行深化和打磨,向专家咨询有关立法建议。

组织自治区相关单位参加第九届中国国际版权博览会,参展企业数量及展馆规模均超过上届,获得广泛好评。

四、有力有效推进软件正版化工作

5月,召开自治区软件正版化厅际联席会议全体会议,增加自治区教育厅和自治区卫健委为厅际联席会议成员单位,推动全区重点领域重要行业软件正版化工作。6月,举办全区版权业务培训班。7月,组织43家区直政府机关和20家区直国有企业开展迎检自查,查找问题并限时督促整改。10月下旬,组织自治区厅际联席会议成员单位成立11个考核组,分头到14个设区市及其53个县份进行软件正版化工作年度核查,全部核查工作于12月上旬完成。

供稿:广西壮族自治区版权局

司法工作

一、坚持执法办案第一要务,聚焦审判质效提升,不断加强知识产权司法保护力度

狠抓执法办案,通过智慧审判等方式,依法公正高效审理各类知识产权案件,知识产权司法保护主导作用凸显。

1. 聚焦办案质量,打造精品案例

2023年,广西法院受理知识产权民事、行政和刑事案件7092件,其中,民事案件6985件,同比增长2.87%;刑事案件93件,同比增长30.99%;行政案件14件,同比增长16.67%。审判中坚持高质量审判理念和精益求精审判态度,切实办好每一件知识产权案件,1件案件入选2022年中国法院50件典型知识产权案例,1篇知识产权裁判文书入选第六届全国法院"百篇优秀裁判文书"。

2. 聚焦审判管理,提升办案效率

积极推进繁简分流,全区多地法院积极开展知识产权小额诉讼、独任制审判等工作,探索适用知识产权要素式审判,实现简案快审、繁案精审。落实"阅核制"工作机制,庭领导依法履行审判监督管理职责,严格开展案件阅核工作。以审判管理指标体系为重要抓手,扎实提升知识产权司法审判工作质量、效率和效果。构建案件审理周期监测机制,通过案件限期办结、发布审限过半预警等方式,一审普通程序审理周期为107.5天,办案效率大幅提高。

3. 聚焦智慧审判,强化数字赋能

充分运用智慧法院建设成果,积极推进"无纸化"办案,全面提供智助立案、电子送达、在线开庭、云上调解等诉讼服务,为当事人提供集约高效、智能便民的诉讼服务。各市中院依托移动微法院、人民法院调解平台线上成功化解知识产权纠纷,贺州中院运用"巡回审判+在线庭审+线下普法"模式审理知识产权案件,在线司法模式发挥巨大作用,极大降低了当事人诉讼成本。

二、坚持能动司法,围绕中心服务大局,为建设知识产权强区提供高质量司法服务

充分发挥知识产权司法保护在激励创

新创业、优化营商环境中的服务保障作用，助推经济高质量发展。

1. 围绕支持全面创新，积极服务创新驱动发展战略

依法审结"阿嬷手作"奶茶店品牌服务装潢不正当竞争纠纷，依法保护创新型茶饮产业经营者合法权益。加强宣传教育，2023年4月25日，召开新闻发布会通报广西法院知识产权司法保护状况及广西十大知识产权案件，加强以案释法，营造尊重创新、保护创新的社会氛围。

2. 围绕产业转型升级，促进知识产权转化运用效益

坚持以加快推进农业农村现代化为目标，在审理"T37""WH818"玉米、"中柑所5号"柑桔等植物新品种案件中，深刻把握保障粮食和重要农产品稳定安全供给的重大意义，通过司法手段推动育种创新，加大对种业、种子资源知识产权的保护力度。依法审理地方特色农产品商标侵权案，引导经营主体走品牌兴农之路，充分发挥地理标志产品助力乡村振兴作用。切实贯彻落实习近平总书记提出的"小米粉大产业"的重要指示精神，依法保障"柳州螺蛳粉"知识产权合法权益，参与起草《柳州市柳州螺蛳粉产业发展条例》，推动"柳州螺蛳粉"地理标志证明商标保护工作，为螺蛳粉产业高质量发展全方位保驾护航。

3. 围绕优化营商环境，完善知识产权司法保障服务职能

联合广西壮族自治区市场监管局共同落实落细广西促进个体工商户高质量发展的若干措施，以更大力度更实举措推动营商环境提质增效。依法审结擅自利用中燃公司具有一定影响力企业名称的不正当竞争纠纷，适用惩罚性赔偿严厉打击商业混淆不正当竞争行为。在审理小米公司对手机APP进行风险提示被诉构成网络不正当竞争一案中，充分发挥司法裁判在维护市场公平竞争的规则引领作用，将社会主义核心价值观融入裁判文书释法说理，引导网络服务提供者积极参与网络环境治理，促进网络竞争综合治理向前发展。加强商业秘密保护，严惩离职员工侵犯商业秘密等不诚信行为，妥善处理保护商业秘密与自由择业、竞业限制之间的关系，促进人才合理流动。

三、坚持深化改革，优化知识产权审判机制，全方位推动审判工作现代化

扎实推进知识产权审判领域改革，通过强化诉源治理、探索创新符合知识产权案件特点审理程序等方式，不断提升知识产权审判专业化水平。

1. 以审判理念现代化为统领，发展好新时代"枫桥经验"

各市中院与市市场监管局进一步深化知识产权协同保护工作，出台知识产权协同保护实施意见，积极整合构建统一的知识产权矛盾纠纷多元化解平台，拓展知识产权纠纷多元化解渠道，探索分层递进源头预防化解矛盾纠纷路径，持续深化诉源治理。南宁市青秀区法院与中国（广西）自由贸易试验区南宁片区矛盾纠纷调解中心共建了诉调对接工作站，2023年诉前委派调解知识产权案件692件，调解成功64件，精准、高效化解纠纷。

2. 持续深入"三合一"审判机制改革，推进知识产权审判体系现代化

最高人民法院将知识产权民事、行政案件管辖权下放后，自治区"三合一"审判机制改革工作迎来新局面。各地法院在知识产权民事、行政案件"二合一"的基础上，集中力量打破改革的难点、堵点，各市法院陆续与市检察院、市公安局等部门建立合作机制，联合印发《知识产权民事、行政和刑事案件审判"三合一"审判机制的试点实施方案》，将本市管辖的刑事案件集中指定到有知识产权案件管辖权的基层法院统一审理，统筹发挥刑事、民事、行

政审判职能，不断提升知识产权司法保护整体效能。

3. 遵循知识产权审判规律，落实落细知识产权审判机制现代化

完善技术调查官参与知识产权案件诉讼活动机制。会同广西市场监管局共同选聘第二批技术调查官18名，成立技术专家库，规范技术调查官参与知识产权诉讼案件流程，提升技术类知识产权案件审判质效。健全知识产权案件管辖机制。注重研判管辖难点问题，印发《自治区高级人民法院关于进一步明确第一审知识产权民事、行政案件管辖若干问题的通知》，理顺了全区知识产权案件管辖思路，实质性解决了跨区域间的知识产权管辖争议。加强对下业务指导。到南宁、柳州、桂林等地实地调研2022年5月1日起全区基层法院受理一审知识产权案件情况，指导基层法院及时有效应对知识产权审判新变化。加强审判队伍建设。坚持以党建带队建促审判，通过跟班学习、挂职锻炼、同堂培训等方式，不断提升知识产权审判队伍政治素质、业务素质、职业道德素质。

供稿：广西壮族自治区高级人民法院
知识产权审判庭

检察工作

一、突出强化政治建设，加强知识产权保护组织保障

提高政治站位，强化知识产权检察履职担当。2023年，广西壮族自治区检察院将推进知识产权综合履职作为"一把手"工程，成立以检察长为组长的知识产权检察工作领导小组，整合刑事、民事、行政、公益诉讼检察职能，带头参与办理重大、疑难、复杂知识产权案件。其中，指导办理的中央宣传部、最高人民检察院等六部门联合督办的邓某元侵犯著作权案，入选全国"扫黄打非"办公室"护苗2021"行动第二批典型案例和中央宣传部版权管理局等部门评选的2022年全国青少年版权保护典型案例。

积极谋划部署，深入推进知识产权综合履职。自治区检察院根据最高人民检察院和自治区党委部署，印发《广西知识产权检察工作要点》，加强对知识产权检察工作的谋划部署，全区14个市级检察院、19个县级检察院已成立知识产权检察办公室或专门的知产办案组，严格落实涉知识产权案件的"一案四查"。加强联系点带动作用，南宁市检察机关知识产权法律保护中心和柳州市鱼峰区检察院第一检察部被最高人民检察院确定为知识产权检察办案联系点。

二、重点抓好业务提升，推进知识产权检察综合履职

充分发挥检察职能作用，严厉打击侵犯知识产权犯罪。2023年，全区检察机关共受理审查逮捕侵犯知识产权犯罪案件84件175人，受理审查起诉94件232人。监督公安机关立案4件4人，纠正漏捕6人，纠正遗漏同案犯12人。

统筹四大检察职能，强化知识产权综合司法保护。认真落实最高人民检察院《关于印发〈检察机关案件质量主要评价指标〉的通知》要求，持续推进知识产权刑事、民事、行政、公益诉讼检察一体化融合履职工作，依法强化对知识产权的法律保护。2023年以来，全区检察机关办理知识产权综合履职案件8件，办理知识产权民事行政诉讼监督案件13件，受理知识产权公益诉讼案件线索3件。

强化"土特产"知识产权保护，助力特色产业高质量发展。全区检察机关立足广西创新驱动发展战略，探索开展知识产权司法综合保护，做好"土特产"地理标志品牌文章。融安县检察院就融安金桔质量安全和品牌保护问题向某行业协会制发检察建议，在2022年度全国检察机关优秀社会治理检察建议评选中获表扬。梧州市检察机关对

全市涉六堡茶产业有关案件严格惩处查办，办理涉茶领域刑事案件2件2人，收集公安机关、行政机关打击此类违法犯罪的意见和建议8条，共同研究涉六堡茶产业法律保护对策11项，护航六堡茶产业健康发展。自治区检察院邀请广西民族大学教授为柳州市两级检察院、法院、公安、市场监管等单位的业务骨干，以及相关产业行业协会人员就地理标志保护等内容进行授课，围绕柳州市地理标志产品保护、打击假冒伪劣商品、打造土特产品牌等方面展开座谈交流，进一步凝聚对地理标志保护的共识。

积极发挥典型案例的引领示范作用，着力提升案件办理质效。积极组织全区知识产权检察业务条线干警开展侵犯著作权刑事案件庭审观摩暨研讨交流活动，充分发挥优秀公诉庭的示范引领作用，促进全区知识产权检察业务条线干警交流，深入推进知识产权检察综合履职。与自治区版权局等六部门联合挂牌督办3件侵犯著作权案，进一步加大查办侵犯知识产权大案要案，打击侵权盗版的力度。

三、持续强化协同保护，护航企业创新发展

全区检察机关不断加强与公安机关、工商联、国资委、市场监管局等相关单位的日常联络和会商沟通，确保把协作机制用好、用活，实现执法司法衔接高效顺畅。自治区检察院联合自治区工商联、国资委、市场监管局等持续开展广西"保知识产权·护企业发展"专项活动，优化协作配合机制，强化协同保护力度，获评2022年度"创新中国"工商联（商会）工作最佳案例，2023年7月获评全国工商联民营企业产权司法保护协同创新百佳实践案例。南宁市良庆区检察院牵头并推动的"'检法公行'联动构建知识产权大保护新格局"项目获评中国（广西）自由贸易试验区第四批自治区级制度创新成果十项改革试点经验之一。

四、不断加强队伍建设，提升知识产权检察专业化水平

全区检察机关认真落实"质量建设三年提升"行动工作要求，不断夯实知识产权检察队伍的政治基础、业务基础和制度基础，推动知识产权检察工作走深走实。以专业培训提升专业办案能力。自治区检察院举办知识产权同堂培训班，邀请全区版权部门、法院、公安、市场监管、海关等单位业务骨干参加，进一步提高办案能力，提升办案质效。以检校合作促进专门研究。桂林市检察院与桂林电子科技大学签署知识产权协同保护合作框架协议，南宁市良庆区检察院与广西民族大学签订知识产权法律保护合作框架协议，借助"外脑智库"激发知识产权法律保护的双向合力。注重评比表彰，激励干警担当作为。积极推荐知识产权检察业务条线表现突出的干警，激励办案人员积极性。2023年，1人获评最高人民检察院、国家知识产权局等四部门联合表彰的2022年度全国知识产权保护工作成绩突出个人。广西钦州"4·02"侵犯教材教辅图书著作权案获评国家版权局、全国"扫黄打非"办公室2022年度全国打击侵权盗版十大案件，浦北、灵山、岑溪等检察院获评国家版权局查处重大侵权盗版案件有功单位，2人入选全国知识产权检察人才库，19个集体、28名个人获评自治区市场监管局、自治区检察院、自治区高级法院和自治区公安厅联合表彰的2020—2023年知识产权保护工作成绩突出集体和个人。

五、多措并举开展宣传引导，着力营造知识产权保护良好工作氛围

全区三级检察机关深入贯彻《最高人民检察院关于全面加强新时代知识产权检察工作的意见》工作要求，广泛开展以案释法、校园普法、主题宣传等活动，加大对知识产权协同保护的宣传力度，营造知识产权协同保护的良好氛围。2023年4月26

海 南 省

知识产权工作

一、知识产权创造

2023年,海南省专利授权量为10 963件,同比下降16.62%;发明专利授权量为2273件,同比增长41.89%。截至2023年底,有效发明专利拥有量8237件,同比增长33.7%。万人有效发明专利拥有量为8.0件,提前完成了"十四五"规划任务目标。

2023年,海南省共受理商标注册申请73 103件,同比增长9.2%;注册37 265件,同比下降15.26%。截至2023年底,海南省有效商标注册量242 337件,同比增长19%。2023年,新增地理标志产品4件,截至2023年底,海南省共有13个地理标志保护产品、110件地理标志商标,316家专用标志用标主体。年产值上亿元的地理标志产品共40件。

二、知识产权顶层设计

4月7日,海南省知识产权协调领导小组办公室印发《2023年度贯彻落实〈海南省推进知识产权强省建设强化知识产权保护和运用的实施意见〉推进计划》;9月29日,海南省人民政府印发《海南省促进知识产权发展的若干规定(2023年修订)》。4月28日,海南省知识产权局印发《海南省专利奖评奖办法》;7月13日,海南省知识产权局印发《海南省专利导航服务基地建设管理办法》;7月24日,海南省知识产权局、海南省财政厅、海南省地方金融监督管理局联合印发《海南省知识产权质押融资奖补管理办法》;12月28日,海南省知识产权局、海南省高级人民法院、海南省市场监管局、海南省营商环境建设厅、海南省旅游和文化广电体育厅、海南省农业农村厅、海南省林业局、海南省版权局联合印发《海南自由贸易港知识产权严重失信主体名单管理办法(试行)》,进一步完善知识产权政策体系。

三、知识产权制度创新

10月7日,《国务院知识产权战略实施工作部际联席会议办公室关于印送知识产权强国建设第二批典型案例的函》印发,"三亚崖州湾科技城深化知识产权机制改革,推动种业知识产权高质量发展"案例,入选知识产权强国建设第二批典型案例。2023年12月21日,海南省委深化改革开放办公室暨海南自由贸易港工作委员会第19次会议研究审议海南自由贸易港第十六批制度集成创新案例,《知识产权"五合一"综合管理体制改革》被省委深改办认定为第十六批海南自由贸易港制度(集成)创新案例。

四、知识产权运用

继续开展地理标志运用促进工程。确定6个筹建省级地理标志保护产品示范区名单;"海口火山荔枝"获批全国第二批地理标志助力乡村振兴典型案例;新增"三亚芒果"地理标志保护产品1个、"三沙白蝶贝珍珠"等地理标志商标3件；国家地理标志保护产品"兴隆咖啡""琼中绿橙"等5个产品修订发布了地方标准；110件地理标志商标共完成标准制修定105个，产品标准制定率为95.4％。推进实施商标品牌战略，新增商标品牌指导站8家。持续深化专利导航工作，共完成专利导航项目4项，涵盖现代化农业、海洋、生物医药等重点领域。积极探索数据知识产权工作。搭建知识产权金融服务平台，上线运行"海南省知识产权质押融资信息库"。继续推动专利开放许可试点工作。截至2023年底，在海南国际知识产权交易所挂牌专利开放许可322项，同比增加75％。组织2023年海南省高新技术产业发展知识产权专项资金申报，符合资助、奖励条件的项目322项，拟拨付资金2579.7万元。组织2023年第四届海南省专利奖评选，共评选出海南省专利金奖4件，优秀奖8件。

五、知识产权保护

2023年，海南商标、专利和地理标志案件立案594件，结案571件，罚没款317.3万元。会同海南省市场监管局组织各市县市场监管、综合行政执法部门，开展博鳌亚洲论坛品牌保护专项整治、地理标志保护、知识产权代理行业"蓝天"行动等专项行动，查办知识产权案件。专利侵权纠纷行政裁决案件实现零的突破。组织查办涉嫌侵犯"龙口粉丝"地理标志重点案件，昌江查处"澄迈桥头地瓜"地理标志证明商标专用权案获评全国知识产权行政保护典型案例。核查非正常专利申请线索2283件，动员申请人撤回2031件，撤回率89％。将9名因侵犯知识产权构成犯罪的自然人列入严重违法失信名单实施联合惩戒。将存在知识产权违规行为的1669个市场主体列入重点监管名录。6月2日，海南首个国家级海外知识产权纠纷应对指导中心海口分中心设立。4月10—15日，国家知识产权局派出专利、商标执法专家驻场指导第三届中国国际消费品博览会（简称消博会），提供专业、权威的知识产权业务支持。消博会期间，共处理知识产权线索19条，下达责令整改通知书12份，发放宣传手册2000余份，解答咨询问题200余次。首次排查出地理标志领域线索，首次为首展首发首秀商品提供在先权利证明服务。参加第十六届泛珠三角区域知识产权保护合作会议，联合"9+2"泛珠三角区域印发第一批重点商标和地理标志保护名录，海南省50个知名商标和地理标志列入保护名录。

三亚崖州湾知识产权特区建设。三亚崖州湾科技城知识产权特区23项重点任务已完成15项，持续推进4项。截至2023年底，国家级三亚市知识产权保护中心已有203家企事业单位备案成功，累计接收专利预审案件1173件。经保护中心预审的发明专利审查周期由过去20个月压缩至平均3个月，最快的24个工作日即获得授权。

六、知识产权服务

以海口国家高新区为试点区域，与海口市政府共建海口国家高新区知识产权综合服务示范区。探索知识产权全口径资源整合，将国家知识产权局专利局海口代办处、国家知识产权局商标局海南商标受理窗口迁移至海口国家高新区，整合成海南业务受理窗口。5—12月，海南业务受理窗口受理专利申请增长78.99％；受理商标业务增长1.12倍；受理专利质押金额增长1.13倍，窗口初步显现集成效益。12月5日，海口国家高新区获批国家知识产权服务业高质量集聚发展试验区。推动海口市知识产权保护中心、三亚市知识产权保护中心建设成为地市级综合性知识产权公共服务机构。认定海南医学院、海南大学三亚研究院、东北石油大学三亚海洋油气研究院为海南省知识产权信息公共服务网点。海南医学院被确定为2023年度国家知识产权信息公共服务网点。采取省、市、区共建的形式,在海口国家高新区建设省级知识产权运营公共服务平台。开展知识产权远程教育,开班25个,约有1.9万人次参加远程教育平台学习。三亚崖州湾科技城"打造海南自贸港特色'知小二'服务团队,助力'南繁硅谷'高质量创新"典型案例被列入2023年度第二批知识产权信息服务优秀案例在全国公开推广。"三亚市优服务提效能全链条推动知识产权发展"案例获2023年度"知识产权服务万里行"活动优秀案例。陵水县入选国家知识产权强国建设试点县(区)。2023年,海南省专利商标质押融资额32.88亿元,同比增长13.11%。其中专利质押融资额22.35亿元、商标质押融资额10.53亿元。

七、知识产权宣传普及

开展2023年"全国知识产权宣传周"活动。组织各市县知识产权管理部门发放、张贴1万张知识产权宣传海报,在省级媒体刊登、播放知识产权公益广告及宣传标语182条。举办"4·26海南省知识产权宣传周"启动暨第三届专利奖颁奖仪式,海南省内主要媒体宣传五年来知识产权建设成果,举办专利质量提升培训班暨知识产权质押融资银企对接会,开展知识产权进社区、进校园、进企业活动,有效提升社会知识产权意识。深入开展中小学知识产权教育试点示范工作,共评选出4批共20所试点学校,并对第一批进行考核验收。

供稿:海南省知识产权局

版权工作

一、聚焦版权产业发展,版权服务支撑能力进一步增强

聚焦版权产业发展。游戏出海试点取得实质性成效,全省游戏注册企业近2000家,利用专用通道大力开展"游戏出海"业务,不断丰富"游戏出海"应用场景。海南已形成海南生态软件园、海口复兴城2个千亿级版权产业集群,三亚崖州湾科技城、陵水清水湾科技园等也各具特色。海南澄迈软件园入驻企业1.4万余家,聚集腾讯、世纪华通、三七互娱、完美世界、IGG、智明星通等知名企业,2023年营收2063亿元,税收119.4亿元。海口复兴城入驻企业6874家,聚集阿里文娱、字节跳动、爱奇艺、芒果TV、映客、PICO、中文在线等知名企业,2023年营收1430.46亿元,税收86.58亿元。三亚崖州湾科技城入驻企业10699家,2023年营收344.26亿元,税收25.81亿元。

做好各类版权登记。2023年,海南省共登记各类作品633件,登记境外电子出版物著作权合同2个,审核备案涉外版权贸易合同109个,当年实际引进图书版权119种,实际输出图书版权11种。

组团参加第九届中国国际版权博览会。海南展区以"版权赋能海南自由贸易港高质量发展"为主题,组织约30家版权企业、300多件展品参展,充分展现海南地方特色文化。

推进中国版权保护中心海南分中心(简称分中心)落地。2023年9月15日,分中心获批,10月23日,正式挂牌运营。

海口复兴城互联网信息产业园、海南海钢集团有限公司分别获评2022年度全国版权示范园区(基地)、全国版权示范单位(软件正版化)。

二、持续加强版权保护,全面高效的版权治理体系逐步建立

1. 高位推动软件正版化工作,各类主体软件正版化加快推进

党政机关软件正版化工作进一步走深走实。全省党政机关对计算机软件的管理

逐步制度化、规范化，各级党政机关操作系统软件、办公软件、杀毒软件实现正版化全覆盖。金融机构软件正版化工作进展较快。辖区内44家银行业保险业法人机构和4家期货证券机构全部完成软件正版化工作，成效显著。国有企业软件正版化工作有力推进，省属企业实现通用软件正版全覆盖，工业设计软件逐步正版化。重点行业软件正版化工作有序推进。新闻出版、教育、卫生健康、司法、邮政等行业（系统）软件正版化工作进展明显。完成《海南省使用正版软件三年行动计划（2022—2024年）》落实情况中期调研评估。

2. 大力查处侵权盗版案件，侵权盗版行为得到明显遏制

进一步加强版权执法工作，各级著作权主管部门积极指导、协调文化市场综合行政执法部门开展出版物市场和网络版权治理，持续开展"剑网2023"专项行动、院线电影版权保护专项工作、"青少年版权保护季"行动等，加大对侵权盗版行为的打击力度，著作权案件数量迅猛增长，成效显著。2023年，全省著作权立案46件，同比增长31.4%，其中行政处罚案件42件，刑事处罚案件4件。查办北京文墨书香文化发展有限公司未经著作权人许可发行其作品案、大拇指影视网站未经许可通过信息网络传播他人作品案、北京嘉诚轩文化传播有限公司未经著作权人许可发行其作品案等一批有影响力的案件。

组织开展海南省打击网络侵权盗版"剑网2023"专项行动，出动执法人员2994人次，巡查网站（网络平台）2668家次、公众号（个人账号）23 000余个次、APP 471个次、私人影院（影吧）259家次、KTV 1298家次、数字藏品11家次、网吧68家次，受理处置电商平台销售非法出版物举报线索1100件，协调拼多多下架100余家网店的非法出版物，查办网络侵权盗版案件4件，调查取证网络侵权盗版案件1件。

开展2023年院线电影版权保护专项工作，共出动执法人员1178人次，检查场所359家次（含影院、影吧、清吧、网吧等），监管视频网站53家次，约谈场所10家，播放电子海报1000余次，张贴海报900余张，未发现盗录盗播院线电影行为。

开展2023年海南省"青少年版权保护季"行动，共出动执法人员2000余人次，巡查实体书店1200家次、网上书店1000家次、印刷企业350家次、报刊亭100个次、流动摊贩600个次、绘本馆2家次，没收侵权盗版出版物8000余册、音像制品2000余张，行政立案13件，行政处罚12件。

部署"清朗·杭州亚运会和亚残运会网络环境整治"专项行动，共出动执法人员1325人次，巡查辖区内网站1346家次，APP 177个次，各类公众号5527个次，商场超市（便利店、文具店）1046家次，酒店宾馆36家次，未发现问题网站和赛事节目盗播情况。

三、启动民间文艺版权保护与试点，融入版权国际交流新格局

指导五指山市成功入选2023年民间文艺版权保护与促进试点地区，制定印发《五指山市民间文艺版权保护与促进试点工作实施方案》，成立指导组、工作组和专家组，深入推进试点工作。

四、广泛开展版权宣传教育，版权队伍业务素质和公众正版意识进一步提升

组织参加2023年海南省"全国知识产权宣传周"启动仪式，通过展板、易拉宝等形式，集中展览展示全省近年来版权工作成果及企业版权保护的措施和成效。指导市县开展版权宣传活动，各市县累计接受版权现场咨询3700余人次，张挂版权宣传横幅840余条，制作宣传海报（易拉宝）2100余个，发放宣传手册3.9万余份，开展版权进基层活动300余场，组织

宣讲20余场。参加2023年海南省知识产权行政保护新闻发布会，通报2022年度全省版权保护工作情况和著作权行政保护典型案例。

协调举办三亚崖州湾科技城版权保护共享课堂和"Top 30"优秀知识产权评选和发布活动。协调媒体对知识产权宣传周进行宣传报道，协调海南广播电视总台、《海南日报》、南海网等省级媒体开展知识产权宣传周宣传报道200余次，在海南广播电视总台各频道播放《保护知识产权 就是保护创新》公益宣传片13 920秒。

在海南文明网、南海网以及市县融媒体发布《海南省版权示范单位和示范园区（基地）创建管理办法（试行）》和数字藏品版权风险提示。

五、召开版权工作会议，高起点谋划全省版权创新发展

召开2023年海南省版权工作会议，厅际联席会议成员单位、重点行业省级主管部门、省直宣传文化系统有关单位、重点文化产业园区、相关版权企业（协会）代表共140余人参加会议。省委常委、宣传部部长出席并讲话，高起点谋划全省版权创新发展，勾勒版权行动蓝图。

供稿：海南省版权局

司法工作

一、进一步强化政治引领，强化队伍建设

扎实开展主题教育。海南法院举办主题教育读书班91期，开展专题调研230项，调研成果转化为工作制度和司法建议259项，查摆整改重点问题240个，完成推动发展任务173项，完成"我为群众办实事"任务190项。深化知识产权审判理念变革。全省知识产权审判机构及时组织学习最高人民法院院长重要讲话精神以及副院长的总结讲话精神，践行"严保护""能动司法""统筹协调""从政治上看，从法治上办"等工作理念。推进党建工作和业务工作深度融合。深化党建引领知识产权一体化保护"四共一体"新机制，海南高院指导自贸港知识产权法院深入重点产业园区开展专题调研8次，试点推行园区党建共建联系点2个。以党支部"十化"工作机制为抓手，制定《党建工作责任清单》，推进机关党建和党支部标准化建设。加强专业审判队伍素能建设。开展全省知识产权审判素能建设专题培训班，将政治培训和业务培训相结合。

二、坚持守正创新，务实有力服务自由贸易港建设大局

2023年，海南法院受理知识产权案件5365件，审结4243件，法定审限内结案率为95.12%。其中，一审知识产权案件4894件，审结3857件；二审知识产权案件471件，审结386件，上诉率为11.10%；全年知识产权再审案件1件，申请再审率为0.88%。一审服判息诉率为88.9%，一审调撤率为64.99%。二审服判息诉率为91.19%，二审调撤率为43.86%（以上数据不含执行案件）。

1. 加大重点领域保护，积极服务创新驱动发展战略实施

利用技术类案件集中管辖优势，持续加大对关键核心技术创新的知识产权保护。自贸港知识产权法院公正高效审理技术类案件，完成专利案件情况分析报告，召开数字经济与知识产权保护研讨会，精准服务保障创新发展。加强商业标志权益保护。第三次举办展会知识产权司法保护研讨会，邀请全国部分法院和知识产权行政部门代表研讨展会知识产权保护的热点难点问题。加强种业知识产权保护。开展种质资源司法保护前沿问题的理论研究，"人民法院为健全种业关键核心技术攻关新型举国体制提供司法服务和保障问题

研究"中标2023年度人民法院知识产权审判重大研究课题,通过验收并被评为优秀课题。加强文学、艺术和科学领域的著作权保护,发挥著作权审判对文化建设的促进和保障作用。就涉数字藏品案件进行深度调研,完成《关于防范和化解数字藏品相关风险的分析报告》并报送省政府、省委政法委。

2.加大打击和制裁力度,彰显知识产权司法保护威慑力

发挥刑事、民事、行政"三合一"审判职能,依法审理涉及侵犯商业秘密罪、销售假冒注册商标的商品罪等刑事案件、行政案件。以权利与市场价值相适应、加强知识产权司法保护为导向,正确适用知识产权惩罚性赔偿的法律法规、司法解释。在"奔富"红酒侵犯商标权一案中,根据侵权情节依法适用5倍惩罚性赔偿判决侵权人承担赔偿责任,平等保护外国权利人的合法权益。

3.提升典型案例引领作用,强化保护创新的司法导向

深入研究知识产权新领域、新类型及疑难案件,有效发挥典型案例引领作用,在公正司法中做到"惠民有感",达到"审理一案、治理一片"的良好效果。"都蜜5号"甜瓜植物新品种临时保护期使用费案获评2022年中国法院10大知识产权案件,并入选最高人民法院发布的人民法院种业知识产权司法保护典型案例(第三批)。1篇文书、2场庭审获评第五届全国法院"百篇优秀裁判文书""百场优秀庭审"。1篇案例获《最高人民法院公报》案例二等奖。

4.完善执行工作机制,着力提升执行工作质效

持续推进立案、审判、执行一体化建设。"知识产权财产性权益执行问题研究"入选2023年全省政法系统调研课题,研究总结知识产权财产性权益的执行规律,并获评优秀课题。积极协同推进市场监管领域严重违法失信名单管理工作,限制高消费23人。聚焦"惠民有感",针对影响执行效率的节点问题,在执行立案环节启用"执行案款银行账户确认书",实现执行案款发放"最多跑一次",缩短执行办案周期,案款发放时间控制在15个工作日内。

5.深化国际司法交流,提升国内国际影响力

与世界知识产权组织仲裁与调解中心签订合作协议。加强与RCEP成员国的司法交流。加强与香港国际争议解决及风险管理协会的交流与合作。积极参与涉外司法论坛,展示海南法院良好形象。

三、以服务自贸港建设大局为己任,营造法治化营商环境

1.强化审判机制建设,完善知识产权司法保护布局

构建知识产权案件繁简分流体系,建立知识产权案件快速审判机制。明确第一审涉外知识产权民事案件的管辖标准,常态运行知识产权案件集中管辖。持续构建知识产协同保护机制。

2.加强反垄断和不正当竞争司法保护,维护公平竞争秩序

加强对反不正当竞争、反垄断等案件的审理,发挥典型案件示范效应。2023年,海南自由贸易港知识产权法院(简称自贸港知识产权法院)依法审理反垄断和反不正当竞争案件38件,准确把握竞争政策,保护竞争活力,促进公平竞争,彰显司法营造公平竞争法治环境的鲜明立场。

3.深化制度集成创新成果,持续优化营商环境

做好三亚崖州湾科技城"南繁种业知识产权特区"创新成果的复制推广和宣传。2023年亚洲种子大会期间,召开第二届种质资源研究(海南)基地专题研讨会,探索和加强植物育种成果的专利保护和育种环节的技术秘密保护途径。自贸港知识产权

法院积极与北京知识产权法院沟通,就探索优化涉海南自由贸易港植物新品种案件的管辖机制达成初步意向。

4. 助力国家知识产权服务业高质量集聚发展试验区建设,持续深化重点园区司法服务

4月17—19日,中共中央政治局委员、中央政法委书记在海南三亚、儋州、海口调研,到自贸港知识产权法院三亚崖州湾科技城知识产权特区审判庭调研视察,对相关工作给予充分肯定。海南高院指导自贸港知识产权法院在海口国家高新技术产业开发区的知识产权聚集区设立审判庭并挂牌运行,助力海口国家高新区获批国家知识产权服务业高质量集聚发展试验区,成为海南省唯一入选园区。加强对重点园区调研,持续健全司法服务保障工作机制。针对重点园区联络工作不够完善问题,自贸港知识产权法院制定园区诉讼指引手册并发放到重点园区,研究提出"五联五融"的实施路径,推动知识产权司法保护党建联动向相关重点园区深化拓展。

5. 加强涉外知识产权审判与纠纷化解,提升国际影响力

专题调研涉外知识产权案件管辖情况,分析涉外知识产权案件,推动涉外知识产权审判机制创新。建立健全涉外知识产权纠纷多元化解机制,2023年3月,海南高院与世界知识产权组织仲裁与调解中心签约建立交流合作机制,自贸港知识产权法院向世界知识产权组织仲裁与调解上海中心委托调解案件3批,已成功调解1件。此外,海南高院聚焦自贸港建设对高端涉外法治人才的需求,与华东政法大学签署涉外司法合作框架协议,加强与RCEP成员国司法机构、大湾区调解组织交流合作。自贸港知识产权法院与(香港)国际争议解决及风险管理协会就如何构建涉外商事案件多元化纠纷解决机制进行深入交流。

四、聚焦公正与效率,在提升司法获得感上持续用力

1. 加强审判管理工作,提升审判质效

制定审判管理职责清单、工作机制清单,细化实化院庭长和法官职责,推动审判管理规范化、制度化。深入开展"审判执行质效提升年"专项行动,针对长期未结案积压、上诉案件移送拖延等突出问题开展专项整治。强化上级法院对下监督指导,海南高院审委会通过研究重大、疑难、复杂案件,统一裁判尺度,规范数字藏品、扶贫资金纠纷等类案处理,出台知识产权、涉外、海事等六类审判工作指导意见。

2. 加强对条线法院指导,建立常态化信息通报机制

召开条线法院知识产权审判座谈会、发改案件分析会,统一裁判尺度,加强对基层法院审理的知识产权关联案件和类似案件的统筹协调,完善条线法院案件信息通报反馈机制,督促指导提高审判质效。针对条线法院普遍反映的在知识产权案件中推行要素式审判的问题,研究制定《知识产权类型化案件快审机制运行规范》。

3. 加强诉源治理,深化多元化纠纷解决机制

在海南高院的指导下,自贸港知识产权法院与知识产权局等单位共同签署海口市、三亚市的《知识产权协同保护框架协议》,儋州法院、海口市琼山区法院、三亚市城郊法院与地方调解组织建立诉调对接工作机制,建立健全知识产权调解体系。同时,自贸港知识产权法院在崖州湾科技城设立知识产权审判庭、司法服务联络点,"人民法院知识产权司法保护种质资源研究(海南)基地"以及法治服务保障中心,为园区种业企业提供一站式多元解纷服务。2023年,海南省知识产权民事案件调解和诉源治理成果初显,琼山区法院、城郊法院2023年的调撤率分别为66%和67%,城郊法院在2021—2023年实现知识产权民事案件三连降。

4. 推进司法公开和法治宣传,传递司法正能量

利用"全国知识产权宣传周"、服务消博会、亚洲种子大会、海南岛国际电影节等节点,开展座谈会、新闻发布会、法院开放日、研讨会、法治副校长进校园宣讲等活动和多种形式的宣传。通过官方微信公众号发布涉及知识产权司法保护新闻,发布宣传原创稿件百余篇,其中同步在中央级、省直新闻媒体发布120余篇次。

供稿:海南省高级人民法院
知识产权审判庭

检察工作

一、积极开展知识产权检察综合履职工作

高质效办理每一个知识产权案件。2023年,海南省检察机关推动知识产权检察职能协同发展、贯通融合,共办理知识产权检察综合履职案件6件。琼海市检察院在一起无证经营烟草专卖品并销售假冒伪劣香烟的刑事案件中,对犯罪嫌疑人齐某作出不起诉决定后,依法开展行刑反向衔接,建议行政机关对齐某作出行政处罚决定,避免"不刑不罚",实现执法司法治理闭环。持续完善知识产权检察综合履职工作机制。儋州市检察院、琼海市检察院分别制定了知识产权检察职能集中统一履行的工作方案,组建了知识产权检察综合办案组,以队伍专业化、职能一体化建设为抓手,带动知识产权检察综合履职工作提质增效。

二、依法惩治犯罪,不断加大知识产权刑事案件办理力度

严厉打击侵犯知识产权犯罪,保护知识产权权利人合法权益。2023年,海南检察机关共批捕侵犯知识产权犯罪案件10件29人,起诉12件34人,有力指控犯罪行为,切实保护企业知识产权。加强立案监督和侦查活动监督,防止有案不立和不当立案、确保侦查机关依法有效追诉犯罪。2023年,对于涉知识产权案件,海南检察机关监督公安机关立案(撤案)4件,纠正侦查活动违法1件。公安机关立案的某贸易公司涉嫌销售假冒山西杏花村汾酒假酒案,公安机关对犯罪嫌疑人未采取强制措施,立案两年内仍然不能移送审查起诉或者依法作出其他处理,检察机关依法监督公安机关撤案,推动案件及时办结。

三、推进惩治知识产权恶意诉讼专项监督,维护公平竞争市场秩序

海南检察机关落实最高人民检察院依法惩治知识产权恶意诉讼专项监督工作的要求,2023年,依职权办理涉知识产权恶意诉讼的类案监督案件6件,制发检察建议2份,均被法院采纳,依法严格保护知识产权,维护正常经济社会秩序。搭建知识产权恶意诉讼监督模型,通过模型发现某商贸有限公司利用一般性规定规避特殊性规定,选择对自己最有利的公司住所地法院、人为制造诉讼连接点,大批量起诉全国236家公司,有滥用诉讼权利之嫌,法院受理该批案件存在地域管辖错误的情形。检察机关依职权开展监督,向同级法院制发类案检察建议1份并被采纳。通过监督法院案件管辖和受理不当的问题,打击批量维权、商业维权诉讼人规避管辖、滥用诉权的不法行为。此外,发现某信息技术有限公司明知某文化培训中心有限公司不是真正侵权人,而故意提起侵权诉讼意图获得赔偿的行为,并且在全国范围内大量提起类似诉讼,滥用诉权损害第三人利益;本案还存在原告诉讼代理人未经特别授权代签调解协议,法院调解程序违法的情形,检察机关依职权向同级法院制发审

判人员违法类案监督检察建议书 1 份并被采纳。检察机关依法履职，加大对知识产权权利滥用行为的监督力度，维护良好市场秩序。

四、稳步探索知识产权公益诉讼，维护社会民生公益

海南检察机关依托公益诉讼法定领域开展知识产权司法保护，2023 年，共办理知识产权公益诉讼案件 15 件，发出行政诉前检察建议 12 份，均被行政机关采纳并予以整改。探索商标和图案外观设计保护行政公益诉讼，发现部分奶茶冷饮店存在冒用"益禾堂""林里 LINLEE"饮品包装、店面装潢，混淆品牌、误导消费者，涉嫌侵犯注册商标专用权、商标图案著作权，而相关行政执法部门存在履行知识产权监管职责不到位等问题，发出行政诉前检察建议 2 份并被采纳。相关行政执法部门对检察建议中涉嫌侵权假冒的冷饮店开展执法检查，对涉嫌侵犯注册商标专用权的违法行为立案查处。检察机关在保护消费者合法权益的同时，督促行政机关加强市场主体知识产权保护，优化民营企业发展环境。

五、加强合作机制建设，融入知识产权大保护工作格局

2023 年，海南检察机关秉持"严保护、大保护、快保护"理念，加强和职能部门的沟通协作，以机制建设为抓手，共同提升知识产权保护工作合力。建立协同保护合作机制。2 月 10 日，联合印发《海南省人民检察院 海南省市场监督管理局 海南省知识产权局强化知识产权协同保护合作备忘录》，建立常态化联络机制、协调会商机制和信息通报机制，进一步提升知识产权执法司法协作水平，健全知识产权行刑衔接工作机制。建立防范打击信息网络传播权领域知识产权恶意诉讼合作机制。9 月 1 日，省检察院和省高级法院联合会签《防范和打击信息网络传播权领域知识产权恶意诉讼合作备忘录》（简称《备忘录》），加强法检两家恶意诉讼案件审查办理、恶意名单移送、数据共享分析、线索审查移送，提升预警惩戒合力。12 月，省检察院根据《备忘录》建立的恶意名单移送机制，将办案中发现的涉嫌恶意诉讼公司名单及相关情况移送海南自由贸易港知识产权法院。

六、广泛开展知识产权检察保护宣传活动

利用重要时间节点、展会活动广泛开展宣传，提升群众知识产权保护、识假防假打假意识。2023 年，海南检察机关共开展线上线下宣传活动 70 余场，发放各类普法材料 8000 余份，提供法律咨询服务 1500 余人次。积极开展"全国知识产权宣传周"活动，通过展示侵权产品实物、发放宣传手册、提供现场咨询、举办培训活动、举行联合座谈、开展联合检查等多种方式，开展宣传活动 30 余场。打造工作品牌，服务企业健康发展，海口市琼山区检察院创立"海青蓝"知识产权检察工作品牌，走进企业开展座谈培训，进一步提高企业知识产权保护意识。持续做好中国国际消费品博览会知识产权保护检察服务工作。第三届中国国际消费品博览会期间，海南检察机关进驻会场，聚焦知识产权检察综合履职，发放知识产权检察保护宣传手册，为参展商、观展群众提供法律咨询服务，切实做好展会知识产权保护工作。

供稿：海南省人民检察院
知识产权检察办公室

重庆市

知识产权工作

一、审批登记

2023年，重庆市授权专利54 136件，其中发明专利13 600件、实用新型专利34 110件、外观设计专利6426件；万人发明专利拥有量19.98件，较上年增长23.79%，每万人口高价值发明专利拥有量7.15件，较上年增长30.47%；PCT国际专利申请528件，较上年增长17.07%。有效注册商标总量86.66万件，较上年增长7.44%。地理标志总量298件。全年普通作品登记15.09万件，年登记量居全国第12位。全年获得植物新品种授权品种24个。

2023年全年推动制定发布国家标准、行业标准338项，新立项地方标准322项，新批准发布地方标准244项，推动制定发布60余家社会团体标准138项，1065家企业自我声明公开现行有效的企业标准3696项。全年完成科技成果登记1560项，其中应用技术成果1375项，基础理论成果87项，软科学成果98项。认定登记技术合同11 281项，其中涉知识产权合同3884项。全年专利商标质押融资18.98亿元，较上年增长16.87%。新增发放知识价值信用贷款34.31亿元，惠及企业1983家。

二、制度建设

知识产权政策体系不断完善。完成《重庆市专利促进与保护条例》修订并于2023年9月1日起施行。《重庆市知识产权保护条例（制定）》《重庆市地理标志条例（制定）》被重庆市人大、重庆市政府纳入立法计划。重庆市知识产权保护联席会议办公室印发《2023年重庆市强化知识产权保护推进计划》，明确44项年度重点工作，统筹推进全市知识产权保护工作。重庆市科技局、市教委、市人力社保局联合印发《重庆市加快推动高校科技成果转化与产业化若干措施》，加快推动高校科技成果转化为现实生产力。

知识产权工作机制不断健全。与市高级人民法院联合推动知识产权纠纷行政调解协议司法确认工作，全年各级法院办理行政调解协议司法确认案件7例。重庆市人民检察院联合市经济信息委、市市场监管局、市知识产权局、市工商联，新设立市级"知识产权综合保护联系点"100家，全市"知识产权综合保护联系点"达到426家。重庆市人民检察院与重庆市知识产权保护中心签订《知识产权协同保护合作协议》，全市三级检察院在检察履职、行刑衔接、川渝协作、检校互动等方面制定知识产权保护机制60项。重庆市公安局推出《重庆市重点企业品牌刑事保护名录（第一批）》及实施办法，首批将23家对重庆贡献大、知名度高的企业品牌纳入保护名录。新设8家市级海外知识产权纠纷应对指导工作站，累计服务企业856家。全市知识产权纠纷人民调解组织全年调解知识产权纠纷481件。

三、行政执法

全市知识产权管理和行政执法部门开展"铁拳""蓝天"等执法专项行动，办理专利侵权纠纷案件789件，立案查办专利、商标和地理标志违法案件1433件，案值达1954万元。全市版权行政执法部门出动执法人员7.98万人次，检查市场主体2.88万家次，查处侵权盗版案件139件，其中移送公安机关2件。

重庆市农业农村委员会开展柑橘种苗

市场专项整治和违规品种清理,查处品种侵权案件1起。办理的案件入选全国农业植物新品种保护十大典型案例。重庆市林业局开展打击制售假劣种苗和保护植物新品种权专项行动,检查苗圃及造林地块412处、生产经营企业366处,办理林草种苗案件38起,罚没68.26万元。

重庆海关持续保持打击侵权高压态势,全年共扣留侵权货物1896批次,扣留侵权货物2.27万件。川渝两地共同开展"川渝制造"知识产权联合执法专项行动,共立案查办违法案件678件,案值约2256万元,罚款金额约1206万元。

四、转化运用

制定出台《重庆市专利奖评选奖励办法》,在评选工作上突出质量导向和保护运用成效,与重庆市高价值发明专利质量提升行动深度融合,实施高价值专利培育计划,持续开展高价值专利布局,在源头供给上产出一批创新程度高、权利状态稳定、市场竞争力强的高价值专利。制定印发《重庆市知识产权优势企业评定管理办法》,进一步规范重庆市知识产权优势企业的评定管理工作,提升企业知识产权创造、运用和保护能力。

积极探索重庆知识产权运营中心市场化运营机制,收储高价值专利4.6万件,开展专利许可761次,促成专利交易540件,实现专利质押1.5亿元。"探索知识产权市场化定价和交易机制,构建知识产权运营服务生态"工作成果入选全国《全面深化服务贸易创新发展试点第四批"最佳实践案例"》,在全国范围内推广应用。开展地理标志新势力商圈巡展活动,吸引人流量超百万,获评国家知识产权局全国"知识产权服务万里行"活动优秀案例。

2023年全年专利商标质押融资18.98亿元,同比增长16.87%。全市新增知识价值信用贷款32亿元,引导发放商业贷款142.69亿元。全市建设首批20家商标品牌指导站。

五、公共服务

重庆渝中区、永川区、垫江县等17个区县设立知识产权服务中心,涪陵区、酉阳县成功获批国家知识产权信息公共服务网点。黔江区、两江新区、重庆高新区新增设立国家商标业务受理窗口,累计办理各类商标业务1358件。重庆两江新区获批国家知识产权服务业高质量集聚发展试验区。

确定重庆大学等4家单位作为首批市级知识产权培训基地,推动重庆邮电大学知识产权专业新增第二学士学位。开展26个多层次、多样化知识产权人才培训项目,参训人员达8万余人次。

截至2023年底,全市专利代理机构达到210家,同比增长9.95%;执业专利代理师548人,同比增长10.48%;知识产权服务业年营业收入超过12亿元。国防专利受理量510件,居全国第二。

重庆商标审查协作中心坚持质效并举、质量优先,着力提升审查能力、防范质量风险、稳定注册周期。全年共完成商标形式审查299.39万件次、实质审查131.54万件、"变转续"审查76.98万件,分别逆势增长3.4%、4.8%和18.9%,超额完成年度任务。

六、文化建设

全市各部门各单位广泛开展以"加强知识产权法治保障 有力支持全面创新"为主题的知识产权宣传周活动,累计开展知识产权宣传活动190余项。

联合重庆市教育委员会举办重庆市青少年知识产权绘画海报创意活动,作品网络浏览量超过800万人次。

供稿:重庆市知识产权局

版权工作

一、抓创建、重调研,版权产业发展基础夯实

1. 做好世界知识产权组织来渝调研服务保障工作

2023年11月,世界知识产权组织副总干事西尔维·福尔班一行调研重庆市版权保护工作,对重庆市注重版权行政保护与司法保护衔接、搭建版权示范园区平台、加快版权价值开发与孵化、不断发挥版权示范带动作用等做法予以肯定。

2. 做强版权产业发展平台

会同重庆市版权协会组织全市8家优秀版权企业参加2023年香港国际授权展,促进渝港两地企业交流和商贸授权合作。成功推荐重庆出版集团获评2022年度十大著作权人,新增重庆大学出版社、重庆五洲世纪文投集团为全国版权示范单位,金山意库文化创意产业园为全国版权示范园区(基地)。

3. 组团亮相第九届中国国际版权博览会

组织版权示范园区和示范企业赴成都参加第九届中国国际版权博览会(简称博览会)。以"城市气质 版权价值"为主题,聚焦数字出版、在线教育、音视频、文化创意等,展示近年来重庆在版权领域的特色亮点,展现"新时代、新征程、新重庆"的城市形象。博览会期间,重庆团组达成合作签约6个,合作金额230万元。

二、抓专项、强督办,版权执法工作有力有效

把版权执法作为版权管理的一项重点工作来抓,加强机制建设,促进省市合作、部门联动,着力推动版权执法工作扎实有效开展。

一是承办版权执法监管西南片区调研座谈会。在中央宣传部版权管理局指导下,组织云南、贵州、四川等省市参会,做好会议服务工作。二是加大版权案件查办力度。集中开展"剑网2023"、院线电影版权保护专项工作、"青少年版权保护季"等行动,全年查处侵权盗版案件139件。三是健全行刑衔接工作机制。会同重庆市高级人民法院、市人民检察院,建立版权行政保护与司法保护相互衔接的工作机制,在信息共享、案件移送、案件办案、联合培训等方面加强合作,共同组织召开知识产权审判工作调研座谈会、知识产权保护行刑衔接联席会。四是设立版权纠纷调处中心。建立和完善版权纠纷调解工作机制,会同基层法院在市版权协会、金山意库等设立版权纠纷调处中心,为园区、企业提供版权纠纷就地调解、巡回审判、普法宣传等服务。

三、抓核查、强考核,软件正版化工作规范有序

1. 召开2023年重庆市推进使用正版软件工作联席会议

传达推进使用正版软件工作部际联席会议第十一次全体会议精神,通报2022年以来全市软件正版化工作情况,审议通过2023年工作计划。

2. 开展软件正版化专项核查

核查47家政府部门、21家市属国有企业、5个区县共450家单位22 572台计算机,点对点反馈455份整改建议。

3. 强化考核结果运用

重庆市将受检单位在授权、日常管理、网络信息安全等方面的问题纳入党建考核,与意识形态督查统筹推动,印发《关于进一步做好软件正版化工作的函》,压实责任。

四、抓载体、强服务,版权宣传普及深入人心

1. 承办全国版权社会服务工作培训班

配合中央宣传部版权管理局办好全国

版权社会服务工作培训班,共有来自全国各省(区、市)版权局、版权登记机构及相关版权示范单位139名工作人员参训。

2. 精心组织重庆版权宣传周活动

设计并投放版权纸质海报近4万张、电子海报1246处,制作11期"版权关键词"融媒体产品,5期"版权保护在行动"短视频。发起"川渝版权说"抖音话题,相关视频点击量达3200万次。

3. 举办"IP·创未来"重庆艺术版权季活动

组织市内外专业设计机构以及全市各高校、中小学按照给定选题进行艺术版权创作。共收到13 477人次创作的12 723件原创作品,并有超过1000件作品进行版权登记,600余件优秀作品实现版权价值转化。

4. 组团赴德法开展版权贸易与文化推介活动

以参加法兰克福书展为契机,组织大足石刻旅游集团、重庆出版集团等企业,赴德国、法国开展"感知重庆·2023德法图书版权贸易与文化推介"活动,多形式推介重庆城市形象,展示重庆出版风貌,共有200余种渝版精品图书亮相书展,达成版权输出合作项目10余项,意向签约金额200万元。

供稿:重庆市版权局

司法工作

一、聚焦执法办案,着力提升知识产权审判质效

2023年,重庆法院共受理一、二审各类知识产权案件15 134件,审理15 285件,结收比为93.5%。其中,新收的民事、刑事、行政案件分别为15 009件、112件、13件,专利技术类案件456件,同比上升39.4%;商标案件1643件,同比上升5.6%;知识产权合同案件648件,同比上升8.1%;著作权案件11 929件,同比下降19.1%;反垄断和反不正当竞争案件333件,同比下降14.4%。

案件呈现以下特点:诉源治理成效明显。新收民事一审案件数量较上年减少13%,降幅显著。审判质效稳步提升。一审裁判被改发率、生效案件被改发率大幅低于国标值,审限内结案率优于国标值,平均结案时间接近最优值,一审服判息诉率、二审服判息诉率,以及一审民事新收案同比降幅、调解率、撤诉率均优于合理区间。审判结构进一步优化。新收专利技术类案件占比从1.85%提升至3%,商标侵权案由8.8%提升至10.9%,著作权侵权案由83.7%下降至79.5%。高判赔案件增多。判赔超100万元的78件,超500万元的25件,超1000万元的5件,最高达6210万元。涉数据类案件增多。如审结深圳市脸萌科技有限公司诉重庆涅若科技有限公司视频剪辑平台数据集合不正当竞争案。

准确适用惩罚性赔偿,着力破解"赔偿低"问题,在一起涉学校雕塑著作权侵权案中,率先在全市判决适用顶格惩罚性赔偿但不停止侵权。高质量护航企业科技创新。妥善审结OPPO公司诉诺基亚公司的重庆首例标准必要专利案、腾讯与抖音系列著作权侵权纠纷案,并推动当事人达成一揽子和解。护航文创产业繁荣发展。审结涉图库搬运、字体侵权、热门游戏、视频平台等著作权案件,引导短视频、文化创意等领域健康发展。促进品牌强国建设。妥善保护华为、小米、郫县豆瓣、茅台、樱花卫厨等国内外知名品牌,严厉打击商标假冒侵权行为。引导市场主体有序竞争。依法认定数字交易领域内商业秘密侵权行为,审结全国最大的视频剪辑平台数据集合不正当竞争案。与重庆市市场监管局联合发布反不正当竞争司法保护和行政保护典型案例。

持续产出精品成果。入选2022年中

国法院50件知识产权典型案例、人民法院种业知识产权司法保护典型案例（第三批）、国家知识产权局2022年度商标行政保护典型案例、2023年人民法院反垄断和反不正当竞争典型案例、人民法院电影知识产权保护典型案例各1件，另有多件案例入选重庆法院民营经济司法保护典型案例等。裁判文书方面，入选第五届全国法院百篇优秀裁判文书1篇。调研成果方面，在全国法院系统2023年度优秀案例分析评选中，获得4个三等奖，2个优秀奖；在全国法院第35届学术讨论会中获得1个优秀奖；多篇文章发表于《人民司法》《人民法院案例选》。典型事例方面，入选知识产权强国建设第二批典型案例1件、第二批全市法治政府建设示范项目1件、中国（重庆）自由贸易试验区新一批最佳实践案例3件。

二、锚定专项工作，找准小切口服务知识产权强国建设

1. 做优知识产权专委会组织运行工作

办好"一会"。举办知识产权专委会2022年年会暨"加强商标司法保护品牌强国建设"研讨会，聚焦商标法修改的重点难点问题。指导重庆知识产权法庭举办"规则之治：网络知识产权司法保护热点问题"研讨会，聚焦网络版权治理。办好"一坛"。以中国知识产权法官讲坛为主阵地，邀请王迁等知名法官、专家、学者就人工智能生成物的知识产权保护等问题作专题讲座，2023年以来举办3讲。办好"一课题"。围绕关键核心技术攻关司法保障等热点、难点问题发布21个重大课题，并已全部通过结题验收，民三庭课题组的"新技术背景下网络版权治理新规则"等8个课题获评优秀。

2. 做好人大专项审议及整改工作

组建工作专班，制订工作计划，制作"加强知识产权法治保障护航现代化新重庆建设"展板，配合市人大调研组开展实地调研，高质量完成知识产权审判工作报告，获得市人大常委会肯定。针对市人大常委会提出的审议意见，第一时间组织全市三级法院学习讨论研究，严格对照要求，切实结合三级法院职能定位，列出14项重点整改任务清单，11项整改任务已完成，3项整改任务阶段性完成并持续推进，整改落实情况的汇报已获市人大常委会通过。

3. 做细细分领域多元解纷机制

不断提升跨境解纷能力。重庆高院民三庭积极推动和世界知识产权组织（WIPO）仲裁与调解中心签署加强知识产权领域替代性争议解决交流与合作协议，取得初步成效；重庆知识产权法庭审结全国首例标准必要专利全球费率案件，"以案代练"，提升作出在国际上具有引领性司法裁判的能力。深化司法行政联动保护协作。川渝两地高院、知识产权局联合召开新闻发布会，发布司法、行政典型案例，首次与市市场监管局联合发布典型案例。两江新区"府院创新'三协同'共建知识产权保护新格局"项目入选第二批全市法治政府建设示范项目，渝中区法院审理的"洞子"商标侵权纠纷行政调解司法确认案例，入选国家知识产权局2022年度商标行政保护典型案例。支持非诉解纷方式发展。2023年全市法院委托、委派调解知识产权纠纷案件9628件，成功调解8296件，推动仲裁机构参与知识产权纠纷解决。

4. 做实能动司法促知识产权保护

重视"数助决策"。重庆知识产权法庭撰写的《重庆工业软件产业集群发展的问题及对策》《重庆智能网联新能源汽车等主导产业数字化转型升级面临标准必要专利风险应予重视》获重庆市副市长批示，被市委办公厅采用。积极回应社会各界对知识产权司法保护工作的需求。针对小商户批量维权等突出民生知识产权问题发出6份司法建议，积极参与社会治理。入驻中国首届剧本娱乐嘉年华，制作印发《知识产权风险提示》，为展会知识产权保护提供司法服务保障。营造"尊重知识、崇尚创新"的良好法治氛围。全市三级法院联动开展"全国知识产权宣传周"活动，在各巡回审判站所在地，通过发放法治读本、走访商户、座谈调研、集中销毁侵权商品等多种形式开展法治宣传。

三、深化改革创新，不断推进渝法特色专业化审判机制

1. 以站点布局为巡回审判"增效"

以"1+1+2"专业化知识产权审判组织体系为依托，在打通司法为民"最后一公里"上做实做细。进一步强化自贸区法治保障，在自贸区16个园区搭建"一平台三室站"法治服务保障体系，形成"诉讼服务、诉调对接、巡回审理、多元化解、风险提示、普法宣传"法治服务矩阵，"法—商联动解纷机制"入选2022十大重庆经济改革创新案例。进一步加强对知识产权巡回审判站的规范化管理和综合性利用，2023年，全市法院依托各知识产权巡回审判站开展文书送达、巡回审判109件，多元解纷1601件。

2. 以小额诉讼为知识产权审判"提速"

"重庆两江新区（自贸区）人民法院创新知识产权小额诉讼审判模式"入选知识产权强国建设第二批典型案例，系重庆唯一入选案例，也是全国中、基层人民法院唯一入选案例。该项机制已在全市法院推广，适用案件16 074件，审结15 346件。

3. 以惩罚性赔偿为知识产权赔偿"增量"

细化惩罚性赔偿裁判规则，加大知识产权侵权赔偿支持力度，贯彻以充分实现知识产权价值为导向的侵权赔偿方针，在5件案件中依法适用惩罚性赔偿，1案顶格适用5倍惩罚性赔偿，切实发挥惩罚性赔偿的惩治和威慑作用。加强对知识产权惩罚性赔偿的理论研究，市一中法院、西南政法大学与河北雄安中院联合中标最高人民法院2023年度司法研究重大课题"惩罚性赔偿制度实证问题研究"，并顺利开题。

4. 以技术调查为知识产权裁判"提质"

全面构建"技术调查官+技术咨询专家+技术鉴定人员+专家辅助人+专家陪审员"的"五位一体"技术事实查明机制，重庆知识产权法庭增聘8名技术调查官，累计聘请18名技术调查官，涵盖物联网安全与工业自动化、集成电路设计、计算机科学技术、信息工程、机械工程、车辆工程、土木工程等12个领域。同时，与专利审查协作四川中心合作建立含51名技术专家的专家库，进一步提升技术类知识产权案件的审理质效。

四、坚持党建引领，打造高素质融合性专业化审判队伍

1. 强化党建审执融合，激活队伍动能

通过条线会议、汇编资料等形式将习近平总书记重要讲话指示精神、重要会议精神及时传达落实，统一条线整体行动方向。条线支部联合开展支部活动，与机关单位、社会团体、高校等党支部开展联学联建活动。成立条线法治宣讲团，先后前往深蓝汽车科技有限公司等企业、"一带一路"商品展示交易中心等园区开展宣讲。

2. 加强审判资源调配，优化队伍结构

基层法院有知识产权审判工作经历的院长和副院长各1名，分别担任市一中法院重庆知识产权法庭分管院领导和市高法院民三庭庭长，具有刑事案件审判工作经历的法官担任重庆知识产权法庭庭长，进一步充实和强化知识产权审判人才队伍。3个集体、7人次获评人民法院知识产权审判工作先进集体、先进个人等。

3. 全面加强业务学习，提高专业能力

与四川高院联合举办知识产权与涉外商事业务培训。组织干警参加最高人民法院组织的知识产权以及涉外审判业务等专题培训10余次。以"中国知识产权法官讲坛""重知讲坛"等为平台，邀请知名专家授课。整合条线力量，开办"星月讲坛"，由一线法官分享审判经验，与相关行政机关及企业互动交流，践行在干中学、学中干。

4. 积极开展对外交流，促进互学互鉴

鼓励干警参加各类交流活动，法官先后受邀参加"2023中国种子大会暨南繁硅谷论坛""2023展会知识产权司法保护研讨会""白酒知识产权司法保护论坛"等10余次。进一步加强涉外交流，为"一带一路"创新与知识产权保护中高级管理人员研修班学员授课，在知识产权国际研讨会上作英文主题发言等，积极传播知识产权与涉外审判的中国声音。

供稿：重庆市高级人民法院
知识产权审判庭

检察工作

一、充分发挥检察职能，切实担负推动创新发展职责使命

2023年，重庆检察机关办理涉知识产权案件348件，"四大检察"办案量均有大幅提升。其中，办理知识产权刑事案件170件423人，同比上升34.9%、19.5%；办理民事行政监督案件38件，同比上升171%；办理知识产权公益诉讼案件38件，同比上升138%。

坚持做优知识产权刑事检察。充分发挥知识产权刑事检察惩治侵权假冒、维护公平竞争等职能作用，有力保护创新主体合法权益，办理的最高人民检察院、国家版权局等多部门联合挂牌督办的黄某侵犯著作权案，入选最高人民检察院检察机关依法惩治侵犯著作权犯罪典型案例。强化侦查监督，加强对犯罪上下游、全链条打击力度。2023年，监督公安立案4件6人，纠正漏捕漏诉共16人，办理行刑衔接案件2件2人。加大刑事附带民事诉讼司法适用，促成民事赔偿在刑事诉讼中一并解决，减轻权利人诉累，实现打击与保护并重。

不断做强知识产权民事检察。大力开展惩治知识产权恶意诉讼工作。对最高人民检察院交办的涉著作权系列虚假诉讼线索，成立了以市检察院检察长为组长、分管副检察长及相关辖区院检察长为副组长的"11·1"专案组，通过大数据分析研判上万件案件线索，调查取证完善证据体系后，通过提出抗诉或再审检察建议方式，对1440件法院民事生效判决案件开展监督，确保司法监督高质高效，有效维护著作权人合法权益及司法权威。

持续做实知识产权行政检察。加大行刑反向衔接力度，做好不起诉案件的后半篇文章。2023年，重庆检察机关向行政主管机关制发检察意见开展行刑反向衔接37件55人，占被不起诉总人数的68.8%，同比提升44个百分点。积极推动行政争议实质性化解，通过公开听证的方式邀请专家学者、律师参与释法说理，帮助当事人纠正在政策理解上的偏差，成功化解多起涉知识产权行政争议监督案件。

探索做亮知识产权公益诉讼检察。制发《重庆市检察机关稳步开展知识产权领域公益诉讼工作的方案》，厘清知识产权领域公益诉讼范围，规范履职程序，积极稳妥开展知识产权领域公益诉讼探索。积极支持消委会等公益组织提起民事公益诉讼，有效维护消费者权益和食药品领域公共安全。探索地理标志公益保护，针对发现的相关行政机关、行业协会在"奉节脐橙""秀山茶叶""涪陵榨菜"等地理标志产品保护方面存在的问题，相关检察院进行行政公益诉讼立案，通过开展磋商、制发公益诉讼检察建议等方式，打好服务创新发展"组合拳"。

二、突出强基创优导向，持续提高知识产权综合履职质效

坚持目标导向，推动知识产权检察综

合履职不断深化。将综合履职适用率和履职质效纳入2023年全市知识产权检察工作业绩评价主要内容，调动全市知识产权检察条线开展综合履职的积极性。落实"一案四查"工作要求，在办案中坚持同步审查是否涉刑事追诉、民事追责、行政违法或公益诉讼等情形，通过"一案四查"发现线索并办理综合履职案件81件，同比大幅提升。加强对知识产权检察综合履职经验做法的宣传推广，7篇相关经验做法被最高人民检察院《知识产权检察工作情况》采用。

坚持问题导向，推动知识产权检察专门化建设。分层分类施策，推动各级检察院因地制宜建立、完善知识产权检察机构。优化人才配置，强化素能培训，夯实综合履职"一专多能"的人才基础，拓展知识产权检察"外脑"队伍，聘请市场监管、知识产权、版权执法等市级部门的业务骨干为特邀检察官助理，深化"检察官+检察官助理+技术调查官+专家辅助人"复合型专业化办案模式，探索知识产权检察"整体智治、高效协同"的履职实践。

三、积极推进协同保护，营造知识产权协同共治良好局面

基本实现对全市市域科创平台知识产权检察保护全覆盖。全市检察机关立足辖区科创平台建设需要，分别在西部（重庆）科学城、两江协同创新区设置知识产权检察保护中心，在广阳湾智创生态城等市域科创平台设置32个保护工作站，将检察服务触角延伸至科技创新最前沿，助推高能级科创平台建设。

"知识产权综合保护联系点"工作更优更实。2023年新增100家重点企业作为知识产权综合保护联系点，市、区（县）两级"知识产权综合保护联系点"总数达426家，基本覆盖了全市主要创新载体及知识产权重点企业，提前完成重庆市知识产权保护和运用"十四五"规划要求。知识产权综合保护联系点责任单位新增市市场监管局、市工商联，保护职能更聚集、保护力度更强大。2023年全市检察机关联合行政部门开展走访联系点、法治宣讲、线索处置、风险提示等活动共计200余次，通过掌上服务站搜集并及时处理联系点案件线索共24件。

深化部门协同配合，形成知识产权保护合力。在公安机关、法院、行政主管部门、科研院校等单位的密切配合下，通过共签文件、共建机制、联合督办、共发典型案例、开展同堂培训、交流研讨会等多种方式，不断完善知识产权保护体系，共同推进构建知识产权大保护格局，凝聚知识产权保护合力，推动区域经济高质量发展。

川渝知识产权大保护机制不断升级。两地检察、公安、市场监管等六部门共同签署《服务成渝地区双城经济圈高质量发展 建立川渝跨区域重大案件联合挂牌督办机制合作协议》，对7件跨川渝知识产权刑事案件挂牌督办，进一步深化知识产权跨区域协作。市检察院第二分院支持川渝两地消委会起诉云阳县某副食店、胡某销售假冒白酒民事公益诉讼案，获评最高人民检察院"3·15"检察机关食品药品安全公益诉讼典型案例。

持续加强检察宣传，提升知识产权检察影响力。市检察院知识产权检察办公室在"4·26世界知识产权日"举办知识产权检察专题新闻发布会，发布《知识产权检察白皮书》，组织全市三级检察机关开展包括检察长走访知识产权综合保护联系点、法治宣讲、维权线索处置等24类、256次线上线下知识产权检察保护宣传活动，覆盖面达数万人次，人民日报客户端、新华网、央广网、最高人民检察院微信公众号等省级以上媒体发布宣传报道40余篇。

供稿：重庆市人民检察院
知识产权检察办公室

四川省

知识产权工作

一、知识产权战略实施概况

推进知识产权强省建设。完成《四川省"十四五"知识产权保护和运用规划》中期评估。每万人口高价值发明专利拥有量提前完成省"十四五"规划目标。知识产权强国建设试点示范工作深入推进，成都市被国家知识产权局确定为第一批国家知识产权保护示范区建设城市，德阳市、攀枝花市被确定为国家知识产权强市建设示范试点城市，成都市金牛区等9个县（区、市）被确定为国家知识产权强县建设示范试点县。17个专利项目获评第二十四届中国专利奖，66个专利项目获评2022年度四川专利奖。新获批国家知识产权示范优势企业130家，新增高新技术企业6288家。新增省级知识产权强企业培育企业31家，新建高价值专利育成中心5个。全省新增发明专利授权3.33万件，同比增长30.96%；有效发明专利拥有量13.99万件，每万人口高价值发明专利拥有量6.78件，PCT国际专利申请764件。新增注册商标16.32万件和作为集体商标、证明商标注册的地理标志5件，新增植物新品种176件、联合国人类非物质文化遗产代表作名录项目1个。

《四川省知识产权保护和促进条例（草案）》于2023年3月21日通过四川省人大常委会第二次审议。印发《关于进一步加强专利侵权纠纷行政裁决工作的通知》《支持中央在川科研院所提升"两服务"质效的若干措施》《四川省非遗大师工作室管理办法》《推进四川省知识产权鉴定工作方案》等政策措施。

全面推进知识产权领域39项改革任务。完成知识产权保护"一件事"集成服务改革试点任务；专利侵权纠纷行政裁决示范建设试点工作通过国家知识产权局、司法部验收，获得优秀等次；成都高新区、绵阳科技城新区分别被确定为国家知识产权服务业高质量集聚发展示范区和试验区。四川省知识产权保护中心获批新增"低碳环保"产业领域专利预审服务。探索数据知识产权存证、保护、运用等方法路径。

二、知识产权行政保护

深入开展"春雷""铁拳""川渝制造"等专项行动，查处假冒专利违法案件301件；办理专利侵权纠纷案件4251件，审理结案4236件，结案率99.6%，办案平均周期缩短在1个月内，较法定时限压缩2/3。查处各类商标违法案件1786件，案值2539.88万元，移送司法机关案件55件。强化川酒品牌保护，查处白酒侵权假冒案件465件，罚没467.86万元；与贵州省、重庆市市场监管局签订框架协议，实施跨区域执法协作和知识产权保护。加强对第十九届中国西部国际博览会等展会的知识产权保护，持续开展专利侵权纠纷行政裁决"三问三送"活动。深化专利代理信用评价管理及日常监督，对专利代理机构信用降级10家，恢复信用等级2家，列入异常经营名录4家；对21家代理机构开展"双随机、一公开"抽查。

加大商业秘密行政保护力度。绵阳市入选全国第二批商业秘密保护创新试点，确定第二批省级商业秘密保护创新试点58个。全年审定主要农作物新品种160个，登记非主要农作物品种92个，认定非主要农作物新品种54个；建立"春（秋）查市场、夏查基地、冬查企业"例行监督检查制度。新核准65家企业使用地理标志专用标志，在8个市(州)开展地理标志专用标志使用异常名录和注销使用工作试点,获批筹建"涪城麦冬"国家地理标志产品保护示范区。开展省级非遗代表性项目保护传承情况和存续状况评估,评选第二批四川省非遗保护传承基地,推荐4家基地入选国家级非遗生产性保护示范基地。启动四川省非遗大师工作室推荐评选和省、市、县三级"川工蜀艺"非遗公共品牌体系建设工作。首批30个"非遗四川·百城百艺"四川非遗品牌经评选并发布。成都海关启动知识产权保护措施892批次,实际扣留侵权货物891批次,查获侵权货物2.8万件,货值73.2万元。新增知识产权海关保护备案87件,累计有效备案495件。成都海关联合南宁、昆明、重庆、乌鲁木齐海关,建立西部陆海新通道区域海关知识产权保护协作机制。开展成都大运会特殊标志知识产权保护、版权保护等专项行动。

三、知识产权运用

推广职务科技成果单列管理和科技成果转化备案管理、评估评价、作价投资、收益分配等方面的有效做法。四川大学、西南交通大学、成都理工大学等累计完成职务科技成果分割确权2084项,孵化企业558家,带动社会投资近210亿元。全省共登记技术合同28 395项、技术合同成交金额1951.58亿元,专利转让许可2.49万件(次)。推进国家级四川知识产权运营中心建设和运行,新支持建设运营分中心18家,累计31家。探索构建知识产权金融生态。全省专利商标质押融资登记金额96.11亿元,同比增长14.29%。其中,普惠性贷款惠及企业754家,同比增长37.59%。发行西部地区首单知识产权ABS产品,建设四川省知识产权赋能科创型企业IPO加速孵化平台,成都知识产权交易中心探索建立知识产权质押融资质物处置平台。四川省非遗数据知识产权服务平台启动建设。天府文旅资源授权交易平台上线试运营。

四、知识产权服务

知识产权公共服务平台集成办理专利、商标、版权、地理标志、集成电路布图设计等知识产权服务事项50余项。新增技术与创新支持中心(TISC)2家。现有高校国家知识产权信息服务中心5家,国家知识产权信息公共服务网点5家。新认定10家省级知识产权信息公共服务网点,覆盖全省14个市(州)。出台加快推动知识产权服务业高质量发展的若干措施18条。开展创新管理知识产权国际标准实施试点,确定首批试点"专精特新"等企业252家。新增企业知识产权合规管理国家标准初次贯标企业400余家。办理知识产权纠纷人民调解案978件,涉案金额5374万元。受理海外知识产权纠纷案15件。开展专利代理行业分类分级和标准化建设。全省现有知识产权服务机构3090家、从业人员3.6万人。

五、知识产权宣传培训及交流合作

制作"四川知识产权·我们这十年""2022年四川省知识产权十件大事""走进天府地标·2023""天工开物——致敬新时代的创新者"等专题宣传片。省级相关部门运用广播电视、网络视听、报纸杂志等多种媒体,刊登(播出)知识产权新闻5000余篇(条),新媒体端点击量1800万余次。发放各类知识产权法律法规宣传资料50万余册(张)。各级、各部门共举办知识产权类专题培训班78期,培训3600余人(次)。承办国家知识产权局2023年度中国—东盟菁英奖学金知识产权能力建设培训。新设立知识产权远程教育分站2个,累计15个。举办知识产权远程教育培训班223个。现有国家级、省级知识产权培训基地18个。建立四川省青少年知识产权普及教育(德阳)基地。

川渝知识产权管理部门开展"川渝制造"知识产权联合执法专项行动，联合发布《川渝第三批知识产权重点保护名录》。西部12省（区、市）知识产权助力"一带一路"沿线国家和地区创新发展研讨交流活动在成都举办。印发《四川省"知识产权+蓉欧班列"基地管理办法》。完善知识产权跨境工作服务体系，设立四川省涉外知识产权工作指导站7个。

供稿：四川省知识产权局

版权工作

一、加强版权社会服务，"国家版权创新发展基地"建设取得新成效

2023年，四川省完成作品登记28万余件，完成版权贸易合同备案登记575件，其中输出294件、引进281件。建立民间文艺版权保护数据库，收录联合国教科文组织人类非物质文化遗产代表作名录项目中国皮影戏、藏戏等8项，国家级代表性项目羌族刺绣、藏族唐卡、古蔺花灯等153项、省级132项，以及民间音乐、故事和传说等1300余项。

以天府新区天府数字文创城为重点，聚焦网络视听等数字版权确权认证、授权交易、产业协同三个环节创新突破，创新设立快速、可信的版权区块链存证验证中心，实现全省法院系统一键起诉、调解、仲裁，共出具600万余份数字存证证书，核验服务10万次，累计监测作品500万余件，发送侵权风险提示1000万余条。

整合西南联交所、成都文交所等产权交易平台，挂牌全国文化大数据交易中心·巴蜀文化专业中心。在天府新区探索建立版权行政、侦查、检察一体联动机制。建成投用版权基地综合服务大厅（海创园过渡服务厅），实现版权登记（数字存证）近11万件，签约落地A8网文影视视听基地、虎牙直播西南中心等23个优质文创企业项目，协议总投资265.2亿元。

二、加强软件正版化检查，严厉打击侵权盗版违法行为

2023年6月13日，召开2023年省推进使用正版软件工作联席会议。会上，四川省教育厅、省卫生健康委、省经济和信息化厅、省机关事务管理局围绕推动本系统本行业软件正版化工作作交流发言。会议审议通过《2023年四川省推进使用正版软件工作计划》，新增省中医药管理局为成员单位。按照会议部署，2023年四川省大力推进教育、医疗、新闻出版、能源、交通等重点行业软件正版化工作，积极有序推进民营企业软件正版化，开展覆盖全省的检查考核工作和"回头看"检查，推动四川省软件正版化率稳步提升，以正版化保障信息安全、国家安全。制定下发工作计划，对10家省级党政机关单位、10家省属国企、5家省级医疗卫生机构、5所省属高校软件正版化工作开展检查。

进一步健全版权执法监管工作机制，加强行政执法与司法衔接，开展专项治理，查处大案要案，构建版权"严保护、大保护、快保护"工作格局。院线电影版权保护专项工作、"成都大运会"、"青少年版权保护季"行动、"剑网2023"专项行动、"清朗·杭州亚运会和亚残运会网络环境整治"专项行动成效明显，共查办案件111件，同比增长34%，涉案金额2.36亿元，其中网络侵权盗版案件28件，国家挂牌督办案件14件。印发《查处侵权盗版案件办案经费补贴管理办法（试行）》，加大对基层执法力量查处侵权盗版案件的支持鼓励力度。

三、注重版权宣传，举办四川省2023版权宣传周暨版权示范交流活动

4月25日，四川省2023版权宣传周暨版权示范交流活动在绵阳举行，中国版权协会常务副理事长、省委宣传部副部长、省

新闻出版（版权）局局长出席活动并致辞。成都纺织高等专科学校文化创意园、四川人民出版社、四川夯丸文化传播公司等70余家特色版权企业,现场展示版权文创产品,省内外10家企业现场签署合作协议,推动版权成果转化运用,推动版权成果"走出去"。

仪式上,四川省版权局为2021年度和2022年度全国、省级版权示范单位和示范园区(基地)授牌,并公布四川省2022年十佳版权登记作品、2022年四川省十大侵权盗版案件。通过版权宣传和版权示范交流,本次活动不仅增强了社会公众的版权保护意识,还通过展览展示和签约合作,有力促进了版权价值转化,引领带动全省版权产业高质量发展。

四、成功承办第七届中国网络版权保护与发展大会及第九届中国国际版权博览会

2月27日,第七届中国网络版权保护与发展大会在成都举行。大会上,国家版权局、工业和信息化部、公安部、国家互联网信息办公室联合发布"剑网2022"专项行动十大案件,推进使用正版软件工作部际联席会议办公室发布"新时代软件正版化创新与发展大事记"。

高水准承办第九届中国国际版权博览会(简称版博会)。本届版博会线下展览面积5.2万平方米,设置4个展馆、5大展区,组织开展1场国际版权主论坛、2场国际版权分论坛以及5场主题配套活动、20场版权项目路演、333场展区特色活动。世界知识产权组织、国内外著作权集体管理组织、版权行业协会和31个省(区、市)、18个版权示范城市、3个国家版权创新发展基地和30余家重点版权企业参展参会。现场展品数量61 434件,现场展示版权项目622个,现场展品交易数量13 151件,现场展品交易金额1241.2万元,现场签约项目360个,现场签约金额2.84亿元,达成战略合作427个,战略合作金额13.41亿元。本届版博会展位数量、展馆面积、展览规模、参展参会人次等均创历届版博会之最,国际国内影响力巨大,受到了中央宣传部和省委领导肯定。

供稿:四川省版权局

司法工作

一、充分发挥知识产权审判职能作用

2023年,四川法院共受理各类知识产权案件23 457件、审结20 809件,同比分别下降0.06%、3.09%。其中,受理知识产权民事案件23 208件,刑事案件233件,行政案件16件。基层法院受理案件数占总数的81.75%,同比上升30.94个百分点,中院和高院受理数占比减少至15.3%和2.95%,三级法院知识产权案件审理"金字塔"格局已经形成。

1. 坚持严格保护,加大知识产权保护力度

依法适用惩罚性赔偿。在泸州老窖起诉陕西白水杜康商标侵权案件中,判决侵权人承担近500万元赔偿数额。服务科技自立自强。妥善审理技术类纠纷,涉"蜜胺"技术秘密案入选新时代推动法治进程2023年度十大案件、最高人民法院知识产权法庭典型案例(2022)。引导新兴行业发展。王某某诉链盒公司案获评全国法院系统2023年度优秀案例分析评选优秀奖,为NFT产业健康发展树立正确方向。加强农业科技成果保护。"依顿猕猴桃"植物新品种案获评全国法院技术类知识产权和垄断案件优秀裁判文书一等奖,系中西部地区唯一获奖文书。依法严厉打击知识产权犯罪行为。对生产、销售假冒商品、销售电子书籍等行为,始终保持高压打击态势。

2. 充分运用科技成果,持续优化审判机制

巴中法院建立线上调解前置机制,制

作"线上调解演示视频"发送给当事人,并采取微信扫码签署调解协议,线上简案调解可以控制在20分钟以内。知识产权调解成功的案件中有70%以上案件系通过"在线法院""四川移动微法院"在线调解,知识产权类案件调撤率高达85%以上。资阳法院全面推行知识产权案件"网络化"诉讼模式,为当事人提供诉讼指导等17项"一站式通办"线上服务,网上立案率96.3%,云上庭审开庭率98.79%。向当事人同步送达裁判文书和自动履行义务告知书,当庭兑付率达40%。探索建立"履行回访"制度,对已生效案件的履行情况建账管理并定期开展电话回访,督促提醒当事人履行义务,自动履行率达87%。

3. "技术事实查明中心"建设取得突破性成效

为解决知识产权审判举证难、审理难、认定难的全国性审判壁垒,成都知识产权法庭提出将"技术事实查明中心"作为破题之策,以"技术调查官流动站""实物证据3D存证""信息化系统铺设"为子项目多头并进,改革建设工作取得突破性进展。2023年7月,"技术调查官流动站"完成挂牌并投入实质运行,"站点接受委托、站内完成委托、站外通力协作"的多元架构逐级形成,"技术咨询随时、技术人员随地、技术保障全程"的自动化查明链条有序运转。此外,"实物证据3D存证"子项目下首批3D实物证据数字化模型已于12月完成交付。

二、服务大局,积极营造一流营商环境

1. 深入开展"乡村振兴·知识产权司法保护在行动"主题活动

发布四川法院种业知识产权司法保护白皮书及典型案例,充分发挥典型案例的示范和引领作用。与四川省农业农村厅签署《关于建立种业知识产权保护合作机制备忘录》,深化行政与司法交流协作。举行种业技术咨询专家聘任仪式。聘请四川省农科院等单位的研究员担任种业技术咨询专家,协助法院准确查明技术事实。召开知识产权司法保护宣讲暨恳谈问需会。组织开展种业知识产权司法保护主题宣讲,并听取人大代表、政协委员、当地政府、村民及相关市场主体关于完善种业知识产权保护机制的意见建议。

2. 全面加强四川名优白酒知识产权保护工作

成立由党组书记、院长担任组长的调研组,深入成都、德阳、宜宾、泸州、遂宁等地,全覆盖走访五粮液等酒企,听取市场主体、行业协会、律师协会及相关市、县(区)法院、检察、公安、市场监管、知识产权等部门意见建议,形成"1+4"调研成果("1"是指调研报告,"4"是指《关于为四川建设世界级优质白酒产业集群提供司法服务和保障的实施意见》《关于名优白酒知识产权案件的审判指南》《四川省名优白酒知识产权涉诉风险防范和司法维权指南》《关于制定〈四川省名优白酒知识产权保护条例〉的立法建议》4个文件)。省长对此充分肯定,专门批示"省高院的调研有深度,很有意义和价值"。

3. 支持地区重大赛事活动,护航大运会、科幻大会顺利召开

成都知识产权法庭准确抓住第31届世界大学生夏季运动会、成都世界科幻大会的全球性契机,在地方重大赛事活动中积极发出司法声音。6月,起草《成都市中级人民法院关于涉成都大运会知识产权案件管辖方案》,优选审判业务骨干组建专门的"大运合议庭"。7月,在大运会开幕当日参与"护航大运会"主题直播,由资深法官详细解构大运会中的知识产权细节。8月,参加四川省知识产权发展研究中心等举办的"2023体育赛事版权发展与保护研讨会",就体育赛事保护路径作主题发言。10月,联合郫都法院共同召开"守护创新·法治助力成都世界科幻大会知识产

权保护"主题活动,发布成都法院涉科幻领域知识产权保护典型案例(2019—2023)。

三、完善知识产权大保护工作格局

1. 创新川渝知识产权司法协作机制

4月20日,四川高院、重庆高院和两省(市)知识产权局落实四方签订的《关于建立成渝地区双城经济圈知识产权保护合作机制备忘录》,首次联合召开线上知识产权保护联合新闻发布会,四川高院、重庆高院相继发布两地法院知识产权司法保护白皮书,两地高院与知识产权局发布了2022年知识产权司法保护、行政保护典型案例,并就优化知识产权案件管辖等问题接受媒体记者采访,共同打造跨区域跨部门协作的高水平样板。6月5—9日,四川高院、重庆高院联合举办2023年川渝法院知识产权审判业务培训班,切实统一两地裁判尺度,携手建好"知识产权双城保护圈"。

2. 以多元解纷机制妥善化解批量维权诉讼

在四川高院、司法厅、财政厅、省市场监管局、省知识产权服务中心共同印发的《关于加强知识产权纠纷人民调解工作的意见》指导下,各地法院纷纷与市场监管局等部门联合制定工作方案,深入推进知识产权纠纷多元化解工作。

3. 全面落实知识产权保护协作机制

四川法院与公安、检察机关和知识产权行政执法部门建立常态化的沟通协调机制,促进信息共享,形成工作合力。与省检察院、公安厅、知识产权服务促进中心共同印发《推进四川省知识产权鉴定工作方案》,规范全省知识产权鉴定工作。

四、全力营造尊重知识产权的法治氛围

从2011年开始,坚持每年发布四川法院知识产权司法保护白皮书及典型案例,并发布著作权、种业、民营企业、自贸区等知识产权司法保护白皮书及典型案例,充分发挥典型案例的示范引导作用,传递人民法院不断加大知识产权保护力度的强烈信号。定期发布《四川知产与涉外商事审判》电子期刊,泸州中院打造"酒麒麟·知识产权保护"法治宣传品牌,全省法院知识产权法官积极参加省委依法治省办"法博士普法微课堂"、人民法院新闻传媒总社"上天入地的知识产权"系列直播等,借助融媒体"以案说法",实现线上线下普法联动;通过"法官来了"直播访谈节目,对三星堆等文化遗产知识产权保护作专题介绍,营造"尊重知识、崇尚创新、诚信守法"的法治氛围。

供稿:四川省高级人民法院
知识产权审判庭

检察工作

一、开展综合履职,助力知识产权检察全方位保护

四川检察机关全年办理侵犯知识产权犯罪审查逮捕案件180件424人,批捕123件254人;受理审查起诉案件360件1253人,起诉230件752人。成都市检察院成功抗诉的一起"翻新手机"假冒注册商标案,被最高人民检察院《知识产权检察工作情况》刊载,该案的成功抗诉,为"翻新手机"案件的准确定性提供了司法范例。强化知识产权民事、行政检察监督,全年共办理知识产权类民事诉讼监督案件27件。成都市检察院在办理一起商标权纠纷民事监督案中,深入调查核实,发现实际侵权商铺并非被诉侵权主体,一审原告起诉对象错误,在查明案件事实的基础上,加强释法说理,促成实际侵权人与原告公司达成和解,实质化解矛盾纠纷。全年共办理知识产权领域公益诉讼案件15件,各地积极探索以公益诉讼方式保护地理标志、川酒等特色产业的知识产权。通江县检察院在办理一起侵犯"通江银耳"商标(系国家地理标志产品)的刑事案件

中开展"一案四查",发现当地市场监管局对地理标志证明商标保护不到位,损害社会公共利益,依法以公益诉讼立案审查,制发督促其依法履职的检察建议,市场监管局采纳建议并作出专项整改,强化了地理标志保护。

二、聚焦重点领域,护航经济高质量发展

以高标准高质效检察工作护航第31届世界大学生夏季运动会。省检察院印发《2023年四川知识产权检察工作要点》,明确切实保护大运会赛事直播、视频转播及相关周边产品知识产权。成都市龙泉驿区检察院积极开展恶意注册、囤积涉大运会商标专项监督,8个被抢注的大运会相关商标被宣告无效,同时督促市场监管部门对恶意申请人作出罚款等行政处罚。

聚焦世界科幻大会知识产权保护。郫都区检察院联合各职能部门共同印发《2023成都世界科幻大会知识产权保护与宣传工作方案》,以推动知识产权确权保护、强化知识产权司法保护、加强知识产权行政保护、优化知识产权法治服务等举措,推进世界科幻大会知识产权快保护、同保护、严保护。

优化川酒等营商环境。省检察院主办"数字检察护航川酒产业发展"论坛,成都、泸州等5地检察院检察长同五粮液、泸州老窖等川酒"六朵金花"企业代表签署白酒产业高质量发展战略合作书,打造检察护航白酒产业高质量发展四川样板。省检察院与省公安厅、省烟草专卖局会签《四川省烟草专卖行政执法与刑事司法衔接实施办法》,严厉打击烟草专卖领域假冒侵权违法犯罪行为。

三、锚定知识产权保护目标,扎实推进重点工作

持续推广"双报制"。在成都、泸州等地产业园区内挂牌全省首批7个知识产权案件"双报制"办理中心,集中开展知识产权案件线索收集、分析研判、移送处理、结果反馈等工作,进一步提升知识产权保护质效。

打造法律监督模型,数据赋能知识产权保护。绵竹市检察院构建仿冒名优白酒跨省域维权法律监督模型,通过大数据分析重复侵权人员、审判超期、判决情况、法律适用错误的监督规则,对来自市场监管部门与法院的数据进行监督。

不断推进专项工作。成都市高新区检察院联合相关职能部门举行工作联席会,联合签署《惩治涉知识产权虚假诉讼、恶意诉讼协作备忘录》,深化惩治虚假、恶意诉讼工作的配合协作,探索协同共治工作机制。省检察院与省高级法院、省公安厅、省农业农村厅等单位共同印发《2023年四川省农资打假和监管工作要点》,严厉打击涉农资侵权假冒等违法犯罪行为,维护农民合法权益;与省公安厅、省知识产权工作和打击侵权假冒领导小组办公室共同发布2022年四川省依法打击侵权假冒犯罪典型案例,不断强化知识产权保护,严厉打击侵权假冒违法行为。

四、深化协同履职,凝聚知识产权保护合力

深化川渝协作。两地检察、公安、市场监管部门共同签署《服务成渝地区双城经济圈高质量发展 建立川渝跨区域重大案件联合挂牌督办机制合作协议》,深化两地行政执法与刑事司法衔接广泛合作,构建执法司法协作一体联动。开江县检察院联合重庆市万州区、开州区、梁平区等地检察机关签署《关于印发〈川渝四地名优特新地方特产知识产权重点保护名录〉的通知》,在信息共享、案件管辖、证据移送等方面加强沟通合作,加大对区域名优特新地方特产知识产权的司法保护力度。

强化跨部门对接。省检察院与省高级法院、省公安厅、省市场监管局、省知识产权服务促进中心共同发布《推进四川省知识产权鉴定工作方案》，协同推进知识产权鉴定机构的培育和发展，加强知识产权鉴定人队伍和能力建设。自贡、巴中等地检察机关与当地公安、市场监管等部门会签文件，完善行政执法与刑事犯罪案件衔接工作机制。

五、延伸监督职能，积极参与社会综合治理

优化知识产权法律体检工作。成都市检察院开展海上丝路（东南亚）外贸国别法律指引工作，制发《海上丝路（东南亚）外贸国别法律指引手册》，为企业涉东南亚知识产权法律需求开展"一对一""问诊式"司法服务。

建立检企合作机制，助力企业加强知识产权保护。绵阳市检察院召开知识产权协同保护座谈会，邀请公安、市场监管等部门以及长虹、九洲、京东方、丰谷酒业等重点企业参加，围绕商业秘密与维权保护、知识产权风险防范及法律救济等问题展开交流讨论。

建立驻企工作站点，护航企业发展。达州市先后设立通川经济开发区检察服务站、普光经开区"企程"检察工作站、渠县工业园区知识产权检察工作室，充分发挥检察一体化配合作用，为企业发展排忧解难。遂宁市检察院在舍得集团公司设立民营企业服务工作站，不定期前往企业开展知识产权法律宣传。

供稿：四川省人民检察院
知识产权检察办公室

贵 州 省

知识产权工作

一、强化知识产权保护

严格知识产权行政保护。市场监管部门查办知识产权案件1278件，案值1327.64万元，罚没金额933.86万元。开展商标恶意注册治理工作，梳理排查恶意抢注"村超""村BA"的线索177条，立案1件。《贵州省知识产权保护条例》纳入省十四届人大常委会立法规划。开展知识产权代理行业"蓝天"专项整治行动，抽查专利代理机构10家、商标代理机构80家。综合治理代理非正常专利申请行为，约谈知识产权代理机构60家次。组建"贵州省专利侵权纠纷案件技术调查官专家库"，第一批入库技术调查官30名。

推进跨区域跨部门协作保护。行政执法部门通过"两法衔接"信息共享平台移送涉知识产权类案件13起，公安机关立案13起；通过其他书面形式移送案件29起，立案28起，1起未达到刑事立案标准，移送处置率均达100%。联合泛珠三角区域九省（自治区）建立重点商标和地理标志保护名录。签订《西南五省（区、市）知识产权合作协议》。知识产权维权援助机构为各类活动提供驻场维权援助42次。贵阳市知识产权保护中心投入运行，并获批设立为海外知识产权纠纷应对指导地方分中心。

二、提升知识产权创造质量

突出知识产权高质量创造导向。修订印发《贵州省知识产权高质量发展资助办法》。推广知识产权业务网上办理，贵州省专利电子申请率达99.80%。开展非正常专利申请核查整改，核查6530件非正常专利申请，撤回5630件，撤回率86.22%。遴选支持贵州省知识产权优势企业24家，资助480万元。

加强知识产权创造和储备。制定《贵州省高价值发明专利培育工作指导意见》。

遴选支持6项贵州省高价值核心专利,资助120万元。资助高价值发明专利810余件,受益企事业单位近200家,资助金额220万余元。奖励第二十二届、第二十三届中国专利奖8项、2021—2022年度贵州省专利奖34项,奖励资金252万元。编制《贵州省品牌名录（2023年）》,收录品牌数量达10 622个。

推动知识产权与产业发展融合。遴选支持专利导航项目10项,资助150万元。

三、促进知识产权高效运用

完善知识产权转化运用机制。筹建贵州省知识产权公共服务平台,实现知识产权"互联网+"模式。即知识产权公共服务信息门户网,提供互联网一站式线上办公、办事服务,打造贵州省知识产权公共信息服务平台的窗口。

提升知识产权转化运用效益。贵州省实现专利转让2345件、许可143件,同比分别增长14%、93.2%。申报"麻江蓝莓国家地理标志产品保护示范区"。核准29家企业使用地理标志专用标志。对使用23个地理标志产品专用标志的56家企业资助28万元。"普安红茶""习酒"入选国家知识产权局第二批地理标志运用促进重点联系指导名录。

构建知识产权转化运用生态。举办贵州省知识产权质押融资政金企对接会。开展创新型科技企业政金企专场对接暨知识产权质押融资入园惠企活动。印发《2023年贵州省知识产权质押融资工作推进计划》。推动银企对接。收集200余家企业知识产权质押融资需求,将企业融资需求推送给中国人民银行贵州省分行等金融监管部门。贵阳代办处将专利权质押登记办理时限压缩至2个工作日,办理专利权质押登记137件,涉及质押的专利数991个。专利商标质押项目数145件,专利商标质押金额44.72亿元。开展知识产权质押贷款资助,对符合条件的40家企业及银行拨付知识产权质押贷款贴息及风险资助170万余元。

四、优化知识产权管理和服务

完善知识产权公共服务体系。初步形成1家知识产权公共服务中心、1家知识产权维权援助中心、1家知识产权保护中心（海外知识产权纠纷应对指导地方分中心）、5家综合性知识产权公共服务机构、12家知识产权信息公共服务网点、92家知识产权维权援助工作机构的知识产权公共服务体系,实现省、市、县三级全覆盖。

提升知识产权服务能力。围绕"知识产权服务万里行"活动,开展专题培训80余场,服务企业1000余家,机关单位60家,园区20个,科研院所18所,学校20所,覆盖人群1500余人次。优先为贵州省重点产业相关企业提供一对一服务,办理专利优先审查501件;对专利权质押登记和商标专用权质权登记进行全流程优先办理。

优化知识产权信息公共服务供给。定期发布知识产权信息及统计数据,提供商标注册申请、专利申请、贵州省地理标志用标申报、专利检索及分析等在线服务。贵州省知识产权局官网发布知识产权各类信息107篇,累计发布395篇。

推进数据知识产权试点实施。成功申报国家知识产权局第二批数据知识产权试点地方,也是西南地区首家。成立贵州省数据知识产权地方试点工作领导小组,建立双向互动和月调度工作机制,制定《贵州省数据知识产权地方试点工作实施方案》,明确贵州在数据知识产权制度构建、登记实践、权益保护、交易使用等方面创新探索、先行先试,力争数据知识产权存证登记达150件以上。

五、加强知识产权文化建设

强化知识产权宣传推广。发布2022

年贵州省知识产权保护与发展状况白皮书及知识产权相关典型案例。总结提炼"贵州经验","贵州省台江县塑造'村 BA'品牌,推动乡村产业发展"入选知识产权强国建设第二批典型案例,"国家重点实验室重组,科技情报做支撑"入选国家知识产权局第一批全国知识产权信息服务优秀案例。

推进知识产权人才建设。举办知识产权保护业务培训班,120 人参训;举办海外知识产权纠纷业务培训班,60 余家涉外企业及各市、州知识产权局及知识产权保护中心 40 余人参训;开展线上培训,组织 140 余人参加全省专利代理能力提升培训班。承办专利代理师资格考试,设立贵阳市为考点城市,2023 年贵州考点报名通过考生共计 351 人。将习近平总书记关于知识产权保护的重要指示列为各类培训班次重点学习内容,为厅级、处级、少数民族干部进修班等主体班次学员作知识产权专题辅导报告。

供稿:贵州省知识产权局

版权工作

一、提升版权社会服务工作水平,服务版权产业发展

组织拟定国家民族民间文化版权贸易基地(西南)2023 年建设工作方案,推动民族民间文化版权产业、版权贸易发展,国家民族民间文化版权贸易基地(西南)建设工作初见成效。基地建设明确聚焦"民族民间文化"、聚焦"西南"、聚焦"版权贸易"三个重点方向,初步形成以贸易基地大数据服务平台为核心、版权产业生态培育为重点的贸易基地建设发展思路。同时还谋划了版权产业孵化平台和民间文艺版权资源数据库等一批重点建设项目,为推进贸易基地建设打下良好基础。

指导支持国家民族民间文化版权贸易基地(西南)建设单位建成集版权登记、版权监测、版权维权、版权交易、版权金融及产业孵化服务为一体的版权大数据服务平台,在平台开发集约数字版权区块链存证、数字内容指纹比对、数字内容人工智能审核、贸易数据统计分析、非遗数字作品展厅、版权信息化管理等多个系统功能模块,建设"民间文艺作品版权资源数据库",已整理、收录贵州省优质民间文艺作品 2 万余件,全面涵盖苗绣、蜡染、银饰、漆器等特色优质民族民间文艺作品。贸易基地与省内外版权创意产业有关企业签订合作协议 10 余份。依托贵州广电传媒集团中国(贵州)智慧广电科创园建设,同步开展文化企业、文创个人工作室的入驻工作,20 余家版权产业相关企业完成线上入驻。

持续开展贵州省民族民间文化版权保护服务工程。组织服务团队,深入到全省 9 个市(州)的 70 多个县(市、区)以及部分高校、企业,实地开展民族民间文艺作品版权登记及版权知识宣讲、培训工作,累计登记贵州省特色民族民间文艺作品 3 万余件,开展版权知识宣讲、登记培训 120 余场,服务有关企业和个人工作室 4000 余家,持续通过版权保护、开发运用等方式,激活、提升、释放贵州省民间文艺以及红色文化版权产品的附加值。

加强作品登记审核管理。全年贵州版权登记平台登记出证 35 万余件。贵州省版权登记平台完成 3 次全方位全系统全功能的迭代升级,实现新增功能 60 余项,现有功能及系统优化 100 余项。进一步规范贵州省版权登记中心工作,对标贵州省政务服务大厅,制定工作制度和服务标准,进一步满足广大著作权人对版权登记便捷性的需求。在"全国知识产权宣传周"期间,推出具备司法和公证效力的新版区块链存证服务,加强平台"双证"确权模式。

组织开展贵州省相关单位参评全国版

权保护示范单位、园区(基地),完成组织申报、初评和专家评审,省内4家单位、1个园区获推参评。

二、加大版权行政执法力度,营造良好版权保护环境

1. 大力推进软件正版化工作

抓统筹落实。制定并下发《贵州省2023年软件正版化工作计划》,进一步做好软件正版化相关工作。督促指导各成员单位按照《省推进使用正版软件工作领导小组工作制度(试行)》的标准严格执行,明确分工,凝聚合力。继续将软件正版化工作纳入网络安全责任制和意识形态工作责任制双重考核,并拟定具体考核细则。

加大软件正版化工作力度。将软件正版化工作列入贵州省委宣传部2023年宣传思想工作要点,按照推进使用正版软件工作部际联席会议关于推进重点行业软件正版化工作的要求,新增省教育厅和省卫健委为领导小组成员单位,加大对教育和医疗系统软件正版化工作的统筹力度。

省推进使用正版软件工作领导小组组织召开全省软件正版化工作推进会议,对做好软件正版化工作提出相关要求。

加大督促检查核查力度。9月26日至11月3日,省推进使用正版软件工作领导小组委托第三方机构开展全省软件正版化检查核查工作,覆盖10家省级国家政府机关,毕节市、铜仁市19家市直单位,5家省国资委监管企业,5所高校,5家医院,5家银行系统,2家证券系统。51家单位整体情况良好,大部分单位建立了软件正版化工作机制,并贯彻落实到日常工作中。

2. 连续开展打击侵权盗版专项整治

组织协调完成全省版权行政执法工作,参加知识产权保护工作检查考核和质量强国考核。把按月进行版权行政执法案件信息统计作为促进版权案件办理的抓手,将案件办理情况纳入年度市(州)质量强国、平安贵州考核内容,督促各地加强版权案件办理。全省共完成版权刑事和行政执法案件89件,较上年增长49件。

把日常监管与专项行动相结合,联合贵州省公安厅、省文旅厅等相关部门,开展"剑网2023"专项行动、影院电影版权保护专项工作和"青少年版权保护季"行动,加大对侵权盗版的打击和整治力度。

召开"新动能 新趋势 新共识——剧本娱乐行业版权保护与发展大会"。会议由贵州省委宣传部(贵州省版权局)与中国版权协会、贵阳市人民政府共同主办,于9月5日在贵阳成功举行。全国版权管理、产业研究、版权司法保护领域的专家学者及法官、剧本娱乐行业主要企业代表参加,共同探讨剧本娱乐行业版权保护与发展大计。

3. 开展各类版权宣传培训,夯实版权工作基础

举办全省版权行政执法培训班,全省市(州)至县级版权行政执法人员120余人参训。积极开展版权相关知识和行政执法培训,营造各界良好的版权保护氛围,版权管理处人员多次在各地进行版权基础知识、行政管理和执法授课,做版权管理新形式分析,传达版权行政管理工作新要求、新任务。开展软件正版化工作业务培训,省推进使用正版软件工作领导小组组织召开全省软件正版化工作推进业务培训班,为领导小组成员单位以及软件正版化工作对象做培训。

供稿:贵州省版权局

司法工作

一、聚焦政治引领,加强政治建设

贵州法院始终把党的政治建设挺在前面,坚持党对法院工作的绝对领导,确保知识产权审判工作正确政治方向。扎实开展

学习贯彻习近平新时代中国特色社会主义思想主题教育。牢牢把握"学思想、强党性、重实践、建新功"总要求，坚持读原著、学原文、悟原理，结合工作实际深入交流研讨，紧扣职能职责开展调查研究，紧盯突出问题扎实进行整改，不断推动主题教育走深走实，以高度的政治自觉衷心拥护"两个确立"、坚决做到"两个维护"。积极推进讲政治与抓业务有机融合。持续抓实"从政治上看、从法治上办"，开展典型案件讲评活动，通过集中研讨交流等形式，教育引导知识产权审判部门干警始终坚持党的绝对领导，依法能动履职，坚决防止机械办案、就案办案，努力实现"三个效果"的有机统一。持续学深悟透党的二十大报告关于全面依法治国的专题论述。主动对标中国式现代化对民商事审判工作特别是对知识产权审判工作提出的新任务、新要求、新期待，紧紧围绕服务知识产权强国战略和创新驱动发展战略，不断加强知识产权司法保障，持续提升司法服务高质量发展的能力水平。

二、聚焦主责主业，提升案件质效

深入开展"案件质量提升三年行动"，着力在固本强基上下功夫，助推知识产权案件提质增效。2023年，全省三级法院共受理知识产权民事案件5082件、刑事案件176件，分别审结4658件、156件，无超审限案件。知识产权民事案件一审服判息诉率为88.68%，较上年上升7个百分点。以调研培训赋能审判业务能力。2023年，开展"以调研促培训，以培训促审判"行动，推动"审学研"一体化机制建设，组织审判专家、业务骨干赴全省各市（州），共举办知识产权审判业务调研培训9次，培训审判人员134人次，并通过实地调研推动解决中基层法院在知识产权案件审理中存在的堵点难点问题，进一步提升全省知识产权司法保护效能。以多元解纷机制构建高效化解矛盾纠纷。充分运用"行政调解+司法确认"工作机制，成功办结多起知识产权纠纷行政调解司法确认案件，有效降低权利人维权成本、节约诉讼资源，提升知识产权纠纷案件处理效率。贵阳中院与贵阳市知识产权保护中心签署《多元化解知识产权纠纷合作协议》，在该中心设立"贵阳市中级人民法院知识产权诉讼服务中心"，依托中心专业人员成功调解多起知识产权纠纷。修文县法院印发《关于知识产权案件诉前调解及速裁快审工作指引（试行）》，建立"诉调双规+速裁快审"机制，有效推进知识产权案件快立、快审、快结。以条线精细管理加快补齐质效短板。围绕全年目标任务和审判质量管理指标体系的要求，通过召开全省知识产权案件质量推进专题会议、建立每周质效通报调度机制、约谈知识产权审判部门负责人以及"一对一"指导帮扶等举措，对全省知识产权审判条线审限内结案率、一审服判息诉率等弱项指标深入查找原因、明确整改措施，全力推动全省知识产权案件审判质效稳中有升、提档进位。以集中管辖新模式加强知识产权法治保障。坚持高质量高标准筹建贵阳知识产权法庭，主动加强与最高人民法院和相关单位、部门的沟通联系，积极争取政策支持，进一步提升本省知识产权专业化审判水平，为地区经济社会高质量发展保驾护航。

三、聚焦效能提升，推进协同共治

持续优化协作配合机制，加大协同保护力度，推动构建共商、共享、共治的知识产权保护格局。与贵州省市场监管局联合制定《贵州省技术调查官参与专利侵权纠纷司法和行政案件的规定》，组建"贵州省专利侵权纠纷案件技术调查官专家库"，第一批入库技术调查官30名，相关法院在多起技术类知识产权案件中成功引入技术调查官，助力提升案件审理质效。组织举办全国性"白酒知识产权司法保护论坛",来自国家知识产权局商标局、白酒行业协会、高校、企业的专家学者,围绕白酒知识产权司法保护工作开展广泛交流,助力白酒产业创新发展。协同落实专项工作。在省质量强省和知识产权强省工作领导小组、省打击侵权假冒工作领导小组、省产业大招商暨优化营商环境工作领导小组、省公平竞争委员会、省酱香白酒产业专班等机构的组织统筹下,协同完成中央质量督察考核、国家知识产权保护工作检查考核、优化营商环境重点任务实施、强化公平竞争政策实施、打击侵犯知识产权和制售假冒伪劣商品工作、打击酒类市场侵权假冒行为专项行动等,共同推进《知识产权强国建设纲要(2021—2035年)》《质量强国建设纲要》《贵州省知识产权"十四五"规划和2035年知识产权强省建设远景目标纲要》等贯彻落实。

四、聚焦社会效应,加强宣传引导

积极开展"全国知识产权宣传周"系列活动,通过发布典型案例、普法宣传等形式,全面营造良好的知识产权保护氛围。在"4·26世界知识产权日"召开新闻发布会,发布2022年贵州法院知识产权审判白皮书和知识产权十大典型案例,充分发挥典型案例的示范、引领和指导作用,进一步明晰裁判规则、强化行为指引,持续营造法治化营商环境。各中级法院和具有知识产权案件管辖权的基层法院主动延伸司法触角,通过发放宣传资料、制作普法视频、悬挂宣传条幅等形式,积极向群众宣传知识产权方面的法律法规,并通过解读典型案例等方式,为群众耐心解答日常生活中可能涉及侵犯知识产权的情形,引导群众增强知识产权保护意识,营造尊重知识产权、保护知识产权的良好氛围。

供稿:贵州省高级人民法院
知识产权审判庭

检察工作

一、强化部署推进,落实检察保护任务

贵州省检察院及时组织认真学习习近平总书记关于知识产权检察工作的重要论述,以及全国打击侵权假冒办公室主任工作视频会议精神和最高人民检察院、国家知识产权局《关于强化知识产权协同保护的意见》精神等,立足检察职能,结合实际切实抓好知识产权保护工作。及时做好谋划部署。根据最高人民检察院知识产权检察办公室印发的《2023年知识产权检察工作要点》的具体部署,省检察院刑事、民事等检察部门根据条线工作实际,在总结2022年知识产权检察履职情况的基础上,制定形成贵州省2023年知识产权检察工作要点,并及时下发全省检察机关,要求严格对照落实。

二、强化案件办理,提升司法保护质效

坚持高质效办好每一个知识产权案件,推动知识产权刑事、民事、行政、公益诉讼检察充分履职、融合发展。依法履行批捕、起诉职能,严厉打击侵犯知识产权犯罪,办案质效提升明显。2023年共批准逮捕侵犯知识产权犯罪案件85件138人,提起公诉侵犯知识产权犯罪案件94件200人,同比均大幅提升。监督公安机关立案、要求说明不立案理由57件,纠正漏捕7人,纠正遗漏罪行12人。办理知识产权民事生效裁判监督案件4件、审判活动违法监督案件3件;办理行政非诉执行活动监督案件1件、行政裁判结果监督案件1件,不起诉反向移送行政处罚26件。办理知识产权公益诉讼案件24件。

三、强化协同保护,服务大保护格局

遵义市检察院与市公安局、市市场监管局会签《关于进一步加强知识产权协同保护的意见》,构建了联席会议、工作协作、线索

移送、提前介入、信息共享、学习交流与联合宣传等七大工作机制。贵阳市检察院与市市场监管局签订《知识产权协同保护框架协议》，并在贵阳市知识产权保护中心设立联络室，进一步构建知识产权协同保护新格局。仁怀市检察院与重庆市武隆区检察院会签《关于"贵州茅台酒"知识产权综合保护协作意见》，强化茅台酒知识产权跨区域协作保护，畅通案件线索移送渠道，加强异地委托调查工作，统一异地案件证据、事实、法律适用等问题。玉屏县检察院挂牌成立全省首个"玉屏茶油"地理标志产品保护检察联络站，建立起检察机关服务企业创新发展、优化营商环境、保护企业权益的"桥梁纽带"。

四、强化机制建设，提升检察监督质效

不断建立健全知识产权检察履职机制。严格落实知识产权刑事案件不捕、不诉、撤回起诉等层报省级检察院备案审查制度，2023年省检察院共完成侵犯知识产权犯罪案件备案审查55件。先后下发《关于加强侵犯知识产权犯罪案件量刑建议工作的提示》《关于加强全省检察机关侵犯知识产权犯罪重点罪名案件办理的工作提示》，强化知识产权刑事检察对下业务指导；遵义市播州区检察院探索研发保护白酒知识产权法律监督模型，推动地区白酒行业知识产权法律监督工作。

五、强化舆论宣传，营造保护氛围

"全国知识产权宣传周"期间，省检察院召开新闻发布会通报2022年全省检察机关打击侵犯知识产权违法犯罪工作情况，发布典型案例4件，并明确下一步工作重点；各市州检察机关积极转载最高人民检察院官方宣传信息并结合工作实际开展宣传活动，发放宣传资料2万余份，提供法律咨询2000余人次。

六、强化队伍建设，提升保护能力

全省共推荐15名知识产权检察业务骨干参加国家检察官学院举办的"知识产权保护指导性案例和典型案例专题研修班"、"第1期知识产权检察综合履职专题研修班"和"第2期知识产权检察综合履职专题研修班"。2023年，贵州省检察机关1人入选首批全国知识产权检察人才库成员；1人被国家知识产权局、最高人民法院、最高人民检察院、公安部联合表扬为2022年度全国知识产权保护工作成绩突出个人。

供稿：贵州省人民检察院
知识产权检察办公室

云南省

知识产权工作

一、知识产权强省建设有力推进

强化工作统筹。分管副省长召集召开2023年云南省人民政府知识产权战略实施工作联席会议（简称联席会议）全体会议，部署全省知识产权重点工作。召开2023年云南省市场监管系统知识产权工作会，安排全省市场监管系统年度知识产权工作。

压实工作责任。印发《2023年云南省知识产权强省建设工作要点》及市场监管系统知识产权工作要点，制定印发《联席会议办公室会商、督办、约谈及联络制度》，压实省、州（市）两级联席会议办公室及各成员单位工作责任，汇聚工作合力，一体推进知识产权强国、强省建设。

二、知识产权创造充满活力

2023年，云南省专利授权32 718件，

其中，发明专利授权5907件，同比增长44.39%，全省有效发明专利拥有量2.76万件，同比增长25.54%，全省每万人口高价值发明专利拥有量达到1.98件，同比增长24.53%，提前完成《云南省国民经济和社会发展第十四个五年规划和二〇三五年远景目标纲要》确定的目标。商标有效注册量达69.26万件，同比增长18.82%。

三、知识产权保护能力全面加强

提升知识产权系统保护水平。成功申建海外知识产权纠纷应对指导中心昆明分中心，增强知识产权涉外风险防控能力。印发知识产权行政保护工作实施方案、杭州亚运会知识产权保护工作方案，开展"剑网"、"龙腾"、"蓝网"、农资打假、种业监管等知识产权行政执法保护行动，查处商标案件982件，立案专利侵权案件636件，查办版权案件106件，查处涉种违法案件181件，海关查获侵权商品448批次共27.7万件，抽取1011户经营主体开展商标、专利"双随机、一公开"抽查检查，完成2023年农作物种质资源普查任务及林草植物新品种侵权摸底调查。

加强协同保护。与省高级人民法院共同完善云南省技术调查官名录库，签订《加强知识产权保护合作备忘录》，联合印发《关于开展知识产权纠纷行政调解协议司法确认工作的实施办法（试行）》，持续完善多元化技术事实查明机制，实现技术调查官参与案件办理及知识产权纠纷行政调解司法确认两个"零突破"。开展"云南老字号"保护工作，共保护云南老字号121个，包含中华老字号25个。组织执法维权团队为第七届中国—南亚博览会提供知识产权服务及保障。

四、知识产权转化运用能力不断提高

发挥区域示范作用。实施知识产权试点示范工作，昆明市完成要素完备的知识产权运营服务体系构建，曲靖市被确定为国家知识产权强市建设试点城市，盘龙区被确定为国家知识产权强县建设示范县，西山区、红塔区被确定为国家知识产权强县建设试点县，新增国家知识产权示范企业、优势企业127户。

提升转移转化效益。云南省被确定为2023年专利转化奖补省份，有效运用专利转化奖补中央专项资金1亿元实施专利转化专项计划。2023年，全省知识产权质押融资项目139项，金额15.22亿元，分别同比增长162.26%和119.31%，50项专利获云南省专利奖，"水电十四局第1期知识产权资产支持专项计划"在深交所发行，实现云南知识产权证券化项目零突破。

抓好地理标志保护与运用。支持20家地理标志用标企业实施地理标志运用促进工程项目，带动新增就业10万人。印发《云南省地理标志促进乡村振兴示范区建设管理办法（试行）》，筹建全省地理标志促进乡村振兴示范区3个，给予90万元资金支持。香格里拉松茸和漾濞核桃入选国家知识产权局第二批地理标志运用促进重点联系指导名录，普洱咖啡、文山三七、普洱茶和宣威火腿等4个案例入选全国第二批地理标志助力乡村振兴典型案例。

五、知识产权公共服务体系更加完善

强化知识产权公共服务供给。印发知识产权公共服务普惠工程工作方案，全省商标业务受理窗口共办理商标业务6011件，国家知识产权局昆明代办处办理专利申请有关业务3.5万件。

拓展知识产权公共服务网点。累计设立商标业务受理窗口18个，备案省级知识产权信息服务网点47个，建成版权服务工作站52家，三类服务机构在全省16州（市）实现"全覆盖"。

促进知识产权服务业发展。昆明市获批建设国家知识产权公共服务标准化试点城市,昆明市高新区获批建设"国家知识产权服务业高质量集聚发展试验区"。省市场监管局、省发展改革委等十五部门联合印发《云南省加快推动知识产权服务业高质量发展的实施意见》,营造知识产权服务业发展的良好态势。

规制知识产权申请及代理服务行为。完成四批次非正常专利申请核查工作,持续开展专利代理行业"蓝天"专项整治行动,抽取105家代理机构开展"双随机、一公开"检查,组织410户商标代理企业完成重新备案。

六、知识产权发展基础逐步夯实

加强知识产权人才队伍建设。开展知识产权"进党校"培训,在省委党校三期培训班中开设"知识产权制度和保护"专题课程。开展知识产权人才认定工作,2023年认定知识产权领军人才、高层次人才、实务人才三类人才共73人。各省级知识产权有关部门分别举办知识产权有关业务培训,参训人数2万余人。组织做好全国专利代理师考试云南考点考务工作,报名421人,通过考试37人。

强化知识产权宣传。持续通过各类媒体广泛开展宣传,抓好"全国知识产权宣传周"等重要节点,发布知识产权行政保护、司法保护典型案例共18个,编制《2022年云南省知识产权发展状况报告》《2022年云南省知识产权统计年报》,全面展现云南省知识产权创造、运用、保护、服务、管理全链条工作成效。

加强知识产权普及教育。认定省级知识产权教育试点学校15所,在昆明、曲靖、普洱等州(市)中小学开展知识产权进校园宣传教育活动,营造"尊重知识、崇尚创新、诚信守法"的知识产权文化氛围。

供稿:云南省知识产权局

版权工作

一、版权产业发展和社会服务工作

1. 作品登记情况

2023年,云南省版权局加强作品登记宣传培训,持续加大对"云南版权登记系统"升级改造,在登记存证中引入区块链技术,登记证书增加时间戳佐证信息,在实现作品登记线上"一站式"服务的基础上,平台功能和登记公信度得到大幅提升。全省全年作品登记量达109 655件,同比增长112%,提前实现《云南省版权工作"十四五"规划》中在"十四五"末期全省年度作品登记量达7万件的目标。

2. 云南省版权服务工作站建设情况

制定《云南省版权工作站年度绩效考核细则》,对《云南省版权服务工作站管理办法》中考核评估标准进行细化分解。2023年,在全省新设16家云南省版权服务工作站,撤销考核不达标工作站4家,截至2023年底,全省共设有工作站52家,覆盖全省16个州(市)。全年工作站共登记作品46 056件,占登记总量的42%。

3. 版权示范创建情况

在各级版权主管部门的宣传引导下,各州(市)和相关企业、机构对版权示范创建工作更加重视。2023年,云南省版权局认定全省版权示范单位5个、全省版权示范园区(基地)2个。

二、版权保护情况

1. 版权执法监管情况

按照国家版权局等部委的统一部署,联合云南省委网信办、省公安厅、省文化和旅游厅、省通信管理局等单位,在全省范围内组织开展"剑网2023"专项行动、"青少年版权保护季"行动、院线电影版权保护专项工作、"清朗•杭州亚运会和亚残运会网络环境整治"专项行动。抽调省级相关部门、各州(市)版权执法骨干42人组织开展

"2023年云南省打击网络侵权盗版暨文化和旅游市场网络执法集中办案行动",巡查网站3200余个,微信公众号1500余个,短视频用户账号2000余个,电商平台商家1300余家。共排查出侵权盗版案件线索49条,按属地原则与省文化和旅游厅进行联合督办。2023年,全省共出动行政执法人员7.6万余人次,检查经营场所4.9万余家次,全年共查办侵权盗版案件106件,较2022年增长26件,增长率32.5%。云南省普洱市率先探索建立多元化解著作权矛盾纠纷机制,普洱市新闻出版(版权)局与市文化和旅游局、市中级人民法院共同签署《KTV行业多元化解著作权矛盾纠纷协作备忘录》,建立著作权纠纷快速处理机制,为其他领域建立版权纠纷调解快保护工作机制提供经验。

2. 推进使用正版软件工作情况

组织召开2023年云南省推进使用正版软件工作联席会议全体会议,明确"提质扩面抓推进"的工作要求,审议通过《云南省推进使用正版软件工作联席会议工作规则》,制定印发《2023年云南省推进使用正版软件工作计划》和《云南省2023年软件正版化工作检查方案》,在巩固党政机关软件正版化成果的基础上,逐步推进教育、卫生健康行业单位和国有企业的全覆盖检查。2023年,云南省推进使用正版软件工作联席会议成员单位组成联合检查组完成保山、大理、德宏、丽江、怒江、临沧6个州(市)、10家省级行业单位软件正版化工作检查,全年共检查党政机关76家、国有企业46家、卫生健康行业单位45家、教育行业单位33家,检查计算机14 000余台。

三、版权国际交流情况

1. 参加第九届中国国际版权博览会

以"版权花开彩云南"为主题,组织26家版权相关企业,展示建水紫陶、楚雄彝绣等民间工艺作品,以及《张桂梅》《什么是云南》等优秀出版物共300余件,进一步拓宽云南省版权对外交流渠道。

2. 昆明市举办首届云南昆明(国际)版权博览会

2023年3月24—26日,首届云南昆明(国际)版权博览会(简称版博会)在滇池国际会展中心7号馆举办,来自国内外的186家版权相关企业参加,现场签约8个项目,总金额达1.8亿元。本届版博会实现了云南省版权专业展会零的突破,为版权企业"走出去"提供了交流平台。

3. 开展图书引进版权合同备案工作

做好省内出版社涉外图书引进著作权合同登记工作,2023年,共对109种境外引进图书的合同进行登记,全年输出出版物37种,引进出版物48种。

四、版权宣传培训情况

1. 多渠道多方式推动宣传

2023年,运营维护"云南版权"微信公众号、云南版权网,在云南网开设"版权工作在云南"专栏,全年共在省内主流媒体平台推送稿件780余篇,阅读量12万余次。以"全国知识产权宣传周"版权宣传活动为抓手,在昆明市中心南屏步行街开展以"版权花开彩云南"为主题的集中宣传推广活动,协调省通信管理局向手机用户推送版权公益信息5000万余条。

2. 保护与宣传有机衔接

以开展"青少年版权保护季"行动为契机,举办"保护版权 拒绝盗版"宣传活动。组织开展2023年云南省大学生版权征文活动,共收集投稿论文137篇,评出研究生组、本专科组一等奖各1名,二等奖各2名,三等奖各3名,优秀奖13名,评出优秀组织单位奖9个,优秀指导教师奖12名。在曲靖市举办2023年云南省软件正版化暨版权工作培训班,共培训党政机关、版权相关企业从业人员220余人。

供稿:云南省版权局

司法工作

一、提高政治担当，抓实以保护促创新结合点

2023年，云南法院将知识产权司法保护工作纳入党组重要议事日程研究部署，统筹协调、督促推动全省法院抓好知识产权司法保护工作。3月，下发《全省法院2023年工作要点》，要求全省法院坚持服务大局、司法为民、公正司法，并把服务创新型云南建设作为工作要点之一。4月，制定出台《关于服务和保障加快建设我国面向南亚东南亚辐射中心的二十条措施》，要求全省法院提高办案质量、效率和效果，用高水平司法护航高水平对外开放、高质量跨越式发展。其中，强调要聚焦云南在高原特色农业、新材料、生物医药、精细化工等领域的创新研发，服务创新型云南建设。要促进文化和旅游产业品质提升，服务"文化润滇"行动，加强著作权审判，强化云南传统文化、民族民间文艺等非物质文化遗产司法保护。10月，下发《关于加强知识产权审判工作的通知》要求指定专人审理、加强请示汇报，着力提升知识产权案件审判质效。

二、聚焦主责主业，充分发挥审判职能

全省法院紧紧围绕"让人民群众在每一起司法案件中感受到公平正义"目标，实行知识产权"三合一"审判机制，严格审限管理，充分发挥审判职能作用。2023年，全省各级法院共受理各类知识产权案件6103件，审结案件5802件，结案率95.07%，法定审限内结案率98.26%。其中，受理各类知识产权民事案件6026件，审结5736件，结案率95.19%，法定审限内结案率98.43%。受理知识产权刑事案件77件，审结66件，判决承担刑事责任103人。在"云南白药牙膏""下关沱茶"知名商品包装装潢被重复、持续侵权的不正当竞争纠纷案中，判处侵权人承担顶格法定赔偿500万元的责任。建立多元化技术事实查明机制，引入技术调查官参与13件案件办理。2023年，适用惩罚性赔偿的"YA8201"玉米植物新品种侵权案被评为第三批人民法院种业知识产权司法保护典型案例。云南高院审理的一起涉"老山广场"著作权权属、侵权纠纷案件庭审获评第五届全国法院百场优秀庭审。云南高院审理的涉医疗挂号平台"滇医通"不正当竞争纠纷案入选2022年中国法院50件典型知识产权案例。

三、加强沟通协作，着力提升工作质量效率

2023年，由云南高院党组书记、院长亲自主持，云南高院联合省知识产权局开展知识产权行政执法和司法保护衔接机制课题研究，并形成《加强知识产权保护合作备忘录》《关于开展知识产权纠纷行政调解协议司法确认工作的实施办法》《关于知识产权纠纷行政调解协议司法确认工作指引（试行）》3项成果。指导全省16个州市中级人民法院加强与当地知识产权行政管理部门的协调联络，推进知识产权矛盾纠纷多元化解机制在云南省各州市全面建立。人民法院在线调解平台包括知识产权局特邀推荐加入的调解员43人、调解组织12个，2023年来委派其调解案件1914件，调解成功案件1537件。11月，一起涉外观设计专利纠纷经迪庆州市场监管局调解成功后赴当地法院申请司法确认，实现了云南省知识产权纠纷行政调解协议司法确认"零"的突破。普洱中院、昭通中院等分别与当地知识产权行政管理部门建立知识产权纠纷联动机制。昆明官渡法院与昆明市知识产权中心、官渡区相关部门建立云南自贸区昆明片区知识产权纠纷快调、快处、快赔、快审协作机制。临沧双江法院与杭州西湖法院签署全国首份名茶保护司法协作框架协议，开创了名茶品牌保护跨域联动、统筹协作、系统治理的先河。

四、注重审判队伍建设，夯实人才队伍基础

加强队伍建设，进一步提高队伍的政治素质、廉洁意识和审判水平。2023年7月3—9日，云南高院在国家法官学院北京丰台校区举办2023年全省法院知识产权审判业务骨干培训班，全省法院共108名知识产权审判业务骨干参训。2023年，云南高院共举办及组织参加6期涉知识产权审判业务培训，共1818人次参训。

五、拓展宣传渠道，全面深化社会效果

认真落实"谁执法谁普法"工作要求，结合"全国知识产权宣传周"等活动时机，深入细致开展法治宣传教育工作。全面深化司法公开，采取"线上+线下"同步庭审模式，依法公开开庭审理知识产权案件，邀请人大、政协代表和群众代表等旁听。举办新闻发布、公布典型案例。4月19日，云南高院在"2023年云南省知识产权工作新闻发布会"上通报2022年云南法院知识产权司法保护工作情况，并发布2022年度云南法院知识产权司法保护十大典型案例。在发布的2023年云南法院"3·15"消费者权益保护7个典型案例和"质量月"涉食品药品8个典型案例中，也都包含涉知识产权保护案例。广泛采取发放宣传册、现场答疑、座谈交流等多种形式，送法"进校园、进社区、进企业"，开展普法宣传教育和提供司法服务活动。凝聚全社会共同参与、共同治理的整体合力。

供稿：云南省高级人民法院
知识产权审判庭

检察工作

一、统筹四大检察职能，认真谋划部署知识产权检察工作

云南省检察院党组高度重视知识产权检察保护工作，及时成立省检察院知识产权检察办公室，推进"四大检察"综合履职；专门听取知识产权保护工作情况汇报，研究部署知识产权保护工作。为进一步明晰工作要求，突出工作重点，结合中央、省委及最高人民检察院关于知识产权保护的工作安排，省检察院制发《2023年全省知识产权检察工作要点》，部署全省检察机关知识产权保护工作，要求各地结合实际探索推进知识产权综合履职。组织全省检察机关认真学习习近平总书记关于知识产权工作的重要讲话精神，以及最高人民检察院工作部署要求，增强工作针对性，不断提升知识产权司法保护质效。全省各级检察机关强化担当，结合本地实际，多措并举，深入推进知识产权保护工作。

二、做实专项行动，强化知识产权检察保护

深入推进知识产权恶意诉讼专项监督工作。省检察院及时成立由分管副检察长任组长、各部门业务骨干组成的专项监督工作领导小组，制发工作方案，及时对专项工作进行部署落实。各地在主动加强与法院、公安机关、市场监管局、版权局、知识产权局等单位的沟通，争取工作支持的同时，加大力度摸排知识产权恶意诉讼案件线索。省检察院组织对2000余件知识产权民事诉讼案件进行排查，并对排查出的66件批量维权案件向省法院调取案件材料逐一核查。各地主动利用12309检察服务中心和与工商联、侨联、律协等部门搭建起的联系平台，加大宣传力度，扩大线索来源渠道。

持续推进"打假护牌"专项行动。结合本省工作实际，与相关部门共同开展"打假护牌"专项行动，紧紧围绕"打假冒、保名优、促发展"的目标，聚焦群众反映强烈、假冒伪劣商品充斥的集散地、批发市场等地区，严厉打击侵犯知识产权和制售假冒伪劣商品的犯罪案件，强化知识产权保护。

探索开展地理标志保护领域公益诉讼,加强对云南省自有品牌的保护。深入开展"云茶""石屏豆腐"等云南省高原特色农产品地理标志保护现状的调研,探索开展地理标志保护领域公益诉讼,助力高原特色农产品"云品出滇"。宜良县检察院办理的"汤池老酱"地理标志行政公益诉讼案,督促相关部门加强地理标志保护,完善"汤池老酱"地理标志长效保护机制。

三、深入推进专业化建设,提升综合保护质效

推进职能专业化。全省检察机关不断加大知识产权队伍建设力度,努力打造一支专业化队伍推进知识产权检察保护工作。除省检察院外,红河州检察院、普洱市检察院、德宏州检察院、麻栗坡县检察院相继成立知识产权检察办公室,全省12州市检察机关成立47个知识产权专门办案团队或办案组。通过统筹"四大检察"职能和人员力量,深入开展"一案四查",实现最优办案效果,最大限度降低权利人维权成本。普洱市检察院在办理陈某销售假冒注册商标的商品案时,经与权利人沟通,支持权利人提起刑事附带民事诉讼,一体解决刑事责任追究和民事责任承担问题,减少权利人诉累,节约司法资源。

加强专业能力建设。组织全省检察人员参加最高人民检察院举办的全国知识产权业务培训3次15人;举办全省检察机关知识产权暨"双打"业务培训,针对知识产权案件办理中的难点、疑点问题进行答疑解惑。各地结合本地实际,积极举办知识产权业务培训,以培训为契机,以点带面提升检察人员办理知识产权案件业务能力。为解决案件办理中的专业问题,各地检察机关多方选聘专业知识丰富的5名行政主管机关人员为特邀检察官助理参与案件办理,为案件办理提供专业意见,提升检察办案质效。2023年,1名检察官入选全国检察机关知识产权检察人才库,1名检察官、1个集体被国家知识产权局、最高人民法院、最高人民检察院、公安部四部门联合表扬为2022年度全国知识产权保护工作先进集体和先进个人。

强化案件质量把控。省检察院对知识产权案件实行清单式管理,动态掌握各地案件办理情况,及时分析研究案件反映出的认罪认罚适用率不高、案件不起诉率高等问题;充分发挥检察一体化优势,加强对各地办理重大疑难知识产权犯罪案件的指导,及时有效解决案件办理难题,确保知识产权案件质量。

四、强化法治宣传,营造知识产权保护氛围

结合"3·15国际消费者权益日""4·26世界知识产权日"等重要时间节点,结合主题,认真谋划开展知识产权检察宣传工作,拓展宣传平台,丰富宣传形式,增强全社会尊重和保护知识产权的意识。省检察院专门申请设立知识产权宣传专项经费,统一制作印刷知识产权宣传手册发放各地。昆明市检察院知识产权专业团队与省民营企业协会共同以"企业知识产权保护"为主题面向全省民营企业家开展法治宣讲,从知识产权法治保护历史沿革、企业商标权的风险防范、地理标志的保护三个角度切入,向与会企业家深入宣传知识产权法律制度发展和云南省知识产权保护工作情况。结合宣讲与企业家就企业发展中最常见的知识产权法律问题进行座谈交流、答疑解惑,提供法律咨询,引导企业运用法律来维护合法权益,帮助企业依法保护知识产权。各地结合"我为群众办实事""全国知识产权宣传周""普法强基"等活动,通过深入社区、深入企业、深入乡村开展多形式知识产权宣传工作。

供稿:云南省人民检察院
知识产权检察办公室

西藏自治区

知识产权工作

一、知识产权顶层设计持续加强

自治区党委、政府高度重视知识产权保护工作,将知识产权保护工作纳入党委和政府重要议事日程。自治区党委、政府将加强知识产权保护、知识产权质押融资统筹列入2023年优化营商环境重点工作。自治区政府定期召开主席碰头会,研究部署知识产权保护重点工作情况。协调推进2023年度知识产权保护重点工作落实。为强化属地责任落实,自治区党委、政府连续第二年将知识产权保护和知识产权强国建设工作列入对地(市)年度综合绩效考核,自治区党委督查室、政府督查室将知识产权保护整改提升和助力优化营商环境工作列入督办事项,自治区各级各有关单位将知识产权保护工作纳入议事日程安排落实。

二、知识产权法治水平持续提升

自治区各级各有关单位在深入开展"剑网""农资打假""双打""铁拳""蓝天""龙腾"等专项执法行动的同时,针对重点领域、重点产品,组织开展牛肉制品、地理标志专用标志使用、亚运会和亚残运会专项、海关"蓝网"、暑期文化市场、旅游市场等专项整治行动16项,累计出动执法人员2.66万人次,检查市场主体3.7万家(包括专利、商标代理机构11家),办理假冒专利行政案件1件,无投诉成案案件。办理商标行政案件34件,著作权侵权案件1起、进出口侵权案件12批次27.38万件。通过专项执法,全区消费市场、专业市场(含电子商务平台)等重点领域知识产权保护意识有效提升,未出现大规模生产制造或售卖侵权假冒商品舆情或举报投诉。

三、知识产权社会共治能力持续提升

努力完善知识产权纠纷调解组织体系,自治区高院、市场监管局联合制定《关于加快推进知识产权在线诉调对接机制实施意见》,推荐8家知识产权纠纷调解组织24名调解员入驻人民法院调解平台。依托区内"12315"消费者协会建立7家地(市)知识产权维权援助和调解工作站。司法厅制定《西藏自治区专职人民调解员管理办法》,新增日喀则仲裁委员会,依托拉萨、日喀则知识产权仲裁调解机构,建立38人组成的兼职知识产权仲裁人员队伍。组织开展知识产权仲裁、专利侵权纠纷行政裁决业务培训1期。2023年,各级各有关单位受理和办结各类知识产权纠纷调解10起,未接到申请行政调解或申请仲裁的知识产权案件。宣传贯彻《商标代理监督管理规定》5次,开展代理机构能力提升培训2次。组织行业自律活动4次,有21家知识产权服务机构签署行业自律承诺书。开展知识产权代理机构各类检查50余次,通过官方门户网站、抖音号等发布专利申请委托代理风险提示和"蓝天"专项行动解读等信息10条。组织开展"知识产权服务万里行"活动43次,惠及企业433家。鼓励区内知识产权服务机构开展公益服务,2家专利代理机构为行业部门及企业开展业务培训11场(次)。拉萨市市场监管局组建一支由11名律师、专利代理人组成的知识产权志愿服务队。落实知识产权服务业高质量发展要求,深入实施知识产权公共服务普惠工程,自治区市场监管部门组织开展知识产权公共服务能力提升计划,指

导六地(市)依托政务服务大厅和市场监管部门"质量一站式服务站"分别设立知识产权公共服务咨询站(点),为七地(市)市场监管部门和区内知识产权公共服务机构发放海外知识产权诉讼信息平台账号8个。组织国家知识产权局西藏业务受理窗口入驻拉萨市三级市民服务办事大厅,实现专利商标受理、优先审查推荐和质押融资登记受理"一站式"服务。努力提高知识产权公共服务水平,自治区市场监管部门发布区内知识产权公共服务事项清单38项,发布区内专利、商标代理机构目录和区外知识产权运营服务平台目录、青稞产业专利导航报告、涉外知识产权信息等公共服务信息44条。依托江苏、山东两省援藏部门支持,创新建立了拉萨市知识产权公共服务平台和日喀则市(济南)知识产权维权站。国家知识产权局西藏业务受理窗口、西藏大学技术与创新支持中心(TISC)和自治区标准化研究所等3家单位积极发挥国家知识产权公共服务网点作用,参加国家知识产权局业务培训15期40余人次,开展知识产权宣传培训和专利检索咨询,免费为各类服务对象提供知识产权政策咨询、信息检索服务3600余人次。邀请国家知识产权局多个司局专家赴藏开展知识产权"进机关、进校园、进企业"服务活动4次,帮扶企业12家。

供稿:西藏自治区知识产权局

版权工作

一、持续巩固软件正版化成果

根据西藏自治区推进使用正版软件工作厅际联席会议制度,调整和充实自治区推进使用正版软件工作联席会议成员。

召开2023年度西藏自治区推进使用正版软件厅际联席会议,研究制定《西藏自治区版权局2023年推进使用正版软件工作计划》并印发给各地市、各部门,安排部署软件正版化工作,制定工作计划。

开展使用正版软件核查工作,随机抽查10家区直机关单位,60台计算机,加强统筹协调、政策指导,督促党政机关健全完善机制,落实软件正版化工作主体责任。

组织开展全区软件正版化工作培训班,各地市、各部门、相关企业负责使用正版软件工作118人参训,深入推进全区党政机关和企事业单位软件正版化工作,不断巩固和扩大自治区软件正版化工作成果。

二、版权社会服务取得显著成效

推进著作权作品自愿登记工作。进一步优化作品登记服务,充分运用国家监管平台,提高著作权登记信息化和标准化水平,作品登记11件。

开展创建版权示范单位建设工作。根据《西藏自治区版权示范单位管理暂行办法》,向各地市、相关企事业单位印发《西藏自治区开展评选版权示范单位的通知》,认真开展版权示范单位评选相关工作。

参加第九届中国国际版权博览会,通过图文、视频、实物等形式集中展示自治区近年来在版权登记、版权输出、版权转化和版权保护方面的丰硕成果,并形成《西藏版权精彩亮相第九届版博会》简报。

三、加强版权执法监管,有效整治侵权盗版行为

部门通力协作,形成工作合力,加强版权执法巡查力度。开展打击网络侵权盗版"剑网2023"专项行动,研究制定《西藏自治区版权局关于开展打击网络侵权盗版"剑网2023"专项行动的实施方案》,安排部署自治区"剑网2023"专项行动工作。

向各地市版权局印发《关于转发〈关于开展"清朗·杭州亚运会和亚残运会网络环境整治"专项行动的通知〉的通知》,按照通知要求各地市版权局聚焦集中行动重点任务,结合本地区特点,主动作为,开展"清朗·杭州亚运会和亚残运会网络环境整治"专项

行动,推动构建杭州亚运会和亚残运会版权保护多层次、立体化社会共治格局。

按照《西藏自治区版权局关于开展青少年版权保护行动的通知》的总体要求、检查要点,压实工作责任,形成党委统一领导、部门统筹协调、上下积极联动的工作格局。联合公安、文化市场综合行政执法部门等开展文化市场检查,高度关注权利人和广大家长反映强烈的危害青少年权益的侵权盗版问题,严厉整治教材教辅、工具书、少儿图书、网络游戏领域侵权盗版乱象,为青少年健康成长营造良好的版权环境。与自治区出版物质量检测鉴定中心等联合开展中小学重点教材印制质量巡检回访工作。前往自治区新华书店各图书销售网点,深入那曲市、昌都市12所学校和那曲市新华书店、昌都市丁青县新华书店、昌都市新华书店等出版物销售网点及昌都团结印刷厂,对教材、教辅和中小学校园课外读物进行集中排查。重点检查是否存在盗版、盗印行为。通过与中小学师生座谈交流、进入课堂随机抽样、实地检测等多种方式对中小学教材、教辅、工具书、少儿图书的发行、供应等方面进行全方位了解和监测。先后召开11次交流座谈会,听取基层师生对中小学教材印制质量的意见建议,同时随机抽样检查中小学教材教辅24种300余册,构建健康有序的教辅市场版权秩序。

开展文化市场日常检查工作,找准源头问题,明确重点任务。各地市对出版物市场、印刷企业及校园周边书店、报刊摊点、文具店、打字复印店等场所开展清查摸排。对63所中小学校、10家出版物销售网点、23家打字复印店等场所进行清查摸排,出动执法人员289人(次),重点检查实体书店是否存在违规发行中小学教科书、发行盗版教材教辅等违法违规行为,校园周边印刷企业、图文制作社等是否存在无委托手续印刷、盗版盗印教材教辅、印刷含有有害内容的出版物等违法违规行为。

四、强化宣传教育,加强版权意识

扩大宣传覆盖面。充分利用"4·26世界知识产权日",开展版权宣传进社区、进企业、进学校活动。"4·26世界知识产权日"当天,深入社区普及版权知识,广泛宣传作品登记工作、以案说法、讲述百姓身边的版权事例,有效倡导公众尊重创作、支持正版,共同维护版权创新环境。

各地市深入开展版权保护进校园等活动,强化对青少年版权保护的教育引导。联合自治区"扫黄打非"工作领导小组办公室开展"绿书签行动"系列宣传活动,倡导"读好书、上好网"。向广大师生发放版权保护知识布袋及笔记本等宣传品201份,发放《作品登记基本知识》宣传手册130册,营造全社会版权保护的良好氛围。

组织基层版权工作责任人开展版权业务培训,有效提高了基层版权执法人员业务能力和工作水平。

供稿:西藏自治区版权局

司法工作

2023年,西藏自治区法院坚持知识产权审判工作"为大局服务、为人民司法"的工作方针,始终以专业化审判为努力方向。以改革创新为不竭动力,以执法办案为第一要务,以队伍建设为第一责任,充分发挥知识产权司法保护的主导作用,不断提升审判效能,依法审理各类知识产权案件,妥善调节知识产权关系,为促进科技进步、构建和谐社会提供了有力的司法保障。

一、认真开展主题教育学习,不断提高政治站位

主题教育开展以来,西藏高院知识产权审判庭根据西藏高院主题教育办的安排和部署,通过党组理论学习中心组、党支部

"三会一课"等方式,认真学习习近平总书记最新重要讲话、批示以及中央、自治区主题教育办相关文件精神。坚持读原著、学原文、悟原理,深刻领悟"两个确立"的决定性意义,增强"四个意识"、坚定"四个自信"、做到"两个维护",切实筑牢开展好主题教育的思想根基,用主题教育生动实践推动审判工作,不断提高政治判断力、政治领悟力、政治执行力。2023年,共组织支部学习25次,支部书记讲党课2次,研讨交流4次,支部党员干部撰写各类心得体会10余篇,并积极参加院机关组织的"七·一"文艺会演和主题演讲比赛。

二、扎实推进审判工作,努力提高工作质效

1. 案件审理情况

在案件数比上年成倍增长及办案人员减少的情况下,西藏高院知识产权审判庭干警只争朝夕、担当作为,严格落实立党为公、司法为民,审判工作取得良好成效。同时,全区设有民三庭的拉萨、日喀则、昌都中院知识产权审判工作开展良好。2023年,民三庭共受理各类民事案件136件,审结120件,未结16件,结案率88%。其中,旧存1件,新收135件,知识产权民事二审案件4件,申诉复查1件;其他民事二审案件5件,申诉复查案件126件。

2023年,全区受理知识产权案件共计276件,包括西藏高院5件、拉萨市两级法院216件、日喀则市两级法院6件、林芝市两级法院38件、山南市两级法院9件、昌都中院1件、阿里普兰县法院1件。结案203件,未结73件,结案率73.55%。

2. 积极履行知识产权联席会议成员的职能

2022年,西藏自治区建立了知识产权联席会议办公室。2023年,西藏高院知识产权审判庭针对西藏自治区知识产权局制定出台的涉及知识产权保护方面的十余项措施及方案,予以建设性、针对性的回复,并已完成《关于落实2023年国家知识产权保护工作检查考核要点的自评报告》。同时,对国家电网西藏电力有限公司制作的《知识产权法治宣传动漫》提供相关法律建议。

2023年6月,西藏高院知识产权审判庭负责人和立案庭负责人共同与西藏自治区市场监管局知识产权处负责同志召开知识产权协同保护座谈会,就涉知识产权案件整改方案工作落实等内容进行深入研讨,推动《关于加快推进知识产权纠纷在线诉调对接机制实施意见》向纵深开展,以及就自治区市场监管局推荐知识产权调解组织和调解员入驻人民法院调解平台、法院进行相应资格审查等事项达成共识,形成逐步探索构建并不断完善知识产权纠纷多元化解机制。截至2023年底,已在全区范围内共建立知识产权纠纷调解组织8家,在多元解纷、诉源治理工作中更好地发挥诉前调解的作用。同时,与西藏自治区市场监管局共同制定出台《关于在全区开展知识产权纠纷行政调解协议司法确认程序试点工作的实施办法(试行)》,通过司法确认赋予行政调解协议强制执行力,进一步拓宽知识产权保护和解纠纷渠道。

3. 推进知识产权审判改革工作

为贯彻党中央、最高人民法院和区党委政法委关于加强知识产权保护工作的一系列安排部署,推进知识产权民事、刑事、行政案件"三合一"审判机制改革,制定出台《高级法院落实知识产权"三合一"审判实施方案》;为客观公正高效地进行知识产权案件技术事实查明工作,制定出台《西藏自治区高级人民法院知识产权法庭技术调查官管理办法(试行)》;为完善多元化纠纷解决机制,与西藏自治区市场监管局共同制定出台《关于在全区开展知识产权纠纷行政调解协议司法确认程序试点工作的实施办法(试行)》。8月,完成《中共西藏自治区高级人民法院党组关于全区法院2018—2022知识产权案件态势分析研判的报告》，上报给最高人民法院及党委政法委。

6月，在分管领导带领下，同自治区人大常委会调研组赴林芝、日喀则和拉萨两级法院调研知识产权刑事、民事、行政"三合一"归口审理模式运行和队伍建设情况，并撰写了《全区法院知识产权"三合一"审判模式的改革与完善的调研报告》。

4. 加强业务指导工作

为充分发挥民事、行政、刑事"三合一"知识产权司法保护政策，总结审判经验，从全区法院审理的各类知识产权案件中选取8件具有典型意义的案件，首次在西藏法院微信公众号和《西藏商报》上发布《西藏法院知识产权司法保护典型案例（第一批、第二批）》。并且按照最高人民法院的要求，为提高知识产权审判质量和水平，统一裁判尺度，向最高人民法院报送3起自治区知识产权类典型案例。

5月，西藏高院知识产权审判庭与拉萨市中级人民法院民三庭共同就相关知识产权案件的审理及协调沟通工作进行深入座谈，取得良好的效果。

5. 加强业务培训工作

充分利用法官学院教育平台，将知识产权司法实务作为重要培训内容纳入民商事和刑事培训中，有效提升知识产权审判队伍的业务能力。根据最高人民法院"人民法院大讲堂——审判业务培训课程"，组织自治区高院、各市（地）中院、基层法院审理知识产权相关人员，以视频形式参训"植物新品种案件审理思路"。国家法官学院西藏分院组织全区法院参加"全区法院民事审判业务培训班"，对于"侵犯商标权纠纷案件审理要点"邀请最高人民法院法官讲解。根据国家法官学院《关于举办第二期全国法院知识产权培训班的通知》，推荐了拉萨中院、城关区法院、山南中院、巴宜区法院4名审理知识产权案件的干警参与培训。

6. 积极开展法治宣传工作

2023年4月26日为第23个世界知识产权日，西藏高院知识产权审判庭在藏游坛城周边商圈开展"全面加强知识产权保护，激发社会新活力"主题法治宣传活动。活动现场，通过发放藏汉双语法律书籍、典型案例册，现场讲解，接受法律咨询等方式，向过路群众及周边各类市场主体，广泛宣传知识产权相关法律知识，教育引导社会各界树立保护知识产权的意识。

此外，西藏高院通过微信公众号发布的方式，向社会公布自2018年至2023年西藏各级法院受理知识产权案件的相关数据，全区法院全力保护市场公平竞争秩序，营造良好的营商环境。

三、加强党风廉政建设，推进依法审判工作

按照党风廉政建设责任制工作要求，结合审判工作实际，认真落实全面从严治党要求。抓好"一岗双责"，建设"两个责任"，巩固和拓展"三更"专题教育、"政法队伍教育整顿"成果，严格遵守《民三庭廉政风险防控制度》。确保廉政教育常抓不懈、廉洁司法警钟长鸣，坚守廉洁司法底线，严格依法公正行使审判权，努力让人民群众在每一个司法案件中感受到公平正义。在办理的案件中没有出现违法乱纪现象。

供稿：西藏自治区高级人民法院
知识产权审判庭

检察工作

一、提高政治站位，统筹推进知识产权检察工作

知识产权检察机构专业化。西藏自治区检察院成立知识产权检察办公室，牵头推进保护知识产权刑事检察、民事检察、行政检察、公益诉讼检察融合履职。按照自

治区检察院联合区知识产权局印发的《关于加强知识产权协同保护的意见》，从联合会商、案件移送、办案协作、督办调研、合力促进业务提升等方面作出规定，不断提升知识产权保护质效，更好服务经济社会高质量发展。

办案人员专业化。分类建立全区专（兼）职知识产权检察官人员目录清单，深入推进知识产权检察综合履职，确保专门人员专（兼）职从事知识产权检察工作，全区专（兼）职知识产权检察官69人。

二、加大司法保护力度，提高知识产权保护工作法治化水平

切实履行检察职能，强化知识产权司法保护。2023年，全区检察机关共受理审查逮捕侵犯知识产权犯罪案件4件4人，受理审查起诉4件7人。民事公益诉讼立案1件。拉萨市检察机关不断加强对侵权假冒犯罪的打击力度，强化对侵犯知识产权犯罪的线索发现，提前介入，充分引导公安机关调查取证。

强化完善行刑衔接机制。加强涉知识产权领域行政执法与刑事司法的联动机制建设，进一步做好与市场监管、新闻出版、版权、文化、专利、海关等行政执法部门的沟通与相互协作，努力实现案件移送、受理、查办、审判等环节的有效衔接，形成行动合力，确保知识产权保护工作取得实效。那曲市检察机关与法院沟通近年来知识产权案件类型，查阅行政处罚案件卷宗10余册。拉萨市检察机关针对乡村零售商品侵权假冒行为开展调研，推动行业治理规范，堵塞制度漏洞。

三、坚持守正创新，探索并推动综合履职新机制顺畅运行

加强信息报送。全区检察机关立足检察职能，主动向本级政府、有关行业主管部门报送知识产权保护工作有关信息、简报等十余条（次），做到工作安排和开展情况及时报告。

构建联动保护工作格局。全区三级检察机关召开"营造法治化营商环境"座谈会，共邀请本地企业327家，积极主动了解检察机关在营造法治化营商环境工作中存在的不足之处，及时制定整改措施，增强检察监督的力度和精准度，全面提升优化法治化营商环境工作的能力和水平。昌都市检察机关探索与市知识产权局等职能部门通过联席会议、信息共享、案件咨询等方式建立常态化、长效化沟通联动机制，开展知识产权保护同堂培训，邀请市场监管局专家以"加强知识产权顶层设计 支撑经济社会高质量发展"为主题，为昌都市卡若区检察院干警授课。

四、落实普法责任，营造尊重知识产权良好氛围

西藏检察机关以"全国知识产权宣传周"为契机，多措并举，大力开展知识产权宣传活动，全区三级检察机关共开展法治宣传152场次，发放宣传资料及宣传品2.3万余份，现场解答法律咨询300余人，受教育群众2.3万余人次。拓宽宣传途径，丰富宣传形式。综合运用"线上+线下"宣传形式，打好"组合拳"。以悬挂横幅、张贴海报、现场发放宣传手册及宣传品、办公楼LED电子显示屏、在"两微一端"等新媒体上向群众普及知识产权法律法规及相关知识。昌都市检察机关以"加强知识产权法治保障 有力支持全面创新"为主题，在"两微一端"等新媒体上向群众普及知识产权法律法规及相关知识。

深入基层，加大法治宣传广度和深度。山南市两级检察机关深入辖区内多家单位宣传引导工作人员学习知识产权法律法规、树立创新理念，增强知识产权保护意识；琼结、加查等县检察院联合驻村干部在驻村点开展保护知识产权宣传活动，充分

发挥"法治副校长"工作职能及法治进校园活动,对本辖区内的广大师生进行知识产权法治宣传,综合利用发放宣传单及物品、开展专题讲座、播放宣传教育片等形式,让知识产权保护意识扎根农牧区群众心间。

现场答疑助力法治宣传,使群众充分了解什么是知识产权、怎样保护知识产权。通过形式多样的宣传活动,使群众对知识产权的重要性有更深入的认识,取得良好的宣传效果。阿里分院在狮泉河广场参加"加强知识产权法治保障,有力支持全面创新"为主题的知识产权宣传周活动。那曲市检察机关与市场监督管理局联合组织开展"全国知识产权宣传周"启动仪式,营造深厚宣传氛围。

五、持续优化队伍,全面提升知识产权检察综合保护质效

借助"外脑",充实专业化办案力量。聘请相关主管部门专业人员,以特邀检察官助理身份为案件办理提供专业知识,主动听取对检察工作的意见建议,为精准办理知识产权案件奠定坚实基础。

加强培训,提升专业化能力。举办2023年全区打击经济犯罪公检法同堂培训班,其中设置知识产权保护培训课程,邀请最高人民检察院业务专家以"知识产权刑事案件检察实务与思考"为主题授课。邀请最高人民检察院知识产权检察办公室领导赴藏调研知识产权检察工作;利用"中国检察教育培训网络学院"、援藏讲师优质资源禀赋,围绕知识产权刑事案件办理实务、侵犯商业秘密刑事案件办理等问题,加强全区检察机关知识产权办案人员培训。

加大案件指导力度,推进案件质效提升。为规范和保障检察院依法履行知识产权检察职责,组织检察干警深入学习最高人民检察院《人民检察院办理知识产权案件工作指引》,提高全区知识产权检察办案人员正确适用法律办理案件的能力。

供稿:西藏自治区人民检察院
知识产权检察办公室

陕 西 省

知识产权工作

一、强化法治保障,知识产权地方立法进入快车道

知识产权地方立法进程明显加快。陕西省首个知识产权综合法规《陕西省知识产权保护和促进条例(草案修改稿)》完成二审审议。《陕西省专利条例》修正案已于2023年11月30日经省十四届人大常委会第六次会议审议通过。制定发布《企业商标品牌建设指南》《地理标志品牌建设指南》等相关标准。法治政府建设取得积极进展。印发《2023年法治政府建设工作要点》,举办全省知识产权法律法规培训班、全省知识产权行政执法能力提升培训班,加强知识产权法律法规宣传贯彻工作。编制知识产权行政执法事项清单和依据目录,换发新一代执法证件,配发执法服装和标志,进一步规范行政执法。全面落实政府法律顾问制度和公职律师制度。探索推进数据知识产权保护制度建设,草拟形成《陕西省数据知识产权登记管理办法(试行)》,推进将数据知识产权制度建设列为全省深化改革的重要内容,成功获批国家数据知识产权地方试点。

二、强化创造和运用,知识产权创造质量和运用效益更加凸显

2023年,全省共获授权专利71 562件,其中,发明专利授权22 020件,同比增长16.1%；全省PCT专利申请565件，同比增长4.2%。截至2023年底，全省发明专利拥有量102 176件，同比增长24.5%；万人发明专利拥有量25.84件，同比增加5.08件；全省高价值发明专利拥有量39 362件，同比增长30.1%；每万人口高价值发明专利拥有量9.955件，同比增长2.302件。2023年，全省商标注册申请量15.01万件，商标注册量8.62万件。截至2023年底，全省有效商标注册78.23万件，同比增长9.4%；有效地理标志商标158件，地理标志保护产品89个，各项主要指标呈稳步增长态势。深化实施陕西省专利转化专项计划，组织实施73个专利转化项目，陕西企事业单位转让、许可专利7997件次，受让、被许可专利11 916件次，实现较快发展。知识产权金融服务成效显著。2023年，陕西专利权质押合同登记1204项，涉及专利2221件次，质押贷款金额54.7亿元，受惠企业943家，各项指标较上年同期分别增长24.4%、22.6%、38.1%、24.7%；商标专用权质押合同登记14项，涉及商标136件次，质押贷款金额0.62亿元，受惠企业14家。全省首单知识产权海外侵权责任险、首单商标被侵权损失险、首单地理标志被侵权损失险、首单植物新品种权被侵权损失险、首单软件著作权被侵权损失险等新的险种相继在宝鸡、榆林、汉中（略阳）、渭南（富平）、杨凌投保落地，专利执行险、专利代理责任险等传统险种稳步增长。举办第二届"秦创原高价值专利培育大赛"，获第二十四届中国专利金奖2项、银奖2项、优秀奖15项。西安可视可觉网络科技有限公司"文博行业大型VR影院整体解决方案——兵马俑VR影院"获第二届世界知识产权组织全球奖。新增合阳远志、柞水（黑）木耳、镇坪黄连3个国家地理标志保护产品，新增洛南豆腐、石泉蚕丝2件地理标志商标；延安苹果列入国家知识产权局第二批地理标志运用促进重点联系指导名录，累计数量位居全国第二；新增筹建横山羊肉国家地理标志产品保护示范区，陕西在建国家地理标志产品保护示范区达到4个。

三、强化协同保护，知识产权保护能力显著提升

知识产权保护机制更加优化。与省高级人民法院、省市场监管局联合印发《关于进一步强化知识产权协同保护的实施意见》，与省高级人民法院联合印发《关于加强诉源治理推动知识产权纠纷源头预防化解的实施意见》，全省知识产权维权援助机构达158家，各级知识产权纠纷人民调解组织达18个，专利、商标侵权纠纷行政调解司法确认工作双双实现"零突破"。西安市保护中心"云调解"模式获评全国首批10个典型经验做法和案例。西安市获批国家知识产权纠纷快速处理试点。榆林、汉中、商洛等市建立跨区域合作机制，推进知识产权跨省区保护协作。行政保护成效持续提升。持续推进国家专利侵权纠纷行政裁决试点，印发《陕西省专利侵权纠纷行政裁决若干规定（试行）》，全省共受理专利纠纷行政案件326件，结案331件。2023年，全省共办结商标侵权和商标一般违法案件575件，案值614万元，罚没金额638万元。重点领域和关键环节保护持续推进。探索开展省级知识产权规范化市场建设，1个市场获批建设国家级知识产权保护规范化市场。高标准推进两批19个省级知识产权保护示范区建设，西安市获批建设国家知识产权保护示范区。持续开展全省知识产权保护社会满意度调查，满意度逐年提升。涉外保护工作取得突破。省知识产权保护中心获批设立国家海外知识产权纠纷应对指导中心陕西分中心。举办陕西省知识产权保护与海外知识产权纠纷应对实务研讨会。发布《陕西省知识产权侵权案件维权工作指引》和中亚五国《海外知识产权实务指引》。在英国、哈萨克斯坦分别设立陕西首批海外知识产权维权援助工作站，设立陕西涉外知识产权维权援助西安中心，西安市雁塔区建立陕西首个区（县）级海外知识产权纠纷应对机制。

四、强化服务保障，知识产权服务水平不断提高

公共服务体系建设水平不断提升。建设省级知识产权信息公共服务网点两批27家，网点布局和服务种类日趋完善；新增商标业务受理窗口4个，实现设区市全覆盖；承办2023年全国商标业务受理窗口工作会议，陕西省3家窗口单位受到表彰，数量居全国首位。聚焦服务陕西"四个经济"，组织实施11个知识产权公共服务助力县域经济高质量发展项目。2023年，2件案例入选国家知识产权局2023年度知识产权信息服务优秀案例。公共服务建设机制不断完善。制定《陕西省知识产权公共服务事项清单（第二版）》，提升公共服务规范化、标准化、便利化水平。举办全省首期知识产权信息公共服务能力提升培训班，建立全省知识产权公共服务工作交流机制，提升服务网点专业能力。服务业高质量发展成效明显。印发《进一步加快推动知识产权服务业高质量发展的若干措施》，制定《陕西省专利代理机构分级分类评价指标体系》《陕西省重点产业链专利代理机构代理能力评价指标体系》，开展全省知识产权服务业调查和《商标代理服务规范》研究，制定《陕西省知识产权信用监管实施办法》。指导成立陕西省商标协会、陕西省专利代理师协会，加强行业自律，促进行业规范发展。知识产权数据信息供给能力持续提升。开展陕西"专精特新"中小企业专题分析，编印《陕西省县（市、区）知识产权状况统计分析报告（2023年）》，编印《知识产权统计月报》12期。陕西省知识产权大数据公共服务平台研发运行"灵琐"检索系统，基础功能向社会公众免费开放。

供稿：陕西省知识产权局

版权工作

一、搭建平台，示范引领，提升服务，赋能产业高质量发展

1. 推进版权贸易与保护平台建设

陕西省版权局指导西部国家版权交易中心推动"丝路版权网"技术改进和效能升级。2023年12月28日，陕西版权贸易与保护平台三期数字化转型升级项目"'版权+'文化数字资产交易平台"正式发布。依托该平台，陕西省委宣传部指导西安市委宣传部、陕文投集团、陕西日报社、陕西省版权协会，以"知识推动创新发展，IP引领数智未来"为主题，举办2023"陕西年度十大IP评选"活动，吸引来自全国的300余个IP参与。"陕西省委宣传部推动建设版权贸易与保护平台"入选知识产权强国建设第二批典型案例。

2. 推进版权示范创建

做好示范单位、示范园区（基地）推荐工作，陕西三秦出版社有限责任公司等2家单位、秦创原（延安）创新促进中心分别获评2022年度全国版权示范单位和示范园区。印发《关于做好2023年陕西省版权示范单位和示范园区（基地）申报工作的通知》，指导各市（区）、各单位深入开展孵化、培育、申报工作。经专家评审会、实地考察、部务会审议、社会公示等程序，评定陕西省版权示范单位9家、示范园区（基地）1家。推荐陕西广电融媒体集团有限公司等5家单位、西安曲江演艺文化中心产业园分别参评2023年全国版权示范单位和示范园区（基地）。推荐西影集团获评2022年度十大著作权人。

3. 持续完善版权社会服务体系

对全省9家版权工作服务站（不含2022年新设立的6家服务站）2022年度任务完成情况开展考核，评定优秀服务站2家（省委宣传部分别拨付5万元扶持经费）、良好3家、合格3家、不合格1家。在西安、商洛新设立版权工作服务站4家（全省服务站达到19家），进一步优化全省版权服务站布局。推动"陕西宣传网"和"丝路版权网"作品登记模块实现"双网"渠道融合，资源共享，提升登记效能。累计完成线上作品登记36 993件，较上年增长58.8%，开展各类版权宣传活动81次，提供维权服务33次、法律咨询1800余人次，有力推动陕西省版权社会服务质效提升。

4. 积极参与行业重大活动

以"IP里的陕西"为参展主题，组团参加第九届中国国际版权博览会。省版权局汇集省内参展企业57家、展品1800余件，覆盖出版、影视、戏剧、陶瓷、珠宝、家纺、非遗等众多领域；举办签约活动4场、相关活动8场，交易产品280余件，有效展示陕西版权创新创造和转化运用成果。

二、突出行政执法，发挥制度优势，着力提升版权保护质效

1. 抓好三个专项行动

联合省通信管理局、省公安厅、省网信办等部门，开展"剑网2023"专项行动，严厉打击网络传播侵权盗版教材教辅、影视剧、文字作品等网络侵权盗版行为；联合省新闻出版局、省公安厅、省教育厅、省文化和旅游厅等部门，开展"青少年版权保护季"行动，严厉打击电商网店、校园周边书店非法销售盗版教材教辅等违法犯罪行为；联合省电影局开展院线电影保护专项行动，出动执法人员600余人次，巡查影院电影300余场，检查私人点播影院50余家，查处2起盗录电影作品案。

2. 强化案件督办指导

印发《关于进一步做好2023年全省版权执法工作的通知》，指导各市（区）深入开展版权案件查办工作。2023年，全省累计查办版权案件43件（不含民事），较上年增长34%。西安市"1·10"涉嫌侵犯文字作品著作权案和"3·16"涉嫌侵犯音乐作品著作权案，被列入国家五部委联合挂牌督办案件。4月26日，通过《陕西日报》发布6起2022年度打击侵犯版权典型案件。

3. 巩固软件正版化成果

5月，陕西省委常委、省委宣传部部长主持召开陕西省推进使用正版软件工作联席会议第五次全体（扩大）会议（视频会议），传达学习国家推进使用正版软件工作部际联席会议第十二次全体会议精神，总结通报2022年工作情况，研究部署2023年重点任务。会议审议通过《陕西省2023年推进使用正版软件工作实施方案》。印发《关于在全省开展软件正版化工作专项整治的通知》，指导各市（区）及重点行业主管部门深入开展专项整治，累计检查发现各类问题近100个、问题线索20余条。9—12月，陕西省联席会议办公室组织成员单位组成联合督查（核查）组，对西安、咸阳、榆林3个地市的10个县（区）党政机关、3家省属国有企业、13家二级企业、10所高校、8家医院、3家中小学开展督查（核查），共上机检查电脑16 000台，反馈整改问题共328个，发现案件线索8条。

4. 认真组织业务培训

4月，陕西省版权局在安康市举办全省版权行政执法工作培训班，邀请中央宣传部版权管理局有关人员授课，省委宣传部一级巡视员出席开班式并作动员讲话。陕西省各市（区）县版权主管部门、文化市场行政执法部门150余人参训。7月，在宝鸡市举办全省软件正版化工作培训班，邀请兄弟省份及省内相关单位有关负责人、专家等进行授课。来自省级党政机关、各人民团体、企事业单位和各市（区）党委宣传部相关负责人150余人参训。

三、多方联动，多措并举，广泛开展版权宣传周活动

印发《关于做好2023年知识产权宣传

周版权宣传活动的通知》，在全省范围开展版权宣传周活动。4月26日，陕西省委宣传部联合西安市委宣传部、陕文投集团、陕西日报社、省版权协会，举办版权主题宣传活动，省委宣传部副部长出席活动并致辞。各市（区）、各部门通过举办专题讲座、播放宣传视频、悬挂宣传标语、发放宣传手册等形式，广泛宣传版权法律法规知识和版权工作成果。商洛市举办版权宣传活动启动仪式，发布"绿书签行动"公益短片和版权宣传片；榆林市举办"版权'榆'你在一起"宣传活动，发出版权保护倡议书，举办"重知识 爱阅读 护版权"线上展览。

四、扎实做好民间文艺版权保护与促进试点工作

根据《中央宣传部办公厅关于开展2023年民间文艺版权保护与促进试点工作的通知》要求，经各市（区）申报、部领导审定，推荐延安市获评2023年民间文艺版权保护与促进试点城市，这也是陕西省首家入选试点的城市。

供稿：陕西省版权局

司法工作

一、聚焦"一项职能"，着力提升知识产权审判公信力

2023年，陕西法院聚焦知识产权审判职能，以统一裁判标准和提高审判质效为基本目标，瞄准"卡脖子"斗争主战场，加强对关键核心技术、重点领域、高科技产业、种源种业等知识产权司法保护，促进高水平自立自强，审理了一大批典型案件。其中，1件案例入选中国法院50件典型知识产权案例，1件案例入选最高人民法院涉民营企业、民营企业家人格权保护六大典型案例，2篇裁判文书获评全国法院"百篇优秀裁判文书"，1件案例获评《最高人民法院公报》案例二等奖，1件案例获评全国法院系统优秀案例奖，1起案件被评为陕西十大法治事件。在2023年12月15日召开的第五次全国法院知识产权审判工作会议上，陕西高院作为中西部地区唯一法院作大会交流发言。

陕西法院依法保护科技创新成果，维护公平竞争市场环境，严厉打击源头侵权、恶意侵权、帮助侵权"三类重点"，在"涉百度竞价排名下拉词框"等案件中，明确互联网环境中平台责任的认定标准，健全数字经济司法保护新规则。严格依法审理"思安公司侵害商业秘密案"，依法认定"华为""货拉拉"为驰名商标，维护公平竞争秩序。

二、围绕"两个大局"，全力服务保障高质量发展

围绕知识产权审判服务创新驱动发展大局和陕西经济社会发展大局，延伸审判职能，在服务保障高质量发展中积极作为。有关经验做法被最高人民法院工作简报予以总结推广，并被《人民法院报》《陕西日报》等重要媒体多次专题报道。

1. 围绕服务创新驱动发展战略，强化知识产权司法保护调查研究

创建全省知识产权审判调研人才库，挖掘和调动中基层法院专业审判调研力量。认真落实大兴调查研究部署要求，赴中央电视台、北京大学、阿里云集团，实地调研数字版权保护、平台企业治理、互联网热点法律问题，赴法士特集团就本地企业知识产权保护方面的法律问题进行实地调研，倾听企业司法保护需求，围绕重点难点实践问题深入调研。针对互联网环境中不正当竞争行为多发现象形成的健全数字经济管理调研报告，得到常务副省长批示肯定。陕西高院知识产权审判庭同志撰写的《如何向当事人主义回归：虚假诉讼治理思路的再证成——以裁判文书网2000余份判例为样本》调研报告获评全国法院第三十五届学术讨论会三等奖。

2. 聚焦省委秦创原创新驱动平台建设要求，全面加强秦创原司法服务保障

在陕西高院牵头13家省级单位成立秦创原知识产权司法保护中心并建立联席会议制度的基础上，在全省各地市推广设立分中心。充分发挥陕西高院秦创原知识产权巡回审判庭的司法审判示范作用，公开审理全省首例技术调查官出庭案件，邀请省人大代表、政协委员、企业代表旁听案件审理，技术调查官协助法庭有效查明技术事实，积极推动双方达成调解，取得良好法律效果和社会效果。陕西高院服务保障秦创原建设入选秦创原创新驱动平台建设创新模式典型案例，并获评全国工商联全国民营企业产权司法保护协同创新百佳实践案例。

三、建立"三项机制"，奋力提升知识产权审判工作现代化水平

坚持以改革思维破解难题，以创新方式保护创新，不断完善诉讼机制，切实提升知识产权审判能力和水平。

1. 健全专业化审判机制

充分发挥西安知识产权法庭先行先试的优势，探索"批量案件联系人"制度、试点"速裁工作组"模式等审判机制，积极开展诉前调解、司法确认、要素式审判等各项工作。2023年以来，各级法院通过"要素式审判+小额诉讼""诉前调解+司法确认"的工作模式，缩短知识产权案件平均审理天数，审判质效得以进一步提升。

2. 深入推进"三合一"改革

2023年6月，会同省检察院、省公安厅制定印发《知识产权一审刑事案件集中管辖实施办法》，由具有知识产权民事、行政案件管辖权的基层法院及所在辖区对应检察院集中管辖市辖区内知识产权一审刑事案件，初步建立知识产权一审刑事案件集中管辖制度。陕西高院已在全国率先完成省级层面知识产权审判部门集中审理知识产权刑事案件审判机制改革。

3. 切实加强对下指导

持续落实陕西高院民三庭员额法官包片对接各中基层法院知识产权审判业务指导机制，加强互动式指导，统一知识产权案件裁判尺度，有效提高带案指导水平。总结形成的《强化知识产权审判监督指导 确保管辖权下沉改革顺利推进》工作经验被最高人民法院《知识产权审判动态》（2023年第2期）和省委改革办《改革工作动态》（2023年第31期）总结推广。

四、创新"四项举措"，大力推动构建知识产权大保护格局

知识产权保护是一个系统工程，需要不断创新举措，构建大保护工作格局，增强系统保护能力。

1. 创新知识产权"融解决"工作理念

陕西高院会同省知识产权局、省贸促会、中国贸仲委丝路仲裁中心建立知识产权调解、仲裁优先推荐机制，上下联动共建审查授权、行政执法、司法保护、仲裁调解"四位一体"大保护格局。西安知识产权法庭运用"融解决"机制，与涉外仲裁机构联合调解1起涉外著作权纠纷案。陕西高院连续第三次在全省知识产权保护工作领导小组全体会议上作经验交流，并获评《法治日报》第五届"一带一路"法律服务典型案例。

2. 搭建府院联动协同保护平台

陕西高院会同省市场监督管理局、省知识产权局出台《关于进一步强化知识产权协同保护的实施意见》，合力推进知识产权行政诉讼集中管辖、人民调解协议线上司法确认、推荐仲裁优先等协同工作。陕西高院针对知识产权纠纷行政调解工作，向省知识产权局发出司法建议，省知识产权局函复已研究制定工作举措，并对陕西

高院的工作支持表示感谢。

3. 加大知识产权宣传力度

连续五年召开新闻发布会，举办"知识产权司法保护宣传周"活动，发布工作白皮书和典型案例，公开宣判华为公司商标权纠纷案等社会普遍关注案件，在陕西广播电台录制司法保护创新广播节目。

4. 积极服务"一带一路"共建

2023年8月，陕西高院会同省委外事办公室等17家单位联合召开服务共建"一带一路"深化陕西国际经贸活动法治保障座谈会，达成11项共识并形成会议纪要，着力打造知识产权诉讼"优选地"，最高人民法院简报介绍了该项工作经验。

2023年，陕西法院1个集体和1名个人被国家知识产权局、最高人民法院、最高人民检察院、公安部联合表彰为全国知识产权保护工作成绩突出集体和个人，3个集体和4名个人被最高人民法院评为人民法院知识产权审判工作先进集体、先进个人。

供稿：陕西省高级人民法院
知识产权审判庭

检察工作

一、提高政治站位，统筹推进知识产权检察工作稳步开展

强化部署统筹推进。陕西省检察院印发《关于以知识产权检察专门化推进检察工作现代化　为创新驱动发展提供优质服务保障的意见》，立足知识产权检察综合履职，统筹部署知识产权检察职能、机构、机制、规则、队伍专门化建设、专业化发展，服务保障陕西创新驱动高质量发展。

推动政治业务深度融合。制定《关于以政治业务深度融合"四个体系"推进全省知识产权检察高质量发展的实施意见》，积极构建知识产权检察思想、话语、行为和评价体系，提升知识产权检察监督质效。创新融合载体，联合省知识产权局保护处、西安市灞桥区检察院开展"强化政治业务深度融合、服务保障陕西创新驱动发展"联合主题党日活动。

"三有"争创不断夯实。制定2023年全省知识产权检察工作要点，明确总体思路和重点工作，有效引导下级检察院抓好贯彻落实，持续落实办案工作"有进步"、专项活动"有站位"、综合保护"有品牌"的追赶超越目标。及时向最高人民检察院知识产权检察办公室、陕西省知识产权领导小组办公室、陕西省秦创原领导小组办公室等单位报送各类信息材料30余份。

二、抓实高质效办案，深入推进知识产权检察工作综合履职

2023年，全省检察机关共受理各类知识产权案件506件，同比上升189%。

依法惩治侵犯知识产权犯罪。聚焦新业态新领域、关键核心技术侵犯知识产权犯罪行为，依法加大打击力度，全年共受理审查逮捕侵犯知识产权犯罪案件161件322人，同比上升126.8%、153.6%，受理审查起诉117件300人，同比上升54%、88.7%。

依法履行法律监督职责。监督公安机关立案10件、撤案4件，纠正漏捕11人，纠正漏诉3人，书面纠正侦查活动违法42件。精准开展知识产权民事检察监督，办理案件113件，同比上升21.6%。

稳步开展知识产权领域公益诉讼。针对国家地理标志产品相关的生态环境和资源以及涉及的食品药品、老字号、非物质文化遗产、民间文艺等加强知识产权保护，全年共立案办理知识产权公益诉讼案件115件。

深化知识产权检察综合履职。积极开展"一案四查"，准确把握民事侵权、行政违法与刑事犯罪的界限、刑事打击与民事保护的关系、保护私权与维护公益的关系，实现最优保护效果。

三、开展专项监督，全面加强知识产权综合司法保护

深入推进恶意诉讼专项监督。认真贯彻落实最高人民检察院工作部署，深入推进依法惩治知识产权恶意诉讼专项监督活动，研发构建知识产权恶意诉讼批量维权线索发现大数据模型，检索知识产权与竞争纠纷民事案件19 784件，整理出6个涉案量300件以上的批量维权案件线索逐项开展调查核实，依职权立案办理知识产权恶意诉讼监督案件60件。加强理论研究，"知识产权恶意诉讼专项监督实证研究"课题被最高人民检察院立项。

持续加强地理标志保护检察监督。常态化开展地理标志保护检察监督专项活动，共核查全省各类地理标志产品112个，调研走访标志专用企业194家，办理地标保护类公益诉讼案件27件，制发检察建议26份，持续加强对陕西苹果、西凤酒、眉县猕猴桃、泾阳茯砖茶等地理标志产品的知识产权保护，服务保障乡村振兴。

四、依法深化履职，服务保障经济社会高质量发展

服务保障秦创原建设。紧盯陕西新质生产力发展需求，着眼关中科技创新、陕北能源转型、陕南绿色生态进行统筹布局，加快构建以知识产权检察保护中心、工作站为主承载，企业保护联系点为主阵地，各地区差异化协同发展的知识产权检察保护新体系，推动全省10个市级院均设立检察保护中心，68个基层检察院设立检察保护工作站，140家秦创原重点企业设立保护联系点，共收集摸排线索131条，办理相关案件101件。

优化提升法治化营商环境。以"三有"争创为抓手，不断提升"善服务、强保障、优环境"检察履职能力。西安市检察院印发《关于加强知识产权法律监督服务营商环境突破年工作办法（试行）》，以增强创新型科技企业落地发展信心为抓手，发布首批《西安市检察机关知识产权保护重点联系企业名录》和《西安市检察机关知识产权核心技术保护名录》，共123家企业入选保护名录。

强化农业知识产权保护。省检察院联合相关部门转发《关于保护种业知识产权打击假冒伪劣套牌侵权 营造种业振兴良好环境的指导意见》，依法严惩侵犯农业技术专利权、农产品商标权、植物新品种等犯罪，维护国家粮食安全，促进治罪与治理并重。指导咸阳市杨陵区检察院制定《关于强化农业知识产权保护的实施意见》，依托杨凌农业高新技术产业示范区，积极打造现代农业知识产权综合保护新高地。

五、夯实履职根基，全面加强知识产权检察专门化建设

健全知识产权检察专门化体系。加强基础基层基本功建设。全省11个市级院、94个县级院设立专门知识产权检察办案组，实行知识产权"四大检察"综合履职，持续打造"检察官+助理+书记员+技术调查官员"模式的高素质知识产权检察办案团队。

提升知识产权检察工作影响力。组织全省开展"全国知识产权宣传周"活动。组织召开新闻发布会，向社会公开发布《陕西省知识产权检察工作年度报告（2022）》，发布8件知识产权检察保护典型案例。活动期间，进企业、校园和社区开展宣传117次，发布宣传稿件210余篇，制定制度机制15份。陕西省检察院分管副检察长应邀参加省政府新闻办公室2022年全省知识产权保护状况新闻发布会，向新闻记者进行解答，宣传陕西知识产权工作的同时促进知识产权检察工作影响力的提升。陕西省知识产权检察服务创新驱动发展、助力知识产权强省建设经验做法被最高人民检察院、陕西省委政法委员会工作简报转发。

加强队伍建设。强化对下指导,编纂10期《知识产权检察工作情况》,印发指导各地开展知识产权检察工作。深入开展调研工作,先后赴西安—亚马逊云平台、法士特等企业调研知识产权检察保护联系点运行情况。举办省知识产权和涉外涉港澳台检察工作培训班,强化人才培养。加强考核工作,修订市级院2023年度业务建设评估指标和全省基层检察院建设分析评价指标,以考核评价为抓手,推动工作高质量发展。

供稿:陕西省人民检察院
第十一检察部

甘肃省

知识产权工作

一、知识产权创造质量效益快速提升

2023年,甘肃省委、省政府坚持以习近平新时代中国特色社会主义思想为指导,全面贯彻党的二十大精神,深入贯彻落实习近平总书记关于知识产权工作的重要论述,不断强化知识产权工作,各项工作取得了较好成效。截至2023年底,全省有效发明专利拥有量15 252件,全省高价值发明专利拥有量5042件,每万人口高价值发明专利拥有量达到2.02件。全省新增授权发明专利3568件,同比增长44.34%,高于同期全国平均增幅。全省商标有效注册量累计20.62万件,连续6年保持10%以上增长率水平,高于同期全国8.38%的平均增幅,提前完成省委省政府提出的目标任务(每万人口高价值发明专利拥有量1.7件,商标有效注册量累计20万件)。新增地理标志注册商标5件,累计达到175件,总数居西北五省之首。新增集成电路布图设计88件,创历史新高,累计达到107件。

二、知识产权强省建设高位推进

省委、省政府多次召开省委常委会会议、省政府常务会议,听取知识产权工作情况汇报,研究部署知识产权强省建设、知识产权保护工作。省委书记在省市场监管局调研时重点提出知识产权要从"国之大者"的高度加以关注。省政府与国家知识产权局共建"富民兴陇"知识产权强省工作要点正在制定完善。率先与兰州市人民政府开展知识产权合作会商,联合印发《共建强省会高质量发展知识产权强市实施方案》及《共建知识产权强市工作要点(2023—2025年)》,共同召开高质量知识产权强市推进会。发挥省知识产权战略实施暨强省建设工作领导小组协调联动作用,制定印发《甘肃省知识产权强省建设纲要和"十四五"规划实施2023年度推进计划》。白银市被确定为国家知识产权强市建设试点城市,兰州市城关区、七里河区、榆中县被确定为国家知识产权强县建设试点县。

三、知识产权协同保护体系愈加健全

与省检察院联合印发《关于进一步加强知识产权协同保护的实施意见》。率先开展省级知识产权保护示范区创建工作,制定出台《甘肃省知识产权保护示范区创建管理办法(试行)》,遴选兰州市安宁区、白银市白银区、张掖市甘州区、定西市安定区为全省第一批保护示范区创建单位。牵头完成2022年全省知识产权行政保护工作检查考核,制定《2023年全省知识产权行政保护工作方案》,出台《甘肃省专利侵权纠纷行政裁决办案规程》《甘肃省知识产权信用管理规定(试行)》和《2023年全省知识产权行政保护工作方案》。主动协调维护甘肃省"公航旅"商标合法权益,当事

人及其关联企业 202 件注册商标被国家知识产权局依法宣告无效,向浙江、广东、山东、河南等地移送专利侵权纠纷案件 30 件,全省共处理专利侵权纠纷 585 件,查办商标侵权案件 176 件,罚没金额 372 万余元。甘肃省知识产权保护中心获批建设海外知识产权纠纷应对地方分中心。

四、知识产权运用效益明显增强

出台《甘肃省知识产权助力企业创新发展实施方案》,起草制定贯彻国务院办公厅《专利转化运用专项行动方案(2023—2035 年)》落实措施。强化省政府专利奖评选工作,2022 年度省专利奖评审结果经省政府常务会议审议,已印发奖励决定;2023 年度专利奖已完成评审,评审结果报省政府审定后面向社会进行公示。积极探索专利开放许可试点并取得突破性进展,发布全省专利开放许可清单,首批 26 件专利实施开放许可。深入开展知识产权质押融资"入园惠企"行动。全省新增商标专利质押融资 81 笔(商标 4 笔,专利 77 笔),质押专利 429 件,融资金额 9.82 亿元(商标 4.2 亿元,专利 5.62 亿元),较上年翻了一番还多。为 25 家符合政策的中小微企业落实专利质押融资奖补资金 273.73 万元。推荐、评定国家级知识产权示范优势企业 25 家,省级知识产权优势企业 28 家,择优奖补 40 家通过知识产权管理体系贯标认证的企业。

五、知识产权服务水平逐步提升

强化公共服务规范化、标准化,发布《甘肃省知识产权公共服务事项清单(第二版)》和全省知识产权服务优秀案例,引导服务业高质量发展。优化提升"甘肃省知识产权综合服务平台"功能,完全实现了知识产权服务业务网上办理。建成兰州新区知识产权服务专区,基本实现了专利、商标、版权等知识产权业务工作一站式办理。深化商标注册便利化改革,新设立商标品牌指导站 12 家,全省达到 33 家。成立首家全省知识产权培训基地,面向基层举办 3 期业务培训,建成甘肃省知识产权远程教育平台,为全省知识产权人才队伍建设提供有效支撑。武威市完成市州首家国家知识产权信息公共服务网点备案,全省累计达到 5 家。

六、商标和地理标志品牌价值作用凸显

区域公共品牌建设深入推进,"陇字号"商标获得全部类别核准注册,有序推进"甘味"商标品牌体系建设,组织召开"甘味"品牌标准化体系工作研讨会。有序推进"兰州牛肉面"和"陇药产地片"图形商标注册。持续推动国家地理标志专用标志使用核准改革试点工作,召开全省地理标志产品保护示范区现场推进会,发布首批地理标志助力乡村振兴富农兴农典型案例,地理标志专用标志使用企业达 225 家,同比增长 100%,使用覆盖率达 47.5%。"武都花椒""民勤羊肉"入选全国第二批地理标志助力乡村振兴典型案例名单全国推广。甘肃省地理标志"静宁苹果""环县羊羔肉"和"庆阳苹果"荣登"2023 中国品牌价值—区域品牌 TOP 榜"第 19 位、67 位和 89 位。

七、知识产权发展基础不断夯实

聚焦甘肃经济社会高质量发展,聚力推进知识产权综合管理能力,牵头起草《加强知识产权保护和运用促进经济社会高质量发展若干措施》,推进全省知识产权工作再上新高度。成功举办"一带一路"国际知识产权论坛,国家知识产权局、省政府领导出席论坛并致辞,并与相关省份和单位签订知识产权(版权)保护合作协议。实现甘肃省知识产权高级人才历史性突破,组织召开知识产权专业高级职称评审会议,评审出全省首位高级知识产权师。开展全省

知识产权工作奖励表彰活动，对50个先进集体和100名先进个人实施表彰，有效激励知识产权工作高质量发展。

供稿：甘肃省知识产权局

版权工作

一、加强版权社会服务，促进版权产业发展

建好用好甘肃版权综合服务平台，召开作品登记工作座谈会，推动提升作品登记数量质量。2023年，甘肃省共完成作品登记62 543件，同比增长24.3%。2023年4月，在第三届全民阅读大会期间，由中国版权保护中心发布的2022年度十大著作权人名单中，甘肃省1家企业（甘肃文博信息产业发展有限公司）被评为美术类十大著作权人。建立版权作品定期推优制度，每月从登记作品中筛选10件优秀作品，通过有关媒体平台进行宣传推介，促进优秀版权作品有效运用和价值转化。指导9个市州设立版权服务工作站，组织开展版权宣传、作品登记和维权服务等工作，提升版权社会服务水平。

协同甘肃省市场监管局在中国兰州投资贸易洽谈会期间举办"一带一路"国际知识产权论坛版权相关活动，邀请有关专家做版权产业发展讲座。组织开展全省版权示范创建评选工作，9家单位分别获评全省版权示范园区（基地）、全省版权示范单位、全省版权示范单位（软件正版化），并推荐其参加全国版权示范创建评选。对全省民间文艺版权保护情况初步进行书面调研了解，积极申报全国民间文艺版权保护与促进试点。会同有关单位研究方案措施，探索搭建版权作品交易平台。组织参加第九届中国国际版权博览会（简称版博会），首次搭建甘肃版权展馆，设置"数字敦煌""让文物活起来""丝序"等多个板块，展出文字、美术、视频、软件、文创等作品200余件，充分展示甘肃省特色版权资源和优质版权作品，促进甘肃省与国内外版权行业的交流合作。甘肃省版权局获评优秀组织奖。

二、加大版权保护力度，推进使用正版软件

梳理著作权相关法律法规和制度规定，编印1000份《版权保护指导手册》，分发各市州和省直有关单位。加强跨区域版权保护协作。与陕西、宁夏、青海、新疆四省（自治区）版权局签订版权保护合作框架协议。会同省教育厅、省文化和旅游厅、省公安厅等部门，深入开展打击网络侵权盗版"剑网2023"专项行动、"青少年版权保护季"行动、院线电影版权保护专项工作等。细化完善"双打"考评体系中版权案件查办评分标准，推动各地重视和强化版权案件查办工作。2023年，全省出动版权执法人员12 092人次，检查实体市场10 376家次，查办版权案件52件，办案数量较上年增长67.7%。加强对国家版权局等部门挂牌督办案件查办工作的指导督促，成立甘肃兰州"9·1"涉嫌侵犯美术作品著作权案督办工作领导小组，专门召开督办座谈会，协调做好相关单位之间的配合与沟通，确保案件查办工作高质高效。

更新调整省使用正版软件工作领导小组，制定印发2023年推进使用正版软件工作计划，细化明确6个方面24项具体工作任务要求。扎实做好国家核查甘肃省软件正版化各项工作，召开省使用正版软件工作领导小组（扩大）暨软件正版化工作推进会，印发软件正版化工作"一表三清单"，对10余个省直部门（单位）软件正版化工作进行培训指导，对38家省级政府机关、23家省属国有企业软件正版化工作进行多轮次督查，编印《甘肃省软件正版化工作资料汇编》，并指导受检单位编印资料汇编。在国家核查中，甘肃省6家省级政府机关、10家省属国有企业计算机操作系统软件、杀

毒软件、工业软件正版率为100%。组织开展2023年度全省软件正版化核查暨对2022年核查反馈问题整改情况进行"回头看",对8个市州和兰州新区,以及11家省级党政机关、11家省属企业、10所省属高校、5家省级医疗卫生机构、3家金融保险机构和2家民营企业软件正版化工作进行核查,共核查单位137家,核查计算机16 047台。对教育、卫生、金融等重点行业领域10家单位和3个市软件正版化工作进行调研督导,"一对一"反馈情况和意见,撰写《关于新形势下深入推进软件正版化工作的调研报告》。

三、广泛开展版权宣传,培训提升工作能力

及时召开会议、印发方案。组织开展"全国知识产权宣传周"活动,举办版权相关知识网络培训3期、版权知识网上竞答活动3次,制作宣传展板1500余个、悬挂宣传标语横幅2100余条、发放宣传资料10万余份。在甘肃日报社、甘肃日报报业集团、甘肃新媒体集团所属媒体平台刊发版权相关宣传稿件14篇,制作发布线上融媒体产品24张、长图1张、情景短视频4个。甘肃省广播电视总台有关频率频道播发有关版权宣传稿件20余篇(条),通过口播、游动字幕等方式播出版权宣传标语6302条次,制作播发版权宣传公益广告58条次。丝路明珠网(视听甘肃客户端)推出《保护版权》专题,发布版权宣传相关稿件、短视频50余篇(条),总浏览量达16.8万次。各市县融媒体平台播发版权宣传稿件300余篇(条)。积极组织参加全国版权有关培训班,举办全省软件正版化暨版权行政执法工作培训班,各地各有关单位结合实际开展版权相关培训教育,通过专家讲座、研讨交流、案例分析等方式,着力提升各级各有关单位版权工作能力和水平。

供稿:甘肃省版权局

司法工作

2023年,甘肃法院共受理一审、二审知识产权民事案件3386件,审结3071件,结案率90.69%,调撤案件2286件,调撤率74.43%。从案件类型来看,受理专利权案件92件,审结79件;受理著作权案件1784件,审结1659件;受理商标权案件585件,审结534件;受理植物新品种权案件55件,审结45件;受理各类知识产权合同纠纷案件327件,审结278件;受理反不正当竞争案件136件,审结116件。

2023年,甘肃法院共受理知识产权刑事案件73件,审结67件,结案率91.78%。从案件类型来看,受理假冒注册商标罪案件26件,审结24件;受理销售假冒注册商标商品罪案件45件,审结41件;受理侵犯著作权罪案件2件,审结2件。

一、加强专利权保护,合理划定权利边界

合理平衡各方利益,充分发挥知识产权司法保护激励科技创新创造的职能作用。通过主动对接"兰白两区",为省内"专精特新"企业专利保护提供司法指导;在兰州新区设立兰州知识产权法庭巡回审判点,为把新区打造成区域经济增长极和创新示范高地提供"上门服务"。

二、加强商标权保护,推动品牌强省建设

重拳惩治商标攀附、仿冒搭车、恶意抢注等行为,促进品牌培育创新和企业行业良性发展。立足甘肃省是全国重要的中药材主产地区位优势,深入定西、平凉开展专题调研,就"岷县当归""陇西黄芪""平凉金果"等地理标志产品守正创新、传承发展保护提出意见建议,助力"甘味"品牌发展壮大。

三、加强著作权保护,助推文化强省建设

统筹创作者权利保护和人民文化权益

保障，促进文化艺术创新创作、文化产业繁荣发展，注重支持和保护文化创意产业作品在商业领域的运用。充分考虑权利人合法权益和新冠疫情对服务行业的冲击，在审理中国音像著作权集体管理协会与甘肃省百余家KTV著作权侵权纠纷系列案时，通过合理调整判赔数额，彰显司法力度的同时，体现司法温度。

四、加强种业种权保护，服务保障种业振兴

立足甘肃省作为全国现代种业核心基地区位优势，加强植物新品种权司法保护，坚持依法、合理、平等保护理念，依法惩处制售假冒、套牌种子等行为。率先完善玉米种子DNA指纹鉴定法，为最高人民法院出台相关司法解释提供了第一手资料。首次发布《甘肃省种业知识产权司法保护白皮书》，全面介绍了近年来本省种业知识产权司法保护工作的经验做法、亮点工作和具有指导意义的典型案例，不断扩大种业知识产权司法保护的知晓度和影响力，得到了省委、省政府和最高人民法院充分肯定。

五、加大知识产权宣传力度，营造浓厚法治氛围

坚持知识产权司法宣传与审判引导双轮驱动，突出司法宣传规模效应，连续14年开展"全国知识产权宣传周"系列活动、发布知识产权司法保护状况白皮书和十大典型案例，既向社会公众传递法治理念，又为统一裁判尺度提供参考。在全省广泛开展知识产权宣传进高校、进企业、进市场、进科研院所300余场次，促进知识产权司法保护与理论教学、品牌成长、合法经营、成果转化深度融合，把宣传服务的触角延伸到知识产权各领域。

供稿：甘肃省高级人民法院
知识产权审判庭

检察工作

一、部署重点工作，全面推动知识产权检察综合履职

甘肃省检察院大兴调查研究，集中解决制约检察工作高质量发展的法律监督理念、体系、机制、能力方面的重大问题，系统部署全省检察工作现代化的推进目标、内在要求、重点任务、方法举措，形成"1273"工作思路，将加强知识产权司法保护作为保障和激发企业创新创业活力的重要举措，列入"七个着力"工作举措，全面推动全省知识产权检察综合履职工作，重点开展诉讼权利人权利义务告知、知识产权保护行刑衔接、对下业务指导等三项工作。

二、坚持高质效办案，加大知识产权保护力度

2023年，全省检察机关共受理审查逮捕侵犯知识产权犯罪案件43件87人，受理审查起诉57件136人。加强侦查环节引导取证工作，提前介入6件，纠正漏捕5人，纠正遗漏同案犯5人；书面纠正侦查活动违法10件次。深化认罪认罚从宽制度适用，督促侵权人向权利人作出赔偿，尽力弥补权利人因侵权行为遭受的经济损失，对认罪认罚态度良好且积极赔偿的权利人提出从宽的量刑建议80人。知识产权检察职能集中统一履职全省各市州全覆盖后，办理的知识产权案件数量同比上升1.5倍。

三、积极推进协同保护，加大知识产权综合保护力度

全省检察机关加强与行政执法部门工作衔接，行政机关报检察机关备案案件5件；加强与公安机关协作配合，提前介入侵犯知识产权案件5件。甘肃省检察院与省高级法院、省公安厅、省农业农村厅等七部门联合下发《关于保护种业知识产权打击假冒伪劣套牌侵权营造种业振兴良好环境的指导意见》，加强与行政监督部门的协作联动，将种业保护作为助推乡村振兴的重要任务，全面提升种业司法保护工作质效。兰州市检察院和市中级法院、市公安局、市市场监管局、省知识产权保护中心共同制定《关于进一步加强知识产权协同保护的实施意见》，进一步细化工作举措，健全协作配合机制。金昌市检察院与市市场监管局联合印发《进一步加强知识产权协同保护的实施方案》，促进知识产权行政执法标准和司法裁决标准统一，深化知识产权执法司法协作配合，完善行刑衔接机制，构建知识产权协同保护体系。

四、充分发挥法律监督职能，助推形成多元主体共治格局

突出刑事立案、侦查活动监督，重点监督对侵犯知识产权犯罪线索应当移送而不移送、应当立案而不立案、不应当立案而立案、长期"挂案"等违法情形，同时强化刑事审判活动监督。2023年共办理刑事诉讼监督案件5件，包括立案监督案件1件，审判监督案件4件。继续在全省开展依法惩治知识产权恶意诉讼专项行动。加强民事精准监督，受理申请民事检察监督案件1件。着力推动知识产权行政检察走深走实，共受理行政检察监督案件3件，办案过程中坚持穿透式监督理念，透过行政诉讼监督促进依法行政。天祝县检察院办理的某商贸有限公司销售假冒注册商标的商品检察综合履职保护案被评为全省检察机关优化营商环境典型案例。稳步开展知识产权检察公益诉讼工作，共办理公益诉讼案件9件，其中行政公益诉讼4件，民事公益诉讼5件。

五、加强涉企知识产权风险防控，着力营造法治化营商环境

联合省工商联组织开展全省检察机关、工商联系统送法进企业"百场法治培训"，对民营企业知识产权风险与防控进行专门讲授。汇编并下发送法进企业"百场法治培训"活动培训教材，督促各地有序开展培训活动。2023年，全省举办培训90场次，参训人数为3412人，其中企业家人数达250余人。认真践行"平等保护、主动服务"理念，坚持依法办案与延伸服务两手并举，通过走访兰州新区和盛堂药业、甘肃（兰州）国际陆港等一批重点企业，与企业共话知识产权保护"金点子"。兰州新区检察院与兰州中川机场海关联合签署知识产权协作保护备忘录，加强对新区信息技术、人工智能、新能源等领域企业的知识产权协同保护力度，共同营造促进创新发展的优质营商环境。主动对接省工商联和省老字号协会问需问计，推动建立老字号企业知识产权综合保护联系点，建立案件线索快速办理绿色通道，探索开辟重点商（协）会、重点企业知识产权保护直通车机制，提升本省"名、特、优、新、稀"老字号知识产权保护能力，切实保护好"陇货""甘味"等自主品牌创新发展。

六、加大宣传舆论引导，营造全社会保护知识产权良好氛围

紧抓国际消费者权益日、世界知识产权日等关键节点，开展以"全面加强知识产权保护 推动构建新发展格局"为主题的知识产权保护日宣传活动，汇编制作《加强知识产权保护 助力优化营商环境宣传手册》，在"两微一端"平台，发布检察机关知识产权司法保护工作情况及知识产权保护的典型案例、事例。制定"维护民企权益，优化营商环境"专项行动"提升年"实施方案，联合省工商联组织开展全省检察机关、工商联系统送法进企业"百场法治培训"，对民营企业知识产权风险与防控进行专门讲授。汇编并下发送法进企业"百场法治培训"活动培训教材,督促各地有序开展培训活动。2023年,全省共举办培训82场次,参训人数3000余人,涉及企业58家,积极营造保护知识产权、自觉抵制侵犯知识产权和制售假冒伪劣商品的良好社会氛围。

供稿:甘肃省人民检察院
知识产权检察办公室

青海省

知识产权工作

一、强部署、抓落实,战略谋划全面推进

青海省委、省政府高度重视知识产权工作,指导推动在青海省市场监管局加挂青海省知识产权局牌子,成立省级知识产权保护中心,知识产权管理体制实现重大优化调整。主要领导多次就知识产权工作作出批示、提出要求,省委常委会会议、省政府常务会议专题听取贯彻落实知识产权强国建设纲要推进情况汇报,协调推动解决工作中存在的困难问题。将知识产权保护工作列入省委年度督查计划和市州党委政府目标绩效考核,列入年度省政府督查激励事项,2023年对3个知识产权保护工作成效明显的市(州)、县(区)进行表彰激励。以省委办公厅、省政府办公厅名义印发知识产权保护检查考核反馈问题整改方案和工作通知,层层压实责任。省、市(州)全覆盖召开知识产权联席会议,24家单位协同共进,8个市(州)主动作为,全力推动年度重点工作高质高效完成。

二、严监管、促共治,知识产权保护成效显著

法规政策逐步完善。省人大常委会将修订《青海省专利促进与保护条例》列入立法规划和年度立法计划,完成条例修订省内调研论证。

监管执法持续加强。选聘首批知识产权技术调查官,专利侵权纠纷行政裁决案件实现"零"的突破,查办商标案件近百件,同比增长167%。连续两年开展市(州)知识产权检查考核和联合督查,知识产权行政保护能力水平大幅度提升。

流通领域保护不断规范。先后印发展会知识产权保护指南、电子商务平台知识产权保护指引,开展知识产权规范化市场培育、电商领域知识产权贯标调研,出具电商领域专利纠纷案件维权意见40余份,确定16家省级知识产权保护规范化市场培育主体。

源头保护成效明显。开展"蓝天"专项整治行动,召开知识产权代理机构集体约谈会,提级办理3起国家知识产权局转办恶意注册商标案件,撤销8批次1885件非正常专利申请;抽查1300余家市场主体和代理机构,督促整改、规范运营。

矛盾纠纷有效化解。加强知识产权纠纷在线诉调对接,建立知识产权纠纷人民调解专家库,成立9家知识产权人民调解委员会,市(州)层面实现基本覆盖,西宁市等6个市州受理调解案件88件,调解成效明显。全省知识产权保护社会满意度超全国平均水平。

三、优布局、强产业,知识产权转化效率更高

创新基础全面提升。2023年,累计注册商标7.67万件,授权专利3.51万件,同比增长17.1%、12.8%;每万人口高价值发明专利拥有量1.49件,申请PCT国际专利80件,提前完成省"十四五"知识产权规划目标。

助推产业加快发展。印发专利导航服务基地建设方案,建成首批盐湖化工、光伏产业专利导航服务基地;围绕产业"四地"建设开展专利导航项目20余个,发布镁产业专利导航成果;成立盐湖产业、清洁能源产业知识产权运营中心,创建盐湖专利大数据平台,高效支撑本省重点、特色产业固链、补链、强链、塑链。

品牌优势明显增强。3家企业、2个商标品牌指导站入选国家首批"千企百城"商标品牌价值提升行动名单,形成青海省首批商标(地理标志)精品品牌名录,柴达木枸杞、互助青稞酒入选国家地理标志运用促进重点联系指导名录。组织420余家企业、近千余种高原有机生态品牌商品参加在宁波、无锡、天津举办的大型国际展会,签约金额1.27亿元,多方位、多元素展示"大美青海·生态品牌"新形象。

转化运用效能不断提升。发布专利开放许可试点受理办事指引,首次联合举办专利转移转化对接会,发布首批专利开放许可清单60项、专利密集型产品备案8件、精准管理创新主体推荐34家,持续扩展专利资源"供给方"。深入开展知识产权质押融资入园惠企行动,加强企业专利权质押融资需求调查,提升质押融资质效。全省累计知识产权质押融资金额23.7亿元,惠及企业60余家次,2023年专利质押融资金额4.6亿元,创历史新高。

强企建设成效突出。制定知识产权优势企业培育和推动创新主体贯彻知识产权管理规范工作方案,确定国家级示范优势企业22家、省级优势企业16家,省内31家企业通过知识产权管理体系认证。

四、扩覆盖、促发展,知识产权服务优化升级

服务体系更加健全。印发青海省知识产权公共服务普惠工程工作措施、知识产权信息公共服务网点备案实施方案,发布知识产权信息公共服务机构(平台)服务事项清单,推动市(州)开展知识产权信息公共服务网点备案,布局完善知识产权公共服务体系建设。

服务基础不断夯实。确定30家省级商标品牌指导站,组织开展地理标志赋能乡村振兴专题调研,建成青海省商标、地理标志基础信息库,为提升商标、地理标志服务能力奠定了基础。

服务辐射范围逐步扩展。建成省级知识产权公共服务平台、国家知识产权信息公共服务网点各1个,技术与创新支持中心、全国专利文献服务网点各2家,省级知识产权信息公共服务网点备案单位2家。截至2023年底,为经营主体提供政策咨询、专利检索、人员培训等公共服务累计6000余次。海东市创新案例入选2023年国家知识产权局"知识产权服务万里行"优秀案例。

五、夯基础、促提升,知识产权发展环境日趋良好

财政支持力度持续加大。知识产权保护工作经费持续增长,争取知识产权奖补资金794.2万元、品牌推介会财政专项资金888万元,政策引导效应凸显。

人才队伍建设稳步推进。遴选组建知识产权专家智库,评选知识产权保护工作先进集体和先进个人,持续承接国家专利代理师资格考试,开展"订单式"培训30余期、2000余人次,梯次合理、专业过硬的人才队伍初步形成;加强沿黄九省(区)、川青、甘青区域协同,推动实现优势互补、合作共赢。

宣传工作点面开花。高规格、多形式举办"全国知识产权宣传周"系列活动,召开新闻发布会,发布执法典型案例、知识产权白皮书、"国家地理标志保护产品(青海)展播"宣传片等,借助各类新媒体平台宣传报道知识产权工作成效,提升各类创新主体和社会公众知晓率。西宁、海东、海西、海南、海北多项工作成绩获《中国知识产权报》等国家级媒体关注报道,果洛积极开展知识产权进校园等活动,青少年知识产权保护意识有效提升。

供稿:青海省知识产权局

版权工作

一、版权服务水平不断提高

印发青海省《2023年版权工作要点》,对做好2023年版权工作提出明确要求。组织开展2022年度举报、查处重大侵权盗版案件奖励工作,2023年全国版权示范创建评选推荐工作。组织青海民族出版社、青海人民出版社、青海伊人文化旅游开发有限公司参加第九届中国国际版权博览会。2023年7月,与甘肃省版权局签署版权保护框架协议。接待来人(来电)版权咨询500余人(次),进行著作权作品登记67件。

二、执法监管成果不断显现

1. 积极开展打击网络侵权盗版"剑网2023"专项行动

结合本省实际,印发《青海省开展打击网络侵权盗版"剑网2023"专项行动实施方案》,对全省开展"剑网2023"专项行动作出安排和部署,以体育赛事、点播影院、文博文创为重点,强化专业领域版权专项整治,规范网络传播版权秩序;以网络视频、网络新闻、有声读物为重点,强化作品全链条版权保护,推动建立良好网络版权生态;以电商平台、浏览器、搜索引擎为重点,强化网站平台版权监管,压实网站平台主体责任。

2. 组织开展全省"青少年版权保护季"行动

为维护良好的出版物市场版权秩序,保护青少年身心健康,会同青海省公安厅、省教育厅、省文化和旅游厅联合开展"青少年版权保护季"行动。印发《关于进一步加强青少年版权保护工作的通知》,对行动时间、行动任务、行动措施进行安排部署。要求各地相关执法监管部门重点整治教材教辅、工具书、少儿图书、网络游戏领域的侵权盗版乱象,查处未经授权使用中小学教科书的内容制作和销售移动端应用程序,规范电商平台销售出版物、有声读物平台使用作品、网络教育培训机构使用教材教辅的版权秩序,为青少年健康成长营造良好的版权环境。检查出版物发行单位44家、印刷企业28家、打字复印店32家。配合中央宣传部来青海开展"双随机"检查,共检查印刷发行企业8家,处罚1家印刷企业违规行为。

3. 扎实推进软件正版化工作

制定印发《青海省2023年推进使用正版软件工作实施方案》,从加强制度建设,完善长效机制,强化督促检查,巩固扩大工作成果,全面推进软件正版化工作规范化、常态化、制度化方面,进行了安排部署。印发《关于开展软件正版化督查工作的通知》,9月4—14日,对省级政府机关、省属国有企业、民营企业的软件正版化工作进行督查,随机抽查计算机共计2319台,对发现的问题,提出限期整改要求。组织举办2023年全省软件正版化工作培训班,会同青海省监狱管理局、青海省交通控股集团有限公司、青海盐湖工业股份有限公司、青海民族大学组织举办软件正版化工作培训班4期,共计600余人参训。

三、版权保护意识深入人心

4月23日,在西宁市新宁广场组织开展青海省"全国知识产权宣传周"版权宣传活动启动仪式。活动现场,利用50余块展板,集中展示近年来全省开展打击院线电影盗录传播、打击网络侵权盗版"剑网2022"、冬奥版权保护、"青少年版权保护季"等打击侵犯知识产权和制售假冒伪劣商品专项行动取得的成绩,同时展示软件正版化工作取得的显著成效。活动现场悬挂"强化版权意识,激发创新活力""讲好版权故事,建设版权强国""坚持改革创新,强化版权保护"等横幅20余条,并设置版权咨询台,解答群众关于作品著作权问题100余人次,发放《著作权知识问答》《计算机软件保护条例》《信息网络传播权保护条例》等各类宣传资料1万余份。营造了浓厚的宣传氛围,增强了公众的版权保护意识。

供稿：青海省版权局

司法工作

一、充分发挥知识产权审判职能作用，公正司法

服务创新驱动发展,2023年,青海省法院依法受理各类知识产权案件585件,审结615件(含旧存),其中审结民事案件598件,刑事案件17件。全省法院积极履职,充分发挥知识产权司法对保护创新、促进创新的独特作用。加强对商标、专利权等的保护,依法妥善处理涉互联网文化创作和传播的著作权保护,注重调解,实质化解纠纷。切实加大侵权惩治力度,针对举证难,依法适用证据规则,适时转移举证责任,合理运用举证妨碍排除制度。适用惩罚性赔偿审结案件1件。始终保持打击侵犯知识产权犯罪的高压态势,依法严惩侵犯知识产权犯罪行为和制售假冒伪劣商品犯罪,有效净化市场环境。

二、持续深化知识产权审判机制改革，守正创新

深入推进知识产权"三合一"工作。2023年7月25日,印发《青海省高级人民法院 青海省人民检察院 青海省公安厅关于对侵犯知识产权刑事案件实行集中管辖的通知》,确定由本省八个具有一审知识产权民事、行政案件管辖权的基层法院集中管辖知识产权一审刑事案件。至此在全省范围内从机制上全面实现了享有集中管辖权的基层法院受理普通知识产权一审民事、行政及刑事案件,全面实现了知识产权"三合一"审判机制体制改革目标,确保党中央、省委的决策部署落到实处。积极践行技术调查官制度。针对知识产权案件专业性强、技术事实查明难的特点,依据《青海省高级人民法院关于技术调查官参与诉讼若干问题的规定(试行)》《技术调查官职责任务及相关要求》等制度,2023年联合省知识产权局下发《关于决定聘任青海省知识产权技术调查官的通知》,聘任10名技术调查官。在知识产权案件审判中根据案情需要,充分发挥技术调查官辅助法官查明案件技术事实、解决案件所涉专门性问题职能作用,弥补法官专业性知识不足,降低查明专门性问题的经济成本,提高审判效率。严格落实最高人民法院《关于加强和规范案件提级管辖和再审提审工作的指导意见》,西宁中院依法审理提级管辖案件2件。加强审判监督管理,不断提升审判质效。以全省法院正在开展的"质效双优"竞赛为契机,结合青海高院机关下发的案件质效季度通报,在保证审判质量的同时,加强审理期限管理,缩短审限;加强裁判说理,提高裁判文书质量;认真研究"十率"指标和案件质量29项指标,大力提高知识产权案件质效。积极探索推进知识产权案件繁简分流,优化司法资源配置,实施知识产权类型化案件快审、独任制审判、要素式裁判、示范性判决机制,通过集中审理、流程优化,快速妥善化解纠纷。其中西宁中院2023年审结的58件案件中,权利人撤诉22件、调解3件,调撤率为43%;海东两级法院审结的35件案件中,经调解后双方当事人达成和解协议而撤诉的22件,按撤诉处理的6件、调解4件,调撤率为91.4%,社会效果良好。全省法院适用简易程序且非小额诉讼程序审结案件143

件，有效满足了人民群众多元、高效、便捷的纠纷解决需求。

三、积极参与构建大保护工作格局，强化全链条保护

加强法治宣传教育，营造促进知识产权高质量发展的法治环境。以"4·26世界知识产权日"为契机，积极参与知识产权宣传周活动启动仪式，并向社会通报青海省2022年度知识产权司法保护情况。同时通过召开新闻发布会发布2022年度知识产权十大典型案例、线上线下开展知识产权普法宣传、开庭审理一起假冒注册商标罪案等方式集中进行宣传。全省法院通过线上线下开展"送法进企业、进乡村、进校园"等普法活动，以不断提升社会公众对知识产权纠纷多元化解机制的认知度和信任度。在审理相关知识产权案件时，要求经营者、实际经营者出庭，同类案件当事人旁听，将法庭变为课堂，为营造公平竞争、诚实守信、激励创新的法治环境助力。同时，全省法院充分利用"送法进企业、进乡村、进校园"等普法活动和主题党日活动，多措并举向社会公众宣讲知识产权司法保护常识、典型案例等，引导社会公众在法治轨道上主张权利、解决纠纷、化解矛盾，在全社会积极营造依法预防、依法化解、依法治理的良好法治化营商环境。

强化司法主动参与，推动矛盾纠纷调早化小、防激防变，努力打造新时代"枫桥经验"。2023年，加强与市场监管部门的沟通协调，联合协调推进知识产权案件诉源治理工作，并将市场监管部门推荐的知识产权调解组织、调解员入驻到人民法院调解平台。截至2023年底，全省法院共向市场监管部门诉前移送案件80余件。同时积极推进"3+2"巡回审判工作，发挥"马背法庭"优势，为人民群众提供优质司法服务。

四、加强知识产权审判队伍建设，提升服务保障能力

深入开展学习贯彻习近平新时代中国特色社会主义思想主题教育，不断提升队伍政治能力、业务水平和职业道德素质。持续强化党风廉政建设，锲而不舍落实中央八项规定及其实施细则精神和省委省政府若干措施，严格执行新时代政法干警"十个严禁"等铁规禁令，驰而不息纠治"四风"问题。

加强知识产权审判队伍建设，全面提升审判人员司法能力。2023年5月，举办全省法院知识产权审判业务培训班，包括青海高院及其他16个集中管辖的中、基层法院审判人员参训。

加强对下条线指导。及时转发最高人民法院相关最新制度规定，并就下级法院书面、口头以及通过"法答网"提出的知识产权审判相关问题予以咨询解答，全力做好上情下达，下情上报工作；通过个案指导、座谈、调研等方式，加强与辖区集中管辖法院的沟通，以达成共识，统一裁判尺度。以主题教育为契机，开展知识产权专题调研，并形成《青海法院"三合一"诉讼模式下知识产权案件审理现状及问题研究》调研报告。青海省知识产权审判工作得到最高人民法院的认可，其中青海高院知识产权审判庭获评人民法院知识产权审判工作先进集体，西宁中院3名法官及助理获评人民法院知识产权审判工作先进个人。

供稿：青海省高级人民法院
知识产权审判庭

检察工作

一、依法履行检察职能，加大司法办案力度

依法惩治侵犯知识产权犯罪。青海省各级检察机关切实履行检察职能，惩治各类侵犯知识产权犯罪，受理审查逮捕侵知识产权犯罪案件3件4人,审查起诉17件17人,在加大打击力度的同时,依法保障万众创新,营造法治化营商环境。增强立案监督力度,监督公安机关立案1件,建议行政机关移送刑事犯罪线索2件2人。落实侦查监督与协作配合机制,提前介入侦查引导取证2件。适用认罪认罚从宽制度审结8件8人,提出确定型量刑建议1人,法院采纳1人。西宁市城东区检察院办理的贺某侵犯著作权案,引导公安机关调取犯罪嫌疑人获利及通过信息网络向公众提供他人影视作品在线观看数据,并进行庭审观摩,依法加强著作权司法保护。

持续深化知识产权民事、行政检察监督。受理民事监督案件1件,向法院制发检察建议2件,已采纳。向涉案单位制发检察建议2件。针对行政执法部门履职过程中存在的问题制发社会治理类检察建议2件。深入推进惩治知识产权恶意诉讼专项监督工作,针对160余件批量维权案件进行逐案核查,筛查出5件涉"阿克苏苹果"知识产权民事判决进行监督线索初查。

稳妥推进知识产权检察公益诉讼。立案知识产权保护领域公益诉讼案件4件,其中刑事附带民事公益诉讼3件,行政公益诉讼1件。落实惩罚性赔偿机制,针对办理的3起刑事附带民事公益诉讼案件,提出惩罚性赔偿、公开赔礼道歉诉讼请求,法院判决全部支持。乌兰县检察院针对市场上存在冒名销售"乌兰茶卡羊"地理标志产品的行为开展知识产权公益诉讼检察保护,维护广大农牧民的合法权益,加强涉农知识产权保护。

二、全面部署推进,深入推进知识产权检察综合履职

积极推进知识产权检察综合履职。进一步规范省检察院知识产权检察办公室机构设置、人员配备,组成刑事、民事、行政、公益诉讼检察专业化办案团队。下发《青海省人民检察院2022年知识产权保护工作检查考核反馈问题整改方案》,对全省知识产权检察考核反馈问题整改工作进行安排部署,要求各级检察院结合工作实际,因地制宜设立知识产权检察办公室或明确1名检察官履行知识产权检察职能,统筹协调开展本地区知识产权检察工作。落实"一案四查"机制,同步审查是否涉刑事犯罪、民事侵权、行政违法和公益诉讼线索,以综合履职助推知识产权综合司法保护。

加强队伍建设。组织全省经济犯罪检察部门、民事行政检察部门214名干警,开展强化知识产权司法保护同堂培训,由北京、江苏、上海等地检察机关实务型专家以"加强知识产权检察保护优化科技创新法治环境""侵犯注册商标类犯罪疑难问题解析""著作权刑事案件审查要点精讲"为主题对宏观政策进行解读,对疑难案件进行分析;举办全省检察机关经济犯罪检察、知识产权检察业务骨干培训班,组织全省50名业务骨干参训,邀请上海市检察院知识产权检察业务骨干授课。省检察院1个集体、1名干警分别被省知识产权战略实施工作联席会议办公室评选为知识产权保护工作成绩突出集体、个人,1名干警被最高人民检察院、国家知识产权局等四部门评选为全国知识产权保护工作成绩突出个人,1名干警入选全国知识产权检察人才库。

三、延伸检察职能,持续推动构建知识产权大保护格局

探索数字检察赋能诉讼监督。探索数字检察大数据建模。紧密结合涉知识产权类案件规律特点,探索研发"知识产权大数据类案监督模型",通过数字检察模型发现并向公安机关移送涉嫌违法线索34条,公安机关核实身份信息后向有关行政机关、异地公安机关移送违法线索20条,行政机关已立案2件,1件已行政处罚。

加强法治宣传。高度重视与相关部门加强协作配合，通过会签文件、共发典型案例、开展宣传等多种形式，共同推动构建知识产权大保护工作格局。开展以"加强知识产权法治保障，有力支持全面创新"为主题的知识产权保护法治宣传活动。以"助企暖企"检察履职专项活动为契机，深化社会治理，走访企业精准对接需求，帮助查找知识产权管理漏洞，将法治宣传和服务保障相融合。围绕人民群众美好生活需要，走进商业CBD、社区、企业、寺院等重点区域，通过展板展示、视频播放、资料发放、咨询讲解等方式，以群众喜闻乐见方式零距离开展普法宣传。

供稿：青海省人民检察院
知识产权检察办公室

宁夏回族自治区

知识产权工作

一、专利、商标、地理标志情况

截至2023年底，宁夏有效专利总量4.82万件，高价值发明专利1959件，每万人口高价值发明专利拥有量2.69件；累计注册商标10.9万件，驰名商标50件；获批地理标志保护产品11件，以集体商标、证明商标注册的地理标志32件，农产品地理标志60件。获批"盐池滩羊""贺兰山东麓葡萄酒"两个地理标志产品保护示范区建设。

截至2023年底，宁夏地理标志用标企业总量达到364家，其中：地理标志保护产品用标企业共150家，"贺兰山东麓葡萄酒"用标企业最多，达73家；地理标志集体、证明商标用标企业共214家，"中宁枸杞"证明商标用标企业最多，达122家。

二、知识产权制度机制更加完善

健全完善知识产权战略实施工作部门联席会议机制，增加宁夏贸易促进委员会为联席会议成员单位，联席会议成员单位增至27个。2023年4月，《宁夏回族自治区知识产权保护条例》制定工作纳入宁夏回族自治区人大常委会2023—2027年五年立法规划。知识产权强区建设工作纳入2023年宁夏回族自治区党委、政府督查工作。知识产权保护工作纳入自治区对各市、县（区）效能目标管理考核内容。

三、知识产权创造质量和运用效益更加凸显

实施知识产权助力"专精特新"中小企业和民营经济创新发展、支持知识产权服务业高质量发展政策措施，2023年投入1200万元专项资金支持120多家企事业单位创新创造。2023年，获中国专利奖优秀奖2项，新认定国家和自治区优势企业24家，累计培育国家及自治区知识产权优势示范企业220家。石嘴山市、中宁县入选新一批知识产权强国试点。青铜峡市市场监管局在全区首推工业园区知识产权托管服务。推荐11家企业11项发明专利申报第二十五届中国专利奖，立项实施专利导航项目30个，无偿赠送企业。

在西北五省区率先出台实施专利转化运用专项行动实施方案和高校科研机构存量专利盘活工作实施方案，知识产权金融服务"增活力"。2023年度办理专利权质押登记60件，较上年增长30件，同比增长100%，专利权质押金额5.9亿元，较上年增长3544万元，同比增长6%。办理专利权质押注销30件，较上年增长24件，同比增长400%。同时，开展专利质押线上登记无纸化办理，优化办理流程、压缩办理期

限、强化服务供给，支撑6家银行在线提交专利权质押登记材料，办理期限从5个工作日压缩到2个工作日。

四、知识产权保护能力显著提升

制定印发《2023年宁夏知识产权行政保护工作实施方案》，联合宁夏司法厅在全国率先印发《关于加强新时代专利侵权纠纷行政裁决工作的实施方案》，制定印发《宁夏专利侵权纠纷行政裁决规程（试行）》《宁夏商标行政执法规程（试行）》。集中开展"贺兰山东麓葡萄酒""宁夏枸杞""盐池滩羊"等地理标志和杭州亚运会、亚残运会等专用标志知识产权保护专项行动，开展"驰名商标"专项保护行动，开展专利侵权纠纷案件和假冒专利案件查处专项行动，有效打击知识产权侵权违法行为。

2023年，宁夏市场监管部门共查办知识产权行政案件196件，罚款538万元；文化执法部门共查办著作权侵权案件21件；法院系统共受理知识产权民事一审案件828件、二审案件99件；检察机关批准逮捕涉知识产权犯罪案件5件9人，依法起诉9件22人；公安机关共侦办侵犯知识产权案件19起（其中：假冒注册商标案16起、侵犯著作权案1起、侵犯商业秘密案2起），制售伪劣商品案件41起，打击处理犯罪嫌疑人80余人，涉案金额3000万余元。首次实现全区30家专利代理机构监督检查全覆盖；约谈2家违规机构，对1644件非正常专利申请进行核查整改。

五、知识产权协作保护成效显著

积极参与跨省区知识产权协同合作项目，先后参加山东、四川和山西举办的涉及沿黄九省（区）和"一带一路"沿线国家和地区知识产权战略发展合作会议，签署合作协议。与银川市中级人民法院签署《知识产权保护衔接联动工作机制合作备忘录》，与宁夏贸促会联合印发《加强海外知识产权纠纷应对机制建设的实施意见》。向广东省知识产权局转办政协委员关注知识产权侵权线索，有效解决塞北雪公司注册商标专用权被区外企业侵权问题，被宁夏政协写入工作报告。

六、知识产权服务水平不断提高

2023年，成功申报2个国家级专利导航服务基地，首次培育认定各类知识产权公共服务机构20家；首次组织开展25家科技型企业创新管理知识产权国际标准实施试点；首次批准筹建16家知识产权维权援助工作站。宁夏3人获首届、第二届全国知识产权公共服务机构专利检索分析大赛二、三等奖，实现"零"突破。银川市知识产权局在全区首次开展专利检索分析大赛。宁夏知识产权局指导成立宁夏专利代理师协会，填补宁夏专利代理行业自治空白。"银川市用好地理标志'四加'模式，助力宁夏葡萄酒产业高质量发展"成功入选知识产权强国建设第二批典型案例。

七、知识产权事业根基更加牢固

与吴忠市政府高规格举办2023年知识产权宣传周启动仪式，联合银川市政府举办首届知识产权论坛，发布2022年度宁夏十大知识产权保护典型案例和《宁夏知识产权保护状况（2018—2022）》，宁夏知识产权工作首次登上央视，全区上下利用多种形式开展丰富多彩的宣传活动，取得良好的宣传效果。首次安排知识产权保护专项资金415万元，重点用于保障知识产权保护专项行动、培训和宣传工作。2023年，首次组织实施知识产权软科学项目，完成《宁夏提升知识产权治理能力体制机制路径研究》《宁夏中小企业集聚园区知识产权托管服务研究》《宁夏葡萄酒产业知识产权侵权风险分析》等7项知识产权软科学研究报告。与宁夏大学签署《知识产权人才强区厅校共建战略合作协议》，共同推进知识产权学科建设,培养知识产权专业人才。

供稿:宁夏回族自治区知识产权局

版权工作

一、加大版权保护力度,强化版权生态治理

1. 加强版权执法监管

制定印发《2023年版权工作要点的通知》,全面提高版权创作、运用、保护、管理和服务能力。坚持日常监管与专项行动相结合,3次组织相关人员对全区文化市场进行暗访,发现问题10个,下发督办函4个,收缴侵权盗版图书13.72万册,查处侵权盗版案件32起,罚款5.6万元。

2. 版权保护专项行动成效明显

组织开展院线电影版权保护专项工作,会同各地市公安及版权执法部门对辖区院线电影院、小影院、足浴店等经营场所进行检查,查处涉电影版权保护案件5起、行政处罚1.2万元。

组织开展"青少年版权保护季"行动和2023年春季和秋季"开学季"校园周边文化市场专项整治行动,查办侵权盗版教材教辅、少儿图书案件10起,收缴盗版图书10万余册,罚款2.3万元。

联合网信、公安、通信管理等部门开展打击网络侵权盗版"剑网2023"专项行动。将"剑网2023"与"清朗•杭州亚运会和亚残运会网络环境整治"专项行动相结合,查处1个网站、2款移动应用程序、4个微博公众账号、8个微信公众账号、1个微信视频号未经授权转载赛事视频线索20条,下发限期整改通知书5份。

3. 加大查处大案要案力度

积极查办各类侵权盗版案件,先后查处银川市邱某某侵犯图书著作权案,收缴盗版图书7194册;查处石嘴山市大武口区某影院侵犯视听作品著作权案,对该影院作出罚款2万元的行政处罚;2023年8月,成功破获1起特大侵犯图书著作权案,捣毁盗版教辅图书存储点3个,抓获3名犯罪嫌疑人,现场查获盗版图书13万余册、涉案金额达732万元,涉及20余个省区,此案获评中央宣传部版权管理局"青少年版权保护季"专项行动第一批典型案例,宁夏朱某某网络传播盗版案被国家版权局、工业和信息化部、公安部等评为"剑网2022"专项行动十大案件。

二、推进使用正版软件,不断扩大工作成果

1. 加强顶层设计,抓好总体部署

宁夏回族自治区推进使用正版软件工作联席会议(简称联席会议)强化顶层设计和统筹协调,进一步调整充实软件正版化工作机制。召开自治区推进使用正版软件工作联席会议第八次全体会议,总结年度工作成效,分析全区软件正版化存在的突出问题,研究下一步重点工作和发力方向,制定《2023年宁夏推进使用正版软件工作安排》,明确推进教育、医疗、交通等重点领域软件正版化工作,在联席会议上对获得2022年度全国版权示范单位(软件正版化)称号的3家单位分别给予20万元资金支持。

2. 强化制度约束,巩固推进成果

严格对照推进使用正版软件部际联席会议印发的《正版软件管理工作指南》要求,认真落实软件采购、安装使用、升级维护、监督检查和考核追究等制度,强化软件采购源头管理,建立健全软件管理制度和管理台账。严格执行《政府机关办公通用软件资产配置标准(试行)》规定,加强软件采购指导和监管,从源头上防止盗版软件流入各级政府机关。

3. 聚焦重点行业,稳步深入推进

在巩固区属企业集团机关软件正版化工作成果的基础上,积极推进教育、医疗、

交通等重点行业软件正版化工作。举办全区医疗卫生系统、交通系统、国有企业软件正版化工作培训班3期，参训人员326人。分别与交通运输厅、卫生健康委制定印发《推进使用正版软件工作行动方案》。宁夏电力投资集团有限公司获评2022年度全国版权示范单位（软件正版化）。

4. 坚持问题导向，加大督查力度

持续加强正版软件的督查工作，联席会议办公室牵头对15个区直机关单位，10个县（市、区），8家企业单位的软件正版化工作进行抽查检查，共检查3216台计算机。

三、提升版权服务水平，助力版权产业发展

1. 有序开展作品登记工作

完善著作权登记工作机制，优化作品登记审批流程，2023年，全区登记版权作品1553件，实现版权登记工作提质增量。充分发挥各级版权服务站的作用，提升版权服务与管理能力，在第三届国际葡萄与葡萄酒产业大会上设置版权作品登记维权服务站，现场为企业登记颁发版权作品登记证书。

2. 深入推进版权示范创建

加大版权示范培育工作，强化培育企业自主知识产权意识，全面提升自主创新能力。2023年，2家企业获评2022年度全国版权示范单位，1家公司获评2022年度十大著作权人（美术类）。积极发挥版权示范单位对版权产业发展的引领带动作用，利用"全国知识产权宣传周"活动，设立版权示范单位宣传展示区，着重展示版权创造性转化与创新性发展所取得的成果。鼓励各地加大版权示范单位创建，为自治区全国版权示范单位给予20万元资金支持。

3. 组织开展民间文艺版权保护与促进试点工作

积极参加国家版权局组织开展的民间文艺版权保护与促进试点工作交流会，中卫市入选全国民间文艺版权保护与促进试点地区。省、市两级高度重视试点工作，积极探索创新中卫市民间文艺领域版权工作业态、模式、机制，充分发挥当地民间文艺资源独特优势，不断提升民间文艺版权保护意识，积极开展民间文艺版权普查与登记工作，做好民间文艺版权保护宣传推广工作，推动全区版权与文化产业、文化事业深度融合发展。

4. 积极组织参加第九届中国国际版权博览会

11月23—25日，组织10家优秀版权企业组团参展第九届中国国际版权博览会。宁夏展馆涵盖了图书出版、陶瓷文化、旅游工艺品开发、非遗传承、裘皮加工、非遗文化应用发展、贺兰石砚文化、传统麻编技艺、枸杞特色产业等不同行业领域，全面展示了宁夏版权保护和版权产业发展成果。宁夏展馆以"打造文化兴盛沃土"为主题，打造宁夏版权特色亮点。在本次展会上，宁夏参展商线下销售3.2万余元，现场签订合作意向协议9个，达成战略合作金额18.5万元。

四、加大版权宣传力度，强化业务能力

1. 精心组织版权宣传活动

组织全区开展"全国知识产权宣传周"版权宣传活动，在光明广场举办宁夏"全国知识产权宣传周"版权宣传活动启动仪式，现场发布2022年宁夏打击侵权盗版十大典型案件，全区共设立750个宣传点，发放版权宣传品10万余份。开展侵权盗版及非法出版物集中销毁活动，销毁侵权盗版及非法出版物14 300册、盗版光盘9037张。开展"打击盗版 从我做起"版权短视频创作大赛活动，颁发奖金13.39万元。组织开展2023年中小学生版权保护海报设计大赛，向全区中小学生征集版权保护海报作品3600余件。

2. 加强业务培训提高执法水平

3月28—31日，举办全区版权执法监管培训班，邀请中央宣传部版权管理局执法监管处负责同志及版权一线执法人员进行专题授课。7月10—12日，举办2023年医疗卫生机构、国有企业软件正版化工作培训班，分别从政策法规、制度台账管理和检查工具运用方面进行讲解培训。中央宣传部版权管理局、中国版权协会在银川举办2023年软件正版化工作培训班（参训人员74人）和版权工作实务培训班（参训人员300人），由宁夏回族自治区版权局协办。全年共计273人参训，进一步提升了基层版权工作人员及相关从业人员的政治素养和业务能力。

（供稿：宁夏回族自治区版权局）

司法工作

一、抓实公正与效率，提升知识产权司法保护能力水平

2023年，宁夏法院立足审判职能，加强知识产权司法保护，依法妥善审理涉关键技术、新兴产业等知识产权案件，服务保障创新驱发展。全年共受理知识产权民事案件896件（含旧存85件），结案837件，结案率93.4%；受理知识产权刑事案件15件（含旧存2件），结案12件；受理知识产权行政案件1件，经最高人民法院知识产权审判庭二审审理，维持一审判决。坚持以精品审判为引领。审结的案件中有1件案例入选2022年中国法院50件典型知识产权案例，1件案例入选宁夏2022年度知识产权保护典型案例。依法适用惩罚性赔偿。在"泸州老窖"以及"舍得"酒商标侵权案件中，对重复侵权、恶意侵权且情节严重侵权行为依法适用惩罚性赔偿，严厉打击知识产权侵权行为，截至2023年底，共判赔10万元。推行类型化案件快审机制。对商标、著作权案件适用简化文书，缩短审理周期，有管辖权的6家基层法院在审理涉长沙某公司计算机软件著作权等多起系列案件中，当庭调解并即时履行，做到案结事了人和。开展跨域巡回审判。在一起涉大型机械设备专利侵权案件审理中，走进平罗县企业厂区开展庭审，提升案件实质审理效果和普法效果。推行"特邀调解+司法确认"。银川中院与北京融商"一带一路"法律与商事服务中心（银川）合作，将知识产权民事案件纳入诉前调解环节，从源头上减少知识产权诉讼增量。银川市西夏区法院建立知识产权共享法庭，高效处理大量一审案件，有效缩减案件比。

二、做实能动司法，推进知识产权审判机制改革

新时代能动司法是习近平法治思想在司法领域的生动实践。银川中院始终坚持将能动司法理念贯穿知识产权审判工作的全过程各方面，不断推出符合知识产权保护时代要求，符合人民群众、社会公众期待，符合司法规律、法院工作实际的创新举措。推进"三合一"审判机制改革。2023年10月，组织召开全区法院知识产权重点工作推进会，进一步安排部署知识产权"三合一"审判工作。截至2023年底，宁夏高院、五市中院全部完成"三合一"审判机制改革，6家有管辖权的基层法院中有4家已经实现知识产权案件统一归口审理，有力提升了案件审理专门化、管辖集中化、人员专业化水平，妥善审理知识产权各类案件。常态化开展打击侵犯知识产权和制售假冒伪劣商品工作，营造优良法治化营商环境。打造专业化审判团队。坚持以党建带队建促审判，建设过硬知识产权审判队伍，全区法院1个集体、3名个人获评2023年度最高人民法院知识产权审判工作先进集体、先进个人。发挥高级法院职能定位作用。知识产权案件管辖权下移后，及时开展调研、业务指导，汇总争议问题，统一裁判尺

度，提升三级法院知识产权审判专业化水平。完善技术事实查明机制。针对案件审理涉及的复杂技术问题，与知识产权管理部门建立技术调查官库共建共享机制，制定《知识产权技术调查官管理办法（试行）》《技术调查官参与庭审指引（试行）》，增强技术事实查明认定的中立性、专业性、科学性。发布司法建议。聚焦社会治理薄弱环节，在仿冒纠纷案件中，就张贴小广告的违法行为，向相关执法部门发出司法建议，推进社会治理效能提升。

三、落实新发展理念，助推构建知识产权大保护工作格局

科学技术是构建新发展格局的内生动力，而知识产权是激励科技创新和确保科技成果及时转化的重要工具。银川中院始终坚持贯彻落实新发展理念，强化知识产权协同保护，推动形成党委领导、政府参与、政企衔接、全社会共同参与的知识产权保护工作格局。主动延伸司法服务职能。2023 年 8 月，宁夏高院知识产权审判庭派法官走进港澳台企业，开展知识产权司法保护宣传，为企业提供知识产权司法服务。9 月，派员为宁夏在册 600 余名仲裁员进行"知识产权仲裁理论与司法保护实务问题"专题培训，延伸司法服务职能，为宁夏知识产权大保护格局构建注入强心剂。银川中院开展全区商标、高新技术、非物质文化遗产等"知识产权保护直通车"服务，加强对贺兰山东麓葡萄酒、宁夏枸杞等品牌的保护与宣传，助力宁夏特色经济和优势产业发展。银川中院入驻三届中国（宁夏）国际葡萄酒博览会现场，为参展商提供知识产权领域一站式、零距离的司法服务。丰富普法宣传形式。积极参与党委宣传部门、知识产权局发起的知识产权宣传活动。通过媒体报道、信息撰写、自制短视频、发布宣传片等多种形式开展宣传工作，取得良好的宣传效果。加强知识产权协同保护。严格落实《关于强化知识产权保护的意见》，积极强化与行政执法单位协同保护力度，与自治区知识产权局合作建立知识产权保护衔接联动工作机制，积极推动构建知识产权"严保护、大保护、快保护、同保护"工作格局。

供稿：宁夏回族自治区高级人民法院
知识产权审判庭

检察工作

一、坚持政治担当，以知识产权检察工作专业化服务自治区现代化建设

宁夏检察机关始终坚持以习近平新时代中国特色社会主义思想为指导，深入贯彻习近平法治思想和习近平总书记关于加强知识产权保护的重要讲话精神，认真落实《人民检察院办理知识产权案件工作指引》，健全知识产权检察工作体制机制，积极推进知识产权检察综合履职，全面提升全链条知识产权保护质效。为落实最高人民检察院知识产权检察工作部署，整合知识产权刑事、民事、行政、公益诉讼检察职能，组建专业化工作机构。宁夏回族自治区检察院结合内设机构改革在第三检察部加挂知识产权检察办公室牌子，成立知识产权检察办公室，明确组成人员及职责任务。五地市检察院均成立了知识产权检察办公室，各区、县检察院组建涉知识产权办案组，由专业办案组从事知识产权检察工作。

二、深入推进综合履职，提升知识产权检察综合保护水平

提高综合履职质效。贯彻落实最高人民检察院《关于全面加强新时代知识产权检察工作的意见》，制定《宁夏回族自治区人民检察院关于进一步加强知识产权检察工作的意见》，并通过"专题授课+经验交流+工作部署"的方式，提升对知识产权检察综合履职重要性、必要性的认识，帮助干警更好理解、更全掌握知识产权综合履职的方式、途径。2023年办结知识产权案件36件,综合履职12件,其中提起刑事附带民事诉讼案件4件,不起诉后反向移送行政处罚案件2件,民事审判活动违法监督案件1件,行政公益诉讼诉前审查案件5件。

深入落实"一案四查"机制。下发《关于落实知识产权保护工作检查考核整改措施的提示》,建立案件分析会商制度。该制度明确,案件办结前应当组织办案组召开案件分析会,各检察官汇报"一案四查"审查情况及结论,共同分析研判,并形成会议记录上报自治区检察院知识产权检察办公室。

积极探索开展知识产权领域公益诉讼。强化知识产权保护在激发全民及企业创造主动性、维护公平竞争秩序、保护企业合法权益、营造法治化营商环境、推进创新型国家建设等方面的重要作用,有序探索知识产权领域公益诉讼。2023年,知识产权公益诉讼案件立案15件,其中行政公益诉讼立案8件、民事公益诉讼立案7件。

三、扎实开展专项监督,提升知识产权检察保护质效

深入开展依法惩治知识产权恶意诉讼专项监督。自治区检察院严格贯彻落实最高人民检察院工作部署,组织全区检察机关发挥监督职能,不断探索打击知识产权和假冒伪劣商品违法犯罪新路径、新方式。银川市兴庆区检察院向市市场监管局兴庆区分局制发关于强化商标权保护惩治制假售假行为检察建议,已回复采纳。贺兰县检察院采取"司法+行政"保护模式,结合案件情况深入剖析案发背景及行为成因,针对涉知识产权案件办理中发现的苗头性、倾向性社会治理问题,深入调查研究,督促行政机关依法履行行政监管职责,助力企业堵漏建制,防范知识产权恶意诉讼。

做实地理标志保护专项监督。吴忠市检察院制发工作方案,在全市检察机关开展为期两个月的"保地理标志、助乡村振兴、促经济发展"专项行动,加强对吴忠地区"盐池滩羊""同心圆枣""青铜峡大米"地理标志证明商标的保护。专项行动中,走访吴忠市知识产权局,摸底了解地理标志商标保护情况,并对4件涉地理标志行政处罚案件进行评查。走访"青铜峡大米"授权企业宁夏正鑫源现代农业发展有限公司等,深入了解地理标志使用、侵权以及地标产品质量安全、生产环境等情况,探讨交流当前地理标志培育保护中存在的困难,对有关法律政策进行细致解读。中宁县检察院结合地方特色,聚焦中宁枸杞品牌保护,办理督促履行"中宁枸杞"品牌保护职责行政公益诉讼案,针对不当宣传、违规使用包装等售卖方式侵害消费者权益,影响农产品品牌声誉的问题,发挥公益诉讼检察职能,督促相关行政机关依法履职,有效保护农产品地理标志产品质量安全,该案被评为2022年度宁夏知识产权保护典型案例。

四、加强知识产权检察宣传,营造法治化市场环境

自治区检察院深入开展宣传活动,下发《关于全区检察机关开展"知识产权宣传周"活动的通知》,组织全区检察机关开展"全国知识产权宣传周"活动。全区检察机关充分利用新媒体等媒介平台,将"线下"宣传和"线上"宣传相结合。通过典型案例以案释法,深化人民群众对知识产权保护的认识,以点到面,进商铺、进企业、进社区,多元化开展知识产权法律法规宣传工作,提升辖区群众保护知识产权法律意识,营造公平有序的市场环境。

供稿:宁夏回族自治区人民检察院
知识产权检察办公室

新疆维吾尔自治区

知识产权工作

一、高位推动强化支撑

抢抓"一带一路"建设机遇,高位推动局区合作共建机制,成功召开共建丝绸之路经济带知识产权强区推进大会,联合印发强区共建实施方案,出台年度工作要点,形成知识产权与创新驱动同频共振、全面发力的良好局面。高规格举办中国—中亚知识产权合作论坛,健全交流机制,搭建合作平台,为中国—中亚经济贸易往来和绿色创新发展提供有力支撑。成功举办2023年"全国知识产权宣传周"活动分会场活动和新疆首届地理标志品牌文化节,指导14个地(州、市)共同签订地理标志运用保护促进协作协议。

二、创新创造水平全面提升

精准对接自治区"八大产业集群",落实与自治区科技厅签署的《关于推动科技创新引领质量强区战略实施的战略合作协议》,组织4家企业完成重大项目的初期申报工作。持续增强创新对经济社会发展的引领驱动作用,创新成果的产权化、品牌化水平不断提高。2023年全区专利授权量19 124件,同比减少6.84%,其中发明专利授权量2398件,同比增长40.15%;有效发明专利拥有量达9281件,同比增长24.93%;高价值发明专利拥有量达3314件,同比增长27.51%。商标申请量86 071件,同比增长16.85%;商标注册量46 368件,同比减少16.69%;累计有效商标注册量达367 177件,同比增长12.11%。累计地理标志保护产品39件,集体商标、证明商标(地理标志)106件,地理标志专用标志合法用标企业415家。

三、转化运用更加高效

推动实施"新疆品质"区域公共品牌建设工程,组织"千企百城"商标品牌申报工作。安排自治区本级财政资金750万元,支持30个高质量专利实施项目。与新疆产权交易所建立知识产权交易合作机制,通过评估、协议、挂牌交易、拍卖等方式市场化定价,确保国有资产保值增值。加快乌鲁木齐市重点运营城市建设工作。开展地理标志助力乡村振兴行动。截至2023年底,地理标志合法用标企业415家,同比增长43%。举办专利技术供需对接会,征集高校院所可转化专利470件,实现专利技术转让26件,成交金额130.54万元。持续推进专利开放许可试点工作。通过预审并公布专利开放许可信息9件,其中1件发明专利成交签约,实现全区专利开放许可落地实施零突破。

四、公共服务持续优化

加快完善新疆知识产权公共服务平台建设,上线专利开放许可模块。建成信息技术、大健康、高端制造等6大领域26个行业产业链创新链专利检索库;从专利类型分布、专利申请公开趋势、主要发明人等维度,为全区184家企业描绘专利画像;上线专利开放许可模块,持续完善专利检索分析系统和知识产权运营管理模块;发布68项知识产权公共服务事项清单。国家知识产权局专利局乌鲁木齐代办处设立"乌鲁木齐代办处自贸区·绿谷科创工作站",充分发挥工作站服务、联络、宣传、辅助作用,为自贸区建设提供高质量知识产权公共服务。发挥TISC中心等服务机构作用,面向公众提供包括专利查询、年费提醒等服务功能。以"知识产权服务走

基层 助力知识产权强国建设"为主题,先后在喀什、克州、伊犁、博州、巴州、和田等地开展"知识产权服务万里行"活动,邀请区内外知名专家、学者以及优质知识产权服务机构开展实地指导和帮扶。积极打造"知识产权+金融"质押融资模式,召开政银、政企、银企对接会5场,知识产权质押融资金额7.57亿元。顺利举办2023年自治区党政领导干部知识产权促进和保护专题培训班。联合中国科学院新疆分院共同举办知识产权培训班,充分发挥知识产权直播课堂和知识产权公共服务平台网上教育模块功能,完成直播16场,听课人数近千人次,受益企业百余家。

五、健全完善知识产权保护制度

针对《专利法》《新疆维吾尔自治区专利促进与保护条例》执法检查反馈意见,联合有关部门持续深化"一法一条例"实施。落实自治区立法计划安排,组织完成《自治区专利促进与保护条例(征求意见稿)》调研论证工作,加快推进修订工作,不断完善知识产权保护政策制度体系。

六、全面推进知识产权行政保护工作

出台《2023年全区市场监管(知识产权)系统知识产权行政保护工作实施方案》,对全区知识产权行政保护工作作出安排部署。会同自治区司法厅印发《新疆维吾尔自治区2023年专利侵权纠纷行政裁决规范化建设试点工作实施方案》,联动推进试点工作,加大专利侵权纠纷行政裁决办案力度。加强商品交易市场知识产权保护和管理,开展自治区级知识产权保护规范化市场创建工作,12个地(州、市)申报培育对象15个,确定4家市场为培育对象。加强电商领域知识产权保护,印发《网络交易经营者一般规定责任清单(2023)》《网络交易平台经营者主体责任清单(2023)》等政策文件,健全完善电商平台领域知识产权保护制度体系。配合召开社区团购企业行政指导会,加大《商品交易市场知识产权保护规范》《电子商务平台知识产权保护管理》国家标准和《跨境电子商务知识产权保护指南》地方标准宣传贯彻力度。指导网络交易经营者签订电子商务平台保护知识产权和商户不经销侵犯知识产权产品承诺书。组织开展地理标志专项网络交易监测,加大核查处置力度。2023年,全区市场监管(知识产权)系统办理专利侵权纠纷行政案件1350件。

七、加大重大活动及重要节点工作力度

严格执行《展会知识产权保护工作指引》,在2023(中国)亚欧商品贸易博览会、中国进出口商品交易会、中国国际日用消费品博览会、中国新疆喀什·中亚南亚商品交易会期间,分阶段做好展会知识产权保护工作。围绕春节、"五一"、国庆节等重要节日,加强民生物资、农业农村领域、网络市场领域、食品、影响青少年儿童视力相关产品等商品的知识产权行政保护,组织开展专项执法检查。组织完成杭州亚运会和亚残运会知识产权保护专项行动,将日常监管与专项治理相结合,快速反应、及时处置,严厉打击侵犯涉亚运知识产权行为,形成"一地举办、全国联动"的亚运知识产权保护工作格局。

八、强化对代理机构的监管与指导

制定印发《关于加快推进全区知识产权服务业高质量发展的实施意见》,持续开展"蓝天"专项整治行动,进一步加大对无资质专利代理、商标恶意注册、伪造变造公文、以不正当手段招揽业务和创新主体非正常申请专利等行为的打击力度。结合"双随机、一公开"检查,对21家专利代理机构和65家商标代理机构开展检查,并依法依规做好失信行为惩戒工作,有效规范行业秩序。承办2023年知识产权代理行

业"蓝天"专项整治行动北部片区工作推进暨跨区域联合监管活动，18个省（区、市）知识产权局代表参加观摩现场执法检查全流程。开展"弘正气 提质量"知识产权代理行业宣誓签名活动，进一步加强行业自律。组织开展专利代理机构集中约谈会暨行政指导培训会、座谈会等，传达学习知识产权代理行业法规政策，宣传贯彻《商标代理监督管理规定》，持续规范提升代理质量和水平。2023年，对2起专利代理违规行为予以行政处罚，1起商标代理违法行为移送公安部门侦办，将4家代理机构列入经营异常名录，1家代理机构予以信用等级降级。圆满完成2023年度专利代理师资格考试乌鲁木齐考点工作任务，参考170人，通过34人，分别同比增加41%、70%。

九、持续规范非正常专利申请

2023年，针对国家知识产权局推送的非正常专利申请数据，核实整改非正常专利申请3833件。约谈区内涉及非正常专利申请的代理机构及申请单位，加大监管和指导力度。致函自治区教育厅、卫健委，联动加强专利申请规范化管理。严格审核涉及非正常专利申请的申请人提交的专利优先审查请求，对重复提交或恶意提交非正常专利申请的申请人的专利优先审查请求，采取"暂办缓办严办不办"的审慎推荐措施。

十、加强知识产权维权援助工作

持续推进知识产权维权援助工作体系建设，推动维权援助服务向地（州、市）、县（市、区）、高校院所、园区等延伸，批准成立5个分中心，实现14个地（州、市）知识产权维权援助分中心全覆盖。2023年，办理知识产权维权援助申请29件，提供咨询指导服务500余次，出具侵权判定意见1件。

供稿：新疆维吾尔自治区知识产权局

版权工作

一、加强版权全链条保护，守好版权领域意识形态阵地

1. 突出专项整治

开展打击网络侵权盗版"剑网2023"专项行动、"青少年版权保护季"行动、院线电影版权保护专项工作等，督促指导各地（州、市）版权部门落实属地版权执法监管责任，严厉打击网络重点领域侵权盗版行为，推动形成良好版权生态。专项行动开展期间，删除侵权盗版链接20条，办理"剑网2023"专项行动案件1件，有力打击了网络侵权行为，维护了健康有序的网络版权秩序。

2. 提升执法效能

充分发挥版权行政执法的特点和优势，加强与"扫黄打非"、网信、公安、通信、市场监管、法院、检察院等部门的执法协作，形成各部门间有机衔接、优势互补的运行机制，不断提高案件办理的数量和质量。2023年，新疆维吾尔自治区版权部门联合文化市场综合执法单位共检查实体文化市场经营单位55 205家次，出动执法人员82 612人次。依法查办侵权盗版出版物案件65件，刑事移送1件，较上年增长50%。

3. 拓展监管领域

加强对各地各单位软件正版化工作政策指导，进一步推动各地各部门落实软件正版化工作政策要求。2023年7—8月，联合自治区软件正版化工作领导小组成员单位及各地（州、市）版权局，全覆盖核查自治区党政机关、区属国有企业和事业单位101家，抽查14个地（州、市）部分党政机关，现场核查计算机11 193台，向各地各单位下发核查情况通报。联合教育、医疗、能源、交通、民营企业等行业主管部门推进重点行业使用正版软件。

二、发挥版权激励创新优势,推动版权产业高质量发展

1. 推动版权产业高质量发展

首次参加中国国际版权博览会,共展示了来自14个地(州、市)和自治区文旅厅、新疆人民出版社等5家单位的图书、音乐、摄影、美术及传统工艺等339件展品。组织参加第二十九届北京国际图书博览会,自治区12家出版社全面展示近年来新疆出版业的发展成果,集中展示一批思想精深、艺术精湛、制作精良的主题和精品出版物。参展期间收获颇丰,达成中外版权贸易协议(含意向)86项,举办品读签售活动1个,达成出版合作5项。自治区党委宣传部获北京国际图书博览会最佳组织奖。

2. 开展民间文艺版权保护与促进研究工作

深入开展民间文艺版权保护与促进试点工作,坚持因地制宜、全面保护、质量优先、统筹协调的原则,精心谋划、高位推进,促进全区民间文艺文化传承发展,切实助力文化传承和乡村文化振兴,进一步推动文化交往交流交融。喀什地区莎车县成功入选2023民间文艺版权保护与促进试点地区,此系新疆首次入选。

三、构建版权宣传新格局,提升全社会版权意识

1. 拓宽版权社会面宣传

开展"全国知识产权宣传周"版权宣传活动,共组织宣传活动1500余场次,发放宣传品20万余份,悬挂海报3500余份,播放宣传视频和标语20万余次,阅读量70万余人次,群众咨询10万余人次,社会公众的版权意识得到进一步提高。

2. 做好版权社会服务

开展作品自愿登记、合同备案登记工作,不断优化作品自愿登记网上办理工作流程,实现质的有效提升和量的合理增长。同时,严把作品登记政治方向、舆论导向、价值取向关,决不让问题作品披着合法登记的外衣流向市场。2023年,办理作品登记1000件,外国图书合同登记备案19种。

供稿:新疆维吾尔自治区版权局

司法工作

一、依法履行审判职能,公正高效审理各类案件

2023年,新疆法院新收各类知识产权案件1468件。其中新收知识产权民事案件1434件,同比上升75.09%;一审案件1259件,同比上升69.22%,二审案件139件,同比上升117.19%;审结1191件,同比上升47.40%,结案率83.05%,同比上升2.57个百分点。新收知识产权刑事案件34件,其中一审29件,二审5件,同比上升61.90%;审结24件,同比上升50%,结案率61.76%,一审结案率65.51%,二审结案率60%。无行政案件。

全区法院继续着力加强知识产权司法保护力度,不断提升知识产权审判工作质效,坚持精细化审判,优化诉讼程序,审判质效逐步向好。重视挖掘和打造具有典型指导意义的精品案件,持续提高司法救济及时性,着力为创新主体提供公平、透明、可预期的营商环境。

坚持严格保护理念,树立加大赔偿力度导向,有力保护权利人的合法利益,在某家具公司侵害美克美家商标权及不正当竞争纠纷案件中,依法适用法定赔偿,顶格判令侵权人赔偿1000万元。

树立能动司法理念,准确识别诉讼"维权"的批量案件,在某侵害外观设计专利权纠纷案件中,在权利人未提供证据证实侵权损失或侵权获利的情况下,酌定赔偿数额,依法降低众多被诉小商户侵权的赔偿支持额度,鼓励对制造商进行溯源治理。

坚持法治护航营商环境,在某互联网外卖服务平台不正当竞争纠纷案件中,明

确外卖平台强制"二选一"行为的不正当竞争属性,为互联网外卖平台的竞争划定"底线"。

创新商标的保护方式,设置约定赔偿条款,喀什中院在商标案件审理中,引导侵权者认识自身错误,主动出具不再侵权承诺书,权利人收到承诺书后主动降低索赔数额,或积极达成调解,取得了良好的社会效果。

强化知识产权刑事保护的威慑力,依法适用"从业禁止",塔城中院审理的一起假冒注册商标罪、销售假冒注册商标的商品罪案件,判决禁止被告人在缓刑考验期内从事酒类销售活动,发出自治区首份知识产权刑事判决禁止令。

二、强化组织保障,高位推动知识产权审判工作

新疆高院院长亲自抓、分管领导跟进抓、知识产权审判庭牵头抓,压实14个分中院及15个基层法院知识产权保护责任,持续将知识产权工作任务纳入重要议事日程。在全区法院工作会议上对加强知识产权司法保护工作进行总体安排部署,并将加强知识产权司法保护工作纳入《贯彻落实2023年全区法院工作会议精神的任务清单》。新疆高院院长亲自部署、参加全区法院知识产权审判视频调度会,传达自治区知识产权强区推进大会精神及《实施方案》和《工作要点》,分析知识产权审判工作面临的新形势新任务,明确下一阶段知识产权审判工作思路,全面推动工作落实。

三、立足主责主业,提升知识产权司法保护效能

1. 出台惩罚性赔偿办案指南

制定并下发《新疆维吾尔自治区高级人民法院关于知识产权民事侵权纠纷适用惩罚性赔偿的办案指引(试行)》,为全区法院知识产权惩罚性赔偿的适用提供参考。

2. 开展全区知识产权实务调查研究

通过实地查阅卷宗资料、发改案件分析,邀请最高人民法院民三庭庭长及业务骨干来疆指导,与人大代表、政协委员、行政机关、企业代表座谈等方式,围绕全区法院知识产权司法保护情况开展调研,起草《关于全区法院知识产权司法保护面临的问题与对策的调研报告》。

3. 强化知识产权刑事案件审判分析

全面梳理统计2018年以来全区法院审理的知识产权刑事案件审理情况,找出全区审理侵犯知识产权犯罪量刑方面存在的问题,研究提出对知识产权犯罪的量刑指南的修改建议,完成《知识产权犯罪定罪量刑情况分析研究》,进一步统一规范知识产权刑事案件量刑标准。

四、着力推动知识产权大保护工作格局

1. 健全行政和司法协同保护

4月25日,昌吉回族自治州中院与昌吉回族自治州市场监管局签订知识产权保护合作协议,加强双方业务交流,细化合作业务。

2. 适时提出司法建议

针对案件审理中发现的问题,向自治区广播电视局发出司法建议书,建议加强对引入平台节目内容著作权权属的审查,从源头上减少不必要的矛盾纠纷,助推IPTV规范健康发展。

3. 保护中心"一站式"服务优势明显

中国(克拉玛依)知识产权保护中心凝聚司法行政合力,整合资源优势,创新协同保护方式,有效加强跨部门办案协作,推动知识产权行政裁决、司法保护的有效衔接。

五、完善知识产权纠纷多元解纷机制

1. 加强矛盾纠纷源头预防和前端化解

3月,新疆高院伊犁哈萨克自治州分院与伊犁哈萨克自治州市场监管局签订《优化营商环境保护知识产权非诉联动机

制合作协议》,建立知识产权纠纷非诉多元化解和诉调对接机制。

2. 快速化解知识产权纠纷

落实知识产权纠纷调解协议司法确认工作,强化知识产权行政保护和司法保护的有机衔接。推行知识产权类型化案件快审机制,在昌吉中院等法院推行"要素化、标准化的审判流程"。

六、强化条线指导

做实对下指导,召开全区法院知识产权视频调度会,全面分析全区二审案件改判发回原因,形成《知识产权审判庭二审发回重审和改判案件情况分析通报》,梳理知识产权案件审理中存在的问题,统一规范案件判赔标准和裁判尺度。

探索建立提级管辖工作机制,指导昌吉回族自治州中院针对辖区内新类型案件进行提级审理,统一裁判标准,形成裁判规则,总结类案经验,加强对下业务指导和统筹协调,强化裁判指引,产生示范效应。

七、优化知识产权人才队伍建设

始终坚持以党建带队建促审判,全面加强队伍革命化、正规化、专业化、职业化建设,坚持政治素养、业务素质、职业道德素养建设相统一。

积极开展知识产权专业培训和专题研讨活动,将知识产权培训列入审判培训计划。3月19日,举办全区法院知识产权审判培训班,着力提升全区法院知识产权队伍履职尽责能力。

共建知识产权人才培育平台,昌吉中院与昌吉学院签订《知识产权研学审战略合作协议》,建立知识产权研、学、审方面的战略合作关系,就人才培养、理论交流研讨、法学专业生实务见习等机制协作内容达成了一致意见。

这一年,人才战略初显成效,乌鲁木齐知识产权法庭获评全国法院先进集体、新疆高院伊犁哈萨克自治州分院民三庭获评人民法院知识产权审判工作先进集体,3人获评人民法院知识产权审判工作先进个人、1人获评全国知识产权保护工作成绩突出个人。1篇案例入选2022年中国法院50件典型知识产权案例和最高人民法院涉民营企业、民营企业家人格权保护典型案例。

八、加强知识产权法治宣传

1. 着力传播知识产权法治理念

一年来,全区法院通过调研走访、专题座谈、庭审观摩、培训讲座等多种形式,深入创新主体,了解知识产权保护状况和需求,答疑解惑,推动创新主体提升知识产权维权能力,构建知识产权自我保护体系。

2. 以知识产权宣传周为契机,做好普法宣传工作

以"3·15国际消费者权益日""全国知识产权宣传周"等特殊节点为契机,做好知识产权保护的常规普法宣传工作。注重加强与公共媒体的全面合作,强化法院官网网站、微信公众号、抖音等自媒体平台建设,形成新媒体矩阵宣传合力。

供稿:新疆维吾尔自治区高级人民法院
知识产权审判庭

检察工作

一、从全局高度谋划知识产权检察工作

新疆维吾尔自治区检察院党组高度重视知识产权检察工作,站在以知识产权检察现代化服务新疆经济社会高质量发展的高度,切实推进政治与业务融合,在各项业务工作开展中全过程落实政治要求,确保新疆知识产权检察工作坚持正确政治方向。

统筹抓全局。全区检察长工作会议、第十六次全疆检察工作会议、分州市院检察长研讨班对知识产权检察工作专题部署。制定《新疆检察机关2023年知识产权检察工作要点》,细化知识产权检察11项

工作任务，列出时间表、任务书、路线图，分阶段按步骤，谋划推动知识产权检察工作。新疆三级检察机关在机构设置、队伍建设、经费支出等方面予以有力保障，确保知识产权检察工作有序开展。

全程抓指导。坚持以会代训，分案指导，流程监控，案件分析，对重点工作任务落深落实。先后召开新疆经济犯罪检察工作推进会、刑事检察工作会议，加大知识产权检察任务落实和办案指导力度，推进新疆知识产权检察工作规范发展。

二、高质效办理知识产权检察案件

严厉惩治侵犯知识产权犯罪。新疆检察机关严厉惩治侵犯知识产权犯罪，维护知识产权权利人合法权益。2023年，共受理审查逮捕涉及侵犯知识产权相关犯罪60件86人，受理审查起诉155件276人。

高质效办理侵犯知识产权犯罪案件。致力于"高质效办好每一个案件"的价值追求，不断提升检察机关知识产权办案能力和水平。2023年，全区检察机关起诉的知识产权案件，法院均作出有罪判决，起诉质量持续稳定向好。

深入推进知识产权检察综合履职。加强综合司法保护，注重整体办案效果，统筹知识产权刑事、民事、行政和公益诉讼检察职能的协调互补、联动发力。2023年办理的知识产权案件中，已综合履职26件，其中提起刑事附带民事诉讼2件，作出不起诉决定后反向移送行政处罚24件。受理民事检察监督案件4件，其中民事审判程序违法监督案件2件，民事执行违法监督案件2件，提出的4件检察建议均被采纳。办结行政非诉执行监督案件1件。受理知识产权领域公益诉讼线索6件，立案5件，其中行政公益诉讼4件，发出诉前检察建议4件，行政机关均采纳并整改，民事公益诉讼1件，法院判决支持。

三、加强知识产权检察人才队伍建设

全区检察机关强化知识产权检察人才队伍建设，提升知识产权检察办案能力。

推动建立专门知识产权检察机构或办案组织。新疆检察机关积极推动知识产权办案机构建设，整合知识产权刑事、民事、行政、公益诉讼检察职能，通过办案专业化，促进办案精准化。自治区党委编办批复同意在自治区检察院第四检察部加挂"知识产权检察办公室"牌子，并指导14个分州市检察院成立知识产权检察办公室或组建知识产权办案团队，基层检察院组建知识产权办案团队或指定专门知识产权办案检察官。

加强知识产权检察业务培训。组织开展知识产权检察培训，通过业务培训，提升办案人员业务能力和水平。组织全区刑事检察业务培训，70余人次参加知识产权检察业务专题培训，培训围绕"如何开展知识产权综合履职"主题，为新疆检察机关开展知识产权综合履职提供思路和方向。

注重党建与检察业务相互融合。克拉玛依市检察院与市市场监管局等九部门联合开展"弘扬法治精神·保护知识产权"主题党日活动，共同签订《党支部党建共建协议书》，以党建促业务，促进知识产权综合保护能力提升。自治区检察院建立经济犯罪（知识产权）检察人才库，21名检察干警入选该人才库。1人获评国家知识产权局、最高人民检察院等4部门评选表扬的全国知识产权保护成绩突出个人。

四、加强知识产权法治宣传

新疆三级检察机关落实"谁执法谁普法"的普法责任制，围绕"4·26世界知识产权日"开展知识产权保护宣传周活动，以人民群众喜闻乐见的方式深入社区、深入商铺、深入校园、深入企业、深入群众身边开展知识产权保护法治宣传活动，努力提升人民群众知识产权保护意识。阿勒泰市检察院利用多功能视频听证中心,连接23个乡镇街道社区,线上向群众宣传知识产权的法律相关知识,让群众了解知识产权就在身边。新和县检察院主动走访辖区3家知识产权重点保护企业,开展座谈交流,详细了解企业的知识产权保护现状、遇到的问题及司法需求,结合办案实际,向企业普及知识产权相关法律知识。

供稿:新疆维吾尔自治区人民检察院
知识产权检察办公室

新疆生产建设兵团

知识产权工作

一、知识产权强兵团建设

持续推进《关于贯彻落实〈知识产权强国建设纲要(2021—2035年)〉的工作措施》《兵团加强知识产权保护和运用的实施意见(2021—2025年)》《兵团关于加强知识产权保护工作方案》落实落地,制定《2023年兵团知识产权强国建设和"十四五"规划实施工作要点》。兵团党委办公厅、兵团办公厅印发《关于创新完善兵团市场监管体制机制的若干措施》,对知识产权强兵团战略重点任务进行安排部署。积极发挥西北五省和兵地知识产权协作机制、黄河流域"9+3"知识产权联盟作用,全面提升知识产权创造、运用、保护、管理和服务水平,持续推进知识产权强兵团战略。

二、知识产权创造

2023年,兵团专利授权量1942件,其中发明专利授权量386件,同比增长16.62%;实用新型专利授权量1443件;外观设计专利授权量113件;有效发明专利拥有量1512件,万人有效发明专利拥有量4.19件,每万人口高价值发明专利拥有量3.43件,2项专利获中国专利奖优秀奖。2023年全年已申请商标2601件,注册商标1338件,商标有效注册量13 437件,已注册地理标志商标13件。知识产权创造质量不断提升。开展非正常专利申请专项核查整改工作,严厉打击不以保护创新为目的的非正常专利申请,督促相关专利申请人和专利代理机构开展自查,撤回非正常专利申请408件,撤回率为76.17%,并将非正常专利申请纳入优先审查监控范围。面向国家战略性新兴产业和兵团支柱产业开展专利优先审查工作,2023年办理专利优先审查近60件。

三、知识产权运用

突出工作重点,健全知识产权转化运用机制。面向兵团农机、化工、农产品等支柱产业,开展高价值专利转化运用与产业化项目,投入40万元引导资金支持4个专利产业化项目顺利实施,推进专利成果产业化。推进《专利转化运用专项行动方案(2023—2025年)》,赴兵团高校和科研单位调研专利转化运用工作,梳理现有专利存量,对多个专利产业化运用项目进行点对点跟踪服务。积极推进创新潜力大和转化运用效果好的企业申报中国专利奖和国家知识产权优势示范企业,投入65万元支持企业开展贯标、优势和示范企业建设。截至2023年底,兵团有27家企业通过国家知识产权贯标认证,16家企业被确定为国家知识产权优势企业,3家企业被确定为国家知识产权示范企业,15项专利获中国专利优秀奖。

四、知识产权保护

紧盯强化保护,着力营造公平竞争的市场环境。立足兵团特殊体制优势,深化兵团市场农业文化综合行政执法改革,建立会商机制，不断厘清工作职责、规范业务流程、明确配合路径，提升知识产权行政执法水平。印发《兵团市场监管局2023年知识产权行政保护工作方案》，持续加大对重点领域、边远团场和关键环节侵犯知识产权行为的打击力度，兵师市场监管部门共查办知识产权侵权案件111起，案件办理量同比增长152.27%，案件总值85.75万元，罚没款合计77.81万元。开展杭州亚运会和亚残运会知识产权保护行动，出动执法人员1200余人次，检查文化用品店、服装鞋帽店等相关经营主体近1900家次。组织开展知识产权代理机构"蓝天"专项整治行动，督促相关知识产权代理机构对照问题清单进行整改，不断规范知识产权代理行为。持续推进《兵地知识产权保护协作协议》落实落地，联合自治区知识产权局等单位开展兵地知识产权联合执法行动，进一步加强兵地知识产权保护的合作与交流。

五、知识产权管理

丰富宣传贯彻方式，不断夯实知识产权工作基础。举办2023年兵团知识产权业务培训班，兵地知识产权部门知识产权从业人员约500人以线上线下相结合的方式参加培训；召开2023年兵团地理标志工作研讨会，兵团农业农村局、各师知识产权局等负责地理标志的业务骨干30余人参加研讨会。开展2023年兵团"全国知识产权宣传周"活动，组织知识产权大讲堂、知识产权基本知识有奖问答等7项重点活动，累计发放宣传资料15 160余份，悬挂横幅75条，张贴宣传海报及标语近400条，宣传覆盖人数过万人次。联合兵团教育局、自治区市场监管局和自治区教育厅开展2023年新疆发明创造优秀大学生评选活动，对18名同学予以通报表扬，石河子大学等3所高校获优秀组织奖。组织各师市积极申报知识产权强县试点县，投入10万元支持第六师五家渠市推进知识产权强县试点县建设，促进区域知识产权发展。推进知识产权教育试点示范工作，2所学校被确定为兵团知识产权教育示范学校，4所学校被确定为知识产权教育试点学校。组织辖区企事业单位参加各类展会，新疆希普生物科技股份有限公司等单位参加第十三届中国国际专利技术与产品交易会和中国品牌展销会等活动。

六、知识产权服务

打通服务堵点，织密知识产权公共服务网。指导石河子大学高校国家知识产权信息服务中心建立专利申请前评估工作机制；推动塔里木大学建设国家知识产权信息公共服务网点，塔里木大学入选2023年度国家知识产权信息公共服务网点。面向辖区的国家级和省级园区推进知识产权维权援助工作站和商标品牌指导站建设，截至2023年底，已建成知识产权维权援助工作站与商标品牌指导站17个，推进知识产权"一站式"服务工作。赴第一、二、三、五师等7个师市开展2023年兵团"知识产权服务万里行"活动，帮助企业解决知识产权难题50余项，建设专利专题数据库9个，开展知识产权专题培训14场次，累计培训500余人次。开展"千企百城"商标品牌价值提升行动，4家企业和2个商标品牌指导站入选"千企百城"商标品牌价值提升行动名单。

供稿：新疆生产建设兵团知识产权局

司法工作

2023年，兵团三级人民法院受理知识产权案件共150件，较上年同期增加77件，同比增加105.48%。其中民事一审案件123件，比上年同期增加58件，同比上升89.23%，审结118件，结案率95.93%；民事二审案件、再审审查案件共12件，审结9件，结案率75.00%。受理一审、二审刑事知识产权案件15件，一审、二审行政知识产权案件0件。

一、坚持政治建设，坚定政治立场

认真学习各类政治理论知识，辖区各级人民法院干警深刻领会习近平新时代中国特色社会主义思想，牢固树立"四个意识"，坚定"四个自信"，做到"两个维护"，提高政治思想水平和政治鉴别力，确保知识产权司法保护工作沿着正确方向前进，加强纪律作风建设，着力抓好党风廉政建设和反腐败工作，确保廉洁司法。

二、延伸审判职能，规范市场秩序

随着近年来兵团知识产权保护力度的持续加大，在考虑维权成本的基础上，兵团三级法院注重加强与行政执法部门的沟通协作，就知识产权保护问题进行磋商，加强与公安、检察机关在知识产权司法程序中的沟通协调，加强与市场监管、知识产权、海关、农业等行政主管部门在知识产权有关问题上的沟通交流，不断凝聚保护知识产权合力，为知名品牌的培育和成长创造良好的法治环境。

三、发挥主导作用，破解审判难题

兵团法院认真贯彻落实中央及兵团关于知识产权审判体制机制改革的各项具体措施，着力破解"举证难、赔偿低、周期长"等审判难题。充分发挥知识产权司法保护主导作用，实施严格知识产权保护。加大民事侵权判赔力度，着力解决"赔偿低"问题。依法适用惩罚性赔偿，对于恶意侵权、重复侵权者，用足用好法律惩处手段，支持权利人的惩罚性赔偿请求。合理分配举证责任，着力解决"举证难"问题。在权利人提供了证明侵权事实成立的初步证据且穷尽其举证能力仍无法取得证明侵权成立的全部证据时，法院将举证责任适时转移，合理降低权利人的维权难度。倡导"司法主导、严格保护、分类施策、比例协调"的知识产权司法政策，坚持"常规案件快速审、疑难案件精心审"，通过疑难、复杂案件的精细化审理，积极应对新领域、新类型法律问题，通过作出对社会关注度高、涉及面广、影响力大案件的裁判，回应社会关切，发挥司法的治理与引领功能。

四、强化综合保护手段，完善多元化纠纷解决机制

在坚持调解优先、化解矛盾的基础上，精准发力，定向施策，遵循补偿为主、惩罚为辅的侵权损害认定机制，紧密结合知识产权审判工作特点和规律，加强与知识产权行政部门、人民调解组织、仲裁机构、行业协会、专业调解组织等的协调配合，找准功能定位，着力优化延伸，发挥司法在矛盾纠纷多元化解机制中的引领、推动和保障作用，创新纠纷解决方式，动员和发挥社会各界力量，形成知识产权保护合力。邀请人大代表、政协委员等协助诉讼调解工作，邀请商会、行业协会和行政执法部门参与送达和协调工作，有效化解各类知识产权纠纷。综合运用行政保护手段和司法保护手段，形成知识产权保护的整体合力。加强与其他司法机关和知识产权行政执法机关之间的沟通联系，各司其职，相互配合，为知识产权提供全方位、立体性的保护。

五、加强业务学习，提升能力水平

负责知识产权审判的法官及助理积极参加最高人民法院组织的网上培训班，不断提升业务能力，以保质保量地办好知识产权案件。前往兄弟法院交流学习，建立良好沟通机制。针对正在办理的一些专利案件进行深入交流，取得了良好的效果。认真开展类案检索，避免法律理解和适用的不一致，充分利用法信、法答网、法院案例库等平台学习全国各地法院对具体案件的裁判思路和说理方法。

六、积极进行司法宣传，彰显司法保护的权威和公正

"全国知识产权宣传周"期间，利用微博、微信等自媒体创新对全国知识产权典型案例进行报道。在冬季农闲时节，开展"法律六进"活动，深入基层街道、社区和企业开展知识产权维权宣传，向职工群众进行释法宣讲，进一步提高辖区职工群众对假冒伪劣产品的辨识度，增强群众的法律法规意识；定期回访企业，深入了解企业品牌建设状况和维权需求，找准知识产权审判保障民生、服务地方经济发展的切入点，营造知识产权司法保护的浓厚氛围。

供稿：新疆维吾尔自治区高级人民法院生产建设兵团分院知识产权审判庭

检察工作

一、切实提升政治站位，筑牢知识产权检察工作思想根基

兵团检察机关深刻学习领会习近平总书记关于知识产权保护工作的重要指示论述精神，全面贯彻落实《中共中央关于加强新时代检察机关法律监督工作的意见》，认真落实《知识产权强国建设纲要（2021—2035年）》，提高政治站位，准确把握知识产权检察工作的战略定位和历史方位，依法惩治侵犯知识产权、制售假冒伪劣商品等刑事犯罪，持续推进知识产权综合履职，全面加强知识产权司法保护，有力服务保障兵团经济社会高质量发展。2023年，兵团检察机关共受理审查起诉侵犯知识产权犯罪案件7件15人，人数和件数较上年同比分别上升86%和87%。

二、加强部门协同联动，推进行政执法与刑事司法有效衔接

兵团检察院持续加强与兵团市场监督管理局等单位的工作联动，不断健全案件移交、线索通报、信息共享、联合执法等工作机制，共同牵头建成"打击侵权假冒行政执法与刑事司法衔接信息共享系统平台"，打击知识产权犯罪工作合力进一步增强。各师检察机关切实贯彻落实《最高人民检察院关于全面加强新时代知识产权检察工作的意见》，紧紧围绕深化知识产权保护，服务经济高质量发展要求，立足本地实际情况，认真履行法律监督职能，在"高质效办好每一个案件"的同时，加强与行政执法部门衔接配合，推进行刑衔接工作深入开展。第八师检察机关进一步加强"食药环"案件行政执法与刑事司法有效衔接，与师市场监督局、公安局等七家单位召开联席会议，研究讨论行政执法中发现的涉嫌刑事犯罪案件调查取证、案件线索移送和提前介入等相关问题，并达成共识，进一步明晰行刑衔接工作流程和内容。

三、不断强化业务学习，提升知识产权检察队伍办案能力

为适应新形势、新任务对知识产权检察工作提出的更高要求，兵团检察机关以强化队伍业务素能建设为重要抓手，建立培训学习长效机制，通过刑检微课堂集体学习、交流体会等多种方式，加强对最高人民检察院《人民检察院办理知识产权案件工作指引》、典型案例和相关法律法规的学习。坚持严格保护、协同保护、平等保护、公正合理保护原则，围绕多发高发类案、实践疑难问题以及新类型案件，深化对侵犯知识产权犯罪特点和规律的分析研究，坚持激励、保护创新，不断提升检察人员综合素能和知识产权综合保护质效。

四、深化普法宣传工作，提高人民群众保护知识产权意识

兵团各级检察机关贯彻落实"谁执法、谁普法"的普法责任制，对标"为民办实事"工作要求，持续开展各类知识产权普法宣传，努力营造尊重知识、崇尚创新、诚信守

法、公平竞争的知识产权文化氛围。第一师检察机关通过悬挂宣传标语、发放宣传资料以及开展法治宣讲等形式,在企业、社区、连队、市场、农资市场等地开展知识产权法治宣传10余次,引导群众和企业树立知识产权意识,并鼓励其积极举报违法线索。第八师检察机关主动适应新时代媒体传播形式,在"3·15国际消费者权益日""全国知识产权宣传周"等重要时间节点,通过微信公众号和新闻客户端等媒介开展知识产权普法宣传活动,有效扩大宣传广度和深度。

供稿:新疆生产建设兵团
人民检察院第三检察部

台湾地区

知识产权工作

一、专利事务

1. 统计数据

2023年,台湾地区知识产权主管部门共受理发明专利申请50 854件,请求实质审查44 206件,结案43 863件,待办案件量为52 326件。从结案状态来看,授权33 821件,驳回9284件,其他758件,分别占77.1%、21.2%和1.7%。2023年,发明专利审查共发出46 714件审查意见通知书,其中第一次审查意见通知书41 951件,第二次(含以上)审查意见通知书4763件,另发出最后通知书87件。初审案件平均首次通知周期与平均审结周期分别为8.9个月和14.4个月,维持稳定合理期间。

受理新型专利申请案14 466件,结案14 317件,平均审结周期2.8个月。完成新型技术报告787件,报告平均制作周期为6.1个月。

受理设计专利申请7287件,结案7165件。其中,授权6268件,驳回635件,其他262件,各占87.5%、8.9%和3.6%。2023年,设计专利申请平均首次通知周期为5.5个月,平均审结周期为6.6个月。

2. 修订相关规定

专利相关施行细则调整。为提升专利审查效能,分案说明书未完全援用原申请案内容时,应提出划线版本。修正台湾地区发明专利实体审查基准。增加审查原则及注意事项,并自2023年7月1日修正施行。修正重点包含:(1)第2篇第1章说明书、申请专利范围、摘要及图式:新增说明书中引述先前技术是否获得采认为引证原则。(2)第2篇第3章专利要件:若申请人于发明案于未审定前提出分案申请且同时援用原发明申请案一案两请声明的,应于原申请案或分案核准审定前,函请申请人确认仅能有一个发明案作为接续案。(3)第2篇第10章分案与改请:施行细则第28条第3项,新增形式要件说明,并配合第3章中权利接续修正内容,新增分案申请效果说明。(4)第5篇第1章专利权举发:针对举发声明包含引用记载形式的请求项,新增说明审查范围及一事不再理的适用情形。(5)第5篇第2章专利权期间延长举发:配合第2篇第11章专利权期间的延长规定,明确医药品或农药品专利权经核准延长期间的权利范围。

外观设计专利加速审查机制。为满足外观设计专利申请人加速专利布局及专利商品化时间的需求,2023年9月1日推出台湾地区外观设计专利加速审查。申请人只要符合"第三人商业实施""所请设计获得著名设计奖项""新创企业之设计专利申请案"任一事由,自文件齐备后2个月内即可收到审查结果通知。

二、商标事务

1. 统计数据

2023年，商标注册申请案受理以案件计共 91 535 件，办结 90 043 件，待办案件 55 544 件。商标注册申请案受理以类别计共 114 680 类，办结 115 314 类，待办案件 76 167 类。

2023年商标注册申请案的平均首次通知周期为 6.2 个月，平均案结周期为 7.5 个月。

2. 修订相关规定

修订台湾地区商标领域相关规定。主要包括：建立商标代理人登录及管理机制；导入加速审查机制；明确商标注册申请人资格；明确商标图样中部分具功能性权利范围；明确不受商标权效力拘束的指示性合理使用、善意先使用及权利耗尽等内涵。

声明不专用审查基准等。台湾地区"声明不专用审查基准"及"无须声明不专用例示事项"，于2023年5月31日修正发布，8月1日生效。修正重点包含：明确规定商标图样中不具识别性部分；厘清无须声明不专用情形；增修数字、标语、成语、流行用语等不具识别性事项是否声明不专用的判断原则，并辅以案例说明；公司名称、网域名称或说明性图示等商业上纯粹信息性事项，不属于商标的一部分等，以供审查实务及各界参考依据。

三、著作权事务

2023年，办理5项费率审议案，2项尚在审议中。持续优化相关信息系统功能，协助打击数字侵权案件。

四、两岸交流

11月8日，中华商标协会和台湾海峡两岸商务协调会在北京共同主办2023海峡两岸商标研讨会，围绕两岸商标行政实务、商标品牌领域热点等议题开展交流，并向海峡两岸商标研讨会交流活动中贡献卓著的企业颁发荣誉证书。12月14日，中华全国专利代理师协会与台湾工业总会于线上举办第十五届两岸专利论坛，围绕两岸技术创新与专利运用、应对全球化的专利布局策略等议题进行深入交流。

供稿：国家知识产权局港澳台办公室
（根据台湾地区知识产权主管部门提供的素材整理）

香港特别行政区

知识产权工作

香港特区知识产权署（简称知识产权署）辖下设有商标注册处、专利注册处、外观设计注册处和版权特许机构注册处。该署负责就知识产权的政策和法例提出专业意见，并向特区政府提供知识产权方面的民事法律意见。此外，该署负责增进公众对知识产权的认识和尊重，以及促进和推动香港特区发展为区域知识产权贸易中心。

一、保护知识产权

香港特区拥有健全的保护知识产权制度，不但法例周全、注册制度简便，而且执法严厉，并有广泛的公众教育，在有效保护知识产权方面，建立了良好声誉。

1. 注册

知识产权署经互联网提供电子注册和管理服务。该署设有电子注册记录册，可让公众免费查阅中英文资料。此外，电子提交系统让知识产权拥有人和代理人安全提交申请，并直接更改其注册及申请的某些资料。2023年，以电子方式提交商标、专利和外观设计注册申请的比例,分别为86%、98%和85%。

2. 商标

2023年,商标注册处接获29 835宗注册申请,较上年增加1.4%,并为25 332个商标注册。截至2023年底,注册商标总数494 355个。

特区政府继续推进实施《商标国际注册马德里协定有关议定书》下国际注册制度的筹备工作。

3. 专利

2023年,专利注册处收到17 614宗转录标准专利申请、170宗原授标准专利申请和624宗短期专利申请,并批出10 815项转录标准专利、51项原授标准专利和516项短期专利,较上年的数目分别下降6.5%、上升75.9%和下降3.6%。

4. 外观设计

2023年,外观设计注册处收到1684宗3560项外观设计注册申请,获准注册的外观设计有3390项,较2022年增加2.1%。

5. 版权

根据《版权条例》,原创的文学、戏剧、音乐及艺术作品、已发表版本的排印编排、声音纪录、影片、广播、有线传播节目,以及表演者的表演,不论其作者和表演者属何居籍,无须办理注册也可获得保护。

《2022年版权(修订)条例》于2023年5月生效,旨在加强在数码环境的版权保护。特区政府准备进行咨询,探讨完善上述条例对人工智能技术发展所提供的保障。

二、公众教育

知识产权署注重推广知识产权贸易和保护知识产权的重要性。2023年,来自12个商会近1700个零售商参加该署的正版正货承诺计划,涵盖近7400个销售点和网上商店。此外,该署亦通过学校讲座和互动剧场,接触了235所学校超过52 932名学生。

三、知识产权贸易

《中华人民共和国国民经济与社会发展第十四个五年规划和2035年远景目标纲要》支持香港特区发展成为区域知识产权贸易中心。知识产权署提供免费知识产权咨询服务、推行知识产权管理人员计划(升级版)、与相关方面举办研讨会和培训课程,并展示企业在大湾区经营知识产权贸易的成功个案。该署与律政司合作,推广以仲裁和调解方式解决知识产权争议。

四、与内地合作

知识产权署与内地相关部门合作,推广知识产权保护、管理和贸易。2023年2月发布的《关于协同打造前海深港知识产权创新高地的十六条措施》目的是推动港深两地知识产权发展,以及跨境知识产权创新、交流和合作,促进香港建设为区域知识产权贸易中心。

五、参与国际组织活动

知识产权署参与世贸组织辖下与贸易有关的知识产权理事会和亚太经合组织知识产权专家小组的活动,作为中国政府代表团成员参与世界知识产权组织相关活动。此外,该署亦根据中国香港与东盟的自贸协定,推动知识产权商品化。

供稿:国家知识产权局港澳台办公室
(根据香港特区政府知识产权署
提供的素材整理)

澳门特别行政区

知识产权工作

一、工业产权申请与授权

2023年,澳门特区经济及科技发展局(简称经科局)共受理13 360件商标注册申请,较上年上升7.46%。累计商标注册总申请量为233 364件。排名前三位的商标注册来源地分别为内地、澳门特区和香港特区。共收到发明专利申请39件,较上年增加25.81%;收到拟延伸至澳门特区生效的内地发明专利共有969件,批准917件。共收到实用专利申请27件,授权6件;收到设计及新型申请319件,较上年增加19.03%,授权241件。共收到营业场所名称及标志申请7件,批准登记4件。共受理23件药品及植物药剂产品保护补充证明书申请;受理5件嘉奖申请;受理3件原产地名称/地理标记申请。

二、扶持中小企业发展

为协助澳门企业做好在内地、香港特区与澳门特区的知识产权保护工作,推动澳门企业发展及拓展市场,经科局于2016年及2021年与澳门连锁加盟商会签署《关于支持澳门企业在内地注册商标的合作协议》及《关于支持澳门企业在内地、香港及澳门取得知识产权保护的合作协议》,支持其设立"大湾区知识产权咨询服务中心",为澳门中小企业和居民提供在内地、香港特区与澳门特区取得知识产权咨询及申请对接的免费服务。截至2023年底,该中心共接到2375件查询/预约,已协助企业和居民在内地、香港特区与澳门特区提交申请917件。

三、电子化建设

截至2023年底,经科局先后推出27项有关工业产权申请的电子服务。

2023年,通过"商标注册申请电子服务"提交的商标申请超过9000件,占总申请量的70.5%,较上年增长1.85%。

3月13日起推出"使用许可附注电子申请"服务,线上可完成填写资料、上载文件及缴费等提交申请的全流程。7月3日起新增"发出内容与工业产权注册证内容相似之证明书""发出提出申请之证明书""证明申请"电子申请服务。申请人可通过网站服务系统以电子方式提交上述证明书或证明申请,申请全程网上进行。9月25日,推出实用专利电子注册证和设计及新型电子注册证。

5月25日,更新使用澳门钱包MPay、工银e支付、UePay澳门钱包、支付宝(澳门)、微信支付及支付宝的工业产权申请支付渠道及限额。

四、宣传与培训活动

2023年澳门春节年宵市场举行期间,经科局与消费者委员会、澳门海关及市政署举行联合宣传活动,确保年宵市场依法与有序经营。经科局联合特区海关,继续开展"保护知识产权学校宣传计划",到各校进行巡回宣传及举办讲座,向学校师生讲解知识产权相关知识,以增强学校师生对知识产权的认识和守法意识。

3月15日,举办"专利检索与专利分析"培训,由国家知识产权局专家介绍专利检索与分析的概念和实务技巧,协助推动知识产权人才发展,加强澳门科研人员对专利检索与专利分析的认识,营造更创新和可持续发展的环境。

举办"世界知识产权日"系列宣传活动。4月14日,经科局联合相关部门为澳门妇女联合总会会员举办以"我们身边的知识产权"为题的讲座。4月18日,为澳门青年创业孵化中心会员的青年创业者举办知识产权法律讲座。4月22日,协办及参与在佑汉公园主办的"版权知多D嘉年华2023"宣传活动。

经科局联合澳门海关于2023年5月2日在澳门理工大学举办"知识产权保护"讲座。5月19日,经科局、澳门海关及消费者委员会联合举办普法讲座,向消委会属下的"加盟商号"及"诚信店"推广知识产权相关法律及消保法。

10月20日,由澳门贸易投资促进局及澳门连锁加盟商会合办"2023年连锁加盟经营专业知识讲座"。经科局联同其他十一个政府部门合办2023"普法新TEEN地"青少年法律推广月活动。

五、合作与交流

截至2023年底,经科局寄送国家知识产权局作实质审查的发明专利申请1255件,实用专利申请293件。受理7711件国家知识产权局发明专利要求延伸至澳门特区生效的申请,其中已获准在澳门生效的达7047件,占申请总量的91.39%。

经科局积极参与国家知识产权局于2023年7月1日正式推出的澳门特区申请人在内地的发明专利优先审查申请试点项目,符合相关条件的发明专利申请在内地的审查程序可获得加快。派员参加国家知识产权局专利局专利审查协作广东中心举办的专利审查员培训课程,提升了相关人员的法律思维能力和审查理论。

6月,经科局与国家知识产权局港澳台办公室、香港特区政府知识产权署联合举办"2023年内地与香港特区、澳门特区知识产权研讨会",为内地及港澳特区知识产权界人士提供了加强沟通和分享经验的平台,促进内地与港澳特区知识产权领域交流和合作。

积极参与泛珠三角区域合作与交流。出席"第十六届泛珠三角区域知识产权合作联席会议",就强化知识产权全链条保护、健全知识产权协同保护体系建设、推动人才对外交流和培养、优化知识产权服务体系、加强区域内知识产权保护信息资源共享等工作进行了探讨。

积极参与粤港澳大湾区合作与交流。与广东省知识产权局、广州市人民政府、香港特区政府知识产权署共同举办第五届粤港澳大湾区知识产权交易博览会暨国际地理标志产品交易博览会。与广东省知识产权局、香港特区政府知识产权署共同举办第三届粤港澳大湾区知识产权人才发展大会暨知识产权人才供需对接系列活动。派员出席"知识产权国际标准·园区行"系列活动(粤港澳大湾区站)及第一届粤港澳大湾区音乐作品著作权集体管理高峰论坛。与广东省知识产权局、广州市人民政府、香港特别行政区政府知识产权署共同主办"2023年粤港澳大湾区高价值专利培育布局大赛",澳门特区共有5个项目参赛,其中1项生物医药与健康项目获评大赛初创组50强项目。派员出席"粤港澳大湾区知识产权法律联盟2023年年会暨第五届知识产权澳门论坛"等活动。

开展粤澳知识产权交流。2023年9月19日,与广东省知识产权局在澳门举行的粤澳合作联席会议上签署《粤澳知识产权合作协议(2023—2025年)》,在知识产权的运用和保护、交流协作、资源共享、宣传教育等环节上进一步开展合作。与广东省知识产权保护中心和佛山市知识产权保护中心就专利预审、商标审查、教育培训等方面进行交流。派员出席在横琴·澳门青年创业谷及横琴国际知识产权交易中心举行的知识产权保护商标专题讲座。与广州市知识产权局就知识产权制度保护和加强合作等事宜进行深入交流。

派员出席第二届创新与知识产权保

护会议。派员参加横琴深度合作区粤澳知识产权运营人才精英班第一期培训班。出席"第五届广东省大学生版权知识演讲大赛"和"2023年知识产权强国建设五十人横琴论坛"等活动。协助澳门考生参加专利代理师资格考试,澳门特区共有3人报名参加,其中1人成功获得专利代理师资格。

在港澳知识产权合作与交流方面,派员参加"第十三届亚洲知识产权营商论坛"。持续建设知识产权信息平台,与香港特区政府知识产权署不定期就信息更新工作交换意见,不断完善资料库内容,适时作出更新,确保相关信息交流渠道的畅通。

供稿:国家知识产权局港澳台办公室
(根据澳门特区政府经济及科技发展局提供的素材整理)

大事记

国家知识产权局

1. 全国知识产权局局长会议召开。 1月6日,全国知识产权局局长会议在北京召开。会议以习近平新时代中国特色社会主义思想为指导,全面贯彻党的二十大精神,落实中央经济工作会议精神和党中央、国务院决策部署,系统总结2022年知识产权主要工作和新时代十年发展成就,部署2023年重点任务。

2. 全新专利业务办理系统上线。 1月11日,国家知识产权局推出全新专利业务办理系统,为专利申请、PCT国际专利申请、外观设计国际申请等业务提供高效便捷的"一站式"办理平台。

3. 中共国家知识产权局党组扩大会议召开。 1月12日,中共国家知识产权局党组扩大会议在北京召开。会议以习近平新时代中国特色社会主义思想为指导,全面贯彻党的二十大精神,落实中央经济工作会议精神和党中央、国务院决策部署,深入实施知识产权强国建设纲要和"十四五"规划,按照全国知识产权局局长会议要求,总结2022年知识产权工作,系统回顾新时代十年发展成就,深入分析面临的形势任务,部署2023年重点工作。

4. 中央推进新一轮知识产权机构改革,知识产权管理体制实现重大优化调整。 2月,党的二十届二中全会就完善知识产权管理体制作出重要部署,将国家知识产权局调整为国务院直属机构。地方知识产权局在本轮机构改革中,也都不同程度得到优化调整,知识产权系统得到整体加强。

5.《中华人民共和国国家知识产权局与伊朗伊斯兰共和国契约与产权登记署知识产权中心谅解备忘录》签署。 2月14日,在中国国家主席习近平和伊朗总统莱希的共同见证下,升级版的《中华人民共和国国家知识产权局与伊朗伊斯兰共和国契约与产权登记署知识产权中心谅解备忘录》在北京人民大会堂签署。

6.《知识产权维权援助工作指引》印发。 2月16日,国家知识产权局印发《知识产权维权援助工作指引》。

7. 国家知识产权局、新疆维吾尔自治区共建丝绸之路经济带知识产权强区推进大会召开。 2月17日,国家知识产权局、新疆维吾尔自治区共建丝绸之路经济带知识产权强区推进大会在乌鲁木齐召开。

8.《关于强化知识产权协同保护的意见》印发。 2月20日,最高人民法院、国家知识产权局联合印发《关于强化知识产权协同保护的意见》。

9.《2023年全国知识产权行政保护工作方案》印发。 3月1日,国家知识产权局印发《2023年全国知识产权行政保护工作方案》。

10. 国家知识产权局调整为国务院直属机构。 3月16日,《党和国家机构改革方案》

公布，将国家知识产权局调整为国务院直属机构。

11.《推动知识产权高质量发展年度工作指引（2023）》印发。 3月23日，国家知识产权局印发《推动知识产权高质量发展年度工作指引（2023）》。

12.《专利代理信用评价管理办法（试行）》印发。 3月31日，国家知识产权局印发《专利代理信用评价管理办法（试行）》。

13. 第33次中法知识产权混委会会议举行。 4月6日，第33次中法知识产权混委会会议在北京举行。

14.《系统治理商标恶意注册促进高质量发展工作方案（2023—2025年）》印发。 4月20日，国家知识产权局印发《系统治理商标恶意注册促进高质量发展工作方案（2023—2025年）》。

15. 知识产权领域首家博士后科研工作站成功设立。 4月23日，全国博士后管理委员会办公室批准中国知识产权研究会备案设立博士后科研工作站，实现我国知识产权领域博士后科研工作站零的突破。

16. 2022年中国知识产权发展状况新闻发布会举行。 4月24日，国务院新闻办公室举行新闻发布会，介绍2022年中国知识产权发展状况。

17.《国家知识产权局关于确定第一批国家知识产权保护示范区建设城市（地区）的通知》印发。 4月24日，国家知识产权局印发《国家知识产权局关于确定第一批国家知识产权保护示范区建设城市（地区）的通知》。

18. 国家知识产权局开放日活动举办。 4月25日，国家知识产权局举办开放日活动。

19. 国家主席习近平向中国与世界知识产权组织合作五十周年纪念暨宣传周主场活动致贺信。 4月26日，中国与世界知识产权组织合作五十周年纪念暨宣传周主场活动在北京举行。国家主席习近平专门致贺信，丁薛祥副总理出席活动，宣读习近平主席贺信并致辞，世界知识产权组织总干事邓鸿森出席活动并致辞。

20. 李强总理会见世界知识产权组织总干事邓鸿森。 4月27日，李强总理会见世界知识产权组织总干事邓鸿森。

21. 全国知识产权系统人才工作会议召开。 5月5日，全国知识产权系统人才工作会议在北京召开，部署全国知识产权人才工作。

22. 申长雨局长与俄罗斯联邦知识产权局局长举行局长会议。 5月24日，中国国家知识产权局局长申长雨与俄罗斯联邦知识产权局局长尤里·祖博夫在北京举行局长会议。

23. 国家知识产权局首次在地方举办新闻发布会。 5月30日，国家知识产权局在上海举办新闻发布会。这是国家知识产权局首次在地方举办新闻发布会。本次新闻发布会介绍了知识产权助力长三角一体化高质量发展的有关情况。

24. 中法专利审查高速路（PPH）试点项目启动。 6月1日，中法专利审查高速路（PPH）试点项目正式启动。

25. 申长雨局长会见欧盟驻华大使庹尧诲一行。 6月6日，中国国家知识产权局局长申长雨在北京会见欧盟驻华大使庹尧诲一行。

26. 第十六次中美欧日韩知识产权五局合作局长系列会议召开。 6月12—15日，第十六次中美欧日韩知识产权五局合作局长系列会议在美国召开，中国国家知识产权局局长申长雨率团出席。

27. 2023年专利代理师资格考试举行。 7月1—2日，2023年专利代理师资格考试在全国34个考点城市同时举行。

28. 世界知识产权组织（WIPO）成员国大会第 64 届系列会议开幕。 7 月 6 日，世界知识产权组织（WIPO）成员国大会第 64 届系列会议在瑞士日内瓦开幕，中国国家知识产权局局长申长雨率中国政府代表团出席会议，并作一般性发言。

29. 中国与世界知识产权组织合作五十周年系列活动——世界知识产权组织主场活动举办。 7 月 6 日，中国与世界知识产权组织合作五十周年系列活动——世界知识产权组织主场活动在日内瓦举办。

30. 金砖国家知识产权局局长非正式会晤举行。 7 月 7 日，金砖国家知识产权局局长在瑞士日内瓦举行非正式会晤。

31. 第 34 次中法知识产权混委会会议召开。 7 月 10—13 日，中国国家知识产权局局长申长雨应邀率团访问欧盟和法国有关机构，与欧盟委员会农业与农村发展总司、法国农业和粮食主权部等机构举行工作会谈，并与法国工业产权局召开第 34 次中法知识产权混委会会议。

32.《2023 年知识产权强国建设纲要和"十四五"规划实施推进计划》印发。 7 月 21 日，《2023 年知识产权强国建设纲要和"十四五"规划实施推进计划》印发。在完善知识产权制度、强化知识产权保护、完善知识产权市场运行机制、提高知识产权公共服务水平、营造良好的知识产权人文社会环境、深度参与全球知识产权治理、加强组织保障等 7 方面部署了 139 项重点任务和工作措施。

33. 通报表扬 2022 年度全国知识产权保护工作成绩突出集体和个人。 7 月 21 日，最高人民法院、最高人民检察院、公安部、国家知识产权局联合对 2022 年度全国知识产权保护工作成绩突出的 100 个集体和 200 名个人予以通报表扬。

34. 中国—中亚知识产权合作论坛举办。 7 月 24 日，以"知识产权促进区域共同发展"为主题的中国—中亚知识产权合作论坛在新疆乌鲁木齐成功举办。

35. 首届中国—中亚知识产权局局长会议举行。 7 月 24 日，首届中国—中亚知识产权局局长会议在乌鲁木齐举行，会议通过了《第一届中国—中亚知识产权局局长会议联合声明》。

36. 中亚知识产权高级研讨班举行。 7 月 25 日，中亚知识产权高级研讨班在乌鲁木齐开班。

37.《知识产权公共服务普惠工程实施方案（2023—2025 年）》发布。 7 月 31 日，国家知识产权局发布《知识产权公共服务普惠工程实施方案（2023—2025 年）》。

38. 会同多部门联合督导考察亚运会知识产权保护工作。 8 月 23 日，国家知识产权局会同中央网信办、公安部、市场监管总局等部门联合督导考察亚运会知识产权保护工作，颁发杭州亚运会首张特殊标志许可合同备案通知书。

39. 全国知识产权局局长高级研修班举行。 8 月 29 日，全国知识产权局局长高级研修班在北京举行。

40.《专利评估指引》发布实施。 9 月 1 日，推荐性国家标准《专利评估指引》正式发布实施。

41. 国家知识产权局、河南省人民政府共建高质量现代化知识产权强省推进大会举行。 9 月 2 日，国家知识产权局、河南省人民政府共建高质量现代化知识产权强省推进大会在郑州举行。

42. 中国（无锡）国际设计博览会开幕。 9 月 9 日，第十八届中国（无锡）国际设计博览会开幕，第二十四届中国专利奖外观设计金奖在开幕式上颁发。

**43.《中国与共建"一带一路"国家十周年专

利统计报告（2013—2022年）》发布。9月15日，国家知识产权局发布《中国与共建"一带一路"国家十周年专利统计报告（2013—2022年）》。

44. 中国—东盟知识产权合作论坛举办。 9月16日，以"知识产权与可持续发展目标：区域合作助力创新和经济增长"为主题的中国—东盟知识产权合作论坛在南宁举办。同日，第十四届中国—东盟知识产权局局长会议在广西南宁举行。

45. 第十二届中国知识产权年会开幕。 9月19日，第十二届中国知识产权年会在济南开幕。

46. 地理标志国际交流会举行。 9月19日，由国家知识产权局与世界知识产权组织联合举办的地理标志国际交流会在济南举行。

47. 申长雨局长与非洲知识产权组织总干事、埃塞俄比亚知识产权局局长分别举行会谈。 9月19日，中国国家知识产权局局长申长雨与来华出席第十二届中国知识产权年会的非洲知识产权组织总干事德尼斯·卢克·博乌苏、埃塞俄比亚知识产权局局长乌尔都·耶莫索·巴拉基分别举行会谈。

48. 2023年全国知识产权保护检查考核工作会议召开。 9月20日，2023年全国知识产权保护检查考核工作会议在北京召开。

49. 国家知识产权局、陕西省人民政府共建西部示范知识产权强省推进大会举行。 9月27日，国家知识产权局、陕西省人民政府共建西部示范知识产权强省推进大会在西安举行。

50. 知识产权强国建设第二批典型案例公布。 10月7日，知识产权强国建设第二批典型案例公布。典型案例集中展示了有关地区在推进知识产权强国建设中形成的经验做法和创新举措，涵盖专利、商标、版权、地理标志、植物新品种、商业秘密等各类知识产权，涉及知识产权创造、运用、保护、管理、服务全链条。

51. 国务院常务会议审议通过《专利转化运用专项行动方案（2023—2025年）》。 10月10日，国务院总理李强主持召开国务院常务会议，审议通过《专利转化运用专项行动方案（2023—2025年）》。

52. 第十三届中国国际专利技术与产品交易会开幕。 10月14日，第十三届中国国际专利技术与产品交易会在大连开幕，第二十四届中国专利奖在开幕式上颁发。

53. 第十五次金砖国家知识产权局局长会议举行。 10月17日，第十五次金砖国家知识产权局局长会议以视频形式举行。

54. 国务院办公厅印发《专利转化运用专项行动方案（2023—2025年）》。 10月17日，国务院办公厅印发《专利转化运用专项行动方案（2023—2025年）》（简称《方案》），对我国大力推动专利产业化、加快创新成果向现实生产力转化作出专项部署。《方案》提出，到2025年，推动一批高价值专利实现产业化。高校和科研机构专利产业化率明显提高，全国涉及专利的技术合同成交额达到8000亿元。一批主攻硬科技、掌握好专利的企业成长壮大，重点产业领域知识产权竞争优势加速形成，备案认定的专利密集型产品产值超万亿元。

55. 商标局机构编制调整和检索咨询中心机构改革有序推进。 10月20日，中央编办批复同意将国家知识产权局专利检索咨询中心更名为国家知识产权局知识产权检索咨询中心。国家知识产权局知识产权检索咨询中心主要承担商标、专利等知识产权文献检索、评价及咨询服务，承担辅助审查审理等工作。

56. 专利转化运用专项行动动员部署会召开。 10月25日，专利转化运用专项行动员部署会在北京召开。会议对扎实推进专利转化运用专项行动进行动员部署,强调要把握好"推动一批专利实现产业化"这条工作主线,从提升专利质量和加强政策激励两方面发力,促进专利转化运用。全国各地区、各有关部门要优化政策、分类施策,最大限度促进创新成果向现实生产力转化,在提升专利质量的前提下,着力解决"不愿转""不会转""不敢转"问题。

57.《专利转化运用专项行动方案(2023—2025年)》国务院政策例行吹风会举办。 10月26日,国务院新闻办公室在北京举行国务院政策例行吹风会,介绍《专利转化运用专项行动方案(2023—2025年)》有关情况并就相关问题答记者问。

58. 李强总理主持国务院第四次专题学习。 10月31日,国务院以"深入实施知识产权强国战略,有效支撑创新驱动发展"为主题,进行第四次专题学习。国务院总理李强主持专题学习。

59. 国务院政策例行吹风会举办。 11月8日,国务院新闻办公室举行国务院政策例行吹风会,介绍加快推进知识产权强国建设、有效支撑创新驱动发展有关情况。

60. 专利转化运用专项行动推进机制第一次全体会议召开。 11月9日,专利转化运用专项行动推进机制第一次全体会议在北京召开,会议审议通过了专利转化运用专项行动推进机制工作规则、任务分工及落实举措。专项行动推进机制由国家知识产权局牵头,国家发展和改革委员会、教育部、科学技术部等22个成员单位组成,办公室设在国家知识产权局。

61. 国家知识产权局、浙江省共建知识产权强省推进大会暨全省知识产权保护大会举行。 11月21日,国家知识产权局、浙江省共建知识产权强省推进大会暨全省知识产权保护大会在杭州举行。

62. 第29次中韩知识产权局局长会、第30次中日知识产权局局长会和第23次中日韩知识产权局局长会举行。 11月30日,第29次中韩知识产权局局长会、第30次中日知识产权局局长会和第23次中日韩知识产权局局长会在韩国釜山举行。

63. 第十七次中欧两局局长会议举行。 12月4日,第十七次中欧两局局长会议以线上线下相结合的方式举行。中国国家知识产权局局长申长雨和欧洲专利局局长坎普诺斯共同出席会议。

64. 国家知识产权局、上海市人民政府共建高水平改革开放知识产权强市推进大会举行。 12月9日,国家知识产权局、上海市人民政府共建高水平改革开放知识产权强市推进大会在上海举行。

65. 第二十届上海知识产权国际论坛开幕。 12月10日,以"加强知识产权法治保障,支持数字经济创新发展"为主题的第二十届上海知识产权国际论坛在上海开幕。

66.《国务院关于修改〈中华人民共和国专利法实施细则〉的决定》发布。 12月11日,李强总理签署国务院令,批准发布《国务院关于修改〈中华人民共和国专利法实施细则〉的决定》。

67. 国家知识产权局、广东省人民政府共建国际一流湾区知识产权强省推进大会举行。 12月18日,国家知识产权局、广东省人民政府共建国际一流湾区知识产权强省推进大会在广州举行。

68.《关于开展商标代理信用评价管理试点工作的通知》印发。 12月18日,国家知识产权局印发《关于开展商标代理信用评价管理试点工作的通知》。

69. 国家知识产权强国建设工作部际联席会议制度调整设立。 12月20日,经党中央、国务院批准,国家知识产权局印发通知,调整设立国家知识产权强国建设工作部际联席会议制度。

70.《规范申请专利行为的规定》和修订后的《专利审查指南》公布。12月21日,国家知识产权局公布《规范申请专利行为的规定》和修订后的《专利审查指南》。

71. 国务院办公厅印发《知识产权领域中央与地方财政事权和支出责任划分改革方案》。12月26日,国务院办公厅印发《知识产权领域中央与地方财政事权和支出责任划分改革方案》。

72.《中华人民共和国专利法实施细则》国务院政策例行吹风会举办。12月26日,国务院新闻办公室举行《中华人民共和国专利法实施细则》国务院政策例行吹风会。

73. 首批参加"千企百城"商标品牌价值提升行动名单公布。12月28日,国家知识产权局印发通知,公布首批参加"千企百城"商标品牌价值提升行动名单。

74.《集体商标、证明商标注册和管理规定》《地理标志产品保护办法》公布。12月29日,国家知识产权局分别公布《集体商标、证明商标注册和管理规定》《地理标志产品保护办法》。

供稿:国家知识产权局办公室

国家版权局

1. 2023年全国出版(版权)工作会议召开。1月5日,中央宣传部(国家新闻出版署、国家版权局)在北京召开2023年全国出版(版权)工作会议。

2. 中央宣传部版权管理局等四部门联合部署开展院线电影版权保护专项工作。1月19日,中央宣传部版权管理局、中央宣传部电影局、公安部食品药品犯罪侦查局、文化和旅游部文化市场综合执法监督局等四部门联合部署开展院线电影版权保护专项工作。

3. 中英版权政府间工作会谈视频会议在北京召开。2月8日,中英版权政府间工作会谈视频会议在北京召开。

4. 第七届中国网络版权保护与发展大会召开。2月27日,第七届中国网络版权保护与发展大会在成都召开。

5.《关于2022年全国著作权登记情况的通报》发布。3月10日,国家版权局发布《关于2022年全国著作权登记情况的通报》。

6. 首届云南昆明(国际)版权博览会举办。3月24—26日,首届云南昆明(国际)版权博览会在云南省昆明市举办。

7.《军用计算机软件著作权登记工作暂行办法》发布。3月29日,国家版权局、中央军委装备发展部联合发布《军用计算机软件著作权登记工作暂行办法》。

8. 南通市被授予"全国版权示范城市"称号。4月13日,国家版权局批复授予南通市"全国版权示范城市"称号。

9. 推进使用正版软件工作部际联席会议第十二次全体会议召开。4月19日,推进使用正版软件工作部际联席会议第十二次全体会议在北京召开。

10. 阅读权益保障论坛举办。4月23日,阅读权益保障论坛在杭州举办。

11. 潍坊市被授予"全国版权示范城市"称号。4月24日,国家版权局批复授予潍坊市"全国版权示范城市"称号。

12. 国家版权局与世界知识产权组织更新签署双边合作谅解备忘录。4月25日,国家版权局与世界知识产权组织在北京更新签署双边合作谅解备忘录。

13.《中国打击侵权假冒工作年度报告（2022）》新闻发布会举行。 4月26日，国务院新闻办公室在北京举行《中国打击侵权假冒工作年度报告（2022）》新闻发布会。

14. 2022年中国版权金奖获奖名单公布。 4月27日，国家版权局公布2022年中国版权金奖获奖名单。

15. 国家版权局发布2023年公益宣传片。 4月27日，国家版权局发布2023年公益宣传片。

16. 授予佛山市"全国版权示范城市"称号。 5月25日，国家版权局批复授予佛山市"全国版权示范城市"称号。

17. 长沙市被授予"全国版权示范城市"称号。 6月2日，国家版权局批复授予长沙市"全国版权示范城市"称号。

18. 第十九届中国（深圳）国际文化产业博览交易会举办。 6月7—11日，国家版权局参与主办第十九届中国（深圳）国际文化产业博览交易会。

19. "版权赋能城市高质量发展"主题展举办。 6月7—11日，"版权赋能城市高质量发展"主题展在第十九届中国（深圳）国际文化产业博览交易会期间举办。

20. 2023文化强国建设高峰论坛"共建互联网版权新生态"分论坛举办。 6月8日，2023文化强国建设高峰论坛"共建互联网版权新生态"分论坛在第十九届中国（深圳）国际文化产业博览交易会期间举办。

21. 2022年度全国版权示范名单公布。 6月13日，国家版权局批复2022年度全国版权示范名单，授予全国版权示范单位53家、全国版权示范单位（软件正版化）25家、全国版权示范园区18家。

22. 2023年全国版权示范创建评选工作启动。 6月13日，国家版权局启动2023年全国版权示范创建评选工作。

23. 第二届"版权产业创新及知识产权保护东湖论坛"举办。 6月16日，第二届"版权产业创新及知识产权保护东湖论坛"在武汉举办。

24. 全国文化市场综合执法重大案件办理暨版权执法监管培训班举办。 6月27日，全国文化市场综合执法重大案件办理暨版权执法监管培训班在温州举办。

25. 六部门联合部署开展"青少年版权保护季"行动。 7月4日，中央宣传部版权管理局、中央宣传部印刷发行局、中央宣传部反非法反违禁局、公安部食品药品犯罪侦查局、教育部教材局、文化和旅游部文化市场综合执法监督局等六部门联合部署开展"青少年版权保护季"行动。

26. 中国被授权实体加入无障碍图书联合会全球图书服务仪式举行。 7月6日，中国被授权实体加入无障碍图书联合会全球图书服务仪式在世界知识产权组织瑞士日内瓦总部举行。

27. 全国软件正版化工作培训班举办。 7月25—28日，推进使用正版软件工作部际联席会议办公室在银川举办全国软件正版化工作培训班。

28. 首届中俄区域民间文艺版权交流与发展主题论坛举办。 7月26日，首届中俄区域民间文艺版权交流与发展主题论坛在佳木斯举办。

29. 推进使用正版软件工作部际联席会议进行软件使用情况年度核查。 7—10月，推进使用正版软件工作部际联席会议对10家中央单位、10家中央企业、15家金融机构、5家民营企业和10个省（区、市）的软件使用情况进行年度核查。

30. 民间文艺版权保护与促进试点工作交流活动举办。 8月25日，民间文艺版权保护与促进试点工作交流活动在呼伦贝尔举办。

31. "清朗·杭州亚运会和亚残运会网络环境整治"专项行动开展。8月28日至10月29日,中央宣传部版权管理局会同中央网信办秘书局、杭州第19届亚运会组委会办公室等部门联合开展"清朗·杭州亚运会和亚残运会网络环境整治"专项行动。

32. 四部门联合启动打击网络侵权盗版"剑网2023"专项行动。8月29日,国家版权局会同工业和信息化部、公安部、国家互联网信息办公室四部门联合启动打击网络侵权盗版"剑网2023"专项行动。

33. "新动能 新趋势 新共识——剧本娱乐行业版权保护与发展大会"举办。9月5日,"新动能 新趋势 新共识——剧本娱乐行业版权保护与发展大会"在贵阳举办。

34. 温州市被授予"全国版权示范城市"称号。9月19日,国家版权局批复授予温州市"全国版权示范城市"。

35. 五部门联合挂牌督办北京"2·23"涉嫌侵犯软件著作权案等51起案件。9月21日,中央宣传部版权管理局、全国"扫黄打非"办公室、公安部食品药品犯罪侦查局、文化和旅游部文化市场综合执法监督局、最高人民检察院知识产权检察办公室五部门对北京"2·23"涉嫌侵犯软件著作权案等51起案件进行联合挂牌督办。

36. 六部门联合挂牌督办天津"2·1"涉嫌侵犯在线教育课程著作权案等28起案件。9月21日,中央宣传部版权管理局、中央宣传部印刷发行局、中央宣传部反非法反违禁局、公安部食品药品犯罪侦查局、文化和旅游部文化市场综合执法监督局、最高人民检察院知识产权检察办公室六部门对天津"2·1"涉嫌侵犯在线教育课程著作权案等28起涉青少年版权保护案件进行联合挂牌督办。

37. 第九届尼山世界文明论坛平行论坛"版权赋能:中华优秀传统文化创造性转化、创新性发展"举办。9月27日,第九届尼山世界文明论坛平行论坛"版权赋能:中华优秀传统文化创造性转化、创新性发展"在曲阜举办。

38. 2023年版权产业海外风险防控培训班举办。10月16日,2023年版权产业海外风险防控培训班在上海举办。

39. "青少年版权保护季"专项行动第一批典型案例发布。10月23日,"青少年版权保护季"专项行动发布第一批典型案例。

40. 中国版权保护中心海南分中心成立。10月23日,中国版权保护中心海南分中心在三亚成立。

41. 2023年版权保护专项行动推进会召开。10月30日,2023年版权保护专项行动推进会在广州召开。

42. 2023年民间文艺版权保护与促进试点地区名单公布。11月9日,中央宣传部办公厅公布2023年民间文艺版权保护与促进试点地区名单。

43. 中国音乐著作权协会成立30周年暨著作权集体管理制度实施30周年纪念大会举行。11月19日,中国音乐著作权协会成立30周年暨著作权集体管理制度实施30周年纪念大会在北京举行。

44. 第九届中国国际版权博览会暨2023国际版权论坛举办。11月23—25日,国家版权局在成都举办第九届中国国际版权博览会暨2023国际版权论坛。

45. 2023年民间文艺版权保护与促进试点工作启动仪式举行。11月23日,国家版权局在第九届中国国际版权博览会暨2023国际版权论坛开幕式上举行2023年民间文艺版权保护与促进试点工作启动仪式。

46. 中日著作权政府间工作会谈召开。11月24日,中日著作权政府间工作会谈在成都召开。

47. 2022 年度全国打击侵权盗版十大案件公布。 12 月 6 日，中央宣传部版权管理局、全国"扫黄打非"办公室公布 2022 年度全国打击侵权盗版十大案件。

48. 中国国家版权局与越南文化体育旅游部签订关于版权及相关权领域合作的谅解备忘录。 12 月 12 日，中国国家版权局与越南文化体育旅游部签订关于版权及相关权领域合作的谅解备忘录。

49. 中欧数字环境下版权保护研讨会举办。 12 月 13—14 日，中国国家版权局与欧盟知识产权局在哈尔滨联合举办中欧数字环境下版权保护研讨会。

50. 全国版权社会服务工作培训班举办。 12 月 19—21 日，全国版权社会服务工作培训班在重庆市举办。

51.《2022 年度中国网络版权保护报告》发布。 12 月 22 日，国家版权局网络版权保护研究基地发布《2022 年度中国网络版权保护报告》。

52. 五部门联合挂牌督办北京朝阳"3·1"涉嫌侵犯图书著作权案等 71 起案件。 12 月 28 日，中央宣传部版权管理局、全国"扫黄打非"办公室、最高人民检察院知识产权检察办公室、公安部食品药品犯罪侦查局、文化和旅游部文化市场综合执法监督局五部门对北京朝阳"3·1"涉嫌侵犯图书著作权案等 71 起案件进行联合挂牌督办。

供稿：中央宣传部版权管理局

农业农村部

1. 征集第 12 批农业植物品种保护名录。 3 月 8 日，农业农村部植物新品种保护办公室印发关于征集第 12 批农业植物品种保护名录的通知，公开征集新一批农业植物品种保护名录。

2.《农业植物新品种保护在线申请和审查工作规范（试行）》印发。 3 月 21 日，农业农村部植物新品种保护办公室印发《农业植物新品种保护在线申请和审查工作规范（试行）》，于 4 月 1 日正式实施。

3. 建设海南自由贸易港农业植物新品种审查协作中心推进会召开。 3 月 31 日，加快推进海南自由贸易港农业植物新品种审查协作中心（简称海南审协中心）建设推进座谈交流会在三亚举行。

4. 联合最高人民法院举办全国种业知识产权保护专题培训班。 4 月 1—2 日，农业农村部与最高人民法院在三亚联合举办全国种业知识产权保护专题培训班。

5. 2023 年农业植物品种特异性、一致性和稳定性（DUS）测试和品种保护工作会举办。 4 月 20—23 日，在成都举办 2023 年农业植物品种特异性、一致性和稳定性（DUS）测试和品种保护工作会，总结了 2022 年农业植物品种 DUS 测试和新品种保护工作，并对 2023 年工作进行了部署。

6. 开展实质性派生品种（EDV）制度实施试点。 4 月 23 日，继国家育种联合水稻攻关组开展实质性派生品种（EDV）制度试点，小麦、玉米、大豆攻关组启动实施实质性派生品种（EDV）制度试点工作，为我国全面实施 EDV 制度积累经验。

7.《农业植物新品种现场审查工作规范（试行）》印发。 5 月 17 日，农业农村部植物新品种保护办公室印发《农业植物新品种现场审查工作规范（试行）》，为独创性品种等开辟新的审查渠道，缩短审查流程，加快授权速度。

8. 农业植物新品种保护十大典型案例发

布。5月24日，发布2023年农业植物新品种保护十大典型案例。

9. 国际植物新品种保护联盟（UPOV）副秘书长访华。 9月10—16日，国际植物新品种保护联盟（UPOV）副秘书长彼得·巴顿来华访问，在北京、海南、昆明等地进行了座谈、访问和考察，9月12日，拜会农业农村部副部长张兴旺。

10. 种业知识产权保护与运用推进行动举办。 9月21—22日，在徐州举办种业知识产权保护与运用推进行动，现场开展品种权转让、许可、质押签约仪式，组织新品种权、新技术、新装备展示示范。

11. 推动食用菌特异性、一致性和稳定性（DUS）测试报告国际互认。 11月21—24日，农业农村部植物新品种测试中心指导农业农村部植物新品种（上海）分中心顺利通过欧盟食用菌特异性、一致性和稳定性（DUS）测试质量评审。

供稿：农业农村部科学技术司

公 安 部

1. "昆仑2023"专项行动开展。 2月21日，公安部召开全国公安机关"昆仑2023"专项行动动员部署视频会，部署全国公安机关依法严厉打击食药环和知识产权领域突出违法犯罪。

2. 通报公安机关打击侵犯知识产权犯罪工作情况。 4月19日，公安部对外通报2022年以来全国公安机关依法打击侵犯知识产权犯罪的总体情况，发布加强知识产权刑事保护支持全面创新10起典型案例和4起典型事例。

3. 全国公安机关夏季治安打击整治行动开展。 6月27日，公安部部署各地公安机关紧密结合全国公安机关夏季治安打击整治行动，对食药环和知识产权领域可能影响社会治安稳定的突出犯罪活动重拳出击。

4. "青少年版权保护季"行动开展。 7月4日，中央宣传部版权管理局、中央宣传部印刷发行局、中央宣传部反非法反违禁局、公安部食品药品犯罪侦查局、教育部教材局、文化和旅游部文化市场综合执法监督局等六部门联合部署开展"青少年版权保护季"行动，严厉打击整治教材教辅、少儿图书等领域侵权盗版乱象，为青少年健康成长营造良好版权环境。

5. "昆仑2023"专项行动被评选为2023民营经济法治建设"十大护航行动"。 7月31日，第五届民营经济法治建设峰会将"公安部部署开展'昆仑2023'专项行动"评选为2023民营经济法治建设"十大护航行动"。

6. 杭州亚运会和亚残运会知识产权保护专项行动开展。 8月8日，中央网信办、公安部、海关总署、市场监管总局、国家知识产权局等五部门联合开展杭州亚运会和亚残运会知识产权保护专项行动，切实加强亚运知识产权保护。

7. 全国公安机关食药侦民警大比武活动开展。 9—12月，公安部组织开展全国公安机关食药侦典型案例评析大比武活动，取得以赛促训、以训促战实效。

8. 通报公安机关依法打击网上侵权假冒犯罪工作情况。 11月8日，公安部通报2023年公安机关严厉打击网上侵权假冒犯罪工作情况并公布10起典型案例。

供稿：公安部知识产权犯罪侦查局

商 务 部

1. 中日知识产权工作组第九次会议召开。 1月17日,商务部与日本经济产业省特许厅共同主持召开中日知识产权工作组第九次会议,双方就知识产权战略、立法、执法和司法最新进展等议题进行深入交流,就关注的知识产权保护具体问题交换意见。

2. 中欧知识产权工作组第二十五次会议有关活动开展。 3月30日,商务部组织欧盟驻华代表团、欧盟部分成员国驻华使馆及驻广州总领事馆官员参观广州海关,宣传中国海关知识产权保护成就;商务部与欧盟委员会贸易总司举办中欧知识产权工作组第二十五次会议广州圆桌会,与广东省知识产权管理部门等进行工作交流。

3. 中俄知识产权工作组第十四次会议召开。 7月27日,中国商务部与俄罗斯联邦知识产权局共同主持召开中俄经贸分委会知识产权工作组第十四次会议,双方就知识产权立法、执法、司法最新进展以及高校知识产权成果转化等议题进行深入交流,就推动解决双方企业在贸易投资中的知识产权问题交换意见。

4. 软件正版化年度核查工作开展。 9月5—6日,根据商务部落实推进使用正版软件工作部际联席会议工作安排,派员参加云南省政府机关及企事业单位软件正版化工作督导核查。

5. 中瑞(士)知识产权工作组第十二次会议召开。 9月6—7日,中国商务部与瑞士联邦知识产权局共同主持召开中瑞(士)经贸联委会知识产权工作组第十二次会议,双方就知识产权立法、执法及产业诉求等议题进行深入沟通交流。会议期间,双方举行产业圆桌会议。

6. 赴甘肃省开展软件正版化年度核查工作。 9月12—14日,根据商务部落实推进使用正版软件工作部际联席会议工作安排,牵头有关部门组成督查组,赴甘肃省开展政府机关及企事业单位软件正版化工作核查。

7. 中欧地理标志联合委员会第二次会议召开。 9月21日,中国商务部与欧盟委员会农业与农村发展总司共同组织召开中欧地理标志联合委员会第二次会议,就协定落实情况、各自地理标志立法进展进行深入沟通交流,并对有关产业诉求、协定第二批地理标志技术审查等事项作出安排。

8. 中欧知识产权工作组第二十六次会议召开。 11月14—15日,中国商务部与欧盟委员会贸易总司共同主持召开中欧知识产权工作组第二十六次会议,就知识产权立法、执法、司法以及相关政策措施交换意见,并就生成式人工智能等议题进行广泛探讨和交流。会议期间,双方举行产业圆桌会议。

供稿:商务部条约法律司

国家林业和草原局

1. 参加国际植物新品种保护联盟(UPOV)3月系列会议。 3月15—24日,国家林业和草原局科技发展中心派员参加UPOV线上会议。

2. 2023年全国林草植物新品种及知识产权保护与管理培训班举办。 4月19—21

日，国家林业和草原局科技发展中心在北京举办全国林草植物新品种及知识产权保护与管理培训班。

3. 2023年全国林业和草原知识产权宣传周活动开展。 4月20—26日，国家林业和草原局以国家林业和草原局政府网、中国林业知识产权网、林业专业知识服务系统、《中国绿色时报》等媒体为载体，开通了"2023年全国林草知识产权宣传周"网站。

4.《2022中国林业和草原知识产权年度报告》出版。 4月26日，国家林业和草原局科技发展中心、国家林业和草原局知识产权研究中心编著的《2022中国林业和草原知识产权年度报告》由中国林业出版社出版发行。

5. 首期林木新品种现场实审技术培训班举办。 5月10—11日，国家林业和草原局科技发展中心在上海举办首期林木新品种现场实审技术培训班。

6. 参加国际植物新品种保护联盟（UPOV）系列国际会议。 10月23—27日，国际植物新品种保护联盟（UPOV）2023年度会议在瑞士日内瓦召开，国家林业和草原局科技发展中心派员参会。

7. 中欧植物新品种特异性、一致性和稳定性（DUS）测试技术培训举办。 11月27—29日，欧盟植物新品种保护办公室、国家林业和草原局科技发展中心、农业农村部科技发展中心联合主办"中欧植物新品种DUS测试技术培训"。

8.《林草植物新品种保护行政执法办法（征求意见稿）》公开征求意见。 11月27日，国家林业和草原局科技发展中心就《林草植物新品种保护行政执法办法（征求意见稿）》公开征求意见，在公开征求意见的基础上，形成《林草植物新品种保护行政执法管理办法（草案）》。

供稿：国家林业和草原局科技发展中心

最高人民法院

1. 第三批人民法院种业知识产权司法保护典型案例发布。 4月1日，最高人民法院发布第三批人民法院种业知识产权司法保护典型案例15件。

2.《中国法院知识产权司法保护状况（2022年）》、2022年中国法院10大知识产权案件和2022年度中国法院50件典型知识产权案例发布。 4月20日，最高人民法院举行知识产权宣传周新闻发布会，发布《中国法院知识产权司法保护状况（2022年）》、10大知识产权案件和50件典型知识产权案例，并在"全国知识产权宣传周"期间集中公开开庭。

3. 最高人民法院与世界知识产权组织签署《中华人民共和国和世界知识产权组织加强交流与合作谅解备忘录》。 4月25日，中华人民共和国首席大法官、最高人民法院院长张军会见世界知识产权组织总干事邓鸿森并签署《中华人民共和国和世界知识产权组织加强交流与合作谅解备忘录》。

4.《关于健全完善技术类知识产权和垄断案件审判质效通报反馈机制的意见（试行）》印发。 7月3日，最高人民法院印发《关于健全完善技术类知识产权和垄断案件审判质效通报反馈机制的意见（试行）》。

5. 人民法院反垄断和反不正当竞争典型案例发布。 9月14日，最高人民法院发布10件人民法院反垄断和反不正当竞争典型案例。

6.《最高人民法院关于修改〈最高人民法院关于知识产权法庭若干问题的规定〉的决定》发布。 10月27日,《最高人民法院关于修改〈最高人民法院关于知识产权法庭若干问题的规定〉的决定》发布,优化微调最高人民法院知识产权法庭受案范围,完善相关诉讼制度。

7. 电影司法建议书发布。 10月28日,最高人民法院发布《关于加强知识产权保护 服务推动电影产业高质量发展的司法建议书》。

8. 电影知识产权保护典型案例发布。 11月3日,2023年金鸡百花电影节知识产权保护论坛在厦门开幕,最高人民法院发布8件人民法院电影知识产权保护典型案例。

9. 第五次全国法院知识产权审判工作会议召开。 12月15日,第五次全国法院知识产权审判工作会议在深圳召开,最高人民法院党组书记、院长张军出席并讲话。

供稿:最高人民法院民三庭

最高人民检察院

1. 全国知识产权检察人才库组建。 1月6日,最高人民检察院知识产权检察办公室印发《关于确定首批全国知识产权检察人才库成员的通知》,组建全国知识产权检察人才库,首批90名成员入选,着力打造复合型人才团队和人才梯队。

2. 检察机关知识产权保护典型案例发布。 4月24日,最高人民检察院发布"中某科技有限公司、陆某昌等三人侵犯商业秘密案"等10件案例作为检察机关知识产权保护典型案例。

3.《人民检察院办理知识产权案件工作指引》制定。 4月25日,最高人民检察院制定《人民检察院办理知识产权案件工作指引》,出台40余条检察举措,对知识产权检察履职范围、工作机制等作出明确规定,为高质效检察办案提供具体指引。

4. 全国知识产权宣传周系列活动开展。 4月26日,最高人民检察院以"综合履行检察职能 加强知识产权法治保障"为主题召开新闻发布会,通报2022年度全国知识产权检察工作情况,发布《人民检察院办理知识产权案件工作指引》和相关典型案例。院领导出席宣传周线上启动仪式,录制"部长谈知识产权"短视频,出席中国与世界知识产权组织合作五十周年纪念暨宣传周主场活动。

5. 知识产权检察综合履职专题研修班举办。 7月11—17日,最高人民检察院在北戴河检察技术保障中心举办知识产权检察综合履职专题研修班。

6. 第四十八批指导性案例发布。 7月27日,最高人民检察院以知识产权检察综合保护为主题发布第四十八批指导性案例4件(检例第191—194号),强化对下办案指导,促进司法裁判标准的统一。

7. 联合挂牌督办3批150件重大侵权盗版案件。 9—12月,最高人民检察院会同中央宣传部等部门,联合挂牌督办3批150件重大侵权盗版案件,重点加强涉青少年版权保护。

8. 与国际商标协会(INTA)座谈交流。 9月27日,最高人民检察院知识产权检察办公室与国际商标协会(INTA)首席执行官一行座谈交流,就商标保护问题进行深入探讨。

9. 参加中欧知识产权刑事保护论坛。 10月18日,最高人民检察院派员参加中欧知识产权刑事保护论坛,邀请欧盟知识产权检察官代表团等访华交流,联合召开专题研讨会。

10. "妈咪鸡蛋仔"商标申请驳回复审行政纠纷诉讼监督案获再审改判。 12月14日,经最高人民检察院抗诉的"妈咪鸡蛋仔"商标申请驳回复审行政纠纷诉讼监督案获再审改判。通过办理该案,进一步明确了类似服务和近似商标的认定标准。

11. 检察机关依法惩治侵犯著作权犯罪典型案例发布。 12月28日,最高人民检察院选编6件检察机关依法惩治侵犯著作权犯罪典型案例,依法惩治侵犯著作权犯罪。

12. 依法惩治知识产权恶意诉讼专项监督工作深入推进。 最高人民检察院在全国组织开展依法惩治知识产权恶意诉讼专项监督工作。截至2023年底,全国检察机关在专项监督工作中,通过提出抗诉和制发再审检察建议监督法院再审6144件,移送涉嫌犯罪线索153件。

供稿:最高人民检察院
知识产权检察办公室

中国贸促会

1. 提交美国特别301审议书面评论意见。 1月30日,中国贸促会向美国贸易代表办公室(USTR)提交有关2023年特别301审议书面评论意见,代表我工商界向美方全面介绍2022年以来我国在知识产权立法、司法和执法等方面的新发展,对2022年度特别301报告中针对中国的重点关注问题进行了详细回应。

2. 《中国国际知识产权仲裁年度报告(2022)》发布。 4月20日,中国贸促会在2023年知识产权争议解决论坛上正式发布《中国国际知识产权仲裁年度报告(2022)》,该年度报告是国内首部聚焦国际知识产权仲裁的研究报告。

3. "纪念中国与世界知识产权组织合作五十周年"座谈会举办。 4月27日,中国贸促会与世界知识产权组织合作举办"纪念中国与世界知识产权组织合作五十周年——女性创新者、企业家座谈会",回顾中国与世界知识产权组织50年合作历史,推动落实中国贸促会与世界知识产权组织深化合作举措。

4. 世界知识产权组织马德里体系推广活动举办。 6月29日,中国贸促会与世界知识产权组织合作举办马德里体系推广泉州站活动,帮助企业深入了解马德里体系,提升企业国际知识产权布局意识和水平。

5. 参加世界知识产权组织第64届成员国大会。 7月6—14日,中国贸促会以长期观察员身份派员参加世界知识产权组织第64届成员国大会系列会议。

6. 第五届国际工商知识产权论坛举办。 8月26日,中国贸促会、深圳市人民政府、国际商会(ICC)共同主办的第五届国际工商知识产权论坛在深圳举行,推动工商界积极参与知识产权领域国际治理体系建设和知识产权国际交流。

7. 全球工商法治大会举办。 9月22—23日,中国贸促会在北京首创举办全球工商法治大会,凝聚全球工商界和法律界力量,打造高标准、高水平、高层次交流合作平台,助力增强共建"一带一路"合作伙伴在争议解决方面的合作以及推动创新发展。

8. 帮助参展企业首次在大型展会上现场提交知识产权申请并得到受理。 11月29日,在首届中国国际供应链促进博览会(简称链博会)期间帮助参展企业在链博会主办方和北京市知识产权局共同设立的知识产权和法律服务工作站受理窗口递交了1件发明专利申请和1件商标注册申请,这是首次有参展企业在大型展会上现场提交知识产权申请并得到受理。

供稿:中国贸促会法律事务部

专 利

表1　　　　　　　　分国内外三种专利申请/授权/有效量(2023年)

统计范围		发明		实用新型		外观设计	
		数量(件)	构成(%)	数量(件)	构成(%)	数量(件)	构成(%)
合计	申请量	1 677 701	30.2%	3 063 928	55.1%	820 361	14.7%
	授权量	920 797	25.2%	2 090 331	57.3%	637 944	17.5%
	有效量	4 990 633	24.5%	12 128 677	59.6%	3 233 684	15.9%
国内	申请量	1 522 292	28.3%	3 057 150	56.8%	804 007	14.9%
	授权量	819 234	23.2%	2 084 664	59.0%	628 384	17.8%
	有效量	4 088 695	21.2%	12 075 757	62.6%	3 115 376	16.2%
国外	申请量	155 409	87.0%	6778	3.8%	16 354	9.2%
	授权量	101 563	87.0%	5667	4.9%	9560	8.2%
	有效量	901 938	84.0%	52 920	4.9%	118 308	11.0%

注：有效量：报告期末处于专利权维持状态的案卷数量。统计范围为：发明、实用新型、外观设计。与申请量和授权量不同，有效量是存量数据而非流量数据。

表2　　　　　　　　分国内外三种专利申请年度状况(1985—2023年)　　　　　　　　(单位：件)

统计范围	年份	发明	实用新型	外观设计
合计	1985—2017	9 077 957	9 789 553	6 548 440
	2018	1 542 002	2 072 311	708 799
	2019	1 400 661	2 268 190	711 617
	2020	1 497 159	2 926 633	770 362
	2021	1 585 663	2 852 219	805 710
	2022	1 619 268	2 950 653	794 718
	2023	1 677 701	3 063 928	820 361
国内	1985—2017	7 304 284	9 724 810	6 309 274
	2018	1 393 815	2 063 860	689 097
	2019	1 243 568	2 259 765	691 771
	2020	1 344 817	2 918 874	752 339
	2021	1 427 845	2 845 318	787 149
	2022	1 464 605	2 944 139	777 663
	2023	1 522 292	3 057 150	804 007

续表

统计范围	年份	发明	实用新型	外观设计
国外	1985—2017	1 773 673	64 743	239 166
	2018	148 187	8451	19 702
	2019	157 093	8425	19 846
	2020	152 342	7759	18 023
	2021	157 818	6901	18 561
	2022	154 663	6514	17 055
	2023	155 409	6778	16 354

注:"发明"列数据中,2016 年及之前数据为专利申请受理量,2017 年及之后数据为专利申请量。

表 3 分地区国内发明专利申请量 (单位:件)

地区	2018 年	2022 年	2023 年
全国	1 393 815	1 464 605	1 522 292
北京	117 664	189 198	205 179
天津	26 661	21 466	24 263
河北	18 954	24 182	28 929
山西	9395	9891	11 387
内蒙古	3757	6676	8248
辽宁	25 476	23 080	25 496
吉林	10 530	15 518	17 576
黑龙江	12 017	14 770	14 726
上海	62 755	89 448	97 066
江苏	198 801	194 983	191 877
浙江	143 081	122 807	117 996
安徽	108 782	65 368	67 093
福建	37 252	30 581	33 730
江西	14 519	20 625	20 186
山东	72 764	88 744	96 906
河南	46 868	33 183	30 637
湖北	50 664	55 207	59 068
湖南	35 414	35 851	35 007
广东	216 469	236 957	240 223
广西	20 302	13 611	12 471
海南	2127	4402	4681
重庆	22 686	28 907	30 517
四川	53 805	48 283	53 454
贵州	14 992	10 732	11 954
云南	9606	12 036	12 493
西藏	453	585	625

续表

地区	2018 年	2022 年	2023 年
陕西	30 888	38 569	41 729
甘肃	6035	7005	7052
青海	1287	1459	1790
宁夏	2999	3358	3518
新疆	3665	4951	5484
台湾地区	11 458	10 941	9422
香港	1593	1076	1334
澳门	96	155	175
广州	50 189	56 587	59 302
长春	8405	13 485	15 848
武汉	28 738	42 823	45 878
南京	40 689	49 386	48 021
杭州	36 608	61 775	61 452
西安	24 338	33 740	37 062
济南	13 632	22 143	25 230
沈阳	10 152	9657	10 901
成都	37 927	35 958	40 061
大连	9924	8443	9732
厦门	7914	10 536	11 126
哈尔滨	9461	11 683	11 678
深圳	69 979	108 034	109 727
青岛	21 829	28 198	29 321
宁波	25 524	17 028	17 339
新疆兵团	514	904	824

表 4　　　　　　　　　　分地区国内实用新型专利申请量　　　　　　　　　（单位：件）

地区	2018 年	2022 年	2023 年
全国	2 063 860	2 944 139	3 057 150
北京	70 507	92 902	90 710
天津	66 535	58 221	61 494
河北	51 171	93 903	98 499
山西	15 788	27 312	30 582
内蒙古	11 051	24 037	28 596
辽宁	34 534	68 893	73 141
吉林	14 520	23 803	25 652
黑龙江	19 530	30 478	28 676
上海	69 564	109 312	125 155
江苏	294 090	420 425	443 900

续表

地区	2018年	2022年	2023年
浙江	219 206	271 002	297 814
安徽	86 914	138 935	158 533
福建	96 220	97 271	100 245
江西	49 843	46 704	48 066
山东	135 461	285 199	293 289
河南	89 620	117 915	126 741
湖北	62 754	131 786	140 329
湖南	43 361	58 342	55 640
广东	367 938	465 463	427 462
广西	18 105	33 020	29 261
海南	3355	11 043	14 443
重庆	40 958	49 597	53 346
四川	73 167	96 313	106 935
贵州	25 577	24 096	18 987
云南	23 655	36 981	37 818
西藏	669	2303	2502
陕西	35 241	63 030	69 078
甘肃	17 400	23 725	23 942
青海	2885	5865	5588
宁夏	6403	12 385	12 639
新疆	9473	19 324	23 318
台湾地区	6676	3787	3860
香港	1553	701	859
澳门	136	66	50
广州	79 727	85 133	67 177
长春	10 442	16 476	17 888
武汉	27 452	64 693	67 895
南京	46 235	53 757	54 785
杭州	45 016	75 030	81 936
西安	24 725	42 250	45 088
济南	19 001	54 316	50 392
沈阳	11 786	24 026	27 995
成都	44 075	53 518	58 462
大连	10 291	23 038	23 124
厦门	17 849	24 819	24 338
哈尔滨	11 377	17 257	16 406
深圳	100 993	149 640	143 949
青岛	34 719	65 177	66 474
宁波	29 251	42 990	48 282
新疆兵团	1145	2500	2383

表5　分地区国内外观设计专利申请量　（单位：件）

地区	2018 年	2022 年	2023 年
全国	689 097	777 663	804 007
北京	23 041	25 075	23 095
天津	5842	4648	5384
河北	13 660	19 352	22 427
山西	1923	3218	3210
内蒙古	1618	2208	2294
辽宁	5676	5319	7275
吉林	1984	3201	3179
黑龙江	3035	3779	3766
上海	17 914	25 649	24 435
江苏	107 415	47 101	48 802
浙江	93 303	120 021	137 507
安徽	11 732	16 760	16 696
福建	33 138	35 180	37 926
江西	21 639	24 486	23 987
山东	23 360	34 193	34 445
河南	17 893	18 008	19 201
湖北	11 117	15 125	14 317
湖南	15 728	19 894	18 551
广东	209 412	291 060	296 047
广西	5817	9652	7456
海南	969	1828	1905
重庆	8477	8247	8197
四川	26 015	20 903	19 914
贵州	3939	5727	6056
云南	3254	3982	3896
西藏	347	247	359
陕西	10 383	6497	6880
甘肃	4447	1782	1922
青海	267	266	308
宁夏	458	490	631
新疆	1509	1520	1860
台湾地区	1743	1073	961
香港	1976	1153	1098
澳门	66	19	20
广州	43 385	40 783	41 986
长春	1070	1942	1828
武汉	4321	6928	7180

续表

地区	2018年	2022年	2023年
南京	12 269	5885	5846
杭州	16 912	20 857	21 579
西安	8072	4406	4623
济南	2830	4375	4579
沈阳	1888	1944	2616
成都	16 942	11 900	11 331
大连	1390	1321	1383
厦门	6507	8707	9196
哈尔滨	1545	2016	2159
深圳	57 664	80 836	84 783
青岛	4446	7905	7415
宁波	18 179	23 772	26 412
新疆兵团	60	111	174

表6　　分地区分申请人类型国内发明专利申请量（2023年）　　（单位：件）

地区	合计	高等院校	科研机构	企业	事业单位	个人
全国	1 522 292	266 112	79 691	1 131 693	28 425	16 371
北京	205 179	26 162	20 489	151 686	5429	1413
天津	24 263	7098	1391	14 885	546	343
河北	28 929	3914	630	23 480	508	397
山西	11 387	3002	612	7388	182	203
内蒙古	8248	1307	410	6172	168	191
辽宁	25 496	8946	3733	11 972	352	493
吉林	17 576	6026	1506	9672	159	213
黑龙江	14 726	8528	516	5163	132	387
上海	97 066	13 170	4660	75 694	2862	680
江苏	191 877	35 276	4482	148 767	2093	1259
浙江	117 996	15 316	7898	93 011	1132	639
安徽	67 093	10 054	2062	53 914	521	542
福建	33 730	5400	1251	26 217	346	516
江西	20 186	3472	1197	14 711	278	528
山东	96 906	13 982	3426	76 148	2683	667
河南	30 637	6698	1004	21 130	806	999
湖北	59 068	14 677	2088	40 926	901	476
湖南	35 007	9913	779	22 966	640	709
广东	240 223	19 984	8671	206 758	3221	1589
广西	12 471	4205	639	6943	379	305
海南	4681	1187	888	2359	166	81
重庆	30 517	7069	940	20 586	1260	662
四川	53 454	13 008	3788	34 023	1782	853

续表

地区	合计	高等院校	科研机构	企业	事业单位	个人
贵州	11 954	1790	722	8745	324	373
云南	12 493	3969	831	7126	256	311
西藏	625	68	89	440	18	10
陕西	41 729	17 444	2549	20 782	525	429
甘肃	7052	1796	1429	3425	228	174
青海	1790	211	135	1259	119	66
宁夏	3518	549	149	2659	99	62
新疆	5484	1389	494	3284	213	104
台湾地区	9422	46	226	8493	78	579
香港	1334	311	1	897	19	106
澳门	175	145	6	12	0	12
广州	59 302	12 771	3533	40 858	1755	385
长春	15 848	5271	1479	8854	133	111
武汉	45 878	12 941	1598	30 351	731	257
南京	48 021	19 095	2039	25 833	745	309
杭州	61 452	12 869	3353	44 497	549	184
西安	37 062	16 430	2477	17 434	442	279
济南	25 230	5093	1361	17 620	1053	103
沈阳	10 901	3368	1830	5361	185	157
成都	40 061	11 065	2351	24 747	1427	471
大连	9732	4453	1792	3222	135	130
厦门	11 126	1884	447	8573	102	120
哈尔滨	11 678	7743	478	3199	66	192
深圳	109 727	3788	3559	101 066	843	471
青岛	29 321	5369	1145	22 262	408	137
宁波	17 339	1046	1421	14 574	157	141
新疆兵团	824	548	5	254	7	10

表7　　分地区分申请人类型国内实用新型专利申请量(2023年)　　(单位:件)

地区	合计	高等院校	科研机构	企业	事业单位	个人
全国	3 057 150	104 070	22 771	2 607 158	110 121	213 030
北京	90 710	2777	2821	70 532	9707	4873
天津	61 494	1356	508	56 004	1005	2621
河北	98 499	3100	518	75 125	4311	15 445
山西	30 582	1965	201	22 196	1842	4378
内蒙古	28 596	1866	582	18 099	2227	5822
辽宁	73 141	3672	644	59 799	1958	7068
吉林	25 652	2787	353	17 978	1245	3289
黑龙江	28 676	3487	740	14 776	1771	7902
上海	125 155	1403	1111	115 114	4579	2948

续表

地区	合计	高等院校	科研机构	企业	事业单位	个人
江苏	443 900	8334	1165	416 632	7024	10 745
浙江	297 814	5761	1087	273 538	5708	11 720
安徽	158 533	4608	504	141 766	3044	8611
福建	100 245	2707	505	90 524	2228	4281
江西	48 066	3104	401	38 004	1699	4858
山东	293 289	7487	2305	236 694	12 930	33 873
河南	126 741	6937	612	105 869	3234	10 089
湖北	140 329	3985	545	125 792	3635	6372
湖南	55 640	3241	404	45 006	1823	5166
广东	427 462	6639	2034	387 320	11 024	20 445
广西	29 261	3417	592	17 422	3181	4649
海南	14 443	818	265	10 681	1680	999
重庆	53 346	2575	452	43 637	3528	3154
四川	106 935	5563	930	78 675	10 502	11 265
贵州	18 987	1390	294	14 193	634	2476
云南	37 818	2373	590	29 371	2041	3443
西藏	2502	94	123	1943	129	213
陕西	69 078	7069	659	52 129	2141	7080
甘肃	23 942	2452	865	14 931	2066	3628
青海	5588	346	60	3375	658	1149
宁夏	12 639	501	238	10 252	670	978
新疆	23 318	2228	646	15 945	1882	2617
台湾地区	3860	3	8	3141	5	703
香港	859	16	1	674	10	158
澳门	50	9	8	21	0	12
广州	67 177	3554	910	53 923	4232	4558
长春	17 888	2268	308	13 028	858	1426
武汉	67 895	2802	350	60 013	2110	2620
南京	54 785	3154	522	46 771	2286	2052
杭州	81 936	2936	366	73 657	1951	3026
西安	45 088	5363	526	34 368	1289	3542
济南	50 392	1890	880	40 707	2090	4825
沈阳	27 995	1559	382	22 775	1098	2181
成都	58 462	3526	694	45 405	3760	5077
大连	23 124	964	118	20 433	368	1241
厦门	24 338	652	103	22 239	694	650
哈尔滨	16 406	2584	620	8598	702	3902
深圳	143 949	678	450	135 834	3127	3860
青岛	66 474	1552	453	60 365	1199	2905
宁波	48 282	579	177	44 944	921	1661
新疆兵团	2383	579	32	1449	142	181

表8　分地区分申请人类型国内外观设计专利申请量(2023年)　　　　　（单位：件）

地区	合计	高等院校	科研机构	企业	事业单位	个人
全国	804 007	22 070	1898	537 996	3908	238 135
北京	23 095	646	194	20 336	269	1650
天津	5384	316	21	4199	25	823
河北	22 427	666	15	10 486	110	11 150
山西	3210	299	10	1811	92	998
内蒙古	2294	237	8	1234	72	743
辽宁	7275	1074	26	3088	90	2997
吉林	3179	545	6	1498	25	1105
黑龙江	3766	799	21	1221	100	1625
上海	24 435	278	37	22 149	197	1774
江苏	48 802	2127	306	38 515	298	7556
浙江	137 507	2100	121	98 591	542	36 153
安徽	16 696	779	24	10 490	205	5198
福建	37 926	783	48	25 832	88	11 175
江西	23 987	1037	33	8528	122	14 267
山东	34 445	1149	70	23 736	182	9308
河南	19 201	394	27	9631	94	9055
湖北	14 317	815	17	7898	159	5428
湖南	18 551	720	26	7067	127	10 611
广东	296 047	2105	629	209 171	441	83 701
广西	7456	502	17	1942	70	4925
海南	1905	88	14	1338	18	447
重庆	8197	458	43	5429	84	2183
四川	19 914	1194	55	11 514	183	6968
贵州	6056	747	5	2426	44	2834
云南	3896	506	32	2042	74	1242
西藏	359	14	0	273	8	64
陕西	6880	883	41	3750	58	2148
甘肃	1922	423	34	802	64	599
青海	308	37	2	142	10	117
宁夏	631	80	6	355	15	175
新疆	1860	264	9	809	42	736
台湾地区	961	0	1	727	0	233
香港	1098	3	0	961	0	134
澳门	20	2	0	5	0	13
广州	41 986	1221	484	34 127	139	6015
长春	1828	355	6	1133	9	325
武汉	7180	607	16	5174	93	1290

续表

地区	合计	高等院校	科研机构	企业	事业单位	个人
南京	5846	493	22	4515	69	747
杭州	21 579	712	44	18 689	143	1991
西安	4623	568	30	3016	35	974
济南	4579	314	21	3494	29	721
沈阳	2616	331	18	1325	46	896
成都	11 331	785	35	8487	124	1900
大连	1383	341	8	657	14	363
厦门	9196	293	1	8175	7	720
哈尔滨	2159	573	21	747	47	771
深圳	84 783	264	54	76 860	103	7502
青岛	7415	302	25	6114	14	960
宁波	26 412	217	15	19 721	134	6325
新疆兵团	174	24	1	97	1	51

表9　　按国别(地区)分国外在华发明专利申请量　　（单位：件）

国家或地区	2018年	2022年	2023年
合计	148 187	154 663	155 409
安道尔	2	0	2
阿联酋	23	28	29
安提瓜和巴布达	30	43	33
安圭拉	3	11	4
亚美尼亚	2	0	0
安哥拉	1	0	0
阿根廷	9	5	4
奥地利	1029	996	1036
澳大利亚	700	651	703
波黑	0	1	4
巴巴多斯	107	301	220
孟加拉国	1	0	0
比利时	831	787	833
保加利亚	13	10	4
巴林	0	0	1
布隆迪	1	0	0
贝宁	0	0	1
百慕大	95	32	10
巴西	96	270	206
巴哈马	4	4	2
博茨瓦纳	0	0	1

续表

国家或地区	2018 年	2022 年	2023 年
白俄罗斯	0	7	2
伯利兹	2	0	0
加拿大	1105	1084	949
刚果(金)	2	2	9
瑞士	3768	4491	4684
智利	24	24	25
喀麦隆	1	0	0
哥伦比亚	10	11	2
哥斯达黎加	5	2	4
古巴	2	8	16
塞浦路斯	30	23	23
捷克	59	53	51
德国	15 427	15 218	15 472
丹麦	935	1158	1029
多米尼加	1	3	1
阿尔及利亚	1	0	3
爱沙尼亚	9	9	13
埃及	2	2	4
西班牙	405	480	467
埃塞俄比亚	0	0	1
芬兰	839	906	1031
斐济	0	1	0
法国	4784	4969	4724
英国	2836	2779	3147
格鲁吉亚	0	2	1
根西岛	7	0	0
直布罗陀	2	0	0
希腊	23	19	21
克罗地亚	3	8	14
匈牙利	40	30	31
印度尼西亚	7	1	3
爱尔兰	391	496	585
以色列	977	1281	1112
印度	327	317	326
伊朗	6	3	5
冰岛	5	15	11
意大利	1827	1844	1905
泽西岛	1	0	0

续表

国家或地区	2018 年	2022 年	2023 年
约旦	0	2	0
日本	45 284	45 259	46 236
柬埔寨	1	1	5
圣基茨和尼维斯	1	1	0
朝鲜	1	1	0
韩国	13 875	18 262	20 016
科威特	0	1	0
开曼群岛	4442	404	700
哈萨克斯坦	3	2	1
老挝	0	0	1
黎巴嫩	2	0	1
列支敦士登	144	198	166
斯里兰卡	1	4	2
立陶宛	5	14	11
卢森堡	293	232	246
拉脱维亚	3	8	4
摩洛哥	1	3	6
摩纳哥	4	13	10
摩尔多瓦	0	0	1
马达加斯加	0	1	0
马绍尔群岛	0	0	5
马里	5	4	6
马耳他	30	30	15
毛里求斯	5	15	12
墨西哥	55	41	34
马来西亚	66	84	71
纳米比亚	0	1	0
荷兰	3412	3224	3331
挪威	279	275	277
新西兰	146	226	176
阿曼	0	1	1
巴拿马	0	12	4
秘鲁	3	2	2
菲律宾	9	2	6
巴基斯坦	0	2	1
波兰	90	92	89
葡萄牙	50	66	43
卡塔尔	4	4	1

续表

国家或地区	2018 年	2022 年	2023 年
罗马尼亚	5	5	3
塞尔维亚	6	1	5
俄罗斯	195	169	193
沙特阿拉伯	164	106	119
塞舌尔	24	5	3
瑞典	2090	2670	2366
新加坡	1372	1382	1720
斯洛文尼亚	17	29	36
斯洛伐克	15	8	6
圣马力诺	5	1	2
叙利亚	1	0	0
泰国	92	80	87
塔吉克斯坦	0	1	0
突尼斯	1	0	2
土耳其	108	79	97
乌克兰	14	8	4
美国	38 859	43 090	40 380
乌拉圭	6	4	0
英属维尔京群岛	92	102	65
越南	3	10	7
瓦努阿图	1	0	0
萨摩亚	34	7	29
南非	57	30	39
赞比亚	1	2	1
其他	1	2	1

表 10　　　　　　　　按国别(地区)分国外在华实用新型专利申请量　　　　　　　　(单位:件)

国家或地区	2018 年	2022 年	2023 年
合计	8451	6514	6778
阿联酋	9	9	12
安圭拉	0	4	3
阿根廷	3	0	2
奥地利	35	34	15
澳大利亚	75	43	42
波黑	0	0	1
巴巴多斯	1	13	7
比利时	41	31	44
保加利亚	1	0	0

续表

国家或地区	2018 年	2022 年	2023 年
百慕大	8	0	0
巴西	16	10	6
白俄罗斯	0	1	0
加拿大	80	45	45
刚果(金)	0	6	13
中非	0	0	1
刚果(布)	0	0	1
瑞士	178	143	184
智利	1	1	1
哥斯达黎加	2	1	0
古巴	0	1	0
塞浦路斯	1	1	0
捷克	8	12	0
德国	871	647	641
丹麦	28	21	44
阿尔及利亚	1	1	0
厄瓜多尔	1	10	10
爱沙尼亚	4	1	2
西班牙	31	22	36
芬兰	57	41	36
法国	356	334	325
英国	134	81	103
克罗地亚	0	1	0
匈牙利	0	1	1
印度尼西亚	0	0	1
爱尔兰	18	8	13
以色列	43	36	38
印度	11	13	10
伊拉克	0	0	1
伊朗	1	0	1
冰岛	0	0	3
意大利	122	146	133
约旦	4	2	1
日本	2345	1464	1301
柬埔寨	0	8	13
朝鲜	1	3	0
韩国	927	1035	1334
开曼群岛	128	33	218

续表

国家或地区	2018 年	2022 年	2023 年
哈萨克斯坦	0	0	2
老挝	1	0	0
黎巴嫩	1	1	0
列支敦士登	0	2	7
卢森堡	15	6	12
拉脱维亚	0	1	1
黑山	0	0	0
马绍尔群岛	0	0	2
马里	2	1	0
蒙古国	0	1	1
马耳他	0	2	1
毛里求斯	0	1	0
墨西哥	4	0	1
马来西亚	12	26	23
荷兰	113	208	168
挪威	10	3	2
新西兰	1	31	33
阿曼	1	0	0
巴拿马	0	1	0
秘鲁	0	0	1
菲律宾	7	2	3
巴基斯坦	0	2	4
波兰	8	5	2
葡萄牙	2	0	0
卡塔尔	0	1	0
俄罗斯	37	14	24
沙特阿拉伯	1	1	1
塞舌尔	14	5	4
瑞典	57	83	84
新加坡	736	164	209
斯洛文尼亚	1	0	3
斯洛伐克	0	0	1
叙利亚	0	0	1
泰国	14	13	49
塔吉克斯坦	0	1	0
土耳其	5	7	4
乌克兰	3	1	2
美国	1833	1575	1436

国家或地区	2018年	2022年	2023年
乌拉圭	1	0	0
英属维尔京群岛	16	82	46
越南	2	2	2
萨摩亚	8	3	4
也门	1	0	0
南非	3	3	0
赞比亚	0	3	1
其他	0	0	2

表11　　按国别(地区)分国外在华外观设计专利申请量　　(单位:件)

国家或地区	2018年	2022年	2023年
合计	19 702	17 055	16 354
安道尔	0	0	2
阿联酋	6	16	40
安圭拉	2	1	1
阿尔巴尼亚	0	0	2
阿根廷	0	2	0
奥地利	72	41	46
澳大利亚	321	298	260
波黑	0	0	1
巴巴多斯	59	63	28
比利时	107	76	57
保加利亚	3	3	1
巴林	0	0	2
百慕大	2	0	0
巴西	40	30	36
巴哈马	0	0	1
白俄罗斯	0	2	1
加拿大	160	111	146
瑞士	872	689	531
科特迪瓦	0	1	0
库克群岛	1	0	0
哥伦比亚	4	5	0
塞浦路斯	17	1	0
捷克	74	28	16
德国	1810	1573	1380
丹麦	194	178	137
多米尼加	0	0	1

续表

国家或地区	2018 年	2022 年	2023 年
阿尔及利亚	0	1	0
厄瓜多尔	0	0	1
爱沙尼亚	4	5	8
埃及	0	2	1
西班牙	143	164	108
芬兰	116	93	85
法国	920	690	557
英国	724	513	611
格鲁吉亚	3	0	0
根西岛	4	0	0
希腊	4	2	2
克罗地亚	0	0	3
匈牙利	5	0	5
印度尼西亚	14	8	25
爱尔兰	25	27	31
以色列	114	77	69
马恩岛	0	0	3
印度	64	12	19
伊拉克	7	2	4
伊朗	0	0	1
冰岛	0	5	0
意大利	713	612	445
约旦	3	0	1
日本	4203	3471	3337
柬埔寨	0	1	0
朝鲜	0	3	1
韩国	2481	2021	1850
科威特	0	1	0
开曼群岛	441	63	84
哈萨克斯坦	0	2	4
黎巴嫩	1	1	8
列支敦士登	30	1	6
斯里兰卡	1	0	1
立陶宛	1	7	2
卢森堡	80	83	44
拉脱维亚	2	3	1
摩洛哥	1	0	0
摩纳哥	4	28	35
马里	2	2	4

续表

国家或地区	2018年	2022年	2023年
缅甸	10	0	4
蒙古国	1	0	3
马耳他	7	19	1
毛里求斯	0	3	0
墨西哥	19	5	6
马来西亚	43	16	39
尼日利亚	0	2	0
荷兰	317	317	316
挪威	35	42	19
尼泊尔	2	0	0
新西兰	103	64	77
阿曼	1	0	0
巴拿马	0	4	0
菲律宾	0	0	3
巴基斯坦	4	1	4
波兰	16	25	12
葡萄牙	5	4	2
卡塔尔	0	3	0
罗马尼亚	0	6	0
俄罗斯	29	27	18
沙特阿拉伯	13	2	4
塞舌尔	0	18	6
苏丹	0	2	0
瑞典	310	313	319
新加坡	169	228	351
斯洛文尼亚	17	13	6
斯洛伐克	5	2	6
圣马力诺	0	2	0
泰国	71	28	50
土耳其	30	16	22
特立尼达和多巴哥	2	0	0
乌克兰	3	3	2
乌干达	0	1	0
美国	4557	4835	5007
乌兹别克斯坦	1	0	0
委内瑞拉	0	0	4
英属维尔京群岛	37	15	17
越南	22	14	7
萨摩亚	3	3	0
也门	1	0	0
南非	15	4	4

表12　分国内外三种专利授权年度状况（1985—2023年）　　　　（单位：件）

统计范围	年份	发明	实用新型	外观设计
合计	1985—2017	2 735 555	6 846 050	4 455 481
	2018	432 147	1 479 062	536 251
	2019	452 804	1 582 274	556 529
	2020	530 127	2 377 223	731 918
	2021	695 946	3 119 990	785 521
	2022	798 347	2 804 155	720 907
	2023	920 797	2 090 331	637 944
国内	1985—2017	1 791 085	6 790 665	4 234 310
	2018	345 959	1 471 759	517 693
	2019	360 919	1 574 205	539 282
	2020	440 691	2 368 651	711 559
	2021	585 910	3 112 795	768 460
	2022	695 591	2 796 049	709 563
	2023	819 234	2 084 664	628 384
国外	1985—2017	944 470	55 385	221 171
	2018	86 188	7303	18 558
	2019	91 885	8069	17 247
	2020	89 436	8572	20 359
	2021	110 036	7195	17 061
	2022	102 756	8106	11 344
	2023	101 563	5667	9560

表13　分地区国内发明专利授权量　　　　（单位：件）

地区	总累计	2018年	2022年	2023年
全国	5 039 389	345 959	695 591	819 234
北京	692 049	46 978	88 127	107 875
天津	87 387	5626	11 745	14 319
河北	77 475	5126	12 022	14 213
山西	39 758	2284	5026	6557
内蒙古	15 889	864	2054	3391
辽宁	106 342	7176	10 892	13 069
吉林	48 156	2868	6483	7619
黑龙江	64 962	4309	8519	8035
上海	313 152	21 331	36 797	44 345
江苏	600 601	42 019	89 248	107 899
浙江	444 882	32 550	61 286	64 760
安徽	189 029	14 846	26 180	30 526
福建	112 877	9858	16 213	17 858

续表

地区	总累计	2018 年	2022 年	2023 年
江西	46 909	2524	8655	10 375
山东	311 960	20 338	48 696	55 318
河南	108 827	8339	14 574	17 531
湖北	176 611	11 393	29 212	29 025
湖南	129 484	8261	20 423	20 133
广东	790 543	53 259	115 080	143 141
广西	48 630	4330	5472	6717
海南	9819	489	1602	2273
重庆	84 378	6570	12 207	13 600
四川	174 392	11 697	25 458	33 339
贵州	28 062	2081	3645	4712
云南	35 730	2297	4091	5907
西藏	1242	73	149	299
陕西	134 328	8884	18 963	22 020
甘肃	20 802	1280	2472	3568
青海	3795	298	458	561
宁夏	8701	744	1204	1522
新疆	13 777	923	1711	2398
台湾地区	109 034	5828	6171	5508
香港	9414	496	711	752
澳门	392	20	45	69
广州	173 899	10 797	27 614	36 360
长春	39 642	2416	5619	6639
武汉	141 651	8807	23 658	22 751
南京	171 565	11 094	28 304	28 570
杭州	182 881	10 293	30 128	31 996
西安	120 593	8096	17 368	19 850
济南	74 941	4889	11 853	13 693
沈阳	45 262	2943	4606	5946
成都	128 569	8314	19 545	25 787
大连	37 692	2614	4284	4514
厦门	33 325	2216	5276	5374
哈尔滨	53 133	3635	7096	6503
深圳	368 511	21 323	52 166	62 244
青岛	91 314	6498	14 523	15 584
宁波	71 077	5302	9611	9372
新疆兵团	2187	146	331	388

表 14　　分地区国内实用新型专利授权量　　（单位：件）

地区	总累计	2018 年	2022 年	2023 年
全国	20 198 788	1 471 759	2 796 049	2 084 664
北京	815 694	59 219	91 947	68 901
天津	529 130	44 683	55 357	40 991
河北	539 486	36 210	85 735	61 202
山西	178 476	11 258	25 238	19 483
内蒙古	120 146	7530	20 642	17 085
辽宁	470 151	24 088	61 846	49 755
吉林	154 186	9493	20 212	16 473
黑龙江	231 091	13 066	24 902	16 303
上海	861 544	55 581	118 460	95 380
江苏	2 932 865	200 333	427 156	302 132
浙江	2 223 078	172 451	271 100	211 193
安徽	791 006	55 445	115 757	99 086
福建	727 678	67 822	93 033	72 127
江西	348 382	34 796	43 817	29 885
山东	1 683 398	94 249	263 518	192 463
河南	762 728	59 417	104 713	78 574
湖北	704 028	44 350	117 765	94 533
湖南	427 406	29 132	54 686	39 760
广东	3 064 624	268 508	457 716	324 931
广西	190 182	12 069	30 962	20 675
海南	49 073	2052	10 062	7347
重庆	401 158	31 261	46 556	34 110
四川	670 146	53 121	89 368	63 767
贵州	172 075	13 980	20 720	12 920
云南	201 096	15 573	32 089	23 959
西藏	7478	384	1750	1385
陕西	384 318	24 205	54 496	43 732
甘肃	131 120	10 696	18 234	15 763
青海	27 277	2143	4570	3265
宁夏	58 559	4489	10 797	8469
新疆	116 136	7375	17 535	15 569
台湾地区	207 647	5652	4447	2798
香港	16 655	1073	802	598
澳门	771	55	61	50
广州	576 058	51 400	81 242	49 463
长春	99 671	7027	14 415	11 970
武汉	355 716	20 238	59 395	45 366

续表

地区	总累计	2018 年	2022 年	2023 年
南京	375 914	26 828	53 264	35 965
杭州	516 251	30 923	72 854	58 939
西安	276 393	17 414	38 505	29 864
济南	290 143	13 563	49 108	33 615
沈阳	158 205	8363	20 997	18 661
成都	394 784	32 925	51 760	35 965
大连	138 725	7021	20 068	16 480
厦门	166 548	13 887	25 153	18 886
哈尔滨	121 981	7379	14 312	9511
深圳	948 728	75 560	148 785	108 342
青岛	357 227	25 218	60 082	47 281
宁波	372 988	23 428	44 120	34 831
新疆兵团	13 872	1120	2399	1480

表 15　　分地区国内外观设计专利授权量　　（单位：件）

地区	总累计	2018 年	2022 年	2023 年
全国	8 109 251	517 693	709 563	628 384
北京	224 599	17 299	22 648	17 197
天津	63 749	4371	4443	3844
河北	143 550	10 558	17 557	16 594
山西	26 692	1518	2804	2423
内蒙古	20 573	1231	1944	1782
辽宁	63 026	3885	4696	4808
吉林	27 157	1524	2839	2545
黑龙江	51 667	2060	3130	3250
上海	296 233	15 548	23 066	19 390
江苏	1 260 471	64 644	43 723	36 975
浙江	1 390 116	79 620	111 599	105 882
安徽	157 078	9456	14 647	13 026
福建	336 240	24 942	32 290	30 279
江西	182 541	15 499	23 358	19 860
山东	283 836	17 795	30 076	25 742
河南	166 749	14 562	16 703	13 852
湖北	123 911	8363	13 872	11 653
湖南	164 674	11 564	17 807	15 047
广东	2 312 875	156 315	264 480	235 623
广西	62 392	4152	8257	6723
海南	11 103	751	1484	1343

续表

地区	总累计	2018 年	2022 年	2023 年
重庆	110 164	7857	7704	6426
四川	308 519	22 554	20 681	15 967
贵州	51 969	3395	5017	4517
云南	37 739	2470	3317	2852
西藏	2930	298	228	193
陕西	99 578	8390	5916	5810
甘肃	20 113	1982	1784	1572
青海	4014	227	248	161
宁夏	6148	425	451	372
新疆	19 302	1360	1282	1157
台湾地区	43 250	1455	599	553
香港	35 624	1573	892	951
澳门	669	50	21	15
广州	385 221	27 729	38 170	32 348
长春	14 409	826	1726	1558
武汉	53 784	3352	6408	5719
南京	73 911	6252	5266	4243
杭州	212 411	14 271	18 320	16 790
西安	71 683	6578	4225	3872
济南	32 484	2233	3816	3279
沈阳	23 695	1276	1790	1828
成都	216 057	16 192	12 195	9037
大连	14 494	921	1121	1063
厦门	71 547	5311	8030	7207
哈尔滨	25 419	1071	1705	1756
深圳	574 117	43 368	74 816	64 519
青岛	61 825	3405	7130	5764
宁波	319 360	16 047	22 396	19 907
新疆兵团	889	55	76	115

表 16　　分地区分专利权人类型国内发明专利授权量　　（单位：件）

地区	总累计					2023 年				
	合计	高等院校	科研机构	企业	事业单位	个人	合计	高等院校	科研机构	企业	事业单位	个人
全国	5 039 389	1 176 734	347 637	3 111 746	74 454	328 818	819 234	172 984	45 341	571 807	16 048	13 054
北京	692 049	131 140	109 141	415 700	12 438	23 630	107 875	14 741	11 983	77 125	3038	988
天津	87 387	31 946	6346	43 799	1517	3779	14 319	4709	950	8214	254	192
河北	77 475	16 695	3421	46 841	1237	9281	14 213	2666	313	10 523	276	435

续表

地区	总累计						2023 年					
	合计	高等院校	科研机构	企业	事业单位	个人	合计	高等院校	科研机构	企业	事业单位	个人
山西	39 758	14 885	3301	16 543	513	4516	6557	2256	278	3735	107	181
内蒙古	15 889	3093	901	8899	235	2761	3391	728	194	2263	48	158
辽宁	106 342	38 919	15 462	39 787	1161	11 013	13 069	5157	1630	5758	183	341
吉林	48 156	21 913	8835	12 437	739	4232	7619	3674	754	2929	108	154
黑龙江	64 962	41 865	3016	13 750	324	6007	8035	5084	372	2299	59	221
上海	313 152	73 704	28 130	197 435	4986	8897	44 345	7337	2599	32 792	1137	480
江苏	600 601	159 268	19 571	391 243	7429	23 090	107 899	23 728	2848	78 952	1391	980
浙江	444 882	91 516	15 140	288 519	3704	46 003	64 760	10 693	2822	49 322	674	1249
安徽	189 029	30 769	7229	136 274	1356	13 401	30 526	5495	1212	23 212	265	342
福建	112 877	23 660	4864	70 257	2647	11 449	17 858	3784	705	12 807	188	374
江西	46 909	12 388	2508	27 370	455	4188	10 375	2535	628	6842	155	215
山东	311 960	66 425	15 688	183 388	7991	38 468	55 318	10 462	2144	39 648	1773	1291
河南	108 827	34 977	4589	53 212	3437	12 612	17 531	5601	574	9598	890	868
湖北	176 611	63 907	8840	95 463	1578	6823	29 025	8664	1136	18 470	424	331
湖南	129 484	45 631	3267	67 970	1362	11 254	20 133	6592	344	12 420	380	397
广东	790 543	74 645	28 379	642 712	6976	37 831	143 141	16 009	5407	118 416	1672	1637
广西	48 630	14 280	3417	21 946	2050	6937	6717	2467	340	3467	195	248
海南	9819	2127	1889	4631	162	1010	2273	656	472	1057	30	58
重庆	84 378	27 636	3527	46 161	2487	4567	13 600	4294	456	8094	540	216
四川	174 392	51 858	16 396	91 895	4608	9635	33 339	9468	3178	18 948	1230	515
贵州	28 062	4784	2326	17 846	790	2316	4712	1020	354	3017	164	157
云南	35 730	11 526	4327	15 646	945	3286	5907	2073	463	3123	99	149
西藏	1242	104	162	870	28	78	299	22	46	221	3	7
陕西	134 328	74 549	12 122	40 499	1553	5605	22 020	10 687	1620	9008	394	311
甘肃	20 802	6217	5403	6613	366	2203	3568	1195	910	1226	111	126
青海	3795	483	1039	1731	107	435	561	116	94	299	39	13
宁夏	8701	1156	397	6260	130	758	1522	283	91	1087	31	30
新疆	13 777	2460	2311	6728	537	1741	2398	562	228	1417	117	74
台湾地区	109 034	659	5654	92 632	552	9537	5508	31	196	4959	66	256
香港	9414	1395	39	6520	50	1410	752	147	0	541	7	57
澳门	392	154	0	169	4	65	69	48	0	18	0	3
广州	173 899	52 446	14 357	94 765	3616	8715	36 360	10 426	2491	21 978	979	486
长春	39 642	19 214	8394	9503	594	1937	6639	3224	732	2512	84	87
武汉	141 651	57 556	7414	72 049	1214	3418	22 751	7363	901	13 957	369	161
南京	171 565	84 511	9697	69 965	2446	4946	28 570	12 286	1391	14 088	559	246
杭州	182 881	66 043	6826	102 224	1325	6463	31 996	7623	1481	22 373	234	285

续表

地区	总累计						2023年					
	合计	高等院校	科研机构	企业	事业单位	个人	合计	高等院校	科研机构	企业	事业单位	个人
西安	120 593	71 296	11 771	32 959	1348	3219	19 850	10 073	1588	7651	354	184
济南	74 941	26 216	6577	33 215	2881	6052	13 693	3722	863	8140	773	195
沈阳	45 262	16 908	7778	16 370	467	3739	5946	2113	876	2719	112	126
成都	128 569	46 660	9001	64 042	3653	5213	25 787	8305	1539	14 586	1038	319
大连	37 692	17 119	7072	10 528	266	2707	4514	2214	699	1449	61	91
厦门	33 325	8036	984	22 587	258	1460	5374	819	206	4213	64	72
哈尔滨	53 133	38 077	2686	9171	205	2994	6503	4459	358	1543	30	113
深圳	368 511	12 274	9499	334 717	1609	10 412	62 244	3052	1907	56 319	423	543
青岛	91 314	23 097	6333	52 507	2990	6387	15 584	3871	830	10 285	393	205
宁波	71 077	7666	3981	51 505	487	7438	9372	856	545	7703	94	174
新疆兵团	2187	1251	198	535	26	177	388	306	3	68	2	9

表17　　分地区分专利权人类型国内实用新型专利授权量　　（单位：件）

地区	总累计						2023年					
	合计	高等院校	科研机构	企业	事业单位	个人	合计	高等院校	科研机构	企业	事业单位	个人
全国	20 198 788	1 155 412	262 264	14 944 929	411 172	3 425 011	2 084 664	60 063	16 500	1 831 617	58 018	118 466
北京	815 694	35 262	43 330	589 327	29 787	117 988	68 901	1956	2158	55 275	6853	2659
天津	529 130	19 725	8765	450 133	6309	44 198	40 991	912	367	37 772	650	1290
河北	539 486	28 039	5531	363 063	8106	134 747	61 202	1623	326	49 973	1242	8038
山西	178 476	13 569	5334	107 226	2965	49 382	19 483	976	162	15 233	751	2361
内蒙古	120 146	10 075	2819	64 616	3472	39 164	17 085	929	288	12 351	766	2751
辽宁	470 151	38 301	9300	280 856	8300	133 394	49 755	2071	525	42 254	1020	3885
吉林	154 186	24 387	3874	77 699	3271	44 955	16 473	1387	246	12 420	674	1746
黑龙江	231 091	42 078	7440	79 168	2596	99 809	16 303	1933	418	8747	514	4691
上海	861 544	35 107	15 126	726 321	25 327	59 663	95 380	990	881	88 499	3457	1553
江苏	2 932 865	140 746	16 160	2 509 662	54 420	211 877	302 132	5059	890	285 295	4431	6457
浙江	2 223 078	94 784	11 367	1 710 809	33 726	372 392	211 193	3606	806	195 497	3565	7719
安徽	791 006	44 980	6768	641 546	9849	87 863	99 086	2526	400	90 372	1850	3938
福建	727 678	28 042	4699	553 572	8163	133 202	72 127	1657	356	66 355	1355	2404
江西	348 382	30 410	3564	255 947	3869	54 592	29 885	1744	301	24 550	829	2461
山东	1 683 398	75 033	18 627	1 047 358	28 725	513 655	192 463	4216	1600	162 227	5353	19 067
河南	762 728	67 767	7936	520 302	19 167	147 556	78 574	3342	373	68 307	1650	4902
湖北	704 028	52 823	8626	524 334	15 343	102 902	94 533	2405	388	86 287	1758	3695
湖南	427 406	45 553	4277	277 147	6457	93 972	39 760	1931	301	33 581	1113	2834

续表

地区	总累计						2023年					
	合计	高等院校	科研机构	企业	事业单位	个人	合计	高等院校	科研机构	企业	事业单位	个人
广东	3 064 624	65 038	19 588	2 516 121	32 832	431 045	324 931	4310	1538	298 953	6629	13 501
广西	190 182	24 788	5233	94 855	15 843	49 463	20 675	1906	470	13 639	1603	3057
海南	49 073	3576	2355	33 808	2020	7314	7347	423	248	5749	514	413
重庆	401 158	33 153	4893	290 467	15 835	56 810	34 110	1394	297	28 673	2123	1623
四川	670 146	53 036	13 979	465 189	29 160	108 782	63 767	3375	702	51 186	4097	4407
贵州	172 075	19 082	4144	90 232	10 708	47 909	12 920	771	203	9613	495	1838
云南	201 096	22 853	4578	134 278	10 980	28 407	23 959	1518	399	19 340	1035	1667
西藏	7478	361	602	5208	259	1048	1385	29	82	1104	74	96
陕西	384 318	74 310	9370	229 202	7829	63 607	43 732	4173	486	33 890	1257	3926
甘肃	131 120	18 082	6135	62 752	5303	38 848	15 763	1417	611	10 420	937	2378
青海	27 277	1405	852	15 933	1567	7520	3265	134	34	2226	302	569
宁夏	58 559	2946	1600	43 406	1318	9289	8469	282	238	7160	289	500
新疆	116 136	9598	4675	65 501	5530	30 832	15 569	1041	387	11 932	823	1386
台湾地区	207 647	224	570	107 472	1861	97 520	2798	2	8	2233	3	552
香港	16 655	110	2	10 915	97	5531	598	16	0	491	6	85
澳门	771	60	11	250	161	289	50	9	11	13	0	17
广州	576 058	36 223	10 449	395 293	11 957	122 136	49 463	2330	718	40 826	2636	2953
长春	99 671	20 221	3025	58 140	2214	16 071	11 970	1153	204	9354	536	723
武汉	355 716	35 331	6711	257 823	7869	47 982	45 366	1780	259	40 680	1046	1601
南京	375 914	58 792	7782	268 248	13 271	27 821	35 965	2038	367	30 801	1633	1126
杭州	516 251	46 368	5372	399 487	10 205	54 819	58 939	1915	279	53 621	1284	1840
西安	276 393	57 074	8492	171 764	5803	33 260	29 864	3411	392	23 210	815	2036
济南	290 143	17 453	7423	187 633	6324	71 310	33 615	1015	646	28 286	1043	2625
沈阳	158 205	15 680	6254	89 588	5043	41 640	18 661	964	310	15 446	690	1251
成都	394 784	35 703	8061	288 869	13 326	48 825	35 965	2158	538	29 616	1861	1792
大连	138 725	10 832	1418	93 760	1150	31 565	16 480	543	108	14 996	162	671
厦门	166 548	6284	636	145 756	1988	11 884	18 886	404	72	17 443	543	424
哈尔滨	121 981	29 173	5505	46 363	1092	39 848	9511	1444	352	5168	217	2330
深圳	948 728	7174	3884	846 551	10 205	80 914	108 342	505	331	103 280	1931	2295
青岛	357 227	26 808	4557	274 092	6594	45 176	47 281	951	315	43 853	574	1588
宁波	372 988	8423	1645	292 156	4092	66 672	34 831	349	135	32 413	767	1167
新疆兵团	13 872	3897	839	6393	339	2404	1480	264	15	1019	64	118

表 18　　分地区分专利权人类型国内外观设计专利授权量　　（单位：件）

地区	总累计						2023 年					
	合计	高等院校	科研机构	企业	事业单位	个人	合计	高等院校	科研机构	企业	事业单位	个人
全国	8 109 251	196 279	18 073	4 303 001	47 403	3 544 495	628 384	18 121	1420	400 499	2912	205 432
北京	224 599	3389	2946	174 146	1972	42 146	17 197	552	180	14 971	183	1311
天津	63 749	4024	511	42 286	493	16 435	3844	233	26	2933	23	629
河北	143 550	3943	227	56 688	386	82 306	16 594	488	11	7053	95	8947
山西	26 692	1156	188	12 472	223	12 653	2423	259	11	1296	47	810
内蒙古	20 573	726	60	9723	161	9903	1782	173	2	921	41	645
辽宁	63 026	8366	296	21 148	425	32 791	4808	835	20	1952	57	1944
吉林	27 157	1454	118	11 953	136	13 496	2545	374	1	1237	18	915
黑龙江	51 667	5365	254	11 276	262	34 510	3250	732	26	1072	64	1356
上海	296 233	7590	1237	242 382	13 655	31 369	19 390	328	25	17 494	201	1342
江苏	1 260 471	26 562	1676	727 989	7168	497 076	36 975	1696	67	28 540	186	6486
浙江	1 390 116	31 106	1143	730 892	3508	623 467	105 882	1747	90	72 608	397	31 040
安徽	157 078	6081	282	84 038	1422	65 255	13 026	677	23	7609	190	4527
福建	336 240	4606	704	179 100	1162	150 668	30 279	696	34	19 795	52	9702
江西	182 541	7879	246	51 287	467	122 662	19 860	849	21	6346	105	12 539
山东	283 836	5588	1251	163 764	1108	112 125	25 742	945	67	17 356	132	7242
河南	166 749	4551	725	75 646	1316	84 511	13 852	305	13	6496	88	6950
湖北	123 911	9657	443	56 886	809	56 116	11 653	731	14	5942	85	4881
湖南	164 674	5398	267	56 273	586	102 150	15 047	630	28	5331	147	8911
广东	2 312 875	20 135	3027	1 187 640	6225	1 095 848	235 623	1717	594	157 990	302	75 020
广西	62 392	4113	185	16 400	513	41 181	6723	449	17	1436	50	4771
海南	11 103	341	125	5483	125	5029	1343	59	5	934	12	333
重庆	110 164	3299	308	72 125	869	33 563	6426	422	26	4027	81	1870
四川	308 519	9023	545	159 588	1663	137 700	15 967	1022	35	8878	130	5902
贵州	51 969	5314	329	23 893	329	22 104	4517	521	7	1552	29	2408
云南	37 739	3522	279	18 126	546	15 266	2852	393	16	1259	75	1109
西藏	2930	21	21	2077	44	767	193	13	1	118	4	57
陕西	99 578	9255	359	34 144	442	55 378	5810	669	28	2812	45	2256
甘肃	20 113	2831	151	8149	242	8740	1572	405	20	601	38	508
青海	4014	122	15	2195	87	1595	161	16	0	72	2	71
宁夏	6148	298	73	3513	52	2212	372	40	7	200	10	115
新疆	19 302	523	42	7886	185	10 666	1157	140	5	448	23	541
台湾地区	43 250	18	31	24 803	760	17 638	553	0	0	381	0	172
香港	35 624	20	9	28 629	38	6928	951	3	0	836	0	112
澳门	669	5	0	480	4	180	15	2	0	3	0	10
广州	385 221	9281	1543	211 595	1496	161 306	32 348	1002	481	25 814	104	4947

续表

地区	总累计						2023 年					
	合计	高等院校	科研机构	企业	事业单位	个人	合计	高等院校	科研机构	企业	事业单位	个人
长春	14 409	977	84	8452	57	4839	1558	263	1	990	9	295
武汉	53 784	7630	309	33 448	537	11 860	5719	561	12	3894	57	1195
南京	73 911	10 724	450	44 859	407	17 471	4243	367	31	3198	59	588
杭州	212 411	20 875	266	145 904	1343	44 023	16 790	660	25	14 208	109	1788
西安	71 683	7347	240	24 576	235	39 285	3872	446	27	2315	29	1055
济南	32 484	1897	161	20 175	196	10 055	3279	270	28	2425	17	539
沈阳	23 695	3757	131	8327	173	11 307	1828	280	11	855	31	651
成都	216 057	5509	339	124 862	912	84 435	9037	682	28	6767	91	1469
大连	14 494	2480	127	6371	76	5440	1063	257	9	461	14	322
厦门	71 547	869	23	57 691	42	12 922	7207	209	3	6343	5	647
哈尔滨	25 419	4240	212	6461	136	14 370	1756	522	26	546	25	637
深圳	574 117	1145	525	435 713	448	136 286	64 519	246	37	58 241	67	5928
青岛	61 825	1210	696	48 535	290	11 094	5764	218	12	4739	16	779
宁波	319 360	2164	163	183 082	538	133 413	19 907	202	12	14 297	105	5291
新疆兵团	889	59	8	407	6	409	115	10	0	69	1	35

表 19　　按国别(地区)分国外在华发明专利授权量　　(单位:件)

国家或地区	总累计	2018 年	2022 年	2023 年
合计	1 526 334	86 188	102 756	101 563
孟加拉国	1	0	0	0
安道尔	13	0	2	0
阿联酋	139	19	17	17
安提瓜和巴布达	58	0	19	32
安圭拉	4	0	0	0
亚美尼亚	4	0	0	0
阿根廷	70	8	5	1
奥地利	9407	629	711	701
澳大利亚	7302	306	406	326
阿塞拜疆	2	0	0	0
巴巴多斯	1374	120	119	132
比利时	7554	379	534	483
保加利亚	71	5	6	4
巴林	4	0	3	0
布隆迪	1	0	0	0
百慕大	864	114	39	24
文莱	31	0	1	0

续表

国家或地区	总累计	2018 年	2022 年	2023 年
巴西	1116	44	62	110
巴哈马	159	9	3	3
白俄罗斯	19	0	2	3
伯利兹	13	4	2	0
加拿大	11 025	621	642	631
刚果(金)	4	0	1	1
中非	1	0	0	0
瑞士	39 776	1897	2755	2331
库克群岛	5	1	0	0
智利	153	13	14	11
喀麦隆	2	0	0	0
哥伦比亚	45	4	1	1
哥斯达黎加	8	2	1	1
古巴	122	4	2	6
库拉索	2	1	0	0
塞浦路斯	221	8	20	15
捷克	440	33	42	39
德国	155 916	9664	11 248	9444
丹麦	9264	431	637	523
多米尼加	6	0	0	0
阿尔及利亚	3	1	0	0
厄瓜多尔	4	1	0	0
爱沙尼亚	43	2	4	4
埃及	15	1	0	1
西班牙	3453	181	230	225
芬兰	13 290	695	668	601
斐济	1	0	0	0
法国	54 160	2851	3348	3234
加蓬	2	0	0	0
英国	24 953	1333	1655	1735
格鲁吉亚	3	0	0	1
根西岛	6	2	2	2
直布罗陀	31	1	2	1
几内亚	1	0	0	0
希腊	232	17	23	14
克罗地亚	72	2	4	3
匈牙利	542	17	18	25
印度尼西亚	42	2	2	2

续表

国家或地区	总累计	2018 年	2022 年	2023 年
爱尔兰	2920	135	356	364
以色列	5953	386	564	583
马恩岛	3	0	1	1
印度	2157	102	179	167
伊拉克	1	0	1	0
伊朗	11	0	0	1
冰岛	183	2	10	8
意大利	19 158	947	1333	1139
泽西岛	6	1	0	0
牙买加	4	0	0	0
约旦	10	1	0	1
日本	556 059	28 094	33 301	32 929
肯尼亚	1	0	0	0
吉尔吉斯斯坦	5	0	0	1
柬埔寨	4	0	2	1
圣基茨和尼维斯	1	0	0	0
朝鲜	12	0	0	0
韩国	134 112	8623	10 464	12 623
科威特	7	0	0	1
开曼群岛	14 359	776	1822	3367
哈萨克斯坦	22	0	1	0
老挝	1	0	1	0
黎巴嫩	11	0	1	0
列支敦士登	1513	78	138	135
斯里兰卡	10	0	1	1
利比里亚	2	0	0	0
立陶宛	33	2	8	1
卢森堡	2223	166	153	187
拉脱维亚	39	3	1	0
摩洛哥	16	0	2	4
摩纳哥	91	3	4	4
摩尔多瓦	3	0	0	0
马达加斯加	3	1	0	0
马绍尔群岛	9	1	2	0
北马其顿	2	1	0	0
马里	17	1	3	3
蒙古国	5	0	0	0
马耳他	183	10	14	11

续表

国家或地区	总累计	2018 年	2022 年	2023 年
毛里求斯	82	1	2	1
马尔代夫	1	0	0	0
墨西哥	381	22	26	17
马来西亚	546	28	26	31
纳米比亚	3	0	1	0
尼日尔	1	0	0	0
尼日利亚	1	0	0	0
荷兰	40 005	1924	2097	1996
挪威	3020	145	240	164
新西兰	1277	98	111	83
阿曼	5	0	0	0
巴拿马	244	0	1	12
秘鲁	10	1	1	2
菲律宾	68	5	4	5
巴基斯坦	6	0	0	1
波兰	513	25	48	47
巴勒斯坦	1	0	0	1
葡萄牙	293	22	42	27
卡塔尔	15	1	1	0
罗马尼亚	28	1	3	3
塞尔维亚	14	0	4	0
俄罗斯	1541	74	115	126
沙特阿拉伯	1046	103	121	60
塞舌尔	98	9	2	4
瑞典	25 871	1301	1943	1639
新加坡	7374	523	631	908
斯洛文尼亚	261	10	18	14
斯洛伐克	87	5	8	6
圣马力诺	16	1	2	2
萨尔瓦多	2	0	0	0
叙利亚	1	0	0	0
斯威士兰	1	0	0	0
泰国	342	13	48	47
突尼斯	7	0	0	3
土耳其	655	53	59	47
特立尼达和多巴哥	3	0	0	0
乌克兰	93	5	4	6
美国	358 178	22 915	25 497	24 005

续表

国家或地区	总累计	2018 年	2022 年	2023 年
乌拉圭	24	2	3	2
乌兹别克斯坦	8	0	0	0
圣文森特和格林纳丁斯	9	0	0	0
委内瑞拉	42	0	0	0
英属维尔京群岛	1673	90	49	47
越南	22	2	2	1
瓦努阿图	6	0	1	0
萨摩亚	110	12	5	19
南非	876	39	29	18
赞比亚	2	1	0	0
津巴布韦	3	0	0	0
其他	271	2	0	0

表 20　　按国别(地区)分国外在华实用新型专利授权量　　(单位:件)

国家或地区	总累计	2018 年	2022 年	2023 年
合计	100 297	7303	8106	5667
阿联酋	48	7	5	13
安圭拉	20	0	4	2
阿尔巴尼亚	1	0	0	0
阿根廷	18	1	2	0
奥地利	474	29	54	16
澳大利亚	929	48	86	37
阿塞拜疆	1	0	0	0
巴巴多斯	54	3	21	10
比利时	365	22	50	25
保加利亚	10	3	0	0
百慕大	123	2	0	0
文莱	38	4	0	0
巴西	172	15	13	3
巴哈马	20	0	0	0
白俄罗斯	6	0	1	0
伯利兹	58	1	0	0
加拿大	848	72	60	34
刚果(金)	22	1	6	9
刚果(布)	2	0	0	1
瑞士	2284	137	188	135
库克群岛	3	1	0	0
智利	8	0	0	0

续表

国家或地区	总累计	2018 年	2022 年	2023 年
哥伦比亚	5	0	0	0
哥斯达黎加	4	0	0	2
古巴	1	0	0	1
塞浦路斯	31	4	2	0
捷克	142	12	9	7
德国	9772	737	926	605
丹麦	442	22	42	20
多米尼加	3	0	0	0
阿尔及利亚	3	0	0	0
厄瓜多尔	21	0	8	12
爱沙尼亚	27	1	3	3
埃及	9	0	0	0
西班牙	383	22	25	18
芬兰	782	68	80	34
法国	3764	298	359	290
英国	1616	87	121	71
格鲁吉亚	1	0	0	0
直布罗陀	2	1	0	0
希腊	4	1	0	0
危地马拉	1	0	0	0
克罗地亚	6	0	1	0
匈牙利	30	2	3	0
印度尼西亚	31	0	1	0
爱尔兰	152	15	18	17
以色列	483	32	48	26
印度	142	9	12	14
伊拉克	5	0	0	0
伊朗	20	1	3	1
冰岛	5	0	0	3
意大利	1727	131	196	114
约旦	25	0	1	1
日本	31 823	2138	2043	1135
吉尔吉斯斯坦	1	0	0	0
柬埔寨	39	0	4	19
圣基茨和尼维斯	2	0	1	0
朝鲜	12	0	3	1
韩国	9608	806	1046	937
科威特	1	0	0	0

续表

国家或地区	总累计	2018 年	2022 年	2023 年
开曼群岛	914	79	13	139
哈萨克斯坦	9	0	0	0
老挝	4	0	2	0
黎巴嫩	11	0	0	0
列支敦士登	33	1	5	4
立陶宛	2	1	0	0
卢森堡	183	12	6	8
拉脱维亚	7	1	2	0
摩洛哥	3	0	0	0
摩纳哥	10	0	1	0
马绍尔群岛	4	0	0	1
马里	16	2	0	1
蒙古国	5	1	1	0
马耳他	12	0	0	2
毛里求斯	29	0	1	0
墨西哥	22	1	3	0
马来西亚	293	12	37	14
尼日尔	1	0	0	0
尼日利亚	4	0	0	0
荷兰	1497	87	219	171
挪威	82	1	13	3
新西兰	189	10	27	29
阿曼	2	1	0	0
巴拿马	10	0	1	0
秘鲁	5	0	0	0
菲律宾	61	8	5	2
巴基斯坦	7	0	1	3
波兰	57	6	4	3
葡萄牙	8	0	2	0
卡塔尔	2	0	0	1
罗马尼亚	6	0	0	0
塞尔维亚	2	0	0	0
俄罗斯	380	20	22	15
沙特阿拉伯	18	2	0	1
塞舌尔	78	5	4	4
瑞典	997	54	125	72
新加坡	3320	522	195	154
斯洛文尼亚	8	1	1	1

续表

国家或地区	总累计	2018 年	2022 年	2023 年
斯洛伐克	9	0	1	0
圣马力诺	4	0	0	0
泰国	156	14	15	5
塔吉克斯坦	2	0	2	0
土耳其	105	4	4	6
乌克兰	38	2	3	1
美国	23 971	1688	1892	1329
乌拉圭	5	1	0	0
英属维尔京群岛	829	15	38	75
越南	21	0	7	1
萨摩亚	152	13	2	5
也门	1	1	0	0
南非	48	5	3	0
赞比亚	7	0	4	1
其他	29	0	0	0

表 21　　按国别(地区)分国外在华外观设计专利授权量　　(单位:件)

国家或地区	总累计	2018 年	2022 年	2023 年
合计	315 300	18 558	11 344	9560
安道尔	3	0	0	1
阿联酋	255	11	23	20
阿富汗	13	2	0	0
安圭拉	3	0	1	0
阿尔巴尼亚	3	0	0	2
安哥拉	2	0	0	0
阿根廷	22	1	1	1
奥地利	1238	81	68	27
澳大利亚	4306	260	229	187
巴巴多斯	359	66	8	17
孟加拉国	4	1	0	0
比利时	1203	103	50	53
保加利亚	47	2	4	0
巴林	2	0	1	0
百慕大	107	0	0	0
玻利维亚	2	0	0	0
巴西	698	19	33	25
白俄罗斯	9	0	0	0
加拿大	2190	135	70	65

续表

国家或地区	总累计	2018 年	2022 年	2023 年
瑞士	12 427	887	683	387
科特迪瓦	2	0	0	1
库克群岛	20	3	0	0
智利	5	0	0	0
哥伦比亚	37	4	1	5
塞浦路斯	134	12	3	0
捷克	1092	84	37	17
德国	27 941	1692	1241	1067
丹麦	2993	138	173	118
多米尼加	15	0	10	0
阿尔及利亚	4	1	1	0
厄瓜多尔	7	1	0	0
爱沙尼亚	58	5	6	3
埃及	23	0	2	0
西班牙	2769	177	118	119
芬兰	2412	117	70	52
法国	13 691	767	685	530
英国	9285	821	295	304
格鲁吉亚	15	2	0	0
根西岛	6	3	0	0
希腊	87	3	1	1
危地马拉	7	0	0	0
克罗地亚	21	0	0	1
匈牙利	54	11	0	2
印度尼西亚	208	19	6	18
爱尔兰	375	27	19	15
以色列	1194	91	65	44
马恩岛	3	0	0	3
印度	607	57	23	9
伊拉克	19	7	1	4
伊朗	42	0	2	0
冰岛	3	0	0	0
意大利	11 139	608	512	441
约旦	16	2	0	0
日本	92 589	4024	2219	1983
吉尔吉斯斯坦	1	1	0	0
柬埔寨	1	0	0	1
朝鲜	3	0	2	1

续表

国家或地区	总累计	2018 年	2022 年	2023 年
韩国	36 631	2386	1474	1260
科威特	11	0	3	0
开曼群岛	2926	292	47	80
哈萨克斯坦	4	0	0	3
黎巴嫩	13	1	0	5
列支敦士登	730	38	2	4
斯里兰卡	30	1	1	0
立陶宛	29	2	4	6
卢森堡	922	85	37	33
拉脱维亚	41	0	3	1
摩洛哥	53	1	0	0
摩纳哥	213	0	23	40
摩尔多瓦	2	0	0	0
黑山	1	1	0	0
马绍尔群岛	6	0	0	0
北马其顿	3	0	0	0
马里	19	4	1	0
缅甸	14	2	0	0
蒙古国	4	0	0	1
马耳他	53	8	5	1
毛里求斯	48	0	3	0
墨西哥	264	17	7	0
马来西亚	798	31	16	23
尼日利亚	25	2	2	0
荷兰	6584	355	237	257
挪威	531	27	39	17
尼泊尔	2	1	0	0
新西兰	736	73	38	23
阿曼	2	1	0	0
巴拿马	48	0	0	4
秘鲁	1	0	0	0
菲律宾	38	1	0	1
巴基斯坦	33	6	2	4
波兰	297	22	21	22
葡萄牙	103	6	8	0
巴拉圭	3	0	0	0
卡塔尔	18	0	3	0
罗马尼亚	15	1	2	2

续表

国家或地区	总累计	2018 年	2022 年	2023 年
俄罗斯	549	45	25	14
沙特阿拉伯	514	25	3	1
塞舌尔	80	0	15	5
苏丹	2	0	0	2
瑞典	4981	357	209	205
新加坡	2266	178	164	178
斯洛文尼亚	129	17	9	10
斯洛伐克	64	6	1	4
圣马力诺	12	0	2	0
泰国	596	36	18	30
土耳其	584	11	17	10
特立尼达和多巴哥	4	2	0	0
乌克兰	56	7	5	1
美国	62 204	4155	2183	1767
委内瑞拉	12	0	0	4
英属维尔京群岛	1634	53	25	11
越南	169	38	18	6
萨摩亚	62	3	1	1
也门	10	1	0	0
南非	187	15	8	0
其他	163	0	0	0

表 22　　　　　　　　　　分国内外三种专利有效量年度状况(2018—2023 年)　　　　　　　　　　(单位:件)

统计范围	年份	发明	实用新型	外观设计
合计	2018	2 366 314	4 403 658	1 610 616
	2019	2 670 784	5 262 039	1 789 671
	2020	3 057 844	6 947 697	2 187 356
	2021	3 596 901	9 243 443	2 580 532
	2022	4 212 188	10 835 261	2 831 512
	2023	4 990 633	12 128 677	3 233 684
国内	2018	1 662 269	4 359 926	1 495 596
	2019	1 926 122	5 214 362	1 671 586
	2020	2 279 123	6 895 886	2 061 859
	2021	2 773 287	9 190 633	2 453 506
	2022	3 351 453	10 781 169	2 708 070
	2023	4 088 695	12 075 757	3 115 376

续表

统计范围	年份	发明	实用新型	外观设计
国外	2018	704 045	43 732	115 020
	2019	744 662	47 677	118 085
	2020	778 721	51 811	125 497
	2021	823 614	52 810	127 026
	2022	860 735	54 092	123 442
	2023	901 938	52 920	118 308

表 23　　分地区国内发明专利有效量　　（单位：件）

地区	2018 年	2022 年	2023 年
全国	1 662 269	3 351 453	4 088 695
北京	241 282	477 790	574 323
天津	32 066	51 162	63 761
河北	24 939	51 959	64 631
山西	12 983	23 235	29 010
内蒙古	5076	9664	12 591
辽宁	37 505	64 049	75 548
吉林	13 071	26 420	33 118
黑龙江	22 252	39 256	46 144
上海	114 967	201 950	241 387
江苏	212 394	428 589	529 185
浙江	133 605	305 598	364 913
安徽	61 475	144 704	172 876
福建	38 522	75 064	90 927
江西	11 015	31 312	41 253
山东	87 362	189 383	239 558
河南	33 524	67 164	83 127
湖北	48 644	117 557	144 472
湖南	40 684	87 133	105 327
广东	248 539	539 237	665 592
广西	20 986	31 855	37 613
海南	2655	6161	8237
重庆	27 932	51 856	64 200
四川	52 074	108 672	139 907
贵州	10 099	17 804	22 058
云南	12 194	22 009	27 630
西藏	600	1024	1207

续表

地区	2018 年	2022 年	2023 年
陕西	39 329	82 069	102 176
甘肃	6879	12 000	15 252
青海	1402	2547	3049
宁夏	2820	5195	6527
新疆	5028	7429	9281
台湾地区	55 765	65 199	66 953
香港	4491	6161	6547
澳门	110	246	315
广州	48 380	117 839	152 118
长春	10 100	21 729	27 606
武汉	37 032	94 432	115 756
南京	49 812	113 858	139 382
杭州	51 306	122 999	153 455
西安	35 383	74 887	93 175
济南	21 179	45 014	57 608
沈阳	15 038	27 049	32 247
成都	35 856	79 445	103 643
大连	13 009	23 285	27 284
厦门	11 320	23 767	28 543
哈尔滨	18 512	32 692	38 312
深圳	119 023	243 820	300 335
青岛	26 270	59 414	73 676
宁波	23 910	47 084	55 794
新疆兵团	747	1170	1512

表 24　　分地区国内实用新型专利有效量　　（单位：件）

地区	2018 年	2022 年	2023 年
全国	4 359 926	10 781 169	12 075 757
北京	263 909	451 923	479 757
天津	123 971	260 469	279 947
河北	103 668	307 760	347 246
山西	34 782	95 159	106 353
内蒙古	20 238	66 317	78 019
辽宁	80 515	219 846	254 458
吉林	27 651	71 755	82 345
黑龙江	39 603	85 886	94 976
上海	214 787	493 714	556 735
江苏	589 946	1 707 243	1 884 597

续表

地区	2018 年	2022 年	2023 年
浙江	513 682	1 096 110	1 236 244
安徽	165 100	396 545	465 154
福建	169 102	379 390	420 870
江西	74 620	180 498	194 278
山东	265 999	835 389	965 483
河南	146 704	389 520	436 471
湖北	129 562	383 741	456 856
湖南	93 061	218 625	242 576
广东	771 546	1 854 144	2 047 222
广西	33 569	103 158	113 759
海南	5638	31 898	37 702
重庆	88 577	189 430	209 942
四川	150 270	358 863	399 123
贵州	36 698	92 007	94 853
云南	42 267	110 469	126 444
西藏	835	4568	5636
陕西	70 913	195 106	227 390
甘肃	23 770	60 115	70 114
青海	4677	15 913	17 409
宁夏	10 226	33 326	39 519
新疆	21 388	56 694	71 294
台湾地区	38 095	30 598	28 077
香港	4371	4698	4612
澳门	186	292	296
广州	141 882	351 782	364 525
长春	19 946	52 532	60 605
武汉	66 682	201 286	234 996
南京	81 760	227 248	245 888
杭州	107 471	282 081	325 814
西安	53 465	144 675	165 456
济南	43 698	157 607	178 405
沈阳	26 591	75 244	88 967
成都	91 106	212 945	235 160
大连	22 431	67 002	79 680
厦门	44 456	104 183	117 202
哈尔滨	23 862	48 776	54 428
深圳	223 486	584 557	656 462
青岛	64 454	200 368	234 736
宁波	86 706	181 670	206 196
新疆兵团	2846	7083	7733

表 25　分地区国内外观设计专利有效量　（单位：件）

地区	2018 年	2022 年	2023 年
全国	1 495 596	2 708 070	3 115 376
北京	64 738	117 002	127 062
天津	12 842	20 908	22 815
河北	31 357	64 365	75 505
山西	5084	9808	11 539
内蒙古	4182	7817	8930
辽宁	12 092	19 143	21 967
吉林	5502	10 678	12 384
黑龙江	6733	11 767	13 879
上海	54 174	105 451	117 009
江苏	152 075	177 183	199 814
浙江	254 160	448 552	520 623
安徽	29 907	54 954	64 225
福建	70 846	124 444	143 221
江西	33 651	68 382	79 999
山东	56 879	114 082	131 669
河南	35 370	60 241	69 272
湖北	24 755	49 462	57 058
湖南	31 715	61 150	70 567
广东	453 750	965 931	1 124 074
广西	11 072	25 017	29 278
海南	1984	4035	5220
重庆	23 555	33 420	37 055
四川	56 664	73 389	82 178
贵州	8647	16 160	18 714
云南	8009	12 926	14 629
西藏	592	1021	1010
陕西	17 679	21 186	25 298
甘肃	4254	5860	6830
青海	879	1268	1300
宁夏	986	1926	2167
新疆	5437	6036	6534
台湾地区	8286	7241	6581
香港	7400	6956	6683
澳门	340	309	287
广州	74 250	155 068	171 164
长春	3288	6467	7646
武汉	11 119	23 512	27 383

续表

地区	2018 年	2022 年	2023 年
南京	15 548	22 785	25 445
杭州	43 084	77 809	89 315
西安	13 161	15 176	17 957
济南	7689	15 138	17 056
沈阳	4333	7392	8419
成都	36 349	41 664	46 531
大连	2903	4604	5248
厦门	17 137	34 372	38 981
哈尔滨	3498	6050	7270
深圳	121 002	288 040	332 902
青岛	13 634	28 610	32 975
宁波	57 886	99 442	112 459
新疆兵团	271	351	364

表 26　分地区分专利权人类型国内发明专利有效量(2023 年)　　　　（单位：件）

地区	合计	高等院校	科研机构	企业	事业单位	个人
全国	4 088 695	794 234	229 190	2 909 121	56 192	99 958
北京	574 323	90 263	73 525	391 814	10 961	7760
天津	63 761	19 290	3951	38 684	667	1169
河北	64 631	10 902	1375	48 174	910	3270
山西	29 010	9923	1846	15 776	284	1181
内蒙古	12 591	2323	537	8716	122	893
辽宁	75 548	25 662	9862	36 972	584	2468
吉林	33 118	13 947	4964	12 792	355	1060
黑龙江	46 144	27 377	1518	15 330	251	1668
上海	241 387	40 776	17 638	176 248	3679	3046
江苏	529 185	111 244	12 735	390 125	6289	8792
浙江	364 913	59 315	11 168	279 067	3238	12 125
安徽	172 876	23 464	4686	138 724	1168	4834
福建	90 927	17 036	3615	66 084	950	3242
江西	41 253	8537	1855	28 784	477	1600
山东	239 558	44 336	9324	171 044	5370	9484
河南	83 127	21 625	2078	52 228	3007	4189
湖北	144 472	43 174	5638	92 339	1164	2157
湖南	105 327	33 788	2113	65 092	1462	2872
广东	665 592	56 214	22 311	569 661	4971	12 435
广西	37 613	10 869	1832	21 493	1064	2355
海南	8237	1784	1304	4746	78	325

续表

地区	合计	高等院校	科研机构	企业	事业单位	个人
重庆	64 200	17 823	1922	40 958	1927	1570
四川	139 907	36 134	11 763	85 822	3115	3073
贵州	22 058	3480	1351	15 892	561	774
云南	27 630	8127	2159	15 943	438	963
西藏	1207	72	149	945	16	25
陕西	102 176	48 743	8416	42 173	1208	1636
甘肃	15 252	3559	4161	6549	293	690
青海	3049	388	615	1828	98	120
宁夏	6527	842	200	5202	86	197
新疆	9281	1673	1018	5705	394	491
台湾地区	66 953	314	3561	59 151	940	2987
香港	6547	1104	0	4899	64	480
澳门	315	126	0	161	1	27
广州	152 118	38 705	10 064	97 304	2845	3200
长春	27 606	12 132	4880	9773	286	535
武汉	115 756	38 631	4533	70 511	913	1168
南京	139 382	61 774	5154	68 458	2118	1878
杭州	153 455	43 321	4330	102 773	1029	2002
西安	93 175	46 969	8311	35 728	1072	1095
济南	57 608	17 096	3549	33 086	2334	1543
沈阳	32 247	10 867	4616	15 560	334	870
成都	103 643	32 707	6089	60 466	2540	1841
大连	27 284	11 682	5090	9662	171	679
厦门	28 543	5037	762	22 059	169	516
哈尔滨	38 312	24 918	1418	10 839	167	970
深圳	300 335	10 246	8579	276 334	1174	4002
青岛	73 676	16 080	3950	50 692	1325	1629
宁波	55 794	4306	3478	45 989	395	1626
新疆兵团	1512	933	18	504	7	50

表 27　　分地区分专利权人类型国内实用新型专利有效量(2023 年)　　(单位:件)

地区	合计	高等院校	科研机构	企业	事业单位	个人
全国	12 075 757	384 613	103 801	10 541 013	271 987	774 343
北京	479 757	13 110	17 556	402 241	25 151	21 699
天津	279 947	7049	3310	257 993	2848	8747
河北	347 246	9270	1870	285 894	5392	44 820
山西	106 353	5879	1175	81 304	2188	15 807
内蒙古	78 019	5198	1075	54 861	2627	14 258

续表

地区	合计	高等院校	科研机构	企业	事业单位	个人
辽宁	254 458	13 235	3224	208 771	5125	24 103
吉林	82 345	8267	1218	59 918	2502	10 440
黑龙江	94 976	10 676	1912	56 117	1395	24 876
上海	556 735	7999	5431	516 865	14 888	11 552
江苏	1 884 597	46 929	6811	1 760 751	30 259	39 847
浙江	1 236 244	25 508	4932	1 122 636	23 645	59 523
安徽	465 154	13 905	2458	421 127	7117	20 547
福建	420 870	11 868	2441	383 309	5149	18 103
江西	194 278	9185	1755	165 765	3339	14 234
山东	965 483	22 092	7944	796 655	15 636	123 156
河南	436 471	20 671	2352	368 721	11 254	33 473
湖北	456 856	16 431	3135	406 254	9789	21 247
湖南	242 576	14 020	1634	201 168	5126	20 628
广东	2 047 222	28 457	11 031	1 872 248	24 439	111 047
广西	113 759	10 845	2476	72 881	11 425	16 132
海南	37 702	1981	1138	30 735	1500	2348
重庆	209 942	10 068	1598	179 023	9469	9784
四川	399 123	19 375	5915	323 966	23 652	26 215
贵州	94 853	7530	1091	59 487	7299	19 446
云南	126 444	8128	1797	102 464	6012	8043
西藏	5636	269	322	4497	196	352
陕西	227 390	23 328	2706	176 952	5037	19 367
甘肃	70 114	6847	2517	44 581	3152	13 017
青海	17 409	793	211	12 316	1154	2935
宁夏	39 519	1452	1024	33 173	976	2894
新疆	71 294	4127	1610	53 174	4090	8293
台湾地区	28 077	34	121	21 605	61	6256
香港	4612	59	0	3419	71	1063
澳门	296	28	11	142	24	91
广州	364 525	15 405	5265	298 102	10 826	34 927
长春	60 605	7130	1061	45 923	2098	4393
武汉	234 996	11 668	2286	206 530	6054	8458
南京	245 888	21 613	3217	205 153	9109	6796
杭州	325 814	13 283	2308	291 243	8063	10 917
西安	165 456	18 941	2369	130 163	3615	10 368
济南	178 405	5826	3287	148 439	3457	17 396
沈阳	88 967	5250	2292	69 662	3756	8007
成都	235 160	12 427	3596	197 362	10 692	11 083

续表

地区	合计	高等院校	科研机构	企业	事业单位	个人
大连	79 680	3484	557	71 010	741	3888
厦门	117 202	2151	417	110 018	1980	2636
哈尔滨	54 428	8166	1656	33 740	584	10 282
深圳	656 462	3573	2496	624 953	6408	19 032
青岛	234 736	5666	2177	212 782	2846	11 265
宁波	206 196	3457	751	188 438	3371	10 179
新疆兵团	7733	1530	90	5257	196	660

表28　　　　分地区分专利权人类型国内外观设计专利有效量(2023年)　　　　(单位:件)

地区	合计	高等院校	科研机构	企业	事业单位	个人
全国	3 115 376	52 439	6269	2 057 757	10 219	988 692
北京	127 062	1796	1497	113 621	1002	9146
天津	22 815	649	101	18 846	87	3132
河北	75 505	1304	63	35 326	209	38 603
山西	11 539	663	40	6806	90	3940
内蒙古	8930	406	14	5002	96	3412
辽宁	21 967	1865	117	10 838	118	9029
吉林	12 384	779	11	6870	83	4641
黑龙江	13 879	1589	69	5206	135	6880
上海	117 009	1576	296	106 608	1177	7352
江苏	199 814	6076	331	156 781	712	35 914
浙江	520 623	4425	314	348 832	1176	165 876
安徽	64 225	1882	96	41 222	592	20 433
福建	143 221	1988	156	93 294	185	47 598
江西	79 999	1861	107	26 942	230	50 859
山东	131 669	2192	210	92 657	350	36 260
河南	69 272	931	148	35 992	504	31 697
湖北	57 058	2694	121	30 241	275	23 727
湖南	70 567	1650	97	27 532	292	40 996
广东	1 124 074	6155	1708	751 044	966	364 201
广西	29 278	1331	53	8074	300	19 520
海南	5220	162	42	3572	62	1382
重庆	37 055	1009	81	27 082	269	8614
四川	82 178	3125	253	50 537	476	27 787
贵州	18 714	1937	41	8588	119	8029
云南	14 629	1236	67	8645	229	4452
西藏	1010	16	3	772	32	187
陕西	25 298	1558	108	16 153	194	7285

续表

地区	合计	高等院校	科研机构	企业	事业单位	个人
甘肃	6830	1126	61	3530	111	2002
青海	1300	56	4	777	25	438
宁夏	2167	129	39	1472	48	479
新疆	6534	257	15	4008	62	2192
台湾地区	6581	1	6	4919	4	1651
香港	6683	10	0	5758	5	910
澳门	287	5	0	210	4	68
广州	171 164	3555	1053	131 349	426	34 781
长春	7646	559	11	5483	43	1550
武汉	27 383	2050	85	20 349	162	4737
南京	25 445	1791	128	20 169	222	3135
杭州	89 315	1799	79	77 837	440	9160
西安	17 957	1103	99	13 000	117	3638
济南	17 056	587	66	13 414	96	2893
沈阳	8419	637	51	4586	44	3101
成都	46 531	2113	148	36 115	292	7863
大连	5248	563	62	2992	41	1590
厦门	38 981	398	11	35 182	35	3355
哈尔滨	7270	1163	65	2929	84	3029
深圳	332 902	614	297	292 950	188	38 853
青岛	32 975	593	75	28 702	29	3576
宁波	112 459	692	42	80 246	268	31 211
新疆兵团	364	35	1	201	3	124

表29　按国别(地区)分国外在华发明专利有效量　　　　　　　　　　　　　　　　(单位:件)

国家或地区	2018年	2022年	2023年
合计	704 045	860 735	901 938
安道尔	6	11	8
阿联酋	73	112	118
安提瓜和巴布达	0	22	54
安圭拉	2	3	6
亚美尼亚	2	0	0
阿根廷	36	36	33
奥地利	4381	5968	6426
澳大利亚	2791	3096	3193
巴巴多斯	774	764	870
孟加拉国	0	1	1
比利时	3678	4202	4311

续表

国家或地区	2018年	2022年	2023年
保加利亚	26	40	43
巴林	0	3	3
布隆迪	0	1	1
百慕大	398	547	589
文莱	5	5	2
巴西	452	489	559
巴哈马	81	53	46
白俄罗斯	0	15	13
伯利兹	11	10	8
加拿大	5223	6477	6730
刚果（金）	0	3	4
瑞士	18 433	23 017	23 875
库克群岛	3	1	1
智利	67	93	99
喀麦隆	0	1	1
哥伦比亚	18	22	22
哥斯达黎加	3	6	6
古巴	68	44	44
库拉索	2	3	3
塞浦路斯	84	96	104
捷克	164	269	298
德国	73 166	90 967	94 316
丹麦	4094	5854	5920
多米尼加	1	1	1
阿尔及利亚	3	1	1
厄瓜多尔	3	2	1
爱沙尼亚	14	26	30
埃及	5	6	6
西班牙	1380	1823	1923
芬兰	6504	7064	7136
斐济	0	1	1
法国	24 928	28 481	29 876
英国	10 332	12 610	13 531
格鲁吉亚	1	0	1
根西岛	2	3	5
直布罗陀	21	22	21
希腊	97	132	130
克罗地亚	8	13	15

续表

国家或地区	2018 年	2022 年	2023 年
匈牙利	154	178	190
印度尼西亚	22	22	21
爱尔兰	1512	2650	2780
以色列	2379	3585	3976
马恩岛	1	1	2
印度	950	1071	1156
伊拉克	0	1	1
伊朗	2	4	4
冰岛	70	79	79
意大利	8607	11 028	11 476
泽西岛	3	1	1
牙买加	2	3	3
约旦	5	7	7
日本	264 177	304 564	312 874
吉尔吉斯斯坦	1	0	1
柬埔寨	0	3	5
圣基茨和尼维斯	1	0	0
朝鲜	3	2	2
韩国	56 443	76 785	85 497
科威特	1	1	2
开曼群岛	4488	11 236	14 694
哈萨克斯坦	8	10	9
老挝	0	1	1
黎巴嫩	3	6	6
圣卢西亚	1	0	0
列支敦士登	604	898	1005
斯里兰卡	3	5	6
立陶宛	4	29	29
卢森堡	1311	1532	1647
拉脱维亚	17	16	11
摩洛哥	8	8	12
摩纳哥	24	30	29
摩尔多瓦	0	2	2
马达加斯加	1	0	0
马绍尔群岛	5	7	7
北马其顿	2	1	1
马里	2	13	17
缅甸	2	2	2

续表

国家或地区	2018 年	2022 年	2023 年
马耳他	109	169	176
毛里求斯	107	104	89
墨西哥	302	264	271
马来西亚	274	267	281
纳米比亚	1	2	2
尼日尔	0	1	1
尼日利亚	0	1	1
荷兰	17 854	20 111	20 702
挪威	1242	1473	1517
新西兰	538	739	789
阿曼	1	4	3
巴拿马	57	30	34
秘鲁	3	5	6
菲律宾	60	54	56
巴基斯坦	1	0	1
波兰	201	273	301
巴勒斯坦	0	0	1
葡萄牙	95	182	189
卡塔尔	11	8	4
罗马尼亚	5	10	13
塞尔维亚	5	13	11
俄罗斯	488	644	714
沙特阿拉伯	493	724	633
塞舌尔	45	48	58
瑞典	11 046	14 207	14 865
新加坡	3616	5916	6252
斯洛文尼亚	116	126	120
斯洛伐克	28	57	61
圣马力诺	1	9	11
萨尔瓦多	2	0	0
泰国	85	230	270
突尼斯	4	3	5
土耳其	277	252	284
特立尼达和多巴哥	3	3	3
乌克兰	31	25	28
美国	167 260	207 299	216 975
乌拉圭	10	15	16
乌兹别克斯坦	3	4	4

续表

国家或地区	2018 年	2022 年	2023 年
圣文森特和格林纳丁斯	1	1	1
委内瑞拉	4	0	0
英属维尔京群岛	850	742	737
越南	13	10	11
瓦努阿图	0	1	1
萨摩亚	200	178	181
南非	408	306	293
赞比亚	1	2	2
其他	38	26	25

表 30　　　　　　　按国别(地区)分国外在华实用新型专利有效量　　　　　　　(单位：件)

国家或地区	2018 年	2022 年	2023 年
合计	43 732	54 092	52 920
安道尔	1	1	1
阿联酋	20	58	73
安圭拉	1	19	9
阿尔巴尼亚	1	0	0
阿根廷	4	6	6
奥地利	220	272	251
澳大利亚	282	445	433
阿塞拜疆	1	0	0
巴巴多斯	21	53	53
比利时	137	211	206
保加利亚	6	6	4
百慕大	44	23	17
文莱	7	1	0
巴西	76	102	91
巴哈马	1	1	1
白俄罗斯	0	8	8
伯利兹	21	7	4
加拿大	263	399	384
刚果(金)	1	13	19
刚果(布)	0	1	1
瑞士	1297	1592	1603
库克群岛	2	2	2
智利	1	3	2
哥伦比亚	2	2	2
哥斯达黎加	0	1	3

续表

国家或地区	2018 年	2022 年	2023 年
古巴	0	0	1
塞浦路斯	6	6	4
捷克	51	53	52
德国	4428	5914	5825
丹麦	185	263	250
多米尼加	1	1	0
厄瓜多尔	0	8	20
爱沙尼亚	1	19	20
埃及	2	3	3
西班牙	118	149	156
芬兰	396	430	418
法国	1562	2208	2236
英国	663	791	741
格鲁吉亚	1	1	1
直布罗陀	2	0	0
希腊	2	2	2
克罗地亚	1	1	1
匈牙利	12	19	16
印度尼西亚	7	13	9
爱尔兰	42	141	127
以色列	200	225	229
印度	48	78	83
伊拉克	2	1	0
伊朗	10	5	5
冰岛	1	2	4
意大利	605	978	980
约旦	2	18	19
日本	15 538	16 880	15 385
吉尔吉斯斯坦	0	1	1
柬埔寨	0	19	32
圣基茨和尼维斯	0	1	1
朝鲜	2	7	7
韩国	3136	5461	6019
科威特	0	1	0
开曼群岛	292	568	640
哈萨克斯坦	2	1	1
老挝	0	4	4
黎巴嫩	1	3	3

续表

国家或地区	2018 年	2022 年	2023 年
列支敦士登	10	20	24
斯里兰卡	0	1	0
立陶宛	3	2	1
卢森堡	83	70	69
拉脱维亚	2	3	3
摩洛哥	0	1	1
摩纳哥	2	3	2
马绍尔群岛	1	0	1
马里	7	7	8
缅甸	9	9	0
蒙古国	1	2	2
马耳他	8	2	4
毛里求斯	2	1	1
墨西哥	9	8	7
马来西亚	121	163	166
尼日尔	0	1	1
尼日利亚	0	2	1
荷兰	470	914	997
挪威	24	56	55
新西兰	54	92	105
阿曼	1	1	1
巴拿马	2	1	9
秘鲁	1	2	2
菲律宾	19	23	23
巴基斯坦	3	1	4
波兰	20	29	27
葡萄牙	1	5	4
卡塔尔	0	1	2
罗马尼亚	0	4	3
塞尔维亚	0	1	1
俄罗斯	128	122	111
沙特阿拉伯	4	5	2
塞舌尔	45	43	45
瑞典	349	566	570
新加坡	1610	2027	1736
斯洛文尼亚	1	5	5
斯洛伐克	1	5	5
圣马力诺	0	1	1

续表

国家或地区	2018 年	2022 年	2023 年
乍得	1	0	0
泰国	38	64	64
塔吉克斯坦	0	2	2
土耳其	33	29	32
乌克兰	6	13	13
美国	10 518	11 990	12 036
乌拉圭	1	4	4
英属维尔京群岛	308	233	241
越南	1	14	15
萨摩亚	86	23	27
也门	1	0	0
南非	18	14	12
赞比亚	0	5	6
其他	2	1	1

表 31　　　　按国别(地区)分国外在华外观设计专利有效量　　　　(单位:件)

国家或地区	2018 年	2022 年	2023 年
合计	115 020	123 442	118 308
安道尔	1	0	1
阿联酋	69	94	116
阿富汗	2	1	1
安圭拉	0	1	1
阿尔巴尼亚	1	0	2
亚美尼亚	1	0	0
安哥拉	0	1	0
阿根廷	7	6	5
奥地利	461	491	463
澳大利亚	1297	1589	1572
巴巴多斯	201	296	295
孟加拉国	1	1	0
比利时	446	470	486
保加利亚	10	23	22
巴林	0	2	2
百慕大	76	12	6
玻利维亚	0	2	2
巴西	198	288	294
巴哈马	7	3	3
白俄罗斯	0	2	1

续表

国家或地区	2018 年	2022 年	2023 年
伯利兹	9	0	0
加拿大	891	788	713
刚果(金)	13	0	0
瑞士	4819	5628	5491
科特迪瓦	1	0	1
库克群岛	12	5	5
智利	1	2	2
哥伦比亚	12	13	17
哥斯达黎加	1	1	0
塞浦路斯	42	45	30
捷克	441	333	269
德国	11 715	12 739	12 434
丹麦	1001	1212	1168
多米尼加	4	11	11
阿尔及利亚	3	1	1
厄瓜多尔	3	2	1
爱沙尼亚	17	33	35
埃及	2	4	4
西班牙	873	880	875
埃塞俄比亚	1	0	0
芬兰	599	748	726
法国	4773	5489	5328
英国	3739	3817	3676
格鲁吉亚	3	6	6
根西岛	3	6	5
直布罗陀	3	0	0
希腊	51	15	12
危地马拉	0	1	1
克罗地亚	1	14	15
匈牙利	20	20	13
印度尼西亚	48	44	55
爱尔兰	91	224	203
以色列	444	525	517
马恩岛	0	0	3
印度	170	188	186
伊拉克	9	9	6
伊朗	5	6	6
冰岛	1	3	1

续表

国家或地区	2018 年	2022 年	2023 年
意大利	3616	4354	4324
约旦	2	5	4
日本	31 867	28 311	26 118
吉尔吉斯斯坦	1	1	1
柬埔寨	0	0	1
朝鲜	0	2	3
韩国	14 394	15 963	15 426
科威特	1	7	5
开曼群岛	1607	1824	1561
哈萨克斯坦	0	1	4
黎巴嫩	5	0	5
列支敦士登	199	166	123
斯里兰卡	2	6	5
立陶宛	4	13	18
卢森堡	413	411	413
拉脱维亚	3	28	27
摩洛哥	29	37	32
摩纳哥	4	169	204
摩尔多瓦	1	2	2
黑山	1	0	0
马绍尔群岛	0	1	1
北马其顿	0	3	3
马里	11	13	12
缅甸	11	10	10
蒙古国	0	1	2
马耳他	17	62	59
毛里求斯	7	6	5
墨西哥	121	62	58
马来西亚	220	189	192
尼日利亚	7	9	5
荷兰	2198	2460	2482
挪威	175	200	190
尼泊尔	1	0	0
新西兰	292	385	360
阿曼	1	1	1
巴拿马	12	3	7
秘鲁	0	1	1
菲律宾	14	4	10

续表

国家或地区	2018年	2022年	2023年
巴基斯坦	10	10	8
波兰	104	105	115
葡萄牙	36	39	34
巴拉圭	2	2	2
卡塔尔	4	15	14
罗马尼亚	1	5	6
俄罗斯	141	220	181
沙特阿拉伯	159	116	47
塞舌尔	30	53	44
苏丹	0	0	2
瑞典	2100	2475	2393
新加坡	769	1115	1154
斯洛文尼亚	48	70	78
斯洛伐克	20	16	14
圣马力诺	0	2	2
叙利亚	1	2	2
泰国	187	229	212
土耳其	202	137	125
特立尼达和多巴哥	3	0	0
乌克兰	23	33	23
美国	22 523	27 433	26 649
委内瑞拉	0	0	7
英属维尔京群岛	643	429	312
越南	88	56	56
萨摩亚	19	11	12
也门	3	1	0
南非	67	62	53
其他	2	2	1

表32　分地区国内发明专利申请代理量(2023年)　　　　　　（单位：件）

地区	合计	职务	非职务
全国	1 436 654	1 427 426	9228
北京	196 042	195 226	816
天津	21 472	21 316	156
河北	26 817	26 583	234
山西	10 871	10 770	101
内蒙古	7849	7750	99
辽宁	24 077	23 740	337

续表

地区	合计	职务	非职务
吉林	16 657	16 580	77
黑龙江	12 337	12 178	159
上海	91 896	91 430	466
江苏	179 495	178 805	690
浙江	111 150	110 693	457
安徽	64 009	63 710	299
福建	31 828	31 526	302
江西	18 893	18 645	248
山东	89 789	89 369	420
河南	28 960	28 483	477
湖北	57 051	56 793	258
湖南	32 504	32 143	361
广东	229 769	228 674	1095
广西	11 159	11 020	139
海南	4326	4288	38
重庆	28 974	28 825	149
四川	49 494	49 036	458
贵州	11 280	11 153	127
云南	11 962	11 835	127
西藏	595	590	5
陕西	40 063	39 809	254
甘肃	6642	6565	77
青海	1719	1713	6
宁夏	3271	3234	37
新疆	4775	4712	63
台湾地区	9421	8842	579
香港	1332	1227	105
澳门	175	163	12
广州	57 321	57 065	256
长春	15 091	15 057	34
武汉	44 374	44 241	133
南京	44 463	44 305	158
杭州	58 420	58 299	121
西安	35 729	35 564	165
济南	23 938	23 863	75
沈阳	10 503	10 397	106
成都	36 795	36 582	213
大连	9289	9205	84

续表

地区	合计	职务	非职务
厦门	10 468	10 388	80
哈尔滨	9546	9477	69
深圳	104 123	103 805	318
青岛	27 093	27 028	65
宁波	16 177	16 081	96
新疆兵团	659	653	6

表33　分地区国内实用新型专利申请代理量（2023年）　（单位：件）

地区	合计	职务	非职务
全国	2 752 102	2 598 410	153 692
北京	82 474	79 081	3393
天津	51 983	50 185	1798
河北	85 847	75 695	10 152
山西	27 101	24 029	3072
内蒙古	26 763	22 000	4763
辽宁	64 769	59 464	5305
吉林	23 169	20 699	2470
黑龙江	24 956	18 465	6491
上海	106 611	104 616	1995
江苏	401 356	393 513	7843
浙江	278 679	269 225	9454
安徽	142 397	136 590	5807
福建	89 951	86 959	2992
江西	43 534	40 047	3487
山东	255 023	229 006	26 017
河南	118 161	110 778	7383
湖北	128 774	124 361	4413
湖南	49 594	46 074	3520
广东	385 520	372 473	13 047
广西	26 847	23 486	3361
海南	12 420	11 733	687
重庆	50 138	47 845	2293
四川	96 570	89 056	7514
贵州	16 928	15 217	1711
云南	34 477	31 962	2515
西藏	2320	2190	130
陕西	61 623	56 481	5142
甘肃	21 587	18 950	2637

续表

地区	合计	职务	非职务
青海	5112	4324	788
宁夏	11 790	11 131	659
新疆	20 860	18 880	1980
台湾地区	3860	3157	703
香港	858	700	158
澳门	50	38	12
广州	59 762	57 229	2533
长春	16 390	15 288	1102
武汉	61 541	59 733	1808
南京	49 479	48 087	1392
杭州	76 181	73 931	2250
西安	40 429	37 857	2572
济南	43 719	40 100	3619
沈阳	25 364	23 690	1674
成都	51 299	48 546	2753
大连	19 693	18 765	928
厦门	21 542	21 041	501
哈尔滨	14 206	10 885	3321
深圳	127 031	124 364	2667
青岛	54 334	52 154	2180
宁波	44 686	43 342	1344
新疆兵团	2095	1946	149

表 34　　分地区国内外观设计专利申请代理量(2023 年)　　(单位:件)

地区	合计	职务	非职务
全国	687 978	492 665	195 313
北京	20 032	18 883	1149
天津	4503	3941	562
河北	18 890	9323	9567
山西	2860	2094	766
内蒙古	1947	1355	592
辽宁	6263	3902	2361
吉林	2581	1905	676
黑龙江	2997	1799	1198
上海	21 001	19 685	1316
江苏	40 163	34 264	5899
浙江	123 676	91 722	31 954
安徽	15 089	10 640	4449

续表

地区	合计	职务	非职务
福建	31 796	23 108	8688
江西	20 218	8318	11 900
山东	27 994	21 401	6593
河南	16 510	9105	7405
湖北	11 618	7209	4409
湖南	15 636	7016	8620
广东	251 383	182 581	68 802
广西	6202	2293	3909
海南	1751	1404	347
重庆	7196	5345	1851
四川	17 451	11 734	5717
贵州	5308	2878	2430
云南	3451	2429	1022
西藏	337	282	55
陕西	5074	3617	1457
甘肃	1658	1170	488
青海	293	188	105
宁夏	514	397	117
新疆	1508	979	529
台湾地区	961	728	233
香港	1097	963	134
澳门	20	7	13
广州	36 087	31 723	4364
长春	1647	1401	246
武汉	5402	4480	922
南京	4710	4207	503
杭州	18 868	17 405	1463
西安	3352	2703	649
济南	3594	3091	503
沈阳	2351	1600	751
成都	9816	8435	1381
大连	1199	898	301
厦门	8182	7634	548
哈尔滨	1651	1111	540
深圳	70 893	65 077	5816
青岛	6015	5322	693
宁波	23 907	18 329	5578
新疆兵团	157	111	46

表 35　　发明、实用新型专利申请按 IPC 部的分类统计表(2023 年)

分类	发明		实用新型	
	数量(件)	构成(%)	数量(件)	构成(%)
A—H 合计	1 570 514	100.0	3 108 701	100.0
A 部 人类生活必需	124 125	7.9	432 664	13.9
B 部 作业;运输	277 881	17.7	1 228 074	39.5
C 部 化学;冶金	179 757	11.4	97 570	3.1
D 部 纺织;造纸	16 643	1.1	43 849	1.4
E 部 固定建筑物	65 534	4.2	264 797	8.5
F 部 机械工程;照明;加热;武器;爆破	93 158	5.9	384 912	12.4
G 部 物理	527 025	33.6	314 797	10.1
H 部 电学	286 391	18.2	342 038	11.0

表 36　　发明、实用新型专利授权按 IPC 部的分类统计表(2023 年)

分类	发明		实用新型	
	数量(件)	构成(%)	数量(件)	构成(%)
A—H 合计	920 797	100.0	2 090 331	100.0
A 部 人类生活必需	77 199	8.4	281 358	13.5
B 部 作业;运输	168 602	18.3	818 085	39.1
C 部 化学;冶金	121 047	13.1	64 719	3.1
D 部 纺织;造纸	12 656	1.4	28 920	1.4
E 部 固定建筑物	34 956	3.8	183 419	8.8

续表

分类	发明		实用新型	
	数量(件)	构成(%)	数量(件)	构成(%)
F部 机械工程;照明;加热;武器;爆破	50 576	5.5	261 268	12.5
G部 物理	290 642	31.6	216 143	10.3
H部 电学	165 119	17.9	236 419	11.3

表37　按受理局计中国(不含港澳台)申请人在境外发明专利申请量(2022年)　　(单位:件)

国家、地区或组织	合计	直接申请	进入国家、地区或组织阶段的国际发明专利申请
合计	120 059	52 028	68 031
阿联酋	108	24	84
亚美尼亚	1	0	1
非洲地区知识产权组织	28	7	21
阿根廷	129	129	0
奥地利	11	7	4
澳大利亚	2117	380	1737
波黑	6	1	5
孟加拉国	20	20	0
比利时	100	100	0
巴林	44	0	44
文莱	22	0	22
巴西	1614	42	1572
白俄罗斯	6	1	5
加拿大	1784	152	1632
瑞士	50	29	21
智利	194	3	191
哥伦比亚	73	1	72
哥斯达黎加	9	0	9
德国	702	309	393
丹麦	8	2	6
多米尼加	3	0	3
阿尔及利亚	11	0	11
欧亚组织	205	22	183
厄瓜多尔	22	0	22
埃及	48	1	47

续表

国家、地区或组织	合计	直接申请	进入国家、地区或组织阶段的国际发明专利申请
欧洲专利局	19 061	3323	15 738
西班牙	18	6	12
埃塞俄比亚	2	2	0
芬兰	3	3	0
法国	153	153	0
英国	863	413	450
格鲁吉亚	7	0	7
危地马拉	4	0	4
中国香港	4261	4261	0
洪都拉斯	3	0	3
匈牙利	62	6	56
印度尼西亚	1396	197	1199
以色列	251	12	239
印度	3914	319	3595
伊朗	47	0	47
意大利	64	45	19
约旦	5	0	5
日本	9842	2340	7502
吉尔吉斯斯坦	1	1	0
柬埔寨	43	23	20
韩国	6320	933	5387
哈萨克斯坦	16	0	16
老挝	21	6	15
斯里兰卡	10	3	7
立陶宛	1	1	0
卢森堡	1563	1274	289
摩洛哥	79	12	67
马达加斯加	2	0	2
蒙古国	7	1	6
马耳他	2	2	0
毛里求斯	1	1	0
墨西哥	834	63	771
马来西亚	999	74	925
荷兰	1471	1471	0
挪威	2	0	2
新西兰	280	25	255
非洲知识产权组织	15	1	14

续表

国家、地区或组织	合计	直接申请	进入国家、地区或组织阶段的国际发明专利申请
秘鲁	53	0	53
菲律宾	400	8	392
巴基斯坦	44	44	0
波兰	13	4	9
葡萄牙	2	1	1
罗马尼亚	1	0	1
塞尔维亚	8	0	8
俄罗斯	1232	159	1073
沙特阿拉伯	197	7	190
塞舌尔	1	0	1
瑞典	17	7	10
新加坡	1588	115	1473
萨尔瓦多	1	0	1
泰国	991	57	934
土耳其	48	2	46
乌克兰	79	7	72
美国	49 344	30 354	18 990
乌兹别克斯坦	16	3	13
委内瑞拉	12	12	0
越南	1312	53	1259
南非	5762	4994	768

注：数据来自世界知识产权组织（WIPO）网站，http://www.wipo.int。查询时间为2024年4月28日。最新年度数据为2022年。

表38　按受理局计中国（不含港澳台）权利人在境外发明专利授权量（2022年）　　　　（单位：件）

国家、地区或组织	合计	直接申请	进入国家、地区或组织阶段的国际发明专利申请
合计	64 584	33 118	31 466
阿联酋	26	2	24
非洲地区知识产权组织	29	3	26
阿根廷	25	25	0
奥地利	3	0	3
澳大利亚	1266	172	1094
波黑	5	0	5
比利时	72	72	0
文莱	2	0	2
巴西	629	35	594

续表

国家、地区或组织	合计	直接申请	进入国家、地区或组织阶段的国际发明专利申请
白俄罗斯	7	0	7
加拿大	727	135	592
瑞士	34	5	29
智利	197	3	194
哥伦比亚	11	1	10
捷克	1	0	1
德国	292	181	111
丹麦	6	3	3
多米尼加	4	0	4
阿尔及利亚	8	8	0
欧亚组织	82	4	78
埃及	34	3	31
欧洲专利局	5846	1294	4552
西班牙	5	1	4
埃塞俄比亚	1	1	0
芬兰	6	4	2
法国	96	96	0
英国	389	148	241
格鲁吉亚	1	0	1
中国香港	3570	3570	0
洪都拉斯	2	0	2
印度尼西亚	1396	197	1199
以色列	122	2	120
印度	1727	199	1528
伊朗	9	2	7
意大利	229	227	2
日本	6465	1681	4784
柬埔寨	74	74	0
韩国	3069	806	2263
哈萨克斯坦	22	22	0
老挝	4	0	4
斯里兰卡	5	2	3
立陶宛	7	7	0
卢森堡	1490	1235	255
拉脱维亚	2	2	0
摩洛哥	30	20	10
摩尔多瓦	1	0	1

续表

国家、地区或组织	合计	直接申请	进入国家、地区或组织阶段的国际发明专利申请
马达加斯加	1	0	1
北马其顿	1	0	1
蒙古国	7	0	7
墨西哥	219	7	212
马来西亚	379	50	329
荷兰	648	648	0
挪威	5	0	5
新西兰	86	9	77
非洲知识产权组织	13	0	13
秘鲁	8	1	7
菲律宾	72	3	69
波兰	3	0	3
卡塔尔	4	0	4
塞尔维亚	1	0	1
俄罗斯	952	99	853
沙特阿拉伯	77	16	61
塞舌尔	1	0	1
瑞典	3	1	2
新加坡	338	21	317
萨尔瓦多	1	0	1
泰国	85	33	52
土耳其	32	2	30
乌克兰	35	0	35
美国	27 100	16 559	10 541
乌兹别克斯坦	1	1	0
委内瑞拉	12	12	0
越南	366	17	349
南非	6106	5397	709

注：数据来自世界知识产权组织（WIPO）网站，http://www.wipo.int。查询时间为2024年4月28日。最新年度数据为2022年。

表39　按受理局计中国（不含港澳台）权利人在境外发明专利有效量（2022年）　　　　（单位：件）

国家、地区或组织	合计
合计	406 844
安道尔	2
阿联酋	70
阿尔巴尼亚	82
非洲地区知识产权组织	81

续表

国家、地区或组织	合计
阿根廷	113
奥地利	2997
澳大利亚	6478
波黑	33
巴林	9
文莱	3
巴西	2107
白俄罗斯	82
加拿大	4379
瑞士	9361
智利	501
哥伦比亚	76
哥斯达黎加	8
捷克	775
德国	32 296
丹麦	1401
多米尼加	8
爱沙尼亚	133
埃及	122
西班牙	6081
埃塞俄比亚	26
芬兰	1466
法国	23 059
英国	32 287
格鲁吉亚	5
希腊	680
危地马拉	1
中国香港	9716
洪都拉斯	4
克罗地亚	169
匈牙利	929
印度尼西亚	2121
以色列	465
印度	5513
伊朗	129
冰岛	110
意大利	7829
日本	31 929
吉尔吉斯斯坦	3
韩国	16 167

续表

国家、地区或组织	合计
斯里兰卡	22
立陶宛	159
卢森堡	9247
拉脱维亚	130
摩洛哥	255
摩纳哥	4400
摩尔多瓦	1
马达加斯加	4
蒙古国	101
中国澳门	2
马耳他	15
墨西哥	2171
马来西亚	1418
荷兰	9214
挪威	762
新西兰	537
秘鲁	39
巴基斯坦	28
波兰	1953
葡萄牙	1136
卡塔尔	8
罗马尼亚	517
塞尔维亚	155
俄罗斯	7275
沙特阿拉伯	285
瑞典	3121
新加坡	2408
斯洛伐克	244
泰国	516
土耳其	1592
乌克兰	244
美国	146 598
乌兹别克斯坦	17
委内瑞拉	13
越南	1505
南非	10 946

注：数据来自世界知识产权组织（WIPO）网站，http://www.wipo.int。

表40　PCT国际专利申请受理量　（单位：件）

地区		2022年	2023年
合计		74 452	73 812
国内	国内小计	69 115	68 780
	北京	11 463	11 438
	天津	577	597
	河北	464	455
	山西	65	88
	内蒙古	88	140
	辽宁	337	357
	吉林	475	528
	黑龙江	92	135
	上海	5591	6185
	江苏	6986	6547
	浙江	4316	4364
	安徽	1880	1901
	福建	3055	2704
	江西	138	281
	山东	3380	2336
	河南	212	347
	湖北	1371	1765
	湖南	648	573
	广东	24 290	23 676
	广西	163	125
	海南	78	114
	重庆	451	528
	四川	826	860
	贵州	246	457
	云南	163	183
	西藏	29	29
	陕西	542	565
	甘肃	36	35
	青海	9	27
	宁夏	25	23
	新疆	50	62
	台湾地区	393	606
	香港	646	727
	澳门	30	22
国外	国外小计	5337	5032

供稿：国家知识产权局战略规划司

商 标

表1　　　分国内外商标申请注册年度状况（1979—2023年）　　　（单位：件）

统计范围	年份	申请量	注册量
合计	1979—2017	27 842 283	17 300 920
合计	2018	7 370 709	5 007 395
合计	2019	7 837 441	6 405 840
合计	2020	9 347 568	5 760 652
合计	2021	9 450 507	7 738 947
合计	2022	7 515 961	6 177 170
合计	2023	7 188 336	4 382 714
国内	1979—2017	25 648 938	15 641 649
国内	2018	7 127 032	4 796 851
国内	2019	7 582 356	6 177 791
国内	2020	9 116 454	5 576 545
国内	2021	9 192 675	7 545 358
国内	2022	7 304 007	6 001 698
国内	2023	6 988 704	4 247 938
国外	1979—2017	2 193 345	1 659 271
国外	2018	243 677	210 544
国外	2019	255 085	228 049
国外	2020	231 114	184 107
国外	2021	257 832	193 589
国外	2022	211 954	175 472
国外	2023	199 632	134 776

表2　　　分地区国内商标申请量、注册量及年末有效注册量　　　（单位：件）

地区	申请量		注册量		年末有效注册量	
	2022年	2023年	2022年	2023年	2022年	2023年
全国	7 304 007	6 988 704	6 001 698	4 247 938	4 0642 099	4 4047 071
北京	485 330	396 587	387 204	236 490	2 908 053	3 078 706
天津	71 347	66 417	54 955	39 676	399 652	428 366
河北	232 623	234 196	195 541	144 722	1 245 125	1 374 457
山西	73 459	76 860	57 184	43 300	342 608	381 029
内蒙古	66 468	67 590	53 232	39 502	343 184	377 629
辽宁	112 039	110 999	86 711	64 445	631 750	683 682

续表

地区	申请量		注册量		年末有效注册量	
	2022 年	2023 年	2022 年	2023 年	2022 年	2023 年
吉林	66 140	65 474	52 747	40 208	356 321	390 347
黑龙江	83 689	81 743	65 721	50 668	451 792	491 877
上海	403 117	369 520	350 704	235 765	2 427 452	2 613 488
江苏	480 272	438 666	398 631	283 440	2 685 045	2 910 731
浙江	642 028	615 864	559 986	394 829	4 161 116	4 471 386
安徽	243 320	250 805	195 276	151 789	1 189 531	1 323 780
福建	391 137	360 131	327 483	229 461	2 277 564	2 461 620
江西	145 376	162 469	120 979	94 199	782 781	861 230
山东	464 975	444 977	373 687	274 500	2 404 114	2 642 939
河南	324 474	335 137	280 931	199 032	1 746 409	1 916 040
湖北	193 549	202 445	151 030	113 689	970 111	1 064 322
湖南	196 093	194 513	162 029	117 920	1 048 144	1 139 951
广东	1 369 943	1 254 481	1 143 878	790 456	7 795 886	8 439 863
广西	103 705	98 722	78 165	56 633	461 430	511 047
海南	66 937	73 103	43 976	37 265	203 646	242 337
重庆	131 682	134 504	104 609	75 274	782 071	834 841
四川	289 996	292 846	230 862	163 234	1 492 127	1 626 077
贵州	136 293	123 426	91 031	60 089	449 518	503 821
云南	133 967	134 669	99 516	75 493	627 702	692 627
西藏	9899	12 067	8661	6117	55 810	61 205
陕西	147 629	150 067	108 603	86 236	714 827	782 257
甘肃	39 544	42 448	30 104	23 336	185 375	206 217
青海	13 148	13 681	11 028	7363	70 421	76 665
宁夏	21 697	20 952	16 072	11 616	99 290	109 142
新疆	73 657	86 071	55 654	46 368	327 518	367 177
台湾地区	9855	9230	8785	5832	183 308	180 396
香港	79 068	66 940	95 456	48 280	812 605	791 387
澳门	1551	1104	1267	711	9813	10 432
广州	367 723	336 888	310 356	206 991	2 160 076	2 329 976
长春	33 287	32 497	26 684	20 316	175 147	192 575
武汉	88 815	88 058	70 022	47 721	472 269	509 832
南京	93 092	81 069	74 265	52 042	497 031	541 621
杭州	213 107	205 878	177 843	126 928	1 183 264	1 288 384
西安	92 078	86 212	65 503	51 022	435 441	474 549
济南	73 042	67 488	60 466	42 299	386 000	421 883
沈阳	41 431	41 590	31 777	24 424	240 526	259 501
成都	153 044	149 742	124 574	84 275	876 697	939 866

续表

地区	申请量		注册量		年末有效注册量	
	2022年	2023年	2022年	2023年	2022年	2023年
大连	28 066	26 416	21 104	15 044	156 057	168 014
厦门	87 963	81 847	77 021	51 938	556 365	599 402
哈尔滨	45 281	42 899	34 794	27 354	240 007	260 488
深圳	449 041	392 352	370 044	249 696	2 500 626	2 702 625
青岛	90 392	84 152	72 325	51 617	457 675	500 258
宁波	72 639	66 851	61 015	46 018	455 133	491 899

表3　按国别(地区)分国外在华商标申请量、注册量及年末有效注册量　　　　(单位:件)

国家或地区	申请量		注册量		年末有效注册量	
	2022年	2023年	2022年	2023年	2022年	2023年
合计	211 954	199 632	175 472	134 776	2 029 812	2 099 372
安道尔	37	12	7	20	62	74
阿联酋	875	1069	420	501	4738	5498
阿富汗	82	155	92	70	399	451
安提瓜和巴布达	31	1	9	9	83	113
安圭拉	20	0	24	4	783	732
阿尔巴尼亚	5	5	5	0	31	31
亚美尼亚	16	24	10	10	216	234
安哥拉	4	15	1	5	45	48
阿根廷	138	186	120	114	1724	1772
奥地利	1292	1088	1137	847	15 053	15 344
澳大利亚	6473	4917	4903	3503	52 422	54 287
阿鲁巴	0	0	0	0	1	1
阿塞拜疆	80	116	49	26	327	287
波黑	20	5	25	3	41	46
巴巴多斯	118	40	119	41	970	984
孟加拉国	25	17	11	10	175	185
比利时	1435	1129	1120	855	14 435	14 581
布基纳法索	2	2	2	4	14	17
保加利亚	150	122	109	67	1822	1794
巴林	28	56	6	36	128	140
布隆迪	0	1	0	0	13	15
贝宁	5	2	5	4	30	27
百慕大	183	95	152	167	2486	2575
文莱	1	1	3	1	207	187
玻利维亚	9	7	2	1	58	59
巴西	557	549	356	299	4648	4730

续表

国家或地区	申请量		注册量		年末有效注册量	
	2022年	2023年	2022年	2023年	2022年	2023年
巴哈马	68	20	39	31	970	964
博茨瓦纳	0	0	0	0	92	92
白俄罗斯	116	148	86	87	1080	1142
伯利兹	29	8	19	11	543	487
加拿大	3721	3175	2987	2047	28 574	29 873
刚果(金)	0	5	0	0	18	19
中非	0	4	0	0	0	0
刚果(布)	0	0	0	0	7	7
瑞士	7904	6701	6318	4866	82 611	85 520
科特迪瓦	3	6	2	1	46	43
库克群岛	8	13	44	6	330	318
智利	365	372	351	242	3620	3791
喀麦隆	8	5	30	3	240	243
哥伦比亚	276	196	175	79	1197	1244
哥斯达黎加	56	20	22	20	123	138
古巴	14	19	6	0	199	200
库拉索	14	1	3	17	222	229
塞浦路斯	371	225	328	177	3621	3424
捷克	316	242	224	198	4369	4432
德国	16 387	12 460	12 400	10 404	191 453	195 748
吉布提	1	0	0	0	6	6
丹麦	2383	2106	1631	1534	18 997	19 970
多米尼克	0	40	2	1	21	16
多米尼加	33	58	27	20	232	247
阿尔及利亚	46	55	7	25	262	266
厄瓜多尔	23	53	29	14	264	272
爱沙尼亚	139	79	94	51	814	829
埃及	214	169	141	100	1034	1103
厄立特里亚	0	4	0	2	2	3
西班牙	2570	2321	1957	1486	25 964	26 179
埃塞俄比亚	8	18	8	3	35	39
芬兰	1290	1014	1180	938	15 025	15 511
斐济	3	1	1	1	64	66
法罗群岛	0	2	0	1	0	1
法国	10 109	9614	7677	6473	116 242	118 158
加蓬	0	5	0	0	1	1
英国	17 583	33 710	15 291	16 187	145 578	156 532

续表

国家或地区	申请量		注册量		年末有效注册量	
	2022年	2023年	2022年	2023年	2022年	2023年
格林纳达	1	3	0	2	10	12
格鲁吉亚	19	34	14	9	239	239
根西岛	60	0	44	5	112	109
加纳	20	18	10	16	67	86
直布罗陀	11	10	8	3	156	135
格陵兰	0	0	0	0	6	6
冈比亚	0	3	0	0	4	4
几内亚	10	18	12	4	68	67
赤道几内亚	0	2	0	0	2	2
希腊	176	119	103	102	1736	1760
危地马拉	18	41	20	24	124	147
几内亚比绍	0	0	1	0	2	2
圭亚那	0	0	0	0	15	15
洪都拉斯	1	20	6	0	18	21
克罗地亚	112	87	50	70	435	508
海地	0	0	0	0	32	32
匈牙利	131	150	135	78	1689	1728
印度尼西亚	451	683	478	318	5350	5573
爱尔兰	768	613	707	460	6825	7194
以色列	894	680	656	478	5814	6217
马恩岛	27	69	29	31	1209	1223
印度	727	950	511	517	5321	5706
伊拉克	370	541	292	202	1636	1794
伊朗	325	390	135	187	2020	2140
冰岛	56	38	36	19	780	769
意大利	6854	5851	5806	4433	88 101	89 027
泽西岛	40	77	48	39	400	416
牙买加	9	9	6	4	64	67
约旦	89	129	53	50	552	586
日本	24 426	19 596	22 138	15 680	268 065	274 831
肯尼亚	10	19	6	6	151	153
吉尔吉斯斯坦	25	14	11	22	113	133
柬埔寨	21	75	12	9	189	198
圣基茨和尼维斯	0	74	0	3	33	35
朝鲜	50	69	79	20	291	306
韩国	14 783	14 316	12 776	9539	135 300	141 515
科摩罗	1	0	0	0	0	0

续表

国家或地区	申请量		注册量		年末有效注册量	
	2022年	2023年	2022年	2023年	2022年	2023年
科威特	108	78	48	27	324	341
开曼群岛	2261	1697	1595	1277	31 007	30 947
哈萨克斯坦	137	233	82	95	891	914
老挝	107	42	30	11	56	67
黎巴嫩	91	104	57	59	562	563
圣卢西亚	2	0	5	0	20	19
列支敦士登	152	124	131	107	2754	2764
斯里兰卡	12	27	30	9	374	376
利比里亚	10	8	7	2	28	30
立陶宛	87	74	130	42	946	966
卢森堡	643	503	355	379	8434	8140
拉脱维亚	86	59	51	24	500	517
利比亚	84	87	50	44	186	228
摩洛哥	660	120	44	72	683	696
摩纳哥	136	82	87	66	2052	1951
摩尔多瓦	73	35	69	10	333	322
黑山	2	3	1	3	46	47
马达加斯加	7	1	0	0	37	33
马绍尔群岛	56	110	79	56	969	943
北马其顿	13	7	11	11	81	90
马里	10	32	14	3	104	101
缅甸	53	87	65	27	601	621
蒙古国	36	44	15	17	180	187
北马里亚纳群岛	9	1	2	2	7	9
毛里塔尼亚	0	1	0	0	19	20
蒙塞拉特岛	0	0	0	0	2	2
马耳他	240	154	94	100	1447	1324
毛里求斯	40	88	51	14	771	789
马尔代夫	32	2	11	8	30	38
马拉维	1	1	0	1	6	6
墨西哥	453	455	364	237	5049	4930
马来西亚	1451	1817	1293	805	13 762	13 966
莫桑比克	3	8	9	6	33	39
纳米比亚	2	0	5	0	63	62
尼日尔	5	4	1	1	13	10
尼日利亚	36	19	21	18	332	328
尼加拉瓜	3	7	0	3	9	11

续表

国家或地区	申请量		注册量		年末有效注册量	
	2022 年	2023 年	2022 年	2023 年	2022 年	2023 年
荷兰	3598	3010	3016	2396	39 962	40 954
挪威	851	694	670	507	6402	6655
尼泊尔	14	14	14	19	104	122
瑙鲁	0	0	0	0	4	4
新西兰	1496	1258	1219	945	13 863	14 167
阿曼	6	23	13	12	221	219
巴拿马	75	112	96	67	816	871
秘鲁	87	107	33	47	465	488
巴布亚新几内亚	2	0	0	0	33	32
菲律宾	198	203	147	72	1647	1668
巴基斯坦	106	122	85	45	858	872
波兰	841	827	697	530	7050	7406
波多黎各	28	9	14	4	117	117
巴勒斯坦	1	28	3	3	30	33
葡萄牙	228	288	188	133	3256	3189
帕劳	0	0	0	0	19	19
巴拉圭	29	19	16	10	85	93
卡塔尔	85	92	94	44	471	510
罗马尼亚	74	89	119	44	934	941
塞尔维亚	64	81	42	67	520	584
俄罗斯	2635	3442	1634	2296	21 234	22 267
卢旺达	0	9	0	7	5	14
沙特阿拉伯	287	433	116	181	1216	1413
所罗门群岛	0	0	0	0	2	2
塞舌尔	494	336	585	238	5521	5294
圣多美和普林西比	0	1	0	0	0	0
苏丹	8	11	6	4	131	135
瑞典	2959	2355	2432	1809	23 821	25 146
新加坡	6536	6029	6781	3751	42 684	45 806
斯洛文尼亚	220	103	127	142	1517	1621
斯洛伐克	181	76	114	81	1185	1106
塞拉利昂	0	12	0	2	18	19
圣马力诺	38	24	9	28	229	258
塞内加尔	6	8	3	6	64	72
索马里	0	1	1	1	6	7
苏里南	0	1	1	0	3	3
萨尔瓦多	3	6	4	2	31	33

续表

国家或地区	申请量		注册量		年末有效注册量	
	2022年	2023年	2022年	2023年	2022年	2023年
叙利亚	107	156	66	62	529	581
特克斯和凯科斯群岛	24	33	5	26	55	86
乍得	0	0	0	0	18	16
多哥	1	2	1	1	89	89
泰国	1349	1982	1172	867	14 479	15 168
塔吉克斯坦	2	10	2	0	37	36
土库曼斯坦	3	18	4	2	74	74
突尼斯	14	21	7	17	149	154
汤加	0	0	0	0	1	1
土耳其	953	791	658	676	8509	8675
特立尼达和多巴哥	5	16	13	2	98	98
坦桑尼亚	28	21	18	18	132	151
乌克兰	221	249	205	123	2432	2368
乌干达	2	12	8	1	37	35
美国	51 288	39 475	43 124	29 974	438 403	456 078
乌拉圭	47	48	45	24	344	324
乌兹别克斯坦	44	48	26	26	148	172
南苏丹	1	0	0	1	1	2
圣文森特和格林纳丁斯	1	12	2	2	25	26
委内瑞拉	75	73	30	44	379	401
英属维尔京群岛	2268	2119	2393	1248	36 483	35 437
越南	373	502	223	200	2108	2230
瓦努阿图	0	4	0	1	99	102
萨摩亚	193	278	45	147	2240	2396
也门	183	236	128	108	685	776
南非	373	288	244	163	3279	3354
赞比亚	0	2	1	0	7	7
津巴布韦	8	1	10	1	26	26
佛得角	0	2	0	0	1	1
其他	11	115	8	61	14	1890

表4　　　　　　　　　　　　分地区马德里商标国际注册申请量　　　　　　　　　　　　（单位：件）

地区	2022年	2023年
全国	5827	6196
北京	335	283
天津	119	80
河北	488	400

续表

地区	2022 年	2023 年
山西	3	15
内蒙古	7	18
辽宁	21	34
吉林	24	8
黑龙江	5	17
上海	477	548
江苏	690	623
浙江	763	868
安徽	174	137
福建	287	326
江西	23	78
山东	345	392
河南	52	78
湖北	87	85
湖南	109	91
广东	1551	1776
广西	41	32
海南	10	7
重庆	51	55
四川	60	89
贵州	39	26
云南	10	12
西藏	3	2
陕西	18	49
甘肃	8	4
青海	0	1
宁夏	2	2
新疆	8	29
台湾地区	13	23
其他	4	8
广州	395	390
长春	13	3
武汉	62	42
南京	74	70
杭州	162	233
西安	17	42
济南	68	32
沈阳	6	10

续表

地区	2022 年	2023 年
成都	39	47
大连	11	16
厦门	74	100
哈尔滨	1	8
深圳	774	802
青岛	74	71
宁波	123	114

注：本表统计了国家知识产权局收到的国内申请人马德里商标国际注册申请情况。中国香港、中国澳门不是马德里体系缔约方，如中国香港、中国澳门申请人在网上提交马德里申请，将不予受理，在本表中划入"其他"统计项名下。

供稿：国家知识产权局战略规划司

集成电路布图设计

表1　　集成电路布图设计登记申请量、发证量年度状况　　（单位：件）

统计范围	年份	申请量	发证量
合计	2001—2017	18 763	16 713
	2018	4431	3815
	2019	8319	6614
	2020	14 375	11 727
	2021	20 353	13 087
	2022	14 403	9106
	2023	12 503	11 316
国内	2001—2016	17 496	15 446
	2018	4346	3719
	2019	8223	6473
	2020	14 297	11 647
	2021	20 274	13 029
	2022	14 343	9006
	2023	12 445	11 248
国外	2001—2016	1267	1267
	2018	85	96
	2019	96	141
	2020	78	80
	2021	79	58
	2022	60	100
	2023	58	68

表2　　集成电路布图设计登记申请量　　（单位：件）

国家或地区	2022年	2023年
合计	14 403	12 503
国内总计	14 343	12 445
北京	640	686
天津	119	92
河北	68	50
山西	54	21
内蒙古	16	5
辽宁	98	45

续表

国家或地区	2022 年	2023 年
吉林	18	11
黑龙江	80	41
上海	1766	2066
江苏	2777	2521
浙江	783	791
安徽	479	331
福建	300	338
江西	21	13
山东	320	285
河南	127	67
湖北	520	268
湖南	121	106
广东	4748	3349
广西	46	17
海南	21	17
重庆	137	86
四川	649	694
贵州	56	95
云南	31	14
西藏	9	1
陕西	178	269
甘肃	99	117
青海	0	0
宁夏	39	22
新疆	8	10
台湾地区	6	0
香港	9	17
澳门	0	0
国外在华总计	60	58
美国	60	58

表 3　　　　　　　　　集成电路布图设计登记发证量　　　　　　　　　（单位：件）

国家或地区	2022 年	2023 年
合计	9106	11 316
国内总计	9006	11 248
北京	457	671
天津	76	93
河北	22	25

续表

国家或地区	2022 年	2023 年
山西	10	17
内蒙古	0	1
辽宁	14	25
吉林	2	0
黑龙江	36	7
上海	1428	2178
江苏	1819	2334
浙江	446	650
安徽	310	372
福建	234	249
江西	11	7
山东	180	156
河南	53	52
湖北	203	283
湖南	68	105
广东	2597	2797
广西	19	15
海南	9	10
重庆	85	103
四川	571	720
贵州	37	56
云南	6	5
西藏	2	2
陕西	181	191
甘肃	4	86
青海	1	0
宁夏	2	2
新疆	3	1
台湾地区	1	2
香港	119	33
澳门	0	0
国外在华总计	100	68
美国	100	68

供稿：国家知识产权局战略规划司

地理标志

表1　　地理标志作为集体商标、证明商标累计注册量　　（单位：件）

国家或地区	2022年末累计注册量	2023年末累计注册量
合计	7076	7277
国内总计	6849	7048
北京	19	19
天津	27	27
河北	298	316
山西	108	113
内蒙古	183	183
辽宁	141	141
吉林	112	116
黑龙江	108	110
上海	18	18
江苏	412	422
浙江	304	317
安徽	218	227
福建	643	663
江西	139	140
山东	903	913
河南	112	115
湖北	517	532
湖南	241	255
广东	121	142
广西	98	108
海南	107	110
重庆	295	298
四川	587	593
贵州	121	123
云南	347	354
西藏	146	151
陕西	156	160
甘肃	171	176
青海	48	48
宁夏	30	32

续表

国家或地区	2022年末累计注册量	2023年末累计注册量
新疆	114	121
台湾地区	5	5
香港	0	0
澳门	0	0
国外在华总计	227	229
德国	2	2
西班牙	3	3
法国	155	155
英国	3	3
格鲁吉亚	3	3
意大利	34	34
牙买加	2	2
日本	1	1
墨西哥	2	2
泰国	6	6
美国	14	14
印度	2	2
瑞士联邦	0	2

表2　　　　　　　　　　地理标志产品累计批准量　　　　　　　　　　（单位：件）

地区	2022年末累计批准量	2023年末累计批准量
合计	2495	2508
国内总计	2355	2368
北京	13	13
天津	13	13
河北	75	77
山西	27	27
内蒙古	41	41
辽宁	89	90
吉林	53	53
黑龙江	75	75
上海	12	12
江苏	91	92
浙江	115	115
安徽	87	88
福建	107	107
江西	62	62
山东	82	83

续表

地区	2022年末累计批准量	2023年末累计批准量
河南	116	116
湖北	165	165
湖南	83	85
广东	162	162
广西	93	93
海南	12	13
重庆	14	14
四川	296	296
贵州	150	151
云南	65	65
西藏	35	35
陕西	86	89
甘肃	68	68
青海	16	16
宁夏	13	13
新疆	39	39
台湾地区	0	0
香港	0	0
澳门	0	0
国外在华总计	140	140
西班牙	12	12
法国	63	63
英国	4	4
意大利	26	26
墨西哥	1	1
美国	1	1
爱尔兰	2	2
奥地利	1	1
比利时、德国、法国、荷兰	1	1
波兰	1	1
丹麦	1	1
德国	5	5
芬兰	1	1
捷克	2	2
立陶宛	1	1
罗马尼亚	1	1
葡萄牙	6	6
瑞典	1	1

续表

地区	2022年末累计批准量	2023年末累计批准量
塞浦路斯	1	1
塞浦路斯、希腊	1	1
斯洛伐克	1	1
斯洛文尼亚	1	1
希腊	5	5
匈牙利	1	1

供稿：国家知识产权局战略规划司

版 权

表1　　2023年全国作品自愿登记情况统计　　（单位：件）

统计范围	合计	文字	口述	音乐	曲艺	舞蹈	杂技	美术	摄影	建筑	影视	设计图	地图	模型	其他
合计	6 428 277	329 128	1312	25 765	659	1024	82	3 296 447	2 501 989	369	119 488	34 298	699	1632	115 385
中国版权保护中心	493 070	26 787	47	2568	11	59	2	421 593	4560	6	25 166	994	0	107	11 170
北京	1 101 072	1524	0	6511	0	0	0	10 048	1 068 014	0	0	36	10	0	14 929
天津	142 223	1892	2	62	4	4	1	7908	121 419	1	1848	2410	3	15	6654
河北	317 690	52 273	96	526	224	188	3	53 453	187 395	96	2633	6128	31	48	14 596
山西	508	54	0	12	0	0	0	402	1	0	27	0	0	0	12
内蒙古	9645	2115	0	464	9	51	0	4369	1557	3	393	29	1	14	640
辽宁	50 130	882	0	265	0	0	14	36 311	12 073	0	513	1	1	0	70
吉林	3939	187	0	1323	0	0	0	1674	49	0	79	0	0	2	625
黑龙江	10 019	766	2	196	0	0	0	2374	1139	0	158	169	13	7	5195
上海	412 660	16 667	0	2481	0	14	0	318 524	43 902	0	19 836	47	56	10	11 123
江苏	331 814	34 260	453	811	22	60	0	273 975	10 855	7	7408	1431	256	14	2262
浙江	46 579	1898	0	377	0	0	0	35 033	7387	9	375	29	0	1	1470
安徽	340 105	17 174	82	519	98	11	2	123 554	176 902	9	18 938	2211	1	526	78
福建	710 648	9330	0	649	4	1	3	525 731	164 793	2	3341	927	3	2	5862
江西	144 945	11 563	0	297	6	27	0	89 878	26 245	33	16 399	111	13	11	362
山东	873 826	34 317	136	1322	224	445	22	494 194	326 189	153	6380	1795	38	454	8157
河南	17 705	1113	222	405	6	5	0	9333	2501	0	1253	2703	38	16	110
湖北	100 040	4364	0	262	0	0	2	85 112	397	3	1069	97	8	1	8725
湖南	241 359	38 123	1	913	1	9	0	65 713	130 438	18	1523	608	25	22	3965
广东	54 963	1081	0	1246	6	15	19	40 810	5271	2	548	1570	3	5	4387
广西	5415	313	0	93	2	3	4	4401	191	0	54	54	0	8	292
海南	633	39	0	55	0	0	0	349	5	1	114	15	0	0	55

续表

统计范围	合计	文字	口述	音乐	曲艺	舞蹈	杂技	美术	摄影	建筑	影视	设计图	地图	模型	其他
重庆	150 921	5702	15	394	2	64	4	96 741	41 277	3	3014	943	30	220	2512
四川	296 406	43 018	8	1330	7	42	5	164 182	84 606	16	2585	374	93	72	68
贵州	359 266	3607	1	873	5	15	0	326 662	11 258	6	3247	11 389	72	56	2075
云南	109 655	14 229	0	719	17	1	0	20 942	65 032	0	256	53	0	0	8406
西藏	11	0	0	0	0	0	0	11	0	0	0	0	0	0	0
陕西	37 753	3448	0	357	0	4	0	25 204	6577	0	1063	12	4	1	1083
甘肃	62 543	2044	247	511	8	5	1	56 368	1542	0	1230	105	0	20	462
青海	67	3	0	0	0	0	0	64	0	0	0	0	0	0	0
宁夏	1532	209	0	122	3	1	0	857	279	1	37	20	0	0	3
新疆	1135	146	0	102	0	0	0	677	135	0	1	37	0	0	37

表2　　2023年全国版权合同登记情况统计　　（单位：份）

统计范围	合计	图书	期刊	音像制品	电子出版物	软件	电影	电视节目	其他
合计	16 693	12 407	48	598	47	2483	0	0	1110
中国版权保护中心	1840			589		1251			
北京	6294	6240	48		4	2			
天津	257	257							
河北	286	286							
山西	16	16							
内蒙古	0	0	0	0	0	0	0	0	0
辽宁	160	160							
吉林	28	28							
黑龙江	72	72							
上海	1243	1203		9	31				
江苏	1286	494				792			
浙江	932	496				436			
安徽	44	44							
福建	82	77				5			
江西	130	130							
山东	121	121							

续表

统计范围	合计	图书	期刊	音像制品	电子出版物	软件	电影	电视节目	其他
河南	172	172							
湖北	182	175			7				
湖南	309	309							
广东	1470	360							1110
广西	335	335							
海南	111	109	0	0	0	2	0	0	0
重庆	196	196							
四川	783	783							
贵州	19	19							
云南	109	109							
西藏									
陕西	182	182							
甘肃	15	15							
青海									
宁夏	0	0	0	0	0	0	0	0	0
新疆	19	19							

表3　　　　　　　　　　　　2023年全国版权执法情况统计

案件查处情况				收缴盗版品情况			
项目	2022年数量	2023年数量	同比增减（%）	项目	2022年数量	2023年数量	同比增减（%）
行政处罚（件）	2930	3238	10.51	合计	11 328 677	14 232 063	25.63
案件移送（件）	215	294	36.74	书刊	9 376 338	12 499 105	33.30
检查经营单位（个）	299 588	276 504	-7.71	软件	99 972	26 372	-73.62
取缔违法经营单位（个）	841	1057	25.68	音像制品	530 606	504 351	-4.95
查获地下窝点（个）	194	192	-1.03	电子出版物	191 163	129 209	-32.41
地下光盘生产线（条）	46	4	-91.30	其他	1 130 598	1 073 026	-5.09
违法经营网站服务器（个）	761	1409	85.15	未分类项			
罚款金额（元）	36 769 428	22 601 106	-38.53				

表4 2023年全国引进出版物版权汇总

（单位：项）

原版权所在国家和地区名称	合计	图书	录音制品	录像制品	电子出版物
引进版权总数	10 044	9835	63	61	85
美国	2826	2794	9	0	23
英国	2550	2510	7	10	23
德国	801	787	8	2	4
法国	641	610	11	7	13
俄罗斯	40	40	0	0	0
加拿大	83	80	0	2	1
新加坡	125	125	0	0	0
日本	1313	1282	8	6	17
韩国	253	248	1	3	1
中国香港	96	73	14	9	0
中国澳门	5	5	0	0	0
中国台湾	490	479	0	11	0
其他	821	802	5	11	3

表5 2023年全国输出出版物版权汇总

（单位：项）

版权购买者所在国家和地区名称	合计	图书	录音制品	录像制品	电子出版物
输出版权总数	11 731	11 509	153	14	55
美国	785	779	0	0	6
英国	314	312	0	0	2
德国	389	387	0	2	0
法国	183	170	8	2	3
俄罗斯	831	831	0	0	0
加拿大	132	132	0	0	0
新加坡	742	707	6	5	24
日本	222	222	0	0	0
韩国	693	693	0	0	0
中国香港	484	352	127	5	0
中国澳门	87	87	0	0	0
中国台湾	899	895	0	0	4
其他	5970	5942	12	0	16

供稿：中央宣传部版权管理局

农业植物新品种

品种权申请/授权情况汇总按植物种类划分（1999—2023年） （单位：件）

作物种类	植物种属	累计申请量	累计授权量	2023年申请量	2023年授权量
大田作物 累计申请量： 57 315 累计授权量： 25 264	水稻	18 038	7880	2968	1670
	玉米	24 845	10 417	4418	2968
	马铃薯	501	205	44	67
	普通小麦	4817	2443	768	806
	大豆	2920	1596	535	397
	甘蓝型油菜	823	403	102	78
	花生	918	405	152	102
	甘薯	463	257	93	86
	谷子	300	131	51	30
	高粱	268	114	51	39
	大麦属	297	142	43	24
	苎麻属	9	3	0	0
	棉属	1204	691	129	164
	亚麻	28	5	20	0
	桑属	64	27	8	3
	芥菜型油菜	2	0	0	0
	绿豆	98	38	10	13
	橡胶树	42	18	10	4
	茶组	557	154	129	70
	芝麻	69	17	16	4
	木薯	38	9	8	2
	甘蔗属	291	112	40	31
	小豆	50	16	8	2
	燕麦	32	10	6	5
	烟草	24	7	3	0
	向日葵	472	141	139	39
	荞麦属	40	12	12	12
	白菜型油菜	19	0	5	0
	薏苡属	11	0	1	0
	蓖麻	14	9	0	1
	菊芋	3	0	2	0
	甜菜	11	2	3	2

续表

作物种类	植物种属	累计申请量	累计授权量	2023年申请量	2023年授权量
大田作物 累计申请量： 57 315 累计授权量： 25 264	稷（糜子）	8	0	6	0
	大麻槿（红麻）	12	0	12	0
	可可	7	0	3	0
	苋属	20	0	4	0
蔬菜 累计申请量： 10 113 累计授权量： 2613	大白菜	509	178	134	46
	普通番茄	1516	374	440	100
	黄瓜	698	212	155	65
	辣椒属	1756	491	499	164
	普通西瓜	930	292	200	76
	普通结球甘蓝	312	136	46	46
	食用萝卜	304	50	126	17
	茄子	271	79	68	13
	蚕豆	58	23	9	3
	豌豆	43	12	10	3
	菜豆	200	36	73	11
	豇豆	171	28	50	15
	大葱	33	13	6	10
	西葫芦	322	71	124	13
	花椰菜	212	71	27	32
	芹菜	13	2	2	0
	胡萝卜	39	8	5	5
	甜瓜	680	174	196	46
	大蒜	26	9	2	2
	不结球白菜	663	108	156	30
	苦瓜	186	33	21	3
	芥菜	90	25	33	11
	芥蓝	39	11	2	8
	莴苣	109	17	25	1
	冬瓜	50	2	17	0
	菠菜	74	9	32	2
	南瓜	275	43	87	16
	丝瓜属	81	5	25	3
	青花菜	182	50	29	22
	洋葱	66	15	22	14
	姜	2	0	2	0
	茭白（菰）	4	0	2	0
	芦笋（石刁柏）	3	0	1	0
	山药（薯蓣）	36	4	15	2

续表

作物种类	植物种属	累计申请量	累计授权量	2023年申请量	2023年授权量
蔬菜 累计申请量： 10 113 累计授权量： 2613	咖啡黄葵	16	5	0	1
	魔芋属	42	15	8	10
	芋	17	3	10	2
	荠	0	0	0	0
	蕹菜（空心菜）	28	2	2	1
	芫荽（香菜）	13	0	10	0
	韭菜	14	0	2	0
	紫苏	30	7	3	7
观赏植物 累计申请量： 5532 累计授权量： 2291	春兰	10	2	2	1
	菊属	1359	749	234	163
	石竹属	332	176	43	73
	唐菖蒲属	8	4	0	2
	兰属	203	84	26	16
	百合属	177	82	16	7
	鹤望兰属	6	4	2	0
	补血草属	6	3	0	0
	非洲菊	278	140	18	10
	花毛茛	23	15	0	3
	华北八宝	0	0	0	0
	雁来红	0	0	0	0
	花烛属	463	222	59	41
	果子蔓属	84	44	8	5
	莲	154	46	24	24
	蝴蝶兰属	1542	534	406	173
	秋海棠属	59	27	7	3
	凤仙花	3	1	0	0
	非洲凤仙花	0	0	0	0
	新几内亚凤仙花	47	17	10	7
	万寿菊属	30	12	2	1
	郁金香属	3	3	0	3
	仙客来	0	0	0	0
	一串红	12	0	0	0
	三色堇	4	0	0	0
	矮牵牛（碧冬茄）	119	27	32	11
	马蹄莲属	19	4	0	0
	铁线莲属	9	0	0	0
	萱草属	83	20	13	0
	薰衣草属	12	8	4	5

续表

作物种类	植物种属	累计申请量	累计授权量	2023年申请量	2023年授权量
观赏植物 累计申请量： 5532 累计授权量： 2291	欧报春	0	0	0	0
	水仙属	3	0	0	0
	石蒜属	15	1	2	1
	睡莲属	51	5	21	5
	天竺葵属	14	3	1	3
	鸢尾属	90	8	38	5
	芍药组	6	0	5	0
	六出花属	16	9	0	9
	香雪兰属	9	4	5	4
	蟹爪兰属	19	14	0	0
	朱顶红属	248	20	68	17
	满天星	16	3	3	3
果树 累计申请量： 3188 累计授权量： 1108	梨属	282	128	42	23
	桃	327	137	50	35
	荔枝	58	19	16	3
	苹果属	415	142	40	40
	柑橘属	281	94	68	19
	香蕉	104	48	16	16
	猕猴桃属	340	139	43	21
	葡萄属	374	129	68	15
	李	69	13	22	2
	草莓	338	145	45	63
	龙眼	27	5	13	4
	枇杷	51	20	13	5
	樱桃	132	10	28	3
	芒果	73	19	18	1
	杨梅属	15	4	8	1
	椰子	14	4	3	2
	凤梨属	88	20	39	11
	番木瓜	12	3	3	3
	木菠萝(菠萝蜜)	7	0	3	0
	无花果	18	3	2	1
	芭蕉属	10	3	2	2
	量天尺属	67	2	31	1
	西番莲属	77	19	25	11
	梅	9	2	1	0

续表

作物种类	植物种属	累计申请量	累计授权量	2023年申请量	2023年授权量
牧草 累计申请量：57 累计授权量：13	紫花苜蓿	17	3	2	0
	草地早熟禾	4	0	0	0
	酸模属	4	0	0	0
	柱花草属	11	5	2	2
	结缕草	6	2	1	0
	狗牙根属	6	1	2	1
	鸭茅	0	0	0	0
	红车轴草（红三叶）	0	0	0	0
	黑麦草属	0	0	0	0
	羊茅属	0	0	0	0
	狼尾草属	8	2	1	2
	白车轴草（白三叶）	1	0	0	0
药用植物 累计申请量：304 累计授权量：94	人参	14	8	2	3
	三七	4	3	0	0
	石斛属	108	36	10	11
	枸杞属	7	2	0	1
	天麻	2	0	0	0
	灯盏花（短葶飞蓬）	0	0	0	0
	何首乌	4	0	2	0
	菘蓝	1	1	0	1
	甜菊(甜叶菊)	15	3	10	1
	红花	7	0	0	0
	淫羊藿属	9	2	1	2
	松果菊属	15	6	6	3
	金银花	5	2	1	1
	柴胡属	1	0	0	0
	黄芪属	3	0	1	0
	美丽鸡血藤（牛大力）	68	22	0	9
	穿心莲	1	0	0	0
	丹参	19	4	7	0
	黄花蒿	5	1	0	1
	砂仁	16	4	9	4

续表

作物种类	植物种属	累计申请量	累计授权量	2023年申请量	2023年授权量
菌类 累计申请量： 405 累计授权量： 103	白灵侧耳	14	7	0	6
	羊肚菌属	11	10	1	5
	香菇	87	11	15	2
	黑木耳	16	8	6	3
	灵芝属	34	3	17	0
	双孢蘑菇	42	11	21	0
	金针菇	63	16	20	16
	蛹虫草	5	1	0	1
	长根菇	2	0	0	0
	猴头菌	8	2	3	2
	毛木耳	24	7	1	4
	蝉花	2	1	1	0
	真姬菇	42	6	4	6
	平菇（糙皮侧耳、弗罗里达侧耳）	52	20	9	2
	秀珍菇（肺形侧耳）	3	0	0	0
合计		76 914	31 486	14 278	8385

供稿：农业农村部科学技术司

林草植物新品种

表1　　　　　林草植物新品种申请量和授权量统计（1999—2023年）　　　　　（单位：件）

年份	申请量			授权量		
	国内申请人	国外申请人	合计	国内品种权人	国外品种权人	合计
1999	181	1	182	6	0	6
2000	7	4	11	18	5	23
2001	8	2	10	19	0	19
2002	13	4	17	1	0	1
2003	14	35	49	7	0	7
2004	17	19	36	16	0	16
2005	41	32	73	19	22	41
2006	22	29	51	8	0	8
2007	35	26	61	33	45	78
2008	57	20	77	35	5	40
2009	62	5	67	42	13	55
2010	85	4	89	26	0	26
2011	123	16	139	11	0	11
2012	196	26	222	169	0	169
2013	169	8	177	115	43	158
2014	243	11	254	150	19	169
2015	208	65	273	164	12	176
2016	328	72	400	178	17	195
2017	516	107	623	153	7	160
2018	720	186	906	359	46	405
2019	656	146	802	351	88	439
2020	897	150	1047	332	109	441
2021	1225	217	1442	637	124	761
2022	1649	179	1828	501	150	651
2023	1671	235	1906	798	117	915
合计	9143	1599	10742	4148	822	4970

表2　　　林草授权植物新品种中不同植物类别的授权量统计（1999—2023年）　　　（单位：件）

年份	林木	经济林	观赏植物	竹	木质藤本	其他	合计
1999	6	0	0	0	0	0	6
2000	3	0	20	0	0	0	23

续表

年份	林木	经济林	观赏植物	竹	木质藤本	其他	合计
2001	2	2	14	0	0	1	19
2002	0	1	0	0	0	0	1
2003	6	1	0	0	0	0	7
2004	6	4	5	0	0	1	16
2005	3	1	34	0	0	3	41
2006	5	0	3	0	0	0	8
2007	7	1	70	0	0	0	78
2008	10	6	19	1	0	4	40
2009	14	1	39	0	0	1	55
2010	10	6	10	0	0	0	26
2011	2	1	5	0	0	3	11
2012	27	20	113	0	2	7	169
2013	34	9	114	1	0	0	158
2014	25	13	120	1	0	10	169
2015	31	28	106	1	2	8	176
2016	44	40	104	2	3	2	195
2017	18	17	120	1	1	3	160
2018	62	99	238	2	3	1	405
2019	69	70	287	1	0	12	439
2020	90	75	258	1	0	17	441
2021	65	80	600	9	3	4	761
2022	68	62	498	0	7	16	651
2023	119	203	580	7	1	5	915
合计	726	740	3357	27	22	98	4970

表3　林草授权植物新品种中各国的授权量统计（1999—2023年）　　　　　　　　　　（单位：件）

排名	国家	1999—2023年授权总量	2023年授权量	主要植物属
1	中国	4148	798	蔷薇属、李属
2	荷兰	316	22	蔷薇属
3	德国	119	26	蔷薇属
4	法国	118	16	蔷薇属
5	美国	88	19	越桔属
6	英国	50	6	蔷薇属
7	日本	40	20	绣球属
8	澳大利亚	38	5	越桔属、蔷薇属、大戟属
9	丹麦	32	0	蔷薇属
10	比利时	6	0	杜鹃花属
11	西班牙	6	0	越桔属

续表

排名	国家	1999—2023年授权总量	2023年授权量	主要植物属
12	意大利	4	0	蔷薇属
13	以色列	3	3	舞春花属
14	新西兰	1	0	蔷薇属
15	厄瓜多尔	1	0	蔷薇属
	合计	4970	915	

表4　各国授权品种的属(种)授权量统计(1999—2023年)　　　(单位:件)

属(种)	中国	荷兰	德国	法国	美国	英国	日本	澳大利亚	丹麦	比利时	西班牙	意大利	以色列	厄瓜多尔	新西兰	合计
蔷薇属	428	303	77	117	5	46	12	12	32	0	0	4	0	1	1	1038
李属	241	0	0	0	0	0	0	0	0	0	0	0	0	0	0	241
山茶属	213	0	0	0	0	0	0	0	0	0	0	0	0	0	0	213
杨属	206	0	0	0	0	0	0	0	0	0	0	0	0	0	0	206
杜鹃花属	192	0	0	0	0	4	0	0	0	0	6	0	0	0	0	202
芍药属	201	0	0	0	0	0	0	0	0	0	0	0	0	0	0	201
越桔属	87	0	0	0	35	0	0	13	0	0	5	0	0	0	0	140
苹果属	117	0	0	0	0	0	0	0	0	0	0	0	0	0	0	117
紫薇	111	0	0	0	0	0	0	0	0	0	0	0	0	0	0	111
核桃属	86	0	0	0	0	0	0	0	0	0	0	0	0	0	0	86
文冠果	83	0	0	0	0	0	0	0	0	0	0	0	0	0	0	83
木兰属	82	0	0	0	0	0	0	0	0	0	0	0	0	0	0	82
柳属	80	0	0	0	0	0	0	0	0	0	0	0	0	0	0	80
槭属	75	0	0	0	4	0	0	0	0	0	0	0	0	0	0	79
桂花	65	0	0	0	0	0	0	0	0	0	0	0	0	0	0	65
紫薇属	65	0	0	0	0	0	0	0	0	0	0	0	0	0	0	65
卫矛属	63	0	0	0	0	0	0	0	0	0	0	0	0	0	0	63
绣球属	33	2	0	1	1	0	19	0	0	0	0	0	0	0	0	56
杏	54	0	0	0	2	0	0	0	0	0	0	0	0	0	0	56
含笑属	55	0	0	0	0	0	0	0	0	0	0	0	0	0	0	55
桃花	47	0	0	0	0	0	0	0	0	0	0	0	0	0	0	47
大戟属	3	7	19	0	7	0	0	10	0	0	0	0	0	0	0	46
榆属	43	0	0	0	0	0	0	0	0	0	0	0	0	0	0	43
木瓜属	41	0	0	0	0	0	0	0	0	0	0	0	0	0	0	41
桉属	41	0	0	0	0	0	0	0	0	0	0	0	0	0	0	41
悬钩子属	14	0	0	0	22	4	0	0	0	0	0	1	0	0	0	41
丁香属	41	0	0	0	0	0	0	0	0	0	0	0	0	0	0	41
其他	1381	4	23	0	12	0	5	3	0	0	0	0	3	0	0	1431
合计	4148	316	119	118	88	50	40	38	32	6	6	4	3	1	1	4970

供稿:国家林业和草原局科技发展中心

海关知识产权保护

表1　　2023年海关扣留侵权货物统计按进出口类型分

进出口类型	批次(万)	占比(%)	商品数量(万件/万双)	占比(%)
合计	6.21	100	8288.94	100
进口	0.05	0.8	177.14	2.1
出口	6.16	99.2	8111.8	97.9

表2　　2023年海关扣留侵权货物统计按渠道分

渠道	批次(万)	占比(%)	商品数量(万件/万双)	占比(%)
合计	6.21	100	8288.94	100
货运渠道	0.28	4.5	7459.11	89.9
非货运渠道	5.93	95.5	829.83	10.1

供稿：海关总署综合业务司

知识产权司法保护

2023年全国法院受理和审结各类知识产权案件统计

项目	数量	备注
1. 全国法院刑事案件		
新收侵犯知识产权罪一审案件(件)	7335	
同比上升(%)	37.46	
审结侵犯知识产权罪一审案件(件)	6967	
同比上升(%)	27.69	
假冒专利刑事案件(件)	1	审结
侵犯注册商标类刑事案件(件)	6357	审结
侵犯著作权类刑事案件(件)	543	审结
其他刑事案件(件)	66	审结
新收涉知识产权刑事二审案件(件)	956	
审结涉知识产权刑事二审案件(件)	965	
2. 全国法院行政案件		
新收一审案件(件)	20 583	
同比增长(%)	-0.28	
新收专利案件(件)	1990	
新收商标案件(件)	18 558	
新收著作权案件(件)	11	
其他知识产权案件(件)	24	
审结一审案件(件)	22 340	
同比增长(%)	26.70	
新收二审案件(件)	10 053	
审结二审案件(件)	9259	
3. 全国法院民事案件		
新收一审案件(件)	462 176	
同比增长(%)	5.40	
专利案件(件)	44 711	
同比增长(%)	14.73	
商标案件(件)	131 429	
同比增长(%)	16.85	
著作权案件(件)	251 687	
同比增长(%)	-1.57	
技术合同案件(件)	6492	

续表

项目	数量	备注
同比增长(%)	53.19	
竞争案件(件)	10 230	
同比上升(%)	8.97	
其他知识产权案件(件)	17 627	
同比上升(%)	-0.51	
审结一审案件(件)	460 306	
同比增长(%)	0.55	
新收二审案件(件)	37 214	
审结二审案件(件)	38 713	

供稿:最高人民法院民三庭

评选、认定和保护

2023 年新增地理标志商标名录

序号	注册号	类别	类型	商标名	注册人	商品	国家（国内省、自治区、直辖市）
1	58219378	31	证明商标	屏南水松	屏南县花卉盆景协会	水松（松树）	福建省
2	58385063	31	证明商标	长岛对虾	长岛县渔业协会	虾（活的）	山东省
3	58402564	31	证明商标	长岛对虾	长岛县渔业协会	虾（活的）	山东省
4	59708798	22	证明商标	东坝蚕茧	郁南县东坝镇蚕桑生产者协会	蚕茧	广东省
5	61184164	31	证明商标	德钦葡萄	德钦县种植业管理服务中心	新鲜葡萄	云南省
6	61522649	31	证明商标	三湖黄桃	江陵县三湖黄桃协会	新鲜桃	湖北省
7	62921491	31	证明商标	天全竹笋	天全县农业产业发展和技术服务中心	新鲜竹笋	四川省
8	63064457	31	证明商标	伊犁鸡	伊犁哈萨克自治州畜牧总站	活鸡	新疆维吾尔自治区
9	63462714	31	证明商标	长丰青萝卜	长丰县左店镇陆桥萝卜协会	新鲜青萝卜（新鲜蔬菜）	安徽省
10	40937763	33	证明商标	新化糯米水酒	新化县水酒产业协会	米酒	湖南省
11	47284258	29	证明商标	含山芝麻油	含山县麻油行业协会	芝麻油	安徽省
12	58390032	31	证明商标	长岛牡蛎	长岛县渔业协会	牡蛎（活的）	山东省
13	58408554	31	证明商标	长岛牡蛎	长岛县渔业协会	牡蛎（活的）	山东省
14	61659656	30	证明商标	丰宁豆瓣酱	丰宁满族自治县地方特色产品产业协会	豆瓣酱	河北省
15	61850800	30	证明商标	惠东仙人茶	惠东县茶业行业协会	绿茶	广东省
16	62784271	29	证明商标	江孜大蒜	西藏江孜县农牧综合服务中心	大蒜（干蔬菜）	西藏自治区
17	51589211	31	证明商标	西畴猕猴桃	西畴县农业技术推广中心	新鲜猕猴桃	云南省
18	57798305	31	证明商标	旬阳拐枣	旬阳县拐枣协会	拐枣（果柄）	陕西省

续表

序号	注册号	类别	类型	商标名	注册人	商品	国家（国内省、自治区、直辖市）
19	61929202	31	证明商标	留隍橄榄	丰顺县留隍镇橄榄协会	新鲜橄榄	广东省
20	61984962	31	证明商标	偏关山羊	偏关县农业产业发展中心	活山羊	山西省
21	62084995	30	证明商标	南漳土蜂蜜	南漳县蜂业协会	蜂蜜	湖北省
22	43105448	30	证明商标	永嘉乌牛早 YONGJIAW UNIUZAO TEA	永嘉县农业技术推广服务中心	绿茶	浙江省
23	54853530	29	证明商标	景东乌骨鸡	景东彝族自治县畜牧工作站	鸡肉	云南省
24	54853529	31	证明商标	景东乌骨鸡	景东彝族自治县畜牧工作站	鸡（活的）	云南省
25	58884802	31	证明商标	涟水芦笋	涟水县农副产品营销协会	新鲜芦笋	江苏省
26	59030875	31	集体商标	遵化磨盘柿	遵化市特色产品协会	新鲜柿子	河北省
27	60715353	30	证明商标	凤凰苦荞	凤凰县农副产品协会	苦荞（人食用去壳谷物）	湖南省
28	63444664	29	证明商标	霞浦大黄鱼	霞浦县农副产品产业协会	大黄鱼（非活）	福建省
29	63394269	31	证明商标	云阳红橙	云阳县果品产业发展中心	新鲜脐橙	重庆市
30	63400208	31	证明商标	洪合蜜梨	嘉兴市秀洲区洪合镇农民合作经济组织联合会	蜜梨	浙江省
31	53187861	29	证明商标	诗洞腐竹	怀集县诗洞镇农业技术推广中心	腐竹	广东省
32	59424406	29	证明商标	南漳土鸡	南漳县五官山生态土鸡养殖协会	鸡（非活）	湖北省
33	64273582	5	证明商标	慈利黄柏	慈利县科学技术信息研究所	药用黄柏	湖南省
34	58066719	31	证明商标	雷岭乌叶荔枝	汕头市潮南区雷岭镇荔枝协会	新鲜荔枝	广东省
35	60333543	29	证明商标	睢宁豆腐	睢宁县绿色农业发展协会	豆腐	江苏省
36	62461524	29	证明商标	大田三保腊鸭	大田县建设镇农业服务中心	腊鸭	福建省

续表

序号	注册号	类别	类型	商标名	注册人	商品	国家（国内省、自治区、直辖市）
37	64247547	30	证明商标	鹿亭番薯粉丝 LUTING SWEET POTATO VERMICELLI	余姚市鹿亭乡农民合作经济组织联合会	粉丝	浙江省
38	39056590	3	证明商标	拉萨藏香	拉萨市香雄梅朵藏香产业协会	香	西藏自治区
39	52665023	31	证明商标	潢川小龙虾	潢川县特色产品质量保护管理协会	小龙虾（活的）	河南省
40	61626335	30	证明商标	德惠大米	德惠市稻米协会	大米	吉林省
41	58002446	31	证明商标	雷岭荔枝	汕头市潮南区雷岭镇荔枝协会	新鲜荔枝	广东省
42	61393165	31	证明商标	宜陵黄桃	扬州市江都区宜陵农村供销合作经济联合会	新鲜黄桃	江苏省
43	62363337	31	证明商标	台山蚝	台山市蚝业协会	蚝（活体）	广东省
44	62430699	30	证明商标	泰宁尤源粉干	泰宁县旅游食品行业协会	米粉（条状）	福建省
45	62737530	31	证明商标	江孜大蒜	西藏江孜县农牧综合服务中心	新鲜蒜	西藏自治区
46	49743971	31	证明商标	洪山菜薹	武汉市洪山区洪山菜苔产业协会	新鲜菜薹	湖北省
47	63057225	30	证明商标	盱眙龙虾香米	江苏省盱眙龙虾协会	大米	江苏省
48	63270458	31	证明商标	仙居花猪	仙居县私营（民营）企业协会	活猪	浙江省
49	63517623	29	证明商标	仙居花猪	仙居县私营（民营）企业协会	猪肉	浙江省
50	63869658	30	证明商标	行唐红薯粉条	行唐县粉条协会	粉条	河北省
51	64979201	31	证明商标	东乡洋芋	东乡族自治县农业技术推广中心	新鲜土豆	甘肃省
52	58345034	31	证明商标	漳州三角梅	漳州市三角梅协会	三角梅（植物）	福建省
53	61301175	31	证明商标	隆尧小孟甜瓜	隆尧县小孟村农产品果蔬协会	新鲜甜瓜	河北省

续表

序号	注册号	类别	类型	商标名	注册人	商品	国家（国内省、自治区、直辖市）
54	46502826	31	证明商标	赤壁竹笋	赤壁市竹业协会	竹笋（新鲜蔬菜）	湖北省
55	58517555	31	证明商标	掌平洼杏梅	新泰市掌平洼杏梅协会	新鲜杏梅	山东省
56	61279674	5	证明商标	武夷山灵芝	武夷山市农业科学研究所	药用灵芝	福建省
57	61918916	31	证明商标	蒙城玉米	蒙城县农副产品协会	玉米	安徽省
58	63551636	5	证明商标	西和半夏	西和县半夏（中药材）协会	药用半夏	甘肃省
59	59747866	5	证明商标	五峰银花	五峰土家族自治县中药材产业协会	银花（中药材）	湖北省
60	62952491	30	证明商标	田阳香米	百色市田阳区种植业技术推广站	香米（米）	广西壮族自治区
61	63455499	29	证明商标	霞浦大黄鱼	霞浦县农副产品产业协会	大黄鱼（非活）	福建省
62	63808447	31	证明商标	安达羊草	安达市农业技术推广中心	新鲜羊草	黑龙江省
63	57277822	29	证明商标	东山铜陵墨鱼脯	东山县铜陵镇农业农村服务中心	墨鱼干	福建省
64	58970044	31	证明商标	东辽柞蚕	东辽县柞蚕协会	柞蚕（活的）	吉林省
65	60244035	33	证明商标	怀远石榴酒	怀远县石榴生物工程研究中心	石榴酒	安徽省
66	60302244	31	证明商标	麦溪鲩	肇庆市高要区水产技术推广中心	鲩鱼（活鱼）	广东省
67	60334039	31	证明商标	黄阁小虎麻虾 HUANG GE XIAO HU SHRIMP	广州市南沙区黄阁镇农业综合服务中心	虾（活的）	广东省
68	60460784	30	证明商标	石溪乌紫米	通城县石溪彩米种植协会	紫米	湖北省
69	61098586	31	证明商标	光山青虾	光山县青虾产业协会	虾（活的）	河南省
70	61318431	30	证明商标	荣炳大米 RONGBING RICE	镇江市丹徒区龙溪农业技术推广服务中心	大米	江苏省

续表

序号	注册号	类别	类型	商标名	注册人	商品	国家（国内省、自治区、直辖市）
71	61888753	30	证明商标	忠路贡茶	利川市忠路贡茶协会	绿茶	湖北省
72	63591237	31	证明商标	永春白番鸭	永春白番鸭养殖协会	活鸭	福建省
73	63779077	31	证明商标	横县甜玉米	横州市农业技术推广站	新鲜甜玉米	广西壮族自治区
74	64748944	5	证明商标	桂林罗汉果	桂林市经济作物技术推广站	罗汉果（中药材）	广西壮族自治区
75	64748493	30	证明商标	定西宽粉	定西宽粉行业协会	宽粉（粉条）	甘肃省
76	64793129	31	证明商标	郴州柑橘	郴州市柑橘协会	新鲜柑橘	湖南省
77	58030818	29	证明商标	庆元灰树花	庆元县食用菌产业中心（庆元县食用菌科研中心）	干灰树花（干食用菌）	浙江省
78	60983288	30	集体商标	宜昌兴山白茶	兴山县茶业协会	绿茶	湖北省
79	61308667	29	证明商标	陆川猪	陆川县畜牧站	猪肉	广西壮族自治区
80	61666669	31	证明商标	汶朗蜜柚	怀集县汶朗镇农业技术推广中心	新鲜柚子	广东省
81	62887767	29	证明商标	稽东香榧	绍兴市柯桥区香榧产业协会	加工过的香榧	浙江省
82	42227554	31	证明商标	绥宁花猪	绥宁县花猪协会	花猪（活动物）	湖南省
83	52797452	33	证明商标	怀来葡萄酒	怀来县葡萄产业推广中心	葡萄酒	河北省
84	59258958	30	证明商标	竹塘挂面	肥东县竹塘挂面协会	挂面	安徽省
85	59944082	31	证明商标	正宁苹果	正宁县果业发展中心	新鲜苹果	甘肃省
86	61680618	30	证明商标	武隆老鹰茶	重庆市武隆区农业技术推广中心	老鹰茶（用作茶叶代用品的毛豹皮樟树芽）	重庆市
87	10356049	30	证明商标	宜红工夫茶	宜都市宜红茶协会	茶	湖北省
88	46502825	31	证明商标	赤壁毛竹	赤壁市竹业协会	毛竹（植物）	湖北省
89	60655971	31	证明商标	溧水青梅	南京市溧水区洪蓝街道农业服务中心	新鲜青梅	江苏省
90	61205178	31	证明商标	阳朔沙田柚	阳朔县农业技术推广中心	新鲜柚子	广西壮族自治区

续表

序号	注册号	类别	类型	商标名	注册人	商品	国家（国内省、自治区、直辖市）
91	61225331	30	证明商标	波密辣椒 BOMI CHILLI	西藏波密县农技推广服务站	辣椒（调味品）	西藏自治区
92	64477144	31	证明商标	均安草鲩	佛山市顺德区均安水产养殖协会	草鲩鱼（活鱼）	广东省
93	44567701	30	证明商标	北林香米	绥化市北林区农业技术推广中心	大米	黑龙江省
94	60734959	31	证明商标	隆尧贡藕	隆尧县大陆泽农业种植推广协会	新鲜莲藕	河北省
95	61673862	33	证明商标	仁化石塘堆花米酒	仁化县石塘堆花米酒生产技术协会	蒸馏米酒（泡盛酒）	广东省
96	63160000	31	证明商标	代县酥梨	代县雁丰农产品协会	新鲜梨	山西省
97	63953877	5	证明商标	慈利陈皮	慈利县科学技术信息研究所	药用陈皮	湖南省
98	58402569	31	证明商标	永平枇杷	永平县厂街乡杨柳树村绿野枇杷种植协会	新鲜枇杷	云南省
99	61405980	31	证明商标	蠡县麻山药	蠡县麻山药产业协会	新鲜山药	河北省
100	62254531	31	证明商标	迎安蜜本南瓜	江安县迎安镇农业技术综合服务中心	新鲜南瓜	四川省
101	64340504	29	证明商标	仙居鸡 XIANJU CHICKEN	仙居县畜牧兽医所	鸡肉	浙江省
102	64839156	31	证明商标	河口香蕉	河口瑶族自治县水果技术推广站	新鲜香蕉	云南省
103	52357921	29	证明商标	凫溪香鱼	宁海县西店镇农民合作经济组织联合会	香鱼（非活）	浙江省
104	56154759	30	证明商标	常熟鸭血糯	常熟市作物栽培技术指导站	糯米	江苏省
105	62096553	31	证明商标	蒋王葡萄	扬州市邗江区蒋王街道农产品推广协会	新鲜葡萄	江苏省
106	62478017	30	证明商标	遂溪海红香米	广东省遂溪县农业技术推广中心	红香米	广东省
107	64848203	31	证明商标	房县魔芋	房县蔬菜协会	新鲜魔芋	湖北省
108	57968088	29	集体商标	兴化小龙虾	兴化市水产协会	小龙虾（非活）	江苏省

评选、认定和保护 447

续表

序号	注册号	类别	类型	商标名	注册人	商品	国家（国内省、自治区、直辖市）
109	61286889	29	证明商标	隆化山楂	隆化县食品生产行业协会	山楂干	河北省
110	63905244	29	证明商标	关岭黄牛	关岭布依族苗族自治县草地畜牧业发展中心	牛肉	贵州省
111	64124039	30	证明商标	南川大树茶	重庆市南川区农业特色产业发展中心	红茶	重庆市
112	65269501	31	证明商标	淮建西红柿	淮南经济技术开发区淮建蔬菜种植协会	新鲜西红柿	安徽省
113	56309001	31	证明商标	岢岚红芸豆	岢岚县农业技术推广中心	新鲜芸豆	山西省
114	58842570	14	证明商标	三沙白蝶贝珍珠 SANSHA PEARL	三沙市企业联合会	珍珠（珠宝）	海南省
115	61306560	29	证明商标	陆川猪 LUCHUAN PIG	陆川县畜牧站	猪肉	广西壮族自治区
116	63940778	5	证明商标	慈利厚朴	慈利县科学技术信息研究所	药用厚朴	湖南省
117	64785377	31	证明商标	温宿核桃	温宿县核桃产业协会	新鲜核桃	新疆维吾尔自治区
118	59032651	31	集体商标	遵化苹果	遵化市特色产品协会	新鲜苹果	河北省
119	60132444	31	证明商标	麦溪鲤	肇庆市高要区水产技术推广中心	鲤鱼（活鱼）	广东省
120	63877307	31	证明商标	日照花生	日照市东港区惠民花生加工业协会	新鲜花生	山东省
121	64124050	31	证明商标	王丕青椒	金乡县王丕街道蔬菜协会	新鲜青椒（新鲜蔬菜）	山东省
122	65345785	31	证明商标	乌什沙棘	乌什县林业技术推广服务中心	新鲜沙棘	新疆维吾尔自治区
123	50652182	31	证明商标	石柱脆李	石柱土家族自治县水果协会	李子（新鲜水果）	重庆市
124	55051345	29	证明商标	阿拉尔核桃	第一师阿拉尔市果业行业联合协会	加工过的核桃	新疆维吾尔自治区

续表

序号	注册号	类别	类型	商标名	注册人	商品	国家（国内省、自治区、直辖市）
125	61924053	30	证明商标	望都辣椒酱	望都县知识产权协会	辣椒酱	河北省
126	63135220	29	证明商标	突泉芦花鸡	突泉县龙头企业协会	鸡（非活）	内蒙古自治区
127	66728034	31	证明商标	坊子西葫	平原县蔬菜协会	新鲜西葫芦	山东省
128	59132659	29	证明商标	尉犁罗布羊	尉犁县特色农产品协会	羊肉	新疆维吾尔自治区
129	63574789	29	证明商标	紫云花猪	紫云苗族布依族自治县畜禽品种改良站	猪肉	贵州省
130	64317872	30	证明商标	石溪乌紫米	通城县石溪彩米种植协会	紫米	湖北省
131	66022080	24	证明商标	威县土布	威县传统手工艺协会	土布	河北省
132	69056738	30	证明商标	金堂川皇菊	金堂县中药材种植协会	冲泡用菊花茶	四川省
133	61507566	22	证明商标	彭泽棉花	彭泽县检验检测中心	未加工棉花	江西省
134	64284712	5	证明商标	慈利五倍子	慈利县科学技术信息研究所	药用五倍子	湖南省
135	64366220	29	证明商标	仙居鸡 XIANJU CHICKEN	仙居县畜牧兽医所	鸡肉	浙江省
136	65085402	29	证明商标	漳平明笋	漳平市双洋商会	笋干	福建省
137	66164834	29	证明商标	抚宁生猪	秦皇岛市抚宁区生猪行业协会	猪肉	河北省
138	60972651	5	证明商标	玉门枸杞 YUMEN WOLFBERRY	玉门市农林技术推广服务中心	枸杞	甘肃省
139	68785657	31	证明商标	行唐苹果	行唐县农业产业协会	新鲜苹果	河北省
140	66179923	31	证明商标	关口葡萄	建始县花坪镇农业技术服务中心	新鲜葡萄	湖北省
141	66182352	31	证明商标	偏关海红	偏关县农业产业发展中心	新鲜海红果	山西省
142	66534096	30	证明商标	鱼泉贡米	张家界市武陵源区特色农产品协会	大米	湖南省
143	66605249	31	证明商标	宁明八角香鸡	宁明县畜牧品改站	活鸡	广西壮族自治区
144	67218541	5	证明商标	邵武黄精	邵武市品牌服务中心	药用黄精	福建省

续表

序号	注册号	类别	类型	商标名	注册人	商品	国家（国内省、自治区、直辖市）
145	61286886	31	证明商标	河曲红葱	河曲县农业农村和水利发展中心	新鲜红葱	山西省
146	61472928	31	证明商标	纪台黄桃	寿光蔬菜瓜果产业协会	新鲜黄桃	山东省
147	63791267	5	证明商标	慈利木瓜	慈利县科学技术信息研究所	药用木瓜	湖南省
148	66399778	29	证明商标	通榆黏玉米	通榆县科技小院现代农业协会	速冻玉米	吉林省
149	66469671	31	证明商标	邳州银杏	邳州市市场监督综合检验检测中心	新鲜银杏果	江苏省
150	40549698	31	证明商标	建瓯白莲	建瓯市特色产品发展研究会	新鲜莲子	福建省
151	58442429	31	证明商标	闽清西红柿	闽清县农产品协会	新鲜西红柿	福建省
152	59344434	30	证明商标	周礼粉条	安岳县周礼镇红薯产业发展服务中心	粉条	四川省
153	60882404	23	证明商标	石泉蚕丝	石泉县蚕桑文化研究会	蚕丝	陕西省
154	61900218	30	证明商标	元阳云雾茶	元阳县茶叶技术推广站	绿茶	云南省
155	63878874	29	证明商标	日照花生	日照市东港区惠民花生加工业协会	加工过的花生	山东省
156	65392450	31	证明商标	瑞安陶山甘蔗	瑞安市陶山镇甘蔗协会	甘蔗	浙江省
157	66826913	31	证明商标	海昌蜜梨	海宁市农学会	新鲜梨	浙江省
158	45366277	29	证明商标	GRUYERE	格鲁耶尔行业协会	奶酪	瑞士联邦
159	57508495	31	证明商标	永安冬笋	永安市农村合作经济组织联合会	新鲜竹笋	福建省
160	66441286	30	证明商标	溧水绿茶	南京市溧水区和凤镇农业服务中心	绿茶	江苏省
161	67052005	31	证明商标	新兴贡柑	新兴县水果生产协会	新鲜贡柑（新鲜水果）	广东省
162	70044403	30	证明商标	东兴桂	东兴市农业技术推广中心	桂皮	广西壮族自治区
163	59333661	31	集体商标	遵化雪花梨	遵化市特色产品协会	新鲜梨	河北省
164	66415330	30	证明商标	通榆荞面	通榆县科技小院现代农业协会	荞面	吉林省

续表

序号	注册号	类别	类型	商标名	注册人	商品	国家（国内省、自治区、直辖市）
165	66827465	31	证明商标	沙湾墨兰	广州市番禺区农业技术推广服务站	兰花	广东省
166	61812056	30	证明商标	华安铁观音	华安县海峡两岸茶业交流协会	乌龙茶	福建省
167	63127532	29	证明商标	突泉干豆腐	突泉县龙头企业协会	干豆腐	内蒙古自治区
168	63673231	29	证明商标	安化腊肉	安化县畜牧水产事务中心	腊肉	湖南省
169	60490399	31	证明商标	新丰佛手瓜	新丰县兆丰佛手瓜专业技术协会	新鲜佛手瓜	广东省
170	65540137	29	证明商标	公安牛肉	公安县牛肉产业发展协会	牛肉	湖北省
171	66430511	31	证明商标	漳平明笋	漳平市双洋商会	新鲜竹笋	福建省
172	69523606	29	证明商标	湘西茶油	湘西土家族苗族自治州油茶产业协会	茶油	湖南省
173	70540980	29	证明商标	唐山板栗	唐山市农业产业化龙头企业协会	加工过的板栗（干制板栗）	河北省
174	64550469	29	证明商标	平乐柿饼 DRIED PERSIMMON PINGLE	平乐县月柿饼协会	柿饼	广西壮族自治区
175	64648452	29	证明商标	洛南豆腐	洛南县特色产业发展中心	豆腐	陕西省
176	65432313	30	证明商标	康禾茶	东源县康禾镇茶叶产业协会	绿茶	广东省
177	68987282	31	证明商标	贡山黑松露	贡山独龙族怒族自治县供销合作联社	新鲜松露	云南省
178	64208651	29	证明商标	平乐柿饼	平乐县月柿饼协会	柿饼	广西壮族自治区
179	64687097	5	证明商标	龙陵石斛	龙陵县石斛协会	药用石斛茎	云南省
180	66989727	30	证明商标	古辣香米	宾阳县古辣香米产销协会	大米	广西壮族自治区
181	65096317	29	证明商标	行唐核桃	行唐县农业产业协会	加工过的核桃	河北省
182	71503590	30	证明商标	荣县花茶	荣县种植业服务中心	茉莉花茶	四川省

续表

序号	注册号	类别	类型	商标名	注册人	商品	国家（国内省、自治区、直辖市）
183	49268109	31	证明商标	阿拉尔红枣	第一师阿拉尔市果业行业联合协会	阿拉尔红枣	新疆维吾尔自治区
184	63131115	30	证明商标	突泉粉条	突泉县龙头企业协会	突泉粉条	内蒙古自治区
185	67215910	31	证明商标	始兴顿岗马蹄	始兴县顿岗镇马蹄协会	始兴顿岗马蹄	广东省
186	67789766	31	证明商标	鹿泉白菜	石家庄市鹿泉区栖泉地方特产发展服务中心	鹿泉白菜	河北省
187	68606482	31	证明商标	将乐甜橙	将乐县柑橘技术协会	将乐甜橙	福建省
188	66389178	31	证明商标	头屯河葡萄	新疆生产建设兵团第十二师头屯河农场农业发展服务中心	头屯河葡萄	新疆维吾尔自治区
189	67186690	29	证明商标	咸宁桂花	咸宁市桂花协会	咸宁桂花	湖北省
190	67572498	31	证明商标	岳阳金盆柚	岳阳县金盆柚种植协会	岳阳金盆柚	湖南省
191	69087699	30	证明商标	屯溪绿茶	黄山市茶叶行业协会	屯溪绿茶	安徽省
192	69860198	29	证明商标	永安贡鸡	永安市贡川镇经济发展综合服务中心	永安贡鸡	福建省
193	66696965	31	集体商标	台山青蟹 TAISHAN MUD CRAB	台山市青蟹养殖协会	台山青蟹 TAISHAN MUD CRAB	广东省
194	70923661	31	证明商标	嘉兴黑猪	嘉兴市畜牧兽医站	嘉兴黑猪	浙江省
195	71400850	31	证明商标	封开无核柿	封开县水果协会	封开无核柿	广东省
196	71592125	31	证明商标	定安莲雾	定安县农业科技发展中心	定安莲雾	海南省
197	65286923	29	证明商标	望都辣椒	望都县知识产权协会	望都辣椒	河北省
198	70847278	31	证明商标	双沟白莲藕	睢宁县莲藕产业发展促进会	双沟白莲藕	江苏省
199	70908985	29	证明商标	嘉兴黑猪	嘉兴市畜牧兽医站	嘉兴黑猪	浙江省
200	71242203	31	证明商标	澄迈无籽蜜柚	澄迈县热带作物服务中心	澄迈无籽蜜柚	海南省
201	71678231	30	证明商标	平江高山茶	平江县茶叶行业协会	平江高山茶	湖南省

供稿：国家知识产权局商标局

2023 年新认定地理标志保护产品名录

序号	地理标志产品名称	申请机构	产地范围	国家知识产权局公告号
1	紫云春茶	贵州省安顺市紫云苗族布依族自治县人民政府	贵州省安顺市紫云苗族布依族自治县坝羊镇、板当镇、猫营镇、松山街道、五峰街道、格凸河镇、白石岩乡、猴场镇、宗地镇、大营镇、四大寨乡共11个乡、镇、街道现辖行政区域	国家知识产权局公告第五一二号
2	故城龙凤贡面	河北省衡水市故城县人民政府	河北省衡水市故城县故城镇、青罕镇、郑口镇共3个镇现辖行政区域	国家知识产权局公告第五一二号
3	合阳远志	陕西省渭南市合阳县人民政府	陕西省渭南市合阳县城关街道、和家庄镇、新池镇、坊镇、王村镇、路井镇共6个镇、街道现辖行政区域	国家知识产权局公告第五三五号
4	泰山玉	山东省泰安市人民政府	山东省泰安市岱岳区粥店街道、道朗镇,济南市长清区万德镇共3个镇、街道现辖行政区域	国家知识产权局公告第五三八号
5	黄骅梭子蟹	河北省沧州市黄骅市人民政府	河北省沧州市黄骅市南排河镇的沿海滩涂及近海海域,北纬38°21'29"～38°39'11",东经117°28'14"～117°46'36"	国家知识产权局公告第五三九号
6	柞水(黑)木耳	陕西省商洛市柞水县人民政府	陕西省商洛市柞水县现辖行政区域	国家知识产权局公告第五三九号
7	歙县珠兰花茶	安徽省黄山市歙县人民政府	安徽省黄山市歙县现辖行政区域	国家知识产权局公告第五四六号
8	常德茶油	湖南省常德市人民政府	湖南省常德市武陵区、鼎城区、汉寿县、桃源县、临澧县、石门县、澧县、津市市共8个县、区、市现辖行政区域	国家知识产权局公告第五四六号
9	三亚芒果	海南省三亚市人民政府	海南省三亚市现辖行政区域	国家知识产权局公告第五五〇号
10	如皋火腿	江苏省南通市如皋市人民政府	江苏省南通市如皋市现辖行政区域	国家知识产权局公告第五五五号

续表

序号	地理标志产品名称	申请机构	产地范围	国家知识产权局公告号
11	洪江雪峰乌骨鸡	湖南省怀化市人民政府	湖南省怀化市鹤城区、中方县、芷江侗族自治县、洪江市、溆浦县、麻阳苗族自治县、辰溪县、会同县、洪江区共9个县、区、市现辖行政区域	国家知识产权局公告第五五七号
12	北镇葡萄	辽宁省锦州市北镇市人民政府	辽宁省锦州市北镇市现辖行政区域	国家知识产权局公告第五五七号
13	镇坪黄连	陕西省安康市镇坪县人民政府	陕西省安康市镇坪县城关镇、华坪镇、钟宝镇、曙坪镇、上竹镇、牛头店镇、曾家镇共7个镇现辖行政区域	国家知识产权局公告第五五七号

供稿：国家知识产权局知识产权保护司

法律、法规、规章、司法解释及其他规范性文件

法律（无）

法规

中华人民共和国专利法实施细则

（2001年6月15日中华人民共和国国务院令第306号公布　根据2002年12月28日《国务院关于修改〈中华人民共和国专利法实施细则〉的决定》第一次修订　根据2010年1月9日《国务院关于修改〈中华人民共和国专利法实施细则〉的决定》第二次修订　根据2023年12月11日《国务院关于修改〈中华人民共和国专利法实施细则〉的决定》第三次修订）

第一章　总　则

第一条　根据《中华人民共和国专利法》（以下简称专利法），制定本细则。

第二条　专利法和本细则规定的各种手续，应当以书面形式或者国务院专利行政部门规定的其他形式办理。以电子数据交换等方式能够有形地表现所载内容，并可以随时调取查用的数据电文（以下统称电子形式），视为书面形式。

第三条　依照专利法和本细则规定提交的各种文件应当使用中文；国家有统一规定的科技术语的，应当采用规范词；外国人名、地名和科技术语没有统一中文译文的，应当注明原文。

依照专利法和本细则规定提交的各种证件和证明文件是外文的，国务院专利行政部门认为必要时，可以要求当事人在指定期限内附送中文译文；期满未附送的，视为未提交该证件和证明文件。

第四条　向国务院专利行政部门邮寄的各种文件，以寄出的邮戳日为递交日；邮戳日不清晰的，除当事人能够提出证明外，以国务院专利行政部门收到日为递交日。

以电子形式向国务院专利行政部门提交各种文件的，以进入国务院专利行政部门指定的特定电子系统的日期为递交日。

国务院专利行政部门的各种文件，可以通过电子形式、邮寄、直接送交或者其他方式送达当事人。当事人委托专利代理机构的，文件送交专利代理机构；未委托专利代理机构的，文件送交请求书中指明的联系人。

国务院专利行政部门邮寄的各种文

件,自文件发出之日起满15日,推定为当事人收到文件之日。当事人提供证据能够证明实际收到文件的日期的,以实际收到日为准。

根据国务院专利行政部门规定应当直接送交的文件,以交付日为送达日。

文件送交地址不清,无法邮寄的,可以通过公告的方式送达当事人。自公告之日起满1个月,该文件视为已经送达。

国务院专利行政部门以电子形式送达的各种文件,以进入当事人认可的电子系统的日期为送达日。

第五条 专利法和本细则规定的各种期限开始的当日不计算在期限内,自下一日开始计算。期限以年或者月计算的,以其最后一月的相应日为期限届满日;该月无相应日的,以该月最后一日为期限届满日;期限届满日是法定休假日的,以休假日后的第一个工作日为期限届满日。

第六条 当事人因不可抗拒的事由而延误专利法或者本细则规定的期限或者国务院专利行政部门指定的期限,导致其权利丧失的,自障碍消除之日起2个月内且自期限届满之日起2年内,可以向国务院专利行政部门请求恢复权利。

除前款规定的情形外,当事人因其他正当理由延误专利法或者本细则规定的期限或者国务院专利行政部门指定的期限,导致其权利丧失的,可以自收到国务院专利行政部门的通知之日起2个月内向国务院专利行政部门请求恢复权利;但是,延误复审请求期限的,可以自复审请求期限届满之日起2个月内向国务院专利行政部门请求恢复权利。

当事人依照本条第一款或者第二款的规定请求恢复权利的,应当提交恢复权利请求书,说明理由,必要时附具有关证明文件,并办理权利丧失前应当办理的相应手续;依照本条第二款的规定请求恢复权利的,还应当缴纳恢复权利请求费。

当事人请求延长国务院专利行政部门指定的期限的,应当在期限届满前,向国务院专利行政部门提交延长期限请求书,说明理由,并办理有关手续。

本条第一款和第二款的规定不适用专利法第二十四条、第二十九条、第四十二条、第七十四条规定的期限。

第七条 专利申请涉及国防利益需要保密的,由国防专利机构受理并进行审查;国务院专利行政部门受理的专利申请涉及国防利益需要保密的,应当及时移交国防专利机构进行审查。经国防专利机构审查没有发现驳回理由的,由国务院专利行政部门作出授予国防专利权的决定。

国务院专利行政部门认为其受理的发明或者实用新型专利申请涉及国防利益以外的国家安全或者重大利益需要保密的,应当及时作出按照保密专利申请处理的决定,并通知申请人。保密专利申请的审查、复审以及保密专利权无效宣告的特殊程序,由国务院专利行政部门规定。

第八条 专利法第十九条所称在中国完成的发明或者实用新型,是指技术方案的实质性内容在中国境内完成的发明或者实用新型。

任何单位或者个人将在中国完成的发明或者实用新型向外国申请专利的,应当按照下列方式之一请求国务院专利行政部门进行保密审查:

(一)直接向外国申请专利或者向有关国外机构提交专利国际申请的,应当事先向国务院专利行政部门提出请求,并详细说明其技术方案;

(二)向国务院专利行政部门申请专利后拟向外国申请专利或者向有关国外机构提交专利国际申请的,应当在向外国申请专利或者向有关国外机构提交专利国际申请前向国务院专利行政部门提出请求。

向国务院专利行政部门提交专利国际申请的,视为同时提出了保密审查请求。

第九条　国务院专利行政部门收到依照本细则第八条规定递交的请求后,经过审查认为该发明或者实用新型可能涉及国家安全或者重大利益需要保密的,应当在请求递交日起2个月内向申请人发出保密审查通知;情况复杂的,可以延长2个月。

国务院专利行政部门依照前款规定通知进行保密审查的,应当在请求递交日起4个月内作出是否需要保密的决定,并通知申请人;情况复杂的,可以延长2个月。

第十条　专利法第五条所称违反法律的发明创造,不包括仅其实施为法律所禁止的发明创造。

第十一条　申请专利应当遵循诚实信用原则。提出各类专利申请应当以真实发明创造活动为基础,不得弄虚作假。

第十二条　除专利法第二十八条和第四十二条规定的情形外,专利法所称申请日,有优先权的,指优先权日。

本细则所称申请日,除另有规定的外,是指专利法第二十八条规定的申请日。

第十三条　专利法第六条所称执行本单位的任务所完成的职务发明创造,是指：

（一）在本职工作中作出的发明创造；

（二）履行本单位交付的本职工作之外的任务所作出的发明创造；

（三）退休、调离原单位后或者劳动、人事关系终止后1年内作出的,与其在原单位承担的本职工作或者原单位分配的任务有关的发明创造。

专利法第六条所称本单位,包括临时工作单位;专利法第六条所称本单位的物质技术条件,是指本单位的资金、设备、零部件、原材料或者不对外公开的技术信息和资料等。

第十四条　专利法所称发明人或者设计人,是指对发明创造的实质性特点作出创造性贡献的人。在完成发明创造过程中,只负责组织工作的人,为物质技术条件的利用提供方便的人或者从事其他辅助工作的人,不是发明人或者设计人。

第十五条　除依照专利法第十条规定转让专利权外,专利权因其他事由发生转移的,当事人应当凭有关证明文件或者法律文书向国务院专利行政部门办理专利权转移手续。

专利权人与他人订立的专利实施许可合同,应当自合同生效之日起3个月内向国务院专利行政部门备案。

以专利权出质的,由出质人和质权人共同向国务院专利行政部门办理出质登记。

第十六条　专利工作应当贯彻党和国家知识产权战略部署,提升我国专利创造、运用、保护、管理和服务水平,支持全面创新,促进创新型国家建设。

国务院专利行政部门应当提升专利信息公共服务能力,完整、准确、及时发布专利信息,提供专利基础数据,促进专利相关数据资源的开放共享、互联互通。

第二章　专利的申请

第十七条　申请专利的,应当向国务院专利行政部门提交申请文件。申请文件应当符合规定的要求。

申请人委托专利代理机构向国务院专利行政部门申请专利和办理其他专利事务的,应当同时提交委托书,写明委托权限。

申请人有2人以上且未委托专利代理机构的,除请求书中另有声明的外,以请求书中指明的第一申请人为代表人。

第十八条　依照专利法第十八条第一款的规定委托专利代理机构在中国申请专利和办理其他专利事务的,涉及下列事务,申请人或者专利权人可以自行办理：

（一）申请要求优先权的,提交第一次提出的专利申请（以下简称在先申请）文件副本；

（二）缴纳费用；

（三）国务院专利行政部门规定的其他

事务。

第十九条 发明、实用新型或者外观设计专利申请的请求书应当写明下列事项：

（一）发明、实用新型或者外观设计的名称；

（二）申请人是中国单位或者个人的，其名称或者姓名、地址、邮政编码、统一社会信用代码或者身份证件号码；申请人是外国人、外国企业或者外国其他组织的，其姓名或者名称、国籍或者注册的国家或者地区；

（三）发明人或者设计人的姓名；

（四）申请人委托专利代理机构的，受托机构的名称、机构代码以及该机构指定的专利代理师的姓名、专利代理师资格证号码、联系电话；

（五）要求优先权的，在先申请的申请日、申请号以及原受理机构的名称；

（六）申请人或者专利代理机构的签字或者盖章；

（七）申请文件清单；

（八）附加文件清单；

（九）其他需要写明的有关事项。

第二十条 发明或者实用新型专利申请的说明书应当写明发明或者实用新型的名称，该名称应当与请求书中的名称一致。说明书应当包括下列内容：

（一）技术领域：写明要求保护的技术方案所属的技术领域；

（二）背景技术：写明对发明或者实用新型的理解、检索、审查有用的背景技术；有可能的，并引证反映这些背景技术的文件；

（三）发明内容：写明发明或者实用新型所要解决的技术问题以及解决其技术问题采用的技术方案，并对照现有技术写明发明或者实用新型的有益效果；

（四）附图说明：说明书有附图的，对各幅附图作简略说明；

（五）具体实施方式：详细写明申请人认为实现发明或者实用新型的优选方式；必要时，举例说明；有附图的，对照附图。

发明或者实用新型专利申请人应当按照前款规定的方式和顺序撰写说明书，并在说明书每一部分前面写明标题，除非其发明或者实用新型的性质用其他方式或者顺序撰写能节约说明书的篇幅并使他人能够准确理解其发明或者实用新型。

发明或者实用新型说明书应当用词规范、语句清楚，并不得使用"如权利要求……所述的……"一类的引用语，也不得使用商业性宣传用语。

发明专利申请包含一个或者多个核苷酸或者氨基酸序列的，说明书应当包括符合国务院专利行政部门规定的序列表。

实用新型专利申请说明书应当有表示要求保护的产品的形状、构造或者其结合的附图。

第二十一条 发明或者实用新型的几幅附图应当按照"图1，图2，……"顺序编号排列。

发明或者实用新型说明书文字部分中未提及的附图标记不得在附图中出现，附图中未出现的附图标记不得在说明书文字部分中提及。申请文件中表示同一组成部分的附图标记应当一致。

附图中除必需的词语外，不应当含有其他注释。

第二十二条 权利要求书应当记载发明或者实用新型的技术特征。

权利要求书有几项权利要求的，应当用阿拉伯数字顺序编号。

权利要求书中使用的科技术语应当与说明书中使用的科技术语一致，可以有化学式或者数学式，但是不得有插图。除绝对必要的外，不得使用"如说明书……部分所述"或者"如图……所示"的用语。

权利要求中的技术特征可以引用说明书附图中相应的标记，该标记应当放在相应的技术特征后并置于括号内，便于理解权利要求。附图标记不得解释为对权利要求的限制。

第二十三条 权利要求书应当有独立权利要求，也可以有从属权利要求。

独立权利要求应当从整体上反映发明或者实用新型的技术方案，记载解决技术问题的必要技术特征。

从属权利要求应当用附加的技术特征，对引用的权利要求作进一步限定。

第二十四条 发明或者实用新型的独立权利要求应当包括前序部分和特征部分，按照下列规定撰写：

（一）前序部分：写明要求保护的发明或者实用新型技术方案的主题名称和发明或者实用新型主题与最接近的现有技术共有的必要技术特征；

（二）特征部分：使用"其特征是……"或者类似的用语，写明发明或者实用新型区别于最接近的现有技术的技术特征。这些特征和前序部分写明的特征合在一起，限定发明或者实用新型要求保护的范围。

发明或者实用新型的性质不适于用前款方式表达的，独立权利要求可以用其他方式撰写。

一项发明或者实用新型应当只有一个独立权利要求，并写在同一发明或者实用新型的从属权利要求之前。

第二十五条 发明或者实用新型的从属权利要求应当包括引用部分和限定部分，按照下列规定撰写：

（一）引用部分：写明引用的权利要求的编号及其主题名称；

（二）限定部分：写明发明或者实用新型附加的技术特征。

从属权利要求只能引用在前的权利要求。引用两项以上权利要求的多项从属权利要求，只能以择一方式引用在前的权利要求，并不得作为另一项多项从属权利要求的基础。

第二十六条 说明书摘要应当写明发明或者实用新型专利申请所公开内容的概要，即写明发明或者实用新型的名称和所属技术领域，并清楚地反映所要解决的技术问题、解决该问题的技术方案的要点以及主要用途。

说明书摘要可以包含最能说明发明的化学式；有附图的专利申请，还应当在请求书中指定一幅最能说明该发明或者实用新型技术特征的说明书附图作为摘要附图。摘要中不得使用商业性宣传用语。

第二十七条 申请专利的发明涉及新的生物材料，该生物材料公众不能得到，并且对该生物材料的说明不足以使所属领域的技术人员实施其发明的，除应当符合专利法和本细则的有关规定外，申请人还应当办理下列手续：

（一）在申请日前或者最迟在申请日（有优先权的，指优先权日），将该生物材料的样品提交国务院专利行政部门认可的保藏单位保藏，并在申请时或者最迟自申请日起4个月内提交保藏单位出具的保藏证明和存活证明；期满未提交证明的，该样品视为未提交保藏；

（二）在申请文件中，提供有关该生物材料特征的资料；

（三）涉及生物材料样品保藏的专利申请应当在请求书和说明书中写明该生物材料的分类命名（注明拉丁文名称）、保藏该生物材料样品的单位名称、地址、保藏日期和保藏编号；申请时未写明的，应当自申请日起4个月内补正；期满未补正的，视为未提交保藏。

第二十八条 发明专利申请人依照本细则第二十七条的规定保藏生物材料样品的，在发明专利申请公布后，任何单位或者个人需要将该专利申请所涉及的生物材料作为实验目的使用的，应当向国务院专利行政部门提出请求，并写明下列事项：

（一）请求人的姓名或者名称和地址；

（二）不向其他任何人提供该生物材料

的保证；

（三）在授予专利权前，只作为实验目的使用的保证。

第二十九条 专利法所称遗传资源，是指取自人体、动物、植物或者微生物等含有遗传功能单位并具有实际或者潜在价值的材料和利用此类材料产生的遗传信息；专利法所称依赖遗传资源完成的发明创造，是指利用了遗传资源的遗传功能完成的发明创造。

就依赖遗传资源完成的发明创造申请专利的，申请人应当在请求书中予以说明，并填写国务院专利行政部门制定的表格。

第三十条 申请人应当就每件外观设计产品所需要保护的内容提交有关图片或者照片。

申请局部外观设计专利的，应当提交整体产品的视图，并用虚线与实线相结合或者其他方式表明所需要保护部分的内容。

申请人请求保护色彩的，应当提交彩色图片或者照片。

第三十一条 外观设计的简要说明应当写明外观设计产品的名称、用途，外观设计的设计要点，并指定一幅最能表明设计要点的图片或者照片。省略视图或者请求保护色彩的，应当在简要说明中写明。

对同一产品的多项相似外观设计提出一件外观设计专利申请的，应当在简要说明中指定其中一项作为基本设计。

申请局部外观设计专利的，应当在简要说明中写明请求保护的部分，已在整体产品的视图中用虚线与实线相结合方式表明的除外。

简要说明不得使用商业性宣传用语，也不得说明产品的性能。

第三十二条 国务院专利行政部门认为必要时，可以要求外观设计专利申请人提交使用外观设计的产品样品或者模型。样品或者模型的体积不得超过30厘米×30厘米×30厘米，重量不得超过15公斤。易腐、易损或者危险品不得作为样品或者模型提交。

第三十三条 专利法第二十四条第（二）项所称中国政府承认的国际展览会，是指国际展览会公约规定的在国际展览局注册或者由其认可的国际展览会。

专利法第二十四条第（三）项所称学术会议或者技术会议，是指国务院有关主管部门或者全国性学术团体组织召开的学术会议或者技术会议，以及国务院有关主管部门认可的由国际组织召开的学术会议或者技术会议。

申请专利的发明创造有专利法第二十四条第（二）项或者第（三）项所列情形的，申请人应当在提出专利申请时声明，并自申请日起2个月内提交有关发明创造已经展出或者发表，以及展出或者发表日期的证明文件。

申请专利的发明创造有专利法第二十四条第（一）项或者第（四）项所列情形的，国务院专利行政部门认为必要时，可以要求申请人在指定期限内提交证明文件。

申请人未依照本条第三款的规定提出声明和提交证明文件的，或者未依照本条第四款的规定在指定期限内提交证明文件的，其申请不适用专利法第二十四条的规定。

第三十四条 申请人依照专利法第三十条的规定要求外国优先权的，申请人提交的在先申请文件副本应当经原受理机构证明。依照国务院专利行政部门与该受理机构签订的协议，国务院专利行政部门通过电子交换等途径获得在先申请文件副本的，视为申请人提交了经该受理机构证明的在先申请文件副本。要求本国优先权，申请人在请求书中写明在先申请的申请日和申请号的，视为提交了在先申请文件副本。

要求优先权，但请求书中漏写或者错写在先申请的申请日、申请号和原受理机构名称中的一项或者两项内容的，国务院专利行政部门应当通知申请人在指定期限内补正；期满未补正的，视为未要求优先权。

要求优先权的申请人的姓名或者名称与在先申请文件副本中记载的申请人姓名或者名称不一致的，应当提交优先权转让证明材料，未提交该证明材料的，视为未要求优先权。

外观设计专利申请人要求外国优先权，其在先申请未包括对外观设计的简要说明，申请人按照本细则第三十一条规定提交的简要说明未超出在先申请文件的图片或者照片表示的范围的，不影响其享有优先权。

第三十五条 申请人在一件专利申请中，可以要求一项或者多项优先权；要求多项优先权的，该申请的优先权期限从最早的优先权日起计算。

发明或者实用新型专利申请人要求本国优先权，在先申请是发明专利申请的，可以就相同主题提出发明或者实用新型专利申请；在先申请是实用新型专利申请的，可以就相同主题提出实用新型或者发明专利申请。外观设计专利申请人要求本国优先权，在先申请是发明或者实用新型专利申请的，可以就附图显示的设计提出相同主题的外观设计专利申请；在先申请是外观设计专利申请的，可以就相同主题提出外观设计专利申请。但是，提出后一申请时，在先申请的主题有下列情形之一的，不得作为要求本国优先权的基础：

（一）已经要求外国优先权或者本国优先权的；

（二）已经被授予专利权的；

（三）属于按照规定提出的分案申请的。

申请人要求本国优先权的，其在先申请自后一申请提出之日起即视为撤回，但外观设计专利申请人要求以发明或者实用新型专利申请作为本国优先权基础的除外。

第三十六条 申请人超出专利法第二十九条规定的期限，向国务院专利行政部门就相同主题提出发明或者实用新型专利申请，有正当理由的，可以在期限届满之日起2个月内请求恢复优先权。

第三十七条 发明或者实用新型专利申请人要求了优先权的，可以自优先权日起16个月内或者自申请日起4个月内，请求在请求书中增加或者改正优先权要求。

第三十八条 在中国没有经常居所或者营业所的申请人，申请专利或者要求外国优先权的，国务院专利行政部门认为必要时，可以要求其提供下列文件：

（一）申请人是个人的，其国籍证明；

（二）申请人是企业或者其他组织的，其注册的国家或者地区的证明文件；

（三）申请人的所属国，承认中国单位和个人可以按照该国国民的同等条件，在该国享有专利权、优先权和其他与专利有关的权利的证明文件。

第三十九条 依照专利法第三十一条第一款规定，可以作为一件专利申请提出的属于一个总的发明构思的两项以上的发明或者实用新型，应当在技术上相互关联，包含一个或者多个相同或者相应的特定技术特征，其中特定技术特征是指每一项发明或者实用新型作为整体，对现有技术作出贡献的技术特征。

第四十条 依照专利法第三十一条第二款规定，将同一产品的多项相似外观设计作为一件申请提出的，对该产品的其他设计应当与简要说明中指定的基本设计相似。一件外观设计专利申请中的相似外观设计不得超过10项。

专利法第三十一条第二款所称同一类别并且成套出售或者使用的产品的两项以上外观设计，是指各产品属于分类表中同一大类，习惯上同时出售或者同时使用，而且各产品的外观设计具有相同的设计构思。

将两项以上外观设计作为一件申请提出的，应当将各项外观设计的顺序编号标注在每件外观设计产品各幅图片或者照片的名称之前。

第四十一条 申请人撤回专利申请的,应当向国务院专利行政部门提出声明,写明发明创造的名称、申请号和申请日。

撤回专利申请的声明在国务院专利行政部门做好公布专利申请文件的印刷准备工作后提出的,申请文件仍予公布;但是,撤回专利申请的声明应当在以后出版的专利公报上予以公告。

第三章 专利申请的审查和批准

第四十二条 在初步审查、实质审查、复审和无效宣告程序中,实施审查和审理的人员有下列情形之一的,应当自行回避,当事人或者其他利害关系人可以要求其回避:

(一)是当事人或者其代理人的近亲属的;

(二)与专利申请或者专利权有利害关系的;

(三)与当事人或者其代理人有其他关系,可能影响公正审查和审理的;

(四)复审或者无效宣告程序中,曾参与原申请的审查的。

第四十三条 国务院专利行政部门收到发明或者实用新型专利申请的请求书、说明书(实用新型必须包括附图)和权利要求书,或者外观设计专利申请的请求书、外观设计的图片或者照片和简要说明后,应当明确申请日、给予申请号,并通知申请人。

第四十四条 专利申请文件有下列情形之一的,国务院专利行政部门不予受理,并通知申请人:

(一)发明或者实用新型专利申请缺少请求书、说明书(实用新型无附图)或者权利要求书的,或者外观设计专利申请缺少请求书、图片或者照片、简要说明的;

(二)未使用中文的;

(三)申请文件的格式不符合规定的;

(四)请求书中缺少申请人姓名或者名称,或者缺少地址的;

(五)明显不符合专利法第十七条或者第十八条第一款的规定的;

(六)专利申请类别(发明、实用新型或者外观设计)不明确或者难以确定的。

第四十五条 发明或者实用新型专利申请缺少或者错误提交权利要求书、说明书或者权利要求书、说明书的部分内容,但申请人在递交日要求了优先权的,可以自递交日起2个月内或者在国务院专利行政部门指定的期限内以援引在先申请文件的方式补交。补交的文件符合有关规定的,以首次提交文件的递交日为申请日。

第四十六条 说明书中写有对附图的说明但无附图或者缺少部分附图的,申请人应当在国务院专利行政部门指定的期限内补交附图或者声明取消对附图的说明。申请人补交附图的,以向国务院专利行政部门提交或者邮寄附图之日为申请日;取消对附图的说明的,保留原申请日。

第四十七条 两个以上的申请人同日(指申请日;有优先权的,指优先权日)分别就同样的发明创造申请专利的,应当在收到国务院专利行政部门的通知后自行协商确定申请人。

同一申请人在同日(指申请日)对同样的发明创造既申请实用新型专利又申请发明专利的,应当在申请时分别说明对同样的发明创造已申请了另一专利;未作说明的,依照专利法第九条第一款关于同样的发明创造只能授予一项专利权的规定处理。

国务院专利行政部门公告授予实用新型专利权,应当公告申请人已依照本条第二款的规定同时申请了发明专利的说明。

发明专利申请经审查没有发现驳回理由,国务院专利行政部门应当通知申请人在规定期限内声明放弃实用新型专利权。申请人声明放弃的，国务院专利行政部门应当作出授予发明专利权的决定，并在公告授予发明专利权时一并公告申请人放弃实用新型专利权声明。申请人不同意放弃的，国务院专利行政部门应当驳回该发明专利申请；申请人期满未答复的，视为撤回该发明专利申请。

实用新型专利权自公告授予发明专利权之日起终止。

第四十八条 一件专利申请包括两项以上发明、实用新型或者外观设计的，申请人可以在本细则第六十条第一款规定的期限届满前，向国务院专利行政部门提出分案申请；但是，专利申请已经被驳回、撤回或者视为撤回的，不能提出分案申请。

国务院专利行政部门认为一件专利申请不符合专利法第三十一条和本细则第三十九条或者第四十条的规定的，应当通知申请人在指定期限内对其申请进行修改；申请人期满未答复的，该申请视为撤回。

分案的申请不得改变原申请的类别。

第四十九条 依照本细则第四十八条规定提出的分案申请，可以保留原申请日，享有优先权的，可以保留优先权日，但是不得超出原申请记载的范围。

分案申请应当依照专利法及本细则的规定办理有关手续。

分案申请的请求书中应当写明原申请的申请号和申请日。

第五十条 专利法第三十四条和第四十条所称初步审查，是指审查专利申请是否具备专利法第二十六条或者第二十七条规定的文件和其他必要的文件，这些文件是否符合规定的格式，并审查下列各项：

（一）发明专利申请是否明显属于专利法第五条、第二十五条规定的情形，是否不符合专利法第十七条、第十八条第一款、第十九条第一款或者本细则第十一条、第十九条、第二十九条第二款的规定，是否明显不符合专利法第二条第二款、第二十六条第五款、第三十一条第一款、第三十三条或者本细则第二十条至第二十四条的规定；

（二）实用新型专利申请是否明显属于专利法第五条、第二十五条规定的情形，是否不符合专利法第十七条、第十八条第一款、第十九条第一款或者本细则第十一条、第十九条至第二十二条、第二十四条至第二十六条的规定，是否明显不符合专利法第二条第三款、第二十二条、第二十六条第三款、第二十六条第四款、第三十一条第一款、第三十三条或者本细则第二十三条、第四十九条第一款的规定，是否依照专利法第九条规定不能取得专利权；

（三）外观设计专利申请是否明显属于专利法第五条、第二十五条第一款第（六）项规定的情形，是否不符合专利法第十七条、第十八条第一款或者本细则第十一条、第十九条、第三十条、第三十一条的规定，是否明显不符合专利法第二条第四款、第二十三条第一款、第二十三条第二款、第二十七条第二款、第三十一条第二款、第三十三条或者本细则第四十九条第一款的规定，是否依照专利法第九条规定不能取得专利权；

（四）申请文件是否符合本细则第二条、第三条第一款的规定。

国务院专利行政部门应当将审查意见通知申请人，要求其在指定期限内陈述意见或者补正；申请人期满未答复的，其申请视为撤回。申请人陈述意见或者补正后，国务院专利行政部门仍然认为不符合前款所列各项规定的，应当予以驳回。

第五十一条 除专利申请文件外，申请人向国务院专利行政部门提交的与专利申请有关的其他文件有下列情形之一的，视为未提交：

（一）未使用规定的格式或者填写不符合规定的；

（二）未按照规定提交证明材料的。

国务院专利行政部门应当将视为未提交的审查意见通知申请人。

第五十二条 申请人请求早日公布其发明专利申请的,应当向国务院专利行政部门声明。国务院专利行政部门对该申请进行初步审查后,除予以驳回的外,应当立即将申请予以公布。

第五十三条 申请人写明使用外观设计的产品及其所属类别的,应当使用国务院专利行政部门公布的外观设计产品分类表。未写明使用外观设计的产品所属类别或者所写的类别不确切的,国务院专利行政部门可以予以补充或者修改。

第五十四条 自发明专利申请公布之日起至公告授予专利权之日止,任何人均可以对不符合专利法规定的专利申请向国务院专利行政部门提出意见,并说明理由。

第五十五条 发明专利申请人因有正当理由无法提交专利法第三十六条规定的检索资料或者审查结果资料的,应当向国务院专利行政部门声明,并在得到有关资料后补交。

第五十六条 国务院专利行政部门依照专利法第三十五条第二款的规定对专利申请自行进行审查时,应当通知申请人。

申请人可以对专利申请提出延迟审查请求。

第五十七条 发明专利申请人在提出实质审查请求时以及在收到国务院专利行政部门发出的发明专利申请进入实质审查阶段通知书之日起的3个月内,可以对发明专利申请主动提出修改。

实用新型或者外观设计专利申请人自申请日起2个月内,可以对实用新型或者外观设计专利申请主动提出修改。

申请人在收到国务院专利行政部门发出的审查意见通知书后对专利申请文件进行修改的,应当针对通知书指出的缺陷进行修改。

国务院专利行政部门可以自行修改专利申请文件中文字和符号的明显错误。国务院专利行政部门自行修改的,应当通知申请人。

第五十八条 发明或者实用新型专利申请的说明书或者权利要求书的修改部分,除个别文字修改或者增删外,应当按照规定格式提交替换页。外观设计专利申请的图片或者照片的修改,应当按照规定提交替换页。

第五十九条 依照专利法第三十八条的规定,发明专利申请经实质审查应当予以驳回的情形是指:

(一)申请属于专利法第五条、第二十五条规定的情形,或者依照专利法第九条规定不能取得专利权的;

(二)申请不符合专利法第二条第二款、第十九条第一款、第二十二条、第二十六条第三款、第二十六条第四款、第二十六条第五款、第三十一条第一款或者本细则第十一条、第二十三条第二款规定的;

(三)申请的修改不符合专利法第三十三条规定,或者分案的申请不符合本细则第四十九条第一款的规定的。

第六十条 国务院专利行政部门发出授予专利权的通知后,申请人应当自收到通知之日起2个月内办理登记手续。申请人按期办理登记手续的,国务院专利行政部门应当授予专利权,颁发专利证书,并予以公告。

期满未办理登记手续的,视为放弃取得专利权的权利。

第六十一条 保密专利申请经审查没有发现驳回理由的,国务院专利行政部门应当作出授予保密专利权的决定,颁发保密专利证书,登记保密专利权的有关事项。

第六十二条 授予实用新型或者外观设计专利权的决定公告后,专利法第六十六条规定的专利权人、利害关系人、被控侵权人可以请求国务院专利行政部门作出专利权评价报告。申请人可以在办理专利权登记手续时请求国务院专利行政部门作出专利权评价报告。

请求作出专利权评价报告的，应当提交专利权评价报告请求书，写明专利申请号或者专利号。每项请求应当限于一项专利申请或者专利权。

专利权评价报告请求书不符合规定的，国务院专利行政部门应当通知请求人在指定期限内补正；请求人期满未补正的，视为未提出请求。

第六十三条 国务院专利行政部门应当自收到专利权评价报告请求书后2个月内作出专利权评价报告，但申请人在办理专利权登记手续时请求作出专利权评价报告的，国务院专利行政部门应当自公告授予专利权之日起2个月内作出专利权评价报告。

对同一项实用新型或者外观设计专利权，有多个请求人请求作出专利权评价报告的，国务院专利行政部门仅作出一份专利权评价报告。任何单位或者个人可以查阅或者复制该专利权评价报告。

第六十四条 国务院专利行政部门对专利公告、专利单行本中出现的错误，一经发现，应当及时更正，并对所作更正予以公告。

第四章　专利申请的复审与专利权的无效宣告

第六十五条 依照专利法第四十一条的规定向国务院专利行政部门请求复审的，应当提交复审请求书，说明理由，必要时还应当附具有关证据。

复审请求不符合专利法第十八条第一款或者第四十一条第一款规定的，国务院专利行政部门不予受理，书面通知复审请求人并说明理由。

复审请求书不符合规定格式的，复审请求人应当在国务院专利行政部门指定的期限内补正；期满未补正的，该复审请求视为未提出。

第六十六条 请求人在提出复审请求或者在对国务院专利行政部门的复审通知书作出答复时，可以修改专利申请文件；但是，修改应当仅限于消除驳回决定或者复审通知书指出的缺陷。

第六十七条 国务院专利行政部门进行复审后，认为复审请求不符合专利法和本细则有关规定或者专利申请存在其他明显违反专利法和本细则有关规定情形的，应当通知复审请求人，要求其在指定期限内陈述意见。期满未答复的，该复审请求视为撤回；经陈述意见或者进行修改后，国务院专利行政部门认为仍不符合专利法和本细则有关规定的，应当作出驳回复审请求的复审决定。

国务院专利行政部门进行复审后，认为原驳回决定不符合专利法和本细则有关规定的，或者认为经过修改的专利申请文件消除了原驳回决定和复审通知书指出的缺陷的，应当撤销原驳回决定，继续进行审查程序。

第六十八条 复审请求人在国务院专利行政部门作出决定前，可以撤回其复审请求。

复审请求人在国务院专利行政部门作出决定前撤回其复审请求的，复审程序终止。

第六十九条 依照专利法第四十五条的规定，请求宣告专利权无效或者部分无效的，应当向国务院专利行政部门提交专利权无效宣告请求书和必要的证据一式两份。无效宣告请求书应当结合提交的所有证据，具体说明无效宣告请求的理由，并指明每项理由所依据的证据。

前款所称无效宣告请求的理由，是指被授予专利的发明创造不符合专利法第二条、第十九条第一款、第二十二条、第二十三条、第二十六条第三款、第二十六条第四款、第二十七条第二款、第三十三条或者本细则第十一条、第二十三条第二款、第四十九条第一款的规定，或者属于专利法第五条、第二十五条规定的情形，或者依照专利法第九条规定不能取得专利权。

第七十条 专利权无效宣告请求不符合专利法第十八条第一款或者本细则第六十九条规定的，国务院专利行政部门不予受理。

在国务院专利行政部门就无效宣告请求作出决定之后，又以同样的理由和证据请求无效宣告的，国务院专利行政部门不予受理。

以不符合专利法第二十三条第三款的规定为理由请求宣告外观设计专利权无效，但是未提交证明权利冲突的证据的，国务院专利行政部门不予受理。

专利权无效宣告请求书不符合规定格式的，无效宣告请求人应当在国务院专利行政部门指定的期限内补正；期满未补正的，该无效宣告请求视为未提出。

第七十一条 在国务院专利行政部门受理无效宣告请求后，请求人可以在提出无效宣告请求之日起1个月内增加理由或者补充证据。逾期增加理由或者补充证据的，国务院专利行政部门可以不予考虑。

第七十二条 国务院专利行政部门应当将专利权无效宣告请求书和有关文件的副本送交专利权人，要求其在指定的期限内陈述意见。

专利权人和无效宣告请求人应当在指定期限内答复国务院专利行政部门发出的转送文件通知书或者无效宣告请求审查通知书；期满未答复的，不影响国务院专利行政部门审理。

第七十三条 在无效宣告请求的审查过程中，发明或者实用新型专利的专利权人可以修改其权利要求书，但是不得扩大原专利的保护范围。国务院专利行政部门在修改后的权利要求基础上作出维持专利权有效或者宣告专利权部分无效的决定的，应当公告修改后的权利要求。

发明或者实用新型专利的专利权人不得修改专利说明书和附图，外观设计专利的专利权人不得修改图片、照片和简要说明。

第七十四条 国务院专利行政部门根据当事人的请求或者案情需要，可以决定对无效宣告请求进行口头审理。

国务院专利行政部门决定对无效宣告请求进行口头审理的，应当向当事人发出口头审理通知书，告知举行口头审理的日期和地点。当事人应当在通知书指定的期限内作出答复。

无效宣告请求人对国务院专利行政部门发出的口头审理通知书在指定的期限内未作答复，并且不参加口头审理的，其无效宣告请求视为撤回；专利权人不参加口头审理的，可以缺席审理。

第七十五条 在无效宣告请求审查程序中，国务院专利行政部门指定的期限不得延长。

第七十六条 国务院专利行政部门对无效宣告的请求作出决定前，无效宣告请求人可以撤回其请求。

国务院专利行政部门作出决定之前，无效宣告请求人撤回其请求或者其无效宣告请求被视为撤回的，无效宣告请求审查程序终止。但是，国务院专利行政部门认为根据已进行的审查工作能够作出宣告专利权无效或者部分无效的决定的，不终止审查程序。

第五章 专利权期限补偿

第七十七条 依照专利法第四十二条第二款的规定请求给予专利权期限补偿的，专利权人应当自公告授予专利权之日起3个月内向国务院专利行政部门提出。

第七十八条 依照专利法第四十二条

第二款的规定给予专利权期限补偿的,补偿期限按照发明专利在授权过程中不合理延迟的实际天数计算。

前款所称发明专利在授权过程中不合理延迟的实际天数,是指自发明专利申请日起满4年且自实质审查请求之日起满3年之日至公告授予专利权之日的间隔天数,减去合理延迟的天数和由申请人引起的不合理延迟的天数。

下列情形属于合理延迟：

（一）依照本细则第六十六条的规定修改专利申请文件后被授予专利权的,因复审程序引起的延迟；

（二）因本细则第一百零三条、第一百零四条规定情形引起的延迟；

（三）其他合理情形引起的延迟。

同一申请人同日对同样的发明创造既申请实用新型专利又申请发明专利,依照本细则第四十七条第四款的规定取得发明专利权的,该发明专利权的期限不适用专利法第四十二条第二款的规定。

第七十九条　专利法第四十二条第二款规定的由申请人引起的不合理延迟包括以下情形：

（一）未在指定期限内答复国务院专利行政部门发出的通知；

（二）申请延迟审查；

（三）因本细则第四十五条规定情形引起的延迟；

（四）其他由申请人引起的不合理延迟。

第八十条　专利法第四十二条第三款所称新药相关发明专利是指符合规定的新药产品专利、制备方法专利、医药用途专利。

第八十一条　依照专利法第四十二条第三款的规定请求给予新药相关发明专利权期限补偿的,应当符合下列要求,自该新药在中国获得上市许可之日起3个月内向国务院专利行政部门提出：

（一）该新药同时存在多项专利的,专利权人只能请求对其中一项专利给予专利权期限补偿；

（二）一项专利同时涉及多个新药的,只能对一个新药就该专利提出专利权期限补偿请求；

（三）该专利在有效期内,且尚未获得过新药相关发明专利权期限补偿。

第八十二条　依照专利法第四十二条第三款的规定给予专利权期限补偿的,补偿期限按照该专利申请日至该新药在中国获得上市许可之日的间隔天数减去5年,在符合专利法第四十二条第三款规定的基础上确定。

第八十三条　新药相关发明专利在专利权期限补偿期间,该专利的保护范围限于该新药及其经批准的适应症相关技术方案；在保护范围内,专利权人享有的权利和承担的义务与专利权期限补偿前相同。

第八十四条　国务院专利行政部门对依照专利法第四十二条第二款、第三款的规定提出的专利权期限补偿请求进行审查后,认为符合补偿条件的,作出给予期限补偿的决定,并予以登记和公告；不符合补偿条件的,作出不予期限补偿的决定,并通知提出请求的专利权人。

第六章　专利实施的特别许可

第八十五条　专利权人自愿声明对其专利实行开放许可的,应当在公告授予专利权后提出。

开放许可声明应当写明以下事项：

（一）专利号；

（二）专利权人的姓名或者名称；

（三）专利许可使用费支付方式、标准；

（四）专利许可期限；

（五）其他需要明确的事项。

开放许可声明内容应当准确、清楚,不得出现商业性宣传用语。

第八十六条　专利权有下列情形之一的,专利权人不得对其实行开放许可:

(一)专利权处于独占或者排他许可有效期限内的;

(二)属于本细则第一百零三条、第一百零四条规定的中止情形的;

(三)没有按照规定缴纳年费的;

(四)专利权被质押,未经质权人同意的;

(五)其他妨碍专利权有效实施的情形。

第八十七条　通过开放许可达成专利实施许可的,专利权人或者被许可人应当凭能够证明达成许可的书面文件向国务院专利行政部门备案。

第八十八条　专利权人不得通过提供虚假材料、隐瞒事实等手段,作出开放许可声明或者在开放许可实施期间获得专利年费减免。

第八十九条　专利法第五十三条第(一)项所称未充分实施其专利,是指专利权人及其被许可人实施其专利的方式或者规模不能满足国内对专利产品或者专利方法的需求。

专利法第五十五条所称取得专利权的药品,是指解决公共健康问题所需的医药领域中的任何专利产品或者依照专利方法直接获得的产品,包括取得专利权的制造该产品所需的活性成分以及使用该产品所需的诊断用品。

第九十条　请求给予强制许可的,应当向国务院专利行政部门提交强制许可请求书,说明理由并附具有关证明文件。

国务院专利行政部门应当将强制许可请求书的副本送交专利权人,专利权人应当在国务院专利行政部门指定的期限内陈述意见;期满未答复的,不影响国务院专利行政部门作出决定。

国务院专利行政部门在作出驳回强制许可请求的决定或者给予强制许可的决定前,应当通知请求人和专利权人拟作出的决定及其理由。

国务院专利行政部门依照专利法第五十五条的规定作出给予强制许可的决定,应当同时符合中国缔结或者参加的有关国际条约关于为了解决公共健康问题而给予强制许可的规定,但中国作出保留的除外。

第九十一条　依照专利法第六十二条的规定,请求国务院专利行政部门裁决使用费数额的,当事人应当提出裁决请求书,并附具双方不能达成协议的证明文件。国务院专利行政部门应当自收到请求书之日起3个月内作出裁决,并通知当事人。

第七章　对职务发明创造的发明人或者设计人的奖励和报酬

第九十二条　被授予专利权的单位可以与发明人、设计人约定或者在其依法制定的规章制度中规定专利法第十五条规定的奖励、报酬的方式和数额。鼓励被授予专利权的单位实行产权激励,采取股权、期权、分红等方式,使发明人或者设计人合理分享创新收益。

企业、事业单位给予发明人或者设计人的奖励、报酬,按照国家有关财务、会计制度的规定进行处理。

第九十三条　被授予专利权的单位未与发明人、设计人约定也未在其依法制定的规章制度中规定专利法第十五条规定的奖励的方式和数额的,应当自公告授予专利权之日起3个月内发给发明人或者设计人奖金。一项发明专利的奖金最低不少于4000元;一项实用新型专利或者外观设计专利的奖金最低不少于1500元。

由于发明人或者设计人的建议被其所属单位采纳而完成的发明创造,被授予专利权的单位应当从优发给奖金。

第九十四条　被授予专利权的单位未与发明人、设计人约定也未在其依法制定的规章制度中规定专利法第十五条规定的报酬的方式和数额的,应当依照《中华人民共和国促进科技成果转化法》的规定，给予发明人或者设计人合理的报酬。

第八章　专利权的保护

第九十五条　省、自治区、直辖市人民政府管理专利工作的部门以及专利管理工作量大又有实际处理能力的地级市、自治州、盟、地区和直辖市的区人民政府管理专利工作的部门，可以处理和调解专利纠纷。

第九十六条　有下列情形之一的，属于专利法第七十条所称的在全国有重大影响的专利侵权纠纷：

（一）涉及重大公共利益的；

（二）对行业发展有重大影响的；

（三）跨省、自治区、直辖市区域的重大案件；

（四）国务院专利行政部门认为可能有重大影响的其他情形。

专利权人或者利害关系人请求国务院专利行政部门处理专利侵权纠纷，相关案件不属于在全国有重大影响的专利侵权纠纷的，国务院专利行政部门可以指定有管辖权的地方人民政府管理专利工作的部门处理。

第九十七条　当事人请求处理专利侵权纠纷或者调解专利纠纷的，由被请求人所在地或者侵权行为地的管理专利工作的部门管辖。

两个以上管理专利工作的部门都有管辖权的专利纠纷，当事人可以向其中一个管理专利工作的部门提出请求；当事人向两个以上有管辖权的管理专利工作的部门提出请求的，由最先受理的管理专利工作的部门管辖。

管理专利工作的部门对管辖权发生争议的，由其共同的上级人民政府管理专利工作的部门指定管辖；无共同上级人民政府管理专利工作的部门的，由国务院专利行政部门指定管辖。

第九十八条　在处理专利侵权纠纷过程中，被请求人提出无效宣告请求并被国务院专利行政部门受理的，可以请求管理专利工作的部门中止处理。

管理专利工作的部门认为被请求人提出的中止理由明显不能成立的，可以不中止处理。

第九十九条　专利权人依照专利法第十六条的规定，在其专利产品或者该产品的包装上标明专利标识的，应当按照国务院专利行政部门规定的方式予以标明。

专利标识不符合前款规定的，由县级以上负责专利执法的部门责令改正。

第一百条　申请人或者专利权人违反本细则第十一条、第八十八条规定的，由县级以上负责专利执法的部门予以警告，可以处 10 万元以下的罚款。

第一百零一条　下列行为属于专利法第六十八条规定的假冒专利的行为：

（一）在未被授予专利权的产品或者其包装上标注专利标识，专利权被宣告无效后或者终止后继续在产品或者其包装上标注专利标识，或者未经许可在产品或者产品包装上标注他人的专利号；

（二）销售第（一）项所述产品；

（三）在产品说明书等材料中将未被授予专利权的技术或者设计称为专利技术或者专利设计，将专利申请称为专利，或者未经许可使用他人的专利号，使公众将所涉及的技术或者设计误认为是专利技术或者专利设计；

（四）伪造或者变造专利证书、专利文件或者专利申请文件；

（五）其他使公众混淆，将未被授予专利权的技术或者设计误认为是专利技术或者专利设计的行为。

专利权终止前依法在专利产品、依照专利方法直接获得的产品或者其包装上标注专利标识，在专利权终止后许诺销售、销售该产品的，不属于假冒专利行为。

销售不知道是假冒专利的产品,并且能够证明该产品合法来源的,由县级以上负责专利执法的部门责令停止销售。

第一百零二条 除专利法第六十五条规定的外,管理专利工作的部门应当事人请求,可以对下列专利纠纷进行调解:

(一)专利申请权和专利权归属纠纷;

(二)发明人、设计人资格纠纷;

(三)职务发明创造的发明人、设计人的奖励和报酬纠纷;

(四)在发明专利申请公布后专利权授予前使用发明而未支付适当费用的纠纷;

(五)其他专利纠纷。

对于前款第(四)项所列的纠纷,当事人请求管理专利工作的部门调解的,应当在专利权被授予之后提出。

第一百零三条 当事人因专利申请权或者专利权的归属发生纠纷,已请求管理专利工作的部门调解或者向人民法院起诉的,可以请求国务院专利行政部门中止有关程序。

依照前款规定请求中止有关程序的,应当向国务院专利行政部门提交请求书,说明理由,并附具管理专利工作的部门或者人民法院的写明申请号或者专利号的有关受理文件副本。国务院专利行政部门认为当事人提出的中止理由明显不能成立的,可以不中止有关程序。

管理专利工作的部门作出的调解书或者人民法院作出的判决生效后,当事人应当向国务院专利行政部门办理恢复有关程序的手续。自请求中止之日起1年内,有关专利申请权或者专利权归属的纠纷未能结案,需要继续中止有关程序的,请求人应当在该期限内请求延长中止。期满未请求延长的,国务院专利行政部门自行恢复有关程序。

第一百零四条 人民法院在审理民事案件中裁定对专利申请权或者专利权采取保全措施的,国务院专利行政部门应当在收到写明申请号或者专利号的裁定书和协助执行通知书之日中止被保全的专利申请权或者专利权的有关程序。保全期限届满,人民法院没有裁定继续采取保全措施的,国务院专利行政部门自行恢复有关程序。

第一百零五条 国务院专利行政部门根据本细则第一百零三条和第一百零四条规定中止有关程序,是指暂停专利申请的初步审查、实质审查、复审程序,授予专利权程序和专利权无效宣告程序;暂停办理放弃、变更、转移专利权或者专利申请权手续,专利权质押手续以及专利权期限届满前的终止手续等。

第九章 专利登记和专利公报

第一百零六条 国务院专利行政部门设置专利登记簿,登记下列与专利申请和专利权有关的事项:

(一)专利权的授予;

(二)专利申请权、专利权的转移;

(三)专利权的质押、保全及其解除;

(四)专利实施许可合同的备案;

(五)国防专利、保密专利的解密;

(六)专利权的无效宣告;

(七)专利权的终止;

(八)专利权的恢复;

(九)专利权期限的补偿;

(十)专利实施的开放许可;

(十一)专利实施的强制许可;

(十二)专利权人的姓名或者名称、国籍和地址的变更。

第一百零七条 国务院专利行政部门定期出版专利公报,公布或者公告下列内容:

(一)发明专利申请的著录事项和说明书摘要;

(二)发明专利申请的实质审查请求和国务院专利行政部门对发明专利申请自行进行实质审查的决定;

（三）发明专利申请公布后的驳回、撤回、视为撤回、视为放弃、恢复和转移；

（四）专利权的授予以及专利权的著录事项；

（五）实用新型专利的说明书摘要，外观设计专利的一幅图片或者照片；

（六）国防专利、保密专利的解密；

（七）专利权的无效宣告；

（八）专利权的终止、恢复；

（九）专利权期限的补偿；

（十）专利权的转移；

（十一）专利实施许可合同的备案；

（十二）专利权的质押、保全及其解除；

（十三）专利实施的开放许可事项；

（十四）专利实施的强制许可的给予；

（十五）专利权人的姓名或者名称、国籍和地址的变更；

（十六）文件的公告送达；

（十七）国务院专利行政部门作出的更正；

（十八）其他有关事项。

第一百零八条 国务院专利行政部门应当提供专利公报、发明专利申请单行本以及发明专利、实用新型专利、外观设计专利单行本，供公众免费查阅。

第一百零九条 国务院专利行政部门负责按照互惠原则与其他国家、地区的专利机关或者区域性专利组织交换专利文献。

第十章 费　　用

第一百一十条 向国务院专利行政部门申请专利和办理其他手续时，应当缴纳下列费用：

（一）申请费、申请附加费、公布印刷费、优先权要求费；

（二）发明专利申请实质审查费、复审费；

（三）年费；

（四）恢复权利请求费、延长期限请求费；

（五）著录事项变更费、专利权评价报告请求费、无效宣告请求费、专利文件副本证明费。

前款所列各种费用的缴纳标准，由国务院发展改革部门、财政部门会同国务院专利行政部门按照职责分工规定。国务院财政部门、发展改革部门可以会同国务院专利行政部门根据实际情况对申请专利和办理其他手续应当缴纳的费用种类和标准进行调整。

第一百一十一条 专利法和本细则规定的各种费用，应当严格按照规定缴纳。

直接向国务院专利行政部门缴纳费用的，以缴纳当日为缴费日；以邮局汇付方式缴纳费用的，以邮局汇出的邮戳日为缴费日；以银行汇付方式缴纳费用的，以银行实际汇出日为缴费日。

多缴、重缴、错缴专利费用的，当事人可以自缴费日起3年内，向国务院专利行政部门提出退款请求，国务院专利行政部门应当予以退还。

第一百一十二条 申请人应当自申请日起2个月内或者在收到受理通知书之日起15日内缴纳申请费、公布印刷费和必要的申请附加费；期满未缴纳或者未缴足的，其申请视为撤回。

申请人要求优先权的，应当在缴纳申请费的同时缴纳优先权要求费；期满未缴纳或者未缴足的，视为未要求优先权。

第一百一十三条 当事人请求实质审查或者复审的，应当在专利法及本细则规定的相关期限内缴纳费用；期满未缴纳或者未缴足的，视为未提出请求。

第一百一十四条 申请人办理登记手续时，应当缴纳授予专利权当年的年费；期满未缴纳或者未缴足的，视为未办理登记手续。

第一百一十五条 授予专利权当年以后的年费应当在上一年度期满前缴纳。专利权人未缴纳或者未缴足的，国务院专利行政部门应当通知专利权人自应当缴纳年费期满之日起6个月内补缴,同时缴纳滞纳金;滞纳金的金额按照每超过规定的缴费时间1个月,加收当年全额年费的5%计算;期满未缴纳的,专利权自应当缴纳年费期满之日起终止。

第一百一十六条 恢复权利请求费应当在本细则规定的相关期限内缴纳;期满未缴纳或者未缴足的,视为未提出请求。

延长期限请求费应当在相应期限届满之日前缴纳;期满未缴纳或者未缴足的,视为未提出请求。

著录事项变更费、专利权评价报告请求费、无效宣告请求费应当自提出请求之日起1个月内缴纳;期满未缴纳或者未缴足的,视为未提出请求。

第一百一十七条 申请人或者专利权人缴纳本细则规定的各种费用有困难的,可以按照规定向国务院专利行政部门提出减缴的请求。减缴的办法由国务院财政部门会同国务院发展改革部门、国务院专利行政部门规定。

第十一章 关于发明、实用新型国际申请的特别规定

第一百一十八条 国务院专利行政部门根据专利法第十九条规定,受理按照专利合作条约提出的专利国际申请。

按照专利合作条约提出并指定中国的专利国际申请(以下简称国际申请)进入国务院专利行政部门处理阶段(以下称进入中国国家阶段)的条件和程序适用本章的规定;本章没有规定的,适用专利法及本细则其他各章的有关规定。

第一百一十九条 按照专利合作条约已确定国际申请日并指定中国的国际申请,视为向国务院专利行政部门提出的专利申请,该国际申请日视为专利法第二十八条所称的申请日。

第一百二十条 国际申请的申请人应当在专利合作条约第二条所称的优先权日(本章简称优先权日)起30个月内,向国务院专利行政部门办理进入中国国家阶段的手续;申请人未在该期限内办理该手续的,在缴纳宽限费后,可以在自优先权日起32个月内办理进入中国国家阶段的手续。

第一百二十一条 申请人依照本细则第一百二十条的规定办理进入中国国家阶段的手续的,应当符合下列要求:

(一)以中文提交进入中国国家阶段的书面声明,写明国际申请号和要求获得的专利权类型;

(二)缴纳本细则第一百一十条第一款规定的申请费、公布印刷费,必要时缴纳本细则第一百二十条规定的宽限费;

(三)国际申请以外文提出的,提交原始国际申请的说明书和权利要求书的中文译文;

(四)在进入中国国家阶段的书面声明中写明发明创造的名称,申请人姓名或者名称、地址和发明人的姓名,上述内容应当与世界知识产权组织国际局(以下简称国际局)的记录一致;国际申请中未写明发明人的,在上述声明中写明发明人的姓名;

(五)国际申请以外文提出的,提交摘要的中文译文,有附图和摘要附图的,提交附图副本并指定摘要附图,附图中有文字的,将其替换为对应的中文文字;

(六)在国际阶段向国际局已办理申请人变更手续的,必要时提供变更后的申请人享有申请权的证明材料;

(七)必要时缴纳本细则第一百一十条第一款规定的申请附加费。

符合本条第一款第(一)项至第(三)项要求的,国务院专利行政部门应当给予申请号,明确国际申请进入中国国家阶段的日期(以下简称进入日),并通知申请人其国际申请已进入中国国家阶段。

国际申请已进入中国国家阶段,但不符合本条第一款第(四)项至第(七)项要求

的,国务院专利行政部门应当通知申请人在指定期限内补正;期满未补正的,其申请视为撤回。

第一百二十二条 国际申请有下列情形之一的,其在中国的效力终止:

(一)在国际阶段,国际申请被撤回或者被视为撤回,或者国际申请对中国的指定被撤回的;

(二)申请人未在优先权日起32个月内按照本细则第一百二十条规定办理进入中国国家阶段手续的;

(三)申请人办理进入中国国家阶段的手续,但自优先权日起32个月期限届满仍不符合本细则第一百二十一条第(一)项至第(三)项要求的。

依照前款第(一)项的规定,国际申请在中国的效力终止的,不适用本细则第六条的规定;依照前款第(二)项、第(三)项的规定,国际申请在中国的效力终止的,不适用本细则第六条第二款的规定。

第一百二十三条 国际申请在国际阶段作过修改,申请人要求以经修改的申请文件为基础进行审查的,应当自进入日起2个月内提交修改部分的中文译文。在该期间内未提交中文译文的,对申请人在国际阶段提出的修改,国务院专利行政部门不予考虑。

第一百二十四条 国际申请涉及的发明创造有专利法第二十四条第(二)项或者第(三)项所列情形之一,在提出国际申请时作过声明的,申请人应当在进入中国国家阶段的书面声明中予以说明,并自进入日起2个月内提交本细则第三十三条第三款规定的有关证明文件;未予说明或者期满未提交证明文件的,其申请不适用专利法第二十四条的规定。

第一百二十五条 申请人按照专利合作条约的规定,对生物材料样品的保藏已作出说明的,视为已经满足了本细则第二十七条第(三)项的要求。申请人应当在进入中国国家阶段声明中指明记载生物材料样品保藏事项的文件以及在该文件中的具体记载位置。

申请人在原始提交的国际申请的说明书中已记载生物材料样品保藏事项,但是没有在进入中国国家阶段声明中指明的,应当自进入日起4个月内补正。期满未补正的,该生物材料视为未提交保藏。

申请人自进入日起4个月内向国务院专利行政部门提交生物材料样品保藏证明和存活证明的,视为在本细则第二十七条第(一)项规定的期限内提交。

第一百二十六条 国际申请涉及的发明创造依赖遗传资源完成的,申请人应当在国际申请进入中国国家阶段的书面声明中予以说明,并填写国务院专利行政部门制定的表格。

第一百二十七条 申请人在国际阶段已要求一项或者多项优先权,在进入中国国家阶段时该优先权要求继续有效的,视为已经依照专利法第三十条的规定提出了书面声明。

申请人应当自进入日起2个月内缴纳优先权要求费;期满未缴纳或者未缴足的,视为未要求该优先权。

申请人在国际阶段已依照专利合作条约的规定,提交过在先申请文件副本的,办理进入中国国家阶段手续时不需要向国务院专利行政部门提交在先申请文件副本。申请人在国际阶段未提交在先申请文件副本的,国务院专利行政部门认为必要时,可以通知申请人在指定期限内补交;申请人期满未补交的,其优先权要求视为未提出。

第一百二十八条 国际申请的申请日在优先权期限届满之后2个月内,在国际阶段受理局已经批准恢复优先权的,视为已经依照本细则第三十六条的规定提出了恢复优先权请求;在国际阶段申请人未请求恢复优先权,或者提出了恢复优先权请求但受理局未批准,申请人有正当理由的,可以自进入之日起2个月内向国务院专利行政部门请求恢复优先权。

第一百二十九条 在优先权日起30个月期满前要求国务院专利行政部门提前处理和审查国际申请的,申请人除应当办理进入中国国家阶段手续外,还应当依照专利合作条约第二十三条第二款规定提出请求。国际局尚未向国务院专利行政部门传送国际申请的,申请人应当提交经确认的国际申请副本。

第一百三十条 要求获得实用新型专利权的国际申请,申请人可以自进入日起2个月内对专利申请文件主动提出修改。

要求获得发明专利权的国际申请,适用本细则第五十七条第一款的规定。

第一百三十一条 申请人发现提交的说明书、权利要求书或者附图中的文字的中文译文存在错误的,可以在下列规定期限内依照原始国际申请文本提出改正:

(一)在国务院专利行政部门做好公布发明专利申请或者公告实用新型专利权的准备工作之前;

(二)在收到国务院专利行政部门发出的发明专利申请进入实质审查阶段通知书之日起3个月内。

申请人改正译文错误的,应当提出书面请求并缴纳规定的译文改正费。

申请人按照国务院专利行政部门的通知书的要求改正译文的,应当在指定期限内办理本条第二款规定的手续;期满未办理规定手续的,该申请视为撤回。

第一百三十二条 对要求获得发明专利权的国际申请,国务院专利行政部门经初步审查认为符合专利法和本细则有关规定的,应当在专利公报上予以公布;国际申请以中文以外的文字提出的,应当公布申请文件的中文译文。

要求获得发明专利权的国际申请,由国际局以中文进行国际公布的,自国际公布日或者国务院专利行政部门公布之日起适用专利法第十三条的规定;由国际局以中文以外的文字进行国际公布的,自国务院专利行政部门公布之日起适用专利法第十三条的规定。

对国际申请,专利法第二十一条和第二十二条中所称的公布是指本条第一款所规定的公布。

第一百三十三条 国际申请包含两项以上发明或者实用新型的,申请人可以自进入日起,依照本细则第四十八条第一款的规定提出分案申请。

在国际阶段,国际检索单位或者国际初步审查单位认为国际申请不符合专利合作条约规定的单一性要求时,申请人未按照规定缴纳附加费,导致国际申请某些部分未经国际检索或者未经国际初步审查,在进入中国国家阶段时,申请人要求将所述部分作为审查基础,国务院专利行政部门认为国际检索单位或者国际初步审查单位对发明单一性的判断正确的,应当通知申请人在指定期限内缴纳单一性恢复费。期满未缴纳或者未足额缴纳的,国际申请中未经检索或者未经国际初步审查的部分视为撤回。

第一百三十四条 国际申请在国际阶段被有关国际单位拒绝给予国际申请日或者宣布视为撤回的,申请人在收到通知之日起2个月内,可以请求国际局将国际申请档案中任何文件的副本转交国务院专利行政部门,并在该期限内向国务院专利行政部门办理本细则第一百二十条规定的手续,国务院专利行政部门应当在接到国际局传送的文件后,对国际单位作出的决定是否正确进行复查。

第一百三十五条 基于国际申请授予的专利权,由于译文错误,致使依照专利法第六十四条规定确定的保护范围超出国际申请的原文所表达的范围的,以依据原文限制后的保护范围为准;致使保护范围小于国际申请的原文所表达的范围的,以授权时的保护范围为准。

第十二章 关于外观设计国际申请的特别规定

第一百三十六条 国务院专利行政部门根据专利法第十九条第二款、第三款规定，处理按照工业品外观设计国际注册海牙协定（1999年文本）（以下简称海牙协定）提出的外观设计国际注册申请。

国务院专利行政部门处理按照海牙协定提出并指定中国的外观设计国际注册申请（简称外观设计国际申请）的条件和程序适用本章的规定；本章没有规定的，适用专利法及本细则其他各章的有关规定。

第一百三十七条 按照海牙协定已确定国际注册日并指定中国的外观设计国际申请，视为向国务院专利行政部门提出的外观设计专利申请，该国际注册日视为专利法第二十八条所称的申请日。

第一百三十八条 国际局公布外观设计国际申请后，国务院专利行政部门对外观设计国际申请进行审查，并将审查结果通知国际局。

第一百三十九条 国际局公布的外观设计国际申请中包括一项或者多项优先权的，视为已经依照专利法第三十条的规定提出了书面声明。

外观设计国际申请的申请人要求优先权的，应当自外观设计国际申请公布之日起3个月内提交在先申请文件副本。

第一百四十条 外观设计国际申请涉及的外观设计有专利法第二十四条第（二）项或者第（三）项所列情形的，应当在提出外观设计国际申请时声明，并自外观设计国际申请公布之日起2个月内提交本细则第三十三条第三款规定的有关证明文件。

第一百四十一条 一件外观设计国际申请包括两项以上外观设计的，申请人可以自外观设计国际申请公布之日起2个月内，向国务院专利行政部门提出分案申请，并缴纳费用。

第一百四十二条 国际局公布的外观设计国际申请中包括含设计要点的说明书的，视为已经依照本细则第三十一条的规定提交了简要说明。

第一百四十三条 外观设计国际申请经国务院专利行政部门审查后没有发现驳回理由的，由国务院专利行政部门作出给予保护的决定，通知国际局。

国务院专利行政部门作出给予保护的决定后，予以公告，该外观设计专利权自公告之日起生效。

第一百四十四条 已在国际局办理权利变更手续的，申请人应当向国务院专利行政部门提供有关证明材料。

第十三章 附 则

第一百四十五条 经国务院专利行政部门同意，任何人均可以查阅或者复制已经公布或者公告的专利申请的案卷和专利登记簿，并可以请求国务院专利行政部门出具专利登记簿副本。

已视为撤回、驳回和主动撤回的专利申请的案卷，自该专利申请失效之日起满2年后不予保存。

已放弃、宣告全部无效和终止的专利权的案卷，自该专利权失效之日起满3年后不予保存。

第一百四十六条 向国务院专利行政部门提交申请文件或者办理各种手续，应当由申请人、专利权人、其他利害关系人或者其代表人签字或者盖章；委托专利代理机构的，由专利代理机构盖章。

请求变更发明人姓名、专利申请人和专利权人的姓名或者名称、国籍和地址、专利代理机构的名称、地址和专利代理师姓名的，应当向国务院专利行政部门办理著录事项变更手续，必要时应当提交变更理由的证明材料。

第一百四十七条 向国务院专利行政部门邮寄有关申请或者专利权的文件，应当使用挂号信函，不得使用包裹。

除首次提交专利申请文件外，向国务院专利行政部门提交各种文件、办理各种手续的，应当标明申请号或者专利号、发明创造名称和申请人或者专利权人姓名或者名称。

一件信函中应当只包含同一申请的文件。

第一百四十八条 国务院专利行政部门根据专利法和本细则制定专利审查指南。

第一百四十九条 本细则自2001年7月1日起施行。1992年12月12日国务院批准修订、1992年12月21日中国专利局发布的《中华人民共和国专利法实施细则》同时废止。

规章

规范申请专利行为的规定

（国家知识产权局令第77号）

《规范申请专利行为的规定》已经国家知识产权局局务会审议通过，现予公布，自2024年1月20日起施行。

局长　申长雨
2023年12月21日

规范申请专利行为的规定

第一条 为了规范申请专利行为，维护专利工作的正常秩序，根据《中华人民共和国专利法》《中华人民共和国专利法实施细则》《专利代理条例》等有关法律法规制定本规定。

第二条 提出或者代理提出专利申请的，应当遵守法律、行政法规和部门规章的有关规定，遵循专利法立法宗旨，恪守诚实信用原则，以真实发明创造活动为基础，不得弄虚作假，不得违反《中华人民共和国专利法实施细则》第十一条的规定实施非正常申请专利行为。

第三条 本规定所称非正常申请专利行为包括：

（一）所提出的多件专利申请的发明创造内容明显相同，或者实质上由不同发明创造特征、要素简单组合形成的；

（二）所提出专利申请存在编造、伪造、变造发明创造内容、实验数据或者技术效果，或者抄袭、简单替换、拼凑现有技术或者现有设计等类似情况的；

（三）所提出专利申请的发明创造内容主要为利用计算机技术等随机生成的；

（四）所提出专利申请的发明创造为明显不符合技术改进、设计常理，或者变劣、堆砌、非必要缩限保护范围的；

（五）申请人无实际研发活动提交多件专利申请，且不能作出合理解释的；

（六）将实质上与特定单位、个人或者地址关联的多件专利申请恶意分散、先后或者异地提出的；

（七）出于不正当目的转让、受让专利申请权，或者虚假变更发明人、设计人的；

（八）违反诚实信用原则、扰乱专利工作正常秩序的其他非正常申请专利行为。

第四条 任何单位或者个人不得代理、诱导、教唆、帮助他人实施各类非正常申请专利行为。

第五条 国务院专利行政部门根据《中华人民共和国专利法》《中华人民共和国专利法实施细则》相关规定，在专利申请的受理、初步审查、实质审查、复审程序或者国际申请的国际阶段程序中发现或者根据举报线索得知，并初步认定存在非正常申请专利行为的，可以组成专门审查工作组或者授权审查员启动专门审查程序，通知申请人在指定的期限内陈述意见并提交证明材料，或者主动撤回相关专利申请、法律手续办理请求。

第六条 申请人无正当理由逾期未答复的，相关专利申请视为撤回，相关法律手续办理请求视为未提出。

第七条 经申请人陈述意见后，国务院专利行政部门仍然认为属于非正常申请专利行为的，应当依法驳回相关专利申请，或者不予批准相关法律手续办理请求。

申请人对驳回专利申请决定不服的，可以依法提出专利复审请求；对不予批准相关法律手续办理请求不服的，可以依法提出行政复议申请或者提起行政诉讼。

第八条 对实施非正常申请专利行为的单位或者个人，依据《中华人民共和国专利法》《中华人民共和国专利法实施细则》实施行政处罚。

对实施本规定第四条规定的非正常申请专利行为的专利代理机构，以及擅自开展专利代理业务的机构或者个人，依据《专利代理条例》及相关规定实施行政处罚。

对于违反本规定涉嫌犯罪的，依法移送司法机关追究刑事责任。

第九条 可以对非正常申请专利行为采取下列处理措施：

（一）对该非正常专利申请不予减缴专利费用；对于五年内多次实施非正常申请专利行为等情节严重的申请人，其在该段时间内提出的专利申请均不予减缴专利费用；已经减缴的，要求其补缴相关减缴费用；

（二）在国务院专利行政部门政府网站和有关媒体上予以公告，并将相关信息纳入全国信用信息共享平台；

（三）实施非正常申请专利行为损害社会公共利益，并受到市场监督管理等部门较重行政处罚的，依照国家有关规定列入市场监督管理严重违法失信名单；

（四）在国务院专利行政部门的专利申请数量统计中扣除非正常申请专利行为相关的专利申请数量；

（五）对申请人和相关代理机构不予资助或者奖励；已经资助或者奖励的，全部或者部分追还。

第十条 采取本规定第九条所列处理措施前，必要时允许当事人陈述意见。

第十一条 管理专利工作的部门应当引导公众和专利代理机构依法提出专利申请，加强对非正常申请专利行为的管理。

地方管理专利工作的部门和专利代办处发现或者根据举报得知非正常申请专利行为线索的，应当及时向国务院专利行政部门报告。国务院专利行政部门对非正常申请专利行为依法进行处理时，地方管理专利工作的部门应当予以配合。

第十二条 向国外提出或者代理提出专利申请的，应当遵守中国和相关国家、地区法律法规的规定。不得违反诚实信用原则，不以真实发明创造活动为基础，以弄虚作假的方式提出专利申请，牟取不正当利益。

第十三条 本规定自2024年1月20日起施行。2007年8月27日国家知识产权局令第四十五号公布的《关于规范专利申请行为的若干规定》，2017年2月28日国家知识产权局令第七十五号公布的《国家知识产权局关于修改〈关于规范专利申请行为的若干规定〉的决定》和2021年3月11日国家知识产权局公告第四一一号公布的《关于规范申请专利行为的办法》同时废止。

专利审查指南（2023）

（国家知识产权局令第78号）

根据《中华人民共和国专利法实施细则》，制定《专利审查指南》。现公布修订后的《专利审查指南》，自2024年1月20日起施行。2010年1月21日公布的《专利审查指南》及其后公布的相关局令、公告同时废止。

局长　申长雨
2023年12月21日

《专利审查指南》（2023）（略）

集体商标、证明商标注册和管理规定

（国家知识产权局令第79号）

《集体商标、证明商标注册和管理规定》已经国家知识产权局局务会审议通过，现予公布，自2024年2月1日起施行。

局长　申长雨
2023年12月29日

集体商标、证明商标注册和管理规定

第一条　为了规范集体商标、证明商标的注册和使用管理，加强商标权益保护，维护社会公共利益，促进特色产业发展，根据《中华人民共和国商标法》（以下简称商标法）、《中华人民共和国商标法实施条例》（以下简称实施条例）的规定，制定本规定。

第二条　本规定有关商品的规定，适用于服务。

第三条　申请集体商标注册的，应当附送主体资格证明文件、集体成员的名称、地址和使用管理规则。

申请以地理标志作为集体商标注册的团体、协会或者其他组织，其成员应当来自该地理标志标示的地区范围内。

第四条　申请证明商标注册的，应当附送主体资格证明文件、使用管理规则和证明其具有的或者其委托机构具有的专业技术人员、专业检测设备等情况的证明材料，以表明其具有监督该证明商标所证明的特定商品品质的能力。

第五条　申请以地理标志作为证明商标、集体商标注册的，应当附送管辖该地理标志所标示地区的县级以上人民政府或者主管部门的批准文件。

以地理标志作为证明商标、集体商标注册的，应当在申请书件中说明下列内容：

（一）该地理标志所标示的商品的特定质量、信誉或者其他特征；

（二）该商品的特定质量、信誉或者其他特征主要由该地理标志所标示地区的自然因素或者人文因素所决定；

（三）该地理标志所标示的地区的范围。

申请以地理标志作为证明商标、集体

商标注册的应当提交具有的或者其委托机构具有的专业技术人员、专业检测设备等情况的证明材料。

外国人或者外国企业申请以地理标志作为证明商标、集体商标注册的,申请人应当提供该地理标志以其名义在其原属国受法律保护的证明。

第六条 集体商标、证明商标的使用管理规则应当依法制定,对注册人、集体成员和使用人具有约束力,并包括下列内容:

(一)使用该集体商标或者证明商标的宗旨;

(二)使用该集体商标的商品的品质或者使用该证明商标证明的商品的原产地、原料、制造方法、质量或者其他特定品质等;

(三)使用该集体商标或者证明商标的手续;

(四)使用该集体商标或者证明商标的权利、义务;

(五)集体商标的集体成员或者证明商标的使用人违反其使用管理规则应当承担的责任;

(六)注册人对使用该集体商标或者证明商标商品的检验监督制度。

证明商标的使用管理规则还应当包括使用该证明商标的条件。

集体商标、证明商标使用管理规则应当进行公告。注册人修改使用管理规则的,应当提出变更申请,经国家知识产权局审查核准,并自公告之日起生效。

第七条 以地理标志作为证明商标、集体商标注册的,可以是该地理标志标示地区的名称,也可以是能够标示某商品来源于该地区的其他标志。

前款所称地区无需与该地区的现行行政区划名称、范围完全一致。

第八条 多个葡萄酒地理标志构成同音字或者同形字,但能够彼此区分且不误导公众的,每个地理标志都可以作为证明商标或者集体商标申请注册。

使用他人作为证明商标、集体商标注册的葡萄酒、烈性酒地理标志标示并非来源于该地理标志所标示地区的葡萄酒、烈性酒,即使同时标出了商品的真正来源地,或者使用的是翻译文字,或者伴有"种"、"型"、"式"、"类"以及其他类似表述的,适用商标法第十六条的规定。

第九条 县级以上行政区划的地名或者公众知晓的地名作为组成部分申请注册集体商标、证明商标的,标志应当具有显著特征,便于识别;标志中含有商品名称的,指定商品应当与商标中的商品名称一致或者密切相关;商品的信誉与地名密切关联。但是损害社会公共利益的标志,不得注册。

地理标志作为证明商标、集体商标注册的,还应当依据本规定的有关规定办理。

第十条 申请人在其申请注册的集体商标、证明商标核准注册前,可以向国家知识产权局申请撤回该集体商标、证明商标的注册申请。

申请人撤回集体商标、证明商标注册申请的,应当注明申请人和商标注册申请号。经审查符合规定的,准予撤回。申请人名称不一致,或者商标注册申请已核准注册,或者已作出不予受理、驳回或者不予注册决定的,撤回申请不予核准。

第十一条 集体商标、证明商标注册人应当实施下列行为,履行商标管理职责,保证商品品质:

(一)按照使用管理规则准许集体成员使用集体商标,许可他人使用证明商标;

(二)及时公开集体成员、使用人信息、使用管理规则;

(三)检查集体成员、使用人的使用行为是否符合使用管理规则;

(四)检查使用集体商标、证明商标的商品是否符合使用管理规则的品质要求;

(五)及时取消不符合使用管理规则的集体成员、使用人的集体商标、证明商标使用资格,并履行变更、备案手续。

第十二条 为管理和运用集体商标、证明商标的需要,注册人可以向集体成员、使用人收取合理费用,收费金额、缴纳方式、缴纳期限应当基于公平合理原则协商确定并予以公开。

第十三条 集体商标注册人的成员发生变化的,注册人应当在3个月内向国家知识产权局申请变更注册事项,并由国家知识产权局公告。

证明商标注册人准许他人使用其商标的,注册人应当在许可后3个月内报国家知识产权局备案,并由国家知识产权局公告。

第十四条 申请转让集体商标、证明商标的,受让人应当具备相应的主体资格,并符合商标法、实施条例和本规定的规定。

集体商标、证明商标发生移转的,权利继受人应当具备相应的主体资格,并符合商标法、实施条例和本规定的规定。

第十五条 集体商标注册人的集体成员,在履行该集体商标使用管理规则规定的手续后,可以使用该集体商标。集体成员不得在不符合使用管理规则的商品上使用该集体商标。

集体商标注册人不得将该集体商标许可给非集体成员使用。

第十六条 凡符合证明商标使用管理规则规定条件的,在履行该证明商标使用管理规则规定的手续后,可以使用该证明商标,注册人不得拒绝办理手续。使用人不得在不符合使用管理规则的商品上使用该证明商标。

证明商标注册人不得在自己提供的商品上使用该证明商标。

第十七条 集体成员、使用人使用集体商标、证明商标时,应当保证使用的商品符合使用管理规则的品质要求。

集体成员、使用人可以将集体商标、证明商标与自己的注册商标同时使用。

地域范围外生产的商品不得使用作为证明商标、集体商标注册的地理标志。

第十八条 集体商标、证明商标注册人应当促进和规范商标使用,提升商标价值,维护商标信誉,推动特色产业发展。

第十九条 集体商标、证明商标注册人、集体成员、使用人应当加强品牌建设,履行下列职责:

(一)加强自律,建立产品溯源和监测机制,制定风险控制预案,维护商标品牌形象和信誉;

(二)鼓励采用或者制定满足市场需求的先进标准,树立良好的商标品牌形象;

(三)结合地方特色资源,挖掘商标品牌文化内涵,制定商标品牌建设发展计划,开展宣传推广,提升商标品牌价值。

第二十条 地方人民政府或者行业主管部门应当根据地方经济发展需要,合理配置公共资源,通过集体商标、证明商标加强区域品牌建设,促进相关市场主体协同发展。

地方知识产权管理部门应当支持区域品牌获得法律保护,指导集体商标、证明商标注册,加强使用管理,实行严格保护,提供公共服务,促进高质量发展。

第二十一条 国家知识产权局应当完整、准确、及时公布集体商标、证明商标注册信息,向社会公众提供信息查询服务。

第二十二条 对下列正当使用集体商标、证明商标中含有的地名的行为,注册商标专用权人无权禁止:

(一)在企业名称字号中使用;

(二)在配料表、包装袋等使用表明产品及其原料的产地;

(三)在商品上使用表明产地或者地域来源;

(四)在互联网平台或者店铺的商品详情、商品属性中客观表明地域来源;

(五)其他正当使用地名的行为。

前款所述正当使用集体商标、证明商标中含有的地名,应当以事实描述为目的且符合商业惯例,不得违反其他法律规定。

第二十三条 他人以事实描述方式在特色小吃、菜肴、菜单、橱窗展示、互联网商品详情展示等使用涉及餐饮类的集体商标、证明商标中的地名、商品名称等文字的,并且未导致误导公众的,属于正当使用行为,注册商标专用权人无权禁止。

第二十四条 实施条例第四条第二款中的正当使用该地理标志是指正当使用作为集体商标注册的地理标志中的地名、商品名称或者商品的通用名称,但不得擅自使用该集体商标。

第二十五条 有本规定第二十二条至第二十四条所述正当使用行为的,行为人不得恶意或者贬损集体商标、证明商标的信誉,扰乱市场竞争秩序,损害其注册人合法权益。

第二十六条 注册人怠于行使权利导致集体商标、证明商标成为核定使用的商品的通用名称或者没有正当理由连续3年不使用的,任何人可以根据商标法第四十九条申请撤销该注册商标。

第二十七条 对从事集体商标、证明商标注册和管理工作的人员以及其他依法履行公职的人员玩忽职守、滥用职权、徇私舞弊、弄虚作假、违法违纪办理商标注册、管理、保护等事项,收受当事人财物,牟取不正当利益,依法依纪给予处分;构成犯罪的,依法追究刑事责任。

第二十八条 本规定自2024年2月1日起施行。

地理标志产品保护办法

(国家知识产权局令第80号)

《地理标志产品保护办法》已经国家知识产权局局务会审议通过,现予公布,自2024年2月1日起施行。

局长　申长雨
2023年12月29日

地理标志产品保护办法

第一章　总　则

第一条 为了有效保护我国的地理标志产品,规范地理标志产品名称和地理标志专用标志的使用,保证地理标志产品的质量和特色,根据《中华人民共和国民法典》、《中华人民共和国商标法》、《中华人民共和国产品质量法》、《中华人民共和国标准化法》、《中华人民共和国反不正当竞争法》等有关规定,制定本办法。

第二条 本办法所称地理标志产品,是指产自特定地域,所具有的质量、声誉或者其他特性本质上取决于该产地的自然因素、人文因素的产品。地理标志产品包括:

(一)来自本地区的种植、养殖产品;

(二)原材料全部来自本地区或者部分来自其他地区,并在本地区按照特定工艺生产和加工的产品。

第三条 地理标志产品应当具备真实性、地域性、特异性和关联性。

真实性是地理标志产品的名称经过长期持续使用,被公众普遍知晓。地域性是地理标志产品的全部生产环节或者主要生产环节应当发生在限定的地域范围内。特异性是产品具有较明显的质量特色、特定声誉或者其他特性。关联性是产品的特异性由特定地域的自然因素和人文因素所决定。

第四条 本办法适用于地理标志产品的保护申请、审查认定、撤销、变更以及专用标志的使用管理等。

第五条 国家知识产权局负责全国地理标志产品以及专用标志的管理和保护工作；统一受理和审查地理标志产品保护申请，依法认定地理标志产品。

地方知识产权管理部门负责本行政区域内的地理标志产品以及专用标志的管理和保护工作。

第六条 地理标志产品保护遵循申请自愿、认定公开的原则。

申请地理标志产品保护、使用地理标志产品名称和专用标志应当遵循诚实信用原则。

第七条 获得地理标志产品保护的，应当规范使用地理标志产品名称和专用标志。

地理标志产品名称可以是由具有地理指示功能的名称和反映产品真实属性的通用名称构成的组合名称，也可以是具有长久使用历史的约定俗成的名称。

第八条 有下列情形之一，不给予地理标志产品认定：

（一）产品或者产品名称违反法律、违背公序良俗或者妨害公共利益的；

（二）产品名称仅为产品的通用名称的；

（三）产品名称为他人注册商标、未注册的驰名商标，误导公众的；

（四）产品名称与已受保护的地理标志产品名称相同，导致公众对产品的地理来源产生误认的；

（五）产品名称与国家审定的植物品种或者动物育种名称相同，导致公众对产品的地理来源产生误认的；

（六）产品或者特定工艺违反安全、卫生、环保要求，对环境、生态、资源可能产生危害的。

第二章 申 请

第九条 地理标志产品保护申请，由提出产地范围的县级以上人民政府或者其指定的具有代表性的社会团体、保护申请机构（以下简称申请人）提出。

第十条 申请保护的产品产地在县域范围内的，由县级以上人民政府提出产地范围的建议；跨县域范围的，由共同的上级地方人民政府提出产地范围的建议；跨地市范围的，由有关省级人民政府提出产地范围的建议；跨省域范围的，由有关省级人民政府共同提出产地范围的建议。

第十一条 地理标志产品的保护申请材料应当向省级知识产权管理部门提交。

申请材料包括：

（一）有关地方人民政府关于划定地理标志产品产地范围的建议；

（二）有关地方人民政府关于地理标志产品申请、保护机制的文件；

（三）地理标志产品的相关材料，包括：

1. 地理标志产品保护申请书；

2. 地理标志产品保护要求，包括产品名称、产品类别；申请人信息；产地范围；产品描述；产品的理化、感官等质量特色、特定声誉或者其他特性及其与产地的自然因素和人文因素之间关系的说明；作为专用标志使用管理机构的地方知识产权管理部门信息；

3. 产品质量检验检测报告；

4. 拟申请保护的地理标志产品的技术标准；

5. 产品名称长期持续使用的文献记载等材料；

6. 产品的知名度，产品生产、销售情况的说明；

7. 地理标志产品特色质量检验检测机构信息。

（四）其他说明材料或者证明材料。

第十二条 省级知识产权管理部门应当自收到申请之日起3个月内提出初审意见。审查合格的，将初审意见和申请材料报送国家知识产权局；审查不合格的，书面通知申请人。

第三章 审查及认定

第十三条 国家知识产权局对收到的申请进行形式审查。审查合格的,予以受理并书面通知申请人;审查不合格的,书面通知申请人,申请人应当自收到书面通知之日起4个月内答复,期满未答复或者审查仍然不合格的,不予受理并书面通知申请人。

第十四条 对受理的地理标志产品保护申请,国家知识产权局组织开展技术审查。技术审查由国家知识产权局设立的地理标志产品专家审查委员会负责。

技术审查包括会议审查和必要的产地核查,申请人应当予以配合。

技术审查合格的,国家知识产权局发布初步认定公告;技术审查不合格的,驳回申请并书面通知申请人。

第十五条 有关单位或者个人对初步认定公告的地理标志产品有异议的,应当自初步认定公告之日起2个月内向国家知识产权局提出,提交请求书,说明理由,并附具有关证据材料。

期满无异议的,国家知识产权局发布认定公告。

异议请求有下列情形之一,国家知识产权局不予受理并书面通知异议人:

(一)未在法定期限内提出的;
(二)未具体说明异议理由的。

第十六条 国家知识产权局受理异议请求后,及时通知被异议人,并组织双方协商。协商不成的,国家知识产权局组织地理标志产品专家审查委员会审议后裁决。

异议成立的,国家知识产权局作出不予认定决定,并书面通知异议人和被异议人;异议不成立的,驳回异议请求,并书面通知异议人和被异议人,国家知识产权局发布认定公告。

第四章 地理标志产品保护体系及专用标志使用

第十七条 地理标志产品所在地人民政府规划并实施标准体系、检测体系和质量保证体系等保护体系建设。

第十八条 地理标志产品获得保护后,根据产品产地范围、类别、知名度等方面的因素,申请人应当配合制定地理标志产品有关国家标准、地方标准、团体标准,根据产品类别研制国家标准样品。

标准不得改变保护要求中认定的名称、产品类型、产地范围、质量特色等强制性规定。

第十九条 地理标志产品特色质量检验检测工作由具备相关资质条件的检验检测机构承担。必要时由国家知识产权局组织检验检测机构进行复检。

第二十条 地理标志产品产地范围内的生产者使用专用标志,应当向产地知识产权管理部门提出申请,并提交以下材料:

(一)地理标志专用标志使用申请书;
(二)地理标志产品特色质量检验检测报告。

产地知识产权管理部门对申请使用专用标志的生产者的产地进行核验。上述申请经所在地省级知识产权管理部门审核,并经国家知识产权局审查合格注册登记后,发布公告,生产者即可在其产品上使用地理标志专用标志。

国家知识产权局也可以委托符合条件的省级知识产权管理部门进行审查,审查合格的,由国家知识产权局注册登记后发布公告。

第二十一条 在研讨会、展览、展会等公益性活动中使用地理标志专用标志的,应当向所在地省级知识产权管理部门提出备案申请,并提交以下材料:

(一)地理标志专用标志使用登记备案表;

(二)地理标志专用标志使用设计图样。

所在地省级知识产权管理部门对上述备案申请进行审查,审查合格后报国家知识产权局备案。国家知识产权局备案后,有关主体可以在公益性活动中使用地理标志专用标志。

第二十二条 地理标志专用标志合法使用人应当在国家知识产权局官方网站下载基本图案矢量图。地理标志专用标志矢量图可按照比例缩放,标注应当清晰可识,不得更改专用标志的图案形状、构成、文字字体、图文比例、色值等。

第二十三条 地理标志产品生产者应当按照相应标准组织生产。其他单位或者个人不得擅自使用受保护的地理标志产品名称或者专用标志。

地理标志产品获得保护后,申请人应当采取措施对地理标志产品名称和专用标志的使用、产品特色质量等进行管理。

第二十四条 地方知识产权管理部门负责对本行政区域内受保护地理标志产品的产地范围、名称、质量特色、标准符合性、专用标志使用等方面进行日常监管。

省级知识产权管理部门应当定期向国家知识产权局报送地理标志产品以及专用标志监管信息和保护体系运行情况。

第二十五条 本办法所称地理标志产品名称或者专用标志的使用,是指将地理标志产品名称或者专用标志用于产品、产品包装或者容器以及产品交易文书上,或者将地理标志产品名称或者专用标志用于广告宣传、展览以及其他商业活动中,用以识别产品产地来源或者受保护地理标志产品的行为。

第五章 变更和撤销

第二十六条 地理标志产品保护要求需要变更的,应当向国家知识产权局提出变更申请。

(一)对保护要求的更新、完善,但不改变质量特色和产品形态,不涉及产品名称、产地范围变更的,国家知识产权局收到省级知识产权管理部门初审意见后,组织开展地理标志产品保护要求变更申请审查,审查合格的,国家知识产权局发布变更公告;审查不合格的,书面通知申请人。

(二)对地理标志产品名称、产地范围、质量特色和产品形态等主要内容变更的,国家知识产权局收到省级知识产权管理部门初审意见后,组织地理标志产品专家审查委员会开展技术审查。审查合格的,国家知识产权局发布初步变更公告,公告之日起2个月无异议或者有异议但异议不成立的,国家知识产权局发布变更公告;审查不合格的,书面通知申请人。

第二十七条 有下列情形之一,自国家知识产权局发布认定公告之日起,任何单位或者个人可以请求国家知识产权局撤销地理标志产品保护,说明理由,并附具有关证据材料:

(一)产品名称演变为通用名称的;

(二)连续3年未在生产销售中使用地理标志产品名称的;

(三)自然因素或者人文因素的改变致使地理标志产品质量特色不再能够得到保证,且难以恢复的;

(四)产品或者产品名称违反法律、违背公序良俗或者妨害公共利益的;

(五)产品或者特定工艺违反安全、卫生、环保要求,对环境、生态、资源可能产生危害的;

(六)以欺骗手段或者其他不正当手段取得保护的。

第二十八条 撤销请求未具体说明撤销理由的,国家知识产权局不予受理,并书面通知请求人。

第二十九条 国家知识产权局对撤销请求进行审查,作出决定并书面通知当事人。

国家知识产权局决定撤销地理标志产品保护的,发布撤销公告。

当事人对撤销决定不服的,可以自收到通知之日起6个月内向人民法院起诉。

第六章 保护和监督

第三十条 有下列行为之一,依据相关法律法规处理:

(一)在产地范围外的相同或者类似产品上使用受保护的地理标志产品名称的;

(二)在产地范围外的相同或者类似产品上使用与受保护的地理标志产品名称相似的名称,误导公众的;

(三)将受保护的地理标志产品名称用于产地范围外的相同或者类似产品上,即使已标明真实产地,或者使用翻译名称,或者伴有如"种""型""式""类""风格"等之类表述的;

(四)在产地范围内的不符合地理标志产品标准和管理规范要求的产品上使用受保护的地理标志产品名称的;

(五)在产品上冒用地理标志专用标志的;

(六)在产品上使用与地理标志专用标志近似或者可能误导消费者的文字或者图案标志,误导公众的;

(七)销售上述产品的;

(八)伪造地理标志专用标志的;

(九)其他不符合相关法律法规规定的。

第三十一条 获准使用地理标志专用标志的生产者,营业执照已注销或者被吊销的,或者相关生产许可证已注销或者被吊销的,或者已迁出地理标志产品产地范围的,或者不再从事该地理标志产品生产的,或者未按相应标准组织生产且限期未改正的,或者在2年内未在受保护的地理标志产品上使用专用标志且限期未改正的,国家知识产权局注销其地理标志专用标志使用注册登记,停止其使用地理标志专用标志并发布公告。

第三十二条 地理标志产品生产者违反有关产品质量、标准方面规定的,依据《中华人民共和国产品质量法》《中华人民共和国标准化法》等有关法律予以行政处罚。

第三十三条 将受保护的地理标志产品名称作为企业名称中的字号使用,误导公众,构成不正当竞争行为的,依据《中华人民共和国反不正当竞争法》处理。

第三十四条 对从事地理标志产品管理和保护工作以及其他依法履行公职的人员玩忽职守、滥用职权、徇私舞弊、弄虚作假、违法违纪办理地理标志产品管理和保护事项,收受当事人财物,牟取不正当利益的,依法依纪给予处分;构成犯罪的,依法追究刑事责任。

第七章 附 则

第三十五条 国外地理标志产品在中华人民共和国的申请、审查、专用标志使用、监督管理等特殊事项,由国家知识产权局另行规定。

第三十六条 本办法自2024年2月1日起施行。

司法解释

中华人民共和国最高人民法院公告

《最高人民法院关于修改〈最高人民法院关于知识产权法庭若干问题的规定〉的决定》已于2023年10月16日由最高人民法院审判委员会第1901次会议通过,现予公布,自2023年11月1日起施行。

最高人民法院
2023年10月21日

最高人民法院关于修改《最高人民法院关于知识产权法庭若干问题的规定》的决定

法释〔2023〕10号
(2023年10月16日最高人民法院审判委员会第1901次会议通过,自2023年11月1日起施行)

最高人民法院审判委员会第1901次会议决定,对《最高人民法院关于知识产权法庭若干问题的规定》作如下修改:

一、将第二条修改为:"知识产权法庭审理下列上诉案件:

(一)专利、植物新品种、集成电路布图设计授权确权行政上诉案件;

(二)发明专利、植物新品种、集成电路布图设计权属、侵权民事和行政上诉案件;

(三)重大、复杂的实用新型专利、技术秘密、计算机软件权属、侵权民事和行政上诉案件;

(四)垄断民事和行政上诉案件。

知识产权法庭审理下列其他案件:

(一)前款规定类型的全国范围内重大、复杂的第一审民事和行政案件;

(二)对前款规定的第一审民事和行政案件已经发生法律效力的判决、裁定、调解书依法申请再审、抗诉、再审等适用审判监督程序的案件;

(三)前款规定的第一审民事和行政案件管辖权争议,行为保全裁定申请复议,罚款、拘留决定申请复议,报请延长审限等案件;

(四)最高人民法院认为应当由知识产权法庭审理的其他案件。"

二、将第三条修改为："审理本规定第二条所称案件的下级人民法院应当按照规定及时向知识产权法庭移送纸质、电子卷宗。"

三、增加一条，作为第四条："知识产权法庭可以要求当事人披露涉案知识产权相关权属、侵权、授权确权等关联案件情况。当事人拒不如实披露的，可以作为认定其是否遵循诚实信用原则和构成滥用权利等的考量因素。"

四、将第八条改为第七条："知识产权法庭审理的案件的立案信息、合议庭组成人员、审判流程、裁判文书等依法公开。"

五、将第十一条改为第十条，将其中的"本规定第二条第一、二、三项所称第一审案件"改为"本规定第二条第一款规定类型的第一审民事和行政案件"。

六、删除第四条、第五条、第十二条、第十三条、第十四条。

七、其他条文序号作相应调整。

本决定自2023年11月1日起施行。

根据本决定，《最高人民法院关于知识产权法庭若干问题的规定》作相应修改后重新公布。

最高人民法院关于知识产权法庭若干问题的规定

(2018年12月3日最高人民法院审判委员会第1756次会议通过；根据2023年10月16日最高人民法院审判委员会第1901次会议通过的《最高人民法院关于修改〈最高人民法院关于知识产权法庭若干问题的规定〉的决定》修正，该修正自2023年11月1日起施行)

为进一步统一知识产权案件裁判标准，依法平等保护各类市场主体合法权益，加大知识产权司法保护力度，优化科技创新法治环境，加快实施创新驱动发展战略，根据《中华人民共和国人民法院组织法》《中华人民共和国民事诉讼法》《中华人民共和国行政诉讼法》《全国人民代表大会常务委员会关于专利等知识产权案件诉讼程序若干问题的决定》等法律规定，结合审判工作实际，就最高人民法院知识产权法庭相关问题规定如下。

第一条 最高人民法院设立知识产权法庭，主要审理专利等专业技术性较强的知识产权上诉案件。

知识产权法庭是最高人民法院派出的常设审判机构，设在北京市。

知识产权法庭作出的判决、裁定、调解书和决定，是最高人民法院的判决、裁定、调解书和决定。

第二条 知识产权法庭审理下列上诉案件：

（一）专利、植物新品种、集成电路布图设计授权确权行政上诉案件；

（二）发明专利、植物新品种、集成电路布图设计权属、侵权民事和行政上诉案件；

（三）重大、复杂的实用新型专利、技术秘密、计算机软件权属、侵权民事和行政上诉案件；

（四）垄断民事和行政上诉案件。

知识产权法庭审理下列其他案件：

（一）前款规定类型的全国范围内重大、复杂的第一审民事和行政案件；

（二）对前款规定的第一审民事和行政案件已经发生法律效力的判决、裁定、调解书依法申请再审、抗诉、再审等适用审判监督程序的案件；

（三）前款规定的第一审民事和行政案件管辖权争议，行为保全裁定申请复议，罚款、拘留决定申请复议，报请延长审限等案件；

（四）最高人民法院认为应当由知识产权法庭审理的其他案件。

第三条 审理本规定第二条所称案件的下级人民法院应当按照规定及时向知识产权法庭移送纸质、电子卷宗。

第四条 知识产权法庭可以要求当事人披露涉案知识产权相关权属、侵权、授权确权等关联案件情况。当事人拒不如实披露的，可以作为认定其是否遵循诚实信用原则和构成滥用权利等的考量因素。

第五条 知识产权法庭可以根据案件情况到实地或者原审人民法院所在地巡回审理案件。

第六条 知识产权法庭采取保全等措施，依照执行程序相关规定办理。

第七条 知识产权法庭审理的案件的立案信息、合议庭组成人员、审判流程、裁判文书等依法公开。

第八条 知识产权法庭法官会议由庭长、副庭长和若干资深法官组成，讨论重大、疑难、复杂案件等。

第九条 知识产权法庭应当加强对有关案件审判工作的调研，及时总结裁判标准和审理规则，指导下级人民法院审判工作。

第十条 对知识产权法院、中级人民法院已经发生法律效力的本规定第二条第一款规定类型的第一审民事和行政案件判决、裁定、调解书，省级人民检察院向高级人民法院提出抗诉的，高级人民法院应当告知其由最高人民检察院依法向最高人民法院提出，并由知识产权法庭审理。

第十一条 本规定自2019年1月1日起施行。最高人民法院此前发布的司法解释与本规定不一致的，以本规定为准。

最高人民检察院关于印发《人民检察院办理知识产权案件工作指引》的通知

高检发办字〔2023〕49号

各省、自治区、直辖市人民检察院，解放军军事检察院，新疆生产建设兵团人民检察院：

《人民检察院办理知识产权案件工作指引》已经2023年4月24日最高人民检察院第十四届检察委员会第二次会议通过，现印发你们，请结合实际，认真贯彻落实。

最高人民检察院
2023年4月25日

（此件发至县级人民检察院）

人民检察院办理知识产权案件工作指引

目 录

第一章 总则
第二章 知识产权刑事案件的办理
第三章 知识产权民事、行政诉讼监督案件的办理
第四章 知识产权公益诉讼案件的办理
第五章 附则

第一章 总 则

第一条 为保障和规范人民检察院依法履行知识产权检察职责,促进创新型国家建设,根据《中华人民共和国刑事诉讼法》《中华人民共和国民事诉讼法》《中华人民共和国行政诉讼法》《中华人民共和国人民检察院组织法》等法律法规,结合人民检察院工作实际,制定本指引。

第二条 人民检察院办理知识产权案件,秉持客观公正立场,维护司法公正和司法权威,维护权利人的合法权益,保障国家法律的统一正确实施,服务国家知识产权强国建设,促进国家治理体系和治理能力现代化。

人民检察院通过办理侵犯知识产权刑事案件,惩罚犯罪,保障无罪的人不受刑事追究。通过办理知识产权民事诉讼和行政诉讼监督案件,监督和支持人民法院依法行使审判权和执行权,促进行政机关依法行使职权。通过办理知识产权公益诉讼案件,督促行政机关依法履行监督管理职责,支持适格主体依法行使公益诉权,维护国家利益和社会公共利益。

第三条 人民检察院办理知识产权案件,应当以事实为根据,以法律为准绳,坚持严格保护、协同保护、平等保护、公正合理保护原则。坚持激励、保护创新,着力提升知识产权综合保护质效,激发全社会创新创造活力。

第四条 本指引所指的知识产权案件,主要包括侵犯知识产权刑事案件、知识产权民事诉讼监督案件、知识产权行政诉讼监督案件、知识产权公益诉讼案件。

第五条 人民检察院应当充分发挥知识产权检察综合履职,通过审查逮捕、审查起诉等方式,履行知识产权刑事检察职能;通过提起抗诉、提出检察建议等方式对知识产权民事诉讼、行政诉讼活动实行法律监督;通过提出检察建议、提起诉讼和支持起诉等方式,履行知识产权公益诉讼检察职能。

第六条 人民检察院办理知识产权案件在事实认定、法律适用、案件处理等方面存在较大争议,或者有重大社会影响,需要当面听取当事人和其他相关人员意见的,经检察长批准,可以召开听证会。根据案件需要,可以邀请有专门知识的人或者检察技术人员参加听证会。

涉及商业秘密的知识产权案件听证会,当事人申请不公开听证的,可以不公开听证。

第七条 人民检察院办理知识产权案件,为解决案件中的专门性问题,可以依法聘请有专门知识的人或者指派具备相应资格的检察技术人员出具意见。

前款人员出具的意见,经审查可以作为办案部门、检察官判断运用证据或者作出相关决定的依据。

第八条 人民检察院办理知识产权案件认为需要鉴定的,可以委托具备法定资格的机构进行鉴定。

在诉讼过程中已经进行过鉴定的,除确有必要外,一般不再委托鉴定。

第九条 人民检察院办理知识产权案件,涉及国家秘密、商业秘密、个人隐私或者其他需要保密的情形,应当依职权或者依当事人、辩护人、诉讼代理人、其他利害关系人书面申请,审查决定采取组织诉讼参与人签署保密承诺书、对秘密信息进行技术处理等必要的保密措施。

第十条 人民检察院在办理知识产权案件时,应当加强与公安机关、人民法院、知识产权相关行政部门等沟通交流,建立健全工作联络机制,推进执法司法办案动态信息互通和共享,确保执法与司法有效衔接。

人民检察院在办理知识产权案件中,发现涉嫌犯罪线索或者其他违法线索的,应当按照规定及时将相关线索及材料移送本院相关检察业务部门或者有管辖权的公安机关、行政机关。

人民检察院在办理知识产权案件中,认为行政执法机关应当依法移送涉嫌犯罪案件而不移送的,经检察长批准,应当向同级行政执法机关提出检察意见,要求行政执法机关及时向公安机关移送案件并将有关材料抄送人民检察院。

第十一条 人民检察院在履行法律监督职责中发现有关单位和部门在履行知识产权管理监督职责方面存在《人民检察院检察建议工作规定》第十一条规定情形的,可以向有关单位和部门提出改进工作、完善治理的检察建议。

第十二条 人民检察院办理知识产权案件,一般应当对最高人民检察院、最高人民法院发布的知识产权指导性案例和典型案例进行类案检索。

人民检察院在办理知识产权案件时,为准确查明案件事实和正确适用法律,应当检索涉及同一当事人、同一知识产权权利的已生效知识产权案件。

第二章 知识产权刑事案件的办理

第十三条 人民检察院办理侵犯知识产权犯罪和生产、销售伪劣商品、非法经营等犯罪存在竞合或者数罪并罚的案件,由负责管辖处罚较重罪名或者主罪的办案部门或者办案组织办理。

第十四条 人民检察院办理知识产权刑事案件,应当进一步健全完善与公安机关的侦查监督与协作配合工作机制。经公安机关商请或者人民检察院认为确有必要时,可以派员通过审查证据材料等方式对重大、疑难、复杂知识产权刑事案件的案件性质、收集证据、适用法律等提出意见建议。

第十五条 人民检察院办理知识产权刑事案件,应当加强全链条惩治,注重审查和发现上下游关联犯罪线索,查明有无遗漏罪行和其他应当追究刑事责任的单位和个人。

第十六条 人民检察院办理知识产权刑事案件,应当坚持宽严相济刑事政策,该严则严,当宽则宽。

犯罪嫌疑人、被告人自愿认罪,通过退赃退赔、赔偿损失、赔礼道歉等方式表示真诚悔罪,且愿意接受处罚的,可以依法提出从宽处罚的量刑建议。有赔偿能力而不赔偿损失的,不能适用认罪认罚从宽制度。

人民检察院办理知识产权刑事案件,应当听取被害人及其诉讼代理人的意见,依法积极促进犯罪嫌疑人、被告人与被害人达成谅解。犯罪嫌疑人、被告人自愿对权利人作出合理赔偿的,可以作为从宽处罚的考量因素。

第十七条 人民检察院在办理知识产权刑事案件中,发现与人民法院正在审理的民事、行政案件或者人民检察院正在办理的民事、行政诉讼监督案件系同一事实或者存在牵连关系,或者案件办理结果以另一案件审理或者办理结果为依据的,应当及时将刑事案件受理情况告知相关的人民法院、人民检察院。

第十八条 人民检察院对知识产权刑事案件作出不起诉决定,对被不起诉人需要给予行政处罚、政务处分或者其他处分的,经检察长批准,应当依法向同级有关主管机关提出检察意见,自不起诉决定作出之日起三日以内连同不起诉决定书一并送达。有关主管机关应当将处理结果及时通知人民检察院。

第十九条 侵害国家、集体享有的知识产权或者侵害行为致使国家财产、集体财产遭受损失的,人民检察院在提起公诉时,可以提起附带民事诉讼;损害社会公共利益的,人民检察院在提起公诉时,可以提起刑事附带民事公益诉讼。

人民检察院一般应当对在案全部被告人和没有被追究刑事责任的共同侵害人,一并提起附带民事诉讼或者刑事附带民事公益诉讼,但共同犯罪案件中同案犯在逃的或者已经赔偿损失的除外。在逃的同案犯到案后,人民检察院可以依法对其提起附带民事诉讼或者刑事附带民事公益诉讼。

第二十条 人民检察院办理知识产权刑事案件,应当依法向被害人及其法定代理人或者其近亲属告知诉讼权利义务。对于被害人以外其他知识产权权利人需要告知诉讼权利义务的,人民检察院应当自受理审查起诉之日起十日内告知。

第二十一条 本指引第二十条规定的知识产权权利人包括:

(一)刑法第二百一十七条规定的著作权人或者与著作权有关的权利人;

(二)商标注册证上载明的商标注册人;

(三)专利证书上载明的专利权人;

(四)商业秘密的权利人;

(五)其他依法享有知识产权的权利人。

第三章 知识产权民事、行政诉讼监督案件的办理

第二十二条 当事人对知识产权法院、中级人民法院已经发生法律效力的第一审案件判决、裁定和调解书申请监督,按照相关规定此类案件应以最高人民法院为第二审人民法院的,由作出该第一审生效判决、裁定、调解书的人民法院所在地同级人民检察院受理。经审查符合监督条件的,受理案件的人民检察院可以向同级人民法院提出再审检察建议,或者提请最高人民检察院向最高人民法院抗诉。

前款规定的案件,当事人认为人民检察院对同级人民法院第一审已经发生法律效力的民事判决、裁定、调解书作出的不支持监督申请决定存在明显错误的,可以在不支持监督申请决定作出之日起一年内向最高人民检察院申请复查一次。

第二十三条 根据本指引第二十二条受理的案件,下级人民检察院在提请最高人民检察院抗诉时,应当将《提请抗诉报告书》和案件卷宗等材料直接报送最高人民检察院,同时将相关法律文书抄送省级人民检察院备案。

第二十四条 人民检察院在履行职责中发现知识产权民事、行政案件分别具有《人民检察院民事诉讼监督规则》第三十七条、《人民检察院行政诉讼监督规则》第三十六条规定之情形,应当依职权启动监督程序。

适用《人民检察院民事诉讼监督规则》第三十七条第一款第(六)项和《人民检察院行政诉讼监督规则》第三十六条第一款第(五)项时,一般考虑如下因素:

(一)涉及地域广、利益群体众多的;

(二)涉及医药、食品、环境等危害国家利益和社会公共利益的;

(三)涉及高新技术、关键核心技术等影响产业发展的;

(四)其他具有重大社会影响的情形。

第二十五条 知识产权民事诉讼监督案件的范围包括:

(一)著作权、商标权、专利权、植物新品种权、集成电路布图设计专有权、企业名称(商号)权、特殊标志专有权、网络域名、确认不侵害知识产权等知识产权权属、侵权纠纷案件;

(二)著作权、商标、专利、植物新品种、集成电路布图设计、商业秘密、网络域名、企业名称(商号)、特殊标志、技术合同、特许经营等涉知识产权合同纠纷案件;

(三)仿冒、商业贿赂、虚假宣传、侵害商业秘密、商业诋毁等不正当竞争纠纷案件;

(四)垄断协议、滥用市场支配地位、经营者集中等垄断纠纷案件;

(五)其他与知识产权有关的民事案件。

第二十六条 人民检察院对知识产权民事诉讼案件进行法律监督,应当围绕申请监督请求、争议焦点,对知识产权权利客体、权利效力、权利归属、侵权行为、抗辩事

由、法律责任等裁判、调解结果，审判人员违法行为以及执行活动进行全面审查。申请人或者其他当事人对提出的主张，应当提供证据材料。

第二十七条　知识产权权益受到侵害的当事人，经有关行政机关、社会组织等依法履职后合法权益仍未能得到维护，具有起诉维权意愿，但因诉讼能力较弱提起诉讼确有困难等情形的，人民检察院可以支持起诉。

第二十八条　人民检察院在案件办理中发现当事人单独或者与他人恶意串通，采取伪造证据、虚假陈述等手段，捏造知识产权民事案件基本事实，虚构知识产权民事纠纷，提起民事诉讼，妨害司法秩序或者严重侵害他人合法权益，涉嫌构成虚假诉讼罪或者其他犯罪的，应当及时向公安机关移送犯罪线索。

第二十九条　人民检察院办理侵害著作权民事诉讼监督案件，应当围绕申请人的申请监督请求、争议焦点，审查诉讼的案由、主体是否适格、著作权权利基础及范围、被诉侵权行为、是否构成实质性相似、抗辩事由是否成立、被告承担民事责任的形式等。

第三十条　人民检察院办理侵害商标权民事诉讼监督案件，应当围绕申请人的申请监督请求、争议焦点，审查主体是否为注册商标专用权人或者利害关系人、注册商标保护范围、被诉侵权行为、是否容易导致混淆或者误导公众、抗辩事由是否成立、被告承担民事责任的形式等。

第三十一条　人民检察院办理侵害专利权民事诉讼监督案件，应当围绕申请人的申请监督请求、争议焦点，审查诉讼的专利类型、主体是否为专利权人或者利害关系人、专利权的保护范围、被诉侵权行为、是否落入专利权保护范围、抗辩事由是否成立、被告承担民事责任的形式等。

第三十二条　人民检察院办理反不正当竞争民事诉讼监督案件，应当围绕申请人的申请监督请求、争议焦点，准确理解反不正当竞争法与专利法、商标法、著作权法等法律规定之间的关系，以及反不正当竞争法总则第二条与第二章之间的关系，结合反不正当竞争法的相关规定进行审查。

第三十三条　人民检察院办理涉及知识产权合同纠纷民事诉讼监督案件，应当围绕申请人的申请监督请求、争议焦点，审查合同所涉知识产权的权利归属、合同效力、合同约定、履行行为、合同无效的缔约过错、违约行为、违约责任、合同解除等。

第三十四条　由人民法院作出生效裁判和调解书的行政诉讼案件，具有下列情形之一的，属于知识产权行政诉讼监督案件：

（一）有关各级行政机关所作的涉及著作权、商标、专利、不正当竞争和垄断行政行为的案件；

（二）有关国务院部门所作的涉及专利、商标、植物新品种、集成电路布图设计等知识产权授权确权行政行为的案件；

（三）有关国务院部门所作的涉及专利、植物新品种、集成电路布图设计强制许可决定以及强制许可使用费或者报酬裁决的案件；

（四）其他知识产权行政诉讼案件。

第三十五条　人民检察院对人民法院作出生效裁判和调解书的知识产权行政诉讼案件进行法律监督，应当围绕申请人的申请监督请求、争议焦点、《人民检察院行政诉讼监督规则》第三十六条规定的情形以及发现的其他违法情形，综合考虑被诉行政行为作出时的事实、法律法规等，对行政诉讼活动进行全面审查。

第三十六条　人民检察院在办理知识产权授权确权行政诉讼监督案件中，当事人在人民法院诉讼中未提出主张，但依法履行知识产权授权确权行政机关的认定存在明显不当，人民法院在听取各方当事人陈述意见后,对相关事由进行审查并作出裁判的,人民检察院应一并进行审查。

第三十七条 人民检察院在办理知识产权行政诉讼监督案件时,具有下列情形之一的,不属于《人民检察院行政诉讼监督规则》第七十七条第一款第(二)项"案件事实清楚,法律关系简单的"简易案件:

(一)涉及国家利益或者社会公共利益的;

(二)对各级行政机关作出的涉及专利、不正当竞争和垄断行政行为提起诉讼的;

(三)对国务院部门作出的涉及专利、植物新品种、集成电路布图设计授权确权行政行为提起诉讼的;

(四)对国务院部门作出的涉及专利、植物新品种、集成电路布图设计的强制许可决定以及强制许可使用费或者报酬的裁决提起诉讼的;

(五)具有重大社会影响、涉及地域广或者利益群体众多的情形。

第三十八条 人民检察院在办理知识产权行政诉讼监督案件时,发现存在行政执法标准和司法裁判标准不统一,导致同类案件出现不同处理结果的,应当依法向行政机关或者人民法院提出检察建议。

第四章 知识产权公益诉讼案件的办理

第三十九条 人民检察院在履行职责中发现负有知识产权监督管理职责的行政机关违法行使职权或者不作为,致使国家利益或者社会公共利益受到侵害的,应当向行政机关提出检察建议,督促其依法履行职责。行政机关不依法履行职责的,人民检察院可以依法向人民法院提起行政公益诉讼。

第四十条 人民检察院在履行职责中发现涉及知识产权领域损害社会公共利益的行为,可以依法向人民法院提起民事公益诉讼。

第四十一条 对于适格主体提起的知识产权民事公益诉讼案件,人民检察院可以采取提供法律咨询、向人民法院提交支持起诉意见书、协助调查取证、出席法庭等方式支持起诉。

第四十二条 人民检察院在办理知识产权刑事、民事、行政案件过程中,应当注重发现知识产权公益诉讼案件线索,并及时将有关材料移送负责知识产权公益诉讼检察的部门或者办案组织办理。

第五章 附 则

第四十三条 人民检察院履行知识产权检察职能应当适用《人民检察院刑事诉讼规则》《人民检察院民事诉讼监督规则》《人民检察院行政诉讼监督规则》《人民检察院公益诉讼办案规则》和本指引等相关规定。

第四十四条 本指引由最高人民检察院负责解释,自发布之日起施行。

其他规范性文件

国家知识产权局关于施行修改后的专利法及其实施细则相关审查业务处理的过渡办法的公告

（国家知识产权局公告第五五九号）

为保障修改后专利法及其实施细则的顺利实施，明确其中涉及审查业务的相关条款在修改后的专利法实施细则生效实施前后的具体适用规则，国家知识产权局制定《关于施行修改后的专利法及其实施细则相关审查业务处理的过渡办法》，现予发布，自2024年1月20日起施行。

特此公告。

国家知识产权局
2023年12月21日

关于施行修改后的专利法及其实施细则相关审查业务处理的过渡办法

第一条 申请日在2021年6月1日以后（含该日，下同）的专利申请以及根据该专利申请授予的专利权适用修改后专利法的规定。申请日在2021年6月1日前（不含该日）的专利申请以及根据该专利申请授予的专利权适用修改前专利法的规定，但本办法以下各条的特殊规定除外。

申请日在2024年1月20日以后（含该日，下同）的专利申请以及根据该专利申请授予的专利权适用修改后专利法实施细则的规定。申请日在2024年1月20日前（不含该日）的专利申请以及根据该专利申请授予的专利权适用修改前专利法实施细则的规定，但本办法以下各条的特殊规定除外。

除另有规定外，本办法所称的申请日是指专利法第二十八条规定的申请日。

第二条 自2024年1月20日起，依照专利法第十八条第一款的规定委托专利代理机构在中国申请专利和办理其他专利事务的申请人或者专利权人可以适用修改后的专利法实施细则第十八条的规定，自行办理相关业务。

第三条 自2024年1月20日起，申请人可以依照修改后的专利法实施细则第三十六条、第三十七条的规定，请求恢复优先权、增加或者改正优先权要求。

第四条 首次递交日在2024年1月20日以后的，申请人可以依照修改后的专利法实施细则第四十五条的规定，以援引在先申请文件的方式补交文件。

第五条 提交分案申请的日期在2024年1月20日以后的，申请人依照修改后的专利法实施细则第四十九条的规定,无需提交有关副本。

第六条 申请人对进入日为2024年1月20日以后的发明、实用新型国际申请,依照修改后的专利法实施细则第一百二十一条的规定办理进入中国国家阶段的手续。

自进入日起两个月期限届满之日为2024年1月20日以后的,申请人可以依照修改后的专利法实施细则第一百二十八条的规定,请求恢复优先权。

第七条 自2024年1月20日起,国务院专利行政部门以电子形式送达的各种文件的送达日,适用修改后的专利法实施细则第四条的规定。

第八条 自2024年1月20日起,国务院专利行政部门依照修改后的专利法实施细则第九条规定的期限向申请人发出保密审查通知、作出是否需要保密的决定。

第九条 自2021年6月1日起,国务院专利行政部门依照专利法第二十条第一款的规定,对初步审查、实质审查和复审程序中的专利申请进行审查。

自2024年1月20日起,国务院专利行政部门依照修改后的专利法实施细则第五十条、第五十九条、第六十七条的规定,适用修改后的专利法实施细则第十一条对初步审查、实质审查和复审程序中的专利申请进行审查。

自2024年1月20日起,请求人以不符合修改后的专利法实施细则第十一条的规定为理由,对国务院专利行政部门公告授予的专利权提出无效宣告请求的,国务院专利行政部门适用修改后的专利法实施细则第六十九条的规定进行审查。

第十条 自2024年1月20日起,国务院专利行政部门对申请人依照专利法第二条第四款提交的、申请日在2021年6月1日以后的局部外观设计专利申请,适用修改后的专利法实施细则第三十条、第三

十一条进行审查。

第十一条 自2024年1月20日起,国务院专利行政部门对申请人认为申请日在2021年6月1日以后的专利申请存在专利法第二十四条第一项规定的情形提出的相关请求,适用修改后的专利法实施细则第三十三条第四款进行审查。

第十二条 自2024年1月20日起,国务院专利行政部门对申请人依照专利法第二十九条第二款提交的、申请日在2021年6月1日以后的外观设计专利申请,适用修改后的专利法实施细则第三十五条进行审查。

第十三条 对自2021年6月1日起公告授权的发明专利,专利权人依照专利法第四十二条第二款,自专利权授权公告之日起三个月内提出专利权期限补偿请求并缴纳相关费用的,国务院专利行政部门自2024年1月20日起适用修改后的专利法实施细则第七十七条至第七十九条、第八十四条进行审查。

专利权人自2021年6月1日起,依照专利法第四十二条第三款,自新药上市许可请求获得批准之日起三个月内提出专利权期限补偿请求并缴纳相关费用的,国务院专利行政部门自2024年1月20日起适用修改后的专利法实施细则第八十条至第八十四条进行审查。

前述请求的相关专利权在2024年1月20日前期限届满,国务院专利行政部门经审查认为符合补偿条件的,作出给予期限补偿的决定,补偿期限自原专利权期限届满之日开始计算。

专利权人在收费标准发布前,依照专利法第四十二条第二款、第三款提出专利权期限补偿请求的,可以在收费标准发布以后,依照国务院专利行政部门指定的期限缴纳本条所称相关费用。

第十四条 自2024年1月20日起,国务院专利行政部门对专利权人自2021

年6月1日起依照专利法第五十条第一款对其专利实施开放许可提出的声明,适用修改后的专利法实施细则第八十五条至第八十八条进行审查。

第十五条　自2024年1月20日起,国务院专利行政部门依照修改后的专利法实施细则第一百零六条的规定对专利申请和专利权有关的事项进行登记,适用修改后的专利法实施细则第一百零七条的规定出版专利公报,公布或者公告有关内容。

第十六条　自2024年1月20日起,国务院专利行政部门对申请日在2022年5月5日以后的外观设计国际申请,适用修改后的专利法实施细则第一百三十六条至第一百四十四条进行审查。

第十七条　本办法自2024年1月20日起施行。2023年1月11日起施行的《关于施行修改后专利法的相关审查业务处理暂行办法》(国家知识产权局第五一〇号公告)、《关于加入〈海牙协定〉后相关业务处理暂行办法》(国家知识产权局第五一一号公告)同时废止。

本办法仅涉及专利法及其实施细则与专利审查业务处理相关条款的过渡适用。

国家知识产权局关于印发《专利代理信用评价管理办法(试行)》的通知

国知发运字〔2023〕10号

各省、自治区、直辖市和新疆生产建设兵团知识产权局,四川省知识产权服务促进中心,各地方有关中心,中华全国专利代理师协会,各有关单位:

现将《专利代理信用评价管理办法(试行)》印发给你们,请认真贯彻执行。本办法实施后,仍处于被责令停止承接新的专利代理业务处罚期内的专利代理机构和专利代理师,按本办法的规则进行信用计分。

特此通知。

国家知识产权局
2023年3月31日

专利代理信用评价管理办法(试行)

第一章　总　　则

第一条　为了深入贯彻落实中共中央、国务院印发的《知识产权强国建设纲要(2021—2035年)》和国务院印发的《"十四五"知识产权保护和运用规划》的决策部署,加强专利代理分级分类信用监管,促进专利代理机构、专利代理师依法诚信执业,维护专利代理行业秩序,依据《中华人民共和国专利法》《专利代理条例》等法律法规,以及《国务院办公厅关于进一步完善失信约束制度构建诚信建设长效机制的指导意见》《国务院办公厅关于加快推进社会信用体系建设构建以信用为基础的新型监管机制的指导意见》等文件,制定本办法。

第二条　专利代理信用评价,是指知识产权管理部门对专利代理机构、专利代理师从事专利代理服务的执业信用状况进行计分和等级评价。

第三条　国家知识产权局主管全国专利代理信用评价管理工作。省、自治区、直辖市人民政府管理专利工作的部门负责本行政区域内专利代理信用评价工作的组织和实施。

国家知识产权局和省、自治区、直辖

市人民政府管理专利工作的部门联合开展专利代理信用评价管理工作，实现信息共享。

第四条 国家知识产权局和省、自治区、直辖市人民政府管理专利工作的部门根据社会信用体系建设需要，建立与相关行业主管部门和专利代理行业协会等行业组织的工作联系制度和信息交换制度，完善专利代理信用评价机制，推送相关信用信息，推进部门信息共享、部门联合守信激励和失信惩戒。

第二章 信用等级评价

第五条 专利代理机构和专利代理师信用等级按照从高到低顺序分为"A"、"B"、"C"、"D"级，按计分情况评价。计分满分为100分，根据负面信息予以扣减。负面信息包括不规范经营或执业行为、机构经营异常情况、受行政或刑事处罚、行业惩戒等情况。等级标准如下：

（一）A级为信用积分90分以上（含）100分以下（含）的；

（二）B级为信用积分80分以上（含）不满90分的；

（三）C级为信用积分60分以上（含）不满80分的；

（四）D级为信用积分不满60分的。

根据荣誉奖励、社会贡献等，适当设置附加加分项，并增设"A+"等级，等级标准为超过100分的。

第六条 国家知识产权局和省、自治区、直辖市人民政府管理专利工作的部门按照《专利代理机构信用评价指标体系及评价规则》和《专利代理师信用评价指标体系及评价规则》，依据书面证明材料，对专利代理机构、专利代理师进行信用计分，形成专利代理机构和专利代理师的信用等级。全国性专利代理行业组织产生的信用信息汇集至国家知识产权局统一进行信用计分，地方性专利代理行业组织产生的信用信息汇集至行业组织所在地的省、自治区、直辖市人民政府管理专利工作的部门统一进行信用计分。

专利代理评价的信用信息采集、信用计分、等级确定、结果公示通过专利代理管理系统进行。

第七条 专利代理信用信息依托专利代理管理系统，从以下渠道采集：

（一）国家知识产权局和地方知识产权管理部门在行政管理过程中产生的信息，以及专利代理监管工作过程中产生的信息；

（二）各专利代理行业组织在日常工作中产生的信息；

（三）专利代理机构和专利代理师报送的信息；

（四）其他行业主管部门和行业协会公开的信息，以及能够反映专利代理机构和专利代理师信用状况的其他信息。

专利代理机构跨区域开展业务的信息，以及分支机构的相关信用信息，由业务开展或分支机构所在地采集，归集到机构所在地的省、自治区、直辖市人民政府管理专利工作的部门。

第八条 专利代理机构、专利代理师信用计分和等级实施动态管理，国家知识产权局和各省、自治区、直辖市人民政府管理专利工作的部门自收到信用变更信息7个工作日内更新信用计分及信用等级。除另有规定外，信用计分因相关情形被扣减或增加满12个月后，扣减或增加的分数清零，引起信用等级变化的，随之更新。

第三章 信用信息的公示、查询、异议和信用修复

第九条 国家知识产权局和省、自治区、直辖市人民政府管理专利工作的部门可以在政府网站、专利业务网上办理平台、专利代办处、知识产权业务受理窗口等场

所公示专利代理机构信用等级。

国家知识产权局通过专利代理管理系统提供专利代理信用信息查询服务。社会公众可以查询专利代理机构和专利代理师的信用等级；专利代理机构可以查询本机构的信用计分明细和本机构执业的专利代理师的信用等级；专利代理师可以查询本人的信用计分明细。

第十条 专利代理机构和专利代理师对信用等级和计分有异议的，可以通过专利代理管理系统向所在地的省、自治区、直辖市人民政府管理专利工作的部门申请核查，并提供相关资料或者证明材料。省、自治区、直辖市人民政府管理专利工作的部门于收到申请之日起15个工作日内对异议申请完成核查，并将核查结果、理由告知提出异议的申请人。异议请求获得支持的，予以恢复信用计分和等级，异议期的信用计分和等级不影响信用评价结果运用。

第十一条 专利代理机构和专利代理师被扣减信用计分满6个月后，履行相关义务纠正相关行为且已完成纠正的，可以通过专利代理管理系统向所在地的省、自治区、直辖市人民政府管理专利工作的部门提供相关资料或者证明材料，申请信用修复。省、自治区、直辖市人民政府管理专利工作的部门于收到申请之日起15个工作日内对修复申请进行审核，并将审核结果、理由告知修复申请的申请人。修复申请通过的，所扣分数不再计算。

具有下列情形之一的，不予信用修复：

（一）距离上一次信用修复时间不足12个月；

（二）申请信用修复过程中存在弄虚作假、故意隐瞒事实等行为；

（三）法律、行政法规和党中央、国务院政策文件明确规定不可修复的。

对于存在前款第（二）种情形的，自发现之日起2年内不得再次申请信用修复，并重新计算信用计分扣分期限。

第十二条 专利代理机构和专利代理师对国家知识产权局作出的信用计分结果提出异议或申请信用修复的，由所在地的省、自治区、直辖市人民政府管理专利工作的部门统一受理，并通过专利代理管理系统向国家知识产权局报请审核。相关审核结果、理由由所在地的省、自治区、直辖市人民政府管理专利工作的部门负责告知申请人。

第四章 结果运用

第十三条 国家知识产权局和省、自治区、直辖市人民政府管理专利工作的部门建立专利代理信用管理联动机制，根据专利代理机构和专利代理师信用状况，实施分类服务和监管。

第十四条 对于达到"A+"、"A"级的专利代理机构和专利代理师，国家知识产权局和省、自治区、直辖市人民政府管理专利工作的部门可以减少日常检查频次，在有关行政审批等工作中为其提供便利化服务，在财政性资金项目申请、有关审查便利化措施备案中优先受理和审核。

第十五条 对于"B"级的专利代理机构和专利代理师，国家知识产权局和省、自治区、直辖市人民政府管理专利工作的部门，实施常规监管，适时进行业务指导，并视信用等级变化，实施相应的激励和分类监管措施。

第十六条 对于"C"级的专利代理机构和专利代理师，国家知识产权局和省、自治区、直辖市人民政府管理专利工作的部门列为重点检查对象，提高检查频次，进行业务指导和政策宣讲。在财政性资金项目申请、有关审查便利化措施备案中从严受理和审核。

第十七条 对于"D"级的专利代理机构和专利代理师，国家知识产权局和地方知识产权管理部门,以及各类专利代理协会、知识产权服务业协会实行分类管理,列为重点监管对象,提高检查频次,依法严格监管,限制其适用告知承诺制等便利措施,在各类优惠政策、财政性资金项目申请、有关审查便利化措施备案、评优评先评奖、各类活动参加单位筛查、诉讼代理人推荐、有关专家和人才推荐中予以协同限制。

第五章 附 则

第十八条 各省、自治区、直辖市人民政府管理专利工作的部门可以依据本办法制定具体实施办法。

第十九条 本办法由国家知识产权局负责解释。

第二十条 本办法自2023年5月1日起试行。

附件:1. 专利代理机构信用评价指标体系及评价规则(略)
2. 专利代理师信用评价指标体系及评价规则(略)

国家知识产权局关于专利权期限补偿和专利开放许可相关行政复议事项的公告

(国家知识产权局公告第五六〇号)

为保障修改后专利法及其实施细则新增的专利权期限补偿、专利开放许可等重要制度顺利实施,现就专利权期限补偿和专利开放许可有关行政复议事项公告如下,并自2024年1月20日起施行:

一、专利权人、因相关专利存在侵权纠纷或者已经提出相关药品注册申请的利害关系人对国家知识产权局依照专利法第四十二条第二、三款作出的关于是否给予专利权期限补偿的决定不服的,可以向国家知识产权局申请行政复议。

二、专利权人对国家知识产权局依照专利法第五十一条第二款作出的关于专利开放许可实施期间是否予以年费减缴的决定不服的,可以向国家知识产权局申请行政复议;国家知识产权局作出的关于是否予以公告专利开放许可声明的决定不属于行政复议范围。

特此公告。

国家知识产权局
2023年12月21日

国家版权局 中央军委装备发展部关于印发《军用计算机软件著作权登记工作暂行办法》的通知

国版发〔2023〕1号

各省、自治区、直辖市版权局,各军兵种装备部(参谋部、战勤部),军委机关各部委有关局(厅)、军委各直属机构有关局、军委各直属单位科研部,武警部队装备部,中国科学院,中国工程物理研究院,各军工集团公司:

现将《军用计算机软件著作权登记工作暂行办法》印发给你们，请认真遵照执行。

国家版权局　中央军委装备发展部
2023年3月29日

军用计算机软件著作权登记工作暂行办法

第一条 为加强我国国防和军队信息化建设，促进军用计算机软件发展，保护军用计算机软件著作权人的权益，根据《中华人民共和国著作权法》《计算机软件保护条例》《计算机软件著作权登记办法》，结合军用计算机软件的特殊性，制定本办法。

第二条 本办法所称的军用计算机软件是指用于军事目的的计算机程序及其有关文档。

第三条 本办法适用于申请文件涉及国防利益和国家安全需要保密的军用计算机软件著作权登记，军用计算机软件著作权专有许可合同登记和转让合同登记（以下统称军用计算机软件著作权合同登记）。军用计算机软件著作权登记和军用计算机软件著作权合同登记的保密工作，按照国家和军队有关保密规定执行。

军用计算机软件著作权登记和军用计算机软件著作权合同登记的申请文件为绝密级的，不得申请登记。

军用计算机软件著作权登记和军用计算机软件著作权合同登记的申请文件不涉密的，按照《计算机软件著作权登记办法》执行。

第四条 国防知识产权管理机构负责军用计算机软件著作权登记、军用计算机软件著作权合同登记的受理、审查和登记证书发放等工作。

第五条 军用计算机软件著作权登记申请人，应当是该软件的著作权人或者继承、受让和承受该软件著作权的自然人、法人或者非法人组织。

合作开发的军用计算机软件进行著作权登记，应当经全体著作权人同意。申请登记时，可以由全体著作权人协商确定一名著作权人为代表进行办理。

军用计算机软件著作权合同登记申请人，应当是军用计算机软件著作权专有许可合同或者转让合同的当事人。

第六条 申请登记的军用计算机软件应当是独立开发的，或者经原著作权人许可对原有软件修改后形成的在功能或者性能方面有实质性改进的软件。

对原有软件进行勘误性质改进、人机交互优化等修改和一般功能开发、小幅增量开发以及模型、算法、数据等补充开发形成的软件，不得另行登记。

第七条 申请军用计算机软件著作权登记的，应当向国防知识产权管理机构提交以下材料：

（一）军用计算机软件著作权登记申请表；

（二）军用计算机软件的鉴别材料；

（三）由具有定密权限的机关、单位出具的军用计算机软件著作权登记密级证明表；

（四）其他证明文件。

第八条 申请军用计算机软件著作权登记的，提交的鉴别材料应当包括程序的鉴别材料和文档的鉴别材料。

程序的鉴别材料和文档的鉴别材料应当由源程序和任何一种文档前、后各连续30页组成。程序和文档不足60页的，应当提交全部源程序和文档。除特定情况外，程序每页不少于50行，文档每页不少于30行。

第九条 申请军用计算机软件著作权登记的，可以选择下列方式之一对鉴别材料作例外交存：

（一）源程序的前、后各连续的30页，其中涉及军事作战、训练、武器装备战术技术性能等信息部分用黑色宽斜线覆盖，但覆盖部分不得超过交存源程序的50%；

（二）源程序连续的前10页，加上源程序任何部分连续的50页；

（三）目标程序的前、后各连续的30页，加上源程序任何部分连续的20页。

文档作例外交存的，参照前款规定处理。

第十条 申请军用计算机软件著作权登记的，应当提交以下主要证明文件：

（一）自然人、法人或者非法人组织的身份证明；

（二）有著作权归属书面合同或者项目任务书的，应当提交合同或者项目任务书；

（三）经原软件著作权人许可，在原有软件上开发软件的，应当提交原著作权人的许可证明；

（四）继承、受让和承受软件著作权的，应当提交相关证明。

第十一条 军用计算机软件著作权登记时，申请人可以申请将源程序、文档或者样品进行封存。除申请人或者司法机关可以根据相关规定启封外，任何人不得启封。

第十二条 申请军用计算机软件著作权合同登记的，应当向国防知识产权管理机构提交以下材料：

（一）军用计算机软件著作权合同登记申请表；

（二）合同复印件；

（三）申请人身份证明；

（四）军用计算机软件著作权合同登记密级证明表；

（五）其他相关材料。

第十三条 国防知识产权管理机构收到申请文件后，对符合本办法规定的，应当受理并书面通知申请人。

第十四条 国防知识产权管理机构应当自受理之日起60日内完成审查，对符合本办法规定的，应当登记或者办理相关事项。

第十五条 军用计算机软件著作权登记申请人或者合同登记申请人在登记申请批准之前，可以请求撤回申请。

第十六条 国防知识产权管理机构要求补正申请文件的，申请人应当在30日内补正；逾期未补正的，视为撤回申请。

第十七条 有下列情形之一的，不予登记并书面通知申请人：

（一）申请文件不完整、不规范，且未在指定期限内补正的；

（二）提交的鉴别材料中的软件程序和文档不符合《计算机软件保护条例》规定的；

（三）申请文件中出现的软件名称、权利人署名不一致，且未提交证明文件的；

（四）申请登记的软件存在权属争议的；

（五）其他不符合登记条件的。

第十八条 国防知识产权管理机构可以根据军用计算机软件著作权登记人或者合同登记人的申请，撤销登记。

国防知识产权管理机构根据下列情况之一，可以撤销登记：

（一）军用计算机软件著作权登记人或者合同登记人提交的材料与事实不符的；

（二）同一登记人就相同的军用计算机软件重复登记的；

（三）最终的司法判决；

（四）著作权行政管理部门作出的行政处罚决定。

第十九条 军用计算机软件著作权登记人或者合同登记人对已登记的事项进行变更或者补充的，应当提交以下材料：

（一）变更或者补充申请表；

（二）登记证书或者证明的复印件；

（三）有关变更或者补充的材料。

第二十条 已提交的密级证明中涉密事项发生密级、保密期限、解密条件等变化时，军用计算机软件著作权登记人或者合同登记人应当申请变更密级信息，并提交密级证明变更申请表和相关证明文件。

第二十一条 登记证书、证明遗失或者损坏的,军用计算机软件著作权登记人或者合同登记人可以申请补发或者换发。

第二十二条 国防知识产权管理机构定期在相关涉密事项可知悉范围内发布军用计算机软件著作权登记通报。

通报内容包括:

(一)军用计算机软件著作权登记事项;

(二)军用计算机软件著作权合同登记事项;

(三)军用计算机软件著作权登记或者合同登记的撤销情况;

(四)军用计算机软件著作权登记或者合同登记事项的变更、补充情况;

(五)军用计算机软件著作权登记或者合同登记密级变更、解密或者保密期限变更等事项;

(六)其他事项。

第二十三条 军用计算机软件著作权登记、军用计算机软件著作权合同登记通报后,查阅者可以查阅本办法第十一条规定之外的登记文件。

查阅者应当属于前款所述登记文件的涉密事项可知悉范围,并提供具有相应定密权限的机关、单位出具的证明。

第二十四条 国防知识产权管理机构负责解密前登记文件的保管。相关登记解密后,由国防知识产权管理机构将登记文件移交中国版权保护中心。

第二十五条 登记申请应当使用国防知识产权管理机构制定的专用表格,并由申请人盖章(签名)。

申请登记的文件应当使用国际标准A4型297mm×210mm(长×宽)纸张。

第二十六条 本办法规定的各类申请文件应当直接递交或者通过机要通信以及其他符合保密规定的方式递送,否则视为未提交。

提交有关申请文件时,应当另页注明申请人、软件的名称,有受理号或者登记号的,应当注明受理号或者登记号。

第二十七条 申请文件通过机要通信邮寄的,递交日期以邮戳时间为准;邮戳无法辨认的,除申请人提供证明外,递交日期以实际收到之日为准。国防知识产权管理机构通过机要通信邮寄的文件,自交付邮寄之日起,经过30日即视为送达。

第二十八条 申请人因不可抗拒的事由或者其他正当理由延误期限的,在障碍消除后30日内,可以申请顺延期限,是否准许,由国防知识产权管理机构决定。

第二十九条 本办法规定的期间,以年、月、日计算。期间开始的当日不计算在期间内。期间以年或者月计算的,以最后一个月的相应日期为届满日期;该月无相应日期的,以该月的最后一日为届满日期。期间届满最后一日是节假日的,以节假日后的第一个工作日为届满日期。

第三十条 其他涉及国防利益和国家安全需要保密的计算机软件,参照本办法进行登记。

第三十一条 本办法未尽事宜,适用《计算机软件著作权登记办法》。

第三十二条 本办法由国家版权局和中央军委装备发展部负责解释。

第三十三条 本办法自印发之日起施行。

农业农村部植物新品种保护办公室关于印发《农业植物新品种保护在线申请和审查工作规范(试行)》的通知

品保办〔2023〕6号

各有关单位：

为向品种权申请人提供更加便捷高效的在线申请和审查服务，进一步规范全流程网上业务办理，农业农村部植物新品种保护办公室制定了《农业植物新品种保护在线申请和审查工作规范(试行)》，现印发给你们，于4月1日正式实施，请遵照执行。

附件：农业植物新品种保护在线申请和审查工作规范(试行)

农业农村部植物新品种保护办公室
（代章）
2023年3月21日

农业植物新品种保护在线申请和审查工作规范(试行)

第一条 为深入贯彻"放管服"改革精神，向品种权申请人提供更加便捷高效的在线申请和审查服务，根据《中华人民共和国种子法》《中华人民共和国植物新品种保护条例》以及《中华人民共和国植物新品种保护条例实施细则(农业部分)》，制定本规范。

第二条 申请人或代理机构应通过农业农村部政务服务平台进行注册登录，业务类别选择"植物新品种类"，事项名称选择"农业植物新品种权授权"，点击"网上申请"，进入"农业品种权申请系统"申请品种权。对于不具备在线申请条件的申请人，审查员应协助完成在线申请。（网址：https://zwfw.moa.gov.cn/）

第三条 农业农村部植物新品种保护办公室(以下简称品种保护办公室)，承担品种权申请的受理、审查等事务。品种保护办公室应通过植物品种权审查信息管理系统(以下简称审查系统)开展品种权受理审查。对于符合规定的品种权申请，品种保护办公室应当予以受理，明确申请日、给予申请号，通过审查系统发送《品种权申请受理通知书》；对于不符合受理条件的申请，通过审查系统发送《受理审查意见》。

第四条 品种保护办公室应通过审查系统，自受理申请之日起6个月内完成初步审查。对经初步审查合格的品种权申请，品种保护办公室予以公告；对经初步审查不合格的品种权申请，品种保护办公室应当在审查系统中通知申请人3个月内陈述意见或者予以修正，逾期未答复或修正后仍然不合格的，驳回申请。

第五条 品种保护办公室应通过审查系统进行实质审查。品种保护办公室认为必要时，可以委托指定的测试机构进行测试或者考察业已完成的种植或者其他试验的结果。

第六条 申请人可以通过农业品种权申请系统在品种权授予前修改或者撤回品种权申请。

第七条 品种保护办公室应通过审查系统对品种权授权前修改或者撤回品种权申请进行处理，并发送相应的处理结果。

第八条 对经在线审查符合授权条件的品种权申请，由农业农村部作出授予品种权的决定,颁发品种权证书,并予以公告后,在审查系统中予以登记。对经在线审查不符合授权条件的品种权申请,品种保护办公室予以驳回,并通过农业品种权申请系统通知申请人。

第九条 品种保护办公室各类文件以在线发文日为送达日。文件发送至申请人的账户,视为该文件已送达。

第十条 如申请人需要相关的文件,应通过农业品种权申请系统自行下载并打印。

第十一条 本规范自2023年4月1日起施行。

农业农村部植物新品种保护办公室关于印发《农业植物新品种现场审查工作规范(试行)》的通知

品保办〔2023〕11号

各有关单位:

为规范农业植物新品种现场审查工作,提高审查效率,农业农村部植物新品种保护办公室制定了《农业植物新品种现场审查工作规范(试行)》,现印发给你们,于印发之日起施行,请遵照执行。

附件:农业植物新品种现场审查工作规范(试行)

农业农村部植物新品种保护办公室
2023年5月17日

附件

农业植物新品种现场审查工作规范(试行)

第一条 为规范农业植物新品种现场审查工作,提高审查效率,根据《中华人民共和国种子法》《中华人民共和国植物新品种保护条例》以及《中华人民共和国植物新品种保护条例实施细则(农业部分)》有关规定,制定本规范。

第二条 农业农村部植物新品种保护办公室(以下简称品保办)负责现场审查的组织实施工作。

第三条 本规范所称现场审查,指由现场审查组依据有关法律法规、技术标准和植物新品种申请文件等,在申请品种田间种植地点进行审查的方式,是农业植物新品种实质审查的有效补充。

第四条 现场审查的农业植物品种,应当至少具备以下条件之一:

(一)所属属(种)的申请量很少;
(二)具有较大社会或经济价值;
(三)育种技术、方法、成果等具有独创性;
(四)要求特殊栽培技术和管理措施;
(五)其他品保办认为必要的条件。

第五条 现场审查应依据《农业植物新品种权审查指南》、国内外植物属(种)测试技术标准、国际植物新品种保护联盟(UPOV)系列技术文件等相关技术文件进行。

第六条 现场审查由品保办组织现场审查组进行。现场审查组应至少有3名成员组成,其中组长1名、组员若干。审查组成员应至少包括审查员1名、测试专家1名、育种专家1名。

参加现场审查的专家应有高级以上专业技术职称或同等专业水平,具有相应专业知识和实际工作经验,从事相关专业领域工作五年以上。

第七条 现场审查组成员有下列情形之一的,应当自行回避,申请人也可口头或者书面申请其回避:

（一）是申请人的近亲属；

（二）与申请人有利害关系；

（三）与申请人有其他关系，可能影响公正审查的。

第八条 审查员应确定审查内容和时间，并向申请人发送《现场审查通知书》（附件1），载明有关事项。

第九条 现场审查组可以向申请人了解申请品种培育过程、种植情况等情况，查阅育种原始记录等资料，必要时要求申请人提供相关材料和证明。

申请人应予以必要的配合，并提供真实资料和证明。不配合或提供虚假资料，影响现场审查工作开展的，应承担由此造成的后果。

第十条 现场审查组对申请品种的现场生长情况进行审查时，可采取以下方式：

确定种植现场位置，拍摄种植现场照片；

了解育种过程，品种特征特性，采集性状描述数据，拍摄性状描述照片；

采集组织样品，用于DNA样品保存和检测。

其他必要的方式。

第十一条 现场审查组根据现场汇报、观测、答辩等结果，本着科学、严谨、公正的原则，及时作出现场审查结论。

出具审查结论由审查组集体表决，实行"一票否决"制。审查结论不应受任何单位或个人的干预。

第十二条 现场审查结束后应制作现场审查报告（附件2），一式两份，经现场审查组全体成员签字确认后，品保办和申请人各留存一份。

第十三条 同一申请品种原则上只进行一次现场审查，因不可抗力因素造成现场审查失败的，品保办应安排第二次现场审查。

第十四条 现场审查组成员应当忠于职守、公正廉洁，严守保密规定。不依法履行职责，弄虚作假、徇私舞弊的，按照有关法律法规进行处理；相应的现场审查无效，品保办重新组织现场审查。

第十五条 本规范自印发之日起施行。

附件：1. 现场审查通知书（略）
2. 现场审查报告（略）

海关总署关于发布《中华人民共和国海关行政处罚裁量基准（三）》的公告

海关总署公告〔2023〕198号

为深入贯彻习近平法治思想，落实《国务院办公厅关于进一步规范行政裁量权基准制定和管理工作的意见》（国办发〔2022〕27号），海关总署制定了《中华人民共和国海关行政处罚裁量基准（三）》，现予以发布。

特此公告。

海关总署
2023年12月29日

中华人民共和国海关行政处罚裁量基准（三）

第一章 总 则

第一条 为了依法办理知识产权海关保护行政处罚案件，规范行使海关行政处罚裁量权，保护公民、法人或者其他组织的合法权益，根据《中华人民共和国行政处罚法》、《中华人民共和国海关法》（以下简称

《海关法》)、《中华人民共和国海关行政处罚实施条例》(以下简称《海关行政处罚实施条例》)、《中华人民共和国知识产权海关保护条例》(以下简称《知识产权海关保护条例》)、《中华人民共和国海关办理行政处罚案件程序规定》以及有关法律、行政法规、海关规章的规定,制定本裁量基准。

第二条 本裁量基准适用于依照《海关法》《海关行政处罚实施条例》《知识产权海关保护条例》以及有关法律、行政法规、海关规章规定办理的知识产权海关保护行政处罚案件。

第三条 知识产权海关保护行政处罚裁量应当以事实为依据,以法律为准绳,作出的处理决定应当与违法行为的事实、性质、情节以及社会危害程度相当。

第四条 对于两个以上当事人共同实施的违法行为,应当区分情节及责任,按照海关裁量基准规定的裁量阶次以及量罚标准,分别给予行政处罚。

第五条 当事人的同一违法行为同时具有多个不同处罚情节的,应当综合全案情况,按照本裁量基准第三条规定的原则作出处理决定。

第二章 裁量阶次

第六条 本裁量基准设定不予行政处罚、减轻行政处罚、从轻行政处罚、一般行政处罚以及从重行政处罚五种裁量阶次。

不具有不予行政处罚、减轻行政处罚、从轻行政处罚以及从重行政处罚情形的,按照一般行政处罚幅度量罚。

第七条 当事人有下列情形之一的,不予行政处罚:

(一)不满十四周岁的未成年人有违法行为的;

(二)精神病人、智力残疾人在不能辨认或者不能控制自己行为时有违法行为的;

(三)当事人有证据足以证明没有主观过错的。法律、行政法规另有规定的,从其规定;

(四)进出口侵犯知识产权货物(以下简称侵权货物)数量二百件以下且价值五千元以下,当事人书面承认货物为侵权货物,自愿放弃侵权货物并交由海关依法处理的;

(五)需要向海关申报知识产权状况,未按照规定如实申报或者未提交合法使用有关知识产权的证明文件,且进出口货物价值在五万元以下,当事人及时改正、没有造成危害后果的;

(六)其他依法应当不予行政处罚的。

当事人符合前款第四项、第五项规定情形不予处罚,被海关纠正后,一年内又实施同一违法行为的,可以不适用该两项不予处罚的规定。

第八条 当事人初次违法且有下列情形之一的,可以不予行政处罚:

(一)进出口侵权货物数量五百件以下且价值一万元以下,当事人书面承认货物为侵权货物,自愿放弃侵权货物并交由海关依法处理的;

(二)需要向海关申报知识产权状况,未按照规定如实申报或者未提交合法使用有关知识产权的证明文件,且进出口货物价值在十万元以下,当事人及时改正的。

第九条 对当事人的违法行为依法不予行政处罚的,应当对当事人进行教育,同时不免除当事人按照《知识产权海关保护条例》规定履行不得进出口侵犯知识产权货物的义务。

第十条 当事人有下列情形之一的,减轻行政处罚:

(一)已满十四周岁不满十六周岁的未成年人有违法行为的;

(二)受他人胁迫或者诱骗,进出口侵权货物、未按照规定如实申报知识产权状况或者未提交合法使用有关知识产权的证明文件的;

（三）主动供述海关尚未掌握的违法行为的；

（四）配合海关查处进出口侵权货物违法行为且有立功表现的；

（五）主动消除违法行为危害后果的；

（六）其他依法应当减轻行政处罚的。

尚未完全丧失辨认或者控制自己行为能力的精神病人、智力残疾人有违法行为的，可以减轻处罚。

第十一条 当事人有下列情形之一的，从轻行政处罚：

（一）已满十六周岁不满十八周岁的未成年人有违法行为的；

（二）配合海关查处进出口侵权货物违法行为且认错认罚的；

（三）取得知识产权权利人谅解、积极赔偿权利人损失等主动减轻违法行为危害后果的；

（四）其他依法应当从轻行政处罚的。

第十二条 当事人有下列情形之一的，从重行政处罚：

（一）因违反《海关行政处罚实施条例》第二十五条规定被海关行政处罚后，在一年内又实施同一违反海关监管规定的行为的；

（二）侵权货物以覆盖侵权标识、货标分离或者其他掩盖货物知识产权状况的方式进出口，逃避海关监管的；

（三）进出口侵权货物违法行为在国际或者国内社会造成恶劣影响的；

（四）以暴力、威胁以及提供虚假陈述、伪造、隐匿、销毁证据材料等方式抗拒、阻碍海关执法的；

（五）拒绝配合检查、查验、查问、实施扣留，无正当理由不提交或者故意拖延提交证据材料，拒不配合海关执法的；

（六）其他依法应当从重行政处罚的。

第三章　量罚标准

第十三条 构成《海关行政处罚实施条例》第二十五条第一款规定行为的，按照以下规定量罚：

（一）减轻行政处罚的，没收侵权货物；

（二）从轻行政处罚的，没收侵权货物，并处不满货物价值百分之十的罚款；

（三）一般行政处罚的，没收侵权货物，并处货物价值百分之十以上不满百分之二十的罚款；

（四）从重行政处罚的，没收侵权货物，并处货物价值百分之二十以上百分之三十以下的罚款。

第十四条 构成《海关行政处罚实施条例》第二十五条第二款规定的行为、海关决定予以行政处罚的，按照以下规定量罚：

（一）减轻行政处罚的，处不满五千元的罚款；

（二）从轻行政处罚的，处五千元以上不满两万元的罚款；

（三）一般行政处罚的，处两万元以上不满三万元的罚款；

（四）从重行政处罚的，处三万元以上五万元以下的罚款。

第四章　附　则

第十五条 本裁量基准下列用语的含义是：

认错认罚，指当事人自愿如实供述自己的违法行为，对海关认定的进出口侵权货物违法事实没有异议，书面表示愿意接受海关处罚。

配合海关查处进出口侵权货物违法行为，指当事人为海关查处有关进出口侵权货物违法行为提供协助以利于查明案情并作出处理。

立功表现，指检举、提供海关未掌握的应当由海关处理的他人违法行为或者违法案件线索，经查证属实的。

初次违法，指违法行为发生前二十四个月内；当事人无违反《海关行政处罚实施条例》第二十五条规定的违法记录。

第十六条 本裁量基准中,"以上""以下"均包括本数在内,"不满"不包括本数在内。

第十七条 本裁量基准由海关总署负责解释。

第十八条 本裁量基准自2024年1月1日起施行。

典型案例

知识产权强国建设第二批典型案例

案例1 国家博物馆加强知识产权保护利用，推动文博事业高质量发展

国家博物馆出台多项内部管理制度，加强知识产权、经营性无形资产和品牌保护力度，深耕"国博衍艺""国博美馔"等品牌，与行业头部品牌开展授权合作，文物活化成果频出，品牌效应逐步扩大，强化数字技术应用，加快推进文物数据采集，建成国家博物馆藏品大数据平台和综合运行平台，加强文物数据安全保护，推动实现博物馆数据资源有序流通，智慧国博建设顺利推进。

案例2 天津市公安局建立"条块结合、内外联动"工作体系，密织知识产权保护防御网

天津市公安局在全市16个公安分局环食药大队设立知识产权保护"流动警务站"，在120个重点地区基层派出所设立"联络点"，架设知识产权执法"条状体系"，健全与企业、行会、商会沟通渠道，形成知识产权违法"块状预警"，强化行刑衔接基础机制建设，构建知识产权保护执法内部交流机制，集聚企业、社会及民间知识产权保护力量，构建知识产权外部保护网络，密织知识产权保护防御网。

案例3 河北省农科院培育高产优质板栗植物新品种，助力山区农民脱贫致富

河北省农科院持续开展优质种源科技攻关，培育出抗旱、省工的高产优质板栗植物新品种，在燕山板栗主产区建立中试基地，经过多年"良种+技术"模式，新品种中试成功并取得显著示范带动作用后，以精品示范基地为载体，以点带面促进科技成果落地生根，通过"送品种+教技术+换思想+建机制+育团队+塑品牌"的工作模式，实现新品种在主产区大规模示范应用，富了一片栗乡人。

案例4 山西省大同市做强黄花产业，做优品牌经济

山西省大同市推广黄花区域化布局、规模化扩张、产业化运作、标准化生产、品牌化营销和三产融合发展路径，"政府+协会+龙头企业+合作社+农户"五位一体打造"大同黄花"区域公用品牌，强化资金保障、奖励扶助、金融保险等支持举措，实施黄花规模化种植与产研品牌培育，以龙头企业带动商标注册、产品研发，推广黄花种植和加工产业规范，推动农文旅融合，"大同黄花"品牌效益持续增强。

案例 5　内蒙古自治区知识产权局协同推进中小学知识产权教育

内蒙古自治区知识产权局强化中小学知识产权教育政策支撑，深化中小学知识产权教育试点示范学校和教育基地建设，成立全区中小学知识产权教育试点工作领导小组，打造"政府+中小学+高校+企业"共同参与推动的知识产权教育实践综合体系，加强中小学知识产权基础教育研究、科普人才培育和校园宣传，探索知识产权教育"基础+特色"模式，推进"理论+实践+体验"三位一体教学，推动青少年知识产权意识提升取得积极成效。

案例 6　中国科学院大连化学物理研究所践行重大项目知识产权全过程管理，促进科技创新和成果转化

中国科学院大连化学物理研究所践行重大项目知识产权全过程管理，形成规范化、制度化、流程化、信息化的全过程专利管理模式，从专利提案、撰写、申请、审查到授权维护各阶段，全面实行标准化规范化管理，持续跟踪研发进展，定期进行专利检索分析，为重大项目配备知识产权专员，积极开展专利海外布局和组合运用，建立专利管理数据库和专利专题数据库，建成洁净能源知识产权运营中心等平台，为科技创新和成果转化提供支撑和保障。

案例 7　上海市知识产权局全域打造综合性公共服务窗口

上海市知识产权局以一体化理念打造知识产权公共服务体系，统一依托政务服务中心布局建设综合性知识产权公共服务窗口，实现全市16个区全覆盖，以标准化模式规范知识产权公共服务运行，统筹整合市、区两级资源，推进服务事项管理标准化，以数字化转型赋能知识产权公共服务底座，构建数字支撑系统，加强数据共享应用，形成扁平化管理、数字化赋能、便捷化服务的知识产权公共服务体系建设模式。

案例 8　上海市市场监管局聚焦"三治融合、三联互动"，强化商业秘密保护

上海市市场监管局聚焦"法治""共治""智治"三治融合，坚持"点面""上下""内外"三联互动，探索建立商业秘密保护示范区和示范站（点），构建立体化保护体系，搭建多方参与的商业秘密保护服务网络，依托市、区两级联动机制加强企业调研和工作指导，发挥高校、行业协会、科研院所等专业机构优势，组建多领域、多层次、高水平智库，加大普法宣传力度，强化商业秘密保护。

案例 9　江苏省南通市创新"知联侨"知识产权海外服务模式

江苏省南通市发挥"新侨之乡"侨胞侨商纽带作用，依托通商总会海外商会组织，创设"知联侨"知识产权海外服务中心，在侨商聚集的重点贸易投资国（地区）设立34家海外服务分中心，建成知识产权海外服务信息化平台，组建知识产权海外专家智库，构建起组织联动、布局联网、信息联通、保护联合、政策联心、人才联盟、多方联建的"七联机制"，为"走出去"企业保驾护航。

案例 10　江苏省无锡市公安局设立"知识产权保护服务前哨"

江苏省无锡市公安局在全市支柱产

业、领军行业、龙头企业设立"知识产权保护服务前哨",制定服务前哨常态运行制度规范,属地社区民警每周、分局大队民警每月、市局食药环支队民警每季进驻,实行实体化运作、嵌入式办公、问诊式服务,出台工作职责清单和负面操作清单,组建多部门参与的知识产权维权联盟,建立健全信息互通、宣传引导、联席会商等工作机制,第一时间帮助企业解决"急难愁盼"问题。

案例11　浙江省知识产权局探索建立数据知识产权保护制度

浙江省知识产权局深化数据知识产权制度改革创新,坚持高位谋划推进,通过纳入知识产权地方条例,加强法治保障,制定实施数据知识产权登记办法,上线多跨贯通的数据知识产权登记平台,系统构建集存证公证、登记服务、流通交易、收益分配和权益保护于一体的数据知识产权全链条保护路径,强化部门协同和市县联动,确定14个试点市县,建立常态交流、月度晾晒、季度总结机制,形成数据知识产权保护运用"浙江方案"。

案例12　浙江省高级人民法院推广使用"法护知产"在线协同应用

浙江省高级人民法院推广使用"法护知产"在线协同应用,按照横向流转执法司法数据、纵向贯通诉讼全流程的思路,实现信息协查、侵权预警、判后监管、关联案件推送、失信联合惩戒、行政调解司法确认等功能,建立"司法执行+行政监管""司法建议+行政列严""一地侵权+全省预警"机制,通过构建跨部门大保护格局、畅通一体化衔接机制、优化知识产权保护模式,提升了知识产权保护效果。

案例13　浙江省湖州市吴兴区推出"知识产权画像"公共服务

浙江省湖州市吴兴区推出"知识产权画像"公共服务,通过归集15个部门的知识产权等相关基础数据,构建系统模型,开发"知识产权画像"数字化应用,对企业专利整体情况、申请、授权趋势等9个维度进行"画像",定期向企业推送预警、政策匹配、产学研等信息,组建专家团队进行专业指导,畅通银企"金融链",打造线上线下相结合的知识产权一站式公共服务平台,为企业提供个性化、精准式服务。

案例14　中国科学技术大学探索"赋权+转让+约定收益"模式,提高知识产权转化运用效益

中国科学技术大学深入探索促进科技成果转化的机制,提出"赋权+转让+约定收益"模式,建立赋权项目制度管理及专业化服务体系,科研团队利用赋权知识产权成立公司,获得全部知识产权作价入股,学校不持有转化公司的任何股份,但是通过转让协议享有知识产权的未来收益,简化了职务科技成果转化时的国资管理程序,有效吸引了社会资本和风险资本,提高了知识产权转化运用效益。

案例15　厦门海关多维"画像",精准打击进出口侵权违法行为

厦门海关突破以往针对单票报关单进行分析处置的模式,从侵权高风险企业、侵权高风险商品、侵权高风险商标等入手提炼整合同类型侵权案件特征,进行多维度分类"画像",通过信息与侵权画像交叉比对,开展风险线索关联匹配分析,将各个零

散的单一信息有机融合，由点到面进行综合处置，实现从查处一个案件到查处一类案件的转变，提升侵权查处效能，对进出口侵权货物实施快速精准拦截。

案例16　福建省德化县加强版权保护，护航陶瓷产业发展

福建省德化县强化陶瓷产业政策扶持引导，健全知识产权快速维权机制保障，成立版权工作领导小组和县级知识产权审判巡回法庭，组建陶瓷行业诚信建设综合执法队，坚持监管和服务并重，发挥版权社会服务机构作用，以"一个机构、一窗通办、个性化定制"为企业提供一体化、系统化服务，上线"果核知产"知识产权服务网络平台，成立县级版权协会，强化知识产权教育普及，护航陶瓷产业发展。

案例17　江西省抚州市知识产权局探索创建知识产权基层工作站

江西省抚州市知识产权局围绕市重点产业和特色产业，按照"一套标准+三贴近+三合一"要求，贴近基层、贴近园区、贴近企业在全市13个县区建立知识产权基层工作站，制定建站标准，将知识产权创造运用、知识产权保护、商标监管三项职能梳理整合，赋予基层工作站，强化上下层级联动、线上线下联动、专家特派员与企业联络员联动，为企业提供近距离知识产权快捷服务。

案例18　山东省开展"专精特新"中小企业专利赋能创新发展行动

山东省开展"专精特新"中小企业专利赋能创新发展行动，通过开展"麻雀式"剖析调研，摸清企业的知识产权情况，在重大赛事中开设"专精特新"企业专门赛道，资助实施专利导航项目，打造"政府引导+市场化运作"的知识产权运营模式，建立常态化运营成果发布机制，举办项目路演和精准对接活动，进行"管家式"运维，为企业量身打造帮扶事项，实现"保姆式"服务，推动中小企业走好"专精特新"创新之路。

案例19　河南省南阳市加强中医药知识产权工作，推动中医药产业发展

河南省南阳市充分发挥当地历史文化、中医药资源和自然生态优势，以仲景文化为引领，积极培育具有国际影响力的仲景品牌，将发展中医药产业作为"一号工程"来抓，实施数字溯源、高价值专利培育、品牌培育等中医药知识产权工程，举办医圣拜谒大典、张仲景医药文化节、仲景论坛和中国艾产业发展大会等活动，加强中医药行业知识产权宣传交流，推动中医药产业发展。

案例20　湖南省湘西自治州强化"十八洞村"区域公用品牌保护

湖南省湘西自治州加强摸底调查和问诊开方，摸清"十八洞村"区域公用品牌维权工作情况，强化保护协调和维权援助，遏制抢注商标增量，积极与网络交易平台进行对接，将"十八洞村"系列品牌纳入平台重点保护范围，精准推进"十八洞村"品牌立体保护，"清标、整治、转化"多管齐下，不断扩大"十八洞村"区域公用品牌影响力，为"十八洞村"品牌发展、助力乡村振兴发挥积极作用。

案例 21　湖南大学探索职务科技成果披露与专利申请前评估制度

湖南大学探索职务科技成果披露与专利申请前评估制度，建立"周演"模式，邀请初筛成果的发明人面向产业和投资专家演示研究成果，筛选出具有市场应用价值和转化前景的科技成果，并为团队实施专利分析导航，积极配置资源推动项目中试，根据知识产权领域、技术成熟度、应用场景和资源配置需求，精准发布科技成果，形成以知识产权为核心、以市场为导向、服务地方经济建设的全流程专业服务体系。

案例 22　广州仲裁委员会多措并举提升知识产权仲裁国际化、智能化、数字化水平

广州仲裁委员会成立广州知识产权仲裁院，设立境内外知识产权专业仲裁员名册，组建知识产权专业委员会，形成多部门联动的"诉、仲、调"知识产权协同保护机制，建设亚太经合组织跨境商事争议在线解决平台，推出集谈判、调解、仲裁于一体的知识产权在线纠纷解决机制，开展国际商事仲裁跨国远程庭审，发布互联网仲裁推荐标准，设立衔接域外规则的"3+N"庭审模式，建设元宇宙仲裁院，研发智能机器人"云小仲"及AI仲裁秘书，推进知识产权仲裁机制改革创新。

案例 23　深圳市检察机关以"知识产权刑事合规指引"推动电子产品翻新产业优化升级

深圳市检察机关制定发布电子产品翻新产业知识产权刑事合规指引，厘清电子产品翻新产业合法经营与侵权犯罪的法律界限，有效防止和减少侵权犯罪，相关刑事案件同比减少三分之二，推动深圳市电子行业协会围绕指引研发电子产品翻新系列团体标准，构建全新产业标准体系，推动形成以合规经营为底色的全新产业链，优化了法治化营商环境。

案例 24　广西壮族自治区完善海外知识产权风险防控体系

广西壮族自治区强化多部门合作、深化多层次联动、优化多方式服务，多部门联合印发《关于加强海外知识产权风险防控体系建设的通知》，建设海外知识产权风险防控总中心、分中心、工作站和观察企业四个层级的工作体系，打造自治区主导全区资源、市县协调辖区企业、海外知识产权风险防控工作站点实施、专家人才队伍支撑的工作模式，针对不同企业类型，完善分类服务模式，服务"桂企出海"。

案例 25　三亚崖州湾科技城深化知识产权机制改革，推动种业知识产权高质量发展

三亚崖州湾科技城推行专利、商标、版权、地理标志、植物新品种"五合一"的知识产权综合管理体制，设立海南自由贸易港农业植物新品种审查协作中心办理窗口，建设育种材料存证与惠益分享平台，探索"育种材料第三方存证""育种材料惠益分享"等种业知识产权保护机制，开展植物新品种权被侵权损失专属保险业务和质押融资工作，加大植物新品种权培育扶持力度，推动种业知识产权高质量发展。

案例 26　重庆两江新区（自贸区）人民法院创新知识产权小额诉讼审判模式

重庆两江新区（自贸区）人民法院创新

知识产权小额诉讼审判模式,推行"自助式"在线证据交换、"一站式"网上办案、"要素式"审判模式等工作机制,制定《关于审理知识产权小额诉讼案件的实施办法(试行)》,明确庭前准备、法庭审理、文书制作等环节的流程标准,以科技赋能创新知识产权小额诉讼审判实践,实现诉讼程序降本增效、类案裁判示范引领、营商环境持续优化。

案例27 四川省德阳市建立多层互嵌知识产权监管执法体系

四川省德阳市坚持"系统协同"理念,以多维聚合基层点状监管资源为切口,探索建立多层互嵌知识产权监管执法体系,将知识产权专业人才嵌入不同层级,建立全域扁平团队,将知识产权执法业务嵌入其他条线,实现监管资源共享,将知识产权执法工作嵌入协作单位,开展横向联合保护,将知识产权行政管理嵌入公共服务,激发企业保护需求。

案例28 贵州省台江县塑造"村BA"品牌,推动乡村产业发展

贵州省台江县及时开展"村BA"系列商标注册申请、版权登记,出台政策鼓励特色农产品产业发展,设立知识产权投诉举报快速维权保护中心和"村BA"专项服务咨询小组,规范"村BA"赛事品牌运用,推进系列文创产品开发,拓宽文创产品销售渠道,围绕"村BA"品牌,推进文化体育与特色产业、乡村旅游等融合发展,以"村BA"品牌赋能乡村发展。

案例29 陕西省委宣传部推动建设版权贸易与保护平台

陕西省委宣传部推动建设陕西版权贸易与保护平台,依托丝路版权网和西部国家版权链,实现版权资产信息化管理、数字版权登记、版权线上授权交易、版权侵权监测和维权取证,连续开展"陕西年度十大IP"评选活动,发掘、培育、扶持一批陕西特色鲜明、创新水平较高、市场竞争力较强的IP作品,成立维权服务中心,深入企业开展普法宣传,有效提升文化企业版权保护意识,为行业主体提供一站式版权服务。

案例30 宁夏回族自治区银川市用好地理标志"四加"模式,助力宁夏葡萄酒产业高质量发展

宁夏回族自治区银川市紧扣"高端化引领、规模化种植、系列化生产、标准化酿造、品牌化经营"主线,做实贺兰山东麓葡萄酒地理标志保护政策引领、产业融合、品牌塑造、文化传承四项加法,实施标准化引领、质量提升工程,推行"自主商标+地理标志"双标认证,培育"贺兰红"等注册商标,创新品牌推广模式,促进葡萄酒与文旅产业融合,推动宁夏葡萄酒产业发展。

供稿:国家知识产权强国建设工作部际联席会议办公室

2023年度知识产权行政保护典型案例

2023年度专利行政保护典型案例

案例1　广东省广州市知识产权局、浙江省温州市知识产权局联合处理"贴窗机切膜预压紧装置"实用新型专利侵权纠纷案

一、基本案情

请求人温州创达印刷机械有限公司于2018年4月10日获得"贴窗机切膜预压紧装置"实用新型专利权，专利号为ZL201721264785.9。涉案专利权在请求人提起侵权纠纷处理请求时合法有效。

2023年3月1—3日，被请求人温州某公司在相关展会现场展销的某款贴窗机涉嫌侵犯涉案专利权。请求人于2023年3月2日向广州市知识产权局提出行政裁决请求。广州市知识产权局当日立案并依法勘验展位，开展调查取证。经比对，初步认定被控侵权产品涉嫌侵犯涉案专利权。双方当事人均系温州企业，后请求人向广州、温州两地知识产权局请求协调处理。

为从源头制止专利侵权行为及方便纠纷处理，请求人向广州市知识产权局申请撤回处理请求并移送现场勘验所固定采集的证据。3月13日，广州市知识产权局依法准予其撤回处理请求并向温州市知识产权局移送案件材料。3月30日，温州市知识产权局根据请求人请求依法立案，结合广州市知识产权局移送的证据材料，组织当事人调解，并最终促成双方签订调解协议书。被请求人现场履行协议条款，支付请求人维权费用。温州市知识产权局出具专利侵权纠纷行政调解书结案。

二、典型意义

该案打造了异地接续处理专利侵权纠纷行政裁决案件新模式，为跨区域专利侵权纠纷处理及展会知识产权保护提供了新思路。首先，该案对行政裁决案件处理机制进行了创新，实现了案件事实证据的共享互认，发挥了两地行政裁决程序的有效衔接效用。其次，该案构建"展前启动联动，展中快速取证，展后衔接处理"的展会纠纷化解新模式，打破了展会专利侵权纠纷因展期短而案件处理难度大的僵局，对展会知识产权侵权行为的长效约束和源头治理机制进行了有益探索。最后，该案在广州、温州两地多部门参与、多环节联动，高效衔接，快速结案，取得了良好的法律效果和社会效果，为纠纷快速处理提供了新范例。

案例2　北京市知识产权局处理"调色剂盒及图像形成装置"发明专利侵权纠纷案

一、基本案情

请求人富士胶片商业创新有限公司于2014年5月28日获得"调色剂盒及图像形成装置"发明专利权，专利号为ZL201010211753.9。涉案专利权在请求人提起侵权纠纷处理请求时合法有效。

2022年1月19日，请求人就其与被请求人北京品优佳汇科技有限公司（简称品优佳汇公司）、被请求人北京维纳斯纲科技有限公司（简称维纳斯纲公司）、被请求人中山市京呈科技有限公司（简称中山京呈公司）的专利侵权纠纷，向北京市知识产权局提出处理请求。

请求人认为品优佳汇公司未经许可许

诺销售、销售由维纳斯纲公司和中山京呈公司制造、销售的相关粉盒产品涉嫌落入涉案专利的保护范围，请求责令被请求人停止侵权行为。

三被请求人为关联公司，在案件审理过程中表示涉案产品已由品优佳汇公司申请外观设计专利，维纳斯纲公司和中山京呈公司未曾制造涉案产品，三被请求人并未侵犯涉案专利权，但均未提交符合规定的证据予以证明。

案件处理过程中，三被请求人无正当理由未参加口审，北京市知识产权局依法对案件进行缺席审理。经比对，北京市知识产权局认定涉案产品落入涉案专利的保护范围。根据在案证据，北京市知识产权局认定品优佳汇公司许诺销售、销售涉案产品；对于请求人提出的维纳斯纲公司、中山京呈公司制造涉案产品的主张，北京市知识产权局予以支持。

2023年4月28日，北京市知识产权局当庭宣布裁决结果：认定涉案产品落入涉案专利权保护范围；责令被请求人品优佳汇公司立即停止许诺销售、销售涉案产品；责令被请求人维纳斯纲公司、中山京呈公司立即停止制造涉案产品，销毁制造侵权产品的专用设备、模具，并且不得销售、使用尚未售出的侵权产品。

二、典型意义

该案典型意义有以下三个方面。一是已就相关产品涉及的技术方案或外观设计申请专利不能作为未侵犯他人专利权的抗辩理由。二是当事人抗辩被控侵权产品包装上载明的制造商不是实际制造商的，应当提交相应证据；如果其不提交证据，且无其他相反证据可以证明的，办案机关可以认定其为制造商。三是该案为涉外案件，办案机关依法查明案件事实，准确适用法律，当庭裁决侵权行为成立，体现了知识产权"同保护""快保护"的理念，对于助力营造良好营商环境和创新环境具有积极意义。

案例3 江苏省南京市知识产权局处理"一种新型的截污式环保雨水口"实用新型专利侵权纠纷案

一、基本案情

请求人安徽亚井雨水利用科技有限公司（简称亚井公司）于2020年3月24日获得名称为"一种新型的截污式环保雨水口"的实用新型专利权，专利号为ZL201920377144.7。涉案专利权在请求人提起侵权纠纷处理请求时合法有效。

亚井公司就其与被请求人江苏帕德新材料有限公司（简称帕德公司）的专利侵权纠纷，向南京市知识产权局提出处理请求。南京市知识产权局于2023年6月21日立案受理。2023年7月26日，南京市知识产权局将该案与另一关联案件（被请求人为南京南宇环保设备工程有限公司，简称南宇公司）合并进行口头审理。亚井公司当庭请求追加南宇公司为该案被请求人并提交请求书，南宇公司未提出异议，南京市知识产权局予以追加。

亚井公司认为：帕德公司未经许可，为生产经营目的，制造、使用、销售落入涉案专利权利要求1保护范围的雨水口产品，构成对涉案专利权的侵害；同时，帕德公司将该侵权产品的外壳出售给南宇公司，南宇公司提供内胆部件和技术，帕德公司受南宇公司委托代工生产，南宇公司构成帮助侵权。

帕德公司认为：被控侵权产品并未落入涉案专利的保护范围；亚井公司从帕德公司购买的被控侵权产品是公司组装的样品，相关部件并非帕德公司生产；帕德公司在2018年就已生产被控侵权产品，早于涉案专利的申请日，不应被视为侵权。

南宇公司认为：被控侵权产品未落入涉案专利的保护范围，且被控侵权产品属于现有技术，不构成侵权；南宇公司与帕德公司并无合作关系，也不构成帮助侵权；相关产品是按照《安徽省海绵型雨水口建设导则》（简称《导则》）生产，《导则》是强制性标准，亚井公司是《导则》的主编单位，其将专利技术编入《导则》之中，利用《导则》的强制性排除和限制竞争，不应当支持其处理请求。

南京市知识产权局认定：被控侵权产品落入涉案专利权利要求1的保护范围，南宇公司提出的现有技术抗辩的理由不能成立；南宇公司在主观上未作出与帕德公司共同制造被控侵权产品的意思表示，在客观上也未帮助或教唆其制造被控侵权产品，故制造和销售被控侵权产品的行为系帕德公司独立实施，南宇公司不承担连带责任；《导则》系安徽省推荐性地方标准文件，并不构成对生产同类产品的强制力，亦无证据表明亚井公司滥用专利权的行为。

2023年10月19日，南京市知识产权局作出行政裁决，裁定帕德公司未经专利权人许可，为生产经营目的制造、销售落入涉案专利权利要求保护范围的雨水口产品，责令帕德公司停止侵权行为，并驳回亚井公司的其他请求。

二、典型意义

该案的处理涉及专利侵权判定、专利共同侵权行为认定、专利被纳入标准性文件是否构成专利默示许可等专利侵权纠纷处理中的复杂疑难问题。该案中办案机关在对涉案专利的技术特征进行充分分析、理解的前提下，正确运用专利权利要求的解释方法，认定被控侵权产品与涉案专利存在一定区别的技术特征属于等同技术特征，从而认定被控侵权产品落入涉案专利的保护范围，对请求人的专利权给予有效保护。同时，该案办案机关对不同行为人是否构成专利共同侵权进行了较为全面的说理，特别是对专利被纳入地方标准性文件是否构成默示许可问题进行了分析论证，最终依法认定将专利纳入标准性文件不属于对涉案专利的默示许可，并得出被请求人生产、销售及使用被控侵权产品的行为构成专利侵权的结论，体现了专利行政执法人员较高的法律专业素质。

案例4　河北省石家庄市知识产权局处理"药瓶标签"外观设计专利侵权纠纷案

一、基本案情

请求人河北坤安药业有限公司（简称坤安药业）于2021年10月1日获得名称为"药瓶标签"的外观设计专利权，专利号为ZL202130389718.5。涉案专利权在请求人提起侵权纠纷处理请求时合法有效。

2023年2月13日，坤安药业就其与被请求人乐声药业石家庄有限公司的专利侵权纠纷向石家庄市知识产权局提出处理请求。当日，石家庄市知识产权局根据请求人请求依法立案。

双方曾签订合作协议，请求人投资、研发硝酸甘油片并拥有相关产品包装的外观设计专利权，以排产计划的方式委托被请求人生产，并约定未经请求人许可，被请求人不得自行生产、销售该产品。随后请求人发现被请求人生产、销售的不在委托范围内的硝酸甘油片药瓶标签、包装与请求人拥有外观设计专利权的产品相同，并公证购买了被控侵权产品。

被请求人认为：请求人制订排产计划，被请求人生产后，请求人未提货，造成货物积压，其为了减少损失，试着向终端推销。这次收到请求人的投诉后，被请求人已在第一时间更换了标签、纸盒。

石家庄市知识产权局认为：将被控侵

权产品与涉案专利进行比对，二者属于相同的外观设计，被控侵权产品落入涉案专利权的保护范围；双方当事人原是合作关系，请求人委托被请求人生产，在委托期限内生产行为已被许可；经公证的多个被控侵权产品的生产日期均在委托期限后，即被请求人的生产、销售行为未经请求人许可。

2023年4月14日，石家庄市知识产权局作出裁定，认定被请求人侵犯涉案专利权，责令其立即停止制造行为，销毁制造侵权产品的专用设备、模具，并且不得销售尚未售出的侵权产品或者以任何其他形式将其投放市场。

二、典型意义

随着社会分工的细化，企业之间以委托加工、委托生产等模式进行合作更加普遍，在这种情形下，合作方之间存在委托加工关系。该案中，双方签订合作协议，约定被请求人应按照请求人排产计划进行生产，未经请求人同意被请求人不得自行生产、销售该产品，并对未经许可而进行的生产、销售行为的专利侵权责任进行了约定。至于因请求人不提货造成的产品积压，被请求人为减少损失向终端市场推销的抗辩，不是《中华人民共和国专利法》所规定的侵犯专利权的例外情形，不是专利侵权抗辩理由，理应承担专利侵权责任。对于因产品积压所产生的损失，被请求人可以依照相关法律规定，就请求人的违约责任另行起诉。

案例5　上海市知识产权局处理"含有达格列嗪丙二醇水合物的药物制剂"发明专利侵权纠纷案

一、基本案情

请求人阿斯利康（瑞典）有限公司于2015年7月15日获得"含有达格列嗪丙二醇水合物的药物制剂"发明专利权，专利号为ZL201210201489.X。涉案专利权在请求人提起侵权纠纷处理请求时合法有效。

2023年5月10日，阿斯利康（瑞典）有限公司就其与被请求人山东鲁抗医药股份有限公司的专利侵权纠纷，向上海市知识产权局提出专利侵权纠纷处理请求。

请求人认为：被请求人获得仿制药上市许可的被控侵权药品达格列净片落入涉案专利的保护范围，相关挂网采购的通知包含上述被控侵权药品，有关医院出售了被请求人制造的该被控侵权药品，因此被请求人实施了制造、销售、许诺销售落入涉案专利权利要求保护范围的被控侵权药品；请求人和被请求人就被控侵权药品达格列净片的相关专利曾达成专利实施许可协议，但被请求人在许可协议终止后继续销售、许诺销售被控侵权药品，侵犯了请求人的涉案专利权。

被请求人认为：被请求人制造、销售被控侵权药品的行为均发生在相关专利实施许可协议有效期内，应认为获得了专利权人的默示许可；被请求人向相关行政机关申请被控侵权药品的挂网行为，仅表明被请求人持有的药品品种即将通过当地行政机关的行政审批，且被控侵权药品的挂网信息中并未显示药品价格和包装信息，也未与相关医疗机构进行任何议价行为，不应认定为许诺销售；被请求人实施挂网行为均在许可协议有效期内；认可被控侵权药品达格列净片落入涉案专利请求人主张的相关权利要求的保护范围。

上海市知识产权局认为：(1)许诺销售是指以做广告、在商店橱窗中陈列或者在展销会上展出等方式作出销售商品的意思表示。被请求人向上海医保部门申请挂网的行为，属于为被控侵权产品后续销售而作出的意思表示，应当认定为许诺销售行为。(2)专利权人有权决定权利处分的方式与时间。请求人曾与被请求人签署涉案被控侵权药品相关专利的实施许可协议，仅主张追究被请求人在协议终止后的侵权责任，并无不妥。(3)招标采购机构协助调查提供了被控侵权药品的销售清单，从清单记载的时间可以推断被控侵权药品的销售、许诺销售行为不仅发生在双方当事人协议存续期间，也发生在双方协议终止后。

2023年8月9日，上海市知识产权局作出行政裁决：认定被请求人在协议终止后，仍在相关平台挂网并销售被控侵权达格列净片，构成许诺销售和销售行为，且被控侵权药品已落入涉案发明专利的保护范围；责令被请求人立即停止许诺销售、销售侵犯涉案专利权的涉案产品，撤回相关挂网。

二、典型意义

在医药集中采购的大背景下，仿制药品集采挂网行为是否构成许诺销售问题是学界、实务界和医药产业界关注的热点问题。该案审理正值贯彻落实《国家知识产权局　国家医疗保障局关于加强医药集中采购领域知识产权保护的意见》，以及上海市知识产权局、上海市医疗保障局联合制定《关于加强本市医药采购领域知识产权保护的实施意见》期间，上海市知识产权局积极与上海市医疗保障局就被请求人对达格列净片在上海阳光医药采购网挂网的申报信息和知识产权信息进行互相沟通，加强信息共享。该案充分考虑了社会公众、药品专利权人和仿制药企的合法利益，对于加大医药采购领域知识产权保护力度、支持生物医药先导产业创新发展、优化营商环境具有重要的促进意义，对于医药领域同类案件的处理具有示范作用。

案例6　福建省平和县知识产权局、山东省无棣县知识产权局协同处理赖某某与无棣语蕊电子商务有限公司等五起外观设计专利侵权纠纷系列案

一、基本案情

请求人赖某某于2023年1月3日获得"包装箱（果汁柚）"外观设计专利权，专利号为ZL202230645195.0。涉案专利权在请求人提起侵权纠纷处理请求时合法有效。

2023年5月8日，赖某某就其与被请求人无棣县四家电商企业和某快餐店的专利侵权纠纷，向平和县知识产权局提出处理请求。

平和县知识产权局运用在线取证平台对被请求人的涉案网店进行取证固定、存证上链，向电商平台运营方调取了被诉网店的主体信息和涉案商品交易记录，查明涉案商品的发货地、销售时间、涉案金额等关键信息。

核查固证后，平和县知识产权局及时向无棣县知识产权局移送了案件。经协商，两地知识产权部门采用两地点对点线上视频会议方式协同审理案件。案件审理过程中，双方当事人通过线上方式充分陈述意见、质证、辩论，审理过程中再次运用在线取证平台对审理全程进行存证上链，实现全过程存证与可回溯管理。通过在线协同审理，三起案件当事人当场签署了调解笔录及调解协议书，并当庭表示愿意提交司法确认；两起案件当事人签署了口审笔录，办案机关随即作出行政裁决。

审理后，根据双方当事人意愿，两起调解案件提交漳州市中级人民法院司法确认。漳州市中级人民法院依法异地受理并对该两起案件调解协议作出司法确认，是异地司法确认程序在专利侵权纠纷调解上的首次应用。

二、典型意义

该案充分运用现代技术手段特别是数字化和信息化手段,实现对于知识产权侵权纠纷的线上快速处置,有效提升了工作效率。案件办理首次采用"电子数据取证存证+跨省协同审理+异地司法确认"创新组合模式,开展专利侵权纠纷案件跨省线上调解,闽鲁两地知识产权局、人民法院、电商平台、存证机构协同参与,积累了协同保护、跨区域保护、线上维权的实践经验,为跨部门、跨区域开展电子商务领域知识产权纠纷协作办理探索出一条可复制、可借鉴、可推广的路径。

案例7 浙江省杭州市知识产权局调解"甘草酸二铵的组合物"发明专利侵权纠纷案

一、基本案情

请求人连云港某公司于2012年2月6日通过转让获得了"甘草酸二铵的组合物"的发明专利权,专利号为ZL200610040759.8。涉案专利权在请求人提起侵权纠纷处理请求时合法有效。

2022年10月8日,连云港某公司就其与被请求人济南某公司的专利侵权纠纷,向杭州市知识产权局提出处理请求,杭州市知识产权局于当日立案。连云港某公司认为涉案产品申报了浙江省公立医疗机构第二批药品集中带量采购并中选,而且被请求人已存在实际销售涉案产品的行为,请求责令其立即停止制造、销售、许诺销售该产品。

被请求人则认为被控侵权产品使用的原料药采购自第三方公司,涉案原料药实施的技术为现有技术,同时认为涉案专利申请日之前甘草酸二铵胶囊已上市,被控侵权产品实施的技术已被使用公开,属于现有技术。被请求人另辩称其享有先用权,未侵犯涉案专利权。

杭州市知识产权局初步认定被控侵权产品的技术方案落入涉案专利的保护范围,相关行为构成侵权;现有技术抗辩不成立;先用权抗辩也不成立。结合案情和实际情况,考虑到济南某公司在浙江省已进行招标后的实际销售,停止销售会影响下游医院和药店的稳定供应,且双方企业还有合作的可能,2023年3月16日,杭州市知识产权局组织双方当事人开展调解,并达成调解协议,同时引导双方申请司法确认,2023年5月18日杭州市中级人民法院依法作出司法确认裁定书。

二、典型意义

该案中对于被请求人的不侵权抗辩、现有技术抗辩和先用权抗辩,办案人员合理引入技术调查官,分别从三种抗辩手段的要点入手,逐个进行判断。由于纠纷发生在药品集采领域,被请求人的药品已中标并销售,考虑到药品的可及性,双方当事人的和解意向也比较强烈,药企除了自身以营利为目的的经济效益外,还要承担一定的社会责任,保障药品的稳定供应。为快速有效地处理纠纷,减少社会不利影响,办案机关采用双方认可的行政调解+司法确认的方式结案,积极有效地保障了双方当事人的权益,有效化解了双方矛盾,得到双方当事人的肯定。

案例8 天津滨海高新技术产业开发区市场监督管理局查处天津瑞泰科技发展有限公司外观设计专利重复侵权案

一、基本案情

请求人苏州翰墨科技有限公司于2015年10月28日获得名称为"安全套(纹路系列)"的

外观设计专利权,专利号为 ZL201530111370.8。涉案专利权在请求人提起侵权纠纷处理请求时合法有效。

2022 年 3 月 23 日,苏州翰墨科技有限公司就其与被请求人天津瑞泰科技发展有限公司的专利侵权纠纷,向天津市知识产权局提出处理请求。天津市知识产权局于当天受理此案,并于 2022 年 6 月 16 日作出决定,责令天津瑞泰科技发展有限公司停止侵权行为。

上述决定生效后,请求人发现被请求人仍然在其官方网站及相关电商平台销售涉案产品,后向天津滨海高新技术产业开发区市场监督管理局举报相关情况。2023 年 7 月 27 日,根据《天津市专利促进与保护条例》有关规定,天津滨海高新技术产业开发区市场监督管理局经调查认定被请求人在被认定侵犯他人外观设计专利权后拒不改正,再次侵犯同一专利权的情形,对天津瑞泰科技发展有限公司作出没收违法所得、罚款 1 万元的行政处罚。

二、典型意义

该案是首件适用《天津市专利促进与保护条例》的专利重复侵权行政处罚案件,体现了天津知识产权行政执法与市场监管联合执法加大保护力度,合理运用行政裁决、行政处罚手段,及时制止侵权行为,展示出依法保护良好营商环境的决心。专利重复侵权是典型的故意侵权行为,侵权人主观故意和过错明显,容易给专利权人造成较大经济损失,特别是专利侵权纠纷的行政处理决定生效后,侵权人再次侵犯同一专利权,严重扰乱专利管理秩序,对市场公平竞争秩序的破坏程度大,应该承担更重的法律责任。该案是对专利重复侵权行为地方性法规的准确适用,有效保护了权利人的创新积极性,有助于维护市场竞争秩序。

案例 9　安徽省马鞍山市知识产权局处理"一种不规则机箱结构"实用新型专利侵权纠纷案

一、基本案情

请求人东莞市金河田实业有限公司于 2023 年 1 月 24 日获得"一种不规则机箱结构"实用新型专利权,专利号为 ZL202222656483.3。涉案专利权在请求人提起侵权纠纷处理请求时合法有效。

2023 年 5 月 15 日,东莞市金河田实业有限公司就其与被请求人为马鞍山市天浪网吧的专利侵权纠纷,向马鞍山市知识产权局提出专利侵权纠纷处理请求。马鞍山市知识产权局邀请技术调查官全程参与。

请求人认为,其发现被请求人在其经营场所使用的被控侵权产品及以许诺销售方式推广的被控侵权产品上使用了请求人的涉案专利技术,涉嫌侵权,依法应当承担相应的法律责任。被请求人认为,其所使用的产品均为外包的施工单位提供,无制造、许诺销售行为,也无库存相关产品。

2023 年 6 月 27 日,马鞍山市知识产权局组织双方当事人参加口头审理,被请求人提供了合法来源证据。请求人认可被请求人现场使用涉嫌侵权的机箱具有合法来源。经审理,马鞍山市知识产权局认定被请求人只存在使用行为。2023 年 7 月 10 日,马鞍山市知识产权局作出行政裁决:认定侵权行为成立,责令侵权人立即停止侵权行为,驳回请求人的其他请求。

该案裁决后,马鞍山市知识产权保护中心及时继续跟进协调,督促被请求人提供完整的涉案产品供货商信息。在马鞍山市知识产权保护中心的组织协调下,被请求人认识到涉案产品为侵权产品,表示今后若扩大经营规模,将优先采购请求人的专利产品。请求人认可被请求人没有恶意侵权的主观故意，其提供的来源信息可以帮助其从源头打击侵权行为，且被请求人已支付该产品的合理对价，授权许可被请求人继续使用其专利产品。

二、典型意义

该案中，有关保护中心根据双方当事人自愿，就达成专利实施许可、赔偿或优先采购等事宜进行行政调解，被侵权人停止侵权行为，当事双方达成和解并进行合作，避免了被请求人停止使用具有合法来源、通过合理对价购买的相关涉案侵权产品的不利后果。最终，请求人认可被请求人合法来源的抗辩理由，许可被请求人继续使用相关专利产品，被请求人表示今后优先采购请求人的专利产品，实现双方共赢。

案例 10　江西省景德镇市知识产权局处理"陶瓷花器（奇异）"外观设计专利侵权纠纷案

一、基本案情

请求人景德镇市贝汉美陶瓷有限公司于2021年8月3日获得名称为"陶瓷花器（奇异）"的外观设计专利权，专利号为ZL202130401899.9。涉案专利权在请求人提起侵权纠纷处理请求时合法有效。

2023年7月4日，景德镇市贝汉美陶瓷有限公司就其与景德镇市某陶瓷有限公司的专利侵权纠纷，向景德镇市知识产权局提出处理请求，并请求景德镇市知识产权局对相关产品的短视频平台店铺经营者住所地进行调查取证。2023年7月5日，景德镇市知识产权局依请求人申请指派执法人员前往被请求人处现场勘验，进行调查取证。

由于涉案事实较为复杂，景德镇市知识产权局指派景德镇市知识产权保护中心技术调查官参与技术调查工作，会同案件合议组成员对抽样取证的被控侵权产品进行细致分析，逐项比对涉案专利与被控侵权产品的设计特征。

2023年9月5日，景德镇市知识产权局依法作出行政裁决，认定被请求人侵权行为成立，责令其立即停止侵权行为。2023年9月28日，请求人向景德镇市知识产权局提出赔偿数额纠纷行政调解请求，后双方达成书面调解协议并进行司法确认。被请求人向请求人支付了侵权赔偿金。

二、典型意义

该案处理流程规范、程序严谨、调查翔实，从行政裁决、行政调解到司法确认，直至最后责任履行，快速响应、环环相扣，并探索在外观设计专利侵权判定中引入技术调查官。景德镇市知识产权局通过"行政裁决+行政调解+司法确认"全流程知识产权纠纷快速处理的无缝衔接模式，为权利人提供更加便捷、高效、有力的纠纷解决路径。该案的快速处理既充分彰显了我国知识产权行政保护的制度优势，又体现出快速协同保护对知识产权行政执法提供的有力技术支撑，也为行政保护与司法保护有机衔接提供了样板。

2023年度商标行政保护典型案例

案例 1　广东省深圳市市场监督管理局（知识产权局）查处侵犯"小米"注册商标专用权案

一、基本案情

第8228211号"小米"商标是小米科技

有限责任公司在第9类"笔记本电脑"等商品上的注册商标,专用权期限至2031年4月27日。

2021年8月4日,深圳市市场监督管理局(知识产权局)根据投诉,对深圳市恒正电子商务有限公司开展调查。经查,当事人在电商平台开设"紫本数码旗舰店",自2020年8月起销售平板电脑,并在网店网页的商品标题中使用"小米派"字样,共成功交易47866单,销售额4218.2025万元。

2022年2月14日,深圳市市场监督管理局(知识产权局)就当事人的违法行为如何定性及违法经营额如何计算等问题逐级请示至国家知识产权局。后根据国家知识产权局批复,最终认定在网店网页的商品标题中使用他人注册商标字样,起到区分商品来源作用,构成商标使用;侵权人因侵权所产生的营业收入即销售商品的收入为违法经营额。

2023年4月10日,深圳市市场监督管理局(知识产权局)认定当事人构成《中华人民共和国商标法》第五十七条第(二)项规定的侵权行为,当事人使用"小米派"字样销售平板电脑的营业收入为违法经营额;依据《中华人民共和国商标法》第六十条第二款及其他相关法律规定,责令当事人立即停止侵权行为,罚款1265.4607万元,吊销营业执照。结案后,该案权利人另行提起民事诉讼,人民法院就赔偿等事宜作出判决。

二、典型意义

实践中,对于在电商平台商品标题中使用他人商标是否构成商标侵权的问题,业界存在不同观点。该案办案机关及时请示上级单位,准确把握关于商标使用的法律规则,结合在案证据,认定在电商平台商品标题中使用他人商标能够区分商品来源,构成商标使用,进而作出侵权判定。该案有助于澄清实践中关于商标使用的部分误解,对各地查办同类案件具有较强的参考价值和指导意义。该案权利人同时提起民事诉讼,人民法院就赔偿等事宜作出判决,且未免除侵权人应承担的行政法律责任,成为知识产权司法、行政协同保护的典范,充分体现出知识产权大保护格局的优势。

案例2 安徽省合肥市市场监督管理局(知识产权局)查处侵犯"Castrol""嘉实多"注册商标专用权案

一、基本案情

第5212636号"Castrol"、第1972857号"嘉实多"商标,是嘉实多有限公司在第4类"润滑油;润滑剂;润滑脂;工业用脂"等商品上的注册商标,专用权期限分别至2029年6月20日、2032年9月27日。

2022年9月19日,合肥市市场监督管理局(知识产权局)根据举报对安徽聚之星汽车维修有限公司进行检查,发现其擅自在店招上使用嘉实多有限公司涉案注册商标,侵犯"嘉实多"注册商标专用权,向其下达责令改正通知书。2022年10月11日,执法人员再次检查当事人经营场所,发现标有"Castrol""嘉实多"等标识的机油52瓶,当场依法予以扣押。在检查中,当事人执行董事周某撕毁执法文书,推搡执法人员,摔毁现场查获的办公电脑主机,暴力阻碍执法,情节恶劣。执法人员报警处理,周某被辖区公安机关依法采取强制措施,并给予行政拘留七日处罚。

2023年10月,合肥市市场监督管理局(知识产权局)认定当事人构成《中华人民共和国商标法》第五十七条第(三)项规定的侵权行为。当事人阻碍国家行政执法机关依法执行公务,情节恶劣,办案机关参照

《安徽省市场监督管理行政处罚自由裁量权适用规则》第十四条第（四）项的规定，决定对当事人从重处罚，并依据《中华人民共和国商标法》第六十条第二款的规定，责令当事人立即停止违法行为，并作出没收侵权商品、罚款 20 万元的决定。同时依据《市场监督管理严重违法失信名单管理办法》，将当事人列入严重违法失信名单并向社会公示。

二、典型意义

机油类产品事关汽车交通安全，使用假冒商品存在重大公共安全隐患，严重危害人民生命和财产安全。该案中，面对当事人拒不配合、暴力抗法行为，市场监管、公安部门联合行动，依法查封扣押当事人侵权物品，采取行政拘留措施，作出从重处罚决定，有力打击侵权假冒行为。案件办结后，办案机关又依法将当事人列入严重违法失信名单并向社会公示，运用信用监管手段协同推动知识产权保护，维护公平竞争市场秩序，营造良好营商环境，同时通过向社会公示，有效威慑潜在侵权行为，强化社会公众知识产权保护意识。

案例 3 浙江省丽水市遂昌县市场监督管理局查处侵犯"蓝月亮"注册商标专用权案

一、基本案情

第 7613055 号"蓝月亮"注册商标是广州蓝月亮实业有限公司在第 3 类"洗衣剂;洗手膏;洗发液;洗涤剂"等商品上的注册商标，专用权期限至 2030 年 11 月 6 日，许可给蓝月亮（中国）有限公司使用。

2023 年 3 月 28 日，遂昌县市场监督管理局执法人员根据举报，对遂昌珍仙超市现场检查发现，当事人货架上有"蓝月亮深层洁净护理洗衣液（薰衣草香）"等产品在售。当事人经营者朱某仙自述，涉案批次洗衣液均从龙游县某商贸有限公司处购进，仅保留进货票据与营业执照复印件，近两年未查验相关商标使用证明。当事人提供了进货票据和供货商的营业执照复印件。经询问蓝月亮品牌遂昌地区经销商，涉案商品进货价格符合市场正常进货价。经蓝月亮（中国）有限公司辨认，上述侵权洗衣液产品与正品差异细微，普通进货商和消费者不易辨别。

遂昌县市场监督管理局认定当事人构成《中华人民共和国商标法》第五十七条第（三）项规定的侵权行为，但属于《中华人民共和国商标法实施条例》第七十九条所指的能证明该商品是自己合法取得的情形。2023 年 6 月 27 日，遂昌县市场监督管理局依据《中华人民共和国商标法》第六十条第二款，责令当事人立即停止销售侵权商品，并依据《中华人民共和国行政处罚法》第三十三条第三款，对当事人不予处罚，进行教育，要求其加强进货查验和对供货商的资质查验工作。

二、典型意义

该案办案机关难能可贵地、仔细考虑了案件事实情形，并结合《中华人民共和国商标法》《中华人民共和国商标法实施条例》存在"合法来源"应不予行政处罚的规定，仅作出责令当事人停止销售侵权商品的决定，体现出行政执法机关能够全面正确、体系化地理解和适用法律法规。办案机关着重考察当事人的主观意图和注意义务，在精准、严格把握执法尺度的同时，又彰显了执法的温度和智慧，为营造公平合理的法治环境和亲民向善的营商氛围作出积极探索，值得学习借鉴。

案例4 广西壮族自治区河池市天峨县市场监督管理局查处侵犯"牛栏山"注册商标专用权案

一、基本案情

第866912号"牛栏山"商标是北京顺鑫农业股份有限公司牛栏山酒厂在第33类"含酒精饮料（啤酒除外）"商品上的注册商标，专用权期限至2026年8月27日。

2022年9月22日，天峨县市场监督管理局执法人员根据投诉，对天峨县建阳食品店、天峨县韦家批发超市、天峨县小赵百货超市三家小卖部开展检查。经查，上述店铺销售牛栏山陈酿白酒，无法提供品牌授权许可、合同和进货票据，经商标注册人辨认，涉案商品非该公司委托或授权生产。天峨县市场监督管理局对上述店铺销售侵犯"牛栏山"注册商标专用权的商品的行为作出行政处罚。

经进一步线索摸排发现，三家小卖部销售的侵权白酒系推销人员上门推销，涉及面广，违法经营额达到移送标准。天峨县市场监督管理局将线索移送天峨县公安局，并联合成立专案组开展调查。经多次实地摸排发现，嫌疑人吴某等人在外省制售假冒"牛栏山"注册商标的白酒，物流配送全国各地。假冒白酒生产者与各地经销商紧密合作，形成分工协作、中转运输、产运加工一条龙的灰色产业链。

2023年9月12日，天峨县市场监督管理局执法人员配合天峨警方专案组人员前往湖北、河北、广西等多地开展收网行动，将吴某等多名嫌疑人抓捕归案。经查，2021年1月以来，吴某等人售卖假冒"牛栏山"白酒累计涉案金额超3000万元。

目前，吴某等5名犯罪嫌疑人被天峨县警方依法采取强制措施，并交由河池市宜州区检察院提起公诉，案件正在审理中。

二、典型意义

该案是行刑衔接保护中华老字号注册商标、捍卫人民群众"舌尖上的安全"的典型案例，具有三个特点：一是严格落实"四个最严"要求，办案机关高度重视，依法从快查处违法行为，守牢食品安全底线；二是及时启动联合办案、行刑衔接机制，移送司法机关追究刑事责任，强力打击假冒注册商标违法犯罪行为；三是主动溯源，该案涉及面广、违法金额大，办案人员跨省分赴多地调查取证，扣押涉案商品，抓捕犯罪嫌疑人，有效斩断假冒白酒灰色交易产业链。该案从小县城的小卖部出发，追根溯源，查处涉及全国制假售假大案，有效震慑商标违法犯罪行为，维护公平市场竞争秩序。

案例5 广西壮族自治区贺州市市场监督管理局查处侵犯"喜丰"注册商标专用权案

一、基本案情

第1372525号"喜丰"商标为广西鹿寨万强化肥有限责任公司在第1类"磷肥（肥料）；过磷酸钙（肥料）；农业肥料"等商品上的注册商标，专用权期限至2030年3月13日。

2023年2月8日，贺州市市场监督管理局根据投诉对贺州市平桂区红久兴农资经营部进行检查，发现待售"喜丰"钙镁磷肥400包共10吨，经商标注册人辨认，涉案商品非其委托或授权生产。2月9日，贺州市市场监督管理局依法对上述化肥实施扣押行政强制措施,并于同日立案调查。为查明涉案假冒化肥来源,该局和贺州市公安局启动行刑衔接机制。

两部门调查发现,当事人负责人陆某某等人以注册的南宁市武鸣区某矿粉厂作掩护,直接将矿石粉包装成广西鹿寨万强化肥有限责任公司及云南、贵州等地7家化肥生产企业共计8个品牌的钙镁磷肥,谎称厂家直销并兜售至各乡镇。2023年3月至5月,贺州市市场监督管理局与贺州市公安局在贺州、南宁、崇左、百色等地展开收网行动,共捣毁化肥造假窝点1处,查清涉案销售点92个,查获假冒化肥1700余吨、原材料1100余吨;抓获涉案嫌疑人12人,冻结涉案资金70万余元。

目前,该案3名犯罪嫌疑人被贺州市公安机关依法采取强制措施,并以涉嫌假冒注册商标罪交由贺州市平桂区检察院提起公诉,案件正在审理中。

二、典型意义

该案是一起涉及商标专用权保护、农资产品监管以及知识产权行刑衔接与联合执法的典型案件,是落实《国家知识产权局 公安部关于加强协作配合强化知识产权保护的意见》关于推动构建"严保护、大保护、快保护、同保护"工作格局的要求的突出表现。行政机关和司法机关通过有效的联络机制和会商机制,实现了案件的高效推进,展示了行刑衔接与跨部门、跨地区联合执法的优势。该案有力打击了假冒多个知名品牌化肥注册商标的违法行为,不仅维护了商标注册人的合法权益,有效震慑违法犯罪分子,还有效保护农民权益和粮食生产安全,维护了农资市场竞争秩序。

案例6 四川省成都市成华区市场监督管理局查处侵犯"UL"注册商标专用权案

一、基本案情

第13084672号"UL"商标是美国UL有限责任公司在第42类"质量检测;质量控制;质量评估;质量体系认证"等服务上的注册商标,专用权期限至2025年6月20日。

2022年11月17日,成都市成华区市场监督管理局执法人员根据举报对四川优徕博检测技术有限公司进行检查。经查,当事人主要从事质量检测相关服务,在未经"UL"商标注册人许可的情况下,在其公司经营场所、微信公众号、相关合同及检测报告等处使用UL及UL标志,与"UL"注册商标构成近似,易导致相关公众产生混淆误认,侵犯"UL"注册商标专用权。经调查,当事人违法经营额为18.935万元。

2023年3月13日,成都市成华区市场监督管理局认定当事人构成《中华人民共和国商标法》第五十七条第(二)项所指的侵权行为,根据《中华人民共和国商标法》第六十条第二款,作出罚款41万元的行政处罚。

二、典型意义

该案中,侵权商标的显著部分在呼叫、视觉效果等方面与"UL"注册商标构成近似,易导致相关公众误认为侵权人提供的相关质量检测服务来源于"UL"商标注册人或与注册人存在关联,从而产生混淆。办案机关准确认定侵权行为,对查处服务商标侵权案件进行了积极探索,维护了商标注册人及消费者的合法权益,彰显行政执法部门依法平等保护国外商标注册人合法权益,为促进对外开放保驾护航的鲜明态度。

案例 7　江苏省南通市通州区市场监督管理局(知识产权局)查处侵犯"KUKA 顾家家居"注册商标专用权案

一、基本案情

第 45419791 号"KUKA 顾家家居"商标是顾家家居股份有限公司在第 20 类"枕头"等商品上的注册商标，专用权期限至 2032 年 1 月 27 日。

2023 年 2 月 17 日，南通市通州区市场监督管理局(知识产权局)对南通高度纺织品科技有限公司生产经营场所开展现场检查。经查，当事人根据客户订单，在未取得"KUKA 顾家家居"注册商标权利人授权许可的情况下，从市场购进 KUKA 顾家家居 织唛标 1500 个缝制在其生产的记忆枕上，共生产 420 只标识为 KUKA 顾家家居 的成品记忆枕，违法经营额 9240 元。经顾家家居股份有限公司辨认，涉案商品非其委托或授权生产。

经进一步调查，当事人曾因生产销售侵犯"MUJI""無印良品"注册商标专用权乳胶枕的行为，于 2021 年 12 月 15 日被南通市通州区市场监督管理局依法处罚，此次系再次生产侵权产品。

2023 年 6 月 7 日，南通市通州区市场监督管理局(知识产权局)认定当事人构成《中华人民共和国商标法》第五十七条第(一)项规定的侵权行为。当事人连续从事商标侵权活动，属明知故犯，应当从重处罚，办案机关根据《中华人民共和国商标法》第六十条第二款作出行政处罚，没收涉案 KUKA 顾家家居 织唛标，罚款 17.5 万元。

二、典型意义

该案是一起典型的适用从重处罚的商标侵权行政保护案例。当事人两年内实施两次商标侵权行为，主观故意明显、侵权行为恶劣。办案机关综合考量重复侵权事实，准确行使行政处罚自由裁量权，展现出较高的专业素养和执法能力，彰显出知识产权严保护的坚定决心，产生强大震慑作用和广泛社会影响。家纺产业是南通市标志性的传统支柱产业和重要民生产业，该案以知识产权保护护航区域特色优势产业发展，深入推动知识产权保护与产业链充分融合，具有良好的示范意义。

案例 8　辽宁省沈阳市市场监督管理局(知识产权局)查处侵犯"贵州茅台""五粮液"等注册商标专用权案

一、基本案情

第 3159141 号"贵州茅台"商标、第 3159143 号"贵州茅台图形"商标、第 10195605 号"图形"商标为中国贵州茅台酒厂(集团)有限责任公司在第 33 类"含酒精饮料(不包括啤酒)"等商品上的注册商标，专用权期限分别至 2033 年 4 月 20 日、2033 年 4 月 20 日、2033 年 1 月 13 日。

第 1207092 号"图形"商标、第 3467940 号"五粮液"商标为四川省宜宾五粮液集团有限公司在第 33 类"含酒精饮料(不包括啤酒)"等商品上的注册商标，专用权期限分别至 2028 年 9 月 13 日、2034 年 8 月 20 日。

2023 年 2 月 9 日，沈阳市市场监督管理局(知识产权局)根据上级转办案件线索，以涉嫌售假网店的实际发货地址为突破口开展摸排，发现该地址为虚假地址。为查明违法事实，办案机关启动行刑衔接机制。市公安局食药侦部门提供技术支持，查明违法人员身份信息及违法行为发生地。

2023 年 2 月 24 日，公安机关与市场监管执法人员开展联合执法行动，现场扣押经厂家确认的涉嫌侵犯"贵州茅台""五粮液"等注册商标的商标标识超过18万件,扣押标签打印机、笔记本电脑、移动硬盘等违法工具。该案当事人涉嫌犯罪,执法人员现场将案件移送至沈阳市公安局食药侦支队。后公安机关将抓获的5名犯罪嫌疑人移送至检察机关提起公诉。2024年1月25日,法院对上述违法分子分别判处两年到三年有期徒刑,并处罚金。

二、典型意义

该案中,市场监管与公安部门紧密合作,行政手段在发现线索、认定侵权、锁定违法行为发生地、固定证据等方面发挥了重要作用,而刑事手段则在技术侦查、证据收集、嫌疑人抓获等方面发挥了优势。这种行政与刑事手段的衔接,可以让办案机关在情报共享、程序衔接、物品交接、信息反馈等方面及时沟通交流,形成强大的执法合力,有效提高了执法效率。该案的查办为跨部门执法办案提供了有益经验,既维护了商标注册人的合法权益和市场秩序,也保障了消费者利益。

案例9 浙江省桐乡市市场监督管理局查处侵犯"SEVEN""柒牌"注册商标专用权案

一、基本案情

第1283610号"SEVEN"商标、第12212099号"柒牌"商标是福建柒牌时装科技股份有限公司在第25类"服装"等商品上的注册商标,专用权期限分别至2029年6月13日、2034年8月13日。

2023年7月3日,桐乡市市场监督管理局收到桐乡市人民检察院发出的检察意见书,指出房某通生产假冒"柒牌"注册商标标识,帮助李某贴牌加工成品并获取加工费,因犯罪情节轻微不需承担刑事责任,但仍应接受行政处罚。2023年7月4日,桐乡市市场监督管理局对房某通经营的桐乡市濮院房伟服装厂立案调查。

经查,2021年11月至2022年5月24日,当事人未经"柒牌"商标注册人许可,自行从网上下载商标图形进行制作,包括胸标、领标、吊牌等,并将制作的商标标识使用于李某提供的白坯服装上,共计3000件,销售额7862元。当事人制作商标标识未获得授权许可。

另查明,当事人在2020年10月13日因商标侵权行为曾受到行政处罚。当事人构成《中华人民共和国商标法》第五十七条第(四)项规定的侵权行为,且在五年内第二次实施商标侵权行为,属从重情节。2023年10月13日,桐乡市市场监督管理局根据《中华人民共和国商标法》第六十条第二款,责令当事人立即停止侵权行为,罚款18万元。同时根据《市场监督管理严重违法失信名单管理办法》的相关规定,将当事人列入严重违法失信名单。

二、典型意义

该案是在检察机关认定当事人不构成犯罪后,根据检察意见书"反向移送"作出行政处罚的典型案件。该案当事人生产制造侵权商标标识并实施"绣标"行为,但由于涉案侵权服装由他人销售,当事人仅提供帮助性劳务,因此行政执法机关没有机械地认定当事人实施了直接侵权行为,而是以擅自制造和销售商标标识处罚,准确把握了当事人违法行为的本质,适用法律准确。除罚款外,办案机关还将当事人依法纳入严重违法失信名单,运用信用惩戒机制,起到震慑作用,提高违法行为的社会成本,进一步促进诚信社会的建设。

案例 10 重庆市大渡口区市场监督管理局查处侵犯"超级飞侠"注册商标专用权案

一、基本案情

第18169925号"超级飞侠"商标是奥飞娱乐股份有限公司在第20类"沙发；木、蜡、石膏或塑料艺术品"等商品上的注册商标，专用权期限至2026年12月6日。

2023年3月22日，重庆市大渡口区市场监督管理局执法人员根据举报，到当事人重庆登峰雕塑有限责任公司生产经营地现场检查，发现带有"超级飞侠"图样的雕塑成品3个、半成品3个及对应模具3个。经调查，当事人法定代表人吉某程受他人委托定制"超级飞侠"雕塑两件，吉某程借用重庆市大渡口区如艺雕塑设计工作室名义签订合同并制作带有"超级飞侠"图样凹槽的模具。重庆市大渡口区如艺雕塑设计工作室未获得相关授权，并于2019年9月5日注销，无法追究相关责任。2022年3月至4月，当事人使用此前制作的模具制作带有"超级飞侠"图样的雕塑成品3件、半成品3件，并通过短视频平台销售，违法经营额6600元。

2023年6月5日，大渡口区市场监督管理局认定当事人的行为构成《中华人民共和国商标法》第五十七条第（一）项规定的侵权行为，依据《中华人民共和国商标法》第六十条第二款，并考虑当事人及时删除涉案视频等情形，作出处罚决定，责令其立即停止侵权行为，没收雕塑成品、半成品及对应模具，罚款3万元。

二、典型意义

该案的查办充分体现了商标注册对于维护动漫企业合法权益的重要性，拓宽了以往动漫产品一般以著作权主张权益的保护思路，是通过商标保护护航文化产业发展的典型案例。近年来，我国动漫产业高速发展，一些知名动漫企业重视知识产权保护，建立起完善的知识产权保护体系，包括商标、专利、著作权、商业秘密等，综合布局知识产权保护。该案的查办提醒相关动漫从业人员应增强知识产权保护意识，避免侵权行为。当事人通过短视频平台销售侵权商品，这也是近年来商标侵权行为的一个新趋势，该案为此类案件的查办积累了经验。

2023年度地理标志、官方标志和特殊标志行政保护典型案例

案例 1 广东省深圳市市场监督管理局（知识产权局）南山监管局查处擅自使用"南山荔枝"地理标志产品名称案

一、基本案情

2006年10月，"南山荔枝"获得国家地理标志产品保护，保护范围为广东省深圳市南山区现辖行政区域。第7104300号"南山荔枝"商标为深圳市南山区西丽果场在第31类"荔枝"商品上注册的证明商标，经续展，专用权期限至2030年3月27日。

2023年4月10日，广东省深圳市市场监督管理局（知识产权局）南山监管局（简称南山监管局）对微信公众号"南山荔枝"的注册运营主体深圳市某荔枝发展有限公司立案调查。2023年4月23日，南山监管局依据《深圳经济特区知识产权保护条例》第二十八条规定，先行发布知识产权行政禁令决定书，责令当事人停止使用相关地理标志产品名称的行为。经查，2022年7月至2023年4月，当事人在其微信公众号上直接突出宣传使用"南山荔枝"地理标志产品名称，以及"深圳南山荔枝 中华人民共和国地理标志保护产品"等，并销售产自产地内但不符合《地理标志产品 南山荔枝》地方标准的荔枝产品，违法经营额共计

2754元,违法所得2754元。

2023年7月3日,南山监管局认定当事人违反《广东省地理标志条例》第二十条第一款第(二)项及第(五)项规定,依据《广东省地理标志条例》第二十六条,作出没收违法所得2754元、罚款826.2元的行政处罚。

二、典型意义

该案中,当事人利用互联网和社交媒介实施侵权行为,违法行为较为隐秘,影响面较广、调查难度较大,知识产权行政保护部门在掌握初步证据后先行发布全国首张地理标志知识产权行政禁令,及时制止侵权行为。该案依据地方性法规《广东省地理标志条例》进行查处,根据产品是否符合地理标志产品标准和管理规范来判定地理标志产品名称的使用是否合法,为提升地理标志保护水平提供了良好范例。

案例2 广东省珠海市香洲区市场监督管理局(知识产权局)查处擅自使用"慕尼黑啤酒"地理标志产品名称案

一、基本案情

2021年3月,"慕尼黑啤酒"获得国家地理标志产品保护,申请人为慕尼黑酿酒厂协会。

2023年10月18日,广东省珠海市香洲区市场监督管理局(知识产权局)根据国家知识产权局转办的"慕尼黑啤酒"有关违法线索,对珠海市某商业有限公司某购物中心进行检查。经查,当事人从安徽某啤酒有限公司购进其生产的、名称为慕尼黑黑啤酒、慕尼黑精酿原浆啤酒等7种啤酒288瓶,并对外销售,违法经营额共计2448元,违法所得共192.87元。

2023年12月14日,珠海市香洲区市场监督管理局认定当事人违反《广东省地理标志条例》第二十条第一款第(五)项规定,依据《广东省地理标志条例》第二十六条,作出没收涉案啤酒223瓶(罐)、没收违法所得192.87元、罚款700元的行政处罚。

二、典型意义

为有效履行《中欧地理标志保护与合作协定》,国家知识产权局加大对清单产品的保护力度,及时转办相关案件线索,加强专业指导,省级知识产权局组织相关地市开展执法检查。"慕尼黑啤酒"是中欧协定第一批保护清单产品,具有较高国际知名度,在中国市场广受消费者欢迎。该案当事人销售的"慕尼黑啤酒"并非产自德国慕尼黑地区,易造成混淆误认,侵害了慕尼黑啤酒地理标志产品相关权利人的合法权益。该案准确适用《广东省地理标志条例》进行查处,为中欧互认互保清单产品提供高水平保护提供了良好范例,进一步营造了良好的营商环境。

案例3 浙江省舟山市市场监督管理局(知识产权局)查处侵犯"舟山带鱼"证明商标专用权案

一、基本案情

第7481931号"  "商标为舟山市水产流通与加工行业协会在第29类"带鱼片、带鱼(非活的)"商品上核准注册的证明商标,经续展,专用权期限至2029年12月13日。

2023年6月8日,浙江省舟山市市场监督管理局(知识产权局)依法对舟山某食品有限公司经营场所进行检查。经查,2022年10月,当事人委托安徽某包装厂制作印有" "证明商标的包装袋20 500个,使用该包装袋生产"舟山带鱼段"产品成品1440袋,货值金额共计15 607.4元。

2023年9月25日,舟山市市场监督管理局(知识产权局)认定当事人违反《中华人民共和国商标法》第五十七条第(一)项规定,依据《中华人民共和国商标法》第六十条第二款,作出没收侵权包装袋20 243个、罚款2万元的行政处罚。

二、典型意义

在本案的办理过程中,知识产权行政执法部门依法调查取证,对涉嫌侵权商品先行登记保存,为违法行为的进一步查处奠定坚实基础,有效维护了相关权利人合法权益。对案件中发现的其他涉嫌违法侵权行为线索,依法移送有管辖权的行政保护部门,闭环处置,展现了严厉打击知识产权侵权行为的坚定决心。

案例4 江西省景德镇市市场监督管理局(知识产权局)查处侵犯"景德镇"证明商标专用权案

一、基本案情

2005年4月,"景德镇瓷器"获得国家地理标志产品保护(原产地域产品保护),保护范围为江西省景德镇市珠山区、昌江区、乐平市、浮梁县现辖行政区域。第1299950号"[图]"商标为景德镇陶瓷协会在第21类"瓷制工艺美术品、瓷制茶具、瓷制酒具、日用瓷器、瓷器、瓷器装饰品、瓷制艺术品、咖啡具"商品上注册的证明商标,经续展,专用权期限至2029年7月27日。

2023年4月12日,江西省景德镇市市场监督管理局(知识产权局)在省督办专项行动中对珠山区某陶瓷店进行检查。经查,当事人从福建省德化县某厂家成套购入底款加注"景德镇""景德镇制""景德镇彩"的陶瓷产品960件,销售213件,货值金额共计4.24万元,违法所得1022元。

2023年6月21日,景德镇市市场监督管理局(知识产权局)认定当事人违反《中华人民共和国商标法》第五十七条第(三)项规定,依据《中华人民共和国商标法》第六十条第二款,作出没收侵权陶瓷产品747件、没收违法所得1022元、罚款16.96万元的行政处罚。

二、典型意义

该案中,当事人在陶瓷底款突出使用了"景德镇"文字,起到了标识产品来源的作用,具有商标性使用效果,会使相关公众据此认为涉案产品原产于景德镇地区,认为该商品符合"景德镇制"瓷器所具有的特定品质而进行购买,严重侵害相关生产经营者的合法权益。该案的查处严厉打击了以产地外产品冒充地理标志产品的侵权行为,对加强地理标志保护管理,统一和规范地理标志名称使用,保证地理标志产品的独特品质,维护景德镇瓷器的良好声誉,促进陶瓷产业传承、创新和可持续发展具有重要意义。

案例5 四川省宜宾市市场监督管理局(知识产权局)查处侵犯"宜宾芽菜"证明商标专用权案

一、基本案情

2004年1月,"宜宾芽菜系列产品"获得国家地理标志产品保护(原产地标记保护)。第10891979号"[图]"商标为宜宾市食品工业协会在第29类"芽菜(腌制)"商品上注册的证明商标,经续展,专用权期限至2033年3月20日。

2023年5月31日,四川省宜宾市市场

监督管理局（知识产权局）根据权利人举报，联合眉山市市场监督管理局（知识产权局）对凌某生产经营场所进行联合检查。经查，当事人从成都周边及绵阳等地收购大头菜、腌制过的青菜叶子、榨菜皮等作为原材料生产芽菜产品，并在产地范围外的眉山市进行生产，在其外包装上使用"宜宾芽菜"相关字样，共销售产品128 304件，违法经营额共计370.689 2万元。

2023年9月15日，宜宾市市场监督管理局（知识产权局）认定当事人违反《中华人民共和国商标法》第五十七条第（二）项规定，依据《中华人民共和国商标法》第六十条第二款，作出没收侵权商品4085件、包装纸箱18 607个、塑料包装袋361 780个，罚款56万元的行政处罚。

二、典型意义

该案当事人使用地理标志产品产地范围外的原材料，并在产地范围外生产相关产品，其对地理标志产品名称的使用既可能造成消费者对产地误认，也会因与注册商标近似而构成商标侵权。为完善"宜宾芽菜"地理标志保护标准体系，宜宾市制定了《地理标志产品 宜宾芽菜质量要求》《地理标志产品 宜宾芽菜生产技术规范》等多项地方标准，对"宜宾芽菜"产品保护范围、加工技术等方面作出标准化规定。知识产权行政执法部门从严查处地理标志侵权违法行为，有力维护了地理标志相关从业者和消费者的合法权益，体现了严监管、强保护、高标准，起到了良好的法治宣传教育作用。

案例6 广东省广州市、江门市市场监督管理局（知识产权局）查处冒用地理标志专用标志系列案

一、基本案情

2019年10月16日，国家知识产权局发布第三三二号公告，确定并发布地理标志专用标志官方标志"  "，原相关地理标志产品专用标志同时废止，原标志使用过渡期至2020年12月31日。同日，发布第三三三号公告，对地理标志专用标志（官方标志G2019002号）予以登记备案，并纳入官方标志保护。

2023年6月2日，广东省广州市番禺区市场监督管理局（知识产权局）根据江门市市场监督管理局（知识产权局）移交的案件线索，对广州某陈皮有限公司（当事人一）进行立案调查。经查，当事人一在其网店销售页面展示了与"  "近似的标识，共销售陈皮商品58份，销售金额共计8584元。2023年7月4日，江门市市场监督管理局（知识产权局）根据广州市番禺区市场监督管理局（知识产权局）案件移送函，对江门市某陈皮有限公司（当事人二）经营场所进行检查。经查，当事人二从广东省某食品有限公司购进陈皮（代用茶）24罐，自行在产品的外包装上张贴带有某公司社会信用代码的地理标志专用标志，在网络平台销售上述产品1罐，违法所得118元。

2023年9月20日、9月26日，广州市番禺区和江门市市场监督管理局（知识产权局）认定当事人一和当事人二分别违反《广东省地理标志条例》第二十条第一款第（一）项和第（五）项规定，依据《广东省地理标志条例》第二十六条，作出没收当事人一违法所得8584元、罚款2146元，没收当事人二涉案产品23罐、没收违法所得118元、罚款2145.6元的行政处罚。

二、典型意义

该案执法依据清晰明确,直接适用地方专门法规对当事人予以处罚,实现了以往对地理标志专用标志违法行为处罚缺乏直接法律依据的突破,既增强了执法的力度与效果,为行政执法提供了具有可操作性的依据,又对地理标志专用标志违法行为起到了震慑作用。同时该案发生在互联网领域,行政保护部门通过"线上追溯"与"线下打击"相结合,从源头上打击了知识产权违法行为,体现了区域知识产权协同保护机制建设持续加强。

案例7 海南省海口市市场监督管理局(知识产权局)龙华分局查处冒用地理标志专用标志案

一、基本案情

2019年10月16日,国家知识产权局发布第三三三号公告,对地理标志专用标志"  "(官方标志G2019002号)予以登记备案,并纳入官方标志保护。

2023年8月29日,海南省海口市市场监督管理局(知识产权局)龙华分局根据海南省白沙黎族自治县市场监督管理局违法线索移交函,对存放有海口某淀粉有限公司产品的仓库进行检查。经查,当事人于2023年1月委托招远市某龙口粉丝有限公司生产龙口粉丝产品,在其产品外包装正面印有包含生产商社会信用代码的地理标志专用标志。截至2023年8月29日,当事人违法所得合计为134元。

2023年10月24日,海口市市场监督管理局(知识产权局)龙华分局在海南省知识产权局的指导下认定当事人不属于《地理标志专用标志使用管理办法(试行)》第五条规定的经公告或备案的地理标志专用标志合法使用人,在其产品上使用地理标志专用标志的行为违反《海南自由贸易港知识产权保护条例》第三十一条第(三)项和《地理标志产品保护规定》第二十一条规定,依据《海南自由贸易港知识产权保护条例》第五十七条第一款,作出没收涉案商品203包、没收违法所得134元、罚款2万元的行政处罚。

二、典型意义

该案知识产权行政保护部门根据外地部门移交的案件线索,第一时间查实当事人冒用地理标志专用标志的违法行为及违法所得金额,及时阻止了冒用地理标志专用标志的产品流入市场。该案适用《海南自由贸易港知识产权保护条例》对当事人作出行政处罚,展现了海南自由贸易港知识产权行政执法的高水准,对优化海南自由贸易港知识产权营商环境具有良好的示范作用。

案例8 浙江省绍兴市市场监督管理局(知识产权局)查处侵犯"杭州亚运会"等特殊标志专有权案

一、基本案情

2020年4月17日,国家知识产权局发布第三五七号公告,对"杭州亚运会"(第T2020003号)予以特殊标志保护,登记人为2022年第19届亚运会组委会(简称亚组委),核准使用商品和服务项目为《商标注册用商品和服务国际分类》的第1类至第45类,有效期至2024年4月16日。

2022年12月5日,浙江省绍兴市市场监督管理局(知识产权局)根据杭州市钱塘区市场监督管理局(知识产权局)转来的案件线索,对浙江某智能科技有限公司生产经营场所进行检查。经查,当事人于2022年6月生产两款床垫样品，在其洗标上擅自标注"2022年杭州亚运会专用床垫"等字样，并将上述两款床垫各一张销售给杭州某国际建材博览中心某家具商行作为样品陈列，货款金额共计1814元。

2023年4月28日，绍兴市市场监督管理局（知识产权局）认定当事人违反《特殊标志管理条例》第十六条第（一）项规定，依据《特殊标志管理条例》第十六条，作出没收违法所得1814元、罚款5000元的行政处罚。

二、典型意义

该案中，当事人未经亚组委授权许可擅自使用与杭州亚运会特殊标志相同的文字进行商业营销活动，侵犯了亚组委相关的特殊标志专有权。该案是绍兴地区查办的首例杭州亚运会特殊标志行政处罚案件，知识产权行政保护部门根据线索追溯上下游关联的违法行为，第一时间固定证据，明确界定当事人违法行为的性质，同时区分了货款金额和违法所得，避免扩大惩罚范围，有助于积极引导相关主体自觉守法、自我纠错、合法经营，增强公众保护亚运知识产权的意识。

案例9 安徽省黄山市屯溪区市场监督管理局查处侵犯杭州亚运会吉祥物等特殊标志专有权案

一、基本案情

2020年12月1日，国家知识产权局发布第三八七号公告，对杭州亚运会吉祥物宸宸""（第T2020027号）、琮琮

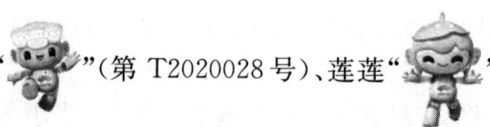

""（第T2020028号）、莲莲""（第T2020029号），主题口号"心心相融，@未来"（第T2020030号）予以特殊标志保护，登记人为2022年第19届亚运会组委会，核准使用商品和服务项目为《商标注册用商品和服务国际分类》的第1类至第45类，有效期至2024年11月30日。2022年7月4日，国家知识产权局发布第四九〇号公告，对杭州亚运会会徽""特殊标志（第32666305号）予以延期，有效期延至2026年8月29日。

2023年3月6日，安徽省黄山市屯溪区市场监督管理局根据第19届亚运会组委会投诉，对安徽某匠文化发展有限公司经营场所进行现场检查，发现刻有杭州亚运会吉祥物、会徽等标志的"亚运徽宝和田碧玉"和"亚运徽宝和田青白玉"各1套。经查，当事人从唐某处购进"亚运徽宝和田青玉"5套、"亚运徽宝和田碧玉"1套、"亚运徽宝和田青白玉"3套，共计销售相关商品7套，违法所得7480元。

2023年6月26日，黄山市屯溪区市场监督管理局认定当事人违反《特殊标志管理条例》第十六条第（二）项规定，依据《特殊标志管理条例》第十六条，作出没收相关商品2套、没收违法所得7480元、罚款1.122万元的行政处罚。

二、典型意义

吉祥物、主题口号、会徽等特殊标志是杭州亚运会、亚残运会的核心财产，经营者擅自制造、销售印有杭州亚运会特殊标志的产品并在商业经营活动中"蹭热点""蹭热搜"的行为侵犯了其特殊标志专有权。该案违法行为认定准确，处罚得当，严厉打击了侵犯涉亚运知识产权行为，为杭州亚运会和亚残运会顺利举办营造了良好的知识产权保护环境和氛围。

案例 10　重庆市两江新区市场监督管理局查处侵犯"第 31 届世界大学生夏季运动会会徽"和"成都大运会"特殊标志专有权案

一、基本案情

2021 年 4 月 14 日,国家知识产权局发布第四一六号公告,对 2021 年第 31 届世界大学生夏季运动会会徽"  "(第 T2021003 号)、"成都大运会"(第 T2021010 号)予以特殊标志保护,登记人为 2021 年第 31 届世界大学生夏季运动会执行委员会,核准使用商品和服务项目为《商标注册用商品和服务国际分类》的全部 45 个类别,有效期至 2025 年 4 月 13 日。

2023 年 8 月 8 日,重庆市两江新区市场监督管理局根据第 31 届世界大学生夏季运动会执行委员会举报,对重庆某咖啡有限公司进行检查。经查,当事人在某网络平台用其账号发布了"TAG X 大运会 CITYWALK|官方指定饮品快来喝!"的宣传广告,使用"成都大运会""  "等内容,未因发布涉案广告而获利,故没有违法所得。

2023 年 11 月 23 日,两江新区市场监督管理局认定当事人违反《特殊标志管理条例》第十六条第(一)项规定,依据《特殊标志管理条例》第十六条,作出罚款 3000 元的行政处罚。

二、典型意义

特殊标志应具有非营利性,当用于商业用途时应当获得权利人的授权和许可。成都大运会作为在我国举办的一项面向世界青年大学生的大型国际体育赛事,受到了国内国际社会高度关注。该案的查处事实认定清楚、证据确凿充分、程序正当规范、法律适用准确合理,有力保护了成都大运会特殊标志权利人合法权益,积极发挥特殊标志的商业性及非商业性双重特性,实现了法律效果和社会效果的统一,有助于规范企业诚信经营,树立符合市场竞争的企业文化,提升社会公众保护体育赛事知识产权的意识。同时,该案也是推动成渝地区双城经济圈建设,实现知识产权两地协同保护、行政执法一体化的典型范例。

供稿:国家知识产权局知识产权保护司

2023 年度专利复审无效十大案件

案例 1　"发送控制信令的方法和装置"发明专利权无效宣告请求案

一、案情介绍

涉案专利名称为"发送控制信令的方法和装置"(专利号:ZL201110269715.3),专利权人为华为技术有限公司,无效宣告请求人为小米通讯技术有限公司。

涉案专利为标准必要专利,双方当事人关于涉案专利的侵权纠纷被国家知识产权局受理作为重大专利行政裁决案件。本案涉及通信领域 LTE 物理层标准,审理聚焦于创造性判断中的典型法律问题,包括权利要求技术方案的理解,以及现有技术是否存在技术启示的判断。

经审理,国家知识产权局作出第 562606 号无效宣告请求审查决定,维持专利权有效。

二、典型意义

本案诠释了在创造性审查中应当抓住

发明本质，对权利要求技术方案进行整体考量，避免将具有关联关系的技术特征割裂考虑、机械比对，导致对技术事实的认定出现偏差。本案进一步诠释了在判断现有技术能否结合时，应当整体考量对比文件技术方案中相互关联的技术特征，围绕发明实际解决的技术问题，客观评判对比文件是否给出结合启示及是否存在结合障碍，进而准确得出创造性审查结论。本案审查决定的作出，推动了两家企业达成全球专利交叉许可的进程。

案例2 "一种安全锂离子电池单元及安全锂离子电池组"发明专利权无效宣告请求案

一、案情介绍

涉案专利名称为"一种安全锂离子电池单元及安全锂离子电池组"（专利号：ZL200610072849.5），专利权人为北京亿马先锋汽车科技有限公司，无效宣告请求人为深圳市比克电池有限公司。

本案系锂电池领域以计算公式表现参数特征的典型案件，主要涉及对说明书是否公开充分的判断。

经审理，国家知识产权局作出第563221号无效宣告请求审查决定，宣告专利权全部无效。

二、典型意义

对于含有参数特征的锂电池领域发明专利，本案从两个方面阐释了说明书是否公开充分的判断标准，具有示范作用。一是，对于技术效果可预测性较低的技术领域，如果技术方案中包含参数的计算公式是在诸多特定条件或者理想条件下推导得出，本领域技术人员根据说明书记载的内容无法合理推知其能否取得预期的技术效果，则说明书需要记载相应的实验数据加以证明，否则说明书无法满足充分公开的要求；二是，如果说明书的描述不完整，仅给出某种设想或任务，并未给出实现该设想或任务的具体技术手段，而本领域技术人员根据说明书的描述或依赖现有技术手段又不能实现该设想或任务，进而无法实现本专利的技术方案，解决其技术问题，达到预期的技术效果，则说明书没有满足充分公开的要求。

案例3 "聚氨酯抛光垫"发明专利权无效宣告请求案

一、案情介绍

涉案专利名称为"聚氨酯抛光垫"（专利号：ZL201410448504.X），专利权人为罗门哈斯电子材料CMP控股股份有限公司、陶氏环球技术有限公司，无效宣告请求人为王某。

聚氨酯抛光垫为一种机械化学抛光垫，在生产实践中广泛用于芯片晶圆的抛光。本案的争议焦点在于，权利要求中关于配方组分和物理性能的多个技术特征是否存在相互作用关系，在创造性评价中是否应当予以整体考量。

经审理，国家知识产权局作出第564483号无效宣告请求审查决定，维持该专利权有效。

二、典型意义

不同于以宏观结构呈现的传统机械产品，本案的聚氨酯抛光垫属于一种化学机械学科交叉的创新成果，此类产品的权利要求通常包括产品制备特征和性能参数特征的限定。

在本案中，合议组根据实验数据认定，权利要求中的组分、含量与物理性能参数等多个特征不存在相互作用关系，无需整体考量。然而本专利解决了抛光垫的均一性及热稳定性的技术问题，而现有技术均未就此给出相应的技术启示，因此具备创造性。

本案审理遵循专利法"公开换保护"的基本原则,在鼓励创新的同时,为专利权划定了与其技术贡献相匹配的保护范围。

案例 4 "能够控释活性成分的可分割的盖伦制剂形式"发明专利权无效宣告请求案

一、案情介绍

涉案专利名称为"能够控释活性成分的可分割的盖伦制剂形式"(专利号:ZL200810213769.6),专利权人为法国施维雅药厂,无效宣告请求人为刘某。

涉案专利涉及药品名称为"格列齐特"的可分割延长释放型片剂的制剂发明,适用于降血糖药物。本案涉及补交实验数据的证据审查规则、技术障碍以及技术启示的判断等多个法律问题。

经审理,国家知识产权局作出第59745号无效宣告请求审查决定,宣告专利权全部无效。

二、典型意义

药品专利补交实验数据的审查是医药化学领域案件审理中的热点和难点问题。双方当事人针对同一技术事实分别提交实验数据,且两者实验结论完全不同甚至存在相反之处。案件技术事实的查明较为复杂,审理难度较高。

审查决定从双方当事人的举证责任、证据的真实性、关联性以及证明力多个层次深入审查当事人补交的实验证据能否支持其主张,进一步明晰了实验报告类证据的审理规则和该类案件的审理思路。本案还对"现有技术中的负面描述是否构成判断技术启示时的障碍"给出指引,强调应以本领域技术人员的视角,具体分析现有技术所披露的技术信息,在综合考虑现有技术的整体情况后,客观判断其是否构成判断技术启示时的障碍。

案例 5 "用于序列操纵的系统、方法和优化的指导组合物的工程化"发明专利权无效宣告请求案

一、案情介绍

涉案专利名称为"用于序列操纵的系统、方法和优化的指导组合物的工程化"(专利号:ZL201380070567.X),专利权人为布罗德研究所有限公司、麻省理工学院、哈佛大学校长及研究员协会,无效宣告请求人为株式会社图尔金。

本案涉及的 CRISPR/Cas9 技术被称为"基因魔剪",曾在 2020 年获诺贝尔化学奖。本案是通过《专利合作条约》(PCT)途径进入中国的专利申请,在先申请的四个申请人中仅两人向在后申请人作出权利转让。本案争议焦点在于在后申请人是否有权要求优先权。

经审理,国家知识产权局作出第563732号无效宣告请求审查决定,宣告专利权部分无效。

二、典型意义

对于经 PCT 途径进入中国的专利申请,当前后申请人不一致时,我国《专利审查指南》规定有权要求优先权的情形包括:在后申请人是在先申请人之一,在后申请人由于在先申请人的转让、赠与或其他方式形成权利转移。本案从优先权性质出发,对上述规定作出了合理的解释与适用,即优先权转让可以视为基于申请权的"使用许可"。当在先申请存在多个申请人时,其中部分申请人作出优先权转让并未剥夺其他申请人转让的权利,这种理解符合鼓励发明创造的立法宗旨。决定认定,本案情形满足"在后申请人是在先申请人之一"的法定条件,在后申请人有权要求优先权。

案例6 "聚(亚芳基醚)共聚物"发明专利权无效宣告请求案

一、案情介绍

涉案专利名称为"聚(亚芳基醚)共聚物"(专利号：ZL200680046261.0)，专利权人为高新特殊工程塑料全球技术有限公司，无效宣告请求人为河北健馨生物科技有限公司。

聚(亚芳基醚)共聚物是世界五大通用工程塑料之一，作为高频覆铜板的核心基材成分，其性能指标决定了电子设备主板的设计和制造能力，是电子产品创新和发展的重要影响因素之一。

经审理，国家知识产权局作出第560904号无效宣告请求审查决定，维持专利权有效。

二、典型意义

高分子化学领域常见使用复杂多样的参数对专利权利要求进行限定，参数特征是否被现有技术公开是该领域案件审理的难点之一。本案结合高分子化学领域的特点，诠释了参数特征是否被现有技术公开的判断原则：当参数特征难以进行比对时，需要站位本领域技术人员综合判断该特征能否推定公开。此时既要考虑专利说明书记载的内容，例如原料和工艺步骤的异同，也要站位本领域技术人员通过相关经验公式的计算、其他关联参数的印证等多个维度综合判断。审查决定中的上述判断原则，为包含参数特征的产品权利要求的审理提供了范例。

此外，对于在无效程序中如何看待专利权人在授权程序中意见陈述的法律效果，本案也进行了阐释。

案例7 "一种复合装饰板"实用新型专利权无效宣告请求案

一、案情介绍

涉案专利名称为"一种复合装饰板"(专利号：ZL201920768950.7)，专利权人为谭某，无效宣告请求人为梁某。

在涉案专利的关联侵权纠纷中，生效判决认为，请求人提交作为现有技术抗辩的证据所展示的商品无法体现"塑料薄膜"的技术特征。无效宣告程序中，请求人同样提交此份证据作为现有技术，主张其中"吸塑"一词隐含公开了涉案专利的"塑料薄膜层"，并补充公知常识性证据用于说明"吸塑"的技术含义。

经审理，国家知识产权局作出第563521号无效宣告请求审查决定，宣告专利权全部无效。

二、典型意义

《最高人民法院关于适用〈中华人民共和国民事诉讼法〉的解释》第九十三条规定，已为人民法院发生法律效力的裁判所确认的事实，当事人无须举证，有相反证据足以推翻的除外。本案充分考虑新出现的公知常识性证据，并作综合分析，认为上述证据已经充分证明了"吸塑"即为在某一结构表面通过真空吸附的方式覆塑料薄膜，因此隐含公开了其产品具有"塑料薄膜层"，足以推翻人民法院发生法律效力的裁判所确认的事实。

本案阐明了无效宣告程序中如何把握生效裁判"所确认的事实"的范畴，以及如何判断"相反证据足以推翻"的规则和标准，具有示范意义。

案例8 "用于高速下行链路分组接入的附加调制信息信令"发明专利权无效宣告请求案

一、案情介绍

涉案专利名称为"用于高速下行链路分组接入的附加调制信息信令"(专利号：ZL200780048958.6)，专利权人为诺基亚技术有限公司,无效宣告请求人为OPPO广东移动通信有限公司。

2021年起,专利权人在多个国家和地区对无效宣告请求人发起专利侵权诉讼并申请禁令,无效宣告请求人亦提出对专利有效性的挑战,本案即为其中之一。本案审理的重点是在判断涉案专利的优先权是否成立时,要判断作为要求优先权基础的在先申请是否实质上清楚地记载了与在后申请相同的主题。

经审理,国家知识产权局作出第56283号无效宣告请求审查决定,宣告专利权全部无效。

二、典型意义

本案在《专利审查指南》对优先权核实的相关规定基础上,进一步诠释了"在先申请是否实质上清楚记载了在后申请相同主题"的判断标准。决定指出,虽然在先申请文件中存在与在后申请权利要求的技术方案对应的文字记载,但如果本领域技术人员依据在先申请公开的内容无法实现该技术方案,则在先申请对于上述技术方案的记载属于笼统或者含糊的描述,实质上不满足《专利审查指南》有关"清楚记载"的要求。在此基础上,决定认定本申请全部权利要求不享有在先申请的优先权。

案例9 "运动鞋"外观设计专利权无效宣告请求案

一、案情介绍

涉案专利名称为"运动鞋"(专利号:ZL201930327108.5),专利权人为中乔体育股份有限公司,无效宣告请求人为彪马欧洲公司。

本案涉及两大知名运动品牌的知识产权博弈,案件焦点在于涉案专利鞋跟处争议设计是否起到商业标识作用,争议点涉及图形近似的判断、争议设计的功能、在先商标的知名度和显著性、专利权人的主观意图、联名商标的使用等多个方面。

经审理,国家知识产权局作出第563861号无效宣告请求审查决定,维持专利权有效。

二、典型意义

本案阐释了外观设计专利权与在先商标权权利冲突认定中的考量因素和判断方法,在图形近似程度的判断基础上,通过综合考量专利权人的主观意图、行业惯例、消费者认知等因素,考察涉案专利对争议设计的使用是否起到标识商品来源的作用,为外观设计专利权与商标权冲突的判定提供了审理指引。决定指出,涉案专利的争议设计客观上没有达到识别商品来源的效果,是装饰性使用而非标识性使用,不会使相关公众将其与在先商标混淆。

决定表明,对在先商标权人的合法权益予以保护的同时,不能通过扩张性解释将外观设计中正当使用的图案纳入在先商标权保护范围,阐明了商标权与外观设计专利权保护的边界。

案例10 "食物容器和吸引增强注意力的装置和方法"发明专利申请复审请求案

一、案情介绍

涉案专利申请名称为"食物容器和吸引增强注意力的装置和方法"(专利申请号:201980006158.0),复审请求人为史蒂芬·L.泰勒。

达布斯(英文名称"DABUS")是本案申请人创建的人工智能系统,申请人先后在英国、欧盟、美国等国家或地区提出专利申请,并在申请文件中将发明人名称登记为达布斯(DABUS)。人工智能能否作为发明人,成为世界关注的话题。

经审理，国家知识产权局作出第1373038号复审请求审查决定，维持驳回决定。

二、典型意义

合议组首先从《中华人民共和国专利法》对发明人享有权利的相关规定出发，指出专利申请审批程序的目的，不仅在于审查发明创造是否应当被授权，还包括要确定与该发明创造有关的权利。《中华人民共和国专利法》规定发明人享有的可以获得收益的财产权利以及署名以表明身份的人身权利，均是民事权利。因此只有符合民法规定的民事主体，才能作为发明人相关民事权利的权利人。达布斯是"人工智能系统"，不属于民法规定的三种民事主体之一，不能作为民事主体行使权利和履行义务，因此无法在专利行政程序中被确定为发明人。本案是我国关于"人工智能能否作为专利发明人"问题的首案认定，为全球性的问题提供了中国答案。

供稿：国家知识产权局专利局
复审和无效审理部

2023年度商标异议和评审典型案例

案例1　第61172988号"黄塔膏药"商标异议案

一、基本案情

异议人：滑县某骨科医院
被异议人：滑县某骨伤医院
被异议商标：**黄塔膏药**

异议人主要理由："黄塔膏药"商标具有较高知名度，被异议商标的注册违反了《中华人民共和国商标法》第十三条第三款的规定。

被异议人答辩理由：双方商标共存于市场不会产生混淆误认。

经审查，国家知识产权局商标局认为，被异议商标"黄塔膏药"指定使用服务为35类"替他人推销；为商品和服务的买卖双方提供在线市场"等。异议人引证在先注册的第13597533号"黄塔膏药"商标核定使用商品为第5类"膏剂"等。在案证据显示且经查，异议人的"黄塔膏药"2009年6月被河南省文化厅列入河南省第二批非物质文化遗产保护名录，2019年3月被河南省商务厅认定为第六批"河南老字号"。"黄塔膏药"商标经异议人长期使用具有一定知名度。被异议商标与引证商标文字构成相同，指定使用的服务与引证商标核定使用的商品属于类似商品和服务。被异议人与异议人同处河南省安阳市滑县半坡店乡，在指定服务上申请注册被异议商标，易使相关公众对服务的来源产生混淆误认。依据《中华人民共和国商标法》第三十条规定，被异议商标不予注册。

二、典型意义

本案是保护非物质文化遗产商标的典型案例。做好非物质文化遗产的系统性保护，是中央重大决策部署。商标权保护是非物质文化遗产系统性保护的重要组成部分。本案基于非物质文化遗产"黄塔膏药"的历史传承和使用现状，认定所涉商品和服务构成类似关系，对不同市场主体的商标权边界进行清晰划定，有力制止市场混淆误认，守护公平竞争的市场秩序，强化非物质文化遗产商标保护，对类案审查具有一定的借鉴意义。

案例2 第59222968号"只此青绿"商标异议案

一、基本案情

异议人：中国某演艺集团有限公司

被异议人：福建某文化发展有限公司

被异议商标：**只此青绿**

异议人主要理由：被异议人恶意抢注"只此青绿"商标，损害其对《只此青绿》舞蹈诗剧名称享有的在先权益，违反了《中华人民共和国商标法》第三十二条的规定。

被异议人答辩理由：《只此青绿》不具备应有的知名度，被异议商标的注册未违反《中华人民共和国商标法》第三十二条的规定。

经审查，国家知识产权局商标局认为，被异议商标"只此青绿"指定使用在第41类"音乐表演；在演出场馆提供音乐歌舞表演；商业培训"等服务上。异议人提供的《只此青绿》舞蹈诗剧入选"庆祝中国共产党成立100周年舞台艺术精品创作工程"重点扶持剧目等证据可以证明，异议人该舞蹈诗剧具有较高的知名度和影响力。异议人两次举办新闻发布会以及该舞蹈诗剧首演的时间均早于被异议商标申请日。被异议人作为同业经营者，在"音乐表演；在演出场馆提供音乐歌舞表演"等类似服务上申请注册被异议商标，已构成对异议人商标的抢注。此外，《只此青绿》舞蹈诗剧以北宋名画《千里江山图》为蓝本创作，是弘扬中华优秀传统文化的一部精品力作。该舞蹈诗剧是异议人创造性劳动的结晶。被异议商标与该舞蹈诗剧名称相同，其注册使用会减少异议人因该舞蹈诗剧知名度所应获得的商业价值和商业机会，进而损害异议人的在先权益，违反了《中华人民共和国商标法》第三十二条的规定，被异议商标不予注册。

二、典型意义

本案是规制抢注舞蹈诗剧名称行为的典型案例。该案准确认定较高知名度的舞蹈诗剧名称事实上具有识别服务来源作用，同时综合考量所指定服务与舞蹈诗剧的关联程度、申请人不正当目的等因素，将舞蹈诗剧名称纳入在先权益范畴，保护了原创作品权利人应享有的现实或潜在利益，助力中华优秀传统文化的继承弘扬与传播发展。

案例3 第64310227号"慢飞天使MAN FEI ANGEL及图"商标异议案

一、基本案情

异议人：中国贵州某酒厂（集团）有限责任公司

被异议人：姚某

被异议商标：

异议人主要理由：双方商标构成近似商标，被异议人申请注册了多件完整包含异议人"飞天"品牌的"慢飞天使"商标，其行为违反了诚实信用原则，扰乱市场正常秩序。

经审查，国家知识产权局商标局认为，被异议商标"慢飞天使MAN FEI ANGEL及图"与异议人引证在先注册的第10195572号"飞天"等商标在文字构成、呼叫及含义等方面具有一定区别，因此未构成使用在类似商品上的近似商标。经查，"慢飞天使"通常是对有智力障碍、自闭症或学习困难等特殊儿童的友善称谓，被异议商标使用在指定的"烈酒（饮料）；白酒"等商品上，易产生不良社会影响，已构成了《中华人民共和国商标法》第十条第一款第（八）项所指情形。

二、典型意义

该案是国家知识产权局商标局主动适用《中华人民共和国商标法》第十条第一款第(八)项之规定不予核准注册的典型案例。"慢飞天使"一词通常是对有智力障碍、自闭症或学习困难等困境边缘儿童的友善称谓,本身并不属于违反公序良俗或对我国政治、经济等易产生不良影响的文字,然而该文字如作为商标特别是注册使用在白酒等商品上,则可能对这一特定群体的相关消费者造成感情伤害。该案裁定体现了对特殊群体的人文关怀,对维护我国社会主义道德风尚起到积极、正向的指引作用。

案例4 第60172218号"宝鲁日"商标异议案

一、基本案情

异议人:宝鲁日

被异议人:内蒙古某商贸有限公司

被异议商标:宝鲁日

异议人主要理由:被异议商标的申请注册损害了异议人的姓名权。

经审查,国家知识产权局商标局认为:异议人提供了其身份证及抖音账户相关信息、网店销售记录和发票、官方媒体和部分网络平台的宣传报道,异议人获得"旅游达人"和"草原羊推荐官"等荣誉称号、异议人与部分企业签订的相关协议等证据材料。上述证据可以证明,异议人姓名为"宝鲁日",是知名乡村生活记录博主,其在抖音等社交平台具有大量粉丝且作品具有较高播放量。在被异议商标申请日期之前,异议人姓名"宝鲁日"已为相关公众所了解,且具有一定知名度,被异议人对异议人姓名存在知晓的可能。被异议商标"宝鲁日"与异议人姓名相同,被异议人申请注册被异议商标已构成对异议人姓名权的损害,违反了《中华人民共和国商标法》第三十二条的规定,被异议商标不予注册。

二、典型意义

本案属于《中华人民共和国商标法》第三十二条申请商标注册不得损害他人现有的在先权利之姓名权的典型案件。随着自媒体的发展,很多像"宝鲁日"一样的乡村网红们,通过记录当地的日常生活,在互联网平台上获得一定的知名度,又通过直播带货的方式促进着乡村经济发展。本案对草原旅游达人的姓名权给予法律保护,体现了商标法在商标权与在先权利之间的平衡意义。同时遏制了损害网红姓名权的行为,助力乡村经济新发展,对于鼓励乡村振兴具有积极意义。

案例5 第60596619号"白水畈"商标异议案

一、基本案情

异议人:咸宁市咸安区高桥白水畈萝卜协会

被异议人:武汉市某实业有限责任公司

被异议商标:白水畈

异议人主要理由:被异议人申请大量与其经营行业无关的商标,缺乏真实使用意图。被异议人抢注异议人在先使用的地理标志农产品名称,易误导公众。

被异议人答辩理由:被异议人未抢注他人商标,其在使用被异议商标时标示了产品产地,不会使公众造成误认。

经审查,国家知识产权局商标局认为,被异议商标"白水畈"指定使用于第31类"新鲜蔬菜"等商品上。被异议人在不同类别商品或服务上共申请注册了180余件商标,其中包括多件与农产品地理标志名称相同或相近的商标,还包括多件与景点、村镇名称相同或近似的商标。同时异议人提交的证据可以证明在被异议商标申请之前,"白水畈萝卜"已经作为湖北省当地的农产品地理标志商品进行销售。被异议人虽然辩称其销售的商品来自咸宁市咸安区高桥镇白水村,但是其并非当地种植户,其将当地农产品地理标志名称作为商标注册不具有合理性。被异议人的上述行为具有抢占公共资源囤积商标的主观意图,已构成不以使用为目的恶意申请注册商标的行为,扰乱了商标注册管理秩序。

二、典型意义

《中华人民共和国商标法》第四条旨在规范商标注册秩序,制止不以使用为目的的商标注册行为。对于抢占公共资源,特别是抢注农产品地理标志名称牟取不正当商业利益的行为予以坚决打击,体现了商标主管机关对诚实信用、健康有序的商标注册和使用秩序的坚决维护。

案例6 第47589108号"DEMARSON"商标无效宣告请求案

一、基本案情

申请人:德某森公司

被申请人:泉州市某电子商务有限公司

申请商标:**DEMARSON**

申请人主要理由:申请人独创的"DEMARSON"已经具有了一定的知名度,争议商标与该商标完全相同,且被申请人并未对其独立创作争议商标作出合理解释。此外,被申请人的法定代表人和股东设立了多家公司,共申请注册了600余件商标,远远超出生产经营需要,且不乏抄袭他人品牌之商标,上述主体恶意囤积商标,攀附他人声誉,违反了《中华人民共和国商标法》第四十四条第一款的规定。

经审理,国家知识产权局商标局认为,争议商标与申请人在先登记的企业字号完全相同,难谓巧合;同时,被申请人与其18家关联公司在多个类别的商品和服务上申请注册了多件与他人具有较强显著性的商业标识、设计师姓名相同或近似的商标,被申请人未作出合理解释。此外,被申请人关联公司经营范围还包括商标代理等业务。可见被申请人及其关联公司具有恶意串通囤积、摹仿他人商标或姓名、规避《中华人民共和国商标法》相关规定的一贯恶意,不具备注册商标应有的正当性,扰乱了商标注册管理秩序,构成《中华人民共和国商标法》第四十四条第一款所指的"以其他不正当手段取得注册"之情形。

二、典型意义

该案在认定争议商标的注册构成现行《中华人民共和国商标法》第四十四条第一款所指情形的基础上,一并将被申请人及其关联公司共19家关联主体统一收录到重点监控名录中,充分体现了商标主管机关对恶意囤积商标、攀附他人商誉行为的严厉打击,同时,该行为也是完善商标恶意注册规制路径和利用信息化预警机制发挥重点监控、严厉打击作用的重要举措。

案例7 第55926680号"蜂花佳人"商标无效宣告请求案

一、基本案情

申请人:上海某日用品有限公司

被申请人:滕州市某蜜蜂养殖服务专业合作社

申请商标:**蜂花佳人**

申请人主要理由:申请人第683187号"蜂花"商标多次被认定为驰名商标。争议商标系对申请人驰名商标的抄袭、摹仿,其注册使用必将造成混淆并致误购,损害申请人利益。依据《中华人民共和国商标法》第十三条第三款等规定对争议商标予以无效宣告。

经审理，国家知识产权局商标局认为，申请人提交的证据证明在争议商标申请注册前，其"蜂花"商标在洗发液等商品上已具有较高知名度并多次依据《中华人民共和国商标法》第十三条予以保护。争议商标构成对申请人商标的复制摹仿。争议商标使用的商品与申请人商标经使用具有高知名度商品具有一定关联性。争议商标的注册易使相关公众误认为商品提供者与申请人具有某种关联关系，从而易造成混淆误认，致使申请人权益可能受到损害。故争议商标的注册违反《中华人民共和国商标法》第十三条第三款规定。

二、典型意义

该案剖析了案件审理中适用《中华人民共和国商标法》第十三条第三款的规定对驰名商标持有人再次请求驰名商标保护的认定条件，结合个案具体案情适度降低举证责任，既符合商标知名度动态变化实际，也能够激励商标权人始终注意商标经营。该案维护了高知名度的民族品牌合法权益，显示出商标授权确权机关加强民族品牌保护，助力培育以商标品牌为核心的国际竞争优势的积极导向。

案例8 第 36365304 号 "MASTRO'S STEAKHOUSE M 及图" 商标无效宣告请求案

一、基本案情

申请人：某餐馆有限责任公司

被申请人：天津某教育信息咨询有限公司

申请商标：

申请人主要理由：被申请人的法定代表人、股东刘某是争议商标代理机构的法定代表人和股东，且刘某还是另外5家商标代理机构的股东和高管，故被申请人应为商标代理机构，不得在除商标代理服务以外服务上申请注册商标。

经审理，国家知识产权局商标局认为，被申请人法定代表人为两家代理机构的法定代表人和经理，被申请人与上述两公司存在利害关系，被申请人作为上述商标代理机构的关联公司，在多个类别的商品和服务上申请注册了百余件商标，且部分商品和服务与公司的主营业务相去甚远，部分商标亦由这些关联代理机构代理，该情形难谓善意。被申请人申请注册争议商标系商标代理机构假借其关联公司之名申请注册，以达到规避法律之目的，其商标注册行为应视为商标代理机构在代理服务之外的其他商品或服务上申请注册商标的情形，违反《中华人民共和国商标法》第十九条第四款的规定。

二、典型意义

该案从系争商标申请人与商标代理机构关联关系，系争商标申请人是否采用不正当手段两个方面结合，作为制止视同商标代理机构抢注行为的判定规则，该判定规则的明确，可以弥补规则的空白，充分发挥商标法绝对条款在规制商标恶意注册方面的作用，督促商标代理机构规范诚信经营。

案例9 第 17085619 号 "十万个为什么 100000WHYS 及图" 商标无效宣告请求案

一、基本案情

申请人：四川某出版社有限公司

被申请人：上海某出版社有限公司

申请商标：

申请人主要理由：争议商标的主要识别部分"十万个为什么"，于争议商标申请日前已成为指代百科类主题图书、期刊的通用名称，且该文字使用在图书、期刊等商品上，仅直接表示了商品的主题特点。争议商标除"十万个为什么"外的其他构成要素与"十万个为什么"紧密对应，亦不具有商标应有的显著特征，违反了《中华人民共和国商标法》第十一条第一款的规定。

经审理，国家知识产权局商标局认为，申请人提交的在案证据不足以证明"十万个为什么"一词已被收录于国家标准、行业标准之中，或被专业工具书、词典列为商品名称，在相关公众的认知中已成为书籍等商品的指代称谓，从而属于法定的通用名称或约定俗成的通用名称。"十万个为什么"并非对书籍等商品具体主题内容的直接描述，不构成仅直接表示商品的质量、内容等特点的情形。同时，该图书名称在书籍等商品领域经被申请人长期使用已取得了较高的知名度，能起到商标的区分商品来源的作用。综上，争议商标未违反《中华人民共和国商标法》第十一条第一款的规定。

二、典型意义

该案综合考虑"十万个为什么"这一知名图书品牌的历史渊源、持续使用情况，以及在相关公众中的影响力等因素，对知名图书名称作为商标注册是否违反显著性条款给予准确定性，肯定了商标所有人使用争议商标的正当性和合法性，维护了商标权利的稳定性，有利于规范图书出版秩序，促进我国文化教育事业的繁荣与发展。

案例10　第52695434号"铂金优选"商标等8件无效宣告请求案

一、基本案情

申请人：某国际贸易（苏州）有限公司；某油品公司

被申请人：某润滑油（无锡）有限公司

申请商标：**铂金优选**

申请人主要理由：某国际贸易（苏州）有限公司是某油品公司的全资子公司，负责亚洲地区润滑油的销售。某油品公司对"PLATINUM及图"（译为"铂金"）商标享有在先商标权。被申请人与图形商标原权利人存在关联关系。在未经授权情况下，被申请人申请注册了7件"铂金"系列商标，违反了《中华人民共和国商标法》第十五条的规定。被申请人的关联公司存在抢注大量他人润滑油品牌的行为，违反了《中华人民共和国商标法》第四十四条第一款的规定。

经审理，国家知识产权局商标局认为，综合分析考量某油品公司在先波兰商标注册情况，其中国子公司官网产品信息，被申请人及其关联公司商号、经营范围及受让图形商标后的商标注册情况，结合图形商标无效宣告案中被申请人关联公司曾与某油品公司就"PLATINUM"产品存在经销关系等证据，可以证明"铂金"系列商标的申请注册已构成基于特定关系人抢注他人在先使用商标的情形，违反了《中华人民共和国商标法》第十五条第二款的规定。被申请人关联公司作为润滑油行业相关从业者，申请注册多件与其他润滑油品牌及能源公司商号相同或近似的商标，具有明显的复制、抄袭、摹仿他人商标的故意，已构成以其他不正当手段注册商标的情形，违反了《中华人民共和国商标法》第四十四条第一款的规定。

二、典型意义

本系列案件在适用《中华人民共和国商标法》第十五条第二款规定时，并未拘泥于单独案件中的证据材料，而是打通关联案件，整体分析、综合考虑以还原事实真相。在法律适用上贴合立法本意，灵活处理,切实考虑现有全部证据因素,有力打击恶意抢注,维护公平正义,实现法律效果与社会效果相统一。

供稿:国家知识产权局商标局

2023年度全国打击侵权盗版十大案件

案例1　北京阿特莱斯网络科技有限公司侵犯视听、美术作品著作权案

一、基本案情

2023年9月,根据权利人投诉线索,北京市文化市场执法总队对本案进行调查。经查,2021年起,北京阿特莱斯网络科技有限公司运营"快玩乐盒"小程序,未经著作权人许可擅自通过信息网络传播视听作品《斗罗大陆》及美术作品《史莱克七怪》等。执法人员通过区块链存证证据,确认北京阿特莱斯网络科技有限公司侵犯他人著作权。2023年11月,北京市文化市场综合执法总队依据《中华人民共和国著作权法》第53条规定,对该公司作出警告、没收违法所得13 502.72元、罚款5万元的行政处罚。

二、典型意义

本案是首都版权行政执法领域首次使用区块链电子存证查办,对区块链等电子证据予以采纳,系统掌握区块链电子存证路径方法,有助于推动新技术与版权执法有机融合,为互联网环境下办理版权案件提供了参考借鉴。

案例2　上海君库信息科技有限公司侵犯美术作品著作权案

一、基本案情

2023年9月,根据权利人投诉线索,上海市文化和旅游局执法总队对本案进行调查。经查,上海君库信息科技有限公司运营"大作网",未经著作权人许可长期通过爬虫技术抓取网上传播的美术作品和相关素材,向公众和会员提供美术作品《小黄人》《功夫熊猫》等在线浏览和下载服务。2023年11月,上海市文化和旅游局执法总队依据《中华人民共和国著作权法》第53条规定,对该公司作出警告、罚款10万元的行政处罚。

二、典型意义

本案是版权行政执法部门规范正版图片授权市场的具体行动,对侵权盗版相关动漫美术作品行为的查处,充分体现出我国严格保护、平等保护中外著作权人合法权益的版权执法导向。

案例3　江苏宿迁"7·1"侵犯图书著作权案

一、基本案情

2022年7月,根据群众举报线索,江苏省沭阳县公安局对本案进行调查。经查,2020年6月起,张某未经著作权人许可,印制销售侵权盗版《艾青诗选》《西游记》《红星照耀中国》等中小学课外读物和教辅图书350余万册,非法经营额1828万元。高某某、周某在明知张某所印图书为侵权盗版情况下,仍购进并对外销售牟利,非法经营额2500余万元。2023年10—12月,江苏省沭阳县人民法院先后以侵犯著作权罪、销售侵权复制品罪,判处张某有期徒刑五年六个月,并处罚金440万元;判处高某有期徒刑一年六个月,并处罚金 212 万元;判处周某有期徒刑三年,并处罚金 1000 万元。

二、典型意义

近年来,非法复制发行侵权盗版少儿图书、名家名作等违法犯罪活动持续多发,严重损害权利人合法权益,危害青少年身心健康,权利人和家长对此反映强烈。本案侵权图书种类、数量众多,侵权盗版规模大,执法部门依法查处,对维护良好出版物市场版权秩序、保护青少年身心健康具有积极意义。

案例 4 江苏昆山"鸡腿"外挂侵犯网络游戏著作权案

一、基本案情

2020 年 7 月,根据权利人报案线索,江苏省昆山市公安局对本案进行调查。经查,2018 年起,何某某、王某某等与境外游戏外挂运营团队勾结,通过搭建网站采用比特币交易结算等方式,面向国内外玩家销售破坏《和平精英》《PUBG MOBILE》游戏技术措施的"鸡腿"外挂程序,非法牟利 2934 万元。2023 年 6 月,昆山市人民法院以侵犯著作权罪,判处何某某有期徒刑四年,并处罚金 2000 万元;判处王某某有期徒刑四年,并处罚金 2000 万元。

二、典型意义

本案系打击网络游戏私服外挂典型案例,对违法犯罪分子依法判处四年实刑和 2000 万元罚金,体现了司法机构、执法部门严厉打击侵犯著作权违法犯罪和保护网络版权的坚定决心。本案查办在案件定性、取证固证、违法所得计算等方面积累的经验,对类案查办具有借鉴意义。

案例 5 浙江温州"6·5"侵犯亚运会吉祥物著作权案

一、基本案情

2023 年 6 月,根据工作中获得线索,浙江省温州市永嘉县公安局在版权行政执法部门配合下对本案进行调查。经查,2022 年起,邹某某、杨某某、刘某等分别在上海、河北等地开设雕塑加工厂,未经第 19 届亚运会组委会许可,制售侵权盗版亚运会吉祥物景观雕塑,涉案金额 550 余万元。2023 年 12 月,浙江省乐清市人民法院以侵犯著作权罪,判处邹某某等有期徒刑两年、缓刑两年六个月至有期徒刑一年、缓刑一年四个月不等,并处罚金 9 万元至 4.4 万元不等。

二、典型意义

营造良好亚运版权保护环境,是我国承办第 19 届杭州亚运会的庄严承诺。本案案发于杭州亚运会开幕前夕,是国家版权局等五部门联合挂牌督办案件,被杭州亚运会组委会评为"亚运知识产权保护典型案例",通过及时快速打击侵权盗版行为,维护了良好的亚运版权保护秩序。

案例 6 安徽安庆"4·13"侵犯视听、音乐作品著作权案

一、基本案情

2023 年 4 月,根据工作中发现线索,安庆市岳西县公安局在版权行政执法部门配合下对本案进行调查。经查,2019 年起,时某某等未经著作权人许可,复制发行含有影视、戏曲、音乐等作品的 TF 卡 372 种 5743 张、DVD 光盘 72 种 24 813 张,涉案金额 545 万元。2023 年 12 月,安徽省岳西县人民法院以侵犯著作权罪等罪执行数罪并罚,判处时某某有期徒刑十一年六个月,并处罚金 5 万元。

二、典型意义

本案是国家版权局等五部门联合挂牌督办案件，涉案作品种类多、数量大，取证固证难，公安部门会同版权行政执法部门组成专案组，密切协作配合，实现"当年立案，当年挂牌，当年判决"，是高效执法的典型案例。

案例7　山东枣庄"12·3"侵犯图书著作权案

一、基本案情

2021年1月，根据群众举报线索，枣庄市公安局在版权管理和"扫黄打非"部门配合下对本案进行调查。经查，2012年起，刘某犯罪团伙未经著作权人许可印制各类侵权盗版图书，销售网络覆盖12个省（区、市），涉案金额7亿余元，非法牟利3200余万元。2023年8月，山东省枣庄市中级人民法院作出终审判决，以侵犯著作权罪判处刘某有期徒刑五年，并处罚金1026万元；以侵犯著作权罪、销售侵权复制品罪判处57名同案人员有期徒刑三年至拘役不等，并处罚金55万元至8万元不等。

二、典型意义

本案涉案人员众多、金额巨大，社会影响恶劣，公安、版权部门协同配合、追根溯源，摧毁团伙、打掉网络，查抄制售侵权盗版图书窝点27处，对58人进行刑事处罚，体现了执法部门不断加大版权执法监管力度、严厉打击侵权盗版的决心。

案例8　河南濮阳"1·17"侵犯教材著作权案

一、基本案情

2022年2月，根据群众报案线索，濮阳市台前县公安局对本案进行调查。经查，2022年3月起，姜某某雇用王某、赵某等未经著作权人许可，印制侵权盗版人民教育出版社、北京师范大学出版社教材200万余册，通过线上线下渠道面向全国销售，非法经营额445余万元。2023年11月，濮阳市台前县人民法院以侵犯著作权罪等罪执行数罪并罚，判处姜某某有期徒刑六年，并处罚金151万元；以侵犯著作权罪判处7名同案人员有期徒刑三年六个月至八个月不等，并处罚金120万元至0.5万元不等。

二、典型意义

本案是国家版权局等部门青少年版权保护季行动专项挂牌督办案件，涉案盗版图书多为大中小学教材，侵权数量大、社会影响恶劣。本案的依法查办，对严厉打击青少年图书侵权盗版、维护出版物市场版权秩序具有典型示范意义。

案例9　广东广州跃翔电子有限公司侵犯软件著作权案

一、基本案情

2023年8月，根据权利人投诉线索，广州市海珠区文化广电旅游体育局在版权管理部门支持下对本案进行调查。经查，2022年9月起，广州跃翔电子有限公司未经著作权人许可，通过网店向他人销售主要用于避开某品牌游戏机操作系统正版游戏核验技术措施的相关装置，非法牟利12 751元。2023年9月，海珠区文化广电旅游体育局依据《中华人民共和国著作权法》第53条规定，对该公司作出警告、没收非法所得和用于避开著作权人技术措施的装置、罚款5万元的行政处罚。

二、典型意义

本案是国内查办的首起破解游戏机技

术措施的新型案件，引发行业广泛关注。在没有先例可循情况下，执法人员主动作为，快速认定违法事实，准确适用相关法律，严厉打击利用新型破解设备侵犯著作权违法行为，对营造尊重创新、公平竞争的良好版权环境具有积极影响。

案例10 文墨书香文化发展有限公司销售侵权盗版图书案

一、基本案情

2023年4月，根据移转线索，海南省旅游和文化广电体育厅旅游文化市场行政执法局对本案进行调查。经查，2023年起，北京文墨书香文化发展有限公司以关联公司名义在海南五指山举办全民阅读类图书展销会销售侵权盗版图书。2023年8月，根据该公司听证会申请，海南省旅游和文化广电体育厅旅游文化市场行政执法局在北京举行案件听证会，2023年9月，依据《中华人民共和国著作权法》第53条规定，结合听证笔录，海南省旅游和文化广电体育厅旅游文化市场行政执法局对该公司作出警告、没收侵权图书、罚款20万元的行政处罚。

二、典型意义

本案系运用版权行政执法手段打击销售盗版图书典型案例，当事人假借公益之名牟取不法利益，版权执法部门在案件查办中依据当事人申请组织跨区域执法听证，作出依法行政表率，对加强传统环境下版权执法监管具有示范意义。

供稿：中央宣传部版权管理局

2023年度农业植物新品种保护典型案例

案例1 玉米"彩甜糯6号"亲本品种权侵权纠纷案

荆州市恒彩农业科技有限公司诉甘肃金盛源农业科技有限公司、郑州市华为种业有限公司侵害植物新品种权纠纷案

[最高人民法院(2022)最高法知民终13号民事判决书、河南省郑州市中级人民法院(2021)豫01知民初638号民事判决书]

一、基本案情

荆州市恒彩农业科技有限公司(简称恒彩公司)因甘肃金盛源农业科技有限公司(简称金盛源公司)、郑州市华为种业有限公司(简称华为种业公司)侵害玉米"彩甜糯6号"的母本"T37"和父本"WH818"的植物新品种权纠纷，向河南省郑州市中级人民法院(简称一审法院)提起诉讼。涉案品种"T37"和"WH818"的品种权授权日均为2019年1月31日，品种权号分别为CNA20150367.6和CNA20150368.5，品种权人均为荆州区恒丰种业发展中心和中国种子集团。荆州区恒丰种业发展中心为个体工商户，后经核准转型升级为恒彩公司。"彩甜糯6号"审定编号为国审玉20170044，品种来源记载为"T37×WH818"，审定中的申请者、育种者均为荆州区恒丰种业发展中心。

2020年5月25日，恒彩公司委托人在公证员见证下登录惠农网，在金盛源公司店铺购买了5袋标注为"彩甜糯866"的种子，包装显示种子由华为种业公司监制。5月29日收到上述种子后，提交至河南优立检测技术服务有限公司(简称优立检测公司)检测。检测报告显示，上述种子与对照样品"T37""WH818"排除亲子关系位点数为0。相关过程均由公证文书记录并附照片等证据材料。

华为种业公司提供了检测报告,证明由其自行送检的"彩甜糯866"样本和对比样品"彩甜糯6号"为不同品种。但恒彩公司认为该检测报告不具有证明力,要求法院从农业农村部植物新品种保藏中心调取"T37"和"WH818"标准样品,与被诉侵权玉米种子进行亲本关系鉴定。一审法院以该鉴定事项目前国内没有具备检测资质的鉴定机构为由,不予鉴定。恒彩公司对被诉侵权玉米种子与"彩甜糯6号"进行了真实性鉴定,华为种业公司对被诉侵权玉米种子与自己提供的"彩甜糯866"进行了真实性鉴定。2021年10月15日,北京市农林科学院玉米中心(简称玉米中心)出具的BJYJ202100702585号检测报告显示,被诉侵权玉米种子与审定标准样品"彩甜糯6号"差异位点数为0,系极近似或相同品种;BJYJ202100702586号检测报告显示,被诉侵权玉米种子与华为种业公司自产的"彩甜糯866"差异位点数为35个,为不同品种。一审法院认为,"彩甜糯6号"没有获得品种权保护,恒彩公司所提供的现有证据不足以证明华为种业公司使用"T37"与"WH818"生产"彩甜糯866"种子并销售的事实,判决驳回原告的诉讼请求。

恒彩公司以一审认定事实不清、举证责任分配不当、不予鉴定存在错误为由,向最高人民法院知识产权法庭(简称二审法院)提起上诉。二审中,恒彩公司提交了新的证据,包括1份2021年6月4日在华为种业公司官方淘宝店购买"彩甜糯866"玉米种子的详细说明,优立检测公司出具的与样品"T37""WH818"排除亲子关系位点数为0的检测报告及相关公证文书,玉米中心出具的3185号、2996号亲缘关系检测报告。二审庭审中,玉米中心有关专家对亲缘关系检测报告进行了解释,由于玉米杂交种子的种皮组织来源于其母本,3185号检测报告依据《玉米品种鉴定技术规程SSR标记法》(NY/T 1432—2014),将本次所购的"彩甜糯866"的种皮与母本"T37"进行同一性鉴定,差异位点数为0;由于目前我国没有玉米亲子鉴定的行业标准,2996号检测报告参考NY/T 1432—2014实验流程,对上述"彩甜糯866"样品分别与"T37""WH818"进行亲子鉴定,结论是不能排除具有亲子关系,但也不能直接确定具有亲子关系。

二审法院依据恒彩公司两次所购种子包装及其二维码等信息,并通过金盛源公司和华为种业公司的收发货凭证和记录,确认金盛源公司从华为种业公司购买"彩甜糯866"种子的事实,认定被诉侵权玉米种子是由华为种业公司生产、销售这一事实具有高度可能性。针对被诉侵权玉米种子是否使用了授权品种"T37""WH818"作为母、父本的焦点问题,二审法院认为:首先,考虑到实际玉米育种生产中,使用不同亲本通过杂交选育得到相同或者极近似品种的几率很小。BJYJ202100702585号检测报告显示,被诉侵权玉米种子与农业农村部审定标准样品"彩甜糯6号"差异位点数为0,可以初步推定被诉侵权玉米种子使用了与审定品种"彩甜糯6号"相同的母、父本这一事实具有高度可能性。其次,虽然玉米中心BJYJ202100702586号检测报告显示,被诉侵权玉米种子与华为种业公司自行提供的"彩甜糯866"为不同品种,但不能用华为种业公司自产的"彩甜糯866"来推定没有使用被诉侵权玉米种子的亲本。最后,3185号和2996号检测报告,虽然不属于民事诉讼法所称的由司法鉴定程序获得的鉴定意见,但检测报告中样品来源清晰、检测机构和检测人员具有玉米种子专业检测能力,在没有相反证据的情况下,具有证明力。3185号检测报告可以认定"T37"系被诉侵权玉米种子的母本,2996号检测报告显示不能排除"WH818"为被诉侵权玉米种子父本的可能。综上,恒彩公司已就被诉侵权玉米种子使用"T37""WH818"作为母、父本生产的事实完成了举证责任。华为种业公司没有举出被诉侵权玉米种子是通过其他亲本繁育的相反证据，应承担对其不利的后果。

二审法院认为，根据2015年修订的《中华人民共和国种子法》（简称《种子法》）第二十八条、第七十三条第三款、第四款，华为种业公司未经品种权人许可，为商业目的将涉案授权品种"T37""WH818"的繁殖材料重复使用于生产另一品种的繁殖材料，侵害了"T37""WH818"的品种权，应承担停止生产行为的侵权责任。对于华为种业公司销售侵权品种繁殖材料的行为，虽然《种子法》没有明确规定是否为侵权行为，但考虑到本案中销售行为是重复使用授权品种生产行为的自然延续，从制止生产者侵权行为、防止损失扩大角度来说，其仍应承担停止销售行为的法律责任。对于金盛源公司销售被诉侵权玉米种子的行为，由于本案中尚无证据证明其在被诉侵权行为发生时知道被诉侵权玉米种子系侵害他人品种权的种子，因此金盛源公司在本案中的销售行为并不构成侵权，无须承担侵权责任。此外，涉案玉米品种"彩甜糯866"属于主要农作物品种，须经品种审定后才能生产销售，本案被告生产销售"彩甜糯866"行为还涉嫌违反《种子法》第十五条、第二十三条的规定，根据有关规定移送农业农村行政主管部门处理。

综上，二审法院判决撤销一审判决，责令华为种业公司立即停止侵害"T37""WH818"品种权行为，赔偿恒彩公司经济损失20万元、合理开支2万元，共计22万元，驳回恒彩公司其他诉讼请求。

二、典型意义

本案是关于未经许可重复利用授权品种繁殖材料生产另一品种繁殖材料这一侵权行为认定的典型案例。本案也列入2023年最高人民法院发布的第三批人民法院种业知识产权司法保护典型案例。

本案的典型意义在于：一是对未经许可重复利用授权品种繁殖材料生产另一品种繁殖材料的行为判定提供了指导。在《种子法》中规定未经许可使用授权亲本生产杂交种的行为属于侵权行为，但对未经许可使用授权亲本销售杂交种的行为并没有明确规定。本案中侵权主体除了重复使用授权品种进行了生产，后续也进行了销售，由于这种销售行为是上述生产行为的自然延续，侵权主体需承担停止销售行为的法律责任，而另一销售主体在被诉侵权行为发生时不知道销售的种子是侵权种子，则不构成侵权。二是在没有亲子鉴定标准的情况下，以杂交种相同推定所使用亲本相同的事实推定被诉杂交种与授权品种存在亲子关系，将证明被诉侵权种子的亲本不是涉案授权品种的法律责任转移至被告，对进一步扩展植物新品种权保护环节、加强保护力度进行了积极探索。三是明确在没有相关鉴定标准的情况下，鉴定报告样品来源清晰、检测机构和检测人员具有专业检测能力，在没有相反证据的情况下，鉴定报告具有证明力，为解决侵权"鉴定难"提供了思路。四是将未经审定推广玉米种子的违法行为线索移送行政主管部门处理，体现了加强司法保护与行政执法的有机衔接，助力构建知识产权大保护格局。

本案也提醒品种权人，应及时将符合授权条件的杂交种及其亲本都进行品种权保护，若杂交种没有进行品种权保护，仅通过授权亲本主张权利，将增加举证难度。

案例2 猕猴桃"杨氏金红1号"品种权侵权纠纷案

四川依顿猕猴桃种植有限责任公司诉马边彝族自治县石丈空猕猴桃专业合作社

侵害植物新品种权纠纷案

[最高人民法院（2022）最高法知民终211号民事判决书、四川省成都市中级人民法院（2020）川01知民初523号民事判决书]

一、基本案情

四川依顿猕猴桃种植有限责任公司（简称依顿猕猴桃公司）因马边彝族自治县石丈空猕猴桃专业合作社（简称石丈空合作社）侵害猕猴桃"杨氏金红1号"植物新品种权纠纷，向四川省成都市中级人民法院（简称一审法院）提起诉讼。涉案品种"杨氏金红1号"的品种权授权日为2014年11月1日，品种权号为CNA20110642.7，品种权人为扬州杨氏果业科技有限公司（简称杨氏果业公司）。杨氏果业公司许可四川依顿农业科技开发有限公司（简称依顿农业公司），享有排他性使用"杨氏金红1号"品种的权利。杨氏果业公司和依顿农业公司共同授权依顿猕猴桃公司以自己名义对侵害"杨氏金红1号"品种权的行为进行维权打假，包括但不限于以自己名义提起民事诉讼。

石丈空合作社分别于2018年1月19日和2019年12月18日从案外人成都市欣耀农业开发有限公司（简称欣耀公司）处购买"杨氏金红1号"枝条后，采用将枝条上芽孢嫁接到实生苗砧木上的方式，在四川省乐山市马边彝族自治县的两个基地一共种植了7000株猕猴桃树。涉案的两个种植基地是石丈空合作社经营的参股项目，也是当地扶贫项目，以流转承包农户土地的方式种植，其中一个以"合作社+农户（贫困户）"的模式进行经营，农户股权占比为16.7%（贫苦户股权占比5%），另一个基地以"合作社+村民委员会"的模式进行经营，其中村民委员会股权占比20%。欣耀公司是依顿农业公司授权的种植方，负有保守商业秘密和不流出接穗的义务。

原被告双方确认两基地种植的猕猴桃树与涉案授权品种为同一品种。一审诉讼中，石丈空合作社认为购买涉案品种进行接穗种植，是为了收获果实而不是繁殖苗木，不属于生产授权品种繁殖材料的行为，同时该项目属于扶贫项目，属于农民自繁自用。一审法院审理认为，不论行为人种植是为了获取果实还是生产新的可用于繁殖的枝条，由于无性繁殖品种可以自我繁殖，石丈空合作社购买未经品种权人许可的接穗，将接穗上芽孢进行芽接后再种植，必然生长出新的繁殖材料；基地种植涉案猕猴桃树7000株，占地100余亩，以农民承包地入股，由被告参股经营，不属于农民自繁自用，构成侵权。考虑到涉案猕猴桃树即将进入结果期，铲除损失较大，综合种植户利益和原告方诉讼请求，一审法院认为不铲除涉案树木并通过支付品种权许可使用费的方式将更利于本案的处理。关于品种权许可使用费标准的问题，因查明种植数量为7000株，对具体的亩数双方并未形成一致意见，故一审法院认为应按照每年每株计算品种权许可使用费。一株猕猴桃树进入结果期后正常的平均产量为40—50斤（1斤=0.5公斤），且双方均认可涉案猕猴桃品种的收购价为10元/公斤，即每株树一年的产值为200—250元，除去管理成本、人工成本以及未进入结果期之前的时间成本，加之本案存在贫困农民合作入股等特殊情形，原审法院酌情确定石丈空合作社按每株每年10元（共计7000株）的标准向依顿猕猴桃公司支付品种权许可使用费。起算时间自石丈空合作社第二次购买时间即2019年12月18日开始，至开庭之日2021年7月16日止，共计品种权许可使用费110 833元，此后以每年每株10元的标准按照实际株数计算，至停止种植涉案猕猴桃树为止，最长不超过涉案品种权保护期限届满日。同时酌情确定石丈空合作社向依顿猕猴桃公司支付合理开支

30 000元。

石丈空合作社不服一审判决，向最高人民法院知识产权法庭（简称二审法院）提起上诉，认为从欣耀公司购买涉案猕猴桃树接穗时，欣耀公司明确表明自己有权销售，因此自己购买时没有侵权的故意；猕猴桃产量与年份、管理、环境密切相关，猕猴桃在自己所在地每株产量为6—8斤，一审以每株产量40—50斤确定的品种权许可使用费过高。二审中，石丈空合作社提供四川省乐山市马边彝族自治县农业农村局出具的情况说明、扶贫合作项目补充协议以及涉案猕猴桃许可种植协议等证据，用以证明猕猴桃树种植情况、许可使用费和项目扶贫情况。依顿猕猴桃公司提交与另一案外人某种植专业合作社签订的关于"杨氏金红1号"授权种植销售协议书等证据，用以证明猕猴桃的经营模式、许可使用费及每株产量。

二审法院认为，石丈空合作社被诉行为是否构成未经许可生产、繁殖授权品种繁殖材料的行为，如何确定许可使用费是二审争议焦点。欣耀公司虽然与依顿农业公司合作种植合法获得了繁殖材料，但其负有不流出接穗的义务，因此石丈空合作社获取的枝条并未经过权利人的许可；涉案种植基地的扶贫项目有部分贫困户参与，但实际由以营利为目的的石丈空合作社进行建设、运营和管理，属于营利性的生产、繁殖行为，不属于私人非商业性使用；石丈空合作社使用枝条是以生产繁殖授权品种为目的的，构成2015年修订的《中华人民共和国种子法》（简称《种子法》）第二十八条所禁止的侵权行为，应承担侵权责任。

关于许可使用费的问题，二审法院认为：第一，从双方提供的种植销售协议等证明可知，品种权人和利害关系人获得的收益不仅包括品种权许可使用费，而且包括销售繁殖材料的收益、从实施者销售收入中提取的市场管理服务费或者按照固定价格全部买断后自行销售的获利、从代为采购农业生产资料中提取的管理费以及技术服务费等。石丈空合作社客观上也从依顿猕猴桃公司的市场管理行为包括品牌维护中获利，例如选送"杨氏金红1号"参加猕猴桃品鉴会并获得金奖。第二，不进行科学栽培、管理，不付出勤勉劳动，即使许可实施，也无法保障其获利，这不应成为石丈空合作社减少或免除许可使用费的合法理由。二审法院审理前已经告知石丈空合作社补充会计凭证、销售合同等与实际产量有关的直接证据，但是其并未提交，而是提供了自行制作并由马边彝族自治县农业农村局证明属实的《情况说明》，该证据属于石丈空合作社的单方陈述，在其可以提供直接证据证明产量的情况下，二审法院不予采信。依顿猕猴桃公司主张每亩产量在4000斤左右，最高可达6000斤，这是在依顿猕猴桃公司提供技术指导进行科学管理的情况下可能达到的最大产量，也不能以此来确定许可使用费。考虑到本案猕猴桃树在嫁接、种植后，要经过试挂果期、结果期、盛果期等，成熟的猕猴桃树有长达十几年甚至二十余年的盛果期，可以将大量结果期的产量作为确定许可使用费的考虑因素，一审法院确定每年每株许可使用费为10元并无不当。一审法院以石丈空合作社从欣耀公司最后一次购买接穗的时间作为起算时间，已经有利于石丈空合作社。石丈空合作社关于其实际没有营利，许可使用费过高的上诉理由，缺乏证据支持，二审法院判决驳回上诉，维持原判。

二、典型意义

本案是关于新型农业经营主体使用未经品种权人许可而售出的无性繁殖品种进行生产繁殖构成侵权的典型案例。本案也列入2023年最高人民法院发布的第三批人民法院种业知识产权司法保护典型案例。

案例3 玉米"YA8201"品种权侵权纠纷案

四川雅玉科技股份有限公司诉云南金禾种业有限公司、云南瑞禾种业有限公司侵害植物新品种权纠纷案

[最高人民法院(2022)最高法知民终789号民事判决书、云南省昆明市中级人民法院(2021)云01知民初106号民事判决书]

一、基本案情

四川雅玉科技股份有限公司(简称雅玉公司)因云南金禾种业有限公司(简称金禾公司)与云南瑞禾种业有限公司(简称瑞禾公司)未经许可利用玉米授权品种"YA8201"生产杂交品种"金禾880"侵害植物新品种权纠纷,向云南省昆明市中级人民法院(简称一审法院)提起诉讼。涉案品种为玉米"YA8201",品种权授权日为2010年1月1日,品种权号为CNA20060204.7,品种权人为雅玉公司。

2021年4月23日,雅玉公司在中国种业大数据平台查到,金禾公司为玉米"金禾880"云南品种审定的申请者和育种者,于2013年在云南省用母本"LSC107"和授权品种父本"YA8201"配制杂交组合;自2019年12月30日至2021年4月19日,累计有458条生产经营备案信息,涉及种子数量为76 549.5公斤;全国种子市场监测信息发布平台显示,规格为1公斤/袋的"金禾880"种子价格为55元,四川省成都市律政公证处对上述过程进行了证据保全。2021年3月25日,雅玉公司向被告发告知函,要求协商涉案授权品种使用问题。2021年4月9日,瑞禾公司复函,称其与金禾公司在2020年11月12日签订《杂交玉米新品种合作协议》,愿意配合调查取证。该协议规定金禾公司对"金禾880""金禾玉618"(另案处理)享有知识产权,瑞禾公司需协助其办理生产经营备案手续,并提供生产经营许可证复印件、营业执照复印件、委托书等备案资料,向瑞禾公司支付自2020年11月2日至2021年11月2日的品种管理费60 000元。

一审庭审中,金禾公司抗辩"金禾880"的亲本"YA8201"与涉案授权品种"YA8201"系名称相同,品种不同。一审法院要求其承担证明二者不是同一品种的举证责任,金禾公司申请法院对上述品种进行鉴定。雅玉公司提交了从云南省种子管

本案的典型意义在于,一是进一步明确无性繁殖品种种植行为的侵权认定。涉案猕猴桃属于无性繁殖品种,由于无性繁殖品种可以自我繁殖,种植无性繁殖品种必然生长出新的繁殖材料,因此,除私人非商业性使用外,未经许可种植授权无性繁殖品种的行为都会涉及2015年修订的《种子法》第二十八条中生产、繁殖授权品种繁殖材料的行为。二是以支付许可使用费代替停止侵权的处理方法,既维护了品种权人合法权利,又兼顾了种植户的经济效益,避免了资源浪费。在确定许可使用费时,系统考量了授权品种商业价值,通过猕猴桃产量、相关劳务、管理、生产资料和技术指导费等成本、贫困农民合作入股等特殊情况确定许可使用费标准,并以原审法庭辩论终结作为分界点,分段计算许可使用费金额,对后续相关案件的审理具有良好的示范作用。三是在巩固脱贫攻坚成果、推进乡村振兴的过程中,农业合作社、种植大户等新型农业经营主体应注意审查种苗、种子的合法来源,确保种植的农作物是经权利人授权许可的。本案中种植基地虽为当地扶贫项目,但实际由以营利为目的的市场主体合作社进行建设、运营和管理,种植规模大,且贫困农户股权比例较小,不属于私人非商业性使用授权品种行为,应承担侵权责任。

理站调取的"金禾880"审定申请表。申请表记载,"金禾880"的亲本"YA8201"由雅玉公司选育,2011年由金禾公司引入。考虑到上述信息由金禾公司填写,并承诺保证信息的真实性,一审法院驳回金禾公司的鉴定申请。瑞禾公司申请追加"金禾880"的实际生产者垦丰公司为共同被告,雅玉公司不同意追加。经审查,一审法院认为,金禾公司以"YA8201"为亲本生产、销售"金禾880"的行为侵害了雅玉公司的植物新品种权;瑞禾公司在金禾公司生产、销售"金禾880"的过程中,将《农作物种子生产经营许可证》出借给金禾公司,构成帮助侵权;没有证据或理由表明垦丰公司属于必须参加诉讼的当事人,雅玉公司有权选择不向垦丰公司主张权利;综合考虑"金禾880"原始批发价格与市场销售价格的差异,金禾公司所支出的亲本种子、生产费用、运输成本、人工等费用,按照亲本"YA8201"对繁育"金禾880"有50%的贡献率计算,确定侵权赔偿额为228 448.5元;考虑金禾公司借用瑞禾公司的农作物种子生产经营许可证,持续、大量生产、销售"金禾880",并在诉讼过程中存在不诚信,对金禾公司适用一倍惩罚性赔偿。一审法院判决金禾公司、瑞禾公司停止生产、销售"金禾880",支付侵权损失456 897元,瑞禾公司承担连带赔偿责任。

雅玉公司认为损害赔偿数额计算有误,金禾公司认为"金禾880"使用的是"YA8201"的变异株作为亲本,与涉案授权品种为不同品种,不构成侵权,向最高人民法院知识产权法庭(简称二审法院)提起上诉。二审中,雅玉公司提交2022年1月8日"金禾880"玉米种子销售凭证以及鼎程公司农作物种子生产经营许可证(副本),证明原审判决后,金禾公司借用鼎程公司生产资质继续实施侵权行为。二审法院确认一审法院查明的事实基本属实。考虑到金禾公司坚持其使用的是"YA8201"的变异株,要求进行DNA鉴定,二审法院向云南省农作物品种审定委员会办公室调查,确认金禾公司在"金禾880"品种审定时没有提交母、父本的DNA指纹信息或母、父本的种子标准样品,且在金禾公司无法提交其他对照样品用于鉴定的情况下,认为金禾公司申请鉴定的事项不具备鉴定条件,同时确认金禾公司一审时没有提出利用"YA8201"变异株选育"金禾880"这一理由,且云南品种审定申请表已记载以雅玉公司的"YA8201"作为亲本选育"金禾880"的事实,一审法院不准许鉴定申请,无明显不当。

二审法院认为,本案被诉侵权行为应适用2015年修订的《中华人民共和国种子法》(简称《种子法》)等相关规定,争议焦点为侵权认定和损害赔偿数额确定等问题。金禾公司为商业目的将"YA8201"重复使用于生产"金禾880",构成对涉案授权品种"YA8201"的品种权的侵害,瑞禾公司出借其种子生产经营许可证,从中获利,构成帮助侵权。考虑到金禾公司申请"金禾880"云南品种审定时知道"YA8201"为雅玉公司选育并获品种权保护,并借用瑞禾公司种子生产经营许可证生产经营"金禾880",属于《最高人民法院关于审理侵害植物新品种权纠纷案件具体应用法律问题的若干规定(二)》(简称《司法解释(二)》)第十七条第一款第(五)项规定的"租借种子生产经营许可证"情形,可以认定为侵权行为情节严重,支持雅玉公司主张适用一倍惩罚性赔偿的请求。关于侵权损害赔偿的计算,由于金禾公司不提供其财务账簿等证据证明获利情况,构成举证妨碍,应承担举证妨碍的相应后果。一审法院以中国种业大数据平台中"金禾880"相关备案信息为依据,认定"金禾880"的生产经营数量为76 549.5公斤,并无不当;按照雅玉公司主张的"金禾880"利润为20元/公斤,且考虑"金禾880"的母本"LSC107"也为受保护品种,确定"YA8201"对"金禾880"玉米杂交品种的贡献率为50%,确认金禾公司截至2021年3月25日因生产经营"金禾880"而侵害雅玉公司"YA8201"品种权的侵权获利为761 495元,同时支付一倍惩罚性赔偿金,共计赔偿雅玉公司1 522 990元。二审判定金禾公司赔偿雅玉公司经济损失1 522 990元,瑞禾公司对上述赔偿数额承担连带责任。

二、典型意义

本案是因租借农作物种子生产经营许可证故意侵犯植物新品种权被判承担惩罚性赔偿的典型案例。本案也列入2023年最高人民法院发布的第三批人民法院种业知识产权司法保护典型案例。

根据《种子法》第七十二条规定,对于故意侵犯植物新品种权,情节严重的,可以在适用计算基数的一倍以上五倍以下确定赔偿数额。《司法解释(二)》第十七条规定,除有关法律和《司法解释(二)》规定的情形以外,涉及重复侵权,以侵权为业,伪造品种权证书,无标识标签销售,无证生产经营,不正当手段获得、伪造、变造、变卖、租借种子生产经营许可证等情形也可以认定为侵权行为情节严重,并可按照计算基数的二倍以上确定惩罚性赔偿数额。本案中以"合作"为名实为"租借农作物种子生产经营许可证"从事侵害植物品种权的违法行为,属于上述情形之一,且涉案证据充分表明被控侵权人属于故意侵权的情形。被控侵权人抗辩租借其他公司农作物种子生产经营许可证是行业通行做法。审理法院对本案被控侵权人判定一倍惩罚性赔偿,共计二倍的赔偿数额,对上述所谓的"通行做法"提出了严重警示。

同时,涉案授权品种权利人利用中国种业大数据平台所载生产经营备案信息,以及被控侵权人种子生产经营许可网上申报系统数据,提出相应的损害赔偿数额。在被控侵权人拒不提供生产经营数量及价格的情况下,审理法院依法参考权利人的主张和提供的证据,合理扣除相应的各类成本,并结合授权亲本品种在杂交品种生产经营中的贡献率,判定了赔偿数额,为参照侵权所获得利益判定损害赔偿数额提供了借鉴思路。

案例4 玉米"强硕68"品种权无效行政纠纷案

大连致泰种业有限公司诉农业农村部植物新品种复审委员会宣告植物新品种权无效行政纠纷案

〔最高人民法院(2022)最高法知行终809号行政判决书、北京知识产权法院(2021)京73行初3144号行政判决书,农业农村部植物新品种复审委员会2020年第25号品种权无效宣告审理决定〕

一、基本案情

涉案品种为玉米品种"强硕68",品种权申请日为2009年12月9日,授权日为2014年3月1日,品种权号为CNA20090802.7,品种权人为衣泰龙。

2019年1月24日,大连致泰种业有限公司(简称致泰公司)向农业农村部植物新品种复审委员会(简称复审委)请求宣告"强硕68"品种权无效。其理由是:2008年6月24日张掖市敦煌种业有限公司(简称敦煌公司)在原种子生产许可证上增加了'强硕68'的品种名称,且甘肃省种子管理局要求增加种子生产许可需以双方签订生产协议为条件;2015年10月20日敦煌公司向辽宁省沈阳市中级人民法院出具的证明函中记载的"衣泰龙委托敦煌公司为其培育'强硕68'玉米种子,并以每公斤6.3元的价格向其销售"的事实,表明了"强硕68"存在《中华人民共和国植物新品种保护条例实施细则(农业部分)》(简称《细则》)

第十五条第一款第（四）项所规定的"以申请品种的繁殖材料签订生产协议"情形，故不具备新颖性。2019年3月27日，衣泰龙提交了说明及相关证据，认为2008年2月21日"强硕68"通过品种审定后，安排敦煌公司进行小面积试制种，未签订种子生产协议，2009年开始大面积制种，2009年12月9日申请品种权保护时没有丧失新颖性。小面积试制种一般不需要办理种子生产许可证，但敦煌公司为承揽2009年制种业务，提前对有效期内的种子生产许可证进行变更。复审委审理认为致泰公司提交的证据不足以证明衣泰龙存在销售"强硕68"或签署相关生产协议的行为，向甘肃省种子管理局核实"强硕68"生产许可档案和实际生产情况后，驳回致泰公司的无效宣告请求。

致泰公司不服，2021年2月20日向北京知识产权法院（简称一审法院）提起诉讼，认为2008年6月24日敦煌公司变更种子生产许可证时即存在签订生产协议的事实并实施了生产行为，证明函中记载以每公斤6.3元的价格交付，意味着涉及销售行为，"强硕68"应丧失"新颖性"。一审法院通过甘肃省种子管理局查询到，敦煌公司提交过"强硕68"等5个品种的《主要农作物种子生产许可证申请表》，但甘肃省种子管理局对2015年以前的生产许可证申请档案只保留申请表，其他档案材料已销毁。致泰公司推断生产协议等相关内容包含在被销毁的材料中。一审法院审理认为，植物新品种新颖性判断的核心在于申请品种繁殖材料的销售情况，即在申请日前申请品种的繁殖材料是否被销售，实质是申请品种的繁殖材料是否进入公有领域为社会公众所获取。证明函显示衣泰龙以每公斤6.3元的价格回收委托培育的"强硕68"种子，仅能体现衣泰龙存在回购行为，不能证明存在销售行为。向甘肃省种子管理局调取的"强硕68"有关生产许可的

档案仅能证明敦煌公司获得了"强硕68"的种子生产许可，具备生产种子的资格，并不能证明对外销售了"强硕68"的繁殖材料。根据《农作物种子生产经营许可管理办法》第七条第（八）项规定，申请种子生产许可证的品种为授权品种的，应提供品种权人同意的书面证明，而敦煌公司申请"强硕68"种子生产许可证时，"强硕68"尚未获得授权，故致泰公司推断被销毁的材料可以证明"强硕68"是经品种权人许可的销售等主张不能成立，判决驳回诉讼请求。

致泰公司不服一审判决，向最高人民法院知识产权法庭（简称二审法院）提起上诉。二审法院认为本案的核心在于判断衣泰龙是否在申请"强硕68"品种权的前一年即2008年12月9日前，在中国境内销售了"强硕68"种子。致泰公司仅以敦煌公司在其原种子生产许可证变更增加"强硕68"为由，主张衣泰龙与敦煌公司必然签署了生产协议。试制种也属于生产行为，证明函实质就是生产协议的内容。根据《中华人民共和国植物新品种保护条例》（简称《条例》）第十四条规定，导致植物新品种丧失新颖性的销售是指行为人为交易目的将繁殖材料交由他人处置，放弃自身对该繁殖材料处置的行为。如果育种者委托他人制种交付申请品种繁殖材料，同时约定制成繁殖材料返归育种者，实质上保留了对该品种繁殖材料的处置权，除非法律另有规定，不会导致申请品种丧失新颖性。因此，衣泰龙委托敦煌公司生产"强硕68"并回购的行为不属于销售"强硕68"繁殖材料的行为。致泰公司提交的现有证据不足以证明"强硕68"丧失新颖性，判决驳回上诉，维持原判。

二、典型意义

本案是关于植物品种新颖性判定的典型案例。新颖性是判断申请品种能否获得植物新品种保护的法律要件，新颖性审查通

常由申请人或者利害关系人提供相应证据，证明申请品种是否符合新颖性的要求。本案也列入2023年最高人民法院发布的第三批人民法院种业知识产权司法保护典型案例。

本案的典型意义在于，对如何依据《条例》中关于"丧失新颖性"的规定，特别是《细则》中关于"以申请品种的繁殖材料签订生产协议"的规定，判定销售行为进行了解释。本案明确了申请品种的新颖性，其核心在于申请品种繁殖材料在法律规定的宽限期之前是否存在以交易为目的的销售行为，导致自身失去对该繁殖材料的控制。如果育种者只是在法律规定的宽限期之前通过签订生产协议的方式委托他人制备申请品种繁殖材料，支付相应的报酬，并且约定制成的繁殖材料需返回，意味着保留了对该品种繁殖材料的处置权，不构成销售行为。本案的判决为育种者在研发过程中委托制种构筑起法律保护屏障，同时也提醒育种者和育种企业，要重视培育新品种繁殖材料的处置权，避免因丧失处置权而无法获得品种权，或使已获得的品种权被宣告无效。

案例5　水稻"美香占2号"品种权侵权行政执法案

韶关市农业农村局处理广东金友米业股份有限公司侵害水稻新品种"美香占2号"品种权案

［韶关市农业农村局行政处罚决定书（韶农（种子）罚〔2022〕01号）］

一、基本案情

涉案品种为水稻新品种"美香占2号"，授权日为2010年9月1日，品种权号为CNA20060475.9，品种权人为广东省农业科学院水稻研究所。

2022年6月7日，韶关市农业农村局（简称韶关农业局）接到举报，称南雄市顺康米业有限公司（简称顺康米业）、南雄市粤斌米业有限公司（简称粤斌米业）未经许可销售"美香占"水稻种子。6月9日，韶关农业局对上述两个公司进行突检取证，未发现粤斌米业有被控侵权种子，发现顺康米业库房中有包装上标有"美香占"的水稻种子1262包，共计3787斤。顺康米业现场指认上述种子购于广东金友米业股份有限公司（简称金友米业），自己种植使用，没有对外销售。韶关农业局对该批种子进行证据保存。经溯源了解，金友米业所持《主要农作物种子生产许可证》《农作物种子经营许可证》均已超期，在生产、经营许可超期的情况下，仍非法从事种子经营活动，并委托印刷厂印制不符合《中华人民共和国种子法》（简称《种子法》）等相关法律法规规定的包装袋。6月10日，韶关农业局依法立案，6月15日扣押顺康米业库房"美香占"水稻种子，6月30日现场调查金友米业仓库，扣押未包装"美香占"种子42袋（共计2784斤）和"美香占"种子空包装袋3400个。金友米业承认2022年共计生产"美香占"种子20 150斤，除杂质入库18 010斤，已分销出库15 226斤。7月13日，韶关农业局对上述扣押的种子进行抽样送检，经农业农村部植物新品种测试（杭州）分中心检验，送检样品与"美香占2号"为极近似品种或相同品种。韶关农业局认为，2021年以来金友米业无证生产经营"美香占2号"货值金额达63 035元，涉嫌构成犯罪，将案件移交韶关市公安局办理，后转南雄市公安局办理，因销售的"美香占"种子数量达不到立案标准，按行政处罚程序继续办理。

韶关农业局查明，金友米业未再次取得种子生产经营许可证，未经品种权人许可，生产"美香占"种子共计18 010斤，分销出库15 226斤，未回收货款，无实质违法所得；销售种子的标签内容无批准号，种子生产经营者名称虚无，无种子生产许可证编号、注册地址和联系方式等。韶关农业局认为,上述行为违反《种子法》第三十三条第三款、第四十条第一款和第二十八条第二款规定,构成无证生产经营农作物种子、销售种子标签内容不符合规定等违法行为,及侵害"美香占2号"品种权行为。根据《种子法》规定,未取得种子生产经营许可证生产经营种子的,货值金额1万元以上的,责令停止违法行为,没收违法所得和种子,并处货值金额三倍以上五倍以下罚款;销售的种子标签内容不符合规定的,责令改正,处2000元以上2万元以下罚款;对于侵害品种权的,为了维护社会公共利益,可责令侵权人停止侵权行为,没收违法所得和种子,货值金额5万元以上的,并处货值金额五倍以上十倍以下罚款。针对上述多个处罚规定,根据《中华人民共和国行政处罚法》(简称《行政处罚法》)第二十九条,同一个违法行为违反多个法律规范的,按照罚款数额高的规定即"货值金额五倍以上十倍以下"进行处罚。考虑到从重情节,依据《广东省农业农村厅行政处罚自由裁量权适用规则》第五条第(三)项规定,罚款为一定金额的倍数,并同时规定了最低罚款倍数和最高罚款倍数的,从重处罚应高于最低罚款数额与最高罚款数额之间的百分之六十,农业行政执法机关对涉案违法行为按货值金额63 035元的6倍,罚款378 210元,并责令停止侵权,没收6571斤种子及种子包装袋3400个。

二、典型意义

本案是关于品种权侵权行为与其他种子违法行为竞合而实施高额行政处罚的典型案例。植物新品种侵权行为经常与其他涉种违法行为相竞合,如何适用法律以及追究法律责任需要多重辨析。本案在违法行为出现竞合时,依据《行政处罚法》和地方有关行政处罚自由裁量权的适用规则,按照法律规范中罚款数额最高的规定进行了从重处理,对打击侵权行为具有警示意义,对行政执法机关后续处理竞合性违法行为也具有参考意义。

需要强调的是,侵权所承担的法律后果以及违法成本是巨大的,除须承担行政和刑事责任外,还可能剥夺法定代表人、主管人员一定年限的从业资格,同时不影响权利人继续要求民事赔偿。种业企业应尊重和保护知识产权,通过合法途径实现合作共赢,不断提升生产、经营专业能力,从而推动种业不断发展和创新。

案例6 辣椒"奥黛丽"品种权侵权行政执法案

济南市农业农村局处理济南阳光润土农业发展有限公司侵害辣椒新品种"奥黛丽"品种权案

[济南市农业农村局行政处罚决定书(济农(种子)罚〔2021〕6号)]

一、基本案情

涉案品种为辣椒新品种"奥黛丽",授权日为2016年1月1日,品种权号为CNA20100522.3,品种权人为先正达种苗(北京)有限公司(简称先正达公司)。

2021年8月24日,济南市农业农村局(简称济南农业局)接到先正达公司投诉,称济南裕丰种苗有限公司(简称裕丰公司)未经授权许可生产、销售"奥黛丽"种苗,侵害先正达公司品种权。2021年8月26日,济南农业局进行现场执法检查,发现裕丰公司并不存在,涉嫌侵权主体实为济南阳光润土农业发展有限公司(简称阳光润土公司),现场发现该公司1号棚内存放着涉嫌侵权的辣椒品种"奥黛丽"种苗13.15万株。经农业农村部植物新品种测试中心检验,确认涉案品种和"奥黛丽"为近似品种。阳光润土公司对检验结果无异议。

经进一步溯源,济南农业局确定阳光润土公司共有 13.2 万株"奥黛丽"种苗。其中,5 万株嫁接种来源合法,购于寿光市先正达种子有限公司,种植于济南海创农庄;8.2 万株未嫁接"奥黛丽"辣椒种苗合法来源证据不足,货值共计 6610 元,违法所得共计 6610 元(其中,7.64 万株计划种植于商河县裕丰蔬菜专业合作社,因暴雨导致大棚垮塌未定植;5600 株分别于 2021 年 8 月 25 日销售 500 株,违法所得 1000 元,2021 年 9 月 1 日销售 2600 株,违法所得 2860 元,2021 年 9 月 2 日销售 2500 株,违法所得 2750 元)。

济南农业局认为阳光润土公司未经授权许可生产 7.64 万株辣椒种苗、销售 5600 株辣椒种苗,侵害了先正达公司的品种权。2021 年 12 月 6 日,阳光润土公司对未定植的 7.64 万株辣椒种苗进行灭活、填埋处理。根据 2015 年修订的《中华人民共和国种子法》第七十三条第五款"县级以上人民政府农业、林业主管部门处理侵犯植物新品种权案件时,为了维护社会公共利益,责令侵权人停止侵权行为,没收违法所得和种子;货值金额不足五万元的,并处一万元以上二十五万元以下罚款……",以及《山东省农业行政处罚裁量基准(2019)》第一款种子、食用菌第二项,侵犯植物新品种权的"货值金额一万元以下的,并处一万元以上七万元以下罚款"的规定,济南农业局作出处罚决定,没收违法所得 6610 元,并处罚款 50 000 元。

二、典型意义

本案是关于基层农业行政执法机关通过多方溯源,合理界定品种权侵权责任的典型案例。本案中农业行政执法机关确认部分种苗购自经品种权人许可销售的企业,该销售行为不属于侵权行为,将相应种苗数量从被控侵权种苗数量中剔除;对侵权种苗进行灭活处理,并处以违法所得近 8 倍的处罚,有效地维护了市场竞争秩序。

知识产权领域所称的合法来源抗辩是指因被控侵权行为人不知道也不应该知道的情况下销售了侵权繁殖材料或收获材料,举证证明具有合法来源的,并支付了合理对价,根据《最高人民法院关于审理侵害植物新品种权纠纷案件具体应用法律问题的若干规定(二)》,需停止侵权行为,但可免除赔偿责任。合法来源抗辩可合理减损被控侵权人所承担的法律责任,但与本案所指的合法来源即种植育种者许可的授权品种,在本质上是不同的。

案例 7 柑橘"龙回红脐橙"品种权侵权行政执法案

重庆市铜梁区农业农村委员会处理重庆同阆农业开发有限责任公司侵害柑橘新品种"龙回红脐橙"品种权案

〔重庆市铜梁区农业农村委员会行政处罚决定书(铜农(种子)罚〔2022〕51号〕

一、基本案情

涉案品种为柑橘新品种"龙回红脐橙",授权日为 2016 年 5 月 1 日,品种权号为 CNA20131106.2,品种权人为南康市俊萍果业发展有限公司。

2022 年 10 月 9 日,重庆市铜梁区农业农村委员会(简称重庆铜梁农委)行政执法人员根据重庆市农业综合执法总队提供的线索,对重庆同阆农业开发有限责任公司(简称同阆公司)的种子种苗生产经营情况进行检查,发现其生产经营"龙回红脐橙"种苗,但无法提供品种权人的授权书,进行立案。后经询问同阆公司法定代表人,检查公司种子生产经营许可证、种子生产经营档案、"龙回红脐橙"种苗购销合同、销售凭证、收款凭证、调运植物检疫证书等相关证据材料,并就其中涉及的情况进行调查核实,执法人员确认同阆公司未经品种权人授权,于2019年11月生产了"龙回红脐橙"种苗4500株,并于2021年12月24日销售500株,每株12元,收入6000元;2022年9月20日销售4000株,每株8元,收入32 000元,共计销售收入38 000元。

重庆铜梁农委认为,同阔公司未经品种权人授权,擅自生产经营授权品种"龙回红脐橙"种苗,违反《中华人民共和国种子法》(简称《种子法》)第二十八条规定,实施了侵害品种权的违法行为,违法事实清楚,证据确实充分,2022年12月28日向当事人依法送达《行政处罚事先告知书》,告知拟作出行政处罚的事实、理由、依据以及享有陈述申辩、申请听证的权利。当事人在规定期限内未提出陈述申辩,也未申请听证。2023年1月9日,重庆铜梁农委作出行政处罚,责令当事人停止侵权,根据《种子法》和《规范农业行政处罚自由裁量权办法》(中华人民共和国农业农村部180号)的规定,由于当事人不知道是保护品种,没有主观故意,案发后积极配合调查处理,并书面承诺不再侵犯植物新品种权,给予从轻处罚。根据《农业部办公厅关于认定种子违法案件中违法所得和货值金额的复函》中关于"种子违法案件中的'违法所得',是指违反《中华人民共和国种子法》的规定,从事种子生产、经营活动所取得的销售收入"的有关规定,认定并没收违法所得38 000元,并处罚款50 000元。

二、典型意义

本案是关于基层农业行政执法机关根据举报信息成功查处侵害植物新品种权违法行为的典型案例。执法人员通过调查取证,确认涉案企业实施了侵权行为,并查明侵权种苗的销售去处、数量和价格,及时作出处罚决定,制止了侵权行为的扩大。针对品种权侵权行政执法案件中违法所得认定难度大的问题,本案以查明的销售数量、价格确定了销售收入,并根据农业农村部有关规定确认了违法所得,为相关案件的查处提供了范例。

本案也提醒种子企业应关注生产经营的种子种苗知识产权保护情况,并依法及时支付相应许可费用。如果从某企业购入未经品种权人许可的种子种苗,应及时督促该销售企业向品种权人支付相应许可费用,否则不仅购买的种子种苗涉嫌侵权,而且种植该批种子种苗获得的繁殖材料或收获物也属侵权物。

案例8 西瓜"欣优美"驳回品种权申请复审案

安徽荃银高科瓜菜种子有限公司请求复审西瓜"欣优美"驳回品种权申请案

[农业农村部植物新品种复审委员会2022年第21号复审决定]

一、基本案情

被驳回品种权申请的西瓜品种"欣优美",品种权申请日为2018年4月18日,品种权申请号为20181228.0,请求人为安徽荃银高科瓜菜种子有限公司(简称请求人)。

2021年5月17日,农业农村部植物新品种保护办公室(简称品保办)经审查认为,"欣优美"不具备新颖性,驳回品种权申请。2021年8月7日,请求人向农业农村部植物新品种复审委员会(简称复审委)提出复审请求,理由是"欣优美"申请非主要农作物品种登记材料中的推广证明不足以证明该品种已商业推广,该品种具备新颖性,请求撤销驳回品种权申请的决定。

复审委受理后,要求品保办进行前置审查。品保办向复审委提交了2020年10月28日从全国农业技术推广服务中心调取的28份该品种推广应用证明材料。上述推广证明材料是请求人在申请"欣优美"品种登记时提供的,部分推广应用证明还盖有当地种子管理局等推广主管部门公章,请求人对提供上述材料均承诺真实有效。推广证明材料显示,2010—2017年"欣优美"在浙江、湖南、安徽、贵州等省累计推广面积5万余亩,并强调"欣优美"深受广大生产者和消费者喜爱。

复审委审理认为,请求人自己提供的推广应用证明能够证明"欣优美"在申请日2018年4月18日前,在中国境内经其许可的销售推广已经超过1年,申请品种丧失新颖性,维持品保办原有决定,驳回复审请求。

二、典型意义

本案是关于申请品种因推广销售多年丧失新颖性而被驳回品种权申请的典型案例。根据2015年修订的《中华人民共和国种子法》(简称《种子法》)和《中华人民共和国植物新品种保护条例》相关规定,新颖性主要是指申请植物新品种权的品种在申请日前,经申请权人自行或者同意销售、推广其种子,在中国境内未超过1年;在境外,木本或藤本植物未超过6年,其他植物未超过4年。

已推广应用多年的老品种由于丧失了新颖性,是无法获得品种权保护的,本案请求人在申请品种登记时提供了大量推广、销售的证明,表明申请品种在申请日前推广、销售已超过1年以上。尽管请求人在复审请求书中表示提交的推广销售证明属于试验示范推广,不是商业性推广或销售,后又提供材料说明因新入职经办人员误将该新品种列入已推广品种名单,致使该品种引种示范时间、累计推广面积与实际不符。但后续补充材料不足以否定原盖有种子管理局等主管部门公章证明材料的法律效力,复审委驳回了其复审请求。

依据《种子法》和《非主要农作物品种登记办法》,申请品种登记的品种应具备特异性、一致性、稳定性。但针对老品种登记,登记主管部门提出如果能够提供品种已推广应用的证明,可不提供特异性、一致性和稳定性(DUS)测试报告。本案申请人在品种登记时提交的推广应用证明,成为该品种在申请保护时丧失新颖性的证据。育种者应审慎对待品种审定、登记、保护过程中提交的材料,秉承诚信原则,避免对育种创新成果保护和应用造成干扰。

案例9 玉米"南甜糯601"宣告品种权无效复审案

深圳农科玉种业有限公司请求宣告玉米"南甜糯601"品种权无效复审案

[农业农村部植物新品种复审委员会2022年第14号复审决定]

一、基本案情

被请求宣告品种权无效的玉米品种"南甜糯601",品种权申请日为2019年7月26日,授权日为2020年12月31日,品种权人为南京永立农业发展有限公司。另一涉案品种为"农科糯336",品种权申请日为2017年2月10日,授权日为2021年6月18日,品种权人为北京市农林科学院、深圳农科玉种业有限公司。

2021年2月5日,深圳农科玉种业有限公司(简称请求人)向农业农村部植物新品种复审委员会(简称复审委)请求宣告南京永立农业发展有限公司(简称被请求人)的"南甜糯601"品种权无效,理由是,经SSR分子检测,"南甜糯601"与"农科糯336"判定为极近似或者相同品种,由于"农科糯336"品种权申请在先,"南甜糯601"不具备特异性,应宣告"南甜糯601"品种权无效。

复审委受理后,通知请求人补正材料,并要求被请求人陈述相关情况。被请求人陈述,涉案品种"南甜糯601"由其自主选育,确认一个品种是否为新品种、是否具备特异性的依据是DUS测试结果,而不是DNA检验报告,并提交《张掖国家级玉米种子生产基地种子质量监督检验中心品种真实性检验报告》(No. ZGZ20210863),该报告显示"南甜糯601"与"农科糯336"具有明显差异,不属于同一品种。

复审委审理认为,被请求人提交的No. ZGZ20210863检验报告中使用的样品非官方保藏的标准样品,报告结论不具备证明力。复审委调取并采纳了农业农村部植物新品种保护办公室(简称品保办)相关鉴定结果,品保办从农业农村部植物新品种保藏中心提取"南甜糯601"与"农科糯336"的标准样品,在农业农村部植物新品种测试中心和江汉大学生物基因检测鉴定中心分别进行SSR和MNP分子检测,结果显示上述两个品种为极近似品种或相同品种;在农业农村部植物新品种测试(上海)分中心和(济南)分中心进行田间对比种植,结果显示上述品种无明显差异。复审委审理认为,"南甜糯601"通过绿色通道虽先获授权,但与在先申请的"农科糯336"差异不明显,不具备特异性,依法宣告玉米"南甜糯601"品种权无效。

二、典型意义

本案是关于授权品种不具备特异性而被宣告品种权无效的典型案例。特异性是品种权授权条件之一,根据《中华人民共和国植物新品种保护条例》第十五条,特异性是指申请品种有一个以上性状明显区别于申请日以前的已知品种。根据2021年修订的《中华人民共和国种子法》第九十条第(十一)项,已知品种是指已受理申请或已通过品种审定、品种登记、新品种保护,或者已经销售、推广的植物品种。一个品种一旦通过了保护、审定、登记,从申请之日起即视为已知品种,或者一个品种自推广销售之日起即成为已知品种。

本案"农科糯336"较"南甜糯601"先申请保护,在"南甜糯601"的特异性审查中应将"农科糯336"作为已知品种进行比对。请求人虽然提交了上述品种为不同品种的DNA检测报告,但由于样品不是来自官方标准样品库,结论没有被采纳。复审委采纳了"南甜糯601"和"农科糯336"标准样品开展的鉴定结果,依法宣告了"南甜糯601"品种权无效。

本案也提醒育种者要注重品种权管理和维护,关注进入保护、审定、登记环节的品种是否有与自己品种极近似或者相同的,是否属于自己品种的实质性派生品种,是否使用自己品种作为亲本等,并及时主张权利。必要时,可交由专业团队管理、经营品种权,最大限度实现品种权的市场价值。

案例10 小麦"隆麦28"驳回品种权申请复审案

江苏天隆种业科技有限公司请求复审小麦"隆麦28"驳回品种权申请案

[农业农村部植物新品种复审委员会2022年第11号复审决定]

一、基本案情

被驳回品种权申请的小麦品种"隆麦28",品种权申请日为2016年4月1日,品种权申请号为20160470.9,申请人为江苏天隆种业科技有限公司。

2019年12月10日,农业农村部植物新品种保护办公室(简称品保办)因"隆麦28"不具备一致性,驳回品种权申请。2020年4月2日,江苏天隆种业科技有限公司(简称请求人)向农业农村部植物新品种复审委员会(简称复审委)提出复审请求,认为品保办不应当依据编号为 2015QS0007A 的 DUS 测试报告否认"隆麦 28"的一致性，该测试报告是在申请植物新品种保护之前，参加品种审定区试时完成的，请求人要求采用申请保护时提交的"隆麦 28"标准样品重新进行 DUS 测试，判定"隆麦 28"是否具备一致性。

复审委受理后，要求品保办进行前置审查。2020 年 5 月 27 日，品保办提交《复审前置审查意见》认为，考虑到申请人在品种审定区试时通常提交的是生产用种，而品种保护要求提交的是原原种，生产用种和原原种可能在一致性上存在差异，建议提取申请品种保护的标准样品，重新安排 DUS 测试。

2021 年 10 月 26 日，农业农村部植物新品种测试（南京）分中心向复审委提交的"隆麦 28"植物新品种 DUS 测试报告显示，在 1000 株该品种中，异形株为 16 株，判定不具备一致性。复审委审理认为，根据重新测试结果，"隆麦 28"不具备一致性，维持品保办原有决定，驳回复审请求。

二、典型意义

本案是关于申请品种不具备一致性而被驳回品种权申请的典型案例，同时涉及委托测试报告的法律效力问题。通常品保办提取申请人提交的标准样品在农业农村部植物新品种测试中心、分中心进行 DUS 测试，判定申请品种是否具备特异性、一致性和稳定性。为提升 DUS 测试效率，目前品保办对申请人自行委托上述测试机构进行的 DUS 测试结果也予以认可。但由于委托测试存在一定的局限性，如可能存在委托人提供的样品与标准样品不同，委托测试在申请保护前开展，已知品种不够全面等问题。申请人对测试结论有异议并有合理理由的，可向品保办说明情况请求重新测试，也可在收到《实质审查驳回决定通知书》后，向复审委请求复审。本案中，申请人通过复审程序请求重新进行 DUS 测试，复审委考虑到请求事项的合理性，重新安排了 DUS 测试，保障了品种权申请人的合法权益。

供稿：农业农村部科学技术司

2023 年度公安机关打击侵权假冒犯罪典型案例

案例 1　打击侵犯软件著作权犯罪典型案例

一、基本案情

2023 年 6 月，根据权利人企业举报线索，江西省南昌市公安机关破获一起侵犯工程建设软件著作权案，打掉 2 个利用技术手段破解制作、销售盗版软件的犯罪团伙，抓获犯罪嫌疑人 11 名，查获软件破解版密钥 500 余个、账号 7000 余个、补丁插件 1 万余个、服务器 30 余台，涉及多种工程建设领域软件，涉案金额 3000 万余元，为权利人企业挽损 2 亿余元财产损失。

二、典型意义

该案的成功侦破切实保障了企业合法权益，坚定企业创新发展信心，激发企业创新活力，服务促进新质生产力发展。

案例 2　打击盗录传播院线电影犯罪典型案例

一、基本案情

2023 年 1 月，按照公安部部署要求，浙江、辽宁、山东省公安机关紧密协作，在版权管理部门大力支持下破获"1·25"盗录传播春节档院线电影案，抓获犯罪嫌疑人28名，捣毁涉案非法网站、App、网店32个，查获盗版《流浪地球2》《满江红》《熊出没·伴我"熊芯"》《深海》等电影45万余部。

二、典型意义

该案的成功侦破及时遏制了电影盗录传播风险，营造了良好的版权保护环境，服务支撑文化市场健康发展。

案例3 打击侵犯外资企业知识产权犯罪典型案例

一、基本案情

2023年3月，根据群众举报线索，安徽省铜陵市公安机关破获一起制售假冒品牌吹风机案，抓获犯罪嫌疑人16名，捣毁制假售假窝点10处，现场查获假冒国外品牌吹风机成品1168套、零部件和包材3万余件，涉案金额4000万余元。案件成功侦破后，外方驻华机构向公安机关致信感谢，高度赞誉公安机关在保护知识产权方面作出的努力。

二、典型意义

公安机关依法平等保护外资企业在华合法权益，助力营造市场化、法治化、国际化一流营商环境，服务高水平对外开放。

案例4 打击侵犯民营企业知识产权犯罪典型案例

一、基本案情

2023年12月，根据权利人企业举报线索，山东省菏泽市公安机关破获一起生产、销售假冒民营企业品牌洗衣机案，打掉一个将残损洗衣机进行拼接组装冒充正品销售的犯罪团伙，抓获犯罪嫌疑人6名，捣毁制假售假窝点9处，现场查获假冒品牌洗衣机7000余台。

二、典型意义

该案的成功侦破及时回应了企业诉求，保护企业合法权益，有力护航民营经济发展壮大。

案例5 打击危害民生安全假冒伪劣犯罪典型案例

一、基本案情

2023年12月，根据群众举报线索，重庆市公安机关破获一起生产、销售假冒伪劣燃气灶案，抓获犯罪嫌疑人21名，捣毁制假售假窝点12处，查获假冒多个品牌的伪劣燃气灶成品、半成品5000余台，制假原材料及包材17.4万套，案值1000万余元。

二、典型意义

该案的成功侦破阻断了假冒伪劣燃气灶流入市场，切实保护了人民群众生命财产安全。

案例6 打击危害公共安全假冒伪劣犯罪典型案例

一、基本案情

2023年8月，根据工作中发现线索，黑龙江省哈尔滨市公安机关破获一起生产、销售伪劣电线电缆案，抓获犯罪嫌疑人11名，捣毁生产伪劣电缆工厂2处、销售窝点3处，查获伪劣电线电缆制造设备10台、伪劣电缆100万余米。经鉴定，涉案电线电缆电阻、绝缘体厚度、钢铠厚度不合格，存在短路、接地故障和引起火灾等风险。案件成功侦破后，公安机关将伪劣电线电缆销售流向通报有关行政部门。

二、典型意义

该案的成功侦破有力维护了公共安全，及时消除了一批风险隐患。

案例 7　打击侵犯电商平台知识产权犯罪典型案例

一、基本案情

2023年10月，根据权利人企业举报线索，上海市公安机关破获一起制售假冒知名电商平台品牌包材案，打掉2个以冒用该平台"官方鉴定真品"为名，实际对外销售假冒潮流商品的犯罪团伙，抓获犯罪嫌疑人26名，查获假冒电商平台品牌防伪扣、防伪证书、商标标识等170万余件，制假生产线3条、设备68套，涉案金额2000万余元。

二、典型意义

该案的成功侦破切实维护了电商行业市场秩序，助力互联网经济健康发展。

案例 8　打击利用直播带货售假犯罪典型案例

一、基本案情

2023年2月，根据行政执法部门通报线索，江西省萍乡市公安机关破获一起制售假冒品牌运动服装案，抓获犯罪嫌疑人6名，打掉制假窝点3处、售假网络直播间3个，现场查扣假冒国内外知名品牌运动服装1.3万件。

二、典型意义

该案的成功侦破切实净化了网络市场秩序，推动平台经济规范健康持续发展，确保群众买得放心、用得安心。

案例 9　打击外贸领域侵犯知识产权犯罪典型案例

一、基本案情

2023年4月，根据群众举报线索，四川省乐山市公安机关破获一起制售假冒品牌摩托车头盔案，打掉一个集生产组装、代理销售、外贸出口为一体的犯罪链条，抓获犯罪嫌疑人14名，捣毁制假售假窝点6处，查获假冒品牌头盔9000余顶，涉案金额1.1亿元。

二、典型意义

该案的成功侦破有力打击了外贸领域制假售假犯罪，营造良好国际贸易环境。

案例 10　打击制售假冒化妆品犯罪典型案例

一、基本案情

2023年2月，根据群众举报线索，江苏省常州市公安机关破获一起制售假冒品牌化妆品案，打掉一个使用假冒包材加工生产知名品牌化妆品，并通过网络对外销售的犯罪团伙，抓获犯罪嫌疑人22名，捣毁制假售假窝点4处，现场查获面霜、粉底液等假冒品牌化妆品10万余瓶，涉案金额5000万余元。

二、典型意义

该案的成功侦破有力保障了企业和消费者合法权益，维护了化妆品市场公平竞争秩序。

供稿：公安部知识产权犯罪侦查局

2023年度中国海关知识产权保护典型案例

案例1　南京海关智慧赋能查获出口侵权轴承

一、基本案情

2023年9月,南京海关所属常州海关运用大数据分析,在对宁波某贸易有限公司申报出口的一批轴承进行风险研判后,认为该批货物具有较大侵权嫌疑。后经查验发现,货物中共有5597套轴承涉嫌侵权,其中,5557套轴承本体使用了"SKF"标识,10套轴承本体使用了"NSK"标识,10套轴承本体使用了"TIMKEN"标识,20套轴承外包装使用了"EMERSON及图形"标识,并申报为"无中英文品牌"。经权利人确认,上述轴承均为侵权货物。10月,海关依法对货物实施扣留并立案调查。该案货值约合84.72万元,涉嫌构成刑事犯罪。目前,公安机关已刑事立案,案件正在侦办中。

二、典型意义

该案是海关智慧赋能提升执法质效的典型案例。本案中,海关以"大数据"理念为核心,根据公安机关通报的境外执法机构查获的侵权货物信息,结合关区历史查发,采集多渠道数据要素开发构建知识产权侵权货物风险研判模型,加强单证分析,运用"大数据+人工智能+专家智慧",进一步提升对侵权货物的精准查缉能力。海关在单一案件中查发的侵权轴承数量多、价值高,得到权利人高度认可,评价这起案件"实践中很罕见,非常具有典型意义"。

案例2　黄埔海关进口环节查获侵权电源适配器案

一、基本案情

2023年3月,深圳某公司向黄埔海关所属沙田海关申报进口一批电源适配器。海关对该批货物进行风险分析后实施布控查验,发现集装箱内有20 209个使用了"Delta"及"Dell"标识的电源适配器成色较旧、包装简陋,存在较大侵权嫌疑。经权利人确认,该批电源适配器为侵权货物。其后,黄埔海关通过数据分析研判,对同类型、同路径的进口货物进行布控,相继精确命中3批进口电源适配器,涉及"DELL""SEGWAY""SONOS""DELTA""CHROME""PHILIPS""Lenovo"等多个标识,涉案货物数量约4.5万个,涉案货值约31万元。海关依法对货物实施扣留,立案调查后作出没收侵权货物并处罚款的行政处罚决定。

二、典型意义

该案是海关坚持以人民为中心,加强对进口环节重点商品监管的典型案例。进口的侵权消费电子产品一旦大量进入市场,将对国内相关市场的稳定带来冲击,进而对经济发展带来影响。该案的查办体现了海关坚持"人民至上"的理念,持续在进口环节对相关产品实施重点监控,以"时时放心不下"的责任感,严防侵权产品流入国内,全力维护健康稳定的市场秩序。

案例3　深圳海关查获侵犯内、外资企业知识产权货物案

一、基本案情

2023年1月，深圳海关所属蛇口海关在对济宁某电子商务公司申报出口的一票货物进行查验时，发现若干未向海关申报的耳机，包括使用"HUAWEI"标识耳机19 925个、使用"SAMSUNG"标识耳机398 198个，合计价值109.5万元。经权利人确认，上述耳机均为侵权货物。海关依法对货物实施扣留，立案调查后作出没收侵权货物并处罚款的行政处罚决定，同时将涉嫌犯罪线索通报公安机关。

二、典型意义

该案是海关平等保护内、外资企业合法权益，支持多元主体创新、营造优越营商环境的典型案例。国外品牌进入国内市场，其知识产权需要获得保护；国内自主品牌发挥创新优势扬帆海外市场，其知识产权同样需要获得保护。本案中，海关同时查获侵犯内、外资企业知识产权的货物，从查验、确权到立案查处的知识产权海关保护过程中始终保持执法统一，为不同国别的权利人提供一致的保护力度和执法便利，彰显了海关认真贯彻知识产权"内外同保护"理念、坚决保护企业创新成果的决心与担当。

案例4　广州、江门海关邮递渠道联合打击侵权服装鞋帽案

一、基本案情

2023年5—6月，江门海关所属外海海关在邮递渠道发现寄件人持"张X丽"身份证，使用"Wayne""Gary""Lynn"等名字申报邮寄出境服装鞋帽等物品。经查验，共计174个邮包内的1317件物品涉嫌侵犯80个商标专用权。该关经梳理相关申报出境信息，认为存在较大的侵权物品"口岸漂移"风险，及时将侵权物品信息提交，实施全国范围内的风险布控。

根据江门海关的信息通报，广州海关迅速启动知识产权风险信息反应机制，精准锁定高风险人员，连续发现寄件人"X li zhang"7月在邮递渠道申报寄往境外的多个邮包存在异常，经查验发现362个邮包内含有涉嫌侵犯多个国际知名品牌商标权的服装鞋帽等1835件。

二、典型意义

该案是海关在邮递渠道互通执法信息的典型案例。邮递渠道作为进出境物品的传统物流通道，单个邮包内物品数量少、涉及国家路线多、收寄件人分散，集中打击难度大。本案中，寄件人使用不同名字向不同国家寄递衣物鞋帽等物品，存在逃避海关监管的意图。海关密切关注邮递渠道"化整为零""蚂蚁搬家"式侵权风险，加大关区间执法合作力度，强化情报信息共享，推进一体化风险防控，精准打击分散寄递侵权物品的违法行为。

案例5　杭州、天津海关联合查获侵犯中小企业知识产权锁具案

一、基本案情

2023年9月，天津海关向杭州海关提出跨关区执法协作需求，就天津莱特进出口有限公司"LION及图形"商标权遭遇侵权有关线索开展联合处置。两关综合研判后，根据侵权商品海外流向、出境口岸等信息实施风险布控。10月，义乌某公司向杭州海关所属金华海关申报出口一批挂锁，另一家义乌公司向杭州海关所属义乌海关申报出口一批塑料水带、抽屉锁、挂锁。上述货物经风险判别，均被海关布控拦截。

经查验，金华海关发现使用"LION及图形"标识的抽屉锁15 000把，义乌海关发现使用"LION及图形"标识的抽屉锁15 000把、挂锁7200把。经权利人确认，上述锁具均为侵权货物。金华、义乌海关分别依法对货物实施扣留，立案调查后作出没收侵权货物并处罚款的行政处罚决定。

二、典型意义

该案是海关保护中小企业知识产权的典型案例。天津莱特进出口有限公司等中小企业，经营范围广泛、机制灵活，是国家创新发展的重要力量。海关积极回应中小企业知识产权保护需求，采取政策解读、风险预警、维权指导、联动打假等一系列助企服务措施，为企业深耕细作拓展市场提供有力保障。各级海关在出口环节连续查获侵犯中小企业知识产权的货物，有效维护企业创新成果和品牌形象，增强企业在国际贸易中的竞争力，为广大中小企业稳健发展创造良好条件。

案例6 青岛、成都、合肥海关加强行刑衔接查获出口侵权货物系列案

一、基本案情

2023年8月，青岛海关所属黄岛海关在对一批出口货物查验时发现侵权嫌疑假发4.14万件，使用了"FEMI"标识，价值358.9万元。经权利人确认，上述假发为侵权货物。海关迅速启动"行刑衔接"机制，移交公安机关立案侦办。

2023年8月，成都海关所属青白江海关在对一批出口货物查验时发现侵权嫌疑吉他1818把，使用了"HOHNER"标识，价值39.79万元。经权利人确认，上述吉他为侵权货物，海关依法予以扣留，并移交公安机关立案侦办。

2023年11月，合肥海关所属芜湖海关、庐州海关先后对安徽某公司出口的3批货物查验时，连续发现侵权嫌疑练习本31.75万本，价值19.9万元。经权利人确认，上述练习本均为侵权货物，海关依法予以扣留，并移交公安机关立案侦办。

二、典型意义

该系列案件是海关与公安机关深化"行刑衔接"的典型案件。海关积极回应人民群众关切，对社会敏感度高、与日常生活息息相关的消费品侵权行为保持高压打击态势，主动关注新渠道新趋势，深挖侵权案件线索，紧密配合公安机关深挖扩线，强有力推动完善案件移送、综合研判、联合执法、信息互通共享等深度协作机制，有效形成跨地区、多部门衔接的侵权行为打击合力，在提升行刑衔接执法协作效能方面树立典范。

案例7 乌鲁木齐、福州、重庆、郑州海关查获跨境电商渠道侵权商品系列案

一、基本案情

2023年7月，乌鲁木齐海关所属霍尔果斯国际边境合作中心海关在对霍尔果斯某公司以跨境电商贸易方式申报出口的一批商品进行查验时，发现侵权嫌疑运动鞋14 144双，经权利人确认，均为侵权商品。

2023年7月，福州海关所属平潭海关在对平潭某公司以跨境电商贸易方式申报出口的一批商品进行查验时，发现侵权嫌疑服装、箱包等商品共计2517件，使用40个不同标识。经权利人确认，均为侵权商品。

2023年8月，重庆海关所属重庆江北机场海关在对佛山某公司以跨境电商贸易方式申报出口的一批商品进行查验时，发现被布控的2个清单内的货物涉嫌侵权，经扩大查验，发现侵权嫌疑服装、鞋类、箱

包、手表、饰品等商品共计2388件,使用44个标识,经权利人确认,均为侵权商品。

2023年9月,郑州海关所属郑州新区海关在对深圳某公司以跨境电商贸易方式申报出口的一批商品进行查验时,发现侵权嫌疑运动鞋、箱包等商品共计549件,使用26个标识,经权利人确认,均为侵权商品。

二、典型意义

该系列案是海关加强跨境电商等新兴业态领域知识产权保护的典型案例。面对当前外贸领域的新形势、新格局,我国正在积极培育外贸新业态、新模式,跨境电商作为其中的典型代表已成为外贸发展的新动能、转型升级的新渠道和高质量发展的新抓手。该系列案中,海关不断总结跨境电商渠道侵权特点,充分发挥数据监控功能,利用审单和查验现场"见单见物"的不同优势,及时关注侵权商品"口岸漂移"现象,加强对跨境电商领域出口侵权商品行为的打击力度,有效维护跨境电商渠道进出口贸易秩序。

案例8　上海、大连、南宁、长沙海关查获输往共建"一带一路"国家侵权货物系列案

一、基本案情

2023年2月,上海海关所属外高桥港区海关对一批出口货物进行查验时,发现驾驶室总成、发动机、变速箱等货物587件,使用了"HOWO及图""CNHTC及图"标识。经权利人确认,上述汽车零配件为侵权货物。

2023年10月,大连海关所属大窑湾海关对一批出口货物进行查验时,发现3000套轴承包装简陋、做工粗糙,使用了"Koyo"标识。经权利人确认,上述轴承为侵权货物。

2023年1月,南宁海关所属友谊关海关对一批出口货物进行查验时,发现服饰、手提包、手表等各类货物共5308件,使用了27个标识。该关继续加强风险布控,于2月再次查发同一公司出口的手机保护套、电池等货物12998件,使用了14个标识。经权利人确认,上述两批货物均为侵权货物。

2023年6月,长沙海关所属星沙海关对一批出口货物进行查验时,发现9000件塑料玩具包装盒上印有"忍者神龟""汽车总动员""小马宝莉"等多种著名动画电影卡通形象。经权利人确认,上述玩具均侵犯权利人的著作权。

二、典型意义

上述案例所涉货物目的国为共建"一带一路"国家,是海关贯彻落实国家重大战略,服务经济发展大局的典型案例。2023年是"一带一路"倡议提出十周年。十年来,我国持续优化营商环境,与共建"一带一路"国家建立互利共赢的经贸关系,进出口贸易规模不断扩大。该系列案中,面对共建"一带一路"国家对中国制造产品的旺盛消费需求,海关通过精准风险防控,在不同渠道查获涉及商标权、著作权的侵权货物,推动中国制造产品高质量"出海",维护中国制造良好形象。

案例9　宁波、拉萨海关多渠道执法查获侵权货物系列案

一、基本案情

2023年1月,宁波海关所属北仑海关在对义乌某公司以市场采购方式申报出口的一批无品牌塑料玩具进行查验时,发现纸箱中夹藏大量使用"抖音短视频logo""TikTok"字样的气球,该批气球共计16800包。经权利人确认,上述气球侵犯权利人的著作权。

2023年1月,拉萨海关所属吉隆海关

在对西藏某商贸有限公司以"边境小额"贸易方式申报出口的涤纶布进行查验时,发现夹藏有使用"Apple logo(图形)"标识的耳机2500个,使用"RADO及图形"标识的手表160个,以及使用其他国际知名标识的手表15个。经权利人确认,上述手表均为侵权货物。

二、典型意义

该系列案是海关依法加强多渠道知识产权保护,营造一流营商环境的典型案例。在申报环节,海关不仅关注较为常见的以一般贸易方式申报的大数量进出口货物,同时也关注以市场采购、边境小额等其他贸易方式申报的进出口货物。本系列案中,海关在多渠道、多领域积极开展知识产权保护,全方位织密进出口货物知识产权保护网,有效提升保护能力,完善保护体系,做到口岸保护全覆盖。

供稿:海关总署综合业务司

2023年度反不正当竞争与保护商业秘密典型案例

案例1 南京市某生物科技有限公司商业混淆案

一、基本案情

南京某生物科技有限公司(当事人)在其产品的外包装上擅自使用与全球知名医院梅奥诊所注册商标近似的标识,并在其销售过程中大量使用"梅奥"为自己公司及产品作宣传。在从加拿大进口婴幼儿滴剂系列商品和苹果多酚固体饮料后,当事人自行设计并委托他人印制带有"MAYO NUTRITION"及"三面盾牌"组合商标的产品外包装,组合商标与梅奥诊所在中国取得的注册商标近似。该行为侵犯了梅奥诊所注册商标专用权,并足以使消费者误以为其产品与梅奥诊所存在特定联系。当事人在全国范围内销售上述产品,截至案发共计销售17个品种17.68万瓶,销售金额854.3万元。

当事人的行为违反了《中华人民共和国商标法》第五十七条第(二)项"未经商标注册人的许可,在同一种商品上使用与其注册商标近似的商标,或者在类似商品上使用与其注册商标相同或者近似的商标,容易导致混淆的"、第(三)项"销售侵犯注册商标专用权的商品的"和《中华人民共和国反不正当竞争法》第六条第(二)项"擅自使用他人有一定影响的企业名称(包括简称、字号等)、社会组织名称(包括简称等)、姓名(包括笔名、艺名、译名等)"的规定。综合考量当事人实施商标侵权与商业混淆行为的违法情节与损害后果后,南京市鼓楼区市场监管局最终依据《中华人民共和国反不正当竞争法》第十八条的规定,对当事人作出罚款70万元的行政处罚。

二、典型意义

本案是一起典型的"傍名牌"案例,既有擅自使用他人有一定影响的企业名称的情节,又有擅自使用与他人注册商标近似的商品标识的情节。实践中两种混淆行为并存的现象比较普遍,如商品包装、装潢与他人有一定影响的包装、装潢近似,同时商品包装上的商标也与他人注册商标近似等。经综合考量,执法机关采用《中华人民共和国反不正当竞争法》第六条第(二)项进行处罚。其适用理由是,商标权利人虽享有注册商标专用权但并未实际使用,另其注册商标的知名度远不及其医院名称的知名度,择一重处的理解不能仅仅限于处罚幅度,还要考虑哪种侵权行为造成的社会危害性更大,本案中擅自使用梅奥诊所的名称给权利人和消费者造成的危害更大是不争的事实,用反不正当竞争法处罚更符合法律的本义。本案的查办对混淆类案查办中准确适用《中华人民共和国商标法》和《中华人民共和国反不正当竞争法》提供了有益指导和借鉴。

案例2 重庆某科技有限公司侵犯商业秘密案

一、基本案情

重庆某科技有限公司(权利人)前高管刘某某离职前指使员工获得公司全房通系统软件源代码,离职后收购重庆某某科技有限公司(当事人)并招募权利人软件开发人员,违反保密协议或权利人有关保守商业秘密的要求,在明知该源代码属于权利人技术秘密的情况下,使用或者允许他人使用上述技术秘密用于同类型软件趣管房系统的开发及运营。

当事人的行为构成《中华人民共和国反不正当竞争法》第九条第三款规定的侵犯他人商业秘密行为,依据该法第二十一条的规定,责令当事人停止违法行为,处罚款50万元。

二、典型意义

在数字经济时代,计算机软件源代码已成为企业的核心资产之一,代表着企业的核心竞争力,具有极大的商业价值。通常企业都会采取必要的保护措施,但"内鬼泄密"情况却时有发生。不法企业以高薪为诱饵,招募权利人软件开发人员,窃取其源代码用于自己的系统开发及商业运营,从而给权利人带来无法弥补的经济损失,严重阻碍企业创新发展。商业秘密作为企业的核心竞争力,也是企业重要的知识产权。面对数字化转型的今天,加强对各类新型商业秘密的保护对于促进企业创新发展、优化营商环境、推动高质量发展具有重要意义。

供稿:国家市场监督管理总局
价格监督检查和反不正当竞争局

2023年中国法院10大知识产权案件

案例1 涉"西门子"商标侵权及不正当竞争纠纷案

西某股份公司、西某(中国)有限公司与宁波奇某电器有限公司等侵害商标权及不正当竞争纠纷案

[最高人民法院(2022)最高法民终312号民事判决书]

一、基本案情

西某股份公司及西某(中国)有限公司(统称西某公司)是"西门子""SIEMENS"注册商标的权利人,两商标注册在洗衣机等商品上,经过西某公司长期使用和大力推广宣传,已经具有较高知名度。宁波奇某电器有限公司等将在海外注册的"上海西门子电器有限公司"名称,作为商业标识广泛使用在其生产、销售的洗衣机产品、产品外包装及相关宣传活动中。西某公司认为宁波奇某电器有限公司等的行为侵害其注册商标专用权并构成不正当竞争,遂诉至法院。一审法院认为,宁波奇某电器有限公司等的被诉侵权行为未构成商标侵权,但构成不正当竞争,判决宁波奇某电器有限公司等立即停止侵权,并赔偿经济损失1亿元及合理开支16.3万元。宁波奇某电器有限公司等不服,提起上诉。最高人民法院二审认为,宁波奇某电器有限公司等明知"西门子""SIEMENS"商标的知名度,故意将"上海西门子电器有限公司"使用在洗衣机产品上,造成消费者混淆误认,构成商标侵权;在产品外包装及宣传活动中使用该标识亦构成不正当竞争,应当承担赔偿责任。关于赔偿数额,现有证据虽难以确定西某公司的实际损失或宁波奇某电器有限公司的侵权获利,但足以认定宁波奇某电器有限公司的侵权获利已明显超过法定赔偿最高限额500万元。在此情况下,鉴于宁波奇某电器有限公司拒不提供与侵权行为相关的财务资料,已构成证据妨碍,一审法院参考媒体报道内容中关于宁波奇某电器有限公司年销售总额为15亿元的数据,并根据案件相关事实,按照十五分之一计算被诉侵权产品的销售额占比,进而确定宁波奇某电器有限公司等承担1亿元赔偿数额并无不当。最高人民法院判决:驳回上诉,维持原判。

二、典型意义

本案二审判决严格适用举证妨碍制度,对于故意不提供证据,妨碍人民法院认定案件事实的侵权人,依法作出对其不利的处理方式和裁判结果。该案充分体现了人民法院严格保护知识产权的司法态度,有力打击了恶意攀附知名商标商誉的行为,对净化市场秩序、营造良好营商环境起到了重要推动作用。

案例2 涉"拉菲"商标侵权及不正当竞争纠纷案

拉某酒庄与南京金某酒业有限公司等侵害商标权及不正当竞争纠纷案

[最高人民法院(2022)最高法民终313号民事判决书]

一、基本案情

拉某酒庄系"LAFITE"商标、"CHATEAU LAFITE ROTHSCHILD"商标(统称涉案商标)的权利人,两商标注册在含酒精饮料商品上。涉案商标经过长期使用具有较高知名度,"LAFITE"与"拉菲"已经建立了稳固的联系。2005年4月1日,南京金某酒业有限公司在葡萄酒等商品上申请注册了"拉菲庄园"商标。此后,南京金某酒业有限公司等在生产、进口、销售葡萄酒的过程中使用了"拉菲庄园""LAFEI MANOR"等标识,并在网站、交易文书中进行宣传推广。2016年12月23日,最高人民法院作出再审判决,支持商标行政主管部门撤销"拉菲庄园"商标。拉某酒庄遂将南京金某酒业有限公司等七被告诉至法院。一审法院认为南京金某酒业有限公司等七被告构成商标侵权及不正当竞争,判令其停止侵权,并适用惩罚性赔偿。南京金某酒业有限公司等不服,提起上诉。最高人民法院二审认为,南京金某酒业有限公司等在申请注册及使用"拉菲庄园"商标的过程中存在对拉某酒庄涉案商标的攀附恶意,不具有善意的信赖利益,其使用"拉菲庄园""LAFEI MANOR"标识构成商标侵权,在宣传中夸大"拉菲庄园"葡萄酒的历史传承及知名度构成虚假宣传。南京金某酒业有限公司等侵权恶意明显,侵权情节严重,依据拉某酒庄的请求适用惩罚性赔偿,判令南京金某酒业有限公司等合计赔偿经济损失及合理开支7917万元。

二、典型意义

本案判决指出存在攀附意图的商标注册人,其商标使用行为不应受到保护,对于倡导市场主体以诚信和善意的方式参与市场竞争具有积极意义,彰显了人民法院严惩"傍名牌""搭便车"的力度与决心。

案例3　涉"人脸识别"发明专利权无效行政纠纷案

北京中某科技有限公司与国家知识产权局、苹某电脑贸易(上海)公司发明专利权无效行政纠纷案

[最高人民法院(2021)最高法知行终556号行政判决书]

一、基本案情

北京中某科技有限公司系专利号为200480036270.2、名称为"一种获取人脸图像的方法及人脸识别方法与系统"发明专利的专利权人,苹某电脑贸易(上海)公司针对涉案专利权提出无效宣告请求。北京中某科技有限公司在涉案专利权无效宣告审查期间提交了专利权利要求书修改文本。国家知识产权局对部分修改后的权利要求不予接受,仅以其接受的部分为审查基础,作出审查决定,认定涉案专利不具备创造性,宣告其全部无效。北京中某科技有限公司不服,向北京知识产权法院提起诉讼,未获支持。北京中某科技有限公司不服,以所有修改后的权利要求均应被接受等为由提起上诉。最高人民法院二审认为,专利确权行政程序中,权利要求的修改幅度最大不得超出《中华人民共和国专利法》第三十三条所规定的"信息范围"和《中华人民共和国专利法实施细则》第六十九条第一款规定的"保护范围"。关于某一权利要求的修改方式是否属于"进一步限定"的审查,应仅以修改后的权利要求是否完整包含了被修改的权利要求的所有技术特征,以及修改后的权利要求相比被修改的权利要求是否增加了技术特征,且增加的技术特征是否均记载于原权利要求书中的其他权利要求为准。专利确权行政程序中的权利要求修改,一般应当以回应无效宣告理由为限;以克服无效宣告理由所指缺陷为名,行重构权利要求之实的,可不予接受。该案中,权利要求4、7实质为原权利要求,系当然的审查基础;修改后的权利要求8—10中引用权利要求4、7的技术方案亦应予接受;修改后的权利要求11、12并非回应无效宣告理由的修改,国家知识产权局未予接受并无不当。故判决撤销一审判决及被诉决定,由国家知识产权局重新作出决定。

二、典型意义

本案明确了专利确权行政程序中权利要求修改幅度、修改方式、修改目的的要求,特别是"进一步限定"式修改的认定标准,对于专利确权行政程序中修改权利要求的法律标准的把握,具有参考意义。

案例4　涉"丹玉405号"玉米植物新品种侵权纠纷案

辽宁丹某种业科技股份有限公司与凌海市农某种业科技有限责任公司、青岛连某农业技术发展有限公司侵害植物新品种权纠纷案

[最高人民法院(2022)最高法知民终2907号民事判决书]

一、基本案情

辽宁丹某种业科技股份有限公司系"丹玉405号"玉米植物新品种的品种权人。凌海市农某种业科技有限责任公司未经授权,以"紫光4号"名称套牌侵害"丹玉405号"品种权,并于2015年被生效判决认定构成侵权;此后,又于2019年、2020年分别以"锦玉118""安玉13""丹玉606号"名称继续实施套牌生产、销售"丹玉405号"品种的侵权行为。青岛连某农业技术发展有限公司是被诉侵权种子的销售商。辽宁丹某种业科技股份有限公司遂诉至法院，请求判令凌海市农某种业科技有限责任公司、青岛连某农业技术发展有限公司停止侵权，共同赔偿经济损失和合理开支共计300万元（以150万元为赔偿基数，以1倍计算惩罚性赔偿）。一审法院认为，无法确定惩罚性赔偿的计算基数，于是适用法定赔偿判决凌海市农某种业科技有限责任公司停止侵权并赔偿经济损失及合理开支共100万元。辽宁丹某种业科技股份有限公司不服，提起上诉。最高人民法院二审认为，凌海市农某种业科技有限责任公司的侵权行为时间长、地域广、规模大，且多次实施套牌侵权、重复侵权，侵权故意明显，侵权情节恶劣，应当承担惩罚性赔偿责任。参考凌海市农某种业科技有限责任公司自认繁育400亩侵权种子能够收获的"丹玉405号"种子的数量及销售毛利，已基本满足辽宁丹某种业科技股份有限公司主张的150万元赔偿基数，遂按照150万元的赔偿基数及1倍的惩罚性赔偿，改判全额支持辽宁丹某种业科技股份有限公司300万元的诉讼请求。

二、典型意义

本案明确惩罚性赔偿基数可以基于在案证据裁量确定，而不能简单以难以精确计算即适用法定赔偿。该案裁判体现了人民法院全面落实惩罚性赔偿制度的决心和司法态度，依法降低了权利人的维权难度，有效发挥出惩罚性赔偿的威慑力，切实让侵权人付出沉重代价。

案例5　导航电子地图著作权侵权及不正当竞争纠纷案

北京四某科技股份有限公司与北京百某科技有限公司等著作权侵权及不正当竞争纠纷案

[北京市高级人民法院（2021）京民终421号民事判决书]

一、基本案情

北京四某科技股份有限公司自2002年开始进行电子地图研发和推广，创作完成了15Q4互联网电子地图和16Q2互联网电子地图（统称权利地图）。2013年，北京四某科技股份有限公司与北京百某科技有限公司等签署合作协议，约定授权北京百某科技有限公司等使用权利地图至2016年底。北京四某科技股份有限公司主张，合同到期后北京百某科技有限公司及其关联公司在运营的"百度地图""百度CarLife""百度导航"等6款被诉应用软件中使用与权利地图构成实质性相似的导航电子地图，侵害其著作权并构成不正当竞争，遂诉至法院。一审法院认为北京百某科技有限公司等在应用软件中使用的导航电子地图构成著作权侵权，判令该公司及其关联公司停止侵权、赔礼道歉、消除影响，连带赔偿经济损失6450万元及合理支出92万余元。北京百某科技有限公司等不服，提起上诉。北京市高级人民法院二审认为，权利地图构成著作权法上的图形作品。对于海量地图数据，通过权利人举证的30处暗记、125处内部道路及47处扩海行政区域图和44处模式图的比对，可以认定北京百某科技有限公司及其关联公司在合作协议期限届满后，在运营的6款被诉应用软件中使用了与权利地图构成实质性相似的导航电子地图，侵害了北京四某科技股份有限公司的著作权。鉴于已适用著作权法保护权利人的合法权益，不宜再适用《中华人民共和国反不正当竞争法》第二条作重复保护。据此判决驳回上诉，维持原判。

二、典型意义

数据是数字经济的关键要素。本案系导航电子地图通过著作权法保护的典型案例。该案既对导航电子地图构成图形作品的要件进行深入分析，又对海量地图数据实质性相似比对进行有益探索，凸显了知识产权司法审判服务保障数字经济的重要作用。

案例6　涉"数据"不正当竞争纠纷案

北京微某网络技术有限公司与广州简某信息科技有限公司等不正当竞争纠纷案

[广东省高级人民法院（2022）粤民终4541号民事判决书]

一、基本案情

北京微某网络技术有限公司是新浪微博的经营者，其指控广州简某信息科技有限公司采用恶意技术手段，非法调用服务器API（应用程序编程接口）抓取了大量微博数据，进行存储和售卖，构成不正当竞争，遂诉至法院。一审法院认为，广州简某信息科技有限公司构成不正当竞争，判令其赔偿经济损失2000万元及维权合理费用272 680元。广州简某信息科技有限公司不服，提起上诉。广东省高级人民法院二审认为，北京微某网络技术有限公司对依法依规持有的微博数据享有自主管控、合法利用并获取经济利益的权益。广州简某信息科技有限公司通过变换IP（网络地址）、UID（用户账号）等欺骗性技术方式，非法调用微博服务器API抓取大量后台数据予以存储，且未经处理向不特定互联网用户售卖从而获利。该行为显著增大了微博平台被实质性替代的风险，还可能造成个人隐私、敏感信息泄露等数据安全问题，有违公平、诚信原则和商业道德，扰乱了数据市场竞争秩序，严重损害了北京微某网络技术有限公司和消费者合法权益，构成《中华人民共和国反不正当竞争法》第二条规定的不正当竞争行为。按照广州简某信息科技有限公司收费标准中位数1元/100次计算，其获利约为2179.79万元，综合被诉侵权行为持续时间长、调用数据规模巨大、损害后果严重等情况，全额支持北京微某网络技术有限公司的赔偿请求并无不当，遂判决驳回上诉，维持原判。

二、典型意义

本案系非法抓取数据予以交易转卖的典型案件。判决基于数据"有力保护"与"有序流通"的平衡关系，明晰数据权益保护边界，体现了司法审判引导市场主体获取和利用数据要"取之有道、用之有度"的鲜明司法态度。

案例7　侵犯医疗设备软件著作权罪案

刘某生、刘某侵犯著作权罪案

[上海市第三中级人民法院（2023）沪03刑初23号刑事判决书]

一、基本案情

自2019年3月起，被告人刘某生以营利为目的，未经西某医疗系统有限公司等著作权人的许可，自行制作用于避开著作权技术保护措施的加密狗，提供维修手册等下载链接，擅自复制星云工作站等软件，通过闲鱼账户等渠道销售前述加密狗和盗版软件。自2020年7月起，被告人刘某生指使被告人刘某开设闲鱼账户销售加密狗和盗版软件。其间，被告人刘某生负责制作加密狗、复制盗版软件、上架商品、寄快递等，被告人刘某负责账户客服、收款等。经审计，被告人刘某生、刘某的销售金额分别为106万余元和14万余元。经鉴定，两名被告人销售的加密狗可以避开著作权人采取的技术保护措施，销售的盗版软件与著作权人的作品实质相同。上海市第三中级人民法院认为，两名被告人以营利为目的，未经著作权人许可，复制、通过信息网络向公众传播其作品，故意避开著作权人为其作品采取的技术保护措施,被告人刘某生情节特别严重,被告人刘某情节严重,二人行为均已构成侵犯著作权罪。在共同犯罪中,被告人刘某生系主犯;被告人刘某系从犯,应当从轻处罚。两名被告人均具有坦白情节,可以从轻处罚;自愿认罪认罚,庭前预缴罚金,可以从宽处理。遂以侵犯著作权罪判处被告人刘某生有期徒刑三年二个月,并处罚金70万元;判处被告人刘某有期徒刑一年,缓刑一年,并处罚金8万元。一审判决后,两名被告人均未上诉。

二、典型意义

本案系《中华人民共和国刑法修正案(十一)》实施后,依法惩治故意避开技术措施侵犯著作权行为的典型刑事案件。该案判决明确了对避开或者破坏技术措施行为追究刑事责任的有关标准,充分保障了医疗设备软件著作权人的合法权益,彰显了加强知识产权刑事司法保护、服务数字经济创新发展的力度和决心。

案例8 "香菇多糖"侵害技术秘密纠纷案

南京汉某医药科技有限公司与帝某制药(江苏)有限公司侵害技术秘密纠纷案

[江苏省南京市中级人民法院(2019)苏01民初3444号民事判决书]

一、基本案情

2004年,南京汉某医药科技有限公司与帝某制药(江苏)有限公司签订《香菇多糖项目合作合同》,约定前者向后者提供生产香菇多糖原料药等技术;所涉产品销售给前者指定的经销商;后者自行或者委托他人经销则应赔偿前者2000万元;双方均应对本项目技术保密,否则按前述约定进行赔偿。后南京汉某医药科技有限公司依约向帝某制药(江苏)有限公司交付了技术成果。帝某制药(江苏)有限公司于2006年据此获得香菇多糖原料药注册及生产批件。2010年,帝某制药(江苏)有限公司将香菇多糖技术以100万元转让给案外人,前述药品生产企业变更为该案外人。该案外人网站2014年宣传:香菇多糖原料药生产线正式投产,年产值将过亿元。南京汉某医药科技有限公司遂诉至法院。江苏省南京市中级人民法院认为,涉案技术具有非公知性、价值性、保密性,构成技术秘密,帝某制药(江苏)有限公司向案外人转让与前述技术实质性相同的技术,属于违反保密约定向案外人披露技术秘密的行为,构成侵权,依照双方约定的赔偿数额,判决帝某制药(江苏)有限公司赔偿南京汉某医药科技有限公司2000万元。帝某制药(江苏)有限公司不服,提起上诉。最高人民法院二审判决驳回上诉,维持原判。

二、典型意义

本案涉及道地香菇原料的挑拣、加工、处理等传统中医药工艺的技术秘密保护。判决对传统道地药材技术秘密的认定、非法利用技术秘密的赔偿等问题进行了探索,有利于传统中医药技术应用发展,促进了中医药守正创新。

案例9 涉"小爱同学"唤醒词不正当竞争纠纷案

小某科技有限责任公司与陈某、深圳市云某科技有限公司不正当竞争纠纷案

[浙江省温州市中级人民法院(2023)浙03民初423号民事判决书]

一、基本案情

小某科技有限责任公司于2017年7

月发布了首款唤醒词为"小爱同学"的人工智能音箱,此后也在手机、电视等产品中搭载使用"小爱同学"唤醒词的人工智能语音交互引擎。陈某于2017年8月至2020年6月,在不同商品类别上共申请注册"小爱同学"等66枚商标,后又向小某科技有限责任公司关联企业发送律师函,要求停止侵犯其"小爱同学"商标权,并与深圳市云某科技有限公司在运动手表、闹钟等商品上使用"小爱同学"商标,共同发布产品宣传文章。小某科技有限责任公司认为,陈某、深圳市云某科技有限公司的行为构成不正当竞争,遂诉至法院。浙江省温州市中级人民法院认为,"小爱同学"经过广泛宣传使用,可以作为有一定影响力的唤醒词、人工智能语音交互引擎的名称以及搭载人工智能语音交互引擎的智能音箱等商品的名称,受到反不正当竞争法的保护。陈某大量抢注"小爱同学"等商标,向小某科技有限责任公司关联企业发送"停止侵权"的律师函,违反了诚实信用原则,扰乱了公平的市场竞争秩序,也损害了小某科技有限责任公司的合法权益,属于《中华人民共和国反不正当竞争法》第二条规制的不正当竞争行为。陈某与深圳市云某科技有限公司对外销售使用"小爱同学"标识的商品、发布引人误解的商业宣传信息,构成混淆及虚假宣传不正当竞争。故判决立即停止侵权,陈某赔偿小某科技有限责任公司经济损失及合理支出120万元,深圳市云某科技有限公司对其中25万元承担连带责任。一审判决后,当事人均未上诉。

二、典型意义

本案系涉人工智能语音唤醒词权益保护的典型案例。该案判决不仅明确经使用具有一定影响力的唤醒词属于反不正当竞争法保护的合法权益,而且有力规制了恶意抢注他人唤醒词并滥用权利的行为,充分保护了科技创新型企业的品牌商誉。

案例10 涉"青少年模式"不正当竞争纠纷案

深圳市腾某计算机系统有限公司等与北京爱某科技有限公司不正当竞争纠纷案

〔天津自由贸易试验区人民法院(2022)津0319民初23977号民事判决书〕

一、基本案情

深圳市腾某计算机系统有限公司等在其运营的"腾讯视频"及"腾讯NOW直播"App中设置了"青少年模式",打开上述App,首页即会弹出弹窗提示,青少年的监护人可据此便捷开启"青少年模式",该模式下配置了适合青少年的优质内容,限制了充值、打赏、送礼等社交、消费功能,并设置了防沉迷机制。为确保"青少年模式"正常运行,两个App的服务协议均约定,用户不得干涉、破坏软件的正常运行,不得增加、删减、变动软件的功能或运行效果,不得实施任何危害未成年人的行为。北京爱某科技有限公司运营的"去广告利器"App,将"青少年模式弹框自动关闭"功能作为"会员尊享特权",以"限时免费"的方式引导用户开启并使用该功能,导致用户无法通过深圳市腾某计算机系统有限公司产品首页弹出的显著弹窗提示使用"青少年模式"。深圳市腾某计算机系统有限公司等认为北京爱某科技有限公司构成不正当竞争,遂诉至法院。天津自由贸易试验区人民法院认为,北京爱某科技有限公司屏蔽"青少年模式"的行为实质上是以技术中立为由,为获取经济利益,妨碍、破坏深圳市腾某计算机系统有限公司网络产品及服务正常运行的不正当竞争行为,导致该公司保护未成年人的功能设计落空,既破坏了公平竞争的市场秩序和行业生态,也违反了保护未成年人的相关法律法规,阻碍了网络音视频、直播等行业的长期健康发展,构成不正当竞争。综合考虑深圳市腾某计算机系统有限公司产品在青少年群体中影响较大，北京爱某科技有限公司主观过错较大，屏蔽"青少年模式"功能覆盖多款应用软件，影响范围较广，下载次数较多，持续时间较长等因素，判令北京爱某科技有限公司赔偿经济损失及合理费用共计300万元。一审宣判后，双方均未上诉，并达成执行前和解。

二、典型意义

本案系屏蔽"青少年模式"不正当竞争的典型案件。裁判肯定了"青少年模式"在维护未成年人网络权益方面的积极作用，通过适用反不正当竞争法对屏蔽"青少年模式"行为予以否定性评价，引导网络服务提供者自觉履行保护未成年人的网络义务和社会责任。

供稿：最高人民法院民三庭

2023年中国法院50件典型知识产权案例

一、知识产权民事案件

（一）专利权权属、侵害专利权及确认是否落入专利权保护范围纠纷案件

1. 浙江吉某控股集团有限公司等与威某智慧出行科技（上海）股份有限公司等专利申请权权属纠纷案［最高人民法院（2022）最高法知民终2436号民事判决书］

2. 北京金某安全软件有限公司与上海萌某网络科技有限公司侵害外观设计专利权纠纷案［上海市高级人民法院（2022）沪民终281号民事判决书］

3. 四川华某照明科技股份有限公司与扬州宇某光电科技有限公司等侵害外观设计专利权纠纷案［西藏自治区高级人民法院（2023）藏知民终1号民事判决书］

4. 江苏久某高科技股份有限公司与启迪清某（上海）新材料科技有限公司侵害发明专利权纠纷案［青海省西宁市中级人民法院（2023）青01知民初15号民事判决书］

5. 盐某制药株式会社与石某集团欧某药业有限公司确认是否落入专利权保护范围纠纷案［最高人民法院（2023）最高法知民终4号民事判决书］

（二）侵害商标权纠纷案件

1. 上海碧某化妆品有限公司与苏州诗某生物日化有限公司等侵害商标权纠纷案［最高人民法院（2022）最高法民再238号民事判决书］

2. 株式会社纳某与顺平县某购物商店侵害商标权纠纷案［最高人民法院（2022）最高法民再277号民事判决书］

3. 盼某门业有限责任公司与四川鑫某门业有限公司等侵害商标权及不正当竞争纠纷案［最高人民法院（2022）最高法民终209号民事判决书］

4. 米某集团总公司与上海米某餐饮管理有限公司等侵害商标权及不正当竞争纠纷案［湖北省高级人民法院（2022）鄂知民终190号民事判决书］

5. 利某有限公司、斯某体育用品（中国）有限公司与南昌伟某实业有限公司等侵害商标权纠纷案［江西省高级人民法院（2022）赣民终127号民事判决书］

6. 拜某股份有限公司与拜某（天津）石油化工股份有限公司侵害商标权及不正当竞争纠纷案［天津市高级人民法院（2023）津民终314号民事判决书］

7. 北京快某科技有限公司等与贵州快某搬家有限公司侵害商标权及不正当竞争纠纷案［贵州省高级人民法院（2023）黔民终261号民事判决书］

8. 贝某技术有限公司与阜城博某房地产中介服务有限公司等侵害商标权纠纷

案［河北省衡水市中级人民法院(2023)冀11民终2075号民事判决书］

9.滨州市沾某冬枣品牌管理股份有限公司与灵武市富某枣产业专业合作社等侵害商标权及不正当竞争纠纷案［宁夏回族自治区银川市中级人民法院(2023)宁01知民终8号民事判决书］

(三)著作权权属、著作权侵权及确认不侵害著作权纠纷案件

1.云南杨某信息科技发展有限公司与云某(北京)餐饮管理有限公司等著作权侵权及不正当竞争纠纷案［北京市高级人民法院(2023)京民申215号民事裁定书］

2.龚某平与某研究院、杨某明著作权侵权纠纷案［山东省高级人民法院(2022)鲁民终2685号民事判决书］

3.王某玉与海南链某科技有限公司侵害作品信息网络传播权纠纷案［四川省高级人民法院(2023)川知民终253号民事判决书］

4.苏某体育文化传媒(北京)有限公司与爱某电视传媒(北京)有限公司、中国电某股份有限公司黑龙江分公司侵害作品信息网络传播权纠纷案［黑龙江省高级人民法院(2023)黑民终528号民事判决书］

5.鹤庆杨某银楼有限公司与鹤庆县八某原创手工银品店著作权权属、侵权纠纷案［云南省高级人民法院(2022)云民终2088号民事判决书］

6.新疆碧某雅电子科技有限公司与新疆神某云计算有限公司侵害作品信息网络传播权纠纷案［新疆维吾尔自治区高级人民法院(2023)新民终127号民事判决书］

7.李某繁、大安市裕某粮贸有限公司与前郭县徐某米业有限公司等著作权侵权及不正当竞争纠纷案［吉林省高级人民法院(2023)吉民终127号民事判决书］

8.达某系统股份有限公司与某特汽车技术股份有限公司侵害计算机软件著作权纠纷案［北京知识产权法院(2021)京73民初345号民事判决书］

9.北京红某科技发展有限公司与海口龙华某百货店、上海寻某信息技术有限公司侵害作品发行权纠纷案［海南自由贸易港知识产权法院(2021)琼73民初28号民事判决书］

10.浙江盛某网络科技有限公司与株式会社传某确认不侵害著作权纠纷案［杭州互联网法院(2021)浙0192民初10369号民事判决书、浙江省杭州市中级人民法院(2023)浙01民终453号民事判决书］

(四)不正当竞争、垄断纠纷案件

1.圣某化学科技有限公司与陈某刚、运城晋某化学科技有限公司侵害技术秘密纠纷案［最高人民法院(2022)最高法知民终816号民事判决书］

2.湖北汇某科技发展有限公司与张某扬、湖北志某化工科技股份有限公司侵害技术秘密纠纷案［湖北省武汉市中级人民法院(2021)鄂01知民初334号民事判决书］

3.中国平某人寿保险股份有限公司与临沂市兰山区云某广告设计工作室商业诋毁纠纷案［最高人民法院(2022)最高法民再75号民事判决书］

4.唐山市某协会与长沙顺某电子商务有限公司不正当竞争纠纷案［最高人民法院(2022)最高法民再76号民事判决书］

5.深圳全某科技有限公司与名某(广州)有限责任公司等擅自使用与他人有一定影响的商品装潢相同或者近似的标识纠纷案［山东省高级人民法院(2023)鲁民终1035号民事判决书］

6.腾某科技(成都)有限公司、深圳市腾某计算机系统有限公司与江苏爱某网络科技有限公司不正当竞争纠纷案［江苏省高级人民法院(2023)苏民终280号民事判决书］

7.行某信息科技(上海)有限公司与

厦门固某科技有限公司不正当竞争纠纷案〔福建省高级人民法院（2022）闽民终1871号民事判决书〕

8. 南京元某信息技术有限公司与西安元某科技有限公司、西安热某科技有限公司不正当竞争纠纷案〔陕西省高级人民法院（2022）陕知民终139号民事判决书〕

9. 桂林零某软件有限公司与小某通讯技术有限公司、北京小某移动软件有限公司不正当竞争纠纷案〔广西壮族自治区高级人民法院（2023）桂民终196号民事判决书〕

10. 深圳市长某企业管理咨询有限公司与北京天某科技有限公司等不正当竞争纠纷案〔广东省深圳市中级人民法院（2023）粤03民终4897号民事判决书〕

11. 国某科技控股有限公司与国某（大连）有限公司等擅自使用他人有一定影响的企业名称纠纷案〔辽宁省大连市中级人民法院（2023）辽02民终6496号民事判决书〕

12. 北京百某科技有限公司与广州大某品牌策划有限公司、济南盛某网络科技有限公司不正当竞争纠纷案〔重庆市第一中级人民法院（2022）渝01民初3538号民事判决书〕

13. 北京某艺科技有限公司、湖南某艺文化科技有限公司与杭州群某科技有限公司等不正当竞争纠纷案〔湖南省长沙市开福区人民法院（2023）湘0105民初2875号民事判决书〕

14. 泉州鲤城立某殡仪服务有限公司与泉州市集某殡仪服务有限公司拒绝交易纠纷案〔最高人民法院（2021）最高法知民终242号民事判决书〕

15. 宁波同某材料有限公司与日某株式会社滥用市场支配地位纠纷案〔最高人民法院（2021）最高法知民终1398号民事判决书〕

（五）植物新品种、技术合同纠纷及司法惩戒案件

1. 安徽荃某高科种业股份有限公司与袁某农业高科技股份有限公司等侵害植物新品种权纠纷案〔安徽省高级人民法院（2022）皖民初2号民事裁定书〕

2. 郑州某研究所与陈某群侵害植物新品种权纠纷案〔河南省郑州市中级人民法院（2023）豫01知民初865号民事判决书〕

3. 敦煌某良种有限公司与乌兰浩特丰某种业有限公司、郝某军侵害植物新品种权纠纷案〔内蒙古自治区呼和浩特市中级人民法院（2023）内01知民初18号民事判决书〕

4. 山东某种业有限公司与大某种业股份有限公司等侵害植物新品种权纠纷案〔甘肃省兰州市中级人民法院（2021）甘01知民初51号民事判决书〕

5. 五家渠市某新能源科技有限公司与洛阳狄某化工工程技术有限公司技术服务合同纠纷案〔新疆生产建设兵团第六师中级人民法院（2023）兵06民初4号民事判决书〕

6. 猴某数字科技有限公司、长某国际贸易有限公司与长某科技股份公司侵害商标权及不正当竞争纠纷司法惩戒〔湖南省长沙市中级人民法院（2023）湘01司惩4号决定书〕

二、知识产权行政案件

1. 杭州元某医疗器械有限公司与国家知识产权局、杭州卓某医疗科技有限公司实用新型专利权无效行政纠纷案〔最高人民法院（2022）最高法知行终132号行政判决书〕

2. 上海倡某智能科技有限公司与上海市闵行区市场监督管理局、上海市闵行区人民政府罚款及行政复议案〔上海市闵行区人民法院（2022）沪0112行初506号行政判决书〕

三、知识产权刑事案件

1. 苏某琦侵犯著作权罪案［广东省深圳市中级人民法院（2023）粤 03 刑终 422 号刑事裁定书］

2. 邓某广、颜某姣假冒注册商标罪及肖某成、刘某霞、张某燕销售假冒注册商标的商品罪案［陕西省西安市中级人民法院（2022）陕 01 知刑初 6 号刑事判决书］

3. 郝某臻侵犯著作权罪案［山西省太原市迎泽区人民法院（2023）晋 0106 刑初 116 号刑事判决书］

供稿：最高人民法院民三庭

人民法院种业知识产权司法保护典型案例（第三批）

案例 1 "YA8201"玉米植物新品种侵权两案

四川雅玉科技股份有限公司与云南金禾种业有限公司、云南瑞禾种业有限公司侵害植物新品种权纠纷两案

［二审：最高人民法院（2022）最高法知民终 783 号、（2022）最高法知民终 789 号

一审：云南省昆明市中级人民法院（2021）云 01 知民初 136 号、（2021）云 01 知民初 106 号］

一、基本案情

雅玉科技公司系"YA8201"玉米植物新品种的品种权人。金禾种业公司未经品种权人许可，将"YA8201"作为亲本用于生产杂交玉米品种"金禾玉 618"和"金禾 880"并进行销售。在生产经营过程中，金禾种业公司借用瑞禾种业公司的农作物种子生产经营许可证，向瑞禾种业公司支付管理费。针对"金禾玉 618"和"金禾 880"两个被诉侵权品种，雅玉科技公司分别提起侵权之诉，均请求判令金禾种业公司、瑞禾种业公司停止侵害，金禾种业公司支付惩罚性赔偿金，瑞禾种业公司承担连带责任。

二、裁判结果

云南省昆明市中级人民法院一审认为，金禾种业公司构成侵权，瑞禾种业公司构成帮助侵权，适用惩罚性赔偿确定两案中金禾种业公司分别赔偿 104 022 元、456 897 元，瑞禾种业公司承担连带责任。雅玉科技公司、金禾种业公司均不服，提起上诉。最高人民法院二审认为，金禾种业公司非法租借农作物种子生产经营许可证，且拒不提供财务账簿构成举证妨碍，应采纳品种权人主张的利润作为计算数据，从严适用惩罚性赔偿，考虑雅玉科技公司"YA8201"品种权对"金禾玉 618"和"金禾 880"的贡献率，改判金禾种业公司在两案中分别赔偿雅玉科技公司 693 480 元、1 522 990 元，瑞禾种业公司承担连带责任。

三、典型意义

两案系对租借种子生产经营许可证的行为适用惩罚性赔偿的植物新品种侵权案件。两案中人民法院秉持有利于权利保护的司法理念，合理确定亲本品种权对侵权利润的贡献率、从严适用惩罚性赔偿，为净化种子市场提供有力司法支持。同时，准确适用举证妨碍排除规则，为有效破解品种权人"举证难"问题开辟新路径。

案例 2 "扬麦 25"小麦植物新品种侵权案

中国种子集团有限公司江苏分公司与

李某贵侵害植物新品种权纠纷案

[一审:浙江省杭州市中级人民法院(2022)浙01知民初96号]

一、基本案情

中国种子集团江苏分公司获得品种权人许可,可以实施"扬麦25"小麦植物新品种权,并以自己名义进行维权。李某贵通过抖音软件发布视频面向种植户宣传"杨麦25"100斤白包装。中国种子集团江苏分公司经公证向李某贵购得被诉侵权种子,公证照片显示大量白皮袋包装货物,李某贵向取证人员宣称其销量大并保证出芽率。中国种子集团江苏分公司起诉请求判令李某贵停止侵害,并适用惩罚性赔偿判令李某贵赔偿损失135万元和合理费用69 400元。

二、裁判结果

浙江省杭州市中级人民法院一审认为,综合考虑"杨麦25"与"扬麦25"的字形相近、读音相同,李某贵经法院释明仍未举证证明实际存在"杨麦25"小麦品种,以及李某贵在取证过程中的具体情节,现有证据已经初步证明被诉侵权种子与授权品种为同一品种,提交反证推翻两者不具备同一性的责任在于李某贵。综合考虑李某贵在取证过程中表述的销售规模、侵权手段、销售侵权种子的价格、侵权行为的持续时间、地域范围等因素,按照侵权获利的计算方式确定支付补偿性赔偿数额为396 000元。李某贵销售白皮袋种子属于侵权行为情节严重,确定惩罚性赔偿的倍数为二倍。最终判决李某贵停止侵害,并赔偿损失1 188 000元和维权合理开支69 400元。一审宣判后,当事人均未提起上诉。

三、典型意义

本案是善用举证责任转移和因销售"白皮袋"种子适用惩罚性赔偿的植物新品种侵权案件。本案基于案情适时转移举证责任,有效降低品种权人维权难度。考虑侵权人存在销售"白皮袋"种子的严重侵权情节,在准确、合理确定赔偿基数的基础上依法适用惩罚性赔偿,取得了维护品种权人合法权益与重拳打击侵权行为的良好效果。

案例3 杂交玉米植物新品种亲本"W68"技术秘密侵权案

河北华穗种业有限公司与武威市搏盛种业有限责任公司侵害技术秘密纠纷案

[二审:最高人民法院(2022)最高法知民终147号

一审:甘肃省兰州市中级人民法院(2020)甘01知民初61号]

一、基本案情

华穗种业公司是"万糯2000"玉米植物新品种的品种权人,同时主张其系"万糯2000"的亲本"W68"的技术秘密权利人。华穗种业公司起诉搏盛种业公司侵害"W68"的技术秘密,请求判令其承担有关侵权责任。

二、裁判结果

甘肃省兰州市中级人民法院一审认为,搏盛种业公司构成对"W68"技术秘密权益的侵害,判决其停止侵害,赔偿经济损失及维权合理开支共计150.5万元。搏盛种业公司不服,提起上诉,主张"W68"作为亲本不属于商业秘密的保护客体。最高人民法院二审认为,通过育种创新活动获得的具有商业价值的育种材料,在具备不为公众所知悉并采取相应保密措施等条件下,可以作为商业秘密依法获得法律保护。遂判决驳回上诉,维持原判。

三、典型意义

本案是最高人民法院审理的第一起涉

及育种材料的商业秘密案件。判决明确了杂交玉米植物新品种的亲本作为商业秘密的保护条件和保护路径，是人民法院综合运用植物新品种、专利、商业秘密等多种知识产权保护手段保护育种成果的积极探索，有利于激励育种原始创新、持续创新，构建多元化、立体式的育种成果综合法律保护体系。

案例 4 "郑麦 113"小麦植物新品种侵权案

河南丰诺种业有限公司与河南永乐种业有限公司、襄州区欣欣田园农资经营店侵害植物新品种权纠纷案

［一审：河南省郑州市中级人民法院（2021）豫 01 知民初 256 号］

一、基本案情

丰诺种业公司是"郑麦 113"小麦植物新品种的独占实施被许可人。丰诺种业公司在湖北省襄阳市襄州区欣欣农资经营店通过公证保全方式购买的产品包装袋显示，种子名称为"郑麦 113"，相关生产主体名称、经营批号等信息均与永乐种业公司的信息一致。永乐种业公司先前曾实施侵害涉案"郑麦 113"品种权的行为，并承诺若再次侵权自愿赔偿丰诺种业公司 50 万元。丰诺种业公司起诉请求判令永乐种业公司、欣欣农资经营店停止侵害，并赔偿损失和维权合理开支 70 万元。

二、裁判结果

河南省郑州市中级人民法院一审认为，永乐种业公司生产、销售，欣欣农资经营店销售的被诉侵权种子外包装显著位置突出标注"郑麦 113"字样，侵害"郑麦 113"植物新品种权。考虑到丰诺种业公司与永乐种业公司签订的承诺书中关于违约金明确约定为 50 万元，遂判决永乐种业公司、欣欣农资经营店停止侵权行为，永乐种业公司赔偿损失 50 万元、欣欣农资经营店赔偿损失 3 万元。永乐种业公司提起上诉后又撤回，一审判决已生效。

三、典型意义

本案系依据当事人就未来侵害植物新品种权约定的赔偿数额确定损害赔偿的案件。当事人明确约定的再次侵权应支付的赔偿数额系自愿达成，不违反法律、行政法规的强制性规定，依据该约定确定品种权侵权损害赔偿数额，既有利于简化侵权损害赔偿计算，节约司法资源，又有利于遏制重复侵权、恶意侵权，营造诚实守信的良好社会氛围。

案例 5 "伟科 609"玉米植物新品种侵权案

河南金苑种业股份有限公司与青岛鑫丰种业有限公司、山东省德发种业科技有限公司侵害植物新品种权纠纷案

［二审：最高人民法院（2021）最高法知民终 2487 号

一审：山东省青岛市中级人民法院（2021）鲁 02 知民初 29 号］

一、基本案情

金苑种业公司是"伟科 609"玉米植物新品种的品种权人。山东省平度市综合行政执法局执法检查发现鑫丰种业公司销售的玉米种子并非标注的"豫禾 868"，属于假种子，遂对鑫丰种业公司作出行政处罚。嗣后，金苑种业公司起诉，主鑫丰种业公司销售的"豫禾 868"实际是"伟科 609"，德发种业公司是"豫禾 868"的生产、加工和供应单位，请求判令两公司停止侵害，并赔偿损失。

二、裁判结果

山东省青岛市中级人民法院一审认为,山东省平度市综合行政执法局依法查扣鑫丰种业公司销售的"豫禾868"玉米繁殖材料经鉴定与"伟科609"构成近似品种,德发种业公司和鑫丰种业公司的行为构成侵害涉案品种权。德发种业公司拒绝提供其生产、销售侵权品种繁殖材料的数量,综合考虑侵权的性质、期间、销售范围等因素,判决德发种业公司、鑫丰种业公司停止侵害,德发种业公司赔偿损失和维权合理开支40万元。金苑种业公司、德发种业公司不服,提起上诉,二审判决驳回上诉,维持原判。

三、典型意义

本案是行政保护与司法保护有效衔接、优势互补的范例。案件处理充分体现出行政查处的及时高效与司法审判的定分止争相辅相成、相得益彰。通过行政机关的先行查处,既有效制止侵权行为并防止权利人损失扩大,又能及时固定侵权证据,便于后期诉讼中通过司法鉴定确定同一性,准确认定侵权行为,有利于形成行政和司法保护合力。

案例6 "都蜜5号"甜瓜植物新品种临时保护期使用费案

京研益农(寿光)种业科技有限公司与新疆昌丰农业科技发展有限公司植物新品种临时保护期使用费纠纷案

[一审:海南自由贸易港知识产权法院(2021)琼73知民初24号]

一、基本案情

京研寿光种业公司与他人联合培育"都蜜5号"甜瓜植物新品种,并依约取得维权打假的授权。该品种公告日为2019年5月1日,授权日为2021年6月18日。2019年12月13日,京研寿光种业公司公证购买到"世纪蜜二十五号"甜瓜种子,生产商标注为新疆昌丰农科公司。经农业农村部植物新品种测试中心鉴定,测试样品"世纪蜜二十五号"与"都蜜5号"的65个基本性状表现均无明显差异。京研寿光种业公司起诉,请求判令新疆昌丰农科公司停止侵害,赔偿损失并承担维权合理开支。

二、裁判结果

海南自由贸易港知识产权法院一审认为,新疆昌丰农科公司未经许可,在"都蜜5号"植物新品种的临时保护期内生产、繁殖、销售与"都蜜5号"为同一品种的"世纪蜜二十五号",应当向京研寿光种业公司支付临时保护期使用费。京研寿光种业公司基于正当理由提起诉讼所产生的合理费用,应当予以支持,由新疆昌丰农科公司适当分担。综合考虑甜瓜作为经济作物的属性、被诉侵权种子的销售情况等因素,判决新疆昌丰农科公司支付京研寿光种业公司临时保护期使用费及合理开支共计35万元。

三、典型意义

本案是涉及植物新品种临时保护期使用费的案件。对于品种权人在临时保护期使用费纠纷中的维权合理开支予以支持,体现了对品种权人的全面保护。该案判决生效后促成双方当事人达成临时保护期使用费支付协议以及品种权许可协议,实现了法律效果和社会效果的有机统一。

案例7 "鲁葫1号"西葫芦植物新品种侵权案

山东省种子有限公司与山东寿光蔬菜种业集团有限公司、平原县圣思园种业发

展有限公司侵害植物新品种权纠纷案

[二审：最高人民法院（2022）最高法知民终1296号

一审：山东省济南市中级人民法院（2021）鲁01知民初1047号]

一、基本案情

山东种子公司是"鲁葫1号"西葫芦植物新品种的品种权人。山东种子公司以寿光蔬菜种业公司、圣思园种业公司生产、销售包装标注有"鲁葫1号"品种名称的西葫芦种子的行为构成侵权为由，起诉请求判令寿光蔬菜种业公司、圣思园种业公司停止侵害，并赔偿损失。

二、裁判结果

山东省济南市中级人民法院一审认为，被诉侵权品种的产品包装显著位置标注"鲁葫1号"，在品种名称位置亦标注了相同字样，应当认定构成侵权，判决寿光蔬菜种业公司与圣思园种业公司停止侵害，分别赔偿50万元与3000元。寿光蔬菜种业公司、圣思园种业公司不服，上诉主张在其涉案产品包装上使用"鲁葫1号"的行为是对其注册商标"鲁葫"的合理使用，不构成侵权。最高人民法院二审认为，授权品种名称是区别于其他植物品种的法定标志，在商业用途上具有标识品种特质的功能。寿光蔬菜种业公司在品种名称的标注中使用"鲁葫1号"，以及将其注册商标"鲁葫"不规范使用为"鲁葫1号"的行为，实为指示商品品种而非指向商品来源。遂判决驳回上诉，维持原判。

三、典型意义

本案是以使用注册商标为名实施侵害植物新品种权的案件。人民法院准确适用新的侵害植物新品种权司法解释关于被诉侵权品种繁殖材料使用的名称与授权品种相同时推定两者为同一品种的规定，认定被诉侵权品种繁殖材料即为授权品种繁殖材料。同时，对于不规范使用注册商标，以使用商标之名行侵权之实的行为依法予以严惩，使得侵权人以使用注册商标为名掩饰侵权的行为无处遁形。

案例8 "彩甜糯6号"杂交玉米亲本植物新品种侵权案

荆州市恒彩农业科技有限公司与甘肃金盛源农业科技有限公司侵害植物新品种权纠纷案

[二审：最高人民法院（2022）最高法知民终13号

一审：河南省郑州市中级人民法院（2021）豫01知民初638号]

一、基本案情

恒彩农科公司系"T37"和"WH818"玉米植物新品种的品种权共有人，其使用上述品种作为父母本选育的"彩甜糯6号"通过国家玉米品种审定。恒彩农科公司认为，金盛源农科公司销售，郑州华为种业公司生产、销售的"彩甜糯866"种子是重复使用"T37"和"WH818"作为亲本生产的繁殖材料，侵害了涉案品种权，起诉请求判令两公司停止侵害，共同赔偿损失20万元及维权合理开支2万元。

二、裁判结果

河南省郑州市中级人民法院一审认为，恒彩农科公司提交的证据不足以证明被诉侵权行为侵害了"WH818"和"T37"植物新品种权，驳回恒彩农科公司诉讼请求。恒彩农科公司不服，提起上诉。最高人民法院二审认为，被诉侵权种子与"彩甜糯6号"属于基因型相同或极近似品种，可以初步推定其使用了与"彩甜糯6号"相同父母本这一事实具有高度可能性。重复使用授权品种繁殖材料生产另一品种繁殖材料的侵权行为人不得销售其生产的该另一品种繁殖材料,是制止生产者侵权行为、防止损失扩大的应有之义。遂改判郑州华为种业公司停止生产、销售"彩甜糯866"种子,并全额支持恒彩农科公司的赔偿请求。对于郑州华为种业公司、金盛源农科公司未经审定推广主要农作物种子的涉嫌违法行为,依法移送行政主管部门处理。

三、典型意义

本案系以玉米杂交种相同推定其所使用的亲本相同并积极探索扩展植物新品种权保护环节的案件。人民法院结合玉米遗传规律适时转移举证责任,运用事实推定认定被诉杂交玉米种与授权品种的亲子关系,为品种权人提供了有利保护。同时,判令重复使用授权品种繁殖材料生产另一品种繁殖材料的侵权行为人停止对该另一品种繁殖材料的销售行为,进一步扩展了品种权保护环节,为品种权人提供了有力保护。此外,将未经审定推广玉米种子的违法行为线索移送行政主管部门处理,也体现了加强司法保护与行政执法的有机衔接,助力构建知识产权大保护格局。

案例9 "裕丰303"玉米植物新品种侵权案

北京联创种业有限公司与吴某寿侵害植物新品种权纠纷案

[二审:最高人民法院(2021)最高法知民终2105号

一审:甘肃省兰州市中级人民法院(2020)甘01知民初14号]

一、基本案情

联创种业公司系"裕丰303"玉米植物新品种的品种权人。吴某寿未经许可,擅自繁育涉案品种的玉米种子面积达207亩,农业执法部门对上述种子果穗进行了灭活处理。联创种业公司认为吴某寿的行为侵害了涉案品种权,起诉请求判令吴某寿赔偿损失并承担维权合理开支共计315 500元。

二、裁判结果

甘肃省兰州市中级人民法院一审认为,吴某寿虽实施了侵权行为,但该侵权行为已经停止,联创种业公司无证据证明其因侵权行为遭受的损失和吴某寿的侵权获利,结合侵权种子已经灭活、无法作为繁殖材料流入市场的实际情况,涉案侵权行为并未对联创种业公司造成损害结果,故对联创种业公司赔偿损失的诉讼请求不予支持,酌情认定吴某寿承担合理开支5000元。联创种业公司提起上诉。最高人民法院二审认为,即便作为繁殖材料的被诉侵权玉米种子因被灭活处理最终没有流入种子市场,也不意味着品种权人没有因其市场被挤占而遭受损失,吴某寿应当承担赔偿责任。故改判吴某寿赔偿联创种业公司损失207 000元、合理开支5000元。

三、典型意义

本案彰显了全面维护品种权人合法利益的司法导向。判决澄清了侵害植物新品种权案件中责令采取灭活措施与赔偿损失两种民事责任之间的适用关系,明确侵权繁殖材料被灭活处理后侵权人仍应承担赔偿损失责任,体现了依法全面维护品种权人利益的司法理念。

案例10 "杨氏金红1号"猕猴桃植物新品种侵权案

四川依顿猕猴桃种植有限责任公司与马边彝族自治县石丈空猕猴桃专业合作社侵害植物新品种权纠纷案

[二审:最高人民法院(2022)最高法知民终 211 号

一审:四川省成都市中级人民法院(2020)川 01 知民初 523 号]

一、基本案情

依顿猕猴桃种植公司系"杨氏金红 1 号"猕猴桃植物新品种的实施被许可人,经品种权人授权可以自己名义维权。依顿猕猴桃种植公司认为,石丈空猕猴桃合作社未经许可在种植基地种植授权品种猕猴桃树 7000 株,侵害了涉案品种权,起诉请求判令石丈空猕猴桃合作社无须停止侵权,但向其支付许可使用费至不再种植或品种权期满为止。

二、裁判结果

四川省成都市中级人民法院一审认为,石丈空猕猴桃合作社未经许可生产、繁殖涉案品种的繁殖材料,侵害了涉案植物新品种权。因石丈空猕猴桃合作社种植的涉案猕猴桃树即将进入结果期,如责令其铲除将不利于经济发展,损失较大,综合考虑种植户利益、社会效益,以及依顿猕猴桃种植公司的诉讼请求更利于本案的处理,故判决石丈空猕猴桃合作社支付依顿猕猴桃种植公司从 2019 年 12 月 18 日至 2021 年 7 月 16 日的品种许可使用费 110 833 元;从 2021 年 7 月 17 日起,按每株每年 10 元的标准支付许可使用费至停止种植之日,最长不超过授权品种保护年限;并支付本案维权合理开支 30 000 元。石丈空猕猴桃合作社不服,提起上诉,二审判决驳回上诉,维持原判。

三、典型意义

本案是关于无性繁殖品种的种植行为侵权判断以及合理平衡当事人利益的案例。人民法院根据当事人的诉讼请求,鼓励以许可使用费代替停止侵权,既有效维护品种权人合法权利,又合理兼顾种植户的经济利益,有利于在切实保护种业知识产权的同时避免资源浪费,发挥多年生植物的长久经济效益,实现多方共赢。

案例 11 "鲁丽"苹果植物新品种侵权案

威海奥孚苗木繁育有限公司与河南省郑果红生态农业有限责任公司侵害植物新品种权纠纷案

[二审:最高人民法院(2022)最高法知民终 435 号

一审:河南省郑州市中级人民法院(2021)豫 01 知民初 1818 号]

一、基本案情

奥孚苗木公司是"鲁丽"苹果植物新品种的品种权人。奥孚苗木公司以郑果红生态农业公司未经许可繁殖、销售"鲁丽"种苗,侵害其植物新品种权为由,起诉请求判令郑果红生态农业公司停止侵害,并赔偿损失及维权合理开支。

二、裁判结果

河南省郑州市中级人民法院一审认为,郑果红生态农业公司繁殖"鲁丽"苹果树苗具有高度盖然性,判令其停止侵害并赔偿奥孚苗木公司损失 10 万元及维权合理开支 8500 元。郑果红生态农业公司不服,提起上诉,主张其种植"鲁丽"苹果树目的是"挂果"而非生产繁殖。最高人民法院二审认为,种植无性繁殖授权品种的行为是否属于繁殖授权品种繁殖材料的侵权行为,可以综合考虑被诉侵权人的主体性质、行为目的、规模、是否具有合法来源等因素作出判断。郑果红生态农业公司是果树育种和育苗的经营主体,其持有的"鲁丽"苹果树没有合法来源,其种植"鲁丽"苹果树的动机是获取商业利益,明显不属于私人的非商业目的,其种植行为构成繁殖授权品种繁殖材料的侵权行为。遂判决驳回上诉,维持原判。

三、典型意义

本案系关于种植行为侵权定性的案件。判决在新的侵害植物新品种权司法解释关于种植行为规定的基础上,进一步细化了判断种植无性繁殖授权品种行为是否构成侵权的考量因素,有助于切实降低无性繁殖品种权利人的维权难度,有效加大无性繁殖品种司法保护力度。

案例 12 "希森 6 号"马铃薯植物新品种侵权案

乐陵希森马铃薯产业集团有限公司与唐某侵害植物新品种权纠纷案

[一审:四川省成都市中级人民法院(2020)川 01 知民初 244 号]

一、基本案情

希森马铃薯公司是"希森 6 号"马铃薯植物新品种的品种权人。希森马铃薯公司主张,唐某无任何合法的经营手续,私自以"希森 6 号"名义销售马铃薯种子,四川省广汉市农业农村局查封了唐某销售的马铃薯种子,经某农业质量检测有限公司检测显示,待测样品与对照样品"希森 6 号"为同一品种。四川省广汉市农业农村局作出行政处罚决定认为,唐某销售的种子没有使用说明或者标签内容,违反《中华人民共和国种子法》相关规定,决定罚款 15 000 元。希森马铃薯公司起诉,请求判令唐某立即停止侵害,并赔偿损失。

二、裁判结果

四川省成都市中级人民法院一审认为,判断被诉侵权人销售的植物体是繁殖材料还是收获材料,应当以行为人在交易中的外在表示为准。唐某以马铃薯种子经销商的身份面对购买者,并且其在行政调查程序中认可其向案外人销售"希森 6 号"种子,足以认定唐某销售了侵害"希森 6 号"植物新品种权的繁殖材料,遂判决唐某停止侵害并赔偿损失 6 万元。一审宣判后,当事人均未上诉。

三、典型意义

本案是被诉侵权物既可以作为繁殖材料又可以作为收获材料时侵权定性的案件。对于以块茎进行无性繁殖的马铃薯,其繁殖材料和收获材料的表现形式相同,人民法院基于被诉侵权人实施的行为、在行政处罚中的陈述、被诉侵权物的价格等因素,准确认定被诉侵权物系授权品种繁殖材料,有效打击了侵权行为。

案例 13 "中柑所 5 号"柑橘植物新品种侵权案

重庆奔象果业有限公司与重庆环霖农业开发有限公司侵害植物新品种权纠纷案

[二审:最高人民法院(2022)最高法知民终 782 号

一审:重庆市第五中级人民法院(2021)渝 05 民初 3309 号]

一、基本案情

奔象果业公司获得品种权人许可,可以对"中柑所 5 号"柑橘植物新品种进行繁育和推广,并以自己名义进行维权。奔象果业公司以环霖农业开发公司未经许可繁殖、销售"中柑所 5 号"种苗,侵害其植物新品种权为由,起诉请求判令环霖农业开发公司停止侵害,并赔偿损失及维权合理开支。

二、裁判结果

重庆市第五中级人民法院一审认为,环

霖农业开发公司销售"金秋砂糖桔"苗木侵害了"中柑所5号"植物新品种权，判决其停止侵害并赔偿损失及维权合理开支共计5万元。环霖农业开发公司不服，上诉主张对照样本来源不明，并非标准样品，不能证明被诉侵权品种与授权品种具有同一性。最高人民法院二审认为，对于审批机关没有保存标准样品、以无性繁殖方式扩繁的果树作物而言，在品种权审查中现场考察指向的母树和通过母树的繁殖材料扩繁的其他个体，可以作为确定授权品种保护范围的繁殖材料。遂判决驳回上诉，维持原判。

三、典型意义

本案是涉及未保存标准样品的无性繁殖品种的侵权案件。判决明确了未保存标准样品的以无性繁殖方式进行扩繁的植物新品种权保护范围的确定方法，有效解决了对照样品的确定和来源问题。本案裁判反映出人民法院在现有制度下积极保护无性繁殖授权品种权利人合法权益的司法态度。

案例14 "强硕68"玉米植物新品种权无效行政案

大连致泰种业有限公司与农业农村部植物新品种复审委员会、衣泰龙植物新品种权无效行政纠纷案

[二审：最高人民法院（2022）最高法知行终809号

一审：北京知识产权法院（2021）京73行初3144号]

一、基本案情

衣泰龙为"强硕68"玉米植物新品种的品种权人。2008年，衣泰龙委托张掖敦煌种业公司生产"强硕68"，并约定制种回购。致泰种业公司以"强硕68"丧失新颖性为由向植物新品种复审委员会提出无效宣告请求。植物新品种复审委员会作出2020年第25号品种权无效宣告审理决定，维持"强硕68"品种权有效。致泰种业公司不服，提起行政诉讼，认为衣泰龙自2008年起将"强硕68"的繁殖材料交付给张掖敦煌种业公司制种，至2009年12月9日申请品种权已经超过一年，丧失新颖性。

二、裁判结果

北京知识产权法院一审认为，"强硕68"没有丧失新颖性，判决驳回致泰种业公司的诉讼请求。致泰种业公司不服，提起上诉。最高人民法院二审认为，销售行为是否存在是判断申请品种具备新颖性的重要事实。导致申请植物新品种权保护的品种丧失新颖性的销售是指行为人为交易目的将品种繁殖材料交由他人处置，放弃自身对该繁殖材料的处置权的行为。育种者委托他人制种而交付申请品种繁殖材料，同时约定制成的品种繁殖材料返归育种者，因育种者实质上保留了对该品种繁殖材料的处置权，除非法律另有规定，不会导致申请品种丧失新颖性。衣泰龙委托张掖敦煌种业公司生产"强硕68"的繁殖材料并回购，没有放弃对申请品种繁殖材料的处置权，不属于销售"强硕68"繁殖材料的行为。致泰种业公司现有证据不足以证明"强硕68"丧失新颖性。遂判决驳回上诉，维持原判。

三、典型意义

本案是最高人民法院审理的第一起植物新品种确权行政案件。判决澄清了申请品种权保护的品种因销售丧失新颖性的判断标准，明确育种者为委托制种目的交付繁殖材料并约定回购的行为不属于导致品种丧失新颖性的销售行为。判决通过合理解释法律上的销售行为，为育种者在研发过程中委托制种后申请品种权构筑起法律保护屏障，保障确有创新性的育种成果获得品种权保护，有效激励育种创新。

案例 15　魏某华销售伪劣种子案

[一审：河南省永城市人民法院（2021）豫 1481 刑初 126 号]

一、基本案情

2019 年 11 月，陈某刚（另案处理）、王某亚（另案处理）分别通过江苏省宿迁市的刘某、安徽省萧县的刘某联系到被告人魏某华，向其购买"中豌 6 号"和"中豌 9 号"豌豆种。被告人魏某华明知是假种子，以"中豌 6 号"5.2 元/斤、"中豌 9 号"6.5 元/斤的价格通过物流将 12 000 余斤豌豆种发运至河南省永城市。其中卖给王某亚"中豌 6 号"5600 斤、"中豌 9 号"900 斤，卖给陈某刚"中豌 6 号"和"中豌 9 号"各 3000 斤。王某亚通过微信和银行转账的方式向被告人魏某华支付豌豆种款 33 910 元，陈某刚通过微信和银行转账的方式支付给刘某豌豆种款 47 000 元。陈某刚、王某亚分别将该豌豆种销售给种植农户多人。播种后，禾苗出现抽丝多、开花晚、结荚少，导致减产或者绝收，经鉴定造成直接经济损失 479 293 元。案发后，被告人魏某华赔偿被害人损失 285 775 元，取得被害人谅解。

二、裁判结果

河南省永城市人民法院一审认为，魏某华明知是假种子，仍冒充合格种子进行销售，使生产遭受重大经济损失，其行为已构成销售伪劣种子罪。魏某华归案后能够如实供述犯罪事实，依法可从轻处罚；积极赔偿被害人损失，取得被害人谅解，依法可酌情从轻处罚。一审法院以销售伪劣种子罪，判处被告人魏某华有期徒刑四年六个月，并处罚金 5 万元。一审判决后，被告人未上诉。

三、典型意义

本案是依法严惩销售伪劣种子的刑事案件。人民法院查明伪劣种子来源、成交价格，进行损失鉴定并说明鉴定方式方法，依法准确认定犯罪事实。在判处有期徒刑的同时，并处罚金，体现了严惩涉种子犯罪的鲜明态度。在打击犯罪的同时，人民法院积极帮助被害农户挽回损失，取得了有效维护品种权和净化种业市场秩序的良好法律效果。

供稿：最高人民法院民三庭

2023 年度检察机关知识产权保护典型案例

案例 1　浙江兆某股份有限公司、方某君等六人侵犯商业秘密案

【关键词】

侵犯商业秘密罪　全链条打击　损失数额认定　证据保密措施

【要旨】

检察机关在办理侵犯商业秘密犯罪案件中，立足检察职能，采用多种方式推动深挖彻查，夯实证据体系，依法追诉侵犯商业秘密犯罪主犯。准确认定商业秘密权利人的损失数额，切实维护企业的合法权益。完善涉商业秘密证据在刑事诉讼过程中的保密措施，防止"二次泄密"，护航新技术新产业创新发展。

一、基本案情

青岛云某先进材料技术有限公司（简称云某公司）是一家上市的重点高新技术企业。为克服用于非晶带材生产设备在性能上存在的缺陷和不足，云某公司历时 8

年技术研发,成功改良喷包车、结晶器、结晶器修磨机构等核心设备。

2016年5—7月,浙江兆某股份有限公司(简称兆某公司)董事长、实际控制人方某君,安排兆某公司高管郁某坤、张某伟以兆某公司名义与云某公司员工于某、孟某和姜某鹏相继建立联系,以现金和高福利待遇利诱于某、孟某和姜某鹏,非法获取云某公司非晶带材生产线核心设备喷包车、结晶器、结晶器修磨机构相关技术秘密。兆某公司设立浙江中某新材料有限公司(简称中某公司),拟以非法获取的商业秘密搭建"兆某二期"新生产线。后方某君安排郁某坤、姜某鹏以中某公司名义订购相关涉密设备,安排于某等人从云某公司挖走10余名操作工人,搭建与云某公司相同的新型非晶带材生产线。该生产线试运转2个月后案发,产出的产品尚未流入市场。

经西南政法大学司法鉴定中心鉴定,云某公司涉案的喷包车、结晶器、结晶器修磨机构中包含的技术信息具有非公知性。经对姜某鹏随身携带的笔记本电脑、手机中提取的电子证据图纸和现场扣押图纸内的技术信息与云某公司主张的33个密点信息相比对,有23个相同,9个实质相同。经北京连城资产评估有限公司价值评估,涉案技术秘密研发费用评估价值4007万元,对云某公司造成许可使用费损失1953万元。

二、检察机关履职情况

2017年6月2日,山东省青岛市公安局即墨分局(简称即墨公安分局)接权利人报案后,对云某公司被侵犯商业秘密案立案侦查,姜某鹏、张某伟分别于2017年8月28日、11月28日被抓获归案,于某于2017年9月11日主动投案;经检察机关追诉,孟某、郁某坤分别于2018年4月23日、2020年4月29日主动投案,方某君于2020年4月22日被抓获归案。青岛市即墨区人民检察院(简称即墨区检察院)应邀就商业秘密认定及损失数额等问题与公安机关进行会商。本案中,犯罪嫌疑人窃取商业秘密后搭建了同类生产线,但产出的产品尚未流入市场,检察机关建议以商业秘密许可使用费认定本案的损失数额。同时针对侵权公司法定代表人方某君拒不认罪的情况,引导公安机关补充证据材料,全面固定证据。

2017年9月30日、12月14日、2021年5月28日,即墨区检察院依法先后对姜某鹏、张某伟、方某君批准逮捕。

2017年11月至2021年8月,即墨公安分局先后以姜某鹏、于某、张某伟、孟某、郁某坤、方某君涉嫌侵犯商业秘密罪向即墨区检察院移送审查起诉。检察机关重点开展以下工作:一是开展补充侦查,夯实证据体系。首先,全面审查案件,深挖背后主谋。公安机关最初仅对云某公司员工姜某鹏、于某、兆某公司员工张某伟进行侦查。经审查,云某公司技术人员孟某、兆某公司及其实际控制人方某君、高管郁某坤均涉嫌犯罪,遂向公安机关提出书面侦查取证意见,后公安机关相继对三人依法立案侦查。其次,开展自行补充侦查,追诉单位犯罪。公安机关将本案作为自然人犯罪移送审查起诉,检察机关开展自行补充侦查,查明本案系兆某公司为获取公司利益组织实施,应追究兆某公司刑事责任,遂依法追加单位犯罪。二是准确认定权利人损失,确定犯罪数额。本案中,兆某公司非法获取云某公司的商业秘密,成功搭建与云某公司相同的生产线,但该生产线仅试运转2个月即案发,产品尚未流入市场,无销售数额,故无法以违法所得额认定本案的犯罪数额。鉴于该商业秘密尚未因犯罪行为而被公众所知悉,未导致该商业秘密的价值彻底灭失,因此也不宜以商业秘密的研发成本认定损失数额。经过综合研判,最终以商业秘密许可使用费认定本案的损失数额。经评估,该商业秘密的许可使用费为1953万元。三是完善保密措施,加强对商业秘密的保护。对云某公司提出的涉案技术资料在刑事诉讼中存在泄露风险的顾虑,检察机关全面梳理可能的风险点,充分听取权利人的意见,在保证诉讼顺利进行的情况下,确定与商业秘密有关的证据范围及相应的保护措施;将涉案技术资料单独放置、单独管理,要求诉讼参与人签署保密协议;检察机关根据专家证人的需要,研究制定准确的证据目录,原则上只调取专业认定所需部分,最大限度防止权利人自主研发技术的"二次泄密"。四是制发检察建议,全面加强知识产权综合性司法保护。检察机关先后两次实地走访调研,向权利企业送达检察建议,推动从制度上堵塞知识产权保护漏洞,云某公司针对性建立了长期有效的涉密管理制度和保密教育机制。同时检察机关定期至企业进行普法宣讲,促进企业依法依规经营,取得良好的社会治理效果。

2018年6月至2021年11月,即墨区检察院以侵犯商业秘密罪先后对被告人姜某鹏、于某、孟某、张某伟、方某君、郁某坤和被告单位兆某公司提起公诉。2018年11月至2022年12月,青岛市即墨区人民法院采纳检察机关起诉意见和量刑建议,以侵犯商业秘密罪判处被告单位兆某公司罚金300万元,分别判处被告人方某君、郁某坤、姜某鹏、张某伟有期徒刑三年至五年不等,并处罚金100万元至200万元不等;判处被告人于某、孟某有期徒刑一年,缓刑一年,并处罚金5万元。部分被告人不服一审判决提出上诉,2019年4月18日、2023年5月4日,青岛市中级人民法院先后裁定驳回上诉,维持原判。

三、典型意义

依法追诉侵犯商业秘密犯罪幕后主犯和单位犯罪。检察机关综合运用重大疑难案件听取意见、自行补充侦查等方式,落实侦查监督与协作配合机制,夯实证据体系。检察机关在对权利人的"内鬼"提起公诉的同时,继续深挖彻查,成功追诉侵犯商业秘密犯罪的主谋,并依法追加认定单位犯罪。检察机关坚持对侵犯商业秘密犯罪全链条打击,从幕后主使人到利诱联络人,再到窃取泄露技术秘密的相关技术人员均受到法律制裁。

准确适用权利人损失计算方法认定具体数额。司法实践中,侵犯商业秘密犯罪案件的情形较为复杂,对犯罪数额的认定,应当区分不同情形采取相应的计算方法。检察机关深入研判,全面审查涉案商业秘密是否因犯罪行为而为公众所知悉、侵权人窃取的商业秘密是否投入生产、产品是否流入市场、有无销售数额等关键事实,以商业秘密的许可使用费准确认定犯罪数额。

全面研判商业秘密在刑事诉讼过程中的"二次泄密"风险点,加强对涉密证据的全过程保护。侵犯商业秘密犯罪案件中,权利人往往担心商业秘密在刑事诉讼过程中发生"二次泄密"。检察机关在办理该类案件时,针对具体情况,充分听取企业意见,全面梳理刑事诉讼过程中的泄密风险点,有针对性地制定保护措施,在有效保证案件诉讼程序顺利进行的同时,最大限度地降低涉案商业秘密泄露的风险,为企业提供精准化法律服务。

案例2 刘某生等三人侵犯著作权案

【关键词】

侵犯著作权罪　医疗设备软件　避开技术措施　全生命周期保护

【要旨】

侵犯著作权罪中"故意避开或者破坏技术措施"的认定,应在查明技术手段运行原理的基础上围绕技术措施的保护对象、保护目的、保护效果予以综合判断。检察机关依法惩治故意避开技术措施型侵犯著作权犯罪行为,全链条打击制造源头与销售传播各环节。健全数字版权保护体系,凝聚支持全面创新的社会合力,落实对知识产权全生命周期保护,服务数字经济创新发展。

一、基本案情

权利人皇家飞某浦有限公司及其关联公司(简称飞某浦公司)、通某电气精准医疗有限责任公司(简称通某公司)均系 CT 机、血管机等医疗设备生产企业,创作发表了医疗设备软件、配套维修手册等作品。权利人为保护自身医疗设备软件的著作权及计算机信息系统安全,分别开发了安全认证系统、认证工具(俗称加密狗)、算码器软件等技术措施。加密狗内存储了权利人颁发的数字证书,使用人需要在计算机终端使用加密狗通过安全认证系统的身份核验,才能浏览使用被隐藏、限制的医疗设备软件功能。

2019 年 3 月至 2022 年 7 月,刘某生以营利为目的,未经上述权利人许可,自行制作用于避开技术措施的盗版加密狗工具,提供医疗设备维修手册等作品的下载链接,擅自复制星云工作站、AW 工作站、飞云工作站等医疗设备软件,提供医疗设备维修手册等作品的下载链接,利用网络平台销售传播,销售金额 91 万余元。其间,刘某生又指使刘某开设闲鱼账户,销售前述盗版加密狗和盗版医疗设备软件,共同销售金额 14 万余元。

2020 年 3 月至 2022 年 7 月,刘某旺以营利为目的,未经权利人许可,从网上购得盗版加密狗工具,擅自复制算码器等医疗设备软件,提供医疗设备维修手册、算码器软件等作品的网盘下载链接,并利用网络平台销售传播,销售金额 15 万余元。

经鉴定,上述三人销售的盗版加密狗均具有通过安全认证系统身份核验的功能,可以避开权利人为其医疗设备软件采取的技术措施;销售传播的盗版软件均与权利人的作品实质相同。

二、检察机关履职情况

2022 年 1 月 5 日,上海市公安机关对本案立案侦查,并分别由上海市公安局对刘某生、刘某立案侦查,由上海市公安局普陀分局对刘某旺立案侦查。上海市人民检察院第三分院(简称上海三分院)、上海市普陀区人民检察院(简称普陀区检察院)启动重大疑难案件听取意见机制,建议公安机关重点开展以下侦查取证工作:一是查证涉案作品的权属情况。调取 30 余款医疗设备软件、安全认证系统创作发表、权属登记、软件版权声明及署名界面等证据。鉴于部分作品归属于跨国集团企业中多家关联公司,引导公安机关就境外权利人对境内关联公司授权、域外证据采信等进行专项取证。二是委托司法鉴定,引导权利人就涉案作品与加密狗工具开展鉴别说明工作。综合司法鉴定机构鉴定意见与权利人鉴别意见,犯罪嫌疑人制造、销售的盗版加密狗均能够通过安全认证系统的身份核验,并包含多于正版加密狗的软件使用权限,涉案医疗设备软件均与权利人的作品构成实质相同。三是查明侵权软件使用风险。使用盗版加密狗和盗版软件维修精密医疗设备,将对医疗设备正常稳定运行带来明显的不确定性,增加误诊、漏诊发生的概率,可能造成患者就诊信息数据泄露。

2022 年 9 月 2 日,上海三分院对刘某生批准逮捕。2022 年 12 月 2 日,公安机关以涉嫌侵犯著作权罪分别将刘某生、刘某和刘某旺移送上海三分院和普陀区检察院审查起诉。检察机关重点开展以下工作:一是充分考察研判,明确技术措施的用途及有效性。检察机关通过实地走访、调研权利人应用的安全认证系统和加密狗工具，了解技术措施的运行原理、医疗设备维修人员的管理模式，查明维修权限认证的获取路径，明确权利人相关技术措施系为保护著作权而采取并具备有效性。二是深挖犯罪链条，依法追诉漏罪。检察机关审查发现公安机关遗漏了刘某旺通过分享网盘链接、在二手电脑复制安装软件的方式销售传播权利人作品的事实，遂依法适用侵犯著作权罪中关于未经许可复制发行、通过信息网络传播作品的条款予以追加认定。三是制发检察建议，助推诉源治理。检察机关向权利人制发社会治理检察建议，针对案件反映出的知识产权保护风险点，提出填补技术措施漏洞、提高维修保障响应时效等优化建议，维护公众医疗活动安全。

2023年1月31日、2月20日，普陀区检察院、上海三分院以侵犯著作权罪分别对被告人刘某旺和刘某生、刘某提起公诉。检察机关同步保障权利人参与庭审，发表技术意见与权利主张，辅助法庭查明事实。2023年4月12日，上海市第三中级人民法院、上海市普陀区人民法院分别作出一审判决，均采纳检察机关起诉意见和量刑建议，以侵犯著作权罪分别判处被告人刘某生、刘某、刘某旺三人有期徒刑一年至三年二个月不等，并处罚金8万元至70万元不等，对刘某和刘某旺适用缓刑。各被告人均未提出上诉，判决已生效。

案件办结后，为满足著作权技术措施等新技术、新业态的保护需要，检察机关走访调研区域软件产业园区，会同上海市版权协会等单位发布相关工作指引，支持、鼓励权利人健全数字版权保护体系，促进技术措施发展应用，协调保护数字版权与网络安全，提示可能存在的安全漏洞与法律风险，维护良好的市场经济秩序。

三、典型意义

明确间接规避技术措施行为的刑事规制路径。《中华人民共和国刑法修正案（十一）》在侵犯著作权罪中新增了"故意避开或者破坏技术措施"条款。提供规避手段和工具的间接规避行为属于侵犯著作权链条中的一环，严重损害著作权人合法权益，应纳入刑事规制范畴。未经权利人许可，故意制造、出售主要用于避开、破坏《中华人民共和国刑法》第217条规定的技术措施的装置或者部件，或者故意为他人避开、破坏技术措施提供技术服务，违法所得数额、非法经营数额达到相应标准的，应当以侵犯著作权罪追究刑事责任。

准确把握著作权法意义上技术措施认定条件。本案中，明确涉案技术措施系权利人为保护软件作品而采取的有效技术措施，是认定被告人实施避开或者破坏技术措施犯罪行为的前提。检察机关围绕保护对象、保护目的与保护效果予以综合判断，结合涉案计算机软件等作品原件、鉴定意见、被告人供述和辩解、权利人陈述、证人证言等证据，审查技术措施保护目的，从技术措施的原理、功能出发查明技术措施是否以保护作品为目标功能。同时，注意审查技术措施保护效果，确保技术措施在通常情况下能够稳定、有效地实现限制他人接触或传播作品的功能。

依托一体履职全产业链打击犯罪，结合行业特点积极开展行业治理。对于持续时间长、销售范围广、犯罪数额大的链条式犯罪，检察机关应坚持一体履职、凝聚工作合力，对各环节犯罪进行高效打击，有力震慑不法行为，扩大案件的警示教育效果。依法能动履职，通过制发具有针对性、实效性的检察建议，长效保护相关经营者、消费者及社会公众合法利益。联合行政监管机关、行业协会等健全行业经营规范，构建数字版权保护体系，共同促进行业治理，做实知识产权全生命周期保护，依法保护和规范数字技术、数字产业和数字市场健康发展。

案例3　关某等三人侵犯商业秘密案

【关键词】

侵犯商业秘密罪　经营信息　追加起诉　协同保护

【要旨】

经营信息类商业秘密能为权利人带来市场竞争优势，应予依法严格保护。检察机关在办案中依法能动履职，厘清法律适用疑难问题，积极开展自行补充侦查，依法追诉漏罪漏犯。针对外贸类民营企业商业秘密被侵犯后维权难的现实困境，推动知识产权协同保护，建立各部门协调联动的一体化保护格局。

一、基本案情

宁波凯某国际贸易有限公司（简称凯某公司）于2003年注册成立，主营各类货物的进出口业务。德国进口商S公司系凯某公司的客户，该公司特定联系人自2009年起向凯某公司询价，自2012年起代表S公司向凯某公司采购手推车及配件、捆绑带等各类产品。凯某公司与S公司在交易过程中形成的联系人及电子邮箱、交易历史、交易金额、客户需求、客户的形成与维护等信息，经鉴定属于不为公众所知悉的经营信息。

关某于2007年入职凯某公司，2018年7月离职，先后担任业务部门的业务助理、经理等职务，负责对S公司的外销业务和客户维护工作。在职期间，关某与凯某公司签订《劳动合同》及《商业秘密保密协议》，约定员工对公司的商业信息负有保密义务。

2014年4月，关某注册成立了宁波贯某国际贸易有限公司（简称贯某公司），自2016年起使用凯某公司的上述经营信息，以贯某公司名义与S公司及该公司特定联系人开展与凯某公司同类产品的外销业务。关某2018年7月从凯某公司离职时，擅自将凯某公司与S公司交易的电子邮件、凯某公司的采购合同带至贯某公司，并伙同张某、朱某利用上述经营信息，继续向S公司销售产品。经审计，2016年至2021年底，关某等人向S公司出口与凯某公司同类产品，销售金额累计6280万余元，给凯某公司造成直接经济损失577万余元。

二、检察机关履职情况

2019年7月30日，浙江省宁波市公安局接宁波市市场监督管理局移送线索，以贯某公司涉嫌侵犯商业秘密罪立案侦查，并于2020年10月14日以关某、贯某公司涉嫌侵犯商业秘密罪移送审查起诉。宁波市人民检察院将本案移交宁波市鄞州区人民检察院（简称鄞州区检察院）办理。鄞州区检察院审查后认为，贯某公司自成立起经营活动就是与S公司开展外贸交易，属于关某为进行违法犯罪活动而设立的公司，不构成单位犯罪，应直接追究关某个人的刑事责任。检察机关重点开展以下工作：一是准确认定深度客户信息构成商业秘密。经审查，涉案经营信息载有凯某公司与S公司交易的特定联系人及邮箱、采购产品需求、质量要求、交易产品类型、交易量、交易价格、付款条件、供货工厂信息等多个核心交易要素，系凯某公司针对特定客户在长期经营活动中逐渐积累、完善、归纳形成，是一组完整且相互关联的深度综合信息，并非所属领域人员普遍知悉或容易获取的浅度信息，应当认定为商业秘密。二是审查证实关某实际使用了权利人的商业秘密。检察机关开展自行补充侦查，调取凯某公司与S公司往来邮件、购销合同等原件资料，与关某离职时带至贯某公司的经营资料进行逐一比对，证实两者完全一致。再对贯某公司与S公司的往来邮件、交易合同等书证仔细核查，采用列表方式与凯某公司经营信息逐一比对，证实实质相同,且关某在与S公司磋商价格时多次引用凯某公司的报价作为参考。三是排除个人信赖抗辩。关某及其辩护人提出,S公司系基于对关某个人的信赖而与凯某公司进行交易,关某离职后,S公司自愿选择与关某的公司交易。对此,检察机关夯实证据予以澄清。首先,S公司与凯某公司的首次交易系由S公司发起询价,其后开始长期交易,先后由蒋某、关某进行对接经办;根据电子邮件内容,促成双方交易的是凯某公司提供的商品质量、价格及服务,而非对某个经办人的信赖。其次,个人信赖抗辩的适用条件是员工离职后,而关某早在凯某公司任职时期就利用凯某公司的经营信息,以贯某公司的名义与S公司进行交易,不适用个人信赖免责原则。四是合理计算损失金额。根据外贸企业利润率计算多以产品销售金额为基数的行业特点,检察机关提出采用侵权商品销售金额乘以权利人同类产品利润率的方法,为同类案件的犯罪金额计算方式提供了参考路径。五是追加起诉犯罪事实。检察机关经审查发现,关某在刑事立案后取保候审期间,仍以他人名义成立外贸公司与S公司继续交易。遂联合公安机关,运用海关外贸出口数据平台筛查出涉案外贸公司,查实关某在行政调查甚至在刑事立案后,仍在同案犯的配合下继续实施侵权行为且交易金额高达5000万余元。检察机关当即变更强制措施,决定逮捕关某,追加认定犯罪造成损失数额490万余元,并建议公安机关立案侦查同案犯张某和朱某。

2022年1月、8月,鄞州区检察院以侵犯商业秘密罪分别对被告人关某和张某、朱某提起公诉。2023年1月、9月,宁波市鄞州区人民法院(简称鄞州区法院)作出一审判决,采纳检察机关起诉意见和量刑建议,以侵犯商业秘密罪判处被告人关某有期徒刑四年,并处罚金400万元;分别判处被告人张某、朱某有期徒刑一年八个月,缓刑两年,并处罚金4万元和5万元。关某不服一审判决提出上诉,2023年4月13日,宁波市中级人民法院裁定驳回上诉,维持原判。

针对办案过程中发现的当地外贸行业商业秘密保护管理漏洞和风险点,鄞州区检察院联合鄞州区法院向宁波市外贸协会共同制发建议,引导外贸企业健全和落实商业秘密保护措施。宁波市外贸协会予以采纳,联合多家单位出台跨部门外贸协作机制,在100余家外贸企业开展商业秘密风险自评,对1万余名外贸从业人员开展培训。2023年5月,鄞州区检察院联合鄞州区公安分局、市场监管局、商务局、工商联、海关等部门会签《加强外贸行业经营信息类商业秘密协同保护战略合作协议》,合力推动外贸行业公平竞争、健康有序发展。同年11月,鄞州区检察院出台《涉企知识产权维权举证指引》,为市场主体被侵犯知识产权后如何维权指明路径。

三、典型意义

加强经营信息类商业秘密司法保护,护航外贸市场健康发展。经营信息是商业秘密的重要形式,对市场主体尤其是外贸企业获得竞争优势具有重要的商业价值。检察机关在本案办理中,积极开展自行补充侦查,解决了侵犯经营信息类商业秘密"入刑难"等问题。综合分析经营信息的形成过程、具体内容,重点研判是否属于企业长期积累形成的深度综合性经营信息以及犯罪嫌疑人是否实际使用了该信息,详细审查客户开发和维护过程、相关交易时间等客观事实,综合全案证据,甄别犯罪嫌疑人关于客户与企业交易系基于对特定员工个人信赖的辩解。同时,检察机关坚持数字赋能,充分运用海关外贸出口数据平台查实全部犯罪事实,追诉漏罪漏犯,确保事实清楚、追诉到位。

推动多部门协同保护,积极融入综合

治理大格局。检察机关立足个案办理经验,结合地区经济发展和行业特点,通过会同人民法院联合制发社会治理建议、牵头多部门签订战略合作协议、出台知识产权维权举证指引等方式,建立跨部门知识产权协同保护与联动的"快速响应"机制,多维度提升外贸行业经营类商业秘密保护水平,有效解决阻碍民营企业健康发展的"顽疾",合力推动外贸行业公平竞争,促进行业健康有序发展。

案例4　许某俊等二十六人假冒注册商标、销售假冒注册商标的商品案

【关键词】

假冒注册商标罪　销售假冒注册商标的商品罪　宽严相济　全链条打击　平等保护

【要旨】

检察机关在办理涉案人数多、范围广、案情复杂的制假售假案件时,充分发挥侦查监督与协作配合机制作用,及时提出侦查取证建议,完善证据链条,实现对产、供、销全链条的精准打击。贯彻宽严相济刑事政策,综合考虑涉案人员的地位、作用、非法获利及主观恶性等因素,分层分类处理。坚持平等保护理念,依法维护中外权利人的合法权益,助力优化法治化营商环境。

一、基本案情

2015年7月至2021年4月,许某俊、庄某宽等人未经"ROLEX"(劳力士)注册商标所有人许可,合伙在广州市番禺区等地租赁仓库,采购未打标识的手表机芯,委托侯某雁等人拆解机芯并刻印"ROLEX"标识,向蔡某兴等人采购刻有"ROLEX"标识的手表表带、表壳等零配件,雇用曾某丰等人组装,并进行质检和封包后,销售给汪某等一级代理,之后再销售给余某然等二级、三级销售代理。代理商通过网络平台广告引流进行宣传,组建销售微信群、实体店铺销售等方式对外销售。上述人员的非法经营数额为23万余元至3.32亿余元不等,违法所得为5万元至2075万余元不等。

二、检察机关履职情况

2021年2月19日,江苏省镇江市公安局润州分局(简称润州公安分局)接到多起市民购买到假冒劳力士手表的报案后,以余某然等人涉嫌假冒注册商标罪立案侦查。镇江市经济开发区人民检察院(简称镇江经开区检察院)应邀派员介入侦查,鉴于手表机芯系从厂家购买的正规产品,组装产品质量符合相关标准,建议公安机关重点围绕侵犯商标权犯罪开展侦查:一是深挖制假源头,实现全链条打击。从链条最末端销售者的交易明细、采购订单、物流信息、微信用户层层分析,全面追查上游犯罪,依法查明侵权商品销售来源、运营模式和组织架构。二是厘清共犯认定思路,精准定罪。重点核实零配件供应商、仅参与售假的一级销售总代理是否与制假者构成共同犯罪。针对蔡某兴等9人与组装、生产假表者缺乏共同犯意联络,难以认定共同犯罪的情况,根据假冒"ROLEX"注册商标表带、表壳等的名称、用途,认定与注册商标核定使用的商品为"同一种商品",其生产、销售零配件的行为单独构成假冒注册商标罪,并根据上述零配件的售价和数量单独计算非法经营数额。对于仅销售假冒手表不参与制假的汪某等销售代理,认定构成销售假冒注册商标的商品罪。三是准确认定犯罪金额。通过对制假售假团伙的记账本、涉案的230余张银行卡进行资金梳理及审计,并结合涉案人员言词证据,计算出每个犯罪嫌疑人的犯罪数额。四是区分情况分类处理。在提前介入阶段,检察机关综合全案情况和各人涉案情节，建议对制假源头人员采取羁押性强制措施；对制售假团伙中认罪悔罪态度好、作用相对小、获利相对少、社会危险性不大的涉案人员，建议采取非羁押性强制措施；对仅收取少量固定工资、情节显著轻微的人员可不作为犯罪处理。

2021年7月至2022年1月，润州公安分局以假冒注册商标罪对许某俊、庄某宽、侯某雁、蔡某兴等8人，以销售假冒注册商标的商品罪对汪某、余某然等7人先后向镇江经开区检察院提请批准逮捕。镇江经开区检察院依法对上述15人批准逮捕。此外，润州公安分局对曾某丰等其余11人取保候审。

2021年10月至2022年3月，润州公安分局先后以许某俊等26人涉嫌假冒注册商标罪、销售假冒注册商标的商品罪向镇江经开区检察院移送审查起诉。检察机关重点开展以下工作：一是依法追加漏罪漏犯。公安机关仅认定许某俊2019年9月至2021年4月非法经营数额1.3亿余元的事实，但经核实银行交易明细、讯问涉案人员，发现2015年7月至2019年9月许某俊还与庄某宽共同制售假表，且此时间段内许某俊与庄某宽有上亿元的交易流水，遂追诉庄某宽，进一步核实交易明细，强化对其他同案犯的讯问，最终许某俊非法经营数额由1.3亿余元增加至3.32亿余元，公安机关补充移送审查起诉非法经营数额1.96亿余元的制假者庄某宽。二是落实宽严相济刑事政策，督促认罪认罚。加强释法说理，促使22名犯罪嫌疑人在审查起诉阶段认罪认罚，3名被告人在审判阶段认罪认罚。在提出量刑建议时，充分考虑每个人的具体行为、作用大小、获利金额、社会危害性、认罪认罚等情节，建议对制假源头主要人员适用实刑，对认罪悔罪态度好、涉案金额较小的制假从犯和销售商依法宽缓处理。三是依法保障权利人合法权益。检察机关走访权利人在国内的代理公司，送达侵犯知识产权刑事案件权利人诉讼权利义务告知书，告知权利救济途径和诉讼进展情况，并就涉案商品真伪、商标注册证核定使用的商品范围等听取意见，切实保障权利人的知情权和参与权。

2021年12月至2022年3月，镇江经开区检察院分别以假冒注册商标罪、销售假冒注册商标的商品罪先后对许某俊等26人提起公诉。2023年6月至7月，镇江经济开发区人民法院作出一审判决，采纳检察机关起诉意见和量刑建议，以假冒注册商标罪分别判处被告人许某俊、庄某宽、侯某雁、蔡某兴、曾某丰等14人有期徒刑一年至六年，并处罚金6万元至5000万元不等；以销售假冒注册商标的商品罪判处被告人汪某、余某然等12人有期徒刑二年至五年七个月，并处罚金13万元至300万元不等，部分适用缓刑。各被告人均未提出上诉，判决已生效。

三、典型意义

深挖上游犯罪源头，实现全链条打击。本案被告人通过微信朋友圈售假，买卖"圈子"相对封闭，侵权商品的售价远低于市场价格，部分消费者知假买假，制售假线索发现难，查处难。本案由于买家不满售后服务而报警，前期侦查方向主要针对制假售假链条最末端的销假者，检察机关落实全链条打击侵犯知识产权犯罪工作要求，注重深挖上游犯罪线索，成功追诉侵权商品的制假者和零配件供应商，追加认定犯罪金额上亿元，形成全链条打击工作合力，实现"打源头、端窝点、断链条"的目标。

贯彻宽严相济刑事政策，实现分层分类处理。本案制假售假层级分明、分工明确，涉案人数多，检察机关充分考虑团伙成员的参与程度、犯罪行为、违法所得、认罪悔罪态度等因素，准确评价各行为人的罪行大小和应当承担的刑事责任。将制假团伙负责人以及从事组织、管理等重要岗位工作的人员认定为主犯，依法从严惩处，建议适用实刑，并处以高额的罚金刑；将参与程度较低、作用较小、获利较少的人员认定为从犯，建议依法从宽处罚，部分适用缓刑；对仅收取少量固定工资、犯罪情节显著轻微的人员不作犯罪处理。

坚持依法平等保护，助力优化法治化营商环境。本案侵权对象为国际知名商标，假冒手表销售至全国20余个省份，犯罪数额高达3.32亿余元，严重侵犯了商标所有人的合法权益和消费者利益。检察机关坚持对中外知识产权权利人依法平等保护的司法理念，严格落实侵犯知识产权刑事案件权利人诉讼权利义务告知制度，充分保障权利人的知情权和参与权，严惩侵犯知识产权犯罪，为各类市场主体经营发展营造法治化营商环境。

案例5　叶某敏假冒注册商标案

【关键词】

假冒注册商标罪　非法经营数额　刑事抗诉　社会治理

【要旨】

检察机关办理假冒注册商标犯罪案件，应根据商标指示商品来源的作用，正确认定商标所标示的商品，区分独立商品和商品的组成部分，准确认定非法经营数额。对于法院判决确有错误的，检察机关加强上下级院一体履职，依法履行刑事抗诉法律监督职能，确保法律统一正确实施。

一、基本案情

德某西集团有限公司（简称德某西公司）系"DELIXI"注册商标所有人。2015年至2020年，叶某敏在未取得配电箱生产资质且未经德某西公司许可的情况下，伪造"DELIXI"标识铭牌安装在自己组装、配备的配电箱和配电柜上，后在内蒙古自治区、宁夏回族自治区等地进行销售，共售出配电箱447台、配电柜21台，非法经营数额共计65.8万元。

二、检察机关履职情况

2020年6月5日，内蒙古自治区鄂尔多斯市乌审旗公安局以叶某敏涉嫌假冒注册商标罪立案侦查，并于同年10月21日向乌审旗人民检察院移送审查起诉。乌审旗人民检察院于2020年11月4日将案件报送内蒙古自治区鄂尔多斯市人民检察院（简称鄂尔多斯市检察院）审查起诉。检察机关重点开展以下工作：一是正确区分独立商品和商品的组成部分。经审查，确认叶某敏自行配置配电箱（柜），并将采购的正品元器件组装入箱（柜）内，然后将组装好的配电箱（柜）对外销售，应当将箱（柜）体与元器件视为一个整体商品；二是准确认定本案并非单位犯罪。单位犯罪应当同时具备"以单位名义实施犯罪"和"违法所得归单位所有使用"等构成要件。经审查，叶某敏虽以公司名义签订销售合同，但是其均以个人名义组织实施伪造商标标识、安装标识铭牌、组装配电箱（柜）、安装维修商品等犯罪行为，上述犯罪活动未经公司同意亦不能体现单位意志，且叶某敏指定其个人账户收取货款，违法所得并未归单位所有使用，因此检察机关认定本案不构成单位犯罪。

2021年2月4日，鄂尔多斯市检察院以假冒注册商标罪对叶某敏提起公诉，同年6月7日，内蒙古自治区鄂尔多斯市中级人民法院（简称鄂尔多斯市中级法院）作出一审判决，认定被告人叶某敏构成假冒注册商标罪，但认为叶某敏组装的配电箱（柜）与元器件并非捆绑关系，箱（柜）内元器件为正品，应当将元器件的价值在非法经营数额中核减,故仅以配电箱(柜)的箱体和柜体的价值计算非法经营数额为13.47万元,判处被告人叶某敏有期徒刑二年,缓刑三年,并处罚金7万元。

鄂尔多斯市检察院审查后认为,一审判决将商品组成部分错误认定为独立商品,导致认定非法经营数额有误。本案中,叶某敏在配电箱(柜)内组装的正品元器件是作为配电箱(柜)的组成部分而存在,元器件并非独立商品,这有别于真假两种独立商品混合后对外销售。被告人叶某敏销售给客户的是配电箱(柜)成套商品,并非销售单独的元器件和外壳,或者两者的简单相加。商标的核心功能在于指示商品的来源,根据商业惯例和相关公众认知,本案商标标示的是配电箱(柜)的来源,而非元器件或者箱(柜)体外壳的来源。故应当以配电箱(柜)成套设备的整体价格65.8万元认定非法经营数额,不应当核减元器件的价值。2021年6月17日,鄂尔多斯市检察院认为一审判决存在错误、对被告人叶某敏的量刑畸轻,提起抗诉。内蒙古自治区人民检察院认为抗诉理由充分,一审判决确有错误,支持抗诉意见。内蒙古自治区高级人民法院二审审理后,裁定本案发回重审。

发回重审后,鄂尔多斯市检察院检察长列席了鄂尔多斯市中级法院的审判委员会。2022年12月30日,鄂尔多斯市中级法院重新作出一审判决,采纳检察机关的抗诉意见,认定被告人叶某敏犯假冒注册商标罪,非法经营数额为65.8万元,判处有期徒刑三年六个月,并处罚金33万元。一审判决后,被告人叶某敏提出上诉。2023年6月15日,内蒙古自治区高级人民法院二审裁定驳回上诉,维持原判,判决已生效。

由于叶某敏销售的假冒注册商标的配电箱(柜)主要用于机场、体育馆、居民小区等公共场所,案发后叶某敏一直未予更换侵权商品,存在一定的消防隐患。为保障人民群众人身财产安全,鄂尔多斯市检察院向该市市场监管和应急管理部门制发社会治理检察建议,督促履行行政监管职责,及时消除消防隐患。此外,鄂尔多斯市检察院还分别与假冒商品销售地宁夏回族自治区银川市、石嘴山市检察机关联系,告知本案假冒商品仍在使用的情况,由当地检察机关向辖区应急管理部门通报相关情况。

三、典型意义

准确认定组装商品类假冒注册商标案件的犯罪数额。本案被告人非法制造和销售给客户的是配电箱(柜)成套商品,并非元器件和箱(柜)体外壳的简单相加,元器件是商品的组成部分而非独立商品,其商标的使用方式标示的亦是配电箱(柜)的来源,而非单独的元器件或者箱(柜)体外壳的来源。因此,应当以配电箱(柜)成套商品的价值认定非法经营数额,不予核减元器件价值。

依法充分履行检察机关法律监督职能,确保法律统一正确实施。检察机关应当秉持客观公正的立场,在办理侵犯知识产权刑事案件中发现人民法院判决确有错误的,依法提出抗诉,认真分析法院不采信起诉意见的理由,提高抗诉的针对性和有效性。本案一审法院的判决对犯罪数额认定错误,检察机关在准确适用法律的基础上,加强上下级院一体履职,依法精准提出抗诉,监督纠正错误判决。

案例6 天长市新某有限公司与湛江市苏某有限公司、海口市椰某有限公司等不正当竞争民事纠纷抗诉案

【关键词】

不正当竞争　有一定影响的包装、装潢　商标无效　抗诉

【要旨】

以商标及相关元素为核心进行设计的商品包装、装潢，如果商标因有不良影响而被宣告无效，则相关的商品包装、装潢也不具有获得法律保护的正当性基础，不应作为有一定影响的包装、装潢受到反不正当竞争法的保护。检察机关在监督中应当注重对类案的检索，精准抗诉，确保裁判标准统一。

一、基本案情

2018年4月12日，湛江市苏某有限公司（简称苏某公司）以海口市椰某有限公司（简称椰某公司）、天长市新某有限公司（简称新某公司）等擅自使用其知名商品特有的包装、装潢，构成不正当竞争为由，诉至浙江省杭州市余杭区人民法院（简称余杭区法院）。

2018年10月28日，余杭区法院作出一审判决，认为：苏某公司为"特种兵生榨椰子汁"产品的授权生产商，享有知名商品的特有包装、装潢权。椰某公司、新某公司擅自使用与苏某公司知名商品近似的包装、装潢构成不正当竞争。判决椰某公司、新某公司停止对苏某公司的不正当竞争行为，赔偿苏某公司经济损失（含合理费用）15万元，驳回其他诉讼请求。新某公司不服，上诉至浙江省杭州市中级人民法院。2019年8月14日，二审判决驳回上诉，维持原判。新某公司向浙江省高级人民法院申请再审。2019年12月5日，法院再审裁定驳回新某公司的再审申请。

二、检察机关履职情况

新某公司向浙江省杭州市人民检察院（简称杭州市检察院）申请监督。检察机关受理该案后，重点开展以下工作：一是查明涉案包装、装潢构成要素中第11118542号"特种兵 THE SPECIAL ARMS 及图"商标的情况。经查明，该商标已被国家知识产权局裁定无效，认为"特种兵"是众所周知的兵种名称，将其作为商标用在核定商品上，容易使相关公众将商品与军用物资联系起来，易对我国政治、军事等公共利益和公共秩序产生不良影响，构成《中华人民共和国商标法》第十条第一款第（八）项所指情形。后经行政诉讼，法院维持上述裁定。二是查明类似案件的裁判情况。与涉案包装、装潢构成要素中商标标志相同的第16972248号"特种兵 THE SPECIAL ARMS 及图"商标，已被法院认定属于有不良影响不得作为商标使用。最高人民法院在(2019)最高法民申4847号民事裁定和(2020)最高法民再133号民事判决中均认为，由于苏某公司主张的涉案包装、装潢的构成要素均指向特种兵，在已有生效判决认定"特种兵"文字及图形作为商标注册会产生不良影响的情况下，将"特种兵"文字作为显著识别部分的涉案包装、装潢同样不应当作为反不正当竞争法意义上的有一定影响的包装、装潢进行保护。

检察机关经审查认为，苏某公司的涉案商品包装、装潢是以"特种兵"商标及相关元素为核心进行设计构思，现有生效判决认定相关商标标志会产生不良影响，不得作为商标使用。法院已在类似案件中认定不应受反不正当竞争法保护的椰子汁商品的包装、装潢均与本案所涉情况基本相同。涉案商品包装、装潢将"特种兵"商标及相关元素作为显著识别部分，且包装、装潢中的迷彩图案等其他构成要素均与该商标文字及图形具有较高关联程度，故涉案包装、装潢不具有获得法律保护的正当性基础，不应作为有一定影响的包装、装潢受到反不正当竞争法的保护。杭州市检察院提请浙江省人民检察院抗诉。

2023年1月17日，浙江省人民检察院向浙江省高级人民法院提出抗诉。2023年6月13日，浙江省高级人民法院作出判决，认为：涉案包装、装潢是以"特种兵"商标及相关元素为核心进行设计构思，其中第11118542号商标在商品包装、装潢上得到完整呈现,"特种兵"商标及相关元素为涉案包装、装潢的有机组成部分,而非可以随意替换的要素。现已有生效判决认定与本案所涉商标标识完全相同的"特种兵"文字及图形作为商标注册会产生不良影响,在此情况下将"特种兵"商标及相关元素作为显著识别部分的涉案包装、装潢,因与该商标密不可分,易引发消费者将该包装、装潢的整体与"特种兵"产生联想,难以受到反不正当竞争法的保护。涉案迷彩图案等装潢中的其他构成要素与"特种兵"商标文字及图形具有较高关联程度,难以成为独立的权利基础,无法作为有一定影响的包装、装潢而受到反不正当竞争法的保护。浙江省高级人民法院判决:撤销一、二审判决,驳回苏某公司全部诉讼请求。

三、典型意义

分析商标与包装、装潢的关系,确定法律保护基础。根据《中华人民共和国反不正当竞争法》第六条的规定,经营者擅自使用与他人有一定影响的商品包装、装潢相同或近似的标识而引起混淆,引人误认为是他人商品或者与他人存在特定联系,属于不正当竞争行为。某一商品包装、装潢围绕注册商标设计,注册商标及与注册商标有关的元素在包装、装潢上起到显著识别作用,当商标因有不良影响而被宣告无效,如果仍认可该包装、装潢受反不正当竞争法保护,则意味着不良影响因素将通过包装、装潢继续存在。在包装、装潢与此种被无效的商标密切相关、难以剥离的情况下,以商标及相关元素为核心进行设计的商品包装、装潢将不具有获得法律保护的正当性基础,不应作为有一定影响的包装、装潢受到反不正当竞争法的保护。

注重类案检索,确保监督质效。独特的包装、装潢在一定程度上起到识别商品来源的作用,能促进商品市场流通。经营者在设计包装、装潢时,应当注意避免使用容易产生不良影响的要素,不能损害国家利益和社会公共利益,维护社会主义核心价值观和社会公共秩序。最高人民法院在先已对与本案所涉商品包装、装潢基本相同的设计所引发的不正当竞争纠纷案件作出认定,类案的处理结论对本案具有重要的参考意义。对于存在类案的情形,检察机关在民事诉讼案件监督中应查明类案的裁判情况,确保裁判标准一致。

案例7 上海今某有限公司与上海市嘉定区市场监督管理局涉侵犯注册商标专用权行政处罚非诉执行监督案

【关键词】

行政非诉执行 申请执行 准予执行 检察建议

【要旨】

检察机关在监督法院行政案件执行活动时,对于不符合法定申请强制执行条件但被法院裁定准予执行的行政处罚决定,且该结果归因于行政机关的申请行为和法院的审查行为,可以同时向法院和行政机关制发检察建议,强化同步监督。

一、基本案情

2022年2月28日,上海市嘉定区市场监督管理局(简称嘉定区市场监管局)对上海今某有限公司(简称今某公司)侵犯注册商标专用权的行为作出行政处罚,责令其立即停止侵权行为、没收侵权商品及罚款131 275.55元,并将上述行政处罚决定书依法送达今某公司。

2022年7月28日,嘉定区市场监管局以今某公司未履行缴纳罚款义务为由向其电子送达《行政处罚决定履行催告书》。同年9月1日,今某公司向上海市嘉定区人民法院(简称嘉定区法院)提起行政诉讼,法院于10月10日立案受理。同年11月24日,嘉定区市场监管局向嘉定区法院申请强制执行上述行政处罚决定。法院受理执行申请后,于12月16日裁定准予强制执行。

二、检察机关履职情况

上海市嘉定区人民检察院(简称嘉定区检察院)依法履行检察监督职责时发现,在嘉定区市场监管局申请强制执行对今某公司所作行政处罚决定前,该公司已在法定期限内向嘉定区法院提起行政诉讼,但法院仍受理强制执行申请并作出准予执行裁定。嘉定区检察院遂就该线索依法启动监督程序。

检察机关重点开展以下工作:一是调取相关案卷材料。经向嘉定区法院查明,今某公司于2022年9月1日就行政处罚决定向嘉定区法院提起行政诉讼,法院于10月10日立案受理,嘉定区市场监管局于同月30日作为行政诉讼被告应诉答辩。二是调取相关民事判决。经调查,2020年6月12日今某公司因生产、销售的建材扣板侵犯上海某建材科技公司的注册商标专用权,被法院判决构成商标侵权。今某公司将商标标识稍作修改后继续生产销售,被嘉定区市场监管局查获并作出上述行政处罚决定。三是召开案例研讨会。检察机关联合嘉定区法院、嘉定区市场监管局召开案例研讨会,了解到因嘉定区市场监管局内部由不同部门分别承担行政诉讼应诉和申请非诉执行的职能,部门间缺乏信息互通机制,故导致发生本案的情况。

检察机关经审查后认为,《中华人民共和国行政强制法》第五十三条规定"当事人在法定期限内不申请行政复议或者提起行政诉讼,又不履行行政决定的,没有行政强制执行权的行政机关可以自期限届满之日起三个月内,依照本章规定申请人民法院强制执行"。《中华人民共和国行政诉讼法》第九十七条规定"公民、法人或者其他组织对行政行为在法定期限内不提起诉讼又不履行的,行政机关可以申请人民法院强制执行,或者依法强制执行"。今某公司在法定期限内已就具体行政行为向法院提起行政诉讼,市场监管部门明知相关情况仍申请法院强制执行,违反上述规定。《最高人民法院关于适用〈中华人民共和国行政诉讼法〉的解释》第一百六十条第一款规定"人民法院受理行政机关申请执行其行政行为的案件后,应当在七日内由行政审判庭对行政行为的合法性进行审查,并作出是否准予执行的裁定"。法院已受理今某公司提起的行政诉讼,同时又裁定准予嘉定区市场监管局提出的强制执行申请,违反上述规定。

2023年2月21日,嘉定区检察院就该案向嘉定区法院制发检察建议书,建议撤销准予执行的裁定,并加强非诉执行申请的审查工作,强化案件信息关联检索,防止出现"边审边执"的情况。同时,嘉定区检察院就行政机关违法申请强制执行的行为,向嘉定区市场监管局制发检察建议书。

嘉定区市场监管局收到检察建议后,推动整改落实。一是全面摸排2021年以来申请强制执行案件,梳理对比行政诉讼与非诉执行案件重合的情况。二是健全内部信息互通机制,加强执法监督管理部门与相关业务部门间的横向沟通,完善申请强制执行案件报批、审批工作。三是充分发挥法制部门协调指导作用,督促相关部门落实好行政诉讼应诉等工作。四是制定《关于落实行政处罚申请法院强制执行程序规定的通知》,进一步明确申请法院强制执行行政处罚决定的前提条件及内部审批流程等。

2023年2月23日,嘉定区法院回函采纳检察机关的建议,撤销原裁定,并同意嘉定区市场监管局撤回非诉强制执行申请。嘉定区检察院与嘉定区法院联合开展行政非诉执行专项活动,对近5年来嘉定区法院办理的行政非诉执行案件进行梳理排查,嘉定区法院专门制定行政非诉执行案件受理审查流程。同时,检法两家对全区行政执法机关进行走访调研,全面摸排辖区内行政非诉执行案件启动、受理等情况,及时督促存在类似问题的两家行政机关纠正违法行为,并建议部分行政机关完善内部办案机制,避免出现类似情形。

三、典型意义

依法履职,加强对行政非诉执行的监督。行政非诉执行监督是检察机关的一项重要职责,《人民检察院行政诉讼监督规则》第一百零八条规定"人民检察院对人民法院行政案件执行活动实行法律监督"。行政非诉执行是指行政机关作出行政决定后,行政相对人在法定期限内不申请行政复议或提起行政诉讼,经催告后仍不履行确定的义务,没有强制执行权的行政机关向法院申请强制执行,法院经受理、审查作出裁定准予行政机关强制执行或直接采取强制措施予以执行,从而使行政机关的行政决定内容得以实现的制度。行政非诉执行检察监督的开展,有利于促进相关机关依法执行和依法行政。

能动履职,强化对司法和行政的同步监督。检察机关在监督法院行政案件执行活动时,应同步审查行政机关是否存在违法申请的情形。对于不符合法定强制执行申请条件但被法院裁定准予执行的行政处罚决定,且该结果归因于行政机关的申请行为和法院的审查行为,为保证法律适用的准确性,扎实推进依法行政,检察机关应强化同步监督作用。一方面,通过检察建议督促法院撤销不合法的行政非诉执行裁定,维护当事人在行政诉讼中的合法权益;另一方面,以检察建议督促行政机关纠正违法申请行为,查找分析产生违法申请行为的根源和制度漏洞,健全工作机制,推动行政检察由个案监督到类案治理。

案例8 "镇湖刺绣"知识产权保护行政公益诉讼案

【关键词】

非物质文化遗产 地理标志 行政公益诉讼诉前程序 社会治理

【要旨】

检察机关加强传统文化领域知识产权综合保护,以行政公益诉讼为切入口,促进行政机关依法履职,不断健全非物质文化遗产和地理标志产品的知识产权保护,推动堵漏建制、源头保护,助力传统文化发展。

一、基本案情

2006年5月20日,苏绣经国务院批准列入第一批国家级非物质文化遗产名录,遗产编号为Ⅶ—18。江苏省苏州市虎丘区镇湖街道是苏绣的主要发源地,2010年"镇湖刺绣"被列为国家地理标志产品予以保护。2023年初,多名绣娘通过"苏绣检察服务中心""苏绣E检通"微信小程序向检察机关反映苏绣知识产权纠纷频发,主要表现为机绣冒充手工绣充斥市场,苏绣产品外观设计专利权纠纷和苏绣底稿著作权纠纷频发。上述情况不仅损害消费者合法权益,也严重影响绣娘创作、企业经营和苏绣产业发展,不利于国家非物质文化遗产和地理标志的保护和传承,社会公共利益受到侵害。

二、检察机关履职情况

江苏省苏州市虎丘区人民检察院(简称虎丘区检察院)经线索研判后认为,苏绣作为国家级非物质文化遗产,是中华民族传统文化的重要组成部分。"镇湖刺绣"是国家地理标志产品,是保护和传承优秀传统文化的鲜活载体。2023年4月18日,虎丘区检察院对苏绣保护问题以行政公益诉讼立案。

检察机关经调查查明，苏绣在著作权、商标、外观设计专利、地理标志等知识产权方面存在保护难的问题。虎丘区检察院向苏州高新区（虎丘区）市场监督管理局（知识产权局）（简称虎丘区市场监管局）制发行政公益诉讼检察建议，建议其对销售伪劣苏绣产品行为进行查处，加强"镇湖刺绣"地理标志保护工作，加大对苏绣非物质文化遗产的保护力度。虎丘区市场监管局收到检察建议后高度重视，对辖区内机绣冒充手工绣、生产不符合《地理标志产品镇湖刺绣》标准的行为加大查处力度，完善苏绣知识产权侵权行为投诉举报机制，警告、约谈相关商户9次，调解绣娘间知识产权交易纠纷5起，维护辖区苏绣市场交易秩序。

为加强源头治理，提升行业自律水平和依法维权意识，虎丘区检察院通过社会治理检察建议推动镇湖刺绣协会加强刺绣市场管理及知识产权保护，着力打造镇湖刺绣知名品牌。镇湖刺绣协会高度重视，全面排查苏绣知识产权权属情况，利用苏绣版权交易平台，鼓励苏绣创作者开展版权登记，总结苏绣的惯常设计，做好专利申请和维权。镇湖刺绣协会先后帮助协会成员申请注册商标27件、发明专利20件、外观设计专利近百件，同时发挥行业协会的优势，积极采用调解、和解方式解决知识产权纠纷，提高权利人依法维权意识，加大普法宣传力度，提升行业自律水平。

在办案中，虎丘区检察院通过调研发现苏绣保护中面临的难点、堵点问题，牵头协调行政机关及行业协会共同制定《关于促进镇湖苏绣产业发展的若干意见》，推动建立全区"苏绣品牌法治保障中心"，强化各方在司法联动、行刑衔接、协同保护等方面的协作力度。同时，虎丘区检察院制定出台《加强苏工苏作知识产权保护工作指引》，助推优秀传统文化的保护传承和创新发展。

三、典型意义

以公益诉讼案件为切入，保护非物质文化遗产和地理标志产品。非物质文化遗产是国家和民族历史文化成就的重要标志，是中华优秀传统文化的重要组成部分。地理标志产品是指产自特定地域，所具有的质量、声誉或者其他特性本质上取决于该产地的自然因素、人文因素的产品。地理标志产品蕴含着区域特有的自然生态环境和历史人文因素，是对产品质量和信誉的保障。检察机关在履职中要聚焦非物质文化遗产和地理标志在保护和传承中的问题，梳理传统文化可能涉及的商标权、著作权、专利权、地理标志等不同知识产权类型受到侵害的具体表现，统筹运用多种检察职能，通过行政公益诉讼检察建议、社会治理检察建议、司法与行政执法衔接、普法宣传等多种方式，积极构建符合传统文化领域知识产权案件特点的综合履职模式，依法保护非物质文化遗产和地理标志产品。

加强协同保护，促进社会治理。非物质文化遗产和地理标志产品保护需要司法机关、市场监管部门、知识产权管理部门等共同开展工作，需要协同多部门共商良策。检察机关加强知识产权综合保护，充分发挥公益诉讼协同优势，通过圆桌磋商、检察建议、会签协作机制等方式，推动各部门共同履职，实现资源共享、优势叠加，使知识产权协同保护成为传统文化产业创新发展的强大动力。充分发挥行业协会联络企业的优势作用，深入走访调查、实地调研、座谈交流，以检察建议促进提升行业治理水平，形成保护非物质文化遗产和地理标志产品的合力，营造传统文化领域知识产权保护共建、共治、共享的良好局面。

供稿：最高人民检察院
知识产权检察办公室

检察机关依法惩治侵犯著作权犯罪典型案例

案例1 柯某某侵犯著作权案

【关键词】

侵犯著作权罪 视听作品 羁押必要性审查 赔偿和解

【要旨】

在办理网络侵犯视听作品著作权犯罪案件中,及时提取手机聊天记录、网络平台后台及服务器数据明细等证据,准确认定侵权作品数量。注重追赃挽损并促成赔偿和解,切实维护著作权人合法权益。

一、基本案情

2021年8月至2022年4月,柯某某为获取非法利益,在未经著作权人授权的情况下,采用"火车采集器"爬虫软件,从优酷、腾讯、爱奇艺等视频网站采集5万余部电影、电视剧等视听作品网页版播放地址数据,存储在租用的服务器上。柯某某通过技术解析的方式,将存储在服务器的视听作品转载到其个人运营管理的网站及"某某影院"App上,提供给网民免费观看。同时,柯某某承接广告业务,在网民观看"某某影院"App上其存储的免费视听作品时投放开屏广告,以广告展现量计酬收取广告费,非法获利共计35万余元。

二、检察机关履职情况

2022年5月10日,经权利人优酷信息技术(北京)有限公司报案,福建省三明市公安局(简称三明市公安局)以柯某某涉嫌侵犯著作权罪立案侦查。5月17日,三明市公安局将本案移送明溪县公安局侦查。5月31日,明溪县公安局对柯某某刑事拘留;6月1日,对其取保候审。受明溪县公安局邀请,明溪县人民检察院(简称明溪县检察院)按照重大疑难案件听取意见机制,派员审查了证据材料,建议从扣押的电脑、硬盘、手机内及时提取聊天记录,收集非法采集的视听作品后台及服务器数据明细等证据,确定侵权作品数量;进一步查明侵权作品著作权权属。

2023年2月15日,明溪县公安局以柯某某涉嫌侵犯著作权罪移送明溪县检察院审查起诉。检察机关重点开展以下工作:一是准确认定侵权作品数量和违法所得数额。汇总柯某某租用服务器内存储的侵权视听作品电子数据,并剔除重复项,结合鉴定意见,认定侵权视听作品数量为5万余部。对柯某某使用的网络支付账户交易记录逐笔核对资金明细,认定其收取的广告费共计35万余元为违法所得。二是依法保障知识产权权利人合法权益。向被侵权公司送达侵犯知识产权刑事案件权利人诉讼权利义务告知书,充分听取其意见建议。加强释法说理,促成柯某某认罪悔罪、退缴全部违法所得并与被侵权公司达成赔偿和解协议,充分保障知识产权权利人合法权益。三是开展羁押必要性审查。3月14日,检察机关决定对柯某某予以逮捕。后柯某某近亲属申请对其变更强制措施,检察机关依申请开展羁押必要性审查。通过召开公开听证会,听取人民监督员、听证员的意见后,认为案件事实已基本查清,证据已收集固定,且柯某某与被侵权公司已达成和解协议,采取取保候审不致发生社会危险,没有继续羁押的必要,对柯某某变更强制措施为取保候审。

2023年4月4日,明溪县检察院以侵

犯著作权罪对柯某某提起公诉。4月20日，明溪县人民法院作出一审判决，以侵犯著作权罪判处被告人柯某某有期徒刑三年，缓刑四年，并处罚金40万元。被告人未提出上诉，判决已生效。

三、典型意义

结合网络犯罪特点认定案件事实。网络侵犯视听作品著作权犯罪案件中，侵权视听作品数量众多且权利人分散，涉案证据多为电子证据。检察机关应通过对提取到的侵权视听作品电子数据进行汇总、查重、鉴定，并结合行为人能否提供获得著作权人许可的相关证明以及著作权人对侵权视听作品的鉴别意见等因素，综合认定侵权作品权属、数量，准确查清案件事实。

释法说理促成赔偿和解。在侵犯著作权案件中，为降低权利人维权成本，减少其另行提起赔偿诉讼的诉累，检察机关强化综合保护，在履职中主动听取权利人意见，积极开展释法说理，促成双方达成赔偿和解，最大限度保障权利人合法权益；同时将赔偿权利人损失作为量刑情节，结合认罪认罚情况，依法提出量刑建议。

案例2　刘某等侵犯著作权、尹某某等销售侵权复制品案

【关键词】

侵犯著作权罪　销售侵权复制品罪　文字作品　宽严相济　检察建议

【要旨】

对案情复杂、犯罪地域广、参与人员众多的侵犯知识产权犯罪案件，积极发挥重大疑难案件听取意见机制作用，就案件定性、证据收集、法律适用等向公安机关提出建议，以准确认定犯罪事实，正确适用法律。贯彻宽严相济刑事政策，对层级较低、作用较小的行为人，综合考虑主客观因素，依法作出不起诉决定。对办案中发现的行政监管和行业治理漏洞，制发检察建议，督促行政机关依法履行监管职责。

一、基本案情

2012年1月至2021年1月，刘某以营利为目的，先后安排党某、郭某甲、张某甲分别在河南省南阳市、山西省临汾市、山东省枣庄市等地开设工作室，雇佣人员在多个网络平台开设店铺，复制发行未经著作权人许可的文字作品。顾客在网络店铺下单后，客服人员将顾客提供的书籍名称、购买数量、收件地址、联系电话等信息发送给统计人员张某乙、张某丙、张某丁等人，统计人员根据顾客需求找到电子书后发送到曾某某、刘某甲、欧某甲等人经营的印刷作坊进行印制，并由印刷作坊邮寄给顾客。对未找到电子书进行印制的，刘某要求各工作室从线下购买盗版书籍邮寄给顾客。为了加强管理，刘某招聘金某、武某某、丁某甲、王某、谢某等人负责南阳市、临汾市、枣庄市等地各工作室的财务工作并直接对其负责，招聘潘某、闫某、丁某、王某甲、翟某某等人作为工作室主管人员管理除财务工作之外的其他事项。刘某等涉案人员达64人，非法获利共计1500万余元。

2019年2月至2021年2月，王某乙以营利为目的，委托张某戊等人印制盗版书籍推销给书商尹某某、徐某某、段某某、白某某、郭某乙等人。为获取不法利益，尹某某、徐某某、段某某、白某某、郭某乙等人对外销售购进的盗版书籍。王某乙印制的盗版书籍部分销售到刘某工作室。王某乙等涉案人员达23人，非法获利共计200万余元。

二、检察机关履职情况

2021年1月14日，山东省枣庄市公安

局山亭分局(简称山亭分局)以刘某等人涉嫌侵犯著作权罪立案侦查,并先后对刘某、党某、郭某甲、张某甲等人刑事拘留。枣庄市山亭区人民检察院(简称山亭区检察院)应邀派员提前审查证据材料,建议全案以侵犯著作权罪为主进行侦查,从工作室的会计记账簿入手开展侦查取证,对涉案资金进行审计,并结合审计结果计算违法所得或者非法经营数额;以地域为原则对线索进行归纳梳理并逐一核实,统一取证标准,全面收集认定犯罪主客观证据;对在犯罪过程中层级较低、工作时间较短、非法获利较少、单纯执行领导安排从事销售的客服人员,综合全案情况,可不作为犯罪处理。山亭分局对刘某、王某乙等4人以涉嫌侵犯著作权罪先后向山亭区检察院提请批准逮捕。经审查,山亭区检察院依法作出批准逮捕决定。

2021年8月12日、9月2日、9月23日,山亭分局分别以刘某等72人涉嫌侵犯著作权罪、尹某某等11人涉嫌销售侵权复制品罪、曹某某等2人涉嫌非法经营罪移送山亭区检察院审查起诉。检察机关重点开展以下工作:一是准确认定行为性质。全面审查公安机关将相同犯罪行为先后以侵犯著作权罪和非法经营罪移送审查起诉的事实和证据,认定曹某某等2人构成侵犯著作权罪,确保司法标准统一。对刘某等从线下购买盗版书籍进行销售的行为,因未达到追诉标准,依法不认定为犯罪。二是依法追诉漏罪漏犯。经审查发现,郭某乙除涉嫌销售侵权复制品罪外,还委托他人印制盗版书籍涉嫌侵犯著作权罪,遂以侵犯著作权罪对郭某乙追加起诉;欧某乙受刘某委托为其印制并邮寄盗版书籍、陈某某受曾某某委托帮其为刘某印制并邮寄盗版书籍,遂向公安机关发出《补充移送起诉通知书》,要求对欧某乙、陈某某2人补充移送审查起诉。2022年2月25日,公安机关以欧某乙、陈某某2人涉嫌侵犯著作权罪补充移送审查起诉。三是贯彻宽严相济刑事政策。在坚持全链条从严打击侵犯著作权犯罪的基础上,对在整个犯罪过程中所起作用较小、获利较少、主观恶性不大、犯罪情节显著轻微及危害不大的26名犯罪嫌疑人作出不起诉决定。加强刑行衔接,及时将涉嫌行政违法情况移交行政机关处理,避免处罚漏洞。落实认罪认罚从宽制度,经释法说理,刘某、张某甲、曾某某、刘某甲、欧某甲、金某、武某某、丁某甲等52人均自愿认罪认罚,主动退缴全部或者部分违法所得。其中刘某家属代为退缴违法所得150万元,张某甲、金某、武某某、丁某甲等17人退缴违法所得110万余元。四是积极延伸办案职能。对办案中发现的相关行政机关存在的监管漏洞,依法向当地文化执法部门制发检察建议,督促其全面履行监管职责,推动行政监管和行业治理。

2022年3月1日,山亭区检察院以侵犯著作权罪对刘某等46人,以销售侵权复制品罪对尹某某等9人,以侵犯著作权罪、销售侵权复制品罪对郭某乙提起公诉。7月19日,以侵犯著作权罪对欧某乙等2人追加起诉。对因特殊情况无法到案的3名犯罪嫌疑人,由公安机关移送属地司法机关办理。2023年3月31日,枣庄市山亭区人民法院作出一审判决,以侵犯著作权罪判处被告人刘某等48人有期徒刑五年至六个月不等,部分适用缓刑,并处罚金1026万元至4万元不等;以销售侵权复制品罪判处被告人尹某某等9人有期徒刑三年至六个月、拘役五个月至四个月不等,均适用缓刑,并处罚金20万元至12万元不等;以侵犯著作权罪、销售侵权复制品罪数罪并罚判处被告人郭某乙有期徒刑三年,并处罚金13万元;依法继续追缴被告人刘某的剩余违法所得和其他部分被告人的全部或者剩余违法所得。被告人刘某、党某等10人不服一审判决提出上诉,同年8月4日,枣庄市中级人民法院作出二审判决，对在二审期间足额退缴违法所得的被告人党某等6人改判为有期徒刑三年至二年不等，均适用缓刑，维持其他部分判决。

三、典型意义

对跨区域、链条化侵犯著作权案件加强侦检协作。网络化、跨区域、链条化侵犯著作权案件，通常案情复杂、涉及犯罪地域广、涉案人员众多，办案难度大。检察机关办理此类案件，应充分发挥侦查监督与协作配合机制作用，通过派员提前审查证据材料等方式，对全案作出综合分析，从取证方向、案件定性、犯罪数额、人员处理等各个方面提出有针对性的建议，全链条打击侵犯著作权的上下游犯罪，推动案件高质效办理。

贯彻宽严相济刑事政策，确保罪责刑相适应。本案涉及线上、线下，贯穿复制、运输、销售等各个环节，涉案人员在犯罪过程中逐渐形成组织者、骨干成员或者积极参加者等不同层级。检察机关办理此类案件，应贯彻宽严相济刑事政策，准确认定各行为人在犯罪中的地位、作用，正确区分罪与非罪界限，妥善确定刑事打击范围；对于地位较低、作用较小的行为人，综合考虑其主观认知程度、客观上参与时间长短、获利金额多少等情节，依法作出不起诉决定，确保公正司法。

案例3　黄某侵犯著作权案

【关键词】

侵犯著作权罪　音乐作品　抽样取证　权利义务告知

【要旨】

在办理数量众多且权利人分散的侵犯音乐作品著作权犯罪案件中，可以采取抽样取证方式对涉案音乐作品的权属及授权情况等作出认定。严格落实侵犯知识产权刑事案件权利人诉讼权利义务告知制度，引导权利人协助提供涉案音乐作品著作权权属、同一性认定等证据材料，夯实案件事实基础。

一、基本案情

2014年2月至2021年11月，黄某在重庆市渝中区家中租赁服务器搭建"树下音乐论坛"音乐下载网站，其担任该网站唯一管理员、经营者，管理员账号名称为"荒野之树"。黄某通过从境外网站购买、免费网站下载、黑胶唱片数字化等方式，获取10万余首国内外歌曲后上传至其付费开通的18个云网盘。黄某未经著作权人许可，使用"荒野之树"账号在其经营的网站内发布包含上述音乐专辑、音乐名称、云下载链接等信息的帖子。"树下音乐论坛"网站实行会员制，会员通过在网站内货币充值以1∶1比例获得"树币"，使用"树币"付费获取歌曲云链接和提取码，用于在云网盘转存或者下载音乐。经鉴定，"树下音乐论坛"网站发布的音乐主题帖子总数2.5万余条，涉及音乐作品10万余首，其中1.4万余条主题音乐帖子的购买记录为8万余次。该网站注册会员数6万余人，充值会员数2000余人，充值金额共计50万余元。

二、检察机关履职情况

2020年11月30日，重庆市公安局渝中区分局（简称渝中区分局）以黄某涉嫌侵犯著作权罪立案侦查。重庆市渝中区人民检察院（简称渝中区检察院）应邀派员提前审查了证据材料，向公安机关提出通过抽样取证，并结合在案其他证据认定涉案作品权属及授权情况的取证思路以及及时对网站后台数据进行提取等建议。

2021年11月23日，渝中区分局以黄某涉嫌侵犯著作权罪向渝中区检察院提请批准逮捕。11月30日，渝中区检察院以证据不足为由对黄某作出不批准逮捕决定，并围绕后台数据提取、涉案侵权音乐作品认定等出具详细的补充侦查提纲。

2022年9月7日，渝中区分局以黄某涉嫌侵犯著作权罪移送渝中区检察院审查起诉。检察机关重点开展以下工作：一是准确认定侵权音乐作品数量。黄某提出应以抽样确权的1500余首音乐作品作为定罪量刑依据。检察机关认为，按照《最高人民法院、最高人民检察院、公安部关于办理侵犯知识产权刑事案件适用法律若干问题的意见》中有关"抽样取证"的规定，本案随机抽取的音乐作品涵盖中文、英文等不同类别歌曲，分属于不同的唱片公司，符合抽样取证规范。黄某到案后多次供述其未取得音乐作品权利人的授权，也未提供任何其获得著作权授权的相关证据材料，且无任何证据证明涉案音乐作品的权利人已放弃相关著作权。国际唱片业协会（瑞士）北京代表处已出具版权证明，证明黄某未取得授权。因此，应以全部的10万余首音乐作品认定侵权数量。二是落实诉讼权利义务告知制度。向维权受托人国际唱片业协会（瑞士）北京代表处告知诉讼权利义务，确保权利人依法参与诉讼。通过多次面对面沟通等方式，充分听取权利人诉求，引导其围绕涉案音乐作品提交相关证据材料，保障其合法权益。三是加强释法说理，积极追赃挽损。充分释法说理，积极开展追赃挽损工作，促使黄某在庭审阶段认罪认罚，退缴全部违法所得。

2023年3月14日，渝中区检察院以侵犯著作权罪对黄某提起公诉。4月26日，重庆市渝中区人民法院作出一审判决，以侵犯著作权罪判处被告人黄某有期徒刑三年，缓刑四年，并处罚金55万元。被告人未提出上诉，判决已生效。

三、典型意义

依法抽样取证，综合认定涉案侵权音乐作品数量。办理涉及音乐作品种类众多且权利人分散的案件时，认定侵权音乐作品数量难度较大，查明涉案音乐作品权属及授权情况是依法准确认定作品数量的前提。通过启动重大疑难案件听取意见机制，检察机关派员提前审查证据材料，建议公安机关采取抽样取证方式确定涉案音乐作品权属及授权情况。在审查起诉阶段，检察机关对抽取样本是否具有代表性、抽样范围与其他在案证据是否相符、抽样是否具备随机性等影响抽样客观性的因素进行审查，同时结合行为人供述和辩解及涉案音乐作品是否存在权利人放弃权利、权利不受我国著作权法保护、权利已过保护期限等情形，认定侵权音乐作品数量。

落实权利义务告知制度，推动权利人实质性参与诉讼。侵犯知识产权刑事案件中，权利人诉讼权利义务告知制度在保障权利人合法权益、增强权利人司法获得感及查明案件事实、提升办案质效等方面发挥着重要作用。本案检察机关会同公安机关多次与维权受托人国际唱片业协会（瑞士）北京代表处沟通，充分听取其诉求，引导其围绕涉案音乐作品的名称、权属、授权情况等提交版权认证报告、授权委托书等证据材料，并与其建立常态化联络制度，为本案及后续该类案件的办理奠定了良好基础。

案例4 彭某某、李某某侵犯著作权案

【关键词】

侵犯著作权罪 美术作品 风险提示函 文化创意产业

【要旨】

作品不论是否登记，具有独创性是受著作权法保护的前提。作品同时取得专利权的，应根据侵犯著作权罪和假冒专利罪的构成要件，对案件准确定性。通过制发

提示函的方式,依法加强对文化创意产业的保护。

一、基本案情

苏州工业园区若态科技有限公司(简称若态公司)创作了"LK503猫头鹰闹钟""MC401赛车"等20款拼装玩具,并生产、制作该系列拼装玩具在市场上销售。2020年8月至2021年7月,在未取得若态公司许可的情况下,彭某某扫描、复制上述20款拼装玩具,并在其经营的瑞安市某工艺品有限公司内(后注销,简称工艺品公司)组织生产,后通过其经营的网店进行销售,销售数量共计1.1万余件,金额共计34万余元。其间,李某某负责复制拼装玩具图纸、协助组织生产等。2021年7月,公安机关在工艺品公司内,查获复制生产的侵权拼装玩具4989件,价值共计24万余元。经抽样鉴定,侵权玩具与若态公司的同款玩具构成复制关系。

二、检察机关履职情况

2020年11月30日,江苏省苏州市公安局苏州工业园区分局(简称园区分局)以若态公司被侵犯著作权案立案侦查。2021年7月8日,彭某某、李某某被园区分局刑事拘留,7月11日被取保候审。

2022年7月11日,园区分局以彭某某、李某某涉嫌侵犯著作权罪移送苏州工业园区人民检察院(简称园区检察院)审查起诉。检察机关重点开展以下工作:一是明确涉案拼装玩具是否属于美术作品。经审查认为,涉案拼装玩具作为一种具有美感的设计,其中具有独创性的艺术美感部分,可以作为美术作品受著作权法保护。若态公司在涉案20款拼装玩具创作完成后,部分取得《作品登记证书》,部分取得《外观设计专利证书》,还有部分未进行任何登记。按照我国著作权法相关规定,不论作品是否登记,不影响作者依法享有著作权。通过补充调取若态公司创作底稿、公司微信公众号产品发布图片等证据,认定若态公司涉案20款拼装玩具具有独创性,属于我国著作权法保护的作品。二是依法追究单位相关人员刑事责任。经审查,彭某某作为工艺品公司法定代表人和实际控制人,复制侵权拼装玩具并在公司组织生产,对外以该公司名义销售,违法所得归公司所有。本案属于单位意志支配下,为了公司利益而实施的犯罪,应认定为单位犯罪。案发后该公司注销,检察机关决定对其不再追诉,并根据刑法关于单位犯罪的规定,对直接负责的主管人员彭某某和直接责任人员李某某追究刑事责任。鉴于二人在共同犯罪中地位、作用存在明显差别,对二人区分主从犯,实现罪责刑相适应。三是依法能动履职加强著作权保护。针对若态公司产品易被侵权的问题,检察机关向其制发《风险防控提示函》,建议从版权登记、专利权利申请、防伪技术应用等方面提高知识产权保护水平。针对彭某某通过自营网店销售侵权玩具这一事实,检察机关向电商平台制发《风险防控提示函》,建议其采取必要的监管、防控措施。该电商平台采纳上述提示意见,采取整改措施,并删除侵权网店链接。

2023年2月28日,园区检察院以侵犯著作权罪对彭某某、李某某提起公诉。同年5月30日,苏州工业园区人民法院作出一审判决,采纳检察机关指控的事实及量刑建议,以侵犯著作权罪判处被告人彭某某有期徒刑二年六个月,并处罚金25万元;判处被告人李某某有期徒刑一年六个月,缓刑一年六个月,并处罚金15万元。各被告人均未提出上诉,判决已生效。

三、典型意义

结合作品构成要件认定涉案玩具著作权属性。涉案玩具是否系著作权法保护的作品,是构成侵犯著作权罪的基础问题。

著作权实行自动保护,不论作品是否登记,作品具有独创性是取得著作权的实质要件。涉案玩具中具有独创性的艺术美感部分,可以作为美术作品给予保护。涉案玩具取得专利权的,其具有独创性艺术美感的部分仍受著作权法保护。在侵权行为已构成侵犯著作权犯罪的情形下,应以侵犯著作权罪定罪处罚。

通过制发提示函依法加强文化创意产业保护。在办理著作权犯罪案件中,检察机关要注重对被侵权单位的全面保护,可以通过制发风险提示函等方式,帮助被侵权单位提升著作权保护水平。对于主要通过电商平台销售侵权玩具的行为,检察机关也可以通过制发风险提示函的方式,督促电商平台加强监管,及时删除侵权链接,形成保护著作权的良好共治合力。

案例5 郝某某侵犯著作权案

【关键词】

侵犯著作权罪 "剧本杀"作品 宽严相济 诉源治理

【要旨】

具有独创性并能以一定形式表现的"剧本杀",属于我国著作权法保护的作品。审查起诉过程中,应积极开展调解工作,促成双方达成赔偿和解。通过检察建议和组织庭审观摩,宣传知识产权保护,推动"剧本杀"行业诉源治理。

一、基本案情

2020年9月至2021年11月,郝某某为牟取非法利益,在未取得著作权人许可的情况下,利用网络平台购进"剧本杀"作品电子版200余件,租赁场地、组织人员非法制作"剧本杀"作品,并通过其在某网络平台上注册的账号进行销售。该店销售各类"剧本杀"共计3233册,违法所得5万元。经鉴定,郝某某非法制作、销售的《古木吟》《第二十二条校规》等"剧本杀"与被侵权作品构成复制关系。

二、检察机关履职情况

2021年12月12日,山西省太原市公安局迎泽分局(简称迎泽分局)以郝某某涉嫌侵犯著作权罪立案侦查,12月21日对其取保候审。

2022年7月4日,迎泽分局以郝某某涉嫌侵犯著作权罪移送太原市迎泽区人民检察院(简称迎泽区检察院)审查起诉。检察机关重点开展以下工作:一是查清侵权复制品权属及销售数量。充分发挥侦查监督与协作配合机制作用,要求公安机关对涉案"剧本杀"作品属性、权属、同一性和违法所得数额等开展补充侦查;向版权主管部门调取涉案作品著作权登记证书,确定涉案作品著作权人;涉案"剧本杀"作品种类众多且权利人分散,根据侵权复制品数量、种类、销售等,开展抽样取证和鉴定;调取郝某某与快递公司人员聊天记录、发货记录,并与某网络平台后台数据比对,进一步确定销售数量。二是充分保障著作权人合法权益。通过邮寄和公告送达的方式告知涉案作品权利人诉讼权利义务,充分保障权利人合法权益。积极开展赔偿和解工作,与郝某某逐一核对赔偿情况和赔偿名单,充分听取权利人诉求,促成郝某某与五家被侵权"剧本杀"签约公司达成赔偿和解协议。三是落实宽严相济刑事政策。郝某某作案时系在校大学生,具有初犯、如实供述、达成和解、主动退缴全部违法所得等情节,综合考虑犯罪行为、社会危害程度,决定对其取保候审,并提出可适用缓刑的量刑建议。

2023年3月14日,迎泽区检察院以侵犯著作权罪对郝某某提起公诉。4月25日,检察机关邀请人大代表、公安民警、行政执法人员和高校学生等200余人共同观摩庭审。10月20日,太原市迎泽区人民法院作出一审判决,全部采纳检察机关指控事实和量刑建议,以侵犯著作权罪判处被告人郝某某有期徒刑三年,缓刑三年,并处罚金2万元。被告人未提出上诉,判决已生效。

三、典型意义

准确认定"剧本杀"作品属性,夯实案件事实基础。根据《中华人民共和国著作权法》第三条的规定,作品是指文学、艺术和科学领域内具有独创性并能以一定形式表现的智力成果。本案"剧本杀"是让玩家阅读剧本、扮演角色,围绕剧情和线索游戏卡展开故事推理,通过游戏互动还原剧情、人物关系的一种游戏形式,融合了文字、美术等要素,是文学艺术领域的智力创造成果,具有独创性,属于我国著作权法保护的作品。以牟利为目的,非法制作正版"剧本杀"剧本并对外销售的行为属于侵犯作品复制权和发行权的行为,构成犯罪的,应以侵犯著作权罪定罪处罚。

依法能动履职,推动"剧本杀"行业健康发展。近年来,"剧本杀"行业发展中出现的盗版现象,已成为制约行业健康发展的绊脚石。检察机关通过制发检察建议,督促行政机关加强对"剧本杀"行业监管。行政机关采纳检察建议,对辖区"剧本杀"、密室逃脱等新业态文娱场所开展执法检查,纠正剧本不良内容;将本案制成宣传册,引导"剧本杀"行业经营者合法经营。检察机关通过组织庭审观摩,加强知识产权保护宣传,促进社会各界形成尊重知识、保护创新成果的良好氛围。

案例6 何某甲等侵犯著作权、朱某甲等销售侵权复制品案

【关键词】

侵犯著作权罪 销售侵权复制品罪 教辅图书 全链条打击

【要旨】

对盗版教辅图书犯罪全链条严厉打击,按照各成员在共同犯罪中的地位作用,依法分层分类处理,确保罪责刑相适应。对网络销售中存在刷单的,在认定犯罪数额时应依法审查予以扣除,准确认定犯罪数额。

一、基本案情

2022年6月至8月,何某甲在未取得印刷许可证的情况下,在河南省平顶山市使用其妻子张某某的身份信息成立顺某达印刷厂,招募何某乙等6名印刷人员,非法印制教科书、中小学教材全解、课堂笔记等各类中小学教辅图书。经审计,该厂销售图书金额共计102万余元,未销售图书价值共计2万余元。

朱某甲将从何某甲处购进的盗版教辅图书批发给袁某甲等人,并使用芦某某提供的其父母身份信息注册网店。芦某某负责网店销售,朱某乙等3人负责记账、接送货物。经审计,朱某甲等人销售图书金额共计434万余元,非法获利58万余元,未销售图书价值共计220万余元。袁某甲通过网店销售盗版教辅图书,先后雇佣袁某乙、袁某丙等7人负责网店销售、打包快递。经审计,袁某甲等人销售图书金额共计220万余元,非法获利107万余元;未销售图书价值共计266万余元。

王某某在明知上述图书系盗版的情况下,雇佣他人将朱某甲、袁某甲等人处已打包图书运送至各快递点,王某某应结算发货款6万余元,实际收到发货款5万余元。

二、检察机关履职情况

2022年8月2日,河南省平顶山市公安局卫东分局(简称卫东分局)以何某甲、朱某甲等人涉嫌侵犯著作权罪立案侦查。

平顶山市湛河区人民检察院（简称湛河区检察院）受邀派员提前审查证据材料，就盗版图书的认定、犯罪数额、全链条打击等提出建议，完善证据链条。

2022年8月31日，卫东分局以何某甲等6人涉嫌侵犯著作权罪、朱某甲等10人涉嫌销售侵权复制品罪向湛河区检察院提请批准逮捕。湛河区检察院准确把握逮捕条件，对何某甲、朱某甲等5人批准逮捕；对证据存疑以及犯罪情节较轻、认罪态度较好的朱某乙、袁某乙等11人不批准逮捕。

2022年11月8日，卫东分局以何某甲等8人涉嫌侵犯著作权罪、朱某甲等17人涉嫌销售侵权复制品罪移送湛河区检察院审查起诉。检察机关重点开展以下工作：一是准确认定涉案罪名。本案办理过程中，对于印制未标注出版社的《课堂笔记》的行为定性存在争议。公安机关认为该部分图书未标注出版社，属非法出版物，相关印制行为应按非法经营罪认定。检察机关经自行补充侦查，认定该部分图书的内容与正版图书《课堂笔记》完全相同，仅是添加了习题答案，相关印制行为构成侵犯著作权罪。建议公安机关对未标注出版社的图书予以鉴定，完善证据链条。二是准确认定犯罪数额。采取以电子交易信息为主、言词证据为辅的审查原则，结合网店销售记录、涉案银行账号交易流水，听取审计机构人员意见，梳理出各网店刷单明细并予以扣除，准确认定犯罪金额。三是坚持全链条打击。根据朱某甲等人的微信聊天记录及银行卡交易流水，依法追诉上下游漏犯印刷商和零售商各1人（已另案起诉）。四是落实认罪认罚从宽制度。经释法说理，何某甲、朱某甲、袁某甲等25人均认罪认罚，已获利的9人主动退缴全部或者部分违法所得。其中，朱某甲家属代为退缴违法所得31万元，袁某甲家属代为退缴违法所得107万余元，王某某等7人退缴全部违法所得。根据退缴违法所得情况，提出从宽处罚的量刑建议。

2022年12月18日，湛河区检察院以侵犯著作权罪对何某甲等7人、以销售侵权复制品罪对朱某甲等7人提起公诉，对犯罪情节轻微、自愿认罪认罚并主动退缴违法所得的从犯张某某等11人依法作出不起诉决定。2023年4月28日，平顶山市湛河区人民法院作出一审判决，采纳检察机关指控事实和量刑建议，以侵犯著作权罪判处被告人何某甲等7人有期徒刑四年至八个月不等，部分适用缓刑，并处罚金80万元至8000元不等；以销售侵权复制品罪判处被告人朱某甲等7人有期徒刑三年八个月至八个月不等，部分适用缓刑，并处罚金110万元至1万元不等。依法继续追缴被告人朱某甲的剩余违法所得。被告人袁某甲不服一审判决提出上诉，2023年6月27日，平顶山市中级人民法院裁定驳回上诉，维持原判。

三、典型意义

坚持实质审查原则，依法惩治盗版教辅图书犯罪。对于未标注出版社的盗版教辅图书的定性，要坚持实质审查原则，不能简单否定侵犯著作权犯罪的适用。如果该部分图书内容与正版图书内容完全相同，系对正版图书的复制，应认定为侵犯他人著作权的行为。对犯罪行为定性有分歧的，检察机关应充分发挥补充侦查职能，依法收集证据，准确认定案件性质，正确适用法律。对网络销售侵权犯罪中普遍存在的刷单问题，检察机关应结合销售数据、物流证据和被告人辩解等，扣除刷单金额，准确认定犯罪数额。

坚持全链条打击，分层分类处理涉案人员。非法印制、销售中小学教辅图书不仅侵犯权利人的知识产权，还会造成未成年人合法权益受损，严重危害未成年人健康成长，应当依法从严惩治。对于涉案人员众多、分工明确的共同犯罪,检察机关应适时启动重大疑难案件听取意见机制,派员提前审查证据材料,通过侦查阶段及时提出侦查取证建议和审查起诉阶段自行补充侦查,从生产源头到销售终端,全链条打击侵犯知识产权犯罪;充分考虑各成员的参与程度、违法所得、认罪认罚等因素,坚持宽严相济刑事政策,准确评价各行为人的刑事责任,分层分类处理涉案人员,实现罪责刑相适应。

供稿:最高人民检察院
知识产权检察办公室

学术成果

国家知识产权局 2023 年度软科学研究成果

1. 课题名称：SS23-A-01　知识产权对经济发展的影响研究

承担单位：厦门大学

课题负责人：龙小宁

在知识经济时代，知识产权对经济发展的贡献和作用愈加显著，知识产权保护通过激励创新、促进外商投资、维护市场竞争和推动文化产业发展等方面起到推动经济发展的重要作用。知识产权制度通过赋予权利人排他性权利激励创新，但也会产生垄断成本，因此知识产权保护水平并非越高越好。课题组研究认为，在知识产权内在制度设计中，需要在考虑本国经济发展水平、产业特征等因素的基础上，通过平衡知识产权保护期限和范围，设定适当的信息公开标准，建立有效的行政和司法保护制度，从而发挥知识产权制度推动创新、促进经济发展的作用。课题组从理论层面分析知识产权对经济发展的影响机制的基础上，从知识产权制度的内部结构和外部环境两个维度深入分析知识产权对经济发展的影响，同时从数据保护的角度，探讨知识产权制度对数字经济发展的影响，从而探寻最优的知识产权制度安排。进而为政策制定者构建更加完善的知识产权保护体系提供科学依据，实现促进经济高质量、可持续发展的目标。

2. 课题名称：SS23-A-02　知识产权基础性法律的立法路径选择研究

承担单位：天津工业大学　天津市人大立法研究所

课题负责人：石　林　张宜云

课题组总结了我国制定知识产权基础性法律的必要性和可行性以及面临的新形势，对纳入式成编、链接式成典和制定知识产权基本法三种不同定位的知识产权基础性法律立法路径进行比较分析，研究提出现实可行的"两步成典"的立法路径，以期为未来国家开展知识产权基础性法律立法提供决策参考。课题组认为，我国知识产权基础性法律的立法路径分为两步走：第一步，实现基于形式价值的知识产权基础性法律，即制定融公法与私法于一体的综合性知识产权基础性法律——知识产权法总则，提炼知识产权各单行法的共性规则，统领各单行法的施行，将公共政策转化为各领域的共性规则，通过知识产权法总则的制定和实施，有助于凝聚知识产权法治价值共信；第二步，基于形式价值和实质价值的知识产权基础性法律，即在知识产权法总则的统协下，整合知识产权各单行法，完成知识产权一体化、体系化的制度安排，实现知识产权法的实在化——制定单独的知识产权法典。

3. 课题名称：SS23-A-03　数据知识产权保护规则研究

承担单位：国家知识产权局专利局专利审查协作广东中心

课题负责人：汤贞友　谢惠加

课题组研究认为，针对无独创性的公

开数据集合,数据财产赋权具有必要性、正当性和可行性。这种数据财产应归入知识产权范畴,因为数据集合符合知识产权对象的本质属性,其保护与知识产权保护的根本理念相契合,而且与知识产权的基本制度构造相适配。课题组提出,在立法模式方面,数据知识产权应采取专门立法模式,有助于塑造契合数据保护特质的私法理念和实现数据财产法律治理的体系化。在权利构造方面,数据知识产权应采取登记取得的授权模式,未来宜赋予登记以公示公信效力;权利对象应符合依法依规获取、经过一定规则处理、具有实用性和可公开性的要件,对权利对象采取"形式审查+实质审查"的模式;权利主体为数据处理者,不应赋予其数据获取禁止权,应赋予其原样使用和公开传播禁止权;数据处理者的权利受到数据合理取用权、隐私权、个人信息权、公共利益、国家安全等情形的限制。在制度构想方面,逐步完善数据知识产权登记,通过制度的标准化,统一组织形式,从公共服务转向行政管理职能,实现内部制度整合;在外部与数据交易所形成"产权登记+数据流通"的前后端架构;未来宜制定数据知识产权的行政法规,时机成熟,再制定专门法律。

4. 课题名称:SS23-A-04　数据知识产权的权利证成与规则展开

承担单位:福州大学

课题负责人:贾丽萍

数据主体投入智力劳动,运用算法及分析模型将海量原始数据加工、分析与提炼生成的具有市场价值的"算法+数据"数据产品,具有非物质性、创新性、关系性、商业性的特点。依照霍菲尔德的权利分析理论,数据知识产权是指权利人对具有一定创新性的数据集合("算法+数据"数据产品)依法享有的请求权、特权、权力和豁免权的总称。课题组认为,对"算法+数据"数据产品进行数据知识产权赋权具有劳动财产理论、功利主义理论和交易成本理论的价值基础,"算法+数据"数据产品的信息属性及表现形态的非物质性使其能够被传统知识产权制度接纳并与之融合,对其进行数据知识产权赋权具有价值合理性、制度合法性和社会可行性。课题组提出,要坚持"淡化所有权、强调使用权"理念,遵循"逻辑起点、逻辑目标和逻辑路径"的权利建构路径,对数据知识产权的保护对象、权利主体、权利内容、权利限制及保护期等进行纵向系统化设计,对数据知识产权多元主体享有的"请求权、特权、权力和豁免权"等进行交叉重叠的横向微妙平衡配置。同时,通过将数据知识产权结构性配置的耦合机制融入现代财产权体系,实现保护数据产品权益与促进数字经济发展的双重价值目标。

5. 课题名称:SS23-A-05　商标权正当行使问题研究

承担单位:西南政法大学

课题负责人:邓宏光

课题组研究认为,商标权的正当行使,一方面关系到商标权人的正当权益,另一方面也涉及社会的诚信体系建设,既是一个关涉市场公平竞争的实践性问题,也是一个直接牵涉商标法的原旨性命题。课题组提出,商标权权利滥用,虽然突出体现为商标恶意诉讼,但大多都是系统性的行为,包括恶意注册、恶意异议、恶意无效、恶意投诉和侵权使用等,同时,双方当事人之间往往启动多轮行政维权和司法诉讼,不必要地增加了商标管理系统和司法系统的工作量,破坏了社会市场竞争秩序,导致真正的权利人维权难、成本高、周期长。基于商标权权利滥用的复杂性,尤其是商标权恶意诉讼中往往涉及尚未被无效宣告的注册商标,应当尤其需要司法和行政的协同,从而整体统筹来应对商标权权利滥用。课题组通过调查法、案例法、国内外制度比较法等研究方法,主要研究商标权概念的重塑及其相关条款修改建议、商标使用权条款的废除、商标权权利滥用三个方面内容，提出了对商标法相关条款的修改完善建议和修改理由。

6. 课题名称：SS23-A-06 我国地理标志保护制度研究

承担单位：国家知识产权局知识产权发展研究中心

课题负责人：白剑锋　顾昕

地理标志作为推动地方经济发展和文化传承的重要资源，在我国受到不断加强的保护和重视。从实质上看，地理标志制度要兼顾标志与产品、主观与客观关联性、私权（私法）与公权（公法）保护。从国际上看，受到地理标志资源禀赋和产业发展模式的影响，不同国家的制度在保护标准的高低、公权刚性干预程度等方面存在差异。从世界各国（地区）来看，欧盟、美国和广大发展中国家都重视政府或公权力在地理标志保护中的作用。我国地理标志制度在宏观上存在体系化不足、法律规范交叉重叠等问题。课题组以国内外地理标志的法律和经济领域等文献研究为基础，梳理欧盟、美国与我国在地理标志制度的差异以及背后的根源，分析欧盟和美国在各自典型地理标志产品或商标上，地理标志保护模式与产业发展模式和发展政策的关联性。并就政府在地理标志保护中发挥作用的正当性以及制度构造进行了分析。课题组结合我国地理标志保护制度和实际运行现状，以及国外地理标志制度的可借鉴之处，从顶层法律制度、部门权限的配置、政府与市场的关系等方面提出了优化完善我国地理标志保护制度的建议。

7. 课题名称：SS23-A-07 地理标志统一立法研究

承担单位：中国社会科学院法学研究所

课题负责人：管育鹰　张浩然

地理标志保护关乎农业品牌化发展和全球农业价值链中高端的争夺，在全球范围内，就此存在主观关联性、客观关联性两种制度逻辑以及商标法、专门法保护两种制度模式的博弈。受此影响，我国建立了商标法和专门保护两种制度，二者重点均旨在保障产品产地来源真实，而非地理标志与独特产品质量特性之间的关联，导致地理标志质量保证功能并未发挥。课题组认为，开展地理标志专门立法，在立法逻辑选择中，鉴于中欧资源禀赋、产业发展方向的相似性，我国应接纳欧盟"风土"逻辑建立地理标志的严格保护；在保护路径选择中，由于专门保护制度面临着来自商标法体系的挑战，更具可行性的方式，是实现"风土"逻辑的商标法嫁接，将地理标志法定位为《商标法》的特别法，将地理标志产品、农产品地理标志纳入商标法体系，建立双重保护标准：对普通地理标志仅禁止导致消费者产地误认的情形；对产品质量特征完全由产地决定的原产地名称和具有广泛声誉的受保护地理标志提供反淡化保护，建立严格的注册审查、质量控制和执法机制。

8. 课题名称：SS23-A-08 统一立法背景下我国地理标志侵权认定与保护水平问题研究

承担单位：中国政法大学

课题负责人：王晓艳

课题组研究认为，在地理标志统一立法的大背景下，我国应以客观标准作为地理标志侵权认定标准，禁止源自原产地外或不符合产品规范的产品标识地理标志，包括去产地化表述的使用，同时为有声誉的地理标志提供扩大保护，禁止淡化地理标志以及"搭便车"行为，并规定兜底条款以制止其他混淆行为或虚假表述。另外，专门法应明确地理标志的知识产权客体属性，赋予相关主体民事权利，并为其提供司法和行政双重救济途径，以真正提升我国地理标志的保护水平。课题组以地理标志侵权认定和保护水平为研究对象，结合我国地理标志统一立法的大背景，基于我国目前地理标志保护发展现状和地理标志保护理论,依托国家相关政策,提出了地理标志侵权认定标准,界定侵权情形,并拟定了地理标志保护建议条款。

9. 课题名称:SS23-A-09 规制知识产权滥用的理论基础与制度完善

承担单位:辽宁大学

课题负责人:宋智慧

课题组研究认为,知识产权滥用行为是知识产权人在行使权利时超出了法律设定的范围或正当界限,对他人利益和社会公共利益造成损害的行为,同时违背了知识产权法的公共政策。课题组提出,知识产权滥用形态多种多样,可以将其分为权利瑕疵型、一般知识产权滥用型和排除、限制竞争型。课题组分析了规制知识产权滥用行为的理论基础,并基于现有法律体系,根据类型化的知识产权滥用行为,构建规制知识产权滥用的有机体系,提出以知识产权法为本位,以民法领域为辅,以反垄断法再次之,明确识别知识产权滥用的机理,类型化推导论证规制知识产权滥用的具体路径。同时,为了有效发挥规制知识产权滥用有机体系的作用,在制度体系、法律适用和监督监管三个方面提出了相应的完善建议。

10. 课题名称:SS23-A-10 育种创新成果商业秘密保护研究

承担单位:中国社会科学院法学研究所 最高人民法院知识产权法庭

课题负责人:李菊丹 罗 霞

课题组研究认为,商业秘密保护是育种创新领域多元化立体式保护体系的重要组成部分,贯穿育种创新环节始终,同时从实践来看,育种创新主体已经意识到商业秘密保护在育种创新成果保护体系中的价值,但如何运用才能构建合理保护措施,仍需进一步探索。课题组提出,亲本"W68"商业秘密保护案是最高人民法院审理的首例涉及育种创新成果保护商业秘密的典型案例,较为系统呈现了育种创新成果商业秘密保护涉及的基本问题。课题组以该案为典型展开剖析,系统讨论育种创新成果商业秘密保护客体、商业秘密保护特点、育种创新与权属认定、秘密性认定、合理保密措施认定、侵权认定等问题,还讨论了育种创新成果商业秘密保护与品种权、专利权保护之间的关系问题,提出完善育种创新成果商业秘密保护的建议,包括种业企业应围绕育种材料制定商业秘密保护机制,根据育种过程做好系统的育种记录,并通过重视采取专利、商标、商业秘密保护相结合的多元保护机制为育种创新成果实现立体化全链条保护。

11. 课题名称:SS23-A-11 国际知识产权规则变革趋势及对策研究

承担单位:华东政法大学

课题负责人:丛立先

课题组研究提出,国际知识产权规则总体上呈现世界贸易组织(WTO)框架下的协调规则乏力化、世界知识产权组织(WIPO)的规则影响力减弱、区域全面经济伙伴关系协定(RCEP)等区域性规则渐成趋势、中美等双边规则影响力提升、"337调查"等单边规则渐多趋势。尤其近年来,人工智能、涉外定牌加工和标准必要专利纠纷的出现冲击了既有的国际知识产权规则。课题组在分析了规则变革总体趋势的基础上,着重研究了人工智能、涉外定牌加工和标准必要专利(SEP)分别为国际版权、商标和专利规则带来的挑战。课题组认为,应当从结果上判断人工智能的生成内容是否构成作品,对人工智能作品仅赋予必要的财产权以及署名权和保护作品完整权。在版权归属上坚持意思自治等原则,并按照一般规则和特殊规则进行个案判断。涉外定牌加工行为原则上不应认定为商标维持意义上的使用,但我国当前应将其作为商标侵权意义上的商标使用行为。标准必要专利的禁令颁发应考虑SEP权利人在申请禁令救济前是否向标准使用人发出侵权警告函,告知其被侵权之专利和具体侵权行为。标准使用人是否基于FRAND（公平、合理、无歧视）原则表达了许可谈判意愿等多项条件。

12. 课题名称：SS23-A-12　新形势下我国在东盟国家的知识产权应对策略研究——基于贸易和知识产权状况的实践分析

承担单位：国家知识产权局专利局专利审查协作四川中心　中国国际贸易促进委员会四川省委员会

课题负责人：李　博　王志敏

随着国内企业技术和研发实力的不断增强，我国与东盟国家投资和贸易往来愈加频繁，企业拓展海外市场，进行跨境研发、技术合作、技术转移及知识产权布局等"走出去"的愿望随之高涨。知识产权是国际贸易的标配，中国与东盟在知识产权领域的合作也不断深化。课题组通过对东盟政治经济形势、产业发展态势和知识产权制度的背景了解，以及对东盟知识产权布局情况的详细分析，掌握了东盟各国知识产权布局的特点以及中国在东盟知识产权布局的现状和竞争态势。通过问卷调查、电话访谈和实地调研等方法，分析发现中国企业在东盟市场的知识产权保护意识正在逐步增强，企业对知识产权保护的需求特别迫切和具体，但在实际操作方面存在很大提升空间。在我国与东盟国家的政治经济及知识产权合作中，尤其是新能源汽车、数字经济以及消费品等知识产权密集行业发展中，机遇与挑战并存。为保护我国企业在东盟市场中的合法权益，推动企业的持续健康发展，并根据前述总体目标和原则，本课题从中央与地方政府机构、专业行业协会、企业主体及重点产业三个层面提出具体措施建议。

13. 课题名称：SS23-A-13　全面推进乡村振兴中的知识产权政策及促农模式研究

承担单位：华中师范大学

课题负责人：刘　华

课题组研究提出，有必要在充分考虑农业知识产权特殊性的基础上，对我国涉农知识产权政策机制和知识产权促农模式进行检视，总结经验成就、发现治理短板并作出适应性迭代，以提升涉农知识产权政策实施效果。近年来，持续进行知识产权助推"三农"发展的顶层政策设计，地方基层组织积极发挥知识产权赋能优势，探索出诸多"乡村振兴+知识产权"的生动实践与典型模式，为知识产权促农、兴农、富农、强农政策目标实现积累了宝贵经验。课题组通过对涉农知识产权政策工具使用情况、分布样态的量化分析，以及对促农模式的类型化凝练，总结了我国涉农知识产权政策治理的特点和成就，分析了政策布局与促农实践中的现存问题及其主要成因，并力图结合我国"三农"发展特点及规律，为推进乡村全面振兴中的知识产权政策融合及路径优化提出参考意见。

14. 课题名称：SS23-B-14　人工智能对知识产权制度的影响及应对研究

承担单位：云南民族大学

课题负责人：杨晓静

课题组在全面分析"承认"及"否认"人工智能生成物客体资格的两种情况下，分别对知识产权制度造成的影响及法经济学成本分析后，认为我国应当承认人工智能生成物的客体资格，且当以监管治理与行业发展平衡为原则。在著作权领域，辩证地承认人工智能生成物的著作权客体资格，以现有著作权制度进行协调。在人工智能生成前端适用合理使用制度，同时对合理使用的作品来源负有透明使用义务；人工智能服务者在提供AI生成物时应进行标记且对用户的使用侵权风险负有告知义务。简言之，AI作为技术中立，将人工智能生成过程中的侵权治理聚焦在"用时"而非"生时"，从而实现法经济学上最低的"性价比"。在专利权领域，辩证地承认人工智能生成物的专利权客体资格，对"人机合作"生成的技术方案在专利申请阶段进行说明,在专利审查中维持"三性"审查标准不变,但对"现有技术""本领域普通专业人员显而易见"等判定标准做出协调。在专利授权阶段增加隐瞒人工智能生成来源、未尽人工智能参与程度声明义务等无效情形。

15. 课题名称:SS23-B-15　标准必要专利法规政策研究

承担单位:中国标准化研究院

课题负责人:陈俊华

当前,标准必要专利的战略价值已经引起国际社会高度重视,并直接或者间接地体现于全球主要国家(地区)标准必要专利法规政策的制修订与实施过程中,这些法规政策在不同层面产生实施效果。课题组研究提出,从治理逻辑来看,标准必要专利治理是事前、事中、事后的全链条治理。在事前环节,国际组织、主要国家(地区)高度重视标准必要专利融合布局以及信息披露和FRAND许可承诺方面的法规政策建设,为相关实践提供指导。在事中环节,各国家(地区)通过制修订相关法规政策为企业开展善意谈判提供积极引导;此外,必要性检查成为欧盟、日本等国家(地区)规则建设的热点问题。在事后环节,各国家(地区)的法规政策重点聚焦标准必要专利侵权、垄断等行为,影响着相关司法、执法和替代性争议解决实践。全球标准必要专利相关法规政策发展至今,呈现出结构化与立体化特征,并且与国家创新环境紧密相关。主要国际组织、国家(地区)都在持续完善标准必要专利法规政策。对此,我国亟需推进标准必要专利法规政策研究,强化法规政策功能,构建法规政策结构。结合前述分析,本课题从以上三个层面提出了建立健全我国标准必要专利法规政策的对策建议。

16. 课题名称:SS23-B-16　技术对外转让中的知识产权安全研究

承担单位:中国科学院科技战略咨询研究院　中国船舶集团有限公司综合技术经济研究院

课题负责人:肖尤丹　温振宁

课题组聚焦于技术对外转让中的知识产权安全问题,基于总体国家安全观及相关政策的要求,首先从国家安全和知识产权保护的角度,论述了研究的必要性与紧迫性,强调了依法管理涉及国家安全的知识产权对外转让行为的重要性。其次,分析了当前技术对外转让过程中存在的主要问题,包括知识产权流失、技术滥用及其对国家安全的潜在威胁。通过对国内外相关案例的研究,课题组指出,技术对外转让过程中,既要促进国际科技合作,又要防范技术泄露及其可能带来的国家安全风险。研究方法上,课题组提出了定性与定量相结合的方法,通过文献分析、案例研究和专家访谈,深入剖析技术对外转让中的知识产权安全问题。特别是针对不同技术领域的特点,制定有针对性的风险评估模型和管理对策。

17. 课题名称:SS23-B-17　知识产权激发中小企业创新活力的政策路径研究

承担单位:中国知识产权研究会　天津市科学技术发展战略研究院

课题负责人:马　宁　李晓锋

课题组研究认为,当前我国知识产权制度不断完善,知识产权政策发文数量和质量显著提升,政策具有延续性和有动态性双重特点,不同阶段的知识产权政策聚焦点和政策种类存在明显差异,政策种类逐渐多元化。未来我国支持中小企业创新发展的政策的着力点应重点聚焦在专利转化运用、专利产业化、专利融资和专利创新方面。围绕当前我国中小企业创新发展存在的问题和发展需要,提出我国应重点聚力于五个方面政策的设计与实施:企业专利技术自主研发与专利申请激励政策、中小企业引进专利技术的激励政策、转化专利技术的激励政策、提升企业知识产权融资能力的支持政策、激励中小企业创新的知识产权法律法规政策。围绕政策供给侧和企业需求侧两者错位环节，我国应实施弥补性知识产权税收优惠政策，建议重点推动专利技术产业化与企业技术转让所得税减收政策相结合，推动专利技术产业化与高新技术企业税收优惠政策相结合，推动专利、商标形成成本与研发费用税前加计扣除政策相结合。

18. 课题名称：SS23-B-18　专利开放许可实施中的关键问题研究

承担单位：南京理工大学

课题负责人：刘运华　陈明媛

当前，新修订的《专利法实施细则》正式施行，专利开放许可制度已经全面落地，为期近两年的专利开放许可试点工作结束。总结开放许可试点情况，分析工作态势，针对试点中出现的问题提出对策建议，有利于更好发挥开放许可的作用。课题组以专利开放许可试点省份的制度运行实践为研究基础，通过分析试点工作态势，剖析开放许可制度实施中的关键问题并针对性解决，提出推进专利开放许可实施关键问题的主体举措，分为专利行政部门、供给方、接收方三方主体，坚持专利行政部门保障与促进责任并举，主张通过调动专利开放许可制度实施主体参与积极性，推动专利开放许可制度高效运行，并分类提出措施建议，为国家知识产权局加强政策引导、优化服务内容，推动专利开放许可制度高效运行提供有价值的参考依据。

19. 课题名称：SS23-B-19　粤港澳大湾区知识产权信息公共服务体系建设研究

承担单位：广东省科技图书馆（广东省科学院信息研究所）

课题负责人：王春明

知识产权信息公共服务是知识产权全链条的重要一环，在赋能科技创新和产业发展过程中发挥着重要支撑性、保障性作用。课题组介绍了知识产权信息公共服务相关概念和内涵，梳理了世界知识产权组织，以及美国、欧盟、日本等主要发达国家和地区的知识产权信息公共服务实践进展，论述了我国知识产权信息公共服务体系及其标准化概况，调查了长三角、京津冀、成渝等国内重大区域公共服务建设情况，进一步分析总结了粤港澳大湾区在国家发展全局中的战略地位，以及建设大湾区知识产权信息公共服务体系的重要意义，和广东省、香港特区和澳门特区的公共服务体系现状及短板。课题组从加强政府统筹能力、加强基础保障、加强协同创新能力三个角度，提出推动粤港澳大湾区知识产权信息公共服务体系高质量建设发展的对策建议。

20. 课题名称：SS23-B-20　大数据赋能知识产权信息服务模式研究

承担单位：东北石油大学

课题负责人：周云霞

课题组认为知识产权大数据作为产业革新升级的核心要素，面对飞速的技术更迭、激烈的行业竞争，知识产权在高校和企业寻求破局与创新发展的过程中，正发挥着越来越重要的激励与支撑作用，而知识产权信息的获取、分析与利用在助力科研创新、促进技术革新、加快形成新质生产力方面发挥着基础作用。当前，中国大数据产业发展步入快车道，大数据技术已渗透到各行各业。作为科技创新重要支撑的知识产权信息服务也面临新的挑战。为了应对挑战，解决现有问题，课题组以大数据赋能知识产权信息服务模式建设为着力点，探寻大数据与知识产权信息服务的耦合点，从专业人才培养、知识产权素养教育、科研流程嵌入、知识产权信息服务平台建设等服务视角，针对不同服务主体设计开展知识产权信息服务，构建知识产权信息服务新模式，研究适应行业特色和区域发展的知识产权信息服务体系，以期满足高校和所在地域的企事业单位的知识产权服务需求，激发各类科技创新主体的活力和潜能，为推动区域发展提供信息支撑。

21. 课题名称：SS23-B-21　基于区块链的知识产权公共服务体系运行机制研究

承担单位：国网区块链科技（北京）有限公司　国家知识产权局知识产权发展研究中心

课题负责人：王　栋　胡军建

区块链技术以其去中心化、安全透明、不可篡改和可追溯的特性为知识产权公共服务体系的建设和运行机制提供了创新解决方案。区块链作为当前最具创新潜力的现代信息技术，备受国家高度重视，国家和地方出台了一系列政策，推动区块链在知识产权领域的落地应用，鼓励将区块链技术应用于电子存证、知识产权维权取证、版权登记等方面，推动了区块链技术在知识产权领域的应用。课题组基于区块链的知识产权公共服务体系运行机制研究，旨在通过区块链技术提升知识产权公共服务效率，开展基于区块链的知识产权公共服务顶层架构设计，重点研究区块链在知识产权创造、运用、保护、管理各个环节中发挥作用的路径和方法，解决知识产权公共服务中的痛点难点问题，构建覆盖全面、服务规范、智能高效的区块链知识产权公共服务网络。

22. 课题名称：SS23-B-22　浙江省中小企业知识产权公共服务模式研究

承担单位：中国计量大学　浙江省知识产权保护中心

课题负责人：雷　刚　张晋茂

为了支持中小微企业在知识产权领域的创新发展，课题组提出了构建多层次知识产权公共服务模式的建议。鉴于中小微企业在国民经济中的重要地位以及其在知识产权方面面临的挑战，课题组建议首先应用大模型技术于平台，提升服务的智能化和个性化水平。同时，发挥公益机构的引导作用，通过专家服务团、知识产权兴企行动等形式，主动为企业提供知识产权咨询和指导，并构建统一入口、统一标准的一站式服务网络，整合服务资源。此外，课题组建议在"浙江知识产权在线"平台上构建知识产权服务线上超市，整合公益与市场资源，为中小微企业提供一站式、全方位的知识产权服务，包括建立严格的准入与退出机制、透明监管服务过程、定期审查与下架机制、强化信用体系建设以及持续优化服务策略。这些措施旨在帮助中小微企业提升知识产权创造、保护和管理能力，推动其创新发展和市场竞争力提升。

23. 课题名称：SS23-B-23　知识产权服务业标准研究

承担单位：国家知识产权局知识产权检索咨询中心

课题负责人：刘可迅

课题组梳理知识产权服务业标准化相关政策脉络，分析标准化发展阶段和发展方向，广泛收集获得543份专利、商标领域现行标准，通过多维度分析，总结现行知识产权服务标准发展现状和发展特点；通过多种形式调研，梳理专利、商标领域典型商业服务体系，分析当前知识产权服务业标准的热点、难点问题，并对业内专家的意见建议进行归纳总结。课题组认为：第一，2014年国家知识产权局等四部门印发《关于知识产权服务标准体系建设的指导意见》以来，专利、商标领域标准化工作蓬勃发展，总体发展态势良好，标准体系基本成形；第二，国家标准、行业标准、地方标准、团体标准和企业标准发挥各自特点，协同推进标准体系发展；第三，现行知识产权服务标准体系仍有待完善；第四，服务质量标准是标准化高质量阶段的重点工作，国家标准应在该领域发挥其权威性和导向性作用；第五，把握知识产权服务标准的适用边界，多途径指导和规范知识产权服务。

24. 课题名称：SS23-B-24 专利代理行业人才评价体系研究

承担单位：中华全国专利代理师协会

课题负责人：曾凡夫

课题组围绕我国专利代理师发展及评价现状、我国同类服务业人才评价现状、国外专利代理行业人才评价状况和我国知识产权专业职称制度，通过调研座谈等方式展开研究，全面梳理我国专利代理行业，构建专利代理行业人才分级评价体系。专利代理行业人才依据自身的专利代理职业能力分为四级，分别为四级（中级）、三级（副高级）、二级（正高级）到一级（特级）专利代理职业能力。专利代理职业能力依据从业人员的专业基础能力、核心业务能力、进阶业务能力、学术研究能力及管理提升能力等多个指标进行评价。评价流程涵盖通知、申报、审核、评分、公示等步骤，评价体系结合信用评价、惩戒机制和监督管理。本课题还探讨了专利代理师职业资格与知识产权专业职称制度的有效衔接，建议取得专利代理师职业资格者可对应知识产权专业中级职称，减少重复评价，促进人才发展。专利代理行业人才评价体系应用前景广阔，有助于提升专利代理服务质量，为不同创新主体选择分级服务提供依据，帮助从业人员规划职业路径，同时支撑各级人才政策和人才库建设，也将有助于行业人才培养体系建设。

25. 课题名称：SS23-B-25 当前国际形势下的中国企业知识产权应对策略研究

承担单位：北京化工大学

课题负责人：原琪 蔡中华

课题组以提升中国企业自主创新能力实现科技自立自强为目标，基于政策量化分析方法，提供对中美科技战以来美国所采用的政策工具的系统梳理，并使用计量经济模型分析其对中国企业的知识产权布局的定量影响，以维护我国在全球创新链中知识产权安全。通过研究，课题组认为：第一，美方对华科技封锁遏制已成为两党共识，但不同政府的具体科技战术地位与措施有所差异。特朗普政府将科技战作为其贸易战的配套战术，而拜登政府则更擅长联合其所谓盟友形成"压制联盟"对部分高技术领域形成重点封锁。第二，以"337调查"为代表的美方知识产权政策工具，通过制度压力促使涉及调查行业的中国企业强化国内知识产权布局意识，提高了专利申请量，以形成新的竞争优势。第三，科技战背景下，2023年中国企业在美国专利申请量显著下降，双重差分模型结果表明，与其他国家相比，中国企业在半导体等竞争激烈行业审查周期变长，授权率明显下降。

26. 课题名称：SS23-B-26 推动高质量发展的知识产权产业政策研究

承担单位：大连理工大学

课题负责人：林德明

课题组首先对产业高质量发展对知识产权的现实需求从创造、运用、管理、保护、服务方面进行分析，其次以知识产权产业政策的构成要素、政策工具以及政策框架进行系统分析，然后运用政策工具的量化分析方法和社会网络分析方法，对2009—2023年我国实施知识产权战略以来的作用于产业的知识产权政策工具进行量化分析，并从知识产权产业政策的政策结构以及政策工具的分类和功能角度探究我国知识产权产业政策工具的运用情况，以此发现知识产权产业政策在推动产业发展过程中存在的问题，并提出相应的对策建议。通过以上研究，课题组建议：一是健全激励重大科技成果创新的知识产权创造政策；二是完善发挥资源配置作用的知识产权运用政策；三是健全产业链关键环节的知识产权保护政策；四是完善提升市场化服务效能的知识产权服务政策。

27. 课题名称：SS23-C-27　知识产权专业学位研究生教育体系化建设及实践研究——专业学位与职业资格的衔接机制研究

承担单位：北京科技大学　中国知识产权研究会

课题负责人：张武军　孙　玮

知识产权人才是知识产权事业高质量发展的第一资源，随着对人才的迫切需要，知识产权专业学位与职业资格衔接的问题也逐渐浮出水面。专业学位更注重专业知识与实务的联系，而职业资格则更强调实际执业能力和行业规范。因此，如何有效衔接两者，培养既具备理工科基础知识又具有知识产权专业理论的专业人才，成为当前亟待解决的问题。课题组从知识产权专业学位与职业资格衔接的关系入手，通过问卷调查、访谈、国内外比较、文献调查等方法，得出知识产权专业学位与职业资格在例如人才培养的课程设置、培养方案，以及生源分析等方面存在理论与实践差异等结论，并就此分析衔接过程中出现的问题及出现问题的原因；同时借鉴国内（例如建筑学专硕、会计专硕、翻译专硕、教育专硕等学位与职业资格的衔接），与国外（日本、韩国、德国、英国、美国）的相关经验，结合基本国情，对知识产权专业学位与职业资格衔接提出对策和建议，包括建立部门间沟通协调机制、完善课程体系设置、注重知识产权各大考试与专业硕士的衔接、完善师资队伍建设等。同时，这也需要政府、高校、企业和社会各界的共同努力和配合，形成合力，推动专业学位与职业资格的深度融合和发展。

28. 课题名称：SS23-C-28　知识产权专业学位建设工作思路与管理运行机制研究

承担单位：同济大学

课题负责人：毛　昊

知识产权是国家竞争力构成的战略性资源，知识产权人才是提升国家创新能力和建设知识产权强国的根本保障。随着我国法律法规和体制机制日益健全，市场主体的知识产权意识进一步强化，对加大知识产权的创造、运用、保护和管理等工作都提出了更高的要求。在国家经济转向高质量发展阶段，亟待特别注重培养具有扎实理论基础，适应特定行业或职业实际工作需要的应用型高层次专门人才。课题组为回应国务院学位委员会、教育部增设知识产权专业学位类别，在现有相关学科制度框架的基础上，形成"教指委章程""秘书处管理办法""核心课程""学位论文基本要求""指导性培养方案"等一系列制度要求，基本构建起全国知识产权专业学位研究生建设的工作思路和管理运行机制，为培育符合市场需求的知识产权专业人才提供了可靠的制度规划和保障。

29. 课题名称：SS23-C-29　知识产权国际化人才培养的模式、机制及路径研究

承担单位：南京理工大学　中国知识产权研究会

课题负责人：戚　湧　谢小勇

国际化知识产权人才对于保护我国科技创新、推动创新高质量发展的作用日益凸显。课题组首先梳理并界定知识产权国际化人才的内涵和特征。其次，通过对比分析美、日、德、法、新等发达国家对于知识产权国际化人才的培养与资源开发等政策，从政府层面、高校层面和产业层面对培养模式进行解析。然后，在界定高质量培养知识产权国际化人才要素的基础上，对我国知识产权国际化人才培养现状进行分析，总结我国知识产权国际化人才培养所存在的困境与挑战。之后，从人才的培养和使用两方面探索我国知识产权国际化人才的培养模式和机制。最后，以现状和问题为基础，以模式和机制为支撑，提出我国知识产权国际化人才的培养路径及针对性培养建议,以期为中央及有关部门完善我国知识产权国际化人才培养提供重要决策咨询参考。

供稿:国家知识产权局办公室

国家知识产权局学术委员会2023年度专利专项课题学术研究成果

1. 课题名称:外观设计法条约及细则草案文本研究

承担单位:国家知识产权局条法司

课题负责人:张 鹏 方 华

本课题采取文献研究的方法,通过大量基础性材料的汇总、整理,主要分析外观设计法条约草案(简称DLT)变化过程,一些主要国家的法律法规情况等。同时采取比较分析的方法,一是收集美国、欧盟、日本、韩国、英国、德国、印度、南非等多个国家和地区的外观设计法法律法规,就上述国家和地区的相关规定开展比较分析;二是就我国专利法律制度中的相关规定与DLT草案进行了比较;三是横向对比研究DLT草案、专利法条约、新加坡条约相关条约之间的异同。采取实证调研分析的方法,通过对不同主体的调研访谈和研究资料收集,整体分析梳理外观设计领域产业发展整体情况及未来发展趋势,将产业诉求与DLT研究工作有效衔接,确保研究的现实性与可行性。

本课题主要分三个部分。第一部分从宏观上对国际国内形势进行分析,对外观设计产业和有关创新主体需求进行了梳理,并总体介绍了DLT的缘起和现状、DLT的法律架构及特征、DLT的主要内容以及和其他主要知识产权国际条约的总体对比。第二部分则是就条约条款进行全面梳理,特别是就实质性条款进行深入分析,包括目前草案的条文规定、历史沿革、世界主要国家的制度规定、国际条约规定以及与我国法律法规及审查实践的差异等。第三部分则是从草案完善和国内制度完善两个方面进行分析,一方面根据与我国制度差异和现实需求确定草案完善建议,另一方面,对于制度层面与我国存在差异的条款,结合我国实践情况和创新主体需求,从我国国内未来知识产权制度完善角度提出意见建议。

2. 课题名称:专利权滥用规制研究

承担单位:国家知识产权局专利局审查业务管理部

课题负责人:吴红秀

本课题对法院、行政机关和创新主体开展针对性调研,开展广泛的案例研究和国内外现行法规比较研究。当前,同世界上大多数国家相同,我国主要通过《专利法》第二十条规制一般专利权滥用行为和通过《反垄断法》规制专利权垄断行为的"二元制"规制路径,现有制度虽然在推动科技创新、实现科技自立自强方面发挥了巨大作用,但仍存在一些不足之处,主要表现为顶层设计有待进一步加强,相关法律规定有待进一步细化,行政执法和司法程序需要进一步衔接。

为此,课题组充分论证加强专利法框架下规制专利权滥用的可行性和必要性,以党的二十大精神为指导思想,以有效实现专利法的立法宗旨、充分保护市场公平竞争、平衡各方合法利益为目标,以坚持中国特色、坚持合法适当、坚持系统协同为基本原则,围绕三个方面提出13条工作建议:一是从立法角度,增加专利权滥用行为的定义和构成要件、滥用行为的主要表现形式等；二是从行政审批角度，严厉打击非正常专利申请，进一步规制同日申请度实施、监管著录项目变更、提高授权质量、完善授权后更正程序、引入标准必要专利检查政策等；三是从行政与司法衔接角度，改革无效宣告制度、建立专利权滥用抗辩制度、建立专利权滥用民事纠纷行政裁决制度、建立司法和行政链接制度、提供法律援助等。

3. 课题名称：一流专利审查机构评价指标体系构建研究

承担单位：国家知识产权局专利局专利审查协作北京中心

课题负责人：郭 雯

本课题立足专利审查在我国创新发展中的功能定位，聚焦审查机构高质量发展，开展一流专利审查机构评价指标体系构建研究。采用实证研究和测算验证的方式，对比中美欧日韩知识产权五局（IP5）机构审查信息及数据，明晰自身优势和不足。研究结论包括：中国国家知识产权局制度体系完备，检索和法律适用能力满意率超92%；审查效率优势明显，申请日至授权平均周期位于IP5之首；审查质量持续提升，结案准确率超过93%，满意度指数保持在85以上，授权被无效率与欧洲专利局（EPO）相当；审查标准契合国家需求导向，加快通道有效支撑关键领域，国际影响力逐渐增强，有效专利全球占有率居第2位，参与IPC分类修订项目生效37项。同时我国专利申请增长率波动方差大、人均待审量高；审查员技术理解能力不足，自主检索能力有待提高，国际影响力需进一步提升。

基于对比研究、实证研究过程，确立一流专利审查机构的目标愿景为：高水平建设；高质量审查；促进创新及影响力。以系统性、准确性、可比性为原则，构建评价指标体系，指标选择由数量类向质量类转变、由规模类向结构类转变。高水平建设方面，以审查体系与审查能力为基础，设置制度体系、组织机构、人才队伍、岗位技能等8个维度的指标。高质量审查方面，从内外视角考量质量、效率和用户满意度，设置结案准确率、同案审查对比、审查周期、用户满意度等11个维度的指标。创新促进及影响力方面，探索审查供给与创新、影响力的匹配性，设置标准适用、审查时效与关键领域匹配度、国际合作参与度等9个维度的指标。针对性提出审查机构建设一揽子计划，包括：提高机构应变力，建立交叉领域融合审查机制，推广技术咨询互助平台；精细化质效管理，推进以案源为起点的全流程管理，按照技术关联性五级体系监测质效数据，加强周期结构化管理；促进创新及影响力，设立经济研究专家，常规化外部质量会议，强化国际知识产权规则研究。

4. 课题名称：基于智能化系统的高效检索及审查研究

承担单位：国家知识产权局专利局通信发明审查部 国家知识产权局专利局专利审查协作湖北中心

课题负责人：王智勇 赵向阳

本课题研究语义检索引擎底层逻辑，提出语义检索、语义布尔融合检索理论，并通过实际案例进行全领域检索效能验证；采用统计分析的方法，选取通信领域实质审查（简称实审）和PCT案例，论证简单语义检索在通信领域的可用性；基于实际案例，归纳通信领域高效检索策略；选取典型案例，验证实审和PCT系统智能辅助功能，提出系统推广及完善建议。

通过研究，形成以下结论建议：（1）完善《专利审查指南》第二部分第七章检索相关规定，更好指导检索实践：确定语义检索要素时考虑全面准确、排除干扰和重点增强原则，融合检索模式下构建布尔检索式时评估检索要素表达方式的确定性、准确性和区分性，检索效能明显提升。（2）选择试点领域，探索直接利用机器检索及辅助审查提高审查效率的审查模式：经通信领域实际案例验证,通过简单语义检索,中文基准前50篇、英文基准前200篇结果中可获得一半以上的X/R/E类文件,部分子领域效果更优;R类文件在CNTXT库中前20篇检出率为100%。建议选取效果较优子领域中方案及申请特点符合语义引擎检索原理的案件,试点采用简单语义检索结果及智能辅助功能形成审查意见,探索高效审查模式。(3)推广通信领域高效检索策略:基于典型案例归纳出通信领域智能检索系统高效检索策略,形成通信领域检索通用流程,推广使用有利于提升同领域检索质效。(4)加强对智能审查系统亮点功能的推广:智能辅助功能及平台的集成整合有助于提升审查质效和能力,建议借助信息化手段将较为分散的帮助资源嵌入规范检索流程图相应步骤,最大限度发挥系统对高效审查的支撑作用。(5)持续完善智能检索系统的机器学习功能、迭代升级智能辅助功能,提高机器学习效率和系统智能化水平,增加审查员使用智能系统的获得感。

5. 课题名称:中医药专利审查政策和审查标准研究

承担单位:国家知识产权局专利局医药生物发明审查部

课题负责人:马文霞

本课题通过文献研究、产业和政策分析、专利保护现状和数据研判、实地调研和问卷调查等发现,目前中医药专利申请和审查中存在以下问题:(1)尚未出台促进产业发展的中医药专利审查和保护相关政策文件,对加强中医药专利保护的导向和指引不够。(2)授权率较低,创造性的审查标准不能充分适应中医药发明特点,且技术效果和技术启示认定困难。(3)缺乏专业背景的代理人员,申请人的专利意识和能力不足使申请文件难以从专业角度呈现发明实质和体现发明贡献。

以问题为导向,课题从形成审查政策、完善审查标准、制定申请文件撰写指南三个维度得出以下研究成果:(1)通过分析产业和政策发展现状以及创新主体需求,从六个方面提出制定新形势下中医药专利审查政策的15条建议。(2)通过梳理专利申请和审查数据、审查标准完善情况、中药领域研发特点以及审查中的难点问题,结合国家政策和产业研发特点提出以临床价值为导向的中药专利授权标准,明确对临床前研究的实验数据和临床研究试验数据的具体要求;并根据临床价值确认情况划分判断创造性的三种常见情形,及其技术启示的考量角度;同时完善制药用途和炮制方法这两类具有中医药特色的发明的创造性审查标准;并针对公开充分审查实践中的具体难点给出了相应审查原则。(3)通过发掘申请文件撰写存在的具体问题,给出中医药申请文件的撰写三原则,即书面请求原则、诚实信用原则、充分必要原则,并分别针对说明书和权利要求书的撰写给出具体指引和示例。以上三方面的研究结论,从政策到标准到文件撰写,三位一体协同将有利于促进中医药高质量创新保护。

6. 课题名称:专利数据产权若干法律问题分析

承担单位:中国政法大学

课题负责人:来小鹏

本课题采用比较研究的方式,对比各国专利数据产权的保护实施情况,结合我国基本国情,探索国外经验对我国专利数据产权保护制度的启示;采用调研访谈的方式,研判我国专利数据产权保护的发展现状和知识产权保护需求;采用实证研究的方式,探讨制度优化完善的思路做法。

通过研究形成以下结论建议:(1)立法方面:完善专利数据产权保护法律制度。在法律上明确专利数据产权的法律地位;完善专利数据交易流转规则;加强对专利数据产权的分级分类界定和保护;参与专利数据产权国际治理,推动有关保护合作与协议。(2)执法方面：加大专利数据产权执法力度。完善侵害专利数据产权行政裁决制度；完善专利数据产权行政执法保护协作机制；建立健全专利数据产权行刑衔接机制；提高执法人员的专业水平。(3)司法方面：探索专利数据产权纠纷解决机制。推动建立专业的专利数据产权多元化纠纷解决机制；确立专利数据的证据效力，并统一专利数据产权司法裁判标准和法律使用，完善裁判规则；完善司法保护协作联动机制；提供专业化的司法支持和专利技术专家鉴定。(4)技术方面：推进专利数据产权保护信息化建设。积极探索和推广专利数据产权保护的信息化手段，专利数据识别技术智能化转型；需要采用结构化专利数据库保障体系，防止数据泄露和滥用，加强专利数据的安全管理。(5)企业方面：提高专利数据产权保护意识。引导企业重视专利数据产权保护，加强内部管理和技术创新；加强培训和宣传，提高企业对专利数据产权保护的意识和理解；鼓励企业与专业机构合作，共同开展专利数据产权保护的研究和实践产学研合作。

7. 课题名称：适应新审查模式的质量管理完善研究

承担单位：国家知识产权局专利局专利审查协作湖北中心

课题负责人：侯海蕙

本课题采用调查法、理论研究、实证研究等多种研究方法实现研究目标。首先，通过访谈调研明确新审查模式的内涵和特点，通过理论研究分析新审查模式对质量管理带来的新挑战，明确适应新时代要求的质量目标，并针对性提出满足新质量目标、适应新审查模式的质量管理举措。其次，通过理论研究、实证数据分析、类比分析、实践探索等方法，构建新审查模式下审查质量管理的总体模型，并提出具体举措和相关政策建议。

通过系统化研究，构建"一个核心，三方面支撑"的新审查模式下的质量管理总体模型，具体包括：(1)构建基于"PDCA双循环"的质量管理体系，模型的核心部分，包括贯通实质审查全流程的PDCA小循环、服务知识产权全链条的PDCA大循环两部分，"PDCA双循环"运行衔接和协同发力确保审查政策和审查质量管理更好地与其他政策协同，更好地实施创新驱动发展战略，服务专利工作"两个转变"。(2)构建以案源管理为起点的"3+1"联动机制，包括保障同领域审查质量的"3+1"联动机制、服务国家创新发展需求的"3+1"联动机制两部分。(3)提出新模式下质量评价方式优化方向建议，包括小循环质量评价优化建议、大循环质量评价设想建议两部分。(4)探索打造全局审查质量共同体，包括为专利审查机制优化方案的实施提供有力支撑的同领域审查质量共同体、为服务全链条提供更紧密有力审查支撑的宏观管理与审查支撑共同体两部分，并提出建立局级质量委员会的设想。此外，为推动模型实施，探讨完善《专利审查质量保障手册》，适时在审协中心建立融合技术审查部、提出审查质量管理完善的分阶段路线图等政策建议，更好地为国家创新驱动发展战略提供专利审查支撑。

8. 课题名称：大数据、人工智能技术领域充分公开及创造性审查标准的完善研究

承担单位：国家知识产权局专利局专利审查协作北京中心

课题负责人：郭雯

本课题通过梳理知识产权保护需求和技术发展现状、调研创新主体和审查员需求、参考外国专利局审查标准、探索当前专利申请现状、溯源立法本意、剖析技术框架等寻找到研究的切入点，筛选典型案例进行深入研究，对大数据、人工智能技术领域充分公开及创造性的审查标准提出了完善建议。对于充分公开审查标准，从数据预处理、模型构建、模型训练、模型输入输出和人工智能生成化学产品五个方面分别给出完善建议以及典型案例；对于创造性审查标准，从算法特征对现有技术的贡献方面，即应用场景相同模型相同、应用场景相同模型改进以及应用场景不同三个角度，分别给出完善建议以及典型案例。通过完善的审查标准以助力大数据、人工智能技术领域审查标准的统一，健全新领域新业态知识产权保护制度。

本课题梳理并总结大数据、人工智能技术领域进行充分公开和创造性审查时的审查全景导图，便于审查员根据案件情况进行审查标准查询与运用。同时，基于审查标准对专利申请文件的撰写规范提出建议，引导申请人更好地撰写这类申请，有效提升专利质量，促进专利产业化，支撑创新驱动发展。此外，课题收集整理充分公开和创造性典型案例集、训练数据集以及模型算力和样本量常见指标，以帮助审查员进一步深入了解大数据、人工智能领域的相关技术，方便审查员在具体审查实践中参考和理解本课题提出的审查标准，并为相关领域审查培训提供支撑，从而在新领域新业态的专利审查领域中进一步提高审查质量和审查效率。

9. 课题名称：AIGC 产业发展趋势及审查相关问题研究

承担单位：国家知识产权局专利局专利审查协作北京中心

课题负责人：郭 雯

本课题通过调研创新主体和收集技术情报等方式，梳理确定 AIGC（人工智能生成内容）技术体系及关键技术；采用统计分析和对比分析等方法，分析 AIGC 国内外专利布局、重要创新主体、技术发展路线，勾勒 AIGC 产业全球发展趋势，并针对国内重点企业提供专利风险预警。以 AIGC 相关专利申请在审查中存在的技术理解难、检索难以及如何对 AIGC 生成的专利申请进行甄别等问题为导向，探索应用大模型技术解决上述问题的方案和路径，助力审查效能提升。

通过研究形成以下结论建议：（1）全球 AIGC 进入快速发展期，中美全面引领技术发展，美国头部企业专利布局侧重自身优势业务，中国企业追求全面布局。（2）基础模型布局上美国掌握先机，预训练大模型整体中美势均力敌，但在多模态大模型方面有待进一步提升；建议国内创新主体选择自身优势方向重点突破，加强不同赛道创新主体的合作互补。（3）美国和中国领跑全球算力，美国在 GPU 芯片领域已形成严密技术壁垒，中国在 NPU 芯片领域具有专利布局优势。（4）由数据采集、数据集构建、数据应用构成的产业链已初步形成，构建高质量数据集成为数据要素发展重点，以数据合成为代表的数据增强技术成为数据要素研究的热点。（5）AIGC 技术在提升智能化应用水平及审查系统效能方面具有巨大应用潜力：基于 AIGC 审查技术手册训练的知言知识模型能够精准地理解问题、快速获取到专业知识信息并给出出处；基于 BERT 大模型和 CRF 条件随机场模型等技术构建的检索式自动生成模型，能够自动确定用于检索的关键词并自动创建检索式，将其应用于智能审查系统后能有效提升对比文件在检索结果中的排序情况。（6）对 AIGC 生成专利申请的甄别的可能性进行探索，研究表明目前利用已有的 AIGC 甄别产品识别内容的正确率在 50%—60%，仅具备理论上的可行性。

10. 课题名称：集成电路布图设计专有权登记相关实务问题研究

承担单位：浙江省知识产权研究与服务中心

课题负责人：陈兢亚

本课题首先对集成电路布图设计专有权登记相关实务问题开展研究，结合世界集成电路产业较发达国家的产业发展特点，从制度政策制定、工作实务等层面入手，初步厘清和分析了美国、日本和韩国等国家的集成电路布图设计专有权保护模式和审查登记情况及特点。其次，本课题在充分分析我国集成电路产业发展特点和集成电路布图设计保护制度实际运行情况的基础上，总结出目前我国集成电路布图设计保护制度中存在的问题，并从保护体系各环节全面探究分析原因。最后，在综合考虑各国经验、产业知识产权保护方式和专业资源需求等因素后，本课题提出以现有制度框架为基础进行优化的路径，进而立足登记工作职能，在处理低质量申请、优化制度设计和优化制度运行等方面提出建议，为进一步完善集成电路布图设计法规、明晰审查标准、提升公共服务等提供决策基础，为构建门类齐全、结构严密、内外协调的法律体系贡献力量。

11. 课题名称：涉及国家安全的向外申请及转让保密基准更新机制和相关审查规范研究

承担单位：国家知识产权局专利局初审及流程管理部

课题负责人：柴爱军

本课题基于专利审查实践中影响保密审查制度发挥作用的审查难点，从专利审查全流程视角，对向外申请保密审查、对外转让及许可备案重要环节的审查工作进行分析研究。从运行机制、协作机制、评审机制、反馈机制四个维度构建了向外申请及转让的保密基准更新机制，通过总结涉及对外转让的权利人变更的审查规范，结合案例剖析审查难点，明晰涉外转让中的复杂法律问题和复杂情形的审查要点和审查规范。课题还提出了许可备案审查的相关优化建议，以及相关部门要强化信息互通合作共享的建议，探讨了保密审查基准系统化运用和对外转让集中审查模式的可能性，力求切实做到维护国家安全、提高审查效率、落实"放管服"的要求。

12. 课题名称：构建以国家需求为导向的专利审查流程优化研究

承担单位：国家知识产权局专利局专利审查协作北京中心

课题负责人：田　虹

本课题旨在构建以国家需求为导向的专利审查流程优化研究，运用人工智能技术筛选符合国家需求的重点专利申请，探索分级分类审查模式创新并提供优质、高效的审查服务，助力高质量发展。主要研究成果如下：（1）结合国家政策文件、外国出口管制及关键技术清单、国家重点研发方向、国家重大投资方向、重要科技文献和权威专家观点以及专利导航分析研究成果等六大信息源构建体现国家需求的基础信息资源数据库。（2）以关键核心技术主要特征筛选重点专利申请，借鉴政策文本分析方法提炼关键词/主题词等核心信息，构建人工智能辅助的重点专利申请筛选模型，并以储能领域进行实证，显示模型效果机器初筛主题相关度准确率可达78%，验证涉及中国专利金奖专利筛出率为66.7%。（3）对受理后的发明专利申请进行分级分类筛选重点专利申请，运用人工智能筛选模型进行机器初筛，在初审阶段分领域由初审员进行初审二筛、由相关技术领域实审员进行实审三筛。对于筛选的符合国家需求的重点发明专利申请按需提供快速审查通道，简化部分初审形式审查。（4）针对体现国家需求的重点专利申请及专利，建立对外转让及独占实施许可的审查及安全预警机制，严格审查重点专利的放弃及已公布重点专利申请的撤回手续，进行风险预警。（5）服务体现国家需求的重点专利申请或专利，以"三新理念"探索简化、优化审查流程，并从减数据、减材料、减环节等方面提出近期、中期和远期的11项流程优化举措。

13. 课题名称：初步审查模式下的审查质量提升路径研究

承担单位：国家知识产权局专利局实

用新型审查部

课题负责人:张 烨

本课题针对实用新型专利申请的质量现状与形势,分析面临的问题和挑战,提出当前初步审查制度下提高审查质量和审查效率的审查模式。改进的审查模式具体分为形式缺陷提示前置、排查聚类、集中提案、匹配审查四个步骤。第一步,为解决实用新型初步审查中形式缺陷审查占用资源过大的问题,提出在申请进入实用新型初步审查程序之前(即入库前),对其形式缺陷进行提示,供申请人参考和修改,以降低审查成本,压缩审查周期。第二步,排查聚类。将案源库中的申请排查聚类为三类:高质量倾向申请、涉嫌编造的低质量案件和普通申请。第三步,集中提案。完成聚类的申请,进行集中提取并推送相应领域审查员。第四步,匹配审查。按照"高质优审""低质快审"原则,对高质量倾向的申请,引入明显不具备创造性审查,确保审查资源"好钢用在刀刃上",做到授好权、授对权;对聚类的低质量申请同时匹配"案情分析提示",有利于审查员站位本领域技术人员进行甄别之后适用,做到审查标准执行一致,效率优先,严厉打击。

14. 课题名称:高新技术企业实用新型专利申请质量研究

承担单位:国家知识产权局专利局实用新型审查部

课题负责人:朱宝华

高新技术企业(简称高企)是我国新兴产业和支柱产业的有效载体,是创新创造的主力军,也是专利申请的重要主体。当前实用新型申请量面临"规模大、增速高"的情形,审查资源增长则相对缓慢。为有效应对高企实用新型申请快速增长,本课题探索在现有政策环境下如何深入贯彻审查"三新"理念,创新审查模式,进一步提高审查质效,以满足社会期待。

本课题对当前高企实用新型申请质量进行统计分析发现,近年来高企实用新型申请量增长迅猛,高企认定标准对企业专利申请行为产生了较大影响。高企实用新型申请整体质量良好,但仍存在少量低质量申请甚至非正常申请。高企申请质量抽样评估结果显示,部分高企实用新型申请在技术先进性方面还不强,申请文件撰写水平还不高,部分申请存在难以克服的实质性缺陷,审查员在面对这些问题时要创新审查模式,开展更有针对性的高质高效审查。此外,本课题还从专利撰写、专利审查、专利布局等方面提出培育高质量实用新型专利建议。在政策建议方面,课题组从服务高质量发展大局出发,给出了高企认定过程中涉及"知识产权"和"成果转化"指标的有益建议。这些建议对于提高实用新型申请质量和促进高企高质量发展具有重要意义。

15. 课题名称:提升实用新型审查质量管理效能研究

承担单位:国家知识产权局专利局专利审查协作北京中心

课题负责人:黄树军

本课题就现有质量管理模式和质量监督方式进行分析研究,探索更加高效的实用新型审查质量管理方式,为完善现行质量管理模式、提高质量管理效能提供参考。本课题分析我国实用新型申请状况和审查现状,梳理国内外专利审查质量管理现状,明晰现阶段实用新型审查管理所面临的困境;研究影响专利申请审查质量的因素,结合实用新型专利申请审查特点,提出一套包括审查要素优化、质量系统保障、审查过程管理和数据分析的高效质量管理体系;运用管理机制将审查要素系统中审查主体、审查客体、审查工具三要素分别进行优化,并运用信息化技术开展数据分析,实时监控审查质量以及管理效能,进而提高审查质量管理的目标性、针对性和有效性。

同时,课题紧密贴合审查实践工作需求,研究完善PDCA循环法与自我管理机制,形成适于实用新型专利审查员的四阶段循环自我管理模式,从而利于进一步提高审查质量管理效能。

16. 课题名称:以新能源汽车产业为落脚点探索外观设计制度助推产业发展路径研究

*承担单位:*中国汽车技术研究中心有限公司

*课题负责人:*王军雷

本课题以近年来快速发展成为优势领域的新能源汽车产业为落脚点,开展外观设计助力产业发展路径的探索研究。通过梳理国内外汽车行业的产业发展情况,厘清新能源汽车外观设计和专利保护现状,明确行业问题:我国汽车的设计与传统汽车强国相比还存在一定的差距,新能源汽车设计品质仍需提升,新能源汽车外观设计专利保护有待加强。课题聚焦"促进外观设计创新品质提升助力产业发展",立足新能源汽车发展格局和趋势,从新能源汽车外观设计的创新特点出发,探寻该行业外观设计显著提升的影响因素,并从进一步提升新能源汽车外观设计创新品质的角度提出建议。同时,着眼于"全方位加强外观设计专利保护促进产业发展",从顶层设计、政策供给、保护实践等方面提出完善外观设计专利服务指导体系、促进外观设计专利服务平台建设、持续加强知识产权快速协同保护机制建设、完善外观设计制度相关法律法规等助力产业协同发展的具体政策建议。

17. 课题名称:海牙体系主要审查局授权标准研究

*承担单位:*国家知识产权局专利局外观设计审查部

*课题负责人:*刘悦

本课题聚焦各局外观设计的发展动向,统计分析我国创新主体向外申请的数据,完成海牙体系主要审查局缔约方相关法律规定对比分析;完成审查期限、审查内容、法律制度在审查实践中的应用情况及检索水平等方面的异同;结合具体案例比较各局针对同一国际注册的通知书撰写形式、驳回适用条款存在的差异,深入分析海牙体系主要审查局的审查结论和授权标准,并与我国的审查标准进行对比研究。基于对主要审查局审查实践与授权标准的全面了解,本课题从申请策略、法律修改与审查规则修改等方面提出相关建议,为我国创新主体有效利用海牙体系、合理规划申请策略提供针对性指导,为我国外观设计相关法律制度的进一步完善和发展提供理论依据。

18. 课题名称:局部外观设计专利审查标准适用研究

*承担单位:*国家知识产权局专利局外观设计审查部

*课题负责人:*周佳

本课题首先分析局部外观设计专利申请数据及特点,梳理局部外观设计专利审查具体适用规则,明确对保护范围构成影响的因素,细化保护客体、视图提交规范、单一性、对比判断等具体审查适用规则,确定修改超范围的适用规则及审查过渡办法。其次,聚焦图形用户界面(GUI)产品的保护问题,本课题分析不同时期司法侵权判断标准变化的原因及法理,提出引入局部外观设计后对图形用户界面保护难点问题的解决路径。最后,基于社会公众关切的问题,提出局部外观设计专利申请策略建议,引导创新主体正确使用该制度。本课题明确了局部外观设计在《专利法》及其实施细则和《专利审查指南》中的具体规则如何适用的问题,有助于提升局部外观设计专利的授权和确权质量。

19. 课题名称:电池领域参数限定专利申请审查标准与策略研究

*承担单位:*国家知识产权局专利局电

学发明审查部

课题负责人：王京霞

本课题整理汇总了中美欧日韩五局相关规定、审查标准及相关判例，深入分析美欧日韩的审查标准及策略，详细比较中国与国外审查标准的异同。按照新颖性和创造性法条适用进行分类，分别选取电池领域中的疑难典型案例进行分析，从中归纳不同参数形式的权利要求的审查策略。选取具有国外同族的案例，分别从法条适用、对比文件的有效性、案件走向、审查尺度、评述角度等方面对不同审查机构的审查情况进行对比，从中查找国内外在审查标准、尺度以及策略等方面的异同点，分析查找原因以及借鉴意义。还从社会热点案例以及非正常申请的角度出发，进行案例分析，以期能够为相关企业提供申请文件撰写、专利权稳定性等方面的指导性意见。

20. 课题名称：保藏微生物领域审查相关问题研究

承担单位：国家知识产权局专利局医药生物发明审查部

课题负责人：林峻凯

微生物这类活生物体的专利审查具有特殊性，针对其在审查实践中审查标准执行存在不一致的问题，本课题通过数据统计分析、调查研究、各局的审查政策比较，以及结合我国行业发展状况与需求，提出适应我国国情和知识产权保护运用现状的审查政策建议，为完善审查标准提供决策参考。通过对保藏微生物专利审查中的难点问题进行分析论证，如对《专利法》第五条、新颖性和创造性等进行深入研究，提供相关审查指导意见及《专利审查指南》修改建议。此外，通过对保藏微生物专利审查中遇到的公开充分、新颖性、创造性、清楚支持等其他法条进行全面研究，查缺补漏，为完善审查业务指导体系，制定全面系统的保藏微生物领域审查业务指导通报和指导案例集提供参考。

21. 课题名称：小分子有机发光材料领域的专利审查实务研究

承担单位：国家知识产权局专利局化学发明审查部

课题负责人：李雪莹

有机电致发光显示（OLED）技术是新型显示技术，属于国家战略性新兴产业。小分子有机发光材料是OLED的关键核心技术。随着技术进展，小分子有机发光材料领域的专利申请量迅速增长，专利领域的竞争也日趋激烈，该领域的审查实务研究又近乎空白，存在较突出的同领域质量保障需求。亟须深入研究该领域的技术特点、申请特点和审查特点，结合技术领域的特殊性，厘清审查思路，统一审查规则适用标准，探求合理有效的审查策略，提高审查效率和质量。

本课题梳理应用于OLED领域的小分子有机发光材料的技术和产业发展状况，统计分析该领域专利申请量及发展趋势、国内外重点申请人以及重点专利技术分布情况等。分析无效、复审和其他来源典型案例，分析不同国家和地区针对该技术领域的审查标准和审查结果异同，找出该领域的审查要点和难点，研究《专利法》及其实施细则、《专利审查指南》的一般性规定、基本逻辑方法和原则在小分子有机发光材料这一具体领域的解释和适用，提出依据领域特点的、细化的"审查标准"，对审查思路、法条适用提出建议，结合典型案例诠释小分子有机发光材料的专利审查实践中需要考虑的因素和遵循的逻辑，通过案例表达标准。课题还提出了该领域的检索规范以及占相当比例的复杂申请的审查策略，有效提升处理该领域复杂问题的能力，实现高质量审查，以更好地推动小分子有机发光材料领域的高质量发展。

22. 课题名称：当前本国优先权制度有关问题研究

承担单位：国家知识产权局专利局化

学发明审查部

课题负责人：李　越

在当前加快实现高水平科技自立自强，推动高质量发展的迫切需求下，创新主体及相关从业人员对于专利制度的参与和关注不断提升，针对当前本国优先权制度存在的有关问题，特别是"在先申请视为撤回"制度提出了意见建议，课题对此开展研究。首先，本课题从优先权制度的起源及其历史沿革出发，追溯本国优先权的渊源，辨析其基本规则，以厘清本国优先权制度的立法本意。其次，分析优先权制度与先申请制、公开换保护、禁止重复授权等原则的关系，比较其与新颖性宽限期、援引加入、分案申请等规则的异同，比较德国、日本、韩国、美国、英国、欧洲等不同国家和地区的本国优先权或类似制度，特别是对在先申请的处理方式，以期更好地理解和运用我国当前的本国优先权制度。再次，通过数据和案例分析，研究本国优先权制度的运行实效，分析各类主体实践中的经验和成功案例及遇到的困惑和障碍，分析"在先申请视为撤回"制度的利弊，并梳理业界提出的各种解决方案。最后，结合本国优先权的理论研究以及比较分析、数据分析、案例分析、文献分析的内容，重新审视本国优先权制度的立法价值，结合设立本意对《专利法实施细则》第三十二条第三款做体系化解释，论述在现有法律框架下保留"在先申请视为撤回"制度的必要性，提出完善相关程序设计以更好服务创新主体，并提出未来优化本国优先权制度可行的解决方案。

23. 课题名称：智能化检索系统下光电技术领域检索规范研究

承担单位：国家知识产权局专利局光电技术发明审查部　国家知识产权局专利局专利审查协作湖北中心

课题负责人：杨　哲

本课题针对光电领域覆盖范围广、领域差别大、跨领域申请多，各分领域检索策略差别大、缺乏具有普遍指导意义的检索规范的问题，以调查得到的光电领域实际检索特点为基础，结合智能化检索系统，研究形成《光电领域通用检索规范》，对各检索步骤给出具体指导。同时，综合考虑国家需求、产业发展和技术进步等因素，本课题在光电领域内选取光刻机、卫星导航、航空航天材料检测、LED显示控制、头戴显示器、扫地机器人6个重点分领域，对光电领域检索规范进一步细化，形成6个分领域的检索手册，助力相关领域检索质量和审查效能提升。

24. 课题名称：量子计算领域专利审查实务研究

承担单位：国家知识产权局专利局专利审查协作河南中心　国家知识产权局专利局电学发明审查部

课题负责人：秦　奋

本课题聚焦量子计算领域审查实际需要，全面梳理量子计算技术分支，分析产业发展情况，提炼审查焦点问题，针对性提出适应我国国情的量子计算专利申请审查策略建议。首先，梳理量子计算技术现状和发展趋势、产业规模和应用前景，完成量子计算三级技术分支分解，梳理出量子计算硬件、基础运行类软件、应用服务类软件三大分支技术脉络；其次，调研量子计算领域的重要创新主体，深入了解创新主体专利布局情况以及对于专利审查的困惑和需求；再次，结合专利分析我国在量子计算各分支领域的竞争格局；最后，深入剖析各分支专利申请特点和审查焦点问题，结合产业发展情况、创新主体调研情况、专利分析情况、知识产权五局审查情况等，研究提出各分支专利审查策略建议，有利于提高对相关技术的理解和法律适用的把握，促进量子计算领域审查标准执行一致。

25. 课题名称：同日申请审查机制研究

承担单位：国家知识产权局专利局专

利审查协作天津中心

课题负责人：李亚林

本课题分析国内外同日申请相关制度和政策，提出同日申请分级分类差异化审查策略，并进行同日申请分级分类试点审查和实效验证，从案源筛选、工作组方式、信息化条件保障、审查标准把握等方面，提出同日申请分级分类审查的支撑保障措施，进而提高审查效率、优化和完善人力资源和案源配置。立足国家需求和用户满意导向，课题形成短期配套保障举措和中长期制度政策修改建议，为同日申请审查工作部署提供决策支撑，为各实审部门、单位快速处理同日申请提供实现路径。

26. 课题名称：以满足国家需求为导向的电学领域审查实务研究

承担单位：国家知识产权局专利局专利审查协作四川中心

课题负责人：赵 亮

本课题围绕满足国家需求为导向，从多个角度提出专利审查实务优化建议并展开实践验证：对比研究了中美欧日韩五局举措，设计出一套案源多节点多维度分类调配方案，结合大数据画像和 AI 深度语义，提出跨领域审查下的人案匹配方案。本课题提出开展审查模式创新和高效高质的审查实践，包括建立兼顾国家需求和用户体验的"白名单"制度；打造匹配"白名单"制度的能力增强型工作组；根据国家产业需求，形成"一套工作流程、两类创新主体、三方合作平台"的审查模式；针对积压案件，以"快"为要，成立大电学领域集中审查专项工作组。本课题建议构建跨领域审查能力快速培养体系，快速提升技术理解、法律适用和检索能力，并研究制定动态调整质评组成员的质量保障新机制以及基于 M 系统、指导手册、撰写模板的多级快速业务指导体系。本课题构建信息技术对审查支撑的优化方案，推动智能审查系统持续改进，同时推进审查智能化、调整平衡系数、组建融合技术审查部的建议。

27. 课题名称：专利无效程序中"保密审查条款"的规则研究

承担单位：北京大学

课题负责人：易继明

本课题针对申请人向外国申请专利前未提交保密审查请求的，无效程序中适用"保密审查条款"应当遵循的规则进行研究。首先，在分析整理国内外专利保密审查制度的基础上，从知识产权国家安全理论、基于公共利益的私权限制以及创新资源保护与应用的角度对专利保密审查制度的理论基础做了深入阐释。其次，对特定领域、特定主体发放调查问卷和实地调研，深入了解专利保密审查制度在实践中面临的问题以及相关主体的现实需求。再次，深入分析无效案例，围绕专利无效宣告请求中保密审查条款所涉及的 5 个核心问题，即保密审查是实体义务还是行为义务、"实质性内容"的认定、"在中国完成"的认定、法律适用以及举证责任分配的问题，结合具体案件内容，为上述问题提出法理解释与制度构建层面的规范性建议。最后，对专利无效程序中保密条款的审查规则的制定提出可行性建议，分别从审查的程序规则、举证责任分配和法律适用以及审查规则认定的方面进行分析，并进一步提出相关法规层面的修改建议。

28. 课题名称：专利行政诉讼助力专利授权质量提升研究

承担单位：知识产权出版社有限责任公司

课题负责人：崔国振

本课题收集、整理、统计 2010—2023 年专利复审案件和专利无效宣告案件相关的专利行政诉讼案件，分析专利行政诉讼的总体情况；研究专利行政诉讼对专利授权案件和专利确权案件的影响，在专利行政诉讼视角下，通过比较不同机关的实践，从司法的角度促进对专利授权审查质量予以体系化思考,将相关法律规则予以清晰化;研究专利行政诉讼对社会公众特别是创新主体的影响,提升创新主体对专利授权质量的认识和重视,从源头上提升专利授权质量;基于专利行政诉讼案件的统计分析和典型案例解析,多维度、多视角提出提升专利授权质量的方法和路径,从而更好地利用专利行政司法审查制度提升复审和无效宣告案件审查质量和效率。

29. 课题名称:多次无效实证分析助力提质增效价值研究

承担单位:国家知识产权局专利局复审和无效审理部

课题负责人:李新芝

本课题首先梳理近年涉及多次无效的案件,通过多维度的案件标引获得多次无效数据库;其次,多角度对标引数据进行统计分析,探索多次无效现象的内在逻辑,从中发现我国多次无效程序中存在的问题;再次,研究欧美日韩无效程序中关于多次无效相关制度、规定和做法,通过横向对比作为对我国多次无效程序设计的借鉴;最后,根据我国多次无效程序中存在的问题,借鉴国外相关经验,给出无效程序的优化建议,为相关审查政策的制定提供依据,有助于促进审查标准统一,提升审查质量和效率,维护创新主体利益进而推动高质量发展。

30. 课题名称:人工智能环境下系统优化路径及专利检索策略研究

承担单位:国家知识产权局专利局专利审查协作广东中心

课题负责人:邱绛雯

本课题从自然语言处理技术(NLP)和文献检索技术的发展脉络出发,梳理出NLP在文献检索中发挥的作用,研究智能检索系统的运算逻辑以及技术框架,并基于此提出智能检索系统优化路径和适应智能检索环境的检索策略。智能检索系统以统计语言模型为基础,结合深度学习采用预训练模型对词项进行词向量训练,利用词向量作为文本相似度的计算方式,通过先文本相似度粗筛、后语义相似度细筛的逻辑,得出文献排序结果。课题组认为:(1)语义基准中词项的表达、频次比较重要,词项连接关系不重要;自定义语义基准需要对词项拓展,系统不能自行拓展。(2)为避免文本相似度初筛造成的漏检,可采用布尔检索方式代替文本相似度的初筛。课题组提出以下系统优化路径:(1)引入多模态检索;(2)采用Prompt预训练;(3)开展对话式检索;(4)采用大模型优化语义引擎。提出区别于S系统的四种检索类型;另外具体研究了针对不同审查文本类型的检索策略、语义基准确定考量因素、智能检索模式下布尔限定策略以及数据库的选用策略。

31. 课题名称:智能检索和审查系统提升审查能力及功能迭代研究

承担单位:国家知识产权局专利局专利审查协作北京中心

课题负责人:赵奕磊

本课题探讨智能检索系统和智能审查系统建设对整体审查能力提升的作用;紧扣专利审查流程的主线,挖掘系统智能化属性所具备的辅助专利审查能力,结合人的智慧提升检索能力、技术理解力和法律适用能力;通过不同类型审查员的使用数据分析,寻找共性规律及差异性规律,探讨进一步提升专利审查能力的方向与举措;进而从完善系统功能、避免审查能力短板和提升审查能力上限三个方面提出系统功能迭代发展的方向及路径。本课题建议积极推动智能检索模式策略运用,配合系统使用大数据分析着力提升检索能力,积极推动智能审查模式策略运用提升技术理解力和法律适用能力;同时建议围绕"审查三力"促进系统功能的迭代发展。

32. 课题名称:智能检索系统的语义检索优化升级研究

承担单位:国家知识产权局专利局专

利审查协作天津中心

课题负责人：栾爱玲

本课题首先梳理自然语言处理发展历程，对比分析中美欧日韩知识产权五局检索系统及商业化检索系统的特点，明确智能检索系统的技术水平及地位，汇总智能检索系统语义检索的算法架构和关键功能点。其次，基于智能检索系统的算法架构和关键功能点，深入探索智能检索系统的语义检索机理，研究智能检索系统语义检索底层逻辑算法，借助案例对比分析目前语义检索中分词、分类号和数据库的优缺点，并从算法和功能两方面实现检索效能提升。最后，结合前述研究工作，研究智能检索系统的功能应用，并对比分析其他检索平台的应用功能，提出系统迭代发展的远景规划及实现路径，相关成果优化和完善检索功能，切实助力审查工作"提质增效"。

33. 课题名称：基于文献资源的审查安全风险量化分析及应对研究

承担单位：上海图书馆（上海科学技术情报研究所）　国家知识产权局专利局专利文献部

课题负责人：林　鹤

本课题首先梳理国家知识产权局专利审查文献资源保障状况，厘清专利文献资源和非专利文献资源的来源、供给途径、结构和分布，总结分析主要专利数据库供应商和非专利数据库供应商的特点；从政治因素、市场因素和经济因素三个方面识别文献资源"断供"的风险因素。其次，基于审查引用的专利对比文献、非专利对比文献和特殊类型专利申请引用对比文献三大视角，分别从技术领域、审查部门、对比文献类型、非专利数据库等维度分析专利审查引用文献的主要国别、年代、国际专利分类（IPC）大类、年份差等特点，以此量化资源"断供"对专利审查带来的不利影响。再次，融合多维度分析结果，形成保障专利审查的重要专利文献和重要非专利文献排序。最后，从资源配置、供给渠道、审查政策、处理保存、生态建设等方面提出保障专利文献资源和非专利文献资源的对策建议。

34. 课题名称：数字化背景下专利分类模式和发展路径研究

承担单位：中国专利技术开发有限责任公司

课题负责人：李备战

本课题调研全球主要知识产权机构专利分类政策、专利分类内容和模式、知识产权局和社会公众对分类数据的使用情况，以及全球主要知识产权机构专利分类中应用智能化技术情况，深入分析专利分类在专利审查中的应用情况，在各级政府知识产权运用、管理、保护、服务和国际合作等工作中的支撑运用情况，以及我国知识产权服务机构和社会公众用户对分类数据的应用情况。针对近年来专利审查模式变化和审查实践情况，结合人工智能等技术发展的新态势，专利分类高质量发展的政策和推进方案，就未来专利分类政策、专利分类模式、专利分类内容和分类流程优化以及人工智能辅助分类探索方向等提出具体措施，并从专利分类应用效能提升角度，就提高认识增强意识、加强培训提升能力、增加高质量工具供给等方面提出建议。

35. 课题名称：氢能产业知识产权智慧情报服务研究

承担单位：中国科学院大连化学物理研究所

课题负责人：杜　伟

本课题聚焦氢能产业发展，从知识产权智慧情报服务的角度，挖掘技术情报信息，服务氢能产业结构转型升级。综合运用文献研究、实践调研等方法，探索氢能产业知识产权智慧情报服务模式，研究氢能产业知识产权智慧情报服务的架构、关键要素，梳理出当前智慧服务发展现状与实践应用、知识产权智慧服务场景与服务产品等。通过实地调研氢能企业的发展情况与迫切需求，形成知识产权智慧情报服务模式应用于氢能产业实践。具体从产业需求出发，收集氢能产业相关数据信息，为氢能产业创新主体提供产业发展概况、产业链全景图、产业专利图谱等可视化图谱产品；提供产业链关键技术等信息集成化咨询服务产品；结合算法等开发AI智慧检索产品等，嵌入氢能产业创新全过程应用场景，有效服务于氢能产业发展的实际。

36. 课题名称：国家需求和用户满意导向下的专利审查质量提升——以五局分析为视角

承担单位：国家知识产权局专利局专利审查协作北京中心

课题负责人：赵奕磊

本课题详细梳理美欧日韩四局近年在审查质量提升方面的最新举措，对各局做法进行横向比较和分析总结，提取可供借鉴之处。结合自身情况和审查实践，从多个方面提出质量提升工作建议，包括：着眼多个维度确立质量目标；创建具有中国特色的重点领域分类体系，对审查单元和案源进行动态调整；设立"固定+灵活"的科学化质量评价指标体系，畅通法律链和技术链的信息提供渠道；建立目标、问题、结果和需求的四维度导向性外部反馈体系，提升社会满意度；优化以人工智能和标准必要专利为代表的高新技术领域审查和质量管理策略，从而优化审查和质量管理策略，提升社会满意度。

37. 课题名称：新一代生成式人工智能（生成式AI）的开源运用与安全应对

承担单位：国家知识产权局专利局专利审查协作天津中心

课题负责人：岳宗全

本课题对当前世界范围内主流的生成式AI开闭源项目开展运行分析与专利分析，厘清生成式AI的开源生态，归纳出专利视角下生成式AI开源的四种模式，包括底座聚集、底座防御、垂度聚集与垂度防御。在生成式AI开源生态与开源模式的基础上，本课题从构建有效市场、形成有机社会与实现有为政府三个层面提出生成式AI开源运用策略，指导开源生态的主要参与主体即创新主体、开源组织与平台、政府更好地通过知识产权开源这种方式来促进生成式AI技术发展与产业落地，并针对三个层面开源运用中的风险展开分析，提出相应的风险应对措施，最终形成针对生成式AI开源运用的完整闭环，进而促进我国生成式AI技术快速发展与产业化，提高风险应对能力并提升我国大语言模型与开源平台的国际竞争力。

38. 课题名称：高质量发展阶段的专利确权程序完善研究

承担单位：西安交通大学

课题负责人：李晓鸣

本课题针对现行专利确权程序存在各环节期限规定不完善、行政审查和司法审理的权力约束机制不健全、确权程序与专利民事侵权诉讼之间衔接不畅的问题，在分析专利确权行政审查的法律属性、专利确权行政诉讼的特有功能的基础上，借鉴专利确权程序域外经验，根据高质量发展的具体要求提出完善专利确权程序的系统建议。具体建议包括：对确权行政程序涉及的专利复审和无效审查行政程序进行协同规范；细化专利确权行政审查的程序规定，包括案由的分类、一般审查期限、权利要求修改程序、行政诉讼后的确权审查程序等；增设确权程序约束机制，重点是对无效宣告请求进行立案实质审查，完备行政诉讼判决内容以提高确权行政审查效率等；适度放宽侵权诉讼对专利有效性的审查权；补充专利确权行政诉讼的程序规定，包括增加审理程序衔接期限规定，明确行政诉讼再审机构、完善行政机关与司法机关的沟通机制等。

供稿：国家知识产权局学术委员会

附录

与知识产权有关的主要政府网站

国家知识产权局网站

国家知识产权局网站（https://www.cnipa.gov.cn）是国家知识产权局主办的官方政府网站，是对外宣传知识产权工作的窗口，主要面向社会发布知识产权工作方针政策、相关法律法规、时政要闻、教育培训等信息，提供专利、商标和地理标志等相关的办事服务，并设有意见征求、热点回应、留言咨询、网上信访等互动板块。网站提供中英文版本。

国家版权局网站

国家版权局网（http://www.ncac.gov.cn/）是国家版权局主办的综合性政务官方门户网站，开通于2000年9月30日。主要功能包括宣传版权工作方针政策，发布版权执法监管、软件正版化、社会服务、宣传培训、产业发展、国际交流等方面的工作信息，在线接受侵权盗版举报，公开版权信息，普及版权相关法律知识等。

中国商标网

中国商标网（https://sbj.cnipa.gov.cn）是宣传商标注册的官方网站，主要栏目包括机构概况、政策文件、商标申请、商标代理、案例评析、集体证明商标（地理标志）、国际注册等。

中国扫黄打非网

中国扫黄打非网（https://www.shdf.gov.cn）是全国"扫黄打非"工作小组办公室主办的综合性政务官方门户网站，是全国"扫黄打非"工作小组办公室宣传"扫黄打非"工作的窗口。网站功能主要包括向社会公开相关政策法规、新闻资讯、市场监管、案件查办、专项行动、经验交流、地方工作等信息，还面向公众提供网上举报与在线查询等服务。

中国保护知识产权网

中国保护知识产权网（http://ipr.mofcom.gov.cn）由商务部主办，设有中英文双语版，于2006年4月26日开通。作为专业的知识产权类政府网站，中国保护知识产权网是发布相关政府信息和提供知识产权资讯服务的重要平台，为中国企业"走出去"提供知识产权预警与维权服务。网站已开通国内新闻、国际新闻、海外维权、保知指南、数据资料、"中欧地理标志协定"、"新冠疫苗知识产权"、"多双边知识产权协定"、在线咨询等多个栏目或专题，多方位多角度地为社会公众、企事业组织提供最新知识产权时事动态、各国知识产权制度建设最新进展、海外维权预警等信息。2016年1月推出同名微信公众号，及时发布国内外知识产权立法动态、制度建设、司法案例、统计数据及研究报告等。

国家市场监督管理总局价格监督检查和反不正当竞争局（规范直销与打击传销办公室）网站

国家市场监督管理总局价格监督检查

和反不正当竞争局（规范直销与打击传销办公室）网站（https://www.samr.gov.cn/jjj）是宣传反不正当竞争执法成果的重要窗口，主要包括司局动态、政策法规、价格收费监管、反不正当竞争、规范直销与打击传销等栏目。

中国林业知识产权网

中国林业知识产权网（http://lygc.lknet.ac.cn:8080/43.html）是由国家林业和草原局知识产权研究中心承办的林业知识产权信息共享平台，2012年开通，整合了国内外林业知识产权信息资源，建设了林业专利、植物新品种权、林产品地理标志、商标、著作权等知识产权基础数据库15个，累计数据量150万条，免费提供林业知识产权信息检索和数据共享服务。

最高人民法院知识产权法庭网站

最高人民法院知识产权法庭网站（https://ipc.court.gov.cn/zh-cn/index.html），是最高人民法院知识产权法庭官方网站。目前网站分为法庭介绍、要闻聚焦、审判动态、党建队建、诉讼服务、裁判资料、数据分析、知微课堂、司法学术九个板块，及时发布重要信息，提供诉讼服务指引，传递法庭司法理念，实现网上民意沟通，普及知识产权法律知识，全面展示最高人民法院知识产权法庭工作情况。

最高人民检察院网站

中华人民共和国最高人民检察院网站（https://www.spp.gov.cn）是依托国家电子政务网络建立的检务公开网站，集纳检察重要新闻、业务动态和"12309中国检察网"检察服务平台等信息，向社会提供案件程序性信息查询、控告申诉举报、辩护与代理网上预约等服务。最高人民检察院涉保护知识产权工作的重大部署、指导性案例发布、"4·26"知识产权新闻发布会、民营企业知识产权保护以及地方知识产权检察工作动态等重要内容，均可以通过该网站查询获知。